배극윤의

품질경영
산업기사 필기

II권

예문사

PART 01. 공업통계

PART 02. 관리도

CONTENTS

PART 03. 샘플링검사

PART 04. 실험계획법

PART 05. 생산시스템

PART 06. 품질경영

CONTENTS

PART
07. 부록

모집단과 시료

01 다음 중 계량치 데이터가 아닌 것은?
10산업, 11기사 ★★★

① KTX 일일 수입금액
② 냉장고의 평균수명
③ 철강제품의 인장강도
④ 컴퓨터 부품의 부적합품수

풀이 계량치 데이터는 연속값으로 측정하는 값이다. ④는 비연속값으로 계수치 데이터이다.

02 다음 중 표본의 통계적 특성치를 나타내는 것이라고 할 수 없는 것은?
10산업 ★★○

① 모평균
② 표본분산
③ 표본평균
④ 표본표준편차

풀이 표본의 통계적 특성치라 함은 통계량을 의미하는데 ①은 모수를 의미한다.

03 모수, 통계량, 추정량에 대한 설명 중 틀린 것은?
08기사 ★★○

① 불편분산의 제곱근은 모분산의 불편추정량이다.
② 어떤 모수를 추정하기 위해서 사용되는 통계량을 추정량이라 한다.
③ 표본으로부터 계산하는 표본평균, 분산, 표준편차 등의 총칭을 통계량이라 한다.
④ 모집단의 특성을 수량적으로 표시한 모평균, 모분산, 모표준편차 등의 총칭을 모수라 한다.

풀이 ① 불편분산은 모분산의 불편추정량이다.

04 통계량으로부터 모집단 추정은 모집단의 무엇을 알기 위한 것인가?
00, 15기사 ★★○

① 정수
② 통계량
③ 모수
④ 기각치

풀이 모수값은 시료(개수 ; n)에서 계산된 값인 통계량으로 추정(推定)하여 일반적으로 사용된다.

05 모집단의 특성을 수량적으로 표시하는 데에는 평균치, 분산, 표준편차 등이 사용된다. 이들은 그 모집단에 대해서는 일정한 값으로서 각각 모평균, 모분산, 모표준편차 등으로 불린다. 이들의 정수(定數)를 총칭하는 용어는?
00, 15기사 ★★○

① 편차(偏差)
② 모수(母數)
③ 표본(標本)
④ 통계량(統計量)

풀이 모집단의 특성을 수량화한 것을 모수(Population Parameter)라 한다.

06 이상적인 정규분포에 있어 중앙치, 평균치, 최빈값 간의 관계는?
10기사 ★★○

① 모두 같다.
② 모두 다르다.
③ 평균치와 최빈값은 같고, 중앙치는 다르다.
④ 평균치와 중앙치는 같고, 최빈값은 다르다.

풀이 산술평균, 중앙값, 최빈값은 분포가 좌우대칭이면 3개의 값이 모두 같으며 중심에 나타난다.

정답 01 ④ 02 ① 03 ① 04 ③ 05 ② 06 ①

통계량의 수리해석

16산업 ✪✪◯

07 자료의 중심적 경향을 나타내는 척도가 아닌 것은?

① 중위수   ② 산술평균
③ 최빈수   ④ 표준편차

풀이 표준편차는 자료의 산포의 척도를 나타낸다.

18산업 ✪✪◯

08 측정치의 크기 순서로 배열하였을 때 한가운데 위치하는 값을 무엇이라 하는가?

① 중앙값   ② 산술평균
③ 최빈값   ④ 표준편차

풀이 중앙값에 대한 정의이다.

00기사 ✪✪◯

09 모집단 평균의 추정을 위하여 추출된 시료 중 측정의 잘못으로 인하여 이상치(Outlines)가 있는 경우 가장 바람직한 추정량은?

① 표본평균   ② 중앙값
③ 최빈값   ④ 표준편차

풀이 중앙값은 이상치가 있는 경우 모평균의 추정량에 가장 가깝다.

06, 08, 11, 12, 17산업[실기] ✪✪✪

10 다음 [데이터]에서 중앙값(Median)은 얼마인가?

[데이터]

30   80   60   40   90   50

① 40   ② 50
③ 55   ④ 60

풀이 중앙값(Median) $\tilde{x} = \frac{50+60}{2} = 55$

00산업, 18기사 ✪✪✪

11 다음과 같은 20개의 데이터가 있다. 중위수(Median)를 구하면 얼마인가?

[데이터]

140, 140, 140, 140, 140, 140, 140, 140,
155, 155, 165, 165, 180, 180, 145, 150,
200, 205, 205, 210

① 152.5   ② 155
③ 160   ④ 161.75

풀이 중위수 $\tilde{x} = \frac{150+155}{2} = 152.5$

00산업 ✪◯◯

12 다음은 $n=8$개의 데이터를 줄기−잎 그림(Stem − and − Leaf Display)으로 나타낸 것이다. 중앙값($\tilde{x}$)과 범위(R)를 구하면?

5	1
6	5
7	4 4 6
8	1 9
9	2

① $\tilde{x}=75$, $R=42$ ② $\tilde{x}=76$, $R=42$
③ $\tilde{x}=75$, $R=41$ ④ $\tilde{x}=76$, $R=41$

풀이 51, 65, 74, 74, 76, 81, 89, 92를 의미하므로,
$\tilde{x} = \frac{74+76}{2} = 75$, $R = 92 - 51 = 41$

00산업 ✪✪✪

13 100개 데이터의 평균을 산출하여 5.56을 얻었다. 이후 데이터 1개의 실제값이 4.25인데 42.50으로 잘못 계산한 것을 발견하였다. 새로이 평균을 계산하면?

① 5.16   ② 5.18
③ 5.20   ④ 5.22

정답 07 ④   08 ①   09 ②   10 ③   11 ①   12 ③   13 ②

풀이 $\sum x = n\bar{x} = 100 \times 5.56$

$\therefore \dfrac{(556 - 42.5) + 4.25}{100} = 5.178$

---

14 1,000개의 데이터 평균을 산출하여 3.54를 얻었다. 추가로 5.5라는 데이터가 관측되었다면 총 1,001개 데이터의 평균은?

① 3.542   ② 3.540

③ 3.538   ④ 3.544

풀이 $\bar{x}_{1001} = \dfrac{1,000 \times 3.54 + 5.5}{1,001} = 3.5420$

---

15 분포곡선의 봉우리가 극대로 되는 곳의 가로 좌표를 뜻하며, 확률 또는 확률밀도가 극대가 되는 것을 무엇이라 하는가?

① 최빈수(Mode)

② 치우침(Skewness)

③ 중앙값(Median)

④ 기대치(Expected Value)

풀이 확률밀도가 극대가 되는 곳이란, 빈도가 가장 높은 곳(최빈수)을 의미한다.

---

16 다음 데이터의 범위의 중간(Mid-range Point) 값은?

[데이터]					
2.72	2.70	2.03	2.47	2.32	2.45

① 2.460   ② 2.375

③ 0.690   ④ 0.345

풀이 $M = \dfrac{x_{\min} + x_{\max}}{2} = \dfrac{2.03 + 2.72}{2} = 2.375$

---

17 25개 데이터의 합과 제곱합이 다음과 같을 때 편차제곱합(Sum of Squared Deviation) S는 얼마인가?

$$\sum x = 345, \qquad \sum x^2 = 4,950$$

① 189.00   ② 312.96

③ 4,602.51   ④ 4,756.85

풀이 $S = \sum x_i^2 - \dfrac{\left(\sum x_i\right)^2}{n} = 4.950 - \dfrac{345^2}{25} = 189.00$

---

18 표본의 크기(n)가 6이고, 제곱합(S)이 5.84이다. 만약 $\sum x_i^2 = 20,868$이라면, $\bar{x}$의 값은 약 얼마인가?

① 51.07   ② 53.42

③ 54.47   ④ 58.97

풀이 $S = \sum x^2 - \dfrac{\left(\sum x\right)^2}{n}$ 에서 $5.84 = 20,868 - \dfrac{\left(\sum x\right)^2}{6}$

$\left(\sum x\right)^2 = (20,868 - 5.84) \times 6$

$\sum x = 353.79791$

$\bar{x} = \dfrac{\sum x}{n} = \dfrac{353.79791}{6} = 58.966$

---

19 모집단의 분산 σ^2을 추정하는 데 다음과 같은 s^2식을 쓴다. 옳지 않은 것은?(단, $y_i : i = 1, \cdots, n$은 측정치, $\bar{y}$: 평균치)

① $s^2 = \dfrac{1}{n-1}\sum_{i=1}^{n}\left(y_i - \bar{y}\right)^2$

② $s^2 = \dfrac{1}{n-1}\left[\sum_{i=1}^{n} y_i^2 - \dfrac{\sum_{i=1}^{n} y_i^2}{n}\right]$

③ $s^2 = \dfrac{1}{n-1}\left[\sum_{i=1}^{n} y_i^2 - \dfrac{\left(\sum_{i=1}^{n} y_i\right)^2}{n}\right]$

④ $s^2 = \dfrac{1}{n-1}\left[\sum_{i=1}^{n} y_i^2 - n\bar{y}^2\right]$

풀이) $S = \sum (y_i - \bar{y})^2 = \sum y_i^2 - \dfrac{(\sum y_i)^2}{n} = \sum y_i^2 - n \times \left(\dfrac{\sum y_i}{n} \right)^2$

$\qquad = \sum y_i^2 - n\,\bar{y}^2$

13산업 ★★○

20 $\sum x_i = 390$, $\sum x_i^2 = 15,490$인 12개의 데이터에 대하여 평균과 시료분산을 다음과 같이 구하였을 때 옳은 것은?

Ⓐ $\bar{x} = 32.5$	Ⓑ $s^2 = 234.6$

① Ⓐ만 옳다.　　　　② Ⓑ만 옳다.

③ Ⓐ, Ⓑ 모두 옳다.　④ Ⓐ, Ⓑ 모두 틀리다.

풀이) $\bar{x} = \dfrac{\sum x_i}{n} = \dfrac{390}{12} = 32.50$

$S = \sum x_i^2 - \dfrac{(\sum x_i)^2}{n} = 15,490 - \dfrac{390^2}{12} = 2,815.0$

$s^2 = V = \dfrac{S}{n-1} = \dfrac{2,815.0}{11} = 255.909$

12, 15산업 ★★○

21 계량단위가 다른 두 자료나 평균의 차이가 큰 두 로트의 상대적 산포도(散布度)를 비교하기에 적합한 것은?

① 표준편차(s)　　　② 분산(s^2)

③ 변동계수(CV)　　④ 범위(R)

풀이) 변동계수는 계량단위가 서로 다른 두 자료나 평균의 차이가 큰 두 로트의 상대적 산포를 비교하는 데 사용하며, 공식으로는

$CV = \dfrac{s}{\bar{x}} \times 100(\%)$를 사용한다.

11, 19산업 ★★★

22 변동계수에 대한 설명으로 옳은 것은?

① 각 집단의 표준편차를 평균으로 나눈 값

② 각 자료들의 값에서 평균을 뺀 값을 표준편차로 나눈 값

③ 각 자료들의 값에서 평균을 뺀 값의 제곱의 합을 사례 수로 나눈 값

④ 산술평균에서 각 자료들의 값에 이르는 거리의 제곱을 평균하여 다시 제곱근을 구한 것

05, 08, 09, 17, 18, 19(중복)산업[실기] ★★★

23 어떤 공정을 조사해 본 결과 다음과 같은 [데이터]를 얻었다. 이때 변동계수는 약 얼마인가?

[데이터]
• 평균무게 : 28g　　• 표준편차 : 2.6457g

① 8.74%　　　　② 9.45%

③ 10.58%　　　④ 89.28%

풀이) $CV = \dfrac{s}{\bar{x}} \times 100\% = \dfrac{2.6457}{28} \times 100 = 9.449(\%)$

18산업 ★○○

24 상대적 산포의 정도를 표시하는 변동계수(CV)로도 분포의 집중성 형태를 개략적으로 알 수 있다. 평균값 근처에 가장 집중성이 큰 경우의 변동계수는?

① 0.05　　　　　② 0.10

③ 0.15　　　　　④ 0.20

풀이) 변동계수(CV)는 $\dfrac{s}{\bar{x}} \times 100$으로 계산되며, 그 값이 작을수록 정밀하다고 할 수 있다. 그러므로 정답은 보기 중 가장 작은 값이 된다.

20산업 ★★○

25 다음 자료로부터 두 제품 A, B에 대한 변동계수를 각각 구하면 약 얼마인가?

구분	A	B
$\bar{x}$	10	15
s	0.3	0.3

① A는 2%, B는 3%이다.

② A는 3%, B는 2%이다.

③ A는 33%, B는 50%이다.

④ A는 50%, B는 33%이다.

$$CV_A = \frac{s_A}{\overline{x}_A} = \frac{0.3}{10} = 0.03(3\%)$$

$$CV_B = \frac{s_B}{\overline{x}_B} = \frac{0.3}{15} = 0.02(2\%)$$

도수분포, 수치변환의 수리해석

00, 15산업 ★★○

26 도수분포표를 작성하려고 측정치를 조사하였더니 최소치가 2.502였고 최대치가 2.545였다. 계급의 간격을 0.005로 하고, 최소치 2.502가 들어가도록 제1계급의 경계하한을 2.5005로 시작했다면 제2계급의 중심치는 얼마인가?

① 2.503 ② 2.508
③ 2.510 ④ 2.512

풀이

구분	중앙값	경계
제1계급	2.503	2.5005~2.5055
제2계급	2.508	2.5055~2.5105
⋮	⋮	⋮

06, 15산업, 10, 13기사 ★★★

27 히스토그램(Histogram)을 작성하기 위하여 도수표를 만들려고 한다. 계급의 폭 $h = 0.5$로 잡고 제1계급의 중심치가 7.9일 때 제 3계급의 경계는?

① 8.15~8.65 ② 8.65~9.15
③ 9.15~9.65 ④ 9.65~10.15

풀이

구분	x_0	경계
제1계급	7.9	7.65~8.15
제2계급	8.4	8.15~8.65
제3계급	8.9	8.65~9.15
⋮	⋮	⋮

13산업[실기] ★★○

28 어느 기계부품을 랜덤하게 취하여 도수표로 정리한 결과 다음의 [데이터]를 얻었다. 기계부품의 평균값은 약 얼마인가?

[데이터]

$$x_0 = 72.5, \quad h(\text{폭}) = 0.2$$
$$\sum f_i = 150, \quad \sum f_i u_i = 77, \quad \sum f_i u_i^2 = 765$$

① 72.520 ② 72.603
③ 72.705 ④ 72.905

풀이 $\overline{x} = x_0 + h \times \dfrac{\sum f_i u_i}{\sum f_i} = 72.5 + 0.2 \times \dfrac{77}{150} = 72.6027$

14, 20산업 ★★○

29 도수분포표에서 가평균을 80으로 하였더니, 산술평균이 82, $\sum f_i u_i = 28$, $\sum f_i u_i^2 = 42$, 도수의 합 $\sum f_i$가 140이다. 계급의 폭(h)은 얼마인가?

① 0.50 ② 0.67
③ 1.00 ④ 1.33

풀이 $\overline{x} = x_0 + h \dfrac{\sum f_i u_i}{\sum f_i}$ 에서 $82 = 80 + h \times \dfrac{28}{140}$

$\therefore h = 1.00$

07산업[실기] ★★○

30 도수표를 이용하여 다음의 [데이터]를 얻었다. 시료평균($\overline{x}$) 및 시료분산(s^2)을 구하면 약 얼마인가?

[데이터]

$$x_0 = 151.55, \quad \text{급폭} = 4$$
$$\sum f_i u_i = 23, \quad \sum f_i u_i^2 = 163, \quad \sum f_i = 94$$

① $\overline{x} = 158.486, \ s^2 = 6.769$
② $\overline{x} = 152.529, \ s^2 = 27.075$
③ $\overline{x} = 151.795, \ s^2 = 22.512$
④ $\overline{x} = 174.061, \ s^2 = 90.084$

정답 26 ② 27 ② 28 ② 29 ③ 30 ②

풀이 $\bar{x} = \dfrac{\sum f_i u_i}{\sum f_i} \times h + x_0 = 152.5287$

$S = h^2 \times \left(\sum f_i u_i^2 - \dfrac{(\sum f_i u_i)^2}{\sum f_i} \right) = 2517.957$

$\therefore s^2 = \dfrac{S}{\sum f_i - 1} = \dfrac{S}{94-1} = 27.074$

06, 09, 13산업 ★★★

31 다음의 도수표로부터 평균치와 표준편차는 얼마인가?

계급의 구간	도수
6.05~6.25	4
6.25~6.45	7
6.45~6.65	10
6.65~6.85	8
6.85~7.05	5

① $\bar{x} = 6.550$, $s = 0.248$
② $\bar{x} = 6.568$, $s = 0.248$
③ $\bar{x} = 6.568$, $s = 0.257$
④ $\bar{x} = 6.550$, $s = 0.257$

풀이 계산기 단축키($\bar{x}$, s_x 또는 $_x\sigma_{n-1}$)를 활용하면,
$\bar{x} = 6.5676$, $s = 0.2480$

16산업 ★★○

32 $n = 100$의 데이터를 이용하여 히스토그램을 그리고, 규격과 대비하여 분석하고자 한다. 이때 얻어낼 수 없는 정보는?

① $\bar{x}$: 표본 산술평균
② s : 표본 표준편차
③ $L(p)$: 로트의 합격 확률
④ $\hat{p}$: 모부적합품률의 추정치

풀이 ③은 검사특성곡선(OC곡선)에서 파악이 가능하다.

17산업 ★★○

33 수치변환 $X_i = (x_i - x_0) \times h$를 행하여 다음의 데이터를 얻었다. 이 100개의 데이터의 시료 표준편차는?

[데이터]

$$n = 100, \quad x_0 = 100, \quad h = 10$$

$$\sum_{i=1}^{100} X_i = 50, \quad \sum_{i=1}^{100} X_i^2 = 124$$

① 0.01
② 0.05
③ 0.1
④ 0.5

풀이 $S_{xx} = \left(\dfrac{1}{h} \right)^2 \times S_{XX} = \dfrac{1}{h^2} \left[\sum X_i^2 - \dfrac{(\sum X_i)^2}{n} \right]$

$s = \sqrt{\dfrac{S}{n-1}} = \sqrt{\dfrac{0.99}{99}} = 0.1$

확률법칙

05, 08, 19산업 ★★★

34 확률에 대한 설명 내용으로 가장 관계가 먼 것은?

① 두 사상 A, B에 대하여 $P(A \cup B) = P(A) + P(B) - P(A \cap B)$가 성립한다.
② 사상 A와 B가 서로 배반이면 $P(A \cup B) = P(A) + P(B)$이다.
③ 사상 A, B가 $P(A \cap B) = P(A) \cdot P(B)$일 때 A와 B는 서로 종속이다.
④ 사상 A와 여사상 A^C에 대하여 $P(A^C) = 1 - P(A)$이다.

풀이 ③ 사상 A, B가 $P(A \cap B) = P(A) \times P(B)$일 때 A와 B는 서로 독립이다.

06, 13, 17산업 ★★★

35 다음 확률에 관한 사항 중 옳지 않은 것은?

① $P(A \cup B) = P(A) + P(B) - P(A \cap B)$
② $P(A \mid B) = P(A \cap B)/P(A)$
③ $P(A \cap B) = P(A) \cdot P(B)$ (단, 사상 A, B는 서로 독립이다.)
④ $P(A) + P(\overline{A}) = 1$ (단, $\overline{A}$는 A의 여사상이다.)

풀이 $P(A \mid B) = \dfrac{P(A \cap B)}{P(B)}$

---

36 다음 중 베이즈 정리(Baye's Theorem)를 설명하는 식은?[단, $P(A) > 0$, $P(B) > 0$이다.]

① $P(A|B) = \dfrac{P(A \cap B)}{P(B)}$

② $P(B) = P(A \cap B) + P(\overline{A} \cap B)$

③ $\dfrac{P(A|B)}{P(B|A)} = \dfrac{P(A)}{P(B)}$

④ $P(A \cup B) = P(A) + P(B)$

풀이 베이즈 정리는 조건부 확률에서 나온 개념이므로 정답은 ①이 된다.

37 주사위를 던져서 짝수(2, 4, 6)가 나오는 사상은 A, 2보다 같거나 작은 수(1, 2)가 나올 사상을 B라 하면 사상 A 또는 B가 나타나는 확률은?

① $\dfrac{2}{3}$ ② $\dfrac{1}{6}$

③ $\dfrac{5}{6}$ ④ $\dfrac{1}{12}$

풀이 $P(A \cup B) = P(A) + P(B) - P(A \cap B)$
$= \dfrac{3}{6} + \dfrac{2}{6} - \dfrac{1}{6} = \dfrac{2}{3}$

38 어떤 불순물 혼입으로 불합격될 확률이 4.2%, 수분으로 불합격될 확률이 5.3%, 불순물 혼입과 수분 양쪽으로 불합격이 될 확률이 2.0%라고 하면, 불순물 혼입이나 수분에서 로트가 불합격이 될 확률을 구하면?

① 4.2%   ② 5.3%

③ 7.5%   ④ 9.5%

풀이 $P(A \cup B) = P(A) + P(B) - P(A \cap B)$
$= 0.042 + 0.053 - 0.02$
$= 0.075(7.5\%)$

39 A가 나올 확률은 $\dfrac{1}{4}$, B가 나올 확률은 $\dfrac{1}{3}$, A 또는 B가 나올 확률은 $\dfrac{1}{2}$이다. A와 B가 동시에 나올 확률은 얼마인가?

① $\dfrac{1}{3}$ ② $\dfrac{1}{4}$

③ $\dfrac{1}{6}$ ④ $\dfrac{1}{12}$

풀이 $\dfrac{1}{2} = \dfrac{1}{4} + \dfrac{1}{3} - P(A \cap B)$
$\therefore P(A \cap B) = \dfrac{1}{12}$

40 사상 A와 B가 상호 배반사상이고, $P(A) = 0.4$, $P(A \cup B) = 0.6$이라면, $P(B)$는 얼마인가?

① 0.1   ② 0.2

③ 0.3   ④ 0.5

풀이 $P(A \cup B) = P(A) + P(B)$에서
$0.6 = 0.4 + P(B)$
$\therefore P(B) = 0.2$

41 품질검사원 A의 과거기록을 분석한 결과 적합품을 부적합품으로 판정하는 비율은 2%, 부적합품을 적합품으로 판정하는 비율은 1%이었다. 이 공장의 부적합품 생산비율은 1%이다. 검사원 A가 어떤 제품을 부적합품으로 판정하였을 경우 실제로 부적합품일 확률은?

① 0.31   ② 0.33

③ 0.35   ④ 0.37

풀이 $P(x) = \dfrac{(0.01 \times 0.99)}{(0.01 \times 0.99) + (0.99 \times 0.02)} = 0.33$

42 컴퓨터 주변기기 제조업자는 인터넷 광고사이트에 배너 광고를 하려고 계획 중이다. 이 사이트에 접속하는 사용자 1,000명을 임의 추출하여 사용자 특성을 조사한 결과가 다음과 같을 때 설명이 잘못된 것은?

구분	30세 미만	30세 이상
남	250	200
여	100	450

① 임의로 선택한 사용자가 30세 이상의 남자일 확률은 0.2이다.
② 임의로 선택한 사용자가 남자라는 조건하에서 30세 미만일 확률은 0.56이다.
③ 임의로 선택한 사용자가 여자이거나 적어도 30세 이상일 확률은 0.45이다.
④ 임의로 선택한 사용자가 30세 미만일 확률은 0.35이다.

[풀이] ③ $P($여자$\cup 30$세 이상$) = \dfrac{550}{1,000} + \dfrac{650}{1,000} - \dfrac{450}{1,000} = \dfrac{750}{1,000}$

43 중간제품의 부적합품률이 3%, 중간제품의 양품만을 사용하여 가공하였을 때의 제품의 부적합품률이 10%라고 하면 원료로부터 양품이 얻어질 확률은 약 얼마인가?

① 30%   ② 70%
③ 87%   ④ 97%

[풀이] $P(x) = (1-0.03) \times (1-0.10)$
$= 0.97 \times 0.90$
$= 0.873(87.3\%)$

확률변수

44 M 부품의 어떤 특성치는 모평균 10, 모분산 2인 확률분포를 따른다. 동일한 부품 10개를 한 줄로 이어놓았을 때 전체의 분산은?

① 200   ② 100
③ 50   ④ 20

[풀이] 분산의 가법성 : $V(T) = n \times \sigma^2 = 10 \times 2 = 20$

45 정규분포 $N(\mu,\ \sigma^2)$가 있다. 이때 $Y = aX + b$라 할 때, Y의 기대치 및 분산으로 맞는 것은?(단, a, b는 상수, X는 확률변수이다.)

① $E(Y) = a\mu,\ V(Y) = a^2\sigma^2$
② $E(Y) = a\mu,\ V(Y) = a^2\sigma^2 + b$
③ $F(Y) = a\mu + b,\ V(Y) = a^2\sigma^2$
④ $E(Y) = a\mu + b,\ V(Y) = a^2\sigma^2 + b$

[풀이] $E(Y) = E(aX+b) = aE(X) + b = a\mu + b$,
$V(Y) = V(aX+b) = a^2 V(X) = a^2 \sigma^2$

46 다음은 기대치와 분산에 대한 설명이다. 옳지 않은 것은?

① $E(aX+b) = aE(X) + b$
② $V(X \pm Y) = V(X) + V(Y)$ (단, X, Y는 서로 독립이다.)
③ $V(aX+b) = a^2 V(X) + b$
④ $V(X) = E(X^2) - \mu^2$

[풀이] $V(aX+b) = a^2 V(X)$

47 09, 12, 15산업[실기] ★★★
X_1과 X_2를 서로 독립인 정규분포로서 평균과 분산이 각각 μ, σ^2이라고 할 때, $X_1 - X_2$의 분포도 정규분포를 한다. 이때 $X_1 - X_2$의 평균과 분산은 각각 얼마인가?

① 0, σ^2　　　　② 2μ, σ^2

③ 0, $2\sigma^2$　　　　④ 2μ, $2\sigma^2$

풀이 $E(x-y) = E(x) - E(y) = \mu - \mu = 0$
$V(X-Y) = V(X) + V(Y) = \sigma^2 + \sigma^2 = 2\sigma^2$

48 10산업[실기] ★★★
X의 분포는 $N(10, 3^2)$이고, Y의 분포는 $N(15, 4^2)$이다. X와 Y가 서로 독립인 경우 $X+Y$의 분포는?

① $N(12.5, 4^2)$　　　　② $N(18, 5^2)$

③ $N(25, 5^2)$　　　　④ $N(25, 7^2)$

풀이 $E(X+Y) = E(X) + E(Y) = 25$
$V(X+Y) = V(X) + V(Y) = 3^2 + 4^2 = 5^2$

49 11, 18산업, 13, 17기사[실기] ★★★
서로 독립인 확률변수 X, Y가 각각 정규분포 $N(20, 2)$와 $N(27, 1)$을 따를 때, $V(5X - 7Y + 15)$의 값은 얼마인가?

① 51　　　　② 99

③ 149　　　　④ 164

풀이 $V(5X - 7Y + 15) = 5^2 \times V(X) + 7^2 \times V(Y)$
$= 25 \times 2 + 49 \times 1 = 99$

50 10, 16기사 [실기] ★★○
확률변수 X의 평균이 15, 분산이 4라면 $E(2X^2 + 5X + 8)$의 값은?

① 493　　　　② 509

③ 525　　　　④ 541

풀이 $E(X^2) = V(X) + \mu^2 = 4 + 15^2 = 229$
$E(2X^2 + 5X + 8) = 2E(X^2) + 5E(X) + 8$
$= (2 \times 229) + (5 \times 15) + 8$
$= 541$

51 13산업[실기] ★★○
3개의 동전을 던져서 앞면이 나온 횟수를 X라고 할 때 기댓값 $E(X)$는?

① 0.50　　　　② 0.75

③ 1.00　　　　④ 1.50

풀이 $E(X) = \sum x p(x)$
$= \left(0 \times \frac{1}{8}\right) + \left(1 \times \frac{3}{8}\right) + \left(2 \times \frac{3}{8}\right) + \left(3 \times \frac{1}{8}\right) = 1.5$

52 18산업[실기] ★★○
X가 다음과 같은 이산 확률분포를 갖는다고 할 때 확률변수 X의 평균과 분산은?

X	1	2	3	4
$P(x)$	1/8	3/8	3/8	1/8

① 평균 : 2.5, 분산 : 0.75

② 평균 : 3.5, 분산 : 0.95

③ 평균 : 4.5, 분산 : 0.98

④ 평균 : 5.5, 분산 : 0.87

풀이 $E(x) = \left(1 \times \frac{1}{8}\right) \times \left(2 \times \frac{3}{8}\right) \times \left(3 \times \frac{3}{8}\right) \times \left(4 \times \frac{1}{8}\right) = 2.50$
$V(X) = \left(1^2 \times \frac{1}{8}\right) \times \left(2^2 \times \frac{3}{8}\right) \times \left(3^2 \times \frac{3}{8}\right) \times \left(4^2 \times \frac{1}{8}\right) - (2.50)^2$
$= 0.75$

이항분포

53 06산업 ★○○
이항분포에 대한 설명 내용으로 가장 관계가 먼 것은?

① 이항분포를 이룩하는 확률과정을 베르누이 과정, 베르누이 시행이라 한다.

② 각 시행은 서로 독립이다.

③ 각 시행에서는 오직 두 가지 사상이 일어나는데 이 사상들은 서로 독립이다.

④ 성공할 확률을 P라 하면 이 확률은 어느 시행에 있어도 변하지 않는다.

정답 47 ③　48 ③　49 ②　50 ④　51 ④　52 ①　53 ③

풀이 ③ 각 시행에서는 오직 두 가지 사상(Event)이 일어나는데 이 시행들은 서로 독립이다.

10, 11산업 ✪✪○

54 부적합품률에 관한 문제를 다룰 때 $nP \geq 5$ 및 $P \leq 0.5$ 이면 이항분포로 처리하지 않고 어떤 분포로 처리해도 좋은가?

① t 분포
② 정규분포
③ F 분포
④ 푸아송 분포

풀이 이항분포에서 $nP \geq 5$ 및 $P \leq 0.5$이면 정규분포에 근사한다.

06, 14, 16산업 ✪✪✪

55 이항분포에서 정규분포로 근사시킬 수 있는 조건으로서 옳은 것은?

① $np \geq 5$, $n(1-p) \leq 5$
② $np \geq 5$, $n(1-p) \geq 5$
③ $np \leq 5$, $n(1-p) \geq 5$
④ $np \leq 5$, $n(1-p) \leq 5$

풀이 정규분포로 근사할 조건
$P \leq 0.5$, $nP \geq 5$, $n(1-P) \geq 5$

09산업 ✪✪○

56 모집단의 부적합품률이 P이고, 로트의 크기가 N인 모집단에서 시료 n개를 취하였을 때, 시료 부적합품수의 기댓값(μ)과 표준편차(σ)를 바르게 표현한 것은?(단, $P > 10\%$이고, $n/N < 0.1$이다.)

① $\mu = nP$, $\sigma = \sqrt{nP}$
② $\mu = NP$, $\sigma = NP(1-P)$
③ $\mu = nP$, $\sigma = \sqrt{nP(1-P)}$
④ $\mu = NP$, $\sigma = \sqrt{NP(1-P)}$

풀이 $E(x) = \mu = nP$
$D(x) = \sigma = \sqrt{nP(1-P)}$

15산업 ✪✪○

57 10개 중 4개의 부적합품이 있는 로트에서 2개의 시료를 비복원추출했을 때 나타나는 부적합품수를 X라 하면 X의 기대치는?

① 0.4
② 0.5
③ 0.6
④ 0.8

풀이 $\hat{p} = \dfrac{X}{n} = \dfrac{4}{10} = 0.4$
$E(X) = nP = 2 \times 0.4 = 0.8$

14기사 ✪✪○

58 3개의 주사위를 던질 때 짝수의 눈이 나오는 개수(x)의 기대치 및 분산은?

① $E(x) = 1.5$, $V(x) = 0.75$
② $E(x) = 1.5$, $V(x) = 1.5$
③ $E(x) = 0.75$, $V(x) = 1.5$
④ $E(x) = 0.75$, $V(x) = 0.75$

풀이 $E(x) = nP = 3 \times 0.5 = 1.5$
$V(x) = nP(1-P) = 3 \times 0.5 \times (1-0.5) = 0.75$

11, 17산업 ✪✪○

59 다음 중 성공확률이 0.4, 시행횟수가 100회인 이항분포와 근사한 확률분포는?

① 평균이 40인 푸아송 분포
② 평균이 60인 푸아송 분포
③ 평균 40, 분산 24인 정규분포
④ 평균 60, 분산 24인 정규분포

풀이 $E(x) = nP = 100 \times 0.4 = 40$
$V(x) = nP(1-P) = 100 \times 0.4 \times (1-0.4) = 24$

정답 54 ② 55 ② 56 ③ 57 ④ 58 ① 59 ③

60 이항분포의 특징에 대한 설명 내용으로 가장 거리가 먼 것은?

① 분포가 이산적이다.

② 평균치 np, 표준편차 $\sqrt{nP(1-P)}$ 이다.

③ $P=0.5$일 때는 평균치에 관해서 좌우대칭의 분포를 한다.

④ $nP \leq 5$인 경우에는 항상 정규분포에 근사화시킬 수 있다.

풀이 ④ 정규분포로 근사할 조건 : $P \leq 0.5$, $nP \geq 5$

61 이항분포에 대한 설명으로 틀린 것은?

① $nP=1$일 때는 평균치에 대하여 대칭이다.

② $P \leq 0.5$이고, $nP \geq 5$일 때에는 정규분포에 근사된다.

③ $P \leq 0.1$이고, $nP=0.1 \sim 10$일 때에는 푸아송 분포에 근사된다.

④ 매 시행에서는 두 가지의 사상이 일어나는데, 이 사상들은 서로 독립적이고 배반적이어야 한다.

풀이 ① $P=0.5$일 때는 평균치에 대해서 좌우대칭의 분포를 한다.

62 갑, 을 2개의 주사위를 굴렸을 때 적어도 한쪽에 홀수의 눈이 나타날 확률은?

① $\dfrac{4}{6}$ ② $\dfrac{3}{4}$

③ $\dfrac{1}{4}$ ④ $\dfrac{1}{2}$

풀이 $P_r(x) = 1 - (\text{둘 다 짝수}) = 1 - P_r(x=0)$
$= 1 - \left(\dfrac{1}{2}\right)^2 = \dfrac{3}{4}$

63 10원짜리 동전 2개를 동시에 던졌을 때 2개 모두 앞면이 나올 확률은?

① $\dfrac{1}{4}$ ② $\dfrac{1}{2}$

③ $\dfrac{3}{4}$ ④ 1

풀이 $P_r(x) = {}_2C_2\left(\dfrac{1}{2}\right)^2\left(1-\dfrac{1}{2}\right)^0 = \dfrac{1}{4}$

64 동전을 던져서 앞면이 나올 확률은 0.5이다. 동전을 10번 던져 앞면이 한 번도 나타나지 않을 확률은 약 얼마인가?

① 0.001 ② 0.002

③ 0.108 ④ 0.200

풀이 $P_r(x) = {}_{10}C_0(0.5)^0 \times (1-0.5)^{10} = 0.00098$

65 부적합품률이 0.05인 모집단에서 4개의 시료를 샘플링(Sampling)할 때 부적합품이 하나도 없을 확률은 약 얼마인가?(단, 이항분포를 이용하여 구하시오.)

① 0.72 ② 0.81

③ 0.86 ④ 0.93

풀이 $P_r(x=0) = \begin{pmatrix} 4 \\ 0 \end{pmatrix}(0.05)^0 \times (1-0.05)^4 = 0.815$

66 어떤 공정에서 만들어지는 제품의 부적합품률은 5%이다. 만일 이 공정에서 임의로 추출한 10개의 표본 중에 부적합품이 2개 이상 발견된다면 이 공정은 중단시키게 되는데 공정중단의 확률은 약 몇 %인가?

① 7.6 ② 8.6

③ 9.6 ④ 10.6

풀이 $P_r(x \geq 2) = 1 - [P_r(x=0, 1)]$
$= 1 - [{}_{10}C_0(0.05)^0(0.95)^{10} + {}_{10}C_1(0.05)^1(0.95)^9]$
$= 1 - [0.5987 + 0.3151] = 0.0862(8.62\%)$

정답 60 ④ 61 ① 62 ② 63 ① 64 ① 65 ② 66 ②

67 공정 부적합품률이 10%인 어떤 공정으로부터 $n=4$의 시료를 추출할 때, 부적합품이 1개 이상 나타날 확률은 약 얼마인가?(단, 이항분포로 계산하기로 한다.)

① 0.2916　　　　　② 0.3439
③ 0.6561　　　　　④ 0.7084

풀이 $P_r(x \geq 1) = 1 - P_r(x=0)$
$$= 1 - {}_4C_0(0.1)^0 \cdot (0.9)^4$$
$$= 0.34390$$

68 모집단의 부적합품률이 1/3이고, 이 모집단으로부터 5개의 시료를 뽑을 때 부적합품이 2개 나타날 확률은 약 얼마인가?

① 0.296　　　　　② 0.329
③ 0.494　　　　　④ 0.512

풀이 $P_r(x) = {}_5C_2\left(\dfrac{1}{3}\right)^2 \times \left(1 - \dfrac{1}{3}\right)^{5-2}$
$$= 0.3292$$

69 한 문제당 보기가 5개 있고, 그중 정답은 하나뿐일 때, 10개의 문제 중 3개 문제의 정답을 맞힐 확률은 약 얼마인가?

① 0.3102　　　　　② 0.2013
③ 0.0312　　　　　④ 0.2152

풀이 $P_r(x=3) = {}_{10}C_3\left(\dfrac{1}{5}\right)^3 \times \left(1 - \dfrac{1}{5}\right)^7$
$$= 0.2013$$

초기하분포

70 주머니 안에 같은 크기의 흰 공 6개와 검은 공 4개가 들어 있다. 이때 동시에 5개를 뽑아낼 때 흰 공 3개, 검은 공 2개가 나올 확률은 약 얼마인가?

① 0.21　　　　　② 0.32
③ 0.48　　　　　④ 0.64

풀이 $P_r(x) = \dfrac{{}_6C_3 \times {}_4C_2}{{}_{10}C_5} = 0.476$

71 빨간 공이 3개, 하얀 공이 5개 들어 있는 주머니에서 임의로 2개의 공을 꺼냈을 때 2개 모두 하얀 공일 확률은 얼마인가?

① $\dfrac{3}{14}$　　　　　② $\dfrac{5}{14}$
③ $\dfrac{9}{28}$　　　　　④ $\dfrac{25}{64}$

풀이 $P_r(x) = \dfrac{\binom{5}{2}\binom{3}{0}}{\binom{8}{2}} = \dfrac{10}{4 \times 7} = \dfrac{5}{14}$

72 상자 속에 12개의 제품이 들어 있는데 그중에서 4개가 부적합품이다. 상자에서 임의로 1개씩 두 번 추출할 때 2개가 모두 합격품일 확률을 구하면?(단, 한 번 꺼낸 것은 도로 넣지 않는다.)

① $\dfrac{1}{3}$　　　　　② $\dfrac{5}{9}$
③ $\dfrac{15}{24}$　　　　　④ $\dfrac{14}{33}$

풀이 $P_r(x) = \dfrac{\binom{4}{0}\binom{8}{2}}{\binom{12}{2}} = \dfrac{4 \times 7}{6 \times 11} = \dfrac{14}{33}$

73 바둑돌 흰 것을 5개, 검은 것을 3개 넣어 두고 잘 섞어서 1개를 뽑아내어 그 빛깔을 본 후 다시 넣고 또 다시 잘 섞어서 1개를 뽑아내어 그 빛깔을 볼 때 2번 모두 검은 돌을 뽑을 확률은 얼마인가?

① $\frac{6}{64}$ ② $\frac{9}{64}$

③ $\frac{20}{21}$ ④ $\frac{63}{64}$

풀이 $P_r(x) = {_2C_2}\left(\frac{3}{8}\right)^2 \times \left(1 - \frac{3}{8}\right)^0 = \frac{9}{64}$

74 주머니 안에 같은 크기의 흰 공 6개와 검은 공 4개가 들어 있다. 이때 동시에 1개를 뽑았을 때, 흰 공이 나오고, 다시 주머니 안에 공을 넣은 후 1개를 뽑았을 때 검은 공이 나올 확률은 얼마인가?

① 0.24   ② 0.34

③ 0.53   ④ 0.63

풀이 $P_r(x) = 0.6 \times 0.4 = 0.24$

푸아송 분포

75 단위 시간이나 단위 공간에서 희귀하게 일어나는 사건의 발생빈도 등에 가장 유용하게 사용될 수 있는 분포는?

① 정규분포   ② 초기하분포

③ 카이제곱 분포   ④ 푸아송 분포

풀이 계수치분포 중 푸아송 분포에 대한 정의이다.

76 다음 중 푸아송 분포를 적용하는 데 있어 가장 적절하지 않은 것은?

① 일일 생산량
② 옷감에 나타나는 결점수
③ 전화 교환대의 통화 요청수
④ 자동차 최종검사 시 나타나는 결함수

풀이 ①은 정규분포가 적당하다(계량치).

77 푸아송 분포(Poisson Distribution)를 적용하는 데 적합하지 않은 것은?

① 생수 한 병당의 무게
② 주당 발생하는 기계 고장건수
③ $1m^2$당 옷감에 나타나는 부적합수
④ 자동차 최종검사 시 나타나는 부적합수

풀이 ①은 계량치(정규분포)이다.

78 다음 중 제품의 일정한 단위 내의 부적합수 또는 단위 용적당 희석액 중의 세균수 등에 적합한 분포는?

① 푸아송 분포
② 이항분포
③ 초기하분포
④ 정규분포

풀이 부적합수는 푸아송 분포, 부적합품수는 이항분포에 적합한 분포이다.

79 푸아송 분포의 설명으로 틀린 것은?(단, m은 평균을 의미한다.)

① 평균과 분산은 같다.
② 확률분포는 $\frac{e^{-m}m^x}{x!}$ 이다.
③ $m \geq 5$이면 정규분포에 근사한다.
④ 성공의 평균은 시간에 따라 변한다.

풀이 ④ 성공의 평균(m)은 시간에 관계없이 일정하다.

정답 73 ②   74 ①   75 ④   76 ①   77 ①   78 ①   79 ④

80 푸아송 분포의 성질을 설명한 내용 중 가장 거리가 먼 것은?

① 이 분포에서는 평균치와 분산이 똑같이 $m = np$이다.
② 철판, 직물 등의 연속체의 일정 단위 내에 평균 m개의 흠이 있을 경우, 랜덤하게 일정단위를 취할 때 흠이 나타나는 확률 $P(X)$는 푸아송 분포를 따른다.
③ 이항분포에서 $P > 0.1$이면 확률변수 X의 분포는 근사적으로 푸아송 분포를 따른다.
④ $m \geq 5$일 때 푸아송 분포는 정규분포에 근사한다.

풀이 ③ 이항분포에서 $P \leq 0.1$, $nP = 0.1 \sim 10$, $n \geq 50$일 때는 푸아송 분포에 근사한다.

81 모부적합수에 대한 문제를 다룰 때 $m \geq 5$이면 모부적합수는 근사적으로 어느 분포를 따르는가?

① 이항분포
② 초기하분포
③ 정규분포
④ F 분포

풀이 푸아송 분포에서 $m \geq 5$이면 정규분포에 근사한다.

82 푸아송 분포에서 기대치가 m일 때 표준편차는?

① m
② $2m$
③ m^2
④ $\sqrt{m}$

풀이 $E(x) = m$　　$V(x) = m$　　$D(x) = \sqrt{m}$

83 부적합품률이 0.05인 모집단에서 4개의 표본을 샘플링(Sampling)할 때 부적합품이 하나도 없을 확률은 약 얼마인가?(단, 푸아송 분포를 이용하여 구하시오.)

① 0.72
② 0.82
③ 0.88
④ 0.93

풀이
$$P(x) = \frac{e^{-m} \times m^x}{x!} = \frac{e^{-np} \times (np)^x}{x!}$$
$$= \frac{e^{-0.20} \times (0.20)^0}{0!} = 0.819$$

84 어떤 철판의 평균 부적합수 $m = 2$인 제품에서 랜덤샘플링(Random Sampling)하였을 때, 부적합수가 0일 확률은 약 얼마인가?

① 0.113
② 0.135
③ 0.270
④ 0.405

풀이 $P_r(x) = \dfrac{e^{-m} \times m^x}{x!} = \dfrac{e^{-2} \times 2^0}{0!} = 0.1353$

85 평균 2.5개의 부적합수(결점수)를 가지는 제품들로 구성된 모집단으로부터 1개의 제품을 샘플링할 때, 부적합수(결점수)가 5개로 나타날 확률은 약 얼마인가?

① 0.067
② 0.167
③ 0.221
④ 0.324

풀이 $P_r(x) = \dfrac{e^{-2.5} \cdot 2.5^5}{5!} = 0.0668$

86 자동화 기계에 의해 제품을 생산하는 공장에서 1개월에 평균 3번 정도 기계가 고장이 발생한다고 한다. 이 공장에서 자동화 기계가 1개월에 한 번만 고장이 발생할 확률은 얼마인가?

① e^{-3}
② $3e^{-3}$
③ $3e^{-1}$
④ 3×0.1

풀이 $P_r(x = 1) = \dfrac{e^{-m} \times m^x}{x!} = \dfrac{e^{-3} \times 3^1}{1!} = 3e^{-3}$

이산확률분포 종합

09산업 ●○○

87 이산형 확률분포에 대한 설명으로 옳은 것은?(단, n은 시료수, p는 부적합품률이며, $m = np$이다.)

① 푸아송 분포는 $m \geq 5$일 때 정규분포에 근사한다.

② 이항분포는 $np \geq 5$이고 $n(1-p) \geq 5$일 때 푸아송 분포에 근사한다.

③ 베르누이 분포에서 확률변수 X의 확률밀도함수는 $p(x) = p^x(1-p)^{1-x}$이며, $x = 1$, 2이다.

④ 부적합품률이 p이고 크기가 $N = 3n$인 모집단에서 표본 n을 비복원추출할 때, 부적합품수 x의 확률분포는 이항분포에 따른다.

풀이 ② 푸아송 분포→정규분포
③ $x = 1$, 2 → $x = 0$, 1이다.
④ 이항분포→초기하분포

13, 20산업 ●●○

88 확률분포에 대한 설명으로 가장 적절한 것은?(단, N은 로트수, n은 시료수, p는 부적합품률이다.)

① 이항분포에서 $p \geq 0.1$이면 정규분포에 근사한다.

② 푸아송 분포의 표준편차는 $\sqrt{np}$로 표시할 수 있다.

③ 초기하분포는 N이 크고, 복원추출할 때 이용된다.

④ 푸아송 분포에서 $n < 50$, $p < 0.1$이면 초기하분포로 근사한다.

풀이 ① 이항분포에서 $p \leq 0.5$이고, $np \geq 5$, $n(1-p) \geq 5$이면 정규분포에 근사한다.
② 푸아송 분포의 표준편차는 $\sqrt{m} = \sqrt{np}$로 표시할 수 있다.
③ 초기하분포는 N이 n에 비해 상대적으로 작고, 비복원추출할 때 이용된다.
④ 푸아송 분포에서 초기하분포로 근사할 수는 없다.

00산업 ●●○

89 푸아송 분포와 초기하분포에 대한 설명 중 가장 올바른 것은?

① 초기하분포에서는 기댓값과 분산이 같다.

② 푸아송 분포에서는 $m \geq 5$일 때는 정규분포에 근사한다.

③ 초기하분포에서는 $P = 0.5$이면 이항분포에 근사한다.

④ 푸아송 분포는 연속형 분포이다.

풀이 ① 푸아송 분포에서는 기대가와 분산이 같다.
③ 초기하분포에서 $N = \infty$이면 이항분포에 근사한다.
④ 푸아송 분포는 이산형 분포이다.

07, 15산업 ●●○

90 이산형 확률분포에 대한 설명 중 틀린 것은?

① 초기하분포가 $\dfrac{N}{n} > 10$일 때는 이항분포를 따른다.

② 푸아송 분포가 $nP \geq 5$일 때 이항분포에 근사된다.

③ 이항분포가 $P \leq 0.5$이고, $nP \geq 5$일 때 정규분포에 근사된다.

④ 이항분포가 $P \leq 0.1$이고, $nP = 0.1 \sim 10$일 때 푸아송 분포에 근사된다.

풀이 ② 푸아송 분포가 $(nP = m) \geq 5$일 때 정규분포에 근사된다.

08산업 ●●○

91 평균치가 같은 이항분포, 푸아송 분포, 초기하분포에서 표준편차의 크기를 올바르게 나열한 것은?

① 푸아송 분포 < 이항분포 < 초기하분포

② 초기하분포 < 푸아송 분포 < 이항분포

③ 초기하분포 < 이항분포 < 푸아송 분포

④ 이항분포 < 초기하분포 < 푸아송 분포

풀이 $\sqrt{\dfrac{N-n}{N-1}}\sqrt{np(1-p)} < \sqrt{np(1-p)} < \sqrt{np}$

정규분포

06산업 ✪✪◯

92 다음 중에서 정규분포가 중요함을 가장 올바르게 설명하는 것은?

① 대수의 법칙(Law of Large Number)이 작용한다.
② 중심극한정리(Central Limit Theorem)가 이를 설명한다.
③ 현실의 데이터를 잘 대표한다.
④ 좌우대칭인 분포를 나타낸다.

풀이 중심극한정리
동일한 확률분포를 가진 독립확률변수 n개의 평균의 분포는 n이 적당히 크다면 정규분포에 가까워진다는 정리이다.

10, 17산업 ✪✪◯

93 정규분포에 관한 설명으로 옳은 것은?

① 첨도는 1이다.
② 이산형 확률변수이다.
③ 평균에 대해 좌우대칭인 확률분포이다.
④ 자유도를 알아야 수표를 사용할 수 있다.

풀이 ① 첨도는 3이다.
② 연속형 확률변수이다.
④ 자유도와 상관 없이 수표를 사용할 수 있다.

08, 15, 20산업 ✪✪✪

94 정규분포에 대한 설명으로 틀린 것은?

① 분포가 이산적이다.
② 평균치를 중심으로 좌우대칭이다.
③ 곡선의 모양은 산포의 정도 σ에 의해 결정된다.
④ 확률변수 X를 $\dfrac{X-\mu}{\sigma}$로 치환하면 표준정규분포가 된다.

풀이 ① 정규분포는 분포가 연속인 연속확률분포이다.

09산업 ✪✪◯

95 정규분포표에서 빗금 친 부분은 전체 중에 있어서 약 몇 %를 나타내는가?

① 4.28%
② 4.54%
③ 15.74%
④ 27.20%

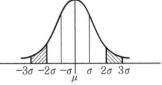

풀이 $99.73 - 95.45 = 4.28(\%)$

13산업 ✪✪◯

96 평균치로부터 $\pm 1\sigma$인 구간을 잡을 때 구간 밖으로 데이터가 벗어날 확률은 약 얼마인가?

① 4.45%
② 15.87%
③ 31.73%
④ 50.00%

풀이
• $\pm 1\sigma$ 벗어날 확률 : 31.73%
• $\pm 2\sigma$ 벗어날 확률 : 4.55%
• $\pm 3\sigma$ 벗어날 확률 : 0.27%

12산업[실기] ✪✪✪

97 "평균치 μ, 분산 σ^2의 정규분포를 하는 모집단에서 추출한 n개의 임의의 표본 $x_1, x_2, \cdots, x_n$에서 얻어지는 표본평균치 $\bar{x}$는 평균이 (㉠)이고, 분산 (㉡)인 (㉢)를 한다." ( ) 속에 맞는 내용은 무엇인가?

① ㉠ μ, ㉡ $\dfrac{\sigma^2}{n}$, ㉢ 정규분포
② ㉠ μ, ㉡ σ^2, ㉢ t 분포
③ ㉠ $\bar{x}$, ㉡ $\dfrac{\sigma^2}{\sqrt{n}}$, ㉢ 정규분포
④ ㉠ $\bar{x}$, ㉡ σ^2, ㉢ t 분포

풀이 "평균이 μ이고 분산이 σ^2인 임의의 확률분포를 갖는 모집단으로부터 크기 n인 확률표본 $x_1, x_2, x_3, \cdots, x_n$을 취하였을 때, 시료의 평균($\bar{x} = \sum x_i / n$)은 시료의 크기 n이 충분히 클 때 대략 정규분포 $\bar{x} \sim N\left[\mu, \left(\dfrac{\sigma}{\sqrt{n}}\right)^2\right]$을 따른다."

98 정규분포를 따르는 로트에서, 표본의 크기를 n으로 하여 랜덤하게 추출하는 경우 표본평균($\bar{X}$)의 표준편차는?

① $n\sigma$ ② $\sqrt{n}\,\sigma$

③ $\dfrac{\sigma}{n}$ ④ $\dfrac{\sigma}{\sqrt{n}}$

풀이 $x \sim N(\mu,\ \sigma^2),\ \bar{x} \sim N\left[\mu,\ \left(\dfrac{\sigma}{\sqrt{n}}\right)^2\right]$

99 $N(100,\ 5^2)$인 모집단에서 n개의 시료를 뽑을 때 시료평균의 분포가 $N(100,\ 1^2)$이 되었다면 시료의 크기 (n)는?

① 1   ② 5

③ 16   ④ 25

풀이 $\sigma_{\bar{x}} = \dfrac{\sigma}{\sqrt{n}}$에서 $1 = \dfrac{5}{\sqrt{n}}$

∴ $n = 25$

100 표본 평균의 표준편차를 원래 값의 반으로 줄이기 위해서는 표본 크기를 몇 배로 크게 하여야 하는가?

① 1/2배   ② 2배

③ 4배   ④ 8배

풀이 $\sigma_{\bar{x}} = \dfrac{\sigma_x}{\sqrt{n}}$에서 표본평균의 표준편차($\sigma_{\bar{x}}$)가 원래의 표준편차 ($\sigma_x$)의 반($0.5\sigma_x$)이 되기 위해서는 4배가 되어야 한다.

101 모평균이 100이고 모표준편차가 4인 모집단에서 16개의 시료를 랜덤하게 샘플링했을 때 그 시료평균의 분포는?

① $N(100,\ 1^2)$ ② $N(100,\ 4^2)$

③ $N\left[100,\ (1/4)^2\right]$ ④ $N(100,\ 5^2)$

풀이 $\sigma_{\bar{x}} = \dfrac{\sigma}{\sqrt{n}} = \dfrac{4}{\sqrt{16}} = 1$

102 $X \sim N(\mu,\ \sigma^2)$을 따를 때, 크기 n인 독립표본으로 모평균 μ를 추정하는 경우 사용하는 분포는?

① F 분포   ② 정규분포

③ χ^2 분포   ④ 푸아송 분포

풀이 σ기지이고 모평균(μ)을 추정하는 경우의 사용 분포는 정규분포이다.

103 $X \sim N(-4.19, 5.16)$일 때 표준화된 정규확률변수 u는?(단, X는 확률변수이다.)

① $\dfrac{X+4.19}{5.16}$ ② $\dfrac{X-4.19}{5.16}$

③ $\dfrac{X+4.19}{\sqrt{5.16}}$ ④ $\dfrac{X-4.19}{\sqrt{5.16}}$

풀이 $u_0 = \dfrac{x-\mu}{\sigma} = \dfrac{X-(-4.19)}{\sqrt{5.16}} = \dfrac{X+4.19}{\sqrt{5.16}}$

104 수험자 200명이 응시하여 시험성적이 평균 68.4, 표준편차 10인 정규분포를 이룰 때 88점을 받은 학생의 성적 순위는?

① 2   ② 5

③ 7   ④ 10

풀이 $u = \dfrac{x-\mu}{\sigma} = \dfrac{88-68.4}{10} = 1.96$

$P_r(88 < x) = P_r(u > 1.96) = 0.025$

∴ $200 \times 0.025 = 5$(등)

105 어떤 자동차 부품 공장에서 생산하는 부품의 치수 규격은 20 ± 0.05mm이고, 공정의 분포가 $N(20,\ 0.05^2)$을 따른다면 규격을 벗어날 확률은 약 얼마인가?

① 4.55%   ② 15.87%

③ 31.74%   ④ 68.27%

정답 98 ④   99 ④   100 ③   101 ①   102 ②   103 ③   104 ②   105 ③

풀이 $P_r(x < 19.95$ 또는 $x > 20.05)$
$= P_r\left(u < \dfrac{19.95 - 20}{0.05}\right) + P_r\left(u > \dfrac{20.05 - 20}{0.05}\right)$
$= 0.3174(31.74\%)$

13산업[실기] ❷❷○

106 어느 공장에서 생산되는 제품은 정규분포를 따르며 평균이 10.0mm, 표준편차(σ)가 0.4mm이다. 그 공정으로부터 10.8mm 이상의 제품이 생산될 확률은 약 몇 %인가?

① 1.645% ② 2.280%
③ 8.145% ④ 9.280%

풀이 $P_r(x \geq 10.8) = P_r\left(u = \dfrac{10.8 - 10.0}{0.4} = P_r(u \geq 2.0)\right)$
$= 0.02280(2.280\%)$

08산업[실기] ❷❷○

107 어떤 약품의 순도의 합격은 90% 이상이다. 공정평균이 93%, 표준편차가 1.5%인 정규분포일 때 불량로트가 나올 확률은 약 몇 %인가?

① 2.28 ② 4.55
③ 6.68 ④ 15.87

풀이 $P_r(x) = 1 - P_r\left(u > \dfrac{90 - 93}{1.5}\right) = 0.02275(2.275\%)$

11산업[실기] ❷❷○

108 통계학 연수과정에서 시험성적의 분포는 근사적으로 $N(14, 2^2)$이라고 한다. 만약 11점 이하를 받은 사람은 재교육과정을 거쳐야 한다면, 재교육 대상인 사람의 비율은 약 얼마인가?

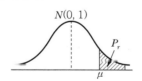

u	P_r
0.75	0.2266
1.5	0.0668

---

① 6.68% ② 22.66%
③ 77.34% ④ 93.32%

풀이 $P_r(x \leq 11) = P_r\left(u \leq \dfrac{11 - 14}{2}\right) = P_r(u \leq -1.5)$
$= 0.0668(6.68\%)$

18산업[실기] ❷❷○

109 어떤 제품의 모집단이 $N(30, 4^2)$의 분포를 따른다. X가 34 이상일 확률을 구하면?

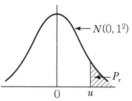

u	P_r
0.4	0.3446
1.0	0.1587
1.5	0.0669
2.0	0.0228

① 0.0113 ② 0.0228
③ 0.1587 ④ 0.3446

풀이 $u = \dfrac{x_i - \mu}{\sigma} = \dfrac{34 - 30}{4} = 1.0$
$\therefore \ P_r(34 \leq x) = P_r(1.0 \leq u) = 0.1587$

19산업 [실기] ❷❷○

110 검사의 소요시간은 평균이 30분, 표준편차가 5분인 정규분포를 따른다고 한다. 검사 합격시간이 35분 이내라고 한다면, 전체의 몇 %가 합격하겠는가?

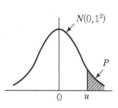

u	P
0.50	0.3086
1.00	0.1587
1.64	0.0455
2.78	0.0027

① 69.14 ② 84.13
③ 95.45 ④ 99.73

풀이 $u = \dfrac{x - \mu}{\sigma} = \dfrac{35 - 30}{5} = 1.00$
$P_r(x < 35) = P_r(1.00 > u) = 0.8413$

---

111 자동차용 동력전달 장치를 조립할 때 쓰이는 M12의 나사가 있다. 이 나사의 조임 토크 상한 규격은 1,000 kgf · cm이며, 공정의 평균은 900kgf · cm이다. 표준편차가 50kgf · cm라고 하면, 이 공정의 나사조임 부적합품률은 약 얼마인가?

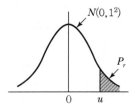

u	P_r
0.5	0.3085
1.0	0.1587
1.5	0.0668
2.0	0.0228

① 2.28% ② 6.68%
③ 15.87% ④ 30.85%

풀이 $P_r(x > 1,000) = P_r\left(u > \dfrac{1,000 - 900}{50} = 2.0\right)$
$= 0.0228(2.28\%)$

---

t 분포

112 t 분포에 대한 설명 중 옳지 않은 것은?

① $t_{1-\frac{\alpha}{2}}(\nu)$는 $F_{1-\alpha}(1, \nu)$와 동일한 값을 가진다.
② 자유도가 무한대에 근사하면 t 분포는 정규분포에 근사하게 된다.
③ 자유도 ν인 t 분포의 기댓값은 0이다.
④ t 분포의 분산은 $\dfrac{\nu}{\nu - 2}$이다(단, $\nu > 2$이다).

풀이 ① $t_{1-\frac{\alpha}{2}}(\nu)$는 $\sqrt{F_{1-\alpha}(1, \nu)}$와 동일한 값을 가진다.

---

113 t 분포에서 자유도가 무한히 커지면 어떤 분포에 근사하게 되는가?

① F 분포 ② 정규분포
③ χ^2 분포 ④ 푸아송 분포

풀이 t 분포에서 자유도(ν)가 ∞로 가면 정규분포에 근사하게 된다. 즉, $u_{1-\alpha/2} = t_{1-\alpha/2}(\infty)$

---

114 자유도가 ν인 t 분포를 제곱하면 어떤 분포를 따르는가?(단, $\nu > 4$이다.)

① F 분포 ② 지수분포
③ 정규분포 ④ 표준정규분포

풀이 $t_{1-\alpha/2}^2(\nu) = F_{1-\alpha}(1, \nu)$
$t_{1-\alpha/2}(\nu) = \sqrt{F_{1-\alpha}(1, \nu)}$

χ^2 분포

115 확률변수 $\dfrac{(n-1)s^2}{\sigma^2}$은 자유도가 얼마인 χ^2 분포를 따르는가?

① n ② $n - 1$
③ $n - 2$ ④ $n_1 + n_2 - 2$

풀이 확률변수 x가 자유도(ν) $= n - 1$의 χ^2 분포를 따르면 기대치와 산포값은 $E(x) = \nu$, $V(x) = 2\nu$가 된다.

---

116 확률변수 X는 평균이 μ이고 분산이 σ^2인 정규분포를 따른다. 이때, $\dfrac{\sum (x_i - \mu)^2}{\sigma^2}$은 어떤 분포를 따르는가?

① χ^2 분포 ② t 분포
③ 정규분포 ④ F 분포

정답 111 ① 112 ① 113 ② 114 ① 115 ② 116 ①

풀이 한 집단의 모분산을 검정할 때 사용하는 분포는 χ^2 분포이고

$$\chi_0^2 = \frac{\Sigma(x_i - \mu)^2}{\sigma^2} = \frac{S}{\sigma^2} = \frac{(n-1) \times s^2}{\sigma^2}$$ 이 된다.

117 확률변수 $\dfrac{(n-1)s^2}{\sigma^2}$ 은 어떤 분포를 따르는가?

① t 분포   ② F 분포

③ χ^2 분포   ④ 정규분포

풀이 116번 풀이 참조

118 산포를 검정할 때 χ^2 검정에 사용되는 통계량을 구하는 식은?

① $\dfrac{S}{\sigma_0^2}$ ② $\dfrac{\bar{x} - \mu_0}{s/\sqrt{n}}$

③ $\dfrac{\bar{x} - \mu_0}{\sigma/\sqrt{n}}$ ④ $\dfrac{\bar{d}}{s_d/\sqrt{n}}$

풀이 1개의 산포(모분산)의 검정 : $\chi_0^2 = \dfrac{S}{\sigma_0^2}$

119 모분산이 2.6인 정규 모집단으로부터 $n = 7$의 시료를 랜덤 샘플링하여 불편분산을 계산하였을 때 그 불편분산이 얼마 이상이 되어야 확률이 5%가 되는가?[단, $\chi_{0.95}^2(6) = 12.59$, $\chi_{0.95}^2(7) = 14.07$]

① 4.842   ② 5.456

③ 8.670   ④ 32.734

풀이 $\chi_0^2 = \dfrac{S}{\sigma^2} = \dfrac{6 \times s^2}{2.6} = 12.59$

$\therefore s^2 = 5.4557$

120 $\chi_{0.95}^2(15) = 25$이면 $F_{0.95}(15, \infty)$의 값은 약 얼마인가?

① 0.357   ② 1.667

③ 1.786   ④ 2.236

풀이 $\chi_{0.95}^2(15) = 15 \times F_{0.95}(15, \infty)$

$F_{0.95}(15, \infty) = \dfrac{25}{15} = 1.6667$

F 분포

121 다음 중 두 분산비 $\left(\dfrac{\sigma_1^2}{\sigma_2^2}\right)$에 대한 점추정치로 옳은 것은?

① $\dfrac{V_1}{V_2}$ ② $\dfrac{s_1}{s_2}$

③ $\dfrac{p_1}{p_2}$ ④ $\dfrac{x_1}{x_2}$

풀이 분산비의 검정은 F 검정을 실시한다.

연속확률분포 종합

122 연속형 확률분포에 관한 설명 중 틀린 것은?

① $\dfrac{\chi_{1-\alpha}^2(\nu)}{\nu} = F_{1-\alpha}(\nu, \infty)$이다.

② $F_{1-\alpha}(\nu_1, \nu_2) = \dfrac{1}{F_\alpha(\nu_2, \nu_1)}$이다.

③ t 분포에서 n이 ∞로 접근함에 따라 정규분포에 구사한다.

④ t 분포는 표본의 수가 직은 경우에 사용되며 산포 추정에 적용된다.

풀이 ④ t 분포는 표본의 수가 적고, σ가 미지인 경우 평균치 추정에 적용된다.

PART 1
PART 2
PART 3
PART 4
PART 5
PART 6
PART 7

123 연속확률분포에 관한 설명 중 틀린 것은?

① 자유도가 무한대인 t 분포는 정규분포에 근사한다.

② F 분포는 두 집단의 평균에 대한 추정과 검정을 할 때 이용된다.

③ 카이제곱 분포는 정규분포를 따르는 변수의 분산에 대한 신뢰구간을 구하고, 검정을 할 때 이용된다.

④ t 분포는 표준정규분포를 따르는 변수와 카이제곱 분포를 따르는 변수의 비율의 형태로 표현된다.

풀이 ② F 분포는 두 집단의 분산비에 대한 검정과 추정에 이용된다.

최근 기출문제

검 · 추정의 기초

08산업 ✪✪✪

01 다음은 가설검정의 순서를 나타낸 것이다. ( ) 안에 알맞은 것은?

> 귀무가설과 대립가설을 세운다. → 유의수준을 결정한다. → ( ) → 기각역을 구한 후 판정한다.

① 제2종의 과오를 결정한다.
② 가설을 기각한다.
③ 검정통계량을 계산한다.
④ 표본 크기를 결정한다.

풀이 검정순서
가설 설정 → 유의수준 결정 → 검정통계량 계산 → 기각역 설정과 판정

06산업 ✪✪○

02 다음의 가설검정에 대한 설명 중 가장 올바른 것은?

① 주장하고 싶은 내용은 대립가설로 놓고 대립가설이 참일 때 채택될 확률을 검출력이라 한다.
② 귀무가설이 참일 때, 귀무가설이 기각될 오류를 제2종 오류라 한다.
③ 제1종 오류의 크기 α는 대립가설이 참일 때 귀무가설이 채택될 확률이다.
④ 제2종 오류와 제1종 오류가 같아지는 경우는 있을 수 없다.

풀이 ② 제1종 과오
③ 제2종 과오
④ 전수검사를 하면 이론적으로 α, β는 0이 되어 같아진다.

14, 20산업 ✪✪○

03 가설검정에서 제1종 오류에 대한 설명으로 맞는 것은?

① H_0가 진실일 때 H_0를 기각하는 오류
② H_0가 진실일 때 H_0를 채택하는 오류
③ H_1이 진실일 때 H_0를 채택하는 오류
④ H_1이 진실일 때 H_1을 기각하는 오류

풀이 ① 제1종 오류(α)
② 신뢰도($1-\alpha$)
③ 제2종 오류(β)
④ 제2종 오류(β)

13산업 ✪✪○

04 다음 중 유의수준에 대한 설명으로 옳은 것은?

① 제1종 오류를 범할 최대확률이다.
② 제1종 오류를 범할 최소확률이다.
③ 제2종 오류를 범할 최대확률이다.
④ 제2종 오류를 범할 최소확률이다.

풀이 유의수준(α)이란 기각률, 위험률, 제1종 과오 등으로 표현되며 오류를 범할 최대확률을 의미한다.

07, 17산업 ✪✪○

05 유의수준 α에 대한 설명으로 맞는 것은?

① 제2종 오류라고 한다.
② 나쁜 로트가 합격할 확률이다.
③ 공정이 이상이 있는데 없다고 판정할 확률이다.
④ 귀무가설이 옳은데도 불구하고 기각한 확률이다.

풀이 ①, ②, ③은 제2종 오류(β)에 해당된다.

06 다음 중 제1종 과오에 대한 내용으로 옳은 것은?

① 귀무가설이 옳은데도 불구하고 이를 기각하는 과오
② 귀무가설이 옳지 않은데도 불구하고 이를 채택하는 과오
③ $(1-\alpha)$에 해당하는 확률
④ $(1-\beta)$에 해당하는 확률

풀이 ① α
② β
③ 신뢰율
④ 검정력(검출력)

07 제1종의 오류에 대한 내용으로 맞는 것은?

① $(1-\alpha)$에 해당하는 확률
② $(1-\beta)$에 해당하는 확률
③ 귀무가설이 옳은데도 불구하고 이를 기각하는 오류
④ 귀무가설이 옳지 않은데도 불구하고 이를 채택하는 오류

풀이 H_0 사실(H_1 거짓)일 때 H_0 기각(H_1 채택)하는 과오를 제1종 과오(α)라 하며 위험률, 기각률, 유의수준, 생산자 위험이라고도 한다.

08 검정의 결과로 "유의차가 없다."라고 했을 때 이 말을 맞게 표현한 내용은?

① 유의수준 α로 대립가설이 옳다는 말이다.
② 신뢰수준 $(1-\alpha)$로 대립가설이 옳다는 말이다.
③ 유의수준 α로 귀무가설을 채택한다는 뜻이다.
④ 유의수준 α로 귀무가설이 옳다고 하기에는 데이터가 부족하다.

풀이 ①, ② 유의차가 있다는 의미
③ 유의차가 없다는 의미

09 가설검정의 결론으로 "유의적이 아니다."라고 말했다. "유의적이 아니다."라는 용어에 대한 의미로 적절한 것은?

① 주어진 위험률에서 대립가설이 옳다는 말이다.
② 주어진 유의수준에서 귀무가설이 옳다는 말이다.
③ 주어진 유의수준에서 귀무가설과 대립가설이 같다는 의미이다.
④ 주어진 위험률에서 귀무가설이 옳다고 하기에는 데이터가 부족하다.

풀이 귀무가설(H_0)이 옳고 대립가설(H_1)이 틀렸다는 뜻이다.

10 통계적 검정을 하여 위험률 5%로 유의하다는 결론을 얻었다면 이와 의미가 동일한 것은?

① 신뢰율이 5%이다.
② 출현 확률이 5%이다.
③ 제1종 과오가 5%이다.
④ 제2종 과오가 10%이다.

풀이 α는 위험률, 유의수준, 기각률, 제1종 과오, 생산자위험 등의 용어로 사용된다.

11 검정 및 추정에 관련된 설명 중 틀린 것은?

① 유의수준의 값이 작을수록 귀무가설의 기각 가능성은 커진다.
② 검정을 통하여 입증하고 싶은 현상을 대립가설로 설정한다.
③ 검정 결과 귀무가설이 채택되는 경우 신뢰구간의 추정은 의미가 없다.
④ 검정에서 대립가설을 한쪽가설로 설정하는 경우, 귀무가설이 기각되면, 추정은 단측 신뢰구간(One-Sided Confidence Interval), 즉 아래쪽 신뢰한계 혹은 위쪽 신뢰한계만 구하는 한쪽 추정방식이 행하여진다.

풀이 ① 유의수준의 값이 클수록 귀무가설의 기각 가능성은 커진다.

정답 **06** ① **07** ③ **08** ③ **09** ② **10** ③ **11** ①

12 검 · 추정에 관련된 설명으로 틀린 것은?(단, α는 제1 종의 과오, β는 제2종의 과오이다.)

① α를 크게 할수록 검출력은 작아진다.
② 모표준편차를 작게 할수록 검출력은 커진다.
③ 시료의 크기가 일정하면, α를 크게 할수록 β는 작아진다.
④ α를 일정하게 하고, 시료의 크기를 크게 할수록 β는 작아진다.

풀이 ① α를 크게 할수록 검출력$(1-\beta)$은 커진다.

13 통계적 가설검정에 대한 설명으로 맞는 것은?

① 채택역과 기각역은 서로 관계가 없다.
② 채택역이 커질수록 제1종 오류는 증가한다.
③ 기각역이 작을수록 제1종 오류는 감소한다.
④ 기각역이 커질수록 제2종 오류는 증가한다.

풀이 ① 채택역과 기각역은 서로 반대관계가 성립한다.
② 채택역이 커질수록 제1종 오류는 감소하고, 제2종 오류는 증가한다.
④ 기각역이 커질수록 제1종 오류는 증가하고, 제2종 오류는 감소한다.

14 어떤 제품의 특성이 정규분포를 따르고 모집단의 표준편차가 알려진 경우, 모평균을 추정할 때의 설명으로 가장 적절한 것은?

① 표본의 크기가 작으면, 신뢰구간은 넓어진다.
② 모집단의 분산이 커지면, 신뢰구간은 좁아진다.
③ 신뢰도$(1-\alpha)$가 커지면, 추정의 폭은 좁아진다.
④ 표본의 크기가 커지면, 추정의 폭은 넓어진다.

풀이 ② 좁아진다. → 넓어진다.
③ 좁아진다. → 넓어진다.
④ 넓어진다. → 좁아진다.

15 다음 진술의 (　) 안에 들어갈 단어가 순서대로 나열된 것은?

> 검정의 신뢰성은 제1종의 오류와 제2종의 오류에 의해서 결정된다. 표본의 크기가 고정되어 있을 경우 기각역을 넓히면 (㉠)는 증가하고 (㉡)는 감소한다.

① ㉠ α, ㉡ β
② ㉠ β, ㉡ α
③ ㉠ α, ㉡ $1-\beta$
④ ㉠ $1-\alpha$, ㉡ β

풀이 "검정의 신뢰성은 제1종의 오류와 제2종의 오류에 의해서 결정된다. 표본의 크기가 고정되어 있을 경우 기각역을 넓히면 (α)는 증가하고 (β)는 감소한다."

16 어떤 제품의 특성이 정규분포를 따르고 모집단의 표준편차가 알려진 경우, 모평균을 추정할 때의 설명 중 가장 관계가 먼 것은?

① 신뢰도$(1-\alpha)$가 높아지면 추정의 폭은 넓어진다.
② 모집단의 분산이 커지면 신뢰구간은 좁아진다.
③ n이 커지면 추정의 폭은 $\sqrt{n}$에 비례하여 좁아진다.
④ 샘플 크기가 작으면 신뢰구간은 넓어진다.

풀이 ② 모집단의 분산이 커지면 신뢰구간도 커진다.
$$\left(\bar{x}\pm u_{1-\alpha/2}\frac{\sigma}{\sqrt{n}}\right)$$

17 신뢰구간추정에 대한 설명으로 맞는 것은?

① 신뢰구간의 폭은 넓을수록 좋다.
② 신뢰구간은 항상 모수를 포함한다.
③ 99%의 신뢰구간이 95%의 신뢰구간보다 넓다.
④ 정밀도가 나빠질수록 신뢰구간의 폭이 좁아진다.

풀이 ① 신뢰구간의 폭은 좁을수록 좋다.
② 신뢰구간은 특정 확률로 모수를 포함한다고 가정하는 것이다.
④ 정밀도가 나빠질수록 신뢰구간의 폭이 넓어진다.

정답　12 ①　13 ③　14 ①　15 ①　16 ②　17 ③

18 다음은 가설검정의 결과를 나타낸 표이다. ( ) 안의 ㉠, ㉡에 맞는 것은?(단, α는 제1종의 과오, β는 제2종의 과오이다.)

미지의 실제현상 / 검정결과	귀무가설이 사실인 경우	귀무가설이 거짓인 경우
귀무가설 채택	옳은 결정	(㉡)
귀무가설 기각	(㉠)	옳은 결정

① ㉠ α, ㉡ β
② ㉠ $1-\alpha$, ㉡ $1-\beta$
③ ㉠ β, ㉡ α
④ ㉠ $1-\beta$, ㉡ $1-\alpha$

풀이

미지의 실제현상 / 검정결과	귀무가설이 사실인 경우	귀무가설이 거짓인 경우
귀무가설 채택	$1-\alpha$	(β)
귀무가설 기각	(α)	$1-\beta$

19 가설검정 시 제1종 과오를 α, 제2종 과오를 β라고 할 때 검출력은 어떻게 나타낼 수 있는가?

① $1-\alpha$
② $1-\beta$
③ $\alpha-\beta$
④ $\beta-\alpha$

풀이

현상 / 결과	H_0 사실 (H_1 거짓)	H_0 거짓 (H_1 사실)
H_0 채택 (H_1 기각)	신뢰도 $(1-\alpha)$	제2종 과오 (β)
H_0 기각 (H_1 채택)	제1종 과오 (α)	검출력 $(1-\beta)$

20 다음은 제1종 과오(α)와 제2종 과오(β)에 대한 설명이다. 내용 중 맞는 것은?

㉠ 제1종 과오(α)는 귀무가설이 옳을 때, 귀무가설을 기각하는 확률
㉡ 제2종 과오(β)는 대립가설이 옳을 때, 귀무가설을 기각하지 못하는 확률

① ㉠만 옳다.
② ㉡만 옳다.
③ ㉠, ㉡ 모두 옳다.
④ ㉠, ㉡ 모두 틀리다.

풀이 • 제1종 과오(α) : 귀무가설(H_0)이 옳을 때, 귀무가설을 기각하는 확률
• 제2종 과오(β) : 귀무가설(H_0)이 거짓일 때, 귀무가설을 채택하는 확률
따라서 ㉠, ㉡ 모두 옳다.

21 바람직한 점추정량의 성질로 보기 어려운 것은?

① 불편성(Unbiasedness)
② 유효성(Efficiency)
③ 일치성(Consistency)
④ 임의성(Randomness)

풀이 불편성, 유효성, 일치성, 충분성 등이 있다.

22 통계적 추정에 있어 추정량의 분산이 작을수록 바람직한 성질은?

① 유효성 ② 불편성
③ 일치성 ④ 충분성

풀이 유효성(효율성)이란 시료에서 계산된 추정량은 모집단의 모수에 근접하여야 하는데, 이렇게 되기 위해서는 모수를 기준으로 하여 추정량의 분산이 작아야 한다는 원칙이다.

09산업 ★★○

23 추정량의 성질 중 표본의 크기가 커지면 추정값은 모수에 가까워지게 되는 성질을 무엇이라 하는가?

① 불편성
② 유효성
③ 일치성
④ 충분성

풀이 일치성에 대한 설명이다.

15산업 ★★○

24 모수추정치로 사용하는 통계량이 모수값을 중심으로 분포하는 특성은?

① 일치성
② 유효성
③ 불편성
④ 충분성

풀이 추정량의 기대치가 추정할 모수의 실제 값과 같을 때(모수추정치로 사용하는 통계량이 모수값을 중심으로 분포하는 특성), 이 추정량은 불편성을 가졌다고 하며, 이러한 추정량을 불편추정량이라 한다.

14, 18산업 ★★○

25 계수치에 대한 검·추정을 실시할 때 그들 자체의 속성(Attribute)은 어떤 분포에 근사하고 있는가?

① 이항분포
② 정규분포
③ 와이블 분포
④ 푸아송 분포

풀이 계수치에 대한 검·추정을 실시할 때 기본 가정은 정규분포로 정의하고 있다.

모평균의 검·추정(σ 기지)

19산업 ★★○

26 표준편차(σ)를 아는 경우에 평균치의 검정 또는 추정에 사용되는 분포는?

① t 분포
② χ^2 분포
③ F 분포
④ 정규분포

풀이

기본 가정	통계량	비고
σ^2 기지	$u_0 = \dfrac{\bar{x} - \mu_0}{\sigma/\sqrt{n}}$	과거의 자료가 존재하는 경우 (모집단의 분포를 알고 있는 경우)
σ^2 미지	$t_0 = \dfrac{\bar{x} - \mu_0}{s/\sqrt{n}}$	과거의 자료가 존재하지 않는 경우 (모집단의 분포를 모르는 경우)

14, 20산업 ★★○

27 모평균(μ_0)이 $100(1-\alpha)\%$ 신뢰구간 내에 있을 때, 유의수준 α에서 귀무가설 $H_0 : \mu = \mu_0$에 대한 설명으로 옳은 것은?

① 귀무가설을 기각할 수 없다.
② 귀무가설을 기각할 수 있다.
③ 판단할 수 없다.
④ 추정과 검정은 아무런 관계가 없다.

풀이 모평균(μ_0)이 신뢰구간 내에 있다는 말은 평균이 변하지 않았다는 의미가 되므로 귀무가설을 기각할 수 없다는 의미이다.

00산업[실기] ★★★

28 X 기계 공장에서 프레스된 부품 지름의 기준치는 7.95mm, 표준편차 $\sigma = 0.03$mm라는 것을 알고 있다. 이 제조공정의 일부를 변경하여 10개의 샘플을 측정한 결과 $\bar{x} = 7.926$mm이었다. 부품의 지름이 달라졌다고 할 수 있겠는가?(단, 유의수준은 $\alpha = 0.05$이다.)

① $u_0 < 1.96$이므로 지름이 변하지 않았다.
② $u_0 > 1.96$이므로 지름이 달라졌다.
③ $u_0 < 1.96$이므로 지름이 달라졌다.
④ $u_0 > 1.96$이므로 지름이 변하지 않았다.

정답 23 ③ 24 ③ 25 ② 26 ④ 27 ① 28 ②

풀이 $u_0 = \dfrac{|\bar{x} - \mu_0|}{\sigma / \sqrt{n}} = \dfrac{|7.926 - 7.95|}{0.03 / \sqrt{10}} = 2.53 > 1.96$

∴ 귀무가설(H_0) 기각, 즉 지름이 달라졌다.

풀이 $u_0 = \dfrac{\bar{x} - \mu_0}{\sigma / \sqrt{n}} = \dfrac{1,170 - 1,200}{80 / \sqrt{100}} = -3.75 < -2.576$

∴ $\alpha = 0.01$로 귀무가설을 기각한다.

---

29 전구를 생산하고 있는 M 회사에서는 전구의 평균수명이 1,600시간이라고 광고하고 있다. 이를 확인하기 위하여 시중에서 샘플링한 100개의 전구를 수명시험하였더니 평균이 1,570시간, 시료 표준편차가 120시간이었다. 이 회사의 광고 내용을 위험률 5%로 검정한 결과로 옳은 것은?

① 귀무가설이 채택되므로 믿을 수 있는 선전이라고 볼 수 있다.
② 귀무가설이 채택되므로 믿을 수 있는 선전이라고 할 수 없다.
③ 귀무가설이 기각되므로 믿을 수 있는 선전이라고 볼 수 있다.
④ 귀무가설이 기각되므로 믿을 수 있는 선전이라고 할 수 없다.

풀이 $u_0 = \dfrac{1,570 - 1,600}{\dfrac{120}{\sqrt{100}}} = -2.5 < -1.96$이 되므로

귀무가설(H_0)이 기각되고, 대립가설(H_1)이 채택된다.

---

30 S 회사가 생산하는 100개의 형광등 시료표본에서 평균수명 $\bar{x} = 1,170$시간임을 알았다. 회사의 과거 경험으로는 형광등의 평균수명은 1,200시간이고 표준편차는 80시간이다. 형광등의 수명이 변하였는지 여부를 유의수준 $\alpha = 0.01$과 $\alpha = 0.05$로 각각 검정하면?(단, $u_{0.995} = 2.576$, $u_{0.975} = 1.96$)

① 1%의 유의수준으로만 귀무가설을 기각할 수 있다.
② 5%의 유의수준으로만 귀무가설을 기각할 수 있다.
③ 1%, 5% 모두에서 귀무가설을 기각할 수 있다.
④ 1%, 5% 모두에서 귀무가설을 기각할 수 없다.

---

31 한 타이어 제조회사에서 생산 중인 타이어의 수명은 평균이 37,000km, 표준편차는 5,000km인 것으로 알려져 있다. 타이어의 수명을 증가시키는 신 공정으로 시제품을 100개 생산하여 조사한 결과 평균수명이 38,000km임을 알았다. 이때 유의수준 5%에서 검정을 하였을 때의 설명으로 가장 관계가 먼 것은?

① 대립가설은 $H_1 : \mu > 37,000$ 이다.
② 기각역은 $u_{0.95} = 1.645$이다.
③ 검정통계량값 $u_0 = 2.0$이다.
④ 귀무가설이 채택된다.

풀이
- $H_0 : \mu \leq 37,000\text{km}$, $H_1 : \mu > 37,000\text{km}$
- $u_0 = \dfrac{\bar{x} - \mu_0}{\dfrac{\sigma}{\sqrt{n}}} = \dfrac{38,000 - 37,000}{\dfrac{5,000}{\sqrt{100}}} = 2.0$
- 판정 : $u_0 > 1.645$

∴ H_0가 기각된다.

---

32 모표준편차가 4인 정규모집단에 대해 $H_0 : \mu \leq 90$, $H_1 : \mu > 90$으로 하여 평균치의 검정을 하려고 $n = 20$으로 하여 시료평균을 구하였더니 92.4였다. 검정결과로 맞는 것은?(단, 위험률 $\alpha = 0.05$이고, $u_{0.95} = 1.645$이다.)

① H_0가 기각된다.   ② 차이가 없다.
③ H_0가 채택된다.   ④ 유의하지 않다.

풀이 $H_0 : \mu \leq 90$, $H_1 : \mu > 90$

$u_0 = \dfrac{\bar{x} - \mu_0}{\sigma / \sqrt{n}} = \dfrac{92.4 - 90}{4 / \sqrt{20}} = 2.683 > (u_{0.95} = 1.645)$

∴ H_0가 기각된다.

정답   29 ④   30 ③   31 ④   32 ①

33 어떤 약품공정에서 불순물 함유량의 산포(σ)는 0.43% 이다. 이 공정에서 시료를 8개 샘플링하여 불순물 함유량을 분석하였더니 평균치가 2.54%이었다. 신뢰율 95%로 모평균의 신뢰구간을 추정하면 약 얼마인가?

① $1.40 \leq \mu \leq 1.68$ ② $2.24 \leq \mu \leq 2.84$

③ $2.29 \leq \mu \leq 2.79$ ④ $2.40 \leq \mu \leq 3.20$

풀이 $\widehat{\mu_{U \cdot L}} = 2.54 \pm 1.96 \times \dfrac{0.43}{\sqrt{8}} = (2.242, \ 2.838)$

34 어떤 구입부품의 로트로부터 5개의 시료를 랜덤 샘플링하여 길이를 측정한 결과 다음의 [데이터]를 얻었다. 이 구입 부품의 모평균의 신뢰구간을 95% 신뢰율로 추정하면 약 얼마인가?(단, 로트 내 부품의 길이에 대한 모표준편차는 0.5m로 알려져 있다.)

[데이터]

| 54.5m | 53.7m | 55.0m | 54.8m | 54.9m |

① $54.58 \pm 0.39\text{m}$ ② $54.58 \pm 0.44\text{m}$

③ $58.54 \pm 0.57\text{m}$ ④ $58.54 \pm 0.62\text{m}$

풀이 $\bar{x} = \dfrac{\sum x}{n} = \dfrac{272.9}{5} = 54.58$

$\widehat{\mu_{U \cdot L}} = 54.58 \pm 1.96 \times \dfrac{0.5}{\sqrt{5}} = 54.58 \pm 0.438$

35 Y 제품의 모평균에 대한 평균치가 증가하였는지를 검정하기 위하여 로트로부터 10개를 샘플링하여 측정하였더니 $\sum x_i = 258.4$이고 유의수준 5%에서 유의하다고 판정되었다. 모표준편차 (σ)가 4.5라면 신뢰도 95%에 대한 신뢰하한은 약 얼마인가?

① 23.05   ② 23.50

③ 24.05   ④ 25.50

풀이 $\widehat{\mu_L} = 25.84 - 1.645 \times \dfrac{4.5}{\sqrt{10}} = 23.499$

36 어느 공정으로부터 양쪽 신뢰구간의 하한을 신뢰도 95%로 추정하였더니 50.3을 얻었다. 이때 시료의 크기 $n = 16$, $\bar{x} = 53.3$이라면 표준편차(σ)는 얼마인가? (단, $u_{0.975} = 1.96$)

① 6.12   ② 8.24

③ 10.46   ④ 14.36

풀이 $50.3 = 53.3 - 1.96\dfrac{\sigma}{\sqrt{16}}$

$\therefore \ \sigma = 6.122$

37 H사에서 생산하는 강철봉의 두께가 종전에는 평균 2.80cm, 표준편차 0.20cm인 정규분포를 따르던 것으로 알려져 있다. 그러나 현재 생산되는 강철봉의 두께는 종전보다 얇아졌다는 정보가 있어 25개의 강철봉을 구입하여 두께를 측정하여 구한 시료평균이 2.73cm로, 검정 결과 강철봉의 두께는 평균값이 작아졌다는 것이 유의수준 5%로 입증되었다. 이때 모평균의 95% 신뢰한계는 얼마인가?(단, 강철봉 두께의 산포는 검정을 통해 변화하지 않았다는 것이 입증되었다.)

① 2.789cm   ② 2.796cm

③ 2.804cm   ④ 2.872cm

풀이 $\hat{\mu}_U = \bar{x} + u_{1-\alpha}\dfrac{\sigma}{\sqrt{n}} = 2.73 + 1.645\dfrac{0.20}{\sqrt{25}} = 2.7958$

38 모평균의 구간추정을 위한 $100(1-\alpha)\%$ 양측 신뢰구간의 폭을 반으로 줄이기 위해서는 표본의 크기를 어떻게 해야 하는가?

① 2배 증가   ② 4배 증가

③ $\dfrac{1}{2}$로 축소   ④ $\dfrac{1}{4}$로 축소

풀이 $\sigma_{\bar{x}} = \dfrac{\sigma_x}{\sqrt{n}}$에서 표본평균의 표준편차($\sigma_{\bar{x}}$)가 원래의 표준편차($\sigma_x$)의 반($0.5\sigma_x$)이 되기 위해서는 4배 증가되어야 한다.

정답 33 ②   34 ②   35 ②   36 ①   37 ②   38 ②

39 어떤 제품의 수율 평균치를 신뢰도 95%로 구간추정하고자 한다. 이때 신뢰구간의 폭을 ±0.3% 이내로 하려면 시료의 수는 최소 몇 개 이상으로 하여야 하는가? (단, 종래 수율의 표준편차는 0.6%로 알려져 있다.)

① 11   ② 16

③ 44   ④ 62

풀이 $\pm 0.3 = \pm 1.96 \dfrac{0.6}{\sqrt{n}}$

$\therefore n = 15.37 = 16$

40 모평균의 추정에서 허용오차를 4 이하로 하려면 필요한 표본의 크기는?(단, 모표준편차는 8이고, 신뢰도는 95%이다.)

① 13   ② 14

③ 15   ④ 16

풀이 허용오차 $= \pm u_{1-\alpha/2} \dfrac{\sigma}{\sqrt{n}}$ 에서

$4 = \pm 1.96 \dfrac{8}{\sqrt{n}}$

$\therefore n = 15.37 = 16$

41 품질관리 담당자는 생산하는 전구의 평균수명을 신뢰수준 95%에서 오차한계가 20시간 이내로 하여 추정하기를 원한다. 전구의 수명은 정규분포를 따르며, 표준편차가 60시간으로 알려져 있다고 가정하고 필요한 최소의 표본 크기는?

① 33   ② 34

③ 35   ④ 36

풀이 $20 = \pm 1.96 \times \dfrac{60}{\sqrt{n}}$

$\therefore n = 34.574 = 35$

42 모평균의 구간추정에 대한 설명 중 틀린 것은?

① 분산이 크면 신뢰구간은 좁아진다.

② 신뢰수준을 높이면 신뢰구간이 넓어진다.

③ 시료의 크기를 크게 하면 신뢰구간이 좁아진다.

④ 분산과 표본의 크기는 신뢰구간이 크기에 상반된 작용을 한다.

풀이 ① $\hat{\mu}_{U \cdot L} = \overline{x} \pm u_{1-\alpha/2} \dfrac{\sigma}{\sqrt{n}}$ 에서 분산(표준편차)이 크면 신뢰구간은 넓어진다.

43 모표준편차 σ를 알고 있으면서 모평균(μ)의 신뢰구간을 추정할 경우 시료의 크기가 커지게 되면 신뢰구간의 폭은?

① 좁아진다.   ② 관계없다.

③ 넓어진다.   ④ 알 수 없다.

풀이 $\hat{\mu}_{U \cdot L} = \overline{x} \pm u_{1-\alpha/2} \dfrac{\sigma}{\sqrt{n}}$ 에서 n이 커지면, $\dfrac{1}{\sqrt{n}}$배로 구간의 폭은 감소하게 된다.

모평균의 검·추정(σ 미지)

44 어떤 모집단의 평균이 기존의 알고 있는 모평균보다 큰지를 알아보려고 하는데 모표준편차 값을 모르고 있다. 이 경우 어떤 검정을 하여야 하는가?

① 한쪽 t 검정   ② 한쪽 χ^2 검정

③ 양쪽 t 검정   ④ 양쪽 χ^2 검정

풀이 모평균의 검정(큰지를 알아보기 위해)
- 모표준편차(σ) 기지 : 한쪽 u 검정
- 모표준편차(σ) 미지 : 한쪽 t 검정

45 스프링 제조공장에서 인장강도의 평균에 관한 검정을 하고자 한다. 과거의 관리기록이 없다면, 이에 적절한 검정 통계량은?[단, 표본의 수는 적다고 가정하며, 제곱합 $S = \sum (x_i - \bar{x})^2$이다.]

① $\chi_0^2 = \dfrac{S}{\sigma^2}$ ② $F_0 = \dfrac{s_1^2}{s_2^2}$

③ $t_0 = \dfrac{\bar{x} - \mu}{\dfrac{s}{\sqrt{n}}}$ ④ $u_0 = \dfrac{\bar{x} - \mu}{\dfrac{\sigma}{\sqrt{n}}}$

풀이

기본가정	통계량	비고
σ^2 기지	$u_0 = \dfrac{\bar{x} - \mu_0}{\sigma / \sqrt{n}}$	과거의 자료가 존재하는 경우
σ^2 미지	$t_0 = \dfrac{\bar{x} - \mu_0}{s / \sqrt{n}}$	과거의 자료가 존재하지 않는 경우

46 새로운 작업방법으로 제작된 제품 품질특성치의 모평균이 기준으로 설정된 값과 같은지의 여부를 검정할 때 사용하는 것으로 적합한 것은?(단, 모표준편차는 알지 못하는 상태이다.)

① $u_0 = \dfrac{\bar{x} - \mu}{\sigma / \sqrt{n}}$이며, u_0와 $u_{1-\frac{\alpha}{2}}$를 비교한다.

② $u_0 = \dfrac{\bar{x} - \mu}{\sigma / \sqrt{n}}$이며, u_0와 $u_{1-\alpha}$를 비교한다.

③ $t_0 = \dfrac{\bar{x} - \mu_0}{\sqrt{V/n}}$이며, t_0와 $t_{1-\frac{\alpha}{2}}(\nu)$를 비교한다.

④ $t_0 = \dfrac{\bar{x} - \mu_0}{\sqrt{V/n}}$이며, t_0와 $t_{1-\alpha}(\nu)$를 비교한다.

풀이 $t_0 = \dfrac{\bar{x} - \mu_0}{\sqrt{V/n}} > t_{1-\frac{\alpha}{2}}(\nu)$이면 H_0를 기각한다.

47 어떤 공정의 모평균은 50이었다. 그런데 새로운 기계의 도입으로 공정의 일부가 바뀌었다. 바뀐 공정으로부터 조사한 [데이터]가 다음과 같을 때, 모평균의 검정에 사용할 검정 통계량은 얼마인가?(단, 표준편차는 모르며, 유의수준은 5%이다.)

───────── [데이터] ─────────
53   52   47   49   54   50

① 0.83   ② 0.77

③ 0.41   ④ 2.64

풀이 $t_0 = \dfrac{\bar{x} - \mu}{s / \sqrt{n}} = \dfrac{50.833 - 50}{2.639 / \sqrt{6}} = 0.773$

48 종래의 작업방법에 의한 제품의 품질특성치 x_i의 분포는 $N(4.55, \sigma^2)$이다. 새로운 작업방법에 의해 제조한 로트로부터 샘플을 10개 취해, $\sum x_i = 47.8$, $\sum x_i^2 = 248.6$을 얻었다. 새로운 작업방법에 의한 제품의 품질특성치의 모평균이 종래의 모평균과 다르다고 할 수 있는지 검정하고자 할 때, 검정통계량 t_0는 약 얼마인가?

① 0.28   ② 0.49

③ 19.86   ④ 23.54

풀이 $t_0 = \dfrac{\bar{x} - \mu_0}{s / \sqrt{n}} = \dfrac{4.78 - 4.55}{1.495 / \sqrt{10}} = 0.487$

49 모표준편차를 모르고 있을 때 모평균의 양쪽 신뢰구간 추정에 사용되는 식은?(단, ν는 자유도, s^2는 시료분산)

① $\hat{\mu} = \bar{x} \pm t_{1-\alpha}(\nu) \dfrac{\sqrt{s^2}}{\sqrt{n}}$

② $\hat{\mu} = \bar{x} \pm t_{1-\alpha/2}(\nu) \dfrac{\sqrt{s^2}}{\sqrt{n}}$

정답 45 ③   46 ③   47 ②   48 ②   49 ②

③ $\hat{\mu} = \bar{x} \pm u_{1-\alpha/2} \dfrac{\sqrt{s^2}}{\sqrt{n}}$

④ $\hat{\mu} = \bar{x} \pm u_{1-\alpha} \dfrac{\sqrt{s^2}}{\sqrt{n}}$

풀이 $\widehat{\mu_{U \cdot L}} = \bar{x} \pm t_{1-\alpha/2}(\nu) \dfrac{\sqrt{s^2}}{\sqrt{n}} = \bar{x} \pm t_{1-\alpha/2}(\nu) \sqrt{\dfrac{V}{n}}$

07산업[실기] ❷❷○

50 Y 제품의 로트로부터 6개의 시료를 랜덤 샘플링하여 경도를 측정한 결과 다음과 같은 [데이터]를 얻었다. 이 제품의 경도의 모평균에 대한 95% 신뢰구간을 구하면 약 얼마인가?[단, $t_{0.975}(5) = 2.571$, $t_{0.975}(6) = 2.447$, $t_{0.95}(5) = 2.015$, $t_{0.95}(6) = 1.943$]

──── [데이터] ────

| 53 | 52 | 59 | 55 | 54 | 57 |

① $53.305 \sim 56.695$ ② $52.395 \sim 57.605$
③ $52.855 \sim 57.145$ ④ $52.263 \sim 57.737$

풀이 $\widehat{\mu_{U \cdot L}} = 55 \pm 2.571 \times \dfrac{2.6077}{\sqrt{6}} = (52.2629,\ 57.7371)$

19산업[실기] ❷❷○

51 Y2 부품의 로트로부터 10개의 시료를 랜덤하게 추출하여 그 경도를 측정한 결과 다음의 [데이터]를 얻었다. 이 부품의 경도에 대한 모평균의 양측 신뢰구간을 신뢰도 95%로 구하면 약 얼마인가?[단, $t_{0.975}(9) = 2.262$, $t_{0.95(9)} = 1.833$, $u_{0.975} = 1.96$, $u_{0.95} = 1.645$이다.]

──────── [데이터] ────────

| 54 | 57 | 52 | 56 | 59 |
| 56 | 55 | 56 | 61 | 58 |

① $55.1 \le \mu \le 57.7$
② $54.6 \le \mu \le 58.2$
③ $54.9 \le \mu \le 57.9$
④ $54.8 \le \mu \le 58.0$

15, 16산업[실기] ❷❷○

풀이 $\bar{x} \pm t_{1-\alpha/2}(\nu) \dfrac{s}{\sqrt{n}} = 56.4 \pm 2.262 \times \dfrac{2.547}{\sqrt{10}}$
$= (54.58,\ 58.222)$

52 어떤 제품의 길이를 6회 측정하여 다음과 같은 [데이터]를 얻었다. 이 제품의 모평균에 대한 신뢰구간을 구하면 약 얼마인가?[단, 신뢰율은 95%이며, $t_{0.975}(5) = 2.571$, $t_{0.975}(6) = 2.447$이다.]

──────── [데이터] ────────

- 표본 산술평균($\bar{x}$) : 19.333cm
- 표본 표준편차(s) : 5.164cm

① $13.913 \le \mu \le 24.753$
② $14.175 \le \mu \le 24.492$
③ $17.463 \le \mu \le 21.202$
④ $17.530 \le \mu \le 21.135$

풀이 $\widehat{\mu_{U \cdot L}} = \bar{x} \pm t_{1-\alpha/2}(\nu) \dfrac{s}{\sqrt{n}} = (13.913,\ 24.753)$

08, 10, 17산업[실기] ❸❸❸

53 어떤 모집단에서 랜덤하게 시료를 5개 뽑아 측정한 결과 표본평균이 4.82, 표본의 분산이 0.822로 나타났다. 모평균(μ)의 95% 신뢰구간을 가장 정확하게 추정한 것은?[단, $t_{0.975}(4) = 2.776$, $t_{0.95}(4) = 2.132$, $t_{0.975}(5) = 2.571$, $t_{0.95}(5) = 2.015$]

① $3.694 \le \mu \le 5.946$
② $3.778 \le \mu \le 5.862$
③ $3.956 \le \mu \le 5.684$
④ $4.003 \le \mu \le 5.637$

풀이 $\widehat{\mu_{U \cdot L}} = 4.82 \pm 2.776 \times \dfrac{\sqrt{0.822}}{\sqrt{5}} = (3.6944,\ 5.9455)$

54

54 $n=20$, $\bar{x}=0.36$, 제곱합 $S=0.054$인 모집단의 평균치 μ를 구간추정하면 약 얼마인가?[단, 신뢰율은 95%이며, $t_{0.975}(19)=2.093$이다.]

① $0.291\sim0.335$
② $0.335\sim0.385$
③ $0.353\sim0.358$
④ $0.385\sim0.395$

풀이 $s=\sqrt{\dfrac{S}{n-1}}=\sqrt{\dfrac{0.054}{19}}=0.0533$

$\widehat{\mu_{U\cdot L}}=0.36\pm2.093\times\dfrac{0.0533}{\sqrt{20}}=(0.3351,\ 0.3849)$

55 1주일 동안 어떤 기계에 의하여 생산된 200개의 베어링의 반지름을 측정한 결과 표본평균 0.824cm, 표본 표준편차 0.042cm를 얻었다. 베어링의 평균에 대한 99% 양측 신뢰구간은?(단, $u_{0.975}=1.96$, $u_{0.995}=2.58$, $u_{0.990}=2.326$)

① $0.7653\sim0.8388$
② $0.7864\sim0.8516$
③ $0.8163\sim0.8317$
④ $0.8171\sim0.8309$

풀이 $\widehat{\mu_{U\cdot L}}=0.824\pm2.58\dfrac{0.042}{\sqrt{200}}=(0.81634,\ 0.83166)$

두 집단 평균치 차의 검·추정(σ 기지)

56 A사 제품과 B사 제품의 재료로트에서 각각 샘플을 5개, 7개씩 랜덤하게 추출하여 강도를 측정한 결과가 다음 표와 같다. 두 회사 데이터의 모평균치 차의 검정 결과로 가장 올바른 것은?(단, $\sigma_A=5.0\text{kg/mm}^2$, $\sigma_B=4.0\text{kg/mm}^2$, $\alpha=0.05$이다.)

A사	B사
46	37
47	46
38	35
46	41
45	39
	43
	31
$\sum=222$	$\sum=272$
$\overline{X_A}=44.4$	$\overline{X_B}=38.9$

① 유의적이다.
② 유의적이 아니다.
③ 차가 없다고 할 수 있다.
④ 경우에 따라서 차가 있다.

풀이 $u_0=\dfrac{44.4-38.9}{\sqrt{\dfrac{25}{5}+\dfrac{16}{7}}}=2.038>u_{0.975}=1.96$

∴ 유의적이다.

57 $\sigma_1=2.0$, $\sigma_2=3.0$인 모집단에서 각각 $n_1=5$개, $n_2=6$개를 추출하여 어떤 특성치를 측정한 결과 $\sum x_1=22.0$, $\sum x_2=25.1$이었다. 모평균의 차의 검정을 위하여 통계량을 구하면?

① 0.143　　② 0.341
③ 2.982　　④ 3.535

풀이 $u_0=\dfrac{\overline{x_1}-\overline{x_2}}{\sqrt{\dfrac{\sigma_1^2}{n_1}+\dfrac{\sigma_2^2}{n_2}}}=\dfrac{4.4-4.1833}{\sqrt{\dfrac{2^2}{5}+\dfrac{3^2}{6}}}=0.1429$

13기사[실기] ✪✪✪

58 A회사와 B회사 제품의 로트로부터 각각 12개 및 10개의 제품을 추출하여 순도를 측정한 결과 $\Sigma x_A = $ 1,145.7, $\Sigma x_B = 947.2$일 때 두 회사 제품의 모평균의 차에 대한 신뢰구간은 약 얼마인가?(단, $\sigma_A = 0.3$, $\sigma_B = 0.2$이며, 신뢰도는 95%로 한다.)

① 0.54~0.79

② 0.54~0.97

③ 0.66~0.79

④ 0.66~0.97

풀이 $(95.475 - 94.72) \pm 1.96\sqrt{\dfrac{0.3^2}{12} + \dfrac{0.2^2}{10}}$
$= (0.545 \sim 0.965)$

두 집단 평균치 차의 검·추정(σ 미지)

11기사 ✪○○

59 모표준편차를 모르는 경우 2개의 모평균 차에 대한 검정을 할 때 검정통계량(t_0)을 바르게 표현한 것은?(단, 분산은 등분산이며, S_A, S_B는 변동, s_A^2, s_B^2는 시료의 분산을 의미한다.)

① $\dfrac{\overline{x}_A - \overline{x}_B}{\sqrt{\dfrac{\sigma_A^2}{n_A} + \dfrac{\sigma_B^2}{n_B}}}$

② $\dfrac{\overline{x}_A - \overline{x}_B}{\sqrt{\dfrac{\sigma_A^2 + \sigma_B^2}{n_A + n_B}}}$

③ $\dfrac{\overline{x}_A - \overline{x}_B}{\sqrt{\dfrac{s_A^2 + s_B^2}{n_A + n_B}}}$

④ $\dfrac{\overline{x}_A - \overline{x}_B}{\sqrt{\left(\dfrac{1}{n_A} + \dfrac{1}{n_B}\right)\left(\dfrac{S_A + S_B}{n_A + n_B - 2}\right)}}$

풀이
- σ_A^2, σ_B^2 기지 : $u_0 = \dfrac{\overline{x}_A - \overline{x}_B}{\sqrt{\dfrac{\sigma_A^2}{n_A} + \dfrac{\sigma_B^2}{n_B}}}$

- $s^2 = \dfrac{S_A + S_B}{n_A + n_B - 2}$

- σ_A^2, σ_B^2 미지($\sigma_A^2 = \sigma_B^2$) : $t_0 = \dfrac{\overline{x}_A - \overline{x}_B}{\sqrt{s^2\left(\dfrac{1}{n_A} + \dfrac{1}{n_B}\right)}}$

08, 10기사[실기] ✪✪✪

60 어떤 사무실에 공기 청정기를 설치하기 이전과 설치한 이후의 실내 미세먼지에 대한 자료가 다음과 같다. 공기 청정기 설치 전과 후의 평균치 차를 검정하기 위한 검정 통계량은 약 얼마인가?(단, $\sigma_1^2 = \sigma_2^2$이다.)

[설치 전] $\overline{x}_1 = 9.85$, $V_1 = 81.73$, $n_1 = 10$
[설치 후] $\overline{x}_2 = 8.08$, $V_2 = 78.64$, $n_2 = 8$

① 0.416

② 0.474

③ 1.746

④ 2.072

풀이 $V = \dfrac{(n_1 - 1)V_1 + (n_2 - 1)V_2}{n_1 + n_2 - 2} = \dfrac{9 \times 81.73 + 7 \times 78.64}{10 + 8 - 2}$

$\therefore t_0 = \dfrac{9.85 - 8.08}{\sqrt{80.378 \times \left(\dfrac{1}{10} + \dfrac{1}{8}\right)}} = 0.4162$

13기사 ✪✪✪

61 σ를 모르는 경우에는 t 검정을 한다. 임의의 A, B 두 모평균의 차의 검정을 할 때 t 분포의 자유도는 얼마인가?(단, $n_A = 10$, $n_B = 15$이며, 두 집단의 분산은 등분산성이 성립한다.)

① 21

② 22

③ 23

④ 24

풀이 $\nu = n_A + n_B - 2 = 10 + 15 - 2 = 23$

두 집단 평균치 차의 검·추정(대응비교)

18기사 [실기] ○○○

62 A, B 두 사람의 작업자가 동일한 기계부품의 길이를 측정한 결과 다음과 같은 데이터가 얻어졌다. A작업자가 측정한 것이 B작업자의 측정치보다 크다고 할 수 있겠는가?[단, $\alpha = 0.05$, $t_{0.95}(5) = 2.015$이다.]

	1	2	3	4	5	6
A	89	87	83	80	80	87
B	84	80	70	75	81	75

① 데이터가 7개 미만이므로 위험률 5%로는 검정할 수 없다.

② A작업자가 측정한 것이 B작업자의 측정치보다 크다고 할 수 있다.

③ A작업자가 측정한 것이 B작업자의 측정치보다 크다고 할 수 없다.

④ 위의 데이터로는 시료크기가 7개 이하이므로 귀무가설을 채택하기에 무리가 있다.

풀이

시료번호	1	2	3	4	5	6
$d=A-B$	5	7	13	5	-1	12

$$t_0 = \frac{\bar{d}-0}{\frac{s_d}{\sqrt{n}}} = \frac{6.833-0}{\frac{5.154}{\sqrt{6}}} = 3.247 > t_{0.95}(5) = 2.015$$

∴ A 작업자가 측정한 것이 B 작업자의 측정치보다 크다고 할 수 있다.

18산업 ●○○

63 A, B 두 사람의 작업자가 기계부품의 길이를 측정한 결과 다음과 같은 데이터가 얻어졌다. A 작업자가 측정한 것이 B 작업자가 측정한 것보다 크다고 할 수 있다면, A, B 두 사람 작업자의 측정치 차에 대한 95% 신뢰한계를 추정하면 약 얼마인가?[단, $t_{0.95}(5) = 2.015$, $t_{0.975}(5) = 2.571$, $t_{0.95}(6) = 1.943$, $t_{0.975}(6) = 2.447$이다.]

	1	2	3	4	5	6
A	89	87	83	80	80	87
B	84	80	70	75	81	75

① 1.58　　　　　② 2.59

③ 3.16　　　　　④ 4.18

풀이 대응비교(한쪽 하한추정)

$$\bar{d} - t_{1-\alpha}(\nu)\frac{s_d}{\sqrt{n}} = 6.833 - 2.015 \times \frac{s_d}{\sqrt{6}} = 2.593$$

한 개 모분산의 검·추정

09산업 ●●○

64 하나의 모집단에 대한 산포를 검정하려고 할 때 이용되는 분포는?

① t 분포

② χ^2 분포

③ F 분포

④ 정규분포

풀이 ① 평균치 검정(σ 미지)
③ 두 집단의 산포검정
④ 평균치 검정(σ 기지)

12산업[실기] ●●○

65 다음 중 χ^2 검정 시 사용되는 통계량은?

① $\dfrac{\bar{x} - \mu_0}{\sigma/\sqrt{n}}$　　　　② $\dfrac{\bar{x} - \mu_0}{s/\sqrt{n}}$

③ $\dfrac{S}{\sigma_0^2}$　　　　　　④ $\dfrac{\bar{d}}{s_d/\sqrt{n}}$

풀이 ① u 검정(σ 기지)
② t 검정(σ 미지)
③ χ^2 검정(모분산비교)
④ t 검정(대응-비교)

66 모분산이 설정된 기준치보다 작다고 할 수 있는가의 검정에서 귀무가설을 기각하려면 검정통계량이 어떠한 전제조건을 만족해야 하는가?

① χ_0^2

② $\chi_0^2 < \chi_\alpha^2(\nu)$

③ $\chi_0^2 < \chi_{\alpha/2}^2(\nu)$

④ $\chi_0^2 > \chi_{1-\alpha}^2(\nu)$

풀이 한쪽 기각역
- 분산이 작아진 경우 : ②
- 분산이 커진 경우 : ④

67 모분산의 기각역에 대한 설명으로 틀린 것은?

① $H_1 : \sigma^2 < \sigma_0^2$일 때, $\chi_0^2 < \chi_\alpha^2(n-1)$을 만족하면 H_0를 기각한다.

② $H_1 : \sigma^2 > \sigma_0^2$일 때, $\chi_0^2 > \chi_{1-\alpha}^2(n-1)$을 만족하면 H_0를 기각한다.

③ $H_1 : \sigma^2 < \sigma_0^2$일 때, $\chi_0^2 \leq -\chi_\alpha^2(n-1)$을 만족하면 H_0를 기각한다.

④ $H_1 : \sigma^2 \neq \sigma_0^2$일 때, $\chi_0^2 > \chi_{1-\alpha/2}^2(n-1)$ 또는 $\chi_0^2 < \chi_{\alpha/2}^2(n-1)$이면 H_0를 기각한다.

풀이 ③은 틀린 내용이고, ①이 맞는 내용이다.

68 모분산의 추정값을 활용하기 위해 모분산을 검정하려고 한다. 설명이 옳지 않은 것은?

① 샘플을 충분히 뽑는다.

② 샘플 추출 시 랜덤하게 한다.

③ 제곱합(S)을 모표준편차(σ)로 나누어 검정통계량을 구한다.

④ 모집단이 정규분포를 이루는지 확인한다.

풀이 ③ 제곱합(S)을 모분산(σ^2)으로 나누어 검정통계량을 구한다 $\left(\chi_0^2 = \dfrac{S}{\sigma_0^2}\right)$.

69 χ^2 분포가 적용되는 경우로 맞는 것은?

① 모평균의 신뢰한계 추정에 사용된다.

② 모분산의 신뢰한계 추정에 사용된다.

③ 모결점수의 신뢰한계 추정에 사용된다.

④ 모부적합품률의 신뢰한계 추정에 사용된다.

풀이 ① u 분포(σ 기지) 또는 t 분포(σ 미지)
② χ^2 분포
③ u 분포
④ u 분포

70 모분산의 검정과 추정에 대한 일반적인 설명으로 틀린 것은?

① 모분산의 검정 및 추정 시 자유도는 $n-2$이다.

② 모분산의 신뢰구간은 좁을수록 정밀도가 높다.

③ 모분산의 정밀도를 높이려면 표본수를 늘린다.

④ 모분산의 검정 및 추정 시에는 χ^2 통계량을 활용한다.

풀이 ① 모분산의 검정 및 추정은 자유도($n-1$)인 카이제곱(χ^2) 분포를 사용한다.

71 모분산의 추정에 관한 설명으로 옳지 않은 것은?

① 모분산 검정통계량(χ_0^2) 값은 $(n-1)s^2/\sigma_0^2$이다.

② $(n-1)s^2/\sigma_0^2$는 자유도 $(n-1)$의 χ^2 분포를 따른다.

③ 모분산의 추정은 모집단의 분포함수가 알려지지 않은 경우에 행한다.

④ 모분산 (σ^2)의 $100(1-\alpha)\%$ 신뢰구간은 $\dfrac{(n-1)s^2}{\chi_{1-\frac{\alpha}{2}}^2 (n-1)} \sim \dfrac{(n-1)s^2}{\chi_{\frac{\alpha}{2}}^2 (n-1)}$이다.

풀이 ③ 모분산의 추정은 모집단의 분포가 계량치인 경우에 사용되므로, 분포함수가 알려진 경우이어야 가능하다.

정답 66 ② 67 ③ 68 ③ 69 ② 70 ① 71 ③

72 모분산이 10인지 검정하고자 할 때 검정 과정의 설명으로 바르지 않은 것은?

① 검정통계량은 카이제곱 분포를 따른다.

② 검정통계량은 $\dfrac{S}{10}$ 로 구한다.

③ 대립가설로 모집단의 분산이 10이라 놓는다($H_1 : \sigma^2 = 10$).

④ 모집단의 분산이 어느 상수와 같지 않다는 것을 검정할 때 기각역은 양측검정을 적용한다.

풀이 귀무가설 $H_0 : \sigma^2 = 10$, 대립가설 $H_1 : \sigma^2 \neq 10$

73 $H_0 : \sigma^2 = 4.5$를 검정하기 위해 $n = 10$의 시료를 무작위 추출하여 분산을 계산하였더니 그 값이 8.7이었다. 이 경우의 검정통계량은?

① 1.93
② 2.58
③ 17.4
④ 36.9

풀이 $\chi_0^2 = \dfrac{S}{\sigma^2} = \dfrac{(n-1) \times V}{\sigma^2} = \dfrac{9 \times 8.7}{4.5} = 17.40$

74 어느 공정의 모분산(σ^2)은 2kg으로 알려져 있다. 공정에 새로운 공법을 적용하면 산포가 줄어드는지를 검증하기 위하여 10개를 만들어 제곱합(S)을 계산하였더니 22kg으로 나타났다. 검정통계량을 구하면 약 얼마인가?

① 2.2
② 2.4
③ 4.4
④ 11

풀이 $\chi_0^2 = \dfrac{(n-1) \times s^2}{\sigma_0^2} = \dfrac{S}{\sigma_0^2} = \dfrac{22}{2} = 11.0$

75 A제조회사가 제조하는 핀의 지름은 모표준편차가 0.12cm인 정규분포를 따른다. 제조법을 개량하여 제품에서 10개를 추출하여 조사한 결과 시료표준편차는 0.1cm이었다. 핀의 변동 폭이 작아졌다고 할 수 있는지 5%의 유의수준으로 검정할 때의 사항으로 맞는 것은?

① H_1 은 $\sigma^2 > \sigma_0^2$이다.
② H_0 는 $\sigma^2 < 0.1$이다.
③ 검정통계량은 t 분포를 따른다.
④ 검정통계량은 χ^2 분포를 따른다.

풀이 $H_0 : \sigma^2 \geq 0.12^2$, $H_1 : \sigma^2 < 0.12^2$

검정통계량 $\chi_0^2 = \dfrac{S}{\sigma_0^2} = \dfrac{9 \times 0.1^2}{0.12^2}$

76 어떤 회사에서 제조하는 제품 15개를 추출하여 중량에 대한 표본 분산을 계산한 결과 10g이 나왔다. 위험률 $\alpha = 5\%$로 제품중량에 대한 분산이 8g을 넘을 것인지 검정을 하였을 때의 결과로 맞는 것은?[단, 제품 중량은 정규분포를 따른다고 가정하며, $\chi_{0.95}^2(14) = 23.7$, $\chi_{0.975}^2(14) = 26.10$이다.]

① H_0를 기각한다.
② H_1을 채택한다.
③ H_0를 채택한다.
④ 자료의 부족으로 알 수 없다.

풀이 $\chi_0^2 = \dfrac{(n-1) \times s^2}{\sigma_0^2} = \dfrac{14 \times 10}{8} = 17.5 < \chi_{0.95}^2(14)$이므로 H_0를 채택한다.

77 구리로 합금을 만드는 A 공업사는 합금 강도가 일정해야 좋은 제품이다. 알려진 제품의 분산이 3이라 한다. 산포에 변화가 있는지 알아보기 위해 아래와 같이 6개를 측정하였다. 변화가 있는지 검정하는 과정 중 잘못된 것은?[단, $\chi^2_{0.975}(5) = 12.82$, $\chi^2_{0.025}(5) = 0.831$ 이다.]

--- [데이터] ---

10	13	15	12	17	15

① 표본분산은 6.27이다.
② 귀무가설 기각이다.
③ 양측검정이다.
④ 검정통계량은 10.44이다.

풀이 ① 표본분산은 $s^2 = V = \dfrac{S}{n-1} = \dfrac{31.333}{5} = 6.2667$이다.

② $\chi^2_0 = 10.444 < \chi^2_{0.975}(5) = 12.82$이므로 귀무가설은 채택된다.

③ 산포에 변화가 있는지를 검정하므로 양측검정이다.

④ 검정통계량 $\chi^2_0 = \dfrac{S}{\sigma_0^2} = \dfrac{31.333}{3} = 10.444$이다.

78 L 기업의 지난해 생산량의 분산은 10으로 알려져 있다. 최근 공정의 산포가 매우 나빠진 것 같아 다음과 같이 6개의 [데이터]를 측정하였다. 산포가 나빠졌는지 검정하는 과정에 대한 설명으로 옳지 않은 것은?[단, $\chi^2_{0.95}(5) = 11.07$, $\chi^2_{0.95}(6) = 12.82$, $\chi^2_{0.975}(5) = 12.82$, $\chi^2_{0.975}(6) = 14.45$, $\chi^2_{0.05}(5) = 1.145$, $\chi^2_{0.05}(6) = 1.635$, $\chi^2_{0.025}(5) = 0.831$, $\chi^2_{0.025}(6) = 1.237$이다.]

--- [데이터] ---

100	130	150	120	170	150

① 한쪽검정이다.
② 귀무가설 기각이다.
③ 대립가설은 $\sigma^2 > 10$이다.
④ 검정통계량값은 150 이상 200 이하이다.

풀이 $H_0 : \sigma^2 \leq 10$, $H_1 : \sigma^2 > 10$

$$\chi^2_0 = \frac{S}{\sigma_0^2} = \frac{3,133.333}{10} = 313.333$$

$\chi^2_0 = 313.333 > \chi^2_{0.95}(5) = 11.07$이므로 H_0를 기각, 즉 $\alpha = 0.05$로 산포가 나빠졌다고 할 수 있다.

79 K 음식점에서 고객 만족도를 향상하기 위하여 일정한 맛을 중요한 지표로 정하였다. 현재 알려진 표준편차는 2이다. 그동안 개선을 진행했지만 맛의 산포가 더 나빠졌다는 주장이 있다. 주장하는 바를 검정하기 위하여 아래와 같이 6개의 맛의 수치를 측정하였다. 공정이 개선되었는지의 검정에 관한 설명으로 옳지 않은 것은?[단, $\chi^2_{0.95}(5) = 11.07$, $\chi^2_{0.95}(6) = 12.82$, $\chi^2_{0.975}(5) = 12.82$, $\chi^2_{0.975}(6) = 14.45$, $\chi^2_{0.05}(5) = 1.145$, $\chi^2_{0.05}(6) = 1.635$, $\chi^2_{0.025}(5) = 0.831$, $\chi^2_{0.025}(6) = 1.237$]

--- [측정치] ---

21	33	15	18	15	20

① 한쪽검정을 한다.
② 귀무가설은 기각된다.
③ 검정통계량은 111.67이다.
④ 주어진 표준편차를 제곱하여 분산으로 바꾸어 검정을 실시한다.

풀이 • '산포가 더 나빠졌다.'가 나오므로 한쪽검정이 된다.

• 검정통계량 $\chi^2_0 = \dfrac{S}{\sigma_0^2} = \dfrac{223.333}{2^2} = 55.833$

• $\chi^2_0 = 55.833 > \chi^2_{0.95}(5) = 11.07$이므로 H_0를 기각한다.

정답 77 ② 78 ④ 79 ③

80 모분산(σ^2)의 양측 신뢰구간을 구할 때의 설명으로 가장 관계가 먼 것은?

07산업 ✪✪○

① 우측 신뢰구간의 값이 좌측 신뢰구간의 값보다 크게 나왔다.
② 유의수준(α)의 값을 크게 하였더니 신뢰구간 폭이 작아졌다.
③ χ^2 분포를 이용한다.
④ 신뢰하한의 값을 구하였더니 '음수 값'이 나왔다.

풀이 ④ 모분산의 신뢰구간은 음의 값이 나타나지 않는다.

---

81 모분산의 신뢰구간추정에 관한 설명으로 틀린 것은?

10, 18산업 ✪✪○

① 신뢰구간 계산은 카이제곱 분포를 이용한다.
② 모분산의 신뢰구간은 분산이 크면 음수로 나타난다.
③ 신뢰구간의 추정은 검정 결과가 유의할 경우에만 의미가 있다.
④ 신뢰구간의 추정 시 사용되는 자유도는 시료의 크기에서 1을 뺀 값이다.

풀이 ② 모분산의 신뢰구간은 음의 값이 나타나지 않는다.

---

82 다음 중 χ^2 분포를 이용한 모분산의 양측 신뢰구간추정식으로 옳은 것은?

12산업 ✪✪○

① $\dfrac{S}{\chi^2_{1-\frac{\alpha}{2}}(n)} \leq \sigma^2 \leq \dfrac{S}{\chi^2_{\frac{\alpha}{2}}(n)}$

② $\dfrac{S}{\chi^2_{1-\frac{\alpha}{2}}(n)} \leq \sigma^2 \leq \dfrac{S}{\chi^2_{1-\frac{\alpha}{2}}(n)}$

③ $\dfrac{S}{\chi^2_{1-\frac{\alpha}{2}}(n-1)} \leq \sigma^2 \leq \dfrac{S}{\chi^2_{\frac{\alpha}{2}}(n-1)}$

④ $\dfrac{S}{\chi^2_{\frac{\alpha}{2}}(n-1)} \leq \sigma^2 \leq \dfrac{S}{\chi^2_{1-\frac{\alpha}{2}}(n-1)}$

풀이

기본가정	대립가설	신뢰구간
σ^2 기지	$\sigma^2 \neq \sigma_0^2$	$\sigma_U^2 = \dfrac{S}{\chi^2_{\alpha/2}(\nu)}$
		$\sigma_L^2 = \dfrac{S}{\chi^2_{1-\alpha/2}(\nu)}$
	$\sigma^2 < \sigma_0^2$	$\sigma_U^2 = \dfrac{(n-1) \times s^2}{\chi^2_{\alpha}(\nu)}$
	$\sigma^2 > \sigma_0^2$	$\sigma_L^2 = \dfrac{(n-1) \times s^2}{\chi^2_{1-\alpha}(\nu)}$

---

83 전구 10개의 수명을 측정하였더니 평균($\bar{x}$)이 1,200시간, 표준편차(s)가 75시간이었다. 전구수명의 모분산(σ^2)의 95% 신뢰구간은 약 얼마인가?[단, $\chi^2_{0.025}(9) = 2.70$, $\chi^2_{0.975}(9) = 19.02$, $\chi^2_{0.025}(10) = 3.25$, $\chi^2_{0.975}(10) = 20.48$이다.]

06, 09, 17산업, 10, 15기사[실기] ✪✪✪

① 52~137
② 296~2083
③ 2,472~15,576
④ 2,662~18,750

풀이 $\dfrac{9 \times 75^2}{19.02} \leq \sigma^2 \leq \dfrac{9 \times 75^2}{2.70} \Rightarrow 2,661.7 \leq \sigma^2 \leq 18,750.0$

---

84 제품의 강도를 측정하였더니 다음과 같았다. [보기]를 이용하여 모집단의 강도의 모분산의 95% 신뢰구간을 구하면 약 얼마인가?

08, 15산업[실기] ✪✪✪

[보기]

5 7 9 10 13 15

$\chi^2_{0.95}(5) = 11.07$, $\chi^2_{0.95}(6) = 12.82$

$\chi^2_{0.975}(5) = 12.82$, $\chi^2_{0.975}(6) = 14.45$

$\chi^2_{0.05}(5) = 1.145$, $\chi^2_{0.05}(6) = 1.635$

$\chi^2_{0.025}(5) = 0.831$, $\chi^2_{0.025}(6) = 1.237$

① (1.11, 3.88)
② (2.32, 9.10)
③ (4.7, 55.6)
④ (5.4, 82.8)

풀이 $\dfrac{(6-1)\times 13.7667}{\chi^2_{0.975}(5)} \le \hat{\sigma}^2 \le \dfrac{(6-1)\times 13.7667}{\chi^2_{0.025}(5)}$

$\therefore 5.369 \le \hat{\sigma}^2 \le 82.832$

15, 18산업 ●●○

85 제품의 생산량을 측정하였더니 다음과 같았다. 모집단 생산량의 모표준편차를 신뢰수준 95%로 신뢰구간을 추정하면 약 얼마인가?

1	3	5	2	7	5

[χ^2분포값]

$\chi^2_{0.025}(5)=0.831,$ $\chi^2_{0.025}(6)=1.237$

$\chi^2_{0.05}(5)=1.145,$ $\chi^2_{0.05}(6)=1.635$

$\chi^2_{0.95}(5)=11.07,$ $\chi^2_{0.95}(6)=12.82$

$\chi^2_{0.975}(5)=12.82,$ $\chi^2_{0.975}(6)=14.45$

① 1.31~4.48 ② 1.39~5.47

③ 1.72~20.08 ④ 1.94~29.88

풀이 $\sqrt{\dfrac{(n-1)\times s^2}{\chi^2_{1-\alpha/2}(n-1)}} \le \hat{\sigma} \le \sqrt{\dfrac{(n-1)\times s^2}{\chi^2_{\alpha/2}(n-1)}}$ 에서

$\sqrt{\dfrac{(n-1)\times s^2}{12.82}} \le \hat{\sigma} \le \sqrt{\dfrac{(n-1)\times s^2}{0.831}}$

$\therefore 1.392 \le \hat{\sigma} \le 5.467$

09산업 ●●○

86 모분산의 검정과 추정에 대한 일반적인 설명으로 옳지 않은 것은?

① 모분산의 신뢰구간은 좁을수록 정밀도가 높다.
② 모분산의 정밀도를 높이려면 샘플 수를 늘린다.
③ 모분산 추정 시 모집단의 평균이 알려져 있으면, 검정통계량은 F 검정이나 t 검정을 사용한다.
④ 모분산의 95% 신뢰구간을 구했으면, 모분산이 5% 만큼 신뢰구간을 벗어날 수 있다는 의미이다.

풀이 ③ 모분산의 추정은 일반적으로 χ^2 검정을 이용한다.

두 집단 분산비의 검·추정

07산업 ●●○

87 두 직조기계에 의해 뜨게실을 생산할 경우, 각 기계에 따른 뜨게실의 조밀함에 대한 산포의 크기를 비교하려 한다. 다음 중 적합한 검정법은?(단, 각 측정값들은 정규분포에 따른다고 한다.)

① $F-$검정
② 카이제곱 검정
③ $t-$검정
④ $u-$검정

풀이 두 집단의 산포 비교 : $F_0 = \dfrac{V_A}{V_B}$

06, 08산업 ●●○

88 두 정규 모집단 A, B에서 각각 16개, 13개의 표본을 취하여 구한 불편분산이 각각 $V_A = 47.3$, $V_B = 36.4$이다. 두 집단의 모분산 σ^2_A이 σ^2_B보다 크다고 할 수 있는지를 유의수준 5%로 검정하고자 한다. 이때 사용할 검정방법으로 옳은 것은?

① Z 검정
② t 검정
③ F 검정
④ χ^2 검정

풀이 ① 평균치 검정(σ 기지)
② 평균치 검정(σ 미지)
③ 모분산비 검정
④ 한 개의 모분산 검정

06산업 ●●○

89 공정 A와 B에서 만들어지는 제품을 10개씩 추출하여 강도(kg/cm²)를 측정하였더니 $S_A = 8$, $S_B = 2$이었다. 각 공정으로부터 만들어지는 제품의 강도분산을 σ^2_A, σ^2_B이라 할 때 $\sigma^2_A = \sigma^2_B$인가를 검정하는 데 필요한 검정통계량값은?

① 4　　　　　　　　　② 6

③ 8　　　　　　　　　④ $\dfrac{1}{8}$

풀이 $F_0 = \dfrac{V_A}{V_B} = \dfrac{8/9}{2/9} = 4$

14, 18기사 ✪✪○

90 A, B 두 개의 같은 물건을 측정하여 얻은 데이터로부터 편차 제곱합을 구하였더니 $S_A = 0.04$, $S_B = 0.24$로 나타났다. 천칭 A는 5회, 천칭 B는 7회 측정한 결과였다면 유의수준 5%로 두 천칭 A, B 간에 정밀도에 차이가 있는가?[단, $F_{0.975}(6, 4) = 9.20$, $F_{0.975}(4, 6) = 6.23$이다.]

① 차이가 있지만 어느 것이 좋은지 알 수 없다.

② 차이가 있다고 할 수 없다.

③ A의 정밀도가 좋다.

④ B의 정밀도가 좋다.

풀이 $F_0 = \dfrac{V_B}{V_A} = \dfrac{(0.24/6)}{(0.04/4)} = 4.0 < [F_{0.975}(6, 4) = 9.20]$

따라서 차이가 있다고 할 수 없다.

14산업 ✪✪○

91 상호 독립된 불편분산 V_A와 V_B의 분산비는 자유도 ν_A와 ν_B를 갖는 F 분포를 따르게 되는데, 자유도 $\nu_A = 10$과 $\nu_B = 10$인 F 분포의 우측 확률면적을 5%로 할 때, 분기점 $F_{0.95}(10, 10)$은 2.98이 된다. 이 분포에서 좌측 확률면적을 5%로 할 때 분기점 F 값은 약 얼마인가?

① 0.122

② 0.244

③ 0.336

④ 0.493

풀이 $F_{0.05}(10, 10) = \dfrac{1}{F_{0.95}(10, 10)}$

모부적합품률의 검 · 추정

19산업, 13기사 ✪✪○

92 우리 회사에 부품을 납품하는 협력업체의 품질이 점점 나빠지고 있다. 이 협력업체의 품질을 조사하기 위하여 제조 공정으로부터 $n = 10$의 샘플을 취하였더니 $x = 3$개의 부적합품이 발견되었다. 이때 모부적합품률을 추정하기 위한 $\hat{P}$의 식은?(단, N은 로트의 크기이다.)

① $\dfrac{x}{n}$　　　　　　　② $x - n$

③ $\dfrac{x}{N}$　　　　　　　④ $x - N$

풀이 모부적합품률 $\hat{P} = \dfrac{x}{n} = \dfrac{3}{10} = 0.3$

00, 15산업 ✪✪○

93 모부적합품률에 대한 검정을 할 때의 통계량 표시로 맞는 것은?

① $u_0 = \dfrac{P_0 - p}{\sqrt{\dfrac{P_0 \times p}{n}}}$　　② $u_0 = \dfrac{p - P_0}{\sqrt{P_0(1-p)}}$

③ $u_0 = \dfrac{P_0 - p}{\sqrt{P_0(1-p)}}$　　④ $u_0 = \dfrac{p - P_0}{\sqrt{\dfrac{P_0(1-P_0)}{n}}}$

풀이 $u_0 = \dfrac{\dfrac{x}{n} - P_0}{\sqrt{P_0(1-P_0)/n}} = \dfrac{p - P_0}{\sqrt{P_0(1-P_0)/n}}$

12산업[실기] ✪✪✪

94 A 병원에서 암 치료를 하게 되면 타 병원과 비교해 완치될 확률이 높다고 한다. 실제 A 병원의 완치확률이 50%보다 큰지 확인하기 위하여 A 병원에서 치료한 환자 30명을 조사해 보았더니 완치된 환자가 18명이었다. A 병원에서 치료를 하면 완치될 확률이 50%보다 높은지를 검정하고자 할 때 검정통계량의 값은 약 얼마인가?

① 0.002　　　　　　② 0.027

③ 1.095　　　　　　④ 1.057

PART 1　PART 2　PART 3　PART 4　PART 5　PART 6　PART 7

풀이 $u_0 = \dfrac{\dfrac{x}{n} - P}{\sqrt{\dfrac{P(1-P)}{n}}} = \dfrac{\dfrac{18}{30} - 0.5}{\sqrt{\dfrac{0.5(1-0.5)}{30}}} = 1.0954$

11, 17, 20산업 ✪✪✪

95 시료부적합품률(p)을 활용하여 모부적합품률(P)의 양측 신뢰구간을 추정하려고 할 때, 신뢰구간의 하한 값을 구하는 계산식은?(단, n은 충분히 크고, 정규분포를 따른다.)

① $p - u_{1-\frac{\alpha}{2}}\sqrt{\dfrac{p(1-p)}{n}}$

② $p + u_{1-\frac{\alpha}{2}}\sqrt{\dfrac{p(1-p)}{n}}$

③ $p - u_{1-\alpha}\sqrt{\dfrac{p(1-p)}{n}}$

④ $p + u_{1-\alpha}\sqrt{\dfrac{p(1-p)}{n}}$

풀이 ① 양측 신뢰구간의 하한
② 양측 신뢰구간의 상한
③ 단측 신뢰구간의 하한
④ 단측 신뢰구간의 상한

07, 08, 09, 10, 12, 13, 16, 18산업[실기] ✪✪✪

96 B 공정의 로트 3,000개 중에서 100개를 랜덤샘플링하였더니 부적합품이 7개로 나타났다. 신뢰율 95%로 모부적합품률의 양쪽 신뢰구간을 계산하면 약 얼마인가?

① $0.004 \sim 0.136$

② $0.020 \sim 0.120$

③ $0.050 \sim 0.095$

④ $0.060 \sim 0.180$

풀이 $\widehat{P_{U \cdot L}} = 0.07 \pm 1.96 \times \sqrt{\dfrac{0.07 \times 0.93}{100}}$

$\qquad = (0.0200 \sim 0.1200)$

16산업[실기] ✪✪✪

97 A 공정에서 제조된 로트로부터 150개의 샘플을 취해서 검사해 본 결과 3개의 부적합품이 나왔다. 모부적합품률의 신뢰구간(Confidence Interval)은 약 얼마인가?(단, 신뢰율 95%이다.)

① $0 \sim 0.0384$

② $0 \sim 0.0394$

③ $0 \sim 0.0424$

④ $0 \sim 0.0474$

풀이 $\hat{P} = 0.02 \pm 1.96 \times \sqrt{\dfrac{0.02 \times (1-0.02)}{150}}$

$\qquad = (-, \ 0.04240)$

15, 18산업[실기] ✪✪✪

98 S 기업의 인사부장은 본사 사무직원들의 결근에 대해서 연구하기 위해 25명의 사무직원을 추출하여 연간 결근일수를 조사하였더니 25명 중 12명은 10일 이상 결근한 것으로 조사되었다. 10일 이상 결근자 비율의 95% 신뢰구간을 구하면 약 얼마인가?(단, $u_{0.975} = 1.96$, $u_{0.95} = 1.645$)

① $(0.316, \ 0.644)$

② $(0.284, \ 0.676)$

③ $(0.316, \ 0.676)$

④ $(0.284, \ 0.644)$

풀이 $\hat{p} = \dfrac{12}{25} = 0.48$

$\hat{P}_{U \cdot L} = \hat{p} \pm u_{1-\alpha/2}\sqrt{\dfrac{\hat{p}(1-\hat{p})}{n}}$

$\qquad = 0.48 \pm 1.96\sqrt{\dfrac{0.48 \times (1-0.48)}{25}}$

$\qquad = (0.2842, \ 0.6758)$

99 어떤 중학교의 학생 60명을 대상으로 안경 착용 여부를 조사하였더니, 안경을 착용한 학생이 12명이었다. 이를 임의표본으로 볼 때, 안경을 착용한 학생의 비율(P)을 신뢰도 99%로 구간추정하면 약 얼마인가?(단, $u_{0.9}=1.282$, $u_{0.99}=2.326$, $u_{0.995}=2.576$이다.)

① $0.067 \leq P \leq 0.333$
② $0.080 \leq P \leq 0.320$
③ $0.116 \leq P \leq 0.284$
④ $0.134 \leq P \leq 0.266$

풀이 $\hat{P} = 0.2 \pm 2.576\sqrt{\dfrac{0.2 \times 0.8}{60}} = (0.0670, \ 0.3330)$

$\left(\hat{p} = \dfrac{12}{60} = 0.2\right)$

100 학생 100명을 무작위로 추출하여 조사한 결과 80명이 현장근무를 원하였다. 현장근무의 선호율에 대한 95% 신뢰구간을 구하면 약 얼마인가?

① $(0.56, \ 0.78)$
② $(0.65, \ 0.85)$
③ $(0.69, \ 0.84)$
④ $(0.72, \ 0.88)$

풀이 $0.8 \pm 1.96 \times \sqrt{\dfrac{0.8 \times 0.2}{100}} = (0.722, \ 0.878)$

101 H 자동차는 신차 구입 후 5년 이상 자동차를 보유한 고객비율을 추정하려고 한다. 신뢰수준 95%에서 양측 신뢰구간의 폭을 ±0.05가 되도록 하기 위하여 필요한 최소표본의 크기는 약 얼마인가?

① 375
② 380
③ 385
④ 390

풀이 $\pm 0.05 = \pm 1.96 \times \sqrt{\dfrac{0.5 \times (1-0.5)}{n}}$

$n = 1.96^2 \times \dfrac{0.5 \times (1-0.5)}{0.05^2} = 384.12 = 385$

(단, 보유비율이 없으므로 $\hat{p} = 0.5$ 이다.)

102 최근 많은 학생들이 편입을 준비하고 있어 편입에 관한 정보를 제공하기 위해 편입을 준비했던 수험생 500명을 조사해 본 결과, 100명이 편입을 한 것으로 나타났다. 편입률에 대한 95% 단축 신뢰하한은 약 얼마인가?

① 0.165
② 0.171
③ 0.179
④ 0.229

풀이 $P_L = \hat{p} - u_{1-\alpha}\sqrt{\dfrac{\hat{p}(1-\hat{p})}{n}}$

$= 0.2 - 1.645 \times \sqrt{\dfrac{0.2 \times 0.8}{500}} = 0.1706$

부적합품률 차의 검·추정

103 $n_A = 150$, $r_A = 30$, $n_B = 200$, $r_B = 25$일 때 부적합품률의 차의 검정을 위하여 통계량을 구하면 다음 중 어느 수치에 가까운가?

① 1.09
② 1.19
③ 1.91
④ 2.10

풀이 $\hat{p} = \dfrac{r_A + r_B}{n_A + n_B} = \dfrac{55}{350} = 0.157$

$u_0 = \dfrac{0.2 - 0.125}{\sqrt{0.157 \times (1-0.157)\left(\dfrac{1}{150} + \dfrac{1}{200}\right)}} = 1.909$

104 결혼 후 두 자녀 이상 갖기를 원하는 부부들의 선호도에 관한 설문을 하기 위해 미혼 남성 200명, 미혼 여성 100명을 대상으로 그 선호도를 조사하였다. 그 결과 미혼 남성 중 50명이, 미혼 여성 중 10명이 두 자녀 이상을 갖기를 원하였다. 두 자녀 이상 갖기를 원하는 님싱과 여성의 비율의 차에 대한 95% 신뢰구간에 대한 상한 값은 약 얼마인가?

① 0.080
② 0.150
③ 0.234
④ 0.221

풀이 $\left(\dfrac{50}{200}-\dfrac{10}{100}\right)+1.96\sqrt{\dfrac{0.25\times0.75}{200}+\dfrac{0.1\times0.9}{100}}=0.2340$

모부적합수의 검·추정

14, 19산업 ★★○

105 모부적합수에 대한 문제를 다룰 때 모평균부적합수 $m>5$이면, 푸아송 분포로 처리하지 않고 어떤 분포로 근사할 수 있는가?

① χ^2 분포 　　② 정규분포
③ 초기하분포 　　④ 이항분포

풀이 푸아송 분포에서 $m\geq5$이면 정규분포에 근사한다.

11, 15산업 ★★○

106 다음 중 모부적합수(m_0)에 대한 검정을 할 때 산출하는 검정통계량(u_0)의 표시로 옳은 것은?(단, 시료 부적합수는 x이다.)

① $u_0=\dfrac{x-m_0}{\sqrt{m_0}}$ 　　② $u_0=\dfrac{x+m_0}{\sqrt{m_0}}$

③ $u_0=\dfrac{x-m_0}{\sqrt{x+m_0}}$ 　　④ $u_0=\dfrac{x+m_0}{\sqrt{x-m_0}}$

풀이 $u_0=\dfrac{x-m_0}{\sqrt{m_0}}$ 또는 $u_0=\dfrac{\left(\dfrac{x}{n}\right)-\hat{u}}{\sqrt{\dfrac{\hat{u}}{n}}}$

16, 19산업 ★★○

107 A사의 특정 공정에 대해 공정을 개선한 후 100 단위당 부적합수를 조사하였더니 5개가 부적합수로 나타났다. 과거 100단위당 부적합수는 10개였다. A사의 특정 공정의 단위당 부적합수가 줄었다고 할 수 있는지 검정하고자 한다. 이때 검정통계량은?

① -1.581 　　② -2.236
③ -15.81 　　④ -22.36

풀이 $u_0=\dfrac{c-m_0}{\sqrt{m_0}}=\dfrac{5-10}{\sqrt{10}}=-1.5811$

16산업 ★★○

108 과거 Y사에서 생산하는 핸드폰 케이스의 모부적합수 $m=6$이었다. 최근 새로운 생산 설비로 교체한 후 부적합수를 확인하였더니 $c=1$이었다. 위험률 5%에서 모부적합수는 작아졌다고 할 수 있겠는가?

① 알 수 없다.
② 같다고 할 수 있다.
③ 작아졌다고 할 수 없다.
④ 작아졌다고 할 수 있다.

풀이 $u_0=\dfrac{c-m_0}{\sqrt{m_0}}=\dfrac{1-6}{\sqrt{6}}=-2.04<-1.645$
$\alpha=5\%$로 유의적이다. 즉, 작아졌다고 할 수 있다.

14, 20(중복)산업 ★★★

109 A 공장의 권취공정의 평균사절수는 100m²당 10회로 알려져 있다. 공정을 개선하여 운전해 보니 평균사절수가 5회로 나타났다. 공정부적합수가 적어졌는지 유의수준 5%로 검정한 결과로 맞는 것은?

① 검정통계량은 약 -1.762이다.
② 검정을 할 수 있는 조건이 아니다.
③ 유의수준 5%로 공정 부적합수가 적어졌다고 할 수 없다.
④ 유의수준 5%로 공정 부적합수가 적어졌다고 할 수 있다.

풀이 $H_0:m=m_0$
$H_1:m\neq m_0$
$u_0=\dfrac{c-m_0}{\sqrt{m_0}}=\dfrac{5-10}{\sqrt{10}}=-1.581>-1.645$
∴ 유의수준 5%로 공정 부적합수가 적어졌다고 할 수 없다.

---

110 양측 신뢰구간추정 시 모부적합수(m)에 대한 신뢰구간을 구하기 위한 추정식으로 옳은 것은?

① $m = x \pm u_{1-\frac{\alpha}{2}} \sqrt{x}$

② $m = x \pm u_{1-\alpha} \sqrt{x}$

③ $m = x \pm u_{1-\frac{\alpha}{2}} \cdot x$

④ $m = x \pm u_{1-\alpha} \cdot x$

풀이

가설	대립가설	신뢰구간
정규 분포에 근사	$m \neq m_0$	$x \pm u_{1-\alpha/2} \sqrt{x}$
	$m < m_0$	$m_U = x + u_{1-\alpha} \sqrt{x}$
	$m > m_0$	$m_L = x - u_{1-\alpha} \sqrt{x}$

111 다음 중 공정에서 발생하는 모부적합수(m)가 과거보다 증가하였는지의 검정에서 가설이 유의하다면 신뢰한계의 추정식으로 옳은 것은?

① $m_{\max} = x + u_{1-\alpha} \sqrt{x}$

② $m_{\min} = x - u_{1-\alpha} \sqrt{x}$

③ $m_{\max} = x + u_{1-\alpha/2} \sqrt{x}$

④ $m_{\min} = x - u_{1-\alpha/2} \sqrt{x}$

풀이 110번 풀이 참조

112 플라스틱 표면에 특수도장하는 공장에서 핀홀에 의한 부적합을 알아보기 위해 시료 1매를 조사한 결과, 부적합수가 18개가 나왔다면 모부적합수의 신뢰한계는 약 얼마인가?(단, 신뢰율은 95%이다.)

① 8.202~23.80

② 3.684~26.316

③ 17.065~28.946

④ 17.538~18.462

풀이 $\widehat{m_{U \cdot L}} = 18 \pm 1.96 \times \sqrt{18} = (3.6844, \ 26.3156)$

113 표본의 부적합수가 25일 때, 모부적합수에 대한 95% 양쪽 신뢰한계의 신뢰하한값은 얼마인가?(단, $u_{0.95} = 1.645$, $u_{0.975} = 1.96$, $u_{0.99} = 2.326$, $u_{0.995} = 2.576$이다.)

① 15.2

② 16.8

③ 33.2

④ 34.8

풀이 $\widehat{m_L} = c - u_{1-\alpha/2} \sqrt{c} = 25 - 1.96 \times \sqrt{25} = 15.20$

114 A 회사에서 생산하는 TV표면에는 평균적으로 7군데의 핀홀(Pinhole)이 있다. 이 통계량을 활용하여 신뢰수준 95%로 한쪽추정 시 모부적합수의 신뢰상한값은 약 얼마인가?

① 7.92

② 10.20

③ 11.35

④ 12.18

풀이 $\widehat{m_U} = c + u_{1-\alpha} \sqrt{c} = 7 + 1.645 \sqrt{7} = 11.352$

부적합수 차의 검·추정

115 H 유리공장의 A, B 2개 생산라인 중 A 공정에서는 10m²당 기포의 수가 45개, B 공정에서는 10m²당 기포의 수가 56개였다. A, B 공정의 기포수의 차를 검정하기 위한 검정통계량(u_0)의 값은 약 얼마인가?

① -1.964

② -1.095

③ -0.997

④ -0.498

풀이 $u_0 = \dfrac{c_A - c_B}{\sqrt{c_A + c_B}} = \dfrac{56 - 45}{\sqrt{56 + 45}} = 1.0945$

정답 110 ①   111 ②   112 ②   113 ①   114 ③   115 ②

116 A, B 두 식품회사에서 제조되는 냉면 육수에 포함된 대장균의 수를 조사하였더니 A 회사에서는 육수 1cc당 30마리, B 회사에서는 육수 1cc당 70마리가 검출되었다. B 회사에서 제조되는 냉면 육수에 대장균이 더 함유되었는지에 대한 검정결과로 옳은 것은?(단, $u_{0.995}$, $u_{0.99} = 2.326$, $u_{0.95} = 1.645$, $u_{0.975} = 1.96$)

① A, B 회사 함유량은 같다.
② A 회사 쪽이 더 함유되어 있다.
③ B 회사 쪽이 더 함유되어 있다.
④ 알 수 없다.

풀이 $u_0 = \dfrac{70-30}{\sqrt{70+30}} = 4.0 > \begin{pmatrix} 1.645 \\ 2.326 \end{pmatrix}$ 이므로 A보다 B 회사 쪽이 더 함유되어 있다.

117 A, B 두 직조공정을 병행하여 가동하고 있다. A 공정에서는 직물 10,000m에 대하여 부적합수가 20개, B공정에서는 같은 길이의 직물에서 부적합수가 34개였다. 유의수준 0.05로 검정하고자 할 때 A공정의 부적합수는 B공정보다 적다고 할 수 있는가?

① A공정은 B공정과 같다고 할 수 없다.
② A공정의 부적합수는 B공정보다 적다고 할 수 있다.
③ A공정의 부적합수는 B공정보다 적다고 할 수 없다.
④ A공정과 B공정의 부적합수는 서로 비교할 수 없다.

풀이 $u_0 = \dfrac{c_A - c_B}{\sqrt{c_A + c_B}} = \dfrac{20-34}{\sqrt{20+34}} = -1.905 < -1.645$ 이므로, A공정의 부적합수는 B공정보다 적다고 할 수 있다.

118 모부적합수 차에 대한 신뢰구간을 구하기 위한 $\left(\widehat{m_1 - m_2} \right)$의 점추정치는?(단, x는 부적합수, n은 시료수, N은 로트의 크기이다.)

① $x_1 - x_2$
② $x_1 + x_2$
③ $\dfrac{x_1 - x_2}{n}$
④ $\dfrac{x_1 - x_2}{N}$

풀이 • 점추정 : $\left(\widehat{m_1 - m_2} \right) = x_1 - x_2$
• 구간추정 : $\left(\widehat{m_1 - m_2} \right) = (x_1 - x_2) \pm u_{1-\alpha/2} \sqrt{x_1 + x_2}$

정답 116 ③ 117 ② 118 ①

최근 기출문제

상관분석

20산업 ★★○

01 두 변수 간의 관계가 다음 그림과 같을 때를 의미하는 것은?

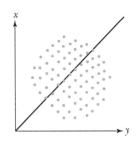

① 양상관   ② 음상관

③ 무상관   ④ 완전상관

풀이 그림은 무상관의 산점도이다.

00, 18산업 ★★○

02 모공분산(σ_{xy}^2)이 0인 경우의 설명으로 맞는 것은?

① 두 변량 사이에 상관관계가 있다.

② 두 변량 사이에 상관관계가 없다.

③ 상관관계가 있는지 없는지 모른다.

④ x의 변화에 대응하여 y가 직선으로 변한다.

풀이 모공분산(σ_{xy}^2)이 0이라면 모상관계수(ρ)가 0이므로 상관관계가 없다는 의미가 된다.

12산업, 07, 08, 11기사 ★★★

03 상관분석에서 상관의 정도를 나타내는 척도로서 공분산[$cov(X, Y)$]을 사용할 수 없는 이유는?

① 상관계수를 구하는 편이 더 간단하므로

② 상관계수는 음($-$)의 값도 가질 수 있으므로

③ 공분산은 원 데이터의 측정단위에 따라 달라지므로

④ 공분산의 값은 그 성격상 절댓값만을 알 수 있으므로

풀이 공분산(V_{xy})은 측정단위 변화에 따라 값이 달라지지만, 상관계수(r)는 측정단위 변화에 따른 변화가 없다.

06, 10, 16산업[실기] ★★★

04 대응되는 두 변수 X, Y에 대한 자료가 다음과 같을 때 공분산은 약 얼마인가?

$$\sum_{i=1}^{10} (x_i - \overline{x})^2 = 50$$

$$\sum_{i=1}^{10} (x_i - \overline{x})(y_i - \overline{y}) = 25$$

$$\sum_{i=1}^{10} (y_i - \overline{y})^2 = 30$$

① 2.50   ② 2.78

③ 3.33   ④ 5.56

풀이 공분산 $V_{xy} = \dfrac{S(xy)}{n-1} = \dfrac{25}{10-1} = 2.778$

06, 14산업 ★★○

05 상관관계 분석에 관한 설명 중 옳지 않은 것은?

① 두 변수 사이에 상관분석을 할 때는 먼저 산점도로 상관 여부를 파악한다.

② 상관계수를 구할 때는 두 변수 x_i와 y_i의 개수가 동일해야 한다.

③ 상관계수가 0보다 작으면 상관이 없다는 의미이다.

④ 모집단의 상관 여부를 검정할 때 검정통계량은 t 분포를 따른다.

풀이 ③ 상관계수가 0보다 작으면 음상관이라는 의미이다.

정답   01 ③   02 ②   03 ③   04 ②   05 ③

06 상관계수에 대한 설명 중 틀린 것은?

① 상관계수의 제곱의 값(r^2)을 기여율이라 한다.

② 상관계수 r은 -1부터 $+1$까지의 값을 취한다.

③ 상관계수의 값이 1 또는 -1에 가까울수록 일정한 경향선으로부터의 산포는 커진다.

④ 2개의 변량 x와 y가 있을 경우, x와 y의 선형관계를 표시하는 척도를 상관계수라 한다.

풀이 ③ 상관계수의 값이 1 또는 -1에 가까울수록 일정한 경향선으로부터의 산포는 작아진다.

07 상관계수에 대한 설명으로 틀린 것은?

① 상관계수(r)는 -1부터 1 사이 값을 가진다.

② $r > 0$일 때 정의 상관관계이다.

③ $r < 0$일 때 부의 상관관계이다.

④ 산점도에서 점이 일직선상에 있으면 약한 상관관계가 있다.

풀이 ④ 산점도에서 점이 일직선상에 있으면 매우 강한 상관관계가 있다는 것을 의미한다.

08 두 변량 간에 측정되는 공분산과 상관계수에 대한 설명 중 틀린 것은?

① 공분산이 0이면 상관계수는 0이다.

② 독립인 두 변량의 공분산은 0이다.

③ 상관계수가 음수이면 공분산도 음수이다.

④ 공분산과 상관계수는 모두 단위에 관계없이 일정하다.

풀이 ④ 공분산(V_{xy})은 측정단위 변화에 따라 값이 달라지지만, 상관계수(r)는 측정단위 변화에 따른 변화가 없다.

09 상관계수(r)에 대한 설명으로 가장 관계가 먼 내용은?

① r의 범위는 $|r| \leq 1$이다.

② $r = \pm 1$일 때 완전상관이라 한다.

③ $r = S_{xy} / \sqrt{S_{xx}S_{yy}}$ 로 계산된다.

④ r의 부호 $\pm$는 회귀직선 $y = a + bx$에서 a의 부호와 일치한다.

풀이 ④ r 값의 $\pm$는 회귀직선의 기울기 b와 일치한다.

10 표본상관계수(r)에 대한 설명으로 틀린 것은?

① r^2은 결정계수이다.

② $r = 1$은 완전 양의 상관을 의미한다.

③ $r = -0.87$은 음의 상관을 의미한다.

④ $r = 0$은 곡선회귀관계가 있음을 의미한다.

풀이 ④ $r = 0$은 상관관계가 없음을 의미한다.

11 상관계수(r)를 구하는 공식으로 맞는 것은?

① $\dfrac{(n-1)V_{xy}}{\sqrt{(n+1)V_x}\,\sqrt{(n+1)V_y}}$

② $\dfrac{S_{(x \cdot x)}}{\sqrt{S_{(x \cdot y)}S_{(x \cdot y)}}}$

③ $\dfrac{\sum x_i y_i - (\sum x_i \sum y_i / n)}{\sqrt{[\sum x_i^2 - (\sum x_i)^2/n][\sum y_i^2 - (\sum y_i)^2/n]}}$

④ $\dfrac{S_{(x \cdot y)}}{S_{(x \cdot x)}}$

풀이
$$r = \frac{S_{(xy)}}{\sqrt{S_{(xx)}S_{(yy)}}} = \frac{(n-1)V_{xy}}{\sqrt{(n-1)V_x}\,\sqrt{(n-1)V_y}}$$
$$= \frac{\sum x_i y_i - (\sum x_i \sum y_i / n)}{\sqrt{[\sum x_i^2 - (\sum x_i)^2/n]\,[\sum y_i^2 - (\sum y_i)^2/n]}}$$

12 어떤 제품에 대한 온도와 치수 사이의 관련성을 조사하기 위해 상관분석을 실시하니 다음과 같은 [데이터]를 얻었다. 상관계수(r)값은 약 얼마인가?

─── [데이터] ───
$$S_{(xx)} = 331, \quad S_{(yy)} = 253, \quad S_{(xy)} = 137$$

① 0.473 ② 0.563

③ 0.764 ④ 0.892

풀이 $r = \dfrac{S_{(xy)}}{\sqrt{S_{(xx)} S_{(yy)}}} = \dfrac{137}{\sqrt{331 \times 253}} = 0.4734$

13 일산화탄소의 농도(x)와 벤조피렌의 농도(y)와의 관계를 분석한 결과 $S_{(xy)} = 94.79$, $S_{(xx)} = 111.71$, $S_{(yy)} = 85.85$였다. 시료의 상관계수는 약 얼마인가?

① 0.8343 ② 0.8678

③ 0.9234 ④ 0.9679

풀이 $r_{xy} = \dfrac{S_{(xy)}}{\sqrt{S_{(xx)} S_{(yy)}}} = \dfrac{94.79}{\sqrt{111.71 \times 85.85}} = 0.96794$

14 $\displaystyle\sum_{i=1}^{n} x_i = 18$, $\displaystyle\sum_{i=1}^{n} x_i^2 = 380$, $\displaystyle\sum_{i=1}^{n} y_i = 45$, $\displaystyle\sum_{i=1}^{n} y_i^2 = 145$,

$\displaystyle\sum_{i=1}^{n} x_i y_i = 175$, $n = 32$일 때, 상관계수는 약 얼마인가?

① 0.374 ② 0.438

③ 0.653 ④ 0.861

풀이 $r = \dfrac{S_{xy}}{\sqrt{S_{xx} S_{yy}}} = \dfrac{149.6875}{\sqrt{369.875 \times 81.71875}} = 0.8610$

15 대응되는 두 변수의 상관계수를 r, 기여율을 R이라 할 때 다음 중 틀린 것은?

① $R = r^2$ ② $R = \sqrt{r}$

③ $0 \le R \le 1$ ④ $-1 \le r \le 1$

풀이 ② $r = \pm \sqrt{R}$

16 회귀직선의 기여율(r^2)에 관한 설명으로 옳지 않은 것은?

① 회귀직선의 기여율은 상관계수의 제곱과 같다.
② 모든 측정치들이 회귀선상에 위치한다면 r^2은 0이 된다.
③ r^2이 1에 가까울수록 두 변수 사이에 직선관계가 강하게 나타난다.
④ 기여율이 매우 크면 추정된 회귀직선이 두 변수 간의 관계를 설명하는 데 유의하다.

풀이 ② 모든 측정치들이 회귀선상에 위치한다면 $r = \pm 1$이 되므로, r^2은 1이 된다.

17 두 특성치에 대해 $S_{xx} = 36.65$, $S_{yy} = 2,356.24$, $S_{xy} = 263.75$일 때 결정계수는 몇 %인가?

① 80.6 ② 82.6

③ 85.6 ④ 88.6

풀이 $r^2 = \dfrac{(263.75)^2}{36.65 \times 2356.24} = 0.8055 = 80.55(\%)$

18 상관계수가 0.9일 때, 결정계수는 약 얼마인가?

① 0.1 ③ 0.01

③ 0.9 ④ 0.949

풀이 결정계수(r^2) = $0.9^2 = 0.81$

19 모상관계수(ρ)의 가설검정에서 귀무가설(H_0) : $\rho = 0$을 검정할 때 사용되는 검정통계량은?(단, n은 시료의 크기이고, r은 표본상관계수이다.)

① $\sqrt{\dfrac{n-1}{1-r^2}}$ ② $r\sqrt{\dfrac{n-1}{1-r^2}}$

③ $\sqrt{\dfrac{n-2}{1-r^2}}$ ④ $r\sqrt{\dfrac{n-2}{1-r^2}}$

풀이 $t_0 = \dfrac{r}{\sqrt{\dfrac{1-r^2}{n-2}}} = r\sqrt{\dfrac{n-2}{1-r^2}}$

20 두 집단으로부터 추출된 n 쌍의 자료를 이용하여 두 집단 간의 모상관계수가 0인지($H_0 : \rho = 0$)를 검정하고자 할 때 사용되는 검정통계량의 자유도는?

① $n-1$ ② $n-2$

③ $2n-1$ ④ $2n-2$

풀이 모집단의 상관계수 유무 검정을 위한 통계량은 t 분포 또는 r 분포($\nu \geq 10$)를 사용하며, 이때의 자유도는 $(n-2)$이다.

21 상관계수의 검정에서 r표를 활용하는 경우, $r_0 > + r_{1-\alpha/2}(\nu)$ 또는 $r_0 < -r_{1-\alpha/2}(\nu)$일 때의 내용 중 맞는 것은?(단, $\nu = n-2$이다.)

① 상관관계가 있다고 판정한다.
② 상관관계가 없다고 판정한다.
③ 이 상태로는 판정하기 어렵다.
④ 상관관계가 있기도 하고 없기도 하다고 판정한다.

풀이 귀무가설을 기각한다. 즉, 상관관계가 있다고 판정한다.

22 모상관계수 ρ_0의 변화 유무 검정 및 추정에 대한 설명 중 가장 관계가 먼 내용은?(단, $n > 25$이고, 신뢰율은 95%이다.)

① 모상관계수 ρ_0의 변화 유무에 대한 가설검정은 Z분포를 이용한다.

② $V(Z) = \dfrac{1}{n-1}$

③ $E(Z) = \dfrac{1}{2}\ln\dfrac{1+\rho}{1-\rho}$

④ 검정 시 검정통계량 $Z_0 = 2.1$이면 모상관계수는 변했다고 할 수 있다.

풀이 ② $V(Z) = \dfrac{1}{n-3}$

회귀분석

23 다음 자료를 보고 회귀계수를 구하면 약 얼마인가?

번호	X	Y	X^2	Y^2	XY
1	2	3	4	9	6
2	4	4	16	16	16
3	6	5	36	25	30
4	8	7	64	49	56
5	9	8	81	64	72
합	29	27	201	163	180

① 0.850 ② 0.915

③ 0.713 ④ 0.651

풀이 $\hat{\beta_1} = b = \dfrac{S(xy)}{S(xx)} = \dfrac{23.40}{32.80} = 0.7134$

또는 공학용 계산기에서 'b' 또는 'B'를 구하면 된다.

24 반응온도(x)와 수율(y)의 관계를 조사한 결과 확률변수 X의 제곱합 $S_{xx}=10$, 확률변수 Y의 제곱합 $S_{yy}=25$, 확률변수 X, Y의 곱의 합 $S_{xy}=15$이었다. x에 대한 y의 회귀계수는 얼마인가?

① 0.67 ② 1.50

③ 1.67 ④ 2.50

풀이 $\widehat{\beta_1}=b=\dfrac{S_{xy}}{S_{xx}}=\dfrac{15}{10}=1.50$

25 어떤 시료로부터 다음의 [데이터]를 얻었다. 이 데이터를 이용하여 추정회귀계수를 구하면 약 얼마인가?

[데이터]

$\Sigma x_i = 68.3$, $\Sigma x_i^2 = 760$,
$\Sigma y_i = 8.2$, $\Sigma x_i y_i = 180$, $n=8$

① 0.234 ② 0.424

③ 0.622 ④ 0.834

풀이
• $S_{xx} = \Sigma x_i^2 - \dfrac{(\Sigma x_i)^2}{n} = 176.89$

• $S_{xy} = \Sigma x_i y_i - \dfrac{(\Sigma x_i)(\Sigma y_i)}{n} = 109.99$

∴ 회귀계수 $b = \dfrac{S_{xy}}{S_{xx}} = \dfrac{109.99}{176.89} = 0.6218$

26 $S_{(xx)} = 74.5$, $S_{(yy)} = 376.4$, $S_{(xy)} = 396.2$, $\overline{x} = 3.5$, $\overline{y} = 32.6$ 일 때 회귀직선 y를 바르게 표현한 것은?(단, 계산된 수치는 소수 둘째 자리로 맺음하시오.)

① $y = 13.99 + 5.32x$

② $y = 14.99 + 6.32x$

③ $y = 15.99 + 7.32x$

④ $y = 16.99 + 8.32x$

풀이 $b = \beta_1 = \dfrac{S_{(xy)}}{S_{(xx)}} = \dfrac{396.2}{74.5} = 5.318$

$y - 32.6 = 5.318(x - 3.5) \Rightarrow y = 13.987 + 5.318\,x$

27 반응온도(x)와 수율(y)의 관계를 조사한 결과 $S_{xx} = 10$, $S_{xy} = 15$이었다. x에 대한 y의 회귀관계를 검정하려고 할 때, 회귀선으로 설명되는 편차값은 얼마인가?

① 2.5 ② 9.0

③ 22.5 ④ 62.5

풀이 $S_R = \dfrac{S_{xy}^2}{S_{xx}} = \dfrac{15^2}{10} = 22.5$

28 표본 30개에 대하여 반응온도(x)와 수율(y)의 관계를 조사하였더니 $S_{xx} = 10$, $S_{yy} = 20$, $S_{xy} = 13$이었다. x에 대한 y의 1차 회귀관계를 검정하려고 할 때, 회귀선으로 설명이 되지 않는 변동값은 얼마인가?

① 3.1 ② 8.45

③ 16.9 ④ 20.0

풀이 $S_R = \dfrac{S_{xy}^2}{S_{xx}} = \dfrac{13^2}{10} = 16.9$

∴ $S_{y/x} = S_{yy} - S_R = 20 - 16.9 = 3.1$

29 적합된 회귀선의 기여율이 의미하는 용어는?

① 상관계수 ② 결정계수

③ 총제곱합 ④ 오차제곱합

풀이 결정계수=기여율

30 두 특성치 (x_i, y_i)에 대해 변동 $S_{(xx)} = 10$, $S_{(yy)} = 25$, 추정회귀계수$(\beta_1) = 1.5$를 얻었다. 회귀직선의 기여율을 구하면?

① 0.60 ② 0.81

③ 0.90 ④ 0.95

풀이 $\beta_1 = \dfrac{S_{(xy)}}{S_{(xx)}}$, $1.5 = \dfrac{S_{(xy)}}{10}$, $S_{(xy)} = 15$

기여율 $= \dfrac{S_{(xy)}^2}{S_{(xx)} \cdot S_{(yy)}} = \dfrac{15^2}{10 \times 25} = 0.90$

정답 24 ② 25 ③ 26 ① 27 ③ 28 ① 29 ② 30 ③

관리도

최근 기출문제

06산업 ★★○

01 관리도에 대한 설명 내용으로 가장 관계가 먼 것은?

① 관리도에는 한 개의 중심선과 두 개의 관리한계선을 긋는다.

② 관리도에는 사용 목적에 따라, 해석용 관리도와 관리용 관리도가 있다.

③ 우연원인에 의한 공정의 변동이 있으면 관리한계선 밖으로 특성치가 나타난다.

④ 관리도는 제조공정이 잘 관리된 상태에 있는가를 조사하기 위해서 사용된다.

풀이 ③ 우연원인에 의한 공정의 변동이 있으면 관리한계선 안으로 특성치가 나타난다.

08, 10, 14산업 ★★★

02 관리도에 대한 설명으로 가장 관계가 먼 내용은?

① 관리도는 중심선과 관리한계선이 있는 그래프이다.

② 관리도에서 통계량이 관리한계선을 벗어나면 공정이 이상상태라고 판단한다.

③ 관리도는 우연원인으로 인한 품질의 변동을 탐지하고 이를 제거하는 것이 목적이다.

④ 관리도는 목적에 따라 기준값이 주어져 있지 않은 경우의 관리도와 기준값이 주어져 있는 경우의 관리도로 분류된다.

풀이 ③ 관리도는 이상원인으로 인한 품질의 변동을 탐지하고 이를 제거하는 것이 목적이다.

15산업 ★★○

03 관리도의 설명 중 틀린 것은?

① 통계적 품질관리의 기법

② 로트에 대한 합격 · 불합격 판정

③ 공정상의 문제점 파악 및 해결

④ 측정 데이터에 의한 점들의 위치 또는 움직임의 양상 파악

풀이 관리도는 공정상의 문제점 등을 파악과 동시에 해결하려는 그래프이다.

14산업 ★★○

04 관리도에 관한 설명으로 옳지 않은 것은?

① 관리도의 목적은 우연원인이 발생하지 않도록 관리하고자 하는 것이다.

② 공정을 관리하기 위해서는 계량치 관리도가 계수치 관리도보다 일반적으로 활용성이 더 높다.

③ 점이 관리한계선을 벗어나지 않는다고 해서 무조건 관리상태인 것은 아니다.

④ 관리상태라면 연(Run)이나 경향(Trend) 등이 나타나지 않아야 한다.

풀이 ① 관리도의 목적은 이상원인이 발생하지 않도록 관리하고자 하는 것이다.

07(중복)산업 ★★○

05 관리도의 설명 중 가장 거리가 먼 것은?

① 공정이 불안정한 경우에는 사용할 필요가 없다.

② 시료의 수가 클수록 관리도의 검출력이 커진다.

③ $\bar{x} - R$ 관리도에서는 우선 R점의 움직임을 관찰한다.

④ 관리도는 관리용 관리도의 도입 이전의 표준값을 설정하기 위해서도 사용한다.

풀이 ① 공정이 불안정한 경우일수록 관리도는 더욱 필요하다.

06 관리도에 관한 설명으로 틀린 것은?

① 슈하트 관리도에서 ±3σ 관리한계를 벗어나는 제품은 부적합품임을 의미한다.
② 슈하트 관리도의 ±3σ 관리한계 안에서 변동이 생기는 원인은 우연원인이다.
③ 슈하트의 $\overline{X}-R$ 관리도는 공정의 평균과 산포의 변화를 동시에 볼 수 있는 특징이 있다.
④ 관리도는 공정이 이상징후를 보일 때, 이를 신속히 발견하여 조처를 취하는 데 적절한 품질개선 도구이다.

풀이 ① 관리한계를 벗어나는 제품은 부적합품인지 아닌지는 모르나 관리한계를 이탈하였으므로 조처를 취하여야 한다.

07 다음의 품질변동 원인 중 우연원인(Chance Cause)에 의한 것으로 볼 수 없는 것은?

① 피할 수 없는 원인이다.
② 점들의 움직임이 임의적이다.
③ 점들의 움직임에 변화의 폭이 크다.
④ 점들의 움직임에 통계적 법칙이 적용된다.

풀이 ③ 점들의 움직임에 변화의 폭이 작다.

08 관리도의 관리한계선에 대한 설명 중 가장 올바른 것은?

① 품질특성치의 분포, 즉 공정능력에 따라 결정된다.
② 관리한계선은 보통 규격상한과 규격하한을 이용한다.
③ 중심선(C_L)은 규격상한과 규격하한의 평균으로 결정된다.
④ 관리상한과 관리하한의 차이를 공차(Tolerance)라 한다.

풀이 ② 관리한계선은 보통 $E(X) \pm 3D(X)$를 이용한다.
③ 중심선(C_L)은 관리상한과 관리하한의 평균으로 결정된다.
④ 규격상한과 규격하한의 차이를 공차(Tolerance)라 한다.

09 관리도에 관한 설명으로 옳지 않은 것은?

① 슈하트 관리도의 ±3σ 관리한계 안에서 변동이 생기는 원인은 우연원인이다.
② 슈하트 관리도의 ±3σ 관리한계를 벗어나는 제품은 절대적인 부적합품이다.
③ 슈하트의 $\overline{x}-R$ 관리도는 공정의 평균과 산포의 변화를 동시에 볼 수 있는 특징이 있다.
④ 관리도는 공정이 이상징후를 보일 때 이를 신속히 발견하여 조처를 취하는 데 적절한 품질개선 도구이다.

풀이 ② 슈하트 관리도의 ±3σ 관리한계를 벗어나는 제품은 관리이상 상태의 제품으로 판정하는 것이지 부적합품이라고는 할 수 없다.

10 규격한계와 관리한계에 대한 설명으로 옳지 않은 것은?

① 관리한계는 자연공차한계(Natural Tolerance Limit)라고도 한다.
② 일반적으로 관리한계는 규격한계보다 넓게 설정될수록 좋다.
③ 고유 공정한계(Inherent Process Limit)라고도 하는 관리한계는 $\mu \pm 3\sigma$에 의해 구한다.
④ 관리한계가 규격한계 내에 있으면 부적합품률을 낮게 생산할 수 있다.

풀이 ② 일반적으로 관리한계와 규격한계는 무관하다고 할 수 있으며, 물론 관리한계가 규격한계 내에 있으면 부적합품률을 낮게 생산할 수는 있다.

11 관리도의 관리한계선은 다음 중 어느 것을 의미하는가?

① 제품의 공차한계
② 제품의 규격한계
③ 제품의 양부 판정기준
④ 공정의 이상 판정기준

풀이 관리도의 한계선은 공정의 관리상태(이상상태)를 구별하는 값이다.

12 슈하트(Shewhart) 관리도에서 3σ 관리한계를 2σ 관리한계로 바꿀 경우 나타나는 현상으로 맞는 것은?

① 제1종의 오류(α)가 감소한다.
② 제2종의 오류(β)가 감소한다.
③ 제1종의 오류(α)와 제2종의 오류(β)가 모두 감소한다.
④ 제1종의 오류(α)와 제2종의 오류(β)가 모두 증가한다.

[풀이] 관리도의 상·하한선을 2σ로 축소하게 되면, α는 증가하고 β는 감소하여 검출력($1-\beta$)은 증가하는 현상이 나타난다.

13 관리도에 타점하는 통계량 W가 평균은 μ_W이고 표준편차는 σ_W인 정규분포를 따른다고 할 때, 일반적으로 관리한계선은 $\mu_W \pm 3\sigma_W$를 사용한다. 이 관리도의 제1종의 과오의 크기는?

① 0.01
② 0.05
③ 0.0027
④ 0.00135

[풀이] $\pm 3\sigma$를 벗어날 확률은 0.0027(0.27%)이 된다.

14 제조공정에서 자연적인 또는 정상적인 공정상태에 의한 품질변동의 원인을 무엇이라고 하는가?

① 가피원인
② 우연원인
③ 이상원인
④ 관리원인

[풀이] 생산조건이 엄격하게 관리된 상태하에서도 발생되는 어느 정도의 불가피한 변동을 주는 원인을 우연원인이라고 한다.

15 관리도에서 나타날 수 있는 품질변동의 원인들 중 이상원인(Assignable Cause)에 의한 것으로 보기에 가장 거리가 먼 것은?

① 점들이 랜덤하게 나타난다.
② 점들의 움직임이 주기적으로 나타난다.
③ 모든 점들이 중심선 근처에서만 움직인다.
④ 점들의 움직임에 변화의 폭이 커서 관리한계선 근처에 많이 나타난다.

[풀이] 이상원인에 의해서는 점들이 어느 한쪽으로 치우치는 경향을 보이고, 우연원인에 의해서는 점들이 랜덤하게 나타난다.

16 관리도상의 점이 관리한계선 밖으로 나올 경우 가장 먼저 조치하여야 하는 사항은?

① 공정을 변경시킨다.
② 기계를 조정하여 바로잡아야 한다.
③ 원인을 분석하고 이상원인을 제거한다.
④ 부적합품이 발생하고 있으므로 전수검사를 한다.

[풀이] 관리한계를 벗어나는 점이 존재하게 되면 그 원인을 분석하고 이상원인을 제거하여야 한다.

17 관리도 작성을 위하여 가장 이상적인 부분군(部分群)은?

① 장시간 공평하게 추출한 것
② 우연원인만이 작용하고 있는 것
③ 생산조건의 변화를 탐지할 수 있는 것
④ 층별 추출법(Stratified Sampling)에 의한 것

[풀이] 관리도 부분군의 조건 중 하나는 산포가 최소가 되는 군, 즉 우연원인에 의한 산포로 구성되어야 한다는 것이다.

18 관리도에 타점하는 통계량(Statistic)은 정규분포를 한다고 가정한다. 공정(모집단)이 정규분포를 이룰 때에는 표본의 분포는 언제나 정규분포를 이루지만, 공정의 분포가 정규분포가 아니더라도 표본의 크기가 클수록 정규분포에 접근한다는 이론은?

① 중심극한정리
② 체비쉐브의 법칙
③ 체계적 추출법
④ 크기비례 추출법

[풀이] 중심극한의 정리란 공정의 분포가 정규분포가 아니더라도 표본의 크기가 클수록 정규분포에 접근한다는 이론이다.

정답 12 ② 13 ③ 14 ② 15 ① 16 ③ 17 ② 18 ①

PART 1
PART 2
PART 3
PART 4
PART 5
PART 6
PART 7

12(중복)산업 ★★○

01 계량값 관리도에 관한 설명으로 잘못된 것은?

① 시료군의 크기가 클수록 R 관리도가 s 관리도보다 더 효과적이다.
② 계량값 관리도는 품질특성치의 측정에 많은 인력과 시간이 요구되는 것이 단점이다.
③ 일반적으로 계량값 관리도에서 요구되는 시료의 크기가 계수형 관리도보다 매우 작다.
④ 일반적으로 계량값 관리도에서는 품질특성치의 평균과 표준편차를 동시에 관리하는 경우가 많다.

풀이 ① 시료군의 크기가 클수록 s 관리도가 R 관리도보다 더 효과적이다.

06산업 ★★○

02 계량치 관리도에 대한 설명으로 가장 올바른 것은?

① u 관리도는 계량형 관리도로 분류된다.
② 계수치 관리도에 비하여 많은 정보를 얻지 못한다.
③ 온도, 압력, 인장 강도, 무게 등은 계량형 관리도로 관리한다.
④ 일반적으로 시료의 크기가 계수형 관리도에서 요구하는 것보다 크다.

풀이 ① u 관리도는 계수형 관리도로 분류된다.
② 계수치 관리도에 비하여 많은 정보를 얻는다.
④ 일반적으로 시료의 크기가 계수형 관리도에서 요구하는 것보다 작다.

14산업 ★★○

03 계량치 관리도에 관한 설명으로 틀린 것은?

① 일반적으로 $\bar{x}$ 관리도의 검출력이 x 관리도보다 우수하다.
② 계량치 관리도에서는 품질특성치의 분포로서 정규분포를 가정하고 있다.
③ 각 시료군의 크기를 크게 하는 것이 $\bar{x}$ 관리도의 검출력을 증가시킬 수 있다.
④ 일반적으로 계량치 관리도에서 요구되는 시료의 크기가 계수치 관리도보다 크다.

풀이 ④ 일반적으로 계량치 관리도에서 요구되는 시료의 크기가 계수치 관리도보다 작다.

18산업 ★★○

04 계량형 관리도에 관한 설명으로 틀린 것은?

① 일반적으로 계량형 품질특성치는 정규분포를 따른다고 가정한다.
② $\bar{X}$ 관리도에서 시료의 크기를 크게 하면, 관리한계의 폭이 넓어진다.
③ $\bar{X}-R$ 관리도를 이용하여 공정평균 μ와 표준편차 σ를 추정할 수 있다.
④ 품질특성치가 계량형인 경우 일반적으로 공정의 평균과 표준편차를 함께 관리한다.

풀이 ② $\bar{X}$ 관리도에서 시료의 크기를 크게 하면, 관리한계의 폭이 좁아진다.

정답 01 ① 02 ③ 03 ④ 04 ②

05 계량형 관리도에 관한 설명으로 틀린 것은? 19산업 ●●○

① 고저($H-L$) 관리도는 계량형 관리도의 일종이다.

② 시료군의 크기가 클수록 R 관리도가 s 관리도보다 더 효과적이다.

③ 일반적으로 계량형 관리도에서 요구되는 시료의 크기가 계수형 관리도보다 매우 작다.

④ 일반적으로 계량형 관리도에서는 품질특성치의 평균과 표준편차를 동시에 관리하는 경우가 많다.

풀이 ② 시료군의 크기가 클수록 s 관리도가 R 관리도보다 더 효과적이다.

$\overline{x} - R$ 관리도

06 $\overline{x} - R$ 관리도에 대한 설명 중 가장 관계가 먼 것은? 06산업 ●●○

① 계량형 관리도 중 대표적인 관리도이다.

② $\overline{x}$ 관리도의 관리한계선은 $\overline{\overline{x}} \pm A_3 \overline{R}$이다.

③ 일반적으로 $\overline{x}$ 는 측정값 x의 단위보다 한 자리 아래까지 계산한다.

④ 시료의 크기가 클 경우($n > 10$) σ 를 $\overline{R}/d_2$로 추정할 때 $\overline{s}$보다 상대적으로 효율이 떨어진다.

풀이 ② $\overline{x}$ 관리도의 관리한계선은 $\overline{\overline{x}} \pm A_2 \overline{R}$이다.

---

07 $\overline{X} - R$ 관리도의 특징으로 맞는 것은? 08, 13, 16산업 ●●●

① 주로 부적합품률을 나타낸 관리도이다.

② 계수형 관리도($\overline{X}$ 관리도)와 계수형 관리도(R 관리도)를 혼합한 관리도이다.

③ 평균을 위한 $\overline{X}$ 관리도와 산포를 위한 R 관리도를 함께 작성하는 관리도이다.

④ 관리상태에 대한 해석은 $\overline{X}$ 관리도와 R 관리도를 각각 운용하는 것에 비해서는 비효율적이다.

풀이 ① 평균과 산포를 나타낸 관리도이다.

② 계량형 관리도($\overline{X}$ 관리도)와 계량형 관리도(R 관리도)를 혼합한 관리도이다.

④ 관리상태에 대한 해석은 $\overline{X}$ 관리도와 R 관리도를 각각 운용하는 것에 비해서는 효율적이다.

---

08 $\overline{X} - R$ 관리도에 있어서 $\overline{X}$ 관리도는 공정평균의 변화를 알아보기 위해 사용하는데, R 관리도는 무엇을 알아보기 위한 것인가? 17산업 ●●○

① 데이터의 경향　② 부분군 간의 행동

③ 공정평균의 치우침　④ 공정의 산포 관리

풀이 $\overline{x}$는 공정평균의 변화, 즉 중심을 관리(군간변동 σ_b^2)하고, R은 공정의 산포를 관리(군내변동 σ_w^2)하게 된다.

---

09 $\overline{x}$ 관리도에서 샘플의 크기 n에 관한 설명과 가장 관계가 먼 것은? 08산업 ●●○

① 시간순, 측정순에 따라 3~5가 적당하다.

② n이 클수록 $\overline{R}/d_2$로부터 σ를 추정할 때의 효율이 좋아진다.

③ n이 커지면 관리한계선은 좁아진다.

④ 중심선은 크게 영향을 받지 않는다.

풀이 ② n이 클수록 $\overline{s}/c_4$로부터 σ를 추정할 때의 효율이 좋아진다.

---

10 $\overline{X}$ 관리도에서 각 군의 평균치 $\overline{X}_i$를 계산할 때 사용되는 n에 관한 설명으로 틀린 것은? 13, 16, 19산업 ●●●

① n은 부분군의 크기를 뜻한다.

② n이 커지면 관리한계(Control Limit)가 좁아진다.

③ 중심선은 n의 변화에 영향을 받지 않는다.

④ n이 작을수록 치우침에 의한 이상원인을 검출하기 용이하다.

풀이 ④ n이 작아지면 관리한계의 폭이 넓어지게 되므로 치우침에 의한 이상원인을 발견하기 어려워진다.

---

11 $\bar{x}$ 관리도에서 표본의 크기와 관리한계의 폭 사이의 관계를 가장 올바르게 설명하고 있는 것은?

① 표본의 크기 n이 커질수록 관리한계의 폭은 n에 비례하여 넓어진다.

② 표본의 크기 n이 커질수록 관리한계의 폭은 n에 반비례하여 좁아진다.

③ 표본의 크기 n이 커질수록 관리한계의 폭은 $\sqrt{n}$에 비례하여 넓어진다.

④ 표본의 크기 n이 커질수록 관리한계의 폭은 $\sqrt{n}$에 반비례하여 좁아진다.

풀이 $\bar{x} \pm 3\dfrac{\sigma}{\sqrt{n}}$에서 n이 커질수록 관리한계의 폭은 $\sqrt{n}$에 반비례하여 좁아진다.

12 $\bar{X}$ 관리도에서 관리한계를 벗어나는 점이 많아질 때의 설명으로 맞는 것은?(단, R 관리도는 안정되어 있으며, 군내변동 : σ_w^2, 군간변동 : σ_b^2이다.)

① σ_b^2가 크게 되었다는 뜻이다.

② σ_b^2가 작게 되었다는 뜻이다.

③ σ_w^2가 크게 되었다는 뜻이다.

④ σ_w^2가 작게 되었다는 뜻이다.

풀이 $\sigma_{\bar{x}}^2 = \dfrac{\sigma_w^2}{n} + \sigma_b^2$에서 관리한계를 벗어나는 점이 많다는 말은 $\sigma_{\bar{x}}^2$가 크다는 의미가 된다. $\sigma_{\bar{x}}^2$의 산포변화는 군내변동(σ_w^2)보다는 군간변동(σ_b^2)에 의해 더 좌우된다.

13 $\bar{X}-R$ 관리도에서 $\bar{X}$ 관리도의 관리한계에 대한 설명으로 틀린 것은?(단, 기준값이 주어지지 않은 경우이다.)

① $\bar{\bar{X}} \pm A_2\bar{R}$

② $\bar{\bar{X}} \pm \dfrac{3}{\sqrt{n}} \cdot \dfrac{\bar{R}}{d_2}$

③ $\bar{\bar{X}} \pm A_2\sigma$

④ $E(\bar{X}) \pm 3D(\bar{X})$

풀이 ③ $\bar{\bar{X}} \pm A\sigma$

14 $\bar{x}$ 관리도에서 $U_{CL} = 10$, $L_{CL} = 4$일 때, 중심선은?

① 4

② 5

③ 6

④ 7

풀이 중심선 $C_L = \dfrac{U_{CL} + L_{CL}}{2} = \dfrac{10+4}{2} = 7$

15 평균이 μ, 분산이 σ^2인 정규분포를 따르는 품질특성치의 $\bar{x}$ 관리도의 관리한계를 바르게 표현한 것은?(단, n은 시료의 크기이다.)

① $L_{CL} = \mu - 3\sigma$, $U_{CL} = \mu + 3\sigma$

② $L_{CL} = \mu - 3\sigma^2$, $U_{CL} = \mu + 3\sigma^2$

③ $L_{CL} = \mu - 3\dfrac{\sigma}{\sqrt{n}}$, $U_{CL} = \mu + 3\dfrac{\sigma}{\sqrt{n}}$

④ $L_{CL} = \mu - 3\dfrac{\sigma^2}{n}$, $U_{CL} = \mu + 3\dfrac{\sigma^2}{\sqrt{n}}$

풀이 $\begin{pmatrix} U_{CL} \\ L_{CL} \end{pmatrix} = E(\bar{x}) \pm 3D(\bar{x}) = \mu \pm 3\dfrac{\sigma}{\sqrt{n}}$

16 부분군의 크기(n)가 4인 부분군의 수(k) 25개를 조사한 결과 $\sum \bar{X} = 680.0$, $\sum R = 15.0$을 얻었다. 이때 $\bar{X}$ 관리도의 관리상한(U_{CL})은 약 얼마인가?(단, $n = 4$일 때 $d_2 = 2.059$이다.)

① 27.40

② 27.64

③ 28.17

④ 28.68

풀이 $U_{CL} = \bar{\bar{x}} + 3\dfrac{\bar{R}}{d_2\sqrt{n}}$

$= 27.2 + 3 \times \dfrac{0.6}{2.059 \times \sqrt{4}} = 27.637$

$\left(\text{단, } \bar{\bar{x}} = \dfrac{\sum \bar{x}}{k} = \dfrac{68.0}{25} = 27.2, \ \bar{R} = \dfrac{\sum R}{k} = \dfrac{15.0}{25} = 0.6\right)$

17 $\overline{\overline{X}} = 3.5$, $\overline{R} = 1.3$의 데이터로 합리적인 군구분에 의한 $\overline{X}$ 관리도의 U_{CL}은 약 얼마인가?(단, $n=4$일 때 $d_2 = 2.059$이다.)

① 1.607   ② 4.320

③ 4.447   ④ 6.394

풀이 $U_{CL} = \overline{\overline{X}} + \dfrac{3\overline{R}}{d_2 \sqrt{n}} = 3.5 + \dfrac{3 \times 1.3}{2.059 \times \sqrt{4}} = 4.4471$

18 군의 크기가 5, 군의 수가 25에서 $\sum \overline{x} = 1,250$, $\sum R = 125$일 때 $\overline{x}$ 관리도의 L_{CL}은?(단, $n=5$일 때 $A_2 = 0.58$, $D_4 = 2.11$이다.)

① 67.1   ② 57.1

③ 47.1   ④ 37.1

풀이 $L_{CL} = 50 - 0.58 \times 5 = 47.1$

19 $\overline{x} - R$ 관리도에서 $\overline{\overline{x}} = 122.968$, $\overline{R} = 2.8$, $n=6$일 때, $\overline{x}$ 관리도의 관리상한(U_{CL})은 약 얼마인가?(단, $n=6$일 때 $A_2 = 0.483$이다.)

① 123.30   ② 124.32

③ 126.30   ④ 128.32

풀이 $U_{CL} = \overline{\overline{x}} + A_2 \overline{R} = 122.968 + 0.483 \times 2.8 = 124.320$

20 3σ 관리한계를 적용하는 부분군의 크기(n) 4인 $\overline{x}$ 관리도에서 $U_{CL} = 13$, $L_{CL} = 4$일 때, 이 로트 개개의 표준편차(σ_x)는 얼마인가?

① 1.5   ② 2.25

③ 3   ④ 4

풀이 $\begin{pmatrix} 13 \\ 4 \end{pmatrix} = 8.5 \pm 3 \times \dfrac{\sigma_x}{\sqrt{4}}$

$\therefore \sigma_x = 3$

21 $\overline{x}$ 관리도에서 $\overline{\overline{x}} = 2$, $\overline{R} = 3$이고, 관리하한선은 0.269이다. 이때 표본의 크기는 얼마인가?(단, $n=2$일 때 $A_2 = 1.880$, $n=3$일 때 $A_2 = 1.023$, $n=4$일 때 $A_2 = 0.729$, $n=5$일 때 $A_2 = 0.577$)

① 2   ② 3

③ 4   ④ 5

풀이 $0.269 = 2 - A_2 \overline{R}$, $0.269 = 2 - A_2 \times 3$, $A_2 = 0.577$

$\therefore n = 5$

22 $\overline{x} - R$ 관리도에서 $\overline{x}$ 관리도의 관리한계선을 계산할 때 활용하는 A_2의 계산식으로 옳은 것은?

① $\dfrac{3}{d_2 \sqrt{n}}$ ② $\dfrac{3}{\sqrt{n}}$

③ $\dfrac{3}{c_2 \sqrt{n}}$ ④ $\dfrac{3}{d_2}$

풀이 $A = \dfrac{3}{\sqrt{n}}$, $A_2 = \dfrac{3}{d_2 \sqrt{n}}$, $A_3 = \dfrac{3}{c_4 \sqrt{n}}$, $A_4 = m_3 A_2$

23 다음은 R 관리도에 관한 것이다. (　)에 맞는 것은?

> R 관리도의 L_{CL}은 n이 (　) 이하인 경우에는 L_{CL}이 음이 되므로 고려하지 않아도 좋다.

① 2   ② 5

③ 6   ④ 7

풀이 $n \le 6$인 R 관리도의 $L_{CL} = '-'$

정답   17 ③   18 ③   19 ②   20 ③   21 ④   22 ①   23 ③

24 R 관리도의 관리한계에 관한 내용으로 옳은 것은?

① $U_{CL} = D_2\overline{R}$

② $L_{CL} = D_4\overline{R}$

③ $U_{CL} = (d_2 + 3d_3)\overline{R}$

④ L_{CL}은 $n = 6$ 이하인 경우에는 고려하지 않아도 된다.

풀이 ① $U_{CL} = D_4\overline{R}$

② $L_{CL} = D_3\overline{R}$

③ $U_{CL} = (d_2 + 3d_3)\sigma$

25 10개의 배치(Batch)에서 각각 $n = 4$의 샘플을 뽑아 R 을 구하면 $\Sigma R_i = 16$이다. $\hat{\sigma}$의 예측값은 약 얼마인가?(단, $d_2 = 2.059$, $d_3 = 0.88$이다.)

① $\hat{\sigma} = 0.55$

② $\hat{\sigma} = 0.11$

③ $\hat{\sigma} = 1.82$

④ $\hat{\sigma} = 0.78$

풀이 $\hat{\sigma} = \dfrac{\overline{R}}{d_2} = \dfrac{1.6}{2.059} = 0.777$

26 R관리도 중 관리한계가 3σ법에 따라 유도될 때에 관리한계(U_{CL}, L_{CL})를 표현한 것으로 틀린 것은?

① $L_{CL} = D_2\overline{R}$

② $L_{CL} = (d_2 - 3d_3)\sigma$

③ $U_{CL} = D_4\overline{R}$

④ $U_{CL} = \left(1 + 3\dfrac{d_3}{d_2}\right)\overline{R}$

풀이 $\begin{Bmatrix} U_{CL} \\ L_{CL} \end{Bmatrix} = d_2\sigma \pm 3d_3\sigma = \left(1 \pm 3\dfrac{d_3}{d_2}\right)\overline{R} = \begin{pmatrix} D_4 \\ D_3 \end{pmatrix}\overline{R}$

27 기준값이 주어져 있는 경우의 R 관리도와 관련된 식으로 틀린 것은?

① $C_L = \dfrac{R}{d_2}$

② $L_{CL} = D_1\sigma_0$

③ $C_L = d_2\sigma_0$

④ $U_{CL} = D_2\sigma_0$

풀이 $C_L = d_2\sigma_0 = \overline{R}$, $U_{CL} = D_2\sigma_0$, $L_{CL} = D_1\sigma_0$

28 표본의 크기가 4인 시료군 30개를 조사하여 $\overline{X} - R$ 관리도를 작성한 결과 $\overline{X}$ 관리도의 관리한계는 $C_L = 360.0$, $L_{CL} = 357.0$이 나왔다. 이때 $\overline{R}$는 약 얼마인가? (단, $A_2 = 0.729$이다.)

① 4.12

② 4.57

③ 4.92

④ 5.11

풀이 $L_{CL} = \overline{\overline{x}} - A_2\overline{R}$에서 $357.0 = 360.0 - 0.729 \times \overline{R}$

$\therefore \overline{R} = 4.115$

$\overline{x} - s$ 관리도

29 s 관리도를 이용하여 모표준편차를 추정하고자 할 때 필요한 계수는?

① c_4

② d_2

③ e_3

④ m_3

풀이 $E(\overline{x}) \pm 3D(\overline{x}) = \mu \pm 3\dfrac{\sigma}{\sqrt{n}} = \overline{\overline{x}} \pm 3\dfrac{1}{\sqrt{n}} \cdot \dfrac{\overline{s}}{c_4}$

30 기준값이 주어져 있지 않은 경우 $n = 5$일 때, s 관리도를 작성하기 위한 계수 B_4는 약 얼마인가?(단, $n = 5$일 때 $d_2 = 2.326$, $d_3 = 0.864$, $c_4 = 0.9400$, $c_5 = 0.3412$이다.)

① 1.970

② 2.089

③ 2.266

④ 2.568

풀이 $B_4 = 1 + 3\dfrac{c_5}{c_4} = 1 + 3 \times \dfrac{0.3412}{0.9400} = 2.0889$

31 기준값이 주어지지 않은 경우, R 관리도와 s 관리도의 설명 중 틀린 것은?

① $B_3 = 1 - 3\dfrac{c_4}{c_3}$

② $B_4 = 1 + 3\dfrac{c_5}{c_4}$

③ s 관리도의 $U_{CL} = B_4\bar{s}$, $L_{CL} = B_3\bar{s}$

④ R 관리도의 $U_{CL} = D_4\bar{R}$, $L_{CL} = D_3\bar{R}$

풀이 ① $B_3 = 1 - 3\dfrac{c_5}{c_4}$

32 기준값이 정해져 있는 경우에 s관리도의 L_{CL}을 구하는 식으로 옳은 것은?(단, σ_0는 σ의 표준값이다.)

① $B_3\sigma_0$　　　　② $B_4\sigma_0$

③ $B_5\sigma_0$　　　　④ $B_6\sigma_0$

풀이

s 관리도	
표준값이 주어지지 않은 경우	표준값이 주어져 있는 경우
$\begin{pmatrix} U_{CL} \\ L_{CL} \end{pmatrix} = \begin{pmatrix} B_4\,\bar{s} \\ B_3\,\bar{s} \end{pmatrix}$	$\begin{pmatrix} U_{CL} \\ L_{CL} \end{pmatrix} = \begin{pmatrix} B_6\,\sigma_0 \\ B_5\,\sigma_0 \end{pmatrix}$

33 s 관리도의 관리한계 공식 중 틀린 것은?(단, σ_0 : σ의 표준값)

① $U_{CL} = B_4\bar{s}$

② $L_{CL} = B_5\sigma_0$

③ $U_{CL} = c_4\sigma_0 + c_5\sigma_0$

④ $L_{CL} = \left(1 - 3\dfrac{c_5}{c_4}\right)\bar{s}$

풀이 • $U_{CL} = B_6\sigma_0 = c_4\sigma + 3c_5\sigma = B_4\bar{s} = \left(1 + 3\dfrac{c_5}{c_4}\right)\bar{s}$

• $L_{CL} = B_5\sigma_0 = c_4\sigma + 3c_5\sigma = B_3\bar{s} = \left(1 - 3\dfrac{c_5}{c_4}\right)\bar{s}$

34 어떤 공정에서 30분 간격으로 5개씩, 20조의 시료를 측정한 결과 총평균 $\bar{\bar{x}} = 100.51$, 표준편차 s의 평균 $\bar{s} = 0.108$이었다. $\bar{x}$관리도의 U_{CL}은 약 얼마인가?(단, $n = 5$일 때, $d_2 = 2.326$, $A_2 = 0.577$, $c_4 = 0.9400$이다.)

① 100.664　　　② 100.572

③ 100.612　　　④ 100.522

풀이 $U_{CL} = \bar{\bar{x}} + \dfrac{3\bar{s}}{c_4\sqrt{n}} = 100.51 + \dfrac{3 \times 0.108}{0.94 \times \sqrt{5}}$

35 미리 지정된 공정 기준값이 주어지지 않는 경우 $\bar{X} - s$ 관리도를 작성할 때 $\bar{X}$ 관리도의 관리상한(U_{CL})을 구하는 식으로 맞는 것은?

① $\bar{\bar{X}} + A\bar{s}$　　　　② $\bar{\bar{X}} + \dfrac{3\bar{s}}{c_4\sqrt{n}}$

③ $\bar{\bar{X}} + A_2\bar{s}$　　　　④ $\bar{\bar{X}} + \dfrac{3\bar{s}}{c_5\sqrt{n}}$

풀이 $U_{CL} = \mu + 3\dfrac{\sigma}{\sqrt{n}} = \bar{\bar{X}} + \dfrac{3\bar{s}}{c_4\sqrt{n}} = \bar{\bar{X}} + A_3\bar{s}$

$\left(\text{단}, \ \hat{\sigma} = \dfrac{\bar{s}}{c_4}, \ A_3 = \dfrac{3}{\sqrt{n} \cdot c_4}\right)$

$x - R - R_m$ 관리도

36 측정대상이 되는 생산 로트나 배치로부터 1개의 측정치밖에 얻을 수 없거나 측정에 많은 시간과 비용이 소요되는 경우에 이동범위를 병용하여 사용하는 관리도는?

① $\bar{x} - R$ 관리도　　　② $\bar{x} - \sigma$ 관리도

③ $x - R_m$ 관리도　　　④ $\tilde{x} - R$ 관리도

풀이 $x - R_m$ 관리도는 데이터를 군으로 나누지 않고 개개의 측정치를 그대로 사용하여 공정을 관리할 경우 사용한다.

---

37 합리적인 군구분이 안 될 때 사용하는 관리도는?

① c 관리도

② $\overline{X} - R$ 관리도

③ p 관리도

④ $X - R_m$ 관리도

풀이 ① 부적합수 관리도로서 일정 면적인 경우에 사용한다.
② 계량치 관리도의 대표적인 관리도로서 평균과 산포를 관리할 때 사용한다.
③ 부적합품률 관리도로서 일반적으로 시료의 크기 n이 일정하지 않을 때 사용한다.

38 x관리도에서 $x - \overline{x} - R$ 관리도를 사용하는 경우는?

① 합리적인 군으로 나눌 수 있을 때

② 정해진 제조공정으로부터 1개의 측정치밖에 얻을 수 없을 때

③ 정해진 제조공정의 내부가 균일하여, 많은 측정치를 수집해도 의미가 적을 때

④ 측정치를 얻는 데 시간이나 경비가 많이 들어서 정해진 제조공정으로부터 1개의 측정치밖에 구할 수 없을 때

풀이 $x - \overline{x} - R$ 관리도를 사용하는 경우는 $\overline{x}$를 x로 취급할 수 있는 경우에 한하여 적용할 수 있으므로, 합리적인 군으로 나눌 수 있을 때 가능하게 된다.

39 합리적인 군으로 나눌 수 없는 경우, $k = 25$, $\sum X = 389.59$, $\sum R_m = 12.40$일 때 X관리도의 관리상한(U_{CL})과 관리하한(L_{CL})은 약 얼마인가?

① $\overline{U}_{CL} = 16.958$, $L_{CL} = 14.209$

② $\overline{U}_{CL} = 19.833$, $L_{CL} = 13.297$

③ $\overline{U}_{CL} = 25.432$, $L_{CL} = 18.354$

④ $\overline{U}_{CL} = 32.235$, $L_{CL} = 20.321$

풀이
- $\overline{x} = \dfrac{\sum x}{k} = \dfrac{389.59}{25} = 15.5836$
- $\overline{R_m} = \dfrac{\sum R_m}{k-1} = \dfrac{12.40}{24} = 0.5167$
- $U_{CL} = \overline{x} + 2.66\overline{R_m} = 16.9580$
- $L_{CL} = \overline{x} - 2.66\overline{R_m} = 14.2092$

40 합리적인 군으로 나눌 수 없는 경우, $k = 25$, $\sum x = 154.6$, $\sum R_m = 8.4$일 때 X 관리도의 관리상한(U_{CL})은 약 얼마인가?(단, $n = 2$일 때 $d_2 = 1.128$이다.)

① 5.253

② 5.293

③ 7.075

④ 7.115

풀이
$$\overline{x} = \frac{\sum x_i}{k} = \frac{154.6}{25} = 6.184$$

$$\overline{R_m} = \frac{\sum R_m}{k-1} = \frac{8.4}{24} = 0.35$$

$$\therefore\ U_{CL} = \mu + 3\sigma = \overline{x} + 3\frac{\overline{R_m}}{d_2}$$

$$= 6.184 + 3 \times \frac{0.35}{1.128} = 7.1149$$

41 어떤 제조공정에서 시료군마다 1개의 제품밀도를 측정하여 모두 20개의 시료군에 대하여 $\sum x = 704$, $\sum R_m = 9.5$를 얻었다. 이때 x 관리도와 R_m 관리도의 U_{CL}은 각각 약 얼마인가?(단, $d_2 = 1.128$, $D_4 = 3.267$이다.)

① x 관리도 : 34.80, R_m 관리도 : 1.57

② x 관리도 : 35.40, R_m 관리도 : 1.47

③ x 관리도 : 36.46, R_m 관리도 : 1.55

④ x 관리도 : 36.52, R_m 관리도 : 1.63

풀이 $\overline{R_m} = \dfrac{9.5}{19} = 0.5$이므로

- $x \sim U_{CL} = \overline{x} + \dfrac{3\overline{R_m}}{d_2} = 35.2 + \dfrac{3 \times 0.5}{1.128} = 36.530$
- $R_m \sim U_{CL} = D_4\overline{R_m} = 3.267 \times 0.5 = 1.634$

08산업[실기] ✪✪✪

42 x관리도에서 합리적인 군구분이 불가능할 경우 $k = 25, \sum x = 250, \sum R(또는 R_m) = 12.4$일 때 L_{CL}의 값은?

① 고려치 않음

② -8.43

③ 8.62

④ 11.19

풀이 $L_{CL} = \bar{x} - 2.66\overline{R_m} = 10 - 2.66 \times 0.5167 = 8.626$

07산업[실기] ✪✪✪

43 x 관리도와 $\bar{x}$ 관리도의 차이에 대한 설명으로 가장 관계가 먼 것은?

① 산포가 일정할 때 x 관리도보다 $\bar{x}$ 관리도가 검출력이 크다.

② 일반적으로 1점만이 극단으로 변할 경우 x 관리도의 검출력이 좋다.

③ x 관리도에서는 점의 움직임이 크게 나타난다.

④ x 관리도의 관리한계선의 폭이 $\bar{x}$ 관리도보다 좁다.

풀이 ④ x 관리도의 관리한계선의 폭이 $\bar{x}$ 관리도보다 $\sqrt{n}$ 배 넓다.

07산업[실기] ✪✪✪

44 개개의 측정치(x) 관리도와 평균값($\bar{x}$) 관리도를 비교한 설명 중 옳지 않은 것은?

① x 관리도는 중심극한정리를 이용한 이항분포의 성질을 이용한다.

② $\bar{x}$ 관리도의 민감도(Sensitivity)가 x 관리도에 비해 더 우수하다.

③ x 관리도는 개개의 측정값을 각각의 타점 통계량으로 사용하는 관리도이다.

④ 공정평균의 변화에 대한 탐지력은 $\bar{x}$ 관리도가 더 높다.

풀이 ① 정규분포의 성질을 이용한다.

00산업 ✪✪◯

45 관리도 계수의 수리에 관한 것 중 가장 올바른 것은?

① $A = \dfrac{d_2}{\sqrt{n}}$

② $A_1 = \dfrac{3}{d_2\sqrt{n}}$

③ $A_2 = \dfrac{3}{\sqrt{n}}$

④ $E_2 = \dfrac{3}{d_2}$

풀이 ① $A = 3/\sqrt{n}$

② A_1이라는 관리도 계수는 없다.

③ $A_2 = 3/(\sqrt{n}\,d_2)$

11산업 ✪✪◯

46 기준값이 주어져 있지 않은 경우, 계량값의 슈하트 관리도를 구하기 위한 관리한계 공식으로 옳지 않은 것은?

① R 관리도의 $U_{CL} : D_4\overline{R}$

② R 관리도의 $L_{CL} : D_3\overline{R}$

③ s 관리도의 $U_{CL} : B_6\overline{s}$

④ $\bar{x}$ 관리도의 $U_{CL} : \bar{\bar{x}} + A_2\overline{R}$

풀이 ③ s 관리도의 $U_{CL} : B_4\overline{s}$

17산업 ✪✪◯

47 개별치(X) 관리도에 대한 설명으로 맞는 것은?

① 부적합수의 관리를 위해 고안된 관리도이다.

② $\overline{X}$ 관리도에 비해 공정의 변화를 잘 탐지하는 성능이 좋은 관리도이다.

③ 하나의 제품을 생산하는 데 많은 시간이 필요한 경우에 효율적이다.

④ 계수형 관리도뿐 아니라 계량형 관리도에도 널리 활용되는 관리도이다.

풀이 ① c 관리도

② $\overline{X}$ 관리도에 비해 공정의 변화를 잘 탐지하나 성능은 나쁘다.

④ 계량형 관리도에서 일반적으로 활용되는 관리도이다.

$\tilde{x} - R$ 관리도

09, 15산업 ★★○

48 $\bar{x}$ 관리도와 $\tilde{x}$ 관리도에 대한 설명으로 옳지 않은 것은?

① $\tilde{x}$ 관리도는 $\bar{x}$ 관리도에 비하여 관리한계의 폭이 더 넓다.

② $\tilde{x}$ 관리도는 $\bar{x}$ 관리도에 비하여 이상점에 영향을 많이 받는다.

③ $\tilde{x}$ 관리도에서 시료의 크기를 가급적 홀수로 취하면 편리하다.

④ $\tilde{x}$ 관리도는 $\bar{x}$ 관리도와 같이 공정평균의 변화를 탐지할 때 사용한다.

풀이 ② $\bar{x}$ 관리도는 $\tilde{x}$ 관리도에 비하여 이상점에 영향을 많이 받는다.

10산업 ★★○

49 $\tilde{x} - R$ 관리도에 관한 내용으로 틀린 것은?

① $C_{L(\tilde{x})} = \bar{\bar{x}}$

② $U_{CL(\tilde{x})} = \bar{\bar{x}} + A_4 \bar{R}$

③ $U_{CL(R)} = m_3 D_4 \bar{R}$

④ $U_{CL(\tilde{x})} = \bar{\bar{x}} + m_3 A_2 \bar{R}$

풀이 ③ $U_{CL(R)} = D_4 \bar{R}$

19산업 ★★○

50 $\tilde{X} - R$ 관리도에 관한 내용으로 틀린 것은?(단, 기준값이 주어지지 않는 경우이다.)

① $\tilde{X}$ 관리도 $C_L = \bar{\bar{X}}$

② R 관리도 $U_{CL} = m_3 D_4 \bar{R}$

③ $\tilde{X}$ 관리도 $U_{CL} = \bar{\bar{X}} + A_4 \bar{R}$

④ $\tilde{X}$ 관리도 $L_{CL} - \bar{\bar{X}} - 3m_3 \dfrac{\bar{R}}{\sqrt{n}\, d_2}$

풀이 $m_3 \dfrac{3}{\sqrt{n}\, d_2} = m_3 A_2 = A_4$, $U_{CL_R} = D_4 \bar{R}$

특수 관리도

09산업, 11기사 ★★○

51 다음 중 공정의 변화가 서서히 나타나는 것을 효율적으로 탐지할 수 있는 관리도로 가장 적합한 것은?

① $H - L$ 관리도 ② $\bar{x} - R$ 관리도

③ 누적합관리도 ④ $\bar{x} - s$ 관리도

풀이 누적합 관리도(CUSUM 관리도)에 대한 설명이다.

06산업 ★★○

52 V 마스크를 이용하여 공정상태를 판단하는 관리도는?

① 지수가중이동평균(EWMA) 관리도

② 누적합(CUSUM) 관리도

③ $\bar{x} - R$ 관리도

④ 계수치 관리도

풀이 CUSUM 관리도
공정의 이상 유무 판단에 V 마스크를 이용한다.

10산업 ★○○

53 지수가중이동평균 관리도에 관한 설명으로 옳은 것은?

① $\bar{x} - R$ 관리도보다 작성이 용이하다.

② 작은 변화에는 민감하게 반응하지 못한다.

③ 생산현장에서 가장 많이 사용되는 관리도이다.

④ $\bar{x} - R$ 관리도에서 탐지하지 못하는 작은 변화에도 민감하게 공정변화를 탐지한다.

풀이 ① $\bar{x} - R$ 관리도보다 작성이 어렵다.
② 작은 변화에는 민감하게 반응한다.
③ 생산현장에서 사용하기에는 애로사항이 많은 관리도이다.

08산업 ★○○

54 다음 중 지수가중이동평균(EWMA) 관리도에 대한 설명으로 틀린 것은?

① 최근 측정치에 더 큰 가중치를 준다.

② 기하이동평균(GMA) 관리도라고도 한다.

③ $\bar{x}$ 관리도와 함께 사용하면 더욱 효과적이다.

④ 누적합(CUSUM) 관리도라고도 한다.

풀이 ④ 누적합 관리도와 지수가중이동평균 관리도는 서로 다른 관리도이다.

정답 48 ② 49 ③ 50 ② 51 ③ 52 ② 53 ④ 54 ④

01 계수형 관리도에 해당하는 것은?

① c 관리도
② $\overline{X}-s$ 관리도
③ X 관리도
④ $\overline{X}-R$ 관리도

풀이 ①은 계수형 관리도이고, ②, ③, ④는 계량형 관리도이다.

14, 19, 20산업 ★★○

19산업 ★★○

02 관리도−제2부 : 슈하트 관리도(KS Q ISO 7870−2 : 2014)에서 정의된 계수형 관리도가 아닌 것은?

① np 관리도
② p 관리도
③ $\overline{X}-s$ 관리도
④ u 관리도

풀이 ③은 계량형 관리도에 해당한다.

06, 14, 18산업 ★★★

03 계수치 관리도에 관한 설명이 옳지 않은 것은?

① L_{CL}이 음수인 경우 관리한계선은 고려하지 않는다.
② 측정하는 품질특성치가 부적합품수, 부적합수 등이다.
③ 계수치 관리도에는 np, p, c, u 관리도 등이 있다.
④ np 관리도는 시료의 크기가 일정하지 않은 경우에도 사용할 수 있다.

풀이 ④ np 관리도는 시료의 크기가 일정한 경우에만 사용할 수 있다.

06, 09, 10, 13(중복), 14, 17, 20산업 ★★★

04 이항분포에 바탕을 둔 관리도로만 구성된 것은?

① p 관리도, u 관리도
② X 관리도, R 관리도
③ u 관리도, c 관리도
④ p 관리도, np 관리도

풀이
- 이항분포에 바탕 : p 관리도, np 관리도
- 푸아송 분포에 바탕 : u 관리도, c 관리도
- 정규분포에 바탕 : X 관리도, R 관리도

np 관리도

11산업 ★★○

05 np 관리도는 군의 크기가 일정할 때 품질을 부적합품수로 관리하는 경우에 사용하는데, 이것이 이론적으로 근거를 두고 있는 확률분포는 무엇인가?

① 균등분포
② 초기하분포
③ 이항분포
④ 푸아송 분포

풀이
- 이항분포 : p 관리도, np 관리도
- 푸아송 분포 : u 관리도, c 관리도

12산업 ★★○

06 np 관리도에 관한 설명으로 옳지 않은 것은?

① 시료의 크기는 반드시 일정할 필요는 없다.
② 관리항목으로 부적합품수를 취급하는 경우에 사용한다.
③ 부적합품수, 1급품수 등 특정한 것의 개수에도 사용할 수 있다.
④ p 관리도보다 계산도 덜 번거롭고, 관리상하한에 요철이 나타나지 않아 작업자도 상대적으로 이해하기 쉽다.

풀이 ① 시료의 크기는 반드시 일정하여야 한다.

07 시료크기를 100으로 하여 np 관리도를 작성하고자 한다. 전체 부적합품률이 $\bar{p}=0.1$이라면 np 관리도의 2σ 관리한계선은?

① U_{CL}은 16이며, L_{CL}은 4이다.
② U_{CL}은 19이며, L_{CL}은 1이다.
③ U_{CL}은 16이며, L_{CL}은 고려하지 않는다.
④ U_{CL}은 19이며, L_{CL}은 고려하지 않는다.

풀이 $\begin{pmatrix} U_{CL} \\ L_{CL} \end{pmatrix} = n\bar{p} \pm 2\sqrt{n\bar{p}(1-\bar{p})} = 10 \pm 2\sqrt{10 \times (1-0.1)}$

08 어떤 제조공정의 평균 부적합률이 5%로 예측된다. 제조공정으로부터 $n=100$개씩 20조를 취하여 부적합품 수를 조사했더니 68개였다. np 관리도의 U_{CL}은 약 얼마인가?

① 0.000
② 2.025
③ 8.837
④ 10.256

풀이 $U_{CL} = n\bar{p} + 3\sqrt{n\bar{p}(1-\bar{p})} = 3.4 + 3\sqrt{3.4 \times (1-0.034)}$
$= 8.8369$

09 np 관리도에서 시료군마다 $n=120$이고, 시료군의 수가 $k=25$이며, $\Sigma np=90$일 때 L_{CL}, U_{CL}은 얼마인가?

① $L_{CL}=-2.006$, $U_{CL}=9.206$
② $L_{CL}=-2.226$, $U_{CL}=9.406$
③ $L_{CL}=$고려하지 않음, $U_{CL}=9.206$
④ $L_{CL}=$고려하지 않음, $U_{CL}=9.406$

풀이 $\begin{pmatrix} U_{CL} \\ L_{CL} \end{pmatrix} = n\bar{p} \pm 3\sqrt{n\bar{p}(1-\bar{p})}$

$= 3.6 \pm 3\sqrt{3.6 \times (1-0.03)} = \begin{pmatrix} 9.2061 \\ - \end{pmatrix}$

10 np 관리도의 데이터시트에서 다음 값을 얻었다. np 관리도의 U_{CL} 값은 약 얼마인가?

$\Sigma n=2,400$	$\Sigma np=60$	$n=100$

① -2.184
② 0.939
③ 4.061
④ 7.184

풀이

통계량	중심선	U_{CL}
np	$n\bar{p}=\dfrac{\Sigma np}{k}$ $=\dfrac{60}{24}$ $=2.5$	$n\bar{p}+3\sqrt{n\bar{p}(1-\bar{p})}$ $=2.5+3\sqrt{2.5\times(1-0.025)}$ $=7.1837$
참고 사항	$\bar{p}=\dfrac{\Sigma np}{\Sigma n}=\dfrac{\Sigma np}{k\times n}=\dfrac{60}{2,400}=0.025$	

p 관리도

11 헤드라이트를 생산하는 제조 회사에서 1개월 동안 매일 상이한 개수의 표본을 수집하여 부적합품률을 조사하였다. 이 공정을 관리하는 데 적합한 관리도는?

① p 관리도
② c 관리도
③ u 관리도
④ np 관리도

풀이 • 표본의 수가 일정한 경우 : np 관리도
• 표본의 수가 일정하지 않은 경우 : p 관리도

12 p 관리도에 대한 설명 중 틀린 것은?

① 이항분포에 이론적 근거를 둔 관리도이다.
② 시료의 수가 일정한 경우에 활용된다.
③ 관리 상한선은 $\bar{p}+3\sqrt{\dfrac{\bar{p}(1-\bar{p})}{n}}$ 이다.
④ 볼트 100본당 부적합품(불량)률 관리에 활용된다.

풀이 ② 시료의 수가 일정하지 않은 경우에 활용된다.

13 p 관리도에서 시료의 크기와 관리한계에 대한 설명 중 가장 관계가 먼 것은?

① 관리한계선은 시료의 크기에 영향을 받지 않는다.
② 시료의 크기가 커질수록 관리한계의 폭은 작아진다.
③ 시료의 크기가 다를 경우 관리한계선에 요철이 생긴다.
④ p 관리도는 시료의 크기가 다른 경우에도 사용할 수 있다.

풀이 ① 관리한계선은 시료가 커질수록 좁아진다.

14 p 관리도에 대한 설명 중 틀린 것은?

① 부적합품률을 관리하기 위한 관리도이다.
② 대표적인 계수형 관리도로 널리 이용된다.
③ 시료의 크기가 일정하지 않으면 사용할 수 없다.
④ 관리한계선은 이항분포의 정규근사를 이용해 정해진다.

풀이 ③ np 관리도는 n이 반드시 일정하여야 하나, p 관리도는 일정하지 않은 경우에도 사용이 가능하다.

15 p 관리도에 대한 설명으로 틀린 것은?

① 일반적으로 X 관리도에 비해 표본의 크기가 더 크다.
② 공정 부적합품률을 관리하기 위한 목적으로 주로 이용한다.
③ 계수형 관리도 중에서 가장 널리 이용되는 관리도라 할 수 있다.
④ 합격 판정을 위해 관리한계가 중심선에서 2σ 떨어진 2σ법을 이용한다.

풀이 ④ 관리도의 이상상태 판정을 위해 관리한계가 중심선에서 3σ 떨어진 3σ법을 이용한다.

16 최근 10개의 로트로부터 다음과 같은 검사기록을 얻었다. 공정평균 부적합품률은 약 얼마인가?

로트 번호	로트의 크기	시료의 크기	시료 중 발견된 부적합품수
1	2,000	195	3
2	1,800	195	2
3	1,500	195	4
4	2,000	195	3
5	1,900	195	1
6	1,700	195	4
7	2,100	230	5
8	2,200	230	3
9	1,900	195	4
10	1,800	195	2

① 0.16% ② 1.53%
③ 4.39% ④ 10.69%

풀이 $\bar{p} = \dfrac{\sum np}{\sum n} \times 100 = \dfrac{31}{2,020} \times 100 = 1.5347\%$

17 공정 부적합품률이 0.10, 각 부분군의 크기(n)가 25일 때, 3σ관리한계를 이용하는 p 관리도의 관리상한(U_{CL})과 관리하한(L_{CL})은?

① $U_{CL} = 0.22$, $L_{CL} = -0.02$
② $U_{CL} = 0.28$, $L_{CL} = -0.08$
③ $U_{CL} = 0.22$, L_{CL}은 고려하지 않음
④ $U_{CL} = 0.28$, L_{CL}은 고려하지 않음

풀이 $\begin{pmatrix} U_{CL} \\ L_{CL} \end{pmatrix} = \bar{p} \pm 3\sqrt{\dfrac{\bar{p}(1-\bar{p})}{n}}$

$= 0.10 \pm 3 \times \sqrt{\dfrac{0.10 \times 0.90}{25}} = \begin{pmatrix} 0.280 \\ - \end{pmatrix}$

정답 13 ① 14 ③ 15 ④ 16 ② 17 ④

18 p 관리도의 데이터 용지로부터 $n=100$, $\bar{p}=0.05$를 얻었다. p 관리도의 U_{CL}은 약 얼마인가?

① 0.115   ② 0.120
③ 0.125   ④ 0.130

풀이 $U_{CL}=0.05+3\sqrt{\dfrac{0.05\times 0.95}{100}}=0.1154$

19 p 관리도에서 $\sum n=1{,}250$, $\sum Pn=187$이고, 10번째 군에서 $n=50$일 때, U_{CL}의 값은 약 얼마인가?

① 0.176   ② 0.301
③ 0.432   ④ 0.521

풀이 $U_{CL}=\bar{p}+3\sqrt{\dfrac{\bar{p}(1-\bar{p})}{n}}=0.3009$

$\left(\text{단, } \bar{p}=\dfrac{\sum Pn}{\sum n}=0.1496\right)$

20 Z 부품공장에서는 매시간 2,000개의 부품을 생산하고 있다. 이 공장을 관리하기 위해서 30분마다 매회 50개의 샘플을 20회 채취하여 검사하였더니 총부적합품수가 70개였다. p 관리도를 사용하여 공정을 해석하려 할 때 U_{CL}은 약 얼마인가?(단, 관리도는 관리상태이다.)

① 4.27%   ② 16.07%
③ 17.82%   ④ 18.07%

풀이 $n=50$, $\bar{p}=\dfrac{\sum np}{\sum n}=\dfrac{70}{50\times 20}=0.07$

$U_{CL}=\bar{p}+3\sqrt{\dfrac{\bar{p}(1-\bar{p})}{n}}=0.07+3\sqrt{\dfrac{0.07\times 0.93}{50}}$

$=0.178250(17.825\%)$

21 p 관리도와 np 관리도에 대한 설명으로 옳지 않은 것은?

① 모두 부적합품과 관련된 관리도이다.
② 모두 이항분포를 응용한 계량형 관리도이다.
③ 부분군의 시료크기가 일정할 때만 np 관리도를 사용한다.
④ 부분군의 시료크기가 달라지면 p 관리도의 관리한계도 달라진다.

풀이 ② 모두 이항분포를 응용한 계수형 관리도이다.

22 관리도의 수리에서 사용되는 A는 무엇인가?

① $\dfrac{3}{\sqrt{n}\,d_2}$ ② $\dfrac{3}{\sqrt{n}}$
③ $\dfrac{\bar{R}}{d_2}$ ④ $\dfrac{3}{c_4\sqrt{n}}$

풀이 ① A_2 ② A
③ $\hat{\sigma}_w$ ④ A_3

c, u 관리도

23 c 관리도는 군(群)의 단위수가 일정할 때 품질을 부적합수로 관리하는 경우 정규 근사에 의거하여 $\pm 3\sigma$법으로 적용하는데, 이것은 어떤 확률분포를 근거로 한 것인가?

① 균등분포   ② 초기하분포
③ 이항분포   ④ 푸아송 분포

풀이 • 푸아송 분포 : c 관리도, u 관리도
• 이항분포 : np 관리도, p 관리도

24 일정한 길이 또는 일정 면적당 부적합수를 관리하기 위해 사용하는 관리도를 부적합수 관리도라고 하며, c 관리도와 u 관리도가 있다. c 관리도와 u 관리도에서는 각각 부적합수가 어떤 확률분포를 따른다고 가정하는가?

① 푸아송 분포, 이항분포
② 푸아송 분포, 정규분포
③ 푸아송 분포, 감마분포
④ 푸아송 분포, 푸아송 분포

풀이 23번 풀이 참조

25 c 관리도에 대한 설명으로 가장 올바른 것은?

① 계량형 관리도이다.
② 부적합수는 이항분포를 따른다는 성질을 이용한다.
③ 관리한계 U_{CL}과 L_{CL}은 $\bar{c} \pm 3\sqrt{c/n}$ 과 같이 구한다.
④ 검사단위가 일정한 제품의 부적합수의 관리에 이용한다.

풀이 ① 계수형 관리도이다.
② 부적합수는 푸아송 분포를 따른다는 성질을 이용한다.
③ 관리한계 U_{CL}과 L_{CL}은 $\bar{c} \pm 3\sqrt{\bar{c}}$ 과 같이 구한다.

26 c 관리도의 관리한계에 대한 설명으로 틀린 것은?

① 보통 3σ 관리한계를 사용한다.
② c 관리도의 관리한계는 $\bar{c} \pm 3\sqrt{\bar{c}}$ 이다.
③ 관리한계선을 벗어나는 점이 있을 경우 이상상태로 판단한다.
④ 시료의 크기가 일정하지 않은 경우에도 관리한계선은 직선이 된다.

풀이 ④ 시료의 크기(n)가 일정하지 않은 경우에는 c 관리도가 아닌 u 관리도를 사용하며, 관리한계선은 시료의 크기에 따라 변한다.

27 c 관리도의 중심치 $\bar{c}$와 u 관리도의 중심치 $\bar{u}$의 계산식이 올바르게 되어 있는 것은?(단, $\sum c$ = 부적합수의 총합, k = 시료군의 수, $\sum n$ = 시료의 총합이다.)

① $\bar{u} = \dfrac{\sum c}{\sum n}$, $\bar{c} = \dfrac{\sum c}{k}$

② $\bar{u} = \dfrac{\sum c}{\sum n}$, $\bar{c} = \dfrac{\sum c}{n}$

③ $\bar{u} = \dfrac{\sum c}{k}$, $\bar{c} = \dfrac{\sum c}{k}$

④ $\bar{u} = \dfrac{\sum c}{n}$, $\bar{c} = \dfrac{\sum c}{n}$

풀이 $\bar{u} = \dfrac{\sum c}{\sum n}$, $\bar{c} = \dfrac{\sum c}{k}$

28 일정 면적의 부적합수를 관리하는 c 관리도의 중심선(C_L)이 16일 때, U_{CL}과 L_{CL}은?

① $L_{CL} = 0$, $U_{CL} = 12$
② $L_{CL} = 0$, $U_{CL} = 28$
③ $L_{CL} = 4$, $U_{CL} = 12$
④ $L_{CL} = 4$, $U_{CL} = 28$

풀이 $\begin{pmatrix} U_{CL} \\ L_{CL} \end{pmatrix} = \bar{c} \pm 3\sqrt{\bar{c}} = 16 \pm 3\sqrt{16} = \begin{pmatrix} 28 \\ 4 \end{pmatrix}$

29 직물 100m를 1단위로 25단위를 검사한 결과 총결점수는 191개이었다. c 관리도의 관리한계는 약 얼마인가?

① $L_{CL} = 0.65$, $U_{CL} = 15.93$
② $L_{CL} = 5.98$, $U_{CL} = 9.30$
③ L_{CL} = 고려하지 않음, $U_{CL} = 9.30$
④ L_{CL} = 고려하지 않음, $U_{CL} = 15.93$

풀이 $k = 25$, $\sum c = 191$, $\bar{c} = \dfrac{\sum c}{k} = 7.64$

$\begin{pmatrix} U_{CL} \\ L_{CL} \end{pmatrix} = \bar{c} + 3\sqrt{\bar{c}} = 7.64 \pm 3 \times \sqrt{7.64} = \begin{pmatrix} 15.932 \\ - \end{pmatrix}$

30 전선 1,000m를 하나의 검사단위로 할 때, 이 전선의 검사단위당 평균 부적합수($\bar{c}$)를 추정하여 보니 5.4였다. 이 공정의 부적합수 관리를 위한 c 관리도의 3σ 관리한계(Control Limit)로 맞는 것은?(단, 관리상한은 U_{CL}, 관리하한은 L_{CL}이다.)

① $U_{CL}=5.66$, $L_{CL}=5.32$
② $U_{CL}=9.95$, $L_{CL}=0.85$
③ $U_{CL}=12.37$, $L_{CL}=0.50$
④ $U_{CL}=12.37$, $L_{CL}=$ 고려하지 않는다.

풀이 • $U_{CL}=\bar{c}+3\sqrt{\bar{c}}=12.371$
• $L_{CL}=\bar{c}-3\sqrt{\bar{c}}=-1.571=-$

31 u 관리도의 관리한계를 구하는 공식으로 맞는 것은? (단, 관리상한은 U_{CL}, 관리하한은 L_{CL}이다.)

① $U_{CL}=\bar{u}+3\sqrt{\bar{u}}$, $L_{CL}=\bar{u}-3\sqrt{\bar{u}}$
② $U_{CL}=\bar{u}+3\sqrt{\dfrac{\bar{u}}{n}}$, $L_{CL}=\bar{u}-3\sqrt{\dfrac{\bar{u}}{n}}$
③ $U_{CL}=\bar{u}+3\sqrt{\bar{u}(1-\bar{u})}$,
$L_{CL}=\bar{u}-3\sqrt{\bar{u}(1-\bar{u})}$
④ $U_{CL}=\bar{u}+3\sqrt{\dfrac{\bar{u}(1-\bar{u})}{n}}$,
$L_{CL}=\bar{u}-3\sqrt{\dfrac{\bar{u}(1-\bar{u})}{n}}$

풀이 $\begin{pmatrix}U_{CL}\\L_{CL}\end{pmatrix}=\bar{u}\pm3\sqrt{\dfrac{\bar{u}}{n}}=\bar{u}\pm A\sqrt{\bar{u}}$

32 $\Sigma c=260$, $\Sigma n=52$, $n=10$으로 계산한 u 관리도의 U_{CL}값은 약 얼마인가?

① 7.12 ② 7.62
③ 8.12 ④ 8.62

풀이

중심선	U_{CL}
$\bar{u}=\dfrac{\Sigma c}{\Sigma n}=5.0$	$\bar{u}+3\sqrt{\dfrac{\bar{u}}{n}}=5.0+3\sqrt{\dfrac{5.0}{10}}=7.121$

33 c 관리도에서 $\Sigma c=41$, $k=10$일 때, L_{CL}의 값은?

① 4.10 ② 6.07
③ 10.20 ④ 고려하지 않는다.

풀이 $L_{CL}=\bar{c}-3\sqrt{\bar{c}}=4.1-3\sqrt{4.1}$
$=-1.975=$ '$-$'(고려하지 않는다.)

34 전선 100m당 부적합수를 관리하기 위해 25회를 검사하였더니 총 부적합수가 25개였다. c 관리도의 L_{CL}과 U_{CL}은 각각 얼마인가?

① $L_{CL}=1$, $U_{CL}=1.95$
② $L_{CL}=1$, $U_{CL}=4$
③ $L_{CL}=$ 고려하지 않는다, $U_{CL}=1.95$
④ $L_{CL}=$ 고려하지 않는다, $U_{CL}=4$

풀이 $k=25$, $\Sigma c=25$, $\bar{c}=\dfrac{\Sigma c}{k}=1.0$
$\begin{pmatrix}U_{CL}\\L_{CL}\end{pmatrix}=\bar{c}+3\sqrt{\bar{c}}=1.0\pm3\times\sqrt{1.0}=\begin{pmatrix}4.0\\-\end{pmatrix}$

35 c 관리도와 u 관리도에 대한 설명으로 틀린 것은?

① 계수형 관리도이다.
② 품질 특성의 분포는 푸아송 분포(Poisson Distribution)를 한다.
③ 검사단위가 일정한 제품이 부적합품수를 관리하기 위한 관리도이다.
④ 관리한계(Control Limit)가 중심선에서 3σ 떨어진 3σ법을 주로 이용한다.

정답 30 ④ 31 ② 32 ① 33 ④ 34 ④ 35 ③

풀이 ③ 검사단위가 일정(c 관리도) 또는 일정하지 않은(u 관리도) 제품의 부적합수를 관리하기 위한 관리도이다.

12산업 ✪✪○

36 c 관리도와 u 관리도에 관한 설명으로 옳지 않은 것은?

① 표본의 크기가 일정하지 않을 때 u 관리도를 사용한다.

② 표본의 크기가 일정하지 않을 때 u 관리도의 중심선은 변하지 않는다.

③ 표본의 크기가 일정 할 때 c 관리도의 중심선은 변하지 않는다.

④ 표본의 크기가 일정하지 않을 때 u 관리도의 관리한계는 변하지 않는다.

풀이 ④ 표본의 크기가 일정하지 않을 때 u 관리도의 관리한계는 계단식으로 변한다.

관리도 종합

11산업, 12기사 ✪✪○

37 부분군에 관한 설명으로 가장 거리가 먼 것은?

① 부분군의 채취빈도가 높을수록 공정변화를 민감하게 탐지할 수 있다.

② 일반적으로 부분군의 크기가 클수록 공정의 작은 변화를 더 민감하게 탐지할 수 있다.

③ 관리도상에서 한 점으로 나타나는 통계량의 값을 구하기 위해 추출되는 표본을 부분군이라 한다.

④ 합리적인 부분군 형성의 기본개념은 이상요인이 존재할 때 부분군내의 변동은 최대가 되고 부분군간의 변동은 최소가 되도록 하는 것이다.

풀이 합리적인 부분군 형성의 기본개념은 이상요인이 존재할 때 부분군내의 변동은 최소가 되고 부분군간의 변동을 최대가 되도록 하여야 이상요인을 보다 쉽게 찾을 수 있다는 것이다.

17기사 ✪✪○

38 군내변동과 군간변동에 대한 설명으로 틀린 것은?

① 군내변동과 군간변동이 같을 때 이상 원인이 나타난다.

② $\overline{X}-R$ 관리도에서 $\overline{X}$의 군내변동은 $\overline{R}/d_2$이다.

③ 군내변동이 커질수록 $\overline{X}$의 산포는 커진다고 할 수 있다.

④ $\overline{X}-R$ 관리도에서는 주로 군내변동을 기준으로 하여 군간변동의 크기를 감시하고 있다고 할 수 있다.

풀이 ① 군내변동과 군간변동이 클수록 관리도의 타점에서 이상 원인이 쉽게 빨리 나타난다.

08산업 ✪✪○

39 다음 중 관리도에 관한 설명으로 틀린 것은?

① $\overline{x}-R$ 관리도는 계량특성치에 주로 사용한다.

② 관리도를 작성하여 점이 한계선을 벗어나면 그 원인을 조사하여 조처를 취한다.

③ 관리도는 공정의 관리에 사용되는 것으로서 공정해석에는 소용이 없다.

④ 관리도는 작업표준이 완성된 후라도 계속 그려야 한다.

풀이 ③ 관리도에는 해석용 관리도와 관리용 관리도가 있다.

06산업 ✪✪○

40 관리도에 대한 설명 중 가장 올바른 내용은?

① 공정평균의 변화를 알기 위해서는 R 관리도를 작성한다.

② 슈하트 관리도는 공정의 변화가 서서히 일어나고 있을 때 공정변화를 민감하게 탐지한다.

③ 3σ한계를 이용한 메디안 관리도는 $\overline{x}$ 관리도보다 관리한계의 폭이 좁아져서 관리이탈을 민감하게 반영한다.

④ 산포의 변화를 알기 위해서는 s 관리도를 사용한다.

풀이 ① $\overline{x}$ 관리도
② CUSUM 관리도
③ $\overline{\overline{x}} \pm m_3 A_2 \overline{R} \, (m_3 \geq 1)$

41 다음 관리도 중 품질특성치의 평균을 관리하기에 가장 부적합한 것은?

① u 관리도 ② $\bar{x}$ 관리도
③ $\tilde{x}$ 관리도 ④ $\bar{x}-R$ 관리도

풀이 u 관리도는 단위당 부적합수를 관리하는 것으로 계수치에 해당된다.

42 관리도의 관리한계선을 구하는 공식으로 옳은 것은?

① $\bar{x}$ 관리도 : $\bar{x}\pm 3\dfrac{\sigma}{\sqrt{n}}$

② c 관리도 : $\bar{c}\pm 3\sqrt{c}$

③ u 관리도 : $\bar{u}\pm 3\sqrt{n\bar{u}}$

④ p 관리도 : $\bar{p}\pm 3\sqrt{pn(1-\bar{p})}$

풀이 ① $\bar{x}$ 관리도 : $\bar{\bar{x}}\pm 3\dfrac{\sigma}{\sqrt{n}}$

③ u 관리도 : $\bar{u}\pm 3\sqrt{\dfrac{\bar{u}}{n}}$

④ p 관리도 : $\bar{p}\pm 3\sqrt{\dfrac{\bar{p}(1-\bar{p})}{n}}$

43 다음은 관리도에 대한 설명이다. 맞지 않는 것은?

① 관리도를 작성하는 목적은 공정에 관한 데이터를 해석하여 필요한 정보를 얻고 이들 정보에 의해 공정을 효과적으로 관리해 나가는 데 있다.
② $\bar{x}-R$ 관리도에서 $\bar{x}$ 관리도는 주로 분포의 평균치의 변화를 나타내고 R 관리도는 분포의 폭, 즉 공정의 산포의 변화를 보기 위해 사용된다.
③ 일반적으로 공정의 산포가 일정할 때도 $\bar{x}$ 관리도보다 x 관리도 쪽이 공정평균의 변화를 찾아내는 능력이 높다.
④ 부적합수 관리도에서 시료의 크기가 일정하지 않을 때에 u 관리도를, 일정할 때에 c 관리도를 쓴다.

풀이 ③ 산포가 일정하면 x 관리도보다 $\bar{x}$ 관리도가 더 좋다.

44 다음에서 관리도의 U_{CL}에 대한 공식이 아닌 것은?

① $D_4\bar{R}$

② $\bar{u}+3\sqrt{\bar{u}/n}$

③ $\bar{\bar{x}}+m_3d_2\bar{R}$

④ $\bar{p}+3\sqrt{\bar{p}(1-\bar{p})/n}$

풀이 ③ $\bar{\bar{x}}\pm m_3A_2\bar{R}=\bar{\bar{x}}\pm A_4\bar{R}$

45 관리도에 관한 설명으로 틀린 것은?

① 공정이 안전상태가 아닌데도 이를 발견하지 못하는 것을 제2종 오류라고 한다.
② u 관리도를 작성할 때 표본의 크기가 다르면, 일반적으로 관리한계는 계단식이 된다.
③ 공정의 평균치의 변화에 대해 일반적으로 X 관리도가 $\bar{X}$ 관리도에 비하여 검출력이 좋다.
④ $\bar{X}$ 관리도의 작성 시 부분군의 크기를 증가시키면 일반적으로 관리한계의 폭은 좁아진다.

풀이 ③ $\bar{X}$ 관리도가 X 관리도에 비하여 검출력이 좋다.

46 관리도에 관한 설명으로 옳지 않은 것은?

① 공정의 평균치의 변화에 대해 일반적으로 x 관리도가 $\bar{x}$ 관리도에 비하여 검출력이 좋다.
② u 관리도를 작성할 때 각 조마다 시료가 다르면 일반적으로 관리한계선은 계단식이 된다.
③ $\bar{x}$ 관리도의 작성 시 샘플의 크기를 증가시키면 일반적으로 관리한계선의 폭우 좁아진다.
④ 공정이 안정상태가 아닌데도 이를 발견하지 못하는 것을 제2종 과오라고 한다.

풀이 ① $\bar{x}$ 관리도가 x 관리도에 비하여 검출력이 좋다.

정답 41 ① 42 ② 43 ③ 44 ③ 45 ③ 46 ①

47 관리도에 대한 다음 설명에서 틀린 것은?

① 우연원인에 의한 공정의 변동은 원인의 규명과 제거가 어렵다.

② p 관리도에서 부적합품률은 낮을수록 좋으므로 관리하한선이 필요 없다.

③ $\bar{x}$ 관리도에서 시료의 크기를 증가시키면 관리한계선의 폭은 좁아진다.

④ p 관리도에서 각 시료군의 크기가 다르면 관리한계선에 요철이 생긴다.

풀이 ② 계수치관리도에서 관리하한선이 필요 없는 경우가 있는데 이는 하한선의 값이 음의 값이 나오기 때문이며 부적합품률의 높고 낮음과는 관련성이 없다.

관리도의 상태판정

01 관리도가 이상상태임을 신호할 때, 취해야 할 가장 시급한 조치는?

① 작업자에 대한 품질관리교육을 실시한다.
② 시설 및 작업의 표준화를 위한 계획을 수립한다.
③ 부적합품률을 낮추기 위하여 전수검사를 실시한다.
④ 이상원인을 조사해 공정이 관리상태가 되도록 한다.

풀이 이상원인을 조사하고 처리하여 공정이 관리상태가 되도록 한다.

02 공정이 이상상태일 경우에는 관리도에서 가능한 한 빨리 이상신호를 줄 수 있어야 한다. 이상신호를 보다 빨리 줄 수 있는 방법으로 옳지 않은 것은?

① 관리한계선을 더 넓게 한다.
② 표본추출 간격을 짧게 한다.
③ 각 군의 시료의 크기를 크게 한다.
④ x 관리도보다 $\bar{x}$ 관리도를 사용한다.

풀이 ① 관리한계선을 넓게 하면 이상신호를 찾기가 더 힘들어진다.

03 다음 그림은 생산된 제품을 일정 시간대별로 측정하여 관리도를 그린 것이다. 그림과 같이 그려졌을 때의 해석으로 가장 적당한 것은?

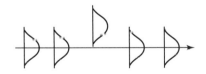

① 공정평균이 작아진 경우
② 산포가 돌발적으로 변할 경우
③ 공정평균이 일정하고, 산포가 변한 경우
④ 공정평균이 돌발적으로 변화할 경우

풀이 공정산포는 일정하나 공정평균은 돌발적으로 변화할 경우에 해당된다.

04 다음 중 관리도의 검출력에 큰 영향을 주지 않는 것은?

① 규격한계
② 시료군의 크기
③ 데이터의 산포
④ 공정변화의 크기

풀이 시료의 크기, 산포, 공정변화의 크기에 따라 검출력의 값이 달라진다.

05 관리도로 예비 데이터를 해석하여 금후의 관리한계를 결정할 때에 예비 데이터 중에 한계선을 벗어난 점이 있을 때 그 처리방법으로 가장 올바른 것은?

① 벗어난 군을 제외하고 재계산한다.
② 벗어난 군 중 원인이 판명된 것을 제외하고 재계산한다.
③ 벗어난 군 중 원인이 판명되어 조처한 것을 제외하고 재계산한다.
④ 정확한 현재 공정의 변화 상태를 알기 위하여 그대로 계산한다.

풀이 ③ 벗어난 군(이상원인) 중 원인이 판명되어 조처한 것을 제외하고 재계산한다.

관리도의 공정해석

12기사 ✪✪○

06 공정해석을 위한 특성치를 선정할 때 주의할 사항으로 옳지 않은 것은?

① 기술상으로 보아 공정이나 제품에 있어서 중요한 것을 택한다.

② 해석을 위한 특성과 관리를 위한 특성을 반드시 일치시킬 필요는 없다.

③ 수량화하기 쉬운 것을 택한다.

④ 해석을 위한 특성은 되도록 적게 한다.

풀이 ④ 해석을 위한 특성은 되도록 많이 택한다.

11, 12, 15, 16산업[실기] ✪✪✪

07 $\bar{x}$ 관리도에서 Plot된 점이 U_{CL} 혹은 L_{CL} 밖으로 벗어나게 되는 것은 어느 변동 때문인가?

① $\sigma_w^2 + \dfrac{\sigma_b^2}{n}$ ② $\sigma_b^2 + \sigma_w^2$

③ $n\sigma_w^2 + \dfrac{\sigma_b^2}{n}$ ④ $\sigma_b^2 + \dfrac{\sigma_w^2}{n}$

풀이 $\bar{x}$ 관리도는 군내변동과 군간변동으로 구성된다.

즉, $\sigma_{\bar{x}}^2 = \dfrac{\sigma_w^2}{n} + \sigma_b^2$

09, 11, 12산업, 00기사[실기] ✪✪○

08 $\bar{x} - R$ 관리도에서 $n = 4$, $\bar{R} = 6.32$의 값을 얻었다. 이 공정의 군내변동(σ_w^2)은 약 얼마인가?(단, $n = 4$일 때 $d_2 = 2.059$이다.)

① 2.94   ② 3.07

③ 9.42   ④ 10.44

풀이 $\widehat{\sigma_w^2} = \left(\dfrac{\bar{R}}{d_2}\right)^2 = \left(\dfrac{6.32}{2.059}\right)^2 = 9.422$

19산업 ✪✪○

09 $n = 4$인 $\bar{X} - R$ 관리도에서 $\bar{R} = 25.220$이다. 이 공정의 군내변동(σ_w^2)과 군간변동(σ_b^2)은 각각 약 얼마인가? (단, $\sigma_{\bar{x}} = 10.5$, $d_2 = 2.059$이다.)

① $\sigma_w^2 = 12.25$, $\sigma_b^2 = 7.44$

② $\sigma_w^2 = 12.25$, $\sigma_b^2 = 72.74$

③ $\sigma_w^2 = 150.03$, $\sigma_b^2 = 7.44$

④ $\sigma_w^2 = 150.03$, $\sigma_b^2 = 72.74$

풀이 $\sigma_w = \dfrac{\bar{R}}{d_2} = \dfrac{25.22}{2.059} = 12.25$, $\sigma_w^2 = 150.030$

$10.5^2 = \dfrac{12.25^2}{4} + \sigma_b^2$ $\therefore \sigma_b^2 = 72.734$

06, 08, 10, 11산업[실기] ✪✪✪

10 부분군의 크기가 5인 $\bar{x} - R$ 관리도로부터 다음의 자료를 얻었다. 군내변동(σ_w)과 군간변동(σ_b)을 구하면 약 얼마인가?(단, $n = 4$일 때 $d_2 = 2.059$, $n = 5$일 때 $d_2 = 2.326$)

$$\sigma_{\bar{x}} = 0.52, \quad \bar{R} = 1.59$$

① $\sigma_w = 0.68$, $\sigma_b = 0.42$

② $\sigma_w = 0.077$, $\sigma_b = 0.52$

③ $\sigma_w = 0.68$, $\sigma_b = 0.52$

④ $\sigma_w = 0.077$, $\sigma_b = 0.42$

풀이 $\sigma_{\bar{x}}^2 = \dfrac{\sigma_w^2}{n} + \sigma_b^2$ $\left(\widehat{\sigma_w} = \dfrac{\bar{R}}{d_2}\right)$

06, 07산업 ✪✪○

11 $\bar{x}$의 변동 $\sigma_{\bar{x}}^2 = 4.22$, 군내변동 $\sigma_w^2 = 2.13$일 때, 이 공정의 군간변동 σ_b^2의 값은 얼마인가?(단, $n = 4$)

① 4.75   ② 6.34

③ 3.69   ④ 1.92

풀이 $\sigma_b^2 = 4.22 - \dfrac{2.13}{4} = 3.6875$

12 시료의 크기를 4로 하여 작성한 $\overline{x} - R$ 관리도에서 $\overline{x}$의 표준편차$(\sigma_{\overline{x}})$가 4.22였다. 만일, 이 공정의 군내변동 (σ_w)이 2.12라면 군간변동(σ_b)은 약 얼마인가?

① 3.65   ② 4.08

③ 13.31   ④ 16.68

풀이 $\sigma_{\overline{x}}^2 = \dfrac{\sigma_w^2}{n} + \sigma_b^2$에서 $4.22^2 = \dfrac{2.12^2}{4} + \sigma_b^2$

$\sigma_b^2 = 16.6848$ ∴ $\sigma_b = 4.085$

13 $\overline{X} - R$ 관리도에서 $\sigma_{\overline{x}}^2 = 17.8084$, 공정의 군내변동 $(\sigma_w^2) = 4.4944$, 군간변동$(\sigma_b^2) = 16.6848$이라면 시료의 크기(n)는 얼마인가?

① 3   ② 4

③ 5   ④ 6

풀이 $17.8084 = \dfrac{4.4944}{n} + 16.6848$

∴ $n = \dfrac{4.4944}{17.8084 - 16.6848} = 4$

14 $\overline{X} - R$ 관리도에서 $\sigma_{\overline{x}} = 16.2$, $\sigma_b = 8.4$, $\sigma_w = 24$일 때, 샘플의 크기는 약 얼마인가?

① 3   ② 5

③ 7   ④ 9

풀이 $\sigma_{\overline{x}}^2 = \dfrac{\sigma_w^2}{n} + \sigma_b^2$에서 $16.2^2 = \dfrac{24^2}{n} + 8.4^2$

∴ $n = 3$

15 $\overline{X}$ 관리도에서 $\overline{X}$의 변동 $\sigma_{\overline{x}}^2$는 군간변동(σ_b^2)과 군내변동(σ_w^2)으로 구성된다. 개개 데이터의 산포(σ_H^2)를 히스토그램에서 구할 때 필요한 식은?(단, n은 부분군의 크기를 의미한다.)

① $\sigma_H^2 = \sigma_b^2 + \sigma_w^2$ ② $\sigma_H^2 = \dfrac{\sigma_b^2}{n} + \sigma_w^2$

③ $\sigma_H^2 = \sigma_b^2 + \dfrac{\sigma_w^2}{n}$ ④ $\sigma_H^2 = \dfrac{\sigma_b^2}{n} + \dfrac{\sigma_w^2}{n}$

풀이 • $\sigma_{\overline{x}}^2 = \dfrac{\sigma_w^2}{n} + \sigma_b^2$

• 전체 데이터의 산포 : $\sigma_H^2 = \sigma_w^2 + \sigma_b^2$

16 시료의 크기(n)를 5로 하여 작성한 $\overline{x} - R$ 관리도에서 R 관리도가 안정상태에 있고, R의 평균 $\overline{R}$가 31.8이었다. 관리도를 작성한 전체 데이터로 히스토그램을 작성하여 계산한 표준편차 σ_H가 19.5라면, 군간변동 σ_b의 값은 약 얼마인가?(단, $n = 5$일 때 $d_2 = 2.326$이다.)

① 13.9   ② 16.6

③ 18.5   ④ 19.2

풀이 $19.5^2 = \left(\dfrac{31.8}{2.326}\right)^2 + \sigma_b^2$ ∴ $\sigma_b = 13.90$

17 R 관리도는 안정되어 있고, $\overline{X}$ 관리도에서 관리한계를 벗어나는 점이 많아지고 있을 때의 설명으로 맞는 것은?(단, 군내변동 : σ_w^2, 군간변동 : σ_b^2, $\overline{X}$의 변동 : $\sigma_{\overline{x}}^2$이다.)

① $\sigma_{\overline{x}}^2$는 작게 되고, σ_w^2는 크게 된다.

② σ_w^2가 크게 되어 $\sigma_{\overline{x}}^2$도 크게 된다.

③ σ_b^2는 작게 되고, σ_w^2는 크게 된다.

④ σ_b^2가 크게 되어 $\sigma_{\overline{x}}^2$도 크게 된다.

풀이 $\bar{X}$ 관리도의 산포는 σ_b^2과 연관이 있으므로 이 값이 크게 되어 $\sigma_{\bar{x}}^2$도 크게 된다.

00산업 ✪✪○

18 $\bar{x}$ 관리도에서 $\bar{x}$의 변동을 $\sigma_{\bar{x}}^2$, 군간변동을 σ_b^2, 군내변동을 σ_w^2라 하면 공정평균에 변화가 없는 완전한 관리상태에서의 변동식으로 알맞은 것은?

① $\sigma_{\bar{x}}^2 = \dfrac{\sigma_w^2}{n} + \sigma_b^2$ ② $\sigma_{\bar{x}}^2 = \sigma_w^2 + \sigma_b^2$

③ $\sigma_b^2 = 0$ ④ $\sigma_{\bar{x}}^2 = \dfrac{\sigma_w^2}{n} + \dfrac{\sigma_b^2}{n}$

풀이 완전한 관리상태에서는 군간변동(σ_b^2)이 '0'이 된다.

00, 07, 12, 14산업, 00, 16기사 ✪✪✪

19 $\bar{x}$ 관리도에서 $\bar{x}$의 변동을 $\sigma_{\bar{x}}^2$, 개개 데이터의 산포를 σ_H^2, 군간변동을 σ_b^2, 군내변동을 σ_w^2라 하면 완전한 관리상태(즉, $\sigma_b^2 = 0$)일 때 이들 간의 관계식으로 맞는 것은?

① $n\sigma_{\bar{x}}^2 < \sigma_H^2 < \sigma_w^2$ ② $n\sigma_{\bar{x}}^2 < \sigma_H^2 \geq \sigma_w^2$

③ $n\sigma_{\bar{x}}^2 = \sigma_H^2 = \sigma_w^2$ ④ $n\sigma_{\bar{x}}^2 > \sigma_H^2 > \sigma_w^2$

풀이 $n\sigma_{\bar{x}}^2 = \sigma_w^2 + n\sigma_b^2$, $\sigma_H^2 = \sigma_w^2 + \sigma_b^2$에서 $\sigma_b^2 = 0$을 대입하면 $n\sigma_{\bar{x}}^2 = \sigma_H^2 = \sigma_w^2$이 된다.

15, 19산업 ✪✪○

20 $\bar{X} - R$ 관리도에서 $\bar{X}$의 변동($\sigma_{\bar{x}}^2$)이 군간변동(σ_b^2)과 군내변동(σ_w^2)으로 표현될 때의 내용으로 틀린 것은?
(단, k : 군의 수, n : 시료의 크기, σ_H^2 : 개개 데이터의 산포이다.)

① $\sigma_w = \dfrac{\bar{R}}{d_2}$

② $\sigma_H^2 = \sigma_b^2 + \sigma_w^2$

③ $\sigma_{\bar{x}}^2 = \sigma_b^2 + \dfrac{\sigma_w^2}{n}$

④ 완전한 관리상태일 때 $\sigma_w^2 = 0$

풀이 ④ 완전한 관리상태에서는 군간변동(σ_b^2)이 '0'이 된다.

14산업 ✪✪○

21 $\bar{x}$ 관리도에서 $\bar{x}$의 변동을 $\sigma_{\bar{x}}^2$, 개개 데이터의 산포를 σ_H^2, 군간변동을 σ_b^2, 군내변동을 σ_w^2이라 할 때 이들 간의 관계식으로 틀린 것은?

① $\sigma_{\bar{x}}^2 = \sigma_b^2 + \dfrac{\sigma_w^2}{n}$ ② $\sigma_H^2 = \sigma_b^2 + \sigma_w^2$

③ $n\sigma_{\bar{x}}^2 \leq \sigma_H^2 \leq \sigma_b^2$ ④ $\sigma_w = \dfrac{\bar{R}}{d_2}$

풀이 ③ $n\sigma_{\bar{x}}^2 \geq \sigma_H^2 \geq \sigma_w^2$

07산업 ✪✪○

22 관리도 작성을 위한 군구분을 할 때의 설명으로 가장 관계가 먼 내용은?

① 데이터를 채취하는 기간을 짧게 한다.
② 군내의 산포는 이상원인에 의한 산포만으로 한다.
③ 군간의 산포를 되도록 크게 한다.
④ 군내의 산포는 되도록 우연원인에 의한 산포만으로 한다.

풀이 ② 군내의 산포는 우연원인에 의한 산포만으로 한다.

13산업 ✪✪○

23 다음 수식 중 옳지 않은 것은?

① $\sigma_{\bar{x}}^2 = \dfrac{\sigma_w^2}{n} + \sigma_b^2$ ② $\sigma_w = \dfrac{\bar{R}}{d_2}$

③ $C_f = \dfrac{\sigma_{\bar{x}}}{\sigma_w}$ ④ $\sigma = \dfrac{\bar{R}}{d_3}$

풀이 ④ $\hat{\sigma} = \hat{\sigma_w} = \dfrac{\bar{R}}{d_2}$

관리도의 검출력

01 관리도의 성능에 관한 설명 중 틀린 것은?

① 관리도의 성능은 관리도의 검출력으로 나타낼 수 있다.

② 공정의 평균에 변화가 생겼을 때 $\overline{X}$ 관리도의 부분군의 크기 n이 크면 이상상태를 발견하기 쉬워진다.

③ 일반적인 3σ법 관리도에서는 제2종의 오류를 아주 작게 하도록 만들어져 있다.

④ $\overline{X}$ 관리도에서 관리상한(U_{CL})은

$$E(\overline{X})+3D(\overline{X})=\overline{\overline{x}}+3\frac{\sigma_x}{\sqrt{n}}$$ 로 결정된다.

풀이 ③ 일반적인 3σ법 관리도에서는 제1종의 오류(α)를 0.27%로 아주 작게 하도록 만들어져 있다.

02 OC곡선에 관한 다음 설명 중에서 가장 관계가 먼 내용은?

① 공정이 이상상태일 때 OC선 값은 제2종의 오류인 β이다.

② OC곡선은 관리도가 공정의 변화를 탐지하는 성능을 나타내는 측도이다.

③ p 관리도에서 OC곡선은 시료의 표본부적합품률이 관리한계선 밖으로 나갈 확률이다.

④ 일반적으로 $\overline{x}-R$ 관리도의 OC곡선은 품질특성치가 정규분포를 한다는 가정 아래 계산한다.

풀이 ③ p 관리도에서 OC곡선은 시료의 표본부적합품률이 관리한계선 안에 있을 확률이다.

03 관리도의 검출력에 대한 설명으로 틀린 것은?

① 제2종의 과오가 커지면 검출력도 커진다.

② 관리한계선의 폭을 좁히면 검출력이 커진다.

③ $\overline{x}$ 관리도에서 표본의 크기가 커지면 검출력도 커진다.

④ 일반적으로 검출력이 커지기 위해서는 제1종의 과오가 증가하여야 한다.

풀이 검출력 : $1-\beta$

04 시료의 크기가 5인 $\overline{x}$ 관리도에서 관리상한선이 43.4, 관리하한선이 16.6이었다. 공정의 분포가 $N(30, 10^2)$일 때, 이 관리도에서 $\overline{x}$가 관리한계를 벗어날 확률은?

① 0.0013

② 0.0027

③ 0.0228

④ 0.0455

풀이 $\alpha=P_r\left(U_{CL}<\overline{x}\right)+P_r\left(L_{CL}>\overline{x}\right)$

$=P_r\left(u>\dfrac{43.4-30}{10/\sqrt{5}}\right)+P_r\left(u<\dfrac{16.6-30}{10/\sqrt{5}}\right)$

$=P_r\left(u>3.00\right)+P_r\left(u<-3.00\right)=0.0027$

05 $U_{CL}=41.2$, $L_{CL}=18.8$인 $\overline{x}$ 관리도($n=5$)가 있다. 공정의 분포가 $N(30, 10^2)$인 경우, 이 관리도에서 점 $\overline{x}$가 관리한계선을 벗어날 확률은 약 얼마인가?(단, 다음의 정규분포표를 이용하시오.)

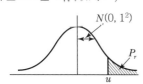

u	P_r	u	P_r
2.1	0.0179	2.4	0.0082
2.2	0.0139	2.5	0.0062
2.3	0.0107		

① 1.24% ② 1.64%

③ 2.14% ④ 2.78%

풀이 $u_1 = \dfrac{41.2-30}{\dfrac{10}{\sqrt{5}}} = 2.5$

$u_2 = \dfrac{18.8-30}{\dfrac{10}{\sqrt{5}}} = -2.5$

$\therefore 0.0062 \times 2 = 0.0124 = 1.24(\%)$

09, 14, 18산업[실기] ✪✪✪

06 Y사는 부분군의 크기가 4인 $\overline{X}$ 관리도의 관리상한 42.5, 관리하한 17.5로 하여 공정을 모니터링하고 있다. 만약 공정의 분포가 $N(30,\ 10^2)$으로 변하였다면 이 관리도에서 $\overline{X}$가 관리한계를 벗어날 확률은 약 몇 %인가?(단, 다음의 정규분포표를 이용하여 구한다.)

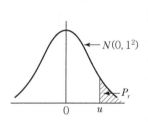

u	P_r
2.1	0.0179
2.2	0.0139
2.3	0.0107
2.4	0.0082
2.5	0.0062

① 1.24% ② 1.64%

③ 2.14% ④ 2.78%

풀이 $P_r(x) = P_r\left(u \geq \dfrac{42.5-30}{10/\sqrt{4}}\right) + P_r\left(u \leq \dfrac{17.5-30}{10/\sqrt{4}}\right)$

$= P_r(u \geq 2.5) + P_r(u \leq -2.5)$

$= 2 \times 0.0062 = 0.0124(1.24\%)$

07산업[실기] ✪✪✪

07 모집단이 정규분포를 하는 제조공정을 관리도로서 관리하고자 한다. 이 제조공정에 원료의 일부가 변경되어, 산포는 변하지 않았지만 평균치가 1σ만큼 증가하였다면, $n=4$의 $\overline{x}$ 관리도에서 점이 관리한계 밖으로 나올 확률은 얼마인가?

① 0.0033

② 0.0228

③ 0.1587

④ 0.3085

풀이 $1-\beta = P_r(\overline{x} > U_{CL})$

$= P_r\left(\dfrac{U_{CL}-(\overline{\overline{x}}+\sigma)}{\sigma/\sqrt{n}}\right)$

$= P_r\left(\dfrac{\left(\overline{\overline{x}}+3\dfrac{\sigma}{\sqrt{n}}\right)-(\overline{\overline{x}}+\sigma)}{\sigma/\sqrt{n}}\right) = P_r(u > 1)$

따라서 정답은 0.1587이다.

평균차의 검정

06산업[실기] ✪✪✪

08 $\overline{x}-R$ 관리도의 두 층(層) A, B 간의 평균치 유의차를 검정하는 식 $|\ \overline{\overline{x_A}} - \overline{\overline{x_B}}\ | > A_2\overline{R}\sqrt{\dfrac{1}{k_A}+\dfrac{1}{k_B}}$ 이 적용되기 위한 다음 조건 중 가장 관계가 먼 것은?

① $k_A = k_B$이어야 한다.

② $n_A = n_B$이어야 한다.

③ $\overline{R_A} = \overline{R_B}$에 유의차가 없을 것

④ 양방(兩方)의 관리도가 관리상태에 있을 것

풀이 ① $k_A,\ k_B$는 충분히 클 것

---

09 $\overline{X}-R$ 관리도에서 2개의 층 A, B 간 평균치의 유의차를 검정하는 다음의 식을 적용하기 위한 전제조건으로 틀린 것은?

$$|\overline{\overline{x}}_A - \overline{\overline{x}}_B| \geq A_2\overline{R}\sqrt{\frac{1}{k_A}+\frac{1}{k_B}}$$

① $\overline{R}_A$, $\overline{R}_B$에 차이가 없을 것
② 두 관리도가 모두 관리상태일 것
③ 두 관리도의 군의 수가 동일할 것
④ 두 관리도가 표본의 크기가 동일할 것

풀이 ③ 두 관리도의 군의 수(k)가 충분히 클 것

10 층별한 2개의 관리도에서 $\overline{\overline{x_A}}$와 $\overline{\overline{x_B}}$의 차를 검정하고자 한다. 다음 중 ( ) 안에 들어갈 식은?

$$|\overline{\overline{x_A}} - \overline{\overline{x_B}}| \geq (\quad)\sqrt{\frac{1}{k_A}+\frac{1}{k_B}}$$

① $m_3A_2\overline{R}$ ② $A_2\overline{R}$
③ $D_3\overline{R}$ ④ $E_2\overline{R}$

풀이 $|\overline{\overline{x_A}} - \overline{\overline{x_B}}| \geq A_2\overline{R}\sqrt{\frac{1}{k_A}+\frac{1}{k_B}}$

관리계수와 공정능력지수

11 $\overline{x}-R$ 관리도에서 관리계수 $C_f=1.3$이라면 공정은 어떻게 판정하는가?

① 대체로 관리상태이다.
② 군구분이 나쁘다.
③ 급간변동이 크다.
④ 판정할 수 없다.

풀이

$C_f \geq 1.2$	급간변동이 크다.
$1.2 > C_f \geq 0.8$	대체로 관리상태이다.
$0.8 > C_f$	군구분이 나쁘다.

12 관리계수에 대한 공정의 설명이 가장 올바른 것은?

① 관리계수가 0.7이면 군구분이 나쁘다.
② 관리계수가 0.9이면 군내변동이 크다.
③ 관리계수가 1.1이면 급간변동이 크다.
④ 관리계수가 1.3이면 대체로 관리상태로 볼 수 있다.

풀이 11번 풀이 참조

13 $\overline{x}-R$ 관리도로부터 관리계수(C_f)가 1.0임을 알았다. 이 공정은 어떤 상태인가?

① 군구분이 나쁘다.
② 급간변동이 크다.
③ 대체로 관리상태로 볼 수 있다.
④ 이상원인의 영향이 지나치게 많다.

풀이 11번 풀이 참조

14 $\overline{x}-R$ 관리도에서 관리계수(C_f)를 계산하였더니 0.7이었다면 이 공정의 판정으로 옳은 것은?

① 군구분이 나쁘다.
② 군내변동이 크다.
③ 군간변동이 크다.
④ 대체로 관리상태로 볼 수 있다.

풀이 11번 풀이 참조

정답 09 ③ 10 ② 11 ③ 12 ① 13 ③ 14 ①

15 다음의 식 중 옳지 않은 것은?

① $\sigma_{\overline{x}}^2 = \dfrac{\sigma_w^2}{n} + \sigma_b^2$ ② $\widehat{\sigma_w} = \dfrac{\overline{R}}{d_2}$

③ $C_f = \dfrac{\sigma_{\overline{x}}}{\sigma_w}$ ④ $\sigma = \dfrac{\overline{R}}{d_4}$

풀이 ④ $\sigma = \dfrac{\overline{R}}{d_2}$

16 볼베어링을 만드는 공정이 있다. 볼베어링의 내경 규격은 $25 \pm 0.5\text{mm}$로 정해져 있다. 품질관리기사 A가 이 공정을 3개월간에 걸쳐 관리하여 $\overline{x} - R$ 관리도로부터 표준편차(σ)를 측정한 결과 0.1mm이었다. 현재 이 공정의 공정능력지수 $PCI(C_p)$는 몇 등급으로 분류할 수 있는가?

① 1등급 ② 2등급
③ 3등급 ④ 4등급

풀이 $PCI = \dfrac{T}{6\sigma} = \dfrac{1.0}{6 \times 0.1} = 1.67 \, (PCI > 1.33 : 1등급)$

PART

3

샘플링검사

최근 기출문제

검사의 분류

09, 12, 14, 16산업 ★★★

01 다음 중 검사의 목적으로 보기에 가장 거리가 먼 것은?

① 다음 공정이나 고객에게 부적합품이 넘어가는 것을 방지한다.
② 제품의 판매개척을 용이하게 한다.
③ 품질정보를 제공한다.
④ 고객에게 품질에 대한 안심감을 준다.

풀이 제품의 판매개척은 마케팅 전략 등과 연관이 있을 뿐 검사와는 무관하다고 볼 수 있다.

17, 20산업 ★★○

02 검사의 목적이 아닌 것은?

① 품질정보를 제공한다.
② 우연원인을 제거한다.
③ 고객에게 품질에 대한 안심감을 준다.
④ 다음 공정이나 고객에게 부적합품이 넘어가는 것을 방지한다.

풀이 ② 이상원인을 제거한다.

11산업 ★○○

03 다음 중 검사규격에 규정할 사항으로 가장 거리가 먼 것은?

① 검사 단위
② 측정 방법
③ 검사 방식
④ 제품의 시장성

풀이 검사규격에는 검사단위, 검사방식, 측정방법 등이 포함되어야 한다. 제품의 시장성은 검사규격과 무관하다.

06, 13산업[실기] ★★★

04 공정에 의해 분류되는 검사가 아닌 것은?

① 출하검사
② 출장검사
③ 공정검사
④ 수입검사

풀이 검사가 행해지는 공정(목적)에 의한 분류에는 공정(중간)검사, 수입(구입)검사, 출하검사, 최종(완성)검사 등이 있고, 출장(외주)검사는 검사가 행해지는 장소에 의한 분류에 속한다.

06산업[실기] ★★○

05 검사의 분류 중에서 검사장소에 의한 분류에 속하는 것은?

① 순회검사
② 출하검사
③ 관리샘플링검사
④ 공정검사

풀이 ②, ④ 검사공정에 의한 분류
③ 검사방법에 의한 분류

00, 19산업[실기] ★★○

06 특정 장소에서 검사를 하는 것이 유리하거나, 시험에 특수한 장치가 필요한 경우와 같이 특별한 장소에 물품을 운반해서 검사하는 방법은?

① 공정검사
② 순회검사
③ 정위치검사
④ 출장검사

풀이 정위치검사에 대한 설명이다.

정답 01 ② 02 ② 03 ④ 04 ② 05 ① 06 ③

07 제조공정의 관리, 공정검사의 조정 및 검사의 체크를 목적으로 행하는 검사는 무엇인가?

① 순회검사
② 로트별 샘플링검사
③ 전수검사
④ 관리샘플링검사

풀이 관리샘플링검사(체크검사)에 대해 설명하고 있다.

08 검사방법(판정대상)에 의한 분류로 볼 수 없는 것은?

① 전수검사
② 로트별 샘플링검사
③ 관리샘플링검사
④ 파괴검사

풀이 ④는 검사성질에 의한 분류에 속한다.

09 검사항목에 의한 분류가 아닌 것은?

① 수량검사
② 자주검사
③ 중량검사
④ 성능검사

풀이 ②는 측정대상에 의한 분류에 속한다.

검사의 계획

10 재가공이나 폐기 처리비를 무시할 경우, 부적합품 발생으로 인한 손실비용(무검사 비용)을 옳게 표시한 것은?(단, N은 전체 로트 크기, a는 개당 검사비용, b는 개당 손실비용, p는 부적합품률이다.)

① aN
② bN
③ apN
④ bpN

풀이

구분	검사 비용	부적합품에 의한 손실비용
전수검사	aN	0
무검사	0	bpN

11 크기가 4,000인 로트에 대해 전수검사를 하였을 경우 1개당 검사비용이 5원이었고, 무검사와의 임계 부적합품률이 5%였다면 무검사로 인하여 부적합품이 발생하였을 때 개당 손실금액은 얼마인가?

① 10원
② 50원
③ 80원
④ 100원

풀이 $P_b = \dfrac{a}{b} = \dfrac{5}{b} = 0.05$

∴ $b = 100$(원)

12 Y 공정의 임계 부적합품률은 15%로 알려져 있다. 이 공정에서 부적합이 발생할 때 부적합품 1개 때문에 발생하는 손해액이 1,400원일 경우, 제품 1개당 검사비용은 얼마인가?(단, 검사에 소요되는 검사비용과 부적합품으로 인한 손실비용만을 고려하기로 한다.)

① 93원
② 210원
③ 1,610원
④ 9,330원

풀이 $P_b = \dfrac{a}{b}$, $0.15 = \dfrac{a}{1,400}$

∴ $a = 210$(원)

13 로트의 크기 N, 로트의 부적합품률 P, 임계부적합품률을 P_b라 정의할 때, 검사방식의 효율성 판단이 옳은 것은?

① $P < P_b$이면 무검사가 샘플링검사보다 유리하다.
② $P < P_b$이면 전수검사가 무검사보다 유리하다.
③ $P > P_b$이면 무검사가 전수검사보다 유리하다.
④ $P > P_b$이면 샘플링검사가 전수검사보다 유리하다.

정답 07 ④ 08 ④ 09 ② 10 ④ 11 ④ 12 ② 13 ①

• $P < P_b$: 무검사가 샘플링검사(전수검사)보다 유리
• $P > P_b$: 전수검사(샘플링검사)가 무검사보다 유리

샘플링검사의 개념정리

14, 20산업 ★★○

14 전수검사가 반드시 필요한 경우는?

① 전수검사를 쉽게 할 수 있을 경우
② 부적합품이 한 개라도 혼입되어서는 안 되는 경우
③ 파괴시험인 경우
④ 연속체나 대량품인 경우

풀이 ②의 경우에는 반드시 전수검사를 실시하여야 한다.

10, 16산업[실기] ★★★

15 전수검사에 비해 샘플링검사가 유리한 경우에 해당되지 않는 것은?

① 검사항목이 적을 때
② 생산자에게 품질향상의 자극을 주고 싶을 때
③ 검사비용이나 검사공수를 적게 하고자 할 때
④ 다수 다량의 것으로 부적합품의 혼입이 어느 정도 허용될 때

풀이 ①의 경우는 전수검사를 실시하는 것이 유리하다.

09산업[실기] ★★★

16 다음 중 전수검사에 비해 샘플링검사가 적합한 조건은?

① 로트의 크기가 클 때
② 검사 항목이 적을 때
③ 치명적인 결점이 있을 때
④ 부적합품이 조금도 있어서는 아니 될 때

풀이 ②, ③, ④ 전수검사가 적합하다.

15산업 ★★○

17 전수검사와 샘플링검사를 비교 설명한 내용으로 틀린 것은?

① 샘플링검사는 어느 정도 부적합품의 혼입이 인정된다.
② 불완전한 전수검사도 샘플링검사보다 더 큰 신뢰성을 보장받는다.
③ 일반적인 경우 전수검사가 샘플링검사보다 검사비용이 더 많이 든다.
④ 샘플링검사는 품질향상에 대해 생산자에게 자극을 주고자 하는 경우에는 사용된다.

풀이 ② 샘플링검사는 불완전한 전수검사보다 더 큰 신뢰성을 보장받는다.

18산업 ★★○

18 전수검사가 필요한 경우는 어느 것인가?

① 대량품인 경우
② 파괴검사의 경우
③ 검사항목이 많은 경우
④ 안전에 중요한 영향을 미치는 경우

풀이 ①, ②, ③은 전수검사보다 샘플링검사가 유리하다.

17산업 ★★○

19 일반적으로 샘플링검사보다 전수검사가 유리한 경우는?

① 검사항목이 많을 때
② 인장강도 시험 등의 파괴검사일 때
③ 검사비용에 비해서 제품이 확실히 고가일 때
④ 생산자에게 품질 향상의 자극을 주고 싶을 때

풀이 ①, ②, ④는 샘플링검사가 유리한 경우이다.

20 전수검사와 샘플링검사를 비교한 설명으로 보기에 가장 거리가 먼 것은?

① 파괴검사인 경우에는 전수검사가 곤란하다.
② 이론적으로 전수검사에서는 샘플링 오차가 발생하지 않는다.
③ 인장강도시험과 같은 파괴검사의 경우 전수검사는 실시가 곤란하다.
④ 시료를 랜덤하게 추출할 경우에는 샘플링검사의 결과와 전수검사의 결과가 일치하게 된다.

풀이 ④ 시료를 랜덤하게 추출할 경우의 샘플링검사의 결과와 전수검사의 결과는 서로 일치하는 경우도 있으나, 일반적으로는 결과치가 다르게 나타나고 있다.

21 다음 중 전수검사가 불가능하여 반드시 샘플링검사를 하여야 하는 경우는?

① 제품의 중량검사
② 실린더 가공에서 실린더 외경의 측정
③ 전구의 수입검사에서 전구의 점등시험
④ 전구의 수입검사에서 전구의 평균수명 추정

풀이 ④는 파괴시험에 해당되므로 반드시 샘플링검사를 행하여야 한다.

22 샘플링검사 시 검사단위의 품질표시방법으로 틀린 것은?

① 부적합수에 의한 표시방법
② KS 규격에 의한 표시방법
③ 특성치에 의한 표시방법
④ 적합품, 부적합품에 의한 표시방법

풀이 검사단위의 품질표시방법
• 적합 · 부적합품에 의한 방법
• 부적하수에 이한 방법
• 특성치에 의한 방법
• 로트에 의한 방법
• 시료에 의한 방법

23 다음 중 시료의 품질표시방법에 해당되지 않는 것은?

① 시료의 범위
② 시료의 부적합품률
③ 시료의 표준편차
④ 시료의 부적합품수

풀이 시료의 품질표시방법
• 부적합품수
• 평균 부적합수
• 평균치
• 표준편차
• 범위

24 샘플의 품질표시방법에 해당되지 않는 것은?

① 샘플의 범위
② 샘플의 단가
③ 샘플의 표준편차
④ 샘플의 부적합품수

풀이 23번 풀이 참조

25 샘플링을 할 때 고려하여야 할 사항으로 가장 거리가 먼 것은?

① 랜덤하게 뽑아야 한다.
② 편의(Bias)가 없어야 한다.
③ 주기성이 있으면 계통샘플링을 실시한다.
④ 시료의 특성 및 모양이 모집단의 특성 또는 모양과 흡사하도록 뽑아야 한다.

풀이 지그재그샘플링검사는 계통샘플링에서 주기성에 의한 편기가 들어갈 위험성을 방지하도록 한 샘플링 방법이다.

26 다음 중 계량값 샘플링검사와 비교하여 계수값 샘플링 검사의 장점을 설명한 것은?

① 검사에 숙련을 요한다.
② 검사시간이 길다.
③ 적용조건이 쉽게 만족한다.
④ 검사기록에 대한 이용도가 높다.

풀이 ① 검사에 숙련을 요하지 않는다.
② 검사시간이 짧다.
④ 검사기록에 대한 이용도가 낮다.

27 계량 샘플링검사와 계수 샘플링검사를 비교한 것 중 틀린 것은?

① 검사기록의 이용도는 계량 샘플링검사가 더 높다.
② 계수 샘플링검사가 일반적으로 검사에 숙련을 더 요한다.
③ 계량 샘플링검사는 특히 값비싼 물품의 파괴검사에 유리하다.
④ 검사설비 및 기록에 있어서는 계수 샘플링검사가 더 간단하다.

풀이 ② 계수 샘플링검사가 일반적으로 검사에 숙련을 덜 요한다.

정답 26 ③ 27 ②

샘플링에서의 용어정리

06, 14산업 ★★○

01 샘플링 오차(Sampling Error)에 대한 설명으로 틀린 것은?

① 오차는 측정치의 평균과 참값의 차이다.
② 오차의 성질을 분석할 때에는 신뢰성 · 정밀성 · 정확성으로 나누어 생각할 수 있다.
③ 시료의 크기가 크면 클수록 샘플링 오차는 작아진다.
④ 시료로 모집단을 추측하고자 하는 데서 발생하는 오차이다.

풀이 ① 오차는 측정치와 참값의 차이고, 정확성(치우침)은 측정치의 평균과 참값의 차이다.

14산업 ★★○

02 측정오차의 정밀도(Precision)를 표시하는 척도가 아닌 것은?

① 최빈수   ② 범위
③ 분산   ④ 표준편차

풀이 정밀도란 산포폭의 크기를 수치화한 것으로 최빈수는 중심을 표시하는 척도이다.

11, 18산업 ★★○

03 어떤 측정방법으로 동일 시료를 무한횟수 측정하였을 때, 그 측정값의 평균치와 참값의 차를 무엇이라 하는가?

① 오차(Error)   ② 정밀도(Precision)
③ 신뢰성(Reliability)   ④ 정확도(Accuracy)

풀이 • 정밀도 : 산포 폭의 크기
• 오차 : 참값과 측정값의 차
• 정확도 : 측정값의 평균치와 참값의 차

10, 13, 14산업[실기] ★★★

04 Y 공장에서 생산되는 화학제품에 대해서 알아보니 표준편차가 0.30%이었다. 이 화학제품을 신뢰율 95%, 정도 0.10%로 추정하려면 몇 개의 샘플이 필요한가?

① 10   ② 22
③ 35   ④ 46

풀이 $\beta_{\bar{x}} = \pm u_{1-\alpha/2} \dfrac{\sigma}{\sqrt{n}}$, $0.10 = \pm 1.96 \dfrac{0.30}{\sqrt{n}}$

$\therefore\ n = 34.574 = 35$

10산업 ★○○

05 샘플링 단위를 결정할 때 고려하여야 할 조건과 가장 거리가 먼 것은?

① 샘플링 비용
② 검사자의 지식
③ 샘플링의 목적
④ 공정이나 제품의 산포

풀이 검사자에 대한 지식은 샘플링 단위를 결정하는 데 전혀 필요하지 않다.

샘플링 종류

08산업 ★★○

06 다음 중 모집단으로부터 랜덤하게 샘플링하는 방법으로서 사전에 모집단에 대한 지식이 없을 경우에 사용하는 방법으로 가장 적절한 것은?

① 단순 랜덤 샘플링　② 계통 샘플링
③ 지그재그 샘플링　④ 층별 샘플링

풀이 모집단에 대한 사전 지식이 없다면 단순 랜덤 샘플링이 가장 적당하다.

08, 13산업 ★★○

07 계통 샘플링(Systematic Sampling)에 관한 설명으로 옳지 않은 것은?

① 첫 샘플링 단위 내에서 반드시 랜덤하게 샘플링 하여야 한다.
② 모집단의 순서에 일정한 주기성이 있을 때의 샘플링 방법으로 적당하다.
③ 시료를 시간적으로 또는 공간적으로 일정한 간격을 두고 취하는 방법이다.
④ 벨트 컨베이어 생산방식과 같이 제품이 연속으로 생산될 때의 샘플링방식으로 유용하다.

풀이 계통 샘플링(Systematic Sampling)은 랜덤 샘플링의 한 종류로서 모집단의 순서에 일정한 주기성이 있을 때의 샘플링 방법으로는 부적당하다.

18산업 ★★○

08 계통 샘플링검사에서 로트의 크기가 N이고 시료의 크기가 n일 때 샘플링 간격을 구하는 식은?

① n　　　② $\dfrac{n}{N}$
③ $\dfrac{N}{n}$　　　④ $\dfrac{n}{2N}$

풀이 계통 샘플링검사란 유한모집단의 데이터를 일련의 배열로 한 다음 첫 k번째 시료를 뽑고, 다음부터 k 간격으로 뽑는 샘플링 방법이므로 이때 $k = \dfrac{N}{n}$이 된다.

00, 06, 17산업 ★★★

09 샘플링에서 주기성에 의한 치우침이 들어갈 위험을 방지하기 위해, 하나씩 걸러서 일정한 간격으로 샘플을 취하는 방법은?

① 계통 샘플링　② 단순 랜덤 샘플링
③ 2단계 샘플링　④ 지그재그 샘플링

풀이 지그재그 샘플링에 대한 설명이다.

15산업 ★★○

10 모집단을 몇 개의 층으로 나누어 각 층마다 각각 랜덤으로 시료를 추출하는 방법으로 층간의 차는 가능한 한 크게 하고 층내는 균일하게 층별함을 원칙으로 하는 샘플링검사는?

① 층별 샘플링　② 취락 샘플링
③ 계통 샘플링　④ 2단계 샘플링

풀이 층별 샘플링에 대한 설명이다.

08산업 ★★○

11 종업원들의 품질관리운동에 대한 문제점을 조사하기 위해 각 부서별로 부서 인원의 20%를 랜덤하게 추출하여 조사하기로 했다. 이것은 어떤 표본추출법에 해당하는가?

① 단순 랜덤 추출법　② 층별 추출법
③ 군집 추출법　④ 판단 추출법

풀이 각 부서(층)별로 샘플링하므로, 층별 샘플링에 해당된다.

20산업 ★★○

12 모집단을 몇 개의 층으로 나누어서 각 층으로부터 각각 랜덤으로 표본을 추출하는 층별 샘플링방법이 아닌 것은?

① 층별 비례 샘플링
② 데밍(Deming) 샘플링
③ 네이만(Neyman) 샘플링
④ 지그재그(Zigzag) 샘플링

풀이 층별 샘플링의 종류로는 층별 비례 샘플링, 네이만 샘플링, 데밍 샘플링이 있다.

① 15개   ② 60개
③ 75개   ④ 80개

풀이 $n_B = 150 \times \dfrac{640}{1,600} = 60(개)$

06, 14산업 ●●○

13 1부터 1,000까지 번호가 붙여진 물품이 있다. 매 50개당(즉, 1∼50, 51∼100, 101∼150, …) 샘플을 각각 임의로 채취하는 샘플링방식은?

① 랜덤 샘플링(Random Sampling)
② 계통 샘플링(Systematic Sampling)
③ 층별 샘플링(Stratified Sampling)
④ 지그재그 샘플링(Zig Zag Sampling)

풀이 층별 샘플링이란 각 층마다 일정 개수의 샘플을 채취하는 방식이다.

17산업[실기] ●●●

16 A 생산라인 제품 800개, B 생산라인 제품 640개, C 생산라인 제품 160개로 이루어진 로트가 있다. 층별 비례 샘플링으로 시료 150개를 샘플링할 경우 A 생산라인에서는 몇 개를 채취하게 되는가?

① 25개   ② 50개
③ 75개   ④ 150개

풀이 $n_A = 150 \times \dfrac{800}{800 + 640 + 160} = 75(개)$

00산업 ●●○

14 다음 중 층별 샘플링에 대한 설명으로 가장 거리가 먼 내용은?

① 단순 랜덤 샘플링에 비해 시료수가 적어도 같은 정도를 얻을 수 있다.
② 각 층으로부터 랜덤 샘플링하므로 샘플링이 쉽다.
③ 층내분산을 크게 하면 층간분산이 작아져서 추정정밀도가 좋아진다.
④ 일반적으로 샘플링 오차분산이 층내산포에 의해 결정된다.

풀이 ③ $V(\bar{x}) = \dfrac{\sigma_w^2}{mn}$ 이므로 층내 균일, 층간 불균일하게 하면 정밀도가 좋아진다.

00, 13, 18산업 ●●●

17 샘플링 방법의 설명으로 틀린 것은?

① 시간적 또는 공간적으로 일정간격을 두고 샘플링하는 방법을 계통 샘플링이라 한다.
② 제조공정의 품질특성에 주기적인 변동이 있는 경우 계통 샘플링을 적용하는 것이 좋다.
③ 집락(군집) 샘플링에서 군내는 불균일, 군간은 균일하게 합격품질한계군을 형성한다.
④ 모집단을 몇 개의 층으로 나누어 각 층마다 랜덤으로 시료를 추출하는 것을 층별 샘플링이라 한다.

풀이 ② 제조공정의 품질특성에 주기적인 변동이 없는 경우 계통 샘플링을 적용하는 것이 좋다.

09, 10, 11, 14, 20산업, 09, 12기사[실기] ●●●

15 검사 로트의 크기는 1,600개이고, 이것을 생산라인별로 분류한 자료가 다음과 같다. 150개의 시료를 층별 비례 샘플링으로 뽑고자 할 때 B 생산라인에서는 몇 개를 뽑는 것이 좋겠는가?

A 생산라인 제품 : 800개
B 생산라인 제품 : 640개
C 생산라인 제품 : 160개

09, 19산업(기사), 17기사 ●●●

18 석탄의 발열량을 측정하고자 10톤 적재량의 트럭 10대에서 5대를 랜덤하게 취하고, 그 5대의 트럭으로부터 3인크리먼트(Increment)씩 시료를 취하는 샘플링 방법을 무엇이라 하는가?

① 집락 샘플링(Cluster Sampling)
② 계통 샘플링(Systematic Sampling)
③ 층별 샘플링(Stratified Sampling)
④ 2단계 샘플링(Two Stage Sampling)

06산업 ★★○

19 단순 랜덤 샘플링 방법과 비교해서 추정정밀도는 나쁘나 작업이 용이하고 비용이 적게 드는 샘플링 방법은?

① 2단계 샘플링
② 층별 샘플링
③ 집락 샘플링
④ 계통 샘플링

풀이 추정정밀도의 크기 순서
2단계 > 집락 > 랜덤 > 층별

09산업 ★★○

20 N개들이 M상자로 구성된 로트에서 처음 m상자를 취하고 각 상자로부터 $\overline{n}$개씩 시료를 뽑았을 때 상자 간 산포를 σ_b, 상자 내 산포를 σ_w라고 할 때, 모평균의 추정정밀도를 올바르게 표현한 것은?

① $\dfrac{\sigma_w^2}{m\,\overline{n}}$

② $\dfrac{\sigma_b^2}{m} + \dfrac{\sigma_w^2}{\overline{n}}$

③ $\dfrac{\sigma_w^2}{m} + \dfrac{\sigma_b^2}{m\,\overline{n}}$

④ $\dfrac{\sigma_b^2}{m} + \dfrac{\sigma_w^2}{m\,\overline{n}}$

풀이 ④ 2단계 샘플링검사의 추정정밀도

15산업 ★★○

21 샘플링에 관한 설명 중 틀린 것은?

① 2단계 샘플링은 랜덤 샘플링보다 일반적으로 정밀도가 나쁘다.
② 층별 샘플링은 일반적으로 랜덤 샘플링보다 정밀도가 나쁘다.
③ 랜덤 샘플링은 시료가 증가할수록 샘플링 정도가 높아진다.
④ 집락 샘플링은 σ_b^2이 작아질 수 있다면 샘플링 정밀도가 높아진다.

풀이 ② 층별 샘플링은 일반적으로 랜덤 샘플링보다 정밀도가 좋다.

11산업 ★★○

22 샘플링 오차의 정밀도에 관한 설명으로 옳지 않은 것은?

① 연속적으로 생산되는 공정에서 주기가 없다면 계통 샘플링이 적절하다.
② 집락 샘플링은 로트 간(군간) 산포가 크면 추정정밀도가 나빠진다.
③ 2단계 샘플링은 일반적으로 추정의 정밀도 좋고 샘플링의 조작도 쉬우므로 권장할 만하다.
④ 층별 샘플링은 추정의 정밀도가 좋다. 그러나 각 로트 내(군내) 산포가 크면 추정의 정밀도가 나빠진다.

풀이 ③ 2단계 샘플링검사는 일반적으로 추정의 정밀도가 가장 나쁘고, 샘플링하는 방법은 복잡하나, 다른 샘플링에 비해 상대적으로 시료의 크기를 작게 하는 방법이므로 샘플링 비용이 저렴하다.

샘플링오차와 측정오차

06기사 ★★○

23 n개의 제품을 랜덤하게 취하여 각각을 k회씩 측정하여 평균하는 경우, 그 시료 평균의 분산을 나타내는 구조식으로 가장 올바른 것은?(단, $V(\overline{x})$: 시료평균의 분산, σ_s^2 : 샘플링오차의 분산, σ_m^2 : 측정오차의 분산)

① $V(\overline{x}) = \sigma_s^2 + \sigma_m^2$

② $V(\overline{x}) = \sigma_b^2 + \sigma_w^2$

③ $V(\overline{x}) = \dfrac{1}{n}(\sigma_s^2 + \sigma_m^2)$

④ $V(\overline{x}) = \dfrac{1}{n}\left(\sigma_s^2 + \dfrac{\sigma_m^2}{k}\right)$

풀이 $V(\overline{x}) = \dfrac{1}{n} \times \sigma_s^2 + \dfrac{1}{n \times k} \times \sigma_m^2$

24 m제품을 샘플링하여 동일 시료를 2회 측정하였다. 샘플링오차가 5%, 측정오차가 1%인 경우 분산은?

① 0.00255 ② 0.026

③ 0.06 ④ 0.07

풀이 $V(\bar{x}) = 0.05^2 + \dfrac{0.01^2}{2} = 0.00255$

25 샘플링오차와 측정오차 관계에서 $\sigma_s = 5\%$, $\sigma_M = 3\%$인 경우 2개의 시료를 5회 측정하였을 때의 분산은 얼마인가?

① 0.0017 ② 0.0034

③ 0.00134 ④ 0.00268

풀이 $V(\bar{x}) = \dfrac{1}{n}\left(\sigma_s^2 + \dfrac{\sigma_M^2}{k}\right) = \dfrac{1}{2}\left(0.05^2 + \dfrac{0.03^2}{5}\right) = 0.00134$

26 $\sigma_s^2 = 0.5$, $\sigma_m^2 = 0.1$인 경우 시료 1개를 샘플링하여 2회 측정했을 때, 평균치의 분산($\sigma_{\bar{x}}^2$)은 얼마인가?(단, σ_s^2 = 샘플링오차분산, σ_m^2 = 분석오차분산이다.)

① 0.30 ② 0.55

③ 0.66 ④ 0.77

풀이 $V(\bar{x}) = \dfrac{1}{n}\left(\sigma_s^2 + \dfrac{\sigma_m^2}{k}\right) = \dfrac{1}{1}\times\left(\sigma_s^2 + \dfrac{\sigma_m^2}{2}\right) = 0.55$

27 샘플링검사 형식 중 단위당 검사비용이 너무 비싸서 평균 검사수를 최대로 감소시킬 필요가 있을 때 다음 중 가장 효과적인 것은?

① 1회 샘플링검사

② 2회 샘플링검사

③ 다회 샘플링검사

④ 축차 샘플링검사

풀이

구분 \ 샘플링 형식	1회 샘플링	2회 샘플링	다회 샘플링	축차 샘플링
평균 검사개수	대	중	소	최소
검사개수의 변동	없다.	조금 있다.	있다.	있다.
검사비용	대	중	소	소

28 OC곡선이 차이가 없는 1회, 2회, 다회, 축차 샘플링검사에서 평균 샘플크기(ASS)가 가장 작은 샘플링 형식은?

① 축차 샘플링

② 1회 샘플링

③ 다회 샘플링

④ 2회 샘플링

풀이 27번 풀이 참조

29 1회, 2회, 다회의 샘플링 형식에 대한 설명 중 틀린 것은?

① 검사 단위의 검사비용이 비싼 경우에는 1회의 경우가 제일 유리하다.

② 검사의 효율적인 측면에 있어서 2회의 경우가 1회의 경우보다 유리하다.

③ 실시 및 기록의 번잡도에 있어서는 1회 샘플링 형식의 경우에 제일 간단하다.

④ 검사로트당의 평균 샘플크기는 일반적으로 다회 샘플링 형식의 경우에 제일 작다.

풀이 27번 풀이 참조

14산업 ⭐⭐○

01 샘플링검사의 OC곡선에 대한 설명으로 틀린 것은?

① 여러 품질수준에 대한 상대적 검사비용을 보여준다.
② 좋은 로트와 나쁜 로트를 구별하는 능력을 보여준다.
③ 어떤 특성치의 평균값을 갖는 로트가 어떤 확률로 합격하는가를 보여준다.
④ 어떤 부적합품률을 갖는 로트가 어떤 확률로 합격하는가를 보여준다.

풀이 ② OC곡선의 일반적인 설명이다.
③ 계량치 샘플링검사의 OC곡선에 대한 설명이다.
④ 계수치 샘플링검사의 OC곡선에 대한 설명이다.

17산업 ⭐⭐○

02 OC곡선에 관한 설명으로 가장 적절한 것은?

① 부적합품률과 로트가 합격될 확률은 관계가 없다.
② 부적합품률이 커지면 로트가 합격될 확률은 커진다.
③ 부적합품률이 작아지면 로트가 합격될 확률은 적어진다.
④ 부적합품률이 커지면 로트가 합격될 확률은 적어진다.

풀이 ④ 부적합품률이 커지면 로트가 합격될 확률($L(p)$)은 적어진다.

19산업 ⭐⭐○

03 검사특성(OC) 곡선에서 부적합품률이 합격품질한계(P_0, AQL)인 로트가 합격할 확률은?

① α ② β
③ $1-\alpha$ ④ $1-\beta$

풀이 검사특성(OC) 곡선에서 부적합품률이 합격품질수준(P_0, AQL)인 로트가 불합격할 확률이 α이므로 합격할 확률 $L(P_0) = 1-\alpha$가 된다.

08, 14산업 ⭐⭐○

04 계수 샘플링검사에서 $\frac{N}{n} \geq 10$이고, $p < 0.1$일 때 제출된 로트가 합격할 확률 $L(p)$를 계산하는 식으로 옳은 것은?(단, 로트의 크기를 N, 시료의 크기를 n, 부적합품률을 p라 한다.)

① $\dfrac{e^{-np}(np)^x}{x!}$ ② $\dbinom{n}{x}p^x(1-p)^{n-x}$

③ $\displaystyle\sum_{x=0}^{e}\dbinom{n}{x}p^x(1-p)^{n-x}$ ④ $\displaystyle\sum_{x=0}^{e}\dfrac{e^{-np}(np)^x}{x!}$

풀이

푸아송 분포	$L(p) = \displaystyle\sum_{x=0}^{c}\dfrac{e^{-np}(np)^x}{x!}$	$\dfrac{N}{n} \geq 10$이고, $p < 0.1$일 때 사용

15, 18산업 ⭐⭐○

05 로트의 크기가 작을 때 샘플링검사에 로트가 합격될 확률 $L(P)$를 구하는 공식은?(단, N은 로트의 크기, n은 시료의 크기, c는 합격판정개수, P는 로트의 부적합품률이다.)

① $L(P) = \displaystyle\sum_{x=0}^{c}\dfrac{\dbinom{PN}{x}\dbinom{N-PN}{n-x}}{\dbinom{N}{n}}$

② $L(P) = \displaystyle\sum_{x=0}^{c}\dfrac{\dbinom{PN}{x}\dbinom{N-PN}{x-n}}{\dbinom{N}{c}}$

③ $L(P) = \displaystyle\sum_{x=0}^{c}\dfrac{\dbinom{PN}{x}\dbinom{N-PN}{x-n}}{\dbinom{N}{x}}$

④ $L(P) = \displaystyle\sum_{x=0}^{c}\dfrac{\dbinom{PN}{n}\dbinom{N-PN}{x-n}}{\dbinom{N}{n}}$

정답   01 ①   02 ④   03 ③   04 ④   05 ①

초기하분포	$L(P) = \sum_{x=0}^{c} \dfrac{\binom{PN}{x}\binom{N-PN}{n-x}}{\binom{N}{n}}$	• x : 부적합품수 • $\dfrac{N}{n} \leq 10$일 때 사용

09산업[실기] ✪✪✪

06 로트의 크기가 200인 어떤 로트에서 부적합품이 15% 발생하였다. 시료의 크기가 10, 합격판정개수가 1인 샘플링검사 방법으로 이 로트가 합격할 확률은 얼마인가?

① 0.214　　　　　② 0.347

③ 0.544　　　　　④ 0.684

풀이 $L(p) = {}_{10}C_0\, 0.15^0\, 0.85^{10} + {}_{10}C_1\, 0.15^1\, 0.85^9 = 0.5442$

15, 20산업 ✪✪○

07 로트의 크기 $N = 1,000$인 로트로부터 크기 10개의 시료를 랜덤하게 샘플링하여 이 중에 부적합품 수가 0개이면 합격시키고, 1개 이상 나오면 불합격으로 한다면 이 로트가 합격될 확률은 약 얼마인가?(단, 로트의 부적합품률은 10%이고, 푸아송 근사로 계산한다.)

① 20%　　　　　② 25%

③ 30%　　　　　④ 37%

풀이 $L(p) = \dfrac{e^{-(10 \times 0.1)} \times (10 \times 0.1)^0}{0!} = 0.368(36.8\%)$

06, 08, 11, 12, 13, 20산업, 07, 14기사 ✪✪✪

08 OC곡선에서 n과 c를 일정하게 하고 N을 200, 500, 1,000으로 증가시키면 OC곡선의 모양은 어떻게 변하는가?(단, N/n이 10배 이상이다.)

① 거의 변하지 않는다.

② 로트의 크기가 달라지면 품질보증의 정도가 달라진다.

③ 곡선의 기울기가 급해진다.

④ 오른쪽으로 완만하게 되어간다.

풀이 ② 로트의 크기가 달라지더라도 품질보증의 정도가 거의 같다.

③은 n이 증가하는 경우에 해당된다.

④는 c가 증가하는 경우에 해당된다.

05, 06, 09, 15(중복)산업 ✪✪✪

09 OC곡선에 대한 설명으로서 가장 올바른 것은?(단, N : 로트의 크기, n : 시료의 크기, c : 합격판정개수)

① N, c를 일정하게 하고 n을 증가시키면, OC곡선의 기울기는 완만해진다.

② N, n을 일정하게 하고 c를 증가시키면, OC곡선의 기울기는 왼쪽으로 급해진다.

③ n, c를 일정하게 하고 N을 변화시켜도 OC곡선의 모양에는 별로 큰 영향이 없다.

④ OC곡선은 일반적으로 계량 샘플링검사에 한하여 적용할 수 있는 것이다.

풀이 ① 기울기가 급해진다.

② 기울기는 오른쪽으로 완만해진다.

④ OC곡선은 계수 및 계량 샘플링검사에 모두 적용할 수 있다.

06, 08산업 ✪✪✪

10 다음 중 OC곡선에 대한 설명으로 가장 관계가 먼 내용은?

① $N/n \geq 10$일 때 샘플링방식은 일정하게 하고 N을 증가시키면, OC곡선의 모양은 크게 변한다.

② 로트의 부적합품률을 가로축에, 로트가 합격하는 확률 $L(p)$를 세로축으로 하여 부적합품률의 로트가 검사에 합격될 확률과의 관계를 나타내는 곡선이다.

③ N과 n을 일정하게 하고 합격판정개수 c를 증가시키면, OC곡선은 우측으로 완만하게 경사한다.

④ N과 c를 일정하게 하고 시료의 크기 n을 증가시키면, OC곡선의 경사가 급해진다.

풀이 ① OC곡선의 모양은 거의 변화가 없다.

정답 06 ③　07 ④　08 ①　09 ③　10 ①

11 검사특성곡선에 관한 설명으로 틀린 것은?(단, N은 로트의 크기, n은 표본의 크기, c는 합격판정개수, $N > 10n$이다.)

① N, c가 일정하고 n이 증가하면, 검사특성곡선의 경사가 완만해진다.

② N, n이 일정하고 c이 증가하면, 검사특성곡선의 경사가 완만해진다.

③ c, n이 일정하고 N이 증가하면, 검사특성곡선은 크게 영향을 받지 않는다.

④ N과 c를 N에 비례하여 샘플링하면, 각 샘플링방식에 따라 품질보증의 정도가 크게 달라진다.

풀이 ① N, c가 일정하고 n이 증가하면, 검사특성곡선의 경사가 급해진다.

12 검사특성곡선에 관한 설명으로 옳지 않은 것은?(단, N은 로트의 크기, n은 시료의 크기, c는 합격판정개수이고, $N/n \geq 10$이다.)

① n과 c가 일정할 때 N의 크기가 증가하여도 곡선의 모양은 큰 변화가 없다.

② N과 c를 일정하게 하고 n을 증가시키면 생산자 위험은 증가하고, 소비자 위험은 감소한다.

③ N과 n을 일정하게 하고 c를 늘리면 곡선은 대체로 오른쪽으로 완만하게 되어간다.

④ N, n, c를 일정하게 비례시켰을 경우 곡선을 살펴보면 일반적으로 소비자 위험이 증가하는 곡선이 된다.

풀이 ④는 %샘플링검사로서 OC곡선이 비례에 따라 생산자 위험이 급격히 증가하는 전혀 다른 곡선이 나타나므로, 사용하지 않는 것이 좋다.

13 로트의 크기 $N = 1,000$이고, 합격판정개수 $c = 1$일 때 시료의 크기 n을 5, 10, 20, 30, 50으로 하면 OC곡선은 어떻게 변하는가?

① OC곡선은 대체로 오른쪽으로 완만해진다.

② 소비자위험은 증가하고, 생산자위험은 감소한다.

③ 생산자위험은 증가하고, 소비자위험은 감소한다.

④ OC곡선은 거의 변화하지 않는다.

풀이 n이 증가하면 α는 증가, β는 감소하고, 기울기는 급해진다.

14 검사특성곡선(OC곡선)의 기울기가 급경사 되었을 때의 설명 내용으로 가장 올바른 것은?

① 샘플링검사의 변별력이 나빠진다.

② 샘플링검사의 변별력이 좋아진다.

③ AQL(합격품질한계)이 나빠진다.

④ 검사개수가 작아진다.

풀이 기울기가 급경사인 경우 : α는 커지고, 변별력이 좋아진다.

15 제2종의 과오 β에 대한 설명으로 가장 올바른 것은?

① 공정에 문제점이 발생했을 때 이를 탐지하지 못할 확률

② 나쁜 품질의 로트를 불합격시킬 확률

③ 좋은 품질의 로트를 불합격시킬 확률

④ 귀무가설이 옳을 때 이를 기각시킬 확률

풀이 ② OC곡선에서 $1 - \beta$에 해당된다.
③, ④는 α에 해당된다.

16 OC곡선에서 소비자 위험이 증가하는 샘플링 방법은? (단, 로트의 크기는 샘플의 크기에 비해 충분히 크다.)

① 로트의 크기를 작게 한다.

② 표본의 크기와 합격판정개수의 크기를 크게 한다.

③ 표본의 크기를 크게 하고, 합격판정개수를 작게 한다.

④ 표본의 크기를 작게 하고, 합격판정개수를 크게 한다.

풀이 OC곡선에서 소비자 위험이 증가하는 경우
• 표본(n)의 크기를 작게 한다.
• 합격판정개수(c)를 크게 한다.
• 생산자위험(α)을 감소시킨다.

17 그림은 N과 n이 일정할 때 합격판정개수의 변화에 따른 OC곡선의 변화를 나타낸 것이다. 각 OC곡선과 샘플링검사 방식을 맞게 연결시킨 것은?

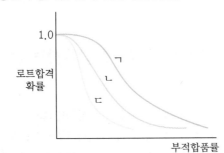

샘플링검사 방식	표본의 크기	합격판정개수
A	80	1
B	80	2
C	80	3

① ㄱ : A, ㄴ : B, ㄷ : C
② ㄱ : B, ㄴ : C, ㄷ : A
③ ㄱ : C, ㄴ : B, ㄷ : A
④ ㄱ : C, ㄴ : A, ㄷ : B

풀이 OC곡선에서 합격판정개수(c)의 증가에 따라 기울기는 오른쪽으로 완만해지고, α는 감소, β는 증가한다.

18 다음 그림은 계수값 샘플링검사의 검사특성곡선을 나타낸 것이다. ⓐ와 ⓑ에 적합한 것은?(단, P_0와 P_1은 각각 합격 품질수준, 불합격 품질수준이다.)

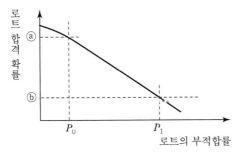

① ⓐ : β, ⓑ : α
② ⓐ : α, ⓑ : $1-\beta$
③ ⓐ : $1-\alpha$, ⓑ : β
④ ⓐ : $1-\alpha$, ⓑ : $1-\beta$

09기사 ✪✪◯

01 계량형 샘플링검사에 대한 설명으로 틀린 것은?

① 계량형 품질특성치를 계수형 데이터로 바꿀 수 없다.
② 부적합품이 전혀 없는 로트가 불합격될 가능성이 있다.
③ 검사대상제품의 특성에 대한 분리 샘플링검사가 필요하다.
④ 품질특성의 통계적 분포가 가정한 분포와 차이가 있을 경우, 심각한 문제를 야기시킬 수 있다.

풀이 ① 계량형을 계수형으로, 계수형을 계량형으로 데이터를 바꿀 수 있다.

11기사 ✪✪◯

02 계량형 샘플링검사에 관한 설명으로 가장 적절한 것은?

① 품질특성의 측정이 상대적으로 간편하다.
② 한 가지 샘플링검사만으로 제품의 모든 품질특성에 관한 판정을 내릴 수 있다.
③ 샘플링검사 기록이 앞으로의 품질문제 해석에 상대적으로 큰 도움이 되지 못한다.
④ 검사를 위해 추출된 샘플에 부적합품이 전혀 포함되어 있지 않더라도 로트가 불합격될 수 있다.

풀이 ① 간편하다. → 복잡하다.
② 있다. → 없다.
③ 큰 도움이 되지 못한다. → 큰 도움이 될 수 있다.
④ 검사를 잘못함으로써 로트가 불합격될 수도 있다.

로트의 평균치를 보증하는 방법

16, 20산업[실기] ✪✪◯

03 계수 및 계량 규준형 1회 샘플링검사(KS Q 0001 : 2013)의 계량 규준형 1회 샘플링방식(표준편차 기지)에서 로트의 평균치를 보증할 때 특성치가 높은 편이 좋은 경우의 하한 합격판정치($\overline{X_L}$)를 구하는 식으로 맞는 것은?

① $G_0\sigma$ ② $m_0 - G_0\sigma$
③ $m_1\sigma$ ④ $m_0 + G_0\sigma$

풀이 $\overline{X_L} = m_0 - K_\alpha \dfrac{\sigma}{\sqrt{n}} = m_0 - G_0\sigma \left(단, \ G_0 = \dfrac{K_\alpha}{\sqrt{n}}\right)$

09, 12산업[실기] ✪✪✪

04 계량 규준형 1회 샘플링검사(KS Q 0001 : 2013)의 평균치 보증방식에서 강도의 평균치가 80kg/mm^2 이상인 로트는 합격시키고, 70kg/mm^2 이하인 로트는 불합격시키려고 할 때, 하한 합격판정값($\overline{X_L}$)은 얼마인가? (단, $G_0 = 0.736$, $n = 5$, $\sigma = 7\text{kg/mm}^2$, $\alpha = 0.05$, $\beta = 0.10$이다.)

① 71.216   ② 74.848
③ 75.152   ④ 85.152

풀이 $\overline{X_L} = m_0 - G_0\sigma = 80 - 0.736 \times 7 = 74.848$

10, 15, 16, 18산업[실기] ✪✪✪

05 로트의 표준편차 σ 기지의 계량 규준형 1회 샘플링검사에서 평균치를 보증하는 경우 $n=16$, $K_\alpha=1.645$라면 G_0의 값은 약 얼마인가?(단, 위험률 $\alpha=0.05$이다.)

① 0.10

② 0.41

③ 0.82

④ 1.65

풀이 $G_0 = \dfrac{K_\alpha}{\sqrt{n}} = \dfrac{1.645}{\sqrt{16}} = 0.411$

00, 06, 13, 16산업[실기] ✪✪✪

06 계수 및 계량 규준형 1회 샘플링검사(KS Q 0001 : 2013)에서 어떤 제품의 특성치 평균값이 540g 이상인 로트는 될 수 있는 한 합격시키고 싶으나, 평균값이 500g 이하인 로트는 될 수 있는 한 불합격시키고 싶다. 특성치의 분포는 $N(m,\ 20^2)$이라 할 때, $\alpha=0.05$, $\beta=0.10$을 만족하는 계량 규준형 1회 샘플링검사 방식의 표본의 크기(n)와 합격판정치$(\overline{X_L})$는?

$\dfrac{\|m_1-m_0\|}{\sigma}$	n	G_0
2.069 이상	2	1.163
1.690~2.068	3	0.950
1.463~1.689	4	0.822
1.309~1.462	5	0.736
1.195~1.308	6	0.672
1.106~1.194	7	0.622

① $n=3$, 합격판정치$(\overline{X_L})=521.00$

② $n=3$, 합격판정치$(\overline{X_L})=559.00$

③ $n=4$, 합격판정치$(\overline{X_L})=521.00$

④ $n=4$, 합격판정치$(\overline{X_L})=523.56$

풀이 $\dfrac{\|500-540\|}{20}=2$ 에서 $n=3$, $G_0=0.950$

$\overline{X_L} = m_0 - G_0\sigma = 540 - 0.950 \times 20 = 521.00$

00, 10산업 ✪✪○

07 그림은 로트의 평균치를 보증하는 계량 규준형 1회 샘플링검사(KS Q 0001 : 2013)를 설계하는 과정을 나타낸 것이다. 특성치가 높을수록 좋은 경우, 다음 설명 중 옳은 것은?

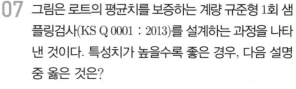

① "A"는 LQ를 나타낸다.

② "B"는 생산자 위험을 나타낸다.

③ 평균값이 m_0인 로트는 좋은 로트로서 받아들이고 싶다.

④ 시료로부터 얻어진 데이터의 평균이 $\overline{X_L}$보다 작으면 해당 로트는 합격이다.

풀이 ① "A"는 생산자 위험을 나타낸다.

② "B"는 소비자 위험을 나타낸다.

④ 시료로부터 얻어진 데이터의 평균이 $\overline{X_L}$보다 작으면 해당 로트는 불합격이다.

17산업[실기] ✪✪○

08 특성치가 낮을수록 좋은 경우 로트의 평균치를 보증하는 계량 규준형 1회 샘플링검사 방식에서 $m_0=10\,\Omega$이고, $n=9$, $K_\alpha=1.645$, $K_\beta=1.282$, $\sigma=1.5\,\Omega$인 경우 평균치의 상한 합격판정치$(\overline{X_U})$는 약 얼마인가?

① $9.178\,\Omega$

② $10.274\,\Omega$

③ $9.726\,\Omega$

④ $10.823\,\Omega$

풀이 $\overline{X_U} = m_0 + K_\alpha\dfrac{\sigma}{\sqrt{n}} = 10 + 1.645 \times \dfrac{1.5}{\sqrt{9}} = 10.8225$

정답 05 ② 06 ① 07 ③ 08 ④

09 평균치를 보증하는 계량 규준형 샘플링검사에서 시료의 크기가 9개, 평균치가 45kg/mm², 표준편차가 4kg/mm²이라면, 상한 합격판정값($\overline{X_U}$)은 약 얼마인가?(단, 표준정규분포의 상측확률 α의 점 $K_\alpha = 1.645$이다.)

① 44.933　　　　② 45.731
③ 46.933　　　　④ 47.193

(풀이) $\overline{X_U} = 45 + 1.645 \times \dfrac{4}{\sqrt{9}} = 47.1933$

10 어떤 제품의 평균치가 50g 이하인 로트는 합격시키고, 60g 이상이면 불합격 처리될 때 $\overline{X_U}$는 얼마인가?(단, $\sigma = 2$, $n = 4$, $K_\alpha = 1.645$, $\alpha = 0.05$, $\beta = 0.10$이다.)

① 51.645　　　　② 53.355
③ 55.250　　　　④ 60.000

(풀이) $\overline{X_U} = m_0 + K_\alpha \dfrac{\sigma}{\sqrt{n}} = 50 + 1.645 \times \dfrac{2}{\sqrt{4}} = 51.645$

11 전선의 인장강도가 평균 45kg/mm² 이상인 Lot는 합격으로 하고 40kg/mm² 이하인 Lot는 불합격으로 하려는 검사에서 합격판정치($\overline{X_L}$)를 구했더니 42.466이었다. 어떤 Lot에서 5개의 샘플을 취하여 평균을 구했더니 $\bar{x} = 41.6$이었다면 이 Lot의 판정은?

① 불합격
② 합격
③ 알 수 없다.
④ 다시 샘플링해야 한다.

(풀이) $(\overline{X_L} = 42.466) > (\bar{x} = 41.6)$이므로 불합격이 된다.

12 KS Q 0001 : 2013 계수 및 계량 규준형 1회 샘플링검사 제3부 : 계량 규준형 1회 샘플링검사 방식(표준편차 기지)에서 로트의 평균치를 보증하기 위한 경우에 어떤 성분의 평균치가 98% 이상 되면 로트를 합격시키고 평균치가 94% 이하로 되면 불합격시키고 싶을 때, 로트의 표준편차(σ)가 6.4%라면 n의 크기는?(단, $\alpha = 0.05$, $\beta = 0.10$일 때 $K_\alpha = 1.645$, $K_\beta = 1.282$이다.)

① 20　　　　② 22
③ 34　　　　④ 37

(풀이) $n = \left(\dfrac{K_\alpha + K_\beta}{m_1 - m_0}\right)^2 \times \sigma^2 = \left(\dfrac{1.645 + 1.282}{98 - 94}\right)^2 \times 6.4^2$
$= 21.93 = 22(개)$

13 M성분의 평균치가 97% 이상인 로트는 합격시키고 94% 이하인 로트는 불합격시키고 싶다. 로트의 표준편차 $\sigma = 2.0\%$, $\alpha = 0.05$, $\beta = 0.10$을 만족하는 시료의 크기 n은 얼마인가?(단, $K_\alpha = 1.645$, $K_\beta = 1.282$이다.)

① 4개　　　　② 6개
③ 16개　　　　④ 36개

(풀이) $n = \left(\dfrac{K_\alpha + K_\beta}{m_0 - m_1}\right)^2 \times \sigma^2 = \left(\dfrac{1.645 + 1.282}{97 - 94}\right)^2 \times 2.0^2$
$= 3.81 = 4(개)$

14 KS Q 0001 : 2013 계수 및 계량 규준형 1회 샘플링검사 제3부 : 계량 규준형 1회 샘플링검사 방식(표준편차 기지)에서 평균치 보증방식을 적용한 결과 $n = 18$, $m_0 = 0.002$, $\overline{X_U} = 0.006$, $G_0 = 0.388$임을 알았다. 로트의 표준편차 σ는 약 얼마인가?

① 0.0103　　　　② 0.0146
③ 0.0206　　　　④ 0.0978

(풀이) $\overline{X_U} = m_0 + K_\alpha \dfrac{\sigma}{\sqrt{n}} = m_0 + G_0 \sigma$에서
$0.006 = 0.002 + 0.388\sigma$　∴ $\sigma = 0.01031$

부적합품률을 보증하는 경우

11산업 ●●○

15 금속판 두께의 하한 규격치가 2.5mm이다. 두께가 2.5mm 미만인 것이 1% 이하인 로트는 합격시키고, 두께가 2.5mm 미만인 것이 7% 이상인 로트는 불합격시키는 계량 규준형 1회 샘플링검사 방식을 설계하고자 한다. 다음 중 옳지 않은 것은?[단, 부적합품률(규격미달인 것의 비율)이 1% 미만인 로트가 잘못되어 불합격 처분을 받게 될 가능성을 5% 이하로 하고, 로트의 부적합품률이 무려 7% 이상 되는 것이 운 좋게 합격판정받을 가능성을 10% 이하로 하고 싶다.]

① 생산자 위험은 5%이다.
② 소비자 위험은 7%이다.
③ 합격품질한계는 1%이다.
④ 로트의 부적합품률을 보증하는 방식이다.

풀이 ② 소비자 위험은 10%이다.

14산업 [실기] ●●●

16 KS Q 0001 : 2013 계수 및 계량 규준형 1회 샘플링검사 제3부 : 계량 규준형 1회 샘플링검사 방식(표준편차 기지)으로 어떤 전기부품의 저항값은 45Ω 이하이어야 한다고 규정되어 있다. 측정값이 다음과 같을 때 상한 합격판정치($\overline{X_U}$) 값은?(단, $n=5$, $k=2.11$이고, 로트의 표준편차는 2Ω이다.)

측정값 : 44, 45, 44, 46, 46

① 21.33
② 32.45
③ 35.78
④ 40.78

풀이 $\overline{X_U} = U-k\sigma = 45 - 2.11 \times 2 = 40.780$

08, 13산업 ●●○

17 계량 규준형 1회 샘플링검사에서 로트의 표준편차(σ)를 알고 있고 상한 규격값(U)이 주어졌을 때 상한 합격 판정값을 구하는 식으로 옳은 것은?(단, m_0 및 m_1은 가능한 한 합격 및 불합격시키고 싶은 로트의 평균값의 한계이며, k 및 G_0는 로트의 부적합품률 및 평균값을 보증하는 경우 합격판정값을 구하기 위한 계수이다.)

① $\overline{X_U} = U + k\sigma$
② $\overline{X_U} = U - k\sigma$
③ $\overline{X_U} = m_1 + G_0\sigma$
④ $\overline{X_U} = m_0 - G_0\sigma$

풀이 • 상한규격이 주어진 경우 : $\overline{X_U} = U - k\sigma$
• 하한규격이 주어진 경우 : $\overline{X_L} = L + k\sigma$

07, 11, 13산업 ●●●

18 σ 기지인 계량 규준형 1회 샘플링검사(KS Q 0001 : 2013)에서 금속판의 표면경도의 상한 규격치가 70 이하로 규정되어 있을 때 경도 70을 넘는 것이 0.5% 이하인 로트는 통과시키고 4% 이상인 로트는 통과시키지 않도록 할 경우, $\overline{X_U} = 63.67$로 계산되었다면 로트의 모표준편차(σ)는 얼마인가?(단, $k=2.11$, $\alpha = 0.05$, $\beta = 0.1$로 한다.)

① 1
② 2
③ 3
④ 4

풀이 $\overline{X_U} = U - k\sigma$에서 $63.67 = 70 - 2.11\sigma$ ∴ $\sigma = 3$

06, 10산업 ●●○

19 계량 규준형 1회 샘플링검사(KS Q 0001 : 2013)에서 로트의 부적합품률을 보증하는 경우에 상한 규격값(U)이 주어졌다면 합격판정기준으로 옳은 것은?(단, $\overline{x}$는 시료의 평균값, $\overline{X_U}$는 상한 합격판정값이며, 표준편차는 알고 있는 것으로 간주한다.)

① $\overline{x} \geq U$
② $\overline{x} \geq \overline{X_U}$
③ $\overline{x} \leq U$
④ $\overline{x} \leq \overline{X_U}$

풀이 • 상한규격이 주어진 경우 : $\overline{x} \leq \overline{X_U}$ 이면 합격
• 하한규격이 주어진 경우 : $\overline{x} \geq \overline{X_L}$ 이면 합격

정답 15 ② 16 ④ 17 ② 18 ③ 19 ④

20 계량 규준형 1회 샘플링검사에서 로트의 부적합품률을 보증하는 경우 $p_0=1\%$, $p_1=9\%$이고, $\alpha=0.05$, $\beta=0.1$일 때 합격판정계수 k의 값은?(단, $K_{0.05}=1.65$, $K_{0.1}=1.28$, $K_{0.01}=2.33$, $K_{0.09}=1.34$)

① $k=1.25$ ② $k=1.45$

③ $k=1.77$ ④ $k=2.93$

풀이 합격판정계수 $k=\dfrac{K_{p_0}\cdot K_\beta + K_{p_1}\cdot K_\alpha}{K_\alpha + K_\beta}$

$$=\frac{2.33\times 1.28+1.34\times 1.65}{1.65+1.28}=1.772$$

21 M 부품의 기본치수가 20cm이고, 그 허용차가 ± 0.05cm로 주어졌을 때, $n=8$, $k=1.74$가 되는 계량 규준형 1회 샘플링검사(KS Q 0001 : 2005)에서 $\overline{X_L}$과 $\overline{X_U}$는 각각 약 얼마인가?(단, $\sigma=0.015$, $\alpha=0.05$, $\beta=0.10$이다.)

① $\overline{X_L}=18.024$, $\overline{X_U}=19.976$

② $\overline{X_L}=18.976$, $\overline{X_U}=19.024$

③ $\overline{X_L}=19.976$, $\overline{X_U}=20.024$

④ $\overline{X_L}=20.024$, $\overline{X_U}=22.024$

풀이
- $\overline{X_L}=L+k\sigma=19.95+1.74\times 0.015=19.9761$
- $\overline{X_U}=U-k\sigma=20.05-1.74\times 0.015=20.0239$

22 계량값 규준형 1회 샘플링검사에서 σ를 알지 못할 때의 샘플링 개수 n은 σ를 알고 있을 때의 계량값 규준형 1회 샘플링검사의 샘플링 개수 n과 어떠한 관계가 있는가?

① $\left(1+\dfrac{k}{2}\right)$배만큼 많다.

② $\left(1+\dfrac{k^2}{2}\right)$배만큼 많다.

③ $\left(1-\dfrac{k}{2}\right)$배만큼 적다.

④ $\left(1-\dfrac{k}{2}\right)$배만큼 적다.

풀이 $n'=\left(1+\dfrac{k^2}{2}\right)\times n$

23 계수 및 계량 규준형 1회 샘플링검사(KS Q 0001 : 2013) 중 계량 규준형 1회 샘플링검사에서 표준편차 기지일 경우, 샘플크기는 40개, 합격판정계수는 20이었다. 만약 표준편차 미지일 경우에서 표준편차 기지인 경우와 동일하게 샘플링검사를 보증하려면 샘플크기는 몇 개로 해야 하는가?

① 60   ② 80

③ 120   ④ 150

풀이 $n'=\left(1+\dfrac{k^2}{2}\right)\times n=\left(1+\dfrac{2^2}{2}\right)\times 40=120$(개)

24 σ 기지의 경우에 계량규준형 샘플링검사에서 로트의 부적합품률을 보증하는 경우 $n=26$, $k=2.00$이었다. σ 미지의 경우는 n과 k는 어떻게 되는가?

① $n=26$, $k=2.00$ ② $n=78$, $k=6.00$

③ $n=78$, $k=2.00$ ④ $n=26$, $k=6.00$

풀이 $k=k'=2.00$, $n'=\left(1+\dfrac{2^2}{2}\right)\times 26=78$

25 계량값 규준형 1회 샘플링검사에서 합격판정계수 $k=2$일 때 표준편차 σ가 미지인 경우 시료의 크기 n은 σ가 기지인 경우보다 약 몇 배 증가하는가?

① 3.0배 증가   ② 2.5배 증가

③ 2.0배 증가   ④ 1.5배 증가

풀이 $n'=\left(1+\dfrac{k^2}{2}\right)\times n=\left(1+\dfrac{2^2}{2}\right)\times n=3n$

정답   20 ③   21 ③   22 ②   23 ③   24 ③   25 ①

계수 규준형 샘플링검사

00산업 ★○○

01 계수값 규준형 1회 샘플링검사에 대한 설명으로 가장 올바른 것은?

① 검사방식을 결정하려면 공정평균 부적합품률을 추정해야 한다.
② 검사의 엄격도 조정이 필요하다.
③ 1회만의 거래 시에도 적용할 수 있다.
④ 장기적으로 품질보증을 한다.

풀이 ① 검사방식은 p_0, α, p_1, β에 의하여 결정
②, ④ AQL 지표형 샘플링검사

16산업 ★★○

02 계수 및 계량 규준형 1회 샘플링검사(KS Q 0001 : 2013)에서 "계수 규준형 1회 샘플링검사"에 대한 설명으로 맞는 것은?

① LQ 중심의 품질보증을 한다.
② 검사의 엄격도 조정이 필요하다.
③ 계량치 측정 데이터에 적용하는 방법이다.
④ 합격판정기준을 샘플의 크기(n)와 합격판정개수(c)로 표현하는 방식이다.

풀이 ① LQ 지표형 샘플링검사
② AQL 지표형 샘플링검사
③ 계량 규준형 샘플링검사
④ 계수 규준형 샘플링검사

18산업 ★★○

03 계수 및 계량 규준형 1회 샘플링검사(KS Q 0001 : 2013) 규격에서 계수 규준형 1회 샘플링검사의 설명으로 틀린 것은?

① 제1종 오류(α)를 고려하여 합격시키고 싶은 부적합품률 p_0를 설정한다.
② 일반적으로 소비자 측이 생산자보다 유리한 조건으로 설계되는 방식이다.
③ 첫 거래에도 적용할 수 있으며, 파괴검사에도 적용이 가능하다.
④ 제2종 오류(β)를 고려하여 합격시키고 싶지 않은 부적합품률 p_1을 설정한다.

풀이 ② 일반적으로 소비자 측과 생산자 측이 모두 만족하도록 설계되는 방식이다.

12산업 ★○○

04 샘플링검사에 관한 일반적 설명으로 가장 잘못된 것은?

① 아이템의 특성을 조사하여 적합품과 부적합품으로 나누는 경우는 계수값 샘플링검사에 해당된다.
② 계량값 샘플링검사는 계수값보다 적은 샘플 크기를 사용하고도 어떤 품질의 문제가 발생하고 있는지에 대한 보다 많은 정보를 제공한다.
③ 계수값 샘플링검사는 분포의 가정을 필요로 하지 않고 사용이 간단하나, 샘플의 크기가 커지고 검사 비용이 많이 들기 때문에 바람직하지 않다.
④ 계량값 샘플링검사에서는 몇 개의 샘플을 구하여 요구되는 품질특성을 측정하고, 측정값의 평균값 등에 대한 계산 결과를 기초로 로트의 합격 여부를 판정한다.

풀이 ③ 계수값 샘플링검사에서 분포의 가정은 이산확률분포로 일반적으로 하나, 시료의 개수가 커지면 계량치 분포인 정규분포로 대치하게 된다.

05 평균출검품질한계를 뜻하는 용어는?

① AQL ② AOQL

③ OC ④ LQ

풀이 ① AQL(Acceptance Quality Level) : 합격품질수준
② AOQL(Average Outgoing Quality Limit) : 평균출검품질한계
③ OC(Operating Characteristic) : 검사특성
④ LQ(Limit Quality) : 한도품질

06 샘플링과 관련된 용어의 해석으로 틀린 것은?

① LQ : 허용품질
② AQL : 합격품질한계
③ AOQ : 평균출검품질
④ AOQL : 평균출검품질한계

풀이 ① LQ(Limit Quality) : 한계(한도)품질
② AQL(Acceptable Quality Limit) : 합격품질한계
③ AOQ(Average Outgoing Quality) : 평균출검품질
④ AOQL(Average Outgoing Quality Limit) : 평균출검 품질한계

계수값 샘플링검사 서론

07 계수값 검사에 대한 샘플링검사 절차－제1부 : 로트별 검사에 대한 AQL 지표형 샘플링검사 방식의 규격은?

① KS Q ISO 2859－1
② KS Q ISO 2859－2
③ KS Q ISO 28591
④ KS Q ISO 39511

풀이 ② LQ 지표형 샘플링검사
③ 계수값 축차 샘플링방식
④ 계량값 축차 샘플링방식

08 현재 검사 중인 로트의 합격 여부가 앞에서 검사한 로트의 검사결과에 따라 영향을 받게 되는 검사방식은?

① 계수치 축차 샘플링검사(KS Q ISO 28591)
② 계량치 축차 샘플링검사(KS Q ISO 39511)
③ LQ 지표형 계수치 샘플링검사(KS Q ISO 2859－2)
④ AQL 지표형 계수치 샘플링검사(KS Q ISO 2859－1)

풀이 KS Q ISO 2859－1의 경우 검사의 엄격도가 존재하며, 전(前) 로트의 합격 여부에 따라 검사의 엄격도가 조정될 수 있다.

09 100 아이템당 부적합수에 대한 설명 중 가장 관계가 먼 것은?

① 제품품질을 나타내는 척도로 이용된다.
② 푸아송 분포를 적용한다.
③ 품질개선을 위한 기록의 유지 측면에서 부적합품 퍼센트보다 바람직하게 사용될 수 있다.
④ 부적합품 퍼센트로 쉽게 바꿀 수 있다는 호환성을 지닌다.

풀이 • 부적합품 퍼센트 $p(\%) = 100p = 100 \times \dfrac{D}{N}$

• 100 아이템당 부적합수 $p(100\,아이템당) = 100p = 100 \times \dfrac{d}{N}$

부적합품 퍼센트와 100 아이템당 부적합수는 풀이과정이 완전히 다른 형태이므로 호환성이 없다.

10 계수치 샘플링검사 절차－제1부 : 로트별 합격품질한계(AQL) 지표형 샘플링검사 방안 (KS Q ISO 2859－1 : 2010)의 보통검사에서 생산자 위험에 대한 1회 샘플링방식에 대한 값은 100 아이템당 부적합수 검사일 경우 어떤 분포에 기초하고 있는가?

① 이항분포 ② 푸아송 분포
③ 일양분포 ④ 초기하분포

풀이 부적합품 %는 이항분포, 100 아이템당 부적합수는 푸아송 분포를 기초로 하고 있다.

11 계수값 샘플링검사(KS Q ISO 2859−1 : 2009)를 하였더니 200개의 물건 중 180개는 적합품이었다. 20개의 부적합품 중 15개는 각각 1개의 부적합을 가지고, 4개는 각각 2개의 부적합을 가지고, 또 1개는 3개의 부적합을 가지고 있을 때, 이 로트의 부적합품 퍼센트는 얼마인가?

① 4% ② 7%
③ 10% ④ 13%

풀이 부적합품 % = $\frac{20}{200} \times 100 = 10(\%)$

---

12 KS Q ISO 2859−1 : 2010 계수치 샘플링검사 절차−제1부 : 로트별 합격품질한계(AQL) 지표형 샘플링검사 방안에서 1,000개의 물건 중 980개는 적합품이고 합격이다. 15개는 각각 1개씩 부적합을 가지고, 4개는 2개의 부적합을 가지고, 또 1개는 3개의 부적합을 가지고 있을 때 이 로트의 100 아이템당 부적합수는?

① 1.6 ② 2.6
③ 3.6 ④ 4.6

풀이 100 아이템당 부적합수 $= 100 \times \frac{(15 \times 1)+(4 \times 2)+(1 \times 3)}{1,000}$
$= 2.60$

---

13 AQL은 0.40(부적합품 퍼센트), 샘플문자는 G로 한다. 샘플크기 $n=32$, Ac=0일 때, 부적합품률이 AQL인 로트의 합격확률(%)은 약 얼마인가?

① 77.2% ② 82.0%
③ 87.2% ④ 91.0%

풀이 풀이 1) $L(AQL) = 1 - n \times AQL = 0.872(87.2\%)$

풀이 2) $L(AQL) = \sum_{x=0}^{c} \frac{e^{-np} \times (np)^x}{x!}$
$= \frac{e^{-0.128} \times 0.128^0}{0!} = 0.8799(87.99\%)$

풀이 3) $L(AQL) = {}_{32}C_0 (0.004)^0 \times (1-0.004)^{32}$
$= 0.8796(87.96\%)$

---

14 계수형 샘플링검사 절차−제1부 : 로트별 합격품질한계(AQL) 지표형 샘플링검사 방식(KS Q ISO 2859−1 : 2014)에 정의된 기호의 설명으로 틀린 것은?

① LQ : 한계품질
② Ac : 합격판정개수
③ Re : 불합격판정개수
④ CRQ : 생산자 위험품질

풀이 • PRQ(Producer Risk Quality) : 생산자 위험품질
• CRQ(Customer Risk Quality) : 소비자 위험품질

AQL 지표형 샘플링검사

15 KS Q ISO 2859−1 : 2010 계수치 샘플링검사 절차−제1부 : 로트별 합격품질한계(AQL) 지표형 샘플링검사 방안에서 계수값 샘플링검사의 특징이 아닌 것은?

① 합격품질한계 AQL을 기초로 하는 계수값 샘플링검사는 연속로트에 적용되는 검사이다.
② 연속적 거래의 로트검사에 사용하며 장기적으로 품질을 보증한다.
③ 검사의 엄격도 전환(스코어법)에 의해 생산자의 품질 향상에 자극을 준다.
④ 불합격 로트의 처리방법이 전수검사에 따른 폐기, 선별, 수리, 재평가로 생산자가 결정하도록 되어 있다.

풀이 ④ 불합격 로트의 처리방법은 정해져 있다(일반적으로 소관권한자가 결정한다).

---

16 KS Q ISO 2859−1 : 2010 계수치 샘플링검사 절차−
제1부 : 로트별 합격품질한계(AQL) 지표형 샘플링
검사 방안에서 AQL에 대한 설명으로 옳지 않은 것은?

① 합격품질한계를 의미한다.
② 제출되는 로트가 연속로트인 상태에서 AQL은 샘플링
검사 목적에 만족한 프로세스의 한계품질수준이다.
③ AQL은 프로세스 평균으로서 합격으로 생각되는 것
과 그렇지 않은 것과의 경계값이다.
④ AQL은 부적합 퍼센트로 표시한 품질수준으로 샘플
링검사의 목적에 대응하여 로트의 합격확률을 낮은
값으로 억제하고 있다.

풀이 ④ AQL은 부적합 퍼센트로 표시한 품질수준으로 샘플링검사의
목적에 대응하여 가급적 로트의 합격확률을 큰 값으로 나타내
고 있다.

17 미리 결정된 수의 연속로트의 검사결과에서 프로세스
평균이 AQL보다 좋다는 것을 나타냈을 때 사용하며,
대응하는 보통검사보다는 작은 샘플크기를 가진 샘플
링검사 방식은?(단, KS Q ISO 2859−1 규격 적용 시)

① 까다로운 검사　　② 가상검사
③ 수준검사　　　　④ 수월한 검사

풀이 수월한 검사는 시료수가 보통검사의 약 40% 정도이다.

18 KS Q ISO 2859−1에 대한 설명 중 가장 올바른 것은?

① 계수값 검사를 위한 축차 샘플링방식에 적용한다.
② 스킵로트 샘플링검사 방식에 적용한다.
③ 고립로트의 검사에 대한 LQ 지표형 샘플링검사 방
식을 적용한다.
④ 연속 시리즈의 로트별 검사에 대한 AQL지표형 샘플
링검사 방식에 적용한다.

풀이 ① KS Q ISO 28591
② KS Q ISO 2859−3
③ KS Q ISO 2859−2

19 계수값 샘플링검사 절차(KS Q ISO 2859−1 : 2008)
에서 합격품질한계(AQL) 1%라고 하는 뜻은?

① 소비자 위험률이 1%이다.
② 생산자 위험률이 1%이다.
③ 검사비용이 제품가격으로 1% 이내이다.
④ 1%보다 품질이 좋은 로트는 높은 확률로 합격을 보
장한다.

풀이 AQL은 계수규준형 샘플링검사에서 p_0에 해당하는 값으로 AQL
=1%는 1%보다 품질이 좋은 로트는 높은 확률로 합격을 보장한
다는 뜻이다.

20 검사특성(OC)곡선에서 부적합품률이 합격품질한계
(P_0, AQL)인 로트가 합격할 확률은?

① α　　　　　　② β
③ $1-\alpha$　　　　　④ $1-\beta$

풀이 검사특성곡선에서 부적합품률이 합격품질한계(P_0, AQL)인
로트가 불합격할 확률이 α가 되므로 합격할 확률 $L(P_0)=1-\alpha$
가 된다.

21 OC곡선에서 합격품질한계(AQL)로 생산된 제품이
불합격될 확률은?

① α　　　　　　② β
③ $1-\alpha$　　　　　④ $1-\beta$

풀이 합격품질한계(AQL)는 좋은 부적합품률 P_0에 해당되며, 가급적
합격시키고 싶은 확률이 $1-\alpha$이므로 불합격시키고 싶은 확률은
α가 된다.

22 계수치 샘플링검사 절차 − 제1부 : 로트별 합격품질한계(AQL)지표형 샘플링검사 방안(KS Q ISO 2859 − 1 : 2010)에서 검사수준에 관한 설명으로 옳지 않은 것은?

① 다른 지정이 없으면 검사수준 Ⅱ를 사용한다.
② 검사수준은 상대적인 검사량을 결정하는 것이다.
③ 검사수준 Ⅲ은 시료의 크기를 작게 하고 싶을 때 사용한다.
④ 작은 샘플크기를 필요로 할 경우 특별검사수준을 적용할 수 있다.

풀이 수준 Ⅰ의 샘플크기가 수준 Ⅱ보다 0.4배로 작으나, 수준 Ⅲ은 수준 Ⅱ의 1.6배 정도로서 검사수준이 높을수록 시료의 크기는 증가한다.

23 KS Q ISO 2859 − 1의 다회 샘플링방식에서는 최대 몇 회로 재설계되는가?

① 1회　　　　　② 3회
③ 5회　　　　　④ 7회

풀이 다회 샘플링검사는 최대 5회까지 실시한다.

24 계수치 검사에 대한 샘플링검사 절차인 KS Q ISO 2859 − 1 : 2008에 관한 내용으로 옳지 않은 것은?

① 합격판정개수는 정수로만 나타난다.
② 다회 샘플링방식은 모두 5회로 설계되어 있다.
③ 로트의 크기와 검사수준에 의해 시료문자를 찾을 수 있다.
④ 수월한 검사로의 엄격도 조정에는 전환점수법을 활용하여야 한다.

풀이 ① 합격판정개수는 정수 또는 분수로 나타난다.

25 계수치 샘플링검사절차 − 제1부 : 로트별 합격품질한계(AQL) 지표형 샘플링검사 방안(KS Q ISO 2859 − 1 : 2010)의 부표 2 − A − 보통검사의 1회 샘플링방식(주샘플링표)을 활용하여 검사방식을 설계하기 위해 반드시 결정되어야 할 것에 해당되지 않는 것은?

① 공정 평균 부적합품률
② 검사수준
③ AQL
④ 검사로트의 크기

풀이 샘플링검사표를 찾기 위해서는 검사로트의 크기(N), 검사수준, AQL 등이 필요하다.

26 계수값 검사에 대한 샘플링검사(KS Q ISO 2859 − 1)에서 검사수준을 결정할 때에 고려해야 할 내용이 아닌 것은?

① 생산의 안정성 여부
② 검사비용
③ 시료의 크기
④ 로트의 크기

풀이 검사수준 자체가 시료의 크기를 의미한다.

27 KS Q ISO 2859 − 1의 샘플링검사표 구성상의 특징으로 가장 관계가 먼 내용은?

① 검사의 엄격도 조정에 의하여 품질향상에 자극을 준다.
② 구입자가 공급자를 선택할 수 있다.
③ 단기적으로 품질을 보증한다.
④ 3종류의 샘플링 형식이 정해져 있다.

풀이 ③ 장기적으로 품질은 보증한다.

28 계수치 샘플링검사 절차 – 제1부 : 로트별 합격품질한계(AQL) 지표형 샘플링검사 방안(KS Q ISO 2859 – 1 : 2010)의 적용에 있어 까다로운 검사에서 보통검사로의 전환 규칙으로 옳은 것은?

① 생산이 안정될 때
② 연속 5로트가 합격하였을 때
③ 전환점수가 30 이상일 때
④ 공급자가 품질을 개선하였을 때

[풀이] 까다로운 검사에서 연속 5로트가 합격하면 보통검사로 엄격도가 조정된다.

29 계수형 샘플링검사 절차 – 제1부 : 로트별 합격품질한계(AQL) 지표형 샘플링검사 방식(KS Q ISO 2859 – 1 : 2014)에서 미리 결정된 수의 연속로트의 검사 결과에서 프로세스 평균이 AQL보다 좋다는 것이 입증되었을 때 사용하며, 대응하는 보통 검사보다는 작은 샘플 크기를 가진 샘플링검사 방식은?

① 가상 검사   ② 수준 검사
③ 수월한 검사   ④ 까다로운 검사

[풀이] 수월한 검사에 대한 설명이다.

30 계수형 샘플링검사 절차 – 제1부 : 로트별 합격품질한계(AQL) 지표형 샘플링검사 방식(KS ISO Q 2859 – 1 : 2014)에서 까다로운 검사를 개시한 후 불합격 로트의 누계가 5일 때, 취할 수 있는 조치로 가장 적합한 것은?

① 검사 중지
② 보통검사로 전환
③ 수월한 검사로 전환
④ 까다로운 검사의 조건을 강화

[풀이] 까다로운 검사에서 불합격 로트의 누계가 5 이상이 되면 검사를 중지한다.

31 KS Q ISO 2859 – 1 : 2010 규격 적용 시 검사 정지에서 까다로운 검사로의 전환 규칙으로 옳은 것은?

① 생산이 안정될 때
② 연속 5로트가 합격될 때
③ 전환점수가 30 이상일 때
④ 공급자가 품질을 개선하였을 때

[풀이] 공급자가 품질을 개선하였다고 판단될 때 까다로운 검사로 갈 수 있다.

32 다음 중 계수값 검사에 대한 샘플링검사(KS Q ISO 2859 – 1)에 대한 설명으로 틀린 것은?

① 보통검사, 까다로운 검사, 다회검사의 전환규칙이 있다.
② 3종류의 샘플링 형식이 정해져 있다.
③ 통상검사 3종류와 특별검사 4종류의 검사수준이 있다.
④ 필요시 분수합격판정개수의 샘플링방식을 사용할 수 있다.

[풀이] ① 보통검사, 까다로운 검사, 수월한 검사의 전환규칙이 있다.

33 KS Q ISO 2859 – 1 : 2010 계수치 샘플링검사 절차 – 1부 : 로트별 합격품질한계(AQL) 지표형 샘플링검사 방안의 엄격도 전환 규칙의 절차에서 보통검사에서 수월한 검사로 전환하기 위한 전제조건이 아닌 것은?

① 생산이 안정될 때
② 전환점수의 현상값이 30 이상일 때
③ 소관권한자가 승인할 때
④ 1로트가 불합격일 때

[풀이] • 수월한 검사에서 보통검사로 전환 : ④
• 보통검사에서 수월한 검사로 전환 : ①, ②, ③

정답 28 ② 29 ③ 30 ① 31 ④ 32 ① 33 ④

34 KS Q ISO 2859-1 : 2010 계수치 샘플링검사 절차-제1부 : 로트별 합격품질한계(AQL) 지표형 샘플링검사 방안에서 보통검사에서 사용하는 지표로, 현상의 검사 결과가 수월한 검사로의 전환기준을 결정하는 것은?

① 전환 스코어
② 부적합 스코어
③ 부적합품 스코어
④ 합부 판정 스코어

[풀이] 보통검사에서 수월한 검사로 전환되기 위해서는 전환 스코어(SS)가 30을 넘어야 한다.

35 계수치 샘플링검사(KS Q ISO 2859-1 : 2008)의 엄격도 전환규칙 중 보통 검사에서 수월한 검사로 전환할 수 있는 조건에 해당되지 않는 것은?

① 전환 스코어가 30점 이상인 경우
② 연속 5로트가 초기검사에서 합격된 경우
③ 생산 진도가 안정되었다고 소관권한자가 인정한 경우
④ 수월한 검사가 바람직하다고 소관권한자가 인정한 경우

[풀이] ②는 까다로운 검사에서 보통검사로 전환되는 경우이다.

36 계수치 샘플링검사 절차-제 1부 : 로트별 합격품질한계(AQL) 지표형 샘플링검사 방안(KS Q ISO 2859-1 : 2010)에서 수월한 검사가 보통 검사로 전환되는 경우에 해당하지 않는 것은?

① 1로트가 불합격일 때
② 전환점수가 30점이 넘었을 때
③ 생산이 불규칙하거나 정체하였을 때
④ 다른 조건에서 보통검사로 복귀할 필요가 생겼을 때

[풀이] ②는 보통검사에서 수월한 검사로의 전환 조건 중 하나에 속한다.

37 계수형 샘플링검사 절차-제1부 : 로트별 합격품질한계(AQL) 지표형 샘플링검사 방식(KS Q ISO 2859-1 : 2014)에 따른 엄격도 전환방식에 관한 설명으로 틀린 것은?

① 까다로운 검사에서 연속 5로트가 합격되면, 보통검사로 전환된다.
② 까다로운 검사에서 불합격 로트의 누계가 5이면, 검사가 중지된다.
③ 수월한 검사에서 1로트가 불합격되면, 다음 로트는 까다로운 검사로 전환된다.
④ 보통검사에서 연속 5로트 이내에 2로트가 불합격되면, 까다로운 검사로 전환된다.

[풀이] ③ 수월한 검사에서 1로트가 불합격되면, 다음 로트는 보통검사로 전환된다.

38 계수형 샘플링검사 절차-제1부 : 로트별 합격품질한계(AQL) 지표형 샘플링검사 방식(KS Q ISO 2859-1 : 2014)을 설명한 것으로 틀린 것은?

① 구매자가 연속 로트라고 인정하는 경우 적용할 수 있다.
② 주 샘플링 보조표에 의한 보통검사는 Ac가 1/2, 1/3, 1/5인 검사가 있다.
③ 분수 합격판정개수 샘플링검사는 소관권한자가 승인하는 경우 적용할 수 있다.
④ 주 샘플링 표에 의한 검사와 분수 합격판정개수가 적용되는 주 샘플링 보조표에 의한 검사가 있다.

[풀이] ② 주 샘플링 보조표에 의한 보통검사는 Ac가 1/2, 1/3의 검사가 있고 수월한 검사의 경우에는 1/2, 1/3, 1/5의 검사가 있다.

39 계수형 샘플링검사 절차 – 제1부 : 로트별 합격품질 한계(AQL) 지표형 샘플링검사 방식(KS Q ISO 2859 −1 : 2014)에서 분수 합격판정개수의 샘플링검사 방식에 대한 설명으로 틀린 것은?

① 샘플링 빈도로 적용되는 기준은 1/2, 1/3, 1/5이다.
② 샘플 중에 부적합품이 전혀 없을 경우, 로트는 합격 으로 한다.
③ 품질이 매우 안정된 제품인 경우 초기부터 1/5의 샘 플링 빈도를 적용하기도 한다.
④ 분수 합격판정개수의 샘플링검사 방식은 소관권한 자가 승인했을 때 사용할 수 있다.

(풀이) ③ 품질이 매우 안정된 제품이라 하더라도 초기에는 1/5의 샘플 링 빈도를 적용할 수 없다.

40 계수형 샘플링검사 절차 – 제1부 : 로트별 합격품질 한계(AQL) 지표형 샘플링검사 방식(KS Q ISO 2589 −1 : 2014)에서 분수합격판정개수의 샘플링검사 방 식을 적용할 때 샘플링검사 방식이 일정하지 않은 경우 합부판정점수에 대한 내용 중 맞는 것은?

① 합격판정개수가 0인 경우 : 합부판정점수는 7점이 가산된다.
② 합격판정개수가 1/2인 경우 : 합부판정점수는 2점 이 가산된다.
③ 합격판정개수가 1/3인 경우 : 합부판정점수는 3점 이 가산된다.
④ 합격판정개수가 1/5인 경우 : 합부판정점수는 5점 이 가산된다.

(풀이) ① Ac=0이면 합부판정점수는 바뀌지 않는다.
② Ac=1/2이면 합부판정점수에 5를 가산한다.
④ Ac=1/5이면 합부판정점수에 2를 가산한다.

41 계수형 샘플링검사 절차 – 제1부 : 로트별 합격품질 한계(AQL) 지표형 샘플링검사 방식(KS Q ISO 2859 −1 : 2014)에서 샘플링방식이 일정하지 않을 경우 합 격판정점수의 계산법에 대한 설명 중 틀린 것은?

① 만일 주어진 합격판정개수가 0이면, 합격판정점수 는 바뀌지 않는다.
② 만일 주어진 합격판정개수가 1/5이면, 합격판정점 수에 2점을 가산한다.
③ 만일 주어진 합격판정개수가 1/4이면, 합격판정점 수에 3점을 가산한다.
④ 만일 주어진 합격판정개수가 1/2이면, 합격판정점 수에 5점을 가산한다.

(풀이) ③ 만일 주어진 합격판정개수가 1/3이면, 합격판정점수에 3점 을 가산한다.

LQ 지표형 샘플링검사

42 LQ를 지표로 하는 계수값 샘플링검사(KS Q ISO 2859 −2 : 2001)에 관한 설명으로 가장 거리가 먼 것은?

① LQ에 의한 검사는 종래의 계수 선별형을 대체하고 있다.
② LQ에 의한 검사는 고립 로트에 적용하는 계수값 검 사이다.
③ LQ에 의한 검사는 소비자 위험을 0.10~0.13선인 낮은 확률로 억제하고 있다.
④ LQ에 의한 검사는 바람직한 품질의 최저 5배라는 현실적인 선택을 하는 것이 좋다.

(풀이) ④ LQ에 의한 검사는 바람직한 품질의 최저 3배라는 현실적인 선택을 하는 것이 좋다.

43 계수치 샘플링검사 절차 – 제2부 : 고립 로트 검사용 한계품질(LQ)지표형 샘플링검사 방식(KS Q ISO 2859 – 2 : 2010)에서 한계품질(LQ)은 바람직한 품질의 최저 몇 배 이상의 현실적 선택을 하는 것이 바람직한가?

① 2배 ② 3배
③ 5배 ④ 10배

풀이 한계품질(LQ)에서의 소비자 위험은 통상 10% 미만, 나빠도 13% 미만으로 하며, LQ는 통상 AQL의 3배 이상으로 단기간 로트의 품질보증방식이다.

44 고립 로트의 검사에 대한 LQ지표형 샘플링검사 절차 B와 관계없는 것은?

① 합격품질한계
② 로트 크기
③ 한계품질
④ 검사수준

풀이 ①은 AQL 지표형 샘플링검사에서 사용된다.

계수값 축차 샘플링검사

07산업 ★★○
01 계수값 검사를 위한 축차 샘플링검사 방식에 관한 규격은?

① KS Q ISO 28591　　② KS Q ISO 39511
③ KS Q ISO 2859－2　④ KS Q ISO 2859－3

> 풀이 ② 계량값 축차 샘플링검사
> ③ LQ 지표형 샘플링검사
> ④ 스킵로트 샘플링검사

07산업 ★★○
02 다음은 KS Q ISO 28591에서 사용되는 어떤 용어에 대한 것인가?

> 로트에서의 샘플링검사를 축차 실시할 때 검사한 항목의 합계 개수로 검사의 처음부터 마지막까지의 항목을 포함한다.

① 합격판정값　　　② 불합격판정값
③ 누계 카운트　　　④ 누계 샘플 사이즈

> 풀이 누계 샘플 사이즈(n_{cum})에 대한 설명이다.

08산업 ★★○
03 계수값 검사를 위한 축차 샘플링방식(KS Q ISO 28591)의 용어 중 규정된 샘플링방식의 파라미터와 누계 샘플 사이즈에서 유도된 값, 누계 카운트를 불합격판정개수와 비교하여 로트를 불합격으로 할지를 판정하는 것을 무엇이라 하는가?

① 합격판정개수　　② 불합격판정개수
③ 누계 카운트　　　④ 누계 샘플 사이즈

> 풀이 ① A_c　② R_e　③ D　④ n_{cum}

06산업 ★★○
04 KS Q ISO 28591에서 축차 샘플링검사의 불합격판정 개수를 뜻하는 것은?

① Ac　　　　　② D
③ Re　　　　　④ P

> 풀이 ① 합격판정개수　② 누적부적합(품) 수

07산업 ★★○
05 KS Q ISO 28591 : 계수값 축차 샘플링검사에서 사용되는 기호로서 대응하는 1회 샘플링검사 방식을 알고 있을 경우 중지값에서의 합격판정개수를 나타내는 것은?

① A_0　　　　　② Ac
③ Ac_t　　　　④ Re

> 풀이 $A_t = gn_t \Rightarrow Ac_t$(단, 끝수 버림), $Re_t = Ac_t + 1$

12산업 ★★○
06 계수치 축차 샘플링검사 방식(KS Q ISO 28591)에서 누계 샘플 크기 중지값(n_t)에 대한 합격판정선을 구하는 식으로 옳은 것은?

① gn_t　　　　　② $-h_A + gn_t$
③ $h_A + gn_t$　　④ $gn_t - 1$

> 풀이 05번 풀이 참조

19산업 ★★○
07 소비자위험품질에 해당하는 용어는?

① α　　　　　② β
③ Q_{PR}　　　　④ Q_{CR}

> 풀이 ① 생산자위험　　　② 소비자위험
> ③ 생산자 위험품　　④ 소비자위험품질

정답 01 ①　02 ④　03 ②　04 ③　05 ③　06 ①　07 ④

08 계수치 축차 샘플링검사 방식(KS Q 28591)에서 Q_{PR}(PRQ)에 관한 설명으로 가장 적절한 것은?

① 될 수 있으면 합격으로 하고 싶은 로트의 부적합품률의 상한
② 될 수 있으면 합격으로 하고 싶은 로트의 부적합품률의 하한
③ 될 수 있으면 불합격으로 하고 싶은 로트의 부적합품률의 상한
④ 될 수 있으면 불합격으로 하고 싶은 로트의 부적합품률의 하한

풀이

Q_{PR} (PRQ)	합격시키고 싶은 로트 부적합품률의 상한(부적합품률로 표시)
	생산자 위험 품질 $p = p_A$일 때, $L(p_A) = 1 - \alpha$

09 계수값 축차 샘플링검사에서 판정개수를 구하는 식은?

① 합격판정선 $A = h_A + g n_{cum}$
② 불합격판정선 $R = -h_R + g n_{cum}$
③ n_t를 구하는 경우의 합격판정선 $A_t = g n_t$
④ n_t를 구하는 경우의 합격판정선 $A_t = g n_t + 1$

풀이 ① $A = -h_A + g n_{cum}$
② $R = h_R + g n_{cum}$
④ $R_{et} = A_{ct} + 1$

10 계수값 검사를 위한 축차 샘플링검사(KS Q ISO 28591)에서 $n_{cum} < n_t$일 때, 합격판정선 A를 구하는 식으로 옳은 것은?

① $g n_{cum} + h_R$
② $g n_{cum} - h_A$
③ $g n_{cum} - h_R$
④ $g n_{cum} + h_A$

풀이 $A = -h_A + g n_{cum}$
$R = h_R + g n_{cum}$

11 $A = -2.1 + 0.2 n_{cum}$, $R = 1.7 + 0.2 n_{cum}$인 계수 축차 샘플링검사에서 50개를 샘플링 한 결과 6번째와 20번째, 그리고 39번째에서 부적합품이 발견되었다면 로트를 어떻게 처리하여야 하는가?[단, 누계샘플중지값(n_t)은 45개이다.]

① 로트를 불합격시킨다.
② 생산자와 협의한다.
③ 전수검사를 실시한다.
④ 로트를 합격시킨다.

풀이 $A = -2.1 + 0.2 \times 39 = 5.7 = 5$이고 $D = 3$이므로 로트를 합격시킨다.

12 $n = 60$, $c = 3$인 계수 규준형 1회 샘플링검사 방식과 동일한 OC곡선을 갖는 계수치 축차 샘플링검사 방식(KS Q ISO 28591)에서 누계 샘플크기 중지값 n_t는?

① 30
② 60
③ 90
④ 120

풀이 $n_t = 1.5 n_0 = 1.5 \times 60 = 90$

13 KS Q ISO 28951 규격에서 $h_A = 1.445$, $h_R = 1.855$, $g = 0.1103$인 100 항목당 부적합수 검사를 위한 축차 샘플링방식에서 누계 샘플크기 중지값은 얼마인가?(단, 대응하는 1회 샘플링방식은 모른다.)

① 48
② 49
③ 54
④ 55

풀이 $n_t = \dfrac{2 h_A \cdot h_R}{g} = \dfrac{2 \times 1.445 \times 1.855}{0.1103} = 48.60 = 49$

PART 4

실험계획법

최근 기출문제

01 실험계획법의 목적으로 가장 거리가 먼 것은? 12, 15, 19산업 ★★○

① 공정의 이상원인을 조처하기 위한 것이다.
② 실험에 대한 계획방법을 의미하는 것이다.
③ 해결하고자 하는 문제에 대하여 실험을 어떻게 행하는지를 계획하는 것이다.
④ 최소의 실험횟수에서 최대의 정보를 얻을 수 있는가를 계획하는 것이다.

풀이 ①은 관리도 사용의 목적이라고 할 수 있다.

02 계량형 변수로 취급하기에 용이한 것은? 12, 16산업 ★★○

① 온도   ② 부적합수
③ 성별   ④ 부적합품 여부

풀이
• 계량형 변수 : 온도, 무게, 강도 등
• 계수형 변수 : 부적합품 여부, 부적합수 등

03 요인 선정 시 계량요인에 해당하는 것은? 14, 19산업 ★★○

① 촉매의 종류   ② 원료의 종류
③ 결점수   ④ 온도

풀이 02번 풀이 참조

04 요인의 수준과 수준수를 결정하는 방법으로 가장 거리가 먼 것은? 09산업 ★★○

① 최적이라고 예상되는 요인의 수준은 포함시켜야 한다.
② 현재 사용되고 있는 요인의 수준은 포함시키는 것이 좋다.

③ 수준수는 2 이상을 선택하되 가급적 6 이상이 되지 않도록 한다.
④ 실제 적용이 불가능한 요인의 수준도 흥미영역에 포함되어야 한다.

풀이 ④ 실제 적용이 가능한 요인의 수준은 흥미(관심)영역에 포함되어야 한다.

05 실험을 실시한 후에 데이터의 형태로 얻어지는 반응값을 무엇이라 하는가? 14산업 ★★○

① 특성치   ② 요인
③ 수준   ④ 오차

풀이 특성치란 실험을 실시한 후에 데이터의 형태로 얻어지는 반응값으로서 결과치라고도 한다.

06 실험에서 데이터에 산포를 준다고 생각되는 무수히 존재하는 원인들 중에서 실험에 직접 취급되는 원인을 무엇이라 하는가? 18산업 ★★○

① 요인   ② 효과
③ 교락   ④ 수준

풀이 요인에 대한 정의이다.

07 실험을 시간적 혹은 공간적으로 분할하여 그 내부에서 실험의 환경이 균일하도록 만들어 놓은 것을 무엇이라고 하는가? 16산업 ★★○

① 블록   ② 교락
③ 교호   ④ 직교

정답 01 ① 02 ① 03 ④ 04 ④ 05 ① 06 ① 07 ①

풀이 ① 블록 : 실험을 시간적 혹은 공간적으로 분할하여 그 내부에서 실험의 환경이 균일하도록 만들어 놓은 것
② 교락 : 검출할 필요가 없는 두 요인의 교호작용이나 고차의 교호작용을 블록과 교락시켜 실험의 효율을 높일 수 있는 방법
③ 교호 : 두 요인 이상의 수준조합에서 일어나는 효과
④ 직교 : 직교성을 보유하도록 함으로써 같은 횟수의 실험 중에 실험 검출력이 좋은 검정과 정도가 높은 추정을 할 수 있는 원리

07산업 ★★○

08 실험계획에서 2개 이상의 요인효과가 뒤섞여서 분리되지 않는 것을 무엇이라 하는가?

① 요인
② 교락
③ 교호작용
④ 요인

풀이 교락에 대한 정의이며, 교호작용은 2요인 이상의 결합효과를 말한다.

07, 18산업 ★★○

09 수준을 기술적으로 지정할 수 있고, 수준이 의미가 있는 경우의 구조모형은?

① 변량모형
② 모수모형
③ 혼합모형
④ 대응이 있는 변량모형

풀이 수준을 기술적으로 지정할 수 있고, 수준이 의미가 있는 요인을 모수요인이라고 한다.

15산업 ★★○

10 요인의 수준과 수준수를 결정하는 방법으로 틀린 것은?

① 최적이라고 예상되는 요인의 수준은 포함시켜야 한다.
② 수준수는 2 이상을 선택하되 가급적 지나치게 많은 수준은 지양한다.
③ 현재 사용되고 있는 요인의 수준은 포함시키는 것이 좋다.
④ 실제 적용이 불가능한 요인의 수준도 반드시 하나 이상 포함되어야 한다.

풀이 ④ 실제 적용이 불가능한 요인의 수준은 포함시키지 않아야 실험의 효율을 향상시킬 수 있다.

06, 08, 11, 18산업, 08, 15, 16기사 ★★★

11 실험계획법에서 사용되는 모형은 요인(Factor)의 종류에 따라 크게 3가지로 분류되는데, 이에 속하지 않는 것은?

① 모수모형
② 교차모형
③ 변량모형
④ 혼합모형

풀이 모형은 모수모형, 변량모형, 혼합모형으로 분류된다.

07, 13, 20산업 ★★★

12 수준의 선택이 랜덤으로 이루어지고, 각 수준이 기술적인 의미를 가지고 있지 못하며 데이터에 계통적 또는 층별에 의한 영향을 검토하는 모형은?

① 모수모형
② 혼합모형
③ 특별모형
④ 변량모형

풀이 변량모형에 대한 설명이다.

17산업 ★★○

13 채택된 모수요인으로서 몇 개의 수준을 설정하고, 그 가운데서 최적의 수준을 선택한 후 평균의 해석을 위해 취한 요인은?

① 제어요인
② 블록요인
③ 표시요인
④ 보조요인

풀이 제어요인이란 몇 개의 수준을 설정하고 그 가운데서 최적의 수준을 선택하고 평균의 해석을 위해 취한 요인이다.

06산업, 00, 07기사 ★★★

14 자체의 효과나 다른 요인과의 효과(교호작용)로 처리할 수 없으나 실험값에는 영향을 준다고 보는 요인은?

① 보조요인
② 제어요인
③ 블록요인
④ 표시요인

PART 1
PART 2
PART 3
PART 4
PART 5
PART 6
PART 7

풀이 블록요인이란 실험의 정도를 올릴 목적으로 실험의 장을 층별하기 위해서 채택한 요인으로서 자체의 효과나 또 다른 요인과의 효과도 처리할 수 없으나 실험값에 영향을 준다고 보는 요인이다.

00, 16, 19산업, 09(중복)기사 ✪✪✪

15 실험계획법의 기본원리가 아닌 것은?

① 랜덤화의 원리　　　② 반복의 원리
③ 블록화의 원리　　　④ 불변성의 원리

풀이 ①, ②, ③ 외 직교화의 원리, 교락의 원리가 있다.

07, 15산업[실기] ✪✪✪

16 직교배열표에서 하나의 요인의 효과를 구할 때 다른 요인의 효과에 의한 치우침이 없게 된다. 이것은 어떤 원리인가?

① 교락의 원리　　　② 직교화의 원리
③ 반복의 원리　　　④ 랜덤화의 원리

풀이 직교화의 원리에 대한 설명이다.

14산업[실기] ✪✪○

17 실험계획의 일반적인 원리 중 실험에 선정된 요인 외에 기타의 원인들이 실험결과에 영향을 미치는 것을 배제하기 위하여 적용하는 원리는?

① 블록화의 원리　　　② 랜덤화의 원리
③ 반복의 원리　　　④ 직교화의 원리

풀이 랜덤화의 원리란 요인 외의 다른 원인의 영향이 실험 결과에 치우침을 주는 것을 없애기 위한 원리이다.

16산업 ✪✪○

18 실험계획의 기본원리 중 오차항의 자유도가 커져 오차의 평균제곱(V_e)의 정도가 좋게 추정됨으로써 실험결과의 신뢰성을 높일 수 있는 것은?

① 반복의 원리　　　② 블록화의 원리
③ 교락의 원리　　　④ 랜덤화의 원리

풀이 오차항의 자유도를 크게 하기 위해서는 반복을 많이 하여야 한다(반복의 원리).

09산업 ✪✪○

19 실험계획의 기본원리 중 하나인 "반복"의 효과와 거리가 먼 것은?

① 반복실험을 하면 오차제곱합의 신뢰구간이 좁아진다.
② 동일 조건에서 반복실험을 하기 때문에 실험 비용이 적게 든다.
③ 실험효과의 추정량으로 평균을 이용할 때 더 정밀한 추정량을 얻을 수 있다.
④ 오차분산의 정도(Precision)가 좋게 추정되므로 실험 결과의 신뢰성을 높일 수 있다.

풀이 반복실험은 실험 비용을 증가시킨다.

17산업 ✪✪○

20 실험계획법의 원리를 설명한 것으로 틀린 것은?

① 실험의 반복을 통해 오차분산의 크기를 증가시켜 검출력을 높일 수 있다.
② 요인 간의 직교성이 성립되게 하여 독립성을 확보함으로써 적은 실험횟수로 검출력을 높이고 정도가 높은 추정을 할 수 있다.
③ 블록을 형성할 경우 실험을 시간적, 공간적으로 분할하여 실험환경을 균일하게 함으로써 정도가 좋은 결과를 얻을 수 있다.
④ 랜덤화를 실시하여 실험에 포함되지 않는 다른 요인이 미치는 영향을 실험 전체에 분산시킴으로써 실험이 편중되게 미치는 영향을 줄일 수 있다.

풀이 ① 실험의 반복을 통해 오차항의 자유도를 증가시켜 검출력을 높일 수 있다.

06, 07, 09(중복), 12산업, 06, 11, 14, 17, 18기사 ✪✪✪

21 실험계획법에 의해 얻어진 데이터를 분산분석하여 통계적 해석을 할 때에는 측정치의 오차항에 대해 크게 4가지의 가정을 하는데, 이 가정에 속하지 않는 것은?

① 독립성　　　② 정규성
③ 랜덤성　　　④ 등분산성

풀이 오차항의 가정에는 정규성, 독립성, 불편성, 등분산성이 있다.

정답　15 ④　16 ②　17 ②　18 ①　19 ②　20 ①　21 ③

22 실험계획법에 사용하는 오차항의 가정 중 등분산성에 대한 설명으로 옳은 것은?

① 오차(e_{ij})의 분포는 정규분포를 따른다.
② 오차(e_{ij})의 기댓값은 0이고 편의는 없다.
③ 임의의 e_{ij}와 $e_{ij}(i \neq i, j \neq j)$는 서로 독립이다.
④ 오차(e_{ij})의 분산은 σ_e^2으로 어떤 i, j에 대해서도 일정하다.

풀이 ① 정규성   ② 불편성
     ③ 독립성   ④ 등분산성

23 $x_{ij} = \mu + a_i + e_{ij}$에서 e_{ij}는 A_i에서 j번째 측정된 데이터 X_{ij}가 수반하는 오차로서 확률변수이며 $N(0, \sigma_e^2)$에서 임의 추출한 것이라 할 때 이 오차항의 특성으로 틀린 것은?

① 오차 e_{ij}의 기대치는 0이다.
② 오차 e_{ij}의 분산은 σ^2으로 어떤 i, j에 대해서도 일정하다.
③ 임의의 e_{ij}와 $e_{i'j'}(i \neq i', j \neq j')$은 서로 종속이다.
④ 오차 e_{ij}의 분포는 정규분포이다.

풀이 ③ 임의의 e_{ij}와 $e_{i'j'}(i \neq i', j \neq j')$은 서로 독립이다.

24 모수모형 1요인실험에서 오차항 e_{ij}의 특징으로 가장 거리가 먼 것은?

① e_{ij}의 기댓값은 항상 0이다.
② e_{ij}는 모두 동일한 분산을 갖는다.
③ e_{ij}는 정규분포를 따르고, 서로 독립이다.
④ e_{ij}는 모든 특성치에서 고정된 값으로 정의된다.

풀이 ④ e_{ij}는 모든 특성치에서 랜덤으로 변하는 확률변수 값으로 정의된다.

25 반복수가 같은 1요인실험에서 모수요인의 정의로 틀린 것은?

① 수준이 기술적 의미를 가지며 실험자에 의하여 미리 정해진다.
② a_i는 고정된 상수이다.
    → $E(a_i) = a_i$, $Var(a_i) = 0$
③ a_i들의 합은 일반적으로 0이 아니다.
    → $\sum_{i=1}^{l} a_i \neq 0$
④ a_i들 간의 산포의 측도로서 $\sigma_A^2 = \dfrac{\sum_{i=1}^{l} a_i^2}{l-1}$으로 표시한다.

풀이 ③ a_i들의 합은 일반적으로 0이다 $\left(\sum_{i=1}^{l} a_i = 0\right)$.

26 모수요인인 온도의 3수준을 실험에서 고려하고자 한다. 온도의 각 수준은 실험자의 경험에 따라 100, 120, 140℃로 고려하였다. i번째 수준에서 j번째 반복 실험 결과인 x_{ij}에 대해 다음과 같은 [모형]을 설정하였다. 모형의 가정으로 맞는 것은?

> **[모형]**
> $$x_{ij} = \mu + a_i + e_{ij}$$
> (단, $i = 1, 2, 3$, $j = 1, 2, \cdots, m$이다.)

① $a_1 + a_2 = -a_3$ ② $a_i \geq 0$
③ $a_i \sim N(0, \sigma_A^2)$ ④ $\sum a_i \neq 0$

풀이 $a_1 + a_2 = -a_3$를 정리하면 $a_1 + a_2 + a_3 = 0 \rightarrow \sum a_i = 0$이 된다. 즉, 모수요인의 정의가 된다.

27 모수요인인 온도의 각 수준은 실험자의 경험에 따라, 100, 120, 140 ℃ 3수준으로 실험하려고 한다. i 번째 수준에서 j 번째 반복 실험 결과인 x_{ij}에 대해 다음과 같은 모형을 설정하였다. 모형의 가정으로 맞는 것은?

[다음]
$$x_{ij} = \mu + a_i + e_{ij}$$
(단, $i=1, 2, 3, j=1, 2, \cdots, m$이다.)

① $\bar{a}=0$ ② $a_i \geq 0$
③ $\sum a_i \neq 0$ ④ $E(a_i)=0$

풀이 모수요인

$E(a_i)=a_i, Var(a_i)=0, \sum_{i=1}^{l} a_i=0, \bar{a}=0,$

$\sigma_A^2 = \frac{1}{(l-1)}\sum_{i=1}^{l} a_i^2$

28 모수요인에 대한 설명으로 옳지 않은 것은?

① 수준이 기술적인 의미를 가진다.
② 요인 A의 주효과 a_i들의 합은 0이다.
③ 요인 A의 주효과 a_i에 대하여 $E(a_i)=0$이다.
④ 요인 A의 주효과 a_i에 대하여 $Var(a_i)=0$이다.

풀이 ③ 요인 A의 주효과 a_i에 대하여 $E(a_i)=a_i$이다.

29 실험계획법에서 사용하는 모수요인의 특징에 관한 설명으로 틀린 것은?

① 수준이 기술적인 의미를 가진다.
② 수준의 선택이 랜덤하게 이루어진다.
③ 요인 A의 주효과(a_i)들의 합은 0이다.
④ 요인 A의 주효과(a_i)들 간의 산포의 척도로서
$\sigma_A^2 = \sum_{i-1}^{i} \frac{a_i^2}{l-1}$ 을 사용한다.

풀이 ②는 변량요인의 특징에 해당된다.

30 변량요인에 대한 설명으로 가장 거리가 먼 내용은?

① 주효과는 고정된 상수이다.
② 수준이 기술적인 의미를 갖지 못한다.
③ 주효과의 기댓값은 0이다.
④ 주효과들의 합은 일반적으로 0이 아니다.

풀이 ① 주효과는 랜덤으로 변하는 확률변수이다.

31 요인 A가 모수요인이고, 반복이 일정한 1요인실험의 데이터 구조가 $x_{ij}=\mu+a_i+e_{ij}$일 때, 이 모형의 기본 가정과 성질이 아닌 것은?

① $\sum a_i = 0$이다.
② $E(a_i)=a_i$이다.
③ $Var(a_i)=\sigma_A^2$이다.
④ e_{ij}는 $N(0, \sigma_e^2)$에 따르고 서로 독립이다.

풀이 ③은 변량요인의 성질에 해당한다.

32 변량요인에 대한 설명으로 틀린 것은?

① $E(a_i)=a_i, Var(a_i)=0$이다.
② $\sigma_A^2 = E\left[\frac{1}{l-1}\sum_{i=1}^{l}(a_i-\bar{a})^2\right]$이다.
③ 수준이 기술적 의미를 갖지 못한다.
④ a_i들의 합은 일반적으로 0이 아니다.

풀이 ① $E(a_i)=0, Var(a_i)=\sigma_A^2$이다.

33 l개의 수준으로 구성된 모수요인(Fixed Factor)에 대한 설명으로 틀린 것은?

① a_i들의 합은 0이다(즉, $\sum_{i=1}^{l} a_i = 0$).
② 기술적으로 미리 정해진 수준이 사용된다.

정답 27 ① 28 ③ 29 ② 30 ① 31 ③ 32 ① 33 ④

③ 각 요인 수준의 효과를 a_i라고 할 때 $E(a_i)=a_i$, $Var(a_i)=0$이 된다.

④ a_i들의 분포의 분산은 $\sigma_A^2 = E\left[\sum_{i=1}^{l}(a_i-\bar{a})^2/l-1\right]$ 이다.

풀이 ④ a_i들의 분포의 분산은 $\sigma_A^2 = E\left[\sum_{i=1}^{l}a_i^2/(l-1)\right]$이다.

---

34 변량요인의 특성이 아닌 것은?

① 각 수준이 기술적인 의미를 갖지 못하며 수준의 선택이 랜덤하게 이루어진다.

② 각 요인의 수준효과 a_i의 합은 일반적으로 "0"이 아니다($\sum a_i \neq 0$).

③ 급간분산 $\sigma_A^2 = \dfrac{\sum a_i^2}{(l-1)}$ (l 은 A의 수준수)

④ a_i는 랜덤으로 변하는 확률변수이다.
  즉, $E(a_i)=0$, $Var(a_i)=\sigma_A^2$

풀이 ③ 급간분산 $\sigma_A^2 = \dfrac{\sum(a_i-\bar{a})^2}{(l-1)}$ (l 은 A의 수준수)

09산업 ★★○

35 다음 중 변량요인의 성질이 아닌 것은?

① 수준이 기술적인 의미를 가진다.

② 수준의 선택이 랜덤으로 이루어진다.

③ 요인 A의 주효과 a_i는 랜덤으로 변하는 확률변수이다.

④ 요인 A의 주효과 a_i들의 합은 일반적으로 0이 아니다.

풀이 ① 수준이 기술적인 의미를 가지지 않는다.

10산업 ★★○

36 반복이 같지 않은 1요인실험 모수모형인 경우의 가정조건인 것은?(단, m은 수준 i에서의 반복수이다.)

① $\sum_{i=1}^{l} a_i = 0$ ② $\sum_{i=1}^{l} m_i a_i = 0$

③ $\sum_{i=1}^{l} a_i \neq 0$ ④ $\sum_{i=1}^{l} m_i a_i \neq 0$

풀이 ① 반복이 일정한 모수모형
② 반복이 같지 않은 모수모형
③ 반복이 일정한 변량모형
④ 반복이 같지 않은 변량모형

16산업 ★★○

37 다음은 반복이 일정한 1요인실험 변량모형에 대한 데이터 구조식을 표현한 것이다. 가정 중 틀린 것은?

$$x_{ij} = \mu + a_i + e_{ij}(i=1, \cdots, l, \ j=1, \cdots, r)$$

① $\bar{a} \neq 0$ ② $a_i \sim N(0, \sigma_A^2)$

③ $\sum_{i=1}^{l} a_i = 0$ ④ $e_{ij} \sim N(0, \sigma_e^2)$

풀이 ③ $\sum_{i=1}^{l} a_i \neq 0$

20산업, 14기사 ★★○

38 특성치의 산포를 요인별로 분해하여 오차에 비해 특히 큰 영향을 주는 요인이 무엇인가를 찾아내는 분석방법을 무엇이라고 하는가?

① 분산분석 ② 상관분석
③ 회귀분석 ④ 반응표면분석

풀이 분산분석(ANOVA)에 대한 설명이다.

00, 20산업 ★★○

39 분산분석법에서 요인이 하나일 때 데이터의 구조는 어떤 것의 결합인가?

① 주효과+오차 ② 주효과+산포
③ 주효과+분산 ④ 주효과+치우침

풀이 $x_{ij} = \mu + a_i + e_{ij} = \mu +$주효과$(a_i)+$오차$(e_{ij})$

정답 34 ③ 35 ① 36 ② 37 ③ 38 ① 39 ①

CHAPTER 01 실험계획의 개념 _ 121

PART 1 PART 2 PART 3 PART 4 PART 5 PART 6 PART 7

40 수준이란 요인을 질적, 양적으로 변화시켰을 경우를 말한다. 그렇다면 수준을 바꿈으로 인하여 나타나는 영향은 무엇이라 말하는가?

① 주효과
② 오차의 효과
③ 산포의 효과
④ 교호작용의 효과

풀이 주효과에 대한 설명이다.

41 1요인 모수모형에서 수준 i의 모평균 μ_i가 전체의 모평균 μ로부터 어느 정도의 치우침을 가지는가를 나타내는 수치를 요인 A의 어떤 효과라 하는가?

① 주효과
② 오차의 효과
③ 교호작용의 효과
④ 산포의 효과

풀이 $\mu_i = \mu + a_i$에서 a_i를 주효과라 한다.

42 분산분석표 작성 시 포함되지 않는 것은?

① 요인   ② 왜도
③ 제곱합   ④ 자유도

풀이 왜도(歪度)란 분포의 삐뚤어진 정도를 수치화한 것이므로 분산분석과는 전혀 연관성이 없다.

43 요인 A의 수준이 l개, 각 수준에서 반복수가 모두 m인 1요인실험으로 얻은 데이터의 구조식은 $x_{ij} = \mu_i + e_{ij}$로 표시한다. 이때, e_{ij}의 분산(σ_e^2)을 바르게 표현한 것은?

① $\sigma_e^2 = E(e_{ij})$

② $\sigma_e^2 = E\left[\dfrac{1}{m-1}\displaystyle\sum_{j=1}^{m}(e_{ij}-\mu_i)^2\right]$

③ $\sigma_e^2 = E\left[\dfrac{1}{lm-1}\displaystyle\sum_{i=1}^{l}\sum_{j=1}^{m}(e_{ij}-x_{ij})^2\right]$

④ $\sigma_e^2 = E\left[\dfrac{m}{l-1}\displaystyle\sum_{i=1}^{l}(\bar{e}_{i\cdot}-\bar{\bar{e}})^2\right]$

풀이 $\sigma_e^2 = E(e_{ij}^2)$

$= E\left[\dfrac{1}{m-1}\displaystyle\sum_{j=1}^{m}(e_{ij}-\bar{e}_{i\cdot})^2\right]$

$= E\left[\dfrac{1}{lm-1}\displaystyle\sum_{i=1}^{l}\sum_{j=1}^{m}(e_{ij}-\bar{\bar{e}})^2\right]$

$= E\left[\dfrac{m}{l-1}\displaystyle\sum_{i=1}^{l}(\bar{e}_{i\cdot}-\bar{\bar{e}})^2\right]$

44 오차 e_{ij}의 성질로 옳지 않은 것은?

① $E(e_{ij}) = e_{ij}$
② $Var(e_{ij}) = \sigma_e^2$
③ e_{ij}는 랜덤으로 변하는 값이다.
④ e_{ij}의 분산 σ_e^2은 $E(e_{ij}^2)$이다.

풀이 $E(e_{ij}) = 0$, $Var(e_{ij}) = \sigma_e^2$

45 실험의 효율을 올리기 위하여 취하는 행동 중 틀린 것은?

① 오차의 자유도를 최대한 작게 한다.
② 실험의 반복수를 최대한 크게 한다.
③ 오차분산이 최대한 작아지도록 조치한다.
④ 실험의 층별을 실시하여 충분히 관리되도록 한다.

풀이 ① 오차항의 자유도를 가급적 크게 하고, 오차분산은 가급적 작아지도록 조치하면 실험의 효율을 올릴 수 있다.

46 실험 횟수는 늘리지 않고 전체 실험을 몇 개의 블록으로 나누어 배치시킴으로써 동일 환경 내에 실험횟수를 적게 하도록 하는 방법은?

① 난괴법   ② 라틴방격법
③ 교락법   ④ 직교배열법

풀이 교락법의 정의이다.

47 다음은 요인실험에 관해 사내 실험계획 강사가 설명한 내용이다. 설명이 가장 잘못된 것은?

① 요인실험은 최적해를 찾는 실험이므로, 변량요인에 대해서는 적용할 수 없다.

② 때로는 요인의 수준에 대해 반복을 할 수 있으나, 실험의 순서는 완전 랜덤하게 설계하여야 한다.

③ 일부의 조합에서 실험이 실패하여도 분산분석이 가능하나 실패한 실험을 대상으로 다시 보완 실험하는 것이 좋다.

④ 요인의 각 수준의 모든 조합에 대해 실험을 행하여야 하므로 가급적 요인을 너무 많이 선택하지 않도록 잘 선택하는 것이 중요하다.

(풀이) ① 요인실험은 모수요인의 경우 최적해를 찾는 실험이며, 변량요인에 대해서는 산포를 추정하는 데 사용한다.

ANOVA

14, 18산업 ◆◆◯

01 1요인실험에 관한 설명으로 틀린 것은?

① 반복수가 일정하지 않아도 실험할 수 있다.
② 교호작용에 대한 검정을 반드시 행해야 한다.
③ 결측치가 있어도 이를 추정하여 넣어 줄 필요가 없다.
④ 어떤 특정한 하나의 요인만의 영향을 조사하고자 한다.

풀이 교호작용은 반복 있는 2요인실험에서 처음으로 나타나기 때문에 1요인실험에서는 검정 자체가 있을 수 없다.

18산업 ◆◆◯

02 1요인실험에 대한 설명으로 틀린 것은?

① 각 요인 수준에서 반복수가 동일해야 한다.
② 특정한 하나의 요인의 영향을 조사할 때 사용된다.
③ 실험 단위의 배치는 완전임의배치법(Completely Randomized Design)에 따른다.
④ 특성치에 영향을 주는 다양한 요인들 중 특정 요인의 영향에 대해 조사하고자 할 때 사용된다.

풀이 ① 각 요인 수준에서 반복수가 동일하지 않아도 된다(결측치가 존재하여도 그대로 해석이 가능하다).

06, 10, 12, 20산업 ◆◆◆

03 반복이 같지 않은 1요인실험에 대한 설명으로 가장 관계가 먼 내용은?

① 실험 중에 결측치가 발생할 때 사용한다.
② 기존장치와 새로운 장치 비교 시 대조가 되는 조건의 반복수를 증가시킬 때 사용한다.
③ 결측치가 발생한 경우 결측치를 추정하여 사용한다.
④ 실험 결과에 대한 측정에 실패한 경우에 사용한다.

풀이 ③ 실험에서 결측치가 발생하였을 경우 1요인실험에서는 반복이 일정하지 않은 1요인실험으로 처리하고, 추정은 하지 않는다.

12산업 ◆◆◯

04 반복수가 일정하지 않은 모수모형 1요인실험에 관한 설명으로 가장 잘못된 것은?

① 실험을 하다가 어떤 수준의 일부 실험이 실패한 경우에 나타난다.
② 반복이 일정한 1요인실험과 비교하면 총자유도와 오차항의 자유도가 상대적으로 작아지는 실험이다.
③ 어떤 특정 수준에서 실험의 정도를 높이려고 반복수를 많이 준 경우에 발생한다.
④ 오차항의 자유도는 각 수준의 반복수의 합에서 급간제곱합의 자유도를 빼면 계산된다.

풀이 ④ 오차항의 자유도는 각 수준의 반복수의 합에서 급간제곱합의 수준수를 빼면 계산된다.

16, 19산업 ◆◆◯

05 반복수가 일정하지 않은 모수모형의 1요인실험에 관한 설명으로 틀린 것은?

① 총제곱합의 자유도는 총 실험수에서 1을 뺀 값이다.
② 반복이 달라도 실험은 완전 랜덤하게 행하여야 한다.
③ 반복이 달라도 요인의 자유도는 (요인수−1)로 변함이 없다.
④ 반복수가 일정한 실험을 행하다가 일부 실험을 실패한 경우도 해당된다.

풀이 ③ 반복이 달라도 요인의 자유도는 (수준수−1)로 변함이 없다.

06 반복수가 5회인 3수준 1요인실험 모수모형 실험을 설계하여 15회의 실험을 완전 랜덤화하여 실시하였으나, 실험 과정에서 예상하지 못했던 문제점이 발생하여 A_1에서 5회, A_2에서 3회, A_3에서 4회만 실험하였다. 적절한 분석 모형은?

15산업 ★★○

① 난괴법
② 라틴방격법
③ 반복이 같은 1요인실험 모수모형
④ 반복이 같지 않은 1요인실험 모수모형

풀이 결측치가 존재하므로, 반복이 일정하지 않은 1요인실험이다.

07 요인이 하나인 각 수준의 실험에서 반복수가 같지 않은 실험을 하는 일반적인 이유로 가장 거리가 먼 것은?

06, 10, 12, 17산업 ★★★

① 전체 실험수를 줄이고 싶은 경우
② 어떤 수준에서 실험에 실패한 경우
③ 특정 수준의 추정 정도를 높게 하고 싶은 경우
④ 어떤 수준에서 실험결과치의 측정에 실패한 경우

풀이 일반적으로 실험은 반복수가 일정하도록 하여 실험을 행하지만, 1요인실험에서 반복수가 같지 않은 경우는 그 조건에서 실험의 결과치에 문제가 발생한 경우 또는 특정 수준을 명확히 알고 싶은 경우이다.

08 다음 중 변량모형의 1요인실험에 해당되지 않는 것은?

10, 16산업 ★★○

① 금속을 l종류 선택하여 어떤 종류가 부식에 강한지 실험하였다.
② 실험일을 l일 선택하여 실험일자에 영향을 받지 않는지 실험하였다.
③ 원료가 담겨 있는 도료 N통 중 l박스를 선택하여 실험하였다.
④ 검사원을 임의로 l명 선택하여 동일 시료를 r회 측정하게 하였다.

풀이 '금속'이 모수요인이고, 이 모수요인을 l종류(수준)로 선택하였으므로 모수모형에 해당된다.

09 변량모형에 대한 설명으로 틀린 것은?

19산업 ★★○

① 각 수준은 실험자가 조절할 수 없다.
② 각 수준은 랜덤하게 선택된 것을 사용한다.
③ 요인의 각 수준에서 모평균을 추정하기 위해 사용한다.
④ 주로 각 수준 간에 산포의 정도를 파악하기 위해 사용한다.

풀이 ③ 요인의 각 수준에서 모평균을 추정하는 것은 무의미하다.

10 1요인실험에서 변량모형에 대한 설명으로 틀린 것은?

13, 18산업 ★★○

① 데이터의 구조식은 $x_{ij} = \mu + a_i + e_{ij}$이다.
② 변량요인의 각 수준에서의 모평균의 추정은 의미가 없다.
③ 요인의 수준이 랜덤으로 선택될 때 그 요인은 변량요인이 된다.
④ 요인의 수준을 랜덤하게 선택하므로 산포의 추정은 의미가 없다.

풀이 ④ 요인의 수준을 랜덤하게 선택하면 변량요인이므로 모평균의 추정은 의미가 없고, 산포의 추정은 의미가 있다.

11 변량요인 A로 반복수가 같은 1요인실험에 대한 설명으로 맞는 것은?

16산업 ★★○

① $x_{ij} = \mu + a_i + b_i + e_{ij}$의 구조식을 갖는다.
② 분산분석표 작성 시 모수모형과는 작성방법이 다르다.
③ 검정결과 유의하다면 산포의 정도를 알기 위한 σ_A^2의 추정은 의미가 있다.
④ 검정결과 유의하다면 요인의 각 수준에서의 모평균을 추정하는 데 의미가 있다.

풀이 ① $x_{ij} = \mu + a_i + e_{ij}$의 구조식을 갖는다.
② 분산분석표는 모수모형과 작성방법이 같다.
④ 검정결과 유의하다면 모수요인인 경우 평균치를 추정하는 것이 의미가 있다.

12 l개의 수준에서 각각 m번 반복한 실험 결과인 x_{ij}에 대해 다음과 같은 모형을 설정하였다. 오차분산 σ_e^2의 추정값으로 맞는 것은?[단, $e_{ij} \sim N(0,\ \sigma_e^2)$이며, 서로 독립이다.]

$$x_{ij} = \mu + a_i + e_{ij}$$
$$(i = 1,\ 2,\ \cdots,\ l,\ \ j = 1,\ 2,\ \cdots,\ m)$$

① $\dfrac{\sum\limits_{i=1}^{l}\sum\limits_{j=1}^{m}\left(\overline{x}_{i\,.} - \overline{\overline{x}}\right)^2}{l(m-1)}$

② $\dfrac{\sum\limits_{i=1}^{l}\sum\limits_{j=1}^{m}\left(\overline{x}_{.\,j} - \overline{\overline{x}}\right)^2}{l(m-1)}$

③ $\dfrac{\sum\limits_{i=1}^{l}\sum\limits_{j=1}^{m}\left(x_{ij} - \overline{x}_{.\,j}\right)^2}{l(m-1)}$

④ $\dfrac{\sum\limits_{i=1}^{l}\sum\limits_{j=1}^{m}x_{ij}^2 - m\sum\limits_{i=1}^{l}\left(\overline{x}_{i\,.}\right)^2}{l(m-1)}$

풀이 $\widehat{\sigma_e^2} = \dfrac{\sum\limits_{i=1}^{l}\sum\limits_{j=1}^{m}x_{ij}^2 - m\sum\limits_{i=1}^{l}\left(\overline{x}_{i\,.}\right)^2}{l(m-1)}$

13 모수모형 1요인실험에서 데이터의 구조식을 표현한 내용으로 맞는 것은?

① 전체 모평균 + 오차
② 전체 모평균 + 주효과
③ 전체 모평균 + 주효과 + 오차
④ 전체 모평균 + 주효과 + 분산

풀이 $x_{ij} = \mu + a_i + e_{ij} =$ 모평균 + 주효과 + 오차

14 1요인실험의 데이터 구조식을 $x_{ij} = \mu + a_i + e_{ij}$라고 할 때, $\overline{x}_{i\,.}$의 구조식은?[단, e_{ij}는 $N(0,\ \sigma_e^2)$에 따르고 서로 독립이며, $\sum\limits_{i=1}^{l} a_i = 0$이다.]

① $\mu + \overline{e}_i.$
② $\mu + a_i$
③ $\mu + \overline{\overline{e}}$
④ $\mu + a_i + \overline{e}_i.$

풀이
- $x_{ij} = \mu + a_i + e_{ij}$
- $\overline{x}_{i\,.} = \mu + a_i + \overline{e}_i.$
- $\overline{\overline{x}} = \mu + \overline{\overline{e}}$

15 요인 A는 l수준, 반복수는 각각 m인 1요인실험에서 아래 표와 같이 분산분석표를 작성할 때 (a)~(c)에 들어갈 자유도를 옳게 나타낸 것은?

요인	SS	DF	MS
A	S_A	(a)	V_A
e	S_e	(b)	V_e
T		(c)	

① (a) $l-1$, (b) lm, (c) $l(m-1)$
② (a) $m-1$, (b) $m(l-1)$, (c) $lm-1$
③ (a) $l-1$, (b) lm, (c) $lm-1$
④ (a) $l-1$, (b) $l(m-1)$, (c) $lm-1$

풀이

요인	DF
A	수준수$-1 = l-1$
e	$\nu_T - \nu_A = l(m-1)$
T	총 실험횟수$-1 = lm-1$

16 반복이 같은 1요인실험에서 다음과 같은 분산분석표
를 얻었다. 이 실험에서 각 수준의 반복수는 얼마인가?

요인	SS	DF	MS
A	190	2	95
e	478	12	39.8

① 2
② 3
③ 4
④ 5

풀이 요인 A 의 자유도가 2이므로 수준수는 3이 되고, 전체의 자유도
가 14(2+12)이므로 총 실험횟수는 15가 된다. 따라서 총 실험횟
수=수준수×반복수가 성립하므로 반복수는 5가 된다.

17 반복수가 일정한 1요인실험에서 오차의 자유도가 30,
총 실험 데이터의 수가 36일 때 요인 A의 수준수(l)와
반복수(m)는 얼마인가?

① $l=5$, $m=6$
② $l=6$, $m=5$
③ $l=6$, $m=6$
④ $l=7$, $m=5$

풀이

요인	자유도 DF	
A	$\nu_A = l-1 = 5$	수준수 $l=6$
e	$\nu_e = l(r-1) = 30$	반복수 $r=6$
T	$\nu_T = lr-1 = 36-1 = 35$	

18 요인의 수준수는 4이고, 반복수가 3으로 일정한 1요인
실험에서 오차의 자유도(ν_e)는?

① 3
② 8
③ 9
④ 11

풀이 $\nu_e = \nu_T - \nu_A = 11 - 3 = 8$

19 반복이 같지 않은 1요인실험 모수모형에서 A_1 수준에
서 5회, A_2 수준에서 4회, A_3 수준에서 3회 실험한 경우,
오차제곱합의 자유도는 얼마인가?

① 2
② 5
③ 9
④ 11

풀이 $DF_e = DF_T - DF_A = 11 - 2 = 9$

20 모수요인 A가 3수준인 1요인실험에서 각각의 반복수
가 $m_1 = 4$, $m_2 = 5$, $m_3 = 7$일 때, 오차항의 자유도는?

① 2
② 7
③ 13
④ 15

풀이 $\nu_e = \nu_T - \nu_A = (16-1) - (3-1) = 13$

21 요인 A(모수요인)가 5수준인 1요인실험에서 총 15회
의 실험을 하였다. 총 자유도(ν_T)를 구하면?(단, 결측
치 1개가 발생하였다.)

① 12
② 13
③ 14
④ 15

풀이 총 자유도(ν_T)=총 실험수−1−결측치수
$= 15 - 1 - 1 = 13$

22 요인 A의 수준수가 5, 반복수가 6회의 1요인실험을 하
였다. 총제곱합의 자유도를 ν_T, 급간제곱합의 자유도
를 ν_A, 오차제곱합의 자유도를 ν_e라고 할 때 다음 중
옳은 것은?

① $\nu_A = 5$
② $\nu_T = 24$
③ $\nu_e = 24$
④ $\nu_e = 25$

풀이 $\nu_T = lm - 1 = (5 \times 6) - 1 = 29$
$\nu_A = l - 1 = 5 - 1 = 4$
$\nu_e = \nu_T - \nu_A = 29 - 4 = 25$

23 단순임의배열에 의해 설계된 요인 A의 3수준에서 각각 6번의 특성치를 얻었다. 각 수준의 온도 간에 차이가 있는지를 알아보기 위해 분산분석을 실시하였다. 이때, A요인의 평균제곱(Mean Square)의 기댓값(Expected Value)은 얼마인가?

① $5\sigma_e^2$ ② $\sigma_e^2 + 6\sigma_A^2$

③ σ_e^2 ④ $5\sigma_e^2 + 6\sigma_A^2$

풀이 $E(MS_A) = \sigma_e^2 + r\sigma_A^2 = \sigma_e^2 + 6\sigma_A^2$

24 반복이 같은 1요인실험의 실험에서 다음의 분산분석표를 얻었다. 분산 V_A의 기대치를 바르게 표현한 것은?

요인	SS	DF	MS
A	3.51	3	1.17
e	2	8	0.25

① $\sigma_e^2 + 3\sigma_A^2$ ② $\sigma_e^2 + 4\sigma_A^2$

③ $\sigma_e^2 + 8\sigma_A^2$ ④ $\sigma_e^2 + 11\sigma_A^2$

풀이 $E(V_A) = \sigma_e^2 + r\sigma_A^2 = \sigma_e^2 + 3\sigma_A^2$

25 반복수가 일정하지 않은 1요인실험 모수모형에서 $E(V_A)$를 구하는 식으로 맞는 것은?(단, l은 요인의 수준수, m은 반복수이다.)

① $\sigma_e^2 + \sum_{i=1}^{l} \dfrac{m_i(a_i - \bar{a})^2}{lm}$

② $\sigma_e^2 + \dfrac{N^2 - \sum_{i=1}^{l} m_i^2}{N(l-1)}$

③ $\sigma_e^2 + \sum_{i=1}^{l} \dfrac{m_i(a_i - \bar{a})^2}{l-1}$

④ $\sigma_e^2 + \sum_{i=1}^{l} \dfrac{m_i a_i^2}{l-1}$

풀이 $\sigma_e^2 + \sum_{i=1}^{l} \dfrac{m_i(a_i - \bar{a})^2}{l-1}$ 에서 요인 A가 모수요인이고
$\bar{a} = 0$이므로

$\therefore E(V_A) = \sigma_e^2 + \sum_{i=1}^{l} \dfrac{m_i a_i^2}{l-1}$

26 다음 표와 같은 1요인실험 데이터에서 총제곱합(S_T)은 약 얼마인가?

수준＼반복	A_1	A_2	A_3
1	10	5	4
2	6	7	8
$T_{1.}$	16	12	12

① 5.33   ② 23.33

③ 266.67   ④ 284.67

풀이 $S_T = \sum\sum(x_{ij} - \bar{\bar{x}})^2 = \sum\sum x_{ij}^2 - CT = 290 - \dfrac{40^2}{6} = 23.333$

또는 $S_T = (n-1) \times s^2 = 23.333$

27 다음과 같은 1요인실험의 분산분석표에서 총제곱합(S_T)은 얼마인가?

요인	SS	DF	MS
A	4.86		
e		11	0.29
T		13	

① 1.67   ② 2.43

③ 3.19   ④ 8.05

풀이 $S_e = \nu_e \times V_e = 11 \times 0.29 = 3.19$
$\therefore S_T = S_A + S_e = 4.86 + 3.19 = 8.05$

28 수준수가 l, 반복수가 m인 1요인실험에서 급간제곱합 S_A를 구하는 식으로 옳지 않은 것은?

① $\sum_i \sum_j (\bar{x}_{i\cdot} - \bar{\bar{x}})^2$

② $m\sum_i (\bar{x}_{i\cdot} - \bar{\bar{x}})^2$

③ $l\sum_i (\bar{x}_{i\cdot})^2 - CT$

④ $\sum_i \dfrac{T_{i\cdot}^2}{m} - CT$

풀이 $S_A = \sum_i \sum_j (\bar{x}_{i\cdot} - \bar{\bar{x}})^2$

$\quad = m\sum_i (\bar{x}_{i\cdot} - \bar{\bar{x}})^2$

$\quad = \sum_i \dfrac{T_{i\cdot}^2}{m} - CT$

29 요인 A의 수준수가 3인 1요인실험에서 반복수가 일정하지 않은 경우, 요인 A의 제곱합(S_A)을 구하는 식으로 맞는 것은?(단, 각 i수준에서 합계는 $T_{i\cdot}$, 반복수는 n_i이며, 수정항은 CT이다.)

① $\dfrac{T_{1\cdot} + T_{2\cdot} + T_{3\cdot}}{n} - CT$

② $\dfrac{T_{1\cdot}^2 + T_{2\cdot}^2 + T_{3\cdot}^2}{n} - CT$

③ $\dfrac{T_{1\cdot} + T_{2\cdot} + T_{3\cdot}}{n_1 + n_2 + n_3} - CT$

④ $\left(\dfrac{T_{1\cdot}^2}{n_1} + \dfrac{T_{2\cdot}^2}{n_2} + \dfrac{T_{3\cdot}^2}{n_3}\right) - CT$

풀이 $S_A = \left(\dfrac{A_1^2}{r_1} + \dfrac{A_2^2}{r_2} + \dfrac{A_3^2}{r_3}\right) - CT$

$\quad = \left(\dfrac{T_{1\cdot}^2}{n_1} + \dfrac{T_{2\cdot}^2}{n_2} + \dfrac{T_{3\cdot}^2}{n_3}\right) - CT$

30 제품의 강도를 높이기 위하여 첨가제를 2수준으로 표와 같이 반복 4회의 실험을 실시하였다. S_A의 값은 얼마인가?(단, 단위는 kg/cm²이다.)

구분	1	2	3	4	계
A_1	13	15	12	10	50
A_2	16	14	17	13	60

① 9.5 ② 12.5

③ 15.5 ④ 18.5

풀이 $S_A = \dfrac{50^2 + 60^2}{4} - \dfrac{110^2}{8} = 12.50$

31 반복이 같지 않은 모수모형의 1요인실험에 관한 데이터는 다음과 같다. 급간제곱합 S_A는 약 얼마인가?

수준	A_1	A_2	A_3
반복수	5	6	7
$T_{i\cdot}$	116	184	165

① 110.65 ② 210.65

③ 310.65 ④ 410.65

풀이 $S_A = \dfrac{116^2}{5} + \dfrac{184^2}{6} + \dfrac{165^2}{7} - \dfrac{465^2}{18} = 210.652$

32 요인 A를 3수준, 반복 5회의 1요인실험을 한 결과 $T_{1\cdot} = 16$, $T_{2\cdot} = 12$, $T_{3\cdot} = 12$를 얻었다. S_A의 값은?

① 1.98 ② 2.13

③ 106.67 ④ 108.80

풀이 $S_A = \dfrac{1}{5}(16^2 + 12^2 + 12^2) - \dfrac{(16+12+12)^2}{3 \times 5} = 2.13$

33 다음 표는 1요인실험의 결과를 $X_{ij} = (x_{ij} - 40) \times 10$ 으로 수치 변환한 값이다. 요인 A의 제곱합은?

	1	2	3	$T_i \cdot$
A_1	4	-2	-6	-4
A_2	1	-6	-7	-12
A_3	8	5	-3	10

① 0.0827 ② 0.827

③ 8.27 ③ 82.7

풀이 $X_{ij} \sim S_A = \dfrac{(-4)^2 + (-12)^2 + 10^2}{3} - \dfrac{(-6)^2}{9} = 82.7$

$\therefore x_{ij} \sim S_A = 82.7 \times \dfrac{1}{10^2} = 0.827$

34 1요인실험에 의한 다음의 데이터에 대해 분산분석을 할 때 총제곱합(S_T)과 급간제곱합(S_A)은 각각 약 얼마인가?

수치변환 $X_{ij} = (x_{ij} - 80) \times 10$			

	A_1	A_2	A_3	A_4
1	10	4	-2	-6
2	8	-1	8	-11
3	0	6	5	-13
4	-2	9	4	0

① $S_T = 7.144$, $S_A = 3.902$

② $S_T = 7.144$, $S_A = 4.037$

③ $S_T = 714.4$, $S_A = 390.2$

④ $S_T = 714.4$, $S_A = 403.69$

풀이
- $S_A = \left(\dfrac{16^2 + 18^2 + 15^2 + (-30)^2}{4} - \dfrac{19^2}{16} \right) \times \dfrac{1}{100} = 4.0369$
- $S_T = [(n-1) \times s^2] \times \dfrac{1}{100} = 7.1444$

35 다음은 어떤 모수모형 1요인실험의 데이터이다. 실험에 관한 설명 중 틀린 것은?

수준	A_1	A_2	A_3	A_4
1	49	40	46	45
2	58	43	41	73
3	42	34	58	76
4		20		
합계	149	137	145	194
평균	49.67	34.25	48.33	64.67

① S_A는 약 1598.17이다.

② CT는 약 32,552.08이다.

③ 오차항의 자유도는 9이다.

④ 요인 A의 자유도는 3이다.

풀이 ② $CT = \dfrac{(149 + 137 + 145 + 194)^2}{13} = 30,048.08$

36 4종류의 다이어트 식단 A_1, A_2, A_3, A_4가 있다. 식이요법이 혈액응고 시간에 영향을 주는가를 알아보기 위하여 반복이 같지 않은 1요인실험을 실시한 결과 다음과 같은 데이터를 얻었다. 요인 A의 제곱합(S_A)은 약 얼마인가?

A의 수준	실험의 반복						계
A_1	12	10	13	9	11	$-$	55
A_2	12	17	21	14	15	16	95
A_3	18	16	21	17	18	18	108
A_4	6	12	10	11	13	14	66
계							324

① 215 ② 315

③ 4,564 ④ 4,779

풀이 $S_A = \dfrac{55^2}{5} + \dfrac{95^2}{6} + \dfrac{108^2}{6} + \dfrac{66^2}{6} - \dfrac{324^2}{23} = 214.99$

37 반복이 같지 않은 모수모형의 1요인실험에 관한 데이터는 다음과 같다. 요인 A의 제곱합(S_A)은 약 얼마인가?

수준	A_1	A_2	A_3
반복 수	5	6	7
$T_i.$	116	184	165

① 110.65　　　② 210.65
③ 310.65　　　④ 410.65

풀이 $S_A = \dfrac{116^2}{5} + \dfrac{184^2}{6} + \dfrac{165^2}{7} - \dfrac{465^2}{18} = 210.652$

38 1요인실험에 의해 얻어진 다음의 실험 데이터의 오차제곱합 (S_e)은 약 얼마인가?

수준 Ⅰ	90, 82, 75, 71, 81
수준 Ⅱ	93, 94, 84, 88, 92, 80, 73
수준 Ⅲ	55, 48, 62, 72, 57, 86

① 120　　　② 135
③ 1,508　　　④ 1,806

풀이

요인	SS
A	$S_A = \dfrac{399^2}{5} + \dfrac{604^2}{7} + \dfrac{380^2}{6} - \dfrac{1383^2}{18} = 1,762.938$
e	$S_e = S_T - S_A = 1,507.562$
T	$S_T = 3,270.5$

39 다음 1요인실험 분산분석표에서 S_e의 값은 얼마인가?

요인	SS	DF	MS	F_0
A	1.98	( )	( )	31.429
e	( )	( )	0.021	
T		10		

① 0.126　　　② 0.147
③ 0.168　　　④ 0.189

풀이

요인	SS	DF	MS	F_0
A	1.98	ν_A	V_A	31.429
e	S_e	ν_e	0.021	
T		10		

- $F_0 = 31.429 = \dfrac{V_A}{0.021}$ 에서 $V_A = 0.660$
- $\dfrac{1.98}{\nu_A} = 0.660$ 에서 $\nu_A = 3$
- $\nu_e = 10 - 3 = 7$
- $S_e = 7 \times 0.021 = 0.147$

40 요인 A의 수준수를 4로 하여 각 수준마다 반복 4회의 실험을 랜덤한 순서로 행한 후, 분산분석표를 작성하여 총제곱합(S_T) = 7.35, 요인 A의 제곱합(S_A) = 3.87을 얻었다. 오차의 제곱합(S_e)의 값은?

① 2.33　　　② 3.45
③ 3.48　　　④ 4.23

풀이 $S_e = S_T - S_A = 7.35 - 3.87 = 3.48$

41 요인 A가 l수준, 반복 m의 1요인실험을 하였을 때 분산분석표 작성에 필요한 수리식으로 가장 올바른 것은?

① $S_A = \dfrac{\sum\sum x_{ij}^2}{n} - CF$

② $S_e = S_T + S_A$

③ $S_T = \sum\limits_i^l \sum\limits_j^m X_{ij}^2 - CF$

④ $V_e = \dfrac{S_e}{n-1}$

풀이 ① $S_A = \dfrac{\sum\sum x_i^2.}{m} - CF$

② $S_e = S_T - S_A$

④ $V_e = \dfrac{S_e}{l(m-1)}$

PART 1
PART 2
PART 3
PART 4
PART 5
PART 6
PART 7

42 어떤 모수모형의 1요인실험 분산분석표가 다음과 같을 때, 설명이 적절하지 않은 것은?

요인	SS	DF	MS	F_0	$F_{0.95}$
A	1598.173	3	532.724	4.06746	3.86
e	1178.750	9	130.972		
T	2776.923				

① 실험의 수준수는 4수준이다.
② 반복수가 일정한 실험계획법이 아니다.
③ 유의수준 5%로 분산비가 유의하므로 최적해가 존재한다.
④ 반복수가 다르므로 오차제곱합의 기여율을 계산할 수 없다.

풀이 ④ 1요인실험에서 반복수의 일정, 불일정에 상관없이 오차제곱합의 기여율을 계산할 수 있다.

43 어떤 모수모형의 1요인실험 분산분석표의 일부가 표와 같을 때 다음 중 옳지 않은 것은?

요인	SS	DF	MS	F_0	$F_{0.95}$
A	1598.173		532.724		3.86
e	1178.750	9			
T	2776.923	12			

① 반복수는 3회로 일정하다.
② 요인 A의 수준수는 4이다.
③ 분산비는 약 4.067로 유의하다.
④ 오차의 편차제곱평균은 약 130.97이다.

풀이 총 자유도가 12이므로 총실험횟수가 13이 된다. 따라서 반복수가 일정하지 않다.

검정과 기여율

44 1요인실험에서 분산분석결과 "통계적으로 유의하다."는 판단이 의미하는 것이 아닌 것은?

① 주어진 유의확률하에서 처리 내 분산이 차이가 있다.
② 주어진 유의확률하에서 가정한 모형이 데이터 해석에 의미가 있다.
③ 주어진 유의확률하에서 처리 간 효과 차이가 있다.
④ 주어진 유의확률하에서 처리 간 평균이 차이가 있다.

풀이 ① 처리 내(內)가 아니라 처리 간(間) 분산이 차이가 있다.

45 1요인실험에서 요인 A가 변량일 때 $x_{ij} = \mu + a_i + e_{ij}$ (단, $i = 1, 2, \cdots, l$, $j = 1, 2, \cdots, m$)이다. F 검정에 대한 내용 중 틀린 것은?

① $H_0 : a_1 = a_2 = \cdots = a_l = 0$
② $F_0 > F_{1-\alpha}(\nu_A, \nu_e)$면 H_0 기각
③ $F_0 = V_A / V_e$
④ $H_0 : \sigma_A^2 > 0$

풀이 ④ $H_0 : \sigma_A^2 = 0$, $H_1 : \sigma_A^2 > 0$

46 1요인실험에서 분산분석 후 F검정을 하고자 한다. 각 수준에서 주효과를 $a_i(i = 1, 2, \cdots, l)$라고 할 때 틀린 것은?

① $H_0 : \sigma_A^2 = 0$
② $H_1 : \sigma_A^2 < 0$
③ $H_0 : a_1 = a_2 = \cdots = a_l = 0$
④ $H_1 : a_i$는 모두 0이 아니다.

풀이 $H_1 : a_i$는 모두 0은 아니다.
또는 $\sigma_A^2 > 0$

정답 42 ④ 43 ① 44 ① 45 ④ 46 ②

47 1요인실험의 분산분석표에서 다음의 [데이터]를 얻었다. S_A는 얼마인가?

> ──────[데이터]──────
>
> 수준수 $l=4$, $V_e=1.25$, $F_0=10.64$

① 39.9   ② 25.54
③ 23.25   ④ 17.80

풀이 $F_0=\dfrac{V_A}{V_e}$에서 $10.64=\dfrac{V_A}{1.25}$, $V_A=13.30$

∴ $S_A=\nu_A\times V_A=3\times13.30=39.90$

48 요인 A가 모수인 1요인실험의 분산분석표에서 수준수 4, 반복수 5, $S_T=14.16$, $S_A=10.10$, $S_e=4.06$일 때, F_0 값은 약 얼마인가?

① 2.488   ② 9.951
③ 13.268   ④ 15.755

풀이 $V_A=\dfrac{S_A}{DF_A}=\dfrac{10.10}{3}=3.36667$

$V_e=\dfrac{S_e}{DF_e}=\dfrac{4.06}{16}=0.25375$

∴ $F_0=\dfrac{V_A}{V_e}=\dfrac{3.36667}{0.25375}=13.2677$

49 환봉의 인장강도를 높이기 위하여 A(온도)를 4종류로 취해 3회씩 반복 랜덤하게 실험한 결과 다음의 분산분석표의 일부를 얻었다. 분산비(F_0)를 구하면 약 얼마인가?

요인	SS	DF
A	3.52	3
e	1.71	8
T	5.23	11

① 3.14   ② 3.60
③ 4.49   ④ 5.49

풀이 $F_0=\dfrac{V_A}{V_e}=\dfrac{(S_A/\nu_A)}{(S_e/\nu_e)}=\dfrac{(3.52/3)}{(1.71/8)}=5.489$

50 다음은 반복수가 일정하지 않은 1요인실험의 분산분석표이다. F_0(검정통계량)의 값은 약 얼마인가?

요인	SS	DF	MS
급간(A)	4.86	( )	( )
급내(e)	( )	11	0.29
계	( )	13	

① 2.14   ② 4.43
③ 6.19   ④ 8.38

풀이

요인	SS	DF	MS
급간(A)	4.86	2	2.43
급내(e)	3.19	11	0.29
계	8.05	13	

∴ $F_0=\dfrac{MS_A}{MS_e}=\dfrac{V_A}{V_e}=\dfrac{2.43}{0.29}=8.379$

51 반복이 일정한 1요인실험에서 다음과 같은 분산분석표를 얻었다. A의 제곱합을 검정한 결과로 옳은 것은?

요인	SS	DF	MS	$F_{0.95}$
A	3.51	3	1.17	4.07
e	2	8	0.25	
T	5.51	11		

① $\alpha=0.05$에서 유의하다.
② $\alpha=0.05$에서 유의하지 않다.
③ 주어진 데이터로 판정이 어렵다.
④ $\alpha=0.05$에서 유의할 수도 있고, 유의하지 않을 수도 있다.

풀이 $F_0=\dfrac{V_A}{V_e}=\dfrac{1.17}{0.25}=4.68>4.07$이므로 $\alpha=0.05$에서 유의하다.

52 요인 A는 4수준, 3회 반복인 1요인실험에서 분산분석한 결과 요인 A의 제곱합이 2.96, 총 제곱합이 4.29일 때, 요인 A의 순제곱합 S_A'는 약 얼마인가?

① 1.340　　　　　② 1.963

③ 2.233　　　　　④ 2.461

풀이 $S_A' = S_A - \nu_A V_e$
$= 2.96 - 3 \times 0.16625 = 2.461$

$\left(단, \ V_e = \dfrac{S_e}{\nu_e} = \dfrac{1.33}{8} = 0.16625\right)$

53 다음은 1요인실험을 하여 얻어진 분산분석표의 일부이다. 오차의 순제곱합은 얼마인가?(단, 요인 A의 수준수는 4이다.)

요인	SS	DF	MS
A	30		
e	60	20	3
T	90		

① 51　　　　　② 60

③ 69　　　　　④ 72

풀이 $S_e' = S_e + \nu_A V_e$
$= 60 + 3 \times 3 = 69$

54 1요인실험에서 $S_A = 0.93$, $S_T = 1.68$, $\nu_A = 4$, $\nu_e = 60$일 때, 오차의 순제곱합(S_e')을 구하면 약 얼마인가?

① 0.70　　　　　② 0.75

③ 0.80　　　　　④ 0.85

풀이 $S_e = S_e + \nu_A V_e$
$= 0.75 + (4 \times 0.0125) = 0.80$

55 다음은 1요인실험을 하여 얻어진 분산분석표의 일부이다. 요인 A의 기여율은 얼마인가?

요인	SS	DF
A	30	3
e	70	20

① 19.5%　　　　　② 23.0%

③ 30.0%　　　　　④ 40.5%

풀이 $S_A' = S_A - \nu_A V_e = 30 - 3 \times 3.5 = 19.5$

$\rho_A = \dfrac{S_A'}{S_T} \times 100(\%) = \dfrac{19.5}{100} \times 100(\%) = 19.5(\%)$

56 1요인실험에서 총제곱합 $S_T = 1.01$이고, A요인의 순제곱합 $S_A' = 0.40$일 때 기여율 ρ_A는 약 얼마인가?

① 39.6%　　　　　② 42.2%

③ 44.4%　　　　　④ 46.2%

풀이 $\rho_A = \dfrac{S_A'}{S_T} = \dfrac{0.40}{1.01} \times 100 = 39.60(\%)$

57 다음 분산분석표에서 총 제곱합에 대한 오차제곱합의 기여율은 약 얼마인가?

요인	SS	DF	MS	F_0
A	2145.6	3	715.2	3.70
e	3874.1	20	193.7	
T	6019.7	23		

① 26%　　　　　② 36%

③ 64%　　　　　④ 74%

풀이 $S_e' = S_e + \nu_A \times V_e = 3874.1 + (3 \times 193.7)$

$\rho_e = \dfrac{S_e'}{S_T} \times 100 = 74.01(\%)$

58 분산분석의 결과가 표와 같을 때 오차의 기여율(ρ_e)은 약 얼마인가?

요인	SS	DF	MS
A	30	3	10
e	60	20	3
T	90	23	

① 56.67%
② 66.67%
③ 76.67%
④ 86.67%

[풀이] $S_e' = S_e + \nu_A V_e = 60 + 3 \times 3 = 69$

$\rho_e = \dfrac{S_e'}{S_T} \times 100(\%) = \dfrac{69}{90} \times 100 = 76.667(\%)$

59 요인 A를 변량모형으로 반복수가 같은 1요인실험을 하였다. 이에 대한 설명으로 가장 올바른 것은?

① 요인의 각 수준에서의 모평균을 추정하는 데 의미가 있다.
② $x_{ij} = \mu + a_i + b_j + e_{ij}$의 구조식을 갖는다.
③ 분산분석표 작성은 모수모형과 작성방법이 다르다.
④ 산포의 정도를 알기 위해 σ_A^2의 추정에 의미가 있다.

[풀이] ① 요인의 각 수준에서의 모평균을 추정하는 것은 의미가 없다.
② $x_{ij} = \mu + a_i + e_{ij}$의 구조식을 갖는다.
③ 분산분석표 작성은 모수모형과 작성방법이 같다.

60 다음은 반복이 일정한 모수모형 1요인실험의 분산분석표를 구한 것이다. 옳지 않은 것은?

요인	SS	DF	MS	F_0	$F_{0.95}$
A	19788	3	6596	31.19	4.07
e	1692	8	211.5		
T	21480	11			

① 실험의 반복수는 3이다.
② 귀무가설은 $a_1 = a_2 = a_3 = a_4 = 0$이다.

③ 요인 A는 유의수준 5%로 유의하므로 최적해가 존재한다.
④ 모수모형이므로 오차분산의 신뢰구간추정은 의미가 없다.

[풀이] ④ 변량인 오차요인은 분산을 추정하는 것이 의미가 있다.

61 다음 분산분석표에서 ( ) 안의 값은 약 얼마인가?

요인	SS	DF	MS	F_0
m	1428	1	1428	72.9
A	174	2	87	( )
e	529	27	19.6	
T	2131			

① 4.4
② 5.5
③ 6.5
④ 7.5

[풀이] $F_0 = \dfrac{V_A}{V_e} = \dfrac{87}{19.6} = 4.439$

추정

62 1요인실험에서 각 수준의 반복수가 다를 경우, 각 수준 평균의 신뢰구간추정에 관한 설명으로 옳은 것은?

① 반복수가 다르므로 평균 반복수를 이용한다.
② 각 수준에서 평균의 표준편차 추정치에 차이가 없다.
③ 반복수가 작은 수준에서는 신뢰구간의 폭이 좁아진다.
④ 반복수가 많은 수준에서는 정도 높은 신뢰구간이 얻어진다.

[풀이] ① 반복수가 다름에 따라 구간추정의 식이 약간의 변동이 있을 뿐 별반 다른 것은 없다.
② 각 수준에서 평균의 표준편차 추정치에 차이가 존재한다.
③ 반복수가 작은 수준에서는 신뢰구간의 폭이 넓어진다.

63 1요인실험에서 변량모형에 대한 설명으로 틀린 것은?

① 데이터의 구조식은 $x_{ij} = \mu + a_i + e_{ij}$이다.

② 변량요인의 각 수준에서의 모평균의 추정은 의미가 없다.

③ 요인의 수준이 랜덤으로 선택될 때 그 요인은 변량요인이 된다.

④ 요인의 수준을 랜덤하게 선택하므로 산포의 추정은 의미가 없다.

풀이 ④ 요인의 수준을 랜덤하게 선택하면 변량요인이므로 모평균의 추정은 의미가 없고, 산포의 추정은 의미가 있다.

64 반복수가 일정한 1요인실험에서 수준수가 4, 반복수가 3일 때, 변량요인 A의 분산(σ_A^2)의 추정식을 맞게 표현한 것은?

① V_A

② $\dfrac{V_A - V_e}{3}$

③ $V_A + V_e$

④ $\dfrac{V_A - V_e}{4}$

풀이 $\widehat{\sigma_A^2} = \dfrac{V_A - V_e}{r} = \dfrac{V_A - V_e}{3}$

65 아래의 보기와 같은 변량모형(Random Effect Model)에서 분산분석의 결과를 이용한 $\widehat{\sigma_A^2}$의 추정치는 얼마인가?

$$x_{ij} = \mu + a_i + e_{ij}$$
$$(i = 1, 2, 3, \cdots, l \ , \ j = 1, 2, 3, \cdots, m)$$

요인	SS	DF	MS
A	0.8884	3	0.2961
e	0.0792	12	0.0066
T	0.9676	15	

① 0.0356

② 0.0724

③ 0.0965

④ 0.1678

풀이 $\widehat{\sigma_A^2} = \dfrac{V_A - V_e}{r} = \dfrac{0.2961 - 0.0066}{4} = 0.07238$

66 시약이 담겨져 있는 드럼통 중 4개를 임의로 선택하여 선택된 드럼통에서 5덩어리를 샘플링하여 실험한 후 분산분석한 결과 $V_A = 0.187$, $V_e = 0.0286$이었다. $\widehat{\sigma_A^2}$ 값은 약 얼마인가?

① 0.0317

② 0.0396

③ 0.0453

④ 0.0542

풀이 $\widehat{\sigma_A^2} = \dfrac{V_A - V_e}{m} = \dfrac{0.187 - 0.0286}{5} = 0.03168$

67 l개의 수준에서 반복수가 각각 $m_i (i = 1, 2, \cdots, l)$인 1요인실험 변량모형의 경우, 급내분산의 불편추정값의 식은?

① V_e

② $V_e + (l-1) V_A$

③ $\dfrac{(V_A - V_e)\left(N^2 \sum\limits_i m_i^2\right)}{N(l-1)}$

④ $V_e \sum\limits_i \dfrac{m_i}{l-1}$

풀이
· 급내분산($\widehat{\sigma_e^2}$) $= V_e$

· 급간분산($\widehat{\sigma_A^2}$) $= \dfrac{1}{l-1} \sum (a_i - \bar{a})^2$

68 1요인실험에서 A요인의 수준수가 5이고, 각 수준에서의 반복수가 4이다. 제곱합을 계산해 본 결과 $S_T = 100$, $S_A = 70$이라면, 오차분산 σ_e^2의 점추정치는 얼마인가?

① 1.88

② 2

③ 2.40

④ 30

풀이 $S_e = S_T - S_A$ $\quad \therefore \sigma_e^2 = V_e = \dfrac{S_e}{\nu_e} = \dfrac{30}{15} = 2.0$

69 A요인으로 4수준을 취하고 4회 반복하여 16회 실험을 랜덤한 순서로 행하여 분석한 결과 다음과 같은 분산분석표를 얻었다. 오차의 표준편차의 추정치 $\hat{\sigma_e}$를 구하면 얼마인가?

요인	SS	DF	MS
급간 A	162.43	3	54.14
급내 e	21.82	12	1.82
	184.25		

① 0.68   ② 1.35

③ 9.52   ④ 13.04

풀이 $\hat{\sigma_e^2}=MS_e$이므로, $\sqrt{1.82}=1.35$

70 다음은 반복이 일정한 어느 변량모형 1요인실험 결과이다. 설명 중 가장 거리가 먼 것은?

요인	SS	DF	MS	F_0	$F_{0.95}$
A	387.69	3	129.23	4.459	3.49
e	347.75	12	28.98		
T	735.44	15			

① 요인 A가 유의하여도 요인의 각 수준에서 모평균의 추정은 의미가 없다.

② 유의수준 5%로 요인 A가 유의하므로 σ_A^2의 추정이 필요하다.

③ 실험에 적용된 변량요인 A의 수준수는 4이다.

④ 요인 A의 분산의 추정치는
$$\hat{\sigma_A^2}=\frac{129.23-28.98}{3}$$ 이다.

풀이 ④ 요인 A의 분산의 추정치는
$$\hat{\sigma_A^2}=\frac{V_A-V_e}{r}=\frac{129.23-28.98}{4}$$ 이다.

71 다음은 반복이 4회로 일정한 어느 변량모형 1요인실험 결과이다. 이 실험에 대한 설명 중 틀린 것은?

요인	SS	DF	MS	F_0	$F_{0.95}$
A	387.69		129.23	4.459	3.49
e	347.75				
T	735.44	15			

① 오차항의 자유도는 11이다.

② 요인 A의 수준수는 4이다.

③ $\hat{\sigma_A^2}$은 약 25.06으로 추정된다.

④ 오차항의 편차제곱평균은 약 28.98이다.

풀이 ① 오차항의 자유도 : 12 ($\nu_e=\nu_T-\nu_A=15-3=12$)

72 반복이 일정하지 않은 1요인실험에서 분산분석 후 추정에 관한 내용으로 틀린 것은?(단, A의 수준수는 l, 수준에는 m_i개의 데이터가 있다.)

① $Var(\bar{x}_{i\cdot})=\dfrac{\sigma_e^2}{m_i}$

② $Var(\bar{x}_{i\cdot}-\bar{x}_{i'\cdot})=\dfrac{\sigma_e^2}{2m_i}$

③ F 검정의 귀무가설은 $\displaystyle\sum_{i=1}^{l}m_ia_i^2=0$이다.

④ 유의수준이 5%일 때, 기각역은
$F_{0.95}\left(l-1,\ \displaystyle\sum_{i=1}^{l}m_i-l\right)$이다.

풀이 ② $Var(\bar{x}_{i\cdot}-\bar{x}_{i'\cdot})=\sigma_e^2\left(\dfrac{1}{m_i}+\dfrac{1}{m_{i'}}\right)$

73 반복수가 일정한 1요인실험(모수모형)에서 각 수준의 모평균 구간추정식으로 가장 올바른 것은?(단, ν는 자유도이고, m은 반복수이다.)

① $\bar{x}_{i\,\cdot} \pm t_{1-\alpha/2}(\nu_e) \times \sqrt{\dfrac{V_e}{m}}$

② $\bar{x}_{\cdot\,j} \pm t_{1-\alpha/2}(\nu_e) \times \sqrt{\dfrac{V_e}{m}}$

③ $\bar{x}_{i\,\cdot} \pm t_{1-\alpha/2}(\nu_e) \times \sqrt{\dfrac{2V_e}{m}}$

④ $\bar{x}_{\cdot\,j} \pm t_{1-\alpha/2}(\nu_e) \times \sqrt{\dfrac{2V_e}{m}}$

풀이 • 반복이 일정한 경우

$$\widehat{\mu(A_i)} = \bar{x}_{i\,\cdot} \pm t_{1-\alpha/2}(\nu_e)\sqrt{\dfrac{V_e}{m}}$$

• 반복이 일정하지 않은 경우

$$\widehat{\mu(A_i)} = \bar{x}_{i\,\cdot} \pm t_{1-\alpha/2}(\nu_e)\sqrt{\dfrac{V_e}{m_i}}$$

74 모수모형의 반복수가 같지 않은 1요인실험에서 각 수준의 모평균(μ_i)에 대한 $100(1-\alpha)\%$ 신뢰구간추정식으로 맞는 것은?

① $\bar{x}_{i\,\cdot} \pm t_{1-\alpha/2}(\nu_e)\sqrt{\dfrac{V_e}{m_i}}$

② $\bar{x}_{i\,\cdot} \pm t_{1-\alpha/2}(\nu_e)\sqrt{\dfrac{2V_e}{m_i}}$

③ $\bar{x}_{i\,\cdot} \pm F_{1-\alpha}(1,\ \nu_e)\sqrt{\dfrac{V_e}{m_i}}$

④ $\bar{x}_{i\,\cdot} \pm F_{1-\alpha}(1,\ \nu_e)\sqrt{\dfrac{2V_e}{m_i}}$

풀이 $\hat{\mu}(A_i) = \bar{x}_{i\,\cdot} \pm t_{1-\alpha/2}(\nu_e)\sqrt{\dfrac{V_e}{m_i}}$

$$= \bar{x}_{i\,\cdot} \pm \sqrt{F_{1-\alpha}(1,\ \nu_e)}\sqrt{\dfrac{V_e}{m_i}}$$

75 반복이 일정한 A요인의 수준수 $l=4$, 반복수 $m=5$인 1요인실험에서 $V_e=0.049$, $\bar{x}_{2\,\cdot}=8.24$였다. $\mu(A_2)$를 신뢰율 95%로 구간추정하면 약 얼마인가?[단, $t_{0.975}(15)=2.131$, $t_{0.975}(16)=2.120$, $t_{0.95}(15)=1.753$, $t_{0.95}(16)=1.746$이다.]

① $8.004 \le \mu(A_2) \le 8.476$

② $8.030 \le \mu(A_2) \le 8.450$

③ $8.047 \le \mu(A_2) \le 8.433$

④ $8.066 \le \mu(A_2) \le 8.414$

풀이 $\bar{x}_{i\,\cdot} \pm t_{1-\alpha/2}(\nu_e)\sqrt{\dfrac{V_e}{m}} = 8.24 \pm 2.120 \times \sqrt{\dfrac{0.049}{5}}$

$$= (8.0301,\ 8.4499)$$

76 반복이 같지 않은 모수모형의 1요인실험에 관한 데이터가 다음과 같다. 수준 A_2의 모평균에 대한 95% 신뢰구간을 구하는 식으로 옳은 것은?

요인수준	A_1	A_2	A_3
반복수	3	4	5
$T_{i\,\cdot}$	362	284	336

① $71 \pm t_{0.975}(2)\sqrt{\dfrac{V_e}{4}}$

② $71 \pm t_{0.975}(3)\sqrt{\dfrac{V_e}{4}}$

③ $71 \pm t_{0.975}(9)\sqrt{\dfrac{V_e}{4}}$

④ $71 \pm t_{0.975}(11)\sqrt{\dfrac{V_e}{4}}$

풀이 $\bar{x}_{i\,\cdot} \pm t_{0.975}(\nu_e)\sqrt{\dfrac{V_e}{r_i}} \quad (\nu_e=9)$

정답 73 ① 74 ① 75 ② 76 ③

77 다음은 반복수가 일정하지 않은 1요인실험의 데이터 일부이다. 그리고 분산분석 결과 $V_e = 0.051$이었다. $\mu(A_2)$를 신뢰수준 95%로 구간추정하면 약 얼마인가? [단, $t_{0.95}(9) = 1.833$, $t_{0.975}(9) = 2.262$이다.]

수준수	A_1	A_2	A_3	A_4
실험횟수	4	3	4	2
$T_i .$	339.0	255.0	338.9	170.6
$\overline{x}_i .$	84.750	85.000	84.725	85.300

① $84.705 \leq \mu(A_2) \leq 85.295$

② $84.745 \leq \mu(A_2) \leq 85.255$

③ $84.761 \leq \mu(A_2) \leq 85.239$

④ $84.793 \leq \mu(A_2) \leq 85.207$

(풀이) $\hat{\mu}(A_2) = \overline{x}_2 . \pm t_{0.975}(9)\sqrt{\dfrac{V_e}{r_2}}$

$\qquad = 85.000 \pm 2.262 \times \sqrt{\dfrac{0.051}{3}} = (84.7051, \ 85.2949)$

78 다음 표는 반복이 일정하지 않은 경우 변수화된 1요 인실험 데이터와 분산분석표이다. $\mu(A_2)$를 $\alpha = 0.01$ 로 구간추정하면 약 얼마인가? [단, $t_{0.99}(15) = 2.602$, $t_{0.995}(15) = 2.947$, $V_e = 167.253$]

$$X_{ij} = (x_{ij} - 47)$$

구분	A_1	A_2	A_3	A_4
m(반복)	5	6	5	3
$T_i .$	25	-70	6	53
$\overline{X}_i .$	5	-11.667	1.2	17.667

① $21.595 \leq \mu(A_2) \leq 49.071$

② $19.774 \leq \mu(A_2) \leq 50.892$

③ $-27.226 \leq \mu(A_2) \leq 2.892$

④ $-25.405 \leq \mu(A_2) \leq 2.071$

(풀이) $(-11.667 + 47) \pm 2.947\sqrt{\dfrac{167.253}{6}} = 19.7736 \sim 50.8924$

79 1요인실험에서 A_1의 점추정이 52.6kg이라면 다음의 분산분석표를 보고 $\mu(A_1)$의 95% 신뢰구간을 구하면 약 얼마인가? [단, $t_{0.975}(16) = 2.120$, $t_{0.95}(16) = 1.746$]

요인	SS	DF	MS	F_0
A	1,853	3	618	6.33**
e	1,561	16	97.6	
T	3,414	19		

① $42.13 \sim 63.07$kg   ② $43.23 \sim 61.97$kg

③ $44.89 \sim 60.31$kg   ④ $14.90 \sim 40.70$kg

(풀이) $52.6 \pm 2.120 \times \sqrt{\dfrac{97.6}{5}} = (43.234, \ 61.966)$

80 어떤 제약회사에서 K성분의 함량을 실험한 데이터와 분산분석표이다. $\mu(A_1)$의 95% 신뢰구간을 추정하면 약 얼마인가? [단, $t_{0.95}(3) = 2.353$, $t_{0.975}(3) = 3.182$, $t_{0.95}(12) = 1.782$, $t_{0.975}(12) = 2.179$이다.]

구분	A_1	A_2	A_3	A_4
반복	3	3	5	5
$T_i .$	18.3	12.5	16.3	13.8
$\overline{x}_i .$	6.1	4.167	3.26	2.76

요인	SS	DF	MS	F_0
A	23.138	3	7.7127	142.039**
e	0.651	12	0.0543	
T	23.789	15		

① $5.672 \leq \mu(A_1) \leq 6.528$

② $5.784 \leq \mu(A_1) \leq 6.416$

③ $5.807 \leq \mu(A_1) \leq 6.393$

④ $5.861 \leq \mu(A_1) \leq 6.439$

$\hat{\mu}(A_1) = \overline{x}_1. \ \pm t_{0.975}(12)\sqrt{\dfrac{V_e}{r_1}} = 6.1 \pm 2.179 \times \sqrt{\dfrac{0.0543}{3}}$

$\qquad\qquad = (5.8068, \ 6.3932)$

07, 11, 17산업[실기] ✪✪✪

81 A 공장에서 제품의 인장강도를 높이기 위하여 요인 A를 온도로 채택하여 $A_1(120℃)$, $A_2(140℃)$, $A_3(160℃)$, $A_4(180℃)$로 하고, 각 수준의 반복수를 4회로 실험하였더니 요인 A가 고도로 유의적이었다면 다음의 [데이터]를 보고 $\mu(A_2)$를 신뢰율 95%로 구간추정하면 어느 정도가 되는가?[단, $t_{0.975}(12) = 2.179$, $t_{0.975}(15) = 2.131$, $t_{0.95}(12) = 1.782$]

[데이터]

$\overline{x}_2. = 33.0, \ V_e = 3.48$

---

① 33 ± 2.032 ② 33 ± 2.347
③ 33 ± 1.988 ④ 33 ± 1.662

$\mu(A_2) = 33.0 \pm 2.179 \sqrt{\dfrac{3.48}{4}} = 33.0 \pm 2.032$

06, 09, 10, 16, 18산업[실기] ✪✪✪

82 다음 표는 승용차의 평균 주행거리(km/L)를 비교하려고 세 종류의 승용차를 같은 조건에서 실험한 데이터와 분산분석표이다. $\mu(A_1)$을 $\alpha = 0.01$로 구간추정하고 싶을 때 구간한계폭은 약 얼마인가?[단, $t_{0.99}(8) = 2.896$, $t_{0.995}(8) = 3.355$, $t_{0.99}(2) = 6.965$, $t_{0.995}(2) = 9.925$이다.]

구분	A_1	A_2	A_3
m(반복)	4	3	4
$T_i.$	64.3	45.1	73.3
$\overline{x}_i.$	16.075	15.033	18.325

요인	SS	DF	MS	F_0
A	20.369	2	10.185	67.9**
e	1.201	8	0.150	
T	21.570	10		

① ± 0.561 ② ± 0.650
③ ± 1.349 ④ ± 1.922

한계폭 $= \pm t_{1-\alpha/2}(\nu_e)\sqrt{\dfrac{V_e}{r_i}}$

$\qquad\qquad = \pm t_{0.995}(8)\sqrt{\dfrac{0.150}{4}}$

$\qquad\qquad = \pm 0.6497$

20산업[실기] ✪✪○

83 주행거리를 비교하기 위하여 3종류의 경승용차를 같은 조건에서 실험한 데이터와 분산분석표가 다음과 같을 때, $\mu(A_2)$를 유의수준 0.05로 구간추정하면 약 얼마인가?[단, $t_{0.95}(2) = 2.920$, $t_{0.975}(2) = 4.303$, $t_{0.95}(8) = 1.860$, $t_{0.975}(8) = 2.306$이다.]

구분	A_1	A_2	A_3
m(반복)	4	3	4
$T_i.$	64.3	45.1	73.3
$\overline{x}_i.$	16.075	15.033	18.325

요인	SS	DF	MS	F_0
A	20.369	2	10.185	67.9
e	1.201	8	0.150	
T	21.57	10		

① $14.617 \leq \mu(A_2) \leq 15.449$
② $14.517 \leq \mu(A_2) \leq 15.549$
③ $14.380 \leq \mu(A_2) \leq 15.686$
④ $14.071 \leq \mu(A_2) \leq 15.995$

$\hat{\mu}(A_2) = 15.033 \pm 2.306\sqrt{\dfrac{0.150}{3}} = (14.5173, \ 15.5486)$

19산업[실기] ✪✪○

84 수준수 $l = 4$이고, 반복수 $r = 5$인 1요인실험으로 분산분석한 결과, 요인 A가 1%로 유의적이었다. $V_e = 0.7880$이고, $\overline{x}_1. = 7.72$일 때, $\mu(A_1)$을 유의수준 0.01로 구간추정하면 약 얼마인가?[단, $t_{0.99}(16) = 2.583$, $t_{0.995}(16) = 2.921$이다.]

① $6.424 \leq \mu(A_1) \leq 9.016$

② $6.560 \leq \mu(A_1) \leq 8.880$

③ $6.574 \leq \mu(A_1) \leq 8.866$

④ $6.695 \leq \mu(A_1) \leq 8.745$

풀이 $\hat{\mu}(A_1) = \bar{x}_1. \pm t_{0.995}(16)\sqrt{\dfrac{V_e}{r}}$

$= 7.72 \pm 2.921 \times \sqrt{\dfrac{0.788}{5}}$

$= (6.5604,\ 8.8796)$

06산업[실기] ●●○

85 1요인 2수준($A_1,\ A_2$)으로 각각 6회의 실험을 행하여 다음의 분산분석표를 얻었다. 수준 A_1의 모평균을 95%의 신뢰도로 추정하면?[단, A_1의 데이터 합계는 30이며, $t_{0.975}(10) = 2.228$, $t_{0.975}(12) = 2.179$이다.]

요인	SS	DF
m	45	1
A	30	1
e	15	10
A	90	12

① 5 ± 1.09　　　② 5 ± 1.11

③ 5 ± 1.89　　　④ 5 ± 1.93

풀이 $5 \pm 2.228\sqrt{\dfrac{1.5}{6}} = 5 \pm 1.114$

19산업 ●●○

86 3수준의 공정온도(A)에서 수율을 각각 $r = 4$회 반복 측정하여 총 제곱합 $S_T = 480$, 공정온도에 의한 제곱합 $S_A = 420$을 얻었다. 오차항의 분산 σ_e^2의 추정치는 얼마인가?

① 4.84　　　② 6.67

③ 9.63　　　④ 10.25

풀이 $S_e = S_T - S_A = 480 - 420 = 60$

$\hat{\sigma}_e^2 = V_e = \dfrac{S_e}{\nu_e} = \dfrac{60}{9} = 6.667$

13기사 ●○○

87 반복수가 일정한 경우의 모수모형 1요인실험에서 오차분산의 신뢰구간을 유의수준 α로 추정하는 식은?

① $F_{1-\frac{\alpha}{2}}(\nu_A, \nu_e) \leq \sigma_e^2 \leq F_{1-\frac{\alpha}{2}}(\nu_e, \nu_A)$

② $t_\alpha(\nu_e)\sqrt{\dfrac{V_e}{n}} \leq \sigma_e^2 \leq t_{1-\alpha}(\nu_e)\sqrt{\dfrac{V_e}{n}}$

③ $\dfrac{S_e}{\chi^2_{1-\frac{\alpha}{2}}(\nu_e)} \leq \sigma_e^2 \leq \dfrac{S_e}{\chi^2_{\frac{\alpha}{2}}(\nu_e)}$

④ $t_\alpha(\nu_e) \leq \sigma_e^2 \leq t_{1-\alpha}(\nu_e)$

풀이 $\dfrac{S_e}{\chi^2_{1-\frac{\alpha}{2}}(\nu_e)} \leq \sigma_e^2 \leq \dfrac{S_e}{\chi^2_{\frac{\alpha}{2}}(\nu_e)}$

09, 17(중복)산업 ●●●

88 모수요인 A의 수준수가 4, 반복 5회의 1요인실험에서 $S_T = 2.478$, $S_A = 1.690$, $S_e = 0.788$일 때, 95% 신뢰구간으로 오차분산(σ_e^2)을 추정하면 약 얼마인가?[단, $\chi^2_{0.975}(16) = 28.85$, $\chi^2_{0.025}(16) = 6.91$, $\chi^2_{0.975}(19) = 32.85$, $\chi^2_{0.025}(19) = 8.91$이다.]

① $0.0240 \leq \sigma_e^2 \leq 0.0884$

② $0.0273 \leq \sigma_e^2 \leq 0.1140$

③ $0.0586 \leq \sigma_e^2 \leq 0.2451$

④ $0.0867 \leq \sigma_e^2 \leq 0.3592$

풀이 $DF_e = DF_T - DF_A = 16$

$\dfrac{0.788}{\chi^2_{0.975}(16)} \leq \sigma_e^2 \leq \dfrac{0.788}{\chi^2_{0.025}(16)}$

$\therefore 0.02731 \leq \sigma_e^2 \leq 0.11404$

19산업 ●●○

89 모수모형인 반복이 일정한 1요인실험에서 다음과 같이 분산분석을 하였다. $\bar{x}_1. = 9.480$, $\bar{x}_3. = 8.360$일 때, 두 평균치 차를 신뢰율 95%로 구간추정하면 약 얼마인가?[단, $t_{0.95}(12) = 1.782$, $t_{0.975}(12) = 2.179$이다.]

요인	SS	DF	MS	F_0
A	3.877	3	1.292	4.455^{**}
e	3.477	12	0.290	
T	7.354	15		

① $0.290 \leq \mu(A_1) - \mu(A_3) \leq 1.950$

② $0.441 \leq \mu(A_1) - \mu(A_3) \leq 1.799$

③ $0.533 \leq \mu(A_1) - \mu(A_3) \leq 1.707$

④ $0.640 \leq \mu(A_1) - \mu(A_3) \leq 1.600$

풀이 $(9.480 - 8.360) \pm 2.179 \times \sqrt{\dfrac{2 \times 0.290}{4}} = (0.2903,\ 1.9497)$

14산업[실기] ◐◐○

90 반복수가 일정하지 않은 1요인실험에서 두 수준간의 모평균 차의 추정을 하고자 할 때 옳은 것은?(단, 각 수준의 반복수는 m_i, $m_{i'}$, 유의수준 α)

① $\left|\overline{x}_i. - \overline{x}_{i'}.\right| \pm t_{1-\alpha/2}(\nu_e) \sqrt{V_e\left(\dfrac{1}{m_i} + \dfrac{1}{m_{i'}}\right)}$

② $\left|\overline{x}_i. - \overline{x}_{i'}.\right| \pm t_{1-\alpha/2}(\nu_e) \sqrt{2V_e/m}$

③ $\left|\overline{x}_i. - \overline{x}_{i'}.\right| \pm t_{1-\alpha/2}(\nu_e) \sqrt{V_e/2m}$

④ $\left|\overline{x}_i. - \overline{x}_{i'}.\right| \pm t_{1-\alpha/2}(\nu_e) \sqrt{V_e\left(\dfrac{1}{m_i} + m_{i'}\right)}$

풀이
- 반복수가 일정한 경우 : ②
- 반복수가 일정하지 않은 경우 : ①

20산업[실기] ◐◐○

91 모수요인을 갖는 1요인실험에서 수준 1에서는 6번, 수준 2에서는 5번, 수준 3에서는 4번의 반복을 통해 특성치를 수집한 경우 $\hat{\mu}_1 - \hat{\mu}_2$의 95% 신뢰구간의 식으로 맞는 것은?

① $(\overline{x}_1. - \overline{x}_2.) \pm t_{0.975}(12) \sqrt{\dfrac{2V_e}{11}}$

② $(\overline{x}_1. - \overline{x}_2.) \pm t_{0.975}(12) \sqrt{V_e\left(\dfrac{1}{6} + \dfrac{1}{5}\right)}$

③ $(\overline{x}_1. - \overline{x}_2.) \pm t_{0.975}(15) \sqrt{V_e\left(\dfrac{1}{6} + \dfrac{1}{5}\right)}$

④ $(\overline{x}_1. - \overline{x}_2.) \pm t_{0.975}(15) \sqrt{V_e\left(\dfrac{1}{5} + \dfrac{1}{4}\right)}$

풀이 $\widehat{\mu_i - \mu_{i'}} = (\overline{x}_i. - \overline{x}_{i'}.) \pm t_{1-\alpha/2}(\nu_e) \sqrt{V_e\left(\dfrac{1}{r_i} + \dfrac{1}{r_{i'}}\right)}$

$\qquad = (\overline{x}_1. - \overline{x}_2.) \pm t_{0.975}(12) \sqrt{V_e\left(\dfrac{1}{6} + \dfrac{1}{5}\right)}$

14, 20(중복)산업[실기] ◐◐○

92 반복이 일정하지 않은 1요인실험의 모수모형의 데이터는 다음과 같다. 요인 A의 두 수준 간의 모평균차 $\mu(A_2) - \mu(A_3)$의 95% 신뢰구간을 구하면?

구분	A_1	A_2	A_3
반복수	5	7	8
$T_i.$	285	312	290

① $8.32 \pm \sqrt{F_{0.95}(1,17)} \cdot \sqrt{\dfrac{V_e}{7+8}}$

② $8.32 \pm \sqrt{F_{0.95}(3,17)} \cdot \sqrt{\dfrac{V_e}{7+8}}$

③ $8.32 \pm t_{0.975}(17) \cdot \sqrt{V_e\left(\dfrac{1}{7} + \dfrac{1}{8}\right)}$

④ $8.32 \pm t_{0.975}(17) \cdot \sqrt{V_e\left(1 + \dfrac{1}{7+8}\right)}$

풀이 $\left|\overline{x}_2. - \overline{x}_3.\right| \pm t_{0.975}(17) \cdot \sqrt{V_e\left(\dfrac{1}{7} + \dfrac{1}{8}\right)}$ 또는

$\qquad \left|\overline{x}_2. - \overline{x}_3.\right| \pm \sqrt{F_{0.95}(1,\ 17)} \cdot \sqrt{V_e\left(\dfrac{1}{7} + \dfrac{1}{8}\right)}$

07, 08, 12, 13, 14산업[실기] ◐◐◐

93 철분에 함유된 함량을 측정한 데이터와 분산분석표이다. $\mu(A_2)$와 $\mu(A_4)$의 평균치 차를 유의수준 $\alpha = 0.05$로 구간추정한 것은 약 얼마인가?[단, $t_{0.95}(14) = 1.761$, $t_{0.975}(14) = 2.145$이다.]

구분	A_1	A_2	A_3	A_4
m(반복)	5	4	4	5
$T_i.$	32.7	30.6	19.5	27.7
$\overline{x}_i.$	6.54	7.65	4.875	5.54

요인	SS	DF	MS	F_0
A	18.122	3	6.041	14.843**
e	5.701	14	0.407	
T	23.823	17		

① $0.812 \leq |\mu(A_2) - \mu(A_4)| \leq 3.408$

② $1.044 \leq |\mu(A_2) - \mu(A_4)| \leq 2.863$

③ $1.192 \leq |\mu(A_2) - \mu(A_4)| \leq 3.028$

④ $1.356 \leq |\mu(A_2) - \mu(A_4)| \leq 2.863$

(풀이) $(7.65 - 5.54) \pm 2.145 \times \sqrt{0.407 \times \left(\frac{1}{4} + \frac{1}{5}\right)}$

$= (1.1920, 3.0279)$

14, 15, 18, 20산업[실기] ✪✪✪

94 $l = 4$, $m = 3$인 1요인실험에서 분산분석 결과 $V_e = 0.0465$이었고, $\overline{x}_{1.} = 8.360$, $\overline{x}_{2.} = 8.700$이었다. $\mu(A_1)$과 $\mu(A_2)$의 평균치 차를 $\alpha = 0.01$로 구간추정하면 약 얼마인가?[단, $t_{0.995}(8) = 3.355$, $t_{0.99}(8) = 2.896$이다.]

① $-0.251 \leq |\mu(A_1) - \mu(A_2)| \leq 0.931$

② $-0.172 \leq |\mu(A_1) - \mu(A_2)| \leq 0.852$

③ $-0.170 \leq |\mu(A_1) - \mu(A_2)| \leq 0.850$

④ $-0.102 \leq |\mu(A_1) - \mu(A_2)| \leq 0.781$

(풀이) $(8.70 - 8.360) \pm 3.355\sqrt{\frac{2 \times 0.0465}{3}} = (-0.2507, 0.9307)$

15, 17, 18(중복)산업[실기] ✪✪✪

95 다음은 보일러 부식으로 $SO_3(\%)$가 문제가 되어 기름의 종류(A)에 따른 $SO_3(\%)$를 측정한 데이터와 분산분석표이다. $\mu(A_2)$와 $\mu(A_4)$의 평균치 차를 구간추정하면 약 얼마인가?[단, $\alpha = 0.05$, $t_{0.95}(3) = 2.353$, $t_{0.975}(3) = 3.182$, $t_{0.95}(14) = 1.761$, $t_{0.975}(14) = 2.145$이다.]

구분	A_1	A_2	A_3	A_4
m	3	3	6	6
$T_i.$	18.3	12.5	19.8	16.3
$\overline{x}_i.$	6.1	4.167	3.3	2.717

요인	SS	DF	MS	F_0
A	24.69	3	8.23	152.690**
e	0.755	14	0.0539	
T	25.445	17		

① $1.161 \leq \mu(A_2) - \mu(A_4) \leq 1.739$

② $1.098 \leq \mu(A_2) - \mu(A_4) \leq 1.802$

③ $1.064 \leq \mu(A_2) - \mu(A_4) \leq 1.836$

④ $0.928 \leq \mu(A_2) - \mu(A_4) \leq 1.972$

(풀이) $(4.167 - 2.717) \pm 2.145 \times \sqrt{0.0539 \times \left(\frac{1}{3} + \frac{1}{6}\right)}$

$= (1.0979, 1.8021)$

08, 10산업 ✪✪○

96 다음은 보일러 부식으로 $SO_3(\%)$가 문제가 되어 기름의 종류(A)에 따른 $SO_3(\%)$을 측정한 데이터와 분산분석표이다. $\mu(A_2)$와 $\mu(A_3)$의 평균차를 구간추정할 때 구간추정한계폭은 약 얼마인가?[단, $t_{0.95}(14) = 1.761$, $t_{0.975}(14) = 2.145$, $t_{0.95}(3) = 2.353$, $t_{0.975}(3) = 3.182$, $\alpha = 0.05$이다.]

구분	A_1	A_2	A_3	A_4
m (반복)	3	3	6	6
$T_i.$	18.3	12.5	19.8	16.3
$\overline{x}_i.$	6.1	4.167	3.3	2.717

요인	SS	DF	MS	F_0
A	24.69	3	8.23	152.690**
e	0.755	14	0.0539	
T	25.445	17		

① ± 0.289 ② ± 0.352

③ ± 0.386 ④ ± 0.522

(풀이) $\pm 2.145\sqrt{0.0539\left(\frac{1}{3} + \frac{1}{6}\right)} = \pm 0.3521$

97 어떤 화학반응 실험에서 농도를 4수준으로 반복수가 일정하지 않은 실험을 하여 다음과 같은 데이터를 얻었다. 분산분석 결과 $V_e = 67.253$이었다. $\mu(A_1)$과 $\mu(A_2)$의 평균치 차를 유의수준 0.05로 구간추정하면 약 얼마인가?[단, $t_{0.95}(15) = 1.753$, $t_{0.975}(15) = 2.131$이다.]

요인	A_1	A_2	A_3	A_4
실험횟수	5	6	5	3
$\overline{x}_i .$	52	35.33	48.20	44.67

① $-0.8059 \leq \mu(A_1) - \mu(A_2) \leq 234.1459$
② $2.2941 \leq \mu(A_1) - \mu(A_2) \leq 231.0460$
③ $6.0878 \leq \mu(A_1) - \mu(A_2) \leq 27.2522$
④ $7.9649 \leq \mu(A_1) - \mu(A_2) \leq 25.3751$

풀이 $(\overline{x}_1 . - \overline{x}_2 .) \pm t_{0.975}(15) \sqrt{67.253 \times \left(\frac{1}{5} + \frac{1}{6} \right)}$
$= (6.0878, 27.2522)$

98 요인 A가 l수준, 반복 r회의 1요인실험을 하였다. 유의수준 α에서 처리효과 사이에 유의한 차이가 존재하는지를 판단하기 위한 기준값으로 사용되는 것은?

① $t\left(\phi_e , \frac{\alpha}{2} \right) \sqrt{\frac{V_e}{r}} = t_{1-\frac{\alpha}{2}}(\nu_e) \sqrt{\frac{V_e}{r}}$

② $\sqrt{F(1, \phi_e ; \alpha) \frac{V_e}{r}} = \sqrt{F_{1-\alpha}(1, \nu_e) \frac{V_e}{r}}$

③ $t\left(\phi_e , \frac{\alpha}{2} \right) \sqrt{\frac{2V_e}{r}} = t_{1-\frac{\alpha}{2}}(\nu_e) \sqrt{\frac{2V_e}{r}}$

④ $\sqrt{F(\phi_e , 1 ; \alpha) \frac{2V_e}{r}} = \sqrt{F_{1-\alpha}(\nu_e , 1) \frac{2V_e}{r}}$

풀이 최소유의차(LSD ; Least Significant Difference)
$t_{1-\alpha/2}(\nu_e) \sqrt{\frac{2V_e}{r}}$

99 단일 요인의 3수준에서 각각 4번의 관측치를 얻었다. 최소유의차(Least Significant Difference)의 식으로 맞는 것은?

① $t_{1-\frac{\alpha}{2}}(8) \sqrt{\frac{V_e}{2}}$

② $t_{1-\frac{\alpha}{2}}(8) \sqrt{\frac{V_e}{4}}$

③ $t_{1-\frac{\alpha}{2}}(9) \sqrt{\frac{V_e}{2}}$

④ $t_{1-\frac{\alpha}{2}}(9) \sqrt{\frac{V_e}{4}}$

풀이 $LSD = t_{1-\frac{\alpha}{2}}(\nu_e) \sqrt{\frac{2V_e}{r}}$
$= t_{1-\frac{\alpha}{2}}(9) \sqrt{\frac{2V_e}{4}}$
$= t_{1-\frac{\alpha}{2}}(9) \sqrt{\frac{V_e}{2}}$

100 수준수 $l = 4$, 반복수 $m = 3$인 1요인실험의 분산분석 결과 $V_e = 0.0465$이었다. $\mu(A_i)$와 $\mu(A_{i'})$의 평균치 차를 $\alpha = 0.05$로 검정하고 싶다. $\mu(A_i)$와 $\mu(A_{i'})$의 평균치 차의 절댓값이 약 얼마 이상일 때 유의적인가?[단, $t_{0.975}(8) = 2.306$, $t_{0.95}(8) = 1.860$이다.]

① 0.284
② 0.327
③ 0.352
④ 0.406

풀이 $LSD = t_{1-\alpha/2}(\nu_e) \sqrt{\frac{2V_e}{m}}$
$= 2.306 \times \sqrt{\frac{2 \times 0.0465}{3}}$
$= 0.4060$

정답 97 ③ 98 ③ 99 ③ 100 ④

101 어떤 화학반응 실험에서 농도를 4수준으로 반복수가 일정하지 않은 실험을 하여 표와 같은 데이터를 얻었다. 분산분석 결과 오차의 평균제곱 $V_e = 167.253$이다. A_4와 A_2의 평균치 차를 유의수준 0.01로 검정하고자 한다. 평균치 차가 약 얼마 이상일 때 평균치 차가 있다고 할 수 있는가?[단, $t_{0.995}(15) = 2.947$, $t_{0.99}(15) = 2.602$이다.]

요인	A_1	A_2	A_3	A_4
실험횟수	5	6	5	3
$\overline{x}_i.$	52.00	35.33	48.20	64.67

① 22.434   ② 23.795

③ 25.150   ④ 26.950

풀이

$$LSD = t_{0.995}(15)\sqrt{167.253 \times \left(\frac{1}{3} + \frac{1}{6}\right)}$$

$$= 2.947 \times \sqrt{167.253 \times \left(\frac{1}{3} + \frac{1}{6}\right)} = 26.950$$

ANOVA 및 검정

07, 15산업 ●●○

01 반복이 없는 2요인실험에 대한 설명으로 가장 관계가 먼 것은?

① 일반적으로 두 요인 간의 교호작용은 나타나지 않는다.

② 1요인이 모수요인이고, 다른 요인이 변량요인인 경우를 난괴법이라고 한다.

③ 데이터 구조식은 $x_{ijk} = \mu + a_i + b_j + e_{ijk}$이다.

④ 요인이 두 개이며, 각 처리조합 내의 측정치가 1개인 경우를 말한다.

[풀이] ③ 데이터의 구조식은 $x_{ij} = \mu + a_i + b_j + e_{ij}$이다.

17산업 ●●○

02 반복이 없는 2요인실험에 대한 설명으로 틀린 것은?

① 데이터 구조식은 $x_{ijk} = \mu + a_i + b_j + (ab)_{ij} + e_{ijk}$이다.

② 일반적으로 두 요인 간의 교호작용은 나타나지 않는다.

③ 요인이 2개이며, 각 처리조합 내의 측정치가 1개인 경우를 말한다.

④ 1요인이 모수요인이고, 다른 요인이 변량요인인 경우를 난괴법이라고 한다.

[풀이] ① 데이터 구조식은 $x_{ij} = \mu + a_i + b_j + e_{ij}$이다.

06산업 ●●○

03 2요인실험의 설명 내용으로 가장 관계가 먼 것은?

① 두 개의 요인에서 각각의 수준이 l, m이고, 반복이 없는 경우에 $l \times m$번의 실험을 행하게 된다.

② 각 요인별로 완전 랜덤화(Complete Randomization)를 시행한다.

③ 반복이 있는 경우, 두 요인의 교호작용(Interaction)을 검증해 볼 수 있다.

④ 2요인실험 모형에서는 실험에서 얻어진 모든 특성치에 오차가 포함되어 있음을 가정한다.

[풀이] ② 완전 랜덤화의 원칙은 전(全) 실험을 랜덤하게 행하여 주어야 한다.

07, 08, 18산업 ●●●

04 반복 없는 2요인실험에서 구할 수 없는 것은?(단, A, B 모두 모수요인이다.)

① 요인 A의 효과　　　② 잔차 제곱합

③ 요인 A의 효과　　　④ 교호작용의 효과

[풀이] ④는 반복 있는 2요인실험에서 처음으로 나타나기 때문에 반복이 없는 경우는 구할 수 없다.

17산업 ●●○

05 어떤 화학공장에서 제품의 수율(%)에 영향을 미칠 것으로 생각되는 반응온도(A)와 원료(B)를 각각 5수준, 4수준으로 반복이 없는 2요인실험을 하였다. 오차항의 자유도는?

① 3　　　　　　　② 4

③ 12　　　　　　④ 19

[풀이] $DF_e = (l-1)(m-1) = 12$

06 다음은 반복 없는 2요인실험의 분산분석표이다. 오차 항의 자유도(ν_e)는?

요인	SS	DF	MS	F_0
A	34.4		17.2	18.43
B	22.2		7.4	7.93
e	5.6			
계	62.2			

① 6 ② 8
③ 9 ④ 12

풀이 $V_A = \dfrac{34.4}{DF_A} = 17.2$에서 $DF_A = 2$

$V_B = \dfrac{22.2}{DF_B} = 7.4$에서 $DF_B = 3$

$\therefore DF_e = DF_A \times DF_B = 6$

10, 15산업 ●●●

07 다음의 분산분석표에서 ν_T의 값은 얼마인가?

요인	SS	DF	MS
A	77.7		25.9
B	10.8		5.4
e	1.2		0.24
T	89.7		

① 9 ② 10
③ 12 ④ 16

풀이 $\nu_T = \nu_A + \nu_B + \nu_e = 3 + 2 + 5 = 10$

16산업 ●●○

08 A는 4수준, B는 5수준인 반복이 없는 2요인실험의 분산분석 결과가 표와 같을 때, ㉠과 ㉡에 들어갈 값은 약 얼마인가?(단, 요인 A, B는 모두 모수요인이다.)

요인	SS	DF	MS	F_0
A		3	㉠	6.28
B	6	4		㉡
e	3.5			
T	15			

---

① ㉠ 1.23, ㉡ 4.35
② ㉠ 1.56, ㉡ 5.14
③ ㉠ 1.83, ㉡ 3.26
④ ㉠ 1.83, ㉡ 5.14

풀이 $S_A = S_T - (S_B + S_e) = 15 - (6 + 3.5) = 5.5$

$\nu_e = 12, \quad V_B = \dfrac{S_B}{DF_B} = \dfrac{6}{4} = 1.5$

$V_e = \dfrac{S_e}{DF_e} = \dfrac{3.5}{12} = 0.292$

$\therefore$ ㉠ $V_A = \dfrac{S_A}{DF_A} = \dfrac{5.5}{3} = 1.833$

㉡ $F_B = \dfrac{V_B}{V_e} = \dfrac{1.5}{0.292} = 5.137$

09산업 ●●○

09 다음은 반복 없는 모수모형 2요인실험의 분산분석표 이다. ⓐ, ⓑ에 해당되는 값은 얼마인가?

요인	SS	DF	$E(MS)$
A	13.1	3	$\sigma_e^2 + (ⓐ)\sigma_A^2$
B	8.4	4	$\sigma_e^2 + (ⓑ)\sigma_B^2$
e	3.5	12	σ_e^2
T	25		

① ⓐ 3, ⓑ 4 ② ⓐ 4, ⓑ 3
③ ⓐ 4, ⓑ 5 ④ ⓐ 5, ⓑ 4

풀이 ⓐ B의 수준수 = 5
ⓑ A의 수준수 = 4

06, 08(중복), 10, 12, 13산업[실기] ●●●

10 두 요인이 모두 모수모형인 반복 없는 2요인실험으로 부터 다음의 분산분석표를 작성하였다. ( ) 안에 들 어갈 수치를 구하는 식으로 옳은 것은?

요인	SS	DF	MS	F_0	$E(MS)$
A	15.5	2	7.75	1.53	( )
B	194.0	3	64.67	12.73	
e	30.5	6	5.08		
T	240.0	11			

정답 06 ① 07 ② 08 ④ 09 ④ 10 ③

PART 1
PART 2
PART 3
PART 4
PART 5
PART 6
PART 7

① $\sigma_e^2 + 2\sigma_A^2$ ② $\sigma_e^2 + 3\sigma_A^2$

③ $\sigma_e^2 + 4\sigma_A^2$ ④ $\sigma_e^2 + 6\sigma_A^2$

풀이 $E(MS_A) = E(V_A) = \sigma_e^2 + m\sigma_A^2 = \sigma_e^2 + 4\sigma_A^2$

19산업 ●●○

11 반복이 없는 2요인실험에서 A, B 모두 모수요인인 경우, 요인 A의 불편분산의 기댓값은?(단, A는 4수준, B는 5수준의 실험이다.)

① $\sigma_e^2 + 3\sigma_A^2$ ② $\sigma_e^2 + 4\sigma_A^2$

③ $\sigma_e^2 + 5\sigma_A^2$ ④ $\sigma_e^2 + 12\sigma_A^2$

풀이

요인	$E(MS)$
A	$\sigma_e^2 + m\sigma_A^2 = \sigma_e^2 + 5\sigma_A^2$

15산업[실기] ●●○

12 2요인실험에서 요인 A의 수준수는 4이고, 요인 B의 수준수가 6일 때 A의 불편분산의 기대치는?(단, 반복은 1회이고, 요인 A, B는 모수이다.)

① $\sigma_e^2 + 3\sigma_A^2$ ② $\sigma_e^2 + 4\sigma_A^2$

③ $\sigma_e^2 + 5\sigma_A^2$ ④ $\sigma_e^2 + 6\sigma_A^2$

풀이

요인	$E(MS)$
A	$\sigma_e^2 + m\sigma_A^2 = \sigma_e^2 + 6\sigma_A^2$

12산업 ●●○

13 반복이 없는 2요인실험에서 총제곱합(S_T)은 어떻게 분리되어 계산되는가?(단, A, B는 모수요인이다.)

① $S_T = S_{AB} + S_e$

② $S_T = S_A + S_B + S_e$

③ $S_T = S_A + S_B + S_{A \times B}$

④ $S_T = S_A + S_B + S_{A \times B} + S_e$

풀이

요인	SS	DF
A	S_A	$l-1$
B	S_B	$m-1$
e	S_e	$(l-1)(m-1)$
T	S_T	$lm-1$

09, 13산업 ●●○

14 무연탄에서 코크스를 제조하는 목적으로 10% 첨가하는 역청탄(A)을 3종류 선택하고, 타르피치의 첨가량(B)을 4, 7, 10%의 3수준을 택하여 선택한 후에 이것을 가열 성형하고, 코크스의 내압강도($\mathrm{kg/cm^2}$)를 측정한 결과 다음의 데이터를 얻었다. 이때 수정항은 약 얼마인가?

B＼A	A_1	A_2	A_3	계
B_1	13.1	12.4	12.3	37.8
B_2	12.9	12.7	12.0	37.6
B_3	13.4	12.5	12.2	38.1
계	39.4	37.6	36.5	113.5

① 1,431.36   ② 1,540.38

③ 1,629.49   ④ 1,978.59

풀이 수정항 $CT = \dfrac{113.5^2}{9} = 1,431.361$

06, 19산업 ●●●

15 A는 4수준, B는 3수준의 2요인실험에서 다음 데이터를 얻었다. A요인의 제곱합(S_A)을 구하면 약 얼마인가?

요인	A_1	A_2	A_3	A_4	$T._j$
B_1	8	-8	10	6	16
B_2	0	4	8	2	14
B_3	12	6	4	2	24
$T_i.$	20	2	22	10	

---

① 14.08　　　　② 86.33

③ 220.33　　　④ 243.02

풀이 $S_A = \dfrac{20^2 + 2^2 + 22^2 + 10^2}{3} - \dfrac{54^2}{12} = 86.333$

06, 09, 10, 11, 14, 17산업 ✪✪✪

16 다음 데이터에서 B 간 제곱합(S_B)은 약 얼마인가?

B＼A	A_1	A_2	A_3	계
B_1	3	2	3	8
B_2	−3	2	1	0
B_3	0	1	2	3
B_4	2	4	−1	5
계	2	9	5	16

① 6.25　　　　② 11.33

③ 19.37　　　④ 31.71

풀이 $S_B = \dfrac{8^2 + 0^2 + 3^2 + 5^2}{3} - \dfrac{16^2}{12} = 11.333$

18산업 ✪✪◯

17 반복이 없는 2 요인실험에서 요인 A의 수준수는 3, $T_1. = 2$, $T_2. = 12$, $T_3. = 8$이고, 요인 B의 수준수는 4, $T._1 = 12$, $T._2 = 3$, $T._3 = 3$, $T._4 = 4$이었다. 이때 제곱합 S_A와 S_B는 각각 약 얼마인가?

① $S_A = 9.33$, $S_B = 16.83$

② $S_A = 9.33$, $S_B = 19.00$

③ $S_A = 12.67$, $S_B = 16.83$

④ $S_A = 12.67$, $S_B = 19.00$

풀이
- $S_A = \dfrac{2^2 + 12^2 + 8^2}{4} - \dfrac{22^2}{12} = 12.667$
- $S_B = \dfrac{12^2 + 3^2 + 3^2 + 4^2}{3} - \dfrac{22^2}{12} = 19.000$

18산업 ✪✪◯

18 요인 A는 4수준, 요인 B는 3수준인 반복이 없는 2요인 실험으로 얻은 데이터에서 요인 A의 제곱합은 180, 요인 B의 제곱합은 120 그리고 오차항의 제곱합이 24일 때 요인 A의 유의성을 검정하기 위한 검정통계량의 값은 얼마인가?

① 4　　　　② 15

③ 60　　　④ 180

풀이 $V_A = \dfrac{S_A}{DF_A} = \dfrac{180}{3} = 60$

$V_e = \dfrac{S_e}{DF_e} = \dfrac{24}{6} = 4$

$\therefore F_0 = \dfrac{V_A}{V_e} = \dfrac{60}{4} = 15.0$

18산업 ✪✪◯

19 모수모형의 반복이 없는 2요인실험의 F 검정에 관한 내용으로 틀린 것은?

① $F_0 = \dfrac{V_A}{V_e} > F_{1-\alpha}(\nu_A,\ \nu_e)$이면 요인 A의 귀무가설을 기각한다.

② $F_0 = \dfrac{V_B}{V_e} > F_{1-\alpha}(\nu_B,\ \nu_e)$이면 요인 B의 귀무가설을 기각한다.

③ $F_0 = \dfrac{V_A}{V_e} < F_{1-\alpha}(\nu_A,\ \nu_e)$이면 요인 A의 수준 간에 모평균차가 있는 것이 존재한다.

④ 요인 B의 귀무가설은 $F_0 = \dfrac{V_B}{V_e} > F_{1-\alpha}(\nu_B,\ \nu_e)$이면 위험률 α에서 유의적이다.

풀이 "귀무가설 기각=유의하다=모평균차가 있다."가 되므로,

③ $F_0 = \dfrac{V_A}{V_e} < F_{1-\alpha}(\nu_A,\ \nu_e)$이면 요인 A의 수준 간에 모평균차가 있는 것이 존재하지 않는다.

---

20 요인 A는 4수준, 요인 B는 5수준의 2요인실험에서 다음과 같은 일부의 값을 얻었다. 요인 A의 분산비(F_0)를 구하면?

요인	평방합	자유도	분산	F_0
A	92.38			
B	20.26			
e	6.52			
계	119.16	19		

① 72.61　　　　② 56.71

③ 58.25　　　　④ 56.67

풀이 $F_0 = \dfrac{V_A}{V_e} = \dfrac{92.38/3}{6.52/12} = 56.675$

21 반복이 없는 2요인실험에서 요인 B의 가설 $H_0 : \sigma_B^2 = 0$이 기각되지 않을 때 옳은 설명은?

① B요인이 유의하다.
② B요인이 실험의 결과값에 영향을 준다.
③ B요인의 각 처리는 차이가 없다.
④ B요인의 각 처리는 차이가 존재한다.

풀이 귀무가설 H_0가 기각되지 않는다는 뜻은 $\sigma_B^2 = 0$이 성립한다는 뜻이 되므로, B 요인의 각 수준 간에 산포에 차이가 없다는 의미가 된다.

22 아래의 반복이 없는 2요인실험의 분산분석표를 유의수준 $\alpha = 0.05$의 조건으로 맞게 해석한 것은?[단, $F_{0.95}(3, 9) = 3.86$이다.]

요인	SS	DF
A	13.2	3
B	15.3	3
e	10	9
T	38.5	15

① A요인만 유의하다.
② B요인만 유의하다.
③ A, B 모두 유의하다.
④ A, B 모두 유의하지 않다.

풀이 $F_A = \dfrac{V_A}{V_e} = 3.96$, $F_B = \dfrac{V_B}{V_e} = 4.59$이고 $F_{0.95}(3, 9) = 3.86$보다 모두 크므로 유의하다.

23 화학공장에서 제품의 수율에 영향을 미칠 것으로 생각되는 반응온도(A)와 원료(B)를 요인으로 2요인실험을 하였다. 실험은 12회로 완전 랜덤화하였고, 2요인 모두 모수이다. 검정결과에 관한 내용으로 맞는 것은?[단, $F_{0.95}(2, 6) = 5.14$, $F_{0.95}(3, 6) = 4.76$, $F_{0.99}(2, 6) = 10.9$, $F_{0.99}(3, 6) = 9.78$이다.]

요인	SS	DF	MS	F_0
A	9.03	3	3.01	6.54
B	10.62	2	5.31	11.54
e	2.74	6	0.46	
	22.39	11		

① A는 위험률 1%로 유의하고, B는 위험률 5%로 유의하다.
② A는 위험률 5%로 유의하고, B는 위험률 1%로 유의하다.
③ A는 위험률 5%로 유의하지 않고, B는 위험률 1%로 유의하다.
④ A는 위험률 1%로 유의하지 않고, B는 위험률 5%로 유의하지 않다.

풀이 • $F_A = 6.54 > F_{0.95}(3, 6) = 4.76$ 이므로 위험률 5%로 유의하다.
• $F_B = 11.54 > F_{0.99}(2, 6) = 10.9$ 이므로 위험률 1%로 유의하다.

24 다음은 반복 없는 2요인실험의 분산분석표이다. 유의수준 $\alpha = 0.05$에서 가설 검정의 결과로 맞는 것은?

요인	SS	DF	MS	F_0	$F_{0.05}$
A	14.3	2	7.15	15.89	6.94
B	0.4	2	0.2	0.44	6.94
e	1.8	4	0.45		
T	16.5	8			

① 요인 A와 B의 교호 작용은 존재한다.
② 요인 A의 수준에 따라 의미 있는 차이가 있다.
③ 요인 A의 수준에 따라 의미 있는 차이가 없다.
④ 요인 B의 수준에 따라 의미 있는 차이가 있다.

풀이 ① 교호작용은 존재하지 않는다.
③ 요인 A의 수준에 따라 의미 있는 차이가 있다.
④ 요인 B의 수준에 따라 의미 있는 차이가 없다.

10, 11산업[실기] ✪✪✪

25 요인 A는 4수준, 요인 B는 3수준인 반복이 없는 2요인 실험으로 얻어진 데이터에서 요인 A의 제곱합은 180, 요인 B의 제곱합은 120 그리고 오차항의 제곱합이 24 일 때 요인 A의 순제곱합은 얼마인가?

① 39   ② 114
③ 168   ④ 171

풀이 $V_e = \dfrac{S_e}{\nu_e} = \dfrac{24}{6} = 4$

$S_A' = S_A - \nu_A V_e = 180 - 3 \times 4 = 168$

09산업[실기] ✪✪✪

26 반복 없는 2요인실험에서 요인 A를 3수준, 요인 B를 4수준으로 하여 12회의 실험을 랜덤하게 실시한 결과, $S_A = 24$, $S_B = 39$, $S_e = 18$을 얻었다. 요인 B의 기여율 은 약 얼마인가?

① 37.04%   ② 43.48%
③ 48.15%   ④ 59.26%

풀이 $S_B' = S_B - \nu_B V_e = 39 - 3 \times 3 = 30$

$\therefore \; \rho_A = \dfrac{S_B'}{S_T} \times 100 = \dfrac{30}{81} \times 100 = 37.037(\%)$

14산업 ✪✪○

27 다음은 반복 없는 2요인실험의 분산분석표의 일부이 다. 요인 A의 기여율 ρ_A는 약 얼마인가?

요인	SS	DF	MS
A	84	4	21
B	69	3	23
e	17		
T	170	19	

① 46.08%   ② 52.45%
③ 58.64%   ④ 62.44%

풀이 $\rho_A = \dfrac{S_A'}{S_T} \times 100 = \dfrac{78.33332}{170} \times 100 = 46.078\%$

08, 09, 12(중복), 14, 20산업, 11기사[실기] ✪✪✪

28 반복이 없는 2요인실험에서 요인 A를 3수준, 요인 B를 4수준으로 하여 실험을 랜덤하게 실시한 결과 $S_A = 24.5$, $S_B = 32.5$, $S_e = 18.0$을 얻었다. 오차의 순제 곱합은 얼마인가?

① 24   ② 27
③ 33   ④ 36

풀이 $S_e' = S_e + (\nu_A + \nu_B) \times V_e = 18.0 + (2 + 3) \times 3.0 = 33.0$

15산업 ✪✪○

29 요인 A, B가 모두 모수인 2요인실험을 하여 다음과 같은 분산분석표를 얻었다. 오차의 순제곱합 S_e'은?

요인	SS	DF	MS
A	3.6	3	1.2
B	4.8	2	2.4
e	1.8	6	0.3
T	10.2	11	

① 0.3   ② 2.4
③ 2.7   ④ 3.3

풀이 $S_e' = S_e + (\nu_A + \nu_B) V_e = 1.8 + (3 + 2) \times 0.3 = 3.30$

30 요인 A, B가 모두 모수인 2요인실험을 해서 다음과 같은 분산분석을 얻었다. 오차의 기여율(ρ_e)은 얼마인가?

요인	SS	DF	MS	F_0
A	3.22	4	0.805	17.25*
B	3.44	3	1.147	24.57*
e	0.56	12	0.047	
T	7.22	19		

① 12.31% ② 26.94%
③ 29.70% ④ 31.21%

풀이 $S_e{}' = S_e + (\nu_A + \nu_B) \times V_e = 0.56 + (4+3) \times 0.047 = 0.889$

$\therefore \rho_e = \dfrac{S_e{}'}{S_T} \times 100 = \dfrac{0.889}{7.22} \times 100 = 12.313(\%)$

31 반복이 없는 2요인실험에서 요인 A의 제곱합(S_A)이 1.03, 요인 A의 순제곱합($S_A{}'$)이 0.775일 때, 자유도(ν_A)는 얼마인가?(단, $V_e = 0.085$이다.)

① 2 ② 3
③ 4 ④ 5

풀이 $S_A{}' = S_A - \nu_A V_e$에서 $0.775 = 1.03 - \nu_A \times 0.085$
$\therefore \nu_A = 3$

결측치

32 다음 중 결측치의 처리방법과 가장 거리가 먼 내용은?

① 1요인실험인 경우에는 결측치가 들어 있는 수준의 평균치로 결측치를 추정하여 대체시킨다.
② 반복 없는 2요인실험인 경우에는 결측치를 Yates 방법으로 추정하여 대체시킨다.
③ 1요인실험인 경우에는 결측치를 무시하고 그대로 분석한다.

④ 반복 있는 2요인실험인 경우에는 결측치가 들어 있는 조합에서 나머지 데이터들의 평균치로 결측치를 추정하여 대체시킨다.

풀이 ①은 틀린 내용이고 ③이 맞는 내용이다.

33 실험 결과 해석 시 결측치가 생겼을 때 처리하는 내용으로 옳지 않은 것은?

① 1요인실험에서는 그대로 계산한다.
② 가능하면 1회 더 실험하여 결측치를 메운다.
③ 반복이 있는 2요인실험이면 그대로 계산한다.
④ 반복이 없는 2요인실험이면 Yates의 방법으로 추정한다.

풀이 반복이 있는 2요인실험에서의 결측치는 그 수준에서의 나머지 데이터의 평균치로 대치한다.

34 반복 없는 2요인실험을 진행하던 중 $A_i B_j$ 수준조합에서 결측치가 발생했을 때의 설명으로 틀린 것은?(단, 요인 A, B는 모수요인이며, 각각의 수준수는 l, m이다.)

① Yates의 방법으로 결측치를 추정해도 총 자유도는 변하지 않는다.
② 결측치의 추정값으로는 오차제곱합 S_e를 최소로 하는 값을 사용하는 것이 바람직하다.
③ 반복 없는 2요인실험에서 Yates에 의해 제안된 결측지(y)의 추정식은 $\hat{y} = \dfrac{l T_i{}' + m T_{.j}' - T'}{(l-1)(m-1)}$이다.
④ 반복 없는 2요인실험에서 결측치가 3개 이상 발생하면 Yates의 방법보다 다시 실험하여 분석하는 것이 더 바람직하다.

풀이 ① Yates의 방법으로 결측치를 추정해도 총 자유도는 결측치 수만큼 줄어든다.

35 반복 없는 2요인실험에서 A가 4수준, B가 3수준의 실험을 실시하였으나 결측치가 하나 존재하였다. 이때 오차의 자유도 ν_e는?

① 5   ② 6
③ 7   ④ 8

(풀이) $\nu_e =$ 기존 오차항의 자유도 $-$ 결측치수 $= 6 - 1 = 5$

36 반복 없는 모수모형 2요인실험의 실험을 하는데 결측치가 2개 발생되어 Yates의 방법으로 결측치를 추정하여 분석하려고 한다. A가 4수준, B가 3수준일 경우 총 자유도는 얼마인가?

① 4   ② 5
③ 9   ④ 10

(풀이) 총 자유도 $= 12 - 1 -$ 결측치수 $= 9$

37 요인 A는 3수준, 요인 B는 3수준인 반복 없는 2요인실험에서 결측치가 2개 발생하였을 때 오차항의 자유도 (ν_e)는 얼마인가?

① 2   ② 3
③ 4   ④ 8

(풀이)

요인	DF
A	2
B	2
e	(2)
T	8−(결측치수)=6

38 반복이 있는 2요인실험에서 A는 4수준, B는 5수준, 반복 3회에서 1개의 결측치가 있어서 이를 추정치로 메꾸어 놓고 분산분석한 경우 오차항의 자유도는?

① 19   ② 20
③ 30   ④ 39

(풀이) $\nu_e = \nu_T - (\nu_A + \nu_B + \nu_{A \times B}) = 58 - (3 + 4 + 12) = 39$
여기서, ν_T는 59가 아닌 58이 된다.

39 반복이 없는 2요인실험에서 결측치가 생겼을 때 결측치를 추정하는 데 사용되는 방법은?

① Yates의 방법
② 최소제곱법
③ Fisher의 방법
④ Pearson의 방법

(풀이) Yates의 식 : $y = \dfrac{lT_i.' + mT.j' - T'}{(l-1)(m-1)}$

40 콘크리트 공장에서 압축강도를 향상시키기 위해 배합비를 4일간 랜덤하게 실험한 데이터 값이 다음과 같다. 이때 ⓨ(결측치)값을 추정하면 약 얼마인가?

요인	B_1	B_2	B_3	B_4	합계
A_1	8	7	6	9	30
A_2	6	ⓨ	5	7	18+ⓨ
A_3	6	4	9	8	27
합계	20	11+ⓨ	20	24	75+ⓨ

① 4   ② 6
③ 8   ④ 10

(풀이) $ⓨ = \dfrac{3 \times 18 + 4 \times 11 - 75}{(3-1) \times (4-1)} = 3.833 = 4$

41 다음 표와 같이 반복 없는 2요인실험을 한 결과, 1개의 결측치(ⓨ)가 발생하였다. 이때 결측치의 추정값은 얼마인가?(단, A와 B는 모두 모수요인이다.)

B＼A	A_1	A_2	A_3
B_1	2	ⓨ	5
B_2	1	3	4

① 1　　　　　　② 2
③ 3　　　　　　④ 4

풀이 $ⓨ = \dfrac{lT_i.' + mT.j' - T'}{(l-1)(m-1)} = \dfrac{(3 \times 3) + (2 \times 7) - 15}{(3-1) \times (2-1)} = 4.0$

42 요인 A를 4수준, 요인 B를 3수준으로 실험한 결과, 결측치가 1개 발생하였다. 이 데이터를 Yates의 방법으로 결측치를 추정하여 모수모형 2요인실험의 분산분석을 실시하였다. 다음 중 옳지 않은 것은?

요인	SS	DF	MS	F_0	$F_{0.95}$
A	1044.67				5.14
B	8				4.75
e	49.33				
T	1102				

① 오차분산의 값은 약 9.87이다.
② 요인 A의 자유도는 3, 요인 B의 자유도는 2이다.
③ 요인 A의 분산비는 약 35.29로 유의수준 5%로 유의하다.
④ 요인 B의 분산비가 1보다 적으므로 공정에서 관리하여야 할 요인으로 판명되었다.

풀이 ④ 요인 B의 분산비는 $\dfrac{V_A}{V_e} = \dfrac{(8/2)}{(49.33/5)} = 0.405 < 1$이므로 공정에서 관리하지 않아도 될 요인으로 판명되었다.

43 다음은 결측치가 있는 모수모형 2요인실험의 데이터이다. 결측치 예측에 관한 설명으로 틀린 것은?

수준	A_1	A_2	A_3	A_4	합계
B_1	9	10	29	8	56
B_2	8	17	ⓨ	5	30+ⓨ
B_3	10	19	31	4	64
합계	27	46	60+ⓨ	17	150+ⓨ

① 결측치의 추정값은 30이다.
② 위의 데이터에서 만약 추정값이 소수점 아래 값이 나오면 일반적으로 데이터의 자릿수와 같게 조정한다.
③ 반복 없는 2요인실험은 결측치가 많을 경우 실험 전체에 의문이 생기므로 실험 전체를 다시 하는 경우도 흔치 않게 발생한다.
④ 분산분석을 할 때 결측치의 추정값은 형식적으로만 계산할 뿐 제곱합을 계산할 때는 배제하고 실제 데이터로만 계산한다.

풀이 ④ 분산분석을 할 때 결측치의 추정값이 있어야만 분산분석을 행할 수 있다.

추정

44 반복이 없는 2요인실험의 경우 2요인 수준조합에서 모평균의 추정이 가장 의미 있는 경우는?

① A요인만 유의한 경우
② B요인만 유의한 경우
③ A, B요인이 모두 유의한 경우
④ A, B요인이 모두 유의하지 않을 경우

풀이 2요인 수준조합에서 모평균의 추정이 의미 있으려면 A, B요인이 모두 유의하여야 한다.

정답 41 ④　42 ④　43 ④　44 ③

45 10, 12, 16산업 ✪✪✪

어떤 공장에서 제품의 강도에 영향을 미칠 것으로 생각되는 온도(A) 3수준과 촉매량(B) 4수준으로 하여 반복이 없는 2요인실험을 실시하고 분산분석한 결과 오차항의 제곱합은 108을 얻었다. 요인 A의 각 수준에서 모평균의 95% 신뢰구간은?

① $\overline{x}_{i.} \pm t_{0.975}(12)\sqrt{\dfrac{18}{4}}$

② $\overline{x}_{i.} \pm t_{0.975}(6)\sqrt{\dfrac{18}{4}}$

③ $\overline{x}_{i.} \pm t_{0.975}(12)\sqrt{\dfrac{18}{3}}$

④ $\overline{x}_{i.} \pm t_{0.975}(6)\sqrt{\dfrac{18}{3}}$

(풀이) $\widehat{\mu(A_i)} = \overline{x}_{i.} \pm t_{1-\alpha/2}(\nu_e)\sqrt{\dfrac{V_e}{m}} = \overline{x}_{i.} \pm t_{0.975}(6)\sqrt{\dfrac{18}{4}}$

46 10, 13, 16산업 ✪✪✪

모수요인 A가 3수준, 모수요인 B가 4수준인 2요인실험에서 아래의 [데이터]를 얻었을 때 $\mu(A_1)$수준을 신뢰율 95%로 구간추정하면 약 얼마인가? [단, $t_{0.975}(6)$ $=2.447$]

[데이터]
$$T_{1.} = 317, \quad \overline{x}_{1.} = 79.25, \quad V_e = 5.08$$

① $75.424 \sim 83.683$ ② $76.492 \sim 82.008$

③ $75.485 \sim 83.754$ ④ $76.066 \sim 82.434$

(풀이) $79.25 \pm 2.447 \times \sqrt{\dfrac{5.08}{4}} = (76.4924 \sim 82.0076)$

47 0산업 ✪✪○

요인 A가 4수준, 요인 B가 3수준으로 2요인실험을 하나가 실험이 잘못되어 하나의 결측지가 생겼다. 결측치를 추정한 후 분산분석을 한 결과 $V_e = 0.041$이었고, $\overline{x}_{.3} = 13.81$이라면 $\mu(B_3)$값을 신뢰율 99%로 구간추정하면 약 얼마인가? [단, $t_{0.995}(6) = 3.707$, $t_{0.995}(5) =$ 4.032, $t_{0.99}(6) = 3.143$, $t_{0.99}(5) = 3.365$이다.]

(풀이) $\overline{x}_{.j} \pm t_{1-\alpha/2}(\nu_e)\sqrt{\dfrac{V_e}{l}} = 13.81 \pm t_{0.995}(5)\sqrt{\dfrac{0.041}{4}}$
$$= (13.402, \ 14.218)$$

48 14, 16산업 ✪✪○

반복이 없는 2요인실험에서 두 요인 A, B가 모두 유의한 경우 2요인 수준조합에서 모평균 $\hat{\mu}(A_iB_j)$ 추정은 의미가 있다. A요인의 i수준과 B요인 j수준에서 모평균의 점추정값은? (단, $i = 1, \cdots, l, j = 1, \cdots, m$이다.)

① $\hat{\mu}(A_iB_j) = \overline{x}_{i.} + \overline{x}_{.j} + \overline{\overline{x}}$

② $\hat{\mu}(A_iB_j) = \overline{x}_{i.} + \overline{x}_{.j} - \overline{\overline{x}}$

③ $\hat{\mu}(A_iB_j) = \overline{x}_{i.} + \overline{x}_{.j} + 2\overline{\overline{x}}$

④ $\hat{\mu}(A_iB_j) = \overline{x}_{i.} + \overline{x}_{.j} - 2\overline{\overline{x}}$

(풀이) $\hat{\mu}(A_iB_j) = \mu + a_i + b_j = [\mu + a_i] + [\mu + b_j] - \mu$
$$= \overline{x}_{i.} + \overline{x}_{.j} - \overline{\overline{x}}$$

49 09, 12, 15산업[실기] ✪✪✪

요인 A는 3수준, 요인 B는 4수준인 반복 없는 모수모형 2요인실험에서 다음의 [데이터]를 얻었다. 분산분석 결과 A, B 요인이 모두 유의하다면 $\hat{\mu}(A_1B_2)$의 점추정값은 얼마인가?

[데이터]

$\overline{x}_{1.} = 79.25$	$\overline{x}_{2.} = 78.25$	$\overline{x}_{3.} = 76.5$
$\overline{x}_{.1} = 75.0$	$\overline{x}_{.2} = 83.3$	$\overline{x}_{.3} = 80.3$
$\overline{x}_{.4} = 73.4$	$\overline{\overline{x}} = 78$	

① 75.25 ② 79.50

③ 80.30 ④ 84.55

(풀이) $\overline{x}_{1.} + \overline{x}_{.2} - \overline{\overline{x}} = 79.25 + 83.3 - 78 = 84.55$

50 유기합성 반응에서 원료(A) 4종류, 반응온도(B)는 5종류 취하고 반복이 없는 2요인실험으로 실험을 행하여 분산분석표를 작성하고 최적조건으로 A_2B_5를 구했다. A_2B_5조에서의 모평균의 점추정식은?

① $\overline{x}_{25} - \overline{x}_{25}$

② $\overline{x}_{2\cdot} + \overline{x}_{\cdot 5} - \overline{\overline{x}}$

③ $\overline{x}_{2\cdot} - \overline{x}_{\cdot 5}$

④ $\overline{x}_{2\cdot} - \overline{x}_{\cdot 5} - 2\overline{\overline{x}}$

풀이 $\hat{\mu}(A_2B_5) = \hat{\mu} + a_2 + b_5$
$= [\hat{\mu} + a_2] + [\hat{\mu} + b_5] - \hat{\mu}$
$= \overline{x}_{A_2} + \overline{x}_{B_5} - \overline{\overline{x}}$

51 다음 표는 모수모형요인 A에 5수준, 모수모형요인 B에 4수준을 취하여 반복이 없는 실험을 완전 랜덤한 순서로 행한 결과이다. $\hat{\mu}(A_1B_3)$의 점추정치는?(단, 데이터의 구조모형은 $x_{ij} = \mu + a_i + b_j + e_{ij}$이며 $i=1, 2, \cdots, 5$, $j=1, 2, \cdots, 4$이다.)

A ＼ B	B_1	B_2	B_3	B_4	$\overline{x}_{i\cdot}$
A_1	89	88	97	94	92
A_2	84	77	92	79	83
A_3	81	87	87	85	85
A_4	87	92	89	84	88
A_5	79	81	80	88	82
$\overline{x}_{\cdot j}$	84	85	89	86	$\overline{\overline{x}}=86$

① 97　　　　② 95

③ 90　　　　④ 86

풀이 $\hat{\mu}(A_1B_3) = \overline{x}_{1\cdot} + \overline{x}_{\cdot 3} - \overline{\overline{x}}$
$= 92 + 89 - 86 = 95$

52 반복 없는 2요인실험에서 유효반복수를 구할 때 사용하는 가장 올바른 공식은?

① 구하려는 모평균추정식의 계수의 합$= \dfrac{1}{n_e}$

② 구하려는 모평균점추정식의 계수의 곱$= \dfrac{1}{n_e}$

③ $\dfrac{\text{실험의 요인수}}{\text{무시되지 않는 요인의 자유도의 합계}+1} = n_e$

④ $\dfrac{\text{실험의 요인수}}{\text{무시되지 않는 요인의 자유도의 합계}-1} = n_e$

풀이 • 다구찌(田口)의 공식

$n_e = \dfrac{lm}{\nu_A + \nu_B + 1} = \dfrac{lm}{l + m - 1}$

• 이나(伊奈)의 공식

$\dfrac{1}{n_e} = \dfrac{1}{l} + \dfrac{1}{m} - \dfrac{1}{lm} = \dfrac{l + m - 1}{lm}$

53 2요인실험에서 A_iB_j의 조합의 모평균(μ_{ij})의 추정치와 신뢰한계는 $\widehat{\mu_{ij}} \pm t_{1-\alpha/2}(\nu_e)\sqrt{\dfrac{V_e}{n_e}}$ 이다. 여기서 유효반복수(n_e)를 설명한 것은?

① $\dfrac{\text{총 실험횟수}}{\text{유의한 요인의 수}+1}$

② $\dfrac{1}{\text{유의한 요인의 추정식의 합}}$

③ $\dfrac{\text{총 실험횟수}}{\text{유의한 요인의 수준 수의 합}+1}$

④ $\dfrac{\text{총 실험횟수}}{\text{유의한 요인의 자유도의 합}+1}$

풀이 $n_e = NR = \dfrac{\text{총 실험횟수}}{\text{유의한 요인의 자유도합}+1}$
$= \dfrac{lm}{\nu_A + \nu_B + 1} = \dfrac{lm}{l + m - 1}$

00, 07, 08, 09, 11, 16, 17, 18, 20산업 ✪✪✪

54 5수준의 모수요인 A와 4수준의 모수요인 B로 2요인 실험(반복 없음)을 한 결과 주효과 A, B가 모두 유의한 경우 최적 조합조건하에서의 공정평균을 추정할 때 유효반복수 n_e는?

① $\dfrac{20}{7}$　　　　　② 2.5

③ 4　　　　　　　　④ 3

풀이 $n_e = \dfrac{lm}{\nu_A + \nu_B + 1} = \dfrac{lm}{l+m-1} = \dfrac{5 \times 4}{5+4-1} = 2.5$

00, 06산업[실기] ✪✪○

55 다음은 어떤 제품의 수율에 관한 데이터이다. A_2B_1수준조합에서 모평균의 구간추정값을 신뢰도 95%로 구하면?[단, $V_e = 5.11$, $t_{0.975}(5) = 2.571$, $t_{0.975}(4) = 2.776$]

B \ A	A_1	A_2	A_3
B_1	4	8	2
B_2	7	5	4
B_3	6	2	3

① 1.22 ± 5.77　　　　② 2.89 ± 5.35

③ 4.44 ± 2.89　　　　④ 5.11 ± 4.68

풀이 • $\hat{\mu}(A_2B_1) = \bar{x}_2 \cdot + \bar{x} \cdot_1 - \bar{\bar{x}} = \dfrac{15}{3} + \dfrac{14}{3} - \dfrac{41}{9} = 5.11$

• $n_e = \dfrac{lm}{l+m-1} = \dfrac{3 \times 3}{3+3-1} = 1.8$

∴ 신뢰구간 폭 $= t_{1-\alpha/2}(\nu_e)\sqrt{\dfrac{V_e}{n_e}}$

$= t_{0.975}(4)\sqrt{\dfrac{5.11}{1.8}} = 4.677$

19산업[실기] ✪✪○

56 어떤 화학반응 실험에서 압력 A를 4수준, 반응온도 B를 3수준으로 하여 얻은 데이터이다. 이 데이터로 분산분석한 결과 $V_e = 0.086$이었다면, $\mu(A_4B_3)$를 신뢰율 95%로 구간추정하면 얼마인가?[단, $t_{0.975}(6) = 2.447$, $t_{0.95}(6) = 1.943$이다.]

수준수	A_1	A_2	A_3	A_4	$T \cdot_j$	$\bar{x} \cdot_j$
B_1	4.1	5.1	4.4	4.3	17.9	4.475
B_2	4.6	5.0	5.2	5.4	20.2	5.05
B_3	4.9	5.7	5.8	5.9	22.3	5.575
$T_i \cdot$	13.6	15.8	15.4	15.6	$T = 60.4$	
$\bar{x}_i \cdot$	4.533	5.267	5.133	5.20	$\bar{\bar{x}} = 5.033$	

① $5.235 \leq \mu(A_4B_3) \leq 6.249$

② $5.339 \leq \mu(A_4B_3) \leq 6.145$

③ $5.393 \leq \mu(A_4B_3) \leq 6.407$

④ $5.497 \leq \mu(A_4B_3) \leq 6.303$

풀이 $(5.20 + 5.575 - 5.033) \pm 2.447 \times \sqrt{\dfrac{0.086}{2.0}} = (5.235, \ 6.249)$

$\left(단, \ n_e = \dfrac{lm}{l+m-1} = \dfrac{12}{6} = 2.0 \right)$

09, 14(중복)산업[실기] ✪✪✪

57 다음 표는 어떤 화학반응 실험에서 압력 A를 4수준, 반응온도 B를 3수준으로 하여 얻은 데이터이다. 분산분석한 결과 $V_e = 0.086$일 때 $\mu(A_3B_3)$를 신뢰수준 99%로 구간추정하면 약 얼마인가?[단, 요인 A와 B는 모두 유의하며, $t_{0.995}(6) = 3.707$, $t_{0.99}(6) = 3.143$이다.]

B \ A	A_1	A_2	A_3	A_4	$T \cdot_j$	$\bar{x} \cdot_j$
B_1	4.1	5.1	4.4	4.3	17.9	4.475
B_2	4.6	5.0	5.2	5.4	20.2	5.050
B_3	4.9	5.7	5.8	5.9	22.3	5.575
$T_i \cdot$	13.6	15.8	15.4	15.6	$T = 60.4$	
$\bar{x}_i \cdot$	4.533	5.267	5.133	5.2	$\bar{\bar{x}} = 5.033$	

① $5.023 \leq \mu(A_3B_3) \leq 6.327$

② $4.906 \leq \mu(A_3B_3) \leq 6.444$

③ $5.148 \leq \mu(A_3B_3) \leq 6.452$

④ $5.031 \leq \mu(A_3B_3) \leq 6.569$

풀이 $(5.133 + 5.575 - 5.033) \pm 3.707 \times \sqrt{\dfrac{0.086}{2.0}}$

$= (4.9063,\ 6.4437)$

$\left(\text{단, } n_e = \dfrac{lm}{l+m-1} = \dfrac{12}{6} = 2.0 \right)$

16, 19산업 ❷❷○

58 다음은 모수요인 A, B에 대한 반복 없는 2요인실험 데이터 및 분산분석표이다. 이 실험에 관한 내용으로 틀린 것은?(단, 실험의 품질특성은 망대특성이다.)

B＼A	A_1	A_2	A_3	A_4
B_1	16	26	30	20
B_2	13	22	20	17
B_3	7	9	19	5

요인	SS	DF	MS	F_0	$F_{0.95}$
A	222	3	74	7.929	4.75
B	344	2	172	18.429	5.14
e	56	6	9.333		
T	622	11			

① 총 실험횟수는 12회이다.

② 요인 B의 수준수는 3이다.

③ 최적해의 추정치 $\hat{\mu}(A_3 B_1) = 28$이다.

④ 유의수준 5%로 요인 A와 B 모두 유의하다.

풀이 ③ 최적해의 추정치

$\hat{\mu}(A_3 B_1) = \bar{x}_{3\cdot} + \bar{x}_{\cdot 1} - \bar{\bar{x}} = \dfrac{69}{3} + \dfrac{92}{4} - \dfrac{204}{12} = 29.0$

PART 1
PART 2
PART 3
PART 4
PART 5
PART 6
PART 7

11산업 ★★○

01 밭에서 보리의 품종을 실험하는 경우 밭 간의 차가 커지도록 밭을 n개의 블록으로 층별하고, 다음 몇 개의 수준으로 나눈 보리품종 A를 각각 밭에 랜덤하게 심어서 실험하는 방법은?

① 난괴법 　　　　② 라틴방격법
③ 교락법 　　　　④ 직교배열법

풀이 난괴법이란 한 요인(보리품종)은 모수이고 한 요인(블록반복)은 변량인 반복이 없는 2요인실험을 말한다.

16산업 ★★○

02 벼의 품종을 n개 블록으로 층별한 논에 따라 수확량의 차이가 있는가를 알아보기 위하여 서로 다른 4개 볍씨를 n개 블록의 논에 랜덤하게 심어서 실험을 하고자 하는 경우 가장 적절한 실험법은?

① 난괴법 　　　　② 직교배열법
③ 분할법 　　　　④ 라틴방격법

풀이 01번 풀이 참조

13, 17, 19산업 ★★★

03 일반적으로 농사 실험에 많이 이용되는 난괴법의 구조 모형은?

① 요인모형 　　　　② 모수모형
③ 변량모형 　　　　④ 혼합모형

풀이 난괴법
하나의 요인은 모수, 다른 하나의 요인은 변량요인인 반복이 없는 2요인실험이므로, 혼합모형에 속한다.

10, 16산업 ★★○

04 난괴법에 관한 설명으로 가장 적절한 것은?

① 2요인 변량의 반복이 있는 2요인실험
② 2요인 변량의 반복이 없는 2요인실험
③ 1요인 모수, 1요인 변량의 반복이 없는 2요인실험
④ 1요인 모수, 1요인 변량의 반복이 있는 2요인실험

풀이 03번 풀이 참조

00산업 ★★○

05 난괴법에 대하여 가장 올바르게 설명한 것은?

① 1요인은 모수이고 1요인은 변량인 반복 있는 2요인실험
② C.F. Gauss에 의하여 도입되고 농사시험에서 유래한다.
③ 요인 A, B 중 B가 변량이며 B는 수준 간에 산포를 구하는 것만이 의미가 있고 모평균추정은 의미가 없다.
④ $x_{ij} = \mu + a_i + (ab)_{ij} + e_{ijk}$의 데이터 구조식을 갖는다.

풀이 ① 1요인은 모수이고 1요인은 변량인 반복 없는 2요인실험
② R. A. Fisher에 의하여 도입되고 농사시험에서 유래한다.
④ $x_{ij} = \mu + a_i + b_j + e_{ij}$의 데이터 구조식을 갖는다.

00, 06산업 ★★○

06 난괴법에 대한 설명 내용으로 가장 관계가 먼 것은?

① 1요인은 모수이고 1요인은 변량인 반복 없는 2요인실험이다.
② 요인 B가 변량이면 B는 수준 간의 산포를 구하는 것만 의미가 있고 모평균 추정은 의미가 없다.
③ R. A. Fisher에 의하여 도입되고 농사시험에서 유래하였다.
④ $x_{ijk} = \mu + a_i + (ab)_{ij} + e_{ijk}$의 데이터 구조식을 갖는다.

풀이 ④ $x_{ij} = \mu + a_i + b_j + e_{ij}$

07 난괴법에 관한 설명으로 틀린 것은?

① R. A. Fisher에 의하여 고안되었고 농사시험에서 유래되었다.

② 1요인은 모수요인이고 1요인은 변량요인인 반복이 없는 2요인실험이다.

③ 요인 B(변량요인)인 경우 수준 간의 산포를 구하는 것이 의미가 있고 모평균 추정은 의미가 없다.

④ A(모수요인), B(블록요인)로 난괴법 실험을 한 경우 층별이 잘 된 경우에 정보량이 적어지는 경향이 있다.

풀이 ④ 층별이 잘 된 경우에 정보량이 많아지는 경향이 있다.

08 난괴법에 관한 설명으로 가장 거리가 먼 것은?

① 1요인은 모수이고 1요인은 변량인 반복이 없는 2요인실험이다.

② 일반적으로 실험배치의 랜덤에 제약이 있는 경우에 몇 단계로 나누어 설계하는 방법이다.

③ 실험설계 시 실험환경을 균일하게 하여 블록 간에 차이가 없을 때는 오차항에 풀링하면 1요인실험과 동일하다.

④ 일반적으로 1요인실험으로 단순반복을 하는 것보다 반복을 블록으로 나누어 2요인실험을 하는 경우, 층별이 잘 되면 정보량이 많아진다.

풀이 ②는 분할법에 대한 설명이다.

09 다음 중 난괴법에 대한 설명으로 옳은 것은?

① 반복이 있는 2요인실험이다.

② 두 요인의 교호작용을 구할 수 있다.

③ 1요인은 모수요인이고, 1요인은 변량요인이다.

④ 요인 B가 변량이면 모평균 추정은 의미가 있다.

풀이 ① 반복이 없는 2요인실험이다.
② 두 요인의 교호작용을 구할 수 있다.
④ 요인 B가 변량이면 모평균 추정은 의미가 있다.

10 난괴법의 실험계획의 내용 설명으로 가장 올바른 것은?

① 교호작용 효과를 구할 수 있다.

② 변량요인의 산포의 추정은 전혀 구할 필요가 없다.

③ 변량요인의 모평균 추정은 전혀 의미가 없다.

④ 1요인실험을 반복 실험하는 실험계획법이다.

풀이 ① 교호작용 효과를 구할 수 없다.
② 변량요인은 산포를 추정할 필요가 있다.
④ 1요인은 모수, 1요인은 변량인 반복이 없는 2요인실험이다.

11 모수요인 A와 변량요인 B의 수준이 각각 l과 m인 경우, 데이터의 구조식이 다음과 같을 때 옳지 않은 것은?(단, $i=1, 2, \cdots, l, j=1, 2, \cdots, m$이다.)

$$x_{ij} = \mu + a_i + b_j + e_{ij}$$

① $\sum_{i=1}^{l} a_i = 0$ ② $\sum_{j=1}^{m} b_j \neq 0$

③ $COV(b_j, e_{ij}) \neq 0$ ④ $e_{ij} \sim N(0, \sigma_e^2)$

풀이 ③ $COV(b_j, e_{ij}) = 0$

12 A(모수요인), B(변량요인) 난괴법의 데이터 $x_{ij} = \mu + a_i + b_j + e_{ij}(i=1, 2, \cdots, l, j=1, 2, \cdots, m)$ 구조식에서 기본가정으로 틀린 것은?

① $COV(e_{ij}, b_j) = 0$이다.

② b는 확률변수로 $\sum_{j=1}^{m} b = 0$이다.

③ a는 상수이고 $\sum_{i=1}^{l} a = 0$이다.

④ $b \sim N(0, \sigma_B^2)$이고, 서로독립이다.

풀이 ② b는 확률변수로 $\sum_{j=1}^{m} b \neq 0$이다.

13 다음은 모수요인 A와 변량요인 B인 난괴법의 데이터 구조식이다. 기본가정이 아닌 것은?

[다음]

$$x_{ij} = \mu + a_i + b_j + e_{ij}$$
$$(i = 1, 2, \cdots, l, \ j = 1, 2, \cdots, m)$$

① $e_{ij} \sim N(0, \sigma_e^2)$

② $\sum_{i=1}^{l} a_i = 0$

③ $b_j \sim N(0, \sigma_B^2)$

④ $\sum_{j=1}^{m} b_j = 0$

풀이 B가 변량요인이므로

④ $\sum_{j=1}^{m} b_j \neq 0$

14 난괴법의 데이터 구조식에 관한 내용으로 맞는 것은? (단, 요인 A는 모수요인, 요인 B는 변량요인이며, $i = 1$, $2, \cdots, l$, $j = 1, 2, \cdots, m$이다.)

[구조식]

$$x_{ij} = \mu + a_i + b_j + e_{ij}$$

① $\sum_{i=1}^{l} a_i \neq 0$

② $\sum_{j=1}^{m} b_j \neq 0$

③ $b_j \sim N(1, \sigma_e^2)$이고 서로 독립이다.

④ $e_{ij} \sim N(1, \sigma_e^2)$이고 서로 독립이다.

풀이 ① $\sum_{i=1}^{l} a_i = 0$

③ $b_j \sim N(0, \sigma_B^2)$이고 서로 독립이다.

④ $e_{ij} \sim N(0, \sigma_e^2)$이고 서로 독립이다.

15 반복이 없는 2요인실험인 경우의 A는 모수요인이고, B는 변량요인이라고 할 때, 설명 중 틀린 것은?

① 난괴법의 형태이다.

② a_i는 $N(0, \sigma_A^2)$을 따른다.

③ 이런 경우에는 교호작용이 존재하지 않는다.

④ 모수요인인 경우 $\sum_{i=1}^{l} a_i = 0$이고, 변량요인인 경우 $\sum_{j=1}^{m} b_j \neq 0$이다.

풀이 ② $E(a_i) = a_i$이므로 a_i는 $N(a_i, \sigma_A^2)$을 따른다.

16 난괴법에 관한 설명으로 맞는 것은?

① 두 요인 모두 변량요인이다.

② 결측치가 존재해도 쉽게 해석이 용이하다.

③ 분산분석 과정은 반복이 없는 2요인실험과 동일하다.

④ $x_{ij} = \mu + a_i + b_j + e_{ij}$인 데이터 구조식을 가지며, 여기서 $\sum_{i=1}^{l} a_i = 0$와 $\sum_{j=1}^{m} b_j = 0$이다.

풀이 ① 하나의 요인(A)은 모수요인, 또 다른 하나의 요인(B)은 변량요인이다.

② 결측치가 존재하면 Yates의 식으로 추정하여야 한다.

④ $x_{ij} = \mu + a_i + b_j + e_{ij}$인 데이터 구조식을 가지며, 여기서 $\sum_{i=1}^{l} a_i = 0$와 $\sum_{j=1}^{m} b_j \neq 0$이다.

17 1요인은 모수모형, 1요인은 변량모형인 반복이 없는 2요인실험의 데이터 구조식으로 옳은 것은?

① $x_{ij} = \mu + a_i + e_{ij}$

② $r_{ij} = \mu + a_i + b_j + c_{ij}$

③ $x_{ijk} = \mu + a_i + b_j + c_k + e_{ijk}$

④ $x_{ijk} = \mu + a_i + b_j + (ab)_{ij} + e_{ijk}$

풀이 ① 1요인실험

③ 라틴방격법

④ 반복이 있는 2요인실험

실험일 B ＼ 온도 A	A_1	A_2	A_3	$T_{.j}$
B_1	13.1	12.4	12.3	37.8
B_2	12.9	12.7	12.0	37.6
B_3	13.4	12.5	12.2	38.1
$T_{i.}$	39.4	37.6	36.5	113.5

① 0.04 ② 0.18

③ 1.43 ④ 1.65

풀이 $S_B = \dfrac{37.8^2 + 37.6^2 + 38.1^2}{3} - \dfrac{113.5^2}{9} = 0.042$

18 08산업 ●●○ 난괴법의 실험에서 A는 모수요인이고, B는 변량요인 일 때 데이터의 구조에서 $\overline{x}_{i.}$ 의 구조식으로 옳은 것은?

① $\overline{x}_{i.} = \mu + a_i + b_j + \overline{e}_{.j}$

② $\overline{x}_{i.} = \mu + a_i + b_j + \overline{e}_{i.}$

③ $\overline{x}_{i.} = \mu + a_i + \overline{b} + \overline{e}_{i.}$

④ $\overline{x}_{i.} = \mu + \overline{a} + b_j + \overline{e}_{.j}$

풀이 • 모수요인$(\overline{a}=0)$, 변량요인$(\overline{b} \neq 0)$

• $\overline{x}_{i.} = \mu + a_i + \overline{b} + \overline{e}_{i.}$

• $\overline{x}_{.j} = \mu + \overline{a} + b_j + \overline{e}_{.j} = \mu + b_j + \overline{e}_{.j}$

• $\overline{\overline{x}} = \mu + \overline{a} + \overline{b} + \overline{\overline{e}} = \mu + \overline{b} + \overline{\overline{e}}$

19 07, 11, 13, 16, 17산업 ●●● 모수요인 A를 3수준, 블록요인 B를 5수준으로 택하 여 난괴법 실험을 하였을 경우 오차항의 자유도는 얼 마인가?

① 8 ② 9

③ 10 ④ 12

풀이 $DF_e = DF_T - (DF_A + DF_B) = 14 - (2+4) = 8$

20 12산업 ●●○ 4개의 처리를 3번 반복한 난괴법에서 오차항의 자유도 는 얼마인가?

① 3 ② 4

③ 5 ④ 6

풀이 오차항의 자유도는 총자유도(11)에서 각 요인의 자유도(모수요 인 3, 변량요인 2)를 뺀 값이 되므로 '6'이 된다.

21 07, 09, 12, 15, 16, 20산업 ●●● 온도 A(모수)를 3수준으로 하고, 실험일자 B(변량)를 3수준으로 하는 난괴법 실험을 실행하여 다음의 데이 터를 얻었다. 요인 B의 제곱합 (S_B)은 약 얼마인가?

22 15산업 ●○○ 난괴법(A)과 랜덤화 배치법(B)의 비교 설명 중 틀린 것은?

① A는 블록별로 랜덤화 실험하고 B는 완전 랜덤 실험 이다.

② B의 오차의 자유도가 A의 오차의 자유도보다 크다.

③ 일반적으로 B의 방법이 A의 방법에 비하여 실험의 정도가 낮다.

④ a개의 처리를 n회 반복 실험하는 경우에는 오차항 의 자유도는 A는 $a(n-1)$이며 B는 $(a-1)(n-1)$ 이다.

풀이

난괴법(A)	랜덤화 배치법(B)
a개의 처리를 n회 반복 실험 하는 경우에 오차항의 자유 도는 $(a-1)(n-1)$이다.	2개의 처리를 n회 반복 실험 하는 경우에 오차항의 자유 도는 $a(n-1)$이다.

23 00, 14기사[실기] ●●● 벼 품종 A_1, A_2, A_3의 단위당 수확량을 비교하기 위하 여 2개의 블록으로 층별하여 난괴법 실험을 하였다. 각 품종별 단위당 수확량이 다음과 같을 때 블록별(B) 제곱합 S_B는?

블록 1		
A_1	A_2	A_3
47	43	50

18 ③ **19** ① **20** ④ **21** ① **22** ④ **23** ①

162 _ PART 04 실험계획법

블록 2		
A_1	A_2	A_3
46	44	48

① 0.67
② 0.89
③ 0.97
④ 1.23

풀이) $S_B = \dfrac{140^2 + 138^2}{3} - \dfrac{278^2}{6} = 0.667$

15, 16, 18산업 ✪✪✪

24 모수요인 A가 4수준, 변량요인 B는 3수준으로, 반복 없는 2요인실험을 행하였을 때 요인 A의 기대평균제곱 $E(V_A)$는?

① $\sigma_e^2 + 2\sigma_A^2$
② $\sigma_e^2 + 3\sigma_A^2$
③ $\sigma_e^2 + 4\sigma_A^2$
④ $\sigma_e^2 + 3\sigma_B^2 + 4\sigma_A^2$

풀이) $E(V_A) = \sigma_e^2 + m\sigma_A^2 = \sigma_e^2 + 3\sigma_A^2$

00, 07산업 ✪✪✪

25 난괴법에 의한 실험에서 다음의 분산분석표를 얻었다. 가장 올바른 내용은?[단, $F_{0.95}(4, 12) = 3.26$, $F_{0.95}(3, 12) = 3.49$이다.]

요인	S	ν	V
A	800	4	200
B	60	3	20
e	120	12	10

① 요인 A에 유의차가 있다.
② 요인 B에 유의차가 있다.
③ 총제곱합의 자유도는 20이다.
④ σ_B^2의 추정치는 10이다.

풀이) ② 요인 B에 유의차가 없다 $\left(F_0 = \dfrac{V_B}{V_e} = 2.0 < 3.49 \right)$.

③ 총제곱합의 자유도는 19이다.

④ σ_B^2의 추정치는 2이다 $\left(\widehat{\sigma_B^2} = \dfrac{V_B - V_e}{l} = 2.0 \right)$.

06, 13, 16산업 ✪✪✪

26 난괴법실험에서 요인 A는 모수요인으로 3수준, 요인 B는 변량요인으로 5수준일 때 B의 산포를 구하기 위한 σ_B^2의 추정값은?

① $\dfrac{V_B - V_e}{5}$
② $\dfrac{V_B - V_e}{3}$
③ $\dfrac{V_A - V_e}{5}$
④ $\dfrac{V_A - V_e}{3}$

풀이) $\widehat{\sigma_B^2} = \dfrac{V_B - V_e}{A의\ 수준수} = \dfrac{V_B - V_e}{l} = \dfrac{V_B - V_e}{3}$

00, 07, 08, 10, 14산업 ✪✪✪

27 모수요인 A가 4수준, 블록요인 B가 3수준인 난괴법에서 분석 결과, $V_A = 5.8$, $V_B = 2.5$, $V_e = 2.0$일 때, 요인 B의 분산 추정치 $\widehat{\sigma_B^2}$는?

① 0.500
② 0.167
③ 0.125
④ 0.100

풀이) $\widehat{\sigma_B^2} = \dfrac{V_B - V_e}{l} = \dfrac{2.5 - 2.0}{4} = 0.125$

10, 15, 17(중복), 20산업 ✪✪✪

28 모수요인 A를 5수준 택하고, 실험일 B를 랜덤으로 4일 택하여 난괴법으로 실험한 후 분산분석표를 작성했더니 다음과 같았다. $\widehat{\sigma_B^2}$의 추정치는 약 얼마인가?

요인	SS	DF
A	3,515	4
B	106.2	3
e	95.8	12
T	3,717	19

① 5.48
② 6.58
③ 7.38
④ 8.48

풀이) $V_B = \dfrac{106.2}{3} = 35.4$, $V_e = \dfrac{95.8}{12} = 7.983$

$\therefore \widehat{\sigma_B^2} = \dfrac{V_B - V_e}{l} = \dfrac{35.4 - 7.983}{5} = 5.483$

정답 24 ② 25 ① 26 ② 27 ③ 28 ①

29 모수모형에서 요인 A를 5수준 택하고, 랜덤으로 4일을 택하여 난괴법으로 반복이 없는 실험을 하였다. 그 결과를 해석하기 위하여 일간 제곱합(S_B)을 계산했더니 106.2, 오차의 제곱합(S_e)을 계산했더니 95.8이었다. $\widehat{\sigma_B^2}$은 약 얼마인가?

① 5.48   ② 6.85

③ 7.21   ④ 9.14

풀이

$$V_B = \frac{S_B}{DF_B} = \frac{106.2}{3} = 35.4$$

$$V_e = \frac{S_e}{DF_e} = \frac{95.8}{12} = 7.983$$

$$\therefore \widehat{\sigma_B^2} = \frac{V_B - V_e}{l} = \frac{35.4 - 7.983}{5} = 5.483$$

PART 1
PART 2
PART 3
PART 4
PART 5
PART 6
PART 7

09기사 ★★○

01 모수요인 A, B의 수준수가 각각 l, m이고, 반복수가 2회인 2요인실험에서 랜덤화의 원칙으로 가장 적합한 것은?

① A요인과 B요인의 수준조합 lm회를 랜덤하게 실험한 후 같은 방법으로 1회 더 실험한다.

② A, B요인이 기술적 의미가 없으므로 수준이 나타나는 순서대로 lm 수준 내에서 각각 2회 반복 실험한다.

③ A, B요인의 수준수와 반복수 2회를 고려한 모든 수준조합 $2lm$회의 순서를 랜덤하게 설계하여 실험한다.

④ 2요인 중 중요한 하나의 요인을 먼저 랜덤으로 순번을 결정한 후 나머지 요인의 각 수준에서 반복횟수를 고려하여 랜덤하게 실험한다.

풀이 ③ 반복이 있는 2요인실험은 실험전체의 데이터를 랜덤한 순서로 설계하여야 한다.

13, 19산업 ★★○

02 다음 중에서 어느 실험계획법을 이용해야 교호작용의 존재 유무를 검출할 수 있는가?

① 반복이 없는 1요인실험
② 반복이 있는 1요인실험
③ 반복이 없는 2요인실험
④ 반복이 있는 2요인실험

풀이 교호작용($A \times B$)의 효과를 검출하기 위해서는 반복이 있는 2요인실험 이상이 되어야 한다.

00산업 ★★○

03 2요인실험에서 반복을 취하는 이점으로 가장 관계가 먼 것은?

① 실험의 재현성이나 관리상태를 보기 위해서이다.
② 교호작용을 분리할 수 있다.
③ 실험오차를 제로(Zero)로 만든다.
④ 실험정도를 향상시킨다.

풀이 반복이 많아지면 실험오차가 줄어들지만 제로(Zero)가 되지는 않는다.

06, 13산업 ★★★

04 반복이 있는 모수모형 2요인실험의 특징 중 옳지 않은 것은?

① 요인의 조합의 효과인 교호작용을 분리하여 구할 수 있다.
② 실험 오차를 단독으로 구할 수 있다.
③ 오차로부터 교호작용을 분리할 수 없고, 주효과의 검출력이 좋지 않다.
④ 반복 데이터로부터 실험의 재현성이나 관리 상태를 검토할 수 있다.

풀이 ③ 오차로부터 교호작용을 분리할 수 있고, 주효과의 검출력이 좋아진다.

07, 12산업 ★★★

05 실험의 결과를 해석하려 할 때 결측치가 생기면 처리하는 내용으로 틀린 것은?

① 반복이 없는 2요인실험이면 Yates의 방법으로 추정한다.
② 반복이 있는 2요인실험이면 그대로 계산한다.
③ 가능하면 한 번 더 실험하여 결측치를 메운다.
④ 1요인실험에서는 그대로 계산한다.

16산업 ❂❂○

06 반복 있는 2요인실험에 대한 설명으로 틀린 것은?

① 교호작용을 분리해서 구해 볼 수 있다.
② 수준수가 적어도 반복수의 크기를 조절하여 검출력을 높일 수 있다.
③ 반복한 데이터로부터 실험의 재현성과 관리상태를 검토할 수 있다.
④ 요인의 효과에 대한 검출력은 좋아지나, 실험오차를 단독으로는 구할 수 없다.

16산업 ❂❂○

07 2요인실험에 관한 설명으로 틀린 것은?

① 반복이 있는 경우, 두 요인의 교호작용을 검증해 볼 수 있다.
② 각 요인별로 완전 랜덤화(Complete Randomization)를 시행한다.
③ 반복이 있는 2요인실험은 재현성과 관리상태를 검토할 수 있다.
④ 2개의 요인에서 각각의 수준이 l, m일 때, 반복이 없는 경우 $l \times m$회의 실험을 행하게 된다.

10산업 ❂❂○

08 2요인실험에 관한 설명으로 가장 적절한 것은?

① 난괴법에서 변량요인의 모평균 추정은 의미가 없다.
② 요인 A, B가 모두 모수요인인 반복 있는 2요인실험에서 교호작용이 유의하다면 $F_0 = \dfrac{V_A}{V_{A \times B}}$가 된다.
③ 반복 있는 모수모형이면 A_i수준에서의 모평균 신뢰구간을 구할 때의 유효반복수는 $\dfrac{1}{2}$이다.
④ 반복 없는 모수모형이면 요인의 구간추정은 분산분석표의 F검정으로부터 유의하지 않아도 행하여야 한다.

12산업 ❂❂○

09 요인 A, B에 대하여 반복 있는 2요인실험 모수모형 분산분석을 실시하였다. 분산분석 결과 요인 A, B만 유의수준 5%에서 의미가 있다고 판단되었다면 다음 중 옳지 않은 것은?

① 교호작용이 유의하지 않으므로 필요시 기술적으로 검토한 후 풀링하여야 한다.
② 유의수준 1%로 적용한다면 요인 A, B는 의미 없는 결과로 판단될 수도 있다.
③ 최적해의 신뢰구간을 추정할 때 반복수는 유효반복수를 계산하여 추정하여야 한다.
④ 범위 R을 이용하여 등분산의 검정을 해보면 하나 또는 그 이상이 $D_4 \overline{R}$를 벗어난 상태이다.

15, 20산업 ❂○○

10 각각 l, $m(l, m > 2)$의 수준수를 갖는 요인 A, B의 각 수준조합에서 r회 반복하여 실험하였고, 결측치는 발생하지 않았다. A요인의 i번째 수준, B요인의 j번째 수준 그리고 k번째 반복하여 측정한 특성치를 x_{ijk}라 할 때, 다음 중 $S_{A \times B}$를 계산하는 식으로 가장 적합한 것은?

① $\displaystyle\sum_i \sum_j \sum_k \left(\overline{x}_{ij}. - \overline{\overline{x}} \right)^2 + \sum_i \sum_j \sum_k \left(\overline{x}_i.. - \overline{\overline{x}} \right)^2 + \sum_i \sum_j \sum_k \left(\overline{x}._j. - \overline{\overline{x}} \right)^2$

② $\displaystyle\sum_i \sum_j \sum_k \left(\overline{x}_{ij}. - \overline{\overline{x}} \right)^2 - \sum_i \sum_j \sum_k \left(\overline{x}_i.. - \overline{\overline{x}} \right)^2 - \sum_i \sum_j \sum_k \left(\overline{x}._j. - \overline{\overline{x}} \right)^2$

③ $\sum_i \sum_j \sum_k \left(\overline{x}_i.. - \overline{\overline{x}}\right)^2 + \sum_i \sum_j \sum_k \left(\overline{x}._j. - \overline{\overline{x}}\right)^2$
$+ \sum_i \sum_j \sum_k \left(\overline{x}_{ijk} - \overline{x}_{ij}.\right)^2$

④ $\sum_i \sum_j \sum_k \left(\overline{x}_i.. - \overline{\overline{x}}\right)^2 - \sum_i \sum_j \sum_k \left(\overline{x}._j. - \overline{\overline{x}}\right)^2$
$- \sum_i \sum_j \sum_k \left(\overline{x}_{ijk} - \overline{x}_{ij}.\right)^2$

풀이 $S_{A \times B} = S_{AB} - S_A - S_B$
$= \sum_i \sum_j \sum_k \left(\overline{x}_{ij}. - \overline{\overline{x}}\right)^2 - \sum_i \sum_j \sum_k \left(\overline{x}_i.. - \overline{\overline{x}}\right)^2$
$- \sum_i \sum_j \sum_k \left(\overline{x}._j. - \overline{\overline{x}}\right)^2$

모수모형

17산업 ✪✪◯

11 반복이 있는 2요인실험(모수모형)의 경우 데이터의 구조식은?[단, μ는 총평균, a_i는 A_i의 효과, b_j는 B_j의 효과, $(ab)_{ij}$는 교호작용 $A \times B$의 효과, e_{ijk}는 오차이다.]

① $x_{ijk} = \mu + a_i + b_j + e_{ijk}$
② $x_{ijk} = \mu + a_i + (ab)_{ij} + e_{ijk}$
③ $x_{ijk} = \mu + b_j + (ab)_{ij} + e_{ijk}$
④ $x_{ijk} = \mu + a_i + b_j + (ab)_{ij} + e_{ijk}$

풀이 $x_{ijk} = \mu + a_i + b_j + (ab)_{ij} + e_{ijk}$

00, 07, 18산업 ✪✪✪

12 반복이 있는 2요인실험의 구조모형이 다음과 같을 때, A수준의 모평균 $\mu + a_i + \overline{e}_i..$ 의 추정치는?(단 A, B는 모수요인이며, $i = 1, 2, \cdots, l$, $j = 1, 2, \cdots, m$이고, $k = 1, 2, \cdots, r$ 이다.)

$$x_{ijk} = \mu + a_i + b_j + (ab)_{ij} + e_{ijk}$$

① $\overline{x}$
③ $\overline{x}_i..$
② $\overline{\overline{x}}$
④ $\overline{x}_{ij}.$

풀이 ② $\overline{\overline{x}} = \mu + \overline{\overline{e}}$
③ $\overline{x}_i.. = \mu + a_i + \overline{e}_i..$
④ $\overline{x}_{ij}. = \mu + a_i + b_j + (ab)_{ij} + \overline{e}_{ij}.$

20산업 ✪✪◯

13 반복이 있는 2요인실험의 조합조건마다의 모평균인 $\mu + a_i + b_j + (ab)_{ij}$의 추정치로 맞는 것은?

① $\overline{\overline{x}}$
③ $\overline{x}_i..$
② $\overline{x}_{ij}.$
④ $\overline{x}._j.$

풀이 $\hat{\mu}(A_iB_j) = \mu + a_i + \widehat{b_j + (ab)_{ij}} = \overline{x}_{ij}.$

07산업 ✪✪◯

14 2요인 A, $B(A$, B모수)의 각 수준수가 l, m이고 반복수가 r인 반복 있는 2요인실험에 관한 설명으로 가장 올바른 것은?

① 교호작용 $A \times B$가 유의한 경우에는 일반적으로 A, B의 각 수준의 모평균을 추정하는 것만이 의미 있다.
② 이 실험의 랜덤화는 요인수준들의 조합 lm 회를 선택하고, 선택된 각각의 수준조합 A_iB_j에서 r회 계속 실험하는 것이다.
③ 교호작용이 유의하지 않아서 무시하는 경우에는 최적 수준조합을 구할 수 없다.
④ A, B요인의 조합 조건마다에서 실험오차가 등분산의 가설이 성립하지 않으면 F검정의 타당성은 없다.

풀이 ① 교호작용 $A \times B$가 유의한 경우에는 일반적으로 A, B의 수준 조합의 모평균을 추정하는 것이 의미 있다.
② 이 실험의 랜덤화는 lmr 회의 전(全) 실험을 랜덤하게 행하여 주어야 한다.
③ 교호작용이 유의하지 않아서 무시하는 경우에는 일반적으로 A, B의 각 수준의 모평균을 추정하는 것만이 의미 있다.

15 5수준의 모수요인 A와 3수준의 모수요인 B를 반복 2회 실험을 한 결과, 결측치가 하나 있어 대응치(추정치)를 사용한 후 분산분석표를 작성한 경우 어느 요인의 자유도가 줄어드는가?

① 요인 A, B 및 총제곱합의 자유도
② 교호작용 및 총제곱합의 자유도
③ 오차항 및 총제곱합의 자유도
④ 요인 A, B 및 오차항의 자유도

풀이 실험계획법에서 결측치가 존재하여 결측치를 추정해 넣었다 하더라도 총제곱합과 오차항의 자유도는 기존의 자유도에서 결측치수만큼 줄어든다.

16 요인 A의 수준수 l, 요인 B의 수준수 m, 각 반복수가 r인 반복이 있는 2요인실험에서 A와 B의 교호작용의 자유도는?

① lm　　　　② $l(m-1)$
③ $(l-1)(m-1)$　　④ $lm(r-1)$

풀이 $DF_{A \times B} = DF_A \times DF_B = (l-1)(m-1)$

17 반복 3회인 모수모형 2요인실험에서 요인 A가 5수준, 요인 B가 6수준이라면 교호작용 $A \times B$의 자유도는?

① 4　　　　② 5
③ 20　　　④ 60

풀이 $\nu_{A \times B} = \nu_A \times \nu_B = (l-1)(m-1)$
$\qquad = 4 \times 5 = 20$

18 요인 A, B가 모두 모수인 2요인실험을 2회 반복하여 실시하였다. A의 자유도가 3이고, 교호작용의 자유도가 9인 경우, B의 수준수는 얼마인가?

① 2　　　　② 3
③ 4　　　　④ 6

풀이 $\nu_{A \times B} = (l-1)(m-1) = 3 \times (m-1) = 9$
$\therefore \ m = 4$

19 반복이 있는 2요인실험에서 자유도는 $\nu_A = 3$, $\nu_B = 2$, $\nu_{A \times B} = 6$, $\nu_e = 12$이다. 이 실험의 반복수 r은?

① 2　　　　② 3
③ 4　　　　④ 5

풀이 $\nu_e = lm(r-1) = 4 \times 3 \times (r-1) = 12$
$\therefore \ r = 2$

20 반복이 2회 있는 2요인실험(모수모형)을 실시하여 다음의 [데이터]를 얻었다. 급간제곱합 S_{AB}의 자유도는 얼마인가?(단, 요인 A는 5수준, 요인 B는 6수준이다.)

┌──────── [데이터] ────────┐
$S_A = 400$, $S_B = 100$, $S_{A \times B} = 200$, $S_T = 940$
└──────────────────────────┘

① 20　　　　② 29
③ 30　　　　④ 59

풀이 $\nu_{AB} = lm - 1 = 29$

21 A가 l수준, B는 m수준이고, 반복 r인 2요인실험에서 오차의 자유도를 구하는 식은?(단, 교호작용 $A \times B$는 유의적이다.)

① $l(m-1)r$
② $lmr - 1$
③ $lm - 1$
④ $lm(r-1)$

풀이 $\nu_A = l-1$, $\nu_B = m-1$
$\nu_{A \times B} = (l-1)(m-1)$
$\nu_e = lm(r-1)$, $\nu_T = lmr - 1$

22 둘 다 모수요인인 A, B의 수준조합에서 각각 반복이 2회 있는 2요인실험을 실시하였다. 요인 A의 자유도는 3이고 교호작용의 자유도가 12이면 오차항의 자유도는?

① 20
② 36
③ 40
④ 72

$\nu_e = \nu_T - (\nu_A + \nu_B + \nu_{A \times B})$
$= 39 - (3 + 4 + 12) = 20$

11, 16, 17산업 ★★★

23 반복이 2회인 2요인실험에서 A요인의 수준은 4, B요인의 수준은 6이다. 특성치를 조사하여 분산분석을 실시한 후, 교호작용 $A \times B$는 유의하지 않아서 오차항에 풀링(Pooling)하였다. 풀링 후 오차의 자유도는 얼마인가?

① 25
② 30
③ 35
④ 39

$\nu_e = \nu_T - (\nu_A + \nu_B)$
$= (lmr - 1) - (3 + 5) = 47 - 8 = 39$

24 반복이 있는 2요인 모수모형 실험에서 A, B 요인의 수준수는 각각 $l = 4$, $m = 3$이며, 반복수(r)는 3이다. 만약 교호작용이 오차항에 풀링된다면 오차항의 자유도는?

① 12
② 24
③ 30
④ 36

풀링 전		풀링 후	
요인	DF	요인	DF
A	3	A	3
B	2	B	2
$A \times B$	6	e'	30
e	24		
T	35	T	35

25 반복이 있는 2요인실험에서 A는 4수준, B는 5수준, 반복 3회에서 1개의 결측치가 있어서 이를 추정치로 메워 놓고 분산분석하였을 때 오차항의 자유도는?

① 39
② 40
③ 58
④ 62

$\nu_e = \nu_T - (\nu_A + \nu_B + \nu_{A \times B}) - 결측치수$
$= 59 - (3 + 4 + 12) - 1 = 39$

26 모수모형의 반복 있는 2요인실험에서 제곱합의 계산식 중 옳은 것은?

① $S_{AB} = S_A + S_B$
② $S_{A \times B} = S_{AB} - S_A - S_B$
③ $S_e = S_T - S_{A \times B}$
④ $S_T = S_A + S_B + S_{AB} + S_e$

① $S_{AB} = S_{A \times B} + S_A + S_B$
③ $S_e = S_T - S_{AB}$
④ $S_T = S_A + S_B + S_{A \times B} + S_e$

27 반복이 일정한 모수모형 2요인실험에서 제곱합을 구할 때 옳은 관계식은?

① $S_{A \times B} = S_{AB} - S_A - S_B$
② $S_{A \times B} = S_{AB} + S_A - S_B$
③ $S_{A \times B} = S_{AB} - S_A + S_B$
④ $S_{A \times B} = S_{AB} + S_A + S_B$

$S_{A \times B} = S_{AB} - S_A - S_B$

22 ① 23 ④ 24 ③ 25 ① 26 ② 27 ①

28 반복 2회의 2요인실험을 실시하여 다음 [데이터]를 얻었는데, 이것을 이용하여 교호작용 $A \times B$의 제곱합 $S_{A \times B}$를 구하면?

[데이터]

$A = 5$수준, $B = 4$수준, $S_T = 15.14$

$S_A = 4.12$, $S_B = 5.20$, $S_{AB} = 12.32$

① 2.7
② 2.8
③ 3.0
④ 5.8

(풀이) $S_{A \times B} = S_{AB} - S_A - S_B = 12.32 - 4.12 - 5.20 = 3.0$

29 다음은 반복이 2회인 2요인실험의 $T_{ij}.$ 표이다. 수정항(CT)의 값은 약 얼마인가?

[$T_{ij}.$ 표]

A＼B	B_1	B_2	B_3	B_4	계
A_1	-12.8	-0.3	13.1	20.6	20.6
A_2	-18.7	-6.0	8.0	23.1	6.4
계	-31.5	-6.3	21.1	43.7	27.0

① 27.24
② 20.48
③ 45.56
④ 91.13

(풀이) $CT = \dfrac{T^2}{lmr} = \dfrac{(27.0)^2}{2 \times 4 \times 2} = 45.563$

30 요인 A의 수준수가 4이고 요인 B의 수준수가 3이며, 반복이 2회인 2요인실험에 의하여 실험한 결과 자료의 총합이 18일 때 수정항은 얼마인가?

① 0.75
② 1.5
③ 13.5
④ 27.0

(풀이) $CT = \dfrac{T^2}{lmr} = \dfrac{18^2}{4 \times 3 \times 2} = 13.50$

31 반복이 있는 2요인실험법(모수모형)에서 A의 제곱합 (S_A)은?

B＼A	A_1	A_2
B_1	1	2
	2	3
B_2	4	3
	4	5

① 0.5
② 1
③ 2
④ 4

(풀이) $S_A = \dfrac{11^2 + 13^2}{4} - \dfrac{24^2}{8} = 0.5$

32 다음과 같은 반복이 있는 모수모형 2요인실험 데이터를 얻었다. 요인 B의 제곱합은 약 얼마인가?

A＼B	B_1	B_2	합
A_1	15	8	48
	16	9	
A_2	17	10	56
	18	11	
합	66	38	104

① 8
② 98
③ 106
④ 108

(풀이) $S_B = \dfrac{66^2 + 38^2}{4} - \dfrac{104^2}{8} = 98$

33 다음 표는 반복이 2회 있는 모수모형 2요인실험에 의하여 실험한 결과이다. 급간제곱합 S_{AB}는 얼마인가?

B＼A	A_1	A_2
B_1	10	4
	8	2
B_2	7	5
	6	4

① 36.5 　　　　　　② 40.5

③ 58.5 　　　　　　④ 39.5

풀이 $S_{AB} = \dfrac{18^2 + 6^2 + 13^2 + 9^2}{2} - \dfrac{46^2}{8} = 40.5$

12산업[실기] ◆◆○

34 반복이 있는 모수모형 2요인실험에서 얻은 데이터로 총제곱합 $S_T = 65.3$, A와 B의 급간제곱합 $S_{AB} = 54.3$, 요인 A의 제곱합 $S_A = 26.5$, 요인 B의 제곱합 $S_B = 13.3$임을 알았다. 이때 오차제곱합 S_e는 얼마인가?

① 9 　　　　　　② 10

③ 11 　　　　　　④ 14.5

풀이 $S_e = S_T - S_{AB} = 65.3 - 54.3 = 11.00$

14, 17산업 ◆◆○

35 반복이 있는 모수모형 2요인실험을 하여 다음과 같은 분산분석표의 일부를 얻었다. 오차의 순제곱합 $S_e{}'$를 구하면?

요인	SS	DF
A	48.4	
B	36.3	3
$A \times B$	24.0	12
e	20.0	
T	128.7	39

① 9 　　　　　　② 27

③ 32 　　　　　　④ 39

풀이 $S_e{}' = S_e + (\nu_A + \nu_B + \nu_{A \times B})\, V_e$
$\quad = 20.0 + (4 + 3 + 12) \times 1.0$
$\quad = 39.0$

08, 10, 16산업 ◆◆◆

36 다음은 반복 2회인 2요인실험에 대한 분산분석표를 나타낸 것이다. 요인 A의 기여율(ρ_A)은 약 얼마인가?

요인	SS	DF	$\rho(\%)$
A	16.3		
B	2.3	4	
$A \times B$	1.6	16	
e	17.6		
T	37.8	49	

① 24.50% 　　　　　　② 33.81%

③ 35.67% 　　　　　　④ 43.12%

풀이 $S_A{}' = S_A - \nu_e V_A = 16.3 - 4 \times \dfrac{17.6}{25} = 13.484$

$\therefore \rho_A = \dfrac{S_A{}'}{S_T} \times 100 = \dfrac{13.484}{37.8} \times 100 = 35.672(\%)$

07(중복), 09, 19산업 ◆◆◆

37 반복이 있는 2요인실험(모수모형)에서 다음의 분산분석표를 얻었다. 빈칸 ㉠과 ㉡에 들어가야 할 값이 바르게 짝지어진 것은?

요인	SS	DF	MS	F_0
A	15	3	5	㉡
B	10	㉠		
$A \times B$	12	6		
e	12	12		
T	49	23		

① ㉠ 1, ㉡ 2.5 　　　　② ㉠ 2, ㉡ 2.5

③ ㉠ 1, ㉡ 5.0 　　　　④ ㉠ 2, ㉡ 5.0

풀이 $\nu_{A \times B} = 6 = 3 \times \nu_B$에서
$\nu_B = 2$
$F_A = \dfrac{V_A}{V_e} = \dfrac{5}{1} = 5$

38 모수요인 A, B의 수준수가 각각 l, m이고, 반복수가 r회인 2요인실험에서 요인 A의 불편분산의 기대치는?

① $\sigma_e^2 + mr\sigma_A^2$

② $\sigma_e^2 + r\sigma_A^2 + lr\sigma_B^2$

③ $\sigma_e^2 + r\sigma_{A \times B}^2 + mr\sigma_A^2$

④ $\sigma_e^2 + r\sigma_{A \times B}^2 + lr\sigma_B^2 + mr\sigma_A^2$

풀이 • 모수모형인 경우 : ①
• 혼합모형인 경우 : ③

39 2요인실험에서 A, B 모두 모수이면 A의 불편분산 기대치 $E(V)$는?(단, A는 5수준, B는 4수준, 반복 2회임)

① $\sigma_e^2 + 5\sigma_A^2$　　② $\sigma_e^2 + 10\sigma_A^2$

③ $\sigma_e^2 + 8\sigma_A^2$　　④ $\sigma_e^2 + 4\sigma_A^2$

풀이 $E(V_A) = \sigma_e^2 + mr\sigma_A^2 = \sigma_e^2 + (4 \times 2)\sigma_A^2$

40 반복이 있는 2요인실험(모수모형)의 요인 A, B, $A \times B$를 유의수준 5%로 F_0에 의한 검정 결과가 옳은 것은?[단, $F_{0.95}(1, 36) = 4.00$, $F_{0.95}(2, 36) = 3.15$, $F_{0.95}(3, 36) = 2.76$, $F_{0.95}(6, 36) = 2.25$이다.]

요인	SS	DF
A	232.86	3
B	99.48	2
$A \times B$	29.52	6
e	47.63	36
T	409.49	47

① A요인만 유의하다.

② B요인만 유의하다.

③ A, $A \times B$요인만 유의하다.

④ A, B, $A \times B$ 모두 유의하다.

풀이
• $F_A = \dfrac{V_A}{V_e} = 58.67 > F_{0.95}(3, \ 36) = 2.76$

• $F_B = \dfrac{V_B}{V_e} = 37.60 > F_{0.95}(2, \ 36) = 3.15$

• $F_{A \times B} = \dfrac{V_{A \times B}}{V_e} = 3.72 > F_{0.95}(6, \ 36) = 2.25$

∴ A, B, $A \times B$ 모두 유의하다.

41 다음 표와 같은 2요인실험의 분산분석에서 교호작용을 무시했을 때의 요인 B의 분산비(F_0)는 약 얼마인가?

요인	SS	DF	MS	F_0
A	542	3	180.7	
B	2426	2	1213	
$A \times B$	9	6	1.50	
e	255	12	21.25	
T	3,232			

① 55.1　　② 57.1

③ 82.7　　④ 84.5

풀이 $F_B = \dfrac{V_B}{V_e'} = \dfrac{1,213}{14.67} = 82.69$ $\left[V_e' = \dfrac{S_e + S_{A \times B}}{\nu_e + \nu_{A \times B}} \right]$

42 반복이 있는 모수모형 2요인실험에서 교호작용이 유의할 경우의 검정방법으로 맞는 것은?(단, A, B는 모수요인이다.)

① A, B 및 $A \times B$를 전부 e로 검정한다.

② A, B는 $A \times B$로 검정하고 $A \times B$는 e로 검정한다.

③ A는 $A \times B$로 검정하고, B와 $A \times B$는 e로 검정한다.

④ B는 $A \times B$로 검정하고, A와 $A \times B$는 e로 검정한다.

풀이 모수모형인 경우 모든 요인(A, B, $A \times B$)은 오차항(e)으로 검정한다.

06산업 ✪✪◯◯

43 Y제품을 생산하는 데 수율에 대한 영향을 조사하기 위하여 원료 투입량 A(4수준), 온도 B(3수준)를 반복 2회로 실험하여 다음의 [데이터]를 얻었다. A_1수준에 대한 모평균을 신뢰도 95%로 신뢰구간을 추정하면? [단, A, B 모수모형이며, $t_{0.975}(12)=2.179$, $t_{0.975}(6)=2.447$]

[데이터]
$T_1 . . = 564$, $T_2 . . = 542$,
$T_3 . . = 5.34$, $V_e = 0.756$

① 94 ± 0.87 ② 70.5 ± 0.77

③ 94 ± 0.77 ④ 70.5 ± 0.87

풀이 $\dfrac{564}{3\times2} \pm 2.179 \sqrt{\dfrac{0.756}{6}} = 94 \pm 0.773$

12산업[실기] ✪✪◯◯

44 반복이 있는 2요인실험의 결과에서 교호작용이 무시되지 않을 때 2요인의 수준의 조합, 즉 A_iB_j 조합에서 모평균의 점추정식은?(단, 요인 A, B는 모두 모수모형이다.)

① $\bar{x}$ ② $\bar{x}_{ij} .$

③ $\bar{x}_i . . + \bar{x} ._j .$ ④ $\bar{x}_i . . + \bar{x} ._j . - \bar{\bar{x}}$

풀이 • $A \times B$가 유의한 경우 : $\bar{x}_{ij} .$

• $A \times B$가 유의하지 않은 경우 : $\bar{x}_i . . + \bar{x} ._j . - \bar{\bar{x}}$

07, 16산업 ✪✪✪

45 요인 A는 3수준, 요인 B는 4수준, 반복 2회의 2요인(모수모형)실험을 행했을 때 수준조합 $A_i B_j$의 모평균의 추정에 관한 내용으로 맞는 것은?(단, A, B는 모수이다.)

① F_0 검정에서 $A \times B$가 유의하시 않을 때 점추정은 $\hat{\mu} = \bar{x}_{ij} .$ 이다.

② F_0 검정에서 $A \times B$가 유의할 때 점추정은 $\hat{\mu} = \bar{x}_i . . + \bar{x} ._j . - \bar{\bar{x}}$ 이다.

③ F_0 검정에서 $A \times B$가 유의할 때 구간추정 시 반복수를 2회로 적용한다.

④ F_0 검정에서 $A \times B$가 유의하지 않을 때 구간추정 시 반복수를 3회로 적용한다.

풀이 ① F_0검정에서 $A \times B$가 유의할 때 점추정은 $\hat{\mu}(A_iB_j) = \bar{x}_{ij} .$ 이다.

② F_0검정에서 $A \times B$가 유의하지 않을 때 점추정은 $\hat{\mu}(A_iB_j) = \bar{x}_i . . + \bar{x} ._j . - \bar{\bar{x}}$이다.

④ F_0검정에서 $A \times B$가 유의하지 않을 때 $\hat{\mu}(A_iB_j)$를 구간추정 시 유효반복수(n_e)를 4회로 적용한다.

$\left(\text{유효반복수 } n_e = \dfrac{lmr}{l+m-1} = \dfrac{3\times4\times2}{3+4-1} = 4 \right)$

14(중복), 17, 20산업 ✪✪✪

46 A가 4수준, B가 3수준, 반복 2회인 모수모형 2요인실험에서 유효반복수(n_e)의 값은?(단, A, B요인은 유의하고, 교호작용은 유의하지 않다.)

① 2   ② 3

③ 4   ④ 5

풀이 $n_e = \dfrac{lmr}{\nu_A + \nu_B + 1} = \dfrac{lmr}{l+m-1} = \dfrac{4\times3\times2}{4+3-1} = 4$

19산업 ✪✪◯◯

47 A가 4수준, B가 3수준이고, 반복 2회인 모수모형 2요인실험의 분산분석 결과 A요인과 B요인은 유의하고, 교호작용이 유의하지 않은 경우 A, B요인의 수준조합에서 구간추정을 하고자 할 때 유효반복수(n_e)는?

① $\dfrac{1}{4}$ ② 2

③ 3   ④ 4

풀이 $n_e = \dfrac{lmr}{\nu_A + \nu_B + 1} = \dfrac{lmr}{l+m-1}$
$= \dfrac{4\times3\times2}{4+3-1} = 4$

48 반복 있는 2요인실험에서 A가 5수준, B가 2수준, 반복이 3인 경우 $A \times B$가 유의적일 때 $\mu(A_iB_j)$의 $100(1-\alpha)\%$ 구간추정을 하려고 한다. $\pm t_{1-\alpha/2}(\nu_e)\sqrt{\dfrac{V_e}{(\ \ )}}$의 구간 한계에서 $(\ \ )$에 적당한 값은?(단, A, B 모수)

① 1.67   ② 3
③ 5   ④ 6

풀이 $A \times B$가 유의한 경우 유효반복수 $n_e = r = 3$이다.

49 시멘트 분쇄공정에서 시멘트 강도에 영향을 주는 요인 중 석고의 종류 A를 3수준, SO_3 함량 B를 4수준으로 택하여 2회 반복실험을 한 후 분산분석하였더니 교호작용은 유의하였다. 다음의 자료를 이용하여 A_1B_3의 수준조합평균을 신뢰율 95%로 추정하면 약 얼마인가?[단, $\overline{x}_{13\cdot} = 365$, $V_e = 2.22$, $t_{0.975}(6) = 2.447$, $t_{0.975}(12) = 2.179$이다.]

① $353.4 \sim 363.6$ ② $362.7 \sim 367.3$
③ $373.5 \sim 375.7$ ④ $376.4 \sim 378.6$

풀이 $\overline{x}_{ij\cdot} \pm t_{0.975}(12)\sqrt{\dfrac{V_e}{r}} = 365 \pm 2.179 \times \sqrt{\dfrac{2.22}{2}}$
$= (362.70,\ 367.30)$

50 반복이 있는 2요인실험에서 모수요인 A의 수준이 l, 모수요인 B의 수준이 m이며 각 수준 조합에서 r번 반복 실험하였다. 다음 설명 중 옳지 않은 것은?

① A_i 수준에서 모평균의 95% 신뢰구간은 $\overline{x}_{i\cdot\cdot}$ $\pm t_{0.975}(\nu_e)\sqrt{\dfrac{V_e}{mr}}$

② A_i 수준과 A_i' 수준에서 모평균 차의 95% 신뢰구간은 $(\overline{x}_{i\cdot\cdot} - \overline{x}'_{i\cdot\cdot}) \pm t_{0.975}(\nu_e)\sqrt{\dfrac{V_e}{mr}}$

③ B_j 수준에서 모평균의 95% 신뢰구간은 $\overline{x}_{\cdot j\cdot}$ $\pm t_{0.975}(\nu_e)\sqrt{\dfrac{V_e}{lr}}$

④ B_j 수준과 B_j' 수준에서 모평균 차의 95% 신뢰구간은 $(\overline{x}_{\cdot j\cdot} - \overline{x}'_{\cdot j\cdot}) \pm t_{0.975}(\nu_e)\sqrt{\dfrac{2V_e}{lr}}$

풀이 ② A_i수준과 A_i'수준에서 모평균 차의 95% 신뢰구간은 $(\overline{x}_{i\cdot} - \overline{x}'_{i\cdot}) \pm t_{0.975}(\nu_e)\sqrt{\dfrac{2V_e}{mr}}$

혼합모형

51 요인 A가 모수, 요인 B가 변량, r회인 혼합모형에 대한 설명 중 가장 올바른 것은?(단, A의 수준수는 l, B의 수준수는 m이다.)

① 실험의 랜덤화는 변량요인 B가 집단요인인 경우는 실험 전체의 lmr회 실험을 랜덤하게 한다.

② 실험의 랜덤화는 변량요인 B가 블록요인 경우는 A의 수준마다 lr회의 실험을 랜덤하게 한다.

③ 분산분석 후 추정에서 변량요인 B에 대해서는 모평균에 대한 추정만이 의미가 있다.

④ 분산분석 후의 추정에서 $\sigma^2_{A \times B} = \dfrac{V_e - (V_A - V_B)}{r}$이다.

풀이 ② 실험의 랜덤화는 변량요인 B가 블록요인인 경우는 B의 수준마다 lr회의 실험을 랜덤하게 한다.
③ 분산분석 후 추정에서 변량요인 B에 대해서는 모분산에 대한 추정만이 의미가 있다.
④ 분산분석 후의 추정에서 $\sigma^2_{A \times B} = \dfrac{V_{A \times B} - V_e}{r}$ 이다.

52 2요인실험에 관한 설명으로 맞는 것은?(단, r은 처리의 반복수이다.)

① 2요인실험에서 변량요인의 모평균 추정은 의미가 없다.

② 요인 A, B가 모두 모수인 반복 있는 2요인실험에서 교호작용이 유의하다면 $F_0 = \dfrac{V_A}{V_{A \times B}}$ 가 된다.

③ 반복 있는 모수모형이면 요인 A의 특정 수준에서의 모평균 신뢰구간을 구할 때 유효반복수는 $\dfrac{1}{r}$ 이다.

④ 반복 없는 모수모형이면 요인의 구간추정은 분산분석표의 F검정으로부터 유의하지 않아도 행하여야 한다.

풀이 ② $F_0 = \dfrac{V_A}{V_e}$

③ 유효반복수 = B 수준수 × 반복수

④ 유의하지 않으면 구간추정은 의미가 없다.

53 반복 있는 2요인실험에서 A가 모수, B가 변량요인일 경우 검정방법으로 옳은 것은?

① A, B 및 $A \times B$를 모두 e로 검정한다.

② A는 $A \times B$로 검정하고, B와 $A \times B$는 e로 검정한다.

③ A와 B는 $A \times B$로 검정하고 $A \times B$는 e로 검정한다.

④ A, B 중 큰 것은 $A \times B$로 검정하고, 그 나머지와 $A \times B$는 e로 검정한다.

풀이 반복 있는 2요인실험인 모수모형에서의 검정은 모든 요인을 오차항으로 검정을 실시하지만, 혼합모형에서의 검정은 모수요인은 $A \times B$로, 변량요인은 e로 검정을 하게 된다.

54 반복이 있는 2요인실험결과 다음의 분산분석표를 얻었다. A의 제곱합 S_A가 유의한가를 검정할 수 있는 검정통계량의 값 F_0는 약 얼마인가?(단, A는 모수요인, B는 변량요인이다.)

요인	SS	DF	MS
A	3.33	3	1.11
B	0.16	2	0.08
$A \times B$	2.58	6	0.43
e	1.32	12	0.11

① 2.06 ② 2.58

③ 3.91 ④ 10.09

풀이 $F_A = \dfrac{V_A}{V_{A \times B}} = \dfrac{1.11}{0.43} = 2.581$

55 두 요인 A, B가 각각 3수준, 4수준이며, 2회 반복실험하여 다음과 같은 분산분석표를 작성하였을 때, 요인 B에 대한 분산의 추정치는 약 얼마인가?(단, A는 모수요인이며, B는 변량요인이다.)

요인	SS	DF	MS	F_0
A	40.4	2	20.2	20.2
B	60.8	3	20.3	5.75
$A \times B$	30.4	6	5.1	1.44
e	42.4	12	3.53	
T	174.0	23		

① 0.262 ② 0.785

③ 2.096 ④ 2.795

풀이 $\hat{\sigma}_B^2 = \dfrac{V_B - V_e}{lr} = \dfrac{20.3 - 3.53}{3 \times 2} = 2.795$

56 2요인실험에 관한 내용이다. 가장 올바른 것은?

① 반복 있는 혼합모형에서 변량요인의 모평균추정은 의미가 없다.

② 반복 있는 혼합모형에서는 $F_0 = V_A / V_e$가 된다(단, A가 모수이다).

③ 반복 있는 모수모형에서 A_i수준에서의 모평균 신뢰구간을 구할 때는 유효반복수를 먼저 구해야 한다.

④ 반복 없는 모수모형에서 요인의 구간추정은 분산분석표의 F검정으로부터 유의하지 않아도 행하여야 한다.

풀이 ② $F_0 = V_A / V_{A \times B}$
③ 유효반복수가 필요 없다.
④ 요인의 구간추정은 F검정으로부터 유의하지 않으면, 행할 필요가 없다.

57 2개의 요인 A, B가 특성치에 영향을 주는지 알아보기 위한 실험을 하고자 한다. 실제적으로 사용되는 2요인 실험의 설계방법이 아닌 것은?

① A, B 두 요인 모두 모수요인인 반복 없는 2요인실험

② A, B 두 요인 모두 변량요인인 반복 없는 2요인실험

③ A는 모수요인, B는 변량요인인 반복 없는 2요인실험

④ A는 변량요인, B는 모수요인인 반복 없는 2요인실험

풀이 반복 없는 2요인실험에는 모수모형(①), 혼합모형(③, ④와 같은 난괴법) 등이 있다.

최근 기출문제

06산업 ★★○

01 직교분해(Orthogonal Decomposition)에 관한 설명 중 옳지 않은 것은?

① 어떤 제곱합을 직교분해하면 어떤 대비의 제곱합이 큰 부분을 차지하고 있는가를 알 수 있다.
② 두 개의 대비의 계수곱의 합, 즉 $c_1c_1' + c_2c_2' + \cdots + c_lc_l' = 0$이면 두 대비는 서로 직교한다.
③ 직교 분해된 제곱합은 어느 것이나 자유도가 1이 된다.
④ 어떤 요인의 수준수가 l인 경우 이 요인의 제곱합을 직교분해하면 l개의 직교하는 대비의 제곱합을 구해 낼 수 있다.

풀이 ④ 어떤 요인의 수준수가 l인 경우 이 요인의 제곱합을 직교분해 하면 $(l-1)$개의 직교하는 대비의 제곱합을 구해낼 수 있다.

08, 13산업 ★★○

02 분석하는 목적에 따라 요인의 제곱합을 분해할 수 있는 데 다음 중 어떤 조건이 충족될 때 분해될 수 있는가?

① 대비와 직교
② 반복
③ 교락
④ 블록

풀이 분석하는 목적에 따라 요인의 제곱합을 선형식의 형태로 분해하 여 분석하게 되는데, 각 선형식은 대비와 선형식간에 직교가 성 립하여야 한다.

07, 13산업 ★★○

03 어떤 요인의 제곱합을 몇 개의 직교하는 대비의 제곱합 으로 분해하는 것을 무엇이라고 하는가?

① 대비
② 직교
③ 직교분해
④ 단위수

풀이 직교분해란 어떤 요인의 제곱합을 몇 개의 직교하는 대비의 제곱 합으로 분해하는 것을 말한다.

06산업 ★★○

04 임의의 선형식 $L = l_1A_1 + l_2A_2 + \cdots + l_aA_a$에서 계수 $l_1 + l_2 + \cdots + l_a = 0$인 조건이 있을 때에 L을 무엇이 라 하는가?

① 별명
② 교호작용
③ 직교
④ 대비

풀이 • 대비 : $l_1 + l_2 + \cdots + l_a = 0$
• 직교 : $l_{11}l_{21} + l_{12}l_{22} + \cdots + l_{1a}l_{2a} = 0$

07산업 ★★○

05 반복이 일정하지 않은 1요인실험에서 (수준수 l, 반복 수 m_i, $i = 1, 2, \cdots, l$) A요인의 각 수준의 합계 T_1, $T_2, \cdots, T_l$인 선형식일 때 대비 조건으로 옳은 것은?

① $C_1 + C_2 + \cdots + C_l = 0$
② $m_1C_1 + m_2C_2 + \cdots + m_lC_l = 0$
③ $C_1^2 + C_2^2 + \cdots + C_l^2 = 0$
④ $m_1C_1^2 + m_2C_2^2 + \cdots + m_lC_l^2 = 0$

풀이 대비의 조건 : $\sum m_i C_i = 0$

00, 09산업 ★★○

06 지금 두 개의 대비를 $L_1 = l_{11}A_1 + l_{12}A_2 + \cdots + l_{1a}A_a$, $L_2 = l_{21}A_1 + l_{22}A_2 + \cdots + l_{2a}A_a$라고 하면 $l_{11}l_{21} + l_{12}l_{22} + \cdots + l_{1a}l_{2a} = 0$이 성립될 때 L_1, L_2는 서로 무엇을 하 고 있다고 할 수 있는가?

① 대비
② 직교
③ 교호작용
④ 교락

풀이 • 대비 : $l_1 + l_2 + \cdots + l_a = 0$
• 직교 : $l_{11}l_{21} + l_{12}l_{22} + \cdots + l_{1a}l_{2a} = 0$

정답 01 ④ 02 ① 03 ③ 04 ④ 05 ② 06 ②

07 n개의 측정치 X_1, X_2, $\cdots$, X_n의 정수계수의 1차식 $L = C_1 X_1 + C_2 X_2 + \cdots + C_n X_n$을 선형식이라 하며, $D = C_1^2 + C_2^2 + \cdots + C_n^2$을 선형식 L의 단위수 D라 한다. 이에 대한 다음 설명 중 가장 올바른 것은?

① 선형식에서 계수 C_1, C_2, $\cdots$, C_n은 전부가 동시에 0이어서는 안 된다.

② 선형식의 제곱합 $S_L = \dfrac{D}{L}$이다.

③ 선형식의 제곱합 S_L의 자유도는 $n-1$이다.

④ $C_1 + C_2 + \cdots + C_n \neq 0$의 조건이 성립하면 직교라고 부른다.

[풀이] ② 선형식의 제곱합 $S_L = \dfrac{L^2}{D}$이다.

③ 선형식의 제곱합 S_L의 자유도는 1이다.

④ $C_1 + C_2 + \cdots + C_n = 0$의 조건이 성립하면 대비라고 부른다.

08 4종류의 제품 관계에서 유도한 다음 선형식에서 $L = \dfrac{A_1}{3} - \dfrac{A_2 + A_3 + A_4}{21}$, $A_1 = 9$, $A_2 = 26$, $A_3 = 38$, $A_4 = 41$일 때 L에 대한 제곱합 S_L은?

① 10.5

② 11.0

③ 15.2

④ 12.6

[풀이] $S_L = \dfrac{L^2}{\sum m_i C_i^2}$

$= \dfrac{\left(\dfrac{9}{3} - \dfrac{105}{21}\right)^2}{\left(\dfrac{1}{3}\right)^2 \times 3 + \left(\dfrac{-1}{21}\right)^2 \times 21} = 10.5$

09 한국인 6명, 호주인 4명의 신장을 측정하여 다음과 같은 데이터를 얻었다. 한국인의 평균신장과 호주인의 평균 신장의 차 $L = \dfrac{T_1}{6} - \dfrac{T_2}{4}$에 대한 S_L의 값을 구하면?

A_1(한국인)	158, 162, 155, 172, 160, 168
A_2(호주인)	186, 172, 176, 180

① 16

② 256

③ 614.4

④ 925.3

[풀이] $S_L = \dfrac{L^2}{D} = \dfrac{(-16)^2}{\left(\dfrac{1}{6}\right)^2 \times 6 + \left(-\dfrac{1}{4}\right)^2 \times 4} = 614.4$

01 15산업 ✪✪◯

A의 수준수는 l, 반복수는 m인 1요인실험의 계수형 데이터의 분석 시 오차항에 관한 정규가정 중 옳은 것은?(단, p는 부적합품률이고 $p < 0.5$이다.)

① $mp > 5$ ② $m(1-p) < 5$

③ $lp > 5$ ④ $l(1-p) < 5$

풀이 각 수준에서의 조건이 $mp \geq 5$ 또는 $m(1-p) \geq 5$가 되어야 한다.

02 20산업 ✪✪◯

계수치 데이터를 설명한 것으로 틀린 것은?

① 교호작용을 확인하기 위해 직교배열표를 이용한다.

② 속성에 따라 분류되는 데이터(Categorized Data)도 계수치 데이터이다.

③ 계수치 데이터 분석을 위해 Pearson의 적합도 검정을 사용하기도 한다.

④ 적합품, 부적합품의 성질을 가지면서 일반적으로 0과 1의 값을 갖는다.

풀이 ① 계수치 데이터 분석에서 교호작용은 오차항의 의미가 된다 (분할법의 형태이므로).

03 13산업 ✪✪◯

다음은 기계 간 부적합품의 차이가 있는지 알고 싶어 기계별 검사 결과를 정리한 것이다. 옳지 않은 것은?

수준	A_1	A_2	A_3	A_4
적합품	190	178	194	170
부적합품	10	22	6	30

① 계수치 실험계획을 하려면 적합품은 0, 부적합품은 1로 가정하여 데이터를 처리하도록 한다.

② 부적합품률의 신뢰구간추정 시 오차항의 자유도가 매우 크므로 정규분포를 활용하여도 무방하다.

③ 위 데이터의 오차항의 자유도는 794이다.

④ 위의 데이터로 분산분석을 위한 총제곱합을 계산할 때 $\sum_i \sum_j x_{ij}^2 - CT = \sum_i \sum_j x_{ij} - CT$가 됨을 유의하여야 된다.

풀이 ③ 오차항의 자유도 $\nu_e = \nu_T - \nu_A = 799 - 3 = 796$이 된다.

04 10산업 ✪✪◯

많은 작업자 중 5명을 임의 추출하여 이 작업자들에 의하여 만들어지는 제품의 부적합품을 조사하였더니 다음 표와 같았다. 이때 ν_A는 얼마인가?

작업자	A_1	A_2	A_3	A_4	A_5
적합품	135	140	138	145	146
부적합품	15	10	12	5	4

① 4   ② 6

③ 745   ④ 749

풀이 요인 A의 자유도 $\nu_A = l - 1 = 5 - 1 = 4$

05 19산업 ✪✪◯

다음 데이터는 기계 종류별로 생산된 제품들 중 각각 100개씩 샘플을 뽑아 적합품과 부적합품으로 구분한 것이다. 오차의 자유도 ν_e는?

기계	A_1	A_2	A_3
적합품	85	90	93
무적합품	15	10	7
계	100	100	100

① 200   ② 297

③ 299   ④ 300

$$\nu_A = l - 1 = 2$$
$$\nu_T = lr - 1 = 300 - 1 = 299$$
$$\therefore \nu_e = \nu_T - \nu_A = 297$$

① 0.93   ② 1.19

③ 2.13   ④ 3.42

풀이
$$S_A = \frac{22^2 + 15^2 + 12^2 + 8^2 + 10^2}{100} - \frac{67^2}{500} = 1.192$$

06 동일한 물건을 생산하는 4대의 기계에서 부적합품 여부에 대한 동일성에 관한 실험을 하였다. 적합품이면 0, 부적합품이면 1의 값을 주기로 하고, 4대의 기계에서 100개씩의 제품을 만들어 부적합품 여부를 검사하여 표와 같은 결과를 얻었다. 이 자료에서 오차항의 자유도(ν_e)는 얼마인가?

기계	A_1	A_2	A_3	A_4
적합품	90	80	94	71
부적합품	10	20	6	29
합계	100	100	100	100

① 362   ② 374

③ 396   ④ 399

풀이

요인	SS	DF
A	S_A	$l - 1 = 3$
e	S_E	$l(r-1) = 396$
T	S_T	$lr - 1 = 399$

07 동일한 물건을 생산하는 5대의 기계에서 부적합품 여부의 동일성에 관한 실험을 하였다. 적합품이면 0, 부적합품이면 1의 값을 주기로 하고, 5대의 기계에서 나오는 100개씩의 제품을 만들어 부적합품 여부를 실험하여 다음과 같은 결과를 얻었다. 이 자료에서 기계 간의 제곱합 S_A를 구하면?

기계	A_1	A_2	A_3	A_4	A_5
양품	78	85	88	92	90
불량품	22	15	12	8	10
합계	100	100	100	100	100

08 많은 작업자 중 5명을 임의로 추출하여 이 작업자들에 의해 만들어지는 제품의 부적합품을 조사하였더니 다음과 같았다. V_A는 약 얼마인가?

작업자	A_1	A_2	A_3	A_4	A_5
적합품	135	140	138	145	146
부적합품	15	10	12	5	4

① 0.116   ② 0.145

③ 0.193   ④ 0.290

풀이
$$S_A = \frac{15^2 + 10^2 + 12^2 + 5^2 + 4^2}{150} - \frac{46^2}{5 \times 150} = 0.579$$
$$\therefore V_A = \frac{S_A}{\nu_A} = \frac{0.579}{4} = 0.1448$$

09 1요인실험 계수치 데이터 x_{ij}는 0 또는 1로 표현된다. 이때 총제곱합을 구하는 방법으로 틀린 것은?(단, T는 x_{ij}의 합계이고, CT는 수정항이다.)

① $T - CT$

② $\sum\sum x_{ij} - CT$

③ $\sum\sum x_{ij}^2 - CT$

④ $\sum T_i^2 \cdot - CT$

풀이
$$S_T = \sum\sum x_{ij}^2 - CT$$
$$= \sum\sum x_{ij} - CT$$
$$= T - CT$$

10 부적합품 여부의 실험에서 적합품이면 0, 부적합품이면 1의 값을 주기로 하고 4대의 기계에서 나오는 200개씩의 제품을 만들어 부적합품 여부를 조사하였다. 총제곱합 S_T를 구하면?

기계	A_1	A_2	A_3	A_4
적합품	190	178	194	170
부적합품	10	22	6	30

① 52.31 ② 56.44
③ 60.29 ④ 62.22

풀이 $S_T = T - CT = 68 - \dfrac{68^2}{800} = 62.22$

11 4대의 기계에 제품을 각 100개씩 만들어, 적합품이면 0, 부적합품이면 1의 값을 주기로 하였다. 그 결과가 다음 표와 같을 때 오차항의 제곱합(S_e)은 얼마인가?

기계	A	B	C	D	계
적합품	90	92	88	94	364
부적합품	10	8	12	6	36
계	100	100	100	100	400

① 0.20 ② 31.67
③ 32.56 ④ 32.76

풀이
- $S_A = \dfrac{10^2 + 8^2 + 12^2 + 6^2}{100} - CT = 0.2$
- $S_T = T - CT = 36 - \dfrac{36^2}{400} = 32.76$
- $\therefore S_e = S_T - S_A = 32.56$

12 동일한 물건을 생산하는 4대의 기계에서 적합 여부의 동일성에 관한 실험을 하였다. 적합품이면 0, 부적합품이면 1의 값을 주기로 하고, 4대의 기계에서 나오는 100개씩의 제품에 대하여 다음과 같은 분산분석표를 구하였다. 검정통계량(F_0)의 값은 약 얼마인가?

요인	SS	DF	MS	F_0
A(기계 간)		3		
e(오차)	51.23			
T	54.44	399		

① 7.20 ② 7.74
③ 8.27 ④ 8.47

풀이 $F_0 = \dfrac{V_A}{V_e} = \dfrac{1.07}{0.1294} = 8.269$

13 표는 계수치 데이터를 이용한 분산분석표이다. 표에서 ( ) 안에 들어갈 값은?

요인	S	ν	V	F_0
A	1.07	(ⓑ)	(ⓒ)	(ⓓ)
e	(ⓐ)	1,196	0.05	
T	61.48	1,199		

① ⓐ 60.41, ⓑ 3, ⓒ 0.36, ⓓ 7.2
② ⓐ 62.87, ⓑ 3, ⓒ 0.39, ⓓ 7.8
③ ⓐ 60.41, ⓑ 6, ⓒ 0.36, ⓓ 7.2
④ ⓐ 62.87, ⓑ 6, ⓒ 0.39, ⓓ 7.8

풀이
ⓐ $S_e = S_T - S_A = 61.48 - 1.07 = 60.41$
ⓑ $\nu_A = \nu_T - \nu_e = 1,199 - 1,196 = 3$
ⓒ $V_A = \dfrac{S_A}{\nu_A} = \dfrac{1.07}{3} = 0.36$
ⓓ $F_A = \dfrac{V_A}{V_e} = \dfrac{0.36}{0.05} = 7.2$

06, 17산업 ●●○

14 기계에 따라 부적합품의 동일성 여부를 알아보기 위해 1요인실험 계수치 실험을 한 결과가 아래 표와 같다. 다음 중 옳지 않은 것은?

기계	A_1	A_2	A_3
적합품	195	184	190
부적합품	5	16	10
계	200	200	200

① $CT = 1.602$

② $S_T = 29.398$

③ $S_A = 0.303$

④ $\nu_e = 596$

풀이 ① $CT = \dfrac{31^2}{600} = 1.602$

② $S_T = T - CT = 31 - CT = 29.398$

③ $S_A = \dfrac{5^2 + 16^2 + 10^2}{200} - CT = 0.303$

④ $\nu_e = \nu_T - \nu_A = 599 - 2 = 597$

10, 15, 18산업 ●●●

15 다음은 기계 간 부적합품의 차이가 있는지를 알아보고자 분산분석을 실시한 결과이다. 실험 결과에 대한 설명으로 가장 거리가 먼 것은?

수준	A_1	A_2	A_3	A_4
적합품	190	178	194	170
부적합품	10	22	6	30

요인	SS	DF	MS	F_0	$F_{0.95}$
A	1.82	3	0.6067	7.99	2.60
e	60.40	796	0.0759		
T	62.22	799			

① 유의수준 5 %로 분산분석 결과 기계 간 부적합품률 차이는 의미가 있다.

② 현실적으로 계수치 1요인실험은 완전 랜덤화가 곤란하므로 실무상에서는 적용할 수 없다.

③ 기각역 $F_{0.95}$는 오차항의 자유도가 충분히 크므로 오차항의 자유도를 ∞로 놓고 구한 것이다.

④ 부적합품률이 높은 A_4설비 등에 대해 보수 또는 오퍼레이터 훈련 등의 조치가 필요해 보인다.

풀이 ② 계수치 1 요인실험은 완전 랜덤화가 아니라 분할법의 한 형태이고, 실무상에서도 적용되고 있다.

00산업 ●●○

16 2요인실험의 계수치 데이터분석을 설명한 것 중 틀린 것은?(단, r : 반복)

① $A \times B$의 교호작용의 효과는 A, B의 조합조건에서 행한 1차 실험오차 e_1과 교락된다.

② 2차의 실험오차 e_2는 A, B의 조합조건에 행한 r개 간의 산포를 나타내므로 분할법이 된다.

③ 실험 전부를 랜덤하게 행하면 반복이 있는 2요인실험과 동일하다.

④ 총 자유도는 $lm(r-1)$이다.

풀이 ④ 총 자유도는 $lmr - 1$이다.

08산업 ●○○

17 2요인실험의 계수치 데이터를 분석하여 $S_A = 2.64$, $S_B = 0.41$, $S_{AB} = 3.13$, $S_T = 89.58$을 구하였다. 이때 S_{e1}은 얼마인가?

① 0.08 ② 0.49

③ 86.45 ④ 89.17

풀이 $S_{e1} = S_{A \times B}$
$= S_{AB} - S_A - S_B$
$= 3.13 - 2.64 - 0.41$
$= 0.08$

18 부적합품 여부에 대한 동일성에 관한 실험에서 적합품
이면 0, 부적합품이면 1의 값을 주기로 하고 4대의 기계
에서 나오는 200개씩의 제품에 대해서 부적합품 여부
를 실험하여 그 결과로 아래와 같은 분산분석표를 구하
였다. 다음 분산분석표의 일부 자료를 이용하여 기계
간의 부적합품률의 차에 관한 가설검정을 실시했을 때
판정기준으로 맞는 것은?

요인	SS	DF	MS	F_0	$F_{0.99}$
A	( )	3	( )	( )	3.78
e	60.40	( )	( )		
T	62.22	799			

① $F_0 > F_{0.99}(3, \nu_e)$이므로 기계 간의 부적합품률의 차
는 대단히 유의하다.

② $F_0 < F_{0.99}(3, \nu_e)$이므로 기계 간의 부적합품률의 차
는 대단히 유의하다.

③ $F_0 > F_{0.99}(\nu_e, 3)$이므로 기계 간의 부적합품률의 차
는 대단히 유의하다.

④ $F_0 < F_{0.99}(\nu_e, 3)$이므로 기계 간의 부적합품률의 차
는 대단히 유의하다.

풀이 $F_0 = \dfrac{V_A}{V_e} = 7.995 > 3.78$이므로 기계 간의 부적합품률의 차는
매우(대단히) 유의하다.

라틴방격법

00, 08, 14산업 ✪✪✪

01 k개의 서로 다른 숫자(또는 문자)를 k행 k열의 사각형으로 배열하여 각 행, 각 열의 어느 숫자도 1회씩 나타나도록 배치하는 실험계획법은?

① 난괴법 　　　　② 라틴방격법
③ 교락법 　　　　④ 직교법

풀이 라틴방격법의 정의이다.

12, 13산업 ✪✪◯

02 교호작용을 무시하여도 된다는 실험자의 판단으로 간편하게 모수요인의 주효과에 대한 정보를 얻고자 하는 경우 사용하는 실험계획은?

① 교락법 　　　　② 분할법
③ 난괴법 　　　　④ 라틴방격법

풀이 라틴방격법(3요인)은 모수요인만 사용하며, 교호작용이 있을 경우에는 부적당한 실험계획법이다.

20산업 ✪✪◯

03 교호작용을 무시하고, 실험횟수를 감소시키고자 할 경우 사용되는 실험계획법은?

① 난괴법
② 분할법
③ 교락법
④ 라틴방격법

풀이 라틴방격법에 대한 설명이다.

08산업 ✪✪◯

04 라틴방격에 대한 설명으로 옳은 것은?

① 요인 간 교호작용의 효과를 검출한다.
② 3요인실험에 비하여 실험횟수가 적다.
③ 수준수가 k인 경우 총실험횟수는 k^3개가 된다.
④ 각 요인의 수준수가 다른 3요인실험에 적용된다.

풀이 ① 요인 간 교호작용의 효과를 검출할 수 없다.
③ 수준수가 k인 경우 총실험횟수는 k^2회가 된다.
④ 각 요인의 수준수는 일정하여야 한다.

00산업 ✪✪◯

05 라틴방격법에 대한 내용이다. 가장 올바른 것은?

① 요인 간의 교호작용 효과를 검출할 때 사용되는 실험계획이다.
② 일반적으로 라틴방격법 실험에서는 모수요인들을 사용한다.
③ 수준수가 k인 라틴방격법은 3요인실험보다 $2k$배의 실험횟수를 감소시킬 수 있다.
④ 분산분석표의 F 검정에 의하여 유의한 요인에 대해서는 각 요인 수준에서 특성치의 모평균을 추정하는 것은 의미가 없다.

풀이 ① 교호작용 효과가 필요 없을 때 사용한다.
③ 총실험횟수는 $k \times k$ 라틴방격의 경우 k^2회, 3요인실험의 경우 k^3회가 시행된다.
④ 유의한 요인의 각 수준에서의 모평균추정이 의미 있다.

06 $k \times k$ 라틴방격법의 분산분석에 관한 설명으로 맞는 것은?

① 교호작용을 검출할 수 있다.

② 요인의 자유도는 $k-1$이 된다.

③ 총실험횟수는 k^2-1이 된다.

④ 오차의 자유도가 1 이상이 되려면 k는 2 이상 되어야 한다.

풀이 ① 교호작용을 검출할 수 없다.

③ 총실험횟수는 k^2이 된다.

④ 오차의 자유도가 1 이상이 되려면 k는 3 이상 되어야 한다.

07 라틴방격법의 실험에 대한 설명 중 옳지 않은 것은?

① $k \times k$ 라틴방격법에서 총 실험횟수는 k^2이다.

② $k \times k$ 라틴방격법에서 오차항의 자유도는 $(k-1)(k-2)$이다.

③ 라틴방격의 실험은 교호작용이 있어도 실험횟수를 줄여서 유용하게 사용한다.

④ 라틴방격법은 교호작용이 있을 만한 실험에는 부적당하다.

풀이 ③ 요인 간의 교호작용이 무시될 수 있을 때, 적은 실험횟수로 주효과에 대한 정보를 얻고자 하는 경우에 사용하므로 교호작용이 있으면 부적당한 실험이 된다.

08 라틴방격법에 관한 설명으로 맞는 것은?

① 일반적으로 라틴방격법 실험에서는 모수요인과 변량요인을 사용한다.

② 3요인의 실험에 적용되며, 각 요인의 수준수가 반드시 동일하지 않아도 된다.

③ 수준수가 k인 라틴방격법은 3요인실험보다 k^2배의 실험횟수를 감소시킬 수 있다.

④ 분산분석표의 F 검정 결과 유의한 요인에 대해서 각 요인수준에 대하여 모평균을 추정하는 것은 의미가 있다.

풀이 ① 라틴방격법 실험에서는 모수요인만 사용한다.

② 3요인의 실험에 적용되며, 각 요인의 수준수가 반드시 동일하여야 한다.

③ 수준수가 k인 라틴방격법은 3요인실험보다 $\frac{1}{k}$ 배의 실험횟수를 감소시킬 수 있다.

09 라틴방격법에 대한 설명 중 가장 관계가 먼 내용은?

① 라틴방격법으로는 교호작용의 효과를 검증하지 못한다.

② 처리요인의 행블록과 열블록의 수준수가 반드시 같아야 한다.

③ $p \times p$ 라틴방격법에서 오차항의 자유도는 p^2-1이다.

④ 3×3 라틴방격법에서 가능한 배열방법의 수는 12개이다.

풀이 ③ $p \times p$ 라틴방격법에서 오차항의 자유도는 $(p-1)(p-2)$이다.

④ 3×3 라틴방격법에서 가능한 배열방법의 수는
표준방격수$\times p! \times (p-1) = 1 \times 3! \times 2 = 12$개이다.

10 라틴방격법의 데이터에 대한 설명 중 옳은 것은?

① 데이터 구조식은 $x_{ijk} = \mu + a_i + b_j + e_{ijk}$이다.

② $k \times k$ 라틴방격법으로 실제 얻는 데이터 수는 k^3개이다.

③ 데이터 구조식은 $x_{ijk} = \mu + a_i + b_j + c_k + e_{ijk}$이다.

④ 라틴방격법은 최대 4요인까지 실험 배치 가능하다.

풀이 ① 데이터의 구조식은 $x_{ijl} = \mu + a_i + b_j + c_l + e_{ijl}$이다.

② 수준수는 반드시 동일하여야 하며, 수준수를 k라 정의하면 총 실험횟수는 반복이 없는 경우 k^2개가 된다.

④ 라틴방격법은 요인이 3개인 모수요인만 사용한다.

11 라틴방격법에 대한 설명으로 틀린 것은?

① 일반적으로 라틴방격법에서는 모수요인을 사용한다.
② 3요인실험보다 적은 실험횟수로 실험 가능하다.
③ 적은 실험횟수로 주효과에 대한 정보를 간편히 얻을 수 있다.
④ 2×2 라틴방격에서 가능한 배열방법의 수는 2가지이고, 3×3 라틴방격에서 가능한 배열방법의 수는 3가지이다.

풀이 총방격수=표준방격수×$k!$×$(k-1)!$
• 2×2 라틴방격 : $(1)×2!×(2-1)!=2$
• 3×3 라틴방격 : $(1)×3!×(3-1)!=12$

12 라틴방격법 실험에 관한 설명으로 가장 거리가 먼 것은?

① 라틴방격법의 실험방법은 일부실시법이다.
② $k×k$라틴방격법에서 총자유도는 k^3-1이다.
③ 라틴방격법 실험에서는 교호작용효과를 검출할 수 없다.
④ 라틴방격법에서 3요인실험을 하는 경우 각 요인의 수준수가 동일해야 한다.

풀이 ② $k×k$ 라틴방격법에서 총자유도는 k^2-1이다.

13 $k×k$ 라틴방격에서의 가능한 배열방법의 수는?

① (표준 라틴방격의 수)×k×$(k-1)$
② (표준 라틴방격의 수)×$k!$×$(k-1)!$
③ (표준 라틴방격의 수)×k
④ (표준 라틴방격의 수)×$k!$

풀이 총방격수=(표준 라틴방격의 수)×$k!$×$(k-1)!$

14 라틴방격법에 대한 설명으로 옳은 것은?

① 실험횟수가 3요인실험보다 많다.
② 3×3 라틴방격법의 총자유도는 9이다.
③ 요인 간의 교호작용을 검출할 수 있다.
④ 각 요인의 수준수가 반드시 동일하여야 한다.

풀이 ① 실험횟수가 3요인실험보다 적다.
② 3×3 라틴방격법의 총자유도는 8이다.
③ 요인 간의 교호작용을 검출할 수 없다.

15 라틴방격법의 특징이 아닌 것은?

① 일반적으로 모수요인을 사용한다.
② 주효과를 분석하기 위한 배분이다.
③ 요인의 수준수와 반복수가 동일하지 않아도 된다.
④ 행과 열에 숫자 또는 문자의 배열이 중복됨이 없어야 한다.

풀이 ③은 1요인실험에 대한 설명이다.

16 다음 중 실험의 배치에 관한 설명으로 틀린 것은?

① 난괴법은 블록(Block) 내에서 랜덤화를 하는 것이다.
② 반복 없는 2요인실험에서 결측치가 2개 존재하면 결측치를 추정할 수 없다.
③ 라틴방격법은 교호작용이 있는 실험에서 부적당하다.
④ 완전 임의배열법은 교락의 위험이 없다.

풀이 ② 결측치가 2개이면 연립방정식 형태를 취해서 구한다.

17 다음은 $k×k$ 라틴방격법의 데이터 구조식이다. 옳지 않은 것은?(단, $i, j, l = 1, 2, ..., k$ 이다.)

$$x_{ijl} = \mu + a_i + b_j + c_l + e_{ijl}$$

① $e_{ijl} \sim N(0, \sigma_e^2)$

② $\sigma_A^2 \neq \dfrac{\sum_{i=1}^{k} a_i^2}{k-1}$

③ $\sum_{i=1}^{k} a_i = \sum_{j=1}^{k} b_j = \sum_{l=1}^{k} c_l = 0$

④ $\nu_e = (k-1)(k-2)$

풀이 ② $\sigma_A^2 = \dfrac{\sum_{i=1}^{k} a_i^2}{k-1}$ (요인 A가 모수요인이므로)

09, 12, 15, 20산업 ✪✪✪

18 라틴방격법의 3요인 A, B, C 실험에서 데이터 구조식은?

① $x_{ijk} = \mu + a_i + b_j + c_k$
② $x_{ijk} = \mu + a_i + b_j + c_k + e_{ijk}$
③ $x_{ijk} = \mu + a_i + b_j + c_k + e_{ij} + e_{jk} + e_{ik}$
④ $x_{ijk} = \mu + a_i + b_j + c_k + e_{ij} + e_{jk} + e_{ik} + e_{ijk}$

풀이 $x_{ijk} = \mu + a_i + b_j + c_k + e_{ijk}$

19산업 ✪✪◯

19 데이터의 구조식이 $x_{ijk} = \mu + a_i + b_j + c_k + e_{ijk}$인 실험계획에 해당되는 것은?

① 난괴법
② 1요인실험
③ 라틴방격법
④ 2요인실험

풀이 라틴방격법의 구조이다.

19산업 ✪✪◯

20 다음의 3×3의 라틴방격 중 표준형 라틴방격은?

3	2	1
2	1	3
1	3	2

(a)

1	2	3
2	3	1
3	1	2

(b)

2	3	1
3	1	2
1	2	3

(c)

2	1	3
3	2	1
1	3	2

(d)

① (a)　　　　　② (b)
③ (c)　　　　　④ (d)

풀이 (b)와 같이 첫 번째 행과 열이 아라비아 숫자의 순서로 나열된 것을 표준 라틴방격이라 한다.

14, 17산업 ✪✪◯

21 수준이 k인 라틴방격법에서 총 제곱합에 대한 자유도는?

① $k-1$
② k^2-1
③ $(k-1)(k-3)$
④ $(k^2-1)(k-2)$

풀이 ① 각 요인의 자유도
② 총 자유도

18산업 ✪✪◯

22 $k \times k$ 라틴방격법에서 오차의 자유도는?

① $k-1$
② $(k-1)(k-2)$
③ $(k-1)(k-3)$
④ $(k-1)(k-4)$

풀이 각 요인의 자유도는 $(k-1)$이고, 오차항의 자유도는 $(k-1)(k-2)$이다.

07, 12, 14, 16(중복), 17산업 ✪✪✪

23 4×4 라틴방격법에서 오차제곱합의 자유도(ν_e)는 얼마인가?

① 3
② 6
③ 9
④ 12

풀이 $\nu_e = (k-1)(k-2) = (4-1)(4-2) = 6$

06, 16산업[실기] ✪✪✪

24 윤활유 정제공장에서 온도(A), 원료(B), 부원료(C)에 대해 각각 3수준의 라틴방격 실험을 한 후 $X_{ijk} = x_{ijk} - 40$으로 수치변환한 값이다. S_A는 얼마인가?

B ＼ A	A_1	A_2	A_3
B_1	$C_2 = 7$	$C_3 = 6$	$C_1 = 8$
B_2	$C_3 = 9$	$C_1 = 7$	$C_2 = 6$
B_3	$C_1 = 12$	$C_2 = 9$	$C_3 = 5$

① 4.67
② 14
③ 22.7
④ 44

풀이 $S_A = \dfrac{28^2 + 22^2 + 19^2}{3} - \dfrac{69^2}{9} = 14.0$

정답　18 ②　19 ③　20 ②　21 ②　22 ②　23 ②　24 ②

25 3×3 라틴방격 실험에서 $T_1.. = 16$, $T_2.. = 40$, $T_3.. = 47$일 때 요인 A의 제곱합은 약 얼마인가? (단, $T_i..$은 A의 각 수준의 합을 나타낸 것이다.)

① 103.15   ② 146.29

③ 176.22   ④ 231.14

풀이 $S_A = \dfrac{16^2 + 40^2 + 47^2}{3} - \dfrac{103^2}{9} = 176.222$

26 3×3 라틴방격에서 요인 B의 제곱합(S_B)은 약 얼마인가?

B＼A	A_1	A_2	A_3	계
B_1	$C_1(7)$	$C_2(4)$	$C_3(6)$	17
B_2	$C_3(6)$	$C_1(1)$	$C_2(8)$	15
B_3	$C_2(1)$	$C_3(4)$	$C_1(9)$	14
계	14	9	23	46

① 1.56   ② 2.90

③ 33.57   ④ 64.90

풀이 $S_B = \dfrac{17^2 + 15^2 + 14^2}{3} - \dfrac{46^2}{9} = 1.556$

27 표와 같은 라틴방격법에서 C의 제곱합 S_C는 얼마인가?[단, ( ) 안의 숫자는 특성치이다.]

B＼A	A_1	A_2	A_3
B_1	$C_1(1)$	$C_2(2)$	$C_3(3)$
B_2	$C_3(2)$	$C_1(3)$	$C_2(1)$
B_3	$C_2(4)$	$C_3(5)$	$C_1(6)$

① 1.5   ② 2.0

③ 2.5   ④ 3.0

풀이 $S_C = \sum \dfrac{T^2_{..k}}{k} - CT = \dfrac{10^2 + 7^2 + 10^2}{3} - \dfrac{27^2}{9} = 2.0$

28 어떤 반응공정에서 수율을 올릴 목적으로 반응시간(A), 반응온도(B), 성분의 양(C) 3가지 요인을 택하고 각각 3수준씩 라틴방격으로 실험한 데이터이다. C 요인의 분산(V_C)을 구하면?

$$\| X_{ijk} = (x_{ijk} - 100) \times 10) \|$$

A＼B	B_1	B_2	B_3	계
A_1	$C_1(12)$	$C_2(9)$	$C_3(-20)$	1
A_2	$C_3(10)$	$C_1(-24)$	$C_2(22)$	8
A_3	$C_2(-5)$	$C_3(20)$	$C_1(10)$	25
계	17	5	12	34

① 0.582   ② 5.822

③ 6.578   ④ 0.658

풀이 $S_C = \left[\dfrac{(-2)^2 + 26^2 + 10^2}{3} - \dfrac{34^2}{9} \right] \times \dfrac{1}{100} = 1.3156$

$\therefore V_C = \dfrac{S_C}{k-1} = \dfrac{1.3156}{2} = 0.6578$

29 구조식이 $x_{ijk} = \mu + a_i + b_j + c_k + e_{ijk}$인 라틴방격법에서 수준수가 4일 때, [데이터]를 정리한 자료가 다음과 같다. 요인 C의 V_C는?

┌─────────[데이터]─────────┐
　$S_T = 124$, $S_A = 23$, $S_B = 36$, $S_e = 12$
└───────────────────────┘

① 17.7   ② 18.5

③ 21.7   ④ 53.0

풀이 $S_C = S_T - S_A - S_B - S_e = 53$

$V_C = \dfrac{S_C}{DF_C} = \dfrac{53}{3} = 17.67$

30 다음 표는 A, B, C 3요인의 3×3 라틴방격법 실험에 의하여 얻어진 분산분석표의 일부이다. 다음 사항 중 틀린 것은?

요인	SS	DF	MS	F_0
A	20			
B	30			
C	50			
e	10			
T	110			

① 오차항의 자유도는 2이다.
② 요인 A의 평균제곱은 10이다.
③ 요인 C의 평균제곱은 25이다.
④ 수준 B의 검정통계량값은 4이다.

풀이 ④ $F_B = \dfrac{V_B}{V_e} = \dfrac{15}{5} = 3.0$

31 Y반응공정의 수율을 올리려고 반응시간(A), 반응온도(B), 성분의 양(C)의 3요인에 대해 라틴방격법을 적용하여 실험하였다. 실험 결과에 대한 해석으로 맞는 것은?[단, $F_{0.95}(2, 2) = 19.00$이다.]

요인	SS	DF	MS	F_0
A	51.03	2		
B	118.00	2		
C	12.07	2		
e	15.63	2		
T	196.73	8		

① A, B, C 모두 유의하다.
② A, B, C 모두 유의하지 않다.
③ A, B는 유의하고, C는 유의하지 않다.
④ A는 유의하고, B, C는 유의하지 않다.

풀이 $F_0 > F_{0.95}(2, 2)$이면 유의하다고 할 수 있는데, 표의 값보다 큰 F_0가 존재하지 않으므로 모든 요인은 유의하다고 할 수 없다.

32 3×3 라틴방격법에서 오차제곱합 S_e가 24.4일 때, V_e 값은?

① 6.10   ② 8.13
③ 12.20   ④ 24.40

풀이 $V_e = \dfrac{S_e}{\nu_e} = \dfrac{24.4}{2} = 12.20$

33 3×3 라틴방격법 실험으로 A, B, C 3요인의 분산분석표를 작성하려고 할 때, 설명으로 맞는 것은?

① 총자유도(ν_T)는 9이다.
② $E(V_B)$는 $\sigma_e^2 + 3\sigma_B^2$이다.
③ 요인 A의 자유도는 3이다.
④ 요인 A의 검정통계량은 $\dfrac{V_A}{V_{A \times B}}$이다.

풀이 ① 총자유도(ν_T)는 8이다.
③ 요인 A의 자유도는 2이다.
④ 요인 A의 검정통계량은 $F_0 = \dfrac{V_A}{V_e}$이다.

34 3×3 라틴방격법에서 각 요인의 모평균을 측정하는 식에 관한 내용으로 옳은 것은?

① $\hat{\mu}(C_l) = \bar{x}_{\cdot \cdot l} \pm t_{1 - \frac{\alpha}{2}}(\nu_e) \sqrt{\dfrac{2V_e}{k}}$

② $\hat{\mu}(B_j C_l) = (\bar{x}_{\cdot j \cdot} + \bar{x}_{\cdot \cdot l} - \bar{\bar{x}})$
$\pm t_{1 - \frac{\alpha}{2}}(\nu_e) \sqrt{\dfrac{2V_e}{n_e}}$ 이다.

③ $\hat{\mu}(A_i B_j C_l)$의 점추정식은 $\bar{x}_{i \cdot \cdot} + \bar{x}_{\cdot j \cdot} + \bar{x}_{\cdot \cdot l} - \bar{\bar{x}}$이다.

④ $\hat{\mu}(A_i B_j)$의 구간추정에 사용되는 유효반복수를 구하는 식은 $n_e = \dfrac{k^2}{2k - 1}$이다.

① $\hat{\mu}(C_l) = \overline{x}_{\cdot\cdot l} \pm t_{1-\alpha/2}(\nu_e)\sqrt{\dfrac{V_e}{k}}$ 이다.

② $\hat{\mu}(B_j\,C_l) = \left(\overline{x}_{\cdot j\cdot} + \overline{x}_{\cdot\cdot l} - \overline{\overline{x}}\right) \pm t_{1-\alpha/2}(\nu_e)\sqrt{\dfrac{V_e}{n_e}}$
  이다.

③ $\hat{\mu}(A_iB_jC_l)$ 의 점추정식은 $\overline{x}_{i\cdot\cdot} + \overline{x}_{\cdot j\cdot} + \overline{x}_{\cdot\cdot l} - 2\overline{\overline{x}}$
  이다.

35 3×3 라틴방격 실험 결과 $\overline{x}_{2\cdot\cdot} = 5.4$, $V_e = 3$인 경우 A_2 수준에서 모평균의 95% 신뢰구간은 약 얼마인가? [단, $t_{0.975}(2) = 4.303$이다.]

① 5.4 ± 1.588 ② 5.4 ± 1.742
③ 5.4 ± 2.428 ④ 5.4 ± 4.303

$\overline{x}_{2\cdot\cdot} \pm t_{1-\alpha/2}(\nu_e)\sqrt{\dfrac{V_e}{k}} = 5.4 \pm 4.303 \times \sqrt{\dfrac{3}{3}}$
$= 5.4 \pm 4.303$

36 A, B, C 요인에 대한 3×3 라틴방격법의 실험에서 분산분석 결과, 요인 A와 C는 유의하고 요인 B가 무시될 수 있다면 $\hat{\mu}(A_i\,C_k)$의 수준조합에서 모평균의 점추정치는?

① $\overline{x}_{i\cdot\cdot} + \overline{x}_{\cdot\cdot k} + \overline{\overline{x}}$
② $\overline{x}_{i\cdot\cdot} + \overline{x}_{\cdot\cdot k}$
③ $\overline{x}_{i\cdot\cdot} + \overline{x}_{\cdot\cdot k} - \overline{\overline{x}}$
④ $\overline{x}_{i\cdot\cdot} + \overline{x}_{\cdot\cdot k} - 2\overline{\overline{x}}$

$\hat{\mu}(A_i\,C_k) = \overline{x}_{i\cdot\cdot} + \overline{x}_{\cdot\cdot k} - \overline{\overline{x}}$

37 3×3 라틴방격으로 실험을 행하고 분산분석을 실시한 결과 최적조건으로 A_3C_2를 구했다. A_3C_2 수준조합에서 모평균의 점추정치는 약 얼마인가?(단, $\overline{x}_{3\cdot\cdot} = 11.30$, $\overline{x}_{\cdot\cdot 2} = 11.50$, $\overline{x}_{\cdot 1\cdot} = 13.25$, $\overline{\overline{x}} = 12.25$이다.)

① 10.55   ② 12.30
③ 12.50   ④ 33.35

$\overline{x}_{3\cdot\cdot} + \overline{x}_{\cdot\cdot 2} - \overline{\overline{x}} = 11.30 + 11.50 - 12.25 = 10.55$

38 A, B, C 3요인을 4×4 라틴방격법에서 16회의 실험을 행하고 분산분석표를 작성했더니 요인 A, B, C 모두가 유의할 때 최적 조건으로 $A_4B_4C_1$의 모평균 $\hat{\mu}(A_4B_4C_1)$의 점추정식은?

① $\overline{\overline{x}}$
② $\overline{x}_{4\cdot\cdot} + \overline{x}_{\cdot 4\cdot} + \overline{x}_{\cdot\cdot 1}$
③ $\overline{x}_{4\cdot\cdot} + \overline{x}_{\cdot 4\cdot} + \overline{x}_{\cdot\cdot 1} - \overline{\overline{x}}$
④ $\overline{x}_{4\cdot\cdot} + \overline{x}_{\cdot 4\cdot} + \overline{x}_{\cdot\cdot 1} - 2\overline{\overline{x}}$

$\hat{\mu}(A_iB_jC_l) = \overline{x}_{i\cdot\cdot} + \overline{x}_{\cdot j\cdot} + \overline{x}_{\cdot\cdot l} - 2\overline{\overline{x}}$

39 수준이 k인 라틴방격법에서 $\mu(A_iB_j)$의 유효반복수는?

① $\dfrac{k^2}{2k-1}$ ② $\dfrac{k^2}{2k-2}$
③ $\dfrac{2k-1}{k^2}$ ④ $\dfrac{2k-2}{k^2}$

$n_e = \dfrac{\text{총실험횟수}}{\text{유의한 요인의 자유도 합}+1}$
$= \dfrac{k^2}{(k-1)+(k-1)+1} = \dfrac{k^2}{2k-1}$

40 라틴방격법으로 얻어진 실험 데이터의 분산분석 후 두 요인의 수준 조합에서 모평균에 대한 $100(1-\alpha)$ 신뢰구간을 추정하고자 한다. 이때 이용해야 할 유효반복수는?(단, k는 수준수)

① $\dfrac{3k-1}{k^3}$ ② $\dfrac{k^2-1}{2k}$
③ $\dfrac{3k-1}{k^2}$ ④ $\dfrac{k^2}{2k-1}$

풀이 $n_e = \dfrac{k^2}{(k-1)+(k-1)+1} = \dfrac{k^2}{2k-1}$

00, 08, 09, 11, 12, 13, 17(중복)산업 ✪✪✪

41 3×3 라틴방격법 실험에서 분산분석 결과 A, B 두 요인만이 유의하였다. 두 요인의 수준조합에서 모평균을 추정하고자 할 때 유효반복수 n_e는?

① 1.8   ② 1.5

③ 2.3   ④ 2.8

풀이 $n_e = \dfrac{k^2}{2k-1} = \dfrac{3^2}{2 \times 3 - 1} = \dfrac{9}{5} = 1.8$

19, 20산업 ✪✪○

42 4×4 라틴방격법에 의하여 실험을 행하고 분산분석을 실시한 결과 A, C요인은 유의하고, B요인은 유의하지 않을 때, $\mu(A_i C_k)$의 신뢰구간을 구하기 위한 유효반복수는?

① $\dfrac{16}{7}$ ② $\dfrac{16}{5}$

③ $\dfrac{16}{6}$ ④ $\dfrac{16}{3}$

풀이 $n_e = \dfrac{\text{총 실험횟수}}{\text{유의한 요인의 자유도의 합}+1} = \dfrac{k^2}{2k-1} = \dfrac{16}{7}$

06(중복), 09, 15, 18산업 ✪✪✪

43 라틴방격법에서 A, B, C 3요인이 모두 유의할 때 조합조건 $A_i B_j C_k$에서 모평균을 추정하기 위한 유효반복수 (n_e)는 얼마인가?(단, 수준수는 3이다.)

① $\dfrac{5}{9}$ ② $\dfrac{7}{9}$

③ $\dfrac{9}{7}$ ④ $\dfrac{9}{5}$

풀이 $n_e = \dfrac{k^2}{3k-2} = \dfrac{3^2}{3 \times 3 - 2} = \dfrac{9}{7}$

10산업 ✪✪○

44 라틴방격법에 대한 내용 중 가장 옳은 것은?

① 분산분석표의 $F-$검정에 의하여 유의한 요인에 대해서는 각 요인 수준에서 모평균을 추정하는 것은 의미가 없다.

② 2수준 조합에서 모평균의 신뢰구간을 구할 때 유효반복수(n_e)는 $\dfrac{k^2}{k-1}$이다.

③ $F_0 = \dfrac{V_A}{V_e} < F_{1-\alpha}(\nu_A, \nu_e)$이면 귀무가설을 기각한다.

④ A, B, C 중에서 두 요인만이 유의한 경우에는 두 요인의 수준조합에서 모평균을 추정하는 것이 의미가 있다.

풀이 ① 분산분석표의 $F-$검정에 의하여 유의한 요인에 대해서는 각 요인 수준에서 모평균을 추정하는 것은 의미가 있다.

② 2수준 조합에서 모평균의 신뢰구간을 구할 때 유효반복수 (n_e)는 $\dfrac{k^2}{2k-1}$이다.

③ $F_0 = \dfrac{V_A}{V_e} > F_{1-\alpha}(\nu_A, \nu_e)$이면 귀무가설을 기각한다.

18산업 ✪✪○

45 A, B, C 3요인 라틴방격법 분산분석의 해석에 관한 설명으로 틀린 것은?

① 이 실험은 교호작용 효과가 검출되지 않는다.

② 유의수준 5%로 요인 A, B, C 모두 유의하다면 점추정치 $\hat{\mu}(A_i B_j C_k) = \bar{x}_{ijk}$이다.

③ 유의수준 5%로 요인 A, B가 유의하면 모평균의 신뢰구간추정을 위한 유효반복수는 $\dfrac{k^2}{2k-1}$이다.

④ 유의수준 5%로 요인 A가 유의하면 모평균의 신뢰구간추정을 위한 오차항의 반복수는 k, 즉 그 요인의 수준수와 같다.

풀이 ② 유의수준 5%로 요인 A, B, C 모두 유의하다면 점추정치 $\hat{\mu}(A_i B_j C_k) = \bar{x}_{i\,.\,.} + \bar{x}_{.\,j\,.} + \bar{x}_{.\,.\,k} - 2\bar{\bar{x}}$이다.

정답 41 ①   42 ①   43 ③   44 ④   45 ②

그레코 라틴방격법

00산업 ✪○○

46 그레코 라틴방격은 몇 개의 서로 직교하는 라틴방격으로 만들어졌는가?

① 2   ② 3

③ 4   ④ 5

풀이 서로 직교하는 2개의 라틴방격법을 그레코 라틴방격이라 한다.

10산업 ○○○

47 4×4 그레코 라틴방격법에 의하여 실험하고 그 결과로 분석한 결과, 3요인이 유의적이고 1요인이 유의적이 아니었다. 3요인의 구간추정을 할 때 유효반복수 (n_e)는 얼마인가?

① 1.0   ② 1.6

③ 2.0   ④ 2.5

풀이 $n_e = \dfrac{lm}{\nu_A + \nu_B + \nu_C + 1} = \dfrac{k^2}{3k-2} = \dfrac{4^2}{3 \times 4 - 2} = 1.6$

2수준계 직교배열표

00, 19산업 ★★○

01 직교배열표를 이용하는 실험의 특징을 열거한 것이다. 가장 관계가 먼 내용은?

① 기계적인 조작으로 이론을 모르고도 교락법, 분할법, 일부실시법 등의 배치를 쉽게 할 수 있다.
② 실험의 크기를 확대시키지 않고도 실험에 많은 요인을 짜 넣을 수 있다.
③ 실험의 데이터의 해석이 용이하다.
④ 실험을 하는 경우 교호작용이 있을 때는 사용하지 못한다.

풀이 ④ 실험을 하는 경우 교호작용이 있을 때도 사용이 가능하다.

10산업 ★★○

02 직교배열표를 사용한 실험의 장점이 아닌 것은?

① 일부실시법, 분할법, 교락법 등의 배치를 쉽게 할 수 있다.
② 실험의 크기를 확대시키지 않고도 실험에 많은 요인을 배치할 수 있다.
③ 이 실험으로 회귀직선식을 쉽게 찾을 수 있다.
④ 요인 제곱합의 계산이 쉽고 분산분석표 작성이 용이하다.

풀이 ③ 직교배열표와 회귀직선식은 서로 연관성이 부족하다.

06, 11, 17산업 ★★★

03 직교배열표의 장점으로 가장 거리가 먼 내용은?

① 여러 요인의 조합조건으로 실험하므로 일반적으로 오차가 작다.

② 실험의 크기를 늘리지 않고도 실험에 많은 요인을 고려할 수 있다.
③ 실험 데이터로부터 요인제곱합의 계산이 용이하다.
④ 일부실시법, 분할법, 교락법 등의 배치를 쉽게 할 수 있다.

풀이 ① 상황에 따라 다를 수 있으나 일반적으로 오차는 크다고 할 수 있다.

10, 16산업 ★★○

04 직교배열표를 사용한 실험의 장점이 아닌 것은?

① 분산분석표를 작성하지 않고 분석한다.
② 실험 데이터로부터 요인의 제곱합 계산이 용이하다.
③ 실험의 크기를 확대시키지 않고도 실험에 많은 요인을 배치시킬 수 있다.
④ 실험계획법에 대한 지식이 없어도 일부실시법, 분할법, 교락법 등의 배치가 쉽다.

풀이 ① 분산분석표를 작성하지 아니하고 분석할 수 있는 실험계획법은 없다.

17, 20산업 ★★○

05 2수준계 직교배열표의 특징으로 틀린 것은?

① 각 열의 자유도는 2이다.
② 2요인 교호작용도 배치할 수 있다.
③ 실험횟수를 변화시키지 않고도 많은 요인을 배치할 수 있다.
④ 기계적인 조작으로 이론을 잘 모르고도 일부실시법, 분할법, 교락법 등의 배치를 쉽게 할 수 있다.

풀이 ① 2수준계 직교배열표에서 각 열의 자유도는 1이다.

정답 | 01 ④ 02 ③ 03 ① 04 ① 05 ①

06 2수준계 직교배열에 의한 실험 설계방법의 설명 중 틀린 것은?

① 총 실험횟수는 $2^m - 1$이다.
② 한 열은 하나의 자유도를 갖는다.
③ 어느 열이나 0의 수와 1의 수가 반반씩 나타나 있다.
④ 두 열의 교호작용은 두 열의 성분기호의 곱의 열에 나타난다.

풀이 ① 총 실험횟수는 2^m이다.

07 2수준계 직교배열표의 설명 중 틀린 것은?

① 각 열의 자유도는 1이다.
② 어느 열이나 0의 수와 1의 수가 반반씩 나타나 있다.
③ a^2, b^2 혹은 c^2은 1로 취급한다.
④ 교호작용의 자유도는 2이다.

풀이 ④ 2수준계 직교배열표 각 열의 자유도가 1이므로, 교호작용의 자유도 1이다.

08 직교배열표 $L_{2^m}(2^{2^m-1})$에서 각 문자에 대한 설명으로 옳은 것은?

① L은 Large의 첫 글자이다.
② m은 2 이상의 정수이어야 한다.
③ $2^m - 1$은 실험횟수를 나타낸다.
④ 2^m은 배치 가능한 최대 요인수이다.

풀이 ① L은 Latin 방격의 약자
③ $2^m - 1$: 배치 가능한 요인수
④ 2^m : 실험횟수

09 다음은 직교배열표를 표시하는 일반적인 형태이다. 각 문자에 대한 설명으로 틀린 것은?

$$L_m(n^P)$$

① L은 Latin Square의 약자이다.
② m은 행의 수로서 실험의 크기를 나타낸 것이다.
③ n은 요인의 수를 나타낸 것이다.
④ P는 배치 가능한 최대 요인수를 나타낸 것이다.

풀이 ③ n은 요인의 수준수를 나타낸 것이다.

10 2수준계 직교배열표에 관한 설명으로 옳은 것은?

① 주효과와 교호작용의 자유도는 같다.
② 요인의 주효과에 대한 자유도는 수준수와 같다.
③ 모든 효과는 직교대비로 표시할 수 없다.
④ $L_4(2^3)$형 직교배열표로는 최대 4개의 요인까지 배치할 수 있다.

풀이 ② 요인의 주효과에 대한 자유도는 (수준수 − 1)과 같다.
③ 모든 효과는 직교대비로 표시할 수 있어야 한다.
④ $L_4(2^3)$형 직교배열표로는 최대 3개의 요인까지 배치할 수 있다.

11 $L_8(2^7)$의 직교배열표에 관한 설명 중 틀린 것은?

① 2수준의 직교배열표이므로 3수준을 배치시킬 수 없다.
② 8회의 실험으로 충분하다.
③ 8개의 요인을 1열부터 8열까지 대응시켜 7회의 실험을 행한다.
④ 교호작용을 무시하고 요인을 전부 배치하면 오차항이 없으므로 제곱합의 값이 적은 것을 오차로 하여 분산분석을 할 수 있다.

풀이 ③ 7개의 요인을 1행부터 7행까지 대응시켜 8회의 실험을 행한다.

정답 06 ① 07 ④ 08 ② 09 ③ 10 ① 11 ③

12 2수준계 직교배열표 중 가장 작은 것은?

① $L_2(2^2)$형 　　　　　② $L_4(2^3)$형

③ $L_4(2^5)$형 　　　　　④ $L_4(2^7)$형

풀이 가장 작은 직교배열표 : $L_4(2^3)$

13 2수준의 실험에서 6요인을 가지고 있고, 주효과의 정보만 필요할 경우, 어떤 직교배열법을 사용하는 것이 가장 경제적인가?

① $L_4(2^3)$ 　　　　　② $L_8(2^7)$

③ $L_{16}(2^{15})$ 　　　　④ $L_9(3^4)$

풀이 6개의 열만 필요하므로, 최적의 2수준계 직교배열표는 $L_8(2^7)$이 된다.

14 $L_8(2^7)$ 직교배열표를 이용한 실험설계 시 교호작용의 배치방법으로 가장 거리가 먼 것은?

① 교호작용 $A \times B$는 1개의 열에 배치된다.

② 두 열의 교호작용은 두 열의 기본표시의 합의 열에 나타난다.

③ 교호작용은 요인이 배치된 두 열의 성분기호 곱의 열에 배치된다.

④ 기본표시 ab에 요인 A를, 기본표시 ac에 요인 B를 배치하면 교호작용은 기본표시 bc열에 배치한다.

풀이 ② 두 열의 교호작용은 두 열의 기본표시의 곱의 열에 나타난다.

15 다음의 표준 직교배열표를 나타내는 표시방법으로 옳은 것은?

실험 번호	열 번호		
	1	2	3
1	1	1	1
2	1	2	2
3	2	1	2
4	2	2	1

① $L_3(2^4)$ 　　　　　② $L_4(2^3)$

③ $L_7(2^8)$ 　　　　　④ $L_8(2^7)$

풀이 실험횟수가 4, 열 번호가 3이고, 수준이 2수준이므로 정답은 $L_4(2^3)$형이 된다.

16 $L_4(2^3)$형 직교배열표에 관한 설명 중 틀린 것은?

① 열의 수는 3이다.

② 실험횟수는 4이다.

③ 총자유도는 3이다.

④ 각 행의 자유도는 1이다.

풀이 ④ 각 열의 자유도는 1이다.

17 2수준계 직교배열표에서 $L_8(2^7)$의 경우 실험횟수는 몇 회인가?

① 2 　　　　　② 3

③ 7 　　　　　④ 8

풀이 $L_{2^m}(2^{2^m-1}) = L_8(2^7)$ (2^m : 실험횟수)

$\therefore 2^m = 8$(회)

18 $L_8(2^7)$ 직교배열표를 사용하여 요인배치실험을 하면 최대 몇 개의 요인까지 배치할 수 있는가?

① 2 ② 4
③ 7 ④ 8

풀이 $L_{2^m}(2^{2^m-1}) = L_8(2^7)$ (2^m-1 : 배치 가능한 요인수)

∴ $2^m - 1 = 7$

19 2수준계 직교배열의 제곱합 계산을 할 때 옳은 것은?

① $\dfrac{1}{2^m}[(\text{수준 1의 데이터 합}) - (\text{수준 0의 데이터 합})]^2$

② $\dfrac{1}{2^{m/2}}[(\text{수준 1의 데이터 합}) - (\text{수준 0의 데이터 합})]^2$

③ $\dfrac{1}{2^{m-1}}[(\text{수준 1의 데이터 합}) - (\text{수준 0의 데이터 합})]^2$

④ $\dfrac{1}{2^{m-1}-1}[(\text{수준 1의 데이터 합}) - (\text{수준 0의 데이터 합})]^2$

풀이 $S_{특정열} = \dfrac{1}{2^m}(\text{수준 1 합} - \text{수준 0 합})^2$

20 2수준 직교배열표에서 각 열의 제곱합을 구하는 식으로 맞는 것은?

① $\dfrac{1\text{수준 데이터의 합} - 0\text{수준 데이터의 합}}{\text{실험횟수}}$

② $\dfrac{(1\text{수준 데이터의 합} - 0\text{수준 데이터의 합})^2}{\text{실험횟수}}$

③ $\dfrac{1\text{수준 데이터의 합} - 0\text{수준 데이터의 합}}{\text{열수}}$

④ $\dfrac{(1\text{수준 데이터의 합} - 0\text{수준 데이터의 합})^2}{\text{열수}}$

풀이 $S_{특정열} = \dfrac{1}{2^m}(1\text{수준의 합} - 0\text{수준의 합})^2$

(단, 2^m은 총 실험횟수이다.)

21 다음 표는 요인 A, B를 2수준으로 직교배열표에 의한 실험을 한 결과이다. $A \times B$의 효과는?(단, 높은 수준은 "+"로, 낮은 수준은 "−"로 표시하였다.)

실험번호	열 번호			데이터
	1	2	3	
1	+	+	+	13
2	+	−	−	10
3	−	+	−	12
4	−	−	+	15
배치	A	B	$A \times B$	

① 3 ② 4
③ 6 ④ 8

풀이 $A \times B = \dfrac{1}{2}\left[T_{(+)} - T_{(-)}\right] = \dfrac{1}{2}\left[(13+15) - (10+12)\right] = 3.0$

22 다음은 $L_4(2^3)$ 직교배열표에 의한 실험을 한 결과이다. 요인 $A \times B$의 제곱합($S_{A \times B}$)은 얼마인가?

실험번호	제1열	제2열	제3열	데이터
1	1	1	1	9
2	1	2	2	7
3	2	1	2	13
4	2	2	1	7
배치	A	B	$A \times B$	

① 1.5 ② 2
③ 4 ④ 8

풀이 $S_{A \times B} = \dfrac{1}{4}(2\text{수준의 합} - 1\text{수준의 합})^2 = \dfrac{1}{4}(20-16)^2 = 4$

23 $L_4(2^3)$에서 오차항의 제곱합은 얼마인가?

구분	열 번호			데이터
	1	2	3	
1	0	0	0	7
2	0	1	1	3
3	1	0	1	5
4	1	1	0	4
배치		A	B	

① 0.25
② 2.25
③ 4.25
④ 6.25

풀이 배치되지 않은 열이 오차항이 된다.

$$\therefore S_{1열} = S_e = \frac{1}{4}[(5+4)-(7+3)]^2 = 0.25$$

24 다음 직교배열표에서 $A \times C$는 몇 열에 나타나는가?

실험 수	열 번호							실험 데이터 x
	1	2	3	4	5	6	7	
1	1	1	1	1	1	1	1	9
2	1	1	1	2	2	2	2	12
3	1	2	2	1	1	2	2	8
4	1	2	2	2	2	1	1	15
5	2	1	2	1	2	1	2	16
6	2	1	2	2	1	2	1	20
7	2	2	1	1	2	2	1	13
8	2	2	1	2	1	1	2	13
기본 배치	a	b	a b	c	a c	b c	a b c	
배치한 요인			A		B		C	

① 1
② 2
③ 4
④ 6

풀이 $A \times C = (ab)(abc) = c$ (4열)

25 다음 직교배열표에서 A가 3열에 B가 6열에 배치되었을 때 A, B 간에 교호작용이 있다면 요인 C를 배치할 수 있는 열은?

열	1	2	3	4	5	6	7
성분	a	b	a b	c	a c	b c	a b c

① 1, 2, 6
② 1, 2, 6, 7
③ 1, 2, 4, 7
④ 1, 2, 7

풀이 교호작용 $A \times B$는 $ab \times bc = ac$로 5열이 배치되므로, 요인 C는 3, 5, 6열을 제외한 나머지 열을 선택하여 배치하면 된다.

26 2수준 직교배열표에서 2요인 교호작용의 자유도는 얼마인가?

① 1
② 2
③ 3
④ 4

풀이 2요인 교호작용의 자유도는 각 요인의 자유도×각 요인의 자유도이므로 1이 된다.

27 $L_8(2^7)$ 직교배열표에서 배치할 2수준의 요인수가 3개이고 교호작용이 2개라면, 오차항의 자유도는?

① 1
② 2
③ 3
④ 4

풀이 2수준계에서 오차항의 자유도는 배치되지 않은 열의 수이므로 총열의 수가 7이고, 배치된 열은 5이므로 오차항의 자유도는 2가 된다.

13, 14(중복)산업 ✪✪✪

28 $L_{16}(2^{15})$형 직교표를 사용하고자 한다. 6개의 요인과 교호작용이 5개 있다면 오차항의 자유도는 얼마인가?

① 1   ② 2

③ 3   ④ 4

풀이 오차항의 자유도는 배치되지 않은 열의 수가 된다.

∴ $15 - (6+5) = 4$

19산업[실기] ✪✪○

29 2수준 직교배열표에서 요인 A가 기본표시 ab에, 요인 B가 기본표시 bc에 배치되었다면 $A \times B$의 기본표시는?

① ab ② ac

③ bc ④ abc

풀이 $A \times B = ab \times bc = ab^2c = ac$

07(중복), 10, 13, 14, 18산업[실기] ✪✪✪

30 표는 $L_8(2^7)$형 직교배열을 나타내고 있다. 열 번호 3에 A요인을, 5에 B요인을 배치하였다면, 교호작용 $A \times B$는 어느 열에 나타나는가?

열 번호	1	2	3	4	5	6	7
기본표시	a	b	a b	c	a c	b c	a b c

① 4열   ② 5열

③ 6열   ④ 7열

풀이 $A \times B = ab \times ac = a^2bc = bc(6열)$(단, $a^2 = b^2 = c^2 = 1$)

16산업 ✪✪○

31 기본표시가 표와 같은 $L_8(2^7)$형 직교배열표에서 요인 A, B, C, D를 순서대로 1, 3, 5, 7열에 배치한 경우 $A \times C$와 별명관계에 있는 요인은?

열 번호	1	2	3	4	5	6	7
기본 표시	a	b	a b	c	a c	b c	a b c

① $A \times B$ ② $B \times C$

③ $B \times D$ ④ $C \times D$

풀이 $A \times C = a \times ac = c$ (4열)에 해당되므로,

① $A \times B = a \times ab = b$ (2열)

② $B \times C = ab \times ac = bc$ (6열)

③ $B \times D = ab \times abc = c$ (4열)

④ $C \times D = ac \times abc = b$ (2열)

14, 15(중복), 18, 20산업[실기] ✪✪✪

32 $L_{16}(2^{15})$ 직교배열표를 사용할 때 C 요인을 기본표시 (bcd)에, D 요인을 기본표시 (acd)에 배치하면 $C \times D$는 어떤 기본표시에 배치되는가?

① ab ② cd

③ $abcd$ ④ a

풀이 $C \times D = bcd \times acd = abc^2d^2 = ab$

12, 14, 18, 20산업[실기] ✪✪✪

33 표와 같은 $L_8(2^7)$ 직교배열표에서 D의 효과는 얼마인가?

실험 수	1	2	3	4	5	6	7	데이터
1	0	0	0	0	0	0	0	9
2	0	0	0	1	1	1	1	12
3	0	1	1	0	0	1	1	8
4	0	1	1	1	1	0	0	15
5	1	0	1	0	1	0	1	16
6	1	0	1	1	0	1	0	20
7	1	1	0	0	1	1	0	13
8	1	1	0	1	0	0	1	13
요인	A	B	C	D	F	e	e	

① 2.45   ② 3

③ 3.5   ④ 24.5

풀이 $D = \dfrac{1}{4}[(12+15+20+13) - (9+8+16+13)] = 3.5$

34 $L_8(2^7)$에서 4개의 요인 A, B, C, D를 표와 같이 배치하였다면 5열에서 교락되는 2요인 교호작용은?

열	1	2	3	4	5	6	7
성분	a	b	a b	c	a c	b c	a b c
배치	C	B		D			A

① $A \times B$, $B \times C$
② $A \times B$, $C \times D$
③ $A \times C$, $B \times D$
④ $A \times D$, $B \times C$

풀이 ① $A \times B = abc \times b = ac$, $B \times C = b \times a = ab$
② $A \times B = abc \times b = ac$, $C \times D = a \times c = ac$
③ $A \times C = abc \times a = bc$, $B \times D = b \times c = bc$
④ $A \times D = abc \times c = ab$, $B \times C = b \times a = ab$

35 k 제품의 중합반응에서 흡수속도가 제조시간에 영향을 미치고 있다. 흡수속도에 대한 큰 요인이라고 생각되는 촉매량(A_i)을 2수준, 반응온도(B_j)를 2수준으로 하고 반복 3회인 2^2형 실험을 한 [데이터]가 다음과 같을 때, B의 주효과는 얼마인가?(단, $T_{ij}.$은 A의 i번째, B의 j번째에서 측정된 특성치의 합이다.)

─── [데이터] ───

$T_{11}. = 274$　　$T_{12}. = 292$
$T_{21}. = 307$　　$T_{22}. = 331$

① 7
② 14
③ 21
④ 147

풀이 $B = \dfrac{1}{6}[(292 + 331) - (274 + 307)] = 7$

36 $L_8(2^7)$형 직교배열표에서 $S_{A \times C}$는?

실험수	열 번호							데이터
	1	2	3	4	5	6	7	
1	1	1	1	1	1	1	1	9
2	1	1	1	2	2	2	2	12
3	1	2	2	1	1	2	2	8
4	1	2	2	2	2	1	1	15
5	2	1	2	1	2	1	2	16
6	2	1	2	2	1	2	1	20
7	2	2	1	1	2	2	1	13
8	2	2	1	2	1	1	2	13
기본배치	a	b	a b	c	a c	b c	a b c	
요인	A	C		D		B	F	

① 0
② 1
③ 12
④ 18

풀이 $A \times C = a \times b = ab$ (3열)

$S_{A \times C} = \dfrac{1}{8}(2-1)^2$

$= \dfrac{1}{8}[(8 + 15 + 16 + 20) - (9 + 12 + 13 + 13)]^2 = 18.0$

37 $L_8(2^7)$ 직교배열표에서 A, B, C를 1, 3, 5열에 배치하였을 경우 $B \times C$의 제곱합은 얼마인가?

$$X_{ij} = (x_{ij} - 45) \times 10$$

실험번호	열 번호							X_{ij}
	1	2	3	4	5	6	7	
1	1	1	1	1	1	1	1	−10
2	1	1	1	2	2	2	2	5
3	1	2	2	1	1	2	2	−5
4	1	2	2	2	2	1	1	15
5	2	1	2	1	2	1	2	10
6	2	1	2	2	1	2	1	−5
7	2	2	1	1	2	2	1	0
8	2	2	1	2	1	1	2	5
기본표시	a	b	a b	c	a c	b c	a b c	
배치	A	B		C				

① 0.39063 ② 0.78125

③ 39.063 ④ 78.125

풀이 $S_{B \times C} = S_{6열} = \dfrac{1}{8}\left[(-5)-(20)\right]^2 = 78.125$

$\therefore \ S_B \times \dfrac{1}{10^2} = 0.78125$

09산업[실기] ✪✪◯

38 $L_8(2^7)$형 직교배열표를 이용한 실험결과 다음과 같은 데이터를 얻었다. 이때 오차항의 제곱합은 얼마인가?

실험 번호	열 번호							데이터
	1	2	3	4	5	6	7	
1	1	1	1	1	1	1	1	7
2	1	1	1	2	2	2	2	9
3	1	2	2	1	1	2	2	8
4	1	2	2	2	2	1	1	6
5	2	1	2	1	2	1	2	5
6	2	1	2	2	1	2	1	4
7	2	2	1	1	2	2	1	3
8	2	2	1	2	1	1	2	7
배치	A	B	C	D	E	e	e	

① 8.84 ② 9.65

③ 10.25 ④ 11.28

풀이 $S_e =$ 열번호 $6 +$ 열번호 $7 = 0.125 + 10.125 = 10.25$

00산업 ✪✪◯

39 $L_{16}(2^{15})$의 직교배열표에 A, B, C, D의 요인 및 $A \times B$, $B \times C$, $A \times D$의 교호작용을 배당할 때 오차의 자유도는?

① 1 ② 8

③ 9 ④ 10

풀이 $\nu_e = (15$개의 열 $\times 1) - (7) = 8$

00산업 [실기] ✪✪◯

40 $L_8(2^7)$의 직교배열표로 실험하면 요인배치법 실험횟수에 비하여 어떠한가?

① $\dfrac{1}{16}$배로 적다.

② $\dfrac{1}{8}$배로 적다.

③ 16배로 적다.

④ 8배로 적다.

풀이 직교배열표는 2^3회이고, 요인배치법 실험횟수 $= 2^7$회이므로 $\dfrac{2^3}{2^7} = \dfrac{1}{16}$배로 직교배열표가 적다.

16, 20산업 ✪✪◯

41 강력 접착제의 응집력을 높이기 위해서 4요인 A, B, C, D가 중요한 작용을 한다는 것을 알고, 각각 2수준씩을 선택하여 $L_8(2^7)$ 직교배열표를 이용한 실험의 결과로 다음 표와 같은 결과를 얻었다. 총제곱합(S_T)은 얼마인가? $\left[\text{단, 제곱합 } S = \dfrac{(T_1 - T_0)^2}{8} \text{이다.}\right]$

열 번호	1	2	3	4	5	6	7
요인	A	B	e	C	e	e	D
T_0	51	47	58	64	59	53	50
T_1	59	63	52	46	51	57	60
S	8	32	4.5	40.5	8	2	12.5

① 14.5 ② 107.5

③ 127.5 ④ $1,620$

풀이 총제곱합은 각 열의 제곱합값을 모두 더한 값이므로 $S_T = 8 + 32 + \cdots + 2 + 12.5 = 107.5$

42 $L_8(2^7)$ 직교배열표에서 수준의 합으로 표시된 데이터가 다음과 같을 경우, 요인 A의 제곱합은 얼마인가?

09, 13산업[실기] ★★○

배치한 요인	A	B	C	D	E	e	e
수준 0의 데이터합	60	56	53	48	62	49	59
수준 1의 데이터 합	43	46	47	57	44	52	56

① 32.111
② 36.125
③ 48.167
④ 96.333

풀이 $S_A = \dfrac{1}{8}(43-60)^2 = 36.125$

17산업 ★★○

43 $L_8(2^7)$ 직교배열표에서 교호작용을 무시하고 A, B, C, D, E의 5개 요인을 차례로 각 열에 배치한 후 8회의 실험을 한 결과, C를 배치한 3열의 수준 2의 데이터 합이 60, 수준 1의 데이터 합이 46이라면 C요인의 제곱합(S_C)은 얼마인가?

① 14.0
② 24.5
③ 49.0
④ 60.5

풀이 $S_{3열} = S_C = \dfrac{1}{8}(T_2 - T_1)^2 = \dfrac{1}{8}(60-46)^2 = 24.5$

09산업 ★★○

44 직교배열표에 요인을 배치하기 위한 방법으로 선점도를 사용하려고 한다. 2수준계 선점도에 대한 설명으로 틀린 것은?

① 선과 점은 모두 자유도 2를 갖는다.
② 점이나 선은 각각 하나의 열을 표시한다.
③ 점과 점은 각각 하나의 요인을 나타낸다.
④ 두 점을 연결하는 선은 교호작용을 나타낸다.

풀이 ① 선과 점은 모두 자유도 1을 갖는다.

10, 14, 20산업 ★★★

45 2수준계 직교배열표에서 선점도를 이용한 배치를 설명한 것 중 틀린 것은?

① 선과 점은 각각 자유도 1을 갖는다.
② 점과 점은 각각 하나의 요인을, 그 점들을 연결하는 선은 그들의 교호작용 관계를 나타낸다.
③ 점이나 선은 각각 하나의 열을 표시한다.
④ 선점도는 주효과와 2, 3 요인 교호작용과의 관계를 표시한 것을 말한다.

풀이 ④ 선점도는 주효과와 2요인 교호작용과의 관계를 표시한 것을 말하며, 3요인 이상의 교호작용 관계는 표시할 수 없다.

12산업 ★★○

46 선점도에서 점이 나타내는 것을 바르게 표현한 것은?

① 하나의 열을 표시하는 것뿐이다.
② 주효과가 나타나는 열을 표시한다.
③ 교호작용이 나타나는 열을 표시한다.
④ 주효과와 특정한 2요인의 교호작용을 나타낸다.

풀이 점은 각각 하나의 요인(주효과)을, 두 점을 연결하는 선은 그의 교호작용의 관계를 나타내고 있다.

13산업 ★★○

47 2수준 직교배열표에 관한 설명 중 옳지 않은 것은?

① 각 열에 (0), (1)이 같은 횟수로 존재한다.
② 기본표시 1열(a열)과 2열(b열)을 더한 후 mod 2로 3열(ab열)을 만든다.
③ 모든 열은 서로 직교하고 있다.
④ 교호작용은 2개의 열에 나타나야 한다.

풀이 ④ 교호작용은 2수준계에서는 1개의 열에 나타나고, 3수준계에서는 2개의 열에 나타나게 된다.

③ 잔차들의 제곱과 $(y_i - \bar{y})$의 가중합은 영이다. 즉,
$$\sum (y_i - \bar{y})e_i^2 = 0$$

④ 잔차들의 $\hat{y_i}$(회귀직선추정식)에 의한 가중합은 영이다. 즉, $\sum y_i e_i = 0$

풀이 ③ 잔차들의 제곱과 $(y_i - \bar{y})$의 가중합은 영이 아니다. 즉, $\sum (y_i - \bar{y})e_i^2 \neq 0$

---

01 07, 10산업 ★★○

상관계수에 대한 설명으로 가장 거리가 먼 것은?

① 상관계수는 -1에서 $+1$ 사이에 존재한다.

② 상관계수는 x와 y 사이의 연관성을 표시하는 척도이다.

③ 상관계수는 x와 y 사이의 직선관계를 나타내는 척도이다.

④ 상관계수가 1 또는 -1에 가까울수록 x와 y 사이에는 상관관계가 작다고 할 수 있다.

풀이 ④ 상관계수가 1 또는 -1에 가까울수록 x와 y 사이에는 상관관계가 매우 있다고 판단한다.

---

02 09, 15, 20산업 ★★★

단순회귀분석에서 회귀선에 의해 설명되지 않는 잔차에 관한 설명으로서 틀린 것은?

① 잔차들의 합은 0이 아니다.

② 분산분석 작성 시 잔차제곱합의 자유도는 $(n-2)$이다.

③ 잔차들의 x_i에 대한 가중합(Weighted sum)은 0이다.

④ 잔차들의 y_i에 대한 가중합(Weighted sum)은 0이다.

풀이 ① 잔차들의 합은 0이다.

---

03 00(중복)기사 ★★○

회귀선에 의하여 설명되지 않는 편차 $y_i - \hat{y_i}$를 잔차(Residual)라고 한다. 이 잔차(e_i)의 성질을 설명한 내용 중 옳지 않은 것은?

① 잔차들의 합은 영이다. 즉, $\sum e_i = 0$

② 잔차들의 x_i에 의한 가중합은 영이다. 즉, $\sum x_i e_i = 0$

---

04 19산업 ★○○

반응변수 y와 설명변수 x로 한 단순회귀선에 의해 설명되지 않는 부분을 잔차(Residual)라 한다. 잔차의 성질에 관한 설명으로 틀린 것은?

① 잔차들의 합은 0이다.

② 잔차들의 제곱합은 0이다.

③ 잔차들의 x_i에 대한 가중합은 0이다.

④ 잔차들의 $\hat{y_i}$에 의한 가중합은 0이다.

풀이 잔차들은 양, 음, 0 등의 자유로운 값을 취한다. 그러므로 이들의 제곱합은 0이 될 수 없다.

---

05 06, 09산업 ★○○

추정된 회귀방정식의 정도(Precision)를 측정하는 방법으로 사용되는 측도가 아닌 것은?

① 변동계수 CV

② 분산분석표에 의한 F 검정

③ 결정계수 r^2

④ 잔차평균제곱 MSE

풀이 변동계수는 집단의 상대적 산포 비교에 사용하므로, 회귀방정식의 정도와는 전혀 관련이 없다.

정답 | 01 ④ 02 ① 03 ③ 04 ② 05 ①

06 다음 두 데이터의 공분산(Covariance)은?

X	Y
1	2
2	3
3	5
4	7
5	8
$\overline{X}=3$	$\overline{Y}=5$

① 3 ② 4
③ 5 ④ 6

풀이 $S_{xy} = \sum xy - \dfrac{(\sum x)(\sum y)}{n} = 91 - \dfrac{15 \times 25}{5} = 16$

∴ 공분산 $V_{xy} = \dfrac{S_{xy}}{n-1} = \dfrac{16}{4} = 4$

07 두 변수 X, Y 간에 상관관계를 구하기 위하여 다음과 같은 표의 데이터를 구했다. 표본 상관계수를 구하면 약 얼마인가?

X	Y
1	2
2	3
3	5
4	7
5	8
$\overline{X}=3$	$\overline{Y}=5$

① 0.90 ② 0.95
③ 0.97 ④ 0.99

풀이 계산기 단축키(r) 활용$(r=0.9923)$

08 반응변수 y와 설명변수 x에 대한 직선 회귀식을 구했을 때 기울기 값은?[단, $\overline{x}=4$, $\overline{y}=7$, $\sum (x_i - \overline{x})^2 = 10$, $\sum (y_i - \overline{y})^2 = 20$, $\sum (x_i - \overline{x})(y_i - \overline{y}) = 13$이다.]

① 0.77 ② 1.3
③ 1.8 ④ 2.5

풀이 $\widehat{\beta}_1 = b = \dfrac{S_{xy}}{S_{xx}} = \dfrac{13}{10} = 1.3$

09 20개의 데이터로부터 구한 값들이 각각 $S_{xx} = 2,217$, $S_{xy} = 330.7$, $S_{yy} = 53.07$일 때 회귀직선의 기울기의 추정값은 약 얼마인가?

① 0.024 ② 0.149
③ 0.84 ④ 6.23

풀이 $\widehat{\beta}_1 = b = \dfrac{S_{xy}}{S_{xx}} = \dfrac{330.7}{2217} = 0.1492$

10 어떤 약품의 공정에서 반응액의 농도 x를 4수준으로 잡고 4회 반복 실험하여 반응 후의 특성치 y와의 관계를 조사하였다. 회귀식을 추정하면?(단, $\overline{x}=3$, $\overline{y}=3.33$, $S_{xx}=2.8$, $S_{yy}=4.6$, $S_{xy}=3.2$이다.)

① $y = -0.099 - 1.143x$
② $y = 0.099 - 1.143x$
③ $y = -0.099 + 1.143x$
④ $y = 0.099 + 1.143x$

풀이 $b = \dfrac{S_{xy}}{S_{xx}} = \dfrac{3.2}{2.8} = 1.1429$

$y - \overline{y} = b(x - \overline{x})$에서 $y - 3.33 = 1.1429(x-3)$
∴ $y = -0.0987 + 1.1429x$

정답 06 ② 07 ④ 08 ② 09 ② 10 ③

PART 1
PART 2
PART 3
PART 4
PART 5
PART 6
PART 7

14산업[실기] ✪✪✪

11 어떤 승용차의 가격이 연도가 지남에 따라서 그 가격이 어떻게 떨어지는가를 보기 위한 승용차에 대한 자료이다. $x=8$일 때 $E(y)$의 값은 약 얼마인가?

(가격 단위 : 백만 원)

사용연수(x)	1	2	3	4	5	6
가격(y)	2.45	2.10	2.00	1.70	1.20	1.15

① 0.454
② 0.545
③ 0.782
④ 0.813

풀이 $y=2.7167-0.2714x$에서 $x=8$을 대입하면,
$E(y)=0.5455$

12산업[실기] ✪✪✪

12 표와 같은 데이터에서 직선회귀제곱합 S_R 값은 얼마인가?

x	1	2	3	4	5
y	2	3	5	7	8

① 10.0
② 16.0
③ 25.6
④ 26.5

풀이 $S_{xy}=\sum xy-\dfrac{(\sum x)(\sum y)}{n}=91-\dfrac{15\times25}{5}=16$

$S_{xx}=\sum x^2-\dfrac{(\sum x)^2}{n}=55-\dfrac{15^2}{5}=10$

$\therefore\ S_R=\dfrac{S_{xy}^{\ 2}}{S_{xx}}=\dfrac{16^2}{10}=25.6$

15, 20산업 ✪○○

13 x, y의 두 변량들 관계에서 회귀직선식을 구했더니 $\hat{y}=1.8+1.3x$이었다. 공식에 의하여 $S_{(yy)}=20$, $S_{(xy)}=13$, $S_{(xx)}=10$이라면 이 값을 가지고 분산분석표를 작성하고자 한다. 잔차에 의한 제곱합 $S_{y\cdot x}$의 값은?

① 3.10
② 8.25
③ 9.23
④ 11.55

풀이 $S_R=\dfrac{(S_{xy})^2}{S_{xx}}=\dfrac{13^2}{10}=16.9$, $S_{(yy)}=20$

$\therefore\ S_{y\cdot x}=20-16.9=3.10$

14산업 ✪✪○

14 회귀분석에서 결정계수(r^2)에 대한 설명 중 틀린 것은?

① 총제곱합 중에서 잔차제곱합이 차지하는 비율이다.
② 모든 측정값들이 회귀선상에 위치한다면 $r^2=1$이 된다.
③ 추정된 회귀선의 기울기가 0이면 결정계수의 값은 0이 된다.
④ 결정계수를 회귀선의 기여율이라고도 부른다.

풀이 ① 총제곱합($S_T=S_{yy}$) 중에서 회귀제곱합(S_R)이 차지하는 비율이다.

08, 13산업[실기] ✪✪✪

15 총제곱합 중 회귀직선에 의한 제곱합이 차지하는 비율을 결정계수라고 하는데, 다음 [데이터]를 이용하여 결정계수의 값을 구하면 약 얼마인가?

[데이터]

$$\sum_{i=1}^{n}(x_i-\overline{x})^2=2.304,$$

$$\sum_{i=1}^{n}(y_i-\overline{y})^2=1.948$$

$$\sum_{i=1}^{n}(x_i-\overline{x})(y_i-\overline{y})=1.841$$

① 0.187
② 0.433
③ 0.755
④ 0.869

풀이 $r^2=\dfrac{S(xy)^2}{S(xx)\,S(yy)}=\dfrac{1.841^2}{2.304\times1.948}=0.7552$

00, 06, 09, 10, 12, 13, 14, 16, 17, 18, 19산업[실기] ✪✪✪

16 어떤 합성섬유는 온도(x)가 증가함에 따라 수축률(y)이 직선적인 함수관계를 가지고 있다고 한다. 이를 확인하기 위하여 다음과 같은 [데이터]를 얻었다. 이를 이용하여 결정계수를 구하면 얼마인가?

[데이터]

$S_{(yy)}=20,\ \ S_{(xy)}=13,\ \ S_{(xx)}=10$

정답 11 ②   12 ③   13 ①   14 ①   15 ③   16 ③

① 0.920   ② 0.714

③ 0.845   ④ 0.155

풀이 $r^2 = \dfrac{S_R}{S_{(yy)}} = \left(\dfrac{S_{(xy)}}{\sqrt{S_{(xx)}\,S_{(yy)}}}\right)^2 = \left(\dfrac{13}{\sqrt{10 \times 20}}\right)^2 = 0.845$

17 회귀식을 구할 목적으로 다음의 값을 산출하였다. 기여율로 맞는 것은?

[다음]

$n = 20$	$S_{xx} = 2,217$
$S_{yy} = 53.07$	$S_{xy} = 330.7$

① 41.83%   ② 90.05%

③ 92.95%   ④ 96.41%

풀이 기여율 $= \dfrac{[S_{xy}]^2}{S_{xx}\,S_{yy}} = \dfrac{[330.7]^2}{2,217 \times 53.07}$

$= 0.92951(92.951\%)$

16산업 ●●○

18 x는 예측변수, y는 반응변수이며, x의 제곱합 $S_{(xx)} = 90$, y의 제곱합 $S_{(yy)} = 400$, 회귀에 의하여 설명되는 제곱합 $S_R = 360$이었다. 이때 결정계수(r^2)는 얼마인가?

① 0.225   ② 0.675

③ 0.889   ④ 0.900

풀이 $R^2 = \dfrac{S_R}{S_{(yy)}} = \left(\dfrac{S_{(xy)}}{\sqrt{S_{(xx)}\,S_{(yy)}}}\right)^2 = \dfrac{360}{400} = 0.9000$

06산업 ●●○

19 대응되는 두 변수의 5개의 데이터에 대하여 회귀직선을 적합시켰을 때의 분산분석표 일부가 다음과 같다. 다음 중 틀린 것은?

요인	제곱합	$F_{0.95}$
회귀	16.9	10.1
잔차	3.1	
계	20.0	

① 회귀요인의 자유도는 1이다.

② 총제곱합 중에서 84.5%가 회귀에 의하여 설명된다.

③ 검정통계량의 값은 16.35이다.

④ 구한 회귀직선은 유의하다고 할 수 없다.

풀이 • 회귀의 자유도 $\nu_R = 1$, 잔차의 자유도 $\nu_{y/x} = 3$, 계의 자유도 $\nu_T = 4$이다.

• 결정계수 $r^2 = \dfrac{S_R}{S_{(yy)}} = \dfrac{16.9}{20.0} = 0.845(84.5\%)$

• 검정통계량 $F_0 = \dfrac{V_R}{V_{y \cdot x}} = \dfrac{(16.9/1)}{(3.1/3)} = 16.3548$

• $F_0 > F_{0.95} = 10.1$이므로 유의하다.

10산업 ●○○

20 1요인실험 단순회귀 분산분석표를 작성하여 $S_T = 35.27$, $S_R = 33.07$, $S_A = 33.29$, $S_e = 1.98$이라는 결과를 얻었다. 이때 나머지(고차) 회귀의 제곱합 $S_e{}'$값은 얼마인가?

① 0.022   ② 0.22

③ 2.2   ④ 2.46

풀이 $S_e{}' = S_A - S_R = 33.29 - 33.07 = 0.22$

10산업 ●●○

21 수준수 5, 반복수 3인 1요인실험 단순회귀분석에서 직선회귀의 자유도(ν_R)와 고차회귀의 자유도(ν_r)는 각각 얼마인가?

① $\nu_R = 1, \ \nu_r = 3$

② $\nu_R = 2, \ \nu_r = 3$

③ $\nu_R = 1, \ \nu_r = 4$

④ $\nu_R = 2, \ \nu_r = 4$

풀이 $\nu_R = 1$

$\nu_r = \nu_A - \nu_R = 4 - 1 = 3$

정답   17 ③   18 ④   19 ④   20 ②   21 ①

PART 1   PART 2   PART 3   PART 4   PART 5   PART 6   PART 7

CHAPTER 07 **회귀분석** _ 205

22 제시된 단순회귀 분산분석표의 일부 중 빈칸에 들어갈 내용이 옳지 않은 것은?

요인	SS	DF
직선회귀(R)	30.1	
나머지(r)	0.5	3
A		
e		
T	35.3	14

① $\nu_e = 6$ ② $S_A = 30.6$

③ $\nu_R = 1$ ④ $S_e = 4.7$

풀이

요인	SS	DF
직선회귀(R)	$S_R = 30.1$	$\nu_R = 1$
나머지(r)	$S_r = S_A - S_R = 0.5$	$\nu_r = l - 2 = 3$
A	$S_A = 30.6$	$\nu_A = l - 1 = 4$
e	$S_e = S_T - S_A = 4.7$	$\nu_e = l(r-1) = 10$
T	$S_T = S_{(yy)} = 35.3$	$\nu_T = n - 1 = 14$

23 다음 분산분석표에서 나머지 제곱합 S_r의 값은?

요인	SS	DF	MS
직선회귀	33.07	1	33.07
나머지			0.073
A			
e		10	0.198
T	35.27	14	

① 0.073   ② 0.146

③ 0.219   ④ 0.292

풀이 $S_A = S_T - S_e = 35.27 - 10 \times 0.198 = 33.29$,
∴ $S_r = S_A - S_R = 33.29 - 33.07 = 0.22$

24 1요인실험의 단순회귀 분산분석표를 작성한 결과 다음과 같은 [데이터]를 얻었다. 나머지회귀(S_r)의 값은?

[데이터]

$S_T = 5.27$ $S_R = 33.07$

$S_A = 33.29$ $S_e = 1.98$

① 0.02   ② 0.22

③ 2.20   ④ 2.46

풀이 $S_r = S_A - S_R = 33.29 - 33.07 = 0.22$

25 1요인실험에 대한 단순회귀 분산분석표가 표와 같을 때, 결정계수는 약 얼마인가?

요인	SS	DF	MS
직선회귀	33.07	1	33.07
나머지			
A	33.29	4	8.32
e	1.98	10	0.198
T	35.27	14	

① 0.926   ② 0.938

③ 0.944   ④ 0.954

풀이 결정계수 $r^2 = \dfrac{S_{직선회귀}}{S_T} = \dfrac{33.07}{35.27} = 0.9376$

26 1요인실험 단순회귀 분산분석에서 수준수 $l = 6$, 반복수 $m = 3$, 잔차제곱합 $S_r = 1.426$인 경우 V_r의 값은 약 얼마인가?

① 0.285   ② 0.357

③ 0.475   ④ 0.713

풀이 $V_r = \dfrac{S_r}{\nu_r} = \dfrac{1.426}{4} = 0.3565$

27 다음은 분산분석표의 결과를 해석한 것이다. 옳지 않은 것은?

요인	SS	DF	MS	F_0	$F_{0.99}$
직선회귀(R)	33.05	1	33.05		10.0
나머지(고차회귀)	0.25	3	0.083		6.55
급간	33.3	4	8.325		5.99
급내	2.1	10	0.21		
T	35.4	14			

① 두 변수 간의 관계는 회귀직선으로 충분히 설명될 수 있다.
② 고차회귀는 유의하지 않다.
③ 고차회귀에 대한 검정통계량 값은 0.395이다.
④ 총제곱합 중에서 99.3%가 회귀직선에 의하여 설명된다.

풀이 ④ 총제곱합 중에서 93.36%가 회귀직선에 의하여 설명된다.
$$\frac{33.05}{35.4} \times 100$$

28 주어진 자료를 적합시키는 데 있어서 단순회귀 분산분석표로 회귀직선이 유의(Significant)한가 하는 가설검정은 다음 중 어느 것을 알아봄으로써 가능한가?

① $S_{y/x}$의 값을 알아본다.
② S_{yy}의 값을 알아본다.
③ S_R이 상대적으로 $S_{y/x}$보다 어느 정도 큰가를 알아본다.
④ $S_{y/x}$이 상대적으로 S_R보다 어느 정도 큰가를 알아본다.

풀이 검정식이 $F_0 = \dfrac{V_R}{V_{y/x}}$ 이므로, S_R이 상대적으로 $S_{y/x}$보다 어느 정도 큰가를 알아본다.

29 x와 y 간의 상관관계 여부에 관한 t 검정을 하고자 한다. 표본의 크기(n)가 150이고 상관계수(r)가 0.61이었다면 검정통계량(t_0)의 값은 얼마인가?

① 9.365 ② 9.428
③ 10.365 ④ 11.428

풀이 $t_0 = \dfrac{r}{\sqrt{\dfrac{1-r^2}{n-2}}} = \dfrac{0.61}{\sqrt{\dfrac{1-0.61^2}{150-2}}} = 9.3652$

5 생산시스템

생산시스템의 개념

01 19산업, 07, 09, 12기사 ✪✪✪

생산관리의 기본 기능을 크게 3가지로 분류할 경우 해당되지 않는 것은?

① 계획기능　　　　② 통제기능
③ 실행기능　　　　④ 설계기능

풀이 생산관리의 기본기능은 설계기능, 계획기능, 통제기능으로 나눈다.

02 10기사 ✪✪○

다음 중 생산시스템의 운영 시 수행목표가 되는 4가지와 거리가 먼 것은?

① 재고　　　　　　② 품질
③ 원가　　　　　　④ 유연성

풀이 대표적인 것은 품질(Q), 원가(C), 납기(D)이지만, 부가적으로 유연성(F)을 넣을 수 있다. 그러나 재고는 수행목표가 될 수 없다.

03 18산업 ✪✪○

다음 중 기본적인 생산요소가 아닌 것은?

① 작업자(Man)　　　② 설비(Machine)
③ 재료(Material)　　④ 정비(Maintenance)

풀이 기본적인 생산요소란 4M, 즉 작업자(Man), 설비(Machine), 재료(Material), 작업방법(Method)을 의미한다.

04 09산업 ✪✪○

과학적 관리법이라는 경영 합리화 운동을 통해 작업방법의 개선, 조직의 합리화, 능률 증진을 위한 임금 설정 등에 착안하여 기업 경영 합리화 방안을 제시한 사람은?

① 포드(H. Ford)　　② 메이요(E. Mayo)
③ 간트(H. Gantt)　　④ 테일러(F. Taylor)

풀이 과학적 관리법은 테일러(F. Taylor) 시스템이다.

05 07, 10, 19산업 ✪✪✪

테일러(Taylor)가 제시한 과업관리의 원칙으로 거리가 먼 것은?

① 성공에 대한 우대(High Pay for Success)
② 공정한 일일과업량의 결정(a Large Daily Task)
③ 작업 및 작업조건의 표준화(Standard Condition)
④ 모든 작업자에 대한 보상제도 실시(Compensation for All Employees)

풀이 과업관리의 4원칙
- 성공에 대한 우대(High Pay for Success)
- 공정한 일일과업량의 결정(A Large Daily Task)
- 작업 및 작업조건의 표준화(Standard Condition)
- 과업량 달성에 실패한 근로자의 손실

06 20산업 ✪✪○

테일러(F. W. Taylor)는 '하루의 공정한 작업량'을 시간연구를 통해 과학적으로 설정하고 관리하는 과학적 관리를 주장하였다. 하루의 공정한 작업량을 지칭하는 용어는?

① 과업　　　　　　② 작업량
③ 사이클타임　　　④ 과학량

풀이 과업에 대한 설명이다.

07 20산업 ✪✪○

테일러(F. W. Taylor) 시스템에 대한 특징으로 가장 거리가 먼 것은?

① 과업관리　　　　② 차별적 성과급제
③ 동시관리　　　　④ 성공에 대한 우대

풀이 ③은 포드 시스템의 특징이다.

정답　01 ③　02 ①　03 ④　04 ④　05 ④　06 ①　07 ③

08 테일러 시스템과 가장 관계가 깊은 것은?

① 동시관리　　　　② 과업관리
③ 이동조립법　　　④ 기계설비중심

풀이 ①, ③, ④는 포드 시스템에 해당된다.

09 테일러 시스템의 경영이념으로 가장 올바른 것은?

① 고임금, 저가격　　② 고임금, 고가격
③ 고임금, 저노무비　④ 저임금, 고노무비

풀이 ①은 포드 시스템, ③은 테일러 시스템에 해당된다.

10 다음 중 고임금 저가격의 경영이념을 주장한 사람은?

① H. 포드　　　　② E. 메이요
③ F. W. 테일러　　④ 아담 스미스

풀이 헨리포드(Henry Ford, 1863~1947)가 경영이념인 포디즘(Fordism)을 실현하기 위하여 개발한 기본개념은 "고임금 저가격(High Wage and Low Price)"이라고 할 수 있다.

11 다음 중 포드 시스템에 대한 설명으로 틀린 것은?

① 제품의 단순화
② 부품의 규격화
③ 기계ㆍ공구의 전문화
④ 다품종 소량 생산화

풀이 ①~③의 내용은 3S에 대한 내용으로서 포드 시스템과 관련이 있으나, ④는 테일러 시스템에 해당된다.

12 컨베이어 시스템을 이용한 이동조립법을 최초로 생산 시스템에 활용한 사람은?

① 포드　　　　　② 테일러
③ 간트　　　　　④ 길브레스

풀이 이동조립법을 활용한 사람은 포드이다.

13 포드(Ford) 시스템의 특징과 가장 거리가 먼 것은?

① 과업관리
② 생산의 표준화
③ 이동조립법
④ 컨베이어 시스템

풀이 ①은 테일러 시스템의 특징에 해당된다.

14 생산관리의 합리화 원칙인 3S와 그 대상의 연결이 옳지 않은 것은?

① 규격화 – 자동화와 공구
② 전문화 – 작업숙련과 능률
③ 표준화 – 제품, 서비스의 규격
④ 단순화 – 제품의 품목, 형태

풀이 규격화는 3S에 포함되지 않는다.

15 포디즘에서 동시관리 합리화를 위한 전제조건으로 가장 관계가 먼 것은?

① 생산의 표준화(3S)
② 이동조립법(컨베이어 시스템)
③ 직능식 조직
④ 대량 소비시장의 존재

풀이 ③은 테일러리즘에 해당된다.

16 포드 시스템과 거리가 먼 것은?

① 전체 작업능률의 향상
② 동시관리
③ 작업자 중심
④ 이동조립법의 적용

풀이 ③은 테일러 시스템에 해당된다.

정답　08 ②　09 ③　10 ①　11 ④　12 ①　13 ①　14 ①　15 ③　16 ③

17 포드 시스템과 가장 관계가 먼 것은?

① 표준화
② 표준과업
③ 동시관리
④ 컨베이어 시스템

풀이 ②는 테일러 시스템과 관련이 깊다.

18 다음 중 포드 시스템에 해당되는 것은?

① 고임금, 저가격
② 과업별 관리
③ 고임금, 저노무비
④ 작업자 중심

풀이 ①은 포드 시스템, ②, ③, ④는 테일러 시스템에 해당된다.

19 포드 시스템에 대한 설명 중 옳지 않은 것은?

① 한 공정의 정지가 전 공정에 미치는 영향이 크다.
② 설비투자로 인한 고정비가 크므로 조업도가 저하될 때는 제조원가에 미치는 영향이 크다.
③ 제품 및 생산설비의 변경 및 개량이 용이하다.
④ 시장구조의 변화와 다양한 수요대응이 어렵다.

풀이 ③ 제품 및 생산설비의 변경 및 개량이 어렵다.

20 다음 중 포드 시스템에서 주장하는 4대 이념이 아닌 것은?

① 이윤동기에 의한 영리주의 부인
② 봉사동기에 의한 봉사주의 제창
③ 경영을 봉사기관의 공동체로 봄
④ 시간연구에 의한 과업관리의 합리화

풀이 ④는 테일러리즘에 대한 설명이다.

21 포드(H. Ford)는 당시 생산관리 발전에 혁신적인 변화를 가져온 인물이다. 그가 자동차의 대량생산을 능률적으로 수행하기 위하여 채택한 생산시스템방식은 무엇인가?

① U자형 생산시스템
② 택트(Tact) 시스템
③ 모듈러 셀 생산시스템
④ 컨베이어(Conveyor) 시스템

풀이 포드의 이동조립법(Moving Assembly Method)은 일반적으로 컨베이어 시스템(Conveyer System)이라 하고 조립라인에서 작업능률을 높이기 위하여 유동작업의 원칙을 적용한 것이다.

22 테일러리즘과 포디즘에 관한 내용 중 틀린 것은?

① 테일러리즘 – 과업관리
② 테일러리즘 – 차별적 성과급제
③ 포디즘 – 동시관리
④ 포디즘 – 직능(Function)관리

풀이 ④ 테일러리즘 – 직능관리

생산전략과 의사결정론

23 고객관리 프로세스를 자동화한 고객관리 시스템으로 기존 고객에 대한 정보를 종합적으로 분석해 우수고객을 추출하고 이들에 관한 정보를 바탕으로 1 : 1로 집중 관리할 수 있는 통합 마케팅 솔루션은?

① CRM
② SCM
③ BPR
④ ERP

풀이 ① 고객관계관리(CRM) : Customer Relationship Management
② 공급자 사슬구조(SCM) : Supply Customer Management
③ 업무재설계(BPR) : Business Process Reengineering
④ 전사적 자원관리(ERP) : Enterprise Resource Planning

정답 17 ② 18 ① 19 ③ 20 ④ 21 ④ 22 ④ 23 ①

24 기업활동을 위해 사용되는 기업 내의 모든 인적 · 물적 자원을 효율적으로 관리하여 기업의 경쟁력을 강화시켜 주는 통합정보시스템은?

① MRP   ② ERP
③ SCM   ④ CRM

풀이 전사적 자원관리계획(Enterprise Resources Planning)에 대한 설명이다.

25 생산 · 재무 · 유통 · 인사 · 회계 등의 정보시스템을 하나로 통합하여 기업의 모든 자원을 운영 · 관리하는 시스템은?

① 자재소요계획(Material Requirements Planning)
② 총괄생산계획(Aggregate Production Planning)
③ 전사적 자원관리계획(Enterprise Resources Planning)
④ 능력소요계획(Capacity Requirements Planning)

풀이 전사적 자원관리계획(Enterprise Resources Planning)에 대한 설명이다.

26 전사적 자원관리(Enterprise Resource Planning ; ERP)의 특징으로 틀린 것은?

① 적시생산시스템
② 실시간 정보처리체계의 구축
③ 오픈 클라이언트 서버시스템
④ 기업 간 자원활용의 최적화 추구

풀이 적시생산시스템은 도요타 생산방식에 해당한다.

생산시스템의 유형

27 다음 중 생산시스템의 유형에 영향을 주는 요소로 볼 수 없는 것은?

① 5S 활동
② 생산공정의 흐름
③ 목표시장 및 고객의 성질
④ 제품 및 서비스의 특성과 수량

풀이 ①은 설비보전에 영향을 주는 요소이다.

28 생산 시스템의 유형은 시장수요의 형태에 따라 주문생산과 계획생산으로 분류할 수 있다. 다음 중 계획생산의 일반적인 특성으로 보기에 거리가 먼 것은?

① 고가 제품인 경우가 많다.
② 생산자가 제품시방을 결정한다.
③ 생산품종이 한정된 경우가 많다.
④ 수요예측에 의해 생산하는 경우가 많다.

풀이 ① 고가 제품보다는 저가 제품일 가능성이 높다.

29 예측생산의 특징에 해당되지 않는 것은?

① 범용설비를 사용한다.
② 재고관리가 중요하다.
③ 생산자가 제품시방을 결정한다.
④ 일반적으로 저가 제품인 경우가 많다.

풀이 ① 예측생산은 전용설비를 사용한다.

30 생산의 형태를 예측생산과 주문생산으로 분류할 때 주문생산의 특징에 해당되지 않는 것은?

① 재고관리가 중요시된다.
② 변화에 대한 유연성이 크다.
③ 생산설비는 주로 범용설비를 사용한다.
④ 제품의 종류가 다양하고 고가인 경우가 많다.

(풀이) ①은 예측생산의 특징으로 볼 수 있다.

31 생산 시스템의 유형 중 시장수요의 형태에 따른 분류에 속하는 것은?

① 주문생산
② 프로젝트 생산
③ 단속생산
④ 소품종 대량생산

(풀이) 시장수요(판매) 형태에 따른 분류에는 주문생산, 계획생산이 있다.

32 생산형태 중 생산량과 기간에 따른 분류에 해당되지 않는 것은?

① 대량생산
② 로트생산
③ 무인생산
④ 개별생산

(풀이) 생산량과 기간에 의한 분류에는 프로젝트 생산, 개별생산, 로트생산, 대량생산 등이 있다.

33 다음 중 연속생산 시스템에 관한 설명으로 가장 거리가 먼 것은?

① 전용설비를 이용하여 일정 품목에 한정하여 대량생산을 하여 규모의 경제를 실현할 수 있다.
② 로트 생산 시스템에 비하여 제품 단위당 생산원가는 높아진다.
③ 다양한 수요에 따른 제품 생산 시 유연성이 부족하다.
④ 분업화하여 작업을 수행하므로 반숙련 및 미숙련자도 작업이 가능하다.

(풀이) ② 로트 생산 시스템에 비하여 제품 단위당 생산원가는 낮아진다.

34 연속생산 시스템의 특징이 아닌 것은?

① 일정한 생산속도로 적은 종류의 제품을 대량 생산하는 방식이다.
② 각 공정이 가공능력의 균형을 유지하고 있는 한 재공품 재고는 불필요하다.
③ 연속생산은 기계공업적 연속생산과 장치산업적 연속생산으로 나눌 수 있다.
④ 한 공정의 고장이 생기더라도 전체 공정이 정지되는 경우가 없으므로 생산공정의 신뢰성이 높다.

(풀이) ④는 단속생산 시스템의 특징에 해당된다.

35 동일 제품을 반복하여 대량으로 생산하는 방식에 해당하는 것은?

① 주문생산
② 연속생산
③ 개별생산
④ 소로트 생산

(풀이) 동일 제품을 연속적으로 반복하여 대량생산하는 것을 연속생산이라 한다.

36 다음과 같은 제품을 생산하는 시스템으로 가장 적합한 것은?

석유제품, 철강, 설탕, 밀가루, 시멘트

① 연속생산
② 프로젝트 생산
③ 배치(Batch) 생산
④ 잡숍(Job Shop) 생산

(풀이) 보기의 제품들은 모두 소품종 대량생산에 해당되므로 연속생산을 의미한다.

37 석유, 플라스틱, 제철, 알루미늄, 제지공업에서 볼 수 있는 생산공정으로 배치생산 또는 연속생산으로 제품을 생산하는 것은?

① 화학공정
② 성형공정
③ 조립공정
④ 운반공정

정답 30 ① 31 ① 32 ③ 33 ② 34 ④ 35 ② 36 ① 37 ①

화학공정은 석유, 플라스틱, 제철, 알루미늄, 제지공업에서 볼 수 있는 생산공정으로, 배치생산 또는 연속생산으로 제품을 생산한다.

④ 운반되는 물품의 크기 중량, 경로방법이 다양하므로 유선형 운반설비가 이용된다.

11, 16산업 ★★○

38 생산시스템을 유형에 따라 분류하였을 때 개별생산 시스템의 특징이 아닌 것은?

① 생산의 각 공정에는 대기 중인 원자재나 재공품이 있는 것이 보통이다.
② 주문이 있기 전까지는 정확한 생산예측이 어려우나 원자재의 계획구매는 용이하다.
③ 생산공정의 단계별 가공시간은 주문에 따라 다르므로 생산의 흐름이 원활하지 못하다.
④ 주문별 가공시간의 정확한 예측이 어려워 납기에 맞출 수 있도록 진도관리에 중점을 둔다.

개별생산 시스템은 다품종 소량생산으로 원자재의 계획구매는 거의 불가능하므로 분산구매의 방식을 선택한다.

06, 13, 14산업 ★★★

39 개별생산 시스템의 특징으로 거리가 먼 것은?

① 운반되는 물품의 크기, 중량 등이 다양하다.
② 흐름작업에 비해 숙련공을 확보하는 것이 어렵다.
③ 운반설비는 자유경로형 설비를 이용하는 경우가 많다.
④ 제품생산에는 전용설비를 이용하는 경우가 유리하다.

④ 제품생산에는 범용설비를 이용하는 경우가 유리하다.

10산업 ★★○

40 개별생산 시스템의 특징으로 가장 거리가 먼 내용은?

① 생산을 위한 시방은 고객에 의해서 정해진다.
② 생산을 위한 시방이 주문에 따라 상이하므로 범용 설비가 유리하다.
③ 생산에 종사한 작업자와 감독자는 생산에 대한 경험과 지식이 풍부해야 한다.
④ 운반되는 물품의 크기 중량, 경로방법이 다양하므로 고정형 운반설비가 이용된다.

11산업 ★★○

41 생산형태에 관한 설명으로 옳지 않은 것은?

① 주문생산은 주로 개별생산이다.
② 예측생산은 주로 소로트 생산이다.
③ 화학공업의 장치산업은 연속생산이다.
④ 자동차의 조립생산은 연속생산으로 볼 수 있다.

② 예측생산은 주로 소품종 대량생산의 형태인 대로트 생산을 말한다.

13, 20산업 ★★○

42 소품종 대량생산의 특징으로 옳지 않은 것은?

① 작업자는 다양한 생산기술과 경험이 있어야 한다.
② 전용설비에 의한 생산이 주가 된다.
③ 단위당 생산원가는 낮다.
④ 공정통제가 비교적 쉽고 중점 관리대상은 주로 재고 관리가 된다.

①은 다품종 소량생산 시스템에 해당된다.

06산업 ★★○

43 단속생산 시스템의 특징으로 가장 올바르게 연결된 것은?

① 생산시기 : 예측 후 생산
② 품종과 생산량 : 다품종 소량생산
③ 생산속도 : 빠르다.
④ 단위당 생산원가 : 낮다.

① 생산시기 : 주문생산
③ 생산속도 : 늦다.
④ 단위당 생산원가 : 높다.

44 단속생산 시스템에 관한 설명으로 옳은 것은?

① 생산속도가 빠르다.
② 단위당 생산원가가 싸다.
③ 품종 및 생산량은 주로 다품종 소량생산이다.
④ 생산방식은 공정 중심이라기보다 제품중심이다.

풀이 ①, ②, ④는 연속생산에 대한 설명이다.

45 단속생산 시스템에 관한 설명을 옳지 않은 것은?

① 주문생산에 의해 이뤄진다.
② 공정 중심의 생산방식이다.
③ 제품 중심의 생산방식이다.
④ 범용설비를 이용한다.

풀이 ③은 연속생산 시스템이다

46 다품종 소량생산 시스템의 특징이 아닌 것은?

① 표준화가 어렵다.
② 단속적 생산 흐름이다.
③ 설비는 전용설비이다.
④ 중점관리사항은 납기관리이다.

풀이 ③ 설비는 범용설비이다.

47 다음 중 단속생산 시스템과 비교하여 연속생산 시스템의 특징으로 옳은 것은?

① 단위당 생산원가가 낮다.
② 다품종 소량생산에 적합하다.
③ 생산시기는 주문 후 생산한다.
④ 생산설비는 범용설비를 사용한다.

풀이 ②, ③, ④는 단속생산 시스템의 특징이다.

48 다음 작업처리방식에 따른 분류에 대해 해당 업종을 연결한 것 중 연결이 옳지 않은 것은?

① 개별생산 - 볼트, 너트
② 프로젝트 생산 - 항만, 댐
③ 로트생산 - 가구제조업, 주조(鑄造)업
④ 연속생산 - 자동차, 제지

풀이 개별생산이란 프로젝트 생산에 비해 생산기간이 단기적이며 소량생산을 의미한다. 볼트, 너트는 연속생산에 해당된다.

49 생산형태에 따른 분류로 옳지 않은 것은?

① 판매 형태에 따라 주문생산과 예측생산으로 분류된다.
② 수주 형태에 따라 개별생산, 로트생산, 대량생산으로 분류된다.
③ 작업의 연속성에 따라 단속생산 시스템, 연속생산 시스템으로 분류된다.
④ 품종과 생산량에 따라 소품종 대량생산, 다품종 소량생산으로 분류된다.

풀이 ② 생산량과 기간에 의한 분류로 프로젝트 생산, 개별생산, 로트생산, 대량생산으로 분류된다.

50 생산형태의 분류 중 바르게 짝지어진 것은?

① 주문생산 - 소품종 다량생산 - 연속생산
② 예측생산 - 다품종 소량생산 - 단속생산
③ 주문생산 - 다품종 소량생산 - 단속생산
④ 예측생산 - 소품종 다량생산 - 단속생산

풀이 생산형태의 분류

생산시기	품종과 생산량	생산의 흐름
주문생산	다품종 소량생산	단속생산
예측생산	중품종 중량생산	
	소품종 대량생산	연속생산

51 [보기]에서 제시하고 있는 단속 및 연속 생산 시스템의 특징을 바르게 연결한 것은?

┌─────────── [보기] ───────────┐
┆ ㉠ 주문생산   ㉡ 계획생산 ┆
┆ ㉢ 다품종 소량생산   ㉣ 소품종 다량생산 ┆
┆ ㉤ 전용설비   ㉥ 범용설비 ┆
└──────────────────────────────┘

① 단속생산 시스템 : ㉠, ㉢, ㉥
② 단속생산 시스템 : ㉡, ㉢, ㉥
③ 연속생산 시스템 : ㉠, ㉣, ㉤
④ 연속생산 시스템 : ㉡, ㉣, ㉥

풀이 작업 연속성에 의한 분류

특징	단속생산	연속생산
생산시기	주문생산	예측생산 (계획생산)
품종과 생산량	다품종 소량생산	소품종 대량생산
기계설비	범용설비 (일반 목적용)	전용설비 (특수 목적용)

52 다음 표는 생산시스템에 있어서 단속생산 시스템과 연속생산 시스템을 비교·분석한 내용이다. 맞는 것은?

내용＼형태	단속생산	연속생산
생산시기	예측생산	주문생산
생산속도	빠르다.	느리다.
기계설비	범용설비	전용설비
단위당 생산원가	낮다.	높다.

① 생산시기   ② 생산속도
③ 기계설비   ④ 단위당 생산원가

풀이

내용＼형태	단속생산	연속생산
생산시기	주문생산	예측생산
생산속도	느리다.	빠르다.
기계설비	범용설비	전용설비
단위당 생산원가	높다.	낮다.

53 유연생산 시스템(Flexible Manufacturing System ; FMS)의 도입으로 인한 다품종 소량생산 공장에서의 효과로 보기에 가장 거리가 먼 것은?

① 생산인건비 감소
② 제조소요시간 단축
③ 설비이용률 향상
④ 공정 재공품의 증가

풀이 유연생산 시스템(Flexible Manufacturing System ; FMS)의 도입으로 인해 다품종 소량생산 공장에서 생산인건비 감소, 제조소요시간 단축, 설비이용률 향상, 공정 재공품의 감소 등의 효과가 발생한다.

54 다품종 소량생산을 하는 제조업체에 FMS를 도입한 후 얻을 수 있는 이점이 아닌 것은?

① 설비가동률의 향상
② 다양한 부품의 생산 및 가공
③ 대량생산으로 인한 제조비용의 감소
④ 가공, 준비 및 대기시간의 최소화로 제조소요시간의 단축

풀이 대량생산에 따른 단위당 비용은 감소하나 전반적인 제조비용은 과다한 설비투자가 뒷받침되므로 증가한다고 할 수 있다.

55 컴퓨터를 비롯한 정보 시스템 및 시스템 경영의 지원을 받아 제품설계, 공정설계 및 관리, 제조, 종합관리 기술 등의 생산 시스템을 전체적으로 통합하는 것은?

① CAD   ② CMS
③ CIM   ④ FMS

풀이 컴퓨터에 의한 종합생산체제(CIM ; Computer Integrated Manufacturing)란 생산에 있어서 설계, 생산계획, 작업통제 등과 같이 생산에 관련된 관리 자료를 처리하고 제 업무를 수행하는 종합적인 생산 자동화 시스템이다.

56 제약이론(TOC)을 발전시킨 일정계획법으로 애로공정을 규명하여 생산의 흐름을 동시화하는 데 주안점을 둔 일정계획 시스템은?

① 적시생산 시스템
② 라인밸런싱
③ 배치생산 시스템
④ 최적화 생산기술

풀이 제약이론(TOC)을 발전시킨 일정계획기법으로 애로공정을 규명하여 생산의 흐름을 동시화하는 데 주안점을 둔 일정계획 시스템을 최적화 생산기술이라 한다.

57 다음 중 단속생산의 특징에 해당하는 것은?

① 계획생산
② 특수목적용 전용설비
③ 자유경로형 운반설비
④ 수요예측과 시장조사에 따른 장기적인 마케팅 활동 전개

풀이 ①, ②, ④는 연속생산의 특징이다.

생산형태와 설비배치

58 공장 내의 설비, 기계 등을 가장 효율적으로 배치, 배열하기 위한 장기적인 생산관리의 설계기능 중 하나는?

① 설비배치
② 작업설계
③ 수요예측
④ 설비보전

풀이 설비배치(Facility or Plant Layout)의 정의이다.

59 설비배치 및 개선의 목적으로 가장 거리가 먼 것은?

① 재공품의 증가
② 이동거리의 감소
③ 관리, 감독의 용이
④ 작업자 부하 평준화

풀이 재공품을 감소시키기 위하여 설비배치(Layout)를 실시한다.

60 설비배치의 목적으로 틀린 것은?

① 공간의 효율적 이용
② 운반 및 물자취급의 최소화
③ 설비 및 인력의 이용률 최소화
④ 공정의 균형화와 생산흐름의 원활화

풀이 ③ 설비 및 인력의 이용률 최대화

61 설비배치의 목적이 아닌 것은?

① 재공품의 안전재고 최적화
② 운반 및 물자취급의 최소화
③ 설비 및 인력의 이용률 증대
④ 공정의 균형화와 생산흐름의 원활화

풀이 설비배치와 안전재고는 서로 연관성이 없다.

62 중위수 모형에 의한 단일공장의 설비배치 문제에서 가정된 설비 간의 거리는?

① 직각거리
② 직선거리
③ 우회거리
④ (직선거리)^2

풀이 중위수 모형에 의한 단일공장의 설비배치 문제에서 가정된 설비 간의 거리는 직각거리로 한다.

정답 56 ④ 57 ③ 58 ① 59 ① 60 ③ 61 ① 62 ①

63 공장배치의 기본형태가 아닌 것은?

① 팀별 배치　　　② 위치고정형 배치
③ 공정별 배치　　④ 제품별 배치

풀이 공장배치의 기본형태에는 제품별, 공정별, 위치고정형, 혼합형 등이 있다.

64 대량생산 내지 연속생산 시스템에서 흔히 볼 수 있는 배치 형태로서, 라인배치라고 하는 설비배치의 유형은?

① 제품별 배치　　② 율동식 배치
③ 공정별 배치　　④ 제품 고정형 배치

풀이
• 연속생산 시스템 : 제품별 배치
• 단속생산 시스템 : 공정별 배치

65 TV 조립라인이나 자동차 생산라인과 같이 소품종 대량생산 공장형태에 속하는 설비배치의 유형은 무엇인가?

① 제품별 배치　　　② 공정별 배치
③ 고정위치 배치　　④ 그룹테크놀로지 배치

풀이 제품별 배치란 대량생산 또는 연속생산형에서 흔히 볼 수 있는 배치형태로 이는 특정의 제품을 생산하는 데 필요한 기계설비와 작업자를 제품의 생산과정 순으로 배치하는 방식이다.

66 설비배치의 유형 중 제품별 배치방식의 특징으로 옳지 않은 것은?

① 재공품의 수량이 감소된다.
② 다품종이 제품을 생산할 수 있다.
③ 작업자의 훈련 및 감독이 용이하다.
④ 공정이 단순화되고 가공물의 흐름이 빠르다.

풀이 ②는 공정별(기능별) 배치방식의 특징이다.

67 설비배치의 형태 중 제품별 배치의 장점에 해당되는 것은?

① 수요의 변화, 공정순서의 변화 등에 대하여 신축성이 크다.
② 한 대의 기계가 고장이 나도 전체 공정에 영향을 적게 미친다.
③ 다목적으로 이용되는 범용설비 및 범용장비로 자본 집약도가 낮아 비용이 적게 든다.
④ 작업이 단순하여 노무비가 저렴하고 작업자의 훈련 및 감독이 용이하다.

풀이 ①, ②, ③은 공정별 배치의 장점에 해당한다.

68 다음 중 제품별 배치의 장점에 해당되지 않는 것은?

① 단위당 생산원가가 낮다.
② 일정계획이 단순하며 관리가 용이하다.
③ 재고와 재공품의 수량 및 차지하는 면적이 적다.
④ 범용설비를 사용하며 변화에 대한 유연성이 크다.

풀이 ④는 공정별 배치에 대한 설명이다.

69 다음 중 공정별 배치를 적용할 수 있는 생산 시스템으로 가장 올바른 것은?

① 대로트 생산 시스템　② 다품종 소량생산 시스템
③ 연속생산 시스템　　　④ 소품종 다량생산 시스템

풀이 ①, ③, ④는 제품별 배치에 해당한다.

70 다음 내용에 적절한 배치형태는?

> • 특정 연구과제별 연구신이 배치
> • 종합병원의 검사내용별 검사실의 배치
> • 기계 제작 공장의 설비 배치

① 제품별 배치　　　② 공정별 배치
③ 위치 고정형 배치　④ 라인별 배치

정답 63 ①　64 ①　65 ①　66 ②　67 ④　68 ④　69 ②　70 ②

풀이 보기의 내용은 다품종 소량생산 형태에서의 설비배치에 대한 내용이므로, 공정별 배치가 적절한 배치라고 할 수 있다.

06산업 ●●○

71 다양한 제품이나 서비스 등을 동시에 취급할 수 있도록 동일 기능의 기계설비를 기능별로 배치하는 설비배치 방식은?

① 원형 배치   ② 공정별 배치
③ 제품별 배치   ④ 율동식 배치

풀이 기능별 배치란 공정별 배치와 같은 의미이다.

09산업 ●●○

72 금속절단부서, 기어절삭부서, 톱니가공부서 등 기계, 설비를 기능별로 배치하는 형태는?

① 공정별 배치   ② 라인별 배치
③ 제품별 배치   ④ 위치고정형 배치

풀이 71번 풀이 참조

13, 19산업 ●●○

73 공정별 배치에 관한 설명으로 가장 올바른 것은?

① 운반거리가 단축되고 제품의 흐름이 빠르다.
② 작업내용이 단순하므로 훈련이 용이하다.
③ 재고와 재공품이 증가한다.
④ 수요변화, 제품변경 등에 대한 유연성이 적다.

풀이 공정별(기능별) 배치는 다품종 소량생산에 대한 설비배치이므로, 재고와 재공품이 증가한다는 단점이 있다.

19산업 ●●○

74 공정별 배치의 특성으로 틀린 것은?

① 설비이용률이 높다.
② 범용설비를 사용한다.
③ 운반비용이 매우 높다.
④ 생산형태는 개별·배치 생산이다.

풀이 ① 설비이용률이 낮다.

11산업 ●●○

75 다음 중 공정별 배치의 단점에 해당하는 것은?

① 보다 많은 설비 투자액이 소요된다.
② 재고와 재공품이 차지하는 면적이 크다.
③ 수요변화에 대한 유연성이 떨어진다.
④ 생산의 택트타임은 가장 느린 공정의 속도에 의해 결정된다.

풀이 ①, ③, ④는 제품별 배치의 단점에 해당된다.

13산업 ●●○

76 다음 설비배치 중 가공의 유사성에 따라 부분품을 그룹화하고 가공로트를 크게 하여 준흐름(Semi-Flow) 방식으로 생산능률을 향상시킬 수 있는 배치는?

① 제품별 배치   ② 공정별 배치
③ 그룹별(GT) 배치   ④ 고정위치별 배치

풀이 그룹별 배치(GT ; Group Technology)는 유사한 작업을 요하는 가공물별로 그룹을 이루어 배치하는 방법이다.

13산업 ●●○

77 GT에 의한 생산 또는 로트 생산 시스템에 가장 적합한 배치형태는?

① 공정별 배치   ② 제품별 배치
③ 그룹별 배치   ④ 제품 고정형 배치

풀이 GT에 의한 생산은 그룹별 배치, 로트 생산 시스템에는 제품별 배치로 대별할 수는 있으나 본 문제는 합성된 형태이므로 그룹별 배치를 가장 적합한 배치형태로 볼 수 있다.

14, 20산업 ●●○

78 그룹테크놀로지(GT)의 설비배치방법으로 그룹별 배치라고도 하는 것은?

① 제품별 배치   ② 공정별 배치
③ 셀룰러 배치   ④ 위치고정형 배치

풀이 셀룰러(Cellular) 생산방식이란 GT 공정에서 유연성을 향상시킨 생산방식이다(GT+FMS).

정답   71 ②   72 ①   73 ③   74 ①   75 ②   76 ③   77 ③   78 ③

79 소품종 다량생산 시스템에서 다양한 수요와 수요변동에 신축성 있게 대응하기 위해서 보다 적은 부분품으로 보다 많은 종류의 제품을 생산하는 방식은?

07산업 ★★○

① 셀룰러 생산　　　② 모듈러 생산
③ 프로젝트 생산　　④ 택트 생산

풀이 모듈러(Modular) 생산방식에 대한 설명이다.

80 가공의 유사성에 따라 부분품을 그룹화하고, 가공 로트를 크게 하여 생산능률을 높이는 생산방식은?

07, 10산업 ★★★

① 공급망 관리방식
② 택트 생산 시스템
③ GT셀 생산 시스템
④ 모듈러 생산 시스템

풀이 가공의 유사성에 따라 부분품을 그룹화(GT)하고, 가공 로트를 크게(셀형) 하여 생산능률을 높이는 생산방식을 GT셀 생산 시스템이라 한다.

81 설비의 흐름 및 배치의 종류 중 입하 및 출하 활동을 통합하기에 가장 쉬운 형태는?

07, 08산업 ★★★

① 직선형 흐름　　　② L형 흐름
③ U형 흐름　　　　④ 뱀형 흐름

풀이 U형 흐름이란 설비의 흐름 및 배치의 종류 중 입하 및 출하활동을 통합하기에 가장 쉬운 형태로서 JIT 시스템의 대표적인 흐름형태이다.

82 설비배치의 형태 중 U – Line의 목표에 대한 내용이 아닌 것은?

10, 16산업 ★★○

① 대량생산의 실현
② 소인화의 실현
③ 공평한 작업분배
④ 공정 부적합품의 추방

풀이 U – line은 JIT시스템의 설비배치형태로서 다품종 소량생산을 추구한다.

설비배치별 분석

83 흐름작업의 생산성을 표시하는 지수로 가장 효과적인 것은?

19산업 ★★○

① 수익률　　　　　② 표준화율
③ 고장 도수율　　　④ 라인밸런스 효율

풀이 흐름작업(소품종 대량생산)의 생산성을 표시하는 지수로 라인밸런스 기법을 사용한다.

84 생산라인을 구성하는 각 공정의 능력을 전체적으로 균형되게 하는 것을 무엇이라 하는가?

12, 19산업 ★★○

① 소인화　　　　　② 외주화
③ 자동화　　　　　④ 라인밸런싱

풀이 제품의 흐름이 일정하기 때문에 각 공정 간의 균형화가 매우 중요하다. 따라서 제품별 배치의 분석에는 전체 라인의 균형화하는 라인밸런싱(Line Balancing) 분석이 유용하게 사용된다.

85 제품별 배치에서 라인에 배치된 작업자나 작업대의 배당시간을 균등화하고, 목표로 하는 생산율을 맞출 수 있도록 적정한 작업대의 수를 설정하여 작업을 배정하는 것은?

20산업 ★★○

① 공정계획　　　　② 라인밸런싱
③ 공수계획　　　　④ 여력통제

풀이 라인밸런싱(Line Balancing)에 대한 설명이다.

86 LOB(Line of Balance)에 대한 설명 내용으로 가장 거리가 먼 것은?

00산업 ★★○

① 라인을 획일화하기 위한 기법이다.
② 목표도표, 진도도표 등이 사용된다.
③ 특정 시점에서 작업진도가 계획대로 진행되고 있는지 파악할 수 있다.
④ 여러 개의 구성품을 포함하고 있는 제작, 조립공정의 일정통제를 위한 기법이다.

정답 79 ② 80 ③ 81 ③ 82 ① 83 ④ 84 ④ 85 ② 86 ①

07산업 ★★○

87 LOB(Line of Balance) 기법을 가장 유용하게 적용할 수 있는 생산형태는 무엇인가?

① 조립공정 시스템
② 대규모 일시 프로젝트
③ 개별 주문생산 시스템
④ 장치산업 시스템

풀이 LOB 기법은 소품종 다량생산에 해당되므로 ①이 정답이 된다.

15, 18산업 ★★○

88 생산 및 조립작업에 있어서 공정별 작업량이 각각 다를 때, 가장 큰 작업량을 가진 공정을 무엇이라고 하는가?

① 전공정
② 애로공정
③ 후공정
④ 가공공정

풀이 애로공정이란 컨베이어로 구성된 흐름작업에 있어 고정별 작업량이 각각 다를 때 가장 큰 작업량을 가진 공정을 말하며, 이때 걸리는 시간을 사이클타임이라 한다.

06, 08, 11, 13산업 ★★★

89 라인밸런싱에서의 애로공정이 의미하는 것은?

① 가장 많은 시간이 소요되는 공정
② 가장 적은 시간이 소요되는 공정
③ 조립작업의 기술적 어려움이 없는 공정
④ 조립작업에 있어서 부하량이 가장 작은 공정

풀이 애로공정이란 작업시간이 가장 오래 걸리는 공정을 의미한다.

07산업 ★★○

90 라인밸런싱을 위하여 애로공정의 능력을 향상시키는 대책으로 볼 수 없는 것은?

① 공정분할
② 현 설비의 속도향상
③ 라인 재편성
④ 작업준비 변경시간을 늘림

17산업 ★★○

91 자동차부품 제조회사에서 주당 1,600단위를 생산할 수 있는 생산라인을 설계하려 한다. 공장은 주당 5일 근무에 매일 교대로 8시간 가동된다. 이때 사이클타임은 얼마인가?

① 30초/단위
② 50초/단위
③ 70초/단위
④ 90초/단위

풀이 사이클타임 $= \dfrac{5일 \times 8시간/일 \times 3,600초/시간}{1,600단위}$
$= 90초/단위$

08산업 ★★○

92 Y 회사에서는 주당 40시간의 작업을 하고 전체 생산라인에서 주당 4,000개의 제품을 생산한다고 한다. Y 회사의 사이클타임은 몇 초인가?

① 0.01
② 6
③ 36
④ 2,160

풀이 사이클타임 $C = \dfrac{T}{N} = \dfrac{40 \times 3,600}{4,000} = 36(초)$

11산업 ★★○

93 A 기업은 1일 조업시간이 480분, 오전과 오후 휴식시간이 각각 20분이다. 1일 목표생산량은 200개, 부적합품률은 5%일 경우 사이클타임(Cycle Time)은 약 얼마인가?

① 1.64분
② 1.8분
③ 1.96분
④ 2.09분

풀이 $C = \dfrac{T}{N}(1-\alpha) = \dfrac{480-40}{200} \times 0.95 = 2.09(분)$

94 조립공정에서 오전·오후에 각각 20분간의 휴식시간을 취하면서 1일(8시간)에 350단위의 제품을 조립할 계획이다. 제품단위당 목표 사이클타임은 약 몇 분인가?

① 1.22분　　　　② 1.26분
③ 1.32분　　　　④ 1.36분

풀이 사이클타임$= \dfrac{\text{조립시간}}{\text{수량}} = \dfrac{(8 \times 60) - 40}{350} = 1.257(분)$

95 현재 관리 중인 조립라인은 목표 생산량이 300개/일, 총 가동시간이 400분/일, 라인의 여유율이 10%일 때, 사이클타임은 약 몇 분인가?

① 0.9분　　　　② 1.2분
③ 1.5분　　　　④ 1.8분

풀이 사이클타임$(C) = \dfrac{T}{N}(1 - y_1) = \dfrac{400}{300}(1 - 0.1) = 1.2(분)$

96 라인밸런스 효율(E_b)을 구하는 공식은?[단, n : 작업장(공정)수, $t_{\max}$: Cycle time, Σt_i : 공정시간의 합계이다.]

① $E_b = \dfrac{n \cdot t_{\max}}{\Sigma t_i} \times 100$

② $E_b = \dfrac{\Sigma t_i}{n \cdot t_{\max}} \times 100$

③ $E_b = \dfrac{t_{\max}}{n \cdot \Sigma t_i} \times 100$

④ $E_b = \dfrac{\Sigma t_i \cdot n}{t_{\max}} \times 100$

풀이 라인밸런스 효율$(E_b) = \dfrac{\Sigma t_i}{n \times t_{\max}} \times 100$

97 라인능률(혹은 편성효율)을 구하기 위해 필요한 사항이 아닌 것은?

① 사이클타임
② 실제 작업장 수
③ 라인에서 재고수
④ 라인의 각 작업요소시간의 합계

풀이

라인능률을 수식화한 것이 라인밸런싱 효율이다. 이에 대한 공식은 $E_b = \dfrac{\Sigma t_i}{m \times t_{\max}}$ 이다.

이때 $t_{\max}$ 는 사이클타임, m은 실제 작업장 수, Σt_i는 라인의 각 작업요소시간의 합계이다.

98 5개의 작업장으로 이루어진 흐름라인의 사이클타임은 1분, 요소작업들의 총 작업시간은 4.5분일 때 이 라인밸런스 효율은?

① 80%　　　　② 85%
③ 90%　　　　④ 95%

풀이 $E_b = \dfrac{\Sigma t_i}{m t_{\max}} \times 100 = \dfrac{4.5}{5 \times 1} \times 100 = 90\%$

99 어느 흐름작업의 제1공정에 소비된 시간이 7초, 제2공정에 6초, 제3공정에 10초, 제4공정에 8초, 제5공정에 5초 걸렸고, 매 공정에 1명의 작업자를 배치했으며, 실동시간은 480분이다. 라인밸런스 효율은?

① 62%　　　　② 72%
③ 82%　　　　④ 92%

풀이 $E_b = \dfrac{\Sigma t_i}{m t_{\max}} \times 100 = \dfrac{36}{5 \times 10} \times 100 = 72.0\%$

100 한 공정에 한 사람이 작업하는 5개 공정의 작업시간이 각각 17분, 12분, 15분, 13분, 10분일 경우, 이 공정 전체의 라인밸런스 효율은 약 몇 %인가?

① 69%
② 73%
③ 76%
④ 79%

풀이 $E_b = \dfrac{\sum t_i}{mt_{max}} \times 100 = \dfrac{67}{5 \times 17} \times 100 = 78.82(\%)$

101 5개의 작업장으로 이루어진 가공조립업체 A사의 1일 조업시간은 480분, 휴식시간은 오전, 오후 각각 20분씩이며, 1일 계획 생산량은 400개이고, 제품의 총 작업소요 시간은 개당 4.5분이다. 이 조립라인의 밸런스효율(Efficiency : E)은 약 얼마인가?

① 70.2%
② 78.5%
③ 81.8%
④ 90.7%

풀이 $m = 5$, $t_{max} = \dfrac{(480-40)}{400} = 1.1$, $\sum t_i = 4.5$

$E_b = \dfrac{\sum t_i}{m\, t_{max}} \times 100 = \dfrac{4.5}{5 \times 1.1} \times 100 = 81.82(\%)$

102 어떤 가전제품의 1일 실가동 시간이 8시간일 때, 표와 같은 흐름작업의 경우 라인밸런스 효율은 얼마인가?

공정	1	2	3	4	5
소요시간(초)	30	35	40	45	50
작업인원	1	1	1	1	1

① 60%
② 65%
③ 70%
④ 80%

풀이 $E_b = \dfrac{\sum t_i}{mt_{max}} \times 100 = \dfrac{200}{5 \times 50} \times 100 = 80\%$

103 피치마크의 간격이 0.2m, 피치타임이 0.1분일 때 컨베이어의 속도는 약 얼마인가?

① 1.7cm/sec
② 2.6cm/sec
③ 3.1cm/sec
④ 3.3cm/sec

풀이 $v = \dfrac{l'}{P} = \dfrac{0.2 \times 100cm}{0.1 \times 60sec} = 3.333cm/sec$

104 1일 생산량의 단위는 [개], 1일 실동시간의 단위는 [분]일 때 피치타임의 단위는?

① [분]
② [개/분]
③ [분/개]
④ [개·분]

풀이 $P = \dfrac{T}{N}$[분/개]

105 1일 생산량은 500개이고, 실동시간이 400분이다. 부적합품률이 10%가 예상될 때 피치타임은 약 얼마인가?

① 33.7초
② 36.9초
③ 39.9초
④ 43.2초

풀이 $P = \dfrac{T(1-\alpha)}{N} = \dfrac{400 \times (1-0.1)}{500}$

$= 0.72min \times 60sec/min = 43.2sec$

106 어떤 조립 라인 작업에 있어서 1일 생산량이 100개이다. 조업시간 8시간 중 오전과 오후의 휴식시간이 각 30분씩이고, 작업준비시간이 60분이었으며, 최종공정에서 부적합품률이 5% 발생되었다. 이때의 피치타임은?

① 3.42분
② 3.70분
③ 4.42분
④ 4.70분

풀이 $P = \dfrac{\sum t_i}{n} \times (1-\alpha) = \dfrac{360}{100} \times 0.95 = 3.42$

정답 100 ④ 101 ③ 102 ④ 103 ④ 104 ③ 105 ④ 106 ①

06, 07, 19산업 ✪✪✪

107 흐름라인의 균형손실(Balancing Loss)을 계산하는 수식으로 맞는 것은?(단, Σt_i =공정별 작업시간의 합계, m =작업장 수, t_{max} =애로공정의 작업시간이다.)

① $\dfrac{m \times t_{max}}{\Sigma t_i} \times 100$

② $\dfrac{\Sigma t_i}{m \times t_{max}} \times 100$

③ $\left(1 - \dfrac{\Sigma t_i}{m \times t_{max}}\right) \times 100$

④ $\dfrac{\Sigma t_i}{m \times t_{max} - \Sigma t_i} \times 100$

풀이 라인 불균형률(L_s) $= (1 - E_b) \times 100$

$= \left(1 - \dfrac{\Sigma t_i}{m \times t_{max}}\right) \times 100$

$= \left(\dfrac{m \times t_{max} - \Sigma t_i}{m \times t_{max}}\right) \times 100$

10산업 ✪✪○

108 [보기]의 과정들을 이용하여 LOB(Line Of Balance)의 단계를 바르게 나열한 것은?

─── [보기] ───
㉠ 목표도표의 작성
㉡ 진행도표의 작성
㉢ 프로그램 도표의 작성
㉣ LOB의 운용

① ㉠-㉡-㉢-㉣   ② ㉠-㉢-㉡-㉣
③ ㉡-㉢-㉠-㉣   ④ ㉢-㉡-㉠-㉣

풀이 LOB 단계 : ㉠-㉢-㉡-㉣

11산업 ✪○○

109 다음 중 LOB(Line Of Balance) 기법에서 사용되는 도표는?

① 작업상황표   ② From-To Chart
③ 오퍼레이션표   ④ 진도도표 및 균형선

풀이 ④는 LOB의 단계 중 진행도표의 작성에 해당된다.

15산업 ✪○○

110 라인밸런싱 해법에서 가장 일반적으로 사용되는 방법은?

① 탐색법(Heuristic Method)
② 시뮬레이션
③ 동적계획법
④ 선형계획법

풀이 가장 일반적으로 사용되는 방법은 탐색법(Heuristic Method)이라 할 수 있다.

07산업 ✪○○

111 리처드 머더(Richard Muther)에 의해 제시된 체계적 설비 배치계획은?

① COMSOAL   ② SLP
③ ALDEP   ④ CRAFT

풀이 체계적 설비계획(SLP ; Systematic Layout Planning)은 리처드 머더(Richard Muther)에 의해 제시되었다.

15산업 ✪○○

112 공정효율을 구하는 과정에 관한 일반적인 설명으로 틀린 것은?

① 실제공정효율은 이론공정효율보다 크다.
② 실제 작업장 수는 이론적인 작업장 수보다 많다.
③ 라인밸런싱은 조립라인의 균형과 문제를 다룬다.
④ 사이클타임은 한 작업장에서 소요되는 최대 허용시간을 말한다.

풀이 ① 실제공정효율은 이론공정효율보다 일반적으로 낮다.

수요예측

12산업 ●●○

01 수요예측방법은 주관적 접근법과 객관적 접근법으로 나눌 수 있다. 다음 중 주관적 접근법에 의한 예측방법은?

① 델파이법
② 회귀분석법
③ 지수평활법
④ 이동평균법

[풀이] • 주관적 접근법 : ①
• 객관적 접근법 : ②, ③, ④

08, 12산업 ●●○

02 다음 수요예측 기법 중에서 정성적 방법이 아닌 것은?

① 델파이(Delphi)법
② 시장조사법
③ Box-Jenkins법
④ 라이프사이클 유추법

[풀이] • 정량적 방법 : ③
• 정성적 방법 : ①, ②, ④

06산업 ●●○

03 신제품의 수요나 장기예측에 사용하는 기법으로 비공개적으로 진행하여 전문가의 직관력을 바탕으로 장래를 예측하는 수요예측기법으로 비용과 시간이 많이 소요된다는 단점을 가지고 있으나 상당히 정확한 예측결과를 도출해 낼 수 있는 기법은?

① 시장조사법
② 시계열분석법
③ 전문가 의견법
④ 델파이법

[풀이] Delphi법에 대한 설명이다.

16산업 ●●○

04 전문가를 한자리에 모으지 않고, 일련의 미래사항에 대한 의견을 질문서에 각자 밝히도록 하여 전체 의견을 평균치와 사분위 값으로 나타내는 수요예측방법은?

① 시장조사
② 판매원 추정법
③ 델파이법
④ 경영자 판단법

[풀이] Delphi법에 대한 설명으로 중·장기 계획에서 다른 정성적 기법보다 정확도가 높은 것으로 알려져 있다.

06, 14, 18산업 ●●●

05 다음 예측방법 중 신제품을 출시할 때 가장 적합한 방법은?

① 지수평활법(Exponential Smoothing)
② 시장조사법(Market Surveys)
③ 회귀분석법(Regression Analysis)
④ 계절분석법(Seasonal Analysis)

[풀이] 시장조사법이란 제품을 출하하기 전에 소비자 의견조사 또는 시장조사를 통하여 수요를 예측하는 방법이다.

15산업 ●●○

06 다음의 용어와 가장 관련이 있는 수요예측기법은?

> 표본조사방법, 설문지, 인터뷰, 시제품 발송

① 델파이법
② 시장조사법
③ 패널동의법
④ 역사적 자료 유추법

[풀이] 소비자(시장)조사법에 해당되는 내용으로 볼 수 있다.

정답 01 ① 02 ③ 03 ④ 04 ③ 05 ② 06 ②

07 다음 중 수요예측에 대한 설명으로 옳지 않은 것은?

① 수요의 추세 변화를 분석할 경우에는 이동평균법, 계절 변화의 분석에는 최소자승법을 사용한다.

② 정성적 예측방법은 장기예측이나 예측자료가 충분하지 않을 때 사용되며, 직관력, 의견조사, 유추 등을 토대로 예측한다.

③ 시계열 분석은 시계열을 따라 제시된 과거 자료를 토대로 수요를 예측하는 방법이다.

④ 인과형 예측모델을 제품이나 서비스의 수요와 이에 영향을 주는 인자의 관계를 중심으로 하여 예측하는 방법이다.

풀이 ① 수요의 추세 변화를 분석할 경우에는 최소자승법, 계절 변화의 분석에는 이동평균법을 사용한다.

08 수요예측에 대한 설명 중 틀린 것은?

① 가중이동평균은 각 자료치에 상관계수를 계산하여 두 인자 간의 관계를 미래수요에 적용하는 것이다.

② 추세분석법은 시계열을 잘 관통하는 추세선을 구한 다음 그 추세선상에서 미래수요를 예측하는 방법이다.

③ 단순이동평균법은 전기수요법을 좀 더 발전시킨 것으로 과거 일정 기간의 실적을 평균해서 예측하는 방법이다.

④ 지수평활법은 지수적으로 감소하는 가중치를 이용하여 최근의 자료에 더 큰 비중을 두고 오래된 자료에 더 적은 비중을 두어 미래수요를 예측한다.

풀이 ① 가중이동평균은 각 자료치에 가중치를 부여하여 미래수요에 적용하는 것이다.

09 정성적 수요예측기법이 정량적 수요예측기법에 비해 갖는 장점이 아닌 것은?

① 예측이 간단하다.

② 비용이 적게 든다.

③ 예측의 정확도가 높다.

④ 고도의 기술을 요하지 않는다.

풀이 ③ 예측의 정확도가 낮다.

10 수요예측기법으로 옳지 않은 것은?

① 델파이법 – 비공개적으로 진행한다.

② 전문가패널법 – 전원일치제로 결정한다.

③ 시장조사법 – 면접이나 설문지를 이용한다.

④ 자료유추법 – 과거 자료의 이용이 여의치 않을 때 사용한다.

풀이 ② 전문가패널법 – 다수결의 원칙으로 결정한다.

11 수요예측법의 종류에 따른 유형이 잘못 짝지어진 것은?

① 정성적 기법 – 델파이법

② 정성적 기법 – 전기수요법

③ 정량적 기법 – 이동평균법

④ 정량적 기법 – 시뮬레이션 모형

풀이 ② 정량적 기법 – 전기수요법

12 시계열 분석을 이용한 수요예측에서 수요예측치에 영향을 미치는 변동에 해당하지 않는 것은?

① 추세변동

② 계절변동

③ 가격변동

④ 순환변동

풀이 시계열분석이란 연·월·주·일 등의 시간 간격에 따라 제시한 과거 자료로부터 그 추세나 경향을 알아서 장래의 수요를 예측하는 것으로 시계열 자료의 주요 구성요소는 추세변동(T), 순환변동(C), 계절변동(S), 불규칙 변동(I)이 있다.

13 추세변동, 계절변동, 순환변동 및 우연변동을 포함하며 시간순으로 나열된 과거의 자료를 통해 수요를 예측하는 기법은?

① 회귀분석법   ② 시계열분석법
③ 델파이법   ④ 지수평활법

풀이 12번 풀이 참조

14 시계열분석에 있어 4가지 변동 가운데 예측이나 통제가 불가능한 변동은?

① 추세변동   ② 계절적 변동
③ 순환변동   ④ 불규칙 변동

풀이 예측이나 통제가 불가능한 변동을 불규칙 변동이라 한다.

15 시계열분석에 있어서 추세변동을 T, 계절변동을 S, 순환변동을 C, 불규칙변동을 R, 수요를 Y라고 하면, 승법 모델에서 계절변동(S)을 나타내는 공식은?

① $S = T \times C \times R \times Y$ ② $S = \dfrac{T + C + R}{Y}$

③ $S = \dfrac{T \times C \times R}{Y}$ ④ $S = \dfrac{Y}{T \times C \times R}$

풀이 $Y = T \times C \times S \times I$에서 $S = \dfrac{Y}{T \times C \times I}$가 된다.

16 과거의 모든 자료를 반영하며, 현시점에 가장 가까운 자료에 가장 높은 가중치를 부여하고 과거로 올라갈수록 낮은 가중치를 부여하는 시계열분석방법은?

① 이동평균법   ② 2점 이동평균법
③ 지수평활법   ④ 최소자승법

풀이 지수평활법이란 현시점에 가까운 실측치에 큰 비중을 주면서 과거로 거슬러 올라갈수록 그 비중을 지수적으로 적게 주는 지수가중이동평균법이다.

17 지수평활법의 특징으로 옳은 것은?

① 전문가의 경험과 직관을 요구한다.
② 라이프 사이클의 자료를 기초로 한다.
③ 기술예측 등 장기수요예측에 많이 사용된다.
④ 과거로 거슬러 올라갈수록 자료의 중요성이 감소된다는 가정이 타당하다.

풀이 ① 정성적 예측법 중 직관력에 의한 예측
② 정성적 예측법 중 유추에 의한 예측(라이프 사이클 유추법)
③ 시계열분석의 전반적인 내용을 포함하고 있다.

18 수요예측에서 시계열분석 기법이 아닌 것은?

① 박스 – 젠킨스법   ② 델파이법
③ 이동평균법   ④ 지수평활법

풀이 ②는 정성적 기법이다.

19 시계열분석에서 계절변동(Seasonal Variation)을 구하는 방법으로 맞는 것은?

① 이동평균법   ② 최소자승법
③ 지수평활법   ④ Box – Jenkins법

풀이 ①은 계절변동(S), ②는 추세변동(T), ③은 불규칙 변동(R)에 적합한 정량적 방법이다.

20 GNP, 세대수 등 제품의 수요에 영향을 미치는 요인과 수요 사이의 관계를 통계적으로 분석하여 수요를 예측하는 기법은?

① 시장조사법   ② 지수평활법
③ 이동평균법   ④ 회귀분석법

풀이 제품의 수요에 영향을 미치는 요인(독립변수)과 수요(종속변수) 사이의 관계를 통계적으로 분석하는 것은 회귀분석법이다.

정답   13 ②   14 ④   15 ④   16 ③   17 ④   18 ②   19 ①   20 ④

21 A 자동차회사의 최근 5년간의 판매량이 다음과 같을 때 최소자승법에 의한 2016년도 예측판매량은 몇 대인가?

연도	2011	2012	2013	2014	2015
판매량(대)	727	493	622	711	739

① 695 ② 707
③ 731 ④ 756

풀이 계산기에서 상기 데이터를 (1, 727), (2, 493), (3, 622), (4, 711), (5, 739)로 입력한 후 단축키를 누르면, $y = 585.5 + 24.2x$가 된다. 여기서 $x = 6$을 넣어 계산하면 $y = 730.4 = 731$이다.

22 표의 데이터를 참조하여 5개월 이동평균법에 의한 8월의 판매실적은 약 몇 개인가?

월	1	2	3	4	5	6	7
판매실적(개)	100	90	110	100	115	110	100

① 105개 ② 106개
③ 107개 ④ 108개

풀이 $F_8 = \dfrac{100 + 110 + 115 + 100 + 110}{5} = 107\,(개)$

23 다음의 단순이동평균법에 대한 설명 중 괄호 A, B에 들어갈 내용으로 맞는 것은?

[다음]

단순이동평균법에서는 이동평균기간(N)을 얼마로 할 것인가가 문제가 된다.
이동평균기간(N)을 (A) 할수록 변동요인이 더 많이 상쇄되어 예측선이 고르게 되며 수요의 실제 변화에는 (B) 반응한다.

① A : 짧게, B : 빨리 ② A : 짧게, B : 늦게
③ A : 길게, B : 빨리 ④ A : 길게, B : 늦게

풀이 단순이동평균법에서는 이동평균기간(N)을 얼마로 할 것인가가 문제가 된다.
이동평균기간(N)을 (길게) 할수록 변동요인이 더 많이 상쇄되어 예측선이 고르게 되며 수요의 실제 변화에는 (늦게) 반응한다.

24 다음에서 ㉠, ㉡에 해당하는 내용으로 맞는 것은?

[다음]

이동평균기간(N)이 (㉠), 평활상수(α)가 (㉡)에 접근할 때 가장 안정적인 수요를 나타낸다.

① ㉠ : 길고, ㉡ : 0 ② ㉠ : 짧고, ㉡ : 0
③ ㉠ : 길고, ㉡ : 1 ④ ㉠ : 짧고, ㉡ : 1

풀이 이동평균법은 과거 여러 기간의 실적치에 동일한 가중치를 부여하는 방법이므로 이동평균기간이 짧을수록, 지수평활상수(α)가 작을수록 안정적인 수요를 의미한다.

25 단순지수평활법에서 특정 기간의 수요예측치를 구하기 위하여 반드시 필요한 자료가 아닌 것은?

① 평활계수
② 불규칙변동지수
③ 가장 최근의 예측치
④ 가장 최근의 실제수요량

풀이 단순지수평활법의 공식은
$F_t = \alpha A_{t-1} + (1 - \alpha) F_{t-1}$이다.

26 A 제품의 연간 수요량을 지수평활법으로 예측하고자 한다. 전년도 예측값이 500개, 실제값이 550개일 때, 올해의 예측값은?[단, 지수평활계수(α)는 0.3이다.]

① 515개 ② 525개
③ 535개 ④ 550개

풀이 $F_t = \alpha A_{t-1} + (1 - \alpha) F_{t-1}$
$= 0.3 \times 550 + (1 - 0.3) \times 500 = 515\,(개)$

정답 21 ③ 22 ③ 23 ④ 24 ② 25 ② 26 ①

27 주유소의 2018년 2월 판매예측치는 230,000리터, 실제 판매량은 215,000리터였다. 이 주유소의 3월 판매예측치를 평활상수 $\alpha = 0.25$인 단순지수평활법으로 구하면 얼마인가?

① 218,750원   ② 222,500원
③ 226,250원   ④ 233,750원

[풀이] $F_3 = \alpha A_2 + (1-\alpha)F_2$
$= 0.25 \times 215,000 + (1-0.25) \times 230,000 = 226,250$(원)

28 다음 지수평활계수(α)값 중 예측값의 오차에 영향을 가장 적게 미치는 값은?

① 0.01   ② 0.3
③ 0.5   ④ 1.0

[풀이] α의 값이 작을수록 예측값의 오차에 영향이 적다.

29 다음의 내용은 무엇에 대한 정의인가?

――――― [다음] ―――――

공급자로부터 최종 고객에 이르기까지의 전체적인 물자흐름을 관리하여 network의 전 구성원에게 최대의 수익을 보장하고, 고객에게는 양질의 서비스를 제공하는 데 목적이 있다.

① FMS   ② VE/VA
③ SCM   ④ PERT/CPM

[풀이] 공급사슬관리 SCM(Supply Chain Management)란 '공급사슬'을 시장상황에 맞도록 최적화해 경영효율성을 높이는 활동으로 불확실성이 큰 시장환경에 긴밀하게 대응하기 위해 등장한 새로운 경영기법이다.

30 고객서비스 수준을 만족시키면서 시스템의 전체 비용을 최소화하기 위해 공급자, 제조업자, 창고입자, 소매업자들을 효율적으로 통합하는 데 이용되는 일련의 접근방법은?

① SCM   ② POP
③ MRP   ④ EOQ

[풀이] 공급사슬관리(SCM)에 대한 설명이다.

최근 기출문제

자재관리의 개요

11기사 ★★○

01 자재계획 수립 시 고려하여야 할 사항이 아닌 것은?

① 외주 시 외주처에서 자재를 직접 구매 조달하는 경우에도 소재계획을 꼭 세워야 한다.
② 자재계획은 설계도에 의한 소요자재를 결정하고, 설계도 변경 시에는 당연히 재료를 변경해야 한다.
③ 소요량 계획은 작업착수시기에 맞춰 납기를 정하고 조달기간을 고려하여 발주시기를 정하여야 한다.
④ 자재소요량과 발주량은 반드시 일치할 필요는 없지만, 상비품이나 장기사용 품목은 장기 견적구매방식을 병행하는 것이 좋다.

풀이 ① 외주 시 외주처에서 자재를 직접 구매 조달하는 경우에는 외주사에서 처리하는 내용이므로 소재계획을 꼭 세울 필요는 없다.

14기사 ★★○

02 자재관리의 기본활동으로 가장 관계가 먼 것은?

① 자재와 부품을 구매하는 데는 생산계획에 따라 세부적인 계획이 이루어져야 한다.
② 구매계획 수립에는 MRP 시스템을 활용할 수 있다.
③ 수립된 생산계획과 구매계획은 변경할 수 없다.
④ 생산에 필요한 소요량 산정, 구매, 보관의 활동을 합리적으로 수행하는 것이다.

풀이 ③ 수립된 생산계획과 구매계획은 변경이 가능하다.

07, 13산업 ★★○

03 "취급되는 자재의 가감이 용이하도록 자재 분류에 융통성을 갖추어야 한다."는 것은 자재 분류의 원칙 중 무엇에 관한 것인가?

① 용이성 ② 포괄성
③ 점진성 ④ 상호배제성

풀이 ① 용이성 : 간편하고 기억이 쉽게 되도록 한다.
② 포괄성 : 취급품목을 하나도 빠트리지 않도록 포괄할 수 있어야 한다.
③ 점진성 : 자재의 가감이 용이하게 융통성을 가지도록 자재를 분류한다.
④ 상호배제성 : 하나의 자재는 하나의 분류항목이 되게 한다.

06, 07, 11산업, 13기사 ★★★

04 자재의 원단위 산정방법이 아닌 것은?

① 실적치에 의한 방법
② 중점관리에 의한 방법
③ 이론치에 의한 방법
④ 시험분석치에 의한 방법

풀이 원단위 산출방법에는 실적치에 의한 방법, 이론치에 의한 방법, 시험 분석치에 의한 방법이 있다.

16기사 ★★○

05 화학반응이나 설계도면, 제작도면에 의해 원단위를 산정하는 방법은?

① 실적치에 의한 방법
② 이론치에 의한 방법
③ 기준에 의한 방법
④ 시험분석치에 의한 방법

풀이 이론치에 의한 방법
화학, 전기 공업에서 많이 이용한다(화학반응이나 설계도면, 제작도면 참조).

정답 01 ① 02 ③ 03 ③ 04 ② 05 ②

06 자재조달 과정의 일반적 단계에 속하지 않는 것은?

① 주문의 추적
② 공급자 선정
③ 작업표준 작성
④ 구매요구의 접수

풀이 ③은 작업관리에 해당된다고 할 수 있다.

07 화합물 A를 200톤 생산하는 데 화합물 B는 188톤이 소비되었으며, 화합물 B를 100톤 생산하는 데 90톤의 원료 C가 소비되었다. 이때 화합물 A 1톤당 원료 C의 원단위는 얼마인가?

① 0.846톤
② 0.957톤
③ 1.044톤
④ 1.178톤

풀이 C의 원단위 $= \dfrac{B \text{ 투입량}}{A \text{ 생산량}} \times \dfrac{C \text{ 투입량}}{B \text{ 생산량}}$

$= \dfrac{188}{200} \times \dfrac{90}{100} = 0.846(\text{톤})$

08 자재기준표에 표시된 기준량에 자재예비량을 합한 것을 무엇이라고 하는가?

① 자재기준량
② 표준자재소요량
③ 순자재소요량
④ 평균자재소요량

풀이 표준자재소요량＝자재기준량＋자재예비량

09 다음 중 원단위에 관한 설명으로 옳지 않은 것은?

① 원단위란 제품 또는 반제품의 단위수량당 자재별 기준소요량을 말한다.
② 공정이 간단할 때는 원료투입량과 제품생산량의 비(Ratio)로서 원단위를 산정한다.
③ 공정이 복합할 때는 공정별·작업별·단계별로 원단위를 산정한다.
④ 자재기준표는 원단위를 산정하고 이들을 표에 기록한 것이며, 이는 제품단위당의 순자재소요량으로서 예비량을 포함한 것이다.

풀이 자재소요량＝자재기준표에 표시된 기준량＋예비량

10 자재계획의 단계로 가장 올바른 것은?

㉠ 원단위 산정	㉡ 사용계획
㉢ 구매계획	㉣ 재고계획

① ㉠－㉡－㉢－㉣
② ㉠－㉡－㉣－㉢
③ ㉢－㉠－㉢－㉣
④ ㉢－㉠－㉣－㉢

풀이 자재계획의 순서는 ㉠－㉡－㉣－㉢이 된다.

11 다음 내용은 무엇에 대한 설명인가?

[다음]

자재의 인수지정에서부터 고객지원에 이르기까지 자재의 물적 이동 시 필요한 장비, 시설 및 인력 등 모든 수단의 사용을 의미하는 활동

① 자재취급(Material Handling)
② 재고통제(Inventory Control)
③ 선적기능(Shipping Function)
④ 자원관리(Resource Management)

풀이 자재취급(Material Handling)에 대한 설명이다.

외주 및 구매관리

12, 16산업 ★★○

12 기업 목적을 효율적으로 달성하기 위해 자사의 능력을 핵심부분에 집중시키고 기업기능의 일부를 외부의 조직 또는 기업체의 전문용역을 활용하여 처리하는 경영기법은?

① 벤치마킹　　　　② 아웃소싱
③ 모듈러 생산　　　④ 리엔지니어링

풀이 외주관리(Outsourcing Control)란 발주기업이 요구하는 품질의 제품을 경제적으로 조달할 수 있도록 발주기업과 외주공장이 협력해서 행하는 일련의 관리활동을 일컫는다.

19산업 ★★○

13 아웃소싱(Outsourcing)은 자신의 핵심 역량이 아닌 사업 부문을 외주에 의존하여 자사가 핵심 역량을 가진 활동에 좀 더 집중 투자하는 것이다. 아웃소싱 전략 수행 시 검토해야 할 사항과 가장 거리가 먼 것은?

① 핵심 기술의 상실 가능성 여부
② 부품비 증대 및 품질향상을 동시에 고려
③ 부품 공급 업체에 대한 통제 상실 가능성
④ 기업의 각각의 기능별 분야 간의 밀접한 상호협력 관계 상실 여부

풀이 ② 부품비 감소 및 품질향상을 동시에 고려

09, 10, 14, 15, 20(중복)산업 ★★★

14 내주 및 외주의 판단기준에 있어서 외주를 하여야 할 경우가 아닌 것은?

① 기밀보장이 필요한 경우
② 주문처에서 외주를 지정하는 경우
③ 외주기업에서 특허권을 가지고 있는 경우
④ 사내에 필요한 기술이나 설비가 아닌 경우

풀이 ①의 경우는 절대 외주를 하여서는 안 된다.

00산업 ★○○

15 Come–up 방식이란 구체적으로 무엇을 의미하는가?

① 자재계획을 위한 방식
② 외주품의 납기를 확보하기 위한 방식
③ 구매관리를 위한 방식
④ 저장관리의 효율적인 방식

풀이 Come–up 방식이란 외주품의 납기를 확보하기 위한 방식이다.

08, 10산업 ★★○

16 합리적인 구매가 지향하는 5적 목표에 해당되지 않는 것은?

① 적질(適質)　　　② 적소(適所)
③ 적량(適量)　　　④ 적운(適運)

풀이 5적 : 적질, 적량, 적소, 적기, 적가

09산업 ★★○

17 다음 중 집중구매의 특징으로 옳지 않은 것은?

① 자주적 구매가 가능하다.
② 자재의 긴급조달이 어렵다.
③ 구매단가가 싸고 재고를 줄일 수 있다.
④ 시장조사, 구매효과의 측정 등을 효율적으로 할 수 있다.

풀이 ①은 분산구매의 특징이다.

07기사 ★★○

18 다음 중 분산구매제도의 장점으로 가장 올바른 것은?

① 구매활동의 평가가 치밀할 수 있으므로 높은 성과를 얻을 수 있는 효율적인 관리가 가능하다.
② 공장을 둘러싼 지역사회와 좋은 관계를 창조, 유지할 수 있고 지역사회에 경제적 기여를 할 수 있다.
③ 거래처가 한정되어 있어 품질관리가 수월해진다.
④ 회사의 요구를 집중시킬 수 있으므로 대량 구매에 따른 구매가격의 인하가 가능해진다.

풀이 ①, ③, ④는 집중구매제도의 장점에 해당된다.

19 분산구매의 특징이 아닌 것은?

① 자주적 구매가 가능하다.
② 긴급수요의 경우에 유리하다.
③ 구매수속을 신속히 처리할 수 있다.
④ 대량구매로 가격과 거래조건이 유리하다.

풀이 ④는 집중구매의 장점에 해당된다.

20 집중구매와 비교한 분산구매의 장점을 나타낸 것으로 옳지 않은 것은?

① 자주적 구매 가능
② 긴급수요의 경우 유리
③ 가격이나 거래조건 유리
④ 구매수속이 간단하여 신속한 처리 가능

풀이 ③은 분산구매보다는 집중구매가 더 유리하다.

재고관리

21 다음 중 Arrow가 말한 재고보유의 동기가 아닌 것은?

① 보존동기   ② 예방동기
③ 거래동기   ④ 투기동기

풀이 A. J. Arrow의 재고보유 동기
• 거래동기 : 수요량을 미리 알고 있고, 시장의 가치가 시간적으로 변화하지 않는 경우
• 예방동기 : 만일의 위험에 대비하기 위한 것(오늘날 대다수 기업의 주된 동기)
• 투기동기 : 대폭적인 가격 변동이 있는 경우

22 재고량을 적게 하기 위한 방법으로 가장 올바른 것은?

① 발주횟수를 많게 하고, 조달기간을 짧게 한다.
② 발주횟수를 많게 하고, 납입, 수송횟수를 적게 한다.
③ 발주횟수를 적게 하고, 납입, 수송횟수를 적게 한다.
④ 발주횟수를 적게 하고, 조달기간을 짧게 한다.

풀이 재고량을 적게 하기 위해서는 발주를 자주 하고, 조달기간(Lead Time)을 줄이면 된다.

23 다음 중 EOQ 모형의 가정으로 가장 올바른 것은?

① 수요는 알고 있으나 늘 변동한다.
② 단위 구입비는 물량에 따라 비례한다.
③ 재고 부족이 허용되지 않는다.
④ 주문량이 분리되어 입고된다.

풀이 ① 수요를 알고 있으며 일정하다.
② 단위 구입비는 물량에 상관없이 일정하다.
④ 주문량이 일정하게 입고된다.

24 경제적 주문량(EOQ) 모형의 가정이 아닌 것은?

① 재고부족을 허용한다.
② 단일 품목만을 고려한다.
③ 조달기간은 일정하다고 알려져 있다.
④ 1회 주문비용은 주문량에 관계없이 일정하다.

풀이 ① 재고부족을 허용하지 않는다.

25 경제적 주문량(EOQ) 모형의 기본적 가정으로 가장 거리가 먼 것은?

① 조달기간은 일정하다.
② 연간 수요량은 일정하게 알려져 있다.
③ 단일제품만을 대상으로 한다.
④ 재고보충은 일정한 비율로 꾸준히 이루어진다.

풀이 ④는 경제적 생산량(EPQ)의 가정이다.

26 재고 관련 비용 중 재고유지비(Holding Cost)에 해당되지 않는 것은?

① 자본비용   ② 재고감손비
③ 보관비용   ④ 입고비용

풀이 ④는 준비비용 또는 발주비용에 포함된다.

정답 19 ④ 20 ③ 21 ① 22 ① 23 ③ 24 ① 25 ④ 26 ④

27 필요한 물품을 주문하여 이것이 입수될 때 구매 및 조달에 수반되어 발생하는 비용을 무엇이라 하는가?

① 재고부족비　　② 발주비용
③ 생산준비비　　④ 재고유지비

풀이 발주비(용)에 대한 설명이다.

28 정기발주방식에 의해 재고시스템을 운영하기 위하여 결정해야 할 두 매개변수는 무엇인가?

① 발주량과 재주문점
② 리드타임과 발주주기
③ 최대재고수준과 재주문점
④ 최대재고수준과 발주주기

풀이 정기발주방식의 매개변수는 최대재고수준과 발주주기이다.

29 재고에 관한 의사결정 시 주문량의 크기 및 단위당 비용에 따라 변동하는 연간 구매비용을 중요하게 고려해야 하는 경우는?

① 경제적 생산량을 결정할 때
② 수량할인을 받기 위한 주문량을 결정할 때
③ 재고부족이 허용되는 경제적 주문량을 결정할 때
④ 재고부족이 허용되지 않는 경제적 주문량을 결정할 때

풀이 주문량의 크기 및 단위당 비용에 따라 변동하는 연간 구매비용을 중요하게 고려해야 하는 경우는 수량할인을 받기 위한 주문량을 결정할 때이다.

30 고정주문주기 모형의 내용으로 옳지 않은 것은?

① 주문은 정기적으로 소요량을 발주한다.
② 주문량은 일정하다.
③ 재주문점(ROP)이 없고 목표재고 수준이 있다.
④ 재고수준의 검사는 정기적으로 이루어진다.

풀이 고정주문주기 모형이란 정기발주방식을 의미한다. 따라서 주문량이 일정하지 않으며, 주문량이 일정하다면 정량 발주방식에 해당된다.

31 재고모형에서 Q시스템의 특징이 아닌 것은?

① 주문량은 정량이다.
② 재주문점이 없고, 목표재고수준이 있다.
③ 고가의 단일품목에 적용한다.
④ P시스템보다 상대적으로 적은 안전재고가 필요하다.

풀이 Q시스템에서 Q란 Quantity(수량)를 의미하므로, 정량 발주방식을 뜻한다. 정량발주방식은 재주문점과 목표재고수준이 존재하게 된다.

32 재고통제방식에 대한 설명 중 틀린 것은?

① 정기발주방식은 상대적으로 높은 재고유지비용을 수반하는 결점을 가지고 있다.
② 정기발주방식에서 발주주기는 EOQ와 연간 수요량으로부터 산출된다.
③ 정량발주방식에 의해 재고를 통제하기 위해서는 재고수준을 주기적으로 검토해야 한다.
④ 품목별 재고통제방식은 ABC 분석 결과를 참고하여 결정된다.

풀이 ③ 정기발주방식에 의해 재고를 통제하기 위해서는 재고수준을 주기적으로 검토해야 한다.

33 정량발주시스템과 정기발주시스템에서 안전재고량에 대한 비교설명으로 옳은 것은?

① 정량발주시스템보다 정기발주시스템에서 안전재고 수준이 상대적으로 높다.
② 정기발주시스템보다 정량발주시스템에서 안전재고 수준이 상대적으로 높다.
③ 두 경우 모두 안전재고량은 같은 수준이다.
④ 두 경우 모두 안전재고량을 고려하지 않는다.

07, 12산업 ★★○

34 다음 중 경제적 주문량(EOQ)의 결정에 필요한 사항이 아닌 것은?

① 주문비용　　　　② 재고유지비
③ 생산준비비　　　④ 연간수요량

풀이 $EOQ = Q_0 = \sqrt{\dfrac{2DC_p}{P_i}}$ 에서 주문비용(C_p), 연간수요량(D), 재고유지비(P_i 또는 C_H)를 의미한다.

11산업 ★★○

35 그림과 같은 연간 EOQ 곡선에서 A곡선은 어떤 비용을 나타내는가?

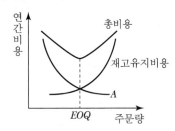

① 구입단가　　　　② 생산준비비용
③ 연간주문비용　　④ 재고에 따른 이자

풀이 그래프상에서 재고유지비용이 증가한다는 것은 재고가 많아진다는 의미가 되고, 한 번 주문할 때 주문량이 많아진다는 의미가 되며, 이때 연간 주문(발주)비용은 감소하게 된다. 연간관계총비용 TIC＝연간발주비용$\left(\dfrac{DC_p}{Q}\right)$＋연간재고유지비$\left(\dfrac{QP_i}{2}\right)$로 표시된다.

15산업 ★★○

36 다음에서 EOQ(경제 발주량)는 얼마인가?

[다음]

- 1회당 주문비용 : 10,000원
- 1개월 연간수요량 : 125,000개
- 1개의 연간재고유지비 : 100원

① 2,500개　　　　② 5,000개
③ 7,000개　　　　④ 10,000개

풀이 $EOQ = \sqrt{\dfrac{2DC_p}{C_H}} = \sqrt{\dfrac{2 \times 125,000 \times 10,000}{100}} = 5,000$

17산업 ★★○

37 다음 자료로 EOQ를 구하면 약 얼마인가?

- 1회당 구매비용 : 5,000원
- 연간 수요량 : 10,000개
- 재고 비용률 : 재고금액의 20%
- 재고품 단가 : 1,000원

① 700개　　　　② 708개
③ 718개　　　　④ 728개

풀이 $EOQ = \sqrt{\dfrac{2DC_p}{P_i}} = \sqrt{\dfrac{2 \times 10,000 \times 5,000}{1,000 \times 0.2}}$
$= 707.106 = 708(개)$

06, 08, 11, 12, 19산업 ★★★

38 Y 제품의 부분품은 연간 총 구입수량이 5,000대이고, 1회 발주비가 100원, 구입단가가 500원, 연간재고유지비율이 0.8일 때 경제적 구입 로트의 크기는?

① 15　　　　② 20
③ 25　　　　④ 50

풀이 $EOQ = Q_0 = \sqrt{\dfrac{2DC_p}{P_i}} = \sqrt{\dfrac{2 \times 5000 \times 100}{500 \times 0.8}} = 50$

17, 19산업 ★★○

39 타이어를 만드는 공장에서 특정 부품에 대한 연간수요는 4,000개, 1회 주문비용은 2,000원, 연간단위당 재고유지비용은 100원으로 추산된다. 주문리드타임이 5일이라면 경제적 주문량(EOQ)은?

① 100개　　　　② 200개
③ 300개　　　　④ 400개

풀이 $EOQ = \sqrt{\dfrac{2DC_p}{C_H}} = \sqrt{\dfrac{2 \times 4,000 \times 2,000}{100}} = 400(개)$

09, 10, 11, 13산업 ●●●

40 한국자전거 제조회사에서 자전거 부품인 링에 대하여 연간 4,000개의 수요가 필요하다. 부품들은 단위당 200원씩 구입하고 있으며, 1회 주문할 때마다 500원의 비용이 소모된다. 또한 재고를 유지하는 데 소요되는 비용은 단위당 100원이 소요된다. 이때 경제적 주문량은 몇 개인가?(단, 연간생산일수는 250일이다.)

① 100개 ② 150개
③ 200개 ④ 250개

풀이 $EOQ = \sqrt{\dfrac{2DC_p}{C_H}} = \sqrt{\dfrac{2 \times 4,000 \times 500}{100}} = 200개$

07, 20산업 ●●○

41 Y 자재의 단가는 200원, 연간소요량은 200개, 1회 발주비는 1,000원, 재고유지비율이 20%일 때, 연간 경제적 발주횟수는?

① 1회 ② 2회
③ 5회 ④ 10회

풀이
- 경제적 발주량 $EOQ = \sqrt{\dfrac{2DC_p}{P_i}} = \sqrt{\dfrac{2 \times 200 \times 1,000}{200 \times 0.2}} = 100$
- 연간 적정 발주횟수 $N_0 = \dfrac{D}{EOQ} = \dfrac{200}{100} = 2(회)$

19산업 ●●○

42 품목 A의 연간 수요량이 500개, 1회 발주비용은 1,000원, 연간 단위당 재고유지비용은 100원일 때, 연간 총 재고비용은 얼마인가?

① 100원 ② 5,000원
③ 10,000원 ④ 20,000원

풀이 $TIC_0 = \sqrt{2DC_pC_H}$
$= \sqrt{2 \times 500 \times 1,000 \times 100} = 10,000$

19산업 ●●○

43 연간 수요량은 R, 회당 발주량은 Q라고 하면 EOQ 모델에서 단위기간당 평균 재고량은?

① Q ② $\dfrac{Q}{2}$
③ $\dfrac{R}{Q}$ ④ $\dfrac{Q}{R}$

풀이 평균 재고량 $= \dfrac{최소\ 재고량 + 최대\ 재고량}{2} = \dfrac{0+Q}{2} = \dfrac{Q}{2}$

12산업 ●●○

44 안전재고에 대한 설명으로 가장 적합한 것은?

① 프로세스 단계 사이에 존재하는 재고
② 경기변동, 계절적 수요변동에 대비한 재고
③ 고객의 불확실한 수요에 대비하기 위한 재고
④ 일정량을 일시적으로 물품을 구입함으로써 발생하는 재고

풀이 안전재고(Buffer or Safety Stock)는 수요의 변화와 조달기간의 변동으로 야기되는 품절의 위험을 배제하는 역할을 할 수 있다.

11산업 ●●○

45 안전재고를 보유하여야 하는 경우로 보기에 거리가 가장 먼 것은?

① 안전재고의 유지비가 소액인 경우
② 품절의 위험이 점차로 높아지는 경우
③ 수요가 확실하거나 변동이 거의 없는 경우
④ 재고부족으로 인한 손실이 안전재고의 유지비보다 클 경우

풀이 ③의 경우는 안전재고가 필요 없다.

11기사 ●●○

46 안전재고수준의 결정 요인과 거리가 먼 것은?

① 품절의 위험
② 부적합품
③ 재고유지비용
④ 수요의 불확실성

PART 1
PART 2
PART 3
PART 4
PART 5
PART 6
PART 7

47 재고시스템에서 재주문점의 수준을 결정하는 요인이 아닌 것은?

① 수요율과 조달기간
② 수요율과 조달기간 변동의 정도
③ 재고유지비용
④ 감내할 수 있는 재고부족 위험의 정도

풀이 재주문점이란 조달기간 동안의 수요량을 예측하여 주문량을 예측하는 방법이므로, 재고유지비용과는 아무런 상관이 없다.

48 재고부족이 허용되는 EOQ 모형과 관련이 없는 비용은?

① 주문비용
② 재고유지비용
③ 생산준비비용
④ 재고부족비용

풀이 생산준비비용은 경제적 생산량(EPQ)과 관련이 있다.

49 정량발주방식에서 연간 수요가 12,000개이며, 안전재고가 600개이고, 조달기간이 1개월일 때 발주점은 몇 개인가?

① 1,200
② 1,400
③ 1,600
④ 1,800

풀이 발주점＝안전재고＋조달기간 동안의 수요량

$$= 600 + \frac{12,000}{12} = 1,600(개)$$

50 품목 A의 연간사용량은 5,200개이고, 조달기간은 2주일 때 A의 재주문점은 얼마인가?(단, 1년은 52주이고, 안전재고는 0으로 한다.)

① 50개
② 100개
③ 200개
④ 300개

풀이 재주문점＝(조달기간 중 소요량)＋안전재고
  ＝(100개×2주)＋0＝200(개)

51 세탁기 B형을 생산하는 Y 회사에서는 이에 필요한 엔진을 자체 생산한다. 이 엔진에 대한 수요는 연간 60,000개이다. 이 회사는 1년에 300일 가동하는데 엔진의 하루 생산율은 400개이다. 1회 생산준비비용은 10,000원이고 재고유지비용은 1년에 1단위당 600원이다. 경제적 생산량을 생산하는 경우 조달기간(Lead Time)이 1일이라고 할 때 재주문점은 얼마인가?

① 50개
② 150개
③ 200개
④ 500개

풀이 발주점(OP ; Order Point)은 발주시점 내지 조달기간(L) 동안의 수요량을 의미한다. 즉, 조달기간이 1일이므로 1일 소비량이 남았을 때 생산하면 된다.

따라서 1일 소비량은 $\frac{60,000개}{300일} = 200(개)$ 가 된다.

52 한 공장에서 특정 타이어를 만드는 데 연간 수요는 40,000개로 추정된다. 생산 준비비용은 200,000원, 제조단가는 15,000원, 연간 유지비용은 타이어당 11,500원으로 추산된다. 일간 생산량은 200개이고 연간 작업일수는 250일이다. 생산 리드타임이 5일이라면 경제적 생산량(EPQ)은?

① 2,938개
② 2,838개
③ 2,738개
④ 2,638개

풀이 $EPQ = \sqrt{\dfrac{2 \times 40,000 \times 200,000}{11,500 \times \left(1 - \dfrac{40,000}{200 \times 250}\right)}} = 2,638(개)$

16산업 ★★○

53 경제적 주문량(EOQ)과 경제적 생산량(EPQ) 모형의 차이에 대한 설명으로 틀린 것은?

① EPQ에서는 품절을 허용하고 EOQ에서는 허용하지 않는다.
② EOQ에서는 주문비용, EPQ에서는 생산준비비용을 고려한다.
③ EOQ에서는 재고가 일시에 보충되는 것으로 가정하나 EPQ에서는 일정한 비율로 꾸준히 보충되는 것으로 가정한다.
④ EPQ는 자가생산되는 품목을, EOQ는 외부 공급원으로부터 공급되는 품목을 대상으로 한다.

풀이 ① EOQ와 EPQ 모두 품절을 일반적으로 허용하지 않는다.

19산업 ★★○

54 독립수요와 종속수요의 차이점을 설명한 것으로 맞는 것은?

① 독립수요와 종속수요는 관계가 없다.
② 독립수요는 수요예측으로, 종속수요는 EOQ 방식으로 한다.
③ 대부분의 종속수요에 대한 예측은 독립수요량에 따라 결정된다.
④ 독립수요에 대한 재고문제는 자재소요계획에서, 종속수요에 대한 재고문제는 재고관리에서 취급하고 있다.

풀이 ① 독립수요와 종속수요는 관계가 깊다.
② 독립수요는 EOQ 방식으로, 종속수요는 수요예측으로 한다.
④ 독립수요에 대한 재고문제는 재고관리에서, 종속수요에 대한 재고문제는 자재소요계획에서 처리한다.

06, 16산업 ★★○

55 자재가 독립수요와 종속수요의 2가지로 분류될 때 종속수요를 관리하는 자재기법은?

① MRP
② ERP
③ EPQ
④ DRP

풀이 • 종속수요 : MRP
• 독립수요 : EPQ(ELS)

18산업 ★★○

56 다음 중 독립수요 품목에 해당하는 것은?

① 부품
② 완제품
③ 원료
④ 반제품

풀이 • 독립수요 : ②
• 종속수요 : ①, ③, ④

06, 14산업 ★★○

57 자재의 수요가 발생하여 발주를 하고, 최종 공급이 완료될 때까지 소요되는 기간은?

① 재발주기간
② 오퍼레이팅 타임
③ 공급기간
④ 리드타임

풀이 리드타임은 조달기간의 의미로서 발주를 한 후 최종 공급이 완료될 때까지의 소요되는 기간을 말한다.

12산업 ★★○

58 자재관리기법 중 하나인 ABC 분석을 한마디로 무엇이라 할 수 있는가?

① 성과관리
② 원가관리
③ 중점관리
④ 종합관리

풀이 자재의 종목별 연간 사용액을 산출하여 금액이 가장 높은 자재의 그룹을 'A급 자재', 다음으로 높은 그룹을 'B급 자재' 그리고 가장 낮은 그룹을 'C급 자재'로 구분하여 그 중요도에 따라 차별 관리하는 방식으로 소수 중요품목을 중점 관리하는 방식으로 Pareto 분석을 행한다.

20산업 ★★○

59 ABC 재고관리의 설명으로 틀린 것은?

① ABC 분석의 구체적 방법은 파레토 분석을 행한다.
② 차별적 관리방법을 위한 분류기준을 가격으로 했을 경우 품목의 개당 단가를 많이 사용한다.
③ 품목의 중요도를 결정하고, 품목의 상대적 중요도에 따라 통제를 달리하는 재고분류 시스템이다.
④ 관리 대상의 모든 품목을 가격, 사용량, 구입 시 편의성 등을 기준으로 A급, B급, C급으로 분류하여 관리 방법을 달리한다.

풀이 ② 차별적 관리방법을 위한 분류기준을 가격으로 했을 경우 품목의 총 가격을 사용한다.

60 ABC 분석에 의거하여 일반적으로 발주형식을 취할 때 정기발주형식이 적합한 품목은?

① A급 품목
② B급 품목
③ C급 품목
④ ABC 분류와 정기발주형식은 관련 없다.

풀이

등급	전 품목에 대한 비율	총 사용 금액에 대한 비율	관리비중	발주형태
A	10~20%	70~80%	중점관리	정기발주 시스템
B	20~40%	15~20%	정상관리	정량발주 시스템
C	40~60%	5~10%	관리체제 간소화	Two-bin 시스템

61 H. F. Deckie에 의거 제창된 ABC 재고관리기법에 관한 설명으로 가장 적절한 것은?

① A품목은 품목비율이 10~20%인 반면에 금액적으로는 70~80%를 차지한다.
② A품목은 품목비율이 60~70%인 반면에 금액적으로는 10~20%를 차지한다.
③ C품목은 품목비율이 10~20%인 반면에 금액적으로는 60~70%를 차지한다.
④ C품목은 품목비율이 60~70%인 반면에 금액적으로는 30~40%를 차지한다.

풀이 60번 풀이 참조

62 ABC분석 중 등급별로 총가치에 대한 비율이 맞는 것은?

① A품목 : 15~20%
② A품목 : 70~80%
③ B품목 : 30~40%
④ C품목 : 40~60%

풀이 60번 풀이 참조

63 ABC 자재분류 시스템에 관한 설명으로 가장 적합한 것은?

① C급 자재는 단위당 투자금액이 크다.
② A급 자재는 엄격한 관리가 이루어져야 한다.
③ C급 자재는 재고조사와 주문을 자주 해야 한다.
④ A급 자재는 B급 자재에 비해 일반적으로 저가이다.

풀이 60번 풀이 참조

64 ABC 재고관리 시스템에 대한 설명 중 가장 관계가 먼 것은?

① ABC 시스템은 재고품목의 연간 사용금액에 따라 품목을 구분하고 통제노력을 차별화하는 시스템이다.
② A품목은 C품목에 비하여 상대적으로 많은 통제노력을 기울여야 한다.
③ 저가 볼트(Bolt)는 C품목으로 분류하여 정기발주방식을 취한다.
④ C품목은 보통 재고품목의 50% 정도이지만 연간 사용 금액은 5~10% 정도를 차지한다.

풀이 ③ 저가 볼트는 C품목으로 분류하여 Two-bin System 발주방식을 취한다.

65 ABC 분석기법에서 A급 품목은 비용이 크고, 품목수가 적기 때문에 중점관리하여 재고비용을 단축시켜야 한다. A급 품목의 재고비용을 감소시키는 방법이 아닌 것은?

① 발주횟수를 줄인다.
② 조달기간을 단축한다.
③ 안전재고를 줄인다.
④ 로트의 크기를 줄인다.

풀이 A급 품목은 품목수에 비해 수량이 많으므로 발주횟수를 줄이면, 그만큼 재고비용은 증가할 수밖에 없다.

66 ABC 관리에서 C급 품목의 관리방법으로 가장 적합한 것은?

① 중점적으로 관리한다.
② 정기발주방식이나 충당법으로 한다.
③ 예비재고를 늘이고 재고부족을 방지한다.
④ 소량씩 발주하고 안전재고를 극소화한다.

풀이 ① 관리체제의 간소화를 도모한다.
② Two-bin 시스템 또는 충당법으로 한다.
④ 대량으로 발주하고 안전재고를 극대화한다.

67 ABC 재고관리의 특징과 거리가 먼 것은?

① 자재 및 재고자산의 차별관리이다.
② 소수의 중요 품목을 중점관리한다.
③ 일반적으로 분류기준은 품목의 연간 사용량에 따른 가격의 크기이다.
④ 낭비를 제거하기 위하여 적시에 필요한 원부자재를 제공하고자 하는 모형이다.

풀이 ④는 JIT 시스템에 대한 설명으로 볼 수 있다.

68 ABC 분석기법의 C품목에 대해 주로 이용되는 발주방식으로 포장법(Packaging Method), 복붕법(Double-Bin Method) 등을 주로 이용하는 발주방식은?

① 정기발주방식
② 정량발주방식
③ 보충발주방식
④ 수시발주방식

풀이 포장법(Packaging Method), 복붕법(Double-bin Method) 등은 정량발주방식의 하나이다.

69 투빈시스템(Two-bin System)의 특징으로 틀린 것은?

① 재고기록이 필요하다.
② Q 시스템을 시각적 시스템에 적용한 것이다.
③ 수요가 균일한 저가품 재고를 관리하는 데 적합하다.
④ 한쪽 용기가 비었을 때를 ROP(재주문점)에 도달한 것으로 본다.

풀이 재고를 2개의 용기(Bin)에 두어 한쪽 용기의 재고가 바닥이 나면 발주와 동시에 다른 용기의 재고를 사용하는 방식(수량이 많고 부피가 작은 저가품의 재고관리 시스템)이므로 재고기록이 필요하지는 않다.

70 현대의 자재관리에는 여러 가지의 관리기법이 도입되어 활용되고 있다. 다음 중 자재관리기법과 관리기능이 가장 올바르게 연결된 것은?

① 구매관리 – MAP, 자재계획 – PERT
② 재고관리 – ABC 분석, 자재계획 – MRP
③ 자재계획 – VA, 구매관리 – ABC 분석
④ 재고관리 – MAP, 자재통제 – VA

풀이 재고관리 – ABC 분석, 자재계획 – MRP

71 과일, 채소, 신문, 생선, 식당의 점심 식사량 등은 어떤 모형으로 자재 및 재고를 관리하는가?

① 절충식 재고모형
② (s, S) 재고모형
③ 콕 재고모형
④ 단일기간 재고모형

풀이 단일기간 재고모형(Single Period Model)은 수요가 일회적이고 재고기간이나 수명이 짧은 상품들의 주문량이나 재고수준을 결정하는 모형을 말하며, 회초밥집, 김밥 전문점 및 일간신문 배달점 등이 이 모형에 속한다.

JIT와 MRP

72 제품 생산에 요구되는 부품 등 자재를 필요한 시기에 필요한 수량만큼 조달하여 낭비적 요소를 근본적으로 제거하려는 생산시스템으로 가장 적합한 것은?

① JIT   ② CIMS
③ TQC   ④ VA/VE

풀이 JIT System에 대한 설명이다.

73 합리적인 재고통제를 달성하기 위하여 필요한 양을 필요한 시기에 필요한 만큼 생산하는 무재고 생산시스템으로 옳은 것은?

① MRP   ② JIT
③ EOQ   ④ EPQ

풀이 JIT란 필요한 양을 필요한 시기에 필요한 만큼 생산하는 방식이다.

74 JIT 생산방식에서 운영하는 관리방법이 아닌 것은?

① 라인의 동기화를 추구한다.
② 소품종 대량생산방식을 추구한다.
③ JIT 생산을 위해 간판방식을 적용한다.
④ 조달기간을 줄이기 위해 생산준비시간을 단축한다.

풀이 ② 다품종 소량생산방식을 추구한다.

75 JIT 생산시스템을 도입함으로써 기대되는 이익이 아닌 것은?

① 재고회전율의 개선
② 작업의 부하량 감소
③ 생산로트크기의 축소
④ 생산준비시간의 단축

풀이 ② 공평한 작업의 부하량이 JIT 생산시스템 도입에 따른 이익이라 할 수 있다.

76 JIT(Just In Time)의 특징이 아닌 것은?

① 비용절감
② 재고감소
③ 간판(Kanban)방식
④ Push 시스템

풀이 ④ Pull 시스템

77 JIT시스템의 특징에 관한 설명으로 옳지 않은 것은?

① 리드타임의 최소화에 중점을 둔다.
② 관리도구는 간판에 의한 시각관리가 중심이 된다.
③ 관리목표는 낭비의 제거보다 계획 및 통제 중심이다.
④ 관리시스템은 고객의 주문에 따라가는 풀(Pull) 시스템이다.

풀이 JIT의 관리목표는 낭비 제거, MRP는 계획 및 통제 중심이다.

정답 71 ④ 72 ① 73 ② 74 ② 75 ② 76 ④ 77 ③

78 JIT 시스템의 특징에 관한 설명으로 틀린 것은?

① 준비 · 교체시간을 최소화한다.
② 레이아웃을 U라인으로 편성한다.
③ 간판(Kanban)에 의해 생산시스템이 운영된다.
④ 관리목표는 낭비의 제거보다 계획 및 통제 중심이다.

풀이 ④ 관리목표는 계획 및 통제보다 낭비의 제거 중심이다(계획 및 통제 중심은 MRP시스템이다).

79 JIT 시스템의 특징을 설명한 내용 중 가장 관계가 먼 것은?

① 소로트 생산방식이다.
② 모든 공정의 생산활동은 최종 조립공정의 요구에 의해 시작된다.
③ 필요한 때에 필요한 양만큼 생산하는 수여견인 시스템이다.
④ 입력요소로 주생산일정계획, 자재명세서, 재고기록철이 있다.

풀이 ④는 MRP 시스템에 대한 내용이다.

80 JIT시스템의 특징으로 틀린 것은?

① 공정품질의 향상 및 신뢰도가 증대된다.
② 설비배치의 변경 및 공정 유연성이 증대된다.
③ 푸시 방식(Push System)의 자재흐름이 적용된다.
④ 신속한 작업전환이 이루어져야 하므로 다기능 작업자가 필요하다.

풀이 ③ PULL식 자재흐름이 적용된다.

81 적시생산시스템(JIT)의 특징이 아닌 것은?

① 푸시 방식(Push System)의 자재흐름을 가진다.
② 흐름생산시스템에 적합한 생산관리방식이다.
③ 작업전환이 용이하고 다기능 작업자가 필요하다.
④ 공급업자와의 관계가 적대적 관계가 아닌 우호적인 관계로 생각한다.

풀이 ① 풀 방식(Pull System)의 자재흐름을 가진다.

82 JIT 시스템에서의 구매에 관한 설명으로 옳지 않은 것은?

① 복잡한 사무처리를 요하지 않는다.
② 표준용기의 사용으로 정확한 수량이 인도된다.
③ 다수의 공급업체로부터 경쟁적인 거래관계 중심이 된다.
④ 지리적으로 인접한 공급업체로부터 소량씩 자주 구매한다.

풀이 JIT 시스템의 구매는 단일 공급업체를 원칙으로 하고 있다.

83 JIT 시스템에서 공급업자와의 관계개선을 조성하기 위해 필요한 조건이 아닌 것은?

① 비전을 공유한다.
② 신뢰관계를 지속한다.
③ 장기계약 관계를 형성한다.
④ 공급업자의 공장은 가급적 본사와 멀리 위치해야 한다.

풀이 ④ 공급업자의 공장은 가급적 본사와 가까이 위치해야 한다.

84 JIT 시스템에서 생산준비시간의 축소와 로트 사이즈의 결정에 관한 설명으로 옳지 않은 것은?

① 소로트화를 추진하여 생산준비횟수를 감소시킨다.
② 재고 감축을 위해서 로트 수를 가능한 한 적게 하여 생산을 평준화시켜야 한다.
③ 생산준비시간의 축소를 위해서 싱글셋업(Single Setup) 또는 원터치셋업(One - touch Setup)을 추구하고 있다.
④ 소로트화, 생산준비시간의 축소는 수요변화에 신속하고 유연하게 대응할 수 있다.

풀이 ① 소로트화를 추진하면 생산준비시간을 감소시킨다.

정답 78 ④ 79 ④ 80 ③ 81 ① 82 ③ 83 ④ 84 ①

85 JIT 시스템에서 요구하는 생산준비시간의 단축에 관한 설명으로 옳지 않은 것은?

① 가능한 한 외적 작업준비를 지양하고 내적 작업준비를 추구한다.
② 내적 생산준비는 기계가동을 중지하여 작업준비를 하는 경우이다.
③ 외적 작업준비는 기계가동과 관계없이 작업준비를 하는 경우이다.
④ 생산준비시간의 단축을 내적 및 외적 교체로 나누어 각 단계마다 철저를 기하고 있다.

풀이 ① JIT시스템에서의 작업준비는 가능한 한 외적 작업준비를 하고, 내적 작업준비는 최소화 또는 제로화를 목표로 하고 있다.

86 다음 중 간판(Kanban)방식에 해당되지 않는 것은?

① 부품의 필요량과 필요시기를 알려준다.
② 끌어당기는 풀(Pull) 시스템이다.
③ 밀어내는 푸시(Push) 시스템이다.
④ 생산량을 조정하는 정보 시스템이다.

풀이 ③은 ②에 위배된다. 즉, 간판시스템은 JIT 시스템의 대표적인 기법으로 Pull 시스템이다.

87 부품을 사용하는 작업장이 요구할 때까지 부품을 공급하는 작업장에서 어떤 부품도 생산하지 않는 당기기(Pull)식 생산방식을 무엇이라 하는가?

① 개별생산방식
② MRP
③ 조별생산방식
④ 간판방식

풀이 간판시스템
• Pull식 생산(부품을 사용하는 작업장의 요구가 있을 때까지 부품을 공급하는 작업장에서 어떤 부품도 생산하지 않는다)
• '간판'은 작업지시표 또는 이동표 역할을 한다.

88 JIT 시스템에 적합하지 않은 것은?

① 끌어당기기(Pull) 시스템
② 간판(Kanban)방식
③ 낭비 제거
④ 주일정계획

풀이 JIT 시스템에는 Pull 시스템, 간판(Kanban)방식, 낭비 제거 등이 있다.

89 셀 생산방식과 관계가 먼 것은?

① 소인화   ② 다능화
③ 흐름화   ④ 대량생산

풀이 셀 생산방식은 JIT 생산방식으로서 소인화, 다능화, 흐름화와 관계가 있다.

90 다음 중 JIT 시스템의 구성요소에 해당하지 않는 것은?

① 간판방식   ② 소로트 생산
③ 생산의 평준화   ④ Push 시스템

풀이 ④ Pull 시스템

91 JIT 시스템에서 작업자의 특징을 설명한 것이다. 적합하지 않은 것은?

① 다기능 작업자보다 단일 작업을 다루는 전문화된 작업자가 요구된다.
② 제조과정의 품질관리를 처음부터 제대로 하자는 원칙을 준수하는 것이다.
③ 부적합품이 발생되면 직접 공정을 중단시키고 시정할 권한이 부여된다.
④ 작업자는 주로 범용설비를 사용한다.

풀이 ① 단일 작업을 다루는 전문화된 작업자보다 다기능 작업자를 요구한다.

정답 85 ① 86 ③ 87 ④ 88 ④ 89 ④ 90 ④ 91 ①

92 JIT 시스템에서 간판의 운영규칙이 아닌 것은?

06, 11산업 ★★★

① 후공정이 전공정으로 가지러 가는 풀(Pull) 시스템이다.
② 불량품은 절대로 후공정에 보내서는 안 된다.
③ 생산량은 인수량 외 안전재고를 고려한 양을 생산한다.
④ 간판은 반드시 표준상자에 부착되어야 한다.

풀이 JIT는 재고 제로 생산방식으로 안전재고의 개념이 없다.

---

93 JIT(Just In Time)의 특성에 대한 설명 중 관계가 먼 것은?

00, 06, 10기사 ★★★

① 낭비를 철저히 제거한다.
② 조달기간은 짧게 유지한다.
③ 납품업자를 자사의 생산시스템의 일부로 간주한다.
④ 예측오차와 불확실성에 대비하기 위해 안전재고가 필요하다.

풀이 재고수준을 줄이기 위해 만들어진 것이 JIT System이다(무재고 지향).

---

94 다음 중 간판(Kanban)방식을 효과적으로 운영하기 위한 운영규칙이 아닌 것은?

13산업 ★★○

① 부적합품을 후공정에 보내지 않음
② 후공정에서 요구한 만큼 생산
③ 생산량의 표준화
④ 공정의 안정화

풀이 ③ 작업의 표준화

---

95 JIT 시스템에서 소로트화의 특징으로 옳지 않은 것은?

07, 09, 14, 19산업 ★★★

① 간판 수와 리드타임을 증가시킨다.
② 품질문제를 쉽게 파악할 수 있다.
③ 공장의 작업부하를 균일하게 한다.
④ 공간이용을 최대한 활용할 수 있다.

풀이 ① 간판 수와 리드타임을 감소시킨다.

---

96 다음 [보기] 중 도요타 생산방식의 일반적인 특성으로만 나열된 것은?

10, 15산업 ★★★

[보기]
㉠ 소로트 생산   ㉡ 제품별 배치
㉢ 직선라인   ㉣ 다기능공
㉤ 좌식작업   ㉥ In-line

① ㉠, ㉡, ㉣   ② ㉠, ㉣, ㉥
③ ㉡, ㉢, ㉤   ④ ㉡, ㉣, ㉥

풀이 도요타 생산방식의 특징은 소로트 생산, 기능별 배치, 곡선라인(U자 라인), 다기능공, 입식작업, in-line 등이 있다.

---

97 다음의 [보기]에서 도요타 생산방식의 일반적인 특징으로만 나열된 것은?

08산업 ★★○

[보기]
㉠ 간판방식   ㉡ 독도형 배치
㉢ 직선형   ㉣ U자형
㉤ 앉아서 하는 작업 ㉥ In-line

① ㉡, ㉢, ㉥   ② ㉠, ㉣, ㉤
③ ㉡, ㉣, ㉥   ④ ㉠, ㉣, ㉥

풀이 도요타 생산방식은 간판형, U자형, 곡선형, 입식작업을 원칙으로 하고 있다.

---

98 도요타 생산방식에서 제거를 목적으로 하는 7가지 낭비에 해당되지 않는 것은?

07, 09, 12, 17, 18, 19산업 ★★★

① 고장의 낭비   ② 불량의 낭비
③ 운반의 낭비   ④ 동작의 낭비

풀이
• 불량의 낭비   • 재고의 낭비
• 과잉생산의 낭비 • 가공의 낭비
• 동작의 낭비   • 운반의 낭비
• 대기의 낭비

---

99 어떤 자동차 부품회사에서 생산되는 특정 부품 K에 대한 JIT 시스템의 관련 정보가 다음과 같을 때 간판의 수는 몇 개인가?

> • 부품의 일간수요량 : 1,000단위
> • 정책변수 : 0.1
> • 컨테이너당 부품 수 : 11개
> • 컨테이너당 생산시간 : 0.04일
> • 컨테이너당 평균 대기시간 및 이동시간 : 0.06일

① 10개   ② 15개
③ 20개   ④ 25개

풀이 간판 수 $n = \dfrac{1,000 \times (0.06 + 0.04)}{11} \times (1 + 0.1) = 10$

100 어느 작업장에서 부품의 수요율이 1분당 5개이고, 용기당 50개의 부품을 담을 수 있다. 이때 필요한 간판의 수와 최대 재고수준은?(단, 용기의 순환시간은 100분이다.)

① 간판의 수 : 5개, 최대 재고수준 : 250개
② 간판의 수 : 5개, 최대 재고수준 : 500개
③ 간판의 수 : 10개, 최대 재고수준 : 250개
④ 간판의 수 : 10개, 최대 재고수준 : 500개

풀이 • 간판 수 = $\dfrac{5EA/min \times 100min}{50EA} = 10$개
• 최대 재고수준 = $10 \times 50EA = 500$개

101 MRP 시스템의 적용이 가장 효과적인 경우는?

① 최종제품이 고가인 경우
② 생산시스템의 특성에 상관없이 모든 경우
③ 품목들에 대한 수요가 최종제품의 수요와 독립적인 경우
④ 최종제품이 복잡하고 많은 부품 또는 자재들의 조합으로 이루어진 경우

풀이 자재소요계획(MRP ; Material Requirements Planning)은 최종제품이 복잡하고 많은 부품 또는 자재들의 조합으로 이루어진 경우에 사용된다.

102 MRP 시스템의 특징으로 옳지 않은 것은?

① 출력결과는 우선순위계획과 생산능력계획을 수립하는 기초자료를 제공한다.
② 최종품목을 만드는 데 필요한 구성품 및 원자재의 필요한 양과 그의 시기를 계산할 수 있다.
③ 이미 주문한 품목의 필요일에 변화가 발생하면 납기예정일을 이에 맞게 조정할 수 있다.
④ 구성품 및 원자재의 주문량은 재고수준을 낮추기 위하여 순소요량만큼만 주문해야 한다.

풀이 ④ 구성품 및 원자재의 주문량은 총소요량, 재고량, 순소요량 등을 고려하여 주문을 실시하게 된다.

103 MRP의 효과가 가장 적게 나타나는 때는?

① 제품원가가 고가일 때
② 최종제품이 공정이 길 때
③ 부품구입 소요시간이 길 때
④ 제품의 생산공정이 간단할 때

풀이 ④ 제품의 생산공정이 복잡할 때 효과가 크다.

104 독립수요품보다 종속수요품의 재고관리에 MRP 시스템을 적용했을 때 기대되는 장점이 아닌 것은?

① 부품 및 자재 부족 현상의 최소화
② 생산일정 및 자재계획의 변경 감소
③ 작업의 원활화 및 생산소요시간의 단축
④ 공정품을 포함한 종속수요품의 평균재고 감소

풀이 ② 생산일정 및 자재계획의 변경 용이

정답   99 ①   100 ④   101 ④   102 ④   103 ④   104 ②

105 MRP 시스템의 적용효과에 속하지 않는 것은?

① 불필요한 재고유지를 억제한다.
② 상위제품 생산계획에서 부품의 소요량을 정확하게 예측한다.
③ ABC 관리방식을 채택하여 중점관리 통제에 효과가 있다.
④ 능력계획과 자금소요계획에 필요한 정보를 제공할 수 있다.

풀이 MRP 시스템은 종속수요품에 해당되지만, ABC 관리방식은 독립수요품에 해당된다.

106 MRP시스템의 한 분류인 순변환(Net Change)시스템의 내용으로 틀린 것은?

① 다른 유형에 비해 변화에 민감하다.
② 필요할 때마다 기록을 새로 계산한다.
③ 계산시간이 적게 소요되며, 동적시스템에 적합하다.
④ 재고에 정확성이 크며, 적당한 시기에 자재를 이용할 수 있다.

풀이 Net Change는 변경된 데이터가 존재하면 그 변경이 요구되는 자재에 한해서 부분적으로 MRP를 실행하고 재전개하는 것이다. 그러므로 계산시간이 크게 소요되며, 동적시스템에 적합하다고 할 수 있다.

107 MRP(Material Requirement Planning)는 자재의 어떤 부분을 관리하기 위한 것인가?

① 자재의 독립수요
② 자재의 종속수요
③ 자재의 초과수요
④ 자재의 이동수요

풀이 자재소요계획(MRP ; Material Requirement Planning)은 제품의 생산수량 및 일정을 토대로 그 생산제품에 필요한 원자재 · 부분품 · 공정품 · 조립품 등의 소요량 및 소요시기를 역산하여 자재조달계획을 수립하고 일정관리를 겸하여 효율적인 재고관리를 모색하는 종속수요품의 제고관리시스템으로 일종의 일정계획 및 재고통제기법이다.

108 MRP의 특징에 대한 내용으로 틀린 것은?

① 소요되는 자재를 최소의 비용으로 적시에 공급할 수 있다.
② 과거 전통적 재고 시스템보다 합리적이다.
③ 수요가 일정하며 연속적이라는 가정에서 출발한다.
④ 원료나 부품의 수요를 최종제품의 납기와 소요량이 나타나 있는 일정계획에 의해 계산한다.

풀이 ③은 정기발주방식의 가정이다.

109 MRP의 특징에 대한 설명 내용으로 가장 거리가 먼 것은?

① 사전 납기 통제가 가능하다.
② 수요가 일정하며 연속적이라는 가정에서 출발한다.
③ 상황 변화에 따른 생산일정 및 자재계획 변경이 용이하다.
④ 종속수요품 각각에 대해서 수요예측을 별도로 행할 필요가 없다.

풀이 ②는 독립수요품 재고관리 중 정기발주방식을 설명하고 있다.

110 MRP의 특징에 대한 설명으로 가장 거리가 먼 것은?

① 종속수요품에 적합하다.
② 부품 및 자재부족현상을 최소화한다.
③ 수요예측에 의하여 자재를 일괄 주문할 수 있다.
④ 상황변화에 따라서 주문의 변경을 가능하게 한다.

풀이 ③은 EOQ의 특징이다.

111 MRP 시스템에 의한 자재관리의 특징을 설명한 내용 중 틀린 것은?

① 주문시기 산출
② 주문수량 산출
③ 주문의 독촉과 연기
④ 생산통제와 재고관리의 분리

풀이 ④ 생산통제와 재고관리의 통합

112 MRP시스템의 주요기능이 아닌 것은?

① 주문계획과 통제
② 인력수급계획 수립
③ 우선순위 계획과 통제
④ 능력소요계획 수립 자료

풀이 MRP(Material Requirement Planning)는 종속수요품의 대표적인 재고관리시스템이므로 인력수급계획과는 연관성이 없다.

113 MRP 시스템에서 로트 사이즈를 결정하는 방법이 아닌 것은?

① MAPI 방법
② 최소총비용(LTC) 방법
③ 최소단위비용(LUC) 방법
④ 와그너 – 위틴(Wagner – Whitin) 방법

풀이 ①은 설비관리의 한 종류이다.

114 MRP의 로트 사이즈 결정 문제에서 기간발주량 (POQ)에 관한 설명으로 가장 거리가 먼 것은?

① 잔여재고로 평균재고수준이 높다.
② 소요량 증감에 따라 로트 크기를 조정한다.
③ EOQ와 FPR(고정기간소요방법)을 절충한 것이다.
④ 소요량과 주문량이 잘 부합되므로 보유재고를 감소시킨다.

풀이 기간발주량은 평균재고수준을 낮춘다.

115 MRP 시스템의 주요 기능이 아닌 것은?

① 능력수요계획 수립 자료
② 주문계획과 통제
③ 생산능력계획과 변경
④ 우선순위계획과 통제

풀이 ③은 일정계획의 주요 기능에 해당된다.

116 MRP 시스템의 기본이 되는 3가지 입력사항으로 틀린 것은?

① 주일정계획   ② 자재명세서
③ 수요예측치   ④ 재고기록철

풀이 MRP(Material Requirements Planning)의 기본적 요소에는 대일정계획(MPS ; Master Production Schedule), 자재명세서(BOM ; Bill Of Materials), 재고기록철(IRF ; Inventory Record Filing) 등이 있다.

117 다음 중 자재소요 계획서(MRP)의 투입자료가 아닌 것은?

① 자재명세서   ② 기준생산계획
③ 컴퓨터 관리대장   ④ 재고기록파일

풀이 116번 풀이 참조

118 MRP와 가장 관계가 깊은 것은?

① 자재검사 기록
② 자재불출대장
③ 자재명세표
④ 불용품 관리대장

풀이 116번 풀이 참조

119 MRP의 기본적 요소에 속하지 않는 것은?

① MPS
② ROP
③ BOM
④ IRF

풀이 116번 풀이 참조

---

120 MRP를 실행하기 위해서는 여러 정보가 필요하다. 다음 중 MRP의 중요 입력 정보로서 가장 거리가 먼 것은?

① 품질정보
② 구성부품정보
③ 재고정보
④ 기준생산계획정보

풀이 116번 풀이 참조

---

121 MRP 시스템에서 사용하는 재고기록철에 포함되지 않는 것은?

① 조달기간
② 로트 크기
③ 현재 재고량 및 안전재고
④ 각 구성품의 재고유지비용

풀이 MRP 시스템에서의 재고기록철에는 재고유지비용의 개념이 포함되어 있지 않다.

---

122 최종품목 한 단위 생산에 소요되는 구성품목의 종류와 수량은 MRP 투입 자료 중 어디에서 파악할 수 있는가?

① IRF(재고상황파일)
② MPS(주 생산일정계획)
③ CRP(능력소요계획)
④ BOM(자재명세서)

풀이 자재명세서(Bill Of Materials ; BOM)
최종품목 한 단위 생산에 소요되는 구성품목의 종류와 수량, 즉 각 제품의 자재 구성, 생산가공순서를 파악할 수 있다.

---

123 MRP 시스템에 있어서 MRP의 구성요소들의 조립순서를 나타내고, 각 조립순서의 단계별로 필요한 소요량과 조달기간을 결정하는 것은?

① 부품명세서
② 자재명세서
③ 조립명세서
④ 재고기록서

풀이 122번 풀이 참조

---

124 완제품 1단위를 조립하는 데에 소요되는 자재의 종류와 개수를 나타내는 것은?

① BOM
② MPS
③ EOQ
④ EPQ

풀이 122번 풀이 참조

---

125 자재명세서(BOM)에 대한 설명으로 틀린 것은?

① 최종품목은 각각 개별 자재명세서를 가지는데 그 목록은 계층적이다.
② 최종제품의 수량과 일정에 대한 총괄적인 종합계획이다.
③ 제품구조를 명확하게 나타내기 위해 제품구조도를 작성한다.
④ 최종제품 한 단위 생산에 소요되는 구성품목의 종류와 수량을 명시하고 있다.

풀이 ②는 MRP에 대한 설명이다.

---

126 그림과 같은 BOM을 갖는 제품 X를 200단위 생산하기 위하여 D, E의 필요한 구성품의 수는 각각 몇 단위인가?

① 600, 600
② 600, 1,200
③ 1,200, 1,200
④ 1,200, 1,600

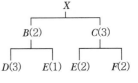

풀이 $D = 200 \times 2 \times 3$, $E = (200 \times 2 \times 1) + (200 \times 3 \times 2)$

---

127 종속수요의 재고분류로 가장 관계가 먼 것은?

① 조립품(Assembly)
② 원자재(Raw Material)
③ 구매부품(Purchasing Part)
④ 최종품(Finished Goods)

풀이 독립수요에서는 최종품이 재고가 될 수 있으나, 종속수요에서는 완성품이 된다.

128 자재소요계획기법인 MRP는 전통적 재고방식인 EOQ 방식과 차이가 있다. 다음 중 MRP와 EOQ 방식에 관한 설명으로 옳지 않은 것은?

① MRP 방식의 수요형태는 균일적이지만, EOQ 방식은 단속적이다.
② MRP 방식의 발주사고는 소요개념이지만, EOQ 방식은 보충개념이다.
③ MRP 방식에서 수요예측은 주일정계획에 의존하지만, EOQ 방식은 과거의 자료에 의존한다.
④ MRP 방식에서 발주량은 순소요량으로 임의적이지만, EOQ 방식에서 발주량은 경제적 주문량으로 일괄적이다.

풀이 ① MRP 방식의 수요형태는 불균일적(종속수요)이지만, EOQ 방식은 연속적(독립수요)이다.

129 적시생산시스템(JIT)에 관한 설명으로 틀린 것은?

① 생산의 평준화로 작업부하량이 균일해진다.
② 생산준비시간의 단축으로 리드타임이 단축된다.
③ 간판(Kanban)이라는 부품인출시스템을 사용한다.
④ 입력정보로 재고대장, 주일정계획, 자재명세서가 요구된다.

풀이 ④는 MRP 시스템의 입력자료에 대한 내용이다.

130 적시생산시스템(JIT)의 특징 중 틀린 것은?

① 소수인화(少數人化)로 탄력적 인력운영이 가능하다.
② 시스템의 성격은 사전 계획대로 추진하는 정방향의 Push System이다.
③ 설비배치의 전환과 다기능제도로 작업의 유연성과 제품의 다양성이 가능하다.
④ 납품업자는 사내 생산팀의 한 공정으로 간주되어 JIT 원리가 그대로 적용된다.

풀이 ② 시스템의 성격은 사후 계획대로 추진하는 역방향의 Pull System이다.

131 다음 중 JIT 생산방식의 특징을 표현한 것으로 틀린 것은?

① 생산준비시간의 최소화 추구
② 필요한 양만큼 제조 및 구매
③ U자형·Cell형 배치
④ 고정적인 직무 할당

풀이 고정적인 직무 할당이 아니라 다기능공 작업을 추구한다.

132 로트크기(Lot Size)를 결정하는 방법 중 대응발주(Lot for Lot ; LFL)법의 특징이 아닌 것은?

① 순소요량만큼 발주한다.
② 명시된 고정량을 주문한다.
③ 고가품목이나 생산준비비용이 적은 품목에 적합하다.
④ 주문횟수가 많아 주문비용과 생산준비비용이 많이 든다.

풀이 대응발주(Lot for Lot ; LFL)법
자재의 필요량에 대응하여 발주하는 방식이므로 명시된 고정량을 주문하는 것이 아니라 필요에 따른 순소요량만큼 발주하게 된다.

133 JIT 시스템과 MRP 시스템의 비교 중 틀린 것은?

내용 ＼ 시스템	JIT 시스템	MRP 시스템
관리목표	계획과 통제	낭비 제거
관리도구	간판	컴퓨터
재고관리	제로 지향	조달기간 중 소요재고
생산방식	Pull	Push

① 관리목표　　　　② 관리도구

③ 재고관리　　　　④ 생산방식

풀이

내용 ＼ 시스템	JIT 시스템	MRP 시스템
관리목표	낭비 제거	계획과 통제
관리도구	간판	컴퓨터
재고관리	제로 지향	조달기간 중 소요재고
생산방식	Pull	Push

134 다음 표에서 MRP와 JIT 시스템의 차이를 잘못 설명한 것은?

내용 ＼ 시스템	MRP	JIT
자재의 흐름방식	Push System	Pull System
관리도구	컴퓨터 처리	눈으로 보는 관리
주 적용 분야	비반복 생산	반복 생산
재고관리	재고 최소화	적정 재고 확보

① 자재의 흐름방식　　② 관리도구

③ 주 적용 분야　　　　④ 재고관리

풀이

내용 ＼ 시스템	MRP	JIT
자재의 흐름방식	Push System	Pull System
관리도구	컴퓨터 처리	눈으로 보는 관리
주 적용 분야	비반복 생산	반복 생산
재고관리	적정 재고 확보	재고 최소화

135 회사 A의 2017년 연초재고액은 0.8억 원, 연말재고액은 1.2억 원이고 매출원가는 5억 원이다. 이때 재고회전율은 얼마인가?

① 0.2회/년　　　　② 1회/년

③ 5회/년　　　　　④ 10회/년

풀이 재고회전율은 연간 매출원가(5억)를 연간 평균총괄재고액 $\left(\dfrac{0.8억 + 1.2억}{2} = 1.0억\ 원\right)$ 으로 나누면 5회/년이 된다.

일정관리(계획)

00산업 ★★○

01 다음은 무엇을 설명하는 것인가?

> "생산계획 배치 내지 제조명령을 구체화하는 과정이다. 가공이나 조립에 필요한 자재가 적기에 조달되고, 이러한 부품들이 생산이 지정된 시간까지 완성될 수 있도록 작업, 기계들을 시간적으로 배정하고 일시를 선정하여 생산일정을 계획하는 것이다."

① 공정계획 ② 공수계획
③ 일정계획 ④ 진도계획

풀이 일정계획(Scheduling & Control)에 대한 설명이다.

17산업 ★★○

02 부분품 가공이나 제품조립이 지정된 시간까지 완성될 수 있도록 기계 내지 작업을 시간으로 배정하고, 작업의 개시와 완료일시를 결정하여 구체적인 생산일정을 계획하는 것은?

① 공수계획 ② 공정계획
③ 일정계획 ④ 작업계획

풀이 01번 풀이 참조

19산업 ★★○

03 생산활동의 원활한 수행, 자원의 유용, 시설의 합리적 할당이 시간적 관점에서 이루어진 생산계획은?

① 설비계획 ② 자재계획
③ 일정계획 ④ 진도계획

풀이 01번 풀이 참조

19산업 ★★○

04 프로젝트의 규모가 큰 경우, 생산계획 및 통제의 일정계획 수립에 가장 적합하게 이용될 수 있는 기법은?

① 라인 밸런싱
② 간트차트
③ 동적 계획법
④ PERT/CPM

풀이 동적 계획법(動的計劃法, Dynamic Programming)
복잡한 문제를 간단한 여러 개의 문제로 나누어 푸는 방법을 말한다. 이것은 부분 문제 반복과 최적 부분 구조를 가지고 있는 알고리즘을 일반적인 방법에 비해 더욱 적은 시간 내에 풀 때 사용한다.

20산업 ★★○

05 단속공정의 일정계획은 일반적으로 3단계를 거친다. 3단계의 순서로 맞는 것은?

① 부하할당 – 작업순서의 결정 – 상세일정계획
② 부하할당 – 상세일정계획 – 작업순서의 결정
③ 상세일정계획 – 부하할당 – 작업순서의 결정
④ 상세일정계획 – 작업순서의 결정 – 부하할당

풀이 단속공정의 일정계획 3단계
부하할당 – 작업순서의 결정 – 상세일정계획

12산업 ★★○

06 일정계획안을 평가하는 기준으로 가장 거리가 먼 것은?

① 납기지연정도
② 평균재고
③ 이용률
④ 단순작업시간

풀이 일정계획안을 평가하는 기준과서 가장 거리가 먼 것은 단순작업시간이다.

정답 **01** ③ **02** ③ **03** ③ **04** ③ **05** ① **06** ④

07 일정계획의 효과를 측정하는 데 사용되는 평가기준으로 보기에 가장 거리가 먼 것은?

① 기계설비의 이용률
② 공정품의 재고유지비용
③ 표준시간의 설정
④ 지연작업의 비율

풀이 ③은 일정계획이 아니라 작업관리와 연관성이 있다.

08 일정계획으로부터 생산의 합리화를 위해 고려할 사항이 아닌 것은?

① 생산활동의 동기화
② 작업의욕의 고취
③ 작업기간의 단축
④ 가공 로트 수의 대형화

풀이 ④ 가공 로트 수는 대형화가 아니라 소형화되어야 된다.

09 작업장의 일정계획 수립의 목적으로 틀린 것은?

① 품질개선
② 납기준수
③ 재공품의 최소화
④ 작업준비시간의 최소화

풀이 ①은 일정계획 수립의 목적과는 거리가 멀다.

10 생산일정계획의 목적으로 틀린 것은?

① 작업흐름의 신속화
② 생산활동의 동기화
③ 생산리드타임의 증대
④ 작업의 안정화와 가동률 향상

풀이 ③ 생산리드타임의 감소를 도모한다.

11 수주로부터 출하까지의 일정계획을 취급하며, 또한 제품의 종류 및 수량에 대한 생산시기(생산개시점으로부터 완료시점)를 결정하는 계획은 무엇인가?

① 소일정계획
② 공정계획
③ 대일정계획
④ 공수계획

풀이 일정계획 중 대일정계획에 대한 설명이다.

12 작업자별 또는 기계별 일정계획이라고 하는 세부일정계획으로서 구체적인 작업을 지시하기 위한 일정계획은?

① 소일정계획
② 중일정계획
③ 대일정계획
④ 총괄일정계획

풀이 일정계획 중 소일정계획에 대한 설명이다.

13 주문의 진척도와 작업장 혹은 설비의 능력을 고려하여 일간 처리할 작업을 배정하여 구체적인 작업일정이 수립되는 활동은?

① 공수계획
② 소일정계획
③ 중일정계획
④ 대일정계획

풀이 일정계획 중 소일정계획에 대한 설명이다.

14 진도조사나 여력조사의 결과에 의거해서 다음 날 또는 다음 주의 작업을 분배하게 되는데 이때 상세한 작업분배를 무엇이라 하는가?

① 작업표
② 소일정계획
③ 중일정계획
④ 대일정계획

풀이 일정계획에는 대일정계획, 중일정계획, 소일정계획이 있으며, 상세한 작업분배는 소일정계획에서 이루어진다.

15 단속생산시스템의 일정계획순서로 가장 올바른 것은?

① 부하할당 → 총괄계획 → 상세일정계획 → 작업
순위결정
② 부하할당 → 총괄계획 → 작업순위결정 → 상세
일정계획
③ 총괄계획 → 상세일정계획 → 부하할당 → 작업
순위결정
④ 총괄계획 → 부하할당 → 작업순위결정 → 상세
일정계획

풀이 일정계획순서는 '총괄계획 → 부하할당 → 작업순위결정 → 상세일정계획'이 된다.

16 일정관리의 주요 목표가 아닌 것은?

① 납기의 이행 및 단축
② 생산 및 조달시간의 최소화
③ 대기 및 유휴시간의 최소화
④ 생산비용의 평준화

풀이 ④ 생산비용의 최소화, 생산일정의 평준화

17 일정계획에서 작업을 개시할 때부터 완료할 때까지 소요되는 표준적인 시간을 무엇이라 하는가?

① 정미시간
② 기준일정
③ 여유시간
④ 기계시간

풀이 기준일정의 결정이란 각 작업을 개시해서 완료될 때까지 소요되는 표준적인 일정, 즉 작업의 생산 기간에 대한 기준을 결정하는 것으로 일정계획의 기초가 된다. 기준일정에는 정체로 인한 정체시간이 포함되는데, 기준일정을 정할 경우에 정체기간을 가급적 단축시켜야 한다.

18 일정계획은 기준일정과 생산일정의 결정으로 나눌 수 있다. 다음 중 기준일정에 대한 설명으로 옳은 것은?

① 각 작업을 개시하여 완료할 때까지 소요되는 표준일정을 말한다.
② 생산일정을 계획하여 기계의 부하량과 작업시간을 배정하는 것을 말한다.
③ 작업의 완급순서와 기계의 부하량 등을 감안하여 작업개시 시기를 결정한다.
④ 일정기간 동안에 어떤 제품을 얼마만큼 생산할 것인가를 정하는 예정계획을 말한다.

풀이 17번 풀이 참조

19 절차계획(Routing) 또는 순서계획(Sequencing)에서 고려되는 사항이 아닌 것은?

① 생산에 필요한 작업의 내용 및 방법
② 생산에 필요한 자재의 종류와 수량
③ 각 작업의 실시순서
④ 생산량의 수요예측

풀이 ④는 절차계획 또는 순서계획과 관련이 없다.

20 단기간 일정계획법(Short Interval Scheduling)의 특징으로 가장 거리가 먼 것은?

① 한 작업장의 일은 한 작업자에게 맡긴다.
② 짧은 시간을 기준으로 작업량을 책정하여 목표관리가 이루어지게 한다.
③ 모든 작업부하는 사후에 작성한다.
④ 결과의 평가를 규칙적으로 실시한다.

풀이 ③ 모든 작업부하는 사전에 작성한다.

21 다음의 일정기준 종류 중 작업요소로서 각 공정에 대한 일정기준을 결정하는 기준일정은?

① 개별공정 일정의 기준
② 부품작업 일정의 기준
③ 조립작업 일정의 기준
④ 준비작업 일정의 기준

풀이 작업요소로서 각 공정에 대한 것은 개별공정 일정의 기준에 대한 내용이 된다.

22 일정계획의 궁극적인 목적으로 맞는 것은?

① 가장 이상적인 작업 환경을 확보하는 데 있다.
② 고객의 요구를 파악하여 생산에 최대한 반영하는 데 있다.
③ 생산량을 결정하기 위한 최적의 수요량을 파악하는 데 있다.
④ 생산목표를 달성할 수 있도록 자원을 최적으로 활용하는 데 있다.

풀이 일정계획이란 생산계획 또는 제조명령을 구체화하는 과정으로 부분품 가공이나 제품조립에 필요한 자재가 적기에 조달되고 이들의 생산이 지정된 시간까지 완성될 수 있도록 기계 내지 작업을 시간적으로 배정하고, 일시를 결정하여 생산일정을 계획 관리하는 것이다.

23 일정계획의 효과를 측정하는 데 사용되는 평가기준과 가장 거리가 먼 것은?

① 작업 진행시간(Flow Time)의 최소화
② 재공작업 또는 재공품의 최소화
③ 정미시간 또는 표준시간의 설정
④ 납기이행

풀이 ③은 작업관리 분야에 속한다.

24 일정계획의 주요기능이 아닌 것은?

① 작업할당
② 작업설계
③ 작업 우선순위 결정
④ 부하 결정

풀이 ②는 일정계획(관리)이 아니라 작업관리에 포함된다.

25 작업을 수행할 때의 순서와 방법, 각 작업의 표준시간 및 각 작업이 이루어져야 할 장소를 결정하고 배정하는 것은?

① 절차계획   ② 공수계획
③ 일정계획   ④ 자재계획

풀이 절차계획에 대한 설명이다.

26 일정계획에 따라 작업순서를 정하여 명령 또는 지시하는 것으로 실제의 생산활동을 집행하는 역할을 하는 것은 무엇인가?

① 공수계획   ② 여력계획
③ 라인편성   ④ 작업배정

풀이 작업배정에 대한 설명이다.

27 절차계획에서 결정된 공정절차표와 일정계획에서 수립된 일정표에 따라서 계획과 실제의 생산활동을 연결시키고, 실제의 생산활동을 개시하도록 허가하는 것은?

① 능력계획   ② 여력관리
③ 일정계획   ④ 작업배정

풀이 작업배정에 대한 설명이다.

28 일정계획의 주요통제기능으로 일정계획에 따라 작업이 순조롭게 진행되는가를 체크하는 것은 무엇인가?

① 진도관리　　　　② 일정계획
③ 공수관리　　　　④ 라인편성

풀이 진도관리란 기업이 생산활동의 진행 정도를 계획하고 통제하는 일로서 진도관리의 전제가 되는 것은 공정별 일정계획이다. 작업통제판이나 진도통제표와 같은 용구를 사용하여 일정 기간마다 계획과 실적을 대비하고 진도의 상황을 파악한다.

29 작업배정에 의해서 현재 진행 중인 작업에 대해서, 즉 처음의 작업으로부터 시작해서 완성되기까지의 진도 상황이나 과정을 수량적으로 관리하는 것은?

① 진도관리　　　　② 여력관리
③ 일정관리　　　　④ 자재관리

풀이 28번 풀이 참조

30 현장감독자에게 해당 품목을 어떤 작업방법으로 언제까지 생산할 것인가 등의 작업명령에 관한 정보를 나타내는 것은 무엇인가?

① 작업지시서　　　② 기술개발서
③ 생산계획서　　　④ 부적합보고서

풀이 작업지시서에 대한 설명이다.

31 생산팀에 작업명령을 내릴 때 사용되는 것으로 생산품목, 생산수량, 생산시간 등이 포함된 시트는?

① 품질계획서　　　② 체크리스트
③ 원료배합표　　　④ 작업지시서

풀이 작업지시서에 대한 설명이다.

32 긴급주문이나 지연작업에 대하여 작업의 완료시점을 조정하기 위해 작업의 진도를 촉진시키는 것을 무엇이라 하는가?

① 작업배정　　　　② 여력관리
③ 수요예측　　　　④ 작업독촉

풀이 작업독촉에 대한 설명이다.

공수계획

33 생산계획량을 완성하는 데 필요한 인원이나 기계의 부하를 결정하고 이를 인원 및 기계의 능력과 비교하여 조정하는 계획은?

① 생산일정계획　　② 능력소요계획
③ 최종일정계획　　④ 자재소요계획

풀이 능력소요계획(공수계획)에 대한 설명이다.

34 2대의 선반을 1개월에 25일 동안 하루에 8시간씩 가동률 0.9로 가동하였다. 선반의 월 기계능력은 몇 시간인가?

① 188시간　　　　② 222시간
③ 360시간　　　　④ 444시간

풀이 월 기계능력 $= 2 \times 25 \times 8 \times 0.9 = 360$(시간)

35 통제단계에서 실제의 능력과 부하를 조사하여 양자가 균형을 이루도록 조정하는 것은?

① 일정관리　　　　② 자재관리
③ 여력관리　　　　④ 절차관리

풀이 여력관리에 대한 설명이다.

36 1일 실제가동시간은 8시간이며, 1개월간 실제가동일 수가 25일인 동종의 기계는 4대이다. 실제 1개월간 작업할 부하량이 720시간이라면 여력은 약 몇 %인가?

① 5% ② 10%

③ 15% ④ 20%

풀이 여력 $= \dfrac{\text{능력} - \text{부하}}{\text{능력}} \times 100$

$= \dfrac{(4 \times 8 \times 25) - 720}{(4 \times 8 \times 25)} \times 100 = 10.0(\%)$

37 학습효과(Learning Effect)에 관한 설명으로 틀린 것은?

① 작업을 반복함에 따라 공수가 감소되는 현상을 말한다.

② 학습률이 낮을수록 학습곡선은 완만하며 학습효과도 낮다.

③ 새로운 작업의 시초에는 학습효과가 높고, 시간이 지남에 따라 점차 줄어든다.

④ 생산량이 누적되어 증가함에 따라 작업소요시간은 지수함수로 감소된다.

풀이 ② 학습률이 낮을수록 학습곡선은 급하며 학습효과도 높다. 즉, 작업시간이 짧게 걸린다.

38 90% 학습곡선을 적용할 수 있는 기계가공 제품회사에서 200개의 제품을 생산하고자 한다. 최초의 제품을 생산하는 데 10시간이 소요된다면 200번째 제품의 생산소요시간은 약 얼마인가?

① 4.5시간 ② 6.2시간

③ 9.4시간 ④ 10.5시간

풀이 $Y = A \times X^B$

$2^B = 0.90$에서 양변에 log를 취하면

$B = \dfrac{\log 0.90}{\log 2} = -0.152$

$Y_{200} = 10 \times 200^{-0.152} = 4.47(\text{시간})$

39 학습률이 80%, 첫 단위작업에 소요되는 시간이 150시간일 때, 15번째 단위시간은 약 얼마인가?

① 62.7 ② 65.4

③ 68.7 ④ 70.4

풀이 $Y = AX^B$에서 $Y_{15} = 150 \times 15^{-0.322} = 62.718$

(단, $2^B = 0.8$)

작업순서 결정

40 n개의 작업을 1대의 기계에서 처리하고자 한다. 최대 납기지연을 최소화하고자 한다면 어떤 우선순위규칙을 사용하여야 하는가?

① 최소납기일규칙

② 최소여유시간규칙

③ 긴급률규칙

④ 최단처리시간규칙

풀이 최대납기지연을 최소화하고자 한다면 최소납기일(EDD)을 사용하면 된다.

41 작업을 완료하기까지의 작업시간이 가장 짧은 것부터 우선적으로 작업을 배치하는 방법은?

① Johnson의 규칙

② 선착순우선규칙

③ 최소작업시간규칙

④ 최소여유시간규칙

풀이 작업시간이 가장 짧은 작업을 우선적으로 하는 방법을 최소작업시간법 SOT(Shortest Processing Time)라 한다.

42 여러 개의 작업을 1대의 기계에서 처리하고자 한다. 납기지연을 최소화하고자 한다면 어떤 작업순위방법을 사용하여야 하는가?

① 긴급률법(CR ; Critical Ratio)
② 납기우선법(EDD ; Earliest Due Data)
③ 최단처리시간법(SPT ; Short Processing Time)
④ 최장처리시간법(LPT ; Longest Processing Time)

풀이 최소납기법 EDD(Earliest Due Date)는 납기일이 빠른 순서대로 작업을 하므로 납기지연이 가장 작다.

43 작업의 우선순위 결정방법 중 단일설비에서 납기예정일이 없는 경우 평균작업 흐름시간을 최소화시키는 것은?

① 긴급률법(Critical Ratio)
② 여유시간법(Slack)
③ 최단처리시간법(Short Processing Time)
④ 최장처리시간법(Longest Processing Time)

풀이 최단처리시간법 SPT(Shortest Processing Time)를 사용하면 평균작업 흐름시간이 최소화된다.

44 작업우선순위규칙(Priority Rule)에 대한 설명으로 틀린 것은?

① 여유시간법은 여유시간이 큰 순서대로 처리하는 방법이다.
② 긴급률법(Critical Ratio)은 긴급률이 적은 작업부터 먼저 처리하는 방법이다.
③ 납기우선법(Earliest Due Date)은 납기예정일이 가장 빠른 작업부터 처리하는 방법이다.
④ 최장처리시간법(Longest Processing Time)은 작업시간이 가장 긴 시간을 갖는 작업부터 처리하는 방법이다.

풀이 ① 여유시간법은 여유시간이 작은 순서대로 처리하는 방법이다.

45 A공정에서는 2대의 기계에 의해 N개의 제품이 동일 순서로 통과하면서 처리될 경우, 총 작업시간을 최소화하는 법칙으로 가장 적합한 법칙은?

① 파레토법
② 다구찌법
③ 존슨법칙
④ 간트법칙

풀이 존슨법칙에 대한 설명이다. 3대 이상의 기계로 움직이게 되는 경우 존슨의 법칙을 변형한 Petrobo 법칙이 있다.

46 3개의 작업(Ⅰ, Ⅱ, Ⅲ)은 모두 기계 A를 먼저 거친 다음에 기계 B를 거친다. 존슨의 규칙에 의한 작업순서는?

작업	기계 A	기계 B
Ⅰ	3시간	2시간
Ⅱ	7시간	5시간
Ⅲ	4시간	6시간

① Ⅰ → Ⅱ → Ⅲ
② Ⅰ → Ⅲ → Ⅱ
③ Ⅱ → Ⅲ → Ⅰ
④ Ⅲ → Ⅱ → Ⅰ

풀이 존슨법칙(Johnson's Rule)
• 가장 작은 작업시간을 구한다.
• 시간치가 기계 A이면 앞 작업에 배치, 기계 B이면 뒤 작업에 배치한다.
• 가공순서 : Ⅲ → Ⅱ → Ⅰ

47 A, B, C, D 4개의 작업은 모두 공정 1을 먼저 거친 다음에 공정 2를 거친다. 최종작업이 공정 2에서 완료되는 시간을 최소화되도록 하기 위해서는 작업순서를 어떻게 결정해야 하는가?

[공정시간]

작업	공정 1	공정 2
A	5	6
B	8	7
C	6	10
D	9	1

① C-A-B-D 　　② A-C-B-D
③ D-A-B-C 　　④ A-D-B-C

풀이 존슨법칙(Johnson's Rule)
- 첫째, 가장 적은 작업시간을 구한다.
- 둘째, 시간치가 공정 1이면 앞 작업에 배치, 공정 2이면 뒷 작업에 배치한다.
∴ 가공순서 : A-C-B-D

20산업 ●●○

48 4가지 부품을 1대의 기계에서 가공하고자 한다. 가공시간과 납기일은 다음과 같이 주어져 있다. 평균처리시간을 최소화하는 최단작업시간규칙을 사용할 때 작업순서로 맞는 것은?

부품	가공시간(일)	납기일
A	7	20
B	4	10
C	2	8
D	12	13

① A→D→B→C　　② B→A→D→C
③ C→B→A→D　　④ D→C→B→A

풀이 작업시간과 가공시간은 같은 의미이므로 최단작업시간규칙으로의 작업순서는 ③이 된다.

00, 07, 10, 12, 13산업 ●●●

49 4가지 부품을 1대의 기계에서 가공하고자 한다. 가공시간 및 납기일은 아래와 같이 주어져 있다. 평균처리시간을 최소화하는 최단작업시간규칙을 사용할 경우의 평균처리시간을 구하면?

부품	가공시간(일)	납기일
A	7	20
B	4	10
C	2	8
D	10	13

① 10일　　② 11일
③ 12일　　④ 13일

풀이 최단작업시간 순으로 가공을 하면,

작업순서	C	B	A	D	$\overline{T}=11$
흐름시간	2	6	13	23	

20산업 ●●○

50 최소작업시간(SPT) 우선순위규칙에 의해 작업 A, B, C, D를 수행하고자 할 때 평균완료시간은?

[단위 : 시간]

작업	작업시간	납기시간
A	6	8
B	2	6
C	3	5
D	8	10

① 6.25　　② 7.25
③ 8.25　　④ 9.25

풀이 최소작업시간(SPT) 우선순위규칙

작업순서	B	C	A	D
완료시간	2	5	11	19

$$\therefore \overline{T}=\frac{2+5+11+19}{4}=9.25$$

13산업 ●●○

51 어떤 작업장에서 처리될 4개의 작업에 대한 작업시간과 납기일이 표와 같을 때, 최단처리시간규칙을 사용하면 총 납기지연일수는 며칠인가?(단, 오늘은 3월 1일 아침이다.)

작업	처리시간(일)	납기일
A	6	3월 10일
B	7	3월 12일
C	5	3월 7일
D	9	3월 20일

① 3.5일　　② 7일
③ 12일　　④ 14일

풀이 최단처리시간법으로 작업순서를 배치하면,

작업순서	C	A	B	D	
처리시간	5	6	7	9	
지연시간	0	1	6	7	$\sum t_i = 14$

10, 12, 14, 15산업 ❂❂❂

52 어느 작업장에서 처리될 4개의 작업에 대한 작업시간과 납기일이 아래 표와 같을 때, 최단처리시간규칙을 사용하면 평균납기지연일은?

작업	처리시간(일)	납기일
A	5	8
B	6	10
C	4	4
D	8	19

① 2.0일   ② 2.5일
③ 3.0일   ④ 3.5일

풀이

작업순서	C	A	B	D	
처리시간	4	9	15	23	$\overline{T} = \dfrac{0+1+5+4}{4} = 2.5$
지연시간	0	1	5	4	

15산업 ❂❂○

53 최단처리시간규칙을 사용할 경우 평균작업완료시간은?

작업	처리시간(일)	납기일
A	2	4
B	5	6
C	8	10
D	10	20

① 6.25일   ② 8일
③ 12.25일   ④ 25일

풀이

작업순서	처리시간(일)	완료시간(일)
A	2	2
B	5	7
C	8	15
D	10	25

$$\therefore \text{평균작업완료시간} = \frac{2+7+15+25}{4} = 12.25(\text{일})$$

14산업 ❂❂○

54 4개의 주문작업을 1대의 기계에서 처리하고자 한다. 최소납기일규칙에 의해 작업순서를 결정할 경우 4개 작업의 평균흐름시간은?

작업	처리시간(일)	납기일
A	6	13
B	9	11
C	8	17
D	12	19

① 20.5일   ② 21.5일
③ 22.5일   ④ 23.5일

풀이 최소납기일 순으로 가공을 하면,

작업순서	B	A	C	D	
흐름시간	9	9+6	9+6+8	9+6+8+12	$\overline{T} = \dfrac{82}{4}$ $= 20.5$

07, 15산업 ❂❂❂

55 다음 표와 같은 단일 설비 일정계획에서 최소여유시간(MST)에 의한 작업순위로 옳은 것은?

작업번호	작업일수(t_i)	납기일(d_i)
J_1	5	8
J_2	11	15
J_3	2	10
J_4	9	18

① $J_1 \rightarrow J_2 \rightarrow J_3 \rightarrow J_4$ ② $J_1 \rightarrow J_3 \rightarrow J_2 \rightarrow J_4$
③ $J_4 \rightarrow J_1 \rightarrow J_2 \rightarrow J_3$ ④ $J_4 \rightarrow J_3 \rightarrow J_1 \rightarrow J_2$

풀이

작업번호	작업일수(t_i)	납기일(d_i)	여유시간
J_1	5	8	3
J_2	11	15	4
J_3	2	10	8
J_4	9	18	9

$$\therefore J_1(3) \rightarrow J_2(4) \rightarrow J_3(8) \rightarrow J_4(9)$$

56 4가지 주문작업을 1대의 기계에서 처리하고자 한다. 납기일까지 남은 시간과 잔여(처리)시간은 다음 표와 같이 주어져 있다. 최소여유시간규칙에 의해 작업순서를 결정할 때 주문작업의 가공순서로 올바른 것은?

주문작업	납기일까지 남은 시간	잔여처리시간
A	20	12
B	18	14
C	24	18
D	19	10

① B－D－A－C
② C－B－A－D
③ D－A－B－C
④ B－C－A－D

풀이 여유시간=납기일－작업일수로 구한다.

제품	A	B	C	D
여유시간	8	4	6	9
작업순서	3	1	2	4

57 4가지 주문 작업을 1대의 기계에서 처리하고자 한다. 가공시간과 각 작업의 납기는 아래 표와 같이 주어져 있다. 최소여유시간법을 사용할 경우의 최대납기지연일은 며칠인가?(단, 오늘은 1일 아침이다.)

작업	가공시간(일)	납기(일)
A	6	15
B	8	18
C	4	10
D	7	21

① 3일
② 4일
③ 6일
④ 7일

풀이

작업	가공시간(일)	납기(일)	여유시간
A	6	15	9
B	8	18	10
C	4	10	6
D	7	21	14

최소여유시간법에 따라 C－A－B－D순으로 작업을 행하고, 납기지연일은 다음과 같다.

작업	가공시간(일)	납기(일)	지연일
C	4	10	0
A	6	15	0
B	8	18	0
D	7	21	4

58 작업장에서 대기하고 있는 작업의 처리 순서를 결정하는 작업의 우선순위 결정규칙 중 긴급률법(Critical Ratio Technique)이 많이 사용된다. 긴급률법에서 긴급률을 구하는 식으로 옳은 것은?

① $\dfrac{\text{납기일까지 남은 시간}}{\text{잔여처리시간}}$

② $\dfrac{\text{납기일까지 남은 시간}-\text{잔여처리시간}}{\text{잔여처리시간}}$

③ $\dfrac{\text{납기일까지 남은 시간}}{\text{잔여작업의수}}$

④ $\dfrac{\text{납기일까지 남은 시간}-\text{잔여처리시간}}{\text{잔여작업의 수}}$

풀이 긴급률 $CR=\dfrac{\text{잔여납기일수}}{\text{잔여작업일수}}$ 가 가장 작은 작업부터 우선적으로 작업을 행한다.

59 긴급률(Critical Ratio)법에서 다른 작업에 비해 긴급히 촉진되어야 하는 작업은 어떤 작업인가?

① 긴급률이 1인 작업
② 긴급률이 1보다 작은 작업
③ 긴급률이 1보다 큰 작업
④ 처음으로 긴급률이 계산되는 작업

풀이 $CR=\dfrac{\text{잔여납기일수}}{\text{잔여직업일수}}$, $CR<1$이면 빨리, $CR>1$이면 늦게 작업한다.

정답 56 ④ 57 ② 58 ① 59 ②

60 긴급률(CR ; Critical Ratio)법에 대한 설명으로 틀린 것은?

① 동적인 방법에 속한다.
② 한 작업장의 다수 작업에 적용한다.
③ 주문생산시스템에서 작업 진행상황을 파악하는 지수를 사용한다.
④ 긴급률(CR)이 1보다 클 때는 작업 여유가 없음을 의미한다.

(풀이) ④ 긴급률(CR)이 1보다 클 때는 작업 여유가 있음을 의미한다.

61 동태적인 순위결합의 규칙으로 사용되는 긴급률(CR)법에서 긴급률이 1보다 작을 경우의 의미로 맞는 것은?

① 여유가 있다.
② 진도가 예정보다 앞서 있다.
③ 진도가 계획대로 되고 있다.
④ 진도가 예정보다 지연되어 있다.

(풀이) 긴급률$\left(CR = \dfrac{\text{잔여납기일수}}{\text{잔여작업일수}}\right)$이 1보다 작다는 것은 잔여작업일수가 부족하다는 의미가 되므로 ④가 정답이 된다.

62 오늘은 생산통제 일정표상에서 12일째이며 4개의 제품 생산일정이 다음 표와 같이 나타나 있다. 긴급률법(Critical Ratio Technique)에 의하여 각 제품의 작업순서를 결정하면?

제품	납기일	잔여작업기간
A	14	4
B	16	4
C	15	2
D	18	9

① A−B−C−D
② B−C−D−A
③ C−A−B−D
④ A−D−B−C

(풀이) $CR = \dfrac{\text{잔여납기일수}}{\text{잔여작업일수}}$로 계산하며, 작은 값부터 먼저 작업을 실시한다.

제품	A	B	C	D
잔여납기	2	4	3	6
잔여작업	4	4	2	9
긴급률	0.5	1.0	1.5	0.6
작업순서	1	3	4	2

63 다음 자료를 이용하여 긴급률법에 의한 작업순서를 바르게 나열한 것은?

작업	작업소요시간	잔여납기시간	여유시간
A	6	8	2
B	3	5	2
C	5	11	6
D	2	4	2

① A−B−D−C
② A−C−B−D
③ C−A−B−D
④ C−D−B−A

(풀이) $CR = \dfrac{\text{잔여납기일수}}{\text{잔여작업일수}}$로 계산하며, 작은 값부터 먼저 작업을 실시한다.

제품	A	B	C	D
잔여납기	8	5	11	4
잔여작업	6	3	5	2
긴급률	1.33	1.67	2.2	2.0
작업순서	1	2	4	3

그러므로 작업순서는 A−B−D−C가 된다.

64 제품 A, B, C, D의 재고와 수요 자료가 다음과 같다. 소진기간법을 이용하여 일정계획을 수립할 때 가장 먼저 생산해야 하는 제품은?

제품	현 재고	주당 수요	경제적 로트크기	주당 생산률
A	3,000	500	3,000	1,500
B	4,500	500	6,000	3,000
C	7,500	500	5,000	5,000
D	9,000	1,000	5,000	5,000

① A
② B
③ C
④ D

풀이 소진기간법이란 재고량의 소진기간이 가장 짧은 순서대로 생산을 우선적으로 시행하는 방법으로, 현 재고/주당 수요로 계산한다.

$$A : \frac{3,000}{500} = 6, \ B : \frac{4,500}{500} = 9,$$

$$C : \frac{7,500}{500} = 15, \ D : \frac{9,000}{1,000} = 9$$

Gantt Chart

65 작업활동을 시간적 측면에서 도표에 의해 관리하는 방법으로 일명 바차트라고도 하고, 계획과 실제의 시간적인 관계를 요약하여 나타내는 일정분석 도표는?

① 간트차트
② 사이모 차트
③ 사이클 그래프
④ 크로노사이클 그래프

풀이 간트차트(Gantt Chart)에 대한 설명이다. 생산 또는 작업계획과 실제의 작업량을 작업일정이나 시간을 작업표시판에 가로막대선으로 표시하는 전통적인 일정관리기법으로 계획과 통제기능을 동시에 수행하게 된다.

66 다음 중 일정관리 기법인 간트도표의 특징이 아닌 것은?

① 계획변경에 대하여 적응하기가 어렵다.
② 복잡하고 세밀한 일정계획 수립이 용이하다.
③ 사전예측 및 정확한 진도관리가 곤란하다.
④ 일정을 중점적으로 관리하기가 곤란하다.

풀이 ②는 PERT/CPM의 특징에 해당된다.

67 다음 중 간트도표(Gantt Chart)의 장점이 아닌 것은?

① 작업의 성과를 작업장별로 파악할 수 있다.
② 시각에 의한 관리로 개괄적 파악이 용이하다.
③ 문제점을 파악하여 사전에 중점관리할 수 있다.
④ 계획의 결과를 명확하게 계속적으로 파악할 수 있다.

풀이 문제점을 파악하여 사전에 중점관리할 수 있는 것은 PERT/CPM이다.

68 간트차트에 대한 설명으로 틀린 것은?

① 사용이 간편하고 비용이 적게 든다.
② 작업의 성과를 작업장별로 파악할 수 있다.
③ 계획과 결과를 명확하게 파악할 수 있다.
④ 작업활동 상호 간에 유기적인 관련성을 파악하기 쉽다.

풀이 ④ 작업활동 상호 간에 유기적인 관련성을 파악하기 쉽지 않다.

69 다음 중 간트차트의 단점에 해당되지 않는 것은?

① 일정계획 변경에 탄력성이 적다.
② 예측이 어렵고 정확한 진도관리가 어렵다.
③ 작업의 성과를 작업장별로 파악할 수 없다.
④ 문제점을 파악하여 사전에 중점 관리할 수 없다.

풀이 ③ 작업의 성과를 작업장별로 파악할 수 있다.

PERT/CPM

14기사 ⭐⭐○

70 ( ) 안에 알맞은 단어를 순서대로 나열한 것은?

> PERT는 미국 NASA에서 ( )을/를 위주로 개발한 반면, CPM은 미국 Dupont사에서 ( )을/를 위주로 개발한 프로젝트 일정관리기법이다.

① Cost, Time
② Time, Cost
③ Cost, Service
④ Time, Service

풀이 PERT는 미국 NASA에서 (Time)을 위주로 개발한 반면, CPM은 미국 Dupont사에서 (Cost)를 위주로 개발한 프로젝트 일정관리기법이다.

19산업 ⭐⭐○

71 PERT/CPM에 대한 설명으로 틀린 것은?

① PERT에서는 비용에만 관심을 둔다.
② PERT에서는 각 활동시간을 확률변수로 간주한다.
③ PERT에서는 주공정을 수행하는 데 소요되는 시간을 정규분포로 간주한다.
④ CPM에서 프로젝트 완료시간을 단축하기 위해서는 주공정상에 있는 활동을 택하여 단축하여야 한다.

풀이 ① PERT/CPM은 공정과 비용 모두에 관심을 두고 있다.

13기사 ⭐⭐○

72 다음 중 PERT/CPM이 사용되고 있는 가장 큰 이유는?

① 수율을 향상하기 위해
② 가동률을 향상하기 위해
③ 전력 등 원단위를 절감하기 위해
④ 시간, 인원, 비용을 최소화하기 위해

풀이 PERT/CPM은 최적 계획안의 선택이 가능하며 자원배분에 있어서 효과를 미리 예측할 수 있어 한정된 자원을 효율적으로 사용할 수 있다(시간, 인원, 비용의 최소화가 가능).

08, 12산업 ⭐⭐○

73 다음 중 PERT/CPM 운용에 따른 특징이 아닌 것은?

① 지연작업의 합리적 만회 가능
② 진도관리의 정확화
③ 불필요한 야간작업 배제
④ 사전예측 및 사전배치 불가

풀이 ④ 사전예측 및 사전배치 가능

18산업 ⭐⭐○

74 프로젝트 일정관리(PERT/CPM)를 위한 계획공정표(Network) 표시상의 일반원칙이 아닌 것은?

① 우회곡선을 사용하지 말 것
② 활동을 가능한 한 많이 하지 말 것
③ 무의미한 명목상 활동이 없도록 할 것
④ 가능하면 활동 상호 간의 교차를 피할 것

풀이 ② 가능한 한 활동은 모두 포함시켜야 한다.

12, 18산업 ⭐⭐○

75 일정계획에서 사용되는 PERT/CPM 기법의 장점으로 옳지 않은 것은?

① 자원의 효율적인 배분을 가능하게 한다.
② 프로젝트의 기간과 비용을 예측할 수 있다.
③ 중요한 공정활동이 아닌 경미한 공정활동을 중점관리 한다.
④ 활동의 선·후 관계를 명확히 하며 프로젝트의 일정을 체계적으로 결정할 수 있다.

풀이 ③ 경미한 공정활동의 경우에는 중점관리가 불필요하고 중요한 공정활동에 PERT/CPM 기법이 유용하게 사용된다.

07산업 ⭐⭐○

76 PERT/CPM에서의 주공정을 가장 올바르게 설명한 것은?

① 전체 작업시간의 단축을 최적으로 추구하여야 할 공정
② 예상소요시간이 가장 짧은 공정

③ 비용이 가장 많이 드는 공정
④ 가장 중요한 공정

풀이 주공정이란 네트워크에서 시간이 가장 오래 걸리는 공정으로서 전체 작업시간의 단축을 최적으로 추구하여야 할 공정을 말한다.

16산업 ✪✪○

77 PERT/CPM에서 주공정(Critical Path)이란?

① 여유시간이 제일 긴 공정
② 예상소요시간이 제일 짧은 공정
③ 여유시간의 합계가 제일 긴 공정
④ 예상소요시간의 합계가 제일 긴 공정

풀이 76번 풀이 참조

10산업 ✪✪○

78 PERT/CPM에서의 주공정에 관한 설명으로 옳은 것은?

① 가장 중요한 공정
② 비용이 가장 많이 드는 공정
③ 예상소요시간이 가장 짧은 공정
④ 여유시간의 값이 최소가 되는 단계를 연결한 공정

풀이 주공정(Critical Path)이란 가장 작업이 긴 공정으로 여유시간이 0이 되는 공정을 의미한다.

20산업, 12기사 ✪✪○

79 주공정선(Critical Path)에 대한 설명으로 가장 올바른 것은?

① 주공정선은 2개 이상 존재할 수도 있고 존재하지 않을 수도 있다.
② 공정 단축 시에는 주공정선상의 작업이 고려되어야 한다.
③ 주공정선은 개시점부터 종료점까지의 최단시일 경로이다.
④ 주공정선상의 작업 중에도 여유시간이 0 보다 큰 경우가 존재한다.

풀이 ① 주공정선은 최소 1개 이상 존재한다.
③ 주공정선은 개시점부터 종료점까지의 최장시일 경로이다.
④ 주공정선상의 작업 중에는 여유시간이 0이다.

13산업 ✪✪○

80 다음 Network상의 주공정은?

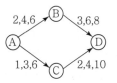

① Ⓐ-Ⓑ-Ⓓ
② Ⓐ-Ⓒ-Ⓓ
③ Ⓐ-Ⓑ-Ⓒ-Ⓓ
④ Ⓐ-Ⓒ-Ⓑ-Ⓓ

풀이 주공정이란 작업시간이 가장 긴 공정을 의미한다. 이 문제에서 갈 수 있는 공정은 Ⓐ-Ⓑ-Ⓓ 또는 Ⓐ-Ⓒ-Ⓓ 밖에 없으며, 이 두 공정에서 시간이 많이 걸리는 공정은 Ⓐ-Ⓑ-Ⓓ이다.

00, 10기사 ✪✪○

81 PERT/CPM에서 가상활동(Dummy Activity)에 대한 설명으로 틀린 것은?

① 점선 화살표(┄┄>)로 표시한다.
② Network를 작성할 때 반드시 필요하다.
③ 비용과 시간이 소요되지 않는 요소작업이다.
④ 작업의 선후관계를 충족시키기 위하여 사용한다.

풀이 ② Network를 작성할 때 필요에 따라 있을 수도 없을 수도 있다.

11산업 ✪✪○

82 PERT/CPM에서 가상활동(Dummy Activity)이란?

① 1회 경제적 발주량
② 어떤 작업의 시작이나 완성의 시점
③ 어떤 작업의 시작에서 완료에 이르기 위한 활동
④ 어떤 작업에서 시간 및 자원의 소모를 수반하지 않는 활동

풀이 명목상 활동(Dummy Activity)(┄┄>)은 한쪽 방향의 화살표를 점선으로 표시하여 이 활동에는 시간이나 자원의 요소를 포함하지 않으므로 가상활동이라고도 한다.

83 PERT/Time기법에서 TE와 TL의 계산방법에 관한 설명으로 옳은 것은?

① TE와 TL은 모두 가산법으로 계산한다.
② TE와 TL은 모두 감산법으로 계산한다.
③ TL은 전진계산방법이고, TE는 후진계산방법이다.
④ TE는 전진계산방법이고, TL은 후진계산방법이다.

풀이 TE는 가장 빨리 작업을 시작할 수 있는 시간, TL은 가장 늦게 작업을 시작할 수 있는 시간으로 정의되며, TE는 전진계산방법을 사용하고, TL은 후진계산방법을 사용한다.

84 계획공정표(Network)를 작성하려고 한다. 계획공정표에서 쓰이는 화살표(→)가 의미하는 것은?

① 작업을 의미
② 작업개시를 의미
③ 작업완료를 의미
④ 작업결합을 의미

풀이 활동은 과업수행상 시간 및 자원(인원, 물자, 설비 등)이 소요되는 작업이나 활동을 말하며, 표기는 화살표(→)로 나타낸다.

85 예상소요시간 중 가장 빈번히 발생할 확률이 있는 시간치, 즉 분포의 최빈치가 되는 시간치는?

① 정상시간치
② 비관시간치
③ 낙관시간치
④ 평균시간치

풀이 정상시간치(Most Likely Time)에 대한 설명이다.

86 PERT의 각 활동에 있어서 시간추정치에 사용되는 분포는 무엇인가?

① 정규분포
② α분포
③ 확률분포
④ β분포

풀이 $t_e = \dfrac{a+4m+b}{6}$, $\sigma^2 = \left(\dfrac{b-a}{6}\right)^2$

이는 β분포에 의거하여 산출된다.

87 PERT(Program Evaluation and Review Technique)에서 기대시간(Expected Time)을 추정하는 데 사용되는 세 가지 시간에 해당되지 않는 것은?

① 최빈시간
② 최단소요시간
③ 최장소요시간
④ 50분위시간(메디안)

풀이 $t_e = \dfrac{a+4m+b}{6}$

- a 또는 t_0 : 낙관시간치(최단시간)
- m 또는 t_m : 정상시간치(최빈시간)
- b 또는 t_p : 비관시간치(최장시간)

88 PERT기법에서 낙관적 시간치가 a, 정상시간이 m, 비관적 시간이 b로 주어졌을 때, 기대시간의 평균(t_e)과 분산(σ^2)을 구하는 식으로 옳은 것은?

① $t_e = \dfrac{a+m+b}{3}$, $\sigma^2 = \left(\dfrac{b+a}{6}\right)^2$

② $t_e = \dfrac{a+m+b}{3}$, $\sigma^2 = \left(\dfrac{b-a}{6}\right)^2$

③ $t_e = \dfrac{a+4m+b}{6}$, $\sigma^2 = \left(\dfrac{b+a}{6}\right)^2$

④ $t_e = \dfrac{a+4m+b}{6}$, $\sigma^2 = \left(\dfrac{b-a}{6}\right)^2$

풀이
- 기대 시간치 $t_e = \dfrac{t_0+4t_m+t_p}{6} = \dfrac{a+4m+b}{6}$
- 분산치 $\sigma^2 = \left(\dfrac{t_p-t_0}{6}\right)^2 = \left(\dfrac{b-a}{6}\right)^2$

89 다음의 자료에서 '나'의 활동시간의 기대시간은?

활동	a	m	b
가	6	8	10
나	2	6	10
다	10	12	14
라	12	14	16

① 8　　　　② 6
③ 12　　　　④ 14

$t_e = \dfrac{a+4m+b}{6} = \dfrac{2+4\times6+10}{6} = 6$

90 PERT에서 비관시간치 8, 정상(최빈)시간치 5, 낙관시간치가 4로 추정될 때 기대시간치에 대한 분산은 약 얼마인가?(단, 시간단위는 생략한다.)

① 0.25　　　　② 0.44
③ 0.67　　　　④ 1.00

t_e의 분산 $\sigma^2 = \left(\dfrac{b-a}{6}\right)^2 = \left(\dfrac{8-4}{6}\right)^2 = 0.444$

91 PERT에서 어떤 활동의 3점 시간 견적 결과 $(2, 9, 10)$를 얻었다면 이 활동시간의 기대치와 분산은 각각 약 얼마인가?

① 8, 1.33　　　　② 8, 1.78
③ 9, 1.33　　　　④ 9, 8

$t_e = \dfrac{a+4m+b}{6} = \dfrac{2+4\times9+10}{6} = 8$

$\sigma^2 = \left(\dfrac{b-a}{6}\right)^2 = \left(\dfrac{10-2}{6}\right)^2 = 1.778$

92 T_P는 프로젝트의 목표 예정일, T_E는 최종단계의 실제 달성일, $\sum\sigma_{T_E}^2$는 주공정(CP) 활동들의 분산의 합계이다. 프로젝트를 납기 내에 완료할 수 있는 확률을 계산하기 위한 표준정규분포 확률변수를 맞게 표시한 것은?

① $Z = \dfrac{T_P - T_E}{\sum\sigma_{T_E}^2}$　　　② $Z = \dfrac{T_P - T_E}{\sqrt{\sum\sigma_{T_E}^2}}$

③ $Z = \dfrac{(T_E - T_P)^2}{\sum\sigma_{T_E}^2}$　　　④ $Z = T_P + T_E\sqrt{\sum\sigma_{T_E}^2}$

$u_i = \dfrac{x-\mu}{\sigma} = \dfrac{T_P - T_E}{\sqrt{\sum\sigma_{T_E}^2}}$

93 CPM에서 총여유시간(TF)의 계산 공식으로 옳은 것은?(단, EST는 최조개시시간, LST는 최지개시시간, EFT는 최조완료시간, LFT는 최지완료시간이다.)

① TF=LFT − EFT　　　② TF=LFT − EST
③ TF=LST − EFT　　　④ TF=EFT − LST

$TF = LST - EST = LFT - EFT = (T_L)_j - \left[(T_E)_i + D_{ij}\right]$

94 어떤 작업이 그 전체 공사의 최종완료일에 영향을 주지 않고 지연될 수 있는 최대한의 여유시간을 무엇이라고 하는가?

① 총 여유시간(TF)
② 자유여유시간(FF)
③ 독립여유시간(INDF)
④ 간섭여유시간(IF)

총 여유시간(TF)에 대한 설명이다.

95 그림의 네트워크로 표시된 프로젝트에서 활동 B의 가장 빠른 착수시간(Earliest Start Time)과 가장 늦은 착수시간(Latest Start Time)은 얼마인가?

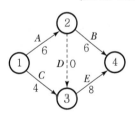

① (6, 6)　　　　② (6, 8)
③ (4, 8)　　　　④ (4, 10)

풀이

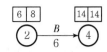

- $EST = TE_i = 6$
- $LST = TL_j - t_{e_{ij}} = 14 - 6 = 8$

12, 18산업 ✪✪○

96 다음 계획공정도표에서 단계 3의 가장 빠른 작업시간 (TE) 및 가장 늦은 작업시간(TL)은 각각 얼마인가?

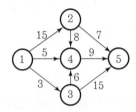

① TE=0, TL=16
② TE=0, TL=17
③ TE=3, TL=17
④ TE=3, TL=18

풀이

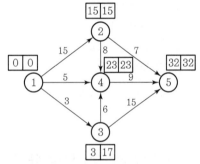

∴ 단계 3 : TE=3, TL=17

15산업 ✪✪○

97 PERT/CPM 일정 계산 시 최종단계에서 최종완료일을 변경하지 않는 범위 내에서 각 단계에 허용할 수 있는 여유시간은?

① 시간간격
② 슬랙(Slack)
③ 주공정 시간
④ 리드타임(Lead Time)

풀이 최종단계에서 최종완료일을 변경하지 않는 범위 내에서 각 단계에 허용할 수 있는 여유시간을 단계여유(Slack ; S)라 한다.

06산업 ✪✪○

98 네트워크로 표시된 프로젝트에서 최지시간(TL) − 최조시간(TE)을 그 단계의 여유(S)라고 부르며, 각 단계의 여유는 상황에 따라 정여유(Positive Slack), 영여유(Zero Slack), 부여유(Negative Slack)가 된다. 정여유란 어떤 상태인가?

① $TE > TL$
② $TE = TL$
③ $TE < TL$
④ $S < 0$

풀이 단계여유 $S = TL - TE$이므로 ①, ④는 부여유, ②는 영여유가 된다.

07, 13산업 ✪○○

99 어떤 프로젝트 수행에 필요한 정보가 표와 같이 주어져 있다. PERT를 이용하여 일정계획을 세울 때 이 프로젝트의 기대완료시간은?

활동	직전 선행활동	소요시간(일)		
		낙관적	정상적	비관적
A	−	5	11	11
B	−	7	7	7
C	A	3	5	13
D	A, B	2	9	10

① 15일
② 16
③ 18일
④ 19일

풀이

10|10 ②
A ⟍ C
10 6 18|18
0|0 ① 4
7 8
B ⟍ D
③ 10|10

100 5개의 활동 A, B, C, D, E로 구성된 프로젝트의 조건이 다음과 같을 때, AOA(Activity On Arrow) 네트워크로 최소한의 가상활동을 이용하여 표현하고자 하는 경우 필요한 가상활동(Dummy Activity)의 최소 개수는?

[다음]

- 활동 A, B는 선행활동이 없다.
- 활동 C는 A, B가 끝나야만 시작할 수 있다.
- 활동 D는 B만 끝나면 시작할 수 있다.
- 활동 E는 C, D가 모두 끝나야 시작할 수 있다.

① 0개   ② 1개
③ 2개   ④ 3개

 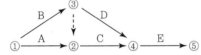

∴ 필요한 가상활동(Dummy Activity)은 1개이다.

101 PERT/CPM의 일정단축 문제에서 일정을 1일 단축하는 데 소요되는 추가비용을 무엇이라 하는가?

① 비용구배
② 공정비용
③ 돌발비용
④ 정상비용

풀이 비용구배에 대한 설명이다.

102 PERT/CPM에서 비용구배의 특급소요비용은 어떠한 경향을 나타내는가?

① 일정하다.
② 하강한다.
③ 상승한다.
④ 하강 후 상승한다.

풀이 특급소요비용은 공기(작업시간)를 단축시킬 때 들어가는 비용이므로 상승한다.

103 PERT/CPM에서 어떤 요소작업의 정상작업이 10일에 250만 원이고, 특급작업이 5일에 1,000만 원일 때 비용구배(Cost Slope)는 약 얼마인가?

① 150만 원/일
② 175만 원/일
③ 200만 원/일
④ 250만 원/일

풀이 비용구배 $= \dfrac{1,000-250}{10-5} = 150$(만 원/일)

104 어떤 공사의 정상소요시간이 20일, 특급소요시간이 12일이고, 정상소요비용은 200,000원, 특급소요비용은 240,000원일 때 16일 만에 공사를 완료한다면 이때의 총 소요비용은?

① 220,000원
② 230,000원
③ 240,000원
④ 250,000원

풀이 총 소요비용＝정상소요비용＋특급소요비용
    ＝200,000＋20,000＝220,000(원)

105 어떤 공사의 정상소요시간이 10일, 특급소요시간이 6일이고 정상소요비용은 100,000원, 특급소요비용은 150,000원일 때 8일 만에 공사를 완료한다면 이때의 소요비용은 얼마인가?

① 110,000원
② 115,000원
③ 120,000원
④ 125,000원

풀이
- 비용구배 $= \dfrac{150,000-100,000}{10-6} = 12,500$
- 소요비용＝정상소요비용＋비용구배×단축일수
    ＝100,000＋12,500×2＝125,000(원)

정답   100 ②   101 ①   102 ③   103 ①   104 ①   105 ④

106 다음 표는 프로젝트와 관련된 정보이다. 모든 작업을 정규작업에 의해서 행할 경우 주 경로는 A → C → D → E가 된다. 이 프로젝트를 최소의 비용으로 1일 단축시키기 위해서는 어떤 작업을 단축해야 하는가?

작업	정규작업		속성작업	
	기간 (일)	비용 (만 원)	기간 (일)	비용 (만 원)
A	5	600	4	1000
B	10	300	6	500
C	8	1200	5	2100
D	9	400	7	600
E	4	600	2	1000

① A　　　　　　　　② B
③ D　　　　　　　　④ E

 풀이

작업	A	C	D	E
비용구배	400	300	100	200

∴ 비용구배가 가장 작은 공정(D)을 선택한다.

작업관리의 개요

00산업 ★★○

01 작업개선에서 중요도 발견과 가장 관계가 먼 것은?

① 납기준수   ② 품질의 향상
③ 피로의 경감   ④ 경비 절감

풀이 개선의 목표
- 피로의 경감   • 시간의 단축
- 품질의 향상   • 경비의 절감

11, 16산업 ★★○

02 개선의 일반적인 4가지 최종목표와 가장 거리가 먼 것은?

① 경비의 절감   ② 피로의 경감
③ 시간의 단축   ④ 원단위의 증가

풀이 01번 풀이 참조

10기사 ★★○

03 다음 중 작업방법을 표준화하였을 때의 효과와 거리가 먼 것은?

① 대량생산이 가능하다.
② 품질관리의 기초가 된다.
③ 종업원숙련도가 올라가 원단위가 높아진다.
④ 불합격품 및 재고의 감소 등으로 관리비용을 절감할 수 있다.

풀이 ③ 종업원숙련도가 올라가 원단위가 낮아진다.

09, 11산업 ★★○

04 작업분석에 있어 요소작업의 효과적인 개선활동을 위해 고려되어야 할 원칙인 ECRS의 내용으로 옳지 않은 것은?

① E − Eliminate(제거)
② C − Combine(결합)
③ R − Repair(수리)
④ S − Simplify(단순화)

풀이 ③ R − Rearrange(재배열)

11산업 ★★○

05 작업개선을 위한 체크시트(Check Sheet) 작성 시 자재운반 시스템의 효율적인 구축에 따른 효과를 나열한 것으로 가장 거리가 먼 것은?

① 생산능력의 저하
② 자재운반비용의 절감
③ 작업환경의 개선
④ 자재수급능력의 증대

풀이 자재운반시스템이 효율적으로 구축된다면 생산능력은 당연히 증대된다.

10산업 ★★○

06 작업관리의 진행방법으로 옳은 것은?

① 문제발견 → 원인분석 → 개선안 수립 → 실시 → 결과평가
② 문제발견 → 원인분석 → 개선안 수립 → 결과평가 → 실시
③ 원인분석 → 문제발견 → 개선안 수립 → 결과평가 → 실시
④ 원인분석 → 문세발견 → 개선안 수립 → 실시 → 결과평가

풀이 작업관리의 진행방법
문제발견 → 원인분석 → 개선안 수립 → 실시 → 결과평가

정답 01 ① 02 ④ 03 ③ 04 ③ 05 ① 06 ①

07 공정을 계획하여 통제하는 기능을 함으로써 생산성과 효율을 향상시키는 공정관리에 관한 설명으로 틀린 것은?

① 개별 작업장의 작업순서를 결정하는 작업배정규칙에는 FCFS, SPT 등이 있다.

② 각 작업을 개시해서 완료할 때까지 소요되는 표준적인 일정으로 일정계획의 기초가 되는 것을 기준일정이라 한다.

③ 여력관리는 주문생산에서와 같이 상세한 계획수립이 어렵고 계획변경이 빈번한 경우에 필요한 공정관리의 통제기능이다.

④ 공정관리기능으로 통제기능에는 공수계획 · 절차계획 · 일정계획이 있으며, 계획기능으로는 작업배정 · 여력관리 · 진도관리가 있다.

풀이 ④ 공정관리기능으로 계획기능에는 공수계획 · 절차계획 · 일정계획이 있으며, 통제기능에는 작업배정 · 여력관리 · 진도관리가 있다.

08 작업분석 시 제조공정에 대한 개선사항으로 고려해야 할 항목을 열거한 내용으로 틀린 것은?

① 작업을 변경할 때 다음 작업에 미치는 영향을 고려할 것

② PERT/CPM 기법을 적용할 것

③ 수작업보다 효율적으로 작업할 수 있는 기계가공의 가능성을 타진할 것

④ 기계설비의 효율성을 높일 것

풀이 PERT/CPM 기법은 일정계획에서 사용하는 프로그램이다.

09 공정분석에 있어서 기능의 달성상 필요한 대체안의 작성을 위한 아이디어(Idea) 도출방법에 해당되지 않는 것은?

① 육하원칙(5W1H)

② 체크리스트법

③ 브레인스토밍(Brain Storming)

④ 순환법(Cycle Timing)

풀이 순환법은 스톱워치법의 시간관측법 중의 하나이다.

10 작업관리의 연구범위 가운데 방법연구의 기법이 아닌 것은?

① WS법　　　　② 공정분석

③ 작업분석　　　④ 동작분석

풀이 방법연구기법
공정분석, 작업분석, 동작분석
※ WS법은 작업측정기법이다.

공정분석

11 재료가 출고되어서부터 제품으로 출하되기까지의 공정계열을 체계적으로 도표를 작성하여 분석하는 방법은?

① 공정분석　　　② 작업분석

③ 동작분석　　　④ 서블릭분석

풀이 공정분석
생산공정이나 작업방법의 내용을 공정순서에 따라 각 공정의 조건(발생순서, 가공조건, 경과시간, 이동거리 등)을 분석 · 조사 · 검토하여 공정계열의 합리화(생산기간의 단축, 재공품의 절감, 생산 공정의 표준화)를 모색하는 것이다.

12 공정분석으로 달성하고자 하는 주된 목적으로 가장 거리가 먼 것은?

① 공정 자체의 개선

② 설비레이아웃의 개선

③ 현재 공정에 포함된 미세작업동작에 대한 개선

④ 공정관리 시스템의 문제점 파악과 기초자료의 제공

풀이 ③은 동작분석에 해당된다.

13 공정분석표의 종류에 속하지 않는 것은?

① 제품공정분석표
② PTS 공정분석표
③ 사무공정분석표
④ 작업자공정분석표

풀이 공정분석에는 제품공정분석, 사무공정분석, 작업자 공정분석이 있다.

14 제품공정분석표(Product Process Chart)에서 세밀공정분석표의 종류에 속하지 않는 것은?

① 단일형   ② 병렬형
③ 조립형   ④ 분해형

풀이 세밀공정분석표에는 단일형, 조립형, 분해형이 있다.

15 공정 중에 발생하는 모든 작업 · 검사 · 운반 · 저장 · 정체 등이 도식화된 것이며, 또한 분석에 필요하다고 생각되는 소요시간 · 운반거리 등의 정보가 기재된 공정도는?

① 유입유출표(From – To Chart)
② 유통공정도(Flow Process Chart)
③ 작업공정도(Operation Process Chart)
④ 조립공정도(Assembly Process Chart)

풀이 유통공정도(Flow Process Chart)는 보통 단일부품에만 사용되며, 기호를 기입할 필요 없이 해당기호에 색칠을 해주면 된다. 유통공정도는 각 공정기호별로 데이터를 집계하는 데 편리하며, 흐름공정도라고도 한다.

16 부품이나 자재가 제조공정에 투입되는 과정을 비롯하여 이들의 작업 및 검사의 순서를 나타내는 도표는?

① 작업공정도표(OPC)
② 흐름공정도표(FPC)
③ 다품종공정도표(MPPC)
④ 유입유출표(From – to – Chart)

풀이 작업공정도표(OPC)에 대한 정의이며, 흐름공정도표(FPC)는 작업, 운반, 정체, 검사 등의 4가지 기호를 모두 사용하고 있다.

17 작업공정도(Operation Process Chart)를 작성할 때 사용하는 공정 도시기호는?

① 가공, 운반
② 가공, 검사
③ 가공, 정체
④ 가공, 검사, 운반, 정체

풀이
• OPC : 가공, 검사
• FPC : 가공, 운반, 정체, 검사

18 두 개의 공정기호를 이용하여 조립의 순서를 표시하는 작업공정도(Operation Process Chart)에서 사용하는 공정기호는 어느 것인가?

① 운반   ② 정체
③ 검사   ④ 대기

풀이 작업공정도(Operation Process Chart)란 공정계열의 개요를 파악하기 위해 또는 가공, 검사공정만의 순서나 시간을 알기 위해 활용되는 공정도이다.

19 많은 부품 혹은 원재료의 조립, 분해 또는 화학적인 변화를 일으키는 사항을 나타내는 공정도는?

① 부품공정도
② 조립공정도
③ 작업공정도
④ 흐름공정도

풀이 조립공정도에 대한 설명이다.

정답   13 ②   14 ②   15 ②   16 ①   17 ②   18 ③   19 ②

20 제품공정분석표에 사용되는 기호 중 가공을 하면서 치수를 확인하는 공정기호는?

① ◇(사각형 안에 마름모) ② ◯(원 안에 사각형)

③ ◪(마름모 안 채움) ④ ◈(원 안에 마름모)

(풀이) ① 검사(질 중심)
② 가공 중심 수량검사
③ 검사(양 중심)
④ 가공 중심 질검사

21 공정분석표에 사용되는 기호 중 가공(Operation)에 대한 정의로 맞는 것은?

① 작업대상물의 위치가 변경될 때
② 작업대상물이 분해되거나 조립될 때
③ 일반적 보관 또는 기획적 저장을 할 때
④ 작업 대상물을 확인하거나 수량을 조사할 때

(풀이) 가공이란 원재료, 부품 또는 제품이 물리적 · 화학적 변화를 받는 상태 또는 다음 공정을 위한 준비 상태이다.

22 공정분석 시 사용되는 기호 중 "검사"를 나타내는 것은?

① ◯ ② ▢

③ ⇨ ④ ▽

(풀이) ① 가공 ③ 이동 ④ (반)제품의 저장

23 제품공정분석표에 사용되는 공정도시기호 중 로트 전부가 정체하고 있는 상태를 뜻하는 것은?

① ◯ ② ▢

③ D ④ ▽

(풀이) ① 가공 ② 검사
③ 대기(정체) ④ (반)제품의 저장

24 공정도 작성 시 사용되는 공정분석의 보조기호 중 기호에 대한 명칭을 잘못 나타낸 것은?

① ╪ : 생략

② ╁ : 담당구분

③ ✕ : 정체

④ ∿ : 관리구분

(풀이) ③ 폐기

25 다음 제품공정분석의 작성방법 중 옳지 않은 것은?

① 가공시간 : $\dfrac{1개당\ 가공시간 \times 로트크기}{1\ 로트의\ 총\ 가공시간}$

② 검사시간 : $\dfrac{1개당\ 검사시간 \times 로트크기}{1\ 로트의\ 총\ 검사시간}$

③ 운반시간 : $\dfrac{1개당\ 운반시간 \times 로트크기}{1\ 로트의\ 총\ 운반시간}$

④ 운반거리 : $\dfrac{1회\ 운반거리 \times 운반횟수}{1\ 로트의\ 총\ 운반거리}$

(풀이) ③ 운반시간 : $\dfrac{1회\ 운반시간 \times 운반횟수}{1\ 로트의\ 총\ 운반시간}$

26 작업자가 한 장소에서 다른 장소로 이동하면서 수행하는 일련의 행위를 분석한 것으로 작업점, 작업순서, 작업동작 등을 개선하기 위한 분석기법은?

① 가동분석
② 제품 공정분석
③ 동작분석
④ 작업자 공정분석

(풀이) 작업자 공정분석(Operator Process Chart)
작업자가 어떠한 장소에서 다른 장소로 이동하면서 수행하는 업무의 범위와 경로 등을 계통적으로 조사 · 기록 · 검토하는 분석방법으로 운반계 · 창고계 · 보전계 · 감독자 등의 행동분석 등에 사용된다.

정답 20 ④ 21 ② 22 ② 23 ③ 24 ③ 25 ③ 26 ④

풀이 ① B ② A ④ C

27 작업자의 작업동작 흐름을 추적하는 것으로 작업자가 한 장소에서 다른 장소로 이동하면서 작업하는 경우의 분석에 편리한 분석방법은?

① 작업자 공정분석
② 동작분석
③ 다중활동분석
④ 작업자 미세분석

풀이 26번 풀이 참조

28 공정분석에 이용되는 기법은?

① 서블릭기호
② SIMO Chart
③ 경로분석
④ 필름분석

풀이 ③ 경로분석은 제품공정분석의 부대분석에 속한다.

29 경로분석도표가 아닌 것은?

① 조립공정도표
② 간트도표
③ 다품종공정도표
④ 유입유출도표

풀이 간트도표는 생산 또는 작업계획과 실제의 작업량을 작업일정이나 시간을 작업표시판에 가로막대선으로 표시하는 전통적인 일정관리기법으로 계획과 통제기능을 동시에 수행하게 된다.

30 P – Q 분석에서 다품종 소량생산일 경우에 사용되는 도표로 옳은 것은?

① 다품종공정표
② 작업공정표
③ 상호관련도표
④ 유입유출표

31 체계적 설비배치에서 정성적 상호관계를 평가하는 관련표(RC)에서 근접평점 A의 의미는?

① 절대적으로 인접
② 인접해 있는 것이 대단히 중요
③ 인접해 있는 것이 중요
④ 인접이 보통

풀이
A : 절대인접   E : 인접 매우 중요
I : 인접 중요   O : 보통인접
U : 인접과 무관   X : 인접해서는 안 됨
XX : 인접해서는 절대 안 됨

32 활동상호관계분석표에서 배치도를 그릴 때 사용하는 접근도 표시방법에 대한 설명 중 틀린 것은?

① 접근도 I를 갖는 활동은 중요함을 나타내며 2선으로 표시한다.
② 접근도 O를 갖는 활동은 보통임을 나타내며 1선으로 표시한다.
③ 접근도 A를 갖는 활동은 반드시 인접해 있어야 하며 4선으로 표시한다.
④ 접근도 U를 갖는 활동은 중요하지 않음을 나타내며 일점쇄선으로 표시한다.

풀이 ④ 접근도 U를 갖는 활동은 중요하지 않음을 나타내며 무선으로 표시한다.

33 작업자의 작업활동을 세분하여 시간을 나타낸 것은?

① 활동분석도표
② 흐름도표
③ 조립도표
④ 단순공정분석표

풀이 공정분석도표 : ②, ③, ④

34 자재구입 시 가치분석을 이용할 때 가치분석의 단계로 맞는 것은?

① 기능의 정의 → 기능의 평가 → 기능의 작성
② 기능의 정의 → 기능의 작성 → 기능의 평가
③ 기능의 정의 → 기능의 평가 → 대체안의 작성
④ 기능의 정의 → 대체안의 작성 → 기능의 평가

풀이 분석단계
기능의 정의와 정리 → 기능의 평가 → 대체안 작성

35 다음은 가치분석 중 어느 가치에 해당하는가?

> 시계, 지갑, 라이터 등에 보석 같은 것으로 장식해서 고가품으로 보이게 한다.

① 매력가치
② 사용가치
③ 기회가치
④ 교환가치

풀이 매력가치에 대한 내용이다.

작업분석

36 작업자에 의하여 수행되는 개개의 작업내용에 대해 효율적인 요소와 비효율적인 요소 모두에 대하여 분석, 개선하려는 것은?

① 공정분석
② 작업분석
③ 동작분석
④ 일정분석

풀이 작업분석이란 생산 주체인 작업자의 활동을 중심으로 생산 대상물을 움직이게 하는 과정을 검토·분석하는 기법이다.

37 표준시간 설정의 표준자료로 종합하는 작업단위의 크기를 작은 것부터 큰 것 순으로 나열한 것은?

① 제품 → 공정단위 → 단위작업단위 → 요소작업단위
② 제품 → 공정단위 → 요소작업단위 → 단위작업단위
③ 단위작업단위 → 요소작업단위 → 공정단위 → 제품
④ 요소작업단위 → 단위작업단위 → 공정단위 → 제품

풀이

구분단위	공정	단위작업	요소작업	동작요소
분석기법	공정분석	작업분석		동작분석

38 다음 중 작업분석 세분화 단계의 최종 목적은?

① 직무
② 공정
③ 단위작업
④ 동작요소

풀이 작업분석에는 단위작업과 요소작업이 포함되어 있다.

39 하나의 단위작업을 실현하기 위하여 대상을 조작하는 한 단위(4DM 정도)를 무엇이라고 하는가?

① 동작요소
② 요소작업
③ 단위작업
④ 공정

풀이 요소작업에 대한 내용이다.

40 작업분석에서 중점적으로 검토하는 사항들을 열거한 것 중 가장 관계가 먼 것은?

① 제조공정
② 작업환경
③ 시설배치
④ 미세동작분석

풀이 미세동작분석은 작업관리 중 동작분석에 해당된다.

정답 34 ③ 35 ① 36 ② 37 ④ 38 ③ 39 ② 40 ④

41 작업분석의 특징을 가장 올바르게 설명한 것은?

① 작업자 또는 작업자−기계의 연계작업을 분석한다.
② 현행 운반작업의 취급과 이동에 있어서의 개선을 위한 것이다.
③ 취급하는 물품과 생산조건을 전제로 운반에 관계되는 설비배치계획의 검토 자료를 얻는다.
④ 운반용구의 설계, 개선의 자료를 얻는다.

풀이 작업분석이란 생산 주체인 작업자의 활동을 중심으로 생산 대상물을 움직이게 하는 과정을 검토 · 분석하는 기법이므로 정답은 ①이 된다.

42 작업분석 시 작업조건에 대한 개선사항으로 고려해야 될 항목을 열거한 것으로 옳지 않은 것은?

① 안전사고에 대비한 체계화된 구급 프로그램을 세운다.
② 귀마개를 착용하거나 소음이 적게 하는 공정 개선을 실시한다.
③ 해로운 먼지, 가스, 연기 등을 천천히 제거할 수 있는 방안을 마련한다.
④ 햇빛이 현장에 들 수 있도록 천장이나 창문 등을 개선하고 환기를 적절하게 시킨다.

풀이 ③ 해로운 먼지, 가스, 연기 등은 최대한 빨리 제거할 수 있는 방안을 마련하여야 한다.

43 작업분석자가 작업분석 시 효율적으로 생산할 수 있는 제품의 설계를 위해 노력하여야 할 사항으로 틀린 것은?

① 양질의 재료를 사용한다.
② 공차나 규격을 모든 면에서 엄격하게 규정한다.
③ 부품 수를 줄이고 단순한 제품을 만들도록 설계한다.
④ 제조 시 소요되는 작업 공수와 운반거리를 줄이도록 한다.

풀이 ② 공차나 규격을 제품의 특성에 맞게 규정하는 것이 좋다.

44 작업분석을 할 때 개선의 주안점은 어디에 두는가?

① 공정계열의 합리화
② 전체 공장의 배치나 작업순위
③ 작업자에 의하여 수행되는 개개의 작업내용
④ 총체적 가공방법의 개선

풀이 작업분석의 정의와 관련된 내용은 ③이다.

45 작업장소의 한 작업역에서 다른 작업역으로의 화물운반 및 이동에 쓰이는 분석기호는?

① ◯   ② ✡

③ ⊖   ④ △

풀이 ① 가공   ② 가공 중 대기   ④ 로트 대기

46 다음 중 인간과 기계에 따라 수행되는 작업활동의 설계, 조작업의 편성 또는 개선으로 인적 · 물적 자원의 효율화를 도모하기 위한 분석기법은?

① 제품분석   ② 설비배치분석
③ 경로분석   ④ 다중활동분석

풀이 다중활동분석(Multi−activity Chart)이란 작업자와 작업자 사이의 상호관계 또는 작업자와 기계 사이의 상호관계를 분석함으로써 가장 경제적인 작업조를 편성하거나 작업방법을 개선하여 작업자와 기계설비의 이용도를 높이고 작업자에 대한 이론적 기계 소요대수를 결정하기 위하여 고안된 분석표이다.

47 작업자와 기계가 작업을 수행해 가는 과정을 관측하여 작업자−기계 간의 관계를 기호로 구체화한 도표는?

① 작업분석표   ② 다중활동분석표
③ 조작업분석표   ④ 작업자 공정분석표

풀이 46번 풀이 참조

정답 41 ① 42 ③ 43 ② 44 ③ 45 ③ 46 ④ 47 ②

48 다중활동분석표(Multiple Activity Chart)의 종류가 아닌 것은?

① Multi Man Chart
② Gang Process Chart
③ Man – Machine Chart
④ Assembly Process Chart

풀이 Assembly Process Chart는 제품공정분석도표의 한 종류이다.

49 다중활동분석에 이용하는 작업분석표가 아닌 것은?

① 복수작업자분석표
② 복수기계작업분석표
③ 작업자 – 기계작업분석표
④ 작업자 – 복수기계작업분석표

풀이 작업자가 없는 다중활동분석은 존재하지 않으므로 복수기계작업분석표는 존재하지 않는다.

50 다중활동분석표에서 복수작업자분석표(Multi – Man Chart)는 어떤 명칭으로도 불리는가?

① Flow Process Chart
② Gang Process Chart
③ Assembly Process Chart
④ Operation Process Chart

풀이 복수작업자분석표(Multi Man Chart, Gang Process Chart) : Aldridge 개발

51 한 대의 기계를 한 사람의 작업자가 조작하는 경우에 사용되는 다중활동분석표는?

① 복수작업자분석표
② 작업자 – 기계작업분석표
③ 작업자 – 복수기계작업분석표
④ 복수작업자 – 기계작업분석표

풀이 한 대의 기계를 한 사람의 작업자가 조작하는 경우에 사용되는 다중활동분석표는 작업자 · 기계작업분석표(Man – Machine Chart)이고, 여러 대의 기계를 한 사람의 작업자가 조작하는 경우에 사용되는 다중활동분석표는 작업자 – 복수기계작업분석표(Man – Multi Machine Chart)이다.

52 작업자 – 기계작업을 개선하기 위한 검토 항목과 가장 거리가 먼 것은?

① 조별 작업자 간 작업량이 균형 있게 배정되어 있는가?
② 작업자가 담당하는 기계의 수를 증가시켜 가동률을 올릴 수 있는가?
③ 새로운 설비나 다른 설비를 사용함으로써 가동률을 올릴 수 있는가?
④ 작업순서를 바꿈으로써 작업자와 기계 가동률을 향상시킬 수 있는가?

풀이 ①은 복수작업자 작업을 개선하기 위한 검토 항목에 속한다.

53 작업자의 담당기계 대수를 결정하기 위한 분석표는?

① 동작분석표
② 공정분석표
③ 부문상호관계표
④ 사람 – 복수기계분석표

풀이 다중활동분석표(Multi – activity Chart)란 작업자와 작업자 사이의 상호관계 또는 작업자와 기계 사이의 상호관계를 분석한다. 보기에서 다중활동분석표는 사람 – 복수기계분석표밖에 없다.

54 작업자 – 복수기계작업 분석표(Man – Multi Machine Chart)에서 한 작업자가 담당해야 할 이론적인 기계대수(n)를 구하는 식으로 가장 적합한 것은?[단, a는 작업자와 기계의 동시작업시간, b는 기계와 독립적인 작업자 작업시간, t는 기계가공시간(기계 고유의 가공시간)이다.]

① $n = \dfrac{a+b}{a+t}$
② $n = \dfrac{a+t}{a+b}$
③ $n = \dfrac{a}{b+t}$
④ $n = \dfrac{b}{a+t}$

풀이 이론적 기계대수 $(n) = \dfrac{a+t}{a+b}$ 이 된다.

08산업 ✪○○

55 다음은 코팅된 직물 절단작업에 대한 인간-기계 분석 표이다. 작업자 이용도는 약 몇 %인가?

구분	작업자	협조자	기계
유휴시간	1.5분	2.0분	3.0분
작업시간	3.7분	3.2분	2.2분
총 사이클시간	5.2분	5.2분	5.2분

① 42   ② 62
③ 71   ④ 82

풀이 작업자 이용도 $A = \dfrac{3.7}{5.2} \times 100 = 71.15(\%)$

동작분석

07, 17산업 ✪✪○

56 작업장의 배치에 있어서 다음 그림의 빗금친 부분과 같이 작업자가 양팔의 상완을 몸통에 자연스럽게 붙이고 작업대 위에 부채꼴 형태의 원을 그릴 때 그 내부작업 영역을 무엇이라 하는가?

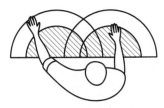

① 정상작업영역   ② 최대작업영역
③ 최소작업영역   ④ 랜덤작업영역

풀이
- 최대작업영역 : 작업자의 어깨를 축으로 하여 팔을 휘두를 때, 부채꼴 모양의 원호 내부에 해당하는 지역을 의미한다.
- 정상작업영역 : 작업자의 팔꿈치를 기준으로 하여 팔을 움직일 때 부채꼴 모양의 원호 내부에 해당하는 지역을 의미한다.

08기사 ✪○○

57 동작분석 시 고려해야 할 "최대작업영역"을 가장 올바르게 나타낸 것은?

① 어깨까지 사용하여 작업할 수 있는 범위
② 허리까지 사용하여 작업할 수 있는 범위
③ 아래팔(전완)만을 사용하여 작업할 수 있는 범위
④ 몸 전체를 움직여 작업할 수 있는 범위

풀이 56번 풀이 참조

08, 12, 15, 18산업 ✪✪✪

58 작업의 동작을 분해 가능한 최소한의 단위로 분석하여 비능률적인 동작을 줄이거나 배제시켜 최선의 작업방법을 추구하는 연구방법은?

① 동작분석   ② 공정분석
③ 작업분석   ④ 다중활동분석

풀이 동작분석
하나의 고정된 장소에서 행해지는 작업자의 동작내용을 도표화하여 분석하고 움직임의 낭비를 없애고 피로가 보다 적은 동작의 순서나 합리적인 동작을 마련하기 위한 기법이다.

12산업 ✪✪○

59 동작분석의 종류에 해당되지 않는 것은?

① 서블릭 분석   ② 필름 분석
③ 동작경제원칙   ④ 경로 분석

풀이 ④는 공정분석의 부대분석 중 하나이다.

12산업 ✪✪✪

60 동작분석은 작업을 행하는 데 가장 경제적인 방법을 발견하는 것은 그 작업에 종사하는 작업자의 동작을 분석하고 개선하는 데 그 목적이 있다. 다음 중 동작분석의 직접적인 목적과 거리가 먼 것은?

① 징체 공정을 없애기 위하여
② 현재 동작계열을 개선하기 위하여
③ 새로운 동작계열을 설계하기 위하여
④ 동작상태를 분석 · 평가 · 검토하기 위하여

풀이 ①은 공정분석이 적당하다.

61 서블릭 기호 중 빈손의 이동(Transport Empty)을 나타내는 것은?

① ∪   ② ◡

③ ∩   ④ ◡

풀이 ① 사용(Use)
② 운반(Transport Loaded)
③ 쥐기(Grasp)
④ 빈손이동(Transport Empty)

62 작업자가 대상물을 손에서 놓아주는 동작을 의미하는 서블릭 기호의 영문 표기는?

① RL   ② TL
③ PP   ④ TE

풀이

기호		명칭	기호설명
TE	∪	빈손이동 (Transport Empty)	빈 접시 모양
TL	◡	운반 (Transport Loaded)	접시에 물건을 담은 모양
RL	◠	놓는다. (Release Load)	잡고 있던 것을 놓아 버린다.
PP	8	준비한다. (Pre-position)	볼링핀 모양

63 서블릭(Therblig) 분석 중 작업을 진행시키는 데 도움을 주지 못하는 동작으로서 작업분석과 동작경제의 원칙을 적용하여 제거하도록 노력해야 할 비효율적 서블릭은?

① H   ② U
③ A   ④ DA

풀이 비효율적 서블릭은 제3류에 해당된다.
① 잡고 있기(제3류)
② 사용(제1류)
③ 조립(제1류)
④ 분해(제1류)

64 서블릭(Therblig)에 관한 설명으로 틀린 것은?

① 시간관측 및 동작분석에 많은 숙련을 요한다.
② 비반복작업으로 소수작업자가 종사하는 작업에 상당히 유리하다.
③ 서블릭기호를 이용한 양수 동작분석도표를 시모차트(Simo Chart)라 한다.
④ 길브레스가 연구한 것으로 그의 이름 Gilbreth를 거꾸로 하여 Therblig이라 했다.

풀이 ② 반복작업으로 다수작업자가 종사하는 작업에 서블릭(Therblig)을 사용한다.

65 Ralph M. Barnes 교수에 의해 개량 · 보완된 동작경제의 원칙에 해당되지 않는 것은?

① 신체 사용에 관한 원칙
② 작업장 배치에 관한 원칙
③ 공구나 설비설계에 관한 원칙
④ 재료의 사용에 관한 원칙

풀이 동작경제의 원칙
• 신체의 사용에 관한 원칙
• 작업역의 배치에 관한 원칙
• 공구류 및 설비의 설계에 관한 원칙

66 동작경제의 원칙 중 "모든 공구 및 재료는 지정된 위치에 두어야 한다."는 원칙은?

① 설비의 배치에 관한 원칙
② 신체의 사용에 관한 원칙
③ 작업장의 배치에 관한 원칙
④ 공구 및 설비의 디자인에 관한 원칙

풀이 지정된 위치에 두어야 하므로 작업장의 배치에 관한 원칙에 해당된다.

정답 61 ④ 62 ① 63 ① 64 ② 65 ④ 66 ③

67 Ralph M. Barnes 교수가 제시한 동작경제의 원칙 중 신체 사용에 관한 동작경제의 원칙에 관한 내용으로 틀린 것은?

① 두 손의 동작은 같이 시작하고 같이 끝나도록 한다.
② 휴식시간을 제외하고는 양손이 동시에 쉬지 않도록 한다.
③ 가능한 한 관성을 이용하여 작업을 하도록 한다.
④ 두 팔의 동작은 동시에 같은 방향으로 움직이도록 한다.

풀이 ④ 두 팔의 동작은 동시에 반대방향으로 움직이도록 한다.

68 동작경제의 원칙 중 신체 사용에 관한 원칙에 해당하는 것은?

① 조명설치는 작업에 적당한 조도를 보장할 수 있는 것이어야 한다.
② 공구류는 될 수 있는 대로 사용하는 위치 가까이에 배치하여야 한다.
③ 올바른 자세를 취할 수 있는 모양과 높이를 가진 의자를 공급해야 한다.
④ 가능하다면 쉽고도 자연스러운 리듬이 작업동작에 생기도록 작업을 배치한다.

풀이 ① 작업역의 배치에 관한 원칙
②, ③ 공구류 및 설비의 설계에 관한 원칙
④ 신체의 사용에 관한 원칙

69 동작경제의 기본원칙 중 "두 손의 동작은 같이 시작하고 같이 끝나도록 한다."는 어떤 원칙에 해당되는가?

① 신체의 사용에 관한 원칙
② 작업장 배널에 관한 원칙
③ 설비의 레이아웃에 관한 원칙
④ 공구 및 설비의 설계에 관한 원칙

풀이 두 손의 동작에 대한 내용이므로 신체 사용에 관한 원칙에 해당된다.

70 공구 및 설비의 설계에 관한 동작경제의 원칙 중 틀린 것은?

① 공구류 및 재료는 다음에 사용하기 쉽도록 놓아둔다.
② 공구류는 한 가지 기능만을 할 수 있는 전용공구를 사용한다.
③ 각 손가락이 서로 다른 작업을 할 때는 각 손가락의 능력에 맞게 작업량을 분배한다.
④ 레버, 핸들 및 제어장치는 작업자가 몸의 자세를 크게 바꾸지 않아도 조작이 쉽도록 배열한다.

풀이 공구류는 가능하면 두 개 이상 기능이 있는 공구를 사용한다.

71 다음은 동작경제원칙 중에 해당하는 내용들이다. 내용과 원칙이 일치하는 것은?

> ㉠ 공구는 가능한 한 조합할 것
> ㉡ 조명장치는 작업에 적합한 조도를 보장할 수 있는 것이어야 한다.

① ㉠ : 작업역의 배치에 관한 원칙
② ㉡ : 공구 및 설비의 설계에 관한 원칙
③ ㉡ : 신체사용에 관한 원칙
④ ㉠ : 공구 및 설비의 설계에 관한 원칙

풀이 ㉠ : 공구 및 설비의 설계에 관한 원칙
㉡ : 작업역의 배치에 관한 원칙

필름분석

00, 09, 16산업 ★★★

72 메모동작연구(Memo - Motion Study)에 관한 설명으로 옳지 않은 것은?

① 짧은 시간의 작업을 연속적으로 기록하기가 용이하다.
② 조작업 또는 사람과 기계와의 연합작업을 기록하는 데 알맞다.
③ 불규칙적인 사이클을 가진 작업을 기록하는 데 적합하다.
④ 여러 가지 설비를 사용하는 작업에 대해 워크샘플링을 실시할 수 있다.

풀이 ①은 Micro Motion Study의 장점에 해당된다.

09, 16산업 ★★★

73 메모모션 스터디의 이점이 아닌 것은?

① 불규칙적인 작업을 기록하는 데 편리하다.
② 사이클이 긴 작업기록에 알맞다.
③ 반복적인 작업에 적합하다.
④ 배치나 운반개선을 행하는 데 적합하다.

풀이 사이클이 짧은 작업이나 반복적인 작업인 경우에는 마이크로 모션 스터디가 효율성이 좋다.

15, 19산업 ★★○

74 다음 중 메모모션분석을 적용하기에 가장 적절치 못한 것은?

① 조작업분석
② 사이클이 긴 작업분석
③ 사이클이 규칙적인 작업분석
④ 배치나 운반개선의 작업분석

풀이 사이클이 불규칙적인 작업분석이 메모모션연구이고, 규칙적이라면 Micro Motion Study가 적절하다.

06, 10, 15산업 ★★★

75 다음의 필름분석 중 1초에 1프레임(Frame) 혹은 1분에 100프레임의 속도로 촬영(1시간의 작업내용을 4분이면 파악할 수 있다)하여 분석하는 기법을 무엇이라 하는가?

① 미세동작분석
② 메모모션분석
③ 스트로보 사진 분석
④ 크로노사이클 그래프 분석

풀이 Memo Motion Study란 촬영속도가 늦은(1FPS or 100FPM) 특수촬영을 하여 작업자의 동작분석, 설비의 가동상태분석, 운반, 유통경로분석 등을 행하는 필름분석의 한 수법으로 Mundel이 고안하였다.

07, 14, 20산업 ★★★

76 작업을 보통 매초 16 내지 24프레임의 속도로 촬영하므로 육안으로 놓치기 쉬운 짧은 주기의 작업을 분석하는 데 특히 효과적인 필름분석법은?

① 메모동작분석(Memo Motion Analysis)
② 미세동작분석(Micro Motion Analysis)
③ 사이클 그래프 분석
④ 크로노사이클 그래프 분석

풀이 미세동작분석

인간의 동작을 연구하기 위하여 화면에 측시장치를 삽입한 영화를 매초 16~24프레임으로 촬영하고 사이모 차트를 작성하여 동작을 연구하는 방법으로 길브레스가 고안하였다.

19산업 ★★○

77 화면에 작업자의 동작과 작업대에 설치한 마이크로크로노미터(Microchronometer)의 시계바늘 움직임을 동시에 찍은 후, 한 프레임씩 서블릭에 의한 분석을 하는 방법으로 시간과 비용이 많이 소요되기 때문에 작업의 사이클 시간이 짧고 반복성이 큰 경우에 주로 사용되는 기법은?

① 공정분석
② 메모모션연구
③ 작업자공정분석
④ 미세동작연구

정답 72 ① 73 ③ 74 ③ 75 ② 76 ② 77 ④

풀이 • 미세동작연구 : 사이클이 짧고 반복성이 큰 경우
• 메모모션연구 : 사이클이 길고 비반복성인 경우

78 비용이 많이 소요되기 때문에 작업의 사이클시간 (Cycle Time)이 짧고 반복성이 커서 분석에 의한 경제적 측면의 효과가 클 것으로 기대되는 경우에 주로 행하는 연구는?

① 가동분석
② 미세동작연구
③ 메모모션연구
④ 연합작업분석

풀이 사이클 시간이 짧고 반속성이 큰 것은 미세동작연구이고, 사이클 시간이 길고 비반속성이면 메모모션 연구이다.

79 미세동작분석에 의한 상세한 기록을 행할 경우 서블릭의 소요시간과 함께 분석용지에 기록한 분석도표는?

① SIMO 차트
② 사이클 그래프
③ 간트차트
④ 크로노사이클 그래프

풀이 SIMO 차트
작업이 한 작업구역에서 행해질 경우 손, 손가락 또는 다른 신체부위의 복잡한 동작을 영화 또는 필름 분석표를 사용하여 서블릭기호에 의하여 상세히 기록하는 동작분석표(양수 동작분석도표)이다.

80 동작경로를 분석하기 위해 신체 중 원하는 부분의 동작 경과상태를 확실히 알기 위하여 원하는 부분에 광원을 부착하여 사진을 찍는 방법은?

① 사이클 그래프 분석
② 마이크로 모션 분석
③ 아이 카메라 분석
④ 메모모션분석

풀이 사이클 그래프 분석
손가락, 손과 신체의 각기 다른 부분에 꼬마전구를 부착하여 동작의 궤적을 촬영하는 방법이다.

81 동작분석 시 연구대상이 된 신체부분에 광원을 주어 일정한 시간간격으로 비대칭적인 밝기로 점멸시키면서 사진 촬영을 하여 동작에 소요된 시간, 속도, 가속도를 알 수 있는 것은?

① 크로노사이클 그래프 분석
② 사이클 그래프 분석
③ 스트로브 사진 분석
④ 아이카메라 분석

풀이 크로노사이클 그래프 분석
일정한 시간간격으로 비대칭적인 밝기 광원을 점멸시키면서 동작의 궤적을 촬영하는 방법이다.

82 다음 중 즉시성과 확실성이 가장 강한 분석기법은?

① 메모모션 스터디(Memo Motion Study)
② 사이모 차트(Simo Chart)
③ 마이크로모션 스터디(Micro Motion Study)
④ VTR(Video Tape Recorder) 분석법

풀이 VTR 분석
작업주기가 매우 짧은 고도의 반복작업의 경우 가장 적합한 작업방법으로 측정기법은 즉시성·확실성·재현성·편의성을 가지며, 레이팅의 오차한계가 5% 이내로 신뢰도가 높다.

83 다음 중 작업주기가 매우 짧은 고도의 반복작업의 경우 가장 적합한 작업측정기법은 무엇인가?

① VTR 분석
② 표준자료법
③ 생리적 측정
④ 워크샘플링

풀이 82번 풀이 참조

84 작업유형별로 적합한 작업측정기법이 틀린 것은?

① 주기가 극히 짧고 매우 반복적인 작업 – 필름분석
② 고속으로 촬영하여 저속으로 영사 – 미세동작연구
③ 각 동작의 표준시간을 산정할 때, 레이팅이 필요 없는 직무 – 스톱워치법
④ 주기가 길거나 활동내용이 일정하지 않은 비반복적인 작업 – 워크샘플링

풀이 ③ 각 동작의 표준시간을 산정할 때, 레이팅이 필요 없는 직무 – PTS법

표준시간

85 작업측정 시 세부적인 작업으로 작업분할이 필요한 이유로 가장 거리가 먼 것은?

① 수행도평가(Rating)를 하지 않기 위하여
② 작업방법의 세부를 명확히 하기 위하여
③ 작업방법의 작은 변화라도 파악하여 개선하기 위하여
④ 타 작업에도 공통되는 요소가 있으면 비교 또는 표준화하기 위하여

풀이 ① 수행도평가(Rating)를 하기 위하여

86 다음 중 작업측정의 목적에 해당되지 않는 것은?

① 작업성과의 평가기준
② 소요인력의 추정
③ 생산의 가용능력의 추정
④ 작업속도의 레이팅

풀이 ④는 작업측정의 목적이 아니라 작업측정방법에 해당된다.

87 다음 중 표준시간 설정에 관한 설명으로 옳은 것은?

① 표준시간은 정미시간을 의미한다.
② 정미시간에는 여유시간이 포함된다.
③ 표준시간은 정미시간에 여유시간을 부가하여 산정한다.
④ 여유는 평가계수의 한 부분이므로 개별적으로 적용은 곤란하다.

풀이 표준시간(ST)은 정미시간(NT)과 여유시간(AT)의 합성으로 이루어진다.

88 표준시간 용도의 목적을 설명한 것으로 틀린 것은?

① 작업의 수행도 및 생산성 측정을 위하여
② 능률급이나 직무급의 결정을 위하여
③ 인습적인 작업방법의 안정 및 유지를 위하여
④ 생산계획의 결정 및 실무검토를 위하여

풀이 ③ 인습적인 작업방법을 배제하기 위하여

89 표준시간 설정방법 중 직접측정법에 속하지 않는 것은?

① 촬영법
② 스톱워치법
③ 표준자료법
④ 워크샘플링법

풀이 표준자료법은 작업요소별 관측된 표준자료를 사용하는 방법으로 간접측정법이다.

정상화 작업

07, 13산업 ●●○

90 레이팅(Rating)할 때 주의해야 할 사항으로 가장 거리가 먼 내용은?

① 관측시간으로서 업무시작 시점, 점심 전·후, 업무 종료 시점은 부적당하다.
② 관측 즉시 그 자리에서 평가해서는 안 된다.
③ 평가한 결과를 임의로 변경해서는 안 된다.
④ 평가에 의문이 있으면 그 작업에 대하여 다시 평가하는 것이 좋다.

풀이 ② 관측 즉시 그 자리에서 평가하는 것이 가장 바람직하다.

00산업 ●●○

91 레이팅 방법이 잘못된 것은?

① 개별 시간치를 계산하면서 기억을 더듬어 레이팅을 한다.
② 작업 관측 중에 레이팅을 행한다.
③ 측정이 종료되고, 레이팅 결과를 기입한 즉시 현장에서 작업자에게 그 내용을 알려준다.
④ 임의로 레이팅 결과를 변경하지 말아야 한다.

풀이 ① 레이팅은 개별 시간치를 정리하기 이전에 작업관측 중에 해야 한다.

00산업 ●●○

92 평준화(Leveling)법의 변동요인이 아닌 것은?

① 학습(Learning)
② 작업조건(Condition)
③ 관측시간치의 일치성 또는 일관성(Consistency)
④ 노력(Effort)

풀이 평준화법의 변동요인으로는 숙련도, 노력도, 작업환경(조건), 일관성 등이 있다.

17산업 ●●○

93 시간연구법에서 레이팅(Rating) 또는 수행도 계수에 관한 설명으로 가장 적절한 것은?

① 작업의 관측시간을 의미한다.
② 작업시간 중에 발생되는 피할 수 없는 지연 등의 여유시간이다.
③ 정상적인 페이스와 관측시간치를 비교하는 것이다.
④ 훈련도 작성, 작업의욕 등의 여러 측면의 평균적인 작업자의 표준작업방법에 따른 페이스이다.

풀이 정상화 작업(Rating)
시간 관측자가 관측 중에 작업자의 작업속도와 표준속도를 비교하여 작업자의 작업속도를 정상속도화하는 것을 의미한다.

00, 12산업 ●●○

94 레이팅(Rating)에 관한 설명으로 옳은 것은?

① 작업의 관측시간을 말한다.
② 작업시간 중에 발생되는 피할 수 없는 지연 등의 여유시간이다.
③ 관측시간을 정미시간으로 변환하기 위해서 표준 페이스와 관측대상으로 선정된 작업페이스를 비교한 것이다.
④ 훈련도, 적성, 작업의욕 등 여러 측면의 평균적인 작업자의 표준작업방법에 따른 보통 노력으로써 작업을 할 때의 페이스를 말한다.

풀이 93번 풀이 참조

06, 12, 20산업 ●●●

95 표준시간을 설정하는 과정에서 레이팅(정상화) 작업을 필요로 하는 것은?

① WF 법에 의한 표준시간
② MTM 법에 의한 표준시간
③ 스톱워치에 의한 표준시간
④ 표준자료법에 의한 표준시간

풀이 레이팅(정상화) 작업을 필요로 하지 않는 방법은 표준자료법, PTS법(MTM, WF 법) 등이 있다.

정답 90 ② 91 ① 92 ① 93 ③ 94 ③ 95 ③

96 관측시간의 대표치가 0.5분이고, 레이팅 평가치가 125%일 경우 정미시간은 약 얼마인가?

① 0.4분 ② 0.525분
③ 0.625분 ④ 1.75분

풀이 정미시간＝평균관측시간×수행도 평가계수
＝0.5×1.25＝0.625(분)

97 관측시간의 평균치가 0.85분, Rating 계수가 110%, 여유율이 5%일 때 표준시간은 약 몇 분인가?

① 0.5 ② 0.6
③ 0.7 ④ 1.0

풀이 $ST = 0.85 \times 1.1 \times (1+0.05) = 0.98 = 1.0$

98 어떤 작업자의 시간연구결과 평균작업시간이 단위당 20분이 소요되었다. 여유율이 정상시간의 10%일 때 표준시간은?(단, 작업자의 수행도 평정계수는 80이다.)

① 11.4 ② 13.6
③ 15.4 ④ 17.6

풀이 $ST = (20 \times 0.8) \times (1+0.1) = 17.60$

99 Y 공장에서 A 제품의 절삭가공작업의 평균시간이 2.50분, 정상화계수가 110%, 여유율이 16%라고 할 때 외경법에 의하여 표준시간을 구하면 얼마인가?

① 3.09분 ② 3.12분
③ 3.19분 ④ 6.09분

풀이 $NT = 2.50 \times 1.10$, $ST = NT \times (1+0.16) = 3.19$(분)

100 어느 작업의 관측평균시간이 1.0분, 레이팅계수가 120%이다. 이 작업의 여유시간을 정미시간의 10%로 정할 때, 표준시간은?

① 1.20분 ② 1.27분
③ 1.32분 ④ 1.45분

풀이 정미시간＝1.0×1.2＝1.2
표준시간＝정미시간×(1＋여유율)
＝1.2×(1+0.1)＝1.32(분)

101 1로트당 정상(Normal) 작업시간이 450분이며, 여유율이 10%인 작업의 총작업시간은?(단, 로트 수는 500이다.)

① 495분 ② 41,250분
③ 225,000분 ④ 247,500분

풀이 $500 \times [450 \times (1+0.1)] = 247,500$(분)

102 자동절삭기 작업자의 1일당 총 작업시간이 8시간이라고 할 때 1일 표준시간을 산정하면 몇 시간인가?(단, 작업시간비율＝0.8, 작업자 평정치＝0.9, 여유시간율＝0.20이다.)

① 4.8 ② 7.2
③ 8.4 ④ 14.6

풀이 내경법 : $ST = 8hr \times 0.8 \times 0.9 \times \frac{1}{(1-0.2)} = 7.2$

103 정상작업시간이 0.9분이고, 여유율이 10%일 때 내경법으로 계산한 표준시간은 얼마인가?

① 0.81분 ② 0.99분
③ 1.0분 ④ 1.1분

풀이 $ST = NT \times \frac{1}{1-A} = 0.9 \times \frac{1}{1-0.1} = 1.0$(분)

104 어떤 작업자의 시간연구결과 단위당 정미시간이 20분 소요되었다. 여유율이 정미시간의 10%일 때 외경법으로 계산한 표준시간은?

① 11.4분   ② 13.6분
③ 17.6분   ④ 22.0분

풀이 $ST = NT \times (1+A) = 20 \times (1+0.1) = 22.0$(분)

105 어떤 작업의 1로트 정미가공시간이 400분이고, 준비작업시간이 80분이며, 점심식사시간이 40분이다. 총 200로트를 생산하고자 할 때 총 작업시간을 계산하면 얼마인가?(단, 여유율은 15%이고, 표준시간은 외경법으로 계산한다.)

① 150시간   ② 1,530.7시간
③ 68,200분   ④ 92,080분

풀이 $ST = 80 + 200 \times 400 \times (1+0.15) = 92,080$(분)

106 동작의 속도를 평가하여 1차 평가를 한 후, 작업의 난이도를 반영하여 2차 평가를 하는 수행도 평가기법은?

① 평준화법   ② 웨스팅하우스법
③ 레벨링법   ④ 객관적 레이팅법

풀이 객관적 평가법
정미시간 = 관측평균치 × 속도평가계수 × (1 + 2차 조정계수)

107 Y 요소작업의 평균관측시간치가 20분, 제1평가에 의한 속도평가계수가 80%, 2차 난이도 조정계수가 30%인 경우 정미시간은 몇 분인가?

① 4.8분   ② 10.8분
③ 20.8분   ④ 46.8분

풀이 정미시간 $NT = 20 \times 0.8 \times (1+0.3) = 20.8$(분)

108 어떤 작업자의 시간연구 결과 사이클타임은 2분, 작업수행도는 90%로 평가되었다. 정상시간에 대한 여유율을 10%로 설정할 경우, 이 작업에 대한 표준시간은 약 얼마인가?

① 1.4분   ② 1.6분
③ 1.8분   ④ 2.0분

풀이 정미시간(정상시간) = 2분 × 0.9 = 1.8(분)
표준시간 = 1.8 × (1+0.1) = 1.98 = 2.0(분)

109 작업수행과정에서 불규칙적으로 발생하여 정미시간에 포함시키기 곤란하거나, 바람직하지 못한 작업상 지연을 보상하기 주기 위한 여유는?

① 관리여유   ② 작업여유
③ 직장여유   ④ 피로여유

풀이 작업여유에 대한 설명이다.

110 여유시간의 분류에서 일반여유가 아닌 것은?

① 인적여유   ② 소로트여유
③ 불가피 지연여유   ④ 피로여유

풀이 일반여유에는 용무여유, 피로여유, 작업여유, 관리여유 등이 있고, 특수여유에는 기계간섭여유, 조여유, 소로트여유, 장사이클여유, 장려여유 등이 있다.

111 여유시간이 5분, 정미시간이 40분일 경우 내경법에 의한 여유율은 약 얼마인가?

① 6.33%   ② 9.05%
③ 11.11%   ④ 14.15%

풀이 여유율 $A = \dfrac{AT}{NT+AT} = \dfrac{5}{40+5} \times 100 = 11.111\%$

정답   104 ④   105 ④   106 ④   107 ③   108 ④   109 ②   110 ②   111 ③

112 여유시간이 4분, 정미시간이 40분일 경우 외경법에 의한 여유율은 얼마인가?

① 7%　　　　　② 9%

③ 10%　　　　④ 12%

풀이 여유율(A) = $\dfrac{여유시간}{정미시간} \times 100$

　　　　　= $\dfrac{4}{40} \times 100 = 10(\%)$

113 선반작업을 하는데 사이클타임은 4.50분이며, 이 중 수작업시간은 3.76분, 자동이송시간은 0.74분일 경우 합계 피로여유율을 구하면 약 몇 %인가?(단, 정신적 노력에 대한 여유율은 1.8%, 육체적 노력에 대한 여유율은 5.4%, 단조감에 대한 여유율은 1.0%, 유휴시간 11~15%일 때 회복계수는 0.80, 유휴시간 16~20%일 때 회복계수는 0.71이다.)

① 5.8　　　　　② 6.1

③ 7.9　　　　　④ 8.3

풀이 $F = (F_a + F_b) \times L + F_c$

　　　　$= (5.4 + 1.8) \times 0.71 + 1.0 = 6.112$

114 외경법에서 여유율을 산출하는 공식으로 옳은 것은?

① 정미시간 × (1 + 여유율)

② 정미시간 × $\dfrac{1}{1 - 여유율}$

③ $\dfrac{여유시간의\ 총계}{정미시간의\ 총계} \times 100$

④ $\dfrac{여유시간의\ 총계}{정미시간의\ 총계 + 여유시간의\ 총계} \times 100$

풀이 ① 외경법 표준시간공식

② 내경법 표준시간공식

③ 외경법 여유율 공식

④ 내경법 여유율 공식

115 내경법에서 여유율을 산출하는 공식으로 맞는 것은?

① 정미시간 × (1 + 여유율)

② 정미시간 × $\dfrac{1}{1 - 여유율}$

③ $\dfrac{여유시간의\ 총계}{정미시간의\ 총계} \times 100$

④ $\dfrac{여유시간의\ 총계}{정미시간의\ 총계 + 여유시간의\ 총계} \times 100$

풀이 114번 풀이 참조

Stop Watch

116 스톱워치에 의한 표준시간 설정순서를 바르게 나열한 것은?

──────── [다음] ────────
ㄱ 표준시간을 결정
ㄴ 수행도 평가를 통해 정미시간 결정
ㄷ 여유율을 결정
ㄹ 모든 필요한 정보를 수집
ㅁ 현장에서 측정한 시간치를 평균시간으로 산출
ㅂ 작업을 단위 또는 요소작업으로 구분

① ㅂ → ㅁ → ㄹ → ㄴ → ㄱ → ㄷ

② ㅁ → ㄷ → ㄹ → ㅂ → ㄴ → ㄱ

③ ㄱ → ㄴ → ㄷ → ㄹ → ㅁ → ㅂ

④ ㄹ → ㅂ → ㅁ → ㄴ → ㄷ → ㄱ

풀이 표준시간 설정순서

정보수집 - 요소작업 - 관측시간 산출 - 수행도 평가 - 여유율 산정 - 표준시간 결정

117 스톱워치 사용법에 대한 설명으로 옳지 않은 것은?

① 계속시간 관측법은 스톱워치를 작동하여 관측 중에는 스톱워치를 중지시키지 않는 방법이다.

② 반복시간 관측법은 각 요소작업의 분기점에서 용두(스위치)를 누르고, 스톱워치의 바늘을 0의 위치로 되돌리는 방법이다.

③ 시간관측은 작업자의 행동을 관찰하면서 스톱워치의 눈금을 읽고, 관측용지에 기입하는 3가지 작업을 한 번에 연속해서 행한다.

④ 관측자는 자신의 눈과 스톱워치와 작업자의 작업점이 한 평면대에 될 수 있는 한, 삼각형이 되게 할 필요가 있다.

풀이 ④ 작업자 전방 1.5~2m 떨어진 곳에서 작업이 잘 보이는 위치에서 방해가 되지 않도록, 작업자의 동작부분과 Stop Watch와 눈이 일직선상에 있도록 한다.

118 스톱워치(Stop Watch)에 의한 시간관측을 할 때 사용되는 관측법이 아닌 것은?

① 반복법　　　　② 누적법
③ 조립법　　　　④ 순환법

풀이 시간관측의 종류에는 계속법, 반복법, 누적법, 순환법이 있다.

119 요소작업에 대한 시간을 관측하고자 할 때의 관측방법 중 비교적 긴 요소작업으로 구성된 작업측정에 가장 적합한 것은?

① 계속법　　　　② 반복법
③ 순환법　　　　④ 누적법

풀이 반복법은 한 요소작업이 끝날 때 시간치를 읽은 후 원점으로 되돌려 나음 요소삭업을 측정한다. 이는 비교적 작업주기가 긴 요소작업에 적합하다.

120 스톱워치에 의한 시간관측방법 중 계속법의 장점이 아닌 것은?

① 시간적으로 짧은 요소작업을 정확하게 측정할 수 있다.

② 표준시간 설정과정을 쉽게 설명할 수 있다.

③ 비교적 긴 요소작업으로 구성된 작업측정에 적합하다.

④ 매 작업요소가 끝날 때마다 바늘을 멈추고 원점으로 되돌릴 때 발생하는 측정오차가 없다.

풀이 ③ 사이클이 짧은 작업에 적합하다.

121 스톱워치법에서의 관측법 중 작업 연구 중에 발생되는 모든 사항을 기록할 수 있고, 가장 오래 되었으며, 가장 많이 사용되는 기법은?

① 계속법　　　　② 누적법
③ 순환법　　　　④ 반복법

풀이 계속법에 대한 설명이다.

122 스톱워치법에서 관측방법 중 요소작업이 너무 짧아 개별적으로 측정할 수 없을 때, 몇 개의 다른 요소작업과 조합한 시간치를 산출하는 방법은?

① 반복법　　　　② 계속법
③ 누적법　　　　④ 순환법

풀이 순환법
모든 요소작업 중 한 요소작업을 제외한 시간치를 측정하는 방법으로 사이클이 극히 짧은 순환작업에 사용한다.

123 10회의 예비관측을 하여 다음과 같은 [자료]를 얻었다. 신뢰도 95%, 상대오차 ±10%를 만족하는 관측횟수는 약 얼마인가?

```
─────────── [자료] ───────────
6, 5, 7, 3, 5, 6, 8, 9, 9, 6
```

① 31회 　　　　　② 41회
③ 51회 　　　　　④ 61회

풀이
$$N = \left(20\frac{\sqrt{N\sum x^2 - (\sum x)^2}}{\sum x}\right)^2$$
$$= \left(20\frac{\sqrt{10 \times 442 - (64)^2}}{64}\right)^2$$
$$= 31.6 = 31회$$

WS법

124 확률법칙을 이용하여 필요한 최소한도의 대상물을 순간적으로 관측하여 그 상황을 추정하는 작업측정법은?

① 시간연구법 　　　② 표준자료법
③ 워크샘플링법 　　④ PTS 법

풀이 워크샘플링(WS)법이란 통계적인 샘플링 방법을 이용하여 작업자의 활동, 기계의 활동, 물건의 시간적 추이 등의 상황을 통계적·계수적으로 파악하는 작업 측정의 한 기법이다.

125 워크샘플링법으로 관측된 데이터의 분포는 어떤 분포를 기초로 하는 것인가?

① t 분포 　　　　② 이항분포
③ χ^2 분포 　　　④ 푸아송 분포

풀이 워크샘플링은 작업의 관측횟수 또는 비관측횟수와 관련이 있으므로, 이항분포의 개념이 도입된다.

126 워크샘플링 관측치의 변동을 추정하기 위해 관리도를 사용하고자 할 때 가장 적당한 관리도 형태는?

① P 관리도
② U 관리도
③ $\overline{x}$ 관리도
④ R 관리도

풀이 워크샘플링은 관측비율과 관련이 있으므로 관리도로는 P 관리도가 가장 적당하다고 할 수 있다.

127 워크샘플링의 장단점을 설명한 내용 중 가장 올바른 것은?

① 한 사람이 다수의 작업자를 대상으로 관측할 수 없다.
② 대상자가 의식적으로 행동하므로 결과의 신뢰도가 낮다.
③ 노력이 많이 든다.
④ 개개의 작업에 대한 깊은 연구는 곤란하다.

풀이 ① 한 사람이 다수의 작업자를 대상으로 관측이 가능하다.
② 대상자가 무의식적으로 행동하므로 결과의 신뢰도가 높다.
③ 노력이 적게 든다.

128 스톱워치법과 비교한 워크샘플링의 특징으로 옳은 것은?

① 별도의 측정기구가 필요하다.
② 1명의 관측자가 1명의 인원, 1대의 기계를 관측하는 개별조사이다.
③ 관측횟수가 많이 필요하지만 비용과 시간적인 측면에서 부담은 적다.
④ 관측자의 숙련이 요구되며, 관측대상자에 따라 상이한 결과가 나올 수 있다.

풀이 ① 별도의 측정기구가 필요 없다.
② 1명의 관측자가 여러 명, 여러 기계를 관측한다.
④ 관측자의 숙련이 그다지 요구되지 않는다.

정답 123 ① 　124 ③ 　125 ② 　126 ① 　127 ④ 　128 ③

129 워크샘플링법의 장점에 관한 설명으로 옳지 않은 것은?

① 특별한 측정기구 없이도 실행 가능하다.
② 관측담당자에 대한 고도의 훈련이 필요하지 않다.
③ 관찰시간대를 관측자가 편한 시간으로 설정 가능하므로 실행이 용이하다.
④ 사이클타임이 긴 작업의 경우에도 측정부담이 추가되는 것은 아니다.

풀이 ③ 관찰시간대는 작업시간에 관측하는 것이므로, 관측자가 편한 시간으로 설정할 수는 없다.

130 WS법이 Stop Watch법보다 유리한 점이 아닌 것은?

① 시간 및 비용이 절감된다.
② 작업 사이클타임이 길 때 유리하다.
③ 작업을 보다 세밀히 측정할 수 있다.
④ 비반복작업의 표준시간 산출이 가능하다.

풀이 Stop Watch법이 WS법에 비해 작업을 보다 세밀히 측정할 수 있다.

131 어느 제직공장에서 직기작업의 정지상태(실의 끊어짐, 기계고장 등)를 조사하기 위해 샘플사이즈 1,600의 워크샘플링을 했다. 이 결과로서 평균 정지율은 10%임을 알았다. 이 수치의 절대오차에 의한 직기의 정지율 범위는 몇 %인가?(단, 신뢰계수는 2로 한다.)

① 15.5~17.5
② 11.5~13.5
③ 8.5~11.5
④ 2.5~17.5

풀이 $p \pm (sp) = p \pm u_{1-\alpha/2} \sqrt{\dfrac{p(1-p)}{n}}$

$= 0.1 \pm 2 \times \sqrt{\dfrac{0.1 \times 0.9}{1,600}}$

$= (0.085 \sim 0.115) = (8.50 \sim 11.50)(\%)$

132 카 스테레오 공장에서 김 반장 조에 대해 워크샘플링을 실시하려고 한다. 관측항목의 발생비율은 경험적으로 10%로 추정하며 상대오차 6%, 추정의 신뢰도 95%일 때의 관측횟수는?(단, 신뢰계수는 2이다.)

① 5,000
② 9,900
③ 9,990
④ 10,000

풀이 $n = \dfrac{4(1-p)}{s^2 p} = \dfrac{4 \times 0.9}{0.06^2 \times 0.1} = 10,000(회)$

133 Work Sampling 중에서 레이팅을 하여 표준시간을 산출하는 대표적인 방법은?

① 랜덤 워크샘플링(Random Work Sampling)
② 등간격 워크샘플링(Systematic Work Sampling)
③ 층별 워크샘플링(Stratified Work Sampling)
④ 퍼포먼스 워크샘플링(Performance Work Sampling)

풀이 Performance Work Sampling에 대한 설명이다.

134 어느 기업의 시간분석 담당자가 요소작업에 소요되는 시간을 측정한 결과, 예비관측의 표준편차는 1.0분, 신뢰수준 90%, 허용오차 0.8분일 때, 관측횟수는?(단, 신뢰수준 90%일 때, $Z = 1.65$이다.)

① 5회
② 7회
③ 9회
④ 11회

풀이 $0.8 = \pm 1.65 \times \dfrac{1.0}{\sqrt{n}}$, $n = \left(\dfrac{1.65 \times 1.0}{0.8}\right)^2 = 4.25 = 5(회)$

표준자료법

06산업 ●●○

135 표준자료법의 특징으로 가장 거리가 먼 것은?

① 표준시간이 신속하게 설정되며, 제조원가의 사전 견적이 용이하다.
② 정확한 레이팅(Rating)이 이루어져 표준시간에 신뢰성이 크다.
③ 표준시간 설정이 일관성 있다.
④ 작업의 표준화를 유지·촉진할 수 있다.

풀이 ② 표준자료법은 레이팅이 필요 없다.

15, 19산업 ●●○

136 표준자료법의 특성에 관한 설명 중 맞는 것은?

① 레이팅(Rating)이 필요하다.
② 표준시간의 정도가 뛰어나다.
③ 제조원가의 사전견적이 가능하다.
④ 표준자료 작성의 초기비용이 저렴하다.

풀이 ① 레이팅(Rating)이 필요 없다.
② 표준시간의 정도가 뛰어나지 못하다.
④ 표준자료 작성의 초기비용이 고가이다.

00산업 ●●○

137 표준시간 자료법의 단점과 관계가 없는 것은?

① 변동요인을 모두 고려하기 곤란하므로 표준시간의 정도가 떨어진다.
② 표준시간을 신속하게 설정할 수 없다.
③ 표준자료 작성의 초기비용이 크므로, 생산량이 적거나 제품의 변동이 클 때는 부적당하다.
④ 작업조건이 불안정하거나 작업의 표준화가 곤란한 경우는 표준자료를 설정하지 못한다.

풀이 ② 표준자료법은 기존의 자료를 활용하는 방법이므로, 표준시간을 신속하게 설정할 수 있다.

PTS법

07, 11산업, 00(중복)기사 ●●●

138 PTS법의 특징이라 할 수 없는 것은?

① 작업자에게 최적의 작업방법을 훈련할 수 있다.
② 원가의 견적을 보다 정확하게 할 수 있다.
③ 흐름작업에 있어서 라인밸런싱을 보다 높은 수준으로 끌어 올릴 수 있다.
④ 작업방법의 변경 시에는 표준시간 개정이 신속하지 못하다.

풀이 ④ PTS법은 시간치가 미리 정해진 상태이므로 작업방법의 변경 시에도 표준시간 개정이 신속하다.

18산업 ●●○

139 PTS(Predetermined Time Standards)법의 특징으로 가장 거리가 먼 것은?

① 원가의 견적을 보다 정확하게 할 수 있다.
② 작업자에게 최적의 작업방법을 훈련할 수 있다.
③ 경험으로 시간을 견적하므로 생산현실을 반영할 수 있다.
④ 흐름작업에 있어서 라인밸런싱을 보다 높은 수준으로 끌어 올릴 수 있다.

풀이 ③ 경험시간치가 아니라 기본동작시간치로 하므로 생산현실을 정확하게 반영하기 힘들다.

15산업 ●●○

140 PTS법의 설명으로 틀린 것은?

① 주관적 판단을 해야 하는 레이팅에 부담이 없다.
② 작업방법과 작업시간을 분리하여 연구할 수 있다.
③ 현장관측이나 시간관측 없이 작업표준을 설정할 수 있다.
④ 무작위 표본추출의 이론을 적용한 통계적 작업측정 기법이다.

풀이 ④는 Work Sampling법에 대한 설명이다.

---

141 PTS법의 장점과 가장 관계가 먼 것은?

① 표준시간 설정 과정에 있어 논란이 되는 레이팅이 필요 없다.
② 생산 개시 전에 사전 표준시간을 산출할 수 있다.
③ 표준자료를 용이하게 작성하여 표준시간 설정공수를 절감할 수 있다.
④ 전문가가 아니라도 쉽게 표준시간을 산정할 수 있다.

풀이 ④ 규정의 훈련과정을 이수한 전문가여야만 표준시간을 산정할 수 있다.

142 PTS(Predetermined Time Standard)법의 가정으로 틀린 것은?

① 작업내용은 세분화된 기본동작으로 구성된다.
② 각 기본동작의 소요시간은 몇 가지 시간변동 요인에 의해 결정된다.
③ 작업의 소요시간은 동작을 구성하고 있는 각 기본동작의 기준시간치의 합계와 동일하다.
④ 변동요인이 같더라도 누가, 언제, 어디서 동작을 행하느냐에 따라 기준시간치는 다르다.

풀이 ④ 변동요인이 같다면 누가, 언제, 어디서인지에 상관없이 표값을 이용하므로 그 소요시간은 정해진 기준 시간치와 동일하다.

143 PTS법의 종류 중 MTM(Method-Time Measurement)에 관한 내용으로 옳은 것은?

① A. B. Segur가 1924년 Gilberth가 제안한 인간의 기본동작인 서블릭을 기초로 하여 최초로 개발하였다.
② 1934년부터 1938년까지 Philco Radio Corp.의 노동조합에서 종래의 스톱워치에 의한 표준시간을 불신하였기에 Joseph H. Quick 등이 중심이 되어 개발하였다.
③ 1948년 H. B. Maynard 등에 의해 발표되었으며 유일하게 모든 연구자료와 연구방법이 공표된 PTS 시스템이다.

④ 1966년 C. Heyde에 의해 공표되었으며 비교적 쉽게 배우고 적용할 수 있는 장점이 있다.

풀이 MTM은 1948년 Maynard, Stegemerten, Schwab이 개발한 것으로 팔뻗기, 운반, 돌리기, 쥐기, 위치잡기, 놓기, 떼놓음, 눈동작, 몸, 다리, 발동작, 종합동작 등 10개의 인체동작에 관한 10가지 표로 작업된 시간값을 사전에 연구 개발한 것이다.

144 MTM(Method Time Measurement)법의 장점이 아닌 것은?

① 방법이 단순하여 누구나 쉽게 적용할 수 있다.
② 생산 개시 전에 보다 나은 작업방법을 설정할 수 있다.
③ 작업대 배치도와 작업방법만 알면 시간을 산출할 수 있다.
④ 수행도의 평가가 불필요하므로 객관적인 평가를 할 수 있다.

풀이 MTM법의 관측은 WF 법에 비하면 대단히 간단하나 그 대신 다분한 경험과 판단력이 없으면 규칙을 바르게 적용하기가 곤란하다.

145 MTM법에서 1초는 몇 TMU인가?

① 10
② 16.7
③ 27.8
④ 36.0

풀이 1TMU = 0.00001시간 = 0.0006분 = 0.036초이므로,

$$1초 = \frac{1}{0.036} = 27.778(\text{TMU})$$

146 MTM법에서 90초는 약 몇 TMU인가?

① 908
② 2,500
③ 4,176
④ 15,000

풀이 90초 = 90×27.8TMU = 2,502(TMU)

---

147 WF(Work Factor)와 MTM(Method Time Measurement)의 공통점에 속하는 것은?

① 시간단위가 같다.
② 작업속도가 같다.
③ 기본동작이 같다.
④ 수행도 평가가 필요 없다.

풀이 레이팅(수행도평가) 작업을 필요로 하지 않는 방법은 표준자료법, PTS법(MTM, WF) 등이 있다.

설비보전업무

01 미국의 GE에서 1950년 중반부터 제창, 보급된 방법으로 설비의 일생을 통해 설비 자체의 취득원가와 운전유지비 등 설비에 소요되는 일체는 비용과 설비의 열화 손실한계를 줄임으로써 기업의 생산성을 높이는 보전 방법은?

10산업 ★★○

① 작업보전　　　　② 생산보전
③ 기업보전　　　　④ 동작보전

풀이 생산보전(PM)에 대한 설명이다.

02 성능열화로서 기계효율 등이 저하하는 열화는 무엇인가?

00산업 ★★○

① 기술적 열화　　　② 경제적 열화
③ 절대적 열화　　　④ 상대적 열화

풀이 기술적 열화에 대한 설명이다.

03 성능열화로 나타나는 현상으로 틀린 것은?

15산업 ★★○

① 충격　　　　　　② 파손
③ 마모　　　　　　④ 오손

풀이 성능열화란 시간이 지남에 따라 성능이 떨어진다는 의미이므로 파손, 마모, 오손 등은 성능열화에 속한다.

04 다음 중 설비의 효율화와 가장 관계 깊은 것은?

08, 13산업 ★★○

① 생산량 증대　　　② 재공품 증대
③ 재고량 증대　　　④ 재작업 증대

풀이 설비의 효율화를 향상시키는 주된 목적은 생산성 향상으로 보아야 하므로, 생산량 증대가 답이 된다.

05 기업이 설비의 효율화를 위해 TPM 활동 등을 추진하는 이유로 맞는 것은?

17산업 ★★○

① 자동화 추진　　　② 원단위 증가
③ 생산성 증대　　　④ 재작업 증대

풀이 TPM(Total Productive Maintenance)
종합적 생산보전으로 기계설비의 올바른 보전에 따른 생산성이 증대된다.

06 고장이 적은 설비의 설계 및 조기 수리가 가능한 설비의 설계를 통한 보전방식으로서 설비의 신뢰성과 보전성을 동시에 고려하는 것은?

10산업 ★★○

① 예방보전　　　　② 사후보전
③ 개량보전　　　　④ 보전예방

풀이 보전예방 MP(Maintenance Prevention)
새로운 설비를 계획할 때에 PM 생산보존을 고려하여 고장나지 않고(신뢰성 좋은) 보전하기 쉬운(보전성이 좋은) 설비를 설계하거나 선택하는 것을 말한다.

07 처음부터 보전이 불필요한 설비를 설계하는 것으로 보전을 근원적으로 방지하는 보전활동은?

13산업 ★★○

① 보전예방　　　　② 수리보전
③ 사후보전　　　　④ 고장보전

풀이 06번 풀이 참조

정답 01 ② 02 ① 03 ① 04 ① 05 ③ 06 ④ 07 ①

08 생산보전방법 중 설비의 신뢰성과 보전성 향상을 위하여 설비 제작 시에 가장 필요한 보전방식은?

① 사후보전
② 예지보전
③ 일상보전
④ 보전예방

풀이 06번 풀이 참조

09 생산 및 보전 측면에서 고장을 일으켜도 그 영향이 매우 적고 보전상의 손실이 적은 경우 적용되는 보전방식은?

① 사후보전
② 예지보전
③ 보전예방
④ 상태보전

풀이 사후보전 BM(Breakdown Maintenance)
고장, 정지 또는 유해한 성능 저하를 초래한 뒤 수리를 하는 보전방법, 고장에 대한 영향이 적고 보전상의 손실이 적은 경우에 사용한다.

10 기계설비가 고장을 일으키거나 파손되었을 때 신속히 교체 또는 보수하는 것을 지칭하는 용어는?

① 보전예방
② 생산보전
③ 예방보전
④ 사후보전

풀이 09번 풀이 참조

11 보전비용이 적게 들도록 재료를 개선하거나, 보다 용이한 부품 교체가 가능하도록 설비의 체질을 개선해서 수명연장, 열화방지 등의 효과를 높이는 보전 활동은?

① 개량보전
② 자주보전
③ 예방보전
④ 사후보전

풀이 개량보전에 대한 설명이다.

12 설비 자체의 체질을 개선하는 보전방식으로 설비가 고장난 후에 설계변경, 부품의 개선 등으로 수명을 연장하거나, 보전을 용이하게 하도록 하는 보전방식은?

① CM(개량보전)
② PM(예방보전)
③ MP(보전예방)
④ BM(사후보전)

풀이 개량보전(CM)에 대한 설명이다.

13 닦고, 조이고, 기름치는 설비보전 활동으로 가장 올바른 것은?

① 보전예방
② 사후보전
③ 일상보전
④ 개량보전

풀이 예방보전 중 일상보전에 대한 설명이다.

14 고장이 발생하기 전에 정기적인 점검검사와 조기수리를 행하는 설비보전방식은?

① CM(개량보전)
② PM(예방보전)
③ MP(보전예방)
④ BM(사후보전)

풀이 예방보전(Preventive Maintenance)
고장을 예방하기 위하여 일상보전을 하고 보전 담당자에 의해 예방수리를 행하는 것인데 일상예방으로는 주유, 청소, 조절, 점검 등이 있다.

15 설비고장의 예지 또는 조기에 발견하고 수리요구를 계획화하기 위하여 행해지는 점검, 측정, 효율측정 등을 행하는 활동은?

① 일상보전
② 예방보전
③ 검수
④ 설비검사

풀이 14번 풀이 참조

정답　08 ④　09 ①　10 ④　11 ①　12 ①　13 ③　14 ②　15 ②

16 기계설비 성능의 열화방지를 위해 사전에 정해진 기준에 따른 점검 또는 소모품 교체를 실시하는 보전활동의 명칭은?

① 예방보전　　　　② 사후보전
③ 개량보전　　　　④ 수리보전

풀이 14번 풀이 참조

17 새로운 설비를 계획하거나 건설할 때 보전 정보나 새로운 기술을 고려하여 신뢰성, 보전성, 경제성, 조작성, 안전성 등이 높은 설계로 하여 설비의 열화손실을 적게 하는 활동을 무엇이라 하는가?

① 보전예방　　　　② 예방보전
③ 개량보전　　　　④ 사후예방

풀이 보전예방에 대한 설명이다.

18 열화손실을 감소시키기 위한 조치의 설명으로 틀린 것은?

① 정상운전 : 운전자의 훈련과 지도
② 개량보전 : 갱신분석의 조직화 실시
③ 예방보전 : 주기적 검사와 예방수리의 적정 실시
④ 일상보전 : 급유, 교환, 점검, 청소 등의 적정 실시

풀이 ② 개량보전(CM) : 고장상태를 잘 알 수 있도록 설비를 사용하는 사람이 기록을 하고 고장 재발을 방지하기 위하여 개선제안을 적극적으로 한다.

19 설비보전사상의 발전과정으로 옳은 것은?

① 사후보전(BM) → 개량보전(CM) → 예방보전(PM) → 생산보전(PM) → 종합적 생산보전(TPM)
② 사후보전(BM) → 예방보전(PM) → 개량보전(CM) → 생산보전(PM) → 종합적 생산보전(TPM)
③ 사후보전(BM) → 생산보전(PM) → 예방보전(PM) → 개량보전(CM) → 종합적 생산보전(TPM)
④ 사후보전(BM) → 예방보전(PM) → 생산보전(PM) → 개량보전(CM) → 종합적 생산보전(TPM)

풀이 사후보전(BM) → 예방보전(PM) → 개량보전(CM) → 생산보전(PM) → 종합적 생산보전(TPM)

20 사전보전 또는 예방보전의 범주에 속하는 것으로 감도가 높은 계측장치를 사용하여 기계나 설비의 트러블을 예측해서 이에 따른 보전활동을 하는 것으로 기계설비가 자동화되어 있는 장치산업에서 특히 중요한 것은?

① 자주보전　　　　② 예지보전
③ 수리보전　　　　④ 개량보전

풀이 예지보전(Predictive Maintenance)
열화의 조기발견과 고장을 미연에 방지하는 것으로 설비의 수명예지에 의한 가장 경제적인 보전시기를 결정하여 최적조건에 의한 수명 연장을 꾀하는 방식으로 예측보전이라고도 한다.

21 감도(Sensitivity)가 높은 계측장비를 이용하여 기계설비의 트러블(Trouble)을 예측해서 수행하는 보전활동은?

① 사후보전(Breakdown Maintenance)
② 예측보전(Predictive Maintenance)
③ 예방보전(Preventive Maintenance)
④ 계량보전(Corrective Maintenance)

풀이 20번 풀이 참조

22 기계설비가 자동화된 장치산업에서 계측기를 이용하여 고장위험을 사전에 검출하는 보전활동은?

① 예측보전　　　　② 자주보전
③ 수리보전　　　　④ 사후보전

풀이 예측보전에 대한 설명으로 예지보전이라고도 한다.

정답 16 ① 17 ① 18 ② 19 ② 20 ② 21 ② 22 ①

23 제조설비의 보전활동에 필요한 표준은 크게 3가지로 나눌 수 있다. 이에 해당되지 않는 것은?

① 설비수입표준
② 설비검사표준
③ 설비일상보전표준
④ 설비수리표준

풀이 ①은 회사의 실정에 따라 결정하는 것이므로, 보전활동과는 연관성이 없다.

24 설비고장을 없애려는 대책과 가장 거리가 먼 것은?

① 사용조건을 지킨다.
② 설비의 수명을 조사한다.
③ 열화를 복원한다.
④ 설계상의 약점을 개선한다.

풀이 ②는 설비고장을 예측 또는 예방하기 위한 방법에 해당된다.

25 고장률 곡선에서 고장률이 어느 정도 감소되어 일정한 선에서 유지되는 경향을 보일 때 이 단계를 무엇이라 하는가?

① 초기고장기
② 우발고장기
③ 마모고장기
④ 예방보전기

풀이 ① 감소형(DFR)
② 일정형(CFR)
③ 증가형(IFR)

26 수리할 수 없는 제품의 평균수명으로 첫 번째 고장까지의 평균시간을 나타낸 용어는?

① MTTF
② MTBF
③ MTTR
④ FR

풀이 ① 수리할 수 없는 제품의 평균수명(Mean Time to Failure)
② 수리할 수 있는 제품의 평균수명(Mean Time Between Failure)
③ 평균수리시간(Mean Time To Repair)
④ 고장률(Failure Rate)

27 설비의 운전부문에서 담당해야 할 보전적 업무로 가장 관계가 먼 것은?

① 운전의 일부로 실시되는 검사
② 사용 중인 설비의 고장수리 작업
③ 운전의 일부로 실시되는 정비작업
④ 운전 중 발견될 수 있는 이상 파악

풀이 ②는 운전부문에서 담당해야 할 보전적 업무로 볼 수 없다.

28 설비의 고장곡선(욕조곡선)에서 초기고장기에 관한 설명으로 옳은 것은?

① 조잡한 제작에 의해 발생한다.
② 예방보전을 실시하여 방지한다.
③ 사후보전을 실시하여 방지한다.
④ 마모나 특성열화에 의해 발생한다.

풀이 ① 초기고장기 ②, ④ 마모고장기 ③ 우발고장기

29 예방보전 활동을 하기 위해서는 중점설비 분석을 하여야 한다. 중점설비 분석사항과 가장 거리가 먼 것은?

① 정지손실의 영향이 큰 중점설비의 파악
② 과거의 고장통계 분석
③ 설비열화가 품질저하에 미치는 영향이 큰 설비
④ 자동화된 설비

풀이 중점설비 분석사항과 가장 거리가 먼 것은 '자동화된 설비'이다.

30 설비보전의 한 방법인 예방보전(PM)을 효율적으로 수행할 경우 얻을 수 있는 효과가 아닌 것은?

① 반복적 수리 횟수의 감소
② 생산시스템의 정지시간 감소
③ 예비기계 보유로 신뢰도 향상
④ 납기준수에 따른 판매기회 증대

풀이 예방보전이 효율적으로 수행된다면, 예비기계가 필요 없게 된다.

정답 23 ① 24 ② 25 ② 26 ① 27 ② 28 ① 29 ④ 30 ③

31 설비를 보전하는 오퍼레이터로서 요구되는 능력과 가장 거리가 먼 것은?

① 설비의 결함을 발견할 수 있고, 개선할 수 있는 능력을 갖는다.
② 설비의 기능을 이해하고, 이상 원인을 발견할 수 있는 능력을 갖는다.
③ 설비와 품질의 관계를 이해하고, 품질이상의 예지와 원인을 발견할 수 있는 능력을 갖는다.
④ 설비의 정밀도 향상을 위해 설비를 고성능화할 수 있는 구조를 발견하여 설비를 개량하는 능력을 갖는다.

[풀이] ④는 오퍼레이터가 아니라 설비전문가에게 요구되는 능력이라 볼 수 있다.

13산업, 00기사 ★○○

32 1회의 수리비용이 400만 원이고, 월 수리비용은 50만 원인 경우 최적수리주기는 약 얼마인가?

① 1개월
② 2개월
③ 3개월
④ 4개월

[풀이] $x_0 = \sqrt{\dfrac{2a}{m}} = \sqrt{\dfrac{2 \times 400}{50}} = 4(개월)$

11, 18산업 ★★○

33 설비의 상태를 기준으로 보전 시기를 결정하는 방법으로 설비진단 기술을 적용하는 예지보전과 동의어인 보전방식은?

① TBM(Time based Maintenance)
② CBM(Condition Based Maintenance)
③ BM(Breakdown Maintenance)
④ CM(Corrective Maintenance)

[풀이] 상태기준 보전(CBM ; Condition Based Maintenance)
예측 또는 예지보전이라고도 하며, 고장이 일어나기 쉬운 부분에 진동분석장치 · 광학측정기 · 저항측정기 등 감도가 높은 계측장비를 사용하여 기계설비의 문제점을 예측하여 사전에 고장위험을 검출하는 보전활동을 말한다.

12산업 ★○○

34 설비보전조직을 위한 고려사항으로 보기에 가장 거리가 먼 것은?

① 생산방식
② 설비가동률
③ 공장의 규모
④ 설비의 특징

[풀이] 설비의 보전조직과 설비가동률과는 연관성이 없다.

00, 07, 16산업 ★★★

35 다음의 내용은 어떤 보전조직에 대한 것인가?

"보전작업자는 조직상 각 제조부문의 감독자 밑에 둔다."

① 집중보전
② 부문보전
③ 지역보전
④ 절충보전

[풀이] 부문보전에 대한 내용이다.

06산업 ★★○

36 보전요원이 각 제조현장에 상주하는 방식으로 대규모 공장에서 많이 채택하는 보전방식은?

① 집중보전
② 지역보전
③ 절충보전
④ 계획보전

[풀이] 지역보전에 대한 설명이다.

TPM

08산업 ★★○

37 설비를 가장 효율적으로 사용할 수 있도록 예방보전의 종합시스템을 이룩하여 설비의 계획 · 운용 · 보전에 이르는 과정에서 전체 구성원이 참여하여 자주적인 활동을 통해 예방보전을 추진해 나가는 것을 무엇이라 하는가?

① TPM
② MRP
③ TQM
④ SPC

정답 31 ④ 32 ④ 33 ② 34 ② 35 ② 36 ② 37 ①

풀이 ① 종합적 생산보전(Total Productive Maintenance)
② 자재소요계획(MRP)
③ 종합적 품질경영(TQM)
④ 통계적 공정관리(SPC)

38 종합적 생산보전(TPM)에 관한 설명으로 옳지 않은 것은?

① 설비효율을 최고로 하는 것을 목표로 한다.
② 소집단활동으로 생산보전을 추진하는 것이다.
③ 설비의 수명을 대상으로 한 종합시스템을 확립한다.
④ 최고 책임자를 제외한 제일선작업자 전원이 참가한다.

풀이 ④ 최고 책임자를 포함한 제일선작업자 전원이 참가한다.

16산업 ✪✪○

39 TPM(Total Productive Maintenance) 활동의 특징이나 효과에 해당하지 않는 것은?

① 제조원단위를 증대시키기 위한 개선활동
② 깨끗한 공장, 안전한 현장 등 공장환경의 변화
③ 개선의욕이 왕성, 제안건수의 증가 등 공장 종업원의 변화
④ 설비 고장의 감소, 품질 불량 감소 등 설비 및 기업체질의 변화

풀이 ① 제조원단위를 감소시키기 위한 개선활동

00, 10산업 ✪✪○

40 TPM 활동은 국내의 대기업들뿐 아니라 많은 중견 중소기업들에서도 활발히 전개하고 있는데, 이러한 이유로 보기에 가장 거리가 먼 것은?

① 판매량의 증가
② 깨끗한 공장, 안전한 현장 등 공장환경의 변화
③ 개선의욕 왕성, 제안 건수의 증가 등 공장 종업원의 변화
④ 설비고장의 감소, 품질불량의 클레임의 감소 등 설비 및 기업체질의 변화

풀이 TPM 활동은 효율적인 설비관리와 관련이 깊으므로, 관련성이 가장 적은 것은 제품의 판매량 증가라 볼 수 있다.

16산업 ✪✪○

41 일반적인 TPM 소집단 활동에 대한 설명으로 틀린 것은?

① 중복 소집단 활동으로 편성된다.
② 자주보전 스텝활동 중심으로 진행된다.
③ 리더는 현장 또는 조직의 책임자가 된다.
④ 종업원의 자발적인 의사에 따라 자주적으로 분임조를 편성한다.

풀이 ④ 종업원의 자발적인 의사에 따라 자주적으로 분임조 활동에 참여하고 실시한다.

11산업 ✪✪○

42 TPM 분임조 활동의 기본이념이 아닌 것은?

① 인간성 존중
② 기업의 체질개선
③ 무한한 가능성 창출
④ 상부의 지시에 따른 활동

풀이 TPM 분임조 활동의 기본이념
• 인간성을 존중하고 활력 있고 명랑한 직장을 만든다.
• 인간의 능력을 발휘하여 무한한 가능성을 창출한다.
• 기업의 체질개선과 발전에 기여한다.

12산업 ✪✪○

43 일반적으로 TPM 활동에 있어 선정되는 8대 기둥으로 가장 거리가 먼 것은?

① 납기관리   ② 자주보전
③ 교육훈련   ④ 개별개선

풀이 8대 기둥
• 개별개선   • 자주보전
• 계획보전   • 교육훈련
• MP 초기관리   • 품질보전
• 안전환경   • 사무효율화

44 TPM 소집단활동에서 도입 준비단계에 있어서 해야 할 일과 가장 관계가 먼 것은?

① 추진사무국의 설치
② 전원을 대상으로 한 TPM 교육의 실시
③ 현장에서의 문제가 무엇인가를 파악
④ 소집단의 편성

[풀이] ③은 도입실시단계에 속한다.

45 TPM 운동의 기본을 이루는 활동인 5S 활동에 대한 설명으로 맞는 것은?

① 청소는 필요한 것과 필요 없는 것을 구별하여 필요 없는 것은 없애는 것이다.
② 정리란 필요한 것을 언제든지 필요할 때 사용 할 수 있는 상태로 해 두는 것이다.
③ 청결은 정리, 정돈, 청소의 유지관리를 하는 것이다.
④ 정리는 정해진 일을 올바르게 지키는 습관을 유지하는 것이다.

[풀이] ① 청소는 먼지를 닦아내고 그 밑에 숨어 있는 부분을 보기 쉽게 하는 것을 말한다.
② 정리란 필요한 것과 필요 없는 것을 구분하여 필요 없는 것은 없애는 것을 말한다.
④ 습관화는 정해진 일을 올바르게 지키는 습관을 유지하는 것이다.

46 5S(5행)의 내용이 아닌 것은?

① 정리   ② 청소
③ 개선   ④ 생활화

[풀이] 5S(5행)란 정리, 정돈, 청소, 청결, 습관화(생활화)를 말한다.

47 5S 중 정리에 대한 설명으로 가장 올바른 것은?

① 필요한 것을 필요한 때에 꺼내 사용할 수 있도록 한다.
② 필요한 것과 필요 없는 것을 구분하여 필요 없는 것은 없앤다.
③ 먼지나 쓰레기가 없는 상태로 한다.
④ 정해진 일을 올바르게 지키는 습관을 생활화한다.

[풀이] ① 정돈
③ 청소
④ 습관화(생활화)

48 생산활동을 개선하는 데 선행되어야 할 활동인 5S 운동 중 [보기]의 설명이 뜻하는 것은?

─────── [보기] ───────
사람, 설비 등 직장환경을 어지럽히지 않고 항상 깨끗하고 깔끔한 상태를 유지하는 것

① 정리(Seiri)   ② 청결(Seiketsu)
③ 정돈(Seiton)   ④ 습관화(Shitsuke)

[풀이] 청결(Seiketsu)에 대한 설명이다.

49 TPM 활동에 있어 작업자가 운전을 실시하면서 행하는 닦고, 조이고, 기름치고, 점검하는 활동을 무엇이라 하는가?

① 전문보전   ② 자주보전
③ 예지보전   ④ 개량보전

[풀이] **자주보전활동**
생산설비를 운전하는 운전원(오퍼레이터)을 중심으로 전원 참여의 소집단 활동을 기본으로 전개하는 오퍼레이터의 보전활동을 말한다. 설비의 기본조건(청소, 급유, 더 조이기)을 정비하여 그것을 유지·관리하고 사용조건을 준수하여 설비에 강한 운전원을 육성한다.

50 설비의 운전부문에서 담당하여야 할 자주보전 업무로 가장 거리가 먼 것은?

① 운전의 일부로 실시되는 자주점검
② 사용 중인 설비의 고장수리 작업
③ 운전의 일부로 실시되는 정비작업
④ 운전 중 발견될 수 있는 이상 파악

풀이 자주보전의 주체는 오퍼레이터이다. ②의 주체는 설비보전자라 할 수 있다.

51 자주보전의 궁극적 목표는 설비에 강한 오퍼레이터를 육성하는 것이다. 여기서 설비에 강한 오퍼레이터에 게 요구되는 능력에 해당하지 않는 것은?

① 설비조건을 설정할 수 있는 능력
② 설비조건을 유지할 수 있는 능력
③ 설비의 이상에 대한 신속한 조치를 할 수 있는 능력
④ 설비를 설계할 수 있는 능력

풀이 ④는 설비장치기술자의 영역이지 설비오퍼레이터의 영역으로 보기는 힘들다.

52 자주보전의 전개에 있어서 보통 7단계로 나눈다. 단계 의 순서가 올바른 것은?

1. 초기 청소
2. 총점검
3. 발생원, 곤란부위 대책
4. 자주점검
5. 자주보전 잠정기준의 작성
6. 표준화
7. 자주관리의 철저화

① 1, 2, 3, 4, 5, 6, 7
② 1, 4, 3, 2, 5, 6, 7
③ 1, 3, 5, 2, 4, 6, 7
④ 1, 3, 7, 2, 4, 5, 6

단계	명칭	활동내용
제1단계	초기청소	설비 본체를 중심으로 하는 먼지·더러움을 완전히 없앤다.
제2단계	발생원, 곤란부위 대책수립	먼지·더러움의 발생원 비산의 방지나 청소급유의 곤란 부위를 개선하고 청소·급유의 시간단축을 도모한다.
제3단계	청소·급유·점검 기준의 작성	단시간으로 청소·급유·덧조이기를 확실히 할 수 있도록 행동기준을 작성한다.
제4단계	총점검	점검매뉴얼에 의한 점검기능교육과 총점검 실시에 의한 설비 미흡의 적출 및 복원
제5단계	자주점검	자주점검 체크시트의 작성·실시로 오퍼레이션의 신뢰성 향상
제6단계	정리정돈	자주보전의 시스템화, 즉 각종 현장관리항목의 표준화 실시, 작업의 효율화, 품질·안전의 확보를 꾀함
제7단계	자주관리의 확립	MTBF 분석기록을 확실하게 해석하여 설비 개선을 꾀한다.

53 자주보전 7스텝 활동에 해당되지 않는 것은?

① 3정 5S
② 설비 총점검
③ 발생원·곤란 개선 대책
④ 청소·점검·급유 가기준서 작성

풀이 52번 풀이 참조

54 다음은 자주보전 추진단계의 일부분이다. 순서로 옳 은 것은?

A. 발생원 청소, 곤란부위 대책
B. 총점검
C. 자주점검
D. 정리정돈

① A→B→C→D
② D→C→B→A
③ B→A→C→D
④ D→C→A→B

풀이 52번 풀이 참조

00, 07, 11, 19산업, 06기사 ✪✪✪

55 자주보전 활동 7스텝 중 "설비의 기능구조를 알고 보전기능을 몸에 익힌다."는 내용은 몇 스텝인가?

① 1스텝 : 초기청소
② 2스텝 : 발생원 · 곤란개소 대책
③ 3스텝 : 청소 · 급유 · 점검기준 작성
④ 4스텝 : 총점검

풀이 52번 풀이 참조

06산업 ✪✪✪

56 다음의 내용은 자주보전 활동 7스텝 중 몇 스텝에 해당하는가?

> "각종 현장관리의 표준화를 실시하고 작업의 효율화와 품질 및 안전의 확보를 꾀한다."

① 4스텝 : 총점검
② 5스텝 : 자주점검
③ 6스텝 : 정리정돈
④ 7스텝 : 자주관리의 철저(개별대책)

풀이 52번 풀이 참조

설비종합효율

13산업 ✪✪○

57 다음 중 설비종합효율의 향상과 가장 관계가 깊은 것은?

① 생산수율의 감소
② 가동시간의 감소
③ 부적합품률의 감소
④ 제조원단위의 증가

풀이 설비종합효율의 향상에 따라 생산수율 증가, 가동시간 증가, 부적합품률의 감소, 제조원단위의 감소와 같은 장점이 있다.

06, 08, 09, 10, 13산업 ✪✪✪

58 설비의 효율화를 저해하는 6대 로스(가공 및 조립)와 가장 관계가 먼 것은?

① 고장정지로스
② 가공로스
③ 속도저하로스
④ 초기유동관리 수율로스

풀이

구분	6대 로스	내용
정지 로스	㉠ 고장정지 로스	돌발적 · 만성적으로 발생되는 고장정지
	㉡ 작업준비 · 조정 로스	최초의 양품이 나올 때까지의 정지
속도 로스	㉢ 공전 · 순간정지 로스	공전 또는 일시적 Trouble에 의한 설비의 정지
	㉣ 속도저하 로스	기준사이클타임과 실제 사이클타임과의 속도차
불량 로스	㉤ 불량재가공 로스	공정 불량
	㉥ 초기수율 로스	초기 생산 시 발생하는 로스

07, 10산업 ✪✪✪

59 설비의 효율화를 저해하는 6대 손실(가공 및 조립산업)과 가장 거리가 먼 것은?

① 에너지 로스, 지그 공구 로스
② 불량재가공 로스, 초기수율 로스
③ 고장정지 로스, 준비 · 조정 로스
④ 순간정지 · 공전 로스, 속도저하 로스

풀이 58번 풀이 참조

00, 12산업 ✪✪○

60 생산활동에 관한 로스(Loss) 중 설비효율화를 저해시키는 로스는?

① 재고 로스
② 동작 로스
③ 속도저하 로스
④ 오퍼레이터능력 로스

풀이 58번 풀이 참조

정답 55 ④ 56 ③ 57 ③ 58 ② 59 ① 60 ③

61 설비의 효율화를 저해하는 6대 손실에서 이론사이클타임과 실제의 사이클타임과의 차로 발생하는 손실은?

① 속도손실　　　② 고장손실
③ 생산개시손실　④ 가동전환손실

풀이 58번 풀이 참조

62 설비로스 중 기능 돌발형 고장 또는 기능 저하형 고장으로 인한 손실로 시간가동률을 저해하는 것은?

① 고장 로스
② 공구교환 로스
③ 작업준비 · 조정 로스
④ 불량 · 수정 로스

풀이 고장로스란 돌발적 · 만성적으로 발생되는 고장정지로스를 말한다.

63 설비의 설계속도와 실제 가동속도와의 차이에 의한 손실로서 성능가동률을 저해하는 설비로스는 무엇인가?

① 속도 로스
② 준비 · 조정 로스
③ 불량 · 재가공 로스
④ 일반 양품 로스

풀이 속도로스에 대한 설명이다.

64 설비의 효율을 저해하는 7대 손실과 가장 관계가 먼 것은?

① 고장손실, 준비작업 조정손실
② 절삭기구 손실, 초기 손실
③ 일시 정지 공운전손실, 속도저하손실
④ 수율손실, 에너지 손실, 지그 공구 손실

풀이 가공 · 조립산업의 6대 로스에 절삭기구(지그공구) 손실을 포함하여 7대 손실로 정의한다.

65 설비의 효율화를 저해하는 8대 로스(장치산업) 중 플랜트의 불합리, 이상으로 인해 생산율이 저하되는 성능로스는 어떤 로스인가?

① 생산조정 로스
② 프로세스 고장 로스
③ 재가공 로스
④ 비정상 생산 로스

풀이 비정상 생산 로스에 대한 설명이다.

66 운용 중인 설비의 종합적인 효율을 향상시키기 위한 접근방법으로 틀린 것은?

① 6대 로스 발생의 정량적 파악 및 평가
② 적합품률을 향상시키기 위한 접근방안 연구
③ 최첨단, 고성능 설비로 대체하기 위한 장기적인 방안 연구
④ 시간가동률과 성능가동률을 향상시키기 위해 문제를 인식하고 그 해결방안 연구

풀이 종합효율을 높이기 위해서는 6대 로스의 발생억제 대책, 양품률의 최대화, 시간가동률, 성능가동률의 향상을 도모하여야 한다.

67 다음 중 사이클타임을 산출하는 식으로 옳지 않은 것은?

① $\dfrac{\text{총 가용생산시간}}{\text{목표생산량}}$

② $\dfrac{\text{총 작업생산시간}}{\text{목표생산량} \times (1 - \text{여유율})}$

③ $\dfrac{\text{해당 제품의 총 작업소요시간}}{\text{최소의 작업장 수}}$

④ $\dfrac{\text{총 작업소요시간} \times (1 - \text{부적합품률})}{\text{목표생산량}}$

풀이 ② $\dfrac{\text{총 작업생산시간}}{\text{목표생산량}} \times (1 - \text{여유율})$

정답　61 ①　62 ①　63 ①　64 ④　65 ④　66 ③　67 ②

68 기계의 가동시간은 400분, 기계의 정지시간이 50분일 경우 시간가동률은 약 몇 %인가?

① 12.5% ② 87.5%

③ 88.9% ④ 99.5%

풀이 시간가동률 $=\dfrac{\text{가동시간}}{\text{부하시간}}=\dfrac{400}{450}\times100=88.9(\%)$

69 1일 조업시간은 8시간, 1일 부하시간 460분, 1일 가동시간 380분, 1일 총생산량 380개이며, 정지내용으로는 준비작업 30분, 고장 30분, 조정 20분이 소요되었으며, 부적합품은 5개이었다. 이때 성능가동률은 얼마인가?(단, 기준 사이클타임은 0.5분/개, 실제 사이클타임은 0.8분/개이다.)

① 50% ② 62%

③ 80% ④ 82%

풀이 성능가동률 $=\dfrac{\text{기준 사이클타임}\times\text{생산량}}{\text{가동시간}}\times100$

$=\dfrac{0.5\times380}{380}\times100=50(\%)$

70 설비가동 중에 잠깐 정지 내지는 공회전 등으로 인한 손실을 파악하여 설비속도 및 정미가공상태를 알 수 있는 설비보전지표는?

① 설비가동률 ② 성능가동률

③ 설비부하율 ④ 생산종합효율

풀이 성능가동률에 대한 설명이다.

71 H기업의 1일 원제품 생산량은 400개이나. 실제 사이클타임이 1개당 0.8분, 가동시간이 400분일 경우, 이 회사의 실질가동률은 몇 %인가?

① 60% ② 70%

③ 80% ④ 90%

풀이 실질가동률 $=\dfrac{\text{실제 사이클타임}\times\text{생산량}}{\text{가동시간}}\times100$

$=\dfrac{0.8\times400}{400}\times100=80(\%)$

72 다음 내용을 기초로 구할 수 있는 설비의 실질가동률은?

1일 조업시간	480분
1일 부하시간	460분
1일 정지시간	60분
1일 생산량	600개
실제 사이클타임	0.5분/개

① 75% ② 80%

③ 85% ④ 90%

풀이 실질가동률 $=\dfrac{\text{실제 사이클타임}\times\text{생산량}}{\text{가동시간}}$

$=\dfrac{0.5분\times600개}{400}=0.75\,(75\%)$

73 TPM에서 설비종합효율을 가장 올바르게 표현한 것은?

① 시간가동률×성능가동률×양품률

② 시간가동률×정비가동률×양품률

③ 속도가동률×정비가동률×양품률

④ 속도가동률×성능가동률×양품률

풀이 설비종합효율=시간가동률×성능가동률×양품률

74 다음 [자료]에서 설비종합효율을 구하면 약 몇 %인가?

[자료]
- 시간가동률 : 89%
- 성능가동률 : 50%
- 가공수량 : 400개
- 부적합품(불량) 개수 : 5개

① 24% ② 34%

③ 44% ④ 54%

정답 68 ③ 69 ① 70 ② 71 ③ 72 ① 73 ① 74 ③

풀이 시간가동률×성능가동률×양품률

$$= 0.89 \times 0.5 \times \frac{395}{400} \times 100 = 43.94(\%)$$

20산업 ●●○

75 1일 부하시간이 460분, 1일 가동시간이 400분, 1일 생산량을 300개라 할 때, 설비종합효율은 약 얼마인가? (단, 이론주기시간 : 0.5분/개, 양품률 : 98%, 실제주기시간 : 0.8분/개이다.)

① 32% ② 40%

③ 42% ④ 50%

풀이 설비종합효율 $= \frac{400}{460} \times \frac{0.5 \times 300}{400} \times 0.98 = 0.3197(31.97\%)$

14산업 ●○○

76 어느 공장의 하루 설계능력은 200대, 유효능력은 160대, 실제 생산량은 140대이다. 이 공장의 이용률과 효율을 구하면?

① 70%, 85.0% ② 70%, 87.5%

③ 80%, 85.0% ④ 80%, 87.5%

풀이 • 이용률 $= \frac{140}{200} \times 100 = 70(\%)$

• 효율 $= \frac{140}{160} \times 100 = 87.5(\%)$

PART

6

품질경영

품질경영의 개념과 리더십

00산업 ★★○

01 다음의 3가지 품질관리활동을 발생된 연대순으로 나열하면?

> ⓐ SQC(통계적 품질관리)
> ⓑ TQC(전사적 품질관리)
> ⓒ ZD(무결점)

① ⓒ → ⓑ → ⓐ
② ⓑ → ⓒ → ⓐ
③ ⓐ → ⓑ → ⓒ
④ ⓒ → ⓐ → ⓑ

풀이 ⓐ SQC(통계적 품질관리) : 1924년
ⓑ TQC(전사적 품질관리) : 1956년
ⓒ ZD(무결점) : 1961년

00기사 ★★○

02 품질경영에 대한 설명으로 가장 관계가 먼 내용은?

① 최고경영자의 품질방침에 따른 고객 만족을 위한 모든 부문의 전사적 활동이다.
② 공정 및 제품의 불량감소를 위해 품질표준을 설정하고 이의 적합성을 추구하는 수단이다.
③ 고객지향의 기업문화와 조직행동적 사고 및 실천을 강조하고 있다.
④ QC, IE, VE, TPM, JIT 등의 모든 관리 기술을 총체적으로 활용한다.

풀이 ②는 품질관리에 대한 설명이다.

08, 11, 17산업, 09기사 ★★★

03 품질시스템의 발전단계로 옳은 것은?

① 검사 – 통계적 품질관리 – 품질보증 – 전략적 품질경영
② 전략적 품질경영 – 검사 – 품질보증 – 통계적 품질관리
③ 통계적 품질관리 – 검사 – 품질보증 – 전략적 품질경영
④ 품질보증 – 전략적 품질경영 – 검사 – 통계적 품질관리

풀이 품질시스템의 발전단계로 검사 – 통계적 품질관리 – 품질보증 – 전략적 품질경영으로 나타낼 수 있다.

14산업 ★★○

04 품질에 대한 정의는 시대에 따라 바뀌고 있다. 산업시대 초창기의 검사 위주의 품질에서 생산위주의 품질로, 다시 설계 위주의 품질로 바뀌고 있다. 이와 같이 품질에 대한 정의는 협의에서 광의로 넓게 해석되고 있다. 다음 중 품질에 대한 해석을 가장 좁게 한 것은?

① 지금까지 제조업 중심에서 서비스업, 공공부문 등 모든 분야에 품질을 적용한다.
② 전체 인력을 품질전문가로 키우기보다는 소수의 품질전문가를 양성하여 이들에게 품질을 책임지게 한다.
③ 서비스업 등 비제조업에서 품질에 대한 측정치를 개발하여 객관적·과학적으로 개선활동을 한다.
④ 제조업에서 설계부서, 생산부서, 검사부서 모두가 품질에 대하여 정확하게 알아야 한다.

풀이 ② 전체 인력을 품질전문가로 키우는 것이 가장 바람직하다.

05 품질의 개념에 대한 견해를 생산자 관점, 소비자 관점 및 사회 관점으로 나누어 볼 때, 생산자 관점에서 설정한 품질의 정의로 가장 적절한 것은?

① 용도에 대한 적합성
② 요건에 대한 일치성
③ 사회손실을 회피하는 특성
④ 사용 목적을 만족시키는 성질 내지 성능

풀이 ① 소비자 관점
③ 사회적 관점
④ 품질에 대한 일반적 정의

06 쥬란(J. M. Juran)의 품질에 대한 정의에 해당되는 것은?

① 소비자 기대에의 부응
② 사용 적합성
③ 시방에의 일치
④ 욕구의 충족

풀이 ① A. V. Feigenbaum
③ H. D. Seghezzi
④ ISO 9000

07 조직구성원들이 공유하고 있고 구성원 행동과 전체 조직행동에 기본 전제로 작용하는 기업교육의 가치관과 신념, 규범과 관습 그리고 행동패턴 등의 거시적 총체를 무엇이라 하는가?

① 기업목적　　　　② 기업목표
③ 기업전략　　　　④ 기업문화

풀이 기업문화에 대한 정의로 볼 수 있다.

08 품질경영이 필요한 이유에 해당되지 않는 것은?

① 전문가 중심의 기업 경영이 요구되고 있다.
② 기업들의 사회적 책임이 크게 강조되고 있다.

③ 시장이 생산자 중심에서 소비자 중심으로 전환되고 있다.
④ 제품/서비스 및 제조기술의 환경변화가 신속히 이루어지고 있다.

풀이 ① 현대의 기업은 특정인(전문가)의 기업 경영이 아니라 전 사원 중심의 기업경영이 요구되고 있다.

09 품질선구자와 품질사상의 연결이 틀린 것은?

① 테일러 : 검사품질(Inspected Quality)
② 크로스비 : 코스트 종합품질(Cost Integrated Quality)
③ 다구찌 겐이치 : 종합적 품질관리(Total Quality Control)
④ 슈하트 : 공정관리 종합품질(Process Control Integrated Quality)

풀이 • 파이겐바움 : 종합적 품질관리
• 다구찌 겐이치 : 다구찌 품질관리

10 품질관리학자들의 사상에 관한 설명으로 옳지 않은 것은?

① 크로스비(P. B. Crosby)-품질문제의 80%는 경영층에 관계되었다고 주장하고, 경영층의 리더십을 통한 개선 외에 다른 대안은 없다고 하였다.
② 쥬란(J. M. Juran)-GE의 품질관리 책임자였던 쥬란박사는 품질에 대한 책임을 제조부문에 국한시키지 않고 전사적 접근 방법을 개발하였다.
③ 데밍(W. E. Deming)-일본에 품질기법을 전파한 공로가 크다. 그는 작업자가 스스로 문제를 해결해야 한다고 하고 검사부서가 필요 없음을 강조하였다.
④ 슈하르트(W. A. Shewhart)-관리도를 개발하여 품질에 기여하였다. 제조단계에서 변동이 존재하며 이는 샘플링 이론이나 확률분석과 같은 통계적 수단을 적용함으로써 이해될 수 있다고 하였다.

풀이 ②는 쥬란(J. M. Juran)이 아니라 파이겐바움(Feigenbaum)의 사상으로 볼 수 있다.

11 쥬란(J. M. Juarn)이 제시한 품질경영의 세 가지 과정에 해당되지 않는 것은?

① 품질계획   ② 품질관리
③ 품질개선   ④ 품질보증

풀이 Juran's Quality Trilogy
• 품질계획(Quality Planning)
• 품질관리(Quality Control)
• 품질개선(Quality Improvement)

12 품질은 "사회에 끼친 총 손실이다."라고 정의한 사람은?

① 쥬란(Juran)
② 데밍(Deming)
③ 이시까와(Ishikawa)
④ 다구찌(Taguchi)

풀이 다구찌(Taguchi)의 정의이다.

13 크로스비의 품질경영에 대한 사상과 가장 관계가 깊은 것은?

① 다음 공정은 나의 고객이다.
② 시장경쟁 종합품질이 중요하다.
③ 품질성과의 측정 척도는 품질비용이다.
④ 품질전략 수립에는 벤치마킹이 중요하다.

풀이 ③ P. B. Crosby의 품질 정의에 '품질에 돈을 쓰면 총비용이 절감된다.'가 있다.

14 품질에 대한 정의와 주창자와의 연결이 틀린 것은?

① 용도에 대한 적합성 – 쥬란
② 요건에 대한 일치성 – 크로스비
③ 고객의 기대에 부응하는 특성 – 데밍
④ 제품이 출하된 후 사회에서 그로 인해 발생되는 손실
    – 다구찌

풀이 ③ 고객의 기대에 부응하는 특성 – A. V. Feigenbaum

15 품질선구자들이 정의한 품질에 대한 설명으로 틀린 것은?

① J.M. Juran : 용도에 대한 적합성
② A.V. Feigenbaum : 고객의 기대에 부응하는 특성
③ Taguchi : 제품이 출하된 후에 사회에서 그로 인해 발생하는 손실
④ H.D. Seghezzi : 대상의 고유 특성의 집합이 요구사항을 충족시키는 정도

풀이 ④ H.D. Seghezzi : 품질시방과 일치성
※ ISO 9000 : 2015 : 대상의 고유 특성의 집합이 요구사항을 충족시키는 정도

16 품질경영(QM)을 설명하는 것으로 가장 적합한 것은?[단, QP(품질계획), QC(품질관리), QI(품질개선), QA(품질보증), QS(품질시스템)이다.]

① QM＝QP＋QC＋QA＋QS
② QM＝QP＋QC＋QA＋QI
③ QM＝QS＋QA＋QC＋QI
④ QM＝QP＋QS＋QC＋QI

풀이 QM＝QP＋QC＋QA＋QI로 정의된다.

17 가빈(D. A. Garvin)이 품질을 이루고 있는 범주로서 제시한 8가지 품질의 구성요소에 해당되지 않는 것은?

① 특징(Feature)
② 미관성(Aesthetics)
③ 보전성(Maintenance)
④ 신뢰성(Reliability)

풀이 D. A. Garvin은 성능, 특징, 신뢰성, 적합성, 내구성, 서비스, 미관성(심미성), 인지품질(지각된 품질) 등으로 품질을 8대 구성요소로 구분하였다.

정답 11 ④ 12 ④ 13 ③ 14 ③ 15 ④ 16 ② 17 ③

18 D.A. Garvin이 제시한 품질을 이루고 있는 8가지 요소에 해당되지 않는 것은?

① 미관성(Aesthetics)
② 특징(Feature)
③ 성능(Performance)
④ 공감성(Empathy)

풀이 17번 문제 풀이 참조

19 품질특성에 영향을 주는 요인인 5M 1E에 포함되지 않는 것은?

① 측정
② 원자재
③ 자금
④ 작업방법

풀이 5M 1E
Man, Machine, Material, Measurement, Method, Environment

20 일본기업의 성공의 근간이 된 종합적 품질경영(TQM)의 3가지 기본 개념에 해당되지 않는 것은?

① 고객중심
② 목표관리
③ 지속적 개선
④ 전원참여

풀이 TQM의 3가지 기본 개념
• 고객중심
• 전원참여
• 지속적 개선

21 소비자가 요구하는 품질특성을 만족시키기 위해서 고려하여야 할 사항으로 가장 거리가 먼 것은?

① 고객이 원하는 제품의 특성은 무엇인가
② 현재의 제조공정은 부적합품률이 얼마나 낮아지고 있는가
③ 현재의 수행수준에서 고객들은 얼마나 만족하고 있는가

④ 고객의 기대사항을 충족시키는 데 필요한 수행기준은 무엇인가

풀이 ②는 생산자 입장에서의 요구하는 품질특성으로 볼 수 있다.

22 제품이나 서비스가 규정된 요구사항을 만족시키고 있는가의 여부를 평가하는 특성 및 성능을 포함하는 용어는?

① 방법
② 형식
③ 등급
④ 품질

풀이 품질(Quality)
어떤 실체가 지니고 있는 명시적이고 묵시적인 요구를 만족시키는 능력에 관계되는 특성의 전체로서, 물품 또는 서비스가 사용 목적을 만족시키고 있는지의 여부를 결정하기 위한 평가의 대상이 되는 고유의 성질 또는 성능 전체를 말한다.

23 품질특성은 참특성과 대응특성으로 나뉜다. 참특성을 설명한 것으로 맞는 것은?

① 표준에 명시된 특성
② 소비자가 요구하는 품질특성
③ 승용차의 경우 길이, 폭, 넓이, 색상 등
④ 품질특성을 표현하기 위한 객관적 조건

풀이 참특성
고객이 요구하는 품질특성으로 실용특성이라고도 한다. 예를 들어 자동차의 경우 스타일, 승차감, 안전성, 내구성, 가속성 등이 여기에 속한다.

24 품질특성은 참특성과 대용특성으로 나뉜다. 다음 중 승용차의 경우 참특성에 해당하지 않는 것은?

① 안전성
② 스타일
③ 승차감
④ 제동거리

풀이 23번 풀이 참조

정답 18 ④ 19 ③ 20 ② 21 ② 22 ④ 23 ② 24 ④

25 초우량기업의 상품이 품질면에서 좋은 평가를 받고 있는 이유는 소비자가 요구하는 품질의 해석에 노력했기 때문이다. 다음 중 이러한 활동과 가장 거리가 먼 것은?

① 품질설계를 비롯하여 제품개발이나 기술 분야의 선정에 있어서 "우리의 고객이 무엇을 원하고 이를 어떻게 하면 만족시킬까?"라는 고객요구의 만족을 목표로 하는 개발자세가 필요하다.

② 소비자가 요구하는 품질의 해석을 위해서 우선 참품질 특성이 어떤 것인지를 파악해야 한다.

③ 참품질특성을 어떻게 측정하고 시험할 것인가 그리고 품질수준을 얼마로 할 것인가 등을 뚜렷이 한 다음 이에 영향을 준다고 생각하는 대용특성을 선정한다.

④ 참특성들을 어느 정도 나타내어 대용특성을 만족시킬 수 있는지 관계를 올바르게 파악해 두어야 한다.

풀이 ④ 대용특성들을 어느 정도 나타내어 참특성을 만족시킬 수 있는지 관계를 올바르게 파악해 두어야 한다.

26 초우량기업의 상품이 품질면에서 좋은 평가를 받고 있는 이유는 소비자가 요구하는 품질의 해석에 노력했기 때문이다. 다음 중 이러한 활동에 해당되지 않는 것은?

① 제품개발이나 기술분야의 선정에 있어서 "우리의 고객이 무엇을 원하고 이를 어떻게 하면 만족시킬까?"라는 고객요구의 만족을 목표로 하는 개발자세가 필요하다.

② 소비자가 요구하는 품질의 해석을 위해서는 우선 참품질특성이 어떤 것인지를 파악해야 한다.

③ 대용특성을 어떻게 측정하고 시험할 것인가, 그리고 품질수준을 얼마로 할 것인가 등을 뚜렷이 한 다음 이에 영향을 준다고 생각하는 참특성을 선정한다.

④ 대용특성들을 어느 정도 나타내어 참특성을 만족시킬 수 있는지 관계를 올바르게 파악해 두어야 한다.

풀이 ③ 참특성을 어떻게 측정하고 시험할 것인가, 품질수준을 얼마로 할 것인가 등을 뚜렷이 한 다음 이에 영향을 준다고 생각하는 대용특성을 선정한다.

27 소비자가 요구하는 품질을 추리, 번역, 전환에 의해 대용특성으로 바꾸는 것은?

① 부품전개
② 품질설계
③ 공정설계
④ 설계심사

풀이 품질설계란 소비자가 요구하는 품질(참특성치)을 추리, 번역, 전환에 의해 대용특성군으로 바꾸는 행위의 전체를 의미한다.

28 품질관리를 바르게 실시하였을 때 나타날 수 있는 효과로 가장 거리가 먼 것은?

① 품질향상
② 원가절감
③ 클레임 감소
④ 판매량 감소

풀이 ④ 판매량 증가

29 품질관리(Quality Control)와 품질경영(Quality Management)에 관한 설명으로 가장 부적절한 것은?

① 품질관리는 요구 충족을 강조한다면 품질경영은 고객만족과 경제적 생산을 강조한다.

② 근본적으로 품질관리와 품질경영은 차이가 없으며, 품질관리를 잘하면 당연히 품질경영을 잘하는 것이다.

③ 품질관리는 생산중심으로 관리기법을 강조하고, 품질경영은 고객 지향의 기업문화 및 조직적 사고와 실천을 강조한다.

④ 품질관리는 제품요건 충족을 위한 운영기법 및 전사적 활동이고, 품질경영은 최고경영자의 품질방침에 따른 고객만족을 위한 전사적 활동이다.

풀이 ② 품질관리는 현장중심, 품질경영은 회사의 전반적인 경영중심으로 보아야 하므로, 근본적인 차이가 있다.

정답 25 ④ 26 ③ 27 ② 28 ④ 29 ②

30 QM추진팀의 역할에 해당되지 않는 것은?

① QM 교육 보급
② QM 추진에 의한 효과의 파악
③ QM 추진계획의 검토 및 심의
④ 경영진에 의한 QM 진단 수행 시 지적사항의 Follow
  − up

[풀이] ③은 품질경영위원회의 심의사항이라 할 수 있다.

31 현대 경영에서 품질이 중요한 것은 품질이 중요한 전략적 변수로 작용하는 시대이기 때문이다. 다음 중 품질이 기업경영에서 전략변수로 중시되는 이유로 가장 올바른 것은?

① 제품이 복잡해져도 날로 발전하는 기술혁신으로 신뢰성관리는 점점 용이해지고 있다.
② 가격보다는 비가격경쟁, 즉 제품의 신뢰성, 품질 등이 주요 경쟁요인이기 때문이다.
③ 제품 생산이 분업일 경우 부분적으로 책임을 지는 것이 제품의 신뢰성을 높인다.
④ 소비자들이 제품의 안전 또는 고신뢰성보다는 가격인하에 대한 요구 경향이 높아지고 있다.

[풀이] ① 제품이 복잡해져도 날로 발전하는 기술혁신으로 신뢰성관리는 점점 어려워지고 있다.
③ 제품 생산이 분업일 경우 부분적으로 책임을 지는 것이 제품의 신뢰성이 낮아지게 된다.
④ 소비자들이 가격인하에 대한 요구보다는 제품의 안전 또는 고신뢰성 요구 경향이 높아지고 있다.

32 종합적 품질경영(TQM)을 성공적으로 수행하기 위해서는 종업원의 적극적 참여가 필수적이다. 종업원의 적극적 참여를 유도하기 위해 취해야 할 내용 중 적합하지 않은 것은 무엇인가?

① 모든 종업원은 고객의 요구와 그들을 충족시키는 회사 내부의 수행과정을 이해해야 한다.

② 모든 종업원에게 자신의 업무나 생산품의 품질을 향상시키기 위한 동기부여가 되어야 한다.
③ 종업원의 의견청취보다는 최고경영자의 경영전략을 이해시키는 데 역량을 기울여야 한다.
④ 기업은 결함을 찾아내어 고치는 것보다는 결함을 예방하는 데 관심을 두도록 유도한다.

[풀이] ③ 최고경영자의 경영전략을 이해하는 것보다는 종업원의 의견청취를 하는 데 역량을 기울여야 한다.

33 품질 및 고객만족과 관련된 자료와 정보를 효과적으로 관리하기 위해서 측정하거나 조사해야 할 내용으로 옳지 않은 것은?

① 제품과 서비스 품질 : 생산 시스템의 산출물, 제품과 서비스를 창출하는 프로세스
② 사업과 지원 서비스 : 기업의 핵심 제조나 서비스 능력을 지원하는 기능 및 프로세스
③ 마케팅 : 제품판매 증대를 위한 광고 제작 및 홍보
④ 운영성과 : 최고경영자의 의사결정을 위한 고객 관련 및 재무적 자료

[풀이] ③ 마케팅 : 제품에 대한 정확한 이해와 판단을 유도하기 위한 일련의 활동

34 기업의 장기경영전략에 의해 종합적 품질경영(TQM)을 도입하고 추진하기 위해서 기본적으로 갖추어야 할 요건에 해당되지 않는 것은?

① 고객중심(만족) 경영
② 품질 및 프로세스의 지속적인 개선
③ 타 부서와 무한 경쟁체계
④ 품질문화 창출

[풀이] TQM을 도입하고 추진하기 위해서는 기본적으로 고객중심(만족) 경영, 품질 및 프로세스의 지속적인 개선, 품질문화 창출 등을 갖추어야 한다.

35 QM에 관한 내용으로 옳지 않은 것은?

① 최고 경영자의 품질방침에 따라 실시하는 총체적 품질향상 활동이다.
② 품질은 고객지향으로 기업문화와 구성원의 행동의식 변화를 요구한다.
③ 국제규격에서 요구하고 있으므로 산업발전을 위해 강제적으로 실천하여야 한다.
④ 공정 및 제품의 질은 물론 설계업무, 사람의 질까지 포함하는 총체적 품질향상이다.

풀이 ③ 국제규격에서도 필요하므로 산업발전을 위해 자발적으로 실천하는 것이 좋다.

36 설계품질을 결정할 때 고려해야 할 내용으로서 가장 적합한 것은?

① 신뢰성과 보전성
② 기술수준과 코스트
③ 품질보증과 제품책임
④ 제조품질과 적합품질

풀이 품질설계에서는 고객만족을 위하여 기업의 기술수준과 원가라는 두 측면을 균형화하여 품질질을 현성한다.

37 품질의 종류에 속하지 않는 것은?

① 검사품질
② 시장품질
③ 설계품질
④ 적합품질

풀이 품질의 종류에는 시장품질(요구품질), 설계품질, 제조품질 등이 있다.

38 제조의 목표로서 설정된 품질을 무엇이라 하는가?

① 제조품질
② 요구품질
③ 시장품질
④ 설계품질

풀이 설계품질을 제조에서는 목표품질로 잡게 된다.

39 소비자가 요구하는 품질로서 설계나 판매정책에 반영되는 품질을 무엇이라 하는가?

① 설계품질
② 시장품질
③ 적합품질
④ 가공품질

풀이 요구품질 : 사용품질, 시장품질
시장조사, 클레임 등을 통해 파악한 소비자의 요구조건 등을 말하며, 설계품질의 결정에 중요한 정보가 된다. 요구품질은 사용품질, 실용품질 또는 고객의 필요(Needs)와 직결된 품질이다.

40 기업이 외부로부터 자재나 부품을 조달하는 데에는 품질상의 여러 가지 이유가 존재한다. 다음 설명 중 해당되지 않는 것은?

① 공급자의 전문성을 기대할 수 있기 때문이다.
② 개발부품을 일정 기간 보유할 필요가 있기 때문이다.
③ 자재의 소요량이 소량일 경우, 외부조달이 유리하기 때문이다.
④ 기업을 새로이 신설하였다면 많은 부품을 외부에서 조달하는 것이 유리한 경우가 많다.

풀이 개발부품인 경우에는 기업이 외부로부터 자재나 부품을 조달할 필요가 없다.

41 제품이 출하되어 소비자에게 판매된 다음 그 제품이 당초의 사용목적에 대하여 충분히 기능을 발휘하는가에 따라 소비자의 만족 여부가 좌우된다. 이러한 사용품질에 대한 설명 중 틀린 것은?

① 사용품질은 경제적인 적정 품질수준이 고려된다.
② 생산자와 소비자의 관심사 간에 틈이 점점 벌어지고 있어 제품설계의 최종적인 평가요소인 사용품질이 중요한 품질결정 문제가 되고 있다.
③ 사용품질에서 품질을 소비자의 만족도로 보았을 때, 소비자가 만족할 수 있도록 제품의 사용품질을 높이려면 소비자의 부담(사용품질 코스트)이 감소한다.

정답 35 ③ 36 ② 37 ① 38 ④ 39 ② 40 ② 41 ③

④ 소비자는 하드웨어에서 취하는 서비스를 원하고 생산자는 하드웨어의 구성에 관심을 갖는 것과 같이 소비자의 관심사는 생산자의 관심사와 점점 틈이 벌어지고 있다.

풀이 ③ 사용품질에서 품질을 소비자의 만족도로 보았을 때, 소비자가 만족할 수 있도록 제품의 사용품질을 높이려면 소비자의 부담(사용품질 코스트)이 증가한다.

09, 14산업 ⚫⚫○

42 품질관리 업무를 설계품질, 조달품질, 제조품질, 사용품질, 품질개선 활동으로 분류하였을 때, 제조품질의 관리에 해당되지 않는 것은?

① 공정능력의 평가와 공정계획
② 품질산포와 산포원인의 발견
③ 시장구매품에 대한 품질관리
④ 품질표준에 대한 제조품질의 적합 정도 파악

풀이 ③은 사용품질의 관리에 해당된다.

19, 20산업 ⚫⚫○

43 생산단계에서 설계품질에 적합하도록 제조품질을 확보하기 위한 품질관리활동에 해당되지 않는 것은?

① 검사
② 공정관리
③ 신뢰성 시험
④ 공정개선

풀이 ③은 설계품질이 아니라 설계단계에서 올바른 제품품질을 확보하기 위한 품질관리활동이다.

14, 20산업 ⚫⚫○

44 제조현장에서 제조품질을 달성하기 위하여 관리하는 업무 중 틀린 것은?

① 공정능력의 평가와 공정의 계획
② 품질산포와 산포요인이 발견
③ 신뢰성 표준의 설정
④ 부적합품 원인의 제거 및 개선

풀이 ③은 설계품질을 달성하기 위하여 관리하는 업무로 볼 수 있다.

14산업 ⚫⚫○

45 사내의 책임과 권한을 고려한 품질수준에 대한 설명으로 틀린 것은?

① 품질목표 : 장래 혹은 일정 시기에 도달하고자 하는 품질의 수준이다.
② 품질표준 : 공정에 제시하는 품질의 표준을 말하며, 주로 제조부문에서 담당하는 품질수준이다.
③ 보증품위 : 소비자가 사용하면서 느끼는 것으로, 주로 설계부문에서 추구하는 품질수준이다.
④ 검사표준 : 검사에 제시하는 검사의 판정기준을 말하며, 주로 검사부문에서 담당하는 품질수준이다.

풀이 ③ 보증품위 : 고객에게 제시하는 품질수준으로 계약품질이라고도 하며 영업부서 담당이다.

07, 09산업, 00기사 ⚫⚫⚫

46 품질경영의 기능 수행절차로 가장 올바른 것은?

① 품질설계 – 공정관리 – 품질보증 – 품질조사
② 품질설계 – 공정관리 – 품질조사 – 품질보증
③ 품질관리 – 공정설계 – 품질보증 – 품질조사
④ 품질관리 – 품질보증 – 공정설계 – 품질조사

풀이 품질경영의 기능 수행절차
품질설계 – 공정관리 – 품질보증 – 품질조사

00, 17산업 ⚫⚫○

47 효율적인 PDCA 관리 사이클에 대한 설명으로 틀린 것은?

① Check에서는 공정해석을 해야 할 경우도 있다.
② Plan에서는 표준이나 기준도 포함하여 설정한다.
③ Action에서 수정조치는 자기권한 밖의 것이라도 즉각 취해야 한다.
④ Do에서는 계획의 내용에 대해 충분한 교육, 훈련을 실시하고 계획에 따라 일을 수행한다.

풀이 ③ Action에서 수정조치는 자기권한의 것인 경우 즉각 조치를 취해야 한다.

48 품질관리의 원칙이 아닌 것은?

① 예방의 원칙
② 전원참가의 원칙
③ 과학적 접근의 원칙
④ 품질관리 부문을 라인에 두는 원칙

풀이 품질관리의 원칙
• 예방의 원칙   • 전원 참가의 원칙
• 과학적 관리의 원칙   • 종합 · 조정의 원칙
• Staff 원조의 원칙

49 품질관리시스템을 효율적으로 운영 관리하기 위해서는 다음에 제시되는 원칙을 충실히 지킬 것을 요구하고 있다. 원칙 설명 내용 중 가장 관계가 먼 것은?

① 예방의 원칙 : 당초에 올바르게 만들어야 한다.
② 과학적 접근의 원칙 : Plan – Do – Check – Action 사이클을 돌려야 한다.
③ 전원참가의 원칙 : 회의 시에 전원이 꼭 참석해서 함께 토론해야 한다.
④ 종합 조정의 원칙 : 전체 속에서 각 부서의 역할을 조정한다. 각 부서의 최적이 전체의 최적이 안 되는 경우가 많다.

풀이 ③ 전원참가의 원칙 : 품질개선을 위하여 전원이 참가하는 것을 원칙으로 한다.

50 다음 중 파이겐바움(A. V. Feigenbaum)이 제시한 품질관리 조직편성의 원칙에 해당되는 것은?

① 품질에 대한 책임은 최고경영자의 책임이다.
② 품질에 대한 책임은 각 부서의 관리자 책임이다.
③ 품질에 대한 책임은 품질 관련 부서의 책임이다.
④ 품질에 대한 책임은 공동책임이므로 무책임으로 되기 쉽다.

풀이 ④ 품질책임은 공동의 책임이기 때문에 무책임하게 되기 쉽다.

51 공장 내에서의 생산시스템을 개선함으로써 생산성이 향상되었다. 이 단계를 PDCA로 분류한다면 가장 적합한 것은?

① P(계획)   ② D(실행)
③ C(검토)   ④ A(조치)

풀이 Action(조치)에 대한 설명이다.

52 품질에 대한 책임은 전 부서의 공동책임이기 때문에 무책임이 되기 쉽다. 이에 각 부서별로 품질에 대해 책임지는 업무 내용으로 틀린 것은?

① 품질코스트 분석은 회계, 품질관리 부서와 관계가 깊다.
② 공정 내 품질측정은 생산현장보다는 설계, 제조기술 분야와 관계가 깊다.
③ 품질수준 결정에는 공장장, 판매, 설계, 품질관리 부서 등과 관계가 깊다.
④ 불만데이터 수집 및 분석은 판매, 설계, 구매, 생산, 품질관리 부서와 관계가 깊다.

풀이 ② 공정 내 품질측정은 설계, 제조기술 분야보다는 생산제조현장과 관계가 깊다.

53 파이겐바움(A. V. Feigenbaum)은 품질시스템을 '품질에 책임이 있는 사내의 모든 부문을 조정 통합하는 효과적인 품질관리 체계'라고 정의하고 품질관리업무를 4가지로 분류하였는데, 이에 해당되지 않는 것은?

① 제품관리(Product Control)
② 협력업체관리(Subcontractor Control)
③ 신설계품질의 관리(New – design Control)
④ 수입자재관리(Incoming – material Control)

풀이 품질관리업무에는 수입자재관리, 제품관리, 신설계품질의 관리, 특별공정조사가 있다.

54 관리와 그 관리의 목표 사이에 연결이 잘못된 것은?

① 신제품관리 – 표준설정
② 수입자재관리 – 시방과의 적합성 평가
③ 제품관리 – 원가분석
④ 특별공정조사 – 개선계획

풀이 ③ 제품관리는 부적합품이 발생하기 전에 품질시방으로부터 벗어나는 것을 시정하고 시장에서의 제품서비스를 원활히 하기 위해 생산현장이나 시장을 통해 제품을 관리하는 것이다.

55 품질관리부서의 업무를 신설계품질의 관리, 수입자재관리, 제품관리, 특별공정관리로 대별할 때 제품의 부적합품 원인을 찾고 이 원인을 제거하여 제조공정의 개선을 이루려는 업무에 해당하는 것은?

① 신설계품질의 관리
② 수입자재관리
③ 제품관리
④ 특별공정관리

풀이 특별공정관리에 대한 설명이다.

56 기업은 제품이나 서비스에 대해 차별화시키는 경쟁우위의 전략을 수립하여야 한다. 경쟁우선순위를 분류할 때의 요인으로 가장 관계가 먼 것은?

① 품질
② 시간(납기)
③ 원가
④ 수율

풀이 경쟁우선순위를 분류할 때의 요인으로 품질(Q), 원가(C), 납기(D) 등이 있다.

57 생산기업에서 품질관리/품질경영활동을 생산활동의 진행순서대로 하였을 때 제품의 출하판매된 상품에 대한 애프터서비스를 행하는 활동을 무엇이라 하는가?

① 생산(품질)방침
② 원자재의 구매(외주)
③ 설비보전
④ 판매 · 서비스

풀이 판매 · 서비스에 대한 설명이다.

58 기업에서 이루어지는 외주품질관리의 주요 내용과 가장 거리가 먼 것은?

① 납품품질의 평가
② 요구품질의 명확화
③ 외주공장의 선정
④ 외주공장의 가동률 조사

풀이 ④ 외주공장의 가동률 조사와 품질관리는 직접적인 관련이 있다고 볼 수 없다.

59 외주품의 품질수준은 외주공장의 수준이다. 다음 중 외주공장의 선정기준으로 가중치가 가장 낮은 것은?

① 단가
② 전문적 기술
③ 제품 기술개발 능력
④ 종업원의 급여

풀이 외주의 목적 및 효과
• 저렴한 생산원가의 이용(원가절감)
• 특수 기계설비나 전문기술의 이용(자공장의 능력 · 기술의 보완 가능)
• 수요변동에 따른 경영상의 위험부담 경감(작업량 조정 가능)

60 외주품질관리란 발주기업이 요구하는 품질(제품 또는 서비스)을 경제적으로 생산하기 위해서 발주기업과 외주공장이 협력해서 실행하는 품질관리활동이다. 외주품질관리의 기능을 설명한 내용으로 옳지 않은 것은?

① 발주기업 측에서 외주공장에 대해 외주품질의 유지·향상을 위해서 행하는 품질관리활동
② 발주기업 측이 요구품질을 만족하는 외주품을 받아들이기 위해서 행하는 수입검사활동
③ 외주공장 측에서 발주기업 측이 요구하는 제품을 제조하기 위해서 행하는 품질관리활동
④ 외주공장 측에서 모기업 완제품의 품질보증을 위해서 행하는 설계감사활동

풀이 ④ 외주공장 측에서 '모기업 완제품의 품질보증을 위해서 행하는 전반적인 품질관리활동'으로 정의하는 것이 더 바람직하다.

61 제품개념부터 판매에 이르는 제품개발과정에 관련되는 모든 주요기능 부서로부터 전문가가 동시에 참여하여 제품설계, 생산방법, 공정설계, 생산계획 등을 한 번에 수행토록 함으로써 제품이 고객의 요구와 기대를 완전히 만족시키도록 다기능팀으로 구성되는 방법은?

① 동시공학(CE)
② 리엔지니어링(Reengineering)
③ 연속공학(SE)
④ 시제품(Prototype)

풀이 동시공학(CE)에 대한 설명이다.

62 업무를 수행하면서 발생되는 모든 문서자료의 전표, 도면기록 등을 필요에 따라 즉시 이용할 수 있도록 그 발생에서부터 조직적이고 체계적으로 분류, 정리한 후 보관 및 보존의 단계를 거쳐 폐기시키는 일련의 관리 시스템을 무엇이라 하는가?

① 파일링 시스템
② 기록관리 시스템
③ 보존관리 시스템
④ 보관관리 시스템

풀이 파일링 시스템(Filing System)에 대한 설명이다.

63 다음의 내용 중 ( ) 안에 해당하는 용어는?

> [다음]
>
> (   )은/는 설계 및 개발출력이 설계 및 개발입력 요구사항을 충족시켰다는 것을 보장하기 위하여 계획된 결정사항에 따라 수행되어야 한다.

① 검증결과 유지
② 설계 및 개발 착수
③ 검증결과 활용
④ 설계 및 개발 검증

풀이 설계 및 개발 검증은 설계 및 개발출력이 설계 및 개발입력 요구사항을 충족시켰다는 것을 보장하기 위하여 계획된 결정사항에 따라 수행되어야 한다.

품질전략과 고객만족

64 1980년 중반에 등장한 전략경영 개념은 급변하는 기업환경 속에서 기업이 직면하고 있는 위협과 기회에 조직능력을 대응시키는 의사결정과정이라 할 수 있다. 이러한 전략적 경영을 전개해 가는 3단계에 해당하지 않는 것은?

① 품질의 정의(Quality Define)
② 평가 및 통제(Evaluation Control)
③ 전략의 형성(Strategy Formulation)
④ 전략의 실행(Strategy Implementation)

풀이 전략적 품질경영의 단계
전략의 형성 → 전략의 실행 → 전략의 평가 및 통제

---

65 장기적인 품질목표를 수립하여 이를 전략적으로 전개하는 경영을 무엇이라 하는가?

① SQC(Statistical Quality Control)
② SQM(Strategic Quality Management)
③ MIS(Management Information System)
④ TQC(Total Quality Control)

풀이 전략적 품질경영에 대한 정의이다.

66 품질전략을 수립할 때 전략의 형성단계인 계획단계에서 SWOT분석을 많이 활용한다. 여기서 W가 뜻하는 내용은?

① 기회　　　　　② 위협
③ 강점　　　　　④ 약점

풀이 SWOT분석
• Strength(강점)　　• Weakness(약점)
• Opportunity(성장기회)　• Threats(위협)

67 품질전략을 수립할 때 계획단계(전략의 형성단계)에서 SWOT분석을 많이 활용하고 있다. 여기서 T는 무엇을 의미하는가?

① 기회　　　　　② 위협
③ 강점　　　　　④ 약점

풀이 66번 풀이 참조

68 TQM의 전략목표인 고객만족품질은 제품 자체의 품질과 경영종합품질 그리고 전략종합품질의 융합에 의해서 도달할 수 있다고 본 품질가치사슬을 제시한 품질 선구자는?

① 컨스　　　　　② 게하니
③ 포터　　　　　④ 크로스비

풀이 품질가치사슬(Quality Value Chain)
Ray Gahani 교수는 TQM의 전략전개를 위한 사상을 제시하기 위해 M. E. Porter의 부가가치사슬을 발전시켜 품질선구자의 사상을 인용하여 제시한 도표이다.

상층부	전략적 종합품질(시장창조 종합품질+시장경쟁 종합품질)
중층부	경영종합품질
하층부	제품품질(공정품질, 예방품질, 검사품질)

69 게하니(R. Gehani) 교수의 품질가치사슬에서 마쯔다의 시장창조종합품질과 컨스(D. Kearns)의 시장경쟁 종합품질에 해당되는 품질은?

① 검사품질　　　　② 제품품질
③ 경영종합품질　　④ 전략종합품질

풀이 68번 풀이 참조

70 게하니(Gehani) 교수가 구상한 품질가치사슬에서 TQM의 전략목표인 고객만족품질을 얻는 데 융화되어야 할 3가지 품질로 제시된 사항이 아닌 것은?

① 제품품질　　　　② 경영종합품질
③ 부품품질　　　　④ 전략종합품질

풀이 68번 풀이 참조

71 게하니(Gehani)가 구상한 품질가치사슬구조에서, 기본적 부가가치 활동이 전개되는 하층 기반부인 제품품질에 관한 사상으로 볼 수 없는 것은?

① 테일러의 검사품질
② 다구찌의 설계종합품질
③ 이시가와의 예방종합품질
④ 데밍의 공정관리종합품질

풀이 제품품질 관련 사상
데밍의 공정관리품질, 이시가와의 예방품질, 테일러의 검사품질

정답　65 ②　66 ④　67 ②　68 ②　69 ④　70 ③　71 ②

72 한 기업이 중요한 고객요구를 어느 정도 충족하고 있는가, 즉 그의 성과를 그 기업이 속해 있는 산업에서 가장 우수한 기업의 성과와 지속적으로 비교·분석함으로써 개선의 여지를 결정하는 과정은?

① Benchmarking(벤치마킹)
② Reengineering(리엔지니어링)
③ Business Process Reengineering(BPR)
④ Downsizing(다운사이징)

풀이 벤치마킹(Benchmarking)
조직의 업적 향상을 위해 최상을 대표하는 것으로 인정되는 경쟁자나 다른 조직의 우수한 경영실무를 지속적으로 추구하여 이를 거울 삼아 자사의 조직에 새로운 아이디어를 도입하는 체계적이고 지속적인 과정을 의미하는 것으로 품질경영기법의 하나이다.

73 경쟁우위를 쟁취하기 위하여 산업의 최고수준의 기술 또는 업무방식을 배워서 경영성과를 향상하려는 과정을 무엇이라고 하는가?

① Downsizing
② Benchmarking
③ Reengineering
④ Business Process Reengineering(BPR)

풀이 72번 풀이 참조

74 벤치마킹 기법에 관한 설명 중 틀린 것은?

① 벤치마킹은 프로세스보다는 완제품이나 서비스에 초점이 집중된다.
② 벤치마킹은 경쟁 업체뿐만 아니라 모든 조직을 이해하는 데 사용 가능하다.
③ 미국 제록스사의 교육 및 조직개발 전문가 모임에서의 용어 사용을 시초로 본다.
④ 벤치마킹이란 지속적인 개선을 달성하기 위한 내부 활동 및 기능 혹은 관리능력을 외부적인 비교 시각을 통해 평가하고 판단하는 것이다.

풀이 ① 벤치마킹은 완제품이나 서비스보다는 프로세스에 초점이 집중된다.

75 벤치마킹을 실시하는 목적으로 볼 수 없는 것은?

① 선진기술 및 정보 습득을 위해
② 가장 앞서가는 선진지표 발굴 및 적용을 통한 경영성과의 비교를 위해
③ 외부적 비교시각/고객 중심의 시각에 기초한 의미 있는 목표 및 업무평가기준의 구축을 위해
④ 제품이 출하된 뒤 사회에 끼치는 손실을 최소화하기 위해

풀이 ④ 품질에 대한 다구찌의 견해를 설명하고 있다.

76 다음은 무엇에 대한 설명인가?

> 구매한 제품(서비스)의 성능이 기대를 충족시키는 경험을 했을 때 고객이 느끼는 상태를 말한다.

① 고객창출　　　　② 고객가치
③ 고객만족　　　　④ 고객관계

풀이 고객만족에 대한 설명이다.

77 고객이 기대하는 제품과 서비스의 품질특성은 일반적으로 기본품질, 명시품질, 매력품질의 3단계의 계층구조로 살펴볼 수 있다고 주장한 품질선구자는?

① 카노　　　　② 쥬란
③ 크로스비　　④ 슈하르트

풀이 대부분의 고객이 제품에 대한 만족, 불만족에 대한 느낌을 표현하는 데는 여러 가지의 측면이 고려되는데, Kano는 이러한 상황을 체계적으로 설명하기 위하여 품질의 이원적 인식방법을 제시하였다. 즉, 만족, 불만족의 주관적 측면과 물리적 충족, 불충족이라는 객관적 측면을 고려하여 분류하였다.

정답 72 ① 73 ② 74 ① 75 ④ 76 ③ 77 ①

78 카노(Kano) 박사는 고객이 기대하는 품질 관점에서 시장품질을 여러 가지 요소로 고찰하였다. 그 중 충족되면 만족을 주지만 충족이 되지 않으면 불만을 일으키는 품질요소는?

① 기본적 품질요소(Basic Quality Factors)
② 무관심 품질요소(Indiffernt Quality Factors)
③ 매력적 품질요소(Excitement Quality Factors)
④ 일원적 품질요소(Performance Quality Factors)

풀이 일원적 품질이란 충족되면 만족, 충족되지 않으면 불만을 일으키는 품질(종래의 품질인식)이다.

79 카노(Kano)의 고객만족모형에서 고객내면에 잠재되어 있는 품질특성으로, 경쟁사에 비교우위를 가져오게 되는 요인은?

① Basic Quality Factors(기본적 요인)
② Reverse Quality Factors(역품질 요인)
③ Performance Quality Factors(성능 요인)
④ Excitement Quality Factors(고객이 흥분을 느끼는 요인)

풀이 Excitement Quality Factors가 경쟁사에 비교우위를 가져오게 되는 요인이다.

80 일본의 카노(Kano) 교수는 고객만족모델에서 품질요소를 3가지로 분류하였다. 이에 대한 설명으로 틀린 것은?

① 묵시적 품질은 충족이 되든 충족이 되지 않든 불만을 야기하지 않는 것이다.
② 일원적 품질은 충족이 되면 만족하며, 충족이 되지 않으면 불만을 야기하는 것이다.
③ 매력적 품질은 충족이 되면 매우 만족하며, 충족이 되지 않더라도 문제가 없는 것이다.
④ 당연적 품질은 충족이 되면 별다른 만족을 주지 않지만 충족이 되지 않으면 불만을 야기하는 것이다.

풀이 ① 무차별(무관심) 품질은 충족이 되든 충족이 되지 않든 불만을 야기하지 않는 것이다.

81 A. R. Tenner는 고객이 기대하는 제품과 품질특성을 3단계 계층구조로 나누고 있다. 가장 낮은 단계인 밑바닥 층의 묵시적 요구인 기층 기대에 해당하는 사항은?

① 승용차 브레이크의 안전성
② 승용차 뒷자석의 전용 냉장고
③ 자동기어 및 가죽시트의 옵션
④ 후방카메라 설치 무상 서비스

풀이 ② 2단계 : 명시적인 시방 및 요건
③, ④ 3단계 : 내면적인 기쁨, 감동

82 고객만족을 위한 품질계획 활동에 대한 설명 내용 중 가장거리가 먼 것은?

① 과거의 수행성과를 분석하여 품질목표를 설정한다.
② 고객에 대한 파레토 분석을 이용하여 핵심고객을 확인한다.
③ 시장조사, 설문조사, 전화 인터뷰 등을 통하여 고객의 요구를 확인한다.
④ 실패를 분석하고 대책을 세울 전문 분석팀을 구축한다.

풀이 ④는 고객만족을 위한 품질계획으로 볼 수 없다.

83 고객에 대한 설명 중 가장 거리가 먼 것은?

① 고객은 내부고객과 외부고객이 있다. 흔히 내부고객은 회사 내 직원을 의미하고 외부고객은 최종 사용자를 의미한다.
② 새로운 건물을 짓는 건축회사는 자신의 고객으로 새로운 건물에 입주할 입주대상자와 자재를 공급하는 공급자들만 외부고객으로 정의하였다.
③ 제품의 품질을 만드는 것은 내부고객이다. 내부고객을 정확히 알고 내부고객 요구를 만족시켜주는 것도 좋은 품질을 만드는 중요한 일이다.
④ 외부고객은 제품의 최종사용자이다. 기업에선 제품의 사용자를 정확하게 파악하여 이들의 의견을 정확하게 청취하여 대책을 세우는 것이 경쟁력을 갖추는 지름길이다.

정답 78 ④   79 ④   80 ①   81 ①   82 ④   83 ②

풀이 ② 새로운 건물을 짓는 건축회사는 자신의 고객으로 새로운 건물에 입주할 입주대상자를 외부고객으로 정의하였다(외부고객은 제품의 최종사용자이기 때문이다).

11산업 ⚙⚙○

84 종합적 품질경영(TQM)에서는 외부고객이 품질을 정의하고 내부고객이 이를 생산하게 된다고 한다. 이를 고려할 때 외부고객과 내부고객의 연결이 옳지 않은 것은?

① 외부고객 – 협력업체, 내부고객 – 대리점
② 외부고객 – 정부기간, 내부고객 – 생산부
③ 외부고객 – 개별 구매자, 내부고객 – 영업부
④ 외부고객 – 외국 바이어, 내부고객 – 해외영업부

풀이 ① 외부고객 – 대리점, 내부고객 – 협력업체

09, 17산업 ⚙⚙○

85 A. R. Tenner는 고객이 기대하는 제품과 품질특성을 3단계 계층구조로 나누고 있다. 가장 낮은 단계로부터 높은 단계의 순서가 적절하게 나열된 것은?

① 묵시적 요구 → 명시적 시방 및 요건 → 내면적인 기쁨(감동)
② 묵시적 요구 → 내면적인 기쁨(감동) → 명시적 시방 및 요건
③ 명시적 시방 및 요건 → 묵시적 요구 → 내면적인 기쁨(감동)
④ 명시적 시방 및 요건 → 내면적인 기쁨(감동) → 묵시적 요구

풀이 묵시적 요구 → 명시적 시방 및 요건 → 내면적인 기쁨(감동)의 순으로 되어 있다.

14, 19산업 ⚙⚙○

86 A. R. Tenner는 고객이 기대하는 제품과 품질특성을 3단계 계층구조로 나누고 있다. 다음 중 가장 높은 단계인 내면적 기쁨, 즉 고객감동에 해당하는 것은?

① 소형 승용차의 연비가 카탈로그상에 높게 설명되어 있다.

② 소형 승용차의 브레이크가 운전해 보니 이상이 없었다.
③ 소형 승용차 구매 후 1년 뒤 판매자가 서비스로 멋진 보디 튜닝을 해 주었다.
④ 소형 승용차의 에어컨이 선택 사양이고 가격이 꽤 비쌌다.

풀이 묵시적 요구(②) → 명시적 시방 및 요건(①, ④) → 내면적인 기쁨(감동)(③)으로 구성하였다.

11, 14, 20산업 ⚙⚙⚙

87 기업이 고객의 만족 정도를 정확히 파악하기 위하여 고객만족도를 조사하여야 하는데 이때 지켜야 할 원칙으로 볼 수 없는 것은?

① 계속성의 원칙
② 정량성의 원칙
③ 일회성의 원칙
④ 정확성의 원칙

풀이 ③ 고객만족도는 수시로 변하므로, 일회성으로 하였을 때는 정확한 판단을 할 수 없다.

12산업, 06기사 ⚙⚙○

88 기업에선 고객들의 요구를 만족시켜주고 무엇이 불만인지 확인하기 위하여 많은 방법을 강구하고 있다. 이와 관련된 설명 중 가장 거리가 먼 것은?

① 고객의 전화를 받는 직원들에게 특별훈련을 시킨다.
② 가능한 제품을 사용하기 쉽게 하고, 서비스는 가장 신속하게 한다.
③ 공연히 트집 잡기 좋아하는 문제 고객에 대비하여, 제품에 관련된 정보는 가능한 한 고객에게 제공하지 않는다.
④ 고객의 불평을 처리하기 위하여 수신자 부담 24시간 불평접수창구를 제공하고, 불평을 신고하는 고객에게 선물을 준다.

풀이 ③ 공연히 트집 잡기 좋아하는 문제 고객에 대비하여, 제품에 관련된 정보는 가능한 고객에게 제공하는 것이 좋다.

정답 84 ① 85 ① 86 ③ 87 ③ 88 ③

89 품질개선과 고객만족에 필수조건인 고객의 욕구를 파악하는 방법으로 볼 수 없는 것은?

① 직접면담법　② 시뮬레이션
③ 직접관찰법　④ 제품책임방법

풀이　제품책임방법으로는 고객의 욕구를 파악할 수는 없다.

90 고객만족도를 조사하는 방법 중 고객들이 시장에 직접 사용하는 것과 유사한 상황을 만들어 시험을 통해 제품·서비스의 문제점을 조사하는 방법은?

① 델파이법　② 직접면담법
③ 직접관찰법　④ 시뮬레이션

풀이　시뮬레이션에 대한 설명이다.

91 조직 구성원들에게 권한부여를 할 경우 구성원이 각자 맡은 직무를 수행하는 데 필요한 능력, 기능, 지식 등을 갖추고 조직에서 필요로 하는 자원, 즉 원자재, 방법, 기계설비 등을 갖추어야 하는 요건을 무엇이라 하는가?

① 역량(Capability)
② 마음가짐(Alignment)
③ 리더십(Leadership)
④ 상호신뢰(Mutual Trust)

풀이　역량(Capability)에 대한 설명이다.

92 PL법의 탄생에 영향을 미친 케네디 대통령이 소비자보호특별교서에서 제시한 "소비자 권리선언(Consumers Bill of Right)" 중 소비자의 권리에 해당되지 않는 것은?

① 안전할 권리(The Right Safety)
② 선택할 권리(The Right Choose)
③ 성공할 권리(The Right Succeed)
④ 고충을 말할 수 있는 권리(The Right to be Heard)

풀이　소비자의 권리에는 안전할 권리(The Right Safety), 선택할 권리(The Right Choose), 고충을 말할 수 있는 권리(The Right to be Heard), 알 권리(The Right to be Informed)가 있다.

93 고객만족의 품질을 만들기 위해선 고객의 요구를 정확하게 알아야 한다. 고객요구 확인에 대한 설명으로 틀린 것은?

① 기업에서 성공한 제품은 언제나 고객의 요구에 맞춘 것이다. 고객의 요구는 언제나 새로운 제품을 창조한다.
② 기업은 제품을 만든 사람의 의도와는 다르게 사용하는 고객의 요구를 고려하여 제품을 만든다.
③ 기업에선 지역에 따른 문화적 차이를 고려하여 고객의 요구에 맞춰야 한다.
④ 고객은 자신의 실제적 요구를 상품이 제공할 수 있는 서비스로 요구한다. 즉, 실제는 수송을 필요로 하는 것을 자동차로 요구한다.

풀이　① 기업에서 성공한 제품은 일반적으로 고객의 요구에 맞춘 것이다. 그러나 고객의 요구는 언제나 새로운 제품을 창조하지는 않는다.

94 고객만족활동은 모든 사원이 고객이 제일이라는 생각을 가지고 행동으로 실천하는 것이 중요하다. 가장 적절치 못한 것은?

① 고객만족 경영실천에 대한 비전을 제시한다.
② 고객불만사항이 많은 고객의 요구는 배제한다.
③ 고객 제일주의가 모든 임직원의 공유된 가치관이어야 한다.
④ 고객의 요구나 기대를 파악하기 위해 고객만족도를 정기적으로 조사한다.

풀이　② 고객불만사항이 많은 고객의 요구는 보다 적극적으로 파악한다.

95 고객 및 고객만족경영에 관한 설명 중 틀린 것은?

① 고객이란 결국 회사 내외에서 나의 일의 결과로 사용하는 사람이라고 정의할 수 있다.

② 고객만족경영이란 결국 고객의 입장에 서서 객관적으로 욕구를 창출시켜 나가는 경영활동이다.

③ 흔히 고객이란 외부고객만 지칭하였으나 CS경영에서는 내부고객도 모두 포함하여 포괄적으로 고객이라 지칭한다.

④ 고객은 크게 두 가지로 나눌 수 있는데 하나는 가치를 창출하는 외부고객이고, 하나는 가치를 구매하여 활용하는 내부고객이다.

풀이 ④ 고객은 크게 두 가지로 나눌 수 있는데 하나는 가치를 창출하는 내부고객이고, 하나는 가치를 구매하여 활용하는 외부고객이다.

품질관리의 계획, 조직, 운영

07산업 ●●○

96 통계적 공정관리로 품질문제를 해결할 수 없는 것은?

① 테마선정 이유, 관리특성, 목표가 명확한 경우
② 과학적인 수법활용으로 충분한 해석이 이루어진 경우
③ 원인과 결과 관계가 도출되기 이전의 경우
④ 대책을 폭넓게 검토한 다음에 나온 것

풀이 ③의 경우는 명확한 것이 없는 상태이므로 품질문제를 해결할 수 없다.

13, 17산업 ●●○

97 품질관리조직을 계획하는 데 이용되는 도구로서 조직원의 상하관계를 나타내는 것은?

① 직무 내용서   ② 조직도표
③ 책임 분담표   ④ 작업 지시서

풀이 품질조직에 이용되는 3가지 도구
- 직무기술서 : 직무내용을 나타낸다.
- 조직표 : 상하관계를 나타낸다.
- 책임분장표 : 책임범위를 나타낸다.

06산업 ●●○

98 품질관리조직을 편성하는 데 있어서 조직편성상의 원칙으로 가장 관계가 먼 것은?

① 전원참가의 원칙
② 전문가의 원칙
③ 품질관리 부문을 라인에 두는 원칙
④ 종합조정의 원칙

풀이 품질관리 조직의 원칙에는 전원참가의 원칙, 종합조정의 원칙, 전문가의 원칙이 있다.

06산업 ●●○

99 품질기능의 조정을 위해 어떤 특정한 프로그램이나 프로젝트를 중심으로 구성되는 조직형태는?

① 위원회
② 스태프
③ 라인
④ 기능식

풀이 위원회 조직을 설명하고 있다.

07산업 ●●○

100 품질경영에 있어 중간관리자의 임무로 가장 올바른 것은?

① 높은 품질가치를 조직이 창출할 수 있도록 리더십을 발휘한다.

② 경영목표와 품질목표 간의 조화, 생산목표(품질, 원가, 납기) 간의 조화 그리고 각 부분 간의 조화를 도모

③ 구체적인 품질관리 실시계획을 밝히고, 이에 필요한 품질매뉴얼, 절차서, 지침서 등을 구성원에게 알리고 지키도록 하는 책임

④ 전사적이면서 효율적으로 전개될 수 있는 품질경영 시스템을 확립

풀이 ①, ②, ④는 최고경영자의 업무이다.

---

101 TQC를 추진하는 데 있어서 각 담당부문으로서 취해야 할 기본방침 중 가장 관계가 먼 것은?

① 의식의 선양과 협력체제의 확립을 도모한다.
② 품질관리의 실시는 설계나 제조부문과 같이 스태프에 둔다.
③ 고유기술이나 각종의 관리와의 조화를 도모한다.
④ 공정에서 흐르는 제품은 다종 다양하기 때문에 대상 기종을 층별하여 중점적으로 추진한다.

풀이 ② 품질관리의 실시는 설계나 제조부문과 같이 스태프에 두는 것은 아니다.

102 TQC를 추진하는 조직의 원칙에 해당하지 않는 것은?

① 책임에는 항상 그에 상응하는 권한이 따라야 한다.
② 조직은 위에서 아래에 이르기까지 명확한 권한의 연결이 있어야 한다.
③ 라인(Line)직능과 스태프(Staff)직능과의 분리를 도모하여 스태프에게 충분한 활동을 시켜야 한다.
④ 조직 안에 있는 사람은 누구든지 한 사람의 라인(Line)감독자와 그 외에 여러 사람에게 보고하여야 한다.

풀이 ④ 조직 안에 있는 사람은 라인(Line)에 따른 감독자와의 유대관계가 형성되는 것이 좋다.

103 조직의 임원들로 구성되어 있으며 품질을 향상시키기 위해 구성원들을 지휘하고 각 부서 간의 업무를 조정하는 협의체는?

① 품질분임조
② 방침관리팀
③ 품질개선팀
④ 품질경영위원회

풀이 품질경영위원회에 대한 설명이다.

104 다음 중 품질관리위원회의 임무에 해당되지 않는 것은?

① 품질수준의 조정
② 작업표준의 개선연구
③ 품질관리업무의 감사
④ 품질관리 방침과 실시계획의 검토

풀이 ②는 품질관리위원회와 관련성이 없다.

105 품질관리를 도입하여 추진하는 데 회사에서는 일반적으로 품질관리위원회나 TQC 추진위원회 외에 품질관리부문을 설치한다. 품질관리부문의 가장 중요한 역할은 무엇인가?

① 품질관리 추진 프로그램의 결정
② 각 부문의 트러블 조정, 클레임 처리
③ 중점적으로 해석하여야 할 품질의 심의
④ 품질관리방침의 심의, 확인, 전개 또는 그것들에 대한 보좌 역할

풀이 품질관리부문의 가장 중요한 역할은 품질관리방침의 심의, 확인, 전개 또는 그것들에 대한 보좌 역할이라 볼 수 있다.

106 파이겐바움은 품질관리부서의 업무분담을 품질관리기술, 공정관리기술, 품질정보기술로 나누고 있다. 다음 중 품질관리 기술부분 해당되지 않는 것은?

① 품질관리 계획
② 품질정보의 제공
③ 품질코스트의 분석
④ 생산 라인 밸런스 효율 향상

풀이 품질관리 기술부문은 계획기능부문으로 품질목표의 설정, 품질관리계획의 입안, 품질교육, 품질정보의 제공, 품질코스트 구성 및 분석, 품질문제 진단 등에 이르기까지 품질에 대한 전반적인 품질기획을 한다.

107 품질경영부문의 품질관리 활동에 있어서 필수적으로 확보해야 할 품질정보에 해당되지 않는 것은?

① 시장품질정보
② 인사조직정보
③ 제조품질정보
④ 설계품질정보

풀이 ②는 품질정보와 무관하다.

108 파이겐바움은 품질관리부서의 업무분담을 품질관리기술, 공정관리기술, 품질정보기술로 나누고 있다. 다음 중 품질관리기술부문에 해당되지 않는 것은?

① 품질능력평가
② 품질관리교육
③ 품질관리계획
④ 품질목표설정

풀이 ①은 공정관리기술부문에 해당된다.

109 파이겐바움은 품질관리 부서의 하위기능을 품질관리기술부문, 공정관리기술부문, 품질정보기술부문 등으로 대별하였다. 다음 중 품질관리기술부문의 주요 업무라고 볼 수 없는 것은?

① 품질관리계획
② 품질정보의 제공
③ 공정검사 및 시험
④ 품질비용의 분석

풀이 ③은 공정관리기술부문에 속한다.

110 품질관리부문은 스태프기능이므로 스태프로서 책임을 수행하기 위한 어느 정도의 권한이 필요하다. 일반적으로 품질관리부문의 권한으로 부여하지 않는 사항은?

① 품질관리 데이터의 현장수집 연구
② 품질관리상 필요시 어떤 현장이든 자유로운 출입 및 시료 채취
③ 품질관리상 필요한 항목에 대한 각 부서장과 직접 연락
④ 품질관리부문의 판단으로 품질표준, 작업표준, 검사표준 등을 변경

풀이 ④ 품질관리부문의 판단으로 품질표준, 작업표준, 검사표준 등을 변경할 수 없다.

111 다음 중 고객이 요구하는 품질요건을 품질특성으로 변화시키고, 소비자의 요구와 경제적 생산과의 조화를 적극 모색할 책임을 지고 있는 품질책임 부문은?

① 제조현장 부문
② 구매 부문
③ 제조기술 부문
④ 연구개발 및 설계 부문

풀이 연구개발 및 설계 부문에 대한 설명이다.

112 품질책임은 품질에 대한 의사결정권을 가진 여러 부문에 귀속되는데, 양질의 제품을 생산할 공정과 절차를 선정할 책임이 있는 부문은?

① 제조기술 부문
② 제품서비스 부문
③ 제품판매 부문
④ 연구개발 및 설계 부문

풀이 제조기술 부문에 책임이 있다.

113 품질관리부서의 업무분담 중 공정관리 기술부문의 업무에 해당되는 것은?

① 품질관리 교육
② 공정능력 조사
③ 품질코스트 분석
④ 품질정보시스템의 설계와 운영

풀이 ①, ③, ④ 품질관리 기술부문에 해당된다.

114 품질관리부문의 피드백 사이클(Feed-back Cycle) 중 공정관리기술부문에서 이루어지며, 부품이나 제품의 기술시방에 대한 적합성 여부를 판정하는 단계는?

① 품질계획　　② 품질평가
③ 품질해석　　④ 품질조처

풀이 품질평가(Quality Appraising)는 공정관리기술부문(검사, 실험을 포함)에서 하는데, 품질계획에 따라 부품이나 제품의 기술시방에 대한 적합성과 성능을 평가한다.

115 품질평가 시 시장에 대한 적합성, 사회에 대한 적합성, 기업능력에 대한 적합성 등에 대해 평가하는 단계는?

① 표준화　　② 제조단계
③ 제품개발단계　　④ 검사단계

풀이 제품개발단계에서 하는 일이다.

116 연구개발단계에 있어서의 품질활동과 가장 관계가 깊은 것은?

① 설계연관 매뉴얼의 정비 및 작동률의 점검, 기술설계 서비스에 관련된 일을 한다.
② 공정능력지수를 계산한다.
③ 품질비용을 계산한다.
④ 품질특성을 계량화시키고, 공차를 결정한다.

풀이 연구개발단계에서의 품질활동은 품질특성을 계량화시키고, 공차를 결정한다.

117 고객 요구 품질과 제품의 기능을 기본기능, 2차 기능, 3차 기능으로 전개하여 2원 매트릭스표로 상호 연관관계를 분석 정리하여 고객에게 가장 중요한 제품기능을 추출하는 과정을 무엇이라 하는가?

① DR(Design Review)
② VOC(Voice of Customer)
③ QFD(Quality Function Development)
④ TRIZ(Teoriya Resheniya Izobretatelskikh Zadatch)

풀이 QFD(Quality Function Development)에 대한 설명이다.

118 품질기능전개에 대해 설명한 것 중 적합하지 않은 것은?

① 소비자의 요구를 제품의 설계특성으로 변환하고 이를 다시 부품특성, 공정특성 등 생산을 위한 구체적 시방으로 변환하는 것이다.
② 고객의 요구와 기대를 규명하고 설계 및 생산 사이클을 통해 목적과 수단의 계열에 따라 계통적으로 전개되는 포괄적인 계획화 과정이다.
③ 소비자의 요구가 엔지니어들에게 전달되어 생산단계에서 실현 가능성을 검토하고, 완성품에 반영될 수 있는 것인지를 평가하는 시제품 제조과정이다.
④ 품질을 형성하는 직능 또는 업무를 목적 및 수단의 계열에 따라 단계별로 세부 전개하는 것이다.

풀이 품질기능전개는 고객의 요구사항을 품질특성으로 변환하고 완성품의 설계품질을 정해 각종 기능 부품의 품질, 나아가 개개 부품의 품질이나 공정의 요소들 사이의 관계를 계통적으로 전개해 나가는 것을 의미한다. 즉, 고객의 소리를 특정한 제품이나 서비스의 특성으로 전환하는 매우 구조화된 양식이다.

119 고객이 요구하는 참품질을 언어표현으로 체계화한 것과 품질특성을 관련짓고, 고객의 요구를 대용특성으로 변화시키며 품질설계를 실행해 나가는 품질표를 사용하는 기법은?

① QFD
② 친화도
③ FMEA/FTA
④ 매트릭스 데이터 해석

풀이 118번 풀이 참조

정답　114 ②　115 ③　116 ④　117 ③　118 ③　119 ①

120 품질기능전개(QFD)에 대한 설명으로 가장 적합한 것은?

① 품질기능전개는 생산현장에서 많이 사용된다.
② 품질기능전개는 경쟁사가 없을 때 사용하기 좋다.
③ 품질기능전개는 제품의 성능테스트를 마친 후에 이루어진다.
④ 품질기능전개는 고객의 요구를 파악하여 제품으로 만들어 낼 때까지의 일련의 활동이다.

풀이 118번 풀이 참조

121 품질기능전개(QFD)의 효과를 설명한 내용 중 가장 거리가 먼 것은?

① 작업숙련도 개선
② 개발기간의 단축
③ 설계변경의 감소
④ 설계과정의 문서화

풀이 118번 풀이 참조

122 품질기능전개(QFD)의 이점이 아닌 것은?

① 고객이 원하는 품질을 조직이 정의할 수 있다.
② 조직이 실현해야 할 품질특성을 명확히 하고 공유할 수 있다.
③ 시장의 요구조건과 비교하여 무엇이 조직의 문제인지 명확히 할 수 있다.
④ 고객이 요구하는 현상을 타파하여 새로운 품질 요구사항을 정의할 수 있다.

풀이 ④ 고객이 요구하는 현상을 파악하여 새로운 품질 요구사항을 정의할 수 있다.

123 품질기능전개(QFD)의 실행단계를 설명한 내용 중 순서를 올바르게 나열한 것은?

① 공정계획 → 부품계획 → 제품계획 → 생산계획
② 제품계획 → 부품계획 → 공정계획 → 생산계획
③ 부품계획 → 제품계획 → 생산계획 → 공정계획
④ 제품계획 → 공정계획 → 부품계획 → 생산계획

풀이 품질기능전개(QFD)의 실행단계
제품계획 → 부품계획 → 공정계획 → 생산계획

124 제품설계상의 품질 및 신뢰성 파라미터들을 시작시험(Prototype Test)이나 인정시험(Qualifying Test) 등으로 확인한 후 채산, 납기 등을 고려하여 합리적인 수준에서 품질표준이나 시방을 정하고 관리하는 품질관리업무는?

① 조달품질의 관리
② 설계품질의 관리
③ 제조품질의 관리
④ 사용품질의 관리

풀이 설계품질의 관리에 대한 설명이다.

125 제품개발 단계에서 발생하는 기획품질, 설계품질, 공정품질의 확보를 통해, 후 공정의 시행착오를 최소화하고, 제품 신뢰성 확보를 위한 사전 문제점 발굴 및 대책을 신속·명확히 진행하기 위한 활동은?

① 관리도
② 샘플링검사
③ DR(Design Review)
④ CTQ(Critical to Quality)

풀이 설계심사(DR ; Design Review)란 아이템의 설계단계에서 성능, 기능, 신뢰성 등 설계에 대해 가격, 납기 등을 고려하면서 심사하여 개선을 꾀하고자 하는 것이다.

126 설계단계에서 품질을 보증하는 가장 중요한 수단으로 강조되는 것은?

① Benchmark
② Quality Audit
③ Design Review
④ Quality Function Development

풀이 125번 풀이 참조

127 제품의 설계단계에서 도면이나 시제품에 대한 설계심사(Design Review)가 이루어지는데, 설계단계의 DR에 대한 설명으로 틀린 것은?

① DR은 예비, 중간, 최종심사로 각각 구분된다.
② DR은 제품이 소비자 입장에서 실용성이 있는가를 평가하고 검토한다.
③ DR은 원재료나 부품의 검사활동과 완제품에 대한 신뢰성 검사에 대해 검토한다.
④ DR은 계획된 제조, 수송, 설치, 사용, 보전 등의 과정에 대해서 개선점을 찾는다.

풀이 ② 설계심사(DR ; Design Review)는 실용성의 평가보다는 신뢰성 평가에 해당된다.

128 경영목표를 달성함에 있어서 중점이 되는 과제와 이를 달성하기 위한 시책으로 전개하여 실행함으로써 기업목표를 달성할 수 있게 하는 것을 무엇이라고 하는가?

① 방침관리
② 기능별 관리
③ 품질보증관리
④ 부문별 관리

풀이 방침관리(Policy Management)의 정의이다.

129 조직구성원 각자의 책임과 권한에 따라 사장 방침 → 사업부장(공장장) 방침 → 부장 방침 → 과장 방침 등으로 계층별로 연계되어 전개되는 방법은?

① 방침관리
② 품질기능전개
③ 가치혁신
④ 품질공학

풀이 방침관리의 순서를 설명하고 있다.

130 방침관리가 가장 잘 되고 있는 회사는 어느 회사인가?

① AA회사 사장의 올해 사업목표를 AA회사 작업자가 잘 알고 있다.
② BB회사는 방침관리를 추진하기 위하여 전문팀을 구성하였다.
③ CC회사는 품질분임조 활동을 통하여 회사 방침을 수행한다.
④ DD회사는 매주 관리자 방침회의를 열고 있다. 이 회의내용은 비밀이다.

풀이 방침관리란 기업경영의 방향, 목표, 방책을 위에서부터 말단사원에 이르기까지 전달·전개하고 각 지위의 사람들이 계획에 의거, 활동하여 실시한 결과를 평가, 검토, 피드백해서 PDCA를 계속적으로 지속하여 업적의 향상을 도모하는 것이므로 최적의 보기는 ①이 된다.

131 품질경영 추진 부서의 담당 업무 중 중요항목에 해당하지 않는 것은?

① 관리계획과 관리항목의 명확화
② 품질보증시스템의 체계화와 개선
③ 품질관리 기법의 개발
④ 품질방침, 목표, 계획의 확립, 명시

풀이 ④는 최고경영자에 의하여 결정되는 사항으로 볼 수 있다.

132 품질목표 설정 시 고려할 사항 중 가장 관계가 먼 것은?

① 구입자재의 품질수준
② 공정의 수율 및 부적합품률
③ 제품 및 최종제품의 품질기준
④ 품질관리 요원의 업무분장 및 명시

풀이 ④는 품질목표 설정 시 고려할 사항이라고 할 수 없다.

정답 126 ③ 127 ② 128 ① 129 ① 130 ① 131 ④ 132 ④

133 품질방침에 따른 경영전략의 과정으로 옳은 것은?

① 경영목표 → 경영방침 → 경영전략 → 실행 목표
  → 실행방침 → 실행계획 → 실시
② 경영목표 → 경영전략 → 경영방침 → 실행 목표
  → 실행계획 → 실행방침 → 실시
③ 경영방침 → 경영목표 → 경영전략 → 실행 방침
  → 실행목표 → 실행계획 → 실시
④ 경영방침 → 경영전략 → 경영목표 → 실행 방침
  → 실행계획 → 실행목표 → 실시

풀이 품질방침에 따른 경영전략의 과정
경영방침 → 경영목표 → 경영전략 → 실행방침 → 실행목표
→ 실행계획 → 실시

품질경영시스템

134 KS Q ISO 9001 : 2015 품질경영시스템 인증제도에 대한 다음 설명 중 옳은 것은?

① 제품의 품질인증제도이다.
② 품질경영시스템에 대한 인증제도이다.
③ 자동차 및 자동차 부품 분야의 품질인증제도이다.
④ 제조물 책임법을 만족시키는 최적의 품질인증제도이다.

풀이 ① KS   ③ IATF 16949   ④ PL법

135 자동차 산업의 특수성을 고려해 마련된 자동차 관련 품질경영시스템 요구사항의 규격은?

① KS Q ISO 9001
② KS H ISO 22000
③ KS P ISO 13485
④ IATF 16949

풀이 자동차 관련 품질경영시스템 요구사항의 규격은 IATF 16949이다.

136 품질시스템의 일반적인 설명으로 가장 관계가 먼 것은?

① 구체적으로는 품질경영시스템을 말한다.
② 조직구조, 절차, 프로세스 및 자원 등의 네트워크이다.
③ 품질목표를 충족시키는 데 필요한 유기체
④ 품질에 관한 조직의 전반적인 의도와 방향

풀이 ④는 품질방침에 관한 설명이다.

137 기업이 KS Q 9001 : 2015를 도입할 때 주의사항으로 가장 거리가 먼 것은?

① 지킬 수 없는 규정은 만들지 말아야 한다.
② 조직이 상호 견제를 해서는 안 된다.
③ 말보다 실천해야 한다.
④ 인증취득은 끝이 아니라 시작이다.

풀이 ② 조직은 상호 견제를 필요로 할 수도 있다.

138 기업이 품질경영시스템 – 요구사항(KS Q ISO 9001 : 2015)을 도입할 때 주의사항으로 틀린 것은?

① 인증취득은 끝이 아니라 시작이다.
② 조직의 하부단계부터 단계적으로 교육한다.
③ 규격의 요구사항을 조직의 절차로 구성한다.
④ 품질방침의 수립이 무엇보다 중시되어야 한다.

풀이 ② 조직의 상부단계(최고의 경영진)부터 단계적으로 교육한다.

139 다음 중 품질경영에 있어서 품질시스템 내에서 포함되어 시행하여야 하는 사항으로 볼 수 없는 것은?

① 품질계획   ② 품질관리
③ 품질계약   ④ 품질개선

풀이 QM = QP + QC + QA + QI

정답 133 ③ 134 ② 135 ④ 136 ④ 137 ② 138 ② 139 ③

140 TQC의 제안자인 파이겐바움이 정의한 다음의 내용은? 07기사 ✪✪○

> "지정된 품질표준을 갖는 제품을 생산하여 인도하는 데 필요한 관리 및 순서 네트워크이다."

① 품질시스템　　② 품질기능
③ 품질기능전개　　④ 품질전개

풀이 품질시스템에 대한 설명이다.

141 다음은 무엇에 대한 설명인가? 00기사 ✪✪○

> "품질경영을 실행하기 위한 조직의 구조, 책임, 절차, 공정 및 자원"

① 품질관리　　② 품질경영
③ 품질경영시스템　　④ 품질보증

풀이 품질경영시스템에 대한 설명이다.

142 품질시스템의 활동 및 관련 결과가 계획된 사항에 부합하는지의 여부를 검증하고 품질시스템의 유효성을 판단하기 위해 정기적으로 계획, 실시, 평가하는 것은? 15기사 ✪✪○

① 품질시스템 검토
② 품질시스템 검사
③ 품질시스템 심사
④ 품질시스템 평가

풀이 품질시스템 심사에 대한 설명이다.

143 품질시스템이 제대로 구축되려면 회사에서 품질개념을 제일 우선시해야 한다. 품질개념을 중시하는 기업문화를 설명한 것으로 틀린 것은? 19기사 ✪✪○

① 품질담당 중역이 회사에서 핵심역할을 한다.
② 품질은 모든 부서, 모든 사람들의 책임이라는 인식이 퍼져 있어야 한다.

③ 회사 내 모든 품질문제는 최고의 품질 전문가를 초빙하여 자문을 받아 처리한다.
④ 품질에 대한 충분한 교육과 훈련, 품질 성과에 대한 성과급제도가 마련되어야 한다.

풀이 ③ 회사 내 모든 품질문제는 사내에서 해결하는 것이 가장 좋은 방법이다.

144 KS Q ISO 9001 : 2015 품질경영시스템에서 품질경영 7원칙에 해당되지 않는 것은? 10, 15, 16, 20산업 [실기]✪✪✪

① 고객중시
② 리더십
③ 표준화
④ 관계관리/관계경영

풀이 **품질경영 7원칙**
• 고객중시
• 리더십
• 인원의 적극 참여
• 프로세스 접근법
• 개선
• 증거 기반 의사결정
• 관계관리/관계경영

145 품질경영시스템 – 기본사항과 용어(KS Q ISO 9000 : 2015)에 정의된 품질경영원칙에 해당되지 않는 것은? 18, 19, 20산업 ✪✪✪

① 리더십
② 지속적 참여
③ 고객중시
④ 프로세스 접근법

풀이 144번 풀이 참조

146 KS Q ISO 9001 : 2015(품질경영시스템 – 요구사항)에 기술된 프로세스 접근방법인 PDCA 모델에 관한 설명으로 옳지 않은 것은?

① 계획(Plan) : 고객 요구사항 및 회사의 방침에 따라 결과를 목표와 비교
② 실시(Do) : 계획된 것의 실행
③ 체크(Check) : 방침, 목표, 요구사항 및 계획된 활동에 대비하여, 프로세스와 그 결과로 나타나는 제품 및 서비스에 대한 모니터링과 측정(해당되는 경우), 그리고 그 결과의 보고
④ 조치(Act) : 필요에 따라 성과를 개선하기 위한 활동

풀이 ① 계획(Plan) : 시스템과 프로세스의 목표 수립, 고객 요구사항과 조직의 방침에 따른 결과 인도 그리고 리스크와 기회를 식별하고 다루기 위하여 필요한 자원의 수립

147 기업의 ISO 9000인증 취득 시 순서로 가장 먼저 선행되어야 할 사항은?

① 최고경영자의 결단 및 의지
② 취득을 위한 프로젝트팀 구성
③ 품질매뉴얼 및 관련문서의 준비 및 경비
④ 내부품질감사로 실행상태 확인 및 시정

풀이 ISO 9000인증 취득 시 ①-②-③-④ 순서로 행한다.

148 최근 많은 기업들이 ISO 9001 : 2015 국제 품질보증시스템의 인증제도를 도입하고 있는데, 인증제도 필요성과 관계가 없는 것은?

① 국제수준에 적합한 품질관리체계를 구축하기 위해서이다.
② 선진국의 무역 및 기술장벽에 대응으로 수출을 확대하기 위해서이다.
③ 사내표준화를 촉진하고 책임과 권한을 명확히 하기 위해서이다.
④ 제품에 대한 품질수준을 인증하기 위해서이다.

풀이 ISO 인증은 품질시스템인증이지 제품인증이 아니다.

149 품질경영시스템인증과 제품인증의 차이점은?

① 제품심사
② 제3자 심사
③ 사후관리 실시
④ 품질경영시스템 심사

풀이 ①은 품질경영시스템인증에는 없고 제품인증에는 있다.

150 W회사에서 KS Q ISO 9001 : 2015 품질경영시스템 – 요구사항을 도입하게 되었을 때, 생산현장의 직·조장이 담당해야 할 업무와 가장 거리가 먼 것은?

① 제품품질 문제점의 파악 및 기록
② 지정된 경로를 통한 문제 해결책 입안, 건의 또는 제시
③ 해결책 시행의 검증
④ 제조 단계에서의 시험 및 검사성적서 발급

풀이 ④는 품질보증부서에서 처리하여야 할 업무이다.

ISO 9000 인증제도

151 ISO 9001 : 2015 시스템의 구조 특징에 대한 설명 중 가장 관계가 먼 내용은?

① 2015판에는 적용 제외, 경영대리인의 용어는 사용되지 않는다.
② 환경경영시스템과의 병용성을 고려한 PDCA구조이다.
③ 경영프로세스 개념으로 확대되었다.
④ 제품 중심의 검사, 시험, 감시 위주로 구성되었다.

풀이 ④ 품질경영시스템은 제품 중심이 아니라 프로세스 중심이다.

152 ISO 9000 패밀리에 대한 설명으로 적합하지 않은 것은?

① 조직 활동의 품질 개선
② 부서 간 · 계층 간 의사소통의 원활화
③ 품질시스템 요구 사항에 대한 신뢰감 부여
④ 환경경영의 효율을 통한 경제적 수익 증대

풀이 ④는 ISO 14000에 해당하는 내용으로 볼 수 있다.

153 ISO 9001 : 2015에서의 품질용어에 대한 설명으로 가장 거리가 먼 내용은?

① 품질보증이란 품질 요구사항이 충족될 것이라는 신뢰를 제공하는 데 중점을 둔 품질경영의 일부이다.
② 품질경영이란 품질에 관하여 조직을 지휘하고 관리하는 조정 활동이다.
③ 품질관리란 품질 요구사항을 충족하는 데 중점을 둔 품질경영의 일부이다.
④ 품질경영시스템이란 개개의 제품, 서비스, 계약 및 프로젝트에 대하여 품질업무 및 활동 순서를 정한 문서이다.

풀이 ④ 품질경영시스템이란 품질에 관한 경영시스템의 일부이다.

154 ISO 9001 : 2015 규격 요구사항 중 최고경영자가 품질경영시스템의 개발 및 실행 그리고 품질경영시스템의 효과성을 지속적으로 개선하기 위한 실행의 증거로 제시해야 하는 것이 아닌 것은?

① 심사범위   ② 경영의지
③ 품질목표   ④ 품질방침

풀이 ① 심사범위는 실행의 증거가 아니라, 품질경영시스템의 심사 관련 내용이다.

155 품질경영시스템 – 요구사항(KS Q ISO 9001 : 2015)에서 조직의 품질경영시스템에 대한 문제이면서 문서의 최상위 문서를 무엇이라 하는가?

① 품질매뉴얼   ② 품질시방서
③ 품질절차서   ④ 품질지시서

풀이 문서의 순서 : 매뉴얼 – 프로세스 – 절차서 – 지침서

156 품질경영시스템 – 기본사항 및 용어(KS Q ISO 9000 : 2015)에서 규정하고 있는 "고객(Customer)"의 범주에 속하는 사람이 모두 포함된 것은?

① 소비자, 최종사용자
② 소비자, 의뢰인, 최종사용자, 구매자
③ 소비자, 의뢰인, 최종사용자, 소매업자, 구매자
④ 소비자, 의뢰인, 최종사용자, 소매업자, 수익자, 구매자

풀이 고객(Customer)
개인 또는 조직을 위해 의도되거나 그들에 의해 요구되는 제품 또는 서비스를 받을 수 있거나 제공받는 개인 또는 조직을 말한다.

157 품질경영시스템 – 기본사항 및 용어(KS Q ISO 9000 : 2015)에서 규정하고 있는 고객(Customer)의 범주에 속하는 개인 또는 조직으로 틀린 것은?

① 소비자   ② 최종 사용자
③ 유통업자   ④ 제품 구매자

풀이 156번 풀이 참조

158 품질경영시스템 – 요구사항(KS Q ISO 9001 : 2015)에서 결과 관련 용어 "조직과 고객 간에 어떠한 행위/거래/처리도 없이 생산될 수 있는 조직의 출력"은 무엇을 의미하는가?

① 구매   ② 설계 및 개발
③ 제품   ④ 고객 관련 프로세스

풀이 제품(Product)이란 조직과 고객 간에 어떠한 행위/거래/처리도 없이 생산될 수 있는 조직의 출력을 말한다.

159 "제품"이라는 용어는 활동 또는 공정의 결과를 유형 또는 무형이거나 혹은 이들의 조합일 수 있다. 품질경영시스템 – 기본사항 및 용어(KS Q ISO 9000 : 2015)에서 일반적인 제품 범주를 분류하는 기준에 해당되지 않는 것은?

① 서비스(Service)
② 소프트웨어(Software)
③ 하드웨어(Hardware)
④ 원재료(Raw Material)

풀이 "제품 및 서비스"라는 용어는 모든 출력 범주(하드웨어, 서비스, 소프트웨어 및 연속 집합재/가공물질)를 포함한다.

160 품질경영시스템 – 요구사항(KS Q ISO 9001 : 2015)에서 규정하고 있는 "제품"에 대한 정의로 옳은 것은?

① 조직과 고객 간에 어떠한 행위/거래/처리도 없이 생산될 수 있는 조직의 출력
② 지식과 기량을 적용하는 실증된 능력
③ 요구사항의 충족
④ 계획된 활동이 실현되어 계획된 결과가 달성되는 정도

풀이 제품(Product)이란 조직과 고객 간에 어떠한 행위/거래/처리도 없이 생산될 수 있는 조직의 출력을 말한다.

161 최고경영자에 의해 공식적으로 표명된 품질 관련 조직의 전반적인 의도 및 방향을 나타내는 것은?

① 품질경영
② 품질기획
③ 품질방침
④ 품질보증

풀이 품질방침의 정의이다.

162 품질경영시스템 – 기본사항과 용어(KS Q ISO 9000 : 2015)에서 용어에 대한 설명으로 틀린 것은?

① 품질관리란 품질 요구사항을 충족하는 데 중점을 둔 품질경영의 일부이다.
② 품질개선이란 품질 요구사항을 충족시키는 능력을 증진하는 데 중점을 둔 품질경영의 일부이다.
③ 품질보증이란 품질 요구사항이 충족될 것이라는 신뢰를 제공하는 데 중점을 둔 품질경영의 일부이다.
④ 품질기획이란 의도된 결과를 만들어 내기 위해 입력을 사용하여 상호 관련되거나 상호 작용하는 활동의 집합으로 품질경영의 일부이다.

풀이 • 품질기획 : 품질목표를 세우고 이를 달성하기 위하여 필요한 운영 프로세스 및 관련 자원을 구성하는데 중점을 둔 품질경영의 일부
• 프로세스 : 의도된 결과를 만들어 내기 위해 입력을 사용하여 상호 관련되거나 상호 작용하는 활동의 집합

163 문서와 기록에 대하여 설명한 것 중 틀린 것은?

① 문서는 개정이 가능하며 개정번호를 부여한다.
② 기록은 서식, 도면, 보고서 등이 해당된다.
③ 문서는 시점상으로는 진행문서이다.
④ 기록은 업무수행의 분석용으로 활용한다.

풀이 ② 문서(Document)에는 서식, 도면, 보고서 등이 해당된다.

164 KS Q ISO 9000 : 2015 품질경영시스템의 용어에 대한 설명 중 가장 올바른 것은?

① 부적합은 의도되거나 규정된 용도/사용에 관련된 요구사항의 불충족이다.
② 예방조치는 부적합의 원인을 제거하고 재발을 방지하기 위한 조치이다.
③ 시정조치는 잠재적인 부적합 또는 기타 바람직하지 않은 잠재적 상황의 원인을 제거하기 위한 조치이다.
④ 재작업은 부적합 제품에 대해 요구사항에 적합하도록 하는 조치이다.

④ 잠재적인 부적합 또는 기타 바람직하지 않은 잠재적 상황의 원인을 제거하기 위한 조치

풀이 ① 결함   ② 수리   ③ 시정조치

19산업 ★★○

165 품질경영시스템 – 요구사항(KS Q ISO 9001 : 2015)의 부적합 및 시정조치에 관한 내용으로 틀린 것은?

① 불만족은 포함하지 않는다.
② 필요한 경우, 품질경영시스템을 변경할 수 있다.
③ 부적합을 관리하고 시정하기 위한 조치를 취해야 한다.
④ 시정조치는 직면한 부적합의 영향에 적절하여야 한다.

풀이 ① 불만족도 포함한다.

07산업 ★★○

168 다음은 품질관련 용어에 대한 설명 중 옳지 않은 것은?

① 결함(Defect)이란 의도되거나 규정된 용도/사용에 관련된 부적합을 말한다.
② 형식이란 제품의 일반목적과 구조는 유사하나 어떤 특정한 용도에 따라 식별할 필요가 있을 경우에 사용한다.
③ 부적합(Nonconformity)이란 요구사항의 불충족을 말한다.
④ 등급(Grade)이란 사용자의 편리를 도모하기 위하여 제품의 성능, 성분, 구조, 형상, 치수, 크기, 제조방법, 사용방법 등의 차이에서 제품을 구분하는 것을 말한다.

풀이 • 등급(Grade) : 동일한 기능으로 사용되는 대상에 대하여 상이한 요구사항으로 부여되는 범주 또는 순위
• 종류 : 사용자의 편리를 도모하기 위하여 제품의 성능, 성분, 구조, 형상, 치수, 크기, 제조방법, 사용방법 등의 차이에서 제품을 구분하는 것

06산업 ★★○

166 ISO 9001 : 2015의 결정 관련 용어로서 수립된 목표달성을 위한 대상의 적절성, 충족성 또는 효과성에 대해 확인 결정하기 위하여 시행되는 활동은?

① 검토(Review)
② 시험(Test)
③ 검증(Verification)
④ 타당성 확인(Validation)

풀이 검토(Review)
수립된 목표 달성을 위한 대상의 적절성, 충족성 또는 효과성에 대한 확인 결정

14, 20산업 ★★○

169 KS Q ISO 9000 : 2015 품질경영시스템 – 기본사항 및 용어에서 사용되는 문서의 형태에 관한 설명 중 틀린 것은?

① 시방서 : 요구사항을 명시한 문서
② 품질매뉴얼 : 조직의 품질경영시스템에 대한 문서
③ 품질계획서 : 활동과 프로세스를 일관되게 수행하기 위한 방법에 대한 정보를 제공하는 문서
④ 기록 : 달성된 결과를 명시하거나 수행한 활동의 증거를 제공하는 문서

풀이 품질계획서(Quality Plan)
특정 프로젝트, 특정 제품, 특정 프로세스 또는 특정 계약에 대하여 어떤 절차와 관련된 자원이 누구에 의해 언제 적용되는지를 규정한 문서

06, 10(산업)기사 ★★★

167 품질경영시스템 – 기본사항 및 용어(KS Q ISO 9000 : 2015)에 따른 정의 중 "예방조치"에 해당하는 것은?

① 의도되거나 규정된 용도/사용에 관련된 부적합
② 부적합 제품 또는 서비스에 대해 의도된 용도에 쓰일 수 있도록 하는 조치
③ 부적합의 원인을 제거하고 재발을 방지하기 위한 조치

170 품질경영시스템 – 기본사항과 용어(KS Q ISO 9000 : 2015)에서 '조직의 품질경영시스템에 대한 시방서'를 뜻하는 용어는?

① 기록
② 품질매뉴얼
③ 품질계획서
④ 프로젝트 관리 계획서

> **풀이**
> • 기록(Record) : 달성된 결과를 명시하거나 수행한 활동의 증거를 제공하는 문서
> • 품질매뉴얼(Quality Manual) : 조직의 품질경영시스템에 대한 문서
> • 품질계획서(Quality Plan) : 특정 대상에 대해 적용시점과 책임을 정한 절차 및 연관된 자원에 관한 시방서

16산업 ★★○

171 품질경영시스템 – 요구사항(KS Q ISO 9001 : 2015)에서 품질경영시스템의 적용범위를 정할 때, 조직에서 고려해야 하는 사항이 아닌 것은?

① 외부와 내부 이슈
② 자재 및 제품의 규격
③ 조직의 제품 및 서비스
④ 관련 이해관계자의 요구사항

> **풀이** 4.3 품질경영시스템 적용범위 결정
> a) 외부와 내용 이슈
> b) 관련 이해관계자의 요구사항
> c) 조직의 제품 및 서비스

19산업 ★★○

172 KS Q ISO 9001 : 2015 경영자 책임에서 최고경영자는 품질방침이 다음과 같이 되도록 보장하여야 한다. 다음 중 이 규격이 요구하는 사항에 해당되지 않는 것은?

① 예방조치 및 시정조치의 상태를 직접 점검할 것
② 품질목표의 설정을 위한 틀을 제공
③ 조직의 목적과 상황에 적절하고 조직의 전략적 방향을 지원
④ 품질경영시스템의 지속적 개선에 대한 의지표명을 포함

12산업 ★★○

> **풀이** 5.2.1 품질방침의 수립
> 최고경영자는 다음과 같은 품질방침을 수립, 실행 및 유지하여야 한다.
> a) 조직의 목적과 상황에 적절하고 조직의 전략적 방향을 지원
> b) 품질목표의 설정을 위한 틀을 제공
> c) 적용되는 요구사항의 충족에 대한 의지표명을 포함
> d) 품질경영시스템의 지속적 개선에 대한 의지표명을 포함

173 품질경영시스템 – 요구사항(KS Q ISO 9001 : 2015)에서 최고경영자가 책임과 권한을 부여해야 하는 사항이 아닌 것은?

① 제품 및 서비스의 적합성을 보장
② 품질경영시스템의 온전성이 유지됨을 보장
③ 조직 전체에서 고객중시에 대한 촉진을 보장
④ 프로세스가 의도된 출력을 도출하고 있음을 보장

18산업 ★★○

> **풀이** 5.3 조직의 역할, 책임 및 권한
> a) 품질경영시스템이 이 표준의 요구사항에 적합함을 보장
> b) 프로세스가 의도된 출력을 도출하고 있음을 보장
> c) 품질경영시스템의 성과와 개선 기회(10.1 참조)를, 특히 최고경영자에게 보고
> d) 조직 전체에서 고객중시에 대한 촉진을 보장
> e) 품질경영시스템의 변경이 계획되고 실행되는 경우, 품질경영시스템의 온전성(integrity) 유지 보장

174 KS Q ISO 9001 : 2015에서 조직은 문서화된 정보를 보유하여야 한다. 이때 정보를 보유하여야할 내용으로 가장 부적합한 것은?

① 부적합에 대한 기술
② 적합에 관한 책임의 식별
③ 승인된 특채에 대한 기술
④ 취해진 조치에 대한 기술

00(산업)기사, 12산업 ★★★

> **풀이** 8.7.2 조직은 다음의 문서화된 정보를 보유하여야 한다.
> a) 부적합에 대한 기술
> b) 취해진 조치에 대한 기술
> c) 승인된 특채에 대한 기술
> d) 부적합에 관한 활동을 결정하는 책임의 식별

175 문서화된 정보의 특징이 아닌 것은?

① 품질시스템 규정에 대하여 간접적으로 언급해야 한다.
② 매뉴얼 자체로서 품질목적에 부합해야 한다.
③ 단순한 서류 이상의 권위와 의미를 가진다.
④ 조직의 필요에 따라 변형이 가능하다.

풀이 ① 품질시스템 규정에 대하여 직접적으로 언급해야 한다.

176 KS Q ISO 9001 : 2015(품질경영시스템 – 요구사항) 중 적격성, 교육훈련 및 인식에 관하여 조직이 이행하기를 요구하는 사항이 아닌 것은?

① 취해진 조치의 효과성을 평가
② 조직의 인원은 경험에 의하여 적절히 선발
③ 필요한 적격성을 충족시키기 위하여 교육훈련을 제공하거나 기타 조치
④ 제품 요구사항에 대한 적합성을 미치는 업무를 수행하는 인원에 대해 필요한 적격성 결정

풀이 ② 조직의 인원은 학력, 교육훈련 또는 경험에 근거하여 선발할 것

177 KS Q ISO 9001 : 2015(품질경영 시스템 – 요구사항)에서 품질방침에 대한 의사소통 사항이 아닌 것은?

① 문서화된 정보로 이용 가능하고 유지됨
② 조직 내에서 의사소통되고 이해되며 적용됨
③ 지속적인 적절성이 검토될 것
④ 해당되는 경우, 관련 이해관계자에게 이용 가능함

풀이 5.2.2 품질방침에 대한 의사소통
품질방침은 다음과 같아야 한다.
a) 문서화된 정보로 이용 가능하고 유지됨
b) 조직 내에서 의사소통되고 이해되며 적용됨
c) 해당되는 경우, 관련 이해관계자에게 이용 가능함

178 품질경영시스템 – 요구사항(KS Q ISO 9001 : 2015)의 자원에서 조직은 품질경영시스템의 수립, 실행, 유지 및 지속적 개선에 필요한 자원을 정하고 제공하여야 한다. 조직에서 고려할 사항은 무엇인가?

① 취해진 조치의 효과성을 평가
② 고객요구사항 충족에 의한 고객만족의 증진
③ 제품 품질에 영향을 미치는 업무를 수행하는 인원에 대해 필요한 적격성 결정
④ 품질경영시스템 도입의 필요성을 위하여 교육훈련을 제공하거나 기타 조치

풀이 7.1.1 자원의 일반사항
조직은 품질경영시스템의 수립, 실행, 유지 및 지속적 개선에 필요한 자원을 정하고 제공하여야 한다.
조직은 다음 사항을 고려하여야 한다.
a) 기존 내부자원의 능력과 제약사항
b) 외부공급자로부터 획득할 필요가 있는 것

179 ISO 9001 : 2015에서 문서화된 정보의 정도는 다음과 같은 이유로 조직에 따라 다를 수 있다. 그 이유에 속하지 않는 것은?

① 조직의 규모
② 인원의 역량
③ 조직의 형태
④ 프로세스의 복잡성

풀이 7.5.1 [비고] 품질경영시스템을 위한 문서화된 정보의 정도는, 다음과 같은 이유로 조직에 따라 다를 수 있다.
• 조직의 규모, 그리고 활동, 프로세스, 제품 및 서비스의 유형
• 프로세스의 복잡성과 프로세스의 상호작용
• 인원의 역량

180 ISO 9001 : 2015에서 문서화된 정보의 정도는 다음과 같은 이유로 조직에 따라 다를 수 있다. 그 이유에 속하지 않는 것은?

① 프로세스의 상호작용
② 프로세스의 구조
③ 인원의 역량
④ 제품 및 서비스의 유형

풀이 179번 풀이 참조

181 일반적으로 품질경영시스템에서는 식별과 추적성을 중시한다. 다음 중 식별과 추적성에 대한 내용으로 거리가 먼 것은?

① 조직은 제품 및 서비스의 적합성을 보장하기 위하여 필요한 경우, 출력을 식별하기 위하여 적절한 수단을 활용하여야 한다.
② 조직은 생산 및 서비스 제공 전체에 걸쳐 모니터링 및 측정 요구사항에 관한 출력의 상태를 식별하여야 한다.
③ 제조설비 정기점검 시 제조설비 상태를 식별하기 위하여 적절한 수단을 활용하여야 한다.
④ 추적성이 요구사항인 경우, 조직은 출력의 고유한 식별을 관리하여야 하며, 추적이 가능하기 위하여 필요한 문서화된 정보를 보유하여야 한다.

풀이 **8.5.2 식별과 추적성**
조직은 제품 및 서비스의 적합성을 보장하기 위하여 필요한 경우, 출력을 식별하기 위하여 적절한 수단을 활용하여야 한다.
조직은 생산 및 서비스 제공 전체에 걸쳐 모니터링 및 측정 요구사항에 관한 출력의 상태를 식별하여야 한다.
추적성이 요구사항인 경우, 조직은 출력의 고유한 식별을 관리하여야 하며, 추적이 가능하기 위하여 필요한 문서화된 정보를 보유하여야 한다.

182 KS Q ISO 9001 : 2015에서 문서화된 정보의 관리를 위하여 적용되는 사항으로 틀린 것은?

① 배포, 접근, 검색 및 사용
② 비가독성 보존을 포함하는 보관 및 보존
③ 변경 관리
④ 보유 및 폐기

풀이 ② 가독성 보존을 포함하는 보관 및 보존

183 ISO 9000 품질시스템의 문서관리에서 "관리본"이란?

① 개정 이전의 표준이다.
② 배포되기 이전의 최신판 표준이다.
③ 현재 사용되고 있는 최신판 표준이다.
④ 참고용으로 가지고 있는 최초 작성된 표준이다.

풀이 ③ 현재 사용되고 있는 최신판 표준을 관리본이라고 한다.

184 문서등록대장(Master List)을 작성하고 관리하는 주된 목적은?

① 효력이 상실된 문서를 보관하기 위해
② 적용되는 문서를 최신본으로 유지하기 위해
③ 일정 기간 문서를 보존하기 위해
④ 문서관리가 법적 요건이기 때문에

풀이 문서등록대장(Master List)을 작성하고 관리하는 주된 목적 중 하나가 문서를 최신본으로 유지하기 위해서이다.

185 품질경영시스템 – 요구사항(KS Q ISO 9001 : 2015)에 의한 경영검토 중 경영검토 입력사항이 아닌 것은?

① 부적합 및 시정조치
② 품질경영시스템 변경에 대한 모든 필요성
③ 고객만족 및 관련 이해관계자로부터의 피드백
④ 프로세스 성과 그리고 제품 및 서비스의 적합성

정답 180 ② 181 ③ 182 ② 183 ③ 184 ② 185 ②

9.3.2 경영검토 입력사항
1) 고객만족 및 관련 이해관계자로부터의 피드백
2) 품질목표의 달성 정도
3) 프로세스 성과, 그리고 제품 및 서비스의 적합성
4) 부적합 및 시정조치
5) 모니터링 및 측정 결과
6) 심사결과
7) 외부공급자의 성과

08산업 ★★○

186 다음 중 ISO 9001 : 2015에 의한 경영검토 중 검토입력 사항이 아닌 것은?

① 품질목표의 달성 정도
② 고객만족 및 관련 이해관계계자로부터의 피드백
③ 프로세스 성과, 그리고 제품 및 서비스의 적합성
④ 고객요구사항과 관련된 제품의 개선

185번 풀이 참조

14산업 ★★○

187 KS Q ISO 9001 : 2015 품질경영시스템 – 요구사항 8.3.3 설계와 개발 입력조직은 설계와 개발이 될 특정 형태의 제품 및 서비스에 필수적인 요구사항을 정하여야 한다. 이에 해당되지 않는 것은?

① 법적 및 규제적 요구사항
② 설계 및 개발에 대한 경영검토
③ 기능 및 성능/성과 요구사항
④ 조직이 실행을 약속한 표준 또는 실행지침

8.3.3 설계와 개발 입력
조직은 설계와 개발이 될 특정 형태의 제품 및 서비스에 필수적인 요구사항을 정하여야 한다. 조직은 다음 사항을 고려하여야 한다.
a) 기능 및 성능/성과 요구사항
b) 이전의 유사한 설계와 개발활동으로부터 도출된 정보
c) 법적 및 규제적 요구사항
d) 조직이 실행을 약속한 표준 또는 실행지침
e) 제품 및 서비스의 성질에 기인하는 실패의 잠재적 결과

품질보증

08, 19산업, 08, 12, 14기사 ★★★

188 '제품 또는 서비스가 소정의 품질요구를 갖추고 있다.'는 타당한 신뢰감을 주기 위해 필요한 계획적이고 체계적인 활동을 무엇이라 하는가?

① 제품책임   ② 품질보증
③ 품질감사   ④ 품질개선

품질보증이란 소비자에 있어서 그 품질이 만족하고도 적절하며 신뢰할 수 있고 그러면서도 경제적임을 보증하는 것이다.

06, 15산업 ★★○

189 품질보증의 뜻을 가장 올바르게 표현한 것은?

① 소비자와의 하나의 약속이며 계약이다.
② 일정 기간 동안 무상수리를 보증하는 것이다.
③ 클레임 발생 시 양품과 교환을 즉시 보증하는 것이다.
④ 철저한 검사와 수리를 주축으로 하는 것이다.

품질보증이란 소비자와의 하나의 약속이며 계약이다.

00산업 ★★○

190 품질보증의 정의와 목적에 대한 설명으로 가장 관계가 먼 내용은?

① 품질보증은 제품이나 서비스가 품질에 대한 요구사항을 만족시킬 것이라는 적절한 신뢰를 제공하는 데 필요한 모든 계획적이고 체계적인 활동이다.
② 품질보증이란 고객이 안심하고 만족하게 구입하고, 그것을 사용한 결과 안도감과 만족감을 가지며, 오래 사용할 수 있는 품질을 보증하는 것이라고 말할 수 있다.
③ 품질보증의 목적은 조직에서 모든 사람으로 하여금 자기가 책임지고 있는 프로세스의 품질에 대하여 개인적 책임을 지도록 하는 것이다.
④ 품질보증은 생산단계에서부터 제대로 만들고, 판매 후에 확실한 보상과 애프터서비스(AS)를 하는 데 주목적이 있다.

풀이 ④는 품질보증의 주목적이라고 할 수는 없다.

14산업 ★★○

191 품질보증(QA)에 대한 설명으로 틀린 것은?

① 품질보증 활동은 제품 설계 단계보다는 판매 후의 중점적인 활동이다.
② 품질보증은 영어로 Assure, Warrant, Guarantee 등의 단어가 사용된다. 각 단어의 의미는 조금씩 차이는 있지만, 목적은 모두 같은 것으로 본다.
③ 품질보증은 고객의 잠재요구뿐 아니라, 제품의 안전성과 신뢰성에 대한 확신을 주는 것이다.
④ 품질보증이란 소비자의 요구 품질이 충분히 갖추어져 있다는 것을 보증하기 위해 생산자가 행하는 체계적 활동이다.

풀이 ① 품질보증 활동은 제품 설계 단계에서 보다 중점적인 활동을 하여야 한다.

16산업 ★★○

192 체계적인 품질보증활동을 수행하기 위해 각 부서별로 해야 할 일을 설명한 것으로 틀린 것은?

① 생산기술부서는 초기제품을 생산하고, 초기제품 평가회를 하고 신뢰성, 성능 등을 확인한다.
② 기획 및 개발부서에서는 경영층의 방침에 맞추어 시장조사, 정보분석, 제품기획, 품질설계, 시제품 생산 및 평가를 한다.
③ 생산부서에서는 개발제품의 판매전략 수립, 제조품질달성 및 시생산을 수행하고, 이 시기에 품질보증을 위한 전체적인 체계도를 완성한다.
④ 판매 및 서비스 부서에서는 판매준비를 철저하게 하고, 소비자에 대한 품질보증 방법 및 홍보, 클레임 재발 방지를 위한 철저한 원인분석과 중요품질문제를 파악한다.

풀이 '개발제품의 판매전략 수립'은 판매 및 서비스 부서의 역할이다.

15산업 ★★○

193 품질보증의 개념에 관한 설명 중 틀린 것은?

① 품질보증은 검사의 기능이다.
② 제품에 대한 소비자와의 약속이며 계약이다.
③ 품질이 소정의 수준에 있음을 보증하는 것이다.
④ 제품품질에 대해 소비자가 안심하고 오래 사용할 수 있음을 보증하는 것이다.

풀이 ① 품질보증은 감사의 기능이다(J. M. Juran).

14, 20산업 ★★○

194 품질보증을 위한 신뢰성에 대한 설명 중 틀린 것은?

① 신뢰성이란 어느 기간 동안 의도하는 기능을 고장나지 않고 만족스럽게 수행하는 능력이다.
② 신뢰성 향상은 생산, 구매, 서비스 부서들과 같이 대책을 논의하기보다는 설계부서에서 책임지고 수행해야 한다.
③ 신뢰성은 제품이나 공정의 설계에 의해서 결정되는 고유신뢰성과 사용기간 동안의 실제 신뢰성인 사용신뢰성으로 구별한다.
④ 신뢰성은 임무기간 중 일어나는 단위시간당 고장횟수, 즉 고장률로 결정된다.

풀이 ② 신뢰성 향상은 생산, 구매, 서비스 부서들과 같이 대책을 논의하여야 한다.

10산업 ★★○

195 기업의 품질보증활동을 통해 생산자 측면이 아닌 소비자가 얻을 수 있는 효과가 아닌 것은?

① 제품에 관한 올바른 지식과 정보를 제공받을 수 있다.
② 소비자의 불만과 피해를 줄이는 제도적 장치의 토대가 된다.
③ 구매경험이 없는 소비자가 갖게 되는 불안감, 즉 지각된 위험을 감소시킨다.
④ 부적합제품, 서비스 등에 대한 불만사항 및 사용정보를 제품정책 및 품질개선에 신속히 반영할 수 있다.

풀이 ④는 생산자 측면의 효과에 대한 내용이다.

196 품질보증 방법의 발전 순서를 바르게 나열한 것은?

① 검사 중심 → 공정관리 중심 → 신제품개발 중심
② 신제품개발 중심 → 검사 중심 → 공정관리 중심
③ 검사 중심 → 신제품개발 중심 → 공정관리 중심
④ 공정관리 중심 → 신제품개발 중심 → 검사 중심

풀이 품질보증 방법의 발전 순서는 '검사 중심 → 공정관리 중심 → 신제품개발 중심'이다.

197 품질보증의 일환으로 외주업체 관리를 실시하는 가장 근본적인 이유는?

① 집중구매를 하기 위해서
② 자사의 수입검사비를 절감하기 위해서
③ 제품검사를 철저하게 실시토록 하기 위해서
④ 품질관리가 경제적이고 효과적으로 실시되도록 하기 위해서

풀이 품질보증의 일환으로 외주업체 관리를 실시하는 가장 근본적인 이유는 품질관리가 경제적이고 효과적으로 실시되도록 하기 위함이다.

198 품질보증과 시장 경쟁력을 위해 고객의 소리에 귀를 기울여야 한다. 다음 중에서 고객의 소리를 듣는 방법이 아닌 것은?

① 기업에서는 제품에 대한 불만이나 개선점에 대한 고객의 소리를 위하여 수신자 부담 전화를 개설하고 24시간 개방하고 있다.
② 고객들은 품질보다 개성으로 제품을 선호하는 경향이 있다. 처음부터 타 회사 제품을 선호하는 고객은 고객의 소리에서 제외한다.
③ 고객은 제품에 불만이 있으면 모든 것을 말하기보다는 행동으로 나타나며, 다음에 해당 제품을 구매하지 않는다. 기업에서는 이러한 현상을 찾아내기 위하여 주요 고객의 흐름을 관심 있게 추지한다.
④ 고객과 가장 밀접한 영업사원들의 정보를 중시해야 한다. 영업사원들의 보고서를 다음 제품 계획 시 반영해야 한다.

풀이 ② 고객들은 품질보다 개성으로 제품을 선호하는 경향이 있다. 처음부터 타 회사 제품을 선호하는 고객은 고객의 소리를 적극적으로 활용하여 우리 회사의 고객이 되도록 노력하여야 한다.

199 제품의 품질보증에 관한 설명으로 가장 거리가 먼 것은?

① 고객의 필요에 적합하고 충족시키는 것이 품질보증의 충분조건이다.
② 제조물 책임법이 시행된다고 모든 제품의 품질이 향상되었다고 할 수는 없다.
③ 고객의 전폭적인 신뢰를 받는 조건은 품질에 적합하게 가격이 형성됨에 있다.
④ 제품엔 결함이 없어야 하고, 만약 제품에 결함이 있으면 제조회사가 보상해야 한다.

풀이 ③ 고객의 전폭적인 신뢰를 받는 조건과 품질에 적합하게 가격이 형성되는 것과는 연관성이 부족하다.

200 품질경영(QM)을 크게 나누면 품질보증, 품질개선, 품질관리로 나눌 수 있는데, 다음 중 품질보증과 가장 관계가 먼 것은?

① 계약검토(Contract Review)
② 공정감시(Process Monitoring)
③ 기술개발(R & D)
④ 설계검토(Design Review)

풀이 ③은 품질관리에 해당된다.

201 제조단계에서의 품질보증활동과 직접 관계되는 것은?

① 공정능력 향상
② 설계공차 주정
③ 제조감사 실시
④ 설계도면 수정

풀이 ②, ④ : 설계단계
① : 제조단계
③ : 시장조사단계

202 제조단계에서의 품질보증 활동에서 가장 기본적으로 중시해야 할 사항은?

① 공정능력 확보
② 내부심사 실시
③ 설계심사 실시
④ 품질검사 시행

풀이 ②, ③ : 설계단계
① : 제조단계
④ : 시장조사단계

203 품질보증시스템 운영에 대한 설명으로 가장 거리가 먼 것은?

① 품질시스템의 피드백 과정을 명확히 해야 한다.
② 시스템 운영을 위한 수단 · 용어 · 운영규정이 정해져야 한다.
③ 처음에 품질시스템을 제대로 만들어 가능한 한 변경하지 않는 것이 좋다.
④ 다음 단계로서의 진행 가부를 결정하기 위한 평가항목, 평가방법이 명확하게 제시되어야 한다.

풀이 ③ 처음에 품질시스템을 제대로 만들었다 하더라도 시장상황의 변화에 따라 품질시스템은 개정 · 발전되어야 한다.

204 품질보증시스템은 부문별, 업무별, 기능별 및 프로젝트별 품질보증시스템으로 분류할 수 있다. 이 중 기능별 품질보증시스템에 해당되지 않는 것은?

① 품질평가
② 공정관리
③ 제품책임
④ 연구개발

풀이 ④는 업무별 품질보증시스템에 속한다.

205 품질보증시스템이 추구하는 근본 방향에 관한 설명으로 옳지 않은 것은?

① 고객이 요구하는 품질조건보다는 현 제조방법을 우선 고려하여 설계한다.
② 생산의 각 단계에 소비자의 요구가 정말로 반영되고 있는가를 체크하여 각 단계에서 조처를 취하는 것이다.
③ 제품에 대한 소비자와의 하나의 약속이며 계약이다.
④ 생산자가 소비자에 의해서 그 품질이 만족스럽고 적절하며, 신뢰할 수 있고 또한 경제적임을 보증하는 것이다.

풀이 ① 현 제조방법보다는 고객이 요구하는 품질조건을 우선 고려하여 설계한다.

206 품질보증부문의 임무로 가장 적합한 것은?

① 고객요구를 최대로 만족시키는 품질설계
② 부적합품의 발생억제를 위한 공정관리
③ 부적합품의 출하방지를 위한 최종검사
④ 각 부서에서의 품질보증활동의 종합조정통제

풀이 품질보증부문의 가장 중요한 업무는 품질경영의 기획안 수립과 부문 간의 품질계획에 관한 조정 · 통제 업무이다.

207 품질보증의 주요 기능으로서 가장 먼저 실시해야 할 내용은?

① 설계품질의 확보
② 품질조사와 클레임 처리
③ 품질방침의 설정과 전개
④ 품질보증 시스템의 설정과 운영

풀이 품질보증의 순서는 ③-④-①-②이다.

208 다음 중 품질보증을 하기 위해 제품기획단계에서 제일 먼저 해야 할 것은?

① 고객요구 파악
② 관련 기술의 가능성 검토
③ 경쟁업체의 분석과 벤치마킹
④ 신뢰성 검토 및 보장수명 결정

풀이 고객의 요구사항을 가장 먼저 파악하여야 한다.

209 품질보증체계도에서 구비하여야 할 사항으로 포함되지 않는 것은?

① 설계규격   ② 신뢰성 시험
③ 클레임의 피드백   ④ 정보의 피드백 경로

풀이 QA체계도는 제품 기획, 설계, 생산준비, 제조, 검사, 판매로 이어지는 긴 흐름인데, 이 스텝과 조직을 매트릭스로 하여 제품의 기획부터 판매까지의 물품과 정보의 흐름을 도시한 것이다. 구비사항은 마디(또는 관문), Skip(기준), 출하구분, 정보의 Feedback 경로, 클레임의 Feedback, 신뢰성 시험 등으로 6가지로 분류된다.

210 품질보증체계도에서 구비해야 할 사항으로 포함되지 않는 것은?

① 정보의 피드백 경로
② 입하구분
③ 클레임의 피드백
④ 신뢰성 시험

풀이 209번 풀이 참조

211 품질보증에서 사용되는 PL은 무엇의 약자인가?

① Plan Level   ③ Product Liability
③ Planning Level   ④ Production Liability

풀이 PL이란 Product Liability, 즉 제품 책임 또는 제조물 책임을 말한다.

212 제품이나 서비스 품질이 고객의 만족을 얻기 위해서는 품질보증의 필요조건과 충분조건이 모두 충족되어야 하는데, 다음 중 품질보증의 필요조건에 해당되지 않는 것은?

① 공약사항의 이행
② 공약사항의 보완
③ 요구조건의 충족
④ PL 문제에 대한 대처

풀이 • 필요조건 : ①, ②, ④
• 충분조건 : ③, 서비스의 철저, 고객만족

213 품질보증의 요건으로 필요조건과 가장 관계가 먼 것은?

① 공약사항의 이행
② 공약사항의 보완
③ 요구조건의 충족
④ PL 문제에 대한 대처

풀이 ③은 충분조건에 해당한다.

214 품질보증의 사전대책과 가장 거리가 먼 것은?

① 공정관리   ② 공정능력 파악
③ 품질감사   ④ 시장조사

풀이 ③은 사후대책이다.

215 품질보증방법 중 사전대책이 아닌 것은?

① 품질설계
② 보증기간방법
③ 공정능력의 파악
④ 고객에 대한 PR 및 기술지도

풀이 ②는 사후대책에 속한다.

216 다음 중 품질보증의 사후대책과 가장 관계가 깊은 것은?

① 시장조사
② 기술연구
③ 품질감사
④ 고객에 대한 PR

풀이 ①, ②, ④는 사전대책이다.

217 품질경영의 성과를 여러 가지 관점에서 객관적으로 평가하여 품질보증에 필요한 정보를 파악하기 위해 행하여지는 독립적인 행위를 무엇이라 하는가?

① 품질관리
② 품질감사
③ 품질설계
④ 품질방침전개

풀이 품질감사(Quality Audit)에 대한 설명이다.

218 품질감사에 대한 설명으로 옳지 않은 것은?

① 품질감사는 품질경영의 성과를 여러 가지 관점에서 객관적으로 평가하여 품질보증에 필요한 정보를 파악하기 위해 행해진다.
② 품질감사의 대상이 되는 단계는 개발단계, 제조단계, 출하단계, 유통단계, 사용단계로, 즉 프로세스 전체가 해당된다.
③ 품질감사의 대상은 궁극적으로 제품의 품질로서 감사의 주목적은 사용단계의 품질상태를 파악하는 것이다.
④ 품질경영상 특히 강조되는 것은 생산기업의 자체 품질감사보다는 협력업체에 의한 품질감사가 더욱 중시된다.

풀이 ④ 품질경영상 특히 강조되는 것으로 생산기업의 협력업체에 의한 품질감사보다는 자체 품질감사가 더욱 중시된다.

219 품질심사란 품질보증에 필요한 정보를 제공할 목적으로 여러 가지 관점에서 평가하는 독립적인 심사행위를 의미한다. 품질심사에 대한 설명으로 틀린 것은?

① 품질비용에 대한 심사를 의미한다.
② 제3자에 의해 품질활동을 평가한다.
③ 기업에 의한 자체 품질활동을 평가한다.
④ 협력업체에 대해 구매자가 품질활동을 평가한다.

풀이 품질비용에 대한 것은 심사가 아니라 검사를 의미한다.

220 검사용 표준장비를 운반차에 싣고 각 직장을 순회하면서 검사하는 방식은?

① 순회방식
② 집중방식
③ 정기방식
④ 현장방식

풀이 검사용 표준장비를 운반차에 싣고 각 직장을 순회하면서 검사하는 방식은 순회방식이다.

제조물 책임

221 제조물 책임(PL)에 대한 설명으로 적합하지 않은 것은?

① 제품안전에 대한 생산자 책임 또는 판매자의 책임을 의미한다.
② 상품결함에 의해 야기된 생명, 신체, 재산 등의 침해로 인한 손해에 대해 제조자가 지는 단순한 도의적 책임을 말한다.
③ 제조물 책임은 법률 면에서 과실책임, 엄격책임, 보증책임으로 나눌 수 있다.
④ 결함은 제조상의 결함, 설계상의 결함, 표시상의 결함으로 분류된다.

풀이 ② 상품결함에 의해 야기된 생명, 신체, 재산 등의 침해로 인한 손해에 대해 소비자의 피해를 최소화하기 위하여 생산자의 배상책임을 의무화하도록 한 것이다.

정답 216 ③ 217 ② 218 ④ 219 ① 220 ① 221 ②

222 제품책임의 법적 구성에 관한 설명 중 틀린 것은?

① 민사책임은 불법행위책임과 계약책임 등으로 분류된다.
② 계약책임은 보증책임과 제조물 책임 등으로 분류된다.
③ 불법행위책임은 과실책임과 엄격책임 등으로 분류된다.
④ 법률상의 배상책임은 민사책임과 형사책임 등으로 분류된다.

풀이 ② 계약책임은 보증책임에만 해당된다.

223 PL(제조물 책임)법에서 가장 중요시하는 것은?

① 외관   ② 성능
③ 안전성   ④ 신뢰성

풀이 PL(제조물 책임)법은 안전성과 직결된다.

224 제조물 책임법(PL법)에 적용되는 제품은?

① 가공되지 않은 농수산물
② 정보서비스
③ 부동산
④ 공원에 설치된 시설물

풀이 제조물 책임법(PL법)에 적용되는 제조물은 다른 동산이나 부동산의 일부를 구성하는 경우를 포함한 제조 또는 가공된 동산(④)이다.

225 다음 중 제조물 책임(PL)법 대상이 되지 않는 사람은?

① 각종 건축업자
② 전기 등 무체 에너지 공급업자
③ 자신을 제조업자로 표시한 판매업자
④ PL법이 적용되지 않은 외국에서 생산된 물품을 수입한 수입업자

풀이 제조물 책임법의 배상책임주체는 업으로서 제조물을 제조·가공 또는 수입한 자와 자신을 제조업자로 표시하거나 제조업자로 오인시킬 수 있는 표시를 한 자가 배상책임주체이고, 제조업자를 알 수 없는 경우에는 공급업자도 손해배상 책임주체가 된다(①, ③, ④).

226 다음 중 제조물 책임법에서 정의한 제조업자에 해당되지 않는 자는?

① 생필품을 구입하여 특정 시설에 기부한 자
② 커피 원두를 수입하여 가공한 후 판매하는 자
③ 선풍기를 제조하여 판매하는 것을 업으로 하는 자
④ 장난감에 상호·상표 등을 사용하여 자신을 제조업자로 오인시킬 수 있는 표시를 한 자

풀이 225번 풀이 참조

227 제조물 책임과 관련된 내용으로서 안전장치의 미비에 의한 제품 결함을 의미하는 것은?

① 설계상의 결함   ② 제조상의 결함
③ 경고상의 결함   ④ 표기상의 결함

풀이 설계상의 결함에 속한다.

228 불법행위상의 엄격책임은 과실존재의 입증과 계약관계의 요건에 관계없이 배상청구를 가능하게 하는 것이다. 이 경우 피해자가 입증하여야 할 사항으로 가장 거리가 먼 것은?

① 설계상의 결함
② 손해가 발생한 것
③ 결함상품에 위해의 원인이 있는 것
④ 결함상품이 손해로 법적 관련성을 갖는 것

풀이 ①은 과실책임의 하나로서 피해자가 입증할 필요가 없다.

229 제조업자가 합리적인 설명·지시·경고 또는 그 밖의 표시를 하였더라면 해당 제조물에 의하여 발생할 수 있는 피해나 위험을 줄이거나 피할 수 있었음에도 이를 하지 아니한 경우의 결함은?

① 제조상의 결함　② 설계상의 결함
③ 판매상의 결함　④ 표시상의 결함

풀이 표시상의 결함에 대한 내용이며, 과실책임에 속한다.

230 불법행위상의 엄격책임은 과실존재의 입증과 계약관계의 요건에 관계없이 배상청구를 가능하게 하는 것인데, 이 경우 피해자가 입증하여야 할 사항에 해당되지 않는 것은?

① 명시된 사항을 위반한 경우
② 판매자가 결함상품을 판매한 경우
③ 결함상품에 위해의 원인이 있는 경우
④ 결함상품이 손해로 법적 관련성을 갖는 경우

풀이 ①은 엄격책임이 아니라 보증책임에 해당된다.

231 제조물 책임법에서 정의하고 있는 결함의 종류가 아닌 것은?

① 제조상의 결함　② 설계상의 결함
③ 표시상의 결함　④ 기능상의 결함

풀이 제품의 결함으로는 제조·가공상의 결함, 설계상의 결함, 사용표시상의 결함, 지시·경고상의 결함 등이 있다.

232 과실책임이 따르는 제조물 결함에 해당하는 것은?

① 명시보증 위반
② 제조·가공상의 결함
③ 판매자가 결함상품을 판매한 것
④ 결함상품이 손해로 법적 관련성을 갖는 것

풀이 과실책임이 따르는 제품의 결함으로는 제조·가공상의 결함, 설계상의 결함, 사용표시상의 결함, 지시·경고상의 결함 등이 있다.

233 다음 중 과실책임이 따르는 제품의 결함으로 가장 관계가 먼 것은?

① 묵시보증상의 결함
② 제조·가공상의 결함
③ 설계상의 결함
④ 사용표시상의 결함

풀이 232번 풀이 참조

234 보증책임이 따르는 제품의 결함에 해당하는 것은?

① 명시보증 위반
② 설계상의 결함
③ 사용표시상의 결함
④ 제조·가공상의 결함

풀이 보증책임에는 명시적 보증책임과 묵시적 보증책임이 있다.

235 부주의, 착각 등에 의해 실수가 발생하지 않도록 또는 실수가 생기더라도 곧 알 수 있도록 하는 구체적이고 기계적인 방지책은?

① Fool Proof
② Derating
③ Methods Study
④ Value Engineering

풀이 Fool Proof
사용자가 잘못된 조작을 하더라도 고장이 발생하지 않도록 하는 설계 또는 곧바로 알 수 있도록 하는 방법(카메라에서 셔터와 필름 돌림대가 연동됨으로써 이중촬영을 방지하도록 한 것)

정답 229 ④ 230 ① 231 ④ 232 ② 233 ① 234 ① 235 ①

346_PART 06 품질경영

236 다음 중 개발 · 설계 단계에서 제조물 책임 결함 예방대책에 해당되지 않는 것은?

① 신뢰성 및 안전성에 대한 확인 시험을 실시한다.
② 제품을 사용하는 사람과 사용환경을 배려하여 사용상 예견되는 위험을 간파한다.
③ 설계심사 및 각종 시험의 실시와 더불어 이들의 자료를 정리, 보관, 활용한다.
④ 품질이나 성능을 과대선전하여 제거될 수 있는 보증책임을 지지 않도록 한다.

[풀이] 품질이나 성능을 과대선전하였을 경우에도 보증책임은 존재하게 된다.

237 출하 · 판매 단계에서 포장 · 용기의 제조물 책임대책으로 점검해야 할 사항에 해당되지 않는 것은?

① 내용물의 보호 기능은 충분한가?
② 내용물의 위험성이 외부에 표기되어 있는가?
③ 포장 · 용기 그 자체는 취급자에게 안전한가?
④ 포장 · 용기에 가격이 표시되어 있는가?

[풀이] ④는 제조물 책임대책과 무관하다.

238 제품책임의 대책으로 제품개발에서 판매 및 서비스에 이르기까지 모든 제품의 안전성을 확보하고 적정 사용방법을 보급하는 것을 무엇이라고 하는가?

① 제품기술
② 제품책임예방(PLP)
③ 품질보증활동
④ 제품책임방어(PLD)

[풀이] 제품책임예방(PLP)이란 제품개발에서 판매 및 서비스에 이르기까지 모든 제품의 안전성을 확보하고 적정 사용방법을 보급하는 것이다.

239 제품의 사용 시 사고가 발생했을 때의 대책이기 때문에 피해자의 구제조치가 우선하는 것은?

① 제조물 책임예방(PLP)
② 제품안전기술(PST)
③ 제조물 책임방어(PLD)
④ 제품책임(PL)

[풀이] 제품책임방어(PLD)에 대한 설명이다.

240 기업입장에서 PL법 소송이 발생하였을 경우 이에 대한 대책(PLD ; Product Liability Defense)으로 가장 거리가 먼 것은?

① 전문 변호사를 고용한다.
② PL법에 관련된 보험을 든다.
③ 안전기준치보다 더 엄격한 설계를 한다.
④ 초기에 대처할 수 있게 전 종업원들을 훈련한다.

[풀이] 제조물 책임 대책은 제품사고가 일어나기 전의 대책인 사전예방대책인 제품책임예방(PLP ; Product Liability Pre vention)과 사고가 일어난 후의 방어대책인 제품책임방어(PLD ; Product Liability Defence)로 나뉜다. 참고로 ③은 제품책임예방(PLP)에 속한다.

241 제품책임대책은 소송에 지지 않기 위한 방어대책과 결함제품을 만들지 않기 위한 예방대책으로 구분된다. 다음 중 방어대책으로 보기 어려운 것은?

① 책임의 한정
② 적정 사용방법의 보급
③ 응급체제 구축
④ 손실확대 방지

[풀이] 제품책임예방(PLP)대책으로 적정사용법 보급, 고도의 QA 체계 확립, 기술지도, 관리점검의 강화, 사용환경 대응, 신뢰성 시험, 안전기술 확보, 재료 · 부품 등의 안전확보 등이 있다. 참고로 ②는 제품책임방어(PLD)에 해당된다.

242 제조물 책임 방어(PLD ; Product Liability Defence)의 대책 중 사후대책에 해당하는 것은?

① 책임의 한정　　② 초동 대책
③ 손실의 분산　　④ 응급체제 구축

풀이 PLD
• 사전대책 : 책임의 한정, 손실의 분산, 응급체제 구축
• 사후대책 : 초동 대책

243 기업 입장에서 PL법에 대한 대책으로 결함 있는 제품을 만들지 않기 위한 대책(PLP)으로 가장 적당한 것은?

① 만약에 대비하여 PL 보험에 가입한다.
② 제품 사용 설명서에 책임을 명확하게 명시한다.
③ 신뢰성을 검증하기 위하여 충분한 안전시험을 실시한다.
④ 문제가 발생되었을 때 초기에 진압할 수 있도록 직원들을 훈련시킨다.

풀이 ①, ②, ④는 PLD에 해당된다.

244 제조물 책임 방어(PLD) 대책 중 PL 사고 발생 전에 수립하는 대책으로 볼 수 없는 것은?

① 소송 대리인의 선임
② 문서관리 체제의 정비
③ 제조물 책임 대응체제의 정비
④ 제조물 책임보험(생산물 배상 책임보험의 가입)

풀이 ①은 제품책임방어(PLD) 중 사후대책에 속한다.

245 제품책임대책은 소송에지지 않기 위한 방어와 결함제품을 만들지 않기 위한 예방대책으로 구분된다. 다음 중 방어대책으로 보기 어려운 것은?

① 책임의 한정　　② 손실의 분산
③ 손실확대방지　　④ 제품안전 확보

풀이 ④ 제품책임예방(PLP)대책에 해당된다.

246 제품책임(PL)에 있어 엄격책임은 부당하게 위험한 결함상태의 제품을 소비자에게 판매한 자는 사용자나 그의 재산에 입힌 손해에 대하여 책임이 있다는 것을 규정하고 있다. 엄격책임에 대한 설명으로 가장 관계가 먼 것은?

① 제조자가 자사 제품이 더 이상 점검되지 않고 사용될 것을 알면서도 제품을 유통시킬 때, 그 제품이 인체에 상해는 줄 수 있는 결함이 있는 것으로 입증될 때 적용할 수 있다.
② 엄격책임 소송의 초점은 제품이 결함이 있는지 여부에 있다.
③ 불합리하게 위험한 상태로 제품을 판매하였을 경우 계약요건에 없더라도 과실존재 입증만으로도 생산자나 판매자가 지는 책임이다.
④ 타인의 권리를 침해하는 경우에 생기는 법률상의 책임으로 개인과 개인 간에 생기는 책임이다.

풀이 ④는 제품책임(PL)과 전혀 연관성이 없는 내용이다.

247 제품책임(PL ; Product Liability)법에 대한 설명 중 가장 관계가 먼 것은?

① PL법은 제조자 혹은 공급자 책임이라고 한다. 여기서 책임은 배상책임을 의미한다.
② PL법에 적용되는 과실책임에 따르는 제품의 결함으로는 제조 가공상의 결함, 설계상의 결함, 사용표시의 결함 등이 있다.
③ PL법에 적용되는 보증책임은 계약상의 책임을 추궁하는 것으로 생산자나 판매자가 위반 사항이 있으면 책임을 지는 것을 의미한다.
④ PL법에서 보상을 받으려면 제품의 잘못된 점을 제품을 만드는 과정에서 문제가 있음을 지적해야 한다.

풀이 ④ PL법에서 보상을 받으려면 단지 제품의 결함이 존재함을 입증하면 된다.

정답 242 ② 243 ③ 244 ① 245 ④ 246 ④ 247 ④

248 다음의 가상으로 작성한 기사를 보고 해당 회사에서 취한 대책으로 가장 거리가 먼 것은?

> 한 음식점에서 하루 종일 틀어 놓은 텔레비전이 갑자기 '꽝' 하는 소리와 함께 폭발하여 음식점 내부는 아수라장이 되었고 일부 부상자도 발생하였다. 이 손해에 음식점 주인은 텔레비전에 결함이 있다며 제조회사를 상대로 관할 법원에 고소를 하였다고 한다.

① 피해자의 사용상 부주의로 인한 과실이라며 책임을 전가하였다.
② 분쟁 해결대책을 수립하였다.
③ 소비자의 PL 고소로 인한 기업의 이미지 실추와 손해가 발생될 것으로 보고 전담팀을 조직하였다.
④ 동일한 사고가 재발하지 않도록 설계단계, 제조단계 및 사용설명서 등 전 과정을 다시 점검하였다.

풀이 ① 피해자에 대한 보상을 철저히 하는 행동을 취해야 한다.

249 일반적으로 제품에 의하여 손해가 발생하는 이유가 아닌 것은?

① 제품이 사용되는 환경
② 제품 사용자의 협동이나 지식
③ 제품의 제조단계에서 전수검사 미실시 여부
④ 공장에서 안전분석과 품질관리를 사용하여 주의 깊게 제품을 설계하고 만들었는지 여부

풀이 ③ 전수검사 실시 여부와 제품에 의하여 손해가 발생하는 경우와는 무관하다.

250 다음 문장의 (　) 안에 들어갈 내용으로 올바른 것은?

> 제품의 품질상 결함으로 인해서 사용자에게 입힌 재산상의 손실에 대한 생산자, 판매자 측의 배상 책임을 (㉮)이라고 하고, 이에 대한 대응책으로 기업은 방어적인 면보다는 적극적으로 예방하는 (㉯)를 취하고 있다.

① ㉮ : PLD, ㉯ : PLP
② ㉮ : QC, ㉯ : QA
③ ㉮ : PL, ㉯ : PLP
④ ㉮ : TQC, ㉯ : PLD

풀이 제품의 품질상 결함으로 인해서 사용자에게 입힌 재산상의 손실에 대한 생산자, 판매자 측의 배상 책임을 (PL)이라고 하고, 이에 대한 대응책으로 기업은 방어적인 면보다는 적극적으로 예방하는 (PLP)를 취하고 있다.

251 다음 (　) 안에 알맞은 용어로 나열된 것은?

> "(A)이라 함은 제조업자의 제조물에 대한 제조·가공상의 주의의무의 이행 여부에도 불구하고 제조물이 원래 의도한 설계와 다르게 제조·가공됨으로써 안전하지 못하게 된 경우를 말하며, (B)이라 함은 제조업자가 합리적인 설명·지시·경고 기타의 표시를 하였더라면 당해 제조물에 의하여 발생될 수 있는 피해나 위험을 줄이거나 피할 수 있었음에도 이를 하지 아니한 경우를 말한다."

① A : 설계상의 결함, B : 제조상의 결함
② A : 제조상의 결함, B : 표시상의 결함
③ A : 설계상의 결함, B : 표시상의 결함
④ A : 표시상의 결함, B : 설계상의 결함

풀이 (제조상의 결함)이라 함은 제조업자의 제조물에 대한 제조·가공상의 주의의무의 이행 여부에도 불구하고 제조물이 원래 의도한 설계와 다르게 제조·가공됨으로써 안전하지 못하게 된 경우를 말하며, (표시상의 결함)이라 한은 제조업자가 합리적인 설명·지시·경고 기타의 표시를 하였더라면 당해 제조물에 의하여 발생될 수 있는 피해나 위험을 줄이거나 피할 수 있었음에도 이를 하지 아니한 경우를 말한다.

정답 248 ① 249 ③ 250 ③ 251 ②

252 다음은 제조물 책임법의 목적에 관한 내용이다. ( ) 안에 들어갈 용어로 옳은 것은?

> "이 법은 제조물의 (a)으로 인하여 발생한 손해에 대한 제조업자 등의 손해배상책임을 규정함으로써 피해자의 보호를 도모하고 국민생활의 안전 향상과 국민 (b)의 건전한 발전에 기여함을 목적으로 한다."

① a : 파손, b : 복지　　② a : 결함, b : 복지
③ a : 파손, b : 경제　　④ a : 결함, b : 경제

풀이 이 법은 제조물의 (결함)으로 인하여 발생한 손해에 대한 제조업자 등의 손해배상책임을 규정함으로써 피해자의 보호를 도모하고 국민생활의 안전 향상과 국민 (경제)의 건전한 발전에 기여함을 목적으로 한다.

253 다음은 어떤 제도의 목적을 설명한 내용인가?

> 소비자의 생명, 신체 및 재산상의 위해를 끼치거나 끼칠 우려가 있는 결함이 발견된 경우, 사업자 스스로 또는 정부의 강제 명령에 의하여 소비자 등에게 제품결함내용을 알리고 수거, 파기 및 수리, 교환, 환급 등의 조치를 취함으로써 결함제품으로 인한 위해 확산을 방지하는 데 목적을 두고 있다.

① 리콜제도　　　　② 제품교환제도
③ 환급제도　　　　④ 공산품품질관리제도

풀이 리콜(Recall)제도에 대한 설명이다.

254 결함 있는 제품을 제조업체가 스스로 회수해서 고쳐주거나 보상해 주는 제도를 무엇이라 하는가?

① 클레임처리제도
② 종합적 품질관리(TQC)제도
③ 리콜(Recall)제도
④ 제품보증제도

풀이 253번 풀이 참조

255 판매 후 제조물 책임대책 중 리콜(제품회수)이 필요한 경우로 보기 어려운 것은?

① 판매된 의약품에서 치명적 부작용이 판명되었을 경우
② 수입된 중국산 장난감에서 위험한 납 성분이 과도하게 발견되었을 경우
③ 자동차의 전자제어회로가 외부 잡음에 의해 급발진의 우려가 있다고 판단될 경우
④ 포장용기에 표시된 주의 사항이 너무 작은 글씨로 인쇄되어 있을 경우

풀이 ④는 리콜이 아니라, 제품책임(PL)과 관련이 있다.

교육훈련과 Motivation

256 품질관리교육의 방법에 관한 설명으로 옳지 않은 것은?

① 교육은 하위직부터 상위직 순서로 교육을 실시하는 것이 좋다.
② 교육의 실시장소에 따라 사내교육과 사외교육으로 나눌 수 있다.
③ 품질관리의 교육대상은 경영간부, 관리자, 품질관리 담당자, 감독관, 작업자 등으로 나누어 교육시킨다.
④ 실시하는 교육의 내용에 따라서 품질이념교육, 품질관리제도교육, 통계적 관리기법 등의 교육으로 나눌 수 있다.

풀이 ① 교육은 상위직부터 하위직 순서로 교육을 실시하는 것이 좋다.

257 품질관리교육을 효과적으로 추진하기 위해 유념해야 할 사항으로 가장 거리가 먼 것은?

① 전 사원을 계층별로 교육시킬 것
② 하위직부터 순차적으로 교육할 것
③ 자사의 사례집을 만들어 활용할 것
④ 교과과정 속에 연습과 그룹 토론을 넣을 것

정답 252 ④　253 ①　254 ③　255 ④　256 ①　257 ②

풀이 256번 풀이 참조

16산업 ●●○

258 품질경영 교육방법으로 실시하는 교육 내용에 따른 분류가 아닌 것은?

① 품질경영 사외교육
② 품질경영 이념교육
③ 품질경영 제도교육
④ 통계적 관리기법 교육

풀이 품질경영 교육장소에 따라 사외교육, 사내교육으로 분류한다.

14산업 ●●○

259 인간이 장기적으로 일할 의욕을 갖게 하기 위해서는 위생요인(Hygiene)보다 동기요인(Motivator)에 충실해야 한다고 주장한 사람은?

① J. M. Juran
② F. W. Taylor
③ F. I. Herzberg
④ W. A. Shewhart

풀이 허즈버그의 두 요인 이론에는 위생요인(직무환경, 저차적 욕구)과 동기유발요인(직무내용, 고차적 욕구)이 있다.

20산업 ●●○

260 허즈버그의 두 요인 이론 중 동기(만족)요인에 해당하지 않는 것은?

① 인정
② 성취감
③ 작업조건
④ 능력 및 지식의 개발

풀이 ③은 위생요인에 해당된다.

서비스업 품질경영

06산업 ●●○

261 다음 중 서비스 품질의 특성에 대한 설명 중 가장 관계가 먼 내용은?

① 서비스 품질은 물리적 특성을 계측하기가 어려운 것이 많다.
② 서비스 품질은 재현성이 극히 높다.
③ 서비스 품질은 개개인의 인적 관계에 의해서 품질이 좌우된다.
④ 서비스 품질은 대화 및 대면과 같은 정신적 품질이다.

풀이 ② 서비스 품질은 재현성이 극히 낮다.

11산업 ●●○

262 다음 중 서비스 품질의 특성에 대한 설명으로 가장 거리가 먼 것은?

① 표준화가 어렵다.
② 형태가 보이지 않고 만져지지 않는다.
③ 판매되지 않는 서비스는 재고로서 활용한다.
④ 서비스는 대부분 제공자와 고객과의 대면 접촉으로 이루어진다.

풀이 서비스 품질은 무형의 품질이므로 형태가 없고, 표준화가 어려우며, 대부분 제공자와 고객과의 대면접촉으로 이루어진다.

20산업 ●○○

263 제품과 서비스의 차이에 대해 새서(Sasser)가 설명한 4가지 서비스 차원에 해당하지 않는 것은?

① 소멸성(Perishability)
② 불균일성(Heterogeneity)
③ 형상성(Configurationally)
④ 동시성/비분리성(Simultaneity/Inseparability)

풀이 서비스의 4가지 특성
- 무형성(Intangible)
- 소멸성(Perishability)
- 불균일성(Heterogeneity)
- 동시성/비분리성(Simultaneity/Inseparability)

정답 258 ① 259 ③ 260 ③ 261 ② 262 ③ 263 ③

CHAPTER 01 **품질경영** _ 351

264 무형의 서비스의 품질은 서비스 특성상 객관적으로 측정하기 어렵다. 다음 중 그 이유에 해당되지 않는 것은?

① 고객은 자원의 서비스 행위와는 무관하다.
② 서비스 행위를 전달하기 이전에는 측정하기가 곤란하다.
③ 고객으로부터 수집한 서비스품질에 대한 데이터가 주관적이다.
④ 자원이 고객과 함께 이동할 때, 고객이 자원의 변화를 관찰하므로 객관적이지 못하다.

풀이 ① 고객은 자원의 서비스 행위와 관련성이 있다.

265 파라슈라만 등이 SERVQUAL 모형을 통해 제시한 서비스의 품질 특성이 아닌 것은?

① 신뢰성(Reliability)
② 확신성(Assurance)
③ 무형성(Intangibles)
④ 반응성(Responsiveness)

풀이 신뢰성(Reliability), 확신성(Assurance), 유형성(Tangibles), 공감성(Empthy), 반응성(Responsiveness) 등이 있다.

품질코스트

<hr>

09, 11, 19산업 ★★★

01 품질비용에 대한 설명으로 적합하지 않은 것은?

① 예방비용의 증가가 실패비용과 평가비용의 절감에 비해 클 경우, 품질경영활동이 만족하다는 의미이다.
② 품질비용의 목표는 추진 단계에 따라 차이는 있지만 궁극적인 목표는 품질향상과 원가절감에 있다.
③ 품질비용은 제품이나 서비스의 품질과 관련해서 발생되는 비용으로 이미 산출되었거나 산출될 급부에 관한 개념이다.
④ 품질의 경제성 향상과 경제적 품질향상 활동에서 전제되어야 하는 것은 경제성 평가이며, 이의 척도는 품질비용이라 할 수 있다.

풀이 ① 예방비용의 증가가 실패비용과 평가비용의 절감에 비해 작을 경우, 품질경영활동이 만족하다는 의미를 가진다.

00, 10, 12기사 ★★★

02 다음 중 품질비용의 3가지 분류항목에 해당되지 않는 것은?

① 예방비용　　　② 평가비용
③ 준비비용　　　④ 실패비용

풀이 **품질코스트**

예방코스트(Prevention Cost ; P-cost)	
평가코스트(Appraisal Cost ; A-cost)	
실패코스트 (Failure Cost ; F-cost)	사외실패코스트 (External Failure Cost)
	사내실패코스트 (Internal Failure Cost)

06산업 ★★○

03 다음의 품질비용 중 예방비용으로 가장 적합한 것은?

① 재가공비용
② 담당자교육비용
③ 완성품검사비용
④ 공정검사비용

풀이 ① 실패비용
③, ④ 평가비용

19산업 ★★○

04 제조품질에 관한 품질코스트의 분류 중 예방비용에 해당하는 것은?

① 출하검사비용
② 품질관리 사무비용
③ 계측기 검 · 교정비용
④ 제조공정 내 수리비용

풀이 ①, ③ 평가비용
② 예방비용
④ 실패비용

06, 09, 11, 15, 18산업 ★★★

05 다음의 품질비용 중 예방비용에 해당되는 것은?

① 재가공 작업비용
② 품질관리 교육비용
③ 클레임 처리비용
④ 계측기 검 · 교정 비용

풀이 ①, ③은 실패비용, ④는 평가비용에 해당된다.

<hr>

정답 01 ① 02 ③ 03 ② 04 ② 05 ②

06 다음 중 예방비용의 범주로 보기에 가장 거리가 먼 것은?

① PM코스트
② 설계검토코스트
③ 외주업체 지도코스트
④ 시장조사코스트

풀이 ①은 평가비용이다.

07 예방비용의 산출항목이 아닌 것은?

① 품질관리 교육비용
② 업무계획 추진비용
③ 외주업체 지도비용
④ 계량기 검 · 교정비용

풀이 ④는 평가비용(Appraisal Cost)에 해당된다.

08 품질비용 중 예방비용의 산출항목이 아닌 것은?

① 공정검사비용
② 품질관리교육비용
③ 신뢰성시험비용
④ 외주업체관리비용

풀이 ①은 평가비용의 산출항목이다.

09 다음 중 예방비용의 범주에 들지 않는 것은?

① QC/QM 사무비용
② QC 계획비용
③ QC 교육 · 훈련비용
④ 불량대책비용

풀이 ④는 실패비용이다.

10 품질비용의 하나인 평가비용에 해당하는 것은?

① 품질개발 및 계획비용
② 품질개선 비용
③ 시험실 비용
④ 재검사 비용

풀이 ① 예방비용
② 예방 또는 실패 비용
④ 실패비용

11 다음 품질코스트 중 F – Cost에 해당하는 것은?

① PM 코스트
② QC 설계 코스트
③ 수입 검사 코스트
④ 무상서비스 코스트

풀이 ①, ③ 평가코스트
② 예방코스트

12 품질코스트 중 실패코스트(F – Cost)에 해당하는 것은?

① 시장조사비용   ② 무상서비스비용
③ 수입검사비용   ④ 계측기교정비용

풀이 ① 예방비용
② 실패비용
③, ④ 평가비용

13 제품이나 서비스의 품질을 개선하고 유지 · 관리에 소요되는 비용과 그럼에도 불구하고 발생되는 실패비용을 포함하여 품질코스트라 한다. 품질코스트의 종류 중 관리가 가능한 비용으로 독립변수에 해당되는 코스트는?

① 예방코스트와 평가코스트
② 예방코스트와 내부실패코스트
③ 평가코스트와 외부실패코스트
④ 내부실패코스트와 외부실패코스트

정답   06 ①   07 ④   08 ①   09 ④   10 ③   11 ④   12 ②   13 ①

06산업 ★★○

14 품질코스트에 관한 설명 중 가장 거리가 먼 내용은?(단, P = 예방코스트, A = 평가코스트, F = 실패코스트)

① A 코스트가 증가하면 품질코스트는 감소
② P 코스트가 증가하면 F 코스트는 감소
③ A 코스트가 증가하면 F 코스트는 감소
④ 고품질 일수록 P와 A 코스트가 증가

풀이 ① A 코스트가 증가하면 품질코스트는 상황에 따라 증가 또는 감소한다.

06(중복), 11, 17산업 ★★★

15 품질비용에 관한 설명으로 옳지 않은 것은?

① 품질비용은 예방비용, 평가비용, 실패비용이 있다.
② 재가공 및 수리비용은 내부 실패비용으로 간주된다.
③ 쥬란은 예방비용과 평가비용을 묶어 실패비용과 반비례 관계로 표현하였다.
④ 현대적 관점에서 품질을 향상시킬수록 총품질비용은 기하급수적으로 증가한다.

풀이 ④ 현대적 관점에서 품질을 향상시킬수록 총품질비용은 기하급수적으로 감소한다.

14산업 ★★○

16 설계변경유실비용에 해당되는 품질비용은?

① 예방비용
② 평가비용
③ 내부 실패비용
④ 외부 실패비용

풀이 실패비용 중 내부 실패비용에 속하다

10, 15, 17산업 ★★★

17 다음 중 품질비용에 관한 설명으로 옳지 않은 것은?

① 실패비용은 내부 실패비용과 외부 실패비용으로 나눌 수 있다.
② 내부 실패비용은 그 중요성이 외부 실패비용보다 상대적으로 날로 증가하고 있다.
③ 파이겐바움에 의하면 실패비용은 총 품질비용의 70% 정도 차지한다.
④ 무결점 견해에 의하면 품질수준이 높아짐에 따라 품질비용은 낮아진다.

풀이 ② 고객만족 차원에서 내부 실패비용보다는 외부 실패비용의 중요성이 더 요구된다.

07산업 ★★○

18 제조의 품질을 좋게 하여 부적합품률이 0%로 접근하게 될 때 나타나는 현상 중에서 가장 관계가 먼 것은?

① 품질관리비는 일반적으로 증가하게 된다.
② 부적합품에 의한 손실금액은 감소하게 된다.
③ 제품의 적합비용이 감소하게 된다.
④ 소비자 불만이 감소하게 된다.

풀이 ③ 제품의 적합비용은 전체적으로 증가하게 된다.

07, 09, 12, 15, 20산업 ★★★

19 품질비용에 관한 쥬란의 1 : 10 : 100의 법칙을 작용할 때, 생산단계에서 바로잡는데 100원이 소요되는 것을 방치하면 고객에게 전달된 후 얼마의 손실이 발생할 것으로 예측되는가?

① 10원
② 100원
③ 1,000원
④ 10,000원

풀이 생산단계에서 100이면 제품으로 완성되었을 때는 ×10, 즉 1,000원의 손실이 발생된다

20 비용의 내용을 가장 올바르게 설명한 것은?

① 기술표준을 만들기 위한 용지비, 인쇄비는 평가비용이다.

② 제품의 검사 측정요원을 위한 교육훈련비용은 예방비용이다.

③ 클레임을 처리하기 위한 사원의 출장여비는 평가비용이다.

④ 제품의 품질유지 예방을 위한 원료검사비용은 평가비용이다.

풀이 ① 예방비용
③ 실패비용
④ 예방비용

21 예방코스트 : 평가코스트 : 실패코스트의 비율을 구하면 얼마인가?

코스트 내역	금액(원)
외주불량	20,000
공정검사	7,000
재심	7,000
설계변경	10,000
QC교육	50,000

① 25 : 6 : 16 ② 25 : 12 : 10
③ 50 : 5 : 39 ④ 50 : 7 : 37

풀이

코스트 내역	금액(원)	Q-Cost	비율
QC교육	50,000	예방	50
공정검사	7,000	평가	7
재심	7,000	실패	37
설계변경	10,000		
외주불량	20,000		

표준화의 개념

00기사 ⬢⬢◯

01 다음 내용은 산업표준의 목적을 설명한 것이다. 괄호 안에 들어가는 말을 나열한 것 중 맞는 것은?

> "이 법은 적정하고 합리적인 산업표준을 제정·보급함으로써 광공업품의 (㉠) 및 동제품 관련 서비스의 향상, (㉡)의 향상, 생산기술혁신을 기하며 거래의 (㉢) 및 소비의 합리화를 통하여 산업경쟁력을 향상시키고 국민경제발전에 이바지함을 목적으로 한다."

	㉠	㉡	㉢
①	품질고도화	생산효율	단순·공정화
②	품질경영	생산능률	단순·공정화
③	품질개선	생산능률	표준화
④	품질개선	생산효율	단순화

[풀이] 이 법은 적정하고 합리적인 산업표준을 제정·보급함으로써 광공업품의 (품질고도화) 및 동제품 관련 서비스의 향상, (생산효율)의 향상, 생산기술혁신을 기하며 거래의 (단순·공정화) 및 소비의 합리화를 통하여 산업경쟁력을 향상시키고 국민경제발전에 이바지함을 목적으로 한다.

13기사 ⬢⬢◯

02 다음 내용은 산업표준화법의 목적을 설명한 것이다. ( ) 안에 들어가는 말을 순서대로 나열한 것 중 옳은 것은?

> "이 법은 적정하고 합리적인 ( )을 제정·보급하여 광공업품 및 산업활동 관련 서비스의 품질, 생산( ), 생산기술을 향상시키고, 거래를 단순화·공정화하며 소비를 ( )함으로써 산업경쟁력을 향상시키고 국가경제를 발전시키는 것을 목적으로 한다."

① 산업표준 – 효율 – 합리화
② 산업표준 – 납기 – 합리화
③ 품질기준 – 효율 – 표준화
④ 품질기준 – 납기 – 표준화

[풀이] 이 법은 적정하고 합리적인 (산업표준)을 제정·보급하여 광공업품 및 산업활동 관련 서비스의 품질, 생산 (효율), 생산기술을 향상시키고, 거래를 단순화·공정화하며 소비를 (합리화)함으로써 산업경쟁력을 향상시키고 국가경제를 발전시키는 것을 목적으로 한다.

07, 11, 13, 18산업 ⬢⬢⬢

03 표준화의 원리 중 규격에 관한 설명으로 옳지 않은 것은?

① 규격은 주기적으로 검토되어야 한다.
② 규격은 기술적 사항에 대하여 정한 것이다.
③ 규격은 필요한 경우에는 개정할 필요가 있다.
④ 규격은 일정 기간이 경과되면 반드시 개정하여야 한다.

[풀이] ④ 표준화의 원리 중 개정의 원리란 일정한 기간을 두고 검토하여 필요에 따라 개정한다는 뜻이다.

10산업 ⬢⬢◯

04 표준화의 효과와 가장 거리가 먼 것은?

① 시장이 원하는 다양한 제품을 생산할 수 있다.
② 규격을 명시함으로써 기술의 보편화가 달성되고 전반적인 기술수준을 향상시킨다.
③ 제품에 대한 기술정보가 전사적으로 통일됨으로써 품질의 안정과 부적합품률의 감소를 가져오게 한다.
④ 기술정보의 체계적 분류에 의해 검색, 개정이 용이하게 되고 불필요한 다양성을 통일함으로써 단순화로 인한 이익이 기대된다.

[풀이] ①의 내용은 표준화의 효과와 관련이 없다.

정답 01 ① 02 ① 03 ④ 04 ①

05 사내표준화의 요건으로 틀린 것은?

① 기술 및 관리의 진보와 연동되어 적시에 신속히 개
   정 · 보급될 것
② 엄수하여야 할 최적 조건 및 방법을 관리자 중심에서
   최적점을 추구하여 표준화할 것
③ 조직원이 자율적으로 효과적 방법을 찾아 개선점을
   찾을 수 있는 환경을 조성할 것
④ 규격은 반드시 최신본(관리본)으로만 적용될 수 있
   도록 규격의 제 · 개정 및 폐지 시 배포처와의 관계를
   분명히 하여 명확히 처리되도록 할 것

풀이 ② 엄수하여야 할 최적 조건 및 방법을 생산자 중심에서 최적점
을 추구하여 표준화할 것

06 표준화의 목적이 아닌 것은?

① 보호무역의 촉진
② 기능과 치수의 호환성
③ 안전 · 건강 및 생명의 보호
④ 소비자 및 공동사회의 이익 보호

풀이 ① 표준화가 달성되면 보호무역이 감소하게 된다.

07 현대적인 표준화의 목적에 해당하지 않는 것은?

① 무역의 벽 제거
② 신기술 개발의 활성화
③ 안전, 건강 및 생명의 보호
④ 소비자 및 공동사회의 이익보호

풀이 신기술 개발이 아니라 경제 거래의 활성화가 표준화의 목적이
될 수 있다.

08 상호 이해관계에 따라서 정해진 표준 중 물체에 직접
또는 간접으로 관계되는 기술적 사항에 대하여 규정된
기준을 뜻하는 표준화에 관한 용어는?

① 규격(Technical Standard)
② 등급(Grade)
③ 종류(Class)
④ 형식(Type)

풀이 규격(Technical Standard)에 대한 정의이다.

09 표준화에 관련한 용어에 대한 설명으로 옳지 않은 것은?

① 시방(Specification)은 재료, 제품, 공구, 설비 등에
   관하여 요구하는 특성을 규정한 것을 말한다.
② 가규격(Tentative Standard)이란 정식규격의 설
   정에 앞서 시험적으로 적용할 것을 목적으로 정한
   것이다.
③ 잠정규격(Temporary Standard)은 종래의 규격이
   적당하지 않을 때 특정 기간에 한하여 적용할 것을
   목적으로 한 정식규격이다.
④ 호환성(Interchangeability)은 잘 쓰이지 않기 때문
   에 불필요하다고 생각되는 구성품의 수, 형상, 제품의
   형식 수 등을 줄이는 것을 말한다.

풀이 ④ 호환성(Interchangeability)은 기능이나 적합성을 유지하
면서 장치나 기기의 부분품 따위의 구성 요소를 다른 기계의
요소와 서로 바꾸어 쓸 수 있는 성질을 말한다.

10 시방(Specification)에 관한 설명으로 옳지 않은 것은?

① 시방은 규격일 수도 있고 규격의 일부일 수도 또는
   규격과 무관할 수도 있다.
② 제품, 재료 혹은 조작으로서 만족시켜야 할 일련의
   요구사항의 간결한 기술이다.
③ 시방은 거래 시 당사자 중 물건을 구입하는 자가 자
   기의 요구에 맞도록 규정하고 있다.
④ 관계있는 사람들의 이익 또는 편의가 공정히 얻어지
   도록 단순화 · 통일화를 도모하기 위한 것이다.

풀이 시방서(Specification)란 요구사항을 명시한 문서로 재료, 제품
등이 만족하여야 할 일련의 요구사항(형상, 치수, 제조 또는 시험
방법)에 대하여 규정한 것이다. 시방은 규격일 수도 있고 규격의
일부 또는 규격과 무관할 수도 있다. ④는 표준의 정의이다.

11 표준화 구조는 표준화를 전개할 때 그 대상을 편리하게 파악할 수 있도록 3가지의 구조로 구성되어 있다. 이 구조에 속하지 않는 것은?

① 표준화 수준(Level)
② 표준화 기술(Technology)
③ 표준화 국면(Aspect)
④ 표준화 주제(Subject)

풀이 표준화의 구조는 [주제(영역) : 표준화 대상의 속성을 구분하는 분야], [국면 : 주제가 채워져야 하는 요인 및 조건] 및 [수준 : 표준을 제정·사용하는 계층]의 세 가지 측면으로 나누어 설명된다.

12 표준의 규정들을 항목별로 분류하여 일정한 체계를 만드는 것으로, 예를 들면 부품의 모양과 치수 및 시험방법 등을 나타내는 표준화 구조는?

① 표준화 기술(Technology)
② 표준화 국면(Aspect)
③ 표준화 수준(Level)
④ 표준화 주제(Subject)

풀이 11번 풀이 참조

13 어떤 표준화 주제를 표준에 적합한 것으로 인정받기 위해 이 주제가 충족되어야 할 일군의 요구사항 또는 조건을 말하는 것은?

① 표준화 기술(Technology)
② 표준화 국면(Aspect)
③ 표준화 수준(Level)
④ 표준화 주제(Subject)

풀이 11번 풀이 참조

14 표준화의 구조 분류상 국면의 분류라고 볼 수 없는 것은?

① 시험과 분석
② 작업표준
③ 시방, 용어
④ 공업 기술

풀이 11번 풀이 참조

산업표준화

15 생산자의 입장에서 표준화의 효과가 아닌 것은?

① 경영의 합리화
② 원부자재의 절약과 원가절감
③ 제품의 다양화로 고객만족
④ 품목의 단순화로 생산능률의 향상

풀이 ③은 소비자의 입장에서 표준화의 효과이다.

16 산업표준화로 의하여 얻을 수 있는 이점이 아닌 것은?

① 자동화   ② 생산비 절감
③ 호환성   ④ 다품종 소량생산

풀이 산업표준화로 의하여 얻을 수 있는 생산방식은 소품종 대량생산이다.

17 표준화의 실시가 생산 제조업체에 미치는 효과로 가장 관계가 먼 것은?

① 분업생산, 생산능률 향상
② 대량생산 종업원의 숙련도 증진
③ 제품품질 향상, 자재절약 도모
④ 기호에 맞는 것을 자유롭게 선택, 호환성

풀이 ④는 소비자에게 미치는 효과이다.

18 산업표준화의 실시가 생산 제조업체에 미치는 효과로 틀린 것은?

① 자재가 절약된다.
② 수요파악이 용이하다.
③ 생산능률이 향상된다.
④ 제품 다양화가 용이하다.

풀이 ④ 제품의 종류가 감소함에 따른 대량생산이 가능하다.

19 생산기업에 표준화를 실시함으로써 고객에게 미치는 효과로 가장 거리가 먼 것은?

① 품종이 단순화됨으로써 기호에 맞는 것을 자유롭게 선택할 수 있다.
② 표준화된 물품은 호환성이 높기 때문에 구입된 물품의 교체, 수리가 용이하다.
③ 품질이 균일화되고, 신뢰성이 보장되므로 공급자와 고객이 상호이익을 가질 수 있다.
④ 품질을 보증함으로써 제품에 대한 신뢰도를 제고시킨다.

풀이 ① 품종이 단순화되면 기호에 맞는 것을 선택하는 데 자유롭지 못하다.

20 제품구매 소비자 측면에서 미치는 표준화 효과의 내용으로 옳지 않은 것은?

① 제품선택의 용이
② 제품의 교환 수리가 용이
③ 소비자의 구입 가격상 이익
④ 다양화에 따른 선택의 용이

풀이 ④ 단순화에 따른 선택의 용이

21 표준을 적용기간에 따라 분류할 때 다음 설명 중 틀린 것은?

① 통상표준 : 일반적 표준을 말하며, 적용 개시 시기와 적용 종료의 시기를 규정한 표준
② 시한표준 : 특정 활동의 추진을 목적으로 할 경우 이용
③ 잠정표준 : 상위표준, 규제법규 등의 모든 내용이 미확정일 경우 이용
④ 시한표준 : 적용 개시시기와 종료기한이 명시된 표준

풀이 ① 통상표준 : 보통의 일반적인 표준은 모두 이에 속한다. 이것은 적용 개시의 시기만 명시하고 적용 종료의 시기는 규정하지 않는다.

22 사내표준화는 표준화의 목적, 강제력의 정도, 표준의 적용기간에 따라 분류된다. 표준화의 적용기간에 따라 분류된 것으로, '적용 시작시기만이 명시된 표준으로 보통 대부분의 표준이 이에 속한다.'는 어떤 표준을 나타내는가?

① 시한표준
② 잠정표준
③ 특별표준
④ 통상표준

풀이 21번 풀이 참조

23 기업경영의 합리화 방법인 "3S"가 의미하는 것은 무엇인가?

① 표준화, 전문화, 단순화
② 표준화, 전문화, 분업화
③ 표준화, 체계화, 분업화
④ 표준화, 단순화, 체계화

풀이 산업표준화의 3S는 단순화, 표준화, 전문화를 말한다.

24 표준을 적용지역에 따라 분류할 경우 '특정 국가들을 회원으로 구성한 제한된 표준화단체'가 제정 또는 채택한 규격은 어디에 해당되는가?

① 단체규격　　② 국가규격
③ 지역규격　　④ 국제규격

풀이 지역규격에 대한 설명이다.

25 적용지역에 따른 표준분류로서 공공표준의 내용으로 가장 적합한 것은?

① 사내표준, 국가규격
② 지역규격, 사내표준
③ 단체규격, 국가규격
④ 보통규격, 국제규격

풀이 공공표준으로는 관공서규격, 단체규격, 국가규격, 지역규격, 국제규격 등이 있다.

26 타 규격과의 관계에 따른 표준의 분류에서 "어떤 규격을 사용할 때 참조할 필요가 있는 다른 규격"을 의미하는 규격을 무엇이라고 하는가?

① 관련규격　　② 인용규격
③ 정합규격　　④ 대응국제규격

풀이 관련규격에 대한 설명이다.

27 조직에서 사내 표준이 갖추어야 할 조건으로 틀린 것은?

① 사내 표준은 문서 또는 정보화되어 성문화된 자료로 존재하여야 한다.
② 자료는 조직원 누구나 볼 수 있고 활용될 수 있도록 배치 또는 네트워크화해 두어야 한다.
③ 회사의 경영자 또는 경영간부가 솔선하여 사내 표준의 유지와 실시를 촉진시켜야 한다.
④ 사내 표준은 앞으로 실시 가능성이 있는 미래의 사항을 기준으로 하여 기술하여야 한다.

풀이 ④ 사내 표준은 앞으로 실시 가능성이 있는 현재의 사항을 기준으로 하여 기술하여야 한다.

28 표준이 제정되고 적용되는 영역에 따라 사내표준, 단체표준, 관청표준, 국가표준, 지역표준, 국제표준 등으로 분류할 수 있다. 다음 중 국제표준이 아닌 것은?

① ISO　　② IEC
③ UL　　④ ITU

풀이
• UL : Underwriters Laboratories, 미국 보험협회 안전시험소[단체규격]
• ITU : International Tele Communication Union, 국제전기통신연합[국제규격]

29 한국산업표준(KS)의 제정대상이 아닌 것은?

① 물질, 제품의 형상, 치수, 성능
② 행위에 대한 동작, 절차
③ 신물질의 특허 기술
④ 물질과 행위에 관한 용어

풀이 특허 기술, 기호품 등은 KS의 제정대상이 될 수 없다.

30 국가적 표준의 대상이 아닌 것은?

① 국민의 안전 및 공해방지에 필요한 것
② 신물질의 특허 기술
③ 국제규격으로 제정된 것
④ 수출경쟁을 위하여 품질향상이 필요한 것

풀이 29번 풀이 참조

정답 24 ③ 25 ③ 26 ① 27 ④ 28 ③ 29 ③ 30 ②

31 산업표준화법에 의한 산업표준화의 대상으로 보기에 가장 거리가 먼 것은?

① 광고업품의 포장의 종류, 형상, 치수
② 광공업품의 생산방법, 설계방법, 사용방법
③ 광공업품의 특허 및 제조 비결에 관한 사항
④ 광공업의 기술과 관련되는 용어, 약어, 기호

풀이 29번 풀이 참조

32 다음 중 산업표준화법에서 지정하고 있는 산업표준화의 대상에 해당되지 않는 것은?

① 광공업품의 제도방법, 생산방법, 설계방법
② 광공업품의 시험, 분석, 감정, 기호품의 등급
③ 광공업품의 포장 종류, 형상, 치수, 포장방법
④ 구축물과 기타 공작물의 설계, 시공방법 또는 안전조건

풀이 29번 풀이 참조

33 산업표준화의 내용으로 가장 관계가 먼 것은?

① 광공업품의 종류, 형상, 치수
② 광공업품의 설계방법, 제도방법
③ 광공업품의 생산업무, 사무규정
④ 광공업품의 시험분석, 측정방법

풀이 ③ 생산업무, 사무규정은 회사에 따라 제품에 따라 달라지므로, 산업표준화가 되기가 곤란하다.

34 산업표준화의 장점으로 보기에 가장 거리가 먼 것은?

① 자동화
② 자재절약
③ 호환성
④ 다품종 소량생산

풀이 산업표준화의 장점은 소품종 다량생산이 가능해진다는 것이다.

35 국가적 표준의 대상이 아닌 것은?

① 국민의 안전 및 공해 방지에 필요한 것
② 기술개발 연구에 사용하는 것
③ 국제규격으로 제정된 것
④ 수출경쟁을 위하여 품질 향상이 필요한 것

풀이 ②는 국가적 표준의 대상이 될 수 없다.

36 다음 중 국가적 표준화의 대상이 될 수 없는 것은?

① 연구개발 단계의 상품
② 일반적으로 다수의 국민이 사용하는 상품
③ 인명과 재산의 위해품목
④ 시험검사방법

풀이 ①은 국가적 표준화의 대상이 될 수 없다.

37 국가규격 표준화 대상이 아닌 것은?

① 공공기관의 시방에 제정되어 특정한 용도로 필요한 것
② 소비자보호의 입장에서 필요한 것
③ 국민의 안전, 위생과 공해방지에 필요한 것
④ 생산, 유통, 사용의 합리화 촉진에 필요한 것

풀이 ①은 국가적 표준화의 대상이 될 수 없다.

38 한국산업규격(표시지정) 인증대상으로 가장 거리가 먼 것은?

① 품질 식별이 용이하지 아니한 것으로서 소비자 보호를 위하여 필요한 광공업품
② 원자재에 해당되지만 다른 산업에 전혀 영향을 미치지 않는 광공업품
③ 독과점 또는 가격변동 등으로 현저한 품질저하가 우려되는 광공업품
④ 기타 산업표준화 추진을 위하여 필요하다고 인정하는 광공업품

정답 31 ③ 32 ② 33 ③ 34 ④ 35 ② 36 ① 37 ① 38 ②

풀이 ② 원자재로서 다른 산업에 지대한 영향을 미치는 광공업품

09산업 ●●○

39 현행 한국산업규격으로 정하고 있는 부문별 분류에 해당되지 않는 것은?

① 요업 ② 일용품
③ 광공업 ④ 수송기계

풀이 ③ 광공업이 아니라 광산(E)이다.

08산업 ●●○

40 한국산업규격의 분류기호 중 '전기'에 해당하는 것은?

① A ② B
③ C ④ D

풀이 기본(A), 기계(B), 전기ㆍ전자(C), 금속(D)

07산업, 00기사 ●●●

41 한국산업규격에서 "정보산업"에 해당되는 분류기호는?

① W ② V
③ X ④ I

풀이 우주항공(W), 조선(V), 정보산업(X), 환경(I)

11산업 ●●○

42 한국산업규격의 분류기호 중 "품질경영"에 해당하는 것은?

① C ② Q
③ S ④ T

풀이 전기ㆍ전자(C), 품질경영(Q), 서비스(S), 물류(T)

19산업 ●●○

43 한국산업규격의 부문기호에서 R에 해당하는 부문은?

① 수송기계 ② 금속
③ 전기ㆍ전자 ④ 의료

풀이 ① R ② D ③ C ④ P

15산업 ●●○

44 한국산업규격의 분류기호를 표기한 것 중 틀린 것은?

① 섬유-H ② 일용-G
③ 요업-L ④ 조선-V

풀이 ① 섬유-K

17산업 ●●○

45 한국산업표준에서 "조선"에 해당되는 분류기호는?

① V ② W
③ I ④ H

풀이 ① V : 조선 ② W : 우주항공
③ I : 환경 ④ H : 식품

09산업 ●●○

46 한국산업규격의 기호와 부문이 바르게 짝지어진 것은?

① A-기계 ② B-전기전자
③ G-요업 ④ S-서비스

풀이 A : 기본, B : 기계, G : 일용품, L : 요업

17산업 ●●○

47 국가규격의 약어가 아닌 것은?

① KS ② BS
③ DIN ④ ASTM

풀이 ① 한국산업규격
② 영국산업규격
③ 독일산업규격
④ 미국재료시험협회 : 단체규격

09, 17산업 ●●○

48 국가와 국가규격이 잘못 짝지어진 것은?

① 호주-AS ② 미국-ANSI
③ 독일-DIN ④ 프랑스-GOST

풀이 프랑스-NF, 러시아 연방-GOST

정답 39 ③ 40 ③ 41 ③ 42 ② 43 ① 44 ① 45 ① 46 ④ 47 ④ 48 ④

49 다음 중 단체규격에 해당하는 것끼리 묶은 것은?

09산업 ★★○

① ASTM, UL
② ANSI, DIN
③ ASTM, JIS
④ ASME, IEC

풀이 • 국제규격 : IEC(국제전기표준회의)
• 국가규격 : DIN(독일), JIS(일본)
• 단체규격 : ASTM(미국재료시험학회), ANSI(미국표준협회), ASME(미국기계학회), UL(미국보험협회 안전시험소)

50 다음 중 단체규격에 해당하는 것끼리 묶은 것은?

13, 17산업 ★★○

① ASME, ASTM
② ANSI, DIN
③ ASTM, JIS
④ ASME, IEC

풀이 ① ASME(미국기계학회), ASTM(미국재료시험협회)
② ANSI(미국규격), DIN(독일규격)
③ ASTM(미국재료시험협회), JIS(일본규격)
④ ASME(미국기계학회), IEC(국제전기기술위원회)

51 국제표준화기구(ISO)에서 사용되는 공식 언어가 아닌 것은?

16, 20(중복)산업 ★★★

① 영어
② 독일어
③ 불어
④ 러시아어

풀이 영어, 불어, 러시아어가 ISO 공식언어로 규정되어 있다.

사내표준화

52 사내표준화의 대상이 아닌 것은?

11기사 ★★○

① 방법
② 특허
③ 재료
④ 기계

풀이 특허는 사내표준화의 대상이 될 수 없다.

53 사내표준화의 특징으로 틀린 것은?

16산업 ★★○

① 하나의 기업 내에서 실시하는 활동
② 기업 내의 특정 부문과 계층에서 실시해야 하는 활동
③ 사내관계자의 합의를 모은 후에 실시해야 하는 활동
④ 사내표준은 기업의 조직원이 의무적으로 지켜야 하는 활동

풀이 ② 기업 내의 모든 계층에서 실시해야 하는 활동

54 어떤 회사가 사내표준화를 준비하는 과정에서 지연 또는 방해 요소가 아닌 것은?

20산업 ★★○

① 조직상의 책임과 권한이 모호할 경우
② 사내표준을 적시에 개정 관리하지 않은 경우
③ 경영층이 사내표준에 대한 적극적인 관심이 없는 경우
④ 업무절차에 대한 명확한 절차가 성문화되어 있지 않을 경우

풀이 ②는 사내표준화를 준비하는 과정과 무관한 내용이다.

55 사내표준화 작업 시의 기본원칙에 대한 내용으로 틀린 것은?

17산업 ★★○

① 사내표준을 성문화하여야 한다.
② 경영자의 솔선수범이 있어야 한다.
③ 전사적인 이해, 실행 및 유지할 수 있어야 한다.
④ 향후 예상되는 작업세목에 대해 규정하여야 한다.

정답 49 ① 50 ① 51 ② 52 ② 53 ② 54 ② 55 ④

풀이 ④ 사내표준화에 향후 예상되는 작업세목에 대해 규정할 필요가 없다.

08산업 ★★○

56 산업표준화에서 발생하는 일반적인 효과와 거리가 가장 먼 것은?

① 품질향상
② 기술의 향상
③ 제품종류의 다양화
④ 사용소비의 합리화

풀이 ③ 제품종류의 단순화

10산업 ★★○

57 사내표준을 폐기하여야 할 사유로 가장 거리가 먼 것은?

① 시한표준의 유효기간을 경과한 경우
② 해당 국가규격의 변경 등의 사유 발생 시
③ 신(新) 규격 발행으로 인해 구(舊) 문서화되었을 때
④ 생산품 및 긍정변경 등으로 현행 규격이 필요치 않을 때

풀이 ②는 폐기가 아니라 개정의 사유가 된다.

00, 08(중복)산업, 06기사 ★★★

58 사내표준화 규격을 규격대상에 의해 분류할 때 해당되지 않는 것은?

① 기본규격
② 방법규격
③ 잠정규격
④ 제품규격

풀이 전달규격(기본규격), 방법규격, 제품규격 등이 있다.

15, 16산업 ★★○

59 사내규격은 규격을 제정하려고 하는 대상에 따라 3가지로 분류하는데 이에 해당하지 않는 것은?

① 기본규격
② 제품규격
③ 방법규격
④ 운영규격

풀이 58번 풀이 참조

19산업 ★★○

60 전달규격으로서 표준화에 속하지 않는 것은?

① 치수
② 단위
③ 기호
④ 용어

풀이 ①은 제품규격에 속한다.

10기사 ★★○

61 다음 중 제품규격에 속하는 것은?

① 기술적 용어, 기호, 단위 등
② 시험분석, 검사, 측정방법 등
③ 설계제조, 사용, 포장방법 등
④ 광공업품의 종류, 현상, 품질, 성능 등

풀이 ① 기본규격
② 방법규격
④ 제품규격

14, 20산업 ★★○

62 KS A 0001 : 2008 표준서의 서식 및 작성방법에서 '용어에 대하여 개념 본체 안에 위치하여 단어로 그 개념을 표현하고 다른 개념과의 차이를 명확히 하는 정의와 함께 규정하는 표준'은 무엇인가?

① 관련표준
② 제품표준
③ 방법표준
④ 전달표준

풀이 전달표준(규격)은 계량단위, 제품의 용어, 기호 및 단위 등과 같이 물질과 행위에 관한 기초적인 사항을 규정하는 규격으로 기본규격이라고도 한다.

06산업 ★★○

63 기능에 따른 표준화의 분류에서 기본규격은 어디에 속하는가?

① 제품규격
② 방법규격
③ 단체규격
④ 전달규격

풀이 62번 풀이 참조

정답 56 ③ 57 ② 58 ③ 59 ④ 60 ① 61 ④ 62 ④ 63 ④

64 사내표준을 적용기간에 따라 분류할 때 해당되지 않는 것은?

① 통상표준　　　　② 시한표준
③ 잠정표준　　　　④ 임의표준

풀이 사내표준을 적용기간에 따라 분류하면 통상표준, 시한표준, 잠정표준 등이 있다.

65 표준의 서식과 작성방법(KS A 0001 : 2015)의 표준의 종류에서 "어떤 표준을 적용하는 데 있어서 참조하는 편이 좋은 표준(국제표준, 국가표준, 단체표준 등) 및 기타 문서"를 의미하는 표준을 무엇이라고 하는가?

① 인용표준　　　　② 제품표준
③ 관련표준　　　　④ 시험표준

풀이 관련표준(Related Standard)에 대한 정의이다.

66 제조공정 중에 제품의 제조나 검사, 시험 등의 작업에 대하여 품질을 확보하기 위해 작업의 합리적 방법, 순서, 처리조건 등을 정한 표준은?

① 작업표준　　　　② 설계표준
③ 검사표준　　　　④ 관리표준

풀이 작업표준에 대한 설명이다.

67 사내규격 중 기술관계 규격이 아닌 것은?

① 재료규격　　　　② 제품규격
③ 작업표준　　　　④ 조직규정

풀이 ④는 회사규격에 해당된다.

68 다음 중 관리표준에 속하지 않는 것은?

① 절차　　　　　　② 재료
③ 권한　　　　　　④ 책임

풀이 관리표준이란 회사의 관리활동을 확실하고 원활하게 수행하기 위하여 업무수행방법, 관리방법, 교육 · 훈련방법, 클레임 처리방법 등 주로 업무의 관리방법에 관하여 규정한 것으로 예를 들어 표준관리규정, 품질관리규정, 검사업무규정, 판매관리규정, 애프터서비스규정 등을 말한다. 참고로 재료는 기술표준에 속한다.

69 사내표준화는 표준화의 목적, 강제력의 정도, 표준의 적용기간에 따라 분류된다. 표준화의 목적에 따라 분류된 것 중 관리표준으로 가장 거리가 먼 것은?

① 조직규정　　　　② 표준관리규정
③ 품질관리규정　　④ 검사업무규정

풀이 ①은 회사규격에 해당된다.

70 제품규격에 반드시 규정되어야 할 항목이 아닌 것은?

① 적용범위　　　　② 종류, 등급
③ 시험방법　　　　④ 제품의 호칭

풀이 제품규격에서 제품의 호칭이 규정될 필요는 없다.

71 제품규격에서 검사방법을 규정할 때 반드시 고려되어야 할 내용에 해당되지 않는 것은?

① 보증단위를 명확하게 규정한다.
② 판정기준을 명확하게 한다.
③ 검사방법은 시험방법과 관련하여 규정한다.
④ 재검사방법에 대하여 명확하게 규정한다.

풀이 재검사방법에 대해서는 규정하지 않는다.

정답 64 ④　65 ③　66 ①　67 ④　68 ②　69 ①　70 ④　71 ④

72 제품규격을 결정할 항목으로 포장을 규정하지 않는 것이 좋은 경우는?

① 제품의 구입선에 따라 포장의 방법 또는 조건을 상이하게 규정함으로써 오히려 불편이 생길 염려가 있을 경우
② 제품의 품질에 직접 영향이 없더라도 수송의 합리화 또는 거래의 합리화에 필요할 경우
③ 광·온도·습도 등에 의하여 품질이 떨어질 우려가 있을 경우
④ 진동, 충격 등에 의하여 제품이 파손되거나 품질이 저하될 우려가 있을 경우

풀이 포장을 규정하지 않는 것이 좋은 경우
• 제품의 구입선에 따라 포장의 방법 또는 조건을 상이하게 규정함으로써 오히려 불편이 생길 염려가 있을 경우
• 제품의 품질에 영향이 없고 수송상의 문제가 없는 경우로서 생산자의 자주성을 존중하는 것이 좋을 때

73 다음 중 규격에 제조방법을 규정할 필요가 있는 경우가 아닌 것은?

① 품질기준을 규정할 수 있는 경우
② 품질기준을 명확히 표현하기 힘든 경우
③ 최종검사만으로 품질보증이 충분하지 않을 경우
④ 검사비용이 많이 들어 품질보증을 위한 검사가 곤란한 경우

풀이 ①은 제조방법을 규정할 필요가 없다.

74 제품규격의 작성 시 반드시 규정되지 않아도 되는 항목은?

① 적용범위
② 종류와 등급
③ 검사 및 시험방법
④ 구조 및 모양

풀이 ④는 제품의 규격의 작성 시 반드시 규정할 필요가 없다.

75 제품규격을 제정할 때 필히 규정하지 않아도 될 항목은 어느 것인가?

① 종류, 등급
② 제조방법
③ 성능
④ 검사방법

풀이 제품규격을 제정할 때 제조방법을 규정할 필요는 없다.

76 업무수행의 책임과 권한, 절차, 양식 등에 대해서 정한 표준은 어느 것인가?

① 시방
② 규격
③ 요람
④ 규정

풀이 규정이란 업무의 내용, 순서, 방법에 관한 사항에 대해 정한 것으로 업무를 위한 표준이다.

77 사내표준화의 진행과정으로서 가장 합리적인 것은?

㉠ 표준대로의 실시	㉡ 관리
㉢ 교육훈련의 실시	㉣ 문제의 발견
㉤ 표준제정	㉥ 원인의 제거 및 개선

① ㉣-㉥-㉡-㉠-㉢-㉤
② ㉣-㉥-㉤-㉠-㉢-㉡
③ ㉣-㉥-㉡-㉠-㉤-㉢
④ ㉣-㉥-㉤-㉢-㉠-㉡

풀이 문제의 발견-원인의 제거 및 개선-표준제정-교육훈련의 실시-표준대로의 실시-관리

78 사내표준화의 효과를 증진시키기 위하여 갖추어야 할 요건에 해당되는 것은?

① 관계자들의 합의에 의해서 결정될 것
② 구체적이고 주관적인 내용으로 규정될 것
③ 한번 작성된 내용은 변경 없이 계속하도록 할 것
④ 작업표준에는 수단 및 행동을 간접적으로 지시할 것

풀이 사내규격의 요건
- 실행 가능성이 있는 내용일 것
- 당사자에게 의견을 말할 기회를 주는 방식으로 할 것
- 기록내용이 구체적이고 객관적일 것
- 작업표준에는 수단 및 행동을 직접 지시할 것
- 기여도가 큰 것을 채택할 것
- 직관적으로 보기 쉬운 표현으로 할 것
- 적시에 개정·향상시킬 것
- 장기적 방침 및 체계하에 추진할 것

79 사내표준화의 요건에 관한 설명으로 옳지 않은 것은?

① 향후 추진업무를 중심으로 할 것
② 정확, 신속하게 개정·향상시킬 것
③ 직관적으로 보기 쉬운 표현을 할 것
④ 장기적인 방침 및 체계 하에서 추진할 것

풀이 78번 풀이 참조

80 사내 표준화의 요건에 해당되지 않는 것은?

① 구체적이고 객관적일 것
② 기술진보에 따라 적절히 개선하고 발전할 것
③ 이상적(Ideal)인 목표를 설정하여 작성할 것
④ 단체, 국가규격 등 사외규격을 고려할 것

풀이 78번 풀이 참조

81 사내표준의 요건에 해당되지 않는 것은?

① 실행 가능한 내용일 것
② 사람에 따라 해석의 차이가 있을 것
③ 기록내용이 구체적·객관적일 것
④ 정확·신속하게 개정 향상시킬 것

풀이 ② 사람에 따라 해석의 차이가 없을 것

82 현재 생산을 하고 있는 상태하에서 사내표준화를 확대하고자 하는 경우 큰 효과를 볼 수 없는 것은?

① 중요한 개선이 있을 때
② 통계적 수법을 활용하고 싶을 때
③ 숙련공이 교체될 때
④ 산포가 작을 때

풀이 ④ 산포가 클 때

83 사내표준화에서 사내표준을 작성하는 대상은 공정변화에 대해 기여비율이 큰 것으로부터 중심적으로 취급하여 가는 것이 효과적이다. 이때 기여비율이 큰 경우에 해당되는 것이 아닌 것은?

① 관리자가 교체된 경우
② 산포가 큰 작업의 경우
③ 작업의 중요한 개선이 발생한 경우
④ 통계적 수법 등을 활용하여 공정을 관리하려는 경우

풀이 ① 관리자가 교체된 경우가 아니라 숙련공이 교체될 때

84 제조공정에 관한 사내표준의 요건으로 틀린 것은?

① 실행 가능한 내용일 것
② 직관적으로 보기 쉬운 표현을 할 것
③ 장기적인 방침 및 체계하에서 추진할 것
④ 공정변화에 대해 기여비율이 작은 것부터 추진할 것

풀이 ④ 공정변화에 대해 기여비율이 큰 것부터 추진할 것

85 제조공정에 관한 사내표준의 요건으로 틀린 것은?

① 직관적으로 보기 쉬운 표현을 하여야 한다.
② 공정변화에 대해 기여비율이 작은 것부터 한다.
③ 현장에서 실행 가능한 내용을 수록하여야 한다.
④ 사내표준화로 기록된 내용은 구체적으로 객관적이어야 한다.

정답 79 ① 80 ③ 81 ② 82 ④ 83 ① 84 ④ 85 ②

풀이 ② 공정변화에 대해 기여비율이 큰 것부터 한다.

00(중복), 11산업 ●●●

86 사내표준화에 관한 설명으로 옳지 않은 것은?

① 하나의 기업 내에서 실시하는 표준화 활동이다.
② 일단 정해진 표준은 변경 없이 계속 준수되어야 한다.
③ 정해진 사내표준은 모든 조직원이 의무적으로 지켜야 한다.
④ 사내 관계자들의 합의를 얻는 다음에 실시해야 하는 활동이다.

풀이 ② 정해진 표준이라고 해서 계속 준수될 필요는 없다.

08산업 ●●○

87 사내 표준화의 문서관리규정에서 구비되어야 할 조건 중 틀린 것은?

① 구체적 행동의 기준을 제시한 것일 것
② 사람에 따라 해석이 다르지 않을 것
③ 이상에 대한 조처방법이 제시되어 있을 것
④ 임의재량의 여지가 있을 것

풀이 ④ 문서관리에 임의재량의 여지가 있어서는 안 된다.

07산업 ●●○

88 사내규격서의 양식요건을 설명한 내용으로 가장 올바른 것은?

① 많은 전문용어와 원어를 사용하여야 한다.
② 규격서의 형식은 제본식이 좋다.
③ 개정하기가 쉬워서는 안 된다.
④ 복사가 편리해야 한다.

풀이 ① 가급적 많은 전문용어와 원어의 사용을 금하여야 한다.
② 규격서의 형식은 바꿔끼기식(Loose Leaf)이 좋다.
③ 개정하기기 쉬워야 한다.

18산업 ●●○

89 사내규격의 양식으로 구비되어야 할 조건이 아닌 것은?

① 이해하기 쉬운 양식일 것
② 일률적이며 특수한 양식일 것
③ 유지, 취급, 보관관리가 용이할 것
④ 표준의 내용을 충분히 전달하는 기능을 유지할 것

풀이 일률적이며 특수한 양식이 되어서는 안 되고, 제품의 특성에 맞고, 표준화된 양식이 되어야 한다.

11, 18산업 ●●○

90 회사의 규모에 관계없이 사내규격으로 공통적으로 만들어 활용되어야 할 표준류에 해당하지 않는 것은?

① 검사표준
② 제조표준
③ 제품규격
④ 판매표준

풀이 사내규격으로 공통적으로 만들어 활용되어야 할 표준류에는 구매시방서, 제조표준, 제품규격, 검사표준 등이 있다.

12, 16, 20산업 ●●●

91 일반적으로 과학기술계 표준은 크게 3가지로 구분할 수 있다. 3가지 구분에 포함되지 않는 것은?

① 측정표준
② 참조표준
③ 성문표준
④ 계량표준

풀이 • 일반적으로 표준(Standard)은 기술표준, 관리표준, 작업표준으로 분류한다.
• 일반적으로 과학기술계 표준은 측정표준, 성문표준, 참조표준으로 분류한다.

14산업 ●●○

92 표준을 분류하는 가장 포괄적 분류체계는 인문사회적 표준과 과학기술계 표준으로 분류된다. 그중 과학기술계 표준은 통상 3가지로 분류하는데 그에 해당되지 않는 것은?

① 측정표준
② 잠정표준
③ 성문표준
④ 참조표준

풀이 91번 풀이 참조

정답 86 ② 87 ④ 88 ④ 89 ② 90 ④ 91 ④ 92 ②

93 사내표준화의 대상이 아닌 것은?

① 노하우(Know-how)
② 재료
③ 기계
④ 방법

풀이 노하우(Know-how)는 표준화의 대상으로 볼 수 없다.

94 한국산업규격(KS A 0001 : 2015)에 따른 표준서의 구성순서를 바르게 나열한 것은?

① 본체 → 부속서 → 참고 → 해설
② 본체 → 부속서 → 해설 → 참고
③ 본체 → 해설 → 참고 → 부속서
④ 본체 → 해설 → 부속서 → 참고

풀이 표준서의 구성은 '본체 → 부속서 → 참고 → 해설'로 되어 있다.

95 한국산업규격에서 사용하는 용어 중 본체 및 부속서(규정)에 규정한 사항, 부속서(참고)에 기재한 사항 및 이들과 관련된 사항을 설명하는 것을 무엇이라 하는가?

① 조항
② 비고
③ 해설
④ 추록

풀이 해설이란 본체, 부속서 및 참고에 기재한 사항과 이것들과 관련된 사항을 설명하는 것으로 규격의 일부는 아니다.

96 표준서의 서식 및 작성방법(KS A 0001 : 2008)에서 정의하고 있는 용어에 관한 설명으로 옳은 것은?

① 참고는 규격의 일부라고 할 수 있다.
② 본문은 조항의 구성부분의 주체가 되는 문장이다.
③ 보기는 본문, 비고, 표 안에 직접 넣으면 복잡하게 되므로 따로 기재하는 것이다.
④ 해설은 본체 및 부속서의 규정에 관련된 사항을 본체에 준한 형식으로 보충하는 것이다.

풀이
① 참고 : 본체 및 부속서의 규정에 관련된 사항을 본체에 준한 형식으로 보충하는 것으로 규격의 일부는 아니다.
③ 보기 : 본문·비고·주·그림·표 등에 나타난 사항에 대하여 예시하는 것이다.
④ 해설 : 본체, 부속서 및 참고에 기재한 사항과 이것들과 관련된 사항을 설명하는 것으로 규격의 일부는 아니다.

97 규격서의 구성에 관한 설명 중 맞지 않는 것은?

① 규격서는 필요하면 참고나 해설을 붙일 수 있다.
② 해설은 해설이라 명시하고 본체의 다음에 오게 한다.
③ 부속서가 있는 경우는 부속서라 명시하고 본체 바로 앞에 오게 한다.
④ 참고는 참고라 명시하고 본체의 다음에 오게 하나, 본체 중에 기재하는 편이 이해하기 쉬울 때에는 그렇게 하여도 좋다.

풀이 ③ 부속서가 있는 경우는 부속서라 명시하고 본체 바로 뒤에 오게 한다.

98 표준의 서식과 작성방법(KS A 0001 : 2015)에서 분문에 통합된 비고 및 보기에 대한 설명으로 틀린 것은?

① 비고에는 요구사항을 포함시키지 않는 것이 바람직하다.
② 비고 및 보기는 이들이 언급된 문단 위에 위치하는 것이 좋다.
③ 동일한 절 또는 항에 비고와 보기가 함께 기재되는 경우 비고가 우선한다.
④ 비고 및 보기는 동일한 절, 항, 그림 또는 표 내에 두 개 이상 적용되지 않으면 번호를 매기지 않는다.

풀이 ③ 동일한 절 또는 항에 비고와 보기가 함께 기재되는 경우 보기가 우선한다.

99 시험장소의 표준상태(KS A 0006 : 2014)에 관한 설명으로 옳지 않은 것은?

① 표준상태의 습도는 상대습도 50% 또는 65%로 한다.
② 온도 15급은 표준상태의 온도 20℃에 대해서만 사용한다.
③ 습도 20급은 표준상태의 상대습도 50%에 대해서만 사용한다.
④ 표준상태의 온도는 시험의 목적에 따라서 20℃, 23℃ 또는 25℃로 한다.

풀이 ③ 습도 20급은 표준상태의 상대습도 65%에 대해서만 사용한다.

100 시험 장소의 표준상태(KS A 0006 : 2014)에 정의된 표준 상태의 습도로 맞는 것은?

① 상대습도 20% 또는 35%
② 상대습도 35% 또는 50%
③ 상대습도 50% 또는 65%
④ 상대습도 65% 또는 75%

풀이 표준상태의 습도 : (50% 또는 65%)±2, 5, 10, 20

101 시험장소의 표준상태(KS A 0006 : 2001)에 관한 설명으로 옳은 것은?

① 표준상태의 습도는 상대습도 70% 또는 85%로 한다.
② 온도 15급은 표준상태의 온도 20℃에 대해서만 사용한다.
③ 습도 20급은 표준상태의 상대습도 50%에 대해서만 사용한다.
④ 표준상태의 온도는 시험의 목적에 따라서 5~35℃ 중에서 선택한다.

풀이 ① 표준상태의 습도는 상대습도 50% 또는 65%로 한다.
③ 습도 20급은 표준상태의 상대습도 65%에 대해서만 사용한다.
④ 표준상태의 온도는 20℃, 23℃, 25℃로 한다.

102 KS A 0006 : 2014 시험장소의 표준상태에서 광공업에서 시험을 실시하는 장소의 표준상태의 습도가 상습이라면 습도 범위는?

① 35~80%
② 45~80%
③ 35~85%
④ 45~85%

풀이 상온이란 5~35℃, 상습이란 상대습도 45~85%를 말한다.

103 수치 맺음에 관한 설명으로 틀린 것은?

① 2.3078을 유효숫자 2자리로 맺으면 2.3이다.
② 3.1961을 소수점 이하 2자리로 맺으면 3.20이다.
③ 6.8349를 소수점 이하 3자리로 맺으면 6.835이다.
④ 2.06719를 유효숫자 4자리로 맺으면 2.0672이다.

풀이 ④ 2.06719를 유효숫자 4자리로 맺으면 2.067이다.

104 다음 중 표준수에 대한 설명으로 틀린 것은?

① 등비수열의 성질을 가지고 있다.
② 증가율이 큰 수열부터 선택하여 사용한다.
③ 표준수의 곱과 몫 그리고 정수멱은 모두 표준수가 된다.
④ R5, R10, R20, R40, R80의 수열을 기본수열로 한다.

풀이 ④ R5, R10, R20, R40의 수열을 기본수열로 하고, R80은 특별 수열로 한다.

105 KS A ISO 3 : 2012 표준수－표준수 수열에서 기본수열에 해당되는 것은?

① R1
② R5
③ R12
④ R80

풀이 104번 풀이 참조

106 표준수 및 표준수 수열 사용지침(KS A ISO 17 : 2012) 규격에 관한 설명으로 틀린 것은?

① 표준수는 등비수열 특성을 따른다.
② 표준수는 어떤 항이든 모두 10배 및 1/10배를 포함한다.
③ 기본수열로부터 2개째씩, 3개째씩 등을 골라서 만든 수열을 유도수열이라고 한다.
④ 기본수열과 비율이 다르며, 기본수열에 속하지 않는 항에서 출발한 것이 변위수열이다.

풀이 ④ 변위수열은 기본수열과 비율이 같으나 기본수열에 속하지 않는 항에서 출발한 수열이다.

표준화 요소(KS)

107 KS 표시허가 신청 공장에 대한 심사항목이 아닌 것은?

① 품질경영 일반
② 검사 및 제조설비 현황
③ 부적합품 처리에 관한 사항
④ 자재관리에 관한 사항

풀이 KS 표시허가 신청 공장에 대한 심사항목
• 품질경영   • 자재관리
• 공정 · 제조 설비관리   • 제품관리
• 시험 · 검사 설비관리
• 소비자 보호 및 환경 · 자원관리

108 산업표준화법 시행령에는 규정에 의한 산업표준화 및 품질경영에 대한 교육을 반드시 받아야 하는데, 이에 포함되지 않는 것은?

① 경영간부 교육
② 경영책임자 교육
③ 내부품질심사요원 양성교육
④ 품질관리담당자 양성교육 및 정기교육

풀이 ③은 산업표준화 및 품질경영에 대한 교육이 아니라 ISO 9001 인증과 관련이 있는 교육이다.

109 산업표준화법 시행령에서 규정하고 있는 산업표준화 및 품질경영에 관한 교육의 내용 중 품질관리담당자의 교육내용에 해당되지 않는 것은?

① 통계적인 품질관리 기법
② 사내표준화 및 품질경영의 추진 실시
③ 사내표준화 및 품질경영 추진 기법 사례
④ 한국산업표준(KS) 인증제도 및 사후관리 실무

풀이 ③은 경영간부 교육에 해당된다.

110 제품인증에 관한 설명내용으로 틀린 것은?

① KS 인증은 제품인증에 해당된다.
② 품질경영체제 인증기관은 KS 인증기관이 된다.
③ KS Q ISO 9001 : 2015 품질경영시스템 인증은 제품인증에 해당되지 않는다.
④ 제품인증이란 제품품질을 해당규격과 비교 · 시험 · 평가하여 규격수준 이상으로 판명되었을 때 제품에 해당 품질표시를 허용하는 제도이다.

풀이 ② 품질경영체제 인증기관과 KS 인증기관은 다른 기관이다.

111 KS인증심사기준(제품분야)에서 일반심사기준 중 사내표준화 및 품질경영의 추진 심사기준의 내용으로 틀린 것은?

① 경영책임자는 표준화 및 품질경영을 합리적으로 추진해야 한다.
② 품질경영의 추진계획은 해당 한국산업표준(KS) 및 인증심사기준의 요구 수준 이상으로 보증할 수 있도록 입안해야 한다.
③ 기업의 사내표준 및 관리규정은 한국산업표준(KS)을 기반으로 회사 규모에 따라 적합하게 수립하고 회사 전체 차원에서 적용해야 한다.

정답 106 ④ 107 ③ 108 ③ 109 ③ 110 ② 111 ④

④ 제안 활동 또는 소집단 활동 등을 통해 품질개선 활동을 실시하고, 사내표준화와 품질경영 활동 전반에 대해 자체점검을 2년 이내의 주기로 실시하여 그 결과를 경영에 반영해야 한다.

풀이 ④ 제안 활동 또는 소집단 활동 등을 통해 품질개선 활동을 실시하고, 사내표준화와 품질경영 활동 전반에 대해 자체점검을 1년 이내의 주기로 실시하여 그 결과를 경영에 반영해야 한다.

112 국내의 공산품에 대한 품질보증 표시제도 중에서 생산자가 임의로 취득할 수 있는 인증제도는 어느 것인가?

① KS표시허가제도
② 승강기 안전검사제도
③ 전기용품 안전관리제도
④ 열사용 기자재 형식승인제도

풀이 ②, ③, ④는 생산자가 임의로 취득할 수 있는 인증제도가 아니라 반드시 취득하여야 할 법적 의무사항으로 볼 수 있다.

113 우리나라의 시험기관, 교정기관, 검사기관 및 표준물질생산기관 등 인정업무를 수행하고 있는 조직은?

① KSA(한국표준협회)
② KOLAS(한국인정기구)
③ KAS(한국제품인정제도)
④ KRISS(한국표준과학연구원)

풀이 KOLAS는 국가표준제도의 확립 및 산업표준화제도 운영, 공산품의 안전/품질 및 계량·측정에 관한 사항, 산업기반 기술 및 공업기술의 조사/연구 개발 및 지원, 교정기관, 시험기관 및 검사기관 인정제도의 운영, 표준화관련 국가 간 또는 국제기구와의 협력 및 교류에 관한 사항 등의 업무를 관장하는 국가기술표준원 조직이다.

114 3정 5S에서 3정에 해당되지 않는 것은?

① 정시
② 정품
③ 정량
④ 정위치

풀이
• 3定 : 정품, 정량, 정위치
• 5S : 정리, 정돈, 청소, 청결, 습관화

115 표준의 서식과 작성방법(KS A 0001 : 2015)에서 그 앞에 있는 수치를 포함시키는 뜻을 가진 용어는?

① 초과
② 이상
③ 미만
④ 보다 큰

풀이
• "이상"과 "이하"는 그 앞에 있는 수치를 포함시킨다.
• "초과"와 "미만"은 그 앞에 있는 수치를 포함시키지 않는다.

116 표준의 서식과 작성방법(KS A 0001 : 2015)에서 문장 쓰는 방법에 대한 설명으로 맞는 것은?

① "때"는 선택의 의미로 사용한다.
② "및"은 병합의 의미로 사용한다.
③ "또는"은 한정조건을 나타내는 데 사용한다.
④ "이상"은 그 앞에 있는 수치를 포함하지 않는다.

풀이 ① "때"는 한정조건을 나타내는 데 사용한다.
③ "또는"은 선택의 의미로 사용한다.
④ "이상"은 그 앞에 있는 수치를 포함한다.

117 KS A 0001 : 2008 표준서의 서식 및 작성방법에서 한정, 접속 등에 사용하는 용어에 대한 설명 중 틀린 것은?

① "때"는 한정 조건을 나타낼 때 사용한다.
② "혹은"은 선택의 의미로 나눌 때 사용한다.
③ "경우"는 다시 크게 병합할 필요가 있을 때 사용한다.
④ "시"는 시기를 명확히 할 필요가 있을 경우에 사용한다.

풀이 ③ "경우"와 "때"는 한정조건을 나타낼 때 사용한다. 다만, 한정조건이 이중으로 있는 경우에는 큰 쪽의 조건에 "경우"를 사용하고, 작은 쪽의 조건에 "때"를 사용한다.

정답 112 ① 113 ② 114 ① 115 ② 116 ② 117 ③

118 한국산업표준의 서식 중 용어 및 표시글에 대한 설명 내용으로 가장 적당한 것은?

① "혹은"은 가정적 조건을 표시할 때 사용
② "경우"는 예외적 조건을 규정할 때 사용
③ "때"는 한정조건을 표시할 때 사용
④ "시"는 예외적 조건을 규정하는 데 사용

풀이 ① "혹은"은 선택의 의미로 사용
② "경우"는 한정조건을 규정할 때 사용
④ "시"는 시기 또는 시각을 명확히 할 필요가 있을 경우에 사용

119 표준서의 서식 및 작성방법(KS A 0001 : 2008)에서 한정, 접속 등에 사용하는 용어에 대한 설명이 틀린 것은?

① "시"는 시기 또는 시각을 확실하게 할 필요가 있는 경우에 사용한다.
② "부터" 및 "까지"는 각각 때, 장소 등의 기점 및 종점을 나타내는 데 사용한다.
③ 문장의 처음에 접속사로 놓는 "다만"은 주로 본문 안에서 보충적 사항을 기재하는 데 사용한다.
④ "와(과)"는 병합의 의미로 "및"을 이용하여 병렬한 어구를 다시 크게 병합할 필요가 있을 때 그 접속에 사용한다.

풀이 ③ 문장의 처음에 접속사로 놓는 "또한"은 주로 본문 안에서 보충적 사항을 기재하는데 사용한다. "다만"은 주로 본문 안에서 제외 보기 또는 예외적인 사항을 기재하는 데 사용한다.

120 규격서의 서식에서 문장의 끝에 사용되는 용어가 가장 올바르게 표현된 것은?

① 장려 : ~하여도 좋다.
② 허용 : ~하는 것이 좋다.
③ 지시 또는 요구 : 원칙으로 ~한다.
④ 지시 또는 요구 : ~에 따른다.

풀이 • 장려 : ~하는 것이 좋다.
• 허용 : ~하여도 좋다.
• 지시 또는 요구 : ~에 따른다.

121 표준의 서식 및 작성방법(KS A 0001 : 2015)에서 규정하고 있는 규격서의 서식에서 문장 끝에 사용되는 용어가 맞는 것은?

① 권고사항 : ~할 수 있다.
② 허용 : ~하는 것이 좋다.
③ 요구사항 : ~하여야 한다.
④ 실현성 및 가능성 : ~해도 된다.

풀이 • 권고사항 : ~하는 것이 좋다.
• 허용 : ~해도 된다.
• 요구사항 : ~하여야 한다.
• 실현성 및 가능성 : ~할 수 있다.

규격과 공차

13기사 ★★○

01 공차를 올바르게 정의한 것은?

① 규격 상·하한의 차이
② 기준치와 규격 상한의 차이
③ 기준치와 규격 하한의 차이
④ 규격 상·하한 차이의 $\frac{1}{2}$

풀이 공차(T)＝상한규격(U)－하한규격(L)

12산업 ★★○

02 치수공차 또는 공차의 표현으로 가장 적합한 것은?

① 최대허용치수－최소허용치수
② $U_{CL} - L_{CL}$
③ 기준치수－최소허용치수
④ 최대허용치수－기준치수

풀이 • 공차(Tolerance) : 규정된 최대치(규격상한)와 규정된 최소치(규격하한)의 차를 말한다.
• 허용차 : 규정된 기준치와 규정된 한계치의 차 또는 분석시험 등에서 데이터의 산포가 허용하는 한계를 말한다.

07산업, 08기사 ★★○

03 다음 그림에서 공차는 몇 mm인가?

규격상한(52mm)

허용차(+2mm)

기준치
(50mm)

허용차(−2mm)

규격하한(48mm)

① −2
② 0
③ 2
④ 4

풀이 공차 $T = U - L = 4$

20산업 ★★○

04 어떤 제품의 치수를 측정하는 공정에서 다음과 같은 값이 주어졌을 때 제품의 공차는?

[다음]

• 기준치 : 83mm
• 규격상한 : 85mm
• 규격하한 : 81mm
• 관리상한 : 84.5mm
• 관리하한 : 81.5mm

① 1.5mm
② 2mm
③ 3mm
④ 4mm

풀이 공차(T)＝규격상한－규격하한
　　　　＝85mm－81mm＝4mm

09산업 ★★○

05 어떤 부품의 치수규격이 40±3mm라면 공차와 허용차는 각각 얼마인가?

① ±3.0mm, ±3.0mm
② ±6.0mm, 6.0mm
③ ±3.0mm, 6.0mm
④ 6.0mm, ±3.0mm

풀이 • 허용차＝±3.0
• 공차＝$U - L$＝6.0

06 부품의 끼워맞춤에 관한 3가지 기본 형태에 속하지 않는 것은?

00, 09, 11, 14, 17, 20산업 ★★★

① 중간 끼워맞춤 　　② 겹침 끼워맞춤
③ 억지 끼워맞춤 　　④ 헐거운 끼워맞춤

풀이 끼워맞춤
- 헐거운 끼워맞춤 : 항상 틈새가 생기는 끼워맞춤
- 억지 끼워맞춤 : 항상 죔새가 생기는 끼워맞춤
- 중간 끼워맞춤 : 경우에 따라 틈새와 죔새가 생기는 끼워맞춤

14, 15산업 ★★○

07 부품의 끼워맞춤 방법에서 항상 죔새가 생기는 끼워맞춤은?

① 헐거운 끼워맞춤 　　② 억지 끼워맞춤
③ 중간 끼워맞춤 　　④ 겹침 끼워맞춤

풀이 06번 풀이 참조

13, 19산업 ★★○

08 어떤 조립품의 구멍과 축의 치수가 다음 표와 같이 주어질 때 최대틈새는 얼마인가?

구분	구멍	축
최대허용치수	$A = 0.309$	$a = 0.305$
최소허용치수	$B = 0.305$	$b = 0.302$

① 0.001 　　② 0.002
③ 0.003 　　④ 0.007

풀이
- 최대 틈새 $= A - b = 0.309 - 0.302 = 0.007$
- 최소 틈새 $= B - a = 0.306 - 0.305 = 0.001$

19산업 ★★○

09 어떤 조립품의 구멍과 축의 치수가 다음 표와 같이 주어질 때, 최소틈새는 얼마인가?

구분	구멍	축
최대허용치수	$A = 0.908$	$a = 0.905$
최소허용치수	$B = 0.907$	$b = 0.902$

① 0.001 　　② 0.002
③ 0.003 　　④ 0.006

풀이 최소틈새 $= 0.907 - 0.905 = 0.002$

15산업 ★★○

10 축의 외경이 $49.98 \sim 50.02$mm이고 구멍의 내경이 $50.02 \sim 50.08$mm일 때 제품에 관한 최소틈새를 구하면 얼마인가?

① -0.10mm 　　② 0.00mm
③ 0.04mm 　　④ 0.06mm

풀이 최소틈새 $= 50.02 - 50.02 = 0.00$

06, 14, 20산업, 00기사[실기] ★★★

11 어떤 조립품의 구멍과 축의 치수가 다음 표와 같이 주어질 때 평균 틈새는 얼마인가?

구분	구멍	축
최대허용치수	$A = 0.6010$	$a = 0.6006$
최소허용치수	$B = 0.6008$	$b = 0.6004$

① 0.0006 　　② 0.0004
③ 0.0002 　　④ 0.0001

풀이 평균 틈새 $=$ (최대틈새 $+$ 최소틈새)$/2$
$= (0.0006 + 0.0002)/2 = 0.0004$

16산업 ★★○

12 표와 같이 조립품의 구멍과 축의 치수가 주어졌을 때 0.0065가 의미하는 것은?

(단위 : 인치)

구분	최대허용치수	최소허용치수
구멍	$A = 0.6200$	$B = 0.6000$
축	$a = 0.6050$	$b = 0.6020$

① 최소틈새 　　② 최대틈새
③ 평균틈새 　　④ 최대죔새

풀이
① 최소틈새 $= B - a = -0.0050$
② 최대틈새 $= A - b = 0.0180$

정답 　06 ② 　07 ② 　08 ④ 　09 ② 　10 ② 　11 ② 　12 ③

③ 평균틈새 $= \dfrac{최소틈새 + 최대틈새}{2} = 0.0065$

④ 최대죔새 $= a - B = 0.0050$

13 2개의 축과 구멍에 대한 수치가 표와 같이 주어졌을 때, 억지끼워맞춤의 최대죔새와 최소죔새는 각각 얼마인가?
00, 13, 17산업 ✪✪✪

구분	구멍	축
최대허용치수	$A = 50.025$mm	$a = 50.050$mm
최소허용치수	$B = 50.000$mm	$b = 50.034$mm

① 최대죔새 : 0.011mm, 최소죔새 : 0.030mm
② 최대죔새 : 0.040mm, 최소죔새 : 0.010mm
③ 최대죔새 : 0.050mm, 최소죔새 : 0.009mm
④ 최대죔새 : 0.075mm, 최소죔새 : 0.025mm

풀이
• 최대죔새 $= a - B = 50.050 - 50.00 = 0.050$
• 최소죔새 $= b - A = 50.034 - 50.025 = 0.009$

14 공정의 산포가 규격보다 작고 평균이 안정되어 있는 경우 취할 수 있는 조치사항으로 가장 적당한 것은?
00산업 ✪✪◯

① 공정이 안정적이기 때문에 현행 제조공정을 유지 · 관리한다.
② 공정의 변화를 주의 깊게 체크하며 전수검사를 실시하여 부적합품(불량)을 제거한다.
③ 규격의 폭을 보다 넓힐 수 있는 가능성을 적극 검토한다.
④ 현행 규격을 만족시킬 때까지 전수 선별한다.

풀이
• 현행 제조공정의 관리를 계속한다.
• 관리도로 공정을 관리할 경우 관리한계선을 수정하여 관리할 것을 고려한다.
• 시료를 채취한 후 관리도에 기입하는 정도의 체크심사를 실시하여 검사를 줄일 것을 고려한다.

15 공정의 자연공차가 규격의 최대치와 최소치의 차보다 클 때, 조처사항으로 옳지 않은 것은?
09, 18산업 ✪✪◯

① 고객사와 상의하여 규격의 범위를 넓히도록 한다.
② 공정의 산포를 줄이기 위하여 공정의 조건을 바꾼다.
③ 새로운 기계의 구입, 공구 설계, 가공방법 변경 등 기본적인 공정의 개선을 꾀한다.
④ 문제가 해결될 때까지 납품되는 제품을 철저하게 샘플링검사를 한다.

풀이 조처사항
• 규격을 넓히도록 한다.
• 실험을 계획하여 공정의 산포를 감소시킨다.
• 문제가 해결될 때까지 제품을 전수 선별한다.
• 재가공이나 폐각설까지도 포함시켜 경제적인 견지에서 어떤 기준을 정하여 그 기준으로서 관리를 계속한다.
• 신기계, 신공구, 신방법을 이용하여 기본적인 공정의 개선을 꾀한다.

16 각각의 부품허용차가 T_1, T_2, $\cdots$, T_n일 때, 조립품의 허용차를 $\sqrt{T_1^2 + T_2^2 + \cdots + T_n^2}$ 으로 표현하는 통계적 법칙은?
12산업 ✪✪◯

① 가성성 법칙
② 합과 차의 법칙
③ 체비세프의 법칙
④ 중심극한의 정리

풀이 분산의 가법성(가성성) 법칙

17 다음 중 제품의 겹침공차를 이용해서 조립이 잘 되는가의 여부를 판단할 수 있는 요건으로 볼 수 없는 것은?
08산업 ✪✪◯

① 부품의 실제의 표준편차가 도면상의 공차와 합치되어 있는지의 여부
② 실제 부품의 분산값이 조립품의 규격공차와 합치되는지의 여부
③ 실세 부품의 평균치가 도면상에 표시되어 있는 공칭치수와 같은지의 여부
④ 부품이 랜덤하게 조립되어 있는지의 여부

풀이 ② 실제 부품의 표준편차값이 조립품의 규격공차와 합치되는지의 여부

18 2개의 부품(A, B)을 랜덤하게 직선 조립할 때 조립품의 분산 $V(X)$과 표준편차 $D(X)$를 바르게 연결한 것은?

① $V(X) = \sqrt{\sigma_A + \sigma_B}$, $D(X) = \sigma_A + \sigma_B$

② $V(X) = \sigma_A + \sigma_B$, $D(X) = \sqrt{\sigma_A + \sigma_B}$

③ $V(X) = \sqrt{\sigma_A^2 + \sigma_B^2}$, $D(X) = \sigma_A^2 + \sigma_B^2$

④ $V(X) = \sigma_A^2 + \sigma_B^2$, $D(X) = \sqrt{\sigma_A^2 + \sigma_B^2}$

풀이 분산의 가법성에서 분산 $V(X) = \sigma_A^2 + \sigma_B^2$이 되고, 표준편차는 분산의 제곱근이므로 $D(X) = \sqrt{\sigma_A^2 + \sigma_B^2}$이 된다.

19 허용차가 동일한 10개의 부품을 직선 조립하였을 때의 조립허용차가 $\pm\dfrac{5}{800}$이었다면 개개 부품의 허용차는 약 얼마인가?

① ± 0.0002

② ± 0.0013

③ ± 0.0020

④ ± 0.0031

풀이 조립허용차 $\pm\dfrac{5}{800} = \pm\sqrt{10\,x^2}$

$\therefore x = 0.00198$

20 그림과 같이 부품 A, B, C를 선형 조립하였을 경우 조립품의 허용차는 약 얼마인가?(단, 각 부품은 독립이며, 정규분포를 따르고 A, B, C 각각의 허용차는 ± 0.05mm이다.)

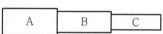

① ± 0.05

② ± 0.087

③ ± 0.150

④ ± 0.387

풀이 $T = \sqrt{A^2 + B^2 + C^2} = \sqrt{3 \times 0.05^2} = 0.0866$

21 다음의 A, B, C 3가지 부품을 $A + B - C$와 같이 조립할 경우 이 조립품의 허용차로 옳은 것은?

- A부품의 규격 : 2.5 ± 0.03
- B부품의 규격 : 4.5 ± 0.04
- C부품의 규격 : 6.5 ± 0.05

① ± 0.00

② ± 0.04

③ ± 0.07

④ ± 0.14

풀이 $T = \pm\sqrt{0.03^2 + 0.04^2 + 0.05^2} = \pm 0.707$

22 그림과 같은 조립품에서 겹침공차가 고려되었을 때, 3부품에 의해 조립된 조립품의 통계적 허용차는 약 얼마인가?(단, A는 5 ± 0.5, B는 4 ± 0.4, C는 3 ± 0.3이다.)

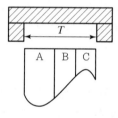

① ± 0.707

② ± 1.200

③ ± 1.414

④ ± 2.400

풀이 $\pm\sqrt{0.5^2 + 0.4^2 + 0.3^2} = \pm 0.7071$

23 길이가 정규분포를 따르는 부품 A, B, C가 있다. 이 세 부품의 규격이 각각 3.5 ± 0.01mm, 4.5 ± 0.03mm, 5.5 ± 0.05mm일 때 $A - B + C$로 조립할 경우, 조립품의 허용차는 약 얼마인가?

① ± 0.030mm

② ± 0.059mm

③ ± 0.090mm

④ ± 0.118mm

풀이 $T = \pm\sqrt{0.01^2 + 0.03^2 + 0.05^2} = \pm 0.0592$

정답 18 ④ 19 ③ 20 ② 21 ③ 22 ① 23 ②

24 어떤 조립품은 3개 부품의 결합으로 조립된다. 이들 중 2개의 부품은 규정허용차가 각각 ±0.010이고, 다른 1개 부품의 규정허용차는 ±0.005이다. 조립품의 규정 허용차는 얼마인가?

① ±0.0110   ② ±0.0112
③ ±0.0150   ④ ±0.0250

풀이 허용차 $= \pm \sqrt{2 \times (0.010)^2 + (0.005)^2} = \pm 0.0150$

25 조립공정에서 3가지 부품의 길이에 대한 규격이 각각 0.250±0.004, 0.750±0.008, 0.325±0.001이다. 이 3가지 부품을 임의로 직렬연결했을 때 조립한 제품의 규격은 약 얼마인가?[단, 부품의 길이는 정규분포를 한다고 가정한다.]

① 1.325±0.013   ② 1.325±0.0013
③ 1.325±0.0081   ④ 1.325±0.009

풀이
• $(0.250 + 0.750 + 0.325) = 1.325$
• $\pm \sqrt{0.004^2 + 0.008^2 + 0.001^2} = \pm 0.0090$

26 허용차가 같은 3개의 부품을 조립하였을 때 조립품의 허용차는 ±0.75이었다. 각 부품의 허용차는 약 얼마인가?

① ±0.217   ② ±0.433
③ ±0.750   ④ ±0.300

풀이 $\pm 0.75 = \pm \sqrt{3 \times x^2}$
∴ $x = 0.4330$

27 그림과 같이 2개의 부품이 조립되어 하나의 조립품을 만드는 공정이 있다. 조립품의 허용차는 ±0.015가 되어야 하고, 하나의 부품은 그 허용차가 ±0.01로 이미 만들어져 있다. 이때 또 하나의 부품을 설계하여 생산하려고 한다. 그 허용차 x를 얼마로 하면 좋은가?

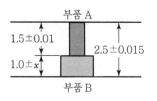

① 0.0025   ② 0.000325
③ 0.0050   ④ 0.0112

풀이 $\pm 0.015 = \pm \sqrt{0.01^2 + x^2}$
∴ $x = 0.01118$

28 3개의 부품을 조립하고자 한다. 부품의 표준편차가 각각 0.06mm, 0.08mm, 0.03mm라고 하면 3개 부품의 조립표준편차는 약 얼마인가?

① 0.104   ② 0.386
③ 0.412   ④ 0.486

풀이 조립품의 표준편차 $= \sqrt{0.06^2 + 0.08^2 + 0.03^2} = 0.1044$

29 기어 A, B, C가 선형으로 조립될 때, 조립 기어의 평균과 표준편차를 다음 데이터에 의해서 구하면 얼마인가?

구분	평균	표준편차
기어 A	50	1
기어 B	30	2
기어 C	20	2

① 조립품 평균 100, 표준편차 3
② 조립품 평균 100, 표준편차 5
③ 조립품 평균 120, 표준편차 3
④ 조립품 평균 120, 표준편차 5

풀이
• 조립품 평균 $= 50 + 30 + 20 = 100$
• 표준편차 $= \sqrt{1 + 2^2 + 2^2} = 3$

공정능력조사 및 해석

07산업 ✪✪○

30 공정능력조사(Process Capability Study)를 실시하는 주목적은?

① 전, 후 공정 간의 관계를 명확히 하기 위해서
② 판정기준, 불합격품의 처리기준을 정하기 위해서
③ 공정이 제시된 규격에 맞는 제품을 생산할 수 있는가를 판단하기 위해서
④ 설비, 기계, 공구 등의 취급방법과 생산량, 원가 등을 알아보기 위해서

풀이 공정능력조사를 하는 주목적은 공정이 제시된 규격에 맞는 제품을 생산할 수 있는가를 판단하기 위해서라고 할 수 있다.

14, 20산업 ✪✪○

31 공정능력에 관한 설명 중 틀린 것은?

① 제품의 품질 변동은 공정 내에서 5M1E에 의하여 영향을 받는다.
② 공정능력이 클수록 공정의 품질수준이 높다.
③ 공정능력 조사 시 우연원인이 개입되지 않아야 한다.
④ 공정능력이 부족하면 공정을 개선하여야 한다.

풀이 ③ 공정능력 조사 시 이상원인이 개입되지 않아야 한다.

14, 20산업 ✪✪○

32 공정능력에 관한 설명으로 옳은 것은?

① 공정능력은 결과가 아닌 절차에 대한 평가이다.
② 공정능력은 원인의 상태에 대한 규정이 필요없다.
③ 공정능력은 과거에 만들어진 결과를 평가할 수 없다.
④ 공정능력의 측도는 반드시 고정되어야 한다.

풀이 ① 공정능력은 절차가 아닌 결과에 대한 평가이다.
② 공정능력은 원인의 상태에 대한 규정이 필요하다.
④ 공정능력의 측도는 반드시 고정된 것은 아니다.

20산업 ✪✪○

33 공정능력의 전제조건 및 특징에 관한 설명으로 틀린 것은?

① 공정능력은 장래 예측할 수 있는 결과에 대한 것이다.
② 공정능력은 현재 및 과거에 대한 결과를 평가하는 것이다.
③ 공정능력은 특정 조건하에서의 도달 가능한 한계상태를 표시하는 정보여야 한다.
④ 공정능력의 척도는 공정능력의 개념과 결부시켜 결정하게 되며 척도는 반드시 고정된 것이 아니다.

풀이 ② 공정능력은 결과에 대한 것이지만, 과거에 대한 결과를 평가하는 것은 아니다.

07산업 ✪✪○

34 공정능력의 분류에서 동적 공정능력에 대한 설명으로 가장 올바른 것은?

① 시간적 변화, 원재료의 대체, 작업자의 교체 등 현실적으로 실현되는 능력
② 임의의 일정 시점의 정상적인 상태에서의 공정능력
③ 공구 마모의 영향, 로트 간 재료의 변동 등을 포함한 공정능력
④ 설비의 정밀도 검사결과와 같이 문제의 대상물이 갖는 잠재능력

풀이 ② 단기 공정능력
③ 장기 공정능력
④ 정적 공정능력

14산업 ✪✪○

35 동적 공정능력의 개념에 해당되는 것은?

① 현실적인 면에서 실현이 가능한 능력을 말한다.
② 일정 시점에 있어서 공정의 정상적인 상태를 말한다.
③ 정상적인 공구의 마모와 같이 작게 예측할 수 있는 변동을 말한다.
④ 문제의 대상물이 갖는 잠재능력을 말한다.

풀이 34번 풀이 참조

정답 30 ③ 31 ③ 32 ③ 33 ② 34 ① 35 ①

36 다음 중 현실적인 면에서 실현되는 실제 운전상태의 현실능력으로 시간적 변동 이외에, 원재료나 작업자의 대체 등으로 기인하는 변동까지 고려한 공정능력은?

① 장기 공정능력　　② 단기 공정능력
③ 정적 공정능력　　④ 동적 공정능력

풀이 34번 풀이 참조

37 전기조립품을 제조하는 공장에서 공정이 안정되어 있는가를 판단하기 위해 $n=5$, $k=20$의 $\overline{X}-R$ 관리도를 작성한 결과 $\sum\overline{x}=213.2$, $\sum R=31.8$을 얻었으며 공정이 안정된 것으로 판정되었다. 공정능력치를 구하면 약 얼마인가?(단, $n=5$일 때, $d_2=2.326$이다.)

① ± 0.795　　② ± 1.590
③ ± 2.051　　④ ± 4.101

풀이 $\pm 3\sigma = \pm 3 \times \left(\dfrac{\overline{R}}{d_2}\right) = \pm 3 \times \left(\dfrac{1.59}{2.326}\right) = \pm 2.0507$

38 어떤 제품의 규격이 $7.220 \sim 8.340$이고, $n=5$, $k=20$의 데이터를 취해 $\overline{X}-R$ 관리도를 작성하였다. 이때 공정능력을 구하면 약 얼마인가?(단, 관리도는 관리상태이며, $\overline{\overline{X}}=6.4297$, $\overline{R}=0.0273$, $d_2=2.326$이다.)

① 0.024　　② 0.070
③ 0.094　　④ 0.154

풀이 공정능력치

$6\sigma = 6 \times \left(\dfrac{\overline{R}}{d_2}\right) = 6 \times \left(\dfrac{0.0273}{2.326}\right) = 0.0704$

39 최소공정능력지수(C_{pk})의 값을 구하는 식으로 옳은 것은?

① $k = \dfrac{|(U-L)/2-\overline{x}|}{(U+L)/2}$, $C_p = \dfrac{U-L}{6\sigma}$ 일 때,

　$C_{pk} = (1-k)C_p$

② $k = \dfrac{|(U+L)/2-\overline{x}|}{(U-L)/2}$, $C_p = \dfrac{U-L}{6\sigma}$ 일 때,

　$C_{pk} = (1-k)C_p$

③ $k = \dfrac{|(U-L)/2-\overline{x}|}{(U-L)/2}$, $C_p = \dfrac{U-L}{6\sigma}$ 일 때,

　$C_{pk} = (1-k)C_p$

④ $k = \dfrac{|(U+L)/2-\overline{x}|}{(U+L)/2}$, $C_p = \dfrac{U+L}{6\sigma}$ 일 때,

　$C_{pk} = (1-k)C_p$

풀이

최소공정능력지수 C_{pk}	치우침도 k	공정능력지수 C_p
$C_{pk} = (1-k)C_p$	$k = \dfrac{|(U+L)/2-\mu|}{(U-L)/2}$	$C_p = \dfrac{U-L}{6\sigma}$

40 공정능력지수를 설명한 것으로 틀린 것은?

① 공정능력지수의 역수를 공정능력비라 한다.
② 공정능력지수가 1.33이면 2,700ppm에 해당한다.
③ 공정능력지수 값이 1.33~1.67이면 공정능력이 우수하다고 판단한다.
④ 규격의 산포허용 범위에 비추어 산포를 얼마나 잘 하는지를 평가하는 척도이다.

풀이 ② 공정능력지수가 1.33이면 63ppm에 해당한다.

41 규격의 폭을 T, 표준편차를 σ라고 할 때, 공정능력지수(Process Capability Index)를 바르게 표현한 것은?

① $\dfrac{T}{3\sigma}$　　② $\dfrac{T}{6\sigma}$
③ $\dfrac{3\sigma}{T}$　　④ $\dfrac{6\sigma}{T}$

풀이 공정능력지수 $PCI = C_p = \dfrac{T}{6\sigma} = \dfrac{U-L}{6\sigma} = \dfrac{U-L}{6s}$

$= \dfrac{U-\mu}{3\sigma} = \dfrac{\mu-L}{3\sigma}$

42 기계부품의 규격은 6 ± 0.05 mm이다. 이 제품을 제조하는 공정의 모표준편차가 0.023 mm이면, 공정능력지수는 약 얼마인가?

① 0.72　　　　　② 0.89
③ 1.02　　　　　④ 1.33

풀이 $C_p = \dfrac{T}{6\sigma} = \dfrac{U-L}{6\sigma} = \dfrac{0.1}{6 \times 0.023} = 0.725$

43 어떤 품질특성의 규격이 12.0 ± 2.0으로 주어져 있다. 평균이 11.5, 표준편차가 0.5라고 할 때 공정능력지수(C_p)는 약 얼마인가?

① 0.67　　　　　② 1.09
③ 1.33　　　　　④ 1.67

풀이 $C_p = \dfrac{U-L}{6\sigma} = \dfrac{T}{6\sigma} = \dfrac{4.0}{6 \times 0.5} = 1.333$

44 제품의 규격은 $3.43 \sim 3.48$ cm이다. $n=5$, $k=20$의 데이터를 취해 관리도를 작성해 본 결과 $\overline{\overline{X}} = 3.455$, $\overline{R} = 0.03$이었다. 이 경우 공정능력지수(C_p)는 약 얼마인가?(단, $n=5$일 때, $d_2 = 2.326$이다.)

① 0.646　　　　　② 0.725
③ 1.649　　　　　④ 1.725

풀이 $C_p = \dfrac{U-L}{6\sigma} = \dfrac{3.48 - 3.43}{6 \times \left(\dfrac{\overline{R}}{d_2} \right)} = \dfrac{0.05}{6 \times \left(\dfrac{0.03}{2.326} \right)} = 0.6461$

45 합리적인 군구분이 되지 않아, $X - R_m$ 관리도를 작성하여 다음과 같은 자료를 얻었다. 공정능력지수를 구하면 약 얼마인가?(단, $n=2$, $d_2 = 1.128$이다.)

$$k = 20, \quad \sum X = 490.5, \quad \sum R_m = 18.6,$$
$$U = 28, \quad L = 22$$

① 0.95　　　　　② 1.15
③ 1.21　　　　　④ 1.39

풀이 $\overline{R_m} = \dfrac{\sum R_m}{k-1} = \dfrac{18.6}{19} = 0.9789$

$C_p = \dfrac{U-L}{6\sigma} = \dfrac{U-L}{6 \left(\dfrac{\overline{R_m}}{d_2} \right)} = \dfrac{6}{6 \times \dfrac{0.9789}{1.128}} = 1.152$

46 어떤 제품의 두께를 조사하였더니 표준편차가 0.02 mm, 공정능력지수가 1.25이었다. 이 제품의 규격상한이 15.5mm라면 규격하한은 몇 mm인가?

① 15.35　　　　　② 15.65
③ 17.25　　　　　④ 18.55

풀이 $C_p = \dfrac{U-L}{6\sigma} = 1.25 = \dfrac{15.5 - L}{6 \times 0.02}$

$\therefore L = 15.35$

47 어느 자동차 부품 생산업체에서 한 가지 부품을 대량으로 생산하고 있다. 그 부품의 주요 품질특성은 부피(치수)인데 규격한계는 상한규격(U) = 103.5, 하한규격(L) = 94.5이고 1주일간 관리상태에서 측정한 200개의 데이터로부터 표준편차(s) = 0.98을 얻었다. 치우침도(k) = 0.178인 로트의 경우 최소공정능력지수(C_{pk})는 약 얼마인가?

① 1.26　　　　　② 1.53
③ 2.52　　　　　④ 3.06

풀이 $C_{pk} = (1-k)C_p = (1-k)\dfrac{U-L}{6\sigma}$

$= (1 - 0.178) \times \dfrac{103.5 - 94.5}{6 \times 0.98} = 1.256$

48 품질특성의 평균이 36.10mm이고, 표준편차가 0.03mm이었다. 이 제품의 규격상한(U)이 36.20mm일 때 공정능력지수(C_{pkU})는 약 얼마인가?(단, 이 제품은 규격상한만 있다.)

① 0.56　　　　② 0.57
③ 1.11　　　　④ 1.21

$C_{pkU} = \dfrac{U-\mu}{3\sigma} = \dfrac{36.20-36.10}{3\times 0.03} = 1.111$

49 규격이 75 ± 3.5인 품질특성에 대한 공정의 모표준편차가 1.046으로 관리되고 있다. 이 공정의 공정능력지수(C_p)를 평가하면 몇 등급인가?

① 1등급　　　　② 2등급
③ 3등급　　　　④ 4등급

풀이 $PCI = C_p = \dfrac{T}{6\sigma} = \dfrac{U-L}{6\sigma} = \dfrac{7.0}{6\times1.046} = 1.12$

($1.33 > C_p \geq 1.00$ 2등급)

16산업 ★★○

50 어떤 품질특성의 규격은 12.0 ± 1.50이다. 평균이 11.5, 표준편차가 0.5라고 할 때, 최소공정능력지수(C_{pk})는 얼마인가?

① 0.67　　　　② 1.00
③ 1.33　　　　④ 1.67

15, 18산업 ★★○

풀이 $C_{pk} = \min(C_{pkU},\ C_{pkL}) = C_{pkL} = \dfrac{\mu-L}{3\sigma} = \dfrac{11.5-10.5}{3\times0.5}$
$\qquad = 0.67$

51 길이에 대한 규격이 6.40 ± 0.05cm인 제품을 군의 크기가 4인 시료 20개를 취하여 길이를 측정한 결과 $\overline{\overline{x}} = 6.43$cm, $\overline{R} = 0.025$cm이었다. 최소공정능력지수(C_{pk})는 약 얼마인가?(단, 군의 크기가 4일 때, $d_2 = 2.059$이다.)

① 0.07　　　　② 0.55
③ 0.97　　　　④ 1.39

10산업[실기] ★★○

풀이 $C_{pk} = C_{pkU} = \dfrac{U-\overline{\overline{x}}}{3\sigma} = \dfrac{6.45-6.43}{3\times\left(\dfrac{0.025}{2.059}\right)} = 0.549$

52 $n=3$인 $\overline{X}-R$ 관리도에서 $\overline{\overline{X}}=0.75$, $\overline{R}=0.02$를 얻었다. 규격이 0.74 ± 0.03인 경우에 최소공정능력지수 C_{pk}를 구하면 약 얼마인가?(단, $n=3$인 경우에 $d_2 = 1.693$이다.)

① 0.56　　　　② 0.87
③ 1.00　　　　④ 1.33

20산업[실기] ★★○

풀이 ($\overline{\overline{X}}=0.75$) > 0.74 이므로 $C_{pk} = C_{pkU}$가 된다.

$\therefore\ C_{pkU} = \dfrac{U-\overline{\overline{X}}}{3\sigma} = \dfrac{0.77-0.75}{3\times\dfrac{\overline{R}}{d_2}} = 0.564$

53 공정능력지수(C_p) = 1.67이고, 치우침이 없으며 양쪽 규격인 경우에 평균 μ에서 규격한계(U 또는 L)까지의 거리는 몇 σ 수준인가?

① 2σ 수준　　　　② 3σ 수준
③ 4σ 수준　　　　④ 5σ 수준

00, 08산업 ★★★

풀이 $C_p = \dfrac{T}{6\sigma} = 1.67$
$\therefore\ T = \pm5\sigma$

54 기계의 공정능력지수 C_p를 구하기 위하여, 모표준편차 대신 대용할 수 있는 것은?

① 관리상태의 관리도에서 추정표준편차 $\overline{R}/d_2$를 구하여 사용한다.
② 같은 종류의 기계에서 얻은 샘플이 데이터로 시료표준편차를 구하여 사용한다.
③ OJT 중인 작업자가 생산한 제품에서 얻은 샘플의 데이터로 시료표준편차를 구하여 사용한다.
④ 특재자재가 투입된 상태에서 얻은 샘플의 데이터로 시료표준편차를 구하여 사용한다.

13산업 ★★○

정답 48 ③　49 ②　50 ①　51 ②　52 ①　53 ④　54 ①

CHAPTER 04 규격과 공정능력_383

풀이 ① 관리도에서 표준편차의 추정($\hat{\sigma}$)은 $\dfrac{\overline{R}}{d_2}$으로 한다.

③ 상한규격만 주어진 경우 공정능력지수 $C_{pkU} = \dfrac{U - \overline{X}}{3\sigma}$ 가 된다.

④ 하한규격만 주어진 경우 공정능력지수 $C_{pkL} = \dfrac{\overline{X} - L}{3\sigma}$ 가 된다.

12, 17산업[실기] ✪✪○

55 공정능력에 관한 설명 중 공정의 자연공차가 규격의 최댓값과 최솟값 간의 차와 같다면 다음 중 가장 적당한 것은?

① $C_p \leq 0.67$ ② $1.67 > C_p \geq 1.33$
③ $C_p \fallingdotseq 1$ ④ $1.33 > C_p \geq 1.67$

풀이 $C_p = \dfrac{T}{6\sigma} = \dfrac{U-L}{6\sigma}$에서 자연공차($6\sigma$)가 규격의 상하한의 차($U-L$)와 같다면, $C_p \fallingdotseq 1$이 된다.

10산업 ✪✪○

56 공정의 상태가 정규분포일 때 공정능력지수(C_p)가 1.0이라는 것은 공차가 6σ임을 의미한다. 이 조건에서 치우침이 없다면 제품이 규격을 벗어날 확률은 약 몇 %인가?

① 0 ② 0.27
③ 0.45 ④ 1.25

풀이 $C_p = \dfrac{U-L}{6\sigma} = 1.0$의 의미는 중심값에서 규격한계까지 $\pm 3\sigma$가 된다는 것이므로, 규격을 벗어날 확률은 0.0027 (2.7%)이 된다.

11산업 ✪✪○

57 공정능력에 대한 설명으로 가장 적절한 것은?

① 공정능력지수가 작을수록 공정능력이 좋아진다.
② 현실적인 면에서 실현 가능한 능력을 정적 공정능력이라 한다.
③ 상한규격만 주어진 경우 공정능력지수 C_{pkU}는 $(U - \overline{X})$를 3σ로 나눈 값이다.
④ 하한규격만 주어진 경우 공정능력지수 C_{pkL}은 $(U - L)$을 6σ로 나눈 값이다.

풀이 ① 공정능력지수가 클수록 공정능력이 좋아진다.
② 현실적인 면에서 실현 가능한 능력을 동적 공정능력이라 한다.

14, 20산업[실기] ✪✪✪

58 M 공정의 제품에 대한 공정능력지수(C_p)가 $1 \geq C_p \geq 0.67$일 때 필요한 조치로 가장 거리가 먼 것은?

① 규격을 엄격하게 유지해야 한다.
② 적정한 능력을 보유한 공정으로 작업을 옮긴다.
③ 현 공정의 능력을 향상시키기 위한 투자를 한다.
④ 검사를 강화하여 부적합품의 유출을 방지한다.

풀이 ① 공급자와 협의하여 규격을 넓게 할 필요가 있다.

11산업 ✪✪○

59 규격한계가 공정평균으로부터 $\pm 2\sigma$에 위치할 때 공정능력지수는 다음 중 어디에 속하는가?

① 공정능력이 매우 충분하다.
② 공정능력이 충분하다.
③ 공정능력이 있지만 부적합 발생 우려가 있다.
④ 공정능력이 부족하여 시급히 개선해야 한다.

풀이 $PCI = C_p = \dfrac{T}{6\sigma} = \dfrac{\pm 2\sigma}{6\sigma} = \dfrac{4\sigma}{6\sigma} = 0.667$이므로 공정능력이 부족하다.

12산업 ✪✪○

60 다음 항목 중 관리가 되고 있는 상태로 판단되는 것은?

① 공정능력지수가 0.5이다.
② 측정시료가 우연원인으로 구성되어 있다.
③ 자연공차를 벗어나는 경우가 많다.
④ 시간이 경과할수록 평균치가 점점 커지는 경향이다.

풀이 ① 공정능력지수는 1.33 이상이어야 관리상태가 양호한 것으로 판단한다.
③ 자연공차를 벗어나는 경우가 극히 드물다.
④ 시간이 경과하더라도 평균치가 항상 일정하다.

61 Y 기계제품의 규격공차가 10 ± 0.04로 설정되었다. 이 제품의 표준편차가 $\sigma = 0.015$일 때 이 제품의 공정능력지수 $PCI(C_p)$에 관한 설명 내용으로 가장 올바른 것은?

① 공정상태가 안정상태이다.
② 현상유지로 만족해야 한다.
③ 공정능력이 부족한 상태에 있다.
④ 규격공차를 줄여야 한다.

풀이 $C_p = \dfrac{T}{6\sigma} = \dfrac{(0.04 \times 2)}{(6 \times 0.015)} = 0.889$이므로 공정능력이 부족하다.

62 어떤 기계부품의 규격은 7 ± 0.025mm이다. 이 부품을 제조하는 공정의 표준편차가 0.01mm이면, 이 부품에 대한 공정능력의 평가로 맞는 것은?

① 공정능력이 나쁘다.
② 공정능력이 매우 우수하다.
③ 상기 자료만으로는 알 수 없다.
④ 공정능력이 보통으로 관리에 주의가 필요하다.

풀이 $C_p = \dfrac{U - L}{6\sigma} = \dfrac{0.05}{6 \times 0.01} = 0.833$

$0.67 \leq C_p < 1.00$: 공정능력이 나쁘다.

63 어떤 공정능력지수(C_p ; Process capability index) 값을 구하였더니 0.5이었다. 이 공정에 대한 판정과 조치로 가장 적절한 것은?

① 매우 만족스러운 상태이며 공정상태는 매우 양호하다.
② 만족스러운 상태이며 현상유지로 만족해야 한다.
③ 공정능력이 보통인 상태이며 현공정의 능력을 장기적으로 향상시키기 위한 노력은 필요하다.
④ 매우 불만속스러운 상태이며 작업방법을 변환하여 공정능력의 향상을 도모한다.

풀이

C_p 범위	등급	판정	조치
$0.67 \geq C_p$	4등급	매우 불만족	작업방법을 변환, 공정능력의 향상 도모

64 다음 ( ) 안의 ㉠, ㉡에 알맞은 것은?

공정능력지수(Process Capability Index, C_p)의 값이 커질수록 공정능력은 (㉠), 공정능력비(Process Capability Ratio, D_p)의 값은 작을수록 공정능력은 (㉡).

① ㉠ 좋아지고, ㉡ 좋아진다
② ㉠ 좋아지고, ㉡ 나빠진다
③ ㉠ 나빠지고, ㉡ 좋아진다
④ ㉠ 나빠지고, ㉡ 나빠진다

풀이 공정능력비(Process Capability Ratio, D_p)는 공정능력지수(Process Capability Index, C_p)와 반비례 관계를 가진다.

$$D_p = \frac{1}{C_p}$$

65 규격의 폭을 T, 표준편차를 σ라고 할 때 공정능력비(Process Capability Ratio)를 바르게 표현한 것은?

① $\dfrac{T}{3\sigma}$　　　② $\dfrac{T}{6\sigma}$

③ $\dfrac{3\sigma}{T}$　　　④ $\dfrac{6\sigma}{T}$

풀이 공정능력지수 $C_p = \dfrac{T}{6\sigma}$, 공정능력비 $D_p = \dfrac{1}{C_p}$

66 어떤 세품의 규격이 $5.600 \sim 5.670$mm이고, 표준편차가 0.0215mm이었다. 공정능력비는 약 얼마인가?

① 0.13　　　② 0.54

③ 1.74　　　④ 1.84

풀이 공정능력비 $D_p = \dfrac{1}{C_p} = \dfrac{6\sigma}{T} = \dfrac{6 \times 0.0215}{0.07} = 1.843$

풀이 $P_P = \dfrac{U-L}{6\sigma_T} = \dfrac{T}{6\sqrt{\sigma_w^2 + \sigma_b^2}} = \dfrac{1.0}{6\sqrt{0.21496^2 + 0.012^2}}$
$= 0.77413$

08산업 ★★○

67 다음 중 그 값이 작을수록 좋은 것은?

① 수율
② 공정능력비(D_p)
③ 공정능력지수(C_p)
④ 신호 대 잡음비(SN비)

풀이 공정능력지수가 클수록 좋으므로 공정능력비는 작을수록 좋다.

13산업 ★★○

68 공정능력지수와 공정성능지수에 대한 설명으로 옳지 못한 것은?

① 공정능력지수는 공정이 최상을 이루고 있을 때 제품의 변동이 어느 정도인가를 나타내는 표시량이다.
② 공정성능지수는 중·장기간에 걸친 공정의 품질변동수준을 살펴보고자 할 때 이용한다.
③ 공정성능지수는 공정능력지수에 비해 적용되는 규격공차(T)가 작다.
④ 공정의 치우침 변동이 클수록 공정성능지수는 나빠진다.

풀이 • 공정능력지수 : $C_p = \dfrac{T}{6\sigma} = \dfrac{T}{6\sigma_w}$

• 공정성능지수 : $P_p = \dfrac{T}{6\sigma} = \dfrac{T}{6\sigma_T} = \dfrac{T}{6\sqrt{\sigma_w^2 + \sigma_b^2}}$

따라서 규격공차(T)는 동일하다.

18산업 ○○○

69 기준값이 주어지지 않은 $\overline{X}-R$ 관리도에서 $n=5$, $\overline{\overline{X}} = 1.95$, $\overline{R} = 0.5$를 얻었다. 규격이 2.0 ffi 0.5mm인 경우, 공정성능지수(P_P)는 얼마인가?(단, $\hat{\sigma}_w = 0.21496$mm 이고, $\hat{\sigma}_b = 0.012$mm이다.)

① 0.5234
② 0.6845
③ 0.7741
④ 1.2825

최근 기출문제

계측기 관리

06, 11, 13, 17산업 ★★★

01 계측관리체제 정비의 목적과 가장 거리가 먼 것은?

① 제품의 품질향상
② 검사업무의 효율화
③ 사용소비의 합리화
④ 관리업무의 효율화

풀이 계측기의 정비가 잘 되었다고 사용소비가 합리화되는 것은 아니다.

19산업 ★★○

02 측정 관리체계의 정비목적이 아닌 것은?

① 검사 및 측정업무의 효율화
② 제품의 품질 및 안전성의 유지 · 향상
③ 측정프로세스에 대한 소비자의 이해 및 관심의 고양
④ 산업표준 · 해외규격 · 품질인증 등을 위한 관리체계의 효과적 유지 · 향상

풀이 ③ 계측관리에 관한 종업원의 이해 및 관심의 고취

06, 11, 14, 20산업 ★★★

03 계측의 목적에 의한 분류 중 관리하는 사람이 관리를 목적으로 측정, 평가하기 위한 계측의 범주로 포함하기 어려운 것은?

① 자재, 에너지의 계측
② 생산능률의 계측
③ 환경조건의 계측
④ 연구실험실에서의 시험 · 연구계측

풀이 계측 목적에 따라 크게 운전계측, 관리계측, 시험 · 연구계측으로 나누어지며, 본 문제는 관리계측에 대한 내용을 묻는 문제이다.

00산업 ★★○

04 임시, 돌발적으로 특정 문제를 조사하기 위한 계측은?

① 환경조건에 관한 계측
② 작업결과나 성적에 관한 계측
③ 생산능률에 관한 계측
④ 연구 · 실험실에서의 시험연구 계측

풀이 임시, 돌발적으로 특정 문제를 조사하는 것은 ④에 해당된다.

00산업 ★★○

05 사내 계측관리의 전개방법 중 집중관리방식의 특징으로 가장 올바른 것은?

① 목적에 맞는 계측관리를 실시한다.
② 계측기술의 축적향상이 어렵다.
③ 관리방법, 실시상황의 담당자, 부서 간의 차이가 발생하기 쉽다.
④ 관리방법이 통일된다.

풀이 ①, ②, ③은 자주관리방식의 특징이다.

07, 13, 17, 19산업 ★★★

06 사내계측관리 전개방법 중 집중관리방식의 특징이 아닌 것은?

① 관리방법이 통일된다.
② 계측기술의 축적전개가 이룩된다.
③ 획일화된 방법이 되기 쉽고, 목적에 적합하지 못한 경우가 있다.
④ 필요할 때마다 즉시 사용할 수 있다.

정답 **01** ③ **02** ③ **03** ④ **04** ④ **05** ④ **06** ④

집중관리방식	자주관리방식
관리방법의 통일	목적에 맞는 계측관리의 실시가 가능
계측기술의 축적전개 가능	계측기술의 축적, 향상의 어려움
목적에 맞는 계측관리 실시의 어려움	담당자, 부서 간에 관리방법, 실시상황의 차이

07 공장 또는 시험장에 있어서의 계량관리에서 수행해야 할 내용으로 틀린 것은?

① 계량관리의 목적을 명확히 한다.
② 관리를 행하는 조직을 확립하고 책임분리를 명확히 한다.
③ 관리대상의 조사연구를 하고 계측화, 자동화를 도모한다.
④ 시간적인 단축을 위하여 정비규정의 표준화에 얽매이지 말아야 한다.

풀이 ④ 계량관리는 정확하고 정밀한 측정을 위함이므로 정비규정의 표준화는 반드시 지켜지는 것이 바람직하다.

16산업 ★★○

08 일반적으로 계량형 데이터가 계수형 데이터에 비해 가지고 있는 장점으로 틀린 것은?

① 계량형 데이터 정보의 활용도가 높다.
② 충분한 정보를 얻는 데 필요한 측정횟수가 적다.
③ 동일한 계측횟수로 계수형보다 판별능력이 좋다.
④ 계량형 측정기가 계수형 측정기보다 사용하기 더 용이하다.

풀이 ④ 계량형 측정기가 계수형 측정기보다 사용이 까다롭다.

12산업 ★★○

09 계측기의 관리규정에 들어가는 사항과 가장 관계가 먼 것은?

① 관리할 계측기의 명칭
② 일상점검의 실시요령

③ 정기점검의 시기
④ 청소한 날짜

풀이
• 계측기의 사용목적, 용도의 명확한 규정
• 계측기 원리, 구조, 성능 등 시방의 명시
• 계측기의 물상의 상태와 양, 측성 등을 명시
• 계측기의 취급방법(취급상의 주의사항 포함)
• 일상점검 및 정기점검 : 점검항목, 점검방법, 점검빈도, 점검시기, 판정기준 등
• 이상 시의 처리요령

12, 15산업, 08기사 ★★★

10 계측기 관리에 있어서 계측기의 신뢰성을 확보하기 위한 가장 기본적인 방법은?

① 교정   ② 보관
③ 품질보증   ④ 품질관리

풀이 교정이란 특정조건에서 측정기기, 표준물질, 척도 또는 측정체계 등에 의하여 결정된 값을 표준에 의하여 결정된 값 사이의 관계로 확정하는 일련의 작업을 말한다. 그러므로 계측기의 신뢰성을 확보하기 위한 가장 기본적인 방법은 교정이라 할 수 있다.

07산업 ★★○

11 계측기의 사용에 있어 오차의 직접요인 중에서 가장 큰 영향을 미치는 오차는?

① 계측장소의 환경변화에 따른 오차
② 계측방법의 차이에서 오는 오차
③ 측정기, 측정물 및 환경 등의 원인을 파악할 수 없어 측정자가 보정할 수 없는 오차
④ 계측 중 계측기의 변화에서 오는 오차

풀이 ①~④ 중 ②에 의한 오차가 가장 큰 영향을 미친다.

11, 17산업 ★★○

12 기준치수로 되어 있는 표준편차 제품을 측정기기로 비교하여 지침이 지시하는 눈금의 차를 읽는 측정방법은?

① 비교측정   ② 직접측정
③ 절대측정   ④ 간접측정

풀이 ① 비교측정에 대한 설명이다.

정답 07 ④ 08 ④ 09 ④ 10 ① 11 ② 12 ①

388_ PART 06 품질경영

13 KS A ISO 80000 – 1 : 2012 양 및 단위 – 제1부 : 일반 사항에서 SI 기본 단위의 명칭 및 기호가 잘못 짝지어진 것은?

① 길이 – 미터(m)
② 질량 – 킬로그램(kg)
③ 전류 – 암페어(A)
④ 광도 – 럭스(lx)

풀이 ④ 광도 – 칸델라(cd)

14 KS A ISO 80000 – 1 : 2012 양 및 단위 – 제1부 : 일반 사항에서 SI 기본 단위의 명칭 및 기호가 잘못 짝지어진 것은?

① 물질량 – 몰(mol)
② 전류 – 암페어(A)
③ 광도 – 칸델라(cd)
④ 열역학적 온도 – 섭씨도(℃)

풀이 ④ 열역학적 온도 – 절대온도(K)

15 국가표준기본법 시행령에 따른 기본단위가 아닌 것은?

① m   ② kg
③ Hz   ④ cd

풀이 기본단위
길이(m), 질량(kg), 시간(sec), 온도(캘빈도 : K), 광도(칸델라 : cd), 전류(A), 물질량(몰 : mol) 등

16 계량의 기본단위에 대한 설명으로 틀린 것은?

① 길이의 계량단위는 미터(m)로 한다.
② 물질의 계량단위는 몰(mol)로 한다.
③ 광도의 계량단위는 칸델라(cd)로 한다.
④ 평면각의 계량단위는 라디안(rd)으로 한다.

풀이 ④는 기본단위가 아니라 유도단위이다.

17 다음 중 정밀도(Precision)에 대한 표현으로 가장 적절한 것은?

① 감도
② 평균에서의 치우침
③ 읽음값의 최댓값과 최솟값의 차이
④ 허용하고자 하는 산포의 크기

풀이 정밀도(Precision)란 동일 시료를 무한히 측정하면 어떤 산포를 갖게 되는데 이 산포의 크기를 의미하는 것으로, 병행(반복)정밀도, 재현정밀도로 나누어지며, 표시방법으로는 σ^2, σ, s^2, s, CV, R, 신뢰구간 등이 있다.

18 측정오차의 정밀도(Precision)를 표시하는 척도가 아닌 것은?

① 평균   ② 범위
③ 불편분산   ④ 표준편차

풀이 17번 풀이 참조

19 목적하는 모집단의 참값과 측정 데이터와의 차를 무엇이라 하는가?

① 오차   ② 편차
③ 보정   ④ 치우침

풀이 오차(Error)란 모집단의 참값(μ)과 시료의 측정치(x_i)와의 차, 즉 ($x_i - \mu$)로 정의된다.

20 다음 중 측정오차의 종류가 아닌 것은?

① 개인오차   ② 계통오차
③ 이상오차   ④ 우연오차

풀이 측정오차에는 우연오차, 계통오차(계기, 이론, 환경, 개인오차), 되돌림 오차 등이 있다.

정답 13 ④ 14 ④ 15 ③ 16 ④ 17 ④ 18 ① 19 ① 20 ③

21 측정기, 측정물 및 환경 등의 원인을 파악할 수 없어 측정자가 보정할 수 없는 오차는?

① 개인오차　　　　② 우연오차
③ 계통오차　　　　④ 교정오차

풀이 ② 우연오차에 대한 설명이다.

22 측정결과에 부여되는 참값이 포함되는 범위의 추정값을 의미하는 것은?

① 정밀도　　　　② 정확도
③ 불확도　　　　④ 적합도

풀이 불확도(Uncertainty of Measurement)란 측정 및 분석결과에 관련하여 측정량을 합리적으로 추정한 값의 분산 특성을 나타내는 척도로서 계산은 요인별 관계모델의 설정, 요인별 측정값과 표준불확도의 계산, 합성표준불확도의 계산, 확장불확도의 계산 등의 4단계로 대별된다.

측정시스템 분석

23 측정시스템의 변동에서 다루는 항목이 아닌 것은?

① 재현성　　　　② 반복성
③ 직선성　　　　④ 랜덤성

풀이 정확성, 재현성, 반복성, 안정성, 직선성

24 다음의 내용은 무엇에 대한 설명인가?

> "동일한 마스터(Master) 또는 시료에 대하여 하나의 측정시스템을 사용해서 장기간에 걸쳐 단 하나의 특성을 측정하여 얻은 측정값의 총변동이다."

① 편의(Bias, 치우침)
② 반복성(Repeatability)
③ 안정성(Stability)
④ 재현성(Reproducibility)

풀이 ③ 안정성(Stability)에 대한 설명이다.

25 측정기의 정도의 뜻과 가장 거리가 먼 것은?

① 정확도　　　　② 신뢰도
③ 신속도　　　　④ 정밀도

풀이 측정기의 정도에 신속도는 포함되지 않는다.

26 측정시스템에서 측정오차와 관련한 용어의 설명이 틀린 것은?

① 반복성 : 동일의 작업자가 동일의 측정기를 갖고 동일한 제품을 측정하였을 때 파생되는 측정의 변동
② 정확성 : 어떤 측정기로 동일의 제품을 측정할 때에 얻어지는 측정치의 평균과 이 특성의 기준치와의 차
③ 안정성 : 측정시스템의 작업 범위 내에서 등간격으로 기준을 설정하고, 설정된 각각의 기준치와 기준치별 측정값의 차이
④ 재현성 : 동일한 측정기로 두 사람 이상의 다른 측정자가 동일 제품을 측정할 때에 나타나는 측정데이터의 평균값의 차이

풀이 ③ 안정성 : 동일한 측정시스템으로 동일한 시료를 정기적으로 측정했을 때, 얻은 측정치의 변동(평균값의 차이)을 말한다.

27 측정시스템 변동에서 "R & R"이 의미하는 것은?

① 재현성 & 선형성
② 반복성 & 재현성
③ 선형성 & 안정성
④ 반복성 & 안정성

풀이 R&R=반복성(계측기 변동 : E.V)+재현성(측정자 변동 : A.V)
$$= \sqrt{(E.V)^2 + (A.V)^2}$$

정답 21 ② 　22 ③ 　23 ④ 　24 ③ 　25 ③ 　26 ③ 　27 ②

28 측정시스템 변동의 유형 중 반복성을 표현한 것으로 옳은 것은?

① 계측기의 기대 작동범위 영역에서 편의값의 차
② 같은 시료의 동일 특성을 같은 측정계기를 이용하여 다른 평가자들에 의해 구해진 측정값 평균의 변동
③ 같은 시료의 동일 특성을 같은 측정계기를 이용하여 한 명의 평가자가 여러 번 측정하여 구한 측정값의 변동
④ 같은 마스터 시료 또는 같은 시료의 한 특성에 대하여 장기간 측정을 할 때 얻어지는 측정값의 총 변동

① 선형성
② 재현성
④ 안정성

29 측정시스템에서 선형성, 편의, 정밀성에 관한 설명으로 적절한 것은?

① 선형성은 Gage R&R로 측정한다.
② 편의가 기대 이상으로 크면 계측시스템은 바람직하다는 뜻이다.
③ 계측기의 측정범위 전 영역에서 편의값이 일정하면 정확성이 좋다는 뜻이다.
④ 편의는 측정값의 평균과 이 부품의 기준값(Reference Value)의 차이를 말한다.

풀이 ① 반복성과 재현성은 Gage R&R로 측정한다.
② 편의가 작다면 계측시스템은 바람직하다는 뜻이다.
③ 계측기의 측정범위 전 영역에서 편의값이 일정하면 안전성이 좋다는 뜻이다.

30 측정시스템 분석에서 %R&R의 값에 의해 게이지 가격, 수리비용, 적용의 중요성에 따라 수용은 가능하나, 신뢰도 향상 활동이 요구됨으로 결과가 나왔다. 이때 %R&R의 값은 얼마 정도인가?

① 10% 이하
② 10~30%
③ 30~50%
④ 50% 이상

풀이 %R&R 평가 및 조치

10% 미만	계측관리가 잘 되어 있음
10~30%	여러 상황을 고려하여 조치를 취할 것인지를 결정
30% 이상	계측기 관리가 미흡한 수준, 반드시 계측기 변동의 원인을 규명

31 측정시스템의 평가를 %R&R 값으로 할 때, 측정오차에 따른 평가지침으로 옳은 것은?

① 10% 이하 : 계측기 관리가 미흡하다.
② 10% 초과 30% 미만 : 계측기의 측정오차 등을 고려하여 조치 여부를 결정한다.
③ 30% 초과 50% 미만 : 우수한 측정시스템이다.
④ 60% 초과 90% 미만 : 매우 우수한 측정시스템이다.

풀이 30번 풀이 참조

32 게이지 R&R 평가 결과 %R&R 값이 8.8%로 밝혀졌다. 이 계측기의 상태를 바르게 평가한 것은?

① 측정시스템이 양호하다.
② 1종 과오보다 크고 2종 과오보다 작은 애매한 수준이므로 적용의 중요성을 감안하여 필요시 조치할 것을 검토한다.
③ 1종 과오를 벗어나는 수준이므로 충분하다고 할 수 없으므로 가능한 한 조치한다.
④ 측정시스템이 부적절하므로 즉각적인 조치가 필요하다.

풀이 30번 풀이 참조

28 ③ 29 ④ 30 ② 31 ② 32 ①

33 게이지 R&R 평가 결과 %R&R이 18.5%로 나타났다. 이 계측기에 대한 평가와 조치로서 가장 올바른 것은?

① 계측기의 관리가 매우 잘되고 있는 편이므로 그대로 적용하는 데 큰 무리가 없다.

② 계측기의 수리비용이나 계측오차의 심각성 등을 고려하여 조치 여부를 선택적으로 결정해야 한다.

③ 계측기 관리가 미흡하며, 반드시 계측기 오차의 원인을 규명하고 해소시켜 주어야만 한다.

④ 계측기 관리가 전혀 되지 않고 있으므로 이 계측기는 폐기해야만 한다.

풀이 30번 풀이 참조

6시그마

01 6시그마의 본질로 볼 수 없는 것은?

14, 19산업 ★★○

① 고객 중심의 품질경영
② 벨트 제도를 활용한 체계적 인재 육성
③ ISO 9000 인증제도를 이용한 새로운 기법
④ 프로세스 평가·개선을 위한 과학적·통계적 방법

풀이 6시그마와 ISO 9000 인증제도는 근본적으로 출발부터가 다르므로 본질로 취급할 수 없다.

02 모토롤라가 6sigma 품질전략과 관련하여 수상한 상은?

12산업 ★★○

① 데밍상
② Malcolm Baldrige National Quality Award
③ 미국 품질협회(American Society Quality)대상
④ 주란(Juran) 품질대상

풀이 말콤 볼드리지상(MB상)
1994년도에 한국의 품질경영상의 심사기준이 데밍상 유형에서 MB상 유형으로 바뀌게 됨에 따라 중요도가 강조되었다.

구분	MB상	데밍상
구성	3개 요소와 7개 범주로써 평가	3개 요소와 10개 범주로써 평가
특징	목표지향적 (What to do)	프로세스 지향적 (How to do)

03 6시그마 혁신활동에서 채택한 "MAIC" 로드맵 추진절차를 바르게 나열한 것은?

09산업 ★★○

① 측정 → 분석 → 개선 → 관리
② 측정 → 개선 → 분석 → 관리
③ 측정 → 관리 → 분석 → 개선
④ 측정 → 관리 → 개선 → 분석

풀이 MAIC : Measure-Analyze-Improve-Control

04 6시그마 경영과 직접적으로 관계있는 용어들을 나타낸 것이다. 가장 거리가 먼 것은?

12산업 ★★○

① 3.4PPM   ② 슈하트
③ 2PPB   ④ 모토롤라

풀이 슈하트는 관리도와 관련이 깊으며, 3시그마를 강조하였다.

05 6시그마 혁신활동 시 연구개발단계에서 제품설계 완성도를 높이기 위해 주로 활용되는 절차를 뜻하는 용어는?

14산업 ★★○

① QFD(Quality Function Deployment)
② DFSS(Design For Six Sigma)
③ VOC(Voice Of Customer)
④ SQC(Statistical Quality Control)

풀이 본질적인 6시그마를 달성하기 위해서는 제품의 설계나 개발단계와 같이 초기단계부터 부적합을 예방하기 위한 설계, 즉 DFSS(Design For Six Sigma)가 필요하게 되는데, 이때 사용되는 추진단계는 DMAD(O)V가 된다.

정답 01 ③ 02 ② 03 ① 04 ② 05 ②

06 6시그마 측정단위 중에서 결함발생기회당 결함수 (Defects Per Opportunity)의 의미로 맞는 것은?

① $\dfrac{결함개수}{제품단위당개수} \times 1,000,000$

② $\dfrac{제품단위당개수}{결함개수} \times 1,000,000$

③ $\dfrac{총결함발생기회수}{총결함수} \times 1,000,000$

④ $\dfrac{총결함수}{총결함발생기회수} \times 1,000,000$

풀이 6시그마 척도

- $DPU = \dfrac{총결점수}{총생산단위수}$
- $DPO = \dfrac{총결점수}{총결점발생기회수}$
- $DPMO = \dfrac{총결점수}{총결점발생기회수} \times 1,000,000$

07 6시그마 프로젝트 추진 시 절차인 DMAIC 중 D(Define, 정의) 단계에서 하여야 하는 활동이 아닌 것은?

① 고객의 정의
② 부적합 정량화
③ 고객요구사항의 파악
④ 개선 프로젝트의 선정

풀이 Define : 정의단계로서 프로젝트 및 고객의 요구사항을 선정한다.

08 6시그마 프로젝트 추진을 위한 DMAIC 단계 중 부적합 원인을 규명하고, 잠재원인에 대한 자료를 확보하는 단계는 무엇인가?

① 정의(Define)
② 개선(Improve)
③ 측정(Measure)
④ 분석(Analyze)

풀이 ④ Analyze : 분석 단계로서 치명적인 핵심인자(Vital Few) 선정, 후보요인별로 실제 프로젝트(Y)에 영향을 주는지 분석·확인한다(원인규명 단계).

09 6시그마 프로젝트 추진활동의 각 단계별 해당 활동으로 틀린 것은?

① 정의(Define) : 주요고객의 정의
② 개선(Improve) : 가능한 해결방법의 실험적 실시
③ 측정(Measure) : 현 수준을 계량적으로 규명
④ 분석(Analyze) : 통계적 공정관리기법으로 공정을 모니터링

풀이 ④ 관리(Control) : 통계적 공정관리기법으로 공정을 모니터링

10 6시그마 추진을 위한 자격제도에 있어 6시그마 프로젝트 추진을 담당하는 전담요원을 지칭하는 자격은?

① 블랙벨트(Black Belt)
② 그린벨트(Green Belt)
③ 화이트벨트(White Belt)
④ 마스터블랙벨트(Master Black Belt)

풀이

조직	역할
MBB (Master Black Belt)	Champion 보조, BB의 프로젝트 자문과 감독, 직원에게 지도교육
BB (Black Belt)	프로젝트 추진, GB 양성, 문제해결활동
GB (Green Belt)	품질기초기법 활용, 현업 및 개선 프로젝트의 병행

11 6시그마 추진을 위한 인력 육성책의 일환으로 조직원을 선발하여 6시그마 교육을 수행시킨 다음 본인의 조직에서 업무를 수행하게 하면서 동시에 6시그마 프로젝트 리더가 수행하는 개선 활동에 팀원으로 활동하는 요원의 자격을 무엇이라 하는가?

① 그린벨트
② 블루벨트
③ 블랙벨트
④ 엘로우벨트

풀이 10번 풀이 참조

정답 06 ④ 07 ② 08 ④ 09 ④ 10 ① 11 ①

12 다음 중 6시그마에 관한 설명으로 가장 부적절한 것은?

① 6시그마는 TQM에서 중시하는 처음부터 올바르게 행한다는 경험예방철학에 입각한 것이다.

② 6시그마 수준이란 공정의 실에서 규격한계까지의 거리가 표준편차의 6배라는 뜻이다.

③ 6시그마 경영이란 조직으로 하여금 자원의 낭비를 최소화하는 동시에 고객만족을 최대화하는 방법이다.

④ 적합비용을 꾸준히 증가시키면 언젠가는 부적합비용의 감소가 더 작아지는데 이 시점이 최적품질수준이다.

풀이 ④ 적합비용을 꾸준히 증가시키면 언젠가는 부적합비용의 감소가 더 작아지나, 예방비용은 더 증가하게 된다. 최적품질수준은 예방비용, 평가비용, 실패비용의 합이 최소가 될 때를 말한다.

13 6시그마 혁신활동에서 고객(내부, 외부)의 핵심적 요구사항을 뜻하는 용어는?

① SD ② PPM

③ QFD ④ CTQ

풀이 6시그마는 최고경영자의 강력한 의지를 바탕으로 경영자가 주도적으로 추진하여야 하며, 명확한 방침과 고객만족을 위한 목표를 설정하고, 올바른 6시그마 기법의 적용과 이해를 바탕으로 실행 단계에서 구체적인 CTQ(Critical To Quality)를 도출하게 된다.

14 고객만족을 위해 공정품질수준을 1ppm으로 정하였다. 여기서 1ppm이 뜻하는 값은?

① $\dfrac{1}{1,000}$ ② $\dfrac{1}{10,000}$

③ $\dfrac{1}{100,000}$ ④ $\dfrac{1}{1,000,000}$

풀이 ppm이란 Parts Per Million의 약자로서 백만 기회당 부적합수를 의미한다.

15 공정을 $\pm 3\sigma$로 관리할 때 $C_P = 1$인 경우 치우침이 없다면 예상되는 부적합품률은 몇 ppm인가?

① 2.7ppm ② 27ppm

③ 270ppm ④ 2,700ppm

풀이 $C_p = \dfrac{T}{6\sigma} = \dfrac{U-L}{6\sigma} = 1$이라면 규격을 벗어날 확률은 0.0027 (2,700ppm)이다.

16 현실적으로 6시그마 품질수준은 프로세스 평균이 $\pm 1.5\sigma$ 이동할 수 있게 허용하고 있다. 이때 제품의 부적합품률은 약 얼마인가?

① 0.002ppm ② 0.57ppm

③ 3.4ppm ④ 233ppm

풀이 '6시그마 품질수준에서 프로세스 평균이 $\pm 1.5\sigma$ 이동할 수 있게 허용하고 있다.'의 의미는 공정능력지수로 볼 때, $C_p = \dfrac{\pm 4.5\sigma}{6\sigma}$ $= \dfrac{9\sigma}{6\sigma} = 1.5$가 되며, 이는 정규분포값의 확률로 볼 때 3.4ppm 정도 된다. 만일 이러한 자연편차를 전혀 고려하지 않는다면 공정능력지수 $C_p = \dfrac{\pm 6\sigma}{6\sigma} = \dfrac{12\sigma}{6\sigma} = 2.0$이 되며, 이는 정규분포값의 확률로 볼 때 0.002ppm이 된다.

17 6시그마 수준에 해당하는 설명 중 옳지 않은 것은?

① $C_p = 2$

② 망목특성에서 공차의 크기가 모표준편차의 12배가 되는 경우이다.

③ 치우침을 고려한 부적합품률은 3.4ppm이다.

④ $C_{pk} = 1$

풀이 $6\sigma = (C_p = 2.0) = (C_{pk} = 1.5)$

PART 1
PART 2
PART 3
PART 4
PART 5
PART 6
PART 7

18 6시그마 품질 프로그램에 대한 설명으로 가장 거리가 먼 내용은?

① 공정능력지수(C_p)는 2를 목표로 한다.
② 치우침이 없는 이상적인 상황하에서 예견되는 부적합품률이 3.4ppm이다.
③ 규격의 상·하한이 품질의 중심으로부터 6σ의 거리에 있도록 하려는 노력이다.
④ 설계, 제조, 관리부문 등 모든 조직이 참여하는 총체적인 품질향상 프로그램이다.

풀이 ② 치우침이 없는 이상적인 상황하에서 예견되는 부적합품률이 0.002ppm이다.

개선팀 활동과 제안제도

19 품질개선활동의 추진방법 중 가장 먼저 실시해야 할 것은?

① 공정 해석 ② 문제점 파악
③ 개선방법의 입안 ④ 문제점 결정

풀이 품질개선활동의 추진순서
문제점 파악 → 문제점 결정 → 공정 해석 → 개선방법의 입안

20 브레인스토밍(Brain Storming)의 4가지 원칙에 해당되지 않는 것은?

① 가급적 많은 의견을 내 놓는다.
② "좋다, 나쁘다"라는 비판을 하지 않는다.
③ 다른 사람의 아이디어와 결합하여 개선을 추구한다.
④ 통제된 분위기에서 주관 부서장의 주도로 체계적으로 진행한다.

풀이 브레인스토밍의 4가지 법칙
• '좋다', '나쁘다'라는 비판을 하지 않는다.
• 자유분방한 분위기 및 의견을 환영한다.
• 아이디어를 구한다.
• 다른 사람의 아이디어와 결합하여 개선, 편승, 비약을 추구한다.

21 브레인스토밍의 4가지 원칙이 아닌 것은?

① 남의 발언을 비판하지 않는다.
② 자유분방한 분위기 조성 및 의견을 환영한다.
③ 타인 아이디어의 개선, 편승, 비약을 추구한다.
④ 양은 적을지라도 구체적이고 상세한 아이디어를 만들어 낸다.

풀이 20번 풀이 참조

22 브레인스토밍(Brain Storming) 활동 원칙에 해당되는 것은?

① 남의 발언을 비판하지 않는다.
② 소수의 전문가가 의견을 내게 한다.
③ 문제가 확실한 것만 의견으로 제시한다.
④ 통제된 분위기에서 주관 부서장의 주도로 체계적으로 진행한다.

풀이 20번 풀이 참조

23 현장개선을 위한 그룹토의법으로 사용하는 브레인스토밍의 원칙이 아닌 것은?

① 되도록 많은 의견을 서로 제시하도록 한다.
② 자유로운 의견이 나오도록 분위기를 조성한다.
③ 타인의 의견을 이용하여 새로운 의견을 제시한다.
④ 타인의 의견에 대해 비평을 통하여 의견의 질을 높인다.

풀이 20번 풀이 참조

24 브레인스토밍기법의 아이디어 도출 과정에서 지켜야 할 네 가지 기본원칙에 해당하지 않는 것은?

① 비판엄금 ② 핵심적인 발언
③ 자유분방한 사고 ④ 연상의 활발한 전개

풀이 20번 풀이 참조

정답 18 ② 19 ② 20 ④ 21 ④ 22 ① 23 ④ 24 ②

25 개선활동 시 사용하는 아이디어 발상법 중 고든(W. Gordon)법에 대한 설명 내용으로 가장 거리가 먼 것은?

① 고든에 의해 개발되었다.
② 물건의 공통된 특성, 즉 추상화하여 테마를 결정한다.
③ 리더가 그 분야에 전문가이어야 한다.
④ 일반적으로 브레인스토밍법에 비하여 시간이 짧게 걸린다.

풀이 고든법은 고든(William J. J. Gordon)에 의해 개발된 아이디어 발상법으로, 브레인스토밍에서는 가능한 한 문제를 구체적으로 좁히면서 아이디어를 발상하지만, 고든법은 반대로 문제를 구상화시켜서 무엇이 진정한 문제인가를 모른다는 상태에서 출발, 참가자들에게 그것에 관련된 정보를 탐색하게 하는 것이다. 그러므로 시간적으로 브레인스토밍법에 비하여 시간이 많이 걸린다는 단점이 있다.

26 1962년 마틴항공사에서 자사 제품의 미사일의 신뢰성을 높이기 위한 활동으로 시작되었으며, 부주의를 없애는 데 중점을 둔 것으로 무결점운동이라고 불리는 것은?

① ZD   ② 6시그마
③ 3정 5S   ④ 싱글 ppm

풀이 ZD(Zero Defect)에 대한 설명이다.

27 품질 모티베이션 활동인 ZD 운동에 관한 설명으로 옳지 않은 것은?

① 오류의 원인을 제거하는 것과는 거리가 멀다.
② 인간은 완전을 바라는 기본욕구가 있음을 전제로 한다.
③ ZD 프로그램의 요체는 ECR(Error Cause Removal) 제안에 있다.
④ 미국의 마틴사(Martin Co.)에서 처음으로 전개한 품질향상운동이다.

풀이 ZD(Zero Defect)란 무결점운동이므로 오류의 원인을 제거하는 것과 긴밀한 관계가 있다.

28 일종의 품질 모티베이션 활동인 ZD운동, QC서클 활동의 특징에 해당되지 않는 것은?

① 자주관리
② 타율적 운영
③ 주로 대면접촉
④ 소집단 활동

풀이 ② 타율적 운영이 아니라 자율적 운영이 되어야 한다.

29 품질 모티베이션 활동인 ZD, 품질분임조 활동 등이 갖는 공통점은?

① 소집단 활동이다.
② 강제적인 조직이다.
③ 경직된 가치관을 갖는다.
④ 문제점 발견과 거리가 멀다.

풀이 ZD(Zero Defect) 운동, 품질분임조 활동은 자주적 소집단활동으로, 문제점 발견과 개선에 주안점을 두고 있다.

30 다음 중 공정개선이 필요한 경우가 아닌 것은?

① 정해진 표준대로 작업할 수 없어서 결과가 목표치에 미달될 경우
② 해당 공정작업자의 작업표준 미준수로 설비 이상이 자주 발생되는 경우
③ 시장 또는 고객요구 변화에 따라 더욱 높은 수준의 공정을 필요로 하는 경우
④ 정해진 표준대로 작업해도 얻어진 결과가 목표에 미달되어 개선이 필요한 경우

풀이 ② 해당 공정작업자의 작업표준을 준수하였으나 설비 이상이 자주 발생되는 경우

정답 25 ④   26 ①   27 ①   28 ②   29 ①   30 ②

31 전사적 품질관리 활동의 일환으로 전원참여를 통하여 자기계발 및 상호개발을 행하고, QC 수법을 활용하여 직장의 관리, 개선을 지속적으로 행하는 것은?

① SQC
② QC 분임조
③ 공정모니터링
④ 내부감사

풀이 QC 분임조 활동에 대한 설명이다.

32 QC 분임조 활동의 기본이념과 가장 거리가 먼 것은?

① 기업의 체질개선과 발전에 기여한다.
② 품질매뉴얼과 절차서를 작성, 검토한다.
③ 인간의 능력을 발휘하여 무한한 가능성을 창출한다.
④ 인간성을 존중하고 삶의 보람이 있는 명랑한 직장을 조성한다.

풀이 분임조의 기본이념
• 인간성을 존중하고 활력 있고 명랑한 직장을 만든다.
• 인간의 능력을 발휘하여 무한한 가능성을 창출한다.
• 기업의 체질개선과 발전에 기여한다.

33 품질분임조 활동과 제안제도의 공통점으로 가장 거리가 먼 것은?

① 상당한 수준까지의 교육이 필요
② 자주 · 자발적 참여에 의한 공동체 의식
③ 회사경영에 참여, 의사소통 창구로 활용
④ 인센티브에 의한 직접적인 도움

풀이 분임조 활동은 상당한 교육이 필요하나, 제안제도는 간단한 교육으로 실행이 가능하다.

34 품질분임조 활동의 문제해결과정에서 목표설정의 기준으로 적합하지 않은 것은?

① 독창적인 목표달성
② 간단명료한 목표설정
③ 분임조 수준에 맞는 목표설정
④ 구체적이고 측정 가능한 목표설정

풀이 ①은 분임조 활동이 아니라 혁신활동 등에서 필요하다고 할 수 있다.

35 분임토의에 적용될 수 있는 기법과 가장 관계가 먼 것은?

① 질문법
② 지시사항설명법
③ 결점열거법
④ 브레인스토밍법

풀이 분임토의는 모두가 평등의 상태에서 토의가 이루어지는 것이 바람직하므로 ②는 평등과 거리가 있다.

QC의 7가지 수법

36 다음 중 품질관리의 7가지 도구에 해당되지 않는 것은?

① 관리도
② 산점도
③ 신뢰도
④ 특성요인도

풀이 QC의 7가지 도구
층별, 체크시트법, Pareto도, 특성요인도, Histogram, 산점도, 각종 그래프(관리도 포함)

37 현장의 문제점을 찾아내어 이를 해석하고, 그 문제의 재발을 방지하고 관리의 정착으로 연결시키고자 하는 QC 7가지 도구에 해당되지 않는 것은?

① 체크시트
② 작업공정도
③ 특성요인도
④ 파레토그림

풀이 36번 풀이 참조

38 QC의 7가지 도구 중 층별(Stratification)이 의미하는 것으로 적절한 것은?

① 군의 크기를 바꾸는 일
② 현상의 원인을 파악하는 일
③ 측정치를 요인별로 나누는 일
④ 측정치를 측정 순서대로 바로 잡는 일

정답 31 ② 32 ② 33 ① 34 ① 35 ② 36 ③ 37 ② 38 ③

풀이 층별(Stratification)이란 측정치를 요인별로 나누는 것을 말한다.

39 로트의 형성에 있어 원료별 · 기계별로 특징이 확실한 모수적 원인으로 로트를 구분하는 것은?

07기사 ★★○

① 군구분　　　　② 군별
③ 층별　　　　　④ 해석

풀이 층별(Stratification)이란 집단을 구성하고 있는 많은 데이터를 어떤 특성(기계별, 원재료별, 작업방법 등)에 따라서 몇 개의 부분집단으로 나누는 것을 말한다.

40 데이터를 간단히 수집할 수 있고, 계수치 데이터가 분류항목별로 어디에 집중되어 있는가를 알아보기 쉽게 나타낸 그림이나 표를 무엇이라 하는가?

16산업 ★★○

① 산점도　　　　② 히스토그램
③ 체크시트　　　④ 파레토그림

풀이 체크시트(Check Sheet)에 대한 설명이다.

41 다음 품질관리 기초수법 중 계수치의 데이터의 해석에 이용되는 방법으로 가장 적당한 것은?

08, 11산업 ★★○

① 산점도　　　　② 히스토그램
③ 파레토그림　　④ $\bar{x} - R$ 관리도

풀이 품질관리 기초수법 중 계수치의 데이터의 해석에 이용되는 수법은 특성요인도, 파레토그림, 체크시트 등이며, 계량치의 데이터 해석에는 히스토그램, 산점도, 계량치 관리도 등이 이용된다.

42 QC 7가지 도구 중에서 부적합, 결점, 고장 등의 발생 건수를 분류하여 항목별로 나누어 크기 순서대로 나열한 그림은?

06, 13, 19산업[실기] ★★★

① 파레토도　　　② 그래프
③ 체크시트　　　④ 산점도

풀이 파레토도(Pareto Diagram)에 대한 설명이다.

43 파레토도를 그리는 방법으로 옳지 않은 것은?

14산업 ★★○

① 분류항목 수가 많아 파레토도의 가로축이 길 경우 빈도가 적은 항목은 함께 모아 기타로 하여 우측 끝에 나타낸다.
② 데이터의 누적 수를 막대그래프로 그린다.
③ 파레토도의 세로축은 부적합품 수, 부적합수 등을 나타낼 뿐만 아니라 손실금액을 나타내는 수도 있다.
④ 부적합 빈도가 많은 항목부터 왼쪽에서 오른쪽으로 나타낸다.

풀이 ② 파레토도는 데이터의 누적 수를 크기순으로 막대그래프로 그린다.

44 산업현장에서 파레토그림의 특성을 살려 활용할 수 있는 내용으로 가장 거리가 먼 것은?

06산업 ★★○

① 가장 중요한 문제점을 파악하는 데 사용한다.
② 개선 효과를 확인하기 위해서 사용한다.
③ 공정능력을 파악하기 위하여 사용한다.
④ 불량이나 고장의 원인을 조사할 때 사용한다.

풀이 ③은 Histogram에 대한 설명이다.

45 파레토도를 사용하여 고객 클레임의 주요 항목이 무엇인가를 찾아내었다. 고객 만족을 위해 전체적인 클레임 수를 줄이려고 한다. 다음 중 어떤 기법을 사용하는 것이 그 원인을 찾는 데 가장 효율적인가?

06(산업)기사, 12산업 ★★★

① 히스토그램　　② 체크시트
③ 특성요인도　　④ 산점도

풀이 특성요인도(Characteristic Diagram)란 1953년 일본 Kawasaki 제철소, Ishikawa가 이용 결과에 요인이 어떻게 관련되어 있는가를 잘 알 수 있도록 작성한 것으로, 어떤 결과물(특성)이 나온 원인(요인)들의 구성형태를 나타낸 것이다.

10, 12, 13, 16, 17산업, 00기사 ✪✪✪

46 어떤 결과(특성)에 영향을 미치는 원인(요인)과 그 결과와의 관계를 한눈에 알아볼 수 있도록 정리한 그림을 무엇이라 하는가?

① 산점도   ② 상관도
③ 특성요인도   ④ 파레토그림

풀이 45번 풀이 참조

15, 18산업 ✪✪◯

47 QC 7가지 도구 중 제품의 특성에 영향을 주는 요인들을 도식화한 그림은 무엇인가?

① 산점도   ② 히스토그램
③ 체크시트   ④ 특성요인도

풀이 45번 풀이 참조

00, 07산업, 11기사 ✪✪✪

48 특성요인도를 작성하려고 할 때 가장 먼저 해야 할 것은?

① 요인을 결정한다.
② 품질특성을 정한다.
③ 화살표를 긋는다.
④ 세부요인을 찾는다.

풀이 특성요인도 작성순서
품질특성을 정한다. → 요인을 결정한다. → 화살표를 긋는다.
→ 세부요인을 찾는다.

08, 13산업 ✪✪◯

49 수집한 자료를 구간(계급)으로 구분하고, 각 구간(계급)에 속하는 측청치의 출현도수를 그림이나 표로 나타낸 것은?

① 특성요인도   ② 도수분포표
③ 관리도   ④ 산점도

풀이 도수분포표란 어떤 일정한 기준에 의하여 전체 데이터가 포함되는 구간을 설정하고, 그 구간에 포함되는 데이터를 각 급에 분류하여 만든 도표를 말한다.

12산업 ✪✪◯

50 다음 중 도수분포표(Frequency Distribution)를 작성하는 목적으로 볼 수 없는 것은?

① 데이터의 분포 모양을 알기 위해
② 공정의 시간적인 변화를 알기 위해
③ 규격과 대비하여 공정의 현황을 파악하기 위해
④ 데이터가 어떤 값을 중심으로 어느 정도의 산포를 가지는가를 알기 위해

풀이 ②는 꺾은선그래프에 해당된다.

07(산업)기사 ✪✪◯

51 길이, 무게, 강도 등과 같이 계량치의 데이터가 어떠한 분포를 하고 있는지를 보기 위하여 작성하는 그림은?

① 히스토그램   ② 산점도
③ 계통도   ④ 매트릭스도

풀이 히스토그램에 대한 설명이다.

10산업 ✪✪◯

52 장미전구를 생산하는 A회사의 품질관리담당자가 전구수명의 분포와 평균수명이 회사가 원하는 규격에 잘 맞는지를 파악하고자 한다. 이 경우 가장 적절한 기법은 다음 중 무엇인가?

① 산점도   ② 히스토그램
③ $\bar{x}-R$ 관리도   ④ 파레토그림

풀이 히스토그램에 대한 설명이다.

15산업 ✪✪◯

53 히스토그램의 용도가 아닌 것은?

① 공정을 해석하여 개선점을 찾는다.
② 크기순으로 불량항목을 알 수 있다.
③ 규격과 비교하여 공정능력을 파악한다.
④ 분포의 모양을 파악하여 이를 활용한다.

풀이 ②는 파레토그림에 대한 내용이다.

정답 46 ③ 47 ④ 48 ② 49 ② 50 ② 51 ① 52 ② 53 ②

54 어느 기계부품을 랜덤하게 취하여 도수표에 정리한 결과, $x_0 = 72.5$, $h = 0.2$, $\sum f_i = 150$, $\sum f_i u_i = 77$, $\sum f_i u_i^2 = 765$를 얻었다. 기계부품의 평균값은 약 얼마인가?

① 71.520
② 71.705
③ 72.603
④ 72.705

풀이 $\bar{x} = x_0 + h \times \dfrac{\sum f_i u_i}{\sum f_i} = 72.5 + 0.2 \times \dfrac{77}{150} = 72.6026$

55 규정공차가 규격상·하한으로 정해졌을 경우 규격상한(U) 밖으로 나타난 부적합품률은 0.13%이고 규격하한(L) 밖으로 나타난 부적합품률이 0.18%였다면 부적합품률은 총 몇 ppm인가?

① 31ppm
② 310ppm
③ 3,100ppm
④ 31,000ppm

풀이 $P = 0.13\% + 0.18\%$
$= 0.31\% = 0.31 \times 10^4 \text{ ppm} = 3,100 \text{ ppm}$

56 평균이 서로 다른 분포 2개가 혼합되어 있을 때 나타날 수 있는 도수분포 형태는?

① 낙도형
② 종모양형
③ 절벽형
④ 쌍봉우리형

풀이 쌍봉우리형에 대한 설명이다.

57 현장의 문제점을 발견하기 위해 공정 데이터를 이용하여 히스토그램을 작성하였더니 그림과 같이 쌍봉우리형의 분포 모습이었다. 이에 대한 설명으로 가장 적절한 것은?

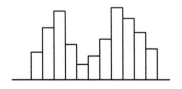

① 측정구간의 값을 피했다.
② 급 구분이 적당하지 않다.
③ 이질적 집단이 섞여 있다.
④ 측정방법에 잘못된 버릇이 있다.

풀이 히스토그램의 쌍봉우리형은 데이터가 서로 다른 이질적인 집단이 섞여 있는 경우에 나타나는 현상이다.

58 히스토그램을 작성한 결과가 그림과 같을 때, 그림에 대한 설명으로 맞는 것은?(단, M은 규격의 중심이다.)

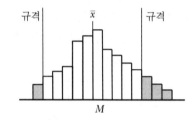

① 산포가 큰 경우
② 중심이 벗어난 경우
③ 규격을 만족시키고 있는 경우
④ 중심도 벗어나고 산포도 큰 경우

풀이 규격의 중심과 평균($\bar{x}$)은 일치하나 규격을 벗어나는 제품이 많이 있는 것으로 산포가 큰 경우에 해당된다.

59 QC의 7가지 도구 중 대응한 2개(한 쌍) 데이터의 상관관계를 보기 위한 것은?

① 산점도
② 히스토그램
③ 체크시트
④ 특성요인도

풀이 산점도(Scatter Diagram)란 서로 대응하는 2종류의 데이터의 상호관계를 파악하기 위하여 데이터를 그래프 용지 위에 점으로 나타낸 것을 말한다.

60 온도와 수량의 관계, 비중과 농도의 관계 등 두 개의 데이터의 관계를 그림으로 나타내어 개선하여야 할 특성과 그 요인과의 관계를 파악하고 조사할 목적으로 사용되는 수법은?

① 관리도　　　　② 히스토그램
③ 산점도　　　　④ 파레토그램

풀이 산점도(Scatter Diagram)에 대한 설명이다.

61 2개의 짝으로 된 데이터의 상관계수가 0으로 산출되었다. 상호 어떤 관계가 있다고 판단되는가?

① 무의 상관관계를 나타낸다.
② 정의 상관관계를 나타낸다.
③ 부의 상관관계를 나타낸다.
④ 결정계수를 구해야 어떤 관계가 있는지 파악할 수 있다.

풀이 ① $r=0$　② $r>0$　③ $r<0$

62 산점도에 대해 설명한 것 중 틀린 것은?

① 요인 X가 증가함에 따라 또 다른 요인 Y도 증가하는 패턴을 정상관이라 한다.
② 요인 X가 증가함에 따라 또 다른 요인 Y가 감소하는 패턴을 부상관이라 한다.
③ 요인 X의 변화에 상관없이 또 다른 요인 Y가 변하는 패턴을 무상관이라 한다.
④ 요인 X가 변화함에 따라 또 다른 요인 Y가 일정한 패턴을 일정상관이라 한다.

풀이 상관에는 정상관, 부상관, 무상관이 있다. 일정상관이라는 용어는 없다.

63 산점도에 대한 설명으로 틀린 것은?

① 두 변수 간의 관계를 파악할 때 사용한다.
② 두 변수 간의 전반적인 윤곽을 그림을 통해 알 수 있다.
③ 두 변수 간의 상관관계의 긴밀함을 정량적으로 파악할 수 있다.
④ 두 변수 간의 상관관계의 파악에 앞서 층별할 필요는 없는지 확인한다.

풀이 ③ 두 변수 간의 상관관계의 긴밀함을 정성적으로 파악할 수 있다.

64 그래프를 그릴 때의 일반적인 주의사항으로 가장 관계가 먼 것은?

① 분류항목이 많을 때 수량이 적은 것은 모아서 "기타"로 일괄하여 나타낸다.
② 데이터의 이력이나 해설은 그래프의 공백부분에 기록한다.
③ 일반적으로 시간에 따라 변하는 수량의 상황을 나타낼 때는 꺾은선 그래프가 유용하다.
④ 표제는 필요에 따라 생략한다.

풀이 ④ 표제는 그래프가 의미하는 것을 나타내는 것이므로 반드시 있어야 한다.

65 그래프를 그릴 때의 일반적인 주의사항으로 틀린 것은?

① 표제는 반드시, 부제는 필요에 따라서 붙인다.
② 눈금, 눈금숫자, 단위, 항목, 설명문자를 기입해야 한다.
③ 그래프에 나타내는 유효숫자는 보통 4자리 이상으로 한다.
④ 분류항목에 따라 수량이 적은 것을 모아서 그래프의 끝에 기타로 일괄하여 나타내면 좋다.

풀이 ③ 그래프에 나타내는 유효숫자는 데이터의 특성에 따라 달라진다.

정답　60 ③　61 ①　62 ④　63 ③　64 ④　65 ③

66 일반적으로 시간에 따라 변하는 수량의 상황을 나타낼 때 사용되는 통계표로 가장 적당한 것은?

① 꺾은선그래프
② 원그래프
③ 삼각그래프
④ 그림그래프

풀이 꺾은선그래프는 시계열적으로 움직이는 변화량을 나타낸 그래프이다.

67 수집된 자료 하나하나의 관측값들을 나타내면서 자료의 분포를 보여줄 수 있는 장점을 가지고 있는 것은?

① 원그래프
② 꺾은선그래프
③ 막대그래프
④ 줄기 – 잎 그림

풀이 줄기 – 잎 그림에 대한 설명이다.

신 QC 7가지 수법

68 다음 중 신 QC 7가지 수법에 해당되지 않는 것은?

① 고든법
② 연관도법
③ 계통도법
④ 애로도법

풀이

관련도법	친화도법	계통도법
매트릭스도법	매트릭스 데이터 해석	PDPC법
애로 다이어그램법		

69 다음 중 신 QC의 7가지 도구에 해당되지 않는 것은?

① 친화도법
② 산점도
③ 계통도법
④ PDPC법

풀이 68번 풀이 참조

70 확실하지 않고 복잡하게 얽혀 있는 정보를 언어 데이터로 포착하여, 아이디어나 문제 사이의 관계 또는 상대적 중요성을 이해하는 데 도움을 주는 기법은?

① 친화도법
② PDPC법
③ 계통도법
④ 애로우 다이어그램법

풀이 친화도법(Affinity Diagram)
혼돈된 상태에서 사실 · 의견 · 발상 등을 언어 데이터에 의해 유도하여 데이터로 정리함으로써 문제의 본질을 파악하고, 문제의 해결과 새로운 발상을 이끌어내는 방법으로 KJ법이라고도 하며, 목표 달성을 위해 수단과 방책을 계통적으로 전개하고, 문제의 핵심을 명확화하여 최적의 수단 방책을 추구하는 방법이다.

71 "설정한 목표를 달성하기 위해서 목적과 수단의 계열을 계통적으로 전개함으로써 최적의 수단을 탐구하는 방법이다." 즉, 문제에 영향을 미치는 원인은 밝혀졌지만 이 문제를 해결할 계획이나 방법은 아직 개발되지 않은 경우 가장 적절하게 사용되는 신 QC 기법은?

① 계통도
② 연관도
③ 친화도
④ PDPC

풀이 계통도법(Tree Diagram)
목적 · 목표를 달성하기 위해 수단과 방책을 계통적으로 전개하여 문제(사상)의 전체 흐름에 대하여 일람성(Visibility)을 부여하고 그 문제의 중점을 명확히 하는 것으로, 목적 · 목표를 달성하기 위한 최적의 수단 · 방책을 추구하는 방법이다.

72 복잡한 요인이 얽힌 문제에 대하여 그 인과관계를 명확히 함으로써 적절한 해결책을 찾는 방법으로, 각 요인의 인과관계를 논리적으로 연결하여 적질한 문제해결을 이끌어 내는 데 유효한 수법을 무엇이라 하는가?

① PDPC 법
② 계통도법
③ 연관도법
④ 매트릭스도법

풀이 관련도법(Relations Diagram)

연관도법이라고도 하며, 문제가 되는 사상(결과)에 대하여 요인(원인)이 복잡하게 엉켜있을 경우에 그 인과관계나 요인 상호관계를 명확하게 함으로써 문제해결의 실마리를 발견할 수 있는 방법으로, 특정 목적을 달성하기 위한 수단을 전개하는 데 효과적인 방법이다.

73 문제가 되고 있는 사상 가운데서 대응되는 요소를 찾아 이것을 행과 열로 배치하고, 그 교점에 각 요소 간의 연관 유무나 관련 정도를 표시하여 이 교점을 착상의 포인트로 하여 문제 해결을 효과적으로 추진해 가는 방법은?

① PDPC법　　　　② 친화도법
③ 계통도법　　　　④ 매트릭스도법

풀이 매트릭스도(Matrix Diagram)법

원인과 결과 사이의 관계, 목표와 방법 사이의 관계를 밝히고 나아가 이들 관계의 중요도를 나타내기 위해 사용되는 기법으로, 특히 품질기능전개에서 무엇과 어떻게의 관계를 나타낼 때 이용되는 기법이다. 문제가 되고 있는 사상을 행과 열에 배치하여 그 교점에 각 요소 간의 관련 유무나 관련 정도를 표시하고, 그 교점을 '착상의 포인트'로 하여 문제해결을 효과적으로 추진해 가는 방법이다.

74 문제 항목 중 대응이 되는 요소를 찾아내어 이것을 행과 열로 배치하고, 그 교점에 각 요소 간의 관련 유무나 정도를 표시하고, 이 교점을 착상의 포인트로 하여 문제점을 명확히 해나가는 신 QC 기법은?

① 연관도법
② 계통도법
③ 매트릭스도법
④ 애로우 다이어그램법

풀이 73번 풀이 참조

75 업무를 실행해 나가는 과정에서 발생할 수 있는 모든 상황을 상정하여 가장 바람직한 결과에 도달할 수 있도록 프로세스를 정하고자 한다. 어떤 기법을 활용하는 것이 가장 바람직한가?

① PDCA법
② 연관도법
③ PDPC법
④ 매트릭스도법

풀이 PDPC ; Process Decision Program Chart

76 분임조에서 제안한 프로젝트가 채택되었다. 이 프로젝트를 수행하기 위해 일정계획을 수립하려고 한다. 어떤 기법을 사용하는 것이 가장 바람직한가?

① PDPC
② 특성요인도
③ FMEA/FTA
④ 애로우 다이어그램

풀이 애로우 다이어그램법(Arrow Diagram Method)

PERT /CPM에서 사용되는 일정계획을 위한 네트워크를 표현한 그림으로 최적의 일정계획을 수립하여 비용을 절감한 효율적인 진도관리방법이다.

PART 7

부록

1과목 실험계획법

01 다음은 반복 없는 모수모형 2요인실험의 분산분석표이다. ㉮, ㉯에 해당되는 값은 얼마인가?

요인	SS	DF	$E(MS)$
A	13.1	3	$\sigma_e^2 + (㉮)\sigma_A^2$
B	8.4	4	$\sigma_e^2 + (㉯)\sigma_B^2$
e	3.5	12	σ_e^2
T	25		

① ㉮ 3, ㉯ 4
② ㉮ 4, ㉯ 3
③ ㉮ 4, ㉯ 5
④ ㉮ 5, ㉯ 4

풀이 $E(V_A) = \sigma_e^2 + m\sigma_A^2 = \sigma_e^2 + 5\sigma_A^2$
$E(V_B) = \sigma_e^2 + l\sigma_B^2 = \sigma_e^2 + 4\sigma_A^2$

02 어느 제약회사에서 K 성분의 함량을 실험한 데이터와 분산분석표이다. $\mu(A_1)$의 95% 신뢰구간을 추정하면 약 얼마인가?[단, $t_{0.95}(3) = 2.353$, $t_{0.975}(3) = 3.182$, $t_{0.95}(12) = 1.782$, $t_{0.975}(12) = 2.179$이다.]

구분	A_1	A_2	A_3	A_4
반복	3	3	5	5
$T_i .$	18.3	12.5	16.3	13.8
$\overline{x}_i .$	6.1	4.167	3.26	2.76

요인	SS	DF	MS	F_0
A	23.138	3	7.713	142.044**
e	0.651	12	0.0543	
T	23.789	15		

① $5.672 \leq \mu(A_1) \leq 6.528$
② $5.784 \leq \mu(A_1) \leq 6.416$
③ $5.807 \leq \mu(A_1) \leq 6.393$
④ $5.861 \leq \mu(A_1) \leq 6.439$

풀이 $\hat{\mu}(A_1) = \overline{x}_1 . \pm t_{1-a/2}(\nu_e)\sqrt{\dfrac{V_e}{r_1}}$

$= 6.1 \pm 2.179\sqrt{\dfrac{0.0543}{3}} = (5.8068, \ 6.3932)$

03 실험계획법에서 사용되는 오차항의 가정이 아닌 것은?

① 직교성의 가정
② 정규성의 가정
③ 독립성의 가정
④ 등분산성의 가정

풀이 오차항의 가정
정규성, 불편성, 독립성, 등분산성 등이 있다.

04 모수요인 A의 수준수가 4, 반복 5회의 1요인실험에서 $S_T = 2.478$, $S_A = 1.690$, $S_e = 0.788$일 때, 95% 신뢰구간으로 오차분산(σ_e^2)을 추정하면 약 얼마인가?[단, $\chi_{0.975}^2(16) = 28.85$, $\chi_{0.025}^2(16) = 6.91$, $\chi_{0.975}^2(19) = 32.85$, $\chi_{0.025}^2(19) = 8.91$이다.]

① $0.0240 \leq \sigma_e^2 \leq 0.0884$
② $0.0273 \leq \sigma_e^2 \leq 0.1140$
③ $0.0586 \leq \sigma_e^2 \leq 0.2451$
④ $0.0867 \leq \sigma_e^2 \leq 0.3592$

풀이 $\dfrac{S_e}{\chi_{1-\alpha/2}^2(\nu_e)} \leq \sigma_e^2 \leq \dfrac{S_e}{\chi_{\alpha/2}^2(\nu_e)}$ 에서,

$\dfrac{0.788}{28.85} \leq \sigma_e^2 \leq \dfrac{0.788}{6.91}$, $0.02731 \leq \sigma_e^2 \leq 0.11404$

정답 01 ④ 02 ③ 03 ① 04 ②

05 다음 분산분석표에서 전체의 제곱합에 대한 오차제곱합의 기여율은 약 얼마인가?

요인	SS	DF	MS	F_0
A	2,145.6	3	715.2	3.70
e	3,874.1	20	193.7	
T	6,019.7	23		

① 26%　　　　　　② 36%

③ 64%　　　　　　④ 74%

풀이 $S_e' = S_e + \nu_A V_e = 3,874.1 + 3 \times 193.7 = 4,455.2$

$\rho_e = \dfrac{S_e'}{S_T} \times 100 = \dfrac{4,455.2}{6,019.7} \times 100 = 74.01\%$

06 추정된 회귀방정식의 정도를 측정하는 방법으로 사용되는 척도가 아닌 것은?

① 변동계수
② 결정계수
③ 잔차평균제곱
④ 분산분석표에 의한 F검정

풀이 ①은 두 집단의 상대적 산포비교를 할 때 사용하는 값으로 회귀방정식과는 무관하다.

07 $L_8(2^7)$형 직교배열표를 이용한 실험결과 다음과 같은 데이터를 얻었다. 이때 오차항의 제곱합은 얼마인가?

실험 번호	\multicolumn{7}{c}{열번호}	데이터

실험 번호	1	2	3	4	5	6	7	데이터
1	1	1	1	1	1	1	1	7
2	1	1	1	2	2	2	2	9
3	1	2	2	1	1	2	2	8
4	1	2	2	2	2	1	1	6
5	2	1	2	1	2	1	2	5
6	2	1	2	2	1	2	1	4
7	2	2	1	1	2	2	1	3
8	2	2	1	2	1	1	2	7
배치	A	B	C	D	E	e	e	

① 8.84　　　　　　② 9.65

③ 10.25　　　　　　④ 11.28

풀이
- $S_{6열} = \dfrac{1}{8}\left[\left(\begin{array}{c}\text{수준 2의}\\\text{데이터의 합}\end{array}\right) - \left(\begin{array}{c}\text{수준 1의}\\\text{데이터의 합}\end{array}\right)\right]^2$

  $= \dfrac{1}{8}[(9+8+4+3) - (7+6+5+7)]^2 = 0.125$

- $S_{7열} = \dfrac{1}{8}[(9+8+5+7) - (7+6+4+3)]^2 = 10.125$

$\therefore S_e = S_{6열} + S_{7열} = 0.125 + 10.125 = 10.25$

08 난괴법 실험을 한 결과 다음과 같은 데이터를 얻었다. 요인 B의 제곱합은 약 얼마인가?(단, A는 모수요인, B는 변량요인이다.)

$\diagbox{B}{A}$	A_1	A_2	A_3
B_1	3	4	3
B_2	7	8	5

① 1.33　　　　　　② 4.00

③ 16.67　　　　　　④ 22.00

풀이 $S_B = \dfrac{10^2 + 20^2}{3} - \dfrac{30^2}{6} = 16.667$

09 다음 중 변량요인의 성질이 아닌 것은?

① 수준이 기술적인 의미를 가진다.
② 수준의 선택이 랜덤으로 이루어진다.
③ 요인 A의 주효과 a_i는 랜덤으로 변하는 확률변수이다.
④ 요인 A의 주효과 a_i들의 합은 일반적으로 0이 아니다.

풀이 ① 수준이 기술적인 의미를 갖지 못한다.

10 3×3 라틴방격실험에서 $T_1.. = 10$, $T_2.. = 20$, $T_3.. = 15$일 때, S_A의 값은 약 얼마인가?

① 10.25　　　　　　② 16.67

③ 23.37　　　　　　④ 28.35

풀이 $S_A = \dfrac{10^2 + 20^2 + 15^2}{3} - \dfrac{45^2}{9} = 16.667$

11

$L_8(2^7)$ 직교배열표에서 수준의 합으로 표시된 데이터가 다음과 같을 경우, 요인 A의 제곱합은 얼마인가?

배치한 요인	A	B	C	D	E	e	e
수준 0의 데이터 합	60	56	53	48	62	49	59
수준 1의 데이터 합	43	46	47	57	44	52	56

① 32.111   ② 36.125

③ 48.167   ④ 96.333

풀이 $S_A = \dfrac{1}{8}(43-60)^2 = 36.125$

12

요인 A를 실험일로 하여 동일횟수 반복실험을 실시한 후 다음의 분산분석표를 얻었다. 실험일 간의 산포크기를 나타내는 변량요인 A의 분산(σ_A^2)의 추정치는 얼마인가?

요인	SS	DF
A	20	4
e	3	15
T	23	19

① 0.2   ② 0.96

③ 1.2   ④ 5

풀이 $V_A = \dfrac{S_A}{\nu_A} = \dfrac{20}{4} = 5$, $V_e = \dfrac{S_e}{\nu_e} = \dfrac{3}{15} = 0.2$

$\therefore \hat{\sigma_A^2} = \dfrac{V_A - V_e}{r} = \dfrac{5 - 0.2}{4} = 1.2$

13

반복이 2회인 2요인실험에서 모수요인 A는 4수준, 모수요인 B는 5수준이고, $S_A = 63$, $S_B = 10$, $S_{AB} = 84$, $S_T = 97$이다. 이 결과로부터 교호작용 $A \times B$의 제곱합 $S_{A \times B}$를 구하면 얼마인가?

① 4.2   ② 11

③ 13   ④ 24

풀이 $S_{A \times B} = S_{AB} - S_A - S_B = 84 - 63 - 10 = 11$

14

다음은 반복 없는 모수모형 2요인실험의 분산분석표이다. 오차의 자유도는 얼마인가?

요인	SS	DF	MS	F_0
A	157.48		78.74	15.50
B	194.01		64.67	12.73
e	30.48			
T	381.97			

① 6   ② 8

③ 9   ④ 12

풀이 $\dfrac{157.48}{\nu_A} = 78.74 \Rightarrow \nu_A = 2 \Rightarrow l = 3$

$\dfrac{194.01}{\nu_B} = 64.67 \Rightarrow \nu_B = 3 \Rightarrow m = 4$

$\therefore \nu_e = (l-1)(m-1) = (3-1)(4-1) = 6$

15

다음 중 라틴방격법의 데이터 구조식으로 옳은 것은?

① $x_{ijk} = \mu + a_i + b_j + c_k + e_{ijk}$

② $x_{ijk} = \mu + a_i + b_j + (ab)_{ij} + e_{ijk}$

③ $x_{ijk} = \mu + a_i + b_{j(i)} + c_{k(ij)} + e_{ijk}$

④ $x_{ijk} = \mu + a_i + b_j + c_k + abc_{ijk} + e_{ijk}$

풀이 ①은 라틴방격법, ②는 반복이 있는 2요인실험법의 구조식이다.

16

요인 A는 3수준, 요인 B는 4수준인 반복 없는 모수모형 2요인실험법에서 다음의 [데이터]를 얻었다. 분산분석 결과 요인 A, B가 모두 유의하다면 $\hat{\mu}(A_1B_2)$의 점추정값은 얼마인가?

[데이터]

$\bar{x}_{1\cdot} = 79.25$	$\bar{x}_{2\cdot} = 78.25$
$\bar{x}_{3\cdot} = 76.5$	$\bar{x}_{\cdot 1} = 75.0$
$\bar{x}_{\cdot 2} = 83.3$	$\bar{x}_{\cdot 3} = 80.3$
$\bar{x}_{\cdot 4} = 73.4$	$\bar{\bar{x}} = 78$

① 75.25   ② 79.50

③ 80.30   ④ 84.55

$\hat{\mu}(A_1B_2) = \bar{x}_1 . + \bar{x} . _2 - \bar{\bar{x}}$
$\qquad\qquad = 79.25 + 83.3 - 78 = 84.55$

17 동일한 물건을 생산하는 4대의 기계에서 부적합 여부의 동일성에 관한 실험을 하였다. 적합품이면 0, 부적합품이면 1의 값을 주기로 하고, 4대의 기계에서 나오는 100개씩의 제품에 대하여 다음과 같은 결과를 얻었다. 이 자료에서 부적합품에 대한 오차제곱합은 얼마인가?

기계	A_1	A_2	A_3	A_4
적합품	90	80	94	71
부적합품	10	20	6	29
합계	100	100	100	100

① 48.44
② 50.14
③ 51.23
④ 52.21

$S_T = T - CT = 65 - 10.5625 = 54.4375$
$S_A = \dfrac{1}{100}(10^2 + 20^2 + 6^2 + 29^2) - 10.5625 = 3.2075$
$\therefore S_e = S_T - S_A = 54.4375 - 3.2075 = 51.23$

18 1요인실험법의 데이터 구조식을 $x_{ij} = \mu + a_i + e_{ij}$라고 할 때, $\bar{x}_i .$의 구조는?[단, e_{ij}는 $N(0, \sigma_e^2)$에 따르고 서로 독립이며, $\displaystyle\sum_{i=1}^{l} a_i = 0$이다.]

① $\mu + \bar{e}_i .$
② $\mu + a_i$
③ $\mu + \bar{\bar{e}}$
④ $\mu + a_i + \bar{e}_i .$

• $x_{ij} = \mu + a_i + e_{ij}$
• $\bar{x}_i . = \mu + a_i + \bar{e}_i .$
• $\bar{\bar{x}} = \mu + \bar{\bar{e}}$

19 반복 없는 모수모형 2요인의 실험을 하는데 결측치가 2개 발생되어 Yates의 방법으로 결측치를 추정하여 분석하려고 한다. A가 4수준, B가 3수준일 경우 총 자유도는 얼마인가?

① 7
② 8
③ 9
④ 10

$\nu_T = 11 -$ 결측치수 $= 11 - 2 = 9$

20 반복이 같지 않은 모수모형의 1요인실험에 관한 데이터가 다음과 같다. 수준 A_2의 모평균에 대한 95% 신뢰구간을 구하는 식으로 옳은 것은?

요인의 수준	A_1	A_2	A_3
반복수	3	4	5
$T_i .$	362	284	336

① $71 \pm t_{0.975}(2)\sqrt{\dfrac{V_e}{4}}$
② $71 \pm t_{0.975}(3)\sqrt{\dfrac{V_e}{4}}$
③ $71 \pm t_{0.975}(9)\sqrt{\dfrac{V_e}{4}}$
④ $71 \pm t_{0.975}(11)\sqrt{\dfrac{V_e}{4}}$

$\bar{x}_i . \pm t_{1-\alpha/2}(\nu_e)\sqrt{\dfrac{V_e}{r_i}}$
$(\nu_e = \nu_T - \nu_A = 11 - 2 = 9)$
$\bar{x}_2 . = \dfrac{284}{4} = 71$, $r_2 = 4$이므로
$\therefore 71 \pm t_{0.975}(9)\sqrt{\dfrac{V_e}{4}}$

2과목 **통계적 품질관리**

21 모분산의 검정과 추정에 대한 일반적인 설명으로 옳지 않은 것은?

① 모분산의 신뢰구간은 좁을수록 정밀도가 높다.
② 모분산의 정밀도를 높이려면 샘플 수를 늘린다.
③ 모분산 추정 시 모집단의 평균이 알려져 있으면, 검정통계량은 F 검정이나 t 검정을 사용한다.
④ 모분산의 95% 신뢰구간을 구했으면, 모분산이 5%만큼 신뢰구간을 벗어날 수 있다는 의미이다.

③ 모분산 추정 시 모집단의 평균 유무와 상관없이 일반적으로 χ^2 검정을 이용한다.

22 어떤 공장에서 생산되는 제품을 조사하였더니 평균무게가 42g, 무게의 표준편차가 5g으로 나타났다. 변동계수(Coefficient of Variance)는 약 얼마인가?

① 8.4%　　　　② 10.9%

③ 11.9%　　　　④ 12.9%

풀이 $CV = \dfrac{s}{x} \times 100 = \dfrac{5}{42} \times 100 = 11.90\%$

23 계수값 샘플링검사(KS Q ISO 2859 − 1 : 2019)를 하였더니 200개의 물건 중 180개는 적합품이었다. 20개의 부적합품 중 15개는 각각 1개의 부적합을 가지고, 4개는 각각 2개의 부적합을 가지며, 또 1개는 3개의 부적합을 가지고 있을 때, 이 로트의 부적합품 퍼센트는 얼마인가?

① 4%　　　　② 7%

③ 10%　　　　④ 13%

풀이 부적합품 $\% = \dfrac{20}{200} \times 100 = 10\%$

24 c 관리도의 중심선이 4인 경우, 관리하한선은?

① 2

② 2.5

③ 3

④ 고려하지 않는다.

풀이 $L_{CL} = \bar{c} - 3\sqrt{\bar{c}} = 4 - 3 \times \sqrt{4} = -2 = $ ' − '(고려하지 않는다.)

25 관리계수에 대한 공정의 설명으로 가장 올바른 것은?

① 관리계수가 0.7이면 군구분이 나쁘다.

② 관리계수가 0.9이면 군내변동이 크다.

③ 관리계수가 1.1이면 급간변동이 크다.

④ 관리계수가 1.3이면 대체로 관리상태로 볼 수 있다.

풀이 관리계수(C_f)
• $C_f > 1.2$: 급간변동이 크다.
• $0.8 \le C_f \le 1.2$: 대체로 관리상태이다.
• $0.8 > C_f$: 군구분이 나쁘다.

26 정규분포표에서 빗금 친 부분은 전체 중에 있어서 약 몇 %를 나타내는가?

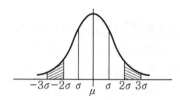

① 4.28%　　　　② 4.54%

③ 15.74%　　　　④ 27.20%

풀이 $P(x) = P_r(-3\sigma \le x \le 3\sigma) - P_r(-2\sigma \le x \le 2\sigma)$
$= 99.73 - 95.45 = 4.28\%$

27 $\bar{x}$ 관리도와 $\tilde{x}$ 관리도에 대한 설명으로 옳지 않은 것은?

① $\tilde{x}$ 관리도는 $\bar{x}$ 관리도에 비하여 관리한계의 폭이 더 넓다.

② $\tilde{x}$ 관리도는 $\bar{x}$ 관리도에 비하여 이상점에 영향을 많이 받는다.

③ $\tilde{x}$ 관리도에서 시료의 크기를 가급적 홀수로 취하면 편리하다.

④ $\tilde{x}$ 관리도는 $\bar{x}$ 관리도와 같이 공정평균의 변화를 탐지할 때 사용한다.

풀이 ② $\bar{x}$ 관리도는 $\tilde{x}$ 관리도에 비하여 이상점에 영향을 많이 받는다.

28 H 자동차는 신차 구입 후 5년 이상 자동차를 보유한 고객비율을 추정하려고 한다. 신뢰수준 95%에서 양측 신뢰구간의 폭을 ±0.05가 되도록 하기 위하여 필요한 최소표본의 크기는 약 얼마인가?

① 375　　　　② 380

③ 385　　　　④ 390

풀이 고객비율 $p = \dfrac{1}{2}$ 로 처리

$\pm u_{1-\alpha/2} \sqrt{\dfrac{p(1-p)}{n}} \Rightarrow \pm 0.05 = \pm 1.96 \sqrt{\dfrac{0.5(1-0.5)}{n}}$

$\therefore n = 384.16 = 385$

29 이산형 확률분포에 대한 설명으로 옳은 것은?(단, n은 시료수, p는 부적합품률이며, $m = np$이다.)

① 푸아송 분포는 $m \geq 5$일 때 정규분포에 근사한다.

② 이항분포는 $np \geq 5$이고 $n(1-p) \geq 5$일 때 푸아송 분포에 근사한다.

③ 베르누이 분포에서 확률변수 X의 확률밀도함수는 $p(x) = p^x(1-p)^{1-x}$이며, $x = 1,\ 2$이다.

④ 부적합품률이 p이고 크기가 $N = 3n$인 모집단에서 표본 n을 비복원 추출할 때, 부적합수 x의 확률분포는 이항분포에 따른다.

풀이 ② 이항분포는 $np \geq 5$이고 $n(1-p) \geq 5$일 때 정규분포에 근사한다.

③ 베르누이 분포에서 확률변수 X의 확률밀도함수는 $p(x) = p^x(1-p)^{1-x}$이며, $x = 0$ 또는 1이 된다.

④ 부적합품률이 p이고 크기가 $N \leq 10n$인 모집단에서 표본 n을 비복원 추출할 때, 부적합수 x의 확률분포는 초기하분포에 따른다.

30 Y 공정의 임계부적합품률은 15%로 알려져 있다. 이 공정에서 부적합이 발생할 때 부적합품 1개 때문에 발생하는 손해액이 1,400원일 경우, 제품 1개당 검사비용은 얼마인가?(단, 검사에 소요되는 검사비용과 부적합품으로 인한 손실비용만을 고려하기로 한다.)

① 93원　　　　　② 210원
③ 1,610원　　　④ 9,330원

풀이 $P_b = \dfrac{a}{b}, \quad 0.15 = \dfrac{a}{1,400}$

$\therefore a = 210$원

31 표본 30개에 대하여 반응온도(x)와 수율(y)의 관계를 조사하였더니 $S_{xx} = 10$, $S_{yy} = 20$, $S_{xy} = 13$이었다. x에 대한 y의 1차 회귀관계를 검정하려고 할 때, 회귀선으로 설명이 되지 않는 변동값은 얼마인가?

① 3.1　　　　　② 8.45
③ 16.9　　　　④ 20.0

풀이 $S_R = \dfrac{S_{xy}^{\,2}}{S_{xx}} = \dfrac{13^2}{10} = 16.9$, $S_{yy} = 20$이므로

$\therefore S_{y/x} = S_{yy} - S_R = 20 - 16.9 = 3.1$

32 계량 규준형 1회 샘플링검사(KS Q 0001 : 2014)의 평균치 보증방식에서 강도의 평균치가 80kg/mm^2 이상의 로트는 합격시키고, 70kg/mm^2 이하인 로트는 불합격시키려고 할 때, 하한합격 판정값$(\overline{X_L})$은 얼마인가?(단, $G_0 = 0.736$, $n = 5$, $\sigma = 7 \text{kg/mm}^2$, $\alpha = 0.05$, $\beta = 0.10$이다.)

① 71.216　　　② 74.848
③ 75.152　　　④ 85.152

풀이 $\overline{X_L} = m_0 - G_0\sigma = 80 - 0.736 \times 7 = 74.848$

33 $\bar{x} - R$ 관리도에서 $\bar{\bar{x}} = 122.968$, $\overline{R} = 2.8$, $n = 6$일 때, $\bar{x}$ 관리도의 관리상한(U_{CL})은 약 얼마인가?(단, $n = 6$일 때 $A_2 = 0.483$이다.)

① 123.30　　　② 124.32
③ 126.30　　　④ 128.32

풀이 $U_{CL} = \bar{\bar{x}} + A_2\overline{R} = 122.968 + 0.483 \times 2.8 = 124.320$

34 다음 중 푸아송 분포의 원리를 이용하는 관리도는?

① $\bar{x}$ 관리도　　② p 관리도
③ R 관리도　　　④ c 관리도

풀이 • 푸아송 분포 : c 관리도, u 관리도
• 이항분포 : np 관리도, p 관리도

35 추정량의 성질 중 표본의 크기가 커지면 추정값은 모수에 가까워지게 되는 성질을 무엇이라 하는가?

① 불편성　　　　② 유효성
③ 일치성　　　　④ 충분성

풀이 추정량의 결정기준(일치성)
시료의 크기가 크면 클수록 추정량이 모수에 일치하게 되는 추정량

36 어떤 제조공정에서 100개의 시료를 채취하여 외관검사를 하였더니 10개의 부적합품이 발견되었다. 신뢰율 95%로 이 공정의 모부적합품률의 신뢰구간을 구하면 얼마인가?

① 0.0226~0.1774
② 0.0412~0.1588
③ 0.0568~0.1632
④ 0.1960~0.2960

풀이 $\hat{p} = \dfrac{10}{100} = 0.1$

$$\hat{p} \pm u_{1-\alpha/2}\sqrt{\dfrac{\hat{p}(1-\hat{p})}{n}} = 0.1 \pm 1.96\sqrt{\dfrac{0.1 \times 0.9}{100}}$$
$$= (0.0412, \ 0.1588)$$

37 Y 공장에서 생산되는 부품의 부적합품률은 9%이다. 시료 5개를 랜덤하게 샘플링하여 부적합품수를 검사할 경우 부적합품이 하나도 없을 확률은 약 몇 %인가?

① 45.2% ② 58.1%
③ 62.4% ④ 73.5%

풀이 $P(x) = \dbinom{n}{x} P^x (1-P)^{n-x} = \dbinom{5}{0} \times (0.09)^0 \times (0.91)^5$
$$= 0.6240(62.40\%)$$

38 Y사는 샘플의 크기가 5인 $\bar{x}$ 관리도의 관리상한선 41.2, 관리하한선 18.8로 하여 공정을 모니터링하고 있다. 만약 공정의 분포가 $N(30, \ 10^2)$으로 변하였다면 이 관리도에서 $\bar{x}$가 관리한계선을 벗어날 확률은 약 몇 %인가?

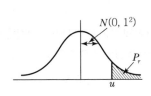

u	P_r
2.1	0.0179
2.2	0.0139
2.3	0.0107
2.4	0.0082
2.5	0.0062

① 1.24% ② 1.64%
③ 2.14% ④ 2.78%

풀이
- U_{CL}을 벗어날 확률

$$u = \dfrac{U_{CL} - \mu}{\dfrac{\sigma}{\sqrt{n}}} = \dfrac{41.2 - 30}{\dfrac{10}{\sqrt{5}}} = 2.5 \Rightarrow P_r = 0.0062$$

- L_{CL}을 벗어날 확률

$$u = \dfrac{L_{CL} - \mu}{\dfrac{\sigma}{\sqrt{n}}} = \dfrac{18.8 - 30}{\dfrac{10}{\sqrt{5}}} = -2.5 \Rightarrow P_r = 0.0062$$

∴ $0.0062 \times 2 = 0.0124(1.24\%)$

39 석탄의 발열량을 측정하고자 10톤 적재량의 트럭 10대에서 5대를 랜덤하게 취하고, 그 5대의 트럭으로부터 3인크리먼트(Increment)씩 시료를 취하는 샘플링 방법을 무엇이라 하는가?

① 취락 샘플링(Cluster Sampling)
② 계통 샘플링(Systematic Sampling)
③ 층별 샘플링(Stratified Sampling)
④ 2단계 샘플링(Two Stage Sampling)

풀이 $M = 10, \ m = 5, \ n = 3$increment인 2단계 샘플링검사를 설명하고 있다.

40 다음 그림은 계수값 샘플링검사의 검사특성곡선을 나타낸 것이다. ㉠과 ㉡에 적합한 것은?(단, P_0와 P_1은 각각 합격 품질수준, 불합격 품질수준이다.)

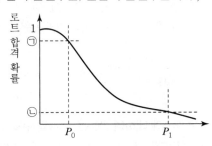

① ㉠ β, ㉡ α
② ㉠ α, ㉡ $1-\beta$
③ ㉠ $1-\alpha$, ㉡ β
④ ㉠ $1-\alpha$, ㉡ $1-\beta$

풀이 ㉠ $L_{(P_0)} = 1-\alpha$
㉡ $L_{(P_1)} = \beta$

41 다음 중 다중활동분석에 이용하는 작업자 분석표가 아닌 것은?

① 복수작업자분석표
② 복수기계작업분석표
③ 작업자 – 기계작업분석표
④ 작업자 – 복수기계작업분석표

풀이 다중활동분석표(Multi – Activity Chart)
- 작업자 · 기계작업분석표
- 작업자 · 복수기계작업분석표
- 복수작업자분석표
- 복수작업자기계작업분석표
- 복수작업자 · 복수기계작업분석표

42 기계설비가 고장을 일으키거나 파손되었을 때 신속히 교체 또는 보수하는 것을 지칭하는 용어는?

① 보전예방   ② 생산보전
③ 예방보전   ④ 사후보전

풀이 사후보전(BM ; Breakdown Maintenance)에 대한 설명이다.

43 내주 및 외주의 판단기준에 있어서 외주를 하여야 할 경우가 아닌 것은?

① 기밀보장이 필요한 경우
② 주문처에서 외주를 지정하는 경우
③ 외주기업에서 특허권을 가지고 있는 경우
④ 사내에 필요한 기술이나 설비가 아닌 경우

풀이 ①의 경우는 외주가 아니라 반드시 내주를 해야 한다.

44 제약이론(TOC)을 발전시킨 일정계획법으로 애로공정을 규명하여 생산의 흐름을 동시화하는 데 주안점을 둔 일정계획 시스템은?

① 적시생산시스템   ② 라인밸런싱
③ 배치생산시스템   ④ 최적화 생산기술

풀이 최적화 생산기술에 대한 설명이다.

45 작업공정도(Operation Process Chart)를 작성할 때 사용하는 공정도시기호의 명칭은?

① 작업, 운반
② 작업, 검사
③ 운반, 정체
④ 운반, 검사

풀이 단순공정분석은 가공(작업), 검사만의 기호를 사용하는 작업공정도(OPC)가 이용된다.

46 생산관리의 합리화 원칙인 3S와 그 대상의 연결이 옳지 않은 것은?

① 규격화 – 자동화와 공구
② 전문화 – 작업숙련과 능률
③ 표준화 – 제품, 서비스의 규격
④ 단순화 – 제품의 품목, 형태

풀이 3S
- 단순화(Simplification)
- 표준화(Standardization)
- 전문화(Specialization)

47 다음 중 간트도표(Gantt Chart)의 장점이 아닌 것은?

① 작업의 성과를 작업장별로 파악할 수 있다.
② 시각에 의한 관리로 개괄적 파악이 용이하다.
③ 문제점을 파악하여 사전에 중점관리할 수 있다.
④ 계획의 결과를 명확하게 계속적으로 파악할 수 있다.

풀이 ③은 PERT/CPM의 장점이다.

48 수요예측기법의 유형이 잘못 짝지어진 것은?

① 정성적 기법 – 델파이법
② 정성적 기법 – 전기수요법
③ 정량적 기법 – 이동평균법
④ 정량적 기법 – 시뮬레이션 모형

풀이 ② 정량적 기법 – 전기수요법

정답 41 ② 42 ④ 43 ① 44 ④ 45 ② 46 ① 47 ③ 48 ②

49 Y 제품의 생산을 위해서는 A, B, C, D 4개의 작업을 순서대로 수행해야 한다. 각 작업의 작업시간은 각각 10초, 30초, 15초, 10초이다. 4개의 작업을 3명의 작업자가 할당하여 수행한다고 할 때, 주기시간이 가장 짧아지도록 할당하면 이때의 라인효율은 약 몇 %인가?

① 54% ② 60%
③ 65% ④ 72%

풀이 $E_b = \dfrac{\sum t_i}{mt_{\max}} \times 100 = \dfrac{65}{3 \times 30} \times 100 = 72.22\%$

50 워크샘플링법으로 관측된 데이터의 분포는 어떤 분포를 기초로 하는 것인가?

① t 분포 ② 이항분포
③ χ^2 분포 ④ 푸아송 분포

풀이 워크샘플링(WS)법은 관측비율$(1-p)$ 또는 비관측비율(p)이 나오므로 확률분포로는 이항분포가 이용된다.

51 생산시스템의 유형 중 시장수요의 형태에 따른 분류에 속하는 것은?

① 주문생산
② 프로젝트 생산
③ 단속생산
④ 소품종 대량생산

풀이 판매(시장수요) 형태에 의한 분류에는 주문생산과 예측(계획)생산이 있다.

52 MRP의 특징에 대한 설명으로 가장 거리가 먼 것은?

① 종속수요품에 적합하다.
② 부품 및 자재부족현상을 최소화한다.
③ 수요예측에 의하여 자재를 일괄 주문할 수 있다.
④ 상황변화에 따라서 주문의 변경을 가능하게 한다.

풀이 ③은 독립수요품의 재고관리시스템인 EOQ의 특징이다.

53 S 자전거 제조회사에서 자전거 부품인 림에 대하여 연간 4,000개의 수요가 필요하다. 부품들은 단위당 200원씩 구입하고 있으며, 1회 주문할 때마다 500원의 비용이 소모된다. 또한 재고를 유지하는 데 소요되는 비용은 단위당 100원이 소요된다. 이때 경제적 주문량은 몇 개인가?(단, 연간생산일수는 250일이다.)

① 100개 ② 141개
③ 200개 ④ 250개

풀이 $EOQ = \sqrt{\dfrac{2DC_p}{P_i}} = \sqrt{\dfrac{2 \times 4,000 \times 500}{100}} = 200$

54 PERT 기법에서 비관적 시간이 5시간, 정상시간이 3시간, 낙관적 시간이 2시간으로 추정될 때 기대시간의 평균은 약 몇 시간인가?

① 2.00 ② 3.00
③ 3.17 ④ 3.33

풀이 $t_e = \dfrac{a+4m+b}{6} = \dfrac{5+4 \times 3 + 2}{6} = 3.167$

55 작업의 우선순위 결정방법 중 단일설비에서 납기예정일이 없는 경우 평균작업 흐름시간을 최소화시키는 것은?

① 긴급률법(Critical Ratio)
② 여유시간법(Slack)
③ 최단처리시간법(Short Processing Time)
④ 최장처리시간법(Longest Processing Time)

풀이 납기예정일이 없는 경우, 작업시간이 가장 짧은 작업을 우선적으로 하는 최단처리시간법이 가장 좋다.

56 JIT 시스템에서 소로트화의 특징으로 옳지 않은 것은?

① 간판수와 리드타임을 증가시킨다.
② 품질문제를 쉽게 파악할 수 있다.
③ 공장의 작업부하를 균일하게 한다.
④ 공간이용을 최대한 활용할 수 있다.

풀이 ① 간판수와 리드타임을 감소시킨다.

정답 49 ④ 50 ② 51 ① 52 ③ 53 ③ 54 ③ 55 ③ 56 ①

57 외경법에 의한 표준시간 계산식으로 옳은 것은?

① 정미시간 ÷ (1 − 여유율) × 평정계수
② 정미시간 × (1 + 여유율)
③ 정미시간 ÷ (1 − 여유율)
④ 정미시간 × (1 + 여유율) × 평정계수

> **풀이** 표준시간
> • 외경법 : 정미시간 × (1 + 여유율)
> • 내경법 : 정미시간 × $\dfrac{1}{1 - 여유율}$

58 R. M. Barness 교수가 제시한 동작경제의 기본 3원칙 중 두 손의 동작은 같이 시작하고 같이 끝나도록 하여야 한다는 것은 어떤 원칙에 해당되는가?

① 인체의 사용에 관한 원칙
② 작업장 배치에 관한 원칙
③ 설비의 레이아웃에 관한 원칙
④ 공구 및 설비의 설계에 관한 원칙

> **풀이** 동작경제의 기본 3원칙
> • 신체의 사용에 관한 원칙 : ①
> • 작업역의 배치에 관한 원칙 : ②, ③
> • 공구류 및 설비의 설계에 관한 원칙 : ④

59 설비의 효율화를 저해하는 6대 로스에 해당되지 않는 것은?

① 가공 로스
② 속도저하 로스
③ 고장 로스
④ 순간정지 로스

> **풀이** 가공 · 조립산업의 6대 로스
>
> | 구분 | 6대 로스 |
> | --- | --- |
> | 정지 로스 | 고장정지 로스 |
> | | 작업준비 · 조정 로스 |
> | 속도 로스 | 공전 · 순간정지 로스 |
> | | 속도저하 로스 |
> | 불량 로스 | 불량재가공 로스 |
> | | 초기수율 로스 |

60 설비배치의 형태 중 제품별 배치의 장점에 해당되는 것은?

① 수요의 변화, 공정순서의 변화 등에 대하여 신축성이 크다.
② 한 대의 기계가 고장이 나도 전체 공정에 영향을 적게 미친다.
③ 다목적으로 이용되는 범용설비 및 범용장비로 자본 집약도가 낮아 비용이 적게 든다.
④ 작업이 단순하여 노무비가 저렴하고 작업자의 훈련 및 감독이 용이하다.

> **풀이** 제품(라인)별 배치
> • 수요의 변화, 공정순서의 변화 등에 대하여 신축성이 작다.
> • 한 대의 기계가 고장이 나면 전체 공정에 악영향을 미친다.
> • 전용설비 및 전용장비로 작업을 하므로 비용이 크게 든다.

4과목 　품질경영

61 불법행위상의 엄격책임은 과실존재의 입증과 계약관계의 요건에 관계없이 배상청구를 가능하게 하는 것인데, 이 경우 피해자가 입증하여야 할 사항에 해당되지 않는 것은?

① 명시된 사항을 위반한 경우
② 판매자가 결함상품을 판매한 것
③ 결함상품에 위해의 원인이 있는 것
④ 결함상품이 손해로 법적 관련성을 갖는 것

> **풀이** ①은 과실책임에 속한다.

62 규격의 폭을 T, 표준편차를 σ라고 할 때, 공정능력비를 바르게 표현한 것은?

① $\dfrac{T}{3\sigma}$　　　　　② $\dfrac{T}{6\sigma}$

③ $\dfrac{3\sigma}{T}$　　　　　④ $\dfrac{6\sigma}{T}$

> **풀이** 공정능력비 $D_p = \dfrac{1}{C_p} = \dfrac{6\sigma}{T}$

63 측정시스템의 평가를 %R&R 값으로 할 때, 측정오차에 따른 평가지침으로 옳은 것은?

① 10% 이하 : 계측기 관리가 미흡하다.
② 10% 초과 30% 미만 : 계측기의 측정오차 등을 고려하여 조치 여부를 결정한다.
③ 30% 초과 50% 미만 : 우수한 측정시스템이다.
④ 60% 초과 90% 미만 : 매우 우수한 측정시스템이다.

풀이 % R & R 평가 및 조치
• 10% 미만 : 계측관리가 잘 되어 있음(양호)
• 10~30% : 여러 상황을 고려하여 조치를 취함
• 30% 이상 : 계측기 관리가 미흡한 수준(부적합)

64 우리나라 제조물 책임법에서 결함에 대한 용어로 정의된 것이 아닌 것은?

① 설계상의 결함
② 제조상의 결함
③ 사용상의 결함
④ 표시상의 결함

풀이 과실책임
• 제조 · 가공상의 결함
• 설계상의 결함
• 사용표시상의 결함

65 가빈(D. A. Garvin)이 품질을 이루고 있는 범주로서 제시한 8가지 품질의 구성요소에 해당되지 않는 것은?

① 특징(Feature)
② 미관성(Aesthetics)
③ 보전성(Maintenance)
④ 신뢰성(Reliability)

풀이 품질 8대 범주
성능, 특징, 신뢰성, 적합성, 내구성, 서비스, 미관성, 인지품질(지각된 품질)

66 KS Q ISO 9001 : 2015(품질경영시스템 – 요구사항)에 기술된 프로세스 접근방법인 PDCA 모델에 관한 설명으로 옳지 않은 것은?

① 계획(Plan) : 고객 요구사항 및 회사의 방침에 따라 결과를 목표와 비교
② 실시(Do) : 계획된 것의 실행
③ 체크(Check) : 방침, 목표, 요구사항 및 계획된 활동에 대비하여, 프로세스와 그 결과로 나타나는 제품 및 서비스에 대한 모니터링과 측정(해당되는 경우) 그리고 그 결과의 보고
④ 조치(Act) : 필요에 따라 성과를 개선하기 위한 활동

풀이 ① 계획(Plan) : 시스템과 프로세스의 목표 수립, 고객 요구사항과 조직의 방침에 따른 결과를 인도하기 위하여 그리고 리스크와 기회를 식별하고 다루기 위하여 필요한 자원의 수립

67 회사 전체의 품질관리활동의 일환으로서 전원 참여를 통해 자기계발 및 상호개발을 행하고, QC 수법을 활용하여 직장의 관리, 개선을 지속적으로 행하는 것은?

① SQC
② QC분임조
③ 관리도
④ 작업분석

풀이 품질관리(QC)분임조에 대한 설명이다.

68 품질관리수법 중 QC 7가지 도구에 해당되지 않는 것은?

① 파레토도
② 계통도법
③ 체크시트
④ 히스토그램

풀이 QC 7가지 도구
층별, 체크시트법, Pareto도, 특성요인도, Histogram, 산점도, 각종 그래프(관리도 포함)
※ ②는 신QC 7가지 수법에 해당된다.

69 다음 항목 중 사내표준화의 역할로 가장 거리가 먼 것은?

① 신기술 도입 촉진
② 기술의 보존, 보편화 향상
③ 책임, 권한의 명확화와 업무의 합리화
④ 경영방침의 구체적인 지시 및 실행

풀이 사내표준화의 역할
• 생산의 합리화
• 경영방침의 구체화
• 기술의 보존 · 보편화 향상
• 책임 · 권한의 명확화와 업무의 합리화

정답 63 ② 64 ③ 65 ③ 66 ① 67 ② 68 ② 69 ①

70 시험장소의 표준상태(KS A 0006 : 2001)에 관한 설명으로 옳지 않은 것은?

① 표준상태의 온도는 시험의 목적에 따라 20℃, 23℃, 또는 25℃로 한다.
② 표준상태의 습도는 상대습도 50% 또는 65%로 한다.
③ 온도 15급은 표준상태의 온도 20℃에 대해서만 사용한다.
④ 습도 20급은 표준상태의 상대습도 50%에 대해서만 사용한다.

풀이 ④ 습도 20급은 표준상태의 습도 65%±20으로서 45 ~85%의 습도범위(상습)를 나타낸다.

71 품질보증시스템은 부문별, 업무별, 기능별 및 프로젝트별 품질보증시스템으로 분류할 수 있다. 이 중 기능별 품질보증시스템에 해당되지 않는 것은?

① 품질평가
② 공정관리
③ 제품책임
④ 연구개발

풀이 ④는 업무별 품질보증시스템에 속한다.

72 어떤 부품의 치수규격이 40±3mm라면 공차와 허용차는 각각 얼마인가?

① ±3.0mm, ±3.0mm
② ±6.0mm, 6.0mm
③ ±3.0mm, 6.0mm
④ 6.0mm, ±3.0mm

풀이 공차와 허용차(40±3mm)
• 공차(Tolerance) : 43 − 37 = 6mm
• 허용차 : +3mm 및 −3mm, 즉 ±3mm

73 6시그마 추진을 위한 인력 육성책의 일환으로 조직원을 선발하여 6시그마 교육을 수행시킨 다음, 본인이 조직에서 업무를 수행하게 하면서 동시에 6시그마 프로젝트 리더가 수행하는 개선활동에 팀원으로 활동하는 요원의 자격을 무엇이라 하는가?

① 그린벨트
② 블루벨트
③ 블랙벨트
④ 옐로벨트

풀이 6시그마 조직
• BB(Black Belt) : 프로젝트 추진, 핵심요원
• GB(Green Belt) : 현업 및 개선 프로젝트의 병행

74 국가와 국가규격이 잘못 짝지어진 것은?

① 호주−AS
② 미국−ANSI
③ 독일−DIN
④ 프랑스−GOST

풀이 프랑스−NF, 러시아−GOST

75 품질관리 업무를 설계품질, 조달품질, 제조품질, 사용품질, 품질개선 활동으로 분류하였을 때, 제조품질의 관리와 가장 거리가 먼 것은?

① 공정능력의 평가와 공정계획
② 품질산포와 산포원인의 발견
③ 시장구매품에 대한 품질관리
④ 품질표준에 대한 제조품질의 적합 정도 파악

풀이 ③은 시장품질(사용품질)에 해당된다.

76 품질특성에 영향을 주는 요인인 5M 1E에 포함되지 않는 것은?

① 측정
② 원자재
③ 자금
④ 작업방법

풀이 5M 1E
• 5M : Man, Machine, Material, Measurement, Method
• 1E : Environment

77 파이겐바움은 품질관리부서의 하위기능을 품질관리기술부문, 공정관리기술부문, 품질정보기술부문 등으로 대별하였는데, 이 중 품질관리기술부문의 주요 업무라고 볼 수 없는 것은?

① 품질관리계획
② 공정검사 및 시험
③ 품질정보의 제공
④ 품질비용의 분석

풀이 ②는 공정관리기술부문에 속한다.

정답 | 70 ④ 71 ④ 72 ④ 73 ① 74 ④ 75 ③ 76 ③ 77 ②

78 현행 한국산업규격으로 정하고 있는 부문별 분류에 해당되지 않는 것은?

① 요업
② 일용품
③ 광공업
④ 수송기계

> **풀이** 한국산업규격 부문별 분류
> • 요업(L)
> • 일용품(G)
> • 광산(E)
> • 수송기계(R)

79 품질책임은 품질에 대한 의사결정권을 가진 여러 부문에 귀속되는데, '양질의 제품을 생산할 공정과 절차를 선정, 개발'하는 책임이 있는 부문은?

① 제조기술부문
② 제품서비스부문
③ 제조현장부문
④ 연구개발 및 설계부문

> **풀이** 책임이 있는 부문은 제조기술부문이다.

80 품질비용에 관한 쥬란의 1 : 10 : 100의 법칙을 적용할 때, 생산단계에서 바로잡는 데 100원이 소요되는 것을 방치하면 고객에게 전달된 후 얼마의 손실이 발생할 것으로 예측되는가?

① 10원
② 100원
③ 1,000원
④ 10,000원

> **풀이** 쥬란의 1 : 10 : 100의 법칙에 따라 생산단계는 중간단계에 해당되므로, 완제품의 손실은 10배에 해당된다.
> 따라서 100×10＝1,000원의 손실이 발생한다.

PART 1

PART 2

PART 3

PART 4

PART 5

PART 6

PART 7

1과목 **실험계획법**

01 부품에 대하여 요인 A를 3수준으로 하여 반복 6회 실험한 결과, 다음과 같이 실험을 3번 실패한 데이터를 얻었다. 이때 S_A의 값은 약 얼마인가?

반복 수준	1	2	3	4	5	6
A_1	15.4	14.9	15.2	15.3	14.8	14.5
A_2	14.7	15.0	14.9	15.3	15.2	—
A_3	15.2	15.4	—	—	15.3	15.5

① 0.323
② 0.484
③ 0.672
④ 1.245

풀이 $S_A = \dfrac{90.1^2}{6} + \dfrac{75.1^2}{5} + \dfrac{61.4^2}{4} - \dfrac{226.6^2}{15} = 0.323$

02 요인 A가 모수인 1요인실험의 분산분석표에서 수준수 4, 반복수 5, $S_T = 14.16$, $S_A = 10.10$, $S_e = 4.06$일 때, F_0 값은 약 얼마인가?

① 2.488
② 9.951
③ 13.268
④ 15.755

풀이 $V_A = \dfrac{S_A}{\nu_A} = \dfrac{10.10}{3} = 3.3667$

$V_e = \dfrac{S_e}{\nu_e} = \dfrac{4.06}{16} = 0.2538$

$\therefore F_0 = \dfrac{V_A}{V_e} = \dfrac{3.3667}{0.2538} = 13.2652$

03 다음은 반복수가 일정하지 않은 1요인실험의 분산분석표이다. 분산비(F_0)의 값은 약 얼마인가?

요인	SS	DF	MS
급간(A)	4.86	( )	( )
급내(e)	( )	11	0.29
계	( )	13	

① 2.14
② 2.43
③ 3.19
④ 8.38

풀이 $V_A = \dfrac{S_A}{\nu_A} = \dfrac{4.86}{2} = 2.43$, $F_0 = \dfrac{V_A}{V_e} = \dfrac{2.43}{0.29} = 8.379$

04 유기합성반응에서 원료(A) 4종류, 반응온도(B) 5종류를 선택하고, 반복 없는 2요인실험법으로 분산분석표를 작성하였더니 A, B가 모두 유의하여 최적 조건으로 $A_2 B_5$를 찾았다. $A_2 B_5$의 모평균 구간추정을 구하기 위한 유효 반복수(n_e)는 얼마인가?(단, 요인 A, B는 모수모형이다.)

① 2.5
② 3.5
③ 4.0
④ 5.0

풀이 $n_e = \dfrac{4 \times 5}{\nu_A + \nu_B + 1} = \dfrac{20}{3 + 4 + 1} = 2.5$

05 x는 회귀변수, y는 반응변수이며, x의 제곱합 $S_{(xx)} = 90$, y의 제곱합 $S_{(yy)} = 400$, 회귀에 의하여 설명되는 제곱합 $S_R = 360$이었다. 이때 결정계수는 약 얼마인가?

① 0.100
② 0.225
③ 0.889
④ 0.900

풀이 결정계수 $r^2 = \dfrac{S_R}{S_{(yy)}} = \dfrac{360}{400} = 0.900$

정답 01 ① 02 ③ 03 ④ 04 ① 05 ④

06 다음은 모수요인 A(2수준)와 모수요인 B(2수준)를 반복 없는 2요인으로 실험한 결과를 나타낸 것이다. 요인 B의 제곱합(S_B)은 약 얼마인가?

A \ B	B_1	B_2
A_1	5	7
A_2	15	10

① 2.04
② 2.25
③ 2.42
④ 2.52

풀이 $S_B = \dfrac{20^2 + 17^2}{2} - \dfrac{37^2}{4} = 2.25$

07 반복이 2회 있는 2요인실험(모수모형)을 실시하여 다음의 [데이터]를 얻었다. 급간제곱합 S_{AB}의 자유도는 얼마인가?(단, 요인 A는 5수준, 요인 B는 6수준이다.)

[데이터]

$S_A = 400,\ S_B = 100$

$S_{A \times B} = 200,\ S_T = 940$

① 20
② 29
③ 30
④ 59

풀이 $\nu_{AB} = lm - 1 = (5 \times 6) - 1 = 29$

08 직교배열표에 요인을 배치하기 위한 방법으로 선점도를 사용하려고 한다. 2수준계 선점도에 대한 설명으로 틀린 것은?

① 선과 점은 모두 자유도 2를 갖는다.
② 점이나 선은 각각 하나의 열을 표시한다.
③ 점과 점은 각각 하나의 요인을 나타낸다.
④ 두 점을 연결하는 선은 교호작용을 나타낸다.

풀이 ① 2수준계 선점도에서 점과 선은 다 같이 자유도 1을 갖고 하나의 열에 대응한다.

09 다음 중 난괴법에 대한 설명으로 옳은 것은?

① 반복이 없는 2요인 모수모형 실험이다.
② 두 요인의 교호작용을 구할 수 있다.
③ 1요인은 모수요인이고, 1요인은 변량요인이다.
④ 요인 B가 변량이면 모평균 추정은 의미가 있다.

풀이
① 1요인은 모수요인, 다른 1요인은 변량요인인 반복이 없는 2요인 혼합모형실험이다.
② 반복이 없는 2요인실험이므로, 두 요인의 교호작용을 구할 수 없다.
④ 요인 B가 변량이면 모평균 추정은 의미가 없고 산포를 추정하는 것이 의미가 있다.

10 반복이 같지 않은 모수모형의 1요인실험에 관한 데이터가 다음과 같았다. 이때 급간제곱합(S_A)은 약 얼마인가?

수준	데이터					계
A_1	13	15	18			46
A_2	20	18	19	17	16	90
A_3	22	24	20	26		92

① 109.33
② 119.33
③ 129.33
④ 139.33

풀이 $S_A = \dfrac{46^2}{3} + \dfrac{90^2}{5} + \dfrac{92^2}{4} - \dfrac{228^2}{12} = 109.333$

11 라틴방격법의 실험 데이터가 다음 표와 같다. 이때 C의 제곱합(S_C)은 약 얼마인가?

A \ B	B_1	B_2	B_3
A_1	$C_1(11)$	$C_2(12)$	$C_3(10)$
A_2	$C_3(14)$	$C_1(15)$	$C_2(17)$
A_3	$C_2(15)$	$C_3(18)$	$C_1(19)$

① 1.56
② 2.64
③ 3.78
④ 4.92

풀이 $S_C = \dfrac{45^2 + 44^2 + 42^2}{3} - \dfrac{131^2}{9} = 1.556$

12 다음과 같은 반복이 있는 모수모형 2요인실험 데이터를 얻었다. 요인 B의 제곱합은 약 얼마인가?

A \\ B	B_1	B_2	합
A_1	15	8	48
	16	9	
A_2	17	10	56
	18	11	
합	66	38	104

① 8 ② 98
③ 106 ④ 108

풀이 $S_B = \dfrac{66^2 + 38^2}{4} - \dfrac{104^2}{8} = 98$

13 실험계획법에서 사용하는 오차항의 가정이 아닌 것은?

① 정규성(Normality)
② 종속성(Dependence)
③ 불편성(Unbiasedness)
④ 등분산성(Equal Variance)

풀이 오차항의 가정
정규성, 독립성, 불편성, 등분산성

14 다음은 직교배열표를 표시하는 일반적인 형태이다. 각 문자에 대한 설명으로 틀린 것은?

$$L_m(n^P)$$

① L은 Latin Square의 약자이다.
② m은 행의 수로서 실험의 크기를 나타낸 것이다.
③ n은 요인의 수를 나타낸 것이다.
④ P는 배치 가능한 최대요인의 수를 나타낸 것이다.

풀이 2수준계 직교배열표 $L_m(n^P)$
• L : Latin Square의 약자
• m : 행의 수(실험의 크기, 실험번호)
• n : 수준계를 나타내는 숫자(수준수)
• P : 열의 수(배치 가능한 최대요인수)

15 제조공정에서 3개의 요인 A, B, C를 각각 3수준씩 선택하여 라틴방격에 의해 실험을 한 결과, 3개의 요인 A, B, C가 모두 유의적이었다. 세 요인의 조합의 신뢰구간을 추정할 경우 유효반복수는 약 얼마인가?

① 0.78 ② 1.13
③ 1.29 ④ 1.50

풀이 $n_e = \dfrac{k^2}{\nu_A + \nu_B + \nu_C + 1} = \dfrac{k^2}{3k-2} = \dfrac{3^2}{9-2} = 1.286$

16 다음 표와 같은 1요인실험데이터에서 전체의 제곱합 (S_T)은 약 얼마인가?

수준 \\ 반복	A_1	A_2	A_3
1	10	5	4
2	6	7	8
$T_{1\cdot}$	16	12	12

① 5.33 ② 23.33
③ 266.67 ④ 284.67

풀이 $S_T = \sum\sum x_{ij}^2 - CT$ 또는 $(n-1) \times s^2 = 23.333$

17 다음의 데이터는 기계 종류별로 생산된 제품 중 각각 100개씩 샘플을 뽑아 적합품과 부적합품으로 구분한 것이다. 오차항의 자유도는 얼마인가?

기계	B_1	B_2	B_3
적합품	85	90	93
부적합품	15	10	7
계	100	100	100

① 200 ② 297
③ 299 ④ 300

풀이 $\nu_e = \nu_T - \nu_A = 299 - 2 = 297$

18 검사원들 간의 측정값의 차이를 분석하기 위해 4명의 검사원을 랜덤으로 뽑아 표준시료를 동일한 계측기로 5회씩 반복하여 측정하도록 하였다. 측정 결과를 활용하여 작성한 분산분석표가 다음과 같을 때, 요인 A의 산포의 추정치($\widehat{\sigma_A^2}$)는 약 얼마인가?

요인	SS	DF	MS	F_0
A(검사원)	3.877	3	1.292	5.947
e(오차)	3.477	16	0.217	
T	7.354	19		

① 0.215   ② 0.269

③ 0.358   ④ 0.431

풀이 $\widehat{\sigma_A^2} = \dfrac{V_A - V_e}{r} = \dfrac{1.292 - 0.217}{5} = 0.215$

19 요인 A가 5수준, 요인 B가 4수준인 모수모형의 반복 없는 2요인실험에서 오차의 제곱합이 36일 때, 오차의 순제곱합은 얼마인가?

① 36   ② 57

③ 63   ④ 80

풀이 $V_e = \dfrac{S_e}{DF_e} = \dfrac{36}{12} = 3$

$S_e' = S_e + (\nu_A + \nu_B) V_e = 36 + (4+3) \times 3 = 57$

20 요인의 수준과 수준수를 결정하는 방법으로 가장 거리가 먼 것은?

① 최적이라고 예상되는 요인의 수준은 포함시켜야 한다.

② 현재 사용되고 있는 요인의 수준은 포함시키는 것이 좋다.

③ 수준수는 2 이상을 선택하되 가급적 6 이상이 되지 않도록 한다.

④ 실제 적용이 불가능한 요인의 수준도 흥미영역에 포함되어야 한다.

풀이 ④ 실제 적용이 불가능한 요인의 수준은 될 수 있는 한 실험에 포함시키지 말아야 한다.

2과목   **통계적 품질관리**

21 전구 10개의 수명을 측정하였더니 평균($\overline{x}$)이 1,200시간, 표준편차(s)가 75시간이었다. 전구수명의 모분산(σ^2)의 95% 신뢰구간은 약 얼마인가?[단, $\chi^2_{0.025}(9) = 2.70$, $\chi^2_{0.975}(9) = 19.02$, $\chi^2_{0.975}(10) = 20.48$이다.]

① 52~137   ② 296~2,083

③ 2,472~15,576   ④ 2,662~18,750

풀이 $S = (n-1) \times s^2 = 9 \times 75^2$

$\dfrac{9 \times 75^2}{19.02} \le \sigma^2 \le \dfrac{9 \times 75^2}{2.70} \Rightarrow 2,661.7 \le \sigma^2 \le 18,750$

22 다음 중 베이즈 정리(Bayes Theorem)를 설명하는 식은?[단, $P(A) > 0$, $P(B) > 0$이다.]

① $P(A|B) = \dfrac{P(A \cap B)}{P(B)}$

② $P(B) = P(A \cap B) + P(\overline{A} \cap B)$

③ $\dfrac{P(A|B)}{P(B|A)} = \dfrac{P(A)}{P(B)}$

④ $P(A \cup B) = P(A) + P(B)$

풀이 베이즈의 정리(조건부 확률)

$P(A \mid B) = \dfrac{P(A \cap B)}{P(B)}$ 또는 $P(B \mid A) = \dfrac{P(A \cap B)}{P(A)}$

23 다음 중 검사의 목적을 설명한 것으로 가장 거리가 먼 것은?

① 공정능력을 측정하기 위하여

② 고객의 요구를 파악하기 위하여

③ 검사원의 정확도를 평가하기 위하여

④ 적합품과 부적합품을 구별하기 위하여

풀이 검사의 목적
- 공정능력을 측정하기 위하여
- 검사원의 정확도를 평가하기 위하여
- 적합품 · 부적합품을 구별하기 위하여
- 공정의 변화 여부를 판단하기 위하여
- 좋은 로트와 나쁜 로트를 구분하기 위하여
※ ②를 위해서는 시장조사 등을 실시하여야 한다.

정답   18 ①   19 ②   20 ④   21 ④   22 ①   23 ②

24 관리도에 타점하는 통계량(Statistic)은 정규분포를 한다고 가정한다. 공정(모집단)이 정규분포를 이룰 때에는 표본분포는 언제나 정규분포를 이루지만 공정의 분포가 정규분포가 아니더라도 표본의 크기가 클수록 정규분포에 접근한다는 이론은?

① 대수의 법칙
② 체계적 추출법
③ 중심극한의 정리
④ 크기비례 추출법

풀이 중심극한의 정리에 대한 설명이다.

25 샘플의 크기가 5인 $\bar{x}$ 관리도에서 관리상한선이 43.4, 관리하한선이 16.6이었다. 공정의 분포가 $N(30, 10^2)$일 때, 이 관리도에 $\bar{x}$가 관리한계를 벗어날 확률은 약 얼마인가?

① 0.0013   ② 0.0027
③ 0.0228   ④ 0.0455

풀이
- $u = \dfrac{U_{CL} - \mu}{\dfrac{\sigma}{\sqrt{n}}} = \dfrac{43.4 - 30}{\dfrac{10}{\sqrt{5}}} = 3.0 \Rightarrow P_r = 0.00135$

- $u = \dfrac{L_{CL} - \mu}{\dfrac{\sigma}{\sqrt{n}}} = \dfrac{16.6 - 30}{\dfrac{10}{\sqrt{5}}} = -3.0 \Rightarrow P_r = 0.00135$

$\therefore\ 0.00135 \times 2 = 0.0027$

26 다음 도수분포표의 자료에서 평균치($\bar{x}$)와 표준편차(s)는 각각 얼마인가?

계급의 구간	대표치	도수
6.0~6.2	6.1	5
6.3~6.5	6.4	18
6.6~6.8	6.7	42
6.9~7.1	7.0	27
7.2~7.4	7.3	8
계	–	100

① $\bar{x} = 6.745,\ s = 0.2935$
② $\bar{x} = 6.745,\ s = 0.0293$
③ $\bar{x} = 6.700,\ s = 0.0067$
④ $\bar{x} = 6.700,\ s = 0.0259$

풀이 공학용 계산기에서 단축키($\bar{x}$, s_x 또는 $x\sigma_{n-1}$)를 활용한다 ($\bar{x} = 6.745$, $s = 0.29349$).

27 검사특성곡선에 관한 설명으로 옳지 않은 것은?

① N, c가 일정하고, n이 증가하면 검사특성곡선의 경사가 완만해진다.
② N, c가 일정하고, c가 증가하면 검사특성곡선의 경사가 완만해진다.
③ c, n이 일정하고, N이 증가하면 검사특성곡선은 크게 영향을 받지 않는다.
④ n과 c를 비례하여 샘플링하면, 각 샘플링방식에 따라 품질보증의 정도가 크게 달라진다.

풀이 ① N, c가 일정하고, n이 증가하면 검사특성곡선의 경사가 급하게 된다.

28 어떤 제품의 수율 평균치를 신뢰도 95%로 구간추정하고자 한다. 이때 신뢰구간의 폭을 ffi0.3% 이내로 하려면 시료의 수는 최소 몇 개 이상으로 하여야 하는가? (단, 종래 수율의 표준편차는 0.6%로 알려져 있다.)

① 11   ② 16
③ 44   ④ 62

풀이 $\beta_{\bar{x}} = \pm u_{1-\alpha/2}\dfrac{\sigma}{\sqrt{n}} \Rightarrow \pm 0.3 = \pm 1.96\dfrac{0.6}{\sqrt{n}}$

$\sqrt{n} = \dfrac{1.96 \times 0.6}{0.3} = 3.92 \Rightarrow n = 15.37 = 16$

29 모집단의 부적합품률이 P이고, 로트의 크기가 N인 모집단에서 시료 n개를 취하였을 때, 시료 부적합품수의 기댓값(μ)과 표준편차(σ)를 바르게 표현한 것은? (단, $P > 10\%$이고, $n/N < 0.1$이다.)

① $\mu = nP,\ \sigma = \sqrt{nP}$
② $\mu = NP,\ \sigma = NP(1-P)$
③ $\mu = nP,\ \sigma = \sqrt{nP(1-P)}$
④ $\mu = NP,\ \sigma = \sqrt{NP(1-P)}$

풀이 부적합품수인 경우
• $\mu = E(x) = n \cdot P$
• $\sigma = D(x) = \sqrt{nP(1-P)}$

30 KS Q ISO 2859-1 : 2008에 따른 계수치 샘플링검사 중 수월한 검사에서 보통검사로 전환하고자 할 경우, 세 가지 조건 중 하나만 해당되어도 전환된다. 이 세 가지 조건에 해당되지 않는 것은?

① 1로트가 불합격일 때
② 전환점수가 30점이 넘었을 때
③ 생산이 불규칙하거나 정체하였을 때
④ 다른 조건에서 보통 검사로 복귀할 필요가 생겼을 때

풀이 수월한 검사에서 보통검사로 넘어갈 경우
• 1로트가 불합격일 때
• 생산이 불규칙하거나 정체하였을 때
• 다른 조건에서 보통 검사로 복귀할 필요가 생겼을 때
※ ②는 보통검사에서 수월한 검사로의 전환 조건 중 하나에 속한다.

31 $\sum_{i=1}^{n} x_i = 18$, $\sum_{i=1}^{n} x_i^2 = 380$, $\sum_{i=1}^{n} y_i = 45$, $\sum_{i=1}^{n} y_i^2 = 145$, $\sum_{i=1}^{n} x_i\, y_i = 175$, $n = 32$일 때, 상관계수는 약 얼마인가?

① 0.374
② 0.438
③ 0.653
④ 0.861

풀이 • $S(xx) = \sum x^2 - \dfrac{(\sum x)^2}{n} = 369.575$
• $S(yy) = \sum y^2 - \dfrac{(\sum y)^2}{n} = 81.71875$

• $S(xy) = \sum xy - \dfrac{(\sum x)(\sum y)}{n} = 149.6875$

$r = \dfrac{S(xy)}{\sqrt{S(xx)\ S(yy)}} = 0.8610$

32 샘플링검사의 초기 실시순서를 바르게 나열한 것은?

① 검사단위 결정 → 검사항목 결정 → 검사단위의 품질기준과 측정방법 결정 → 검사특성에 웨이트(Weight) 선정
② 검사단위 결정 → 검사단위의 품질기준과 측정방법 결정 → 검사항목 결정 → 검사특성에 웨이트(Weight) 선정
③ 검사항목 결정 → 검사단위의 품질기준과 측정방법 결정 → 검사특성에 웨이트(Weight) 선정 → 검사단위 결정
④ 검사단위 결정 → 검사항목 결정 → 검사특성에 웨이트(Weight) 선정 → 검사단위의 품질기준과 측정방법 결정

풀이 샘플링검사 실시순서
검사단위 결정 → 검사항목 결정 → 검사단위의 품질기준과 측정방법 결정 → 검사특성에 웨이트(Weight) 선정

33 A 회사에서 생산하는 TV표면에는 평균적으로 7군데의 핀홀(Pinhole)이 있다. 이 통계량을 활용하여 신뢰수준 95%로 한쪽 추정 시 모부적합수의 신뢰상한값은 약 얼마인가?

① 7.92
② 10.20
③ 11.35
④ 12.18

풀이 $c + u_{1-\alpha}\sqrt{c} = 7 + 1.645\sqrt{7} = 11.352$

34 p 관리도와 np 관리도에 대한 설명으로 옳지 않은 것은?

① 모두 부적합품과 관련된 관리도이다.
② 모두 이항분포를 응용한 계량형 관리도이다.
③ 부분군의 시료크기가 일정할 때만 np 관리도를 사용한다.
④ 부분군의 시료크기가 달라지면 p 관리도의 관리한계도 달라진다.

풀이 ② 모두 이항분포를 응용한 계수형 관리도이다.

35 계량 규준형 1회 샘플링검사에서 표준편차를 알고 있을 때 검사개수 40개, 합격판정계수는 2였다. 만약 표준편차를 알지 못할 경우, 표준편차를 알고 있는 경우와 동일하게 샘플링검사를 보증하려면 검사개수는 몇 개인가?

① 60 　　　　　　② 80
③ 120 　　　　　 ④ 150

풀이 $n' = \left(1 + \dfrac{k^2}{2}\right) \times n = \left(1 + \dfrac{2^2}{2}\right) \times 40 = 120$

36 검 · 추정에 관련된 설명으로 옳지 않은 것은?(단, α는 제1종의 과오, β는 제2종의 과오이다.)

① α를 크게 할수록 검출력은 작아진다.
② 모표준편차를 작게 할수록 검출력은 커진다.
③ 시료의 크기가 일정하면, α를 크게 할수록 β는 작아진다.
④ α를 일정하게 하고, 시료의 크기를 크게 할수록 β는 작아진다.

풀이 ① α를 크게 할수록 검출력($1-\beta$)은 커진다.

37 다음 중 공정의 변화가 서서히 나타나는 것을 효율적으로 탐지할 수 있는 관리도로 가장 적합한 것은?

① $H-L$ 관리도 　　② $\bar{x}-R$ 관리도
③ 누적합 관리도 　　④ $\bar{x}-s$ 관리도

풀이 누적합(CUSUM) 관리도에 대한 설명이다.

38 다음 t 분포에 대한 설명 중 옳지 않은 것은?

① $t_{1-\frac{\alpha}{2}}(\nu)$는 $F_{1-\alpha}(1, \nu)$와 동일한 값을 가진다.
② $\lim\limits_{\nu \to \infty} t_{1-\frac{\alpha}{2}}(\nu)$는 $u_{1-\frac{\alpha}{2}}$와 동일한 값을 가진다.
③ 자유도 ν인 t 분포에 따르는 확률변수의 기댓값은 0이다.

④ 자유도 ν가 2보다 클 때, t 분포를 따르는 확률 변수의 분산은 $\dfrac{\nu}{\nu-2}$이다.

풀이 ① t 분포와 F 분포와의 관계식은 $\left[t_{1-\frac{\alpha}{2}}(\nu)\right]^2 = F_{1-\alpha}(1, \nu)$ 이 성립된다.

39 $\bar{x}$ 관리도에서 $\bar{\bar{x}}=2$, $\bar{R}=3$이고, 관리하한선은 0.269이다. 이때 표본의 크기는 얼마인가?(단, $n=2$일 때 $A_2=1.880$, $n=3$일 때 $A_2=1.023$, $n=4$일 때 $A_2=0.729$, $n=5$일 때 $A_2=0.577$)

① 2 　　　　　　② 3
③ 4 　　　　　　④ 5

풀이 $\bar{x}$ 관리도
$L_{CL} = \bar{\bar{x}} - A_2\bar{R} \Rightarrow 0.269 = 2 - A_2 \times 3$
$\therefore A_2 = 0.577 \Rightarrow n = 5$

40 군의 수 25, 샘플의 크기 4로 하여 작성한 $\bar{x}-R$ 관리도에서 $\bar{\bar{x}}=27.70$, $\bar{R}=1.02$이었다. 군내변동(σ_w^2)을 추정하면 약 얼마인가?(단, $n=4$일 때 $d_2=2.059$, $d_3=0.880$이다.)

① 0.245 　　　　② 0.495
③ 1.343 　　　　④ 1.159

풀이 $\widehat{\sigma_w^2} = \left(\dfrac{\bar{R}}{d_2}\right)^2 = \left(\dfrac{1.02}{2.059}\right)^2 = 0.2454$

41 다음 자료를 이용하여 긴급률법에 의한 작업순서를 바르게 나열한 것은?

작업	작업소요시간	잔여납기기간	여유시간
A	6	8	2
B	3	5	2
C	5	11	6
D	2	4	2

① A−B−D−C ② A−C−B−D
③ C−A−B−D ④ C−D−B−A

풀이 긴급률 $CR = \dfrac{\text{잔여납기일수}}{\text{잔여작업일수}}$ 로 계산

제품	A	B	C	D
잔여납기	8	5	11	4
잔여작업	6	3	5	2
긴급률	1.33	1.67	2.2	2.0
작업순서	1	2	4	3

42 고장률 곡선에서 고장률이 어느 정도 감소되어 일정한 선에서 유지되는 경향을 보일 때 이 단계를 무엇이라 하는가?

① 초기고장기 ② 우발고장기
③ 마모고장기 ④ 예방보전기

풀이 욕조곡선
• DFR(Decreasing Failure Rate) : 초기고장기
• CFR(Constant Failure Rate) : 우발고장기
• IFR(Increasing Failure Rate) : 마모고장기

43 일정관리의 주요 목표가 아닌 것은?

① 생산비용의 평준화
② 납기의 이행 및 단축
③ 대기 및 유휴시간의 최소화
④ 생산 및 조달시간의 최소화

풀이 일정관리는 생산자원을 합리적으로 활용하여 최적의 제품을 정해진 납기에 생산할 수 있도록 공장이나 현장의 생산활동을 계획하고 통제하는 것을 의미하므로 ①은 주요 목표가 될 수 없다.

44 절차계획에서 결정된 공정절차표와 일정계획에서 수립된 일정표에 따라 계획과 실제의 생산활동을 연결시키고 실제의 생산활동을 개시하도록 허가하는 것은?

① 능력계획 ② 여력관리
③ 일정계획 ④ 작업배정

풀이 작업배정에 대한 설명이다.

45 작업분석에 있어 요소작업의 효과적인 개선활동을 위해 고려되어야 할 원칙인 ECRS의 내용으로 옳지 않은 것은?

① E − Eliminate(제거)
② C − Combine(결합)
③ R − Repair(수리)
④ S − Simplify(단순화)

풀이 작업 개선의 원칙(ECRS 원칙)
• 불필요한 작업의 배제(Eliminate)
• 작업 및 작업요소의 결합(Combine)
• 작업 순서의 변경(Rearrange)
• 필요한 작업의 단순화(Simplify)

46 PERT/CPM에서 어떤 요소작업의 정상작업이 10일에 250만 원이고, 특급작업이 5일에 1,000만 원일 때 비용구배(Cost Slope)는 약 얼마인가?

① 150만 원/일 ② 175만 원/일
③ 200만 원/일 ④ 250만 원/일

풀이 비용구배 $= \dfrac{\text{특급비용} - \text{정상비용}}{\text{정상시간} - \text{특급시간}} = \dfrac{1,000 - 250}{10 - 5} = 150$

47 시계열분석에 있어 4가지 변동 가운데 예측이나 통제가 불가능한 변동은?

① 추세변동 ② 계절적 변동
③ 순환변동 ④ 불규칙 변동

시계열분석의 4가지 변동
- 추세변동(T)
- 순환변동(C)
- 계절변동(S)
- 불규칙 변동(I) : 예측이나 통제가 불가능한 변동

48 다음 중 작업측정의 목적에 해당되지 않는 것은?

① 작업성과의 평가기준
② 소요인력의 추정
③ 생산의 가용능력의 추정
④ 작업속도의 레이팅

풀이 ④는 작업측정의 목적이 아니라 작업측정방법에서 표준시간을 설정하는 데 필요한 수정계수이다.

49 과학적 관리법이라는 경영합리화운동을 통해 작업방법의 개선, 조직의 합리화, 능률증진을 위한 임금설정 등에 착안하여 기업 경영합리화 방안을 제시한 사람은?

① 포드(H. Ford)
② 메이요(E. Mayo)
③ 간트(H. Gantt)
④ 테일러(F. Taylor)

풀이 과학적 관리법 – 테일러(Frederick W. Taylor)

50 기업활동을 위해 사용되는 기업 내의 모든 인적·물적 자원을 효율적으로 관리하여 기업의 경쟁력을 강화시켜 주는 통합정보시스템은?

① MRP
② ERP
③ SCM
④ CRM

풀이 ① MRP : 제품의 생산수량 및 일정을 토대로 그 생산제품에 필요한 원자재, 부분품, 공정품, 조립품 등의 소요량 및 소요시기를 역산하여 자재조달계획을 수립하여 일정관리를 겸하고 효율적인 재고관리를 모색하는 시스템
③ SCM : 공급자에서 고객까지의 공급사슬상의 정보, 물자, 현금의 흐름에 대해 총체적 관점에서 인간의 인터페이스를 통합하고 관리함으로써 효율성을 극대화하는 전략적 기법
④ CRM : 고객과의 관계를 바탕으로 평생고객가치인 LTV (Life Time Value)를 극대화하기 위한 고객정보, 사내 프로세스, 전략, 조직 등 경영전반에 걸친 관리체계

51 도요타 생산방식에서 JIT시스템은 7가지 낭비를 제거하는 데 목적을 두고 있는데, 다음 중 7가지 낭비에 해당되지 않는 것은?

① 동작의 낭비
② 고장의 낭비
③ 가공의 낭비
④ 과잉생산의 낭비

풀이 도요타 시스템의 7대 낭비
- 불량의 낭비
- 재고의 낭비
- 과잉생산의 낭비
- 가공의 낭비
- 동작의 낭비
- 운반의 낭비
- 대기의 낭비

52 메모동작연구(Memo – Motion Study)에 관한 설명으로 옳지 않은 것은?

① 짧은 시간의 작업을 연속적으로 기록하기가 용이하다.
② 조작업 또는 사람과 기계와의 연합작업을 기록하는 데 알맞다.
③ 불규칙적인 사이클을 가진 작업을 기록하는 데 적합하다.
④ 여러 가지 설비를 사용하는 작업에 대해 워크샘플링을 실시할 수 있다.

풀이 ① 장시간의 작업을 연속적으로 기록하기가 용이하다.

53 다음 중 사이클타임을 산출하는 식으로 옳지 않은 것은?

① $\dfrac{총가용생산시간}{목표생산량}$

② $\dfrac{총작업생산시간}{목표생산량 \times (1 - 여유율)}$

③ $\dfrac{해당 제품의 총작업소요시간}{최소의 작업장 수}$

④ $\dfrac{총작업소요시간 \times (1 - 부적합품률)}{목표생산량}$

풀이 사이클타임

$$\frac{총가용생산시간}{목표생산량} = \frac{해당 제품의 총작업소요시간}{최소의 작업장 수}$$

$$= \frac{총작업소요시간 \times (1 - 부적합품률)}{목표생산량}$$

54 스톱워치법과 비교한 워크샘플링의 특징으로 옳은 것은?

① 별도의 측정기구가 필요하다.
② 1명의 관측자가 1명의 인원, 1대의 기계를 관측하는 개별조사이다.
③ 관측횟수가 많이 필요하지만 비용과 시간적인 측면에서 부담은 적다.
④ 관측자의 숙련이 요구되며, 관측대상자에 따라 상이한 결과가 나올 수 있다.

풀이 ①, ②, ④는 스톱워치법에 대한 설명이다.

55 공정분석 시 사용되는 기호 중 "검사"를 나타내는 것은?

① ○   ② □
③ ⇨   ④ ▽

풀이 ① 가공
③ 운반
④ 저장(반제품 또는 완제품)

56 기계의 가동시간이 400분, 기계의 정지시간이 50분일 경우 시간가동률은 약 몇 %인가?

① 12.5%   ② 87.5%
③ 88.9%   ④ 99.5%

풀이 시간가동률 $= \dfrac{(부하시간 - 정지시간)}{부하시간}$

$= \dfrac{실가동시간}{부하시간} = \dfrac{400}{400+50} \times 100 = 88.88\%$

57 생산시스템의 유형은 시장수요의 형태에 따라 주문생산과 계획생산으로 분류할 수 있다. 다음 중 계획생산의 특성으로 보기에 가장 거리가 먼 것은?

① 일반적으로 생산품종이 한정된 경우가 많다.
② 일반적으로 생산자가 제품시방을 결정한다.
③ 일반적으로 고가 제품인 경우가 많다.
④ 일반적으로 수요예측에 의해 생산하는 경우가 많다.

풀이 ③은 주문생산의 특성이다.

58 금속절단부서, 기어절삭부서, 톱니가공부서 등 기계, 설비를 기능별로 배치하는 형태는?

① 공정별 배치
② 라인별 배치
③ 제품별 배치
④ 위치고정형 배치

풀이 기능별 배치를 공정별 배치라고도 한다.

59 다음 중 경제적 주문량(EOQ) 모형의 가정에 해당되지 않는 것은?

① 단일품목만을 고려한다.
② 조달기간은 일정하다고 알려져 있다.
③ 재고부족현상은 주기적으로 발생한다.
④ 1회 주문비용은 주문량에 관계없이 일정하다.

풀이 경제적 주문량(EOQ) 모형의 가정
• 단일품목을 대상으로 한다.
• 수요량과 조달기간이 일정한 확정적 모델이다.
• 구입단가는 발주량의 크기와 관계없이 일정하다.
• 재고유지비는 발주량의 크기와 정비례하여 발생한다.
• 발주비용은 발주량의 크기와 관계없이 매 주문마다 일정하다.

60 EOQ와 MRP에 대한 비교로 옳지 않은 것은?

① EOQ의 발주사고는 보충의 개념이나, MRP의 발주사고는 소요의 개념이다.
② EOQ가 독립수요품목의 재고관리라면, MRP는 종속수요품목의 재고관리이다.
③ EOQ의 수요예측은 주일정계획에 의존하나, MRP의 수요예측은 과거자료에 의존한다.
④ EOQ의 발주량은 경제적 주문량으로 일괄적이나, MRP의 발주량은 순소요량으로 임의적이다.

풀이 ③ EOQ의 수요예측은 과거의 수요실적, MRP의 수요예측은 주일정계획(MPS)에 의존한다.

61 산업표준화의 실시를 통한 생산 제조업체에 미치는 효과로 가장 거리가 먼 것은?

① 분업생산, 생산능률 향상
② 대량생산, 종업원 숙련도 증진
③ 제품품질 향상, 자재절약 도모
④ 기호에 맞는 것을 자유롭게 선택

풀이 ④는 소비자에게 미치는 효과이다.

62 시험장소의 표준상태(KS A 0006 : 2001)에서 규정하고 있는 상온의 온도범위는?

① 5~35℃   ② 15~30℃
③ 18~36℃   ④ 20~40℃

풀이 상온이란, 20℃±15=(5~35℃)의 온도범위를 말한다.

63 조직 구성원들에게 권한 부여를 할 경우 구성원이 각자 맡은 직무를 수행하는 데 필요한 능력, 기능, 지식 등을 갖추고 조직에서 필요로 하는 자원, 즉 원자재, 방법, 기계설비 등을 갖추어야 하는 요건을 무엇이라 하는가?

① 역량(Capability)
② 마음가짐(Alignment)
③ 리더십(Leadership)
④ 상호신뢰(Mutual Trust)

풀이 역량(Capability)에 대한 설명이다.

64 게이지 R&R 평가 결과 %R&R 값이 8.8%로 밝혀졌다. 이 계측기의 상태를 바르게 평가한 것은?

① 측정시스템이 양호하다.
② 1종 과오보다 크고 2종 과오보다 작은 애매한 수준이므로 적용의 중요성을 감안하여 필요시 조치할 것을 검토한다.
③ 1종 과오를 벗어나는 수준으로 충분하다고 할 수 없으므로 가능한 한 조치한다.
④ 측정시스템이 부적절하므로 즉각적인 조치 필요

풀이 %R&R 평가 및 조치
• 10% 미만 : 계측관리가 잘 되어 있음(양호)
• 10~30% : 여러 상황을 고려하여 조치를 취할 것인지를 결정
• 30% 이상 : 계측기 변동의 원인을 반드시 규명(부적합)

65 어떤 제품의 규격이 7.524~7.824mm이고, 모표준편차가 0.042mm일 때 공정능력지수(C_p)는 약 얼마인가?

① 0.119   ② 0.238
③ 1.190   ④ 2.380

풀이 $C_p = \dfrac{U-L}{6\sigma} = \dfrac{7.824-7.524}{6\times0.042} = 1.1905$

66 길이가 정규분포를 따르는 부품 A, B, C가 있다. 이 세 부품의 규격이 각각 3.5±0.01mm, 4.5±0.03mm, 5.5±0.05mm일 때 $A-B+C$로 조립할 경우, 조립품의 허용차는 약 얼마인가?

① ±0.030mm   ② ±0.059mm
③ ±0.090mm   ④ ±0.118mm

풀이 조립품의 허용차
$A-B+C = \pm\sqrt{0.01^2+0.03^2+0.05^2} = \pm0.0592$

67 다음 중 단체규격에 해당하는 것끼리 묶은 것은?

① ASTM, UL   ② ANSI, DIN
③ ASTM, JIS   ④ ASME, IEC

풀이 • 국제규격 : IEC(국제전기표준회의)
• 국가규격 : ANSI(미국), DIN(독일), JIS(일본)
• 단체규격 : ASTM(미국재료시험학회), ASME(미국기계학회), UL(미국보험협회 안전시험소)

68 KS Q ISO 9001 : 2015에서 품질경영시스템 문서화에 포함되어야 할 일반사항이 아닌 것은?

① 품질매뉴얼
② 자재 및 제품의 규격
③ 문서화하여 표명된 품질방향 및 품질목표
④ 이 표준이 요구하는 문서화된 절차 및 기록

풀이 ②는 제품인증(KS)에 필요한 사항이다.

정답   61 ④   62 ①   63 ①   64 ①   65 ③   66 ②   67 ①   68 ②

69 사내표준화의 효과를 증가시키기 위하여 갖추어야 할 요인에 해당되는 것은?

① 관계자들의 합의에 의해서 결정할 것
② 구체적이고 주관적인 내용으로 규정될 것
③ 한 번 작성된 내용은 변경 없이 계속하도록 할 것
④ 작업표준에는 수단 및 행동을 간접적으로 지시할 것

풀이 사내표준화의 효과를 증대시키는 방법
  • 구체적이고 객관적인 내용으로 규정될 것
  • 필요시에는 적시에 개정 · 향상시킬 것
  • 작업표준에는 수단 및 행동을 직접적으로 지시할 것

70 다음 중 제조물책임법에서 정의한 제조업자에 해당되지 않는 자는?

① 생필품을 구입하여 특정 시설에 기부한 자
② 커피 원두를 수입하여 가공한 후 판매하는 자
③ 선풍기를 제조하여 판매하는 것을 업으로 하는 자
④ 장난감에 상호 · 상표 등을 사용하여 자신을 제조업자로 오인시킬 수 있는 표시를 한 자

풀이 ①은 제조업자가 아니다.

71 6시그마 추진을 위한 인력 육성책의 일환으로 조직원을 선발하여 6시그마 교육을 수행시킨 다음 본인의 조직에서 업무를 수행하게 하면서 동시에 6시그마 프로젝트 리더가 수행하는 개선활동에 팀원으로 활동하는 요원의 자격을 무엇이라 하는가?

① 그린벨트   ② 블루벨트
③ 블랙벨트   ④ 옐로벨트

풀이 그린벨트(Green Belt)
조직에서 본인의 업무를 수행하면서 블랙벨트가 수행하는 개선활동에 팀원으로 활동하는 요원

72 품질관리교육의 방법에 관한 설명으로 옳지 않은 것은?

① 교육은 하위직부터 상위직 순서로 교육을 실시하는 것이 좋다.
② 교육의 실시장소에 따라 사내교육과 사외교육으로 나눌 수 있다.

③ 품질관리의 교육대상은 경영간부, 관리자, 품질관리 담당자, 감독관, 작업자 등으로 나누어 교육시킨다.
④ 실시하는 교육의 내용에 따라서 품질이념교육, 품질관리제도교육, 통계적 관리기법 등의 교육으로 나눌 수 있다.

풀이 ① 품질관리교육은 전 사원교육을 실시하는 것이 바람직하다.

73 다음 중 케네디 대통령이 제시한 '소비자 권리 선언' 중 소비자 4권리에 해당되지 않는 것은?

① 안전할 권리
② 조사할 권리
③ 알 권리
④ 고충을 말할 수 있는 권리

풀이 '소비자 권리 선언' 중 소비자 4권리
안전할 권리, 선택할 권리, 알 권리, 고충을 말할 수 있는 권리 등

74 품질비용에 대한 설명으로 적합하지 않은 것은?

① 품질비용의 목표는 추진 단계에 따라 차이는 있지만 궁극적인 목표는 품질향상과 원가절감에 있다.
② 품질비용은 품질을 이룩하고 이를 관리하는 데 소요되는 비용과 품질불량으로 발생되는 모든 손실을 포함한다.
③ 품질비용은 제품이나 서비스의 품질과 관련해서 발생되는 비용으로 이미 산출되거나 산출될 급부에 관한 개념이다.
④ 예방비용의 증가가 실패비용과 평가비용의 절감에 비해 클 경우, 품질경영활동이 만족하다는 의미이다.

풀이 ④ 예방비용의 증가가 실패비용과 평가비용의 절감에 비해 작은 경우, 품질경영활동이 만족하다는 의미이다.

75 QC 7가지 도구 중 층별(Stratification)이 의미하는 것으로 적절한 것은?

① 군의 크기를 바꾸는 일
② 현상의 원인을 파악하는 일
③ 측정치를 요인별로 나누는 일
④ 측정치를 측정 순서대로 바로잡는 일

정답 69 ① 70 ① 71 ① 72 ① 73 ② 74 ④ 75 ③

풀이 충별(Stratification)

풀이 충별(Stratification)
집단을 구성하고 있는 많은 데이터를 어떤 특성에 따라 몇 개의 부분집단으로 나누는 것, 즉 측정치를 요인별로 나누는 일이다.

76 품질관리부서의 업무분담 중 공정관리 기술부문의 업무에 해당되는 것은?

① 품질관리 교육
② 공정능력 조사
③ 품질코스트 분석
④ 품질정보시스템의 설계와 운영

풀이 ①, ③, ④는 품질관리기술부문에 해당되는 내용이다.

77 설계단계에서 품질을 보증하는 가장 중요한 수단으로 강조되는 것은?

① Benchmark
② Quality Audit
③ Design Review
④ Quality Function Development

풀이 설계심사(DR ; Design Review)
아이템의 설계단계에서 성능, 기능, 신뢰성 등 설계에 대해 가격, 납기 등을 고려하면서 심사하여 개선을 꾀하고자 하는 것으로 설계단계에서 품질을 보증하는 가장 중요한 수단으로 강조되고 있다.

78 분임토의에 적용될 수 있는 기법과 가장 관계가 먼 것은?

① 질문법
② 브레인스토밍법
③ 결점열거법
④ 지시사항 설명법

풀이 부임토의
소규모그룹(10명 내외)이 문제점을 분석하기 위하여 토의하는 방법이므로, '지시사항 설명법'은 분임토의와 연관성이 거의 없다.

79 품질에 대한 정의와 주창자와의 연결이 틀린 것은?

① 용도에 대한 적합성 – 쥬란
② 요건에 대한 일치성 – 크로스비
③ 고객의 기대에 부응하는 특성 – 데밍
④ 제품이 출하된 후 사회에서 그로 인해 발생되는 손실 – 다구찌

풀이 ③ 고객의 기대에 부응하는 특성 – A. V. Feigenbaum

80 품질특성은 참특성과 대용특성으로 나뉜다. 다음 중 승용차의 경우 참특성에 해당되지 않는 것은?

① 안전성
② 스타일
③ 승차감
④ 제동거리

풀이 품질특성(승용자의 경우)
• 참특성 : 안전성, 스타일, 승차감
• 대용특성 : 제동거리(참특성 : 안전성)

정답 76 ② 77 ③ 78 ④ 79 ③ 80 ④

1과목

실험계획법

01 플라스틱제품의 강도에 미치는 영향을 알기 위하여 랜덤하게 실험일(B)을 2개의 블록으로 층별하여 난괴법으로 배치하였다. 다음 표는 가열온도(A) 3수준에서 제품강도를 측정한 결과이다. 블록별(B) 제곱합 S_B는 약 얼마인가?

A \ B	B_1	B_2	합
A_1	80	100	180
A_2	77	80	157
A_3	65	79	144
합	222	259	481

① 74.3   ② 228.2

③ 332.3   ④ 634.8

풀이 $S_B = \dfrac{222^2 + 259^2}{3} - \dfrac{481^2}{6} = 228.167$

02 화학공정에서 제품의 수율을 향상시킬 목적으로 반응온도(A) 4수준, 원료(B) 3수준으로 요인을 택하고 반복 없이 실험하여 다음의 [데이터]를 얻었다. $\mu(A_4B_1)$의 95% 신뢰구간은 약 얼마인가?[단, $t_{0.975}(6) = 2.447$ 이다.]

[데이터]

$$\bar{x}_{4 \cdot} = 98.2, \quad \bar{x}_{\cdot 1} = 98.3$$
$$\bar{\bar{x}} = 96.7, \quad V_e = 0.093$$

① 99.27~100.33   ② 100.27~101.43

③ 100.33~101.43   ④ 100.37~101.43

풀이 $n_e = \dfrac{lm}{\nu_A + \nu_B + 1} = \dfrac{4 \times 3}{3 + 2 + 1} = 2.0$

$$(\bar{x}_{i \cdot} + \bar{x}_{\cdot j} - \bar{\bar{x}}) \pm t_{1 - \alpha/2}(\nu_e) \sqrt{\dfrac{V_e}{n_e}}$$

$$= (98.2 + 98.3 - 96.7) \pm 2.447 \sqrt{\dfrac{0.093}{2}}$$

$$= (99.272 \sim 100.328)$$

03 반복이 있는 2요인실험법(모수모형)의 요인 A, B, $A \times B$를 유의수준 5%로 F_0에 의한 검정 결과가 옳은 것은?[단, $F_{0.95}(1, 36) = 4.00$, $F_{0.95}(2, 36) = 3.15$, $F_{0.95}(3, 36) = 2.76$, $F_{0.95}(6, 36) = 2.25$이다.]

요인	SS	DF
A	232.86	3
B	99.48	2
$A \times B$	29.52	6
e	47.63	36
T	409.49	47

① 요인 A만 유의하다.

② 요인 B만 유의하다.

③ 요인 A, $A \times B$만 유의하다.

④ 요인 A, B, $A \times B$ 모두 유의하다.

풀이 $V_A = \dfrac{232.86}{3} = 77.62, \quad V_B = \dfrac{99.48}{2} = 49.74$

$V_{A \times B} = \dfrac{29.52}{6} = 4.92, \quad V_e = \dfrac{47.63}{36} = 1.323$

- $F_A = \dfrac{V_A}{V_e} = 58.67 > F_{0.95}(3, 36) = 2.76$

- $F_B = \dfrac{V_B}{V_e} = 49.74 > F_{0.95}(2, 36) = 3.15$

- $F_{A \times B} = \dfrac{V_{A \times B}}{V_e} = 3.72 > F_{0.95}(6, 36) = 2.25$

$\therefore$ 모든 요인이 유의하다.

정답   01 ②   02 ①   03 ④

04 무연탄에서 코크스를 제조하는 목적으로 10% 첨가하는 역청탄(A)을 3종류 선택하고, 타르피치의 첨가량(B)을 4, 7, 10%의 3수준을 택하여 선택한 후에 이것을 가열 성형하고, 코크스의 내압강도(kg/cm^2)를 측정한 결과 다음의 데이터를 얻었다. 이때 수정항은 약 얼마인가?

B \ A	A_1	A_2	A_3	계
B_1	13.1	12.4	12.3	37.8
B_2	12.9	12.7	12.0	37.6
B_3	13.4	12.5	12.2	38.1
계	39.4	37.6	36.5	113.5

① 1,431.36
② 1,540.38
③ 1,629.49
④ 1,978.59

풀이 ▶ $CT = \dfrac{T^2}{lm} = \dfrac{113.5^2}{9} = 1,431.361$

05 1요인실험법에서 A_1의 점추정치가 52.6이라면 다음의 분산분석표를 보고, $\hat{\mu}(A_1)$의 95% 신뢰구간을 구하면 약 얼마인가?[단, $t_{0.975}(16) = 2.120$, $t_{0.95}(16) = 1.746$이다.]

요인	SS	DF	MS	F_0
A	1853	3	617.7	6.33^{**}
e	1561	16	97.6	
T	3414	19		

① 14.90~40.70
② 42.13~63.07
③ 43.23~61.97
④ 44.89~60.31

풀이 ▶ $\hat{\mu}(A_1) = 52.6 \pm 2.120\sqrt{\dfrac{97.6}{5}} = (43.233 \sim 61.966)$

06 반복이 같지 않은 1요인실험 모수모형에서 A_1수준에서 5회, A_2수준에서 4회, A_3수준에서 3회 실험한 경우, 오차제곱합의 자유도는 얼마인가?

① 2
② 5
③ 9
④ 11

풀이 ▶ $\nu_e = \nu_T - \nu_A = 11 - 2 = 9$

07 요인 A, B, C에 대한 3×3 라틴방격법의 실험에서 분산분석 결과, 요인 A와 B는 유의하고 요인 B가 무시될 수 있다면 $\hat{\mu}(A_i C_k)$의 수준조합에서 모평균의 점추정치는?

① $\bar{x}_i.. + \bar{x}..._k$
② $\bar{x}_i.. + \bar{x}..._k + \bar{\bar{x}}$
③ $\bar{x}_i.. + \bar{x}..._k - \bar{\bar{x}}$
④ $\bar{x}_i.. + \bar{x}..._k - 2\bar{\bar{x}}$

풀이 ▶ $\hat{\mu}(A_i C_k) = (\bar{x}_i.. + \bar{x}..._k - \bar{\bar{x}}) \pm t_{1-\alpha/2}(\nu_e)\sqrt{\dfrac{V_e}{n_e}}$

단, $n_e = \dfrac{k^2}{2k-1}$

08 라틴방격법에 대한 설명으로 옳은 것은?

① 실험횟수가 3요인실험법보다 많다.
② 3×3 라틴방격법의 총자유도는 9이다.
③ 요인 간의 교호작용을 검출할 수 있다.
④ 각 요인의 수준수가 반드시 동일하여야 한다.

풀이 ▶ ① 실험횟수가 3요인실험법보다 $\dfrac{1}{k}$ 배로 감소한다.

② 3×3 라틴방격법의 총자유도는 $k^2 - 1 = 8$이다.
③ 요인 간의 교호작용을 검출할 수 없다.

09 반복이 있는 2요인실험(모수모형)에서 다음의 분산분석표를 얻었다. ㉠과 ㉡에 들어가야 할 값이 바르게 짝지어진 것은?

요인	SS	DF	MS	F_0
A	15	3	5	㉡
B	10	㉠		
$A \times B$	12	6		
e	12	12		
T	49	23		

① ㉠ 1, ㉡ 2.5   ② ㉠ 2, ㉡ 2.5
③ ㉠ 1, ㉡ 5.0   ④ ㉠ 2, ㉡ 5.0

풀이 • $\nu_{A \times B} = \nu_A \times \nu_B \Rightarrow 6 = 3 \times ㉠ \Rightarrow ㉠ = 2$

• $V_A = 5$, $V_e = \dfrac{12}{12} = 1 \Rightarrow ㉡ = F_0 = \dfrac{V_A}{V_e} = 5.0$

10 실험계획의 기본원리 중 하나인 "반복"의 효과와 거리가 먼 것은?

① 반복실험을 하면 오차제곱합의 신뢰구간이 좁아진다.
② 동일 조건에서 반복실험을 하기 때문에 실험 비용이 적게 든다.
③ 실험효과의 추정량으로 평균을 이용할 때 더 정밀한 추정량을 얻을 수 있다.
④ 오차분산이 정도(Precision) 좋게 추정됨으로써 실험 결과의 신뢰성을 높일 수 있다.

풀이 ② 실험횟수가 증가하므로 실험 비용이 많이 들지만, 실험의 효율은 증가하게 된다.

11 모수요인에 대한 설명으로 옳지 않은 것은?

① 수준이 기술적인 의미를 가진다.
② 요인 A의 주효과 a_i들의 합은 0이다.
③ 요인 A의 주효과 a_i에 대하여 $E(a_i) = 0$이다.
④ 요인 A의 주효과 a_i에 대하여 $Var(a_i) = 0$이다.

풀이 ③ 요인 A의 주효과 a_i에 대하여 $E(a_i) = a_i$이다.

12 동일한 물건을 생산하는 4대의 기계에서 적합 여부의 동일성에 관한 실험을 하였다. 적합품이면 0, 부적합품이면 1의 값을 주기로 하고, 4대의 기계에서 나오는 100개씩의 제품에 대하여 다음과 같은 분산분석표를 구하였다. 검정통계량(F_0)의 값은 약 얼마인가?

요인	SS	DF	MS	F_0
A(기계 간)		3		
e(오차)	51.23			
T	54.44	399		

① 7.20   ② 7.74
③ 8.27   ④ 8.47

풀이 $V_A = \dfrac{S_A}{\nu_A} = \dfrac{3.21}{3} = 1.07$

$V_e = \dfrac{S_e}{\nu_e} = \dfrac{51.23}{396} = 0.1294$

$\therefore F_0 = \dfrac{V_A}{V_e} = \dfrac{1.07}{0.1294} = 8.269$

13 $L_4(2^3)$의 직교표를 이용하여 실험을 실시하였다. 제3열에 교호작용 $A \times B$를 배치하여 다음과 같은 결과를 얻었을 때 $S_{A \times B}$의 값은 얼마인가?

실험번호	제3열	데이터
1	0	25
2	1	18
3	1	20
4	0	23

① 15.5   ② 25
③ 30   ④ 34

풀이 $S_{A \times B} = \dfrac{1}{4}(38 - 48)^2 = 25.0$

14 반복수가 일정한 1요인실험법에서 오차의 자유도가 30, 총실험 데이터의 수가 36일 때 요인 A의 수준수(l)와 반복수(m)는 얼마인가?

① $l=5$, $m=6$ ② $l=6$, $m=5$

③ $l=6$, $m=6$ ④ $l=7$, $m=5$

풀이 $36=lm$, $30=l(m-1) \Rightarrow l=6$, $m=6$

15 반복 없는 2요인실험에서 요인 A를 3수준, 요인 B를 4수준으로 하여 12회의 실험을 랜덤하게 실시한 결과, $S_A=24$, $S_B=39$, $S_e=18$을 얻었다. 요인 B의 기여율은 약 얼마인가?

① 37.04% ② 43.48%

③ 48.15% ④ 59.26%

풀이 $V_e = \dfrac{S_e}{\nu_e} = \dfrac{18}{6} = 3$, $\nu_B = 3$

$S_B' = S_B - \nu_B V_e = 39 - 3 \times 3 = 30$

$\therefore \rho_B = \dfrac{S_B'}{S_T} \times 100 = \dfrac{30}{81} \times 100 = 37.037\%$

16 식품에 함유된 철분 함량을 반복수가 다른 1요인실험으로 하여 실험한 결과를 활용하여, 유의수준 1%로 $\mu(A_4)$를 구간추정할 때 구간한계폭은 약 얼마인가? [단, $\overline{x}_{4 \cdot} = 5.54$, 반복수($m_4$)는 5이며, $t_{0.99}(14) = 2.624$, $t_{0.995}(14) = 2.977$이다.]

요인	SS	DF	MS	F_0
A	18.122	3	6.041	14.834^{**}
e	5.701	14	0.407	
T	23.823	17		

① ± 0.740 ② ± 0.849

③ ± 1.296 ④ ± 1.666

풀이 $\pm t_{1-\alpha/2}(\nu_e) \sqrt{\dfrac{V_e}{r}} = \pm 2.977 \sqrt{\dfrac{0.407}{5}} = \pm 0.8494$

17 $L_8(2^7)$ 직교배열표에서 A, B, C를 1, 3, 5열에 배치하였을 경우 $B \times C$의 제곱합은 얼마인가?

$$X_{ij} = (x_{ij} - 45) \times 10$$

실험 번호	열번호							X_{ij}
	1	2	3	4	5	6	7	
1	1	1	1	1	1	1	1	-10
2	1	1	1	2	2	2	2	5
3	1	2	2	1	1	2	2	-5
4	1	2	2	2	2	1	1	15
5	2	1	2	1	2	1	2	10
6	2	1	2	2	1	2	1	-5
7	2	2	1	1	2	2	1	0
8	2	2	1	2	1	1	2	5
기본 표시	a	b	a b	c	a c	b c	a b c	
배치	A	B		C				

① 0.39063 ② 0.78125

③ 39.063 ④ 78.125

풀이
- $B \times C = b \times c = bc$ (6열)
- $S_{6열} = \dfrac{1}{8}[(5-5-5+0)-(-10+15+10+5)]^2 = 78.125$

$\therefore S_{A \times B}' = S_{A \times B} \times \left(\dfrac{1}{10}\right)^2 = 0.78125$

18 다음 표와 같이 반복 없는 2요인실험을 한 결과, 1개의 결측치(ⓨ)가 발생하였다. 이때 결측치의 추정값은 얼마인가?(단, A와 B는 모두 모수요인이다.)

B＼A	A_1	A_2	A_3
B_1	4	3	1
B_2	5	ⓨ	2

① 1 ② 2

③ 3 ④ 4

풀이 $\hat{y} = \dfrac{l T_i{'} + m T_{.j}{'} - T'}{(l-1)(m-1)} = \dfrac{3 \times 3 + 2 \times 7 - 15}{2 \times 1} = 4$

19 반응변수 y와 회귀변수 x로 한 단순회귀선에 의해 설명되지 않는 부분을 잔차(Residual)라고 한다. 다음 중 잔차의 성질에 관한 설명으로 옳지 않은 것은?

① 잔차들의 합은 0이다.
② 잔차들의 제곱합은 0이다.
③ 잔차들의 x_i에 대한 가중합은 0이다.
④ 잔차들의 $\hat{y_i}$에 의한 가중합은 0이다.

풀이 잔차들의 합이나 잔차의 가중합은 '0'이 될 수 있으나, 잔차들의 제곱합은 일반적으로 '0'이 될 수 없다.

20 요인 A의 수준이 l개, 각 수준에서 반복수가 모두 m인 1요인실험으로 얻은 데이터의 구조식은 $x_{ij} = \mu_i + e_{ij}$로 표시한다. 이때, e_{ij}의 분산(σ_e^2)을 바르게 표현한 것은?

① $\sigma_e^2 = E(e_{ij})$

② $\sigma_e^2 = E\left[\dfrac{1}{m-1} \sum\limits_{j=1}^{m} (e_{ij} - \mu_i)^2 \right]$

③ $\sigma_e^2 = E\left[\dfrac{1}{lm-1} \sum\limits_{i=1}^{l} \sum\limits_{j=1}^{m} (e_{ij} - x_{ij})^2 \right]$

④ $\sigma_e^2 = E\left[\dfrac{m}{l-1} \sum\limits_{i=1}^{l} \left(\bar{e}_{i.} - \bar{\bar{e}} \right)^2 \right]$

풀이 오차분산(σ_e^2)의 일반 정의식

• $\sigma_e^2 = E(e_{ij}^2)$

• $\sigma_e^2 = E\left[\dfrac{1}{m-1} \sum\limits_{j=1}^{m} (e_{ij} - \bar{e}_{i.})^2 \right]$

• $\sigma_e^2 = E\left[\dfrac{1}{lm-1} \sum\limits_{i=1}^{l} \sum\limits_{j=1}^{m} \left(e_{ij} - \bar{\bar{e}} \right)^2 \right]$

• $\sigma_e^2 = E\left[\dfrac{m}{l-1} \sum\limits_{i=1}^{l} \left(\bar{e}_{i.} - \bar{\bar{e}} \right)^2 \right]$

2과목 | **통계적 품질관리**

21 어떤 중학교의 학생 60명을 대상으로 안경 착용 여부를 조사하였더니, 안경을 착용한 학생이 12명이었다. 이를 임의표본으로 볼 때, 안경을 착용한 학생의 비율(P)을 신뢰도 99%로 구간추정하면 약 얼마인가?(단, $u_{0.9} = 1.282$, $u_{0.99} = 2.326$, $u_{0.995} = 2.576$이다.)

① $0.067 \leq P \leq 0.333$
② $0.080 \leq P \leq 0.320$
③ $0.116 \leq P \leq 0.284$
④ $0.134 \leq P \leq 0.266$

풀이 $\hat{p} = \dfrac{12}{60} = 0.2$

$P = 0.2 \pm 2.576 \sqrt{\dfrac{0.2(1-0.2)}{60}} = (0.0670 \sim 0.3330)$

22 반응온도(x)와 수율(y)의 관계를 조사한 결과 $S_{xx} = 10$, $S_{xy} = 15$이었다. x에 대한 y의 회귀관계를 검정하려고 할 때, 회귀선으로 설명되는 편차값은 얼마인가?

① 2.5
② 9.0
③ 22.5
④ 62.5

풀이 $S_R = \dfrac{S_{xy}^2}{S_{xx}} = \dfrac{15^2}{10} = 22.5$

23 다음 중 이항분포에 바탕을 둔 관리도로만 구성된 것은?

① x 관리도, R 관리도
② p 관리도, u 관리도
③ u 관리도, c 관리도
④ p 관리도, np 관리도

풀이 계수치 관리도

• 이항분포 : p 관리도, np 관리도
• 푸아송 분포 : u 관리도, c 관리도

---

24 시료의 크기가 6이고, 제곱합이 5.84이다. 만약 $\sum x_i^2 = 20,868$이라면, $\bar{x}$의 값은 약 얼마인가?

① 51.07   ② 53.42
③ 54.47   ④ 58.97

풀이 $S = \sum x^2 - \dfrac{(\sum x)^2}{n} = \sum x^2 - n(\bar{x})^2$

$\Rightarrow 5.84 = 20868 - 6 \times (\bar{x})^2$

$\therefore \bar{x} = 58.966$

25 다음 중 제품의 일정한 단위 내의 부적합수 또는 단위 용적당 희석액 중의 세균수 등에 적합한 분포는?

① 푸아송 분포   ② 이항분포
③ 초기하분포   ④ 정규분포

풀이 부적합수는 푸아송 분포가 적합하다.

26 사상 A와 B가 상호 배반사상이고, $P(A) = 0.4$, $P(A \cup B) = 0.6$이라면, $P(B)$는 얼마인가?

① 0.1   ② 0.2
③ 0.3   ④ 0.5

풀이 $P(A \cup B) = P(A) + P(B) - P(A \cap B)$

$\Rightarrow 0.6 = 0.4 + P(B) - 0$

$\therefore P(B) = 0.2$

27 R관리도 중 관리한계가 3σ법에 따라 유도될 때에 관리상한선(U_{CL}) 및 관리하한선(L_{CL})을 표현한 것으로 옳지 않은 것은?

① $U_{CL} = D_4 \bar{R}$ ② $U_{CL} = \left(1 + 3\dfrac{d_3}{d_2}\right)\bar{R}$

③ $L_{CL} = D_2 \bar{R}$ ④ $L_{CL} = (d_2 - 3d_3)\sigma$

풀이 $\binom{U_{CL}}{L_{CL}} = E(R) \pm 3D(R) = d_2\sigma \pm 3d_3\sigma$

$= (d_2 \pm 3d_3)\sigma_0 = \binom{D_2\,\sigma_0}{D_1\,\sigma_0}$

$= \left(1 \pm 3\dfrac{d_3}{d_2}\right)\bar{R} = \binom{D_4\,\bar{R}}{D_3\,\bar{R}}$

28 평균치를 보증하는 계량 규준형 샘플링검사에서 시료의 크기가 9개, 평균치가 45kg/mm^2, 표준편차가 4kg/mm^2라면, 상한 합격 판정값($\overline{X_U}$)은 약 얼마인가?(단, 표준정규분포의 상측확률 α의 점 $K_\alpha = 1.645$이다.)

① 44.933   ② 45.731
③ 46.933   ④ 47.193

풀이 $\overline{X_U} = m_0 + K_\alpha \dfrac{\sigma}{\sqrt{n}} = 45 + 1.645 \times \dfrac{4}{\sqrt{9}} = 47.1933$

29 통계적 추정에 있어 추정량의 분산이 작을수록 바람직한 성질은?

① 유효성   ② 불편성
③ 일치성   ④ 충분성

풀이 추정량의 결정기준 중 유효성(효율성)은 추정량의 분산이 작아야 한다는 원칙이다.

30 $\bar{x} - R$ 관리도에서 2개의 층 A, B 간 평균치의 유의차를 검정하는 식 $\left(|\bar{\bar{x}}_A - \bar{\bar{x}}_B| > A_2\bar{R}\sqrt{\dfrac{1}{k_A} + \dfrac{1}{k_B}}\right)$을 적용하기 위한 전제조건으로 옳지 않은 것은?

① $\overline{R_A}$, $\overline{R_B}$에 차이가 없을 것
② 두 관리도가 모두 관리상태일 것
③ 두 관리도의 군의 수가 동일할 것
④ 두 관리도가 시료군의 크기가 동일할 것

풀이
• 시료군의 크기(n_A, n_B)가 같을 것
• 군의 수(k_A, k_B)가 충분히 클 것

31 전선 1,000m를 하나의 검사단위로 할 때, 이 전선의 검사단위당 평균결점수($\bar{c}$)를 추정하여 보니 5.4이었다. 이 공정의 결점수 관리를 위한 3σ관리한계선으로 가장 적절한 것은?

① $U_{CL} = 5.66$, $L_{CL} = 5.32$
② $U_{CL} = 9.95$, $L_{CL} = 0.85$
③ $U_{CL} = 12.37$, $L_{CL} = 0$
④ $U_{CL} = 12.37$, $L_{CL} =$ 고려하지 않는다.

풀이 $\begin{pmatrix} U_{CL} \\ L_{CL} \end{pmatrix} = \overline{c} \pm 3\sqrt{\overline{c}} = 5.4 \pm 3\sqrt{5.4} = \begin{pmatrix} 12.371 \\ - \end{pmatrix}$

32 하나의 모집단에 대한 산포를 검정하려고 할 때 이용되는 분포는?

① t 분포   ② χ^2 분포
③ F 분포   ④ 정규분포

풀이
• 평균치 검정(σ 기지) : 정규분포
• 평균치 검정(σ 미지) : t 분포
• 하나의 모집단의 산포검정 : χ^2 분포
• 두 집단의 산포검정 : F 분포

33 계수치 샘플링검사(KS Q ISO 2859 − 1 : 2008)의 엄격도 전환규칙 중 보통검사에서 수월한 검사로 전환할 수 있는 조건에 해당되지 않는 것은?

① 전환점수가 30점 이상인 경우
② 연속 5로트가 초기검사에서 합격된 경우
③ 생산 진도가 안정되었다고 소관권한자가 인정한 경우
④ 수월한 검사가 바람직하다고 소관권한자가 인정한 경우

풀이 ②는 까다로운 검사에서 보통검사로 넘어가는 경우이다.

34 x 관리도에서 합리적인 군으로 나눌 수 없는 경우, 다음 [데이터]의 x 관리도에 대한 U_{CL}은 약 얼마인가?

> ─────── [데이터] ───────
> 군의 수 = 25, $\sum x = 152.4$, $\sum R_m = 12.408$

① 4.721   ② 6.857
③ 7.471   ④ 10.150

풀이
• $\overline{x} = \dfrac{\sum x}{k} = \dfrac{152.4}{25} = 6.096$
• $\overline{R_m} = \dfrac{\sum R_m}{k-1} = \dfrac{12.408}{24} = 0.517$
∴ $U_{CL} = \overline{x} + 2.66\overline{R_m} = 6.096 + 2.662 \times 0.517 = 7.4722$

35 X_1과 X_2를 서로 독립인 정규분포로서 평균과 분산이 각각 μ, σ^2이라고 할 때, $X_1 - X_2$의 분포도 정규분포를 한다. 이때 $X_1 - X_2$의 평균과 분산은 각각 얼마인가?

① 0, σ^2 ② 2μ, σ^2
③ 0, $2\sigma^2$ ④ 2μ, $2\sigma^2$

풀이
• $E(X_1 - X_2) = E(X_1) - E(X_2) = \mu - \mu = 0$
• $Var(X_1 - X_2) = V(X_1) + V(X_2) = \sigma^2 + \sigma^2 = 2\sigma^2$

36 N개들이 M상자로 구성된 로트에서 처음 m 상자를 취하고 각 상자로부터 $\overline{n}$개씩 시료를 뽑았을 때 상자 간 산포를 σ_b, 상자 내 산포를 σ_w라고 할 때, 모평균의 추정 정밀도를 올바르게 표현한 것은?

① $\dfrac{\sigma_w^2}{m\overline{n}}$ ② $\dfrac{\sigma_b^2}{m} + \dfrac{\sigma_w^2}{\overline{n}}$

③ $\dfrac{\sigma_w^2}{m} + \dfrac{\sigma_b^2}{m\overline{n}}$ ④ $\dfrac{\sigma_b^2}{m} + \dfrac{\sigma_w^2}{m\overline{n}}$

풀이 샘플링검사의 추정정밀도
• $\dfrac{\sigma^2}{n}$ (랜덤샘플링검사) • $\dfrac{\sigma_w^2}{mn}$ (층별샘플링검사)
• $\dfrac{\sigma_b^2}{m}$ (집락샘플링검사) • $\dfrac{\sigma_b^2}{m} + \dfrac{\sigma_w^2}{mn}$ (2단계 샘플링검사)

37 로트의 크기가 200인 어떤 로트에서 부적합품이 15% 발생하였다. 시료의 크기 10, 합격판정 개수가 1인 샘플링검사방법으로 이 로트가 합격할 확률은 얼마인가?

① 0.214   ② 0.347
③ 0.544   ④ 0.684

풀이 $L(p) = \begin{pmatrix} 10 \\ 0 \end{pmatrix} \times 0.15^0\, 0.85^{10} + \begin{pmatrix} 10 \\ 1 \end{pmatrix} \times 0.15^1\, 0.85^9 = 0.5443$

38 $\overline{x} - R$ 관리도에서 $\sigma_{\overline{x}} = 16.2$, $\sigma_b = 8.4$, $\sigma_w = 24$일 때, 샘플의 크기는 약 얼마인가?

① 1   ② 2
③ 3   ④ 4

풀이 $\sigma_{\bar{x}}^2 = \dfrac{\sigma_w^2}{n} + \sigma_b^2 \Rightarrow 16.2^2 = \dfrac{24^2}{n} + 8.4^2$

∴ $n = 3.002 = 3$

39 어떤 제품의 특성이 정규분포를 따르고 모집단의 표준편차가 알려진 경우, 모평균을 추정할 때의 설명으로 가장 적절한 것은?

① 표본의 크기가 작으면, 신뢰구간은 넓어진다.
② 모집단의 분산이 커지면, 신뢰구간은 좁아진다.
③ 신뢰도($1-\alpha$)가 커지면, 추정의 폭은 좁아진다.
④ 표본의 크기가 커지면, 추정의 폭은 넓어진다.

풀이 신뢰구간의 폭 $\left(\beta_{\bar{x}} = \pm u_{1-\alpha}\dfrac{\sigma}{\sqrt{n}}\right)$

② 모집단의 분산이 커지면, 신뢰구간은 넓어진다.
③ 신뢰도($1-\alpha$)가 커지면, 추정의 폭은 넓어진다.
④ 표본의 크기가 커지면, 추정의 폭은 좁아진다.

40 다음 중 전수검사에 비해 샘플링검사가 적합한 조건은?

① 로트의 크기가 클 때
② 검사 항목이 적을 때
③ 치명적인 결점이 있을 때
④ 부적합품이 조금도 있어서는 안 될 때

풀이 ②, ③, ④는 전수검사가 적합하다.

3과목 **생산시스템**

41 어떤 자동차 부품회사에서 생산되는 특정 부품 K에 대한 JIT 시스템의 관련 정보가 다음과 같을 때 간판의 수는 몇 개인가?

- 부품의 일간수요량 : 1,000단위
- 정책변수 : 0.1
- 컨테이너당 부품수 : 11개
- 컨테이너당 생산시간 : 0.04일
- 컨테이너당 평균대기시간 및 이동시간 : 0.06일

① 10개 ② 15개
③ 20개 ④ 25개

풀이 간판의 수 $= \dfrac{1,000 \times (0.06+0.04)}{11} \times (1+0.1) = 10$

42 작업공정도(OPC)를 작성할 때 사용되는 공정도시기호는?

① 가공, 운반
② 가공, 검사
③ 가공, 정체
④ 가공, 검사, 운반, 정체

풀이 공정도시기호
- 작업공정도(OPC) : 가공(작업), 검사
- 흐름공정도(FPC) : 가공(작업), 검사, 운반, 정체

43 다음 중 PTS법의 가정이 아닌 것은?

① 각 기본동작의 소요시간은 몇 가지 시간변동 요인에 의해 결정된다.
② 사람이 통제하는 작업은 한정된 수의 기본동작으로 구성되어 있다.
③ 작업 소요시간은 그 동작을 구성하고 있는 각 기본동작의 기준 시간치의 합계와 동일하다.
④ 변동요인이 같다 하더라도 누가, 언제, 어디서인지에 따라서 그 소요시간은 정해진 기준 시간치와 다르다.

풀이 ④ PTS법은 이미 정해진 기초 동작치를 사용하므로 변동요인이 같으면 누가, 언제, 어디서인지에 따라서 그 소요시간은 정해진 기준 시간치와 같다.

44 대량의 동일 제품을 반복하여 생산하는 방식에 해당하는 것은?

① 주문생산
② 연속생산
③ 개별생산
④ 소로트 생산

풀이
- 소품종 대량생산 : ②
- 다품종 소량생산 : ①, ③, ④

39 ① 40 ① 41 ① 42 ② 43 ④ 44 ②

45 2대의 선반을 1개월에 25일 동안 하루에 8시간씩 가동률 0.9로 가동하였다. 선반의 월 기계능력은 몇 시간인가?

① 188시간   ② 222시간
③ 360시간   ④ 444시간

풀이 월 기계능력 $= 2 \times 25 \times 8 \times 0.9 = 360$(시간)

46 다음 중 제품별 배치의 장점에 해당되지 않는 것은?

① 단위당 생산원가가 낮다.
② 일정계획이 단순하며 관리가 용이하다.
③ 재고와 재공품의 수량 및 차지하는 면적이 적다.
④ 범용설비를 사용하며 변화에 대한 유연성이 크다.

풀이 ④는 공정(기능)별 배치의 장점이다.

47 다음 중 'Gang Process Chart'라고도 하는 다중활동분석표는?

① 복수작업자분석표
② 복수기계작업분석표
③ 작업자 – 기계작업분석표
④ 작업자 – 복수기계작업분석표

풀이 복수작업자 분석표(Multi-Man Chart)를 Gang Process Chart라고도 한다.

48 다음 중 포드 시스템에서 주장하는 4대 이념이 아닌 것은?

① 이윤동기에 의한 영리주의 부인
② 봉사동기에 의한 봉사주의 제창
③ 경영을 봉사기관의 공동체로 봄
④ 시간연구에 의한 과업관리의 합리화

풀이 포드 시스템의 4대 이념
- 이윤동기에 의한 영리주의 부정
- 봉사동기에 의한 봉사주의 제창
- 경영의 자주성 강조
- 경영의 공동체관(봉사주의)

49 생산활동을 개선하는 데 선행되어야 할 활동인 5S 운동 중 [보기]의 설명이 뜻하는 것은?

[보기]

사람, 설비 등 직장환경을 어지럽히지 않고 항상 깨끗하고 깔끔한 상태를 유지하는 것

① 정리(Seiri)   ② 청결(Seiketsu)
③ 정돈(Seiton)   ④ 습관화(Shitsuke)

풀이

5S	정의
정리 (Seiri)	필요한 것과 불필요한 것을 구분하여, 불필요한 것은 없앨 것
정돈 (Seiton)	필요한 것을 언제든지 필요한 때에 끄집어내어 쓸 수 있는 상태로 하는 것
청소 (Seisou)	쓰레기와 더러움이 없는 상태로 만드는 것
청결 (Seiketsu)	정리, 정돈, 청소의 상태를 유지하는 것
습관화 (Shitsuke)	정해진 일을 올바르게 지키는 습관을 생활화하는 것

50 화합물 A를 200톤 생산하는 데 화합물 B는 188톤이 소비되었으며, 화합물 B를 100톤 생산하는 데 90톤의 원료 C가 소비되었다. 이때 화합물 A 1톤당 원료 C의 원단위는 얼마인가?

① 0.846톤   ② 0.957톤
③ 1.044톤   ④ 1.178톤

풀이 C의 원단위 $= \dfrac{C\text{의 소요량}}{B\text{의 소요량}} \times \dfrac{B\text{의 소요량}}{A\text{의 소요량}}$

$\qquad\qquad = \dfrac{90}{100} \times \dfrac{188}{200} = 0.846$

51 평균시간이 0.8분, 정상화계수가 110%, 여유율이 5%일 때 외경법에 의한 표준시간은 몇 분인가?

① 0.026분   ② 0.044분
③ 0.836분   ④ 0.924분

풀이 외경법

정미시간 = 평균시간 × 정상화계수 = 0.8 × 1.1

∴ 표준시간 = 정미시간 × (1 + 여유율)

= 0.88 × (1 + 0.05) = 0.924

52 단속생산 시스템에 관한 설명으로 옳은 것은?

① 생산속도가 빠르다.

② 단위당 생산원가가 싸다.

③ 품종 및 생산량은 주로 다품종 소량생산이다.

④ 생산방식은 공정중심이라기보다 제품중심이다.

풀이 ③ : 단속생산

①, ②, ④ : 연속생산

53 한 공정에 한 사람이 작업하는 5개 공정의 작업시간이 각각 17분, 12분, 15분, 13분, 10분일 경우, 이 공정 전체의 라인밸런스 효율은 약 몇 %인가?

① 69% ② 73%

③ 76% ④ 79%

풀이 $E_b = \dfrac{\sum t_i}{m \, t_{max}} \times 100 = \dfrac{67}{5 \times 17} \times 100 = 78.82\%$

54 ABC 관리에서 C급 품목의 관리방법으로 가장 적합한 것은?

① 중점적으로 관리한다.

② 정기발주방식이나 충당법으로 한다.

③ 예비재고를 늘리고 재고 부족을 방지한다.

④ 소량씩 발주하고 안전재고를 극소화한다.

풀이 ①는 A등급, ③은 C등급에 해당된다.

55 어떤 작업이 그 전체 공사의 최종완료일에 영향을 주지 않고 지연될 수 있는 최대한의 여유시간을 무엇이라고 하는가?

① 총여유시간(TF)

② 자유여유시간(FF)

③ 독립여유시간(INDF)

④ 간섭여유시간(IF)

풀이 활동여유

- 총여유시간(TF ; Total Float) : 한 활동이 전체 계획사업의 최종완료일에 영향을 주지 않고 지연될 수 있는 최대시간
- 자유여유시간 (FF ; Free Float) : 모든 후속활동을 가능한 한 빨리 착수할 때 본작업이 이용 가능한 여유시간
- 독립여유시간(INDF ; Independent Float) : 선행활동이 최지착수시기에 착수되었음에도 불구하고 후속활동이 최초착수 시기에 착수되었을 때의 여유시간
- 간섭여유시간(IF ; Interfering Float) : 활동의 완료단계가 주공정과 연결되어 있지 않을 때 발생하는 여유시간

56 H기업의 1일 완제품 생산량은 400개이다. 실제 사이클 타임이 1개당 0.8분, 가동시간이 400분일 경우, 이 회사의 실질 가동률은 몇 %인가?

① 60% ② 70%

③ 80% ④ 90%

풀이 실질가동률 = $\dfrac{총생산량 \times 실제\ 사이클타임}{부하시간 - 정지시간}$

$= \dfrac{0.8 \times 400}{400} \times 100 = 80\%$

57 다음 중 집중구매의 특징으로 옳지 않은 것은?

① 자주적 구매가 가능하다.

② 자재의 긴급조달이 어렵다.

③ 구매단가가 싸고 재고를 줄일 수 있다.

④ 시장조사, 구매효과의 측정 등을 효율적으로 할 수 있다.

풀이 ① 분산구매에서는 자주적 구매가 가능하다.

58 다음 서블릭 기호 중 '빈손의 이동(Transport Empty)'을 나타내는 것은?

① ∪ ② ⌣

③ ∩ ④ ⌣

풀이 ① 사용(Use)

② 운반(Transport Loaded)

③ 쥐기(Grasp)

59 여러 개의 작업을 1대의 기계에서 처리하고자 한다. 납기지연을 최소화하고자 한다면 어떤 작업순위방법을 사용하여야 하는가?

① 긴급률법　　　　② 최단처리시간법
③ 납기우선법　　　④ 최장처리시간법

풀이 납기지연을 최소화하고자 한다면 납기일을 우선적으로 적용하는 납기우선법을 적용한다.

60 다음의 자료에서 지수평활상수가 0.3이라면 8월의 단순 수요예측값은 얼마인가?

월	4	5	6	7	8
전기수요량	10	12	11	15	
전기예측값	10	11	12	12	

① 12.9　　　　② 13.6
③ 14.4　　　　④ 14.6

풀이 $F_8 = \alpha D_7 + (1-\alpha)F_7 = 0.3 \times 15 + 0.7 \times 12 = 12.9$

4과목　　　　품질경영

61 6시그마 혁신활동에서 채택한 "MAIC" 로드맵 추진절차를 바르게 나열한 것은?

① 측정 → 분석 → 개선 → 관리
② 측정 → 개선 → 분석 → 관리
③ 측정 → 관리 → 분석 → 개선
④ 측정 → 관리 → 개선 → 분석

풀이 6시그마 추진절차(제조부문)
정의(Define) → 측정(Measure) → 분석(Analyze) → 개선(Improve) → 관리(Control)

62 한국산업규격의 기호와 부문이 바르게 짝지어진 것은?

① A - 기계　　　　② B - 전기전자
③ G - 요업　　　　④ S - 서비스

풀이 한국산업규격의 기호와 부문

기본(A)	기계(B)	일용품(G)	서비스(S)

63 표준화 관련 용어에 대한 설명으로 옳지 않은 것은?

① 시방(Specification)은 재료, 제품, 공구, 설비 등에 관하여 요구하는 특성을 규정한 것을 말한다.
② 가규격(Tentative Standard)이란 정식규격의 설정에 앞서 시험적으로 적용할 것을 목적으로 정한 것이다.
③ 잠정규격(Temporary Standard)은 종래의 규격이 적당하지 않을 때 특정기간에 한하여 적용할 것을 목적으로 한 정식규격이다.
④ 호환성(Interchangeability)은 잘 쓰이지 않기 때문에 불필요하다고 생각되는 구성품의 수, 형상, 제품의 형식 수 등을 줄이는 것을 말한다.

풀이 ④ 호환성(Interchangeability)은 기능이나 적합성을 유지하면서 장치나 기기의 부분품 따위의 구성 요소를 다른 기계의 요소와 서로 바꾸어 쓸 수 있는 성질을 말한다.

64 표준화의 구조는 표준화를 전개할 때 그 대상을 편리하게 파악할 수 있도록 3가지의 구조로 구성되어 있는데, 다음 중 이 3가지 구조에 속하지 않는 것은?

① 표준화 수준　　　② 표준화 기술
③ 표준화 국면　　　④ 표준화 주제

풀이 표준화의 구조(공간)는 주제(영역), 국면 및 수준의 세 가지 측면으로 나눈다.

65 어떤 제품의 두께를 조사하였더니 표준편차가 0.02 mm, 공정능력지수가 1.25였다. 이 제품의 규격상한이 15.5 mm라면 규격하한은 몇 mm인가?

① 15.35　　　　② 15.65
③ 17.25　　　　④ 18.55

풀이 $C_p = \dfrac{U-L}{6\sigma} \Rightarrow 1.25 = \dfrac{15.5 - L}{6 \times 0.02}$
$\therefore L = 15.35$

---

66 끼워맞춤의 종류에 해당하지 않는 것은?

① 억지 끼워맞춤
② 정밀한 끼워맞춤
③ 중간 끼워맞춤
④ 헐거운 끼워맞춤

풀이 끼워맞춤의 종류
억지 끼워맞춤, 중간 끼워맞춤, 헐거운 끼워맞춤 등이 있다.

67 A. R. Tenner는 고객이 기대하는 제품과 품질특성을 3단계 계층구조로 나누고 있다. 가장 낮은 단계로부터 높은 단계의 순서가 적절하게 나열된 것은?

① 묵시적 요구 → 명시적 시방 및 요건 → 내면적인 기쁨(감동)
② 묵시적 요구 → 내면적인 기쁨(감동) → 명시적 시방 및 요건
③ 명시적 시방 및 요건 → 묵시적 요구 → 내면적인 기쁨(감동)
④ 명시적 시방 및 요건 → 내면적인 기쁨(감동) → 묵시적 요구

풀이 A. R. Tenner의 제품과 품질특성의 3단계
묵시적 요구 → 명시적 시방 및 요건 → 내면적인 기쁨(감동)

68 종합적 품질경영(TQM)을 성공적으로 수행하기 위해서는 종업원의 적극적 참여가 필수적이다. 종업원의 적극적 참여를 유도하기 위해 취해야 할 내용 중 적합하지 않은 것은 무엇인가?

① 모든 종업원은 고객의 요구와 그들을 충족시키는 회사 내부의 수행과정을 이해해야 한다.
② 모든 종업원에게 자신의 업무나 생산품의 품질을 향상시키기 위한 동기 부여가 되어야 한다.
③ 종업원의 의견청취나는 최고경영자의 경영전략을 이해시키는 데 역량을 기울여야 한다.
④ 기업은 결함을 찾아내어 고치는 것보다는 결함을 예방하는 데 관심을 두도록 유도한다.

풀이 ③ 종업원의 의견을 청취한 후 보다 심도 깊게 파악하여 경영전략을 세우는 데 활용하여야 한다.

69 품질경영(Quality Management)의 구성 요소가 아닌 것은?

① 품질보증(QA)
② 품질개선(QI)
③ 품질관리(QC)
④ 품질시스템(QS)

풀이 QM = QP + QC + QA + QI

70 제품이나 서비스 품질이 고객의 만족을 얻기 위해서는 품질보증의 필요조건과 충분조건이 모두 충족되어야 하는데, 다음 중 품질보증의 필요조건에 해당되지 않는 것은?

① 공약사항의 이행
② 공약사항의 보완
③ 요구조건의 충족
④ PL 문제에 대한 대처

풀이 품질보증의 조건
• 필요조건 : 공약사항의 이행, 공약사항의 보완, PL 문제에 대한 대처 등
• 충분조건 : 서비스의 철저, 고객만족, 요구조건의 충족 등

71 측정결과에 부여되는 참값이 포함되는 범위의 추정값을 의미하는 것은?

① 정밀도
② 정확도
③ 불확도
④ 적합도

풀이 불확도
측정결과에 부여되는 참값이 포함되는 범위의 추정값

72 품질관리의 기능을 수행절차순으로 바르게 나열한 것은?

① 품질설계 → 공정관리 → 품질보증 → 품질조사
② 품질설계 → 공정관리 → 품질조사 → 품질보증
③ 품질보증 → 품질설계 → 공정관리 → 품질조사
④ 품질설계 → 품질보증 → 공정관리 → 품질조사

풀이 품질관리의 기능(Deming의 사이클)
품질의 설계(계획기능) → 공정의 관리(실행기능) → 품질의 보증(확인기능) → 품질의 조사(조처기능)

73 자동차 산업의 특수성을 고려해 마련된 자동차 관련 품질경영시스템 요구사항의 규격은?

① KS Q ISO 9001
② KS H ISO 22000
③ KS P ISO 13485
④ IATF 16949

풀이 IATF 16949

자동차 산업의 특수성을 고려해 마련된 자동차 관련 품질경영시스템 요구사항이다.

74 파이겐바움은 품질관리부서의 업무분담을 품질관리 기술, 공정관리기술, 품질정보기술로 나누고 있다. 다음 중 품질관리기술부문에 해당되지 않는 것은?

① 품질관리계획
② 품질정보의 제공
③ 품질코스트의 분석
④ 생산의 라인밸런스 효율 향상

풀이 품질관리기술부문

계획기능부문으로 품질목표의 설정, 품질관리계획의 입안, 품질교육, 품질정보의 제공, 품질코스트 구성 및 분석, 품질문제 진단 등에 이르기까지 품질에 대한 전반적인 품질기획을 한다.

75 다음의 품질비용 중 예방비용에 해당되는 것은?

① 재가공 작업비용
② 품질관리 교육비용
③ 클레임 처리비용
④ 계측기 검·교정비용

풀이 ①, ③은 실패비용, ④는 평가비용에 속한다.

76 다음 중 과실책임이 따르는 제품의 결함에 해당하는 것은?

① 명시보증 위반
② 제조·가공상의 결함
③ 판매자가 결함상품을 판매한 것
④ 결함상품이 손해로 법적 관련성을 갖는 것

풀이 과실책임에는 제조·가공상의 결함, 설계상의 결함, 사용표시상의 결함이 있다.

※ ①, ③은 보증책임(명시적 보증책임), ④는 엄격책임(무과실책임)

77 품질관리수법 중 신 QC 7가지 도구에 해당되지 않는 것은?

① 산점도법
② 계통도법
③ 연관도법
④ 매트릭스도법

풀이 신 QC 7가지 도구

계통도법, 연관도법, 매트릭스도법, 친화도법, 매트릭스 데이터 해석법, PDPC법, 애로우 다이어그램법

78 KS A ISO 1000 : 2002(국제단위계 및 그 사용법)에서 규정하는 SI 기본단위가 아닌 것은?

① 물질량 – 몰(mol)
② 전류 – 암페어(A)
③ 광도 – 칸델라(cd)
④ 열역학적 온도 – 섭씨도(℃)

풀이 ④ 열역학적 온도 – 절대온도(K)

79 소비자가 요구하는 품질특성을 만족시키기 위해서 고려하여야 할 사항으로 가장 거리가 먼 것은?

① 고객이 원하는 제품의 특성은 무엇인가
② 현재의 제조공정은 부적합품률이 얼마나 낮아지고 있는가
③ 현재의 수행수준에서 고객들은 얼마나 만족하고 있는가
④ 고객의 기대사항을 충족시키는 데 필요한 수행기준은 무엇인가

풀이 ②는 생산자가 요구하는 품질특성을 만족시키기 위해서 고려하여야 할 사항으로 볼 수 있다.

80 품질관리의 QC 업무를 추진해가는 데 필요한 기법들 중 QC의 7가지 도구에 해당되지 않는 것은?

① 관리도
② 파레토도
③ 워크샘플링
④ 특성요인도

풀이 QC 7가지 도구

관리도(각종 그래프 포함), 파레토도, 특성요인도, 층별, 히스토그램, 산점도, 체크시트

1과목 **실험계획법**

01 다음은 보일러 부식으로 $SO_3(\%)$가 문제가 되어 기름의 종류(A)에 따른 $SO_3(\%)$를 측정한 데이터와 분산분석표이다. $\mu(A_2)$와 $\mu(A_4)$의 평균치 차를 구간추정하면 약 얼마인가?[단, $\alpha = 0.05$, $t_{0.95}(14) = 1.761$, $t_{0.975}(14) = 2.145$, $t_{0.95}(3) = 2.353$, $t_{0.975}(3) = 3.182$]

구분	A_1	A_2	A_3	A_4
m(반복)	3	3	6	6
$T_i.$	18.3	12.5	19.8	16.3
$\overline{x}_i.$	6.1	4.167	3.3	2.717

요인	SS	DF	MS	F_0
A	24.69	3	8.23	152.690* *
e	0.755	14	0.0539	
T	25.445	17		

① $1.161 \leq \mu(A_2) - \mu(A_4) \leq 1.739$

② $1.098 \leq \mu(A_2) - \mu(A_4) \leq 1.802$

③ $1.064 \leq \mu(A_2) - \mu(A_4) \leq 1.836$

④ $0.928 \leq \mu(A_2) - \mu(A_4) \leq 1.972$

풀이 $(4.167 - 2.717) \pm 2.145 \times \sqrt{0.0539 \times \left(\dfrac{1}{3} + \dfrac{1}{6}\right)}$

$= (1.0979, \ 1.8021)$

02 모수요인 A를 5수준으로 택하고 랜덤으로 4일을 택하여 각 일을 블록 B로 하여 난괴법에 의한 실험을 한 결과 다음의 분산분석표를 얻었다. $\widehat{\sigma_B^2}$의 추정치는?

요인	SS	DF	MS
A	160	4	40
e	30	3	10
T	12	12	1
계	202	19	

① 1.80　　　② 2.25

③ 3.00　　　④ 10.00

풀이 $\widehat{\sigma_B^2} = \dfrac{V_B - V_e}{l} = \dfrac{10 - 1}{5} = 1.80$

03 3×3 라틴방격법에서 오차의 제곱합 S_e가 24.4일 때, V_e의 값은?

① 6.10　　　② 8.13

③ 12.20　　　④ 24.40

풀이 $V_e = \dfrac{S_e}{\nu_e} = \dfrac{24.4}{2} = 12.20$

04 A의 수준수는 l, 반복수는 m인 1요인실험의 계수형 데이터의 분석 시 오차항에 관한 정규가정 중 옳은 것은?(단, p는 부적합품률이고 $p < 0.5$이다.)

① $mp > 5$　　　② $m(1-p) < 5$

③ $lp > 5$　　　④ $l(1-p) < 5$

풀이 각 수준에서의 조건이 $mp \geq 5$ 또는 $m(1-p) \geq 5$가 되어야 한다.

05 실험계획법의 목적으로 가장 거리가 먼 것은?

① 공정의 이상 원인을 조처하기 위한 것이다.
② 실험에 대한 계획방법을 의미하는 것이다.
③ 최소의 실험횟수에서 최대의 정보를 얻을 수 있는가를 계획하는 것이다.
④ 해결하고자 하는 문제에 대하여 실험을 어떻게 행하는 지를 계획하는 것이다.

[풀이] ①은 관리도 사용의 목적이라고 할 수 있다.

06 반복없는 2요인실험에서 유효반복수를 구할 때 사용하는 가장 올바른 공식은?

① 구하려는 모평균추정식의 계수의 합 $= \dfrac{1}{n_e}$

② 구하려는 모평균점추정식의 계수의 곱 $= \dfrac{1}{n_e}$

③ $\dfrac{\text{실험의 요인수}}{\text{무시되지 않는 요인의 자유도의 합계}+1} = n_e$

④ $\dfrac{\text{실험의 요인수}}{\text{무시되지 않는 요인의 자유도의 합계}-1} = n_e$

[풀이]
• 다구찌(田口)의 공식

$$n_e = \frac{lm}{\nu_A + \nu_B + 1} = \frac{lm}{l+m-1}$$

• 이나(伊奈)의 공식

$$\frac{1}{n_e} = \frac{1}{l} + \frac{1}{m} - \frac{1}{lm} = \frac{l+m-1}{lm}$$

07 요인 A, B가 모두 모수인 2요인실험을 하여 다음과 같은 분산분석표를 얻었다. 오차의 순제곱합 $S_e{}'$은?

요인	SS	DF	MS
A	3.6	3	1.2
B	4.8	2	2.4
e	1.8	6	0.3
T	10.2	11	

① 0.3
② 2.4
③ 2.7
④ 3.3

[풀이] $S_e{}' = S_e + (\nu_A + \nu_B)V_e = 1.8 + (3+2) \times 0.3 = 3.30$

08 1요인실험의 분산분석표에서 다음의 [데이터]를 얻었다. S_A는 약 얼마인가?

┌─────────── [데이터] ───────────┐
수준수 $l = 4$, $V_e = 1.25$, $F_0 = 10.64$
└────────────────────────────────┘

① 17.80
② 23.25
③ 25.54
④ 39.90

[풀이] $F_0 = \dfrac{V_A}{V_e}$ 에서 $10.64 = \dfrac{V_A}{1.25}$, $V_A = 13.30$

$S_A = \nu_A \times V_A = 3 \times 13.30 = 39.90$

09 직교배열표에서 하나의 요인의 효과를 구할 때 다른 요인의 효과에 의한 치우침이 없게 된다. 이것은 어떤 원리인가?

① 교락의 원리
② 직교화의 원리
③ 반복의 원리
④ 랜덤화의 원리

[풀이] 직교화의 원리란 직교배열표에서 하나의 요인의 효과를 구할 때 다른 요인의 효과에 의한 치우침이 없게 된다는 원리이다.

10 라틴방격법으로 얻어진 실험 데이터의 분산분석 후 두 요인의 수준 조합에서 모평균에 대한 $100(1-\alpha)$ 신뢰구간을 추정하고자 한다. 이때 이용해야 할 유효반복수는?(단, k는 수준수)

① $\dfrac{3k-1}{k^3}$
② $\dfrac{k^2-1}{2k}$
③ $\dfrac{3k-1}{k^2}$
④ $\dfrac{k^2}{2k-1}$

[풀이] $\hat{\mu}(A_i C_l) = (\bar{x}_{i\,.\,.} + \bar{x}_{.\,.\,l} - \bar{\bar{x}}) \pm t_{1-\alpha/2}(\nu_e) \sqrt{\dfrac{V_e}{n_e}}$

단, 유효반복수 $n_e = \dfrac{k^2}{(2k-1)}$

PART 1
PART 2
PART 3
PART 4
PART 5
PART 6
PART 7

11 $l = 4$, $m = 3$인 1요인실험에서 분산분석 결과 $V_e = 0.0465$이고, $\bar{x}_3 . = 9.48$이라면 $\mu(A_3)$를 $\alpha = 0.01$로 구간추정하면?[단, $t_{0.995}(8) = 3.355$, $t_{0.99}(8) = 2.896$]

① $0.119 \leq \mu(A_3) \leq 9.841$

② $9.062 \leq \mu(A_3) \leq 9.898$

③ $9.168 \leq \mu(A_3) \leq 9.792$

④ $9.118 \leq \mu(A_3) \leq 9.842$

풀이 $9.48 \pm 3.355 \times \sqrt{\dfrac{0.0465}{3}} = (9.0623, 9.8977)$

12 반복이 있는 2요인실험에서 요인 A는 4수준, 요인 B는 5수준, 반복 3회에서 1개의 결측치가 있어서 이를 추정치로 메꾸어 놓고 분산분석하였을 때 오차항의 자유도는?

① 19　　　　　② 20

③ 39　　　　　④ 40

풀이 • 기존의 오차항의 자유도
　　$= \nu_T - (\nu_A + \nu_B + \nu_{A \times B}) = 59 - (3 + 4 + 12) = 40$
• $\nu_e =$ 기존의 오차항의 자유도 $-$ 결측치수
　　$= 40 - 1 = 39$

13 A(모수요인), B(변량요인) 난괴법의 데이터 $x_{ij} = \mu + a_i + b_j + e_{ij}(i = 1, 2, \cdots, l, j = 1, 2, \cdots, m)$ 구조식에서 기본가정으로 틀린 것은?

① $COV(e_{ij}, b_j) = 0$이다.

② b는 확률변수로 $\sum\limits_{j=1}^{m} b = 0$이다.

③ a는 상수이고 $\sum\limits_{i=1}^{l} a = 0$이다.

④ $b \sim N(0, \sigma_B^2)$이고, 서로독립이다.

풀이 ② b는 확률변수로 $\sum\limits_{j=1}^{m} b \neq 0$이다.

14 단순회귀분석에서 회귀선에 의해 설명되지 않는 잔차에 관한 설명으로서 틀린 것은?

① 잔차들의 합은 0이 아니다.

② 분산분석 작성 시 잔차제곱합의 자유도는 $(n-2)$이다.

③ 잔차들의 x_i에 대한 가중합(Weighted sum)은 0이다.

④ 잔차들의 y_i에 대한 가중합(Weighted sum)은 0이다.

풀이 ① 잔차들의 합은 0이다.

15 $L_8(2^7)$형 직교 배열표에서 기본표시가 ab인 곳에 요인 P, bc가 나타나는 열에 요인 Q를 배치했을 때 $P \times Q$가 배치되어야 할 열의 기본표시는?

① a　　　　　② c

③ ac　　　　　④ ab^2c

풀이 $P \times Q = ab \times bc = ab^2c = ac$

16 반도체 물성연구에서 소결시편의 밀도를 최대로 하는 실험조건을 찾기 위해 관심영역에서 소결온도(A)를 3수준, 함량(B)을 4수준으로 실험한 결과 $T_1 . = 209.05$, $T_2 . = 199.98$, $T_3 . = 177.61$, $T. _1 = 153.45$, $T. _2 = 156.78$, $T. _3 = 143.87$, $T. _4 = 132.54$이고 분산분석한 결과, 오차항의 분산 $V_e = 0.19$일 때 요인 A의 A_1수준과 A_3수준의 모평균차에 대한 95% 신뢰구간은?[단, $t_{0.975}(6) = 2.447$]

① $5.52 \sim 6.28$　　　② $6.25 \sim 7.28$

③ $7.52 \sim 8.28$　　　④ $7.11 \sim 8.61$

풀이 $\left(\dfrac{209.05}{4} - \dfrac{177.61}{4}\right) \pm 2.447 \times \sqrt{\dfrac{2 \times 0.19}{4}}$

17 요인 A의 수준수가 4이고, 요인 B의 수준수가 3이며, 반복이 2회인 2요인실험에 의하여 실험한 결과, 자료의 총합이 18일 때 수정항은 얼마인가?

① 0.75　　　　② 1.5

③ 13.5　　　　④ 27.0

풀이 $CT = \dfrac{T^2}{lmr} = \dfrac{18^2}{4 \times 3 \times 2} = 13.50$

18 다음의 분산분석표에서 ν_T의 값은?

요인	SS	DF	MS
A	77.7		25.9
B	10.8		5.4
e	1.2		0.24
T	89.7	( )	

① 9　　　　　　　　② 10
③ 12　　　　　　　④ 16

풀이 $DF_A = \dfrac{S_A}{MS_A} = 3$, $DF_B = \dfrac{S_B}{MS_B} = 2$, $DF_e = \dfrac{S_e}{MS_e} = 5$

$\therefore \nu_T = DF_T = 3 + 2 + 5 = 10$

19 다음은 반복이 일정한 어느 변량모형 1요인실험 결과이다. 설명 중 가장 거리가 먼 것은?

요인	SS	DF	MS	F_0	$F_{0.95}$
A	387.69	3	129.23	4.459	3.49
e	347.75	12	28.98		
T	735.44	15			

① 요인 A가 유의하여도 요인의 각 수준에서 모평균의 추정은 의미가 없다.
② 유의수준 5%로 요인 A가 유의하므로 σ_A^2의 추정이 필요하다.
③ 실험에 적용된 변량요인 A의 수준수는 4이다.
④ 요인 A의 분산의 추정치는 $\widehat{\sigma_A^2} = \dfrac{129.23 - 28.98}{3}$이다.

풀이 $\widehat{\sigma_A^2} = \dfrac{V_A - V_e}{r} = \dfrac{129.23 - 28.98}{4}$

20 반복 3회인 모수모형 2요인실험에서 요인 A가 5수준, 요인 B가 6수준이라면 교호작용 $A \times B$의 자유도는?

① 4　　　　　　　　② 5
③ 20　　　　　　　④ 60

풀이 $\nu_{A \times B} = (l-1) \times (m-1) = (5-1) \times (6-1) = 20$

2과목　　　　　**통계적 품질관리**

21 주사위를 던져서 짝수(2, 4, 6)가 나오는 사상은 A, 2보다 같거나 작은 수(1, 2)가 나올 사상을 B라 하면 사상 A 또는 B가 나타나는 확률은?

① $\dfrac{2}{3}$　　　　　　　② $\dfrac{1}{6}$

③ $\dfrac{5}{6}$　　　　　　　④ $\dfrac{1}{12}$

풀이 $P(A \cup B) = P(A) + P(B) - P(A \cap B) = \dfrac{3}{6} + \dfrac{2}{6} - \dfrac{1}{6} = \dfrac{2}{3}$

22 계량 샘플링검사와 계수 샘플링검사의 비교 설명 중 틀린 것은?

① 품질표시 방법이 다르다.
② 검사방법상 계수검사가 기록이 간단하다.
③ 검사기록의 이용도는 계수검사가 다양하다.
④ 적용상 이론적 제약은 계량검사가 많이 받는다.

풀이 ③ 검사기록의 이용도는 계량검사가 다양하다.

23 임의의 공정에서 추출된 크기 9의 시료에 포함된 특수성분의 함량(g)을 조사해 보니 시료평균 $\bar{x} = 7$이고, 시료의 표준편차 $s = 0.234$이다. 모평균의 95% 신뢰구간은 약 얼마인가? [단, $t_{0.975}(8) = 2.306$이다.]

① (6.80, 7.20)　　　　② (6.82, 7.18)
③ (6.84, 7.16)　　　　④ (6.86, 7.14)

풀이 $\bar{x} \pm t_{1-\alpha/2}(\nu)\ \dfrac{s}{\sqrt{n}} = 7 \pm 2.306 \times \dfrac{0.234}{\sqrt{9}} = (6.820,\ 7.180)$

24 $X \sim N(-4.19, 5.16)$일 때 표준화된 정규확률변수 u는?(단, X는 확률변수이다.)

① $\dfrac{X+4.19}{5.16}$ ② $\dfrac{X-4.19}{5.16}$

③ $\dfrac{X+4.19}{\sqrt{5.16}}$ ④ $\dfrac{X-4.19}{\sqrt{5.16}}$

풀이 $u_0 = \dfrac{x-\mu}{\sigma} = \dfrac{X-(-4.19)}{\sqrt{5.16}}$

25 OC곡선에 대한 설명으로 옳은 것은?(단, N은 로트의 크기, n은 시료의 크기, c는 합격판정개수이며, $N/n \geq 10$이다.)

① N, n을 일정하게 하고 c를 증가시키면 OC곡선의 기울기는 급해진다.

② N, c을 일정하게 하고 n을 증가시키면 OC곡선의 기울기는 완만해진다.

③ OC곡선은 일반적으로 계량 샘플링검사에 한하여 적용할 수 있는 것이다.

④ n, c를 일정하게 하고 N을 변화시켜도 OC곡선의 모양에는 별로 큰 영향이 없다.

풀이 ① OC곡선의 기울기는 완만해진다.
② OC곡선의 기울기는 급해진다.
③ 계수·계량 샘플링검사 모두 적용할 수 있는 것이다.

26 평균 출검 품질 한계를 뜻하는 용어는?

① AQL ② AOQL
③ OC ④ LQ

풀이 ① AQL(Acceptance Quality Level) : 합격품질수준
② AOQL(Average Outgoing Quality Limit) : 평균 출검품질한계
③ OC(Operating Characteristic) : 검사특성
④ LQ(Limit Quality) : 한도품질

27 $\bar{x}$ 관리도의 계수 중 A_2는 무엇을 나타내는가?

① $\dfrac{3}{\sqrt{n}}$ ② $\dfrac{3}{d_2 \cdot \sqrt{n}}$

③ 3σ ④ $\dfrac{\bar{R}}{d_2}$

풀이 $\hat{\sigma} = \dfrac{\bar{R}}{d_2}$, $A_2 = \dfrac{3}{\sqrt{n} \cdot d_2}$

28 $\bar{x}-R$ 관리도에서 $\bar{x}$의 변동($\sigma_{\bar{x}}^2$)은 군간변동(σ_b^2)과 군내변동(σ_w^2)으로 표현된다. 틀린 것은?(단, k : 군의 수, n : 시료의 크기, σ_H^2 : 개개 데이터의 산포이다.)

① $\sigma_w = \dfrac{\bar{R}}{d_2}$

② $\sigma_{\bar{x}}^2 = \sigma_b^2 + \dfrac{\sigma_w^2}{n}$

③ $\sigma_H^2 = \sigma_b^2 + \sigma_w^2$

④ 완전한 관리상태일 때 $\sigma_w^2 = 0$

풀이 ④ 완전한 관리상태일 때 $\sigma_b^2 = 0$

29 다음 중 모부적합수(m_0)에 대한 검정을 할 때 산출하는 검정통계량(u_0)의 표시로 옳은 것은?(단, 시료 부적합수는 x이다.)

① $u_0 = \dfrac{x-m_0}{\sqrt{m_0}}$ ② $u_0 = \dfrac{x+m_0}{\sqrt{m_0}}$

③ $u_0 = \dfrac{x-m_0}{\sqrt{x+m_0}}$ ④ $u_0 = \dfrac{x+m_0}{\sqrt{x-m_0}}$

풀이 $u_0 = \dfrac{x-m_0}{\sqrt{m_0}} = \dfrac{c-m_0}{\sqrt{m_0}} = \dfrac{\left(\dfrac{x}{n}\right)-U}{\sqrt{\dfrac{U}{n}}}$

30 계량단위가 틀린 두 자료나 평균의 차이가 큰 두 로트의 상대적 산포도(散布度)를 비교하기 적합한 것은?

① 표준편차(s) ② 분산(s^2)
③ 변동계수(CV) ④ 범위(R)

풀이

변동계수	계량단위가 서로 다른 두 자료나 평균의 차이가 큰 두 로트의 상대적 산포를 비교하는 데 사용한다. $$CV = V_c = \frac{s}{x} \times 100(\%)$$

정답 24 ③ 25 ④ 26 ② 27 ② 28 ④ 29 ① 30 ③

31 모수추정치로 사용하는 통계량이 모수값을 중심으로 분포하는 특성은?

① 일치성　　　② 유효성
③ 불편성　　　④ 충분성

풀이 추정량의 기대치가 추정할 모수의 실제 값과 같을 때(모수추정치로 사용하는 통계량이 모수값을 중심으로 분포하는 특성) 이 추정량은 불편성을 가졌다고 하며, 이러한 추정량을 불편추정량이라 한다.

32 KS Q 0001 : 2013 계수 및 계량 규준형 1회 샘플링검사 제3부 : 계량 규준형 1회 샘플링검사 방식(표준편차 기지)에서 로트의 평균치를 보증하기 위한 경우 시료의 크기가 25개이고, $1 - \alpha = 0.95$일 때 G_0의 값은?

① 0.190　　　② 0.329
③ 0.392　　　④ 0.400

풀이 $G_0 = \dfrac{K_\alpha}{\sqrt{n}} = \dfrac{1.645}{\sqrt{25}} = 0.329$

33 관리도상의 점이 관리한계선 밖으로 나올 경우 가장 먼저 조치하여야 하는 사항은?

① 공정을 변경시킨다.
② 기계를 조정하여 바로잡아야 한다.
③ 원인을 분석하고 이상원인을 제거한다.
④ 부적합품이 발생하고 있으므로 전수검사를 한다.

풀이 그 원인을 분석하고 이상원인을 제거하기 위한 조처를 취하는 것이 바람직하다.

34 관리도에 대한 다음 설명에서 틀린 것은?

① 우연원인에 의한 공정의 변동은 원인의 규명과 제거가 어렵다.
② p 관리도에서 부적합품률은 낮을수록 좋으므로 관리하한선이 필요 없다.
③ $\bar{x}$ 관리도에서 시료의 크기를 증가시키면 관리한계선의 폭은 좁아진다.
④ p 관리도에서 각 시료군의 크기가 다르면 관리한계선에 요철이 생긴다.

풀이 ② 계수치 관리도에서 관리하한선이 필요 없는 경우가 있는데 이는 하한선의 값이 음의 값이 나오기 때문이지 부적합품률의 높고 낮음과는 관련성이 없다.

35 어떤 제품에 대한 온도와 치수 사이의 관련성을 조사하기 위해 상관분석을 실시하였더니 $S_{(xx)} = 331$, $S_{(yy)} = 253$, $S_{(xy)} = 137$의 데이터를 얻었다. 상관계수(r_{xy}) 값은 약 얼마인가?

① 0.473　　　② 0.563
③ 0.764　　　④ 0.892

풀이 $r_{xy} = \dfrac{137}{\sqrt{331 \times 253}} = 0.4734$

36 합리적인 군으로 나눌 수 없는 경우 $k = 25$, $\sum x = 154.6$, $\sum R_m = 8.4$일 때 x 관리도의 관리상한(U_{CL})은?

① 5.253　　　② 5.293
③ 7.075　　　④ 7.115

풀이 $\overline{R_m} = \dfrac{\sum R_m}{k-1} = \dfrac{8.4}{24} = 0.35$

$\bar{x} + 2.66\overline{R_m} = 6.184 + 2.66 \times 0.35 = 7.115$

37 어떤 제품의 도장상태를 확인하였더니 $k = 20$, $\sum c = 36$이 관측되었다. 부적합수(c) 관리도를 설계할 때, 관리한계선이 옳은 것은?

① $L_{CL} = 0.22$, $U_{CL} = 4.21$
② $L_{CL} = -0.02$, $U_{CL} = 5.82$
③ L_{CL}은 고려하지 않음, $U_{CL} = 4.21$
④ L_{CL}은 고려하지 않음, $U_{CL} = 5.82$

풀이
- $U_{CL} = \bar{c} + 3\sqrt{\bar{c}} = 1.8 + 3 \times \sqrt{1.8} = 5.825$
- $L_{CL} = \bar{c} - 3\sqrt{\bar{c}} = -2.225 = $ 고려하지 않음

38 10개 중 4개의 부적합품이 있는 로트에서 2개의 시료를 비복원추출 했을 때 나타나는 부적합품수를 X라 하면 X의 기대치는?

① 0.4   ② 0.5
③ 0.6   ④ 0.8

풀이 $p = \dfrac{X}{n} = \dfrac{4}{10} = 0.4$, $E(X) = np = 2 \times 0.4 = 0.8$

39 KS Q ISO 2859 $-$ 1 : 2010 계수치 샘플링검사 절차 $-$ 제1부 : 로트별 합격품질한계(AQL) 지표형 샘플링 검사 방안에서 보통검사에서 사용하는 지표로, 현상의 검사 결과가 수월한 검사로의 전환기준을 결정하는 것은?

① 전환 스코어
② 부적합 스코어
③ 부적합품 스코어
④ 합부 판정 스코어

풀이 보통검사에서 수월한 검사로 전환되기 위해서는 전환스코어(SS)가 30이 넘어가야 한다.

40 통계량 $\dfrac{S}{\sigma^2}$ 는 어떤 분포를 따르는가?

① χ^2 분포   ② t 분포
③ F 분포   ④ 정규분포

풀이 χ^2 분포는 한 개의 모집단의 모분산 검·추정에 주로 사용되며, $\chi_0^2 = \dfrac{S}{\sigma^2}$ 으로 정의된다.

3과목   **생산시스템**

41 자재조달 과정의 일반적 단계에 속하지 않는 것은?

① 주문의 추적   ② 공급자 선정
③ 작업표준작성   ④ 구매요구의 접수

풀이 ③은 작업관리에 해당된다고 할 수 있다.

42 대체안 작성을 위한 집단의 아이디어 도출방법이 아닌 것은?

① KJ법   ② 고든법
③ 체크리스트법   ④ 브레인스토밍법

풀이 집단 아이디어 도출방법은 모든 보기가 맞으나, 대체안 작성을 위한 방법론으로 본다면, 가장 거리가 먼 것은 체크리스트법이다.

43 작업의 동작을 분해 가능한 최소한의 단위로 분석하여 비능률적인 동작을 줄이거나 배제시켜 최선의 작업방법을 추구하는 연구방법은?

① 동작분석   ② 공정분석
③ 작업분석   ④ 다중활동분석

풀이 동작분석에 대한 설명이다.

44 어떤 공사의 정상소요시간이 10일, 특급소요시간이 6일이고 정상소요비용은 100,000원, 특급소요비용은 150,000원일 때 8일 만에 공사를 완료한다면 이때의 소요비용은 얼마인가?

① 110,000원   ② 115,000원
③ 120,000원   ④ 125,000원

풀이
- 비용구배 $= \dfrac{150,000 - 100,000}{10 - 6} = 12,500$
- 소요비용 = 정상소요비용 + 비용구배 × 단축일수
  $= 100,000 + 12,500 \times 2 = 125,000$원

45 MTM법에서 90초는 약 몇 TMU인가?

① 908   ② 2500
③ 4176   ④ 15000

풀이 90초 $= 90 \times 27.8$TMU $= 2502$TMU

46 작업수행과정에서 불규칙적으로 발생하여 정미시간에 포함시키기 곤란하거나, 바람직하지 못한 작업상 지연을 보상하여 주기 위한 여유는?

① 관리여유   ② 작업여유
③ 직장여유   ④ 피로여유

47 지수평활법의 특징으로 옳은 것은?

① 전문가의 경험과 직관을 요구한다.
② 라이프사이클의 자료를 기초로 한다.
③ 기술예측 등 장기수요예측에 많이 사용된다.
④ 과거로 거슬러 올라갈수록 자료의 중요성이 감소된다는 가정이 타당하다.

풀이 ① 정성적 예측법 중 직관력에 의한 예측
② 정성적 예측법 중 유추에 의한 예측(라이프 사이클 유추법)
③ 시계열분석의 전반적인 내용을 포함하고 있다.

48 포드 시스템과 가장 관계가 먼 것은?

① 표준화 ② 표준과업
③ 동시관리 ④ 컨베이어 시스템

풀이 ②는 테일러 시스템과 관련이 깊다.

49 일정계획의 주요통제기능으로 일정계획에 따라 작업이 순조롭게 진행되는가를 체크하는 것은 무엇인가?

① 일정계획 ② 진도관리
③ 공수관리 ④ 라인편성

풀이 본 문제는 작업이 순조롭게 진행되는가를 체크하는 과정이므로 진도관리가 적당한 표현이다.

50 생산 및 보전 측면에서 고장을 일으켜도 그 영향이 매우 적고 보전상의 손실이 적은 경우 적용되는 보전방식은?

① 사후보전 ② 예지보전
③ 보전예방 ④ 상태보전

풀이 ① 사후보전 BM(Breakdown Maintenance) : 고장, 정지 또는 유해한 성능 저하를 초래한 뒤 수리를 하는 보전방법, 고장에 대한 영향이 적고 보전상의 손실이 적은 경우에 사용한다.

51 MRP시스템의 한 분류인 순변환(Net Change)시스템의 내용으로 틀린 것은?

① 다른 유형에 비해 변화에 민감하다.
② 필요할 때마다 기록을 새로 계산한다.
③ 계산시간이 적게 소요되며, 동적시스템에 적합하다.
④ 재고에 정확성이 크며, 적당한 시기에 자재를 이용할 수 있다.

풀이 Net Change는 변경된 데이터가 존재하면 그 변경이 요구되는 자재에 한해서 부분적으로 MRP를 실행하고 재전개하는 것이므로 계산시간이 크게 소요되며, 동적시스템에 적합하다고 할 수 있다.

52 다음 표와 같은 단일 설비 일정계획에서 최소여유시간(MST)에 의한 작업순위로 옳은 것은?

작업번호	작업일수(t_i)	납기일(d_i)
J_1	5	8
J_2	11	15
J_3	2	10
J_4	9	18

① $J_1 \rightarrow J_2 \rightarrow J_3 \rightarrow J_4$ ② $J_1 \rightarrow J_3 \rightarrow J_2 \rightarrow J_4$
③ $J_4 \rightarrow J_1 \rightarrow J_2 \rightarrow J_3$ ④ $J_4 \rightarrow J_3 \rightarrow J_1 \rightarrow J_2$

풀이

작업번호	작업일수(t_i)	납기일(d_i)	여유시간
J_1	5	8	3
J_2	11	15	4
J_3	2	10	8
J_4	9	18	9

$\therefore J_1(3) \rightarrow J_2(4) \rightarrow J_3(8) \rightarrow J_4(9)$

53 성능열화로 나타나는 현상으로 틀린 것은?

① 충격 ② 파손
③ 마모 ④ 오손

풀이 성능열화란 시간이 지남에 따라 성능이 떨어진다는 의미이므로, 파손, 마모, 오손 등은 성능열화에 속한다.

PART 1
PART 2
PART 3
PART 4
PART 5
PART 6
PART 7

54 JIT시스템의 특징으로 틀린 것은?

① 공정품질의 향상 및 신뢰도가 증대된다.
② 설비배치의 변경 및 공정 유연성이 증대된다.
③ 푸쉬방식(Push System)의 자재흐름이 적용된다.
④ 신속한 작업전환이 이루어져야 하므로 다기능 작업자가 필요하다.

풀이 Pull식 자재흐름이 적용된다.

55 작업분석에서 중점적으로 검토하는 사항들을 열거한 것 중 가장 관계가 먼 것은?

① 제조공정　　　　② 작업환경
③ 시설배치　　　　④ 미세동작분석

풀이 미세동작분석은 작업관리 중 동작분석에 해당된다.

56 단속생산시스템의 일정계획순서로 가장 올바른 것은?

① 부하할당 → 총괄계획 → 상세일정계획 → 작업순위결정
② 부하할당 → 총괄계획 → 작업순위결정 → 상세일정계획
③ 총괄계획 → 상세일정계획 → 부하할당 → 작업순위결정
④ 총괄계획 → 부하할당 → 작업순위결정 → 상세일정계획

풀이 일정계획순서로는 총괄계획 → 부하할당 → 작업순위결정 → 상세일정계획이 된다.

57 세탁기 B형을 생산하는 Y회사에서는 이에 필요한 엔진을 자체 생산한다. 이 엔진에 대한 수요는 연간 60,000개이다. 이 회사는 1년에 300일 가동하는데 엔진의 하루 생산율은 400개이다. 1회 생산준비비용은 10000원이고 재고유지비용은 1년에 1단위당 600원이다. 경제적 생산량을 생산하는 경우 조달기간(Lead Time)이 1일이라고 할 때 재주문점은 얼마인가?

① 50개　　　　② 150개
③ 200개　　　　④ 500개

풀이 발주점(OP ; Order Point)은 발주시점 내지 조달기간(L) 동안의 수요량을 의미한다. 즉, 조달기간이 1일이므로 1일 소비량이 남았을 때 생산을 하면 되므로 1일 소비량은 $\dfrac{60,000개}{300일} = 200개$가 된다.

58 라인밸런싱 해법에서 가장 일반적으로 사용되는 방법은?

① 탐색법(Heuristic method)
② 시뮬레이션
③ 동적계획법
④ 선형계획법

풀이 가장 일반적으로 사용되는 방법으로는 탐색법(Heuristic method)이라 할 수 있다.

59 다음 [보기] 중 도요타 생산방식의 일반적인 특징으로만 나열된 것은?

┌─────── [보기] ───────┐
ㄱ 소로트 생산　　　　ㄴ 제품별 배치
ㄷ 직선라인　　　　　　ㄹ 다기능공
ㅁ 좌식작업　　　　　　ㅂ In-Line

① ㄱ, ㄴ, ㄹ　　　　② ㄱ, ㄹ, ㅂ
③ ㄴ, ㄷ, ㅁ　　　　④ ㄴ, ㄹ, ㅂ

풀이 소로트 생산, 기능별 배치, 곡선라인(U자 라인), 다기능공, 입식작업, In-Line 등이 있다.

60 시계열 분석에 있어서 추세변동을 T, 계절변동을 S, 순환변동을 C, 불규칙변동을 R, 수요를 Y라고 하면, 승법 모델에서 계절변동 (S)를 나타내는 공식은?

① $S = T \times C \times R \times Y$　　　② $S = \dfrac{T + C + R}{Y}$

③ $S = \dfrac{T \times C \times R}{Y}$　　　④ $S = \dfrac{Y}{T \times C \times R}$

풀이 $Y = T \times C \times S \times I$ 에서 $S = \dfrac{T \times C \times I}{Y}$ 가 된다.

품질경영

61 KS Q ISO 9000 : 2007 품질경영시스템 – 기본사항 및 용어에서 품질경영원칙에 해당되지 않는 것은?

① 리더십　　　　② 목표중심
③ 전원참여　　　④ 지속적 개선

풀이 품질경영 7원칙
- 고객중시
- 리더십
- 인원의 적극참여
- 프로세스 접근법
- 개선
- 증거기반 의사결정
- 관계관리/관계경영

62 어떤 제품의 규격이 $7.220 \sim 8.340$이고 $n=5$, $k=20$의 데이터를 취해 $\bar{x}-R$ 관리도를 작성하였다. 공정능력치를 구하면 약 얼마인가?(단, 관리도는 관리상태이며 $\bar{\bar{x}}=6.4297$, $\bar{R}=0.0273$, $d_2=2.326$이다.)

① ± 0.047　　　② ± 0.012
③ ± 0.035　　　④ ± 0.077

풀이 $\pm 3\sigma = \pm 3 \times \left(\dfrac{0.0273}{2.326} \right) = \pm 0.0352$

63 사내표준화의 대상으로 틀린 것은?

① 순서
② 방법
③ 절차
④ 노하우(Know – how)

풀이 노하우(Know–how)는 표준화의 대상으로 볼 수 없다.

64 산업표준화로 인하여 얻을 수 있는 이점으로 틀린 것은?

① 자동화
② 자원절약
③ 호환성
④ 다품종 소량생산

풀이 ④ 소품종 대량생산

65 다음 품질비용에 관한 설명으로 틀린 것은?

① 실패비용은 내부 실패비용과 외부 실패비용으로 나눌 수 있다.
② 파이겐바움에 의하면 실패비용은 총품질비용의 70% 정도 차지한다.
③ 무결점 견해에 의하면 품질수준이 높아짐에 따라 품질 비용은 낮아진다.
④ 내부 실패비용은 그 중요성이 외부 실패비용보다 상대적으로 날로 증가하고 있다.

풀이 ④ 외부 실패비용은 그 중요성이 내부 실패비용보다 상대적으로 날로 증가하고 있다.

66 고객만족의 품질을 만들기 위해서는 고객의 요구를 정확하게 알아야 한다. 고객요구 확인에 대한 설명으로 틀린 것은?

① 기업에서 성공한 제품은 언제나 고객의 요구에 맞춘 것이다. 고객의 요구는 언제나 새로운 제품을 창조한다.
② 기업은 제품을 만든 사람의 의도와는 다르게 사용하는 고객의 요구를 고려하여 제품을 만든다.
③ 기업에서는 지역에 따른 문화적 차이를 고려하여 고객의 요구에 맞춰야 한다.
④ 고객은 자신의 실제적 요구를 상품이 제공할 수 있는 서비스로 요구한다. 즉, 실제는 수송을 필요로 하는 것을 자동차로 요구한다.

풀이 ① 고객의 요구가 언제나 새로운 제품을 창조한다고 할 수는 없다.

67 축의 외경이 $49.98 \sim 50.02$mm이고 구멍의 내경이 $50.02 \sim 50.08$mm일 때 제품에 관한 최소틈새를 구하면 얼마인가?

① -0.10mm　　　② 0.00mm
③ 0.04mm　　　　④ 0.06mm

풀이 최소틈새 $= 50.02 - 50.02 = 0.00$

정답 61 ② 　62 ③ 　63 ④ 　64 ④ 　65 ④ 　66 ① 　67 ②

68 KS Q ISO 9001 : 2015 품질경영시스템 - 요구사항에서 품질매뉴얼에 포함되어야 할 사항이 아닌 것은?

① 품질경영시스템 프로세스 간의 상호작용에 대한 기술
② 품질경영시스템을 위하여 수집된 문서화된 절차 또는 그 절차의 인용
③ 품질경영시스템 운영에 필요한 구체적인 절차서 작성 요령 및 첨부 문서
④ 적용의 제외에 대한 상세한 내용 및 정당성을 포함한 품질경영시스템의 적용범위

풀이 **품질매뉴얼**
조직은 다음 사항을 포함하는 품질매뉴얼을 수립하고 유지하여야 한다.
• 적용의 제외에 대한 상세한 내용 및 정당성을 포함한 품질경영시스템의 적용 범위
• 품질경영시스템을 위하여 수립된 문서화된 절차를 포함하거나 이를 인용
• 품질경영시스템 프로세스 간의 상호 작용에 대한 기술

69 규격한계와 관리한계에 대한 설명으로 옳지 않은 것은?

① 관리한계는 자연공차한계(Natural Tolerance Limit)라고도 한다.
② 일반적으로 관리한계는 규격한계보다 넓게 설정될수록 좋다.
③ 고유 공정한계(Inherent Process Limit)라고도 하는 관리한계는 $\mu \pm 3\sigma$에 의해 구한다.
④ 관리한계가 규격한계 내에 있으면 부적합품률을 낮게 생산할 수 있다.

풀이 일반적으로 관리한계와 규격한계는 무관하다고 할 수 있으며, 물론 관리한계가 규격한계 내에 있으면 부적합품률을 낮게 생산할 수 있다.

70 산점도에 대해 설명한 것 중 틀린 것은?

① 요인 X가 증가함에 따라 또 다른 요인 Y도 증가하는 패턴을 정상관이라 한다.
② 요인 X가 증가함에 따라 또 다른 요인 Y가 감소하는 패턴을 부상관이라 한다.
③ 요인 X의 변화에 상관없이 또 다른 요인 Y가 변하는 패턴을 무상관이라 한다.

④ 요인 X가 변화함에 따라 또 다른 요인 Y가 일정한 패턴을 일정상관이라 한다.

풀이 상관에는 정상관, 부상관, 무상관이 있다.

71 제품책임대책은 소송에 지지 않기 위한 방어와 결함제품을 만들지 않기 위한 예방대책으로 구분된다. 다음 중 방어대책으로 보기 어려운 것은?

① 책임의 한정   ② 손실의 분산
③ 손실확대방지   ④ 제품안전 확보

풀이 ④ 제품책임 예방대책에 해당된다.

72 산업표준화의 실시가 생산 제조업체에 미치는 효과로 틀린 것은?

① 분업생산, 생산능률 향상
② 제품품질 향상, 자재절약 도모
③ 기호에 맞는 것을 자유롭게 선택
④ 양산성 확보, 종업원 숙련도 증진

풀이 ③은 소비자에 미치는 효과에 해당된다.

73 파이겐바움은 품질관리부서의 업무분담을 품질관리기술, 공정관리기술, 품질정보기술로 나누고 있다. 다음 중 품질관리기술부문에 해당되지 않는 것은?

① 품질능력평가   ② 품질관리교육
③ 품질관리계획   ④ 품질목표설정

풀이 ①은 공정관리기술부문에 해당된다.

74 다음 중 공정개선이 필요한 경우가 아닌 것은?

① 정해진 표준대로 작업할 수 없어서 결과가 목표치에 미달될 경우
② 해당 공정작업자의 작업표준 미준수로 설비 이상이 자주 발생되는 경우
③ 시장 또는 고객요구 변화에 따라 더욱 높은 수준의 공정을 필요로 하는 경우
④ 정해진 표준대로 작업해도 얻어진 결과가 목표에 미달되어 개선이 필요한 경우

75

업무를 실행해 나가는 과정에서 발생할 수 있는 모든 상황을 상정하여 가장 바람직한 결과에 도달할 수 있도록 프로세스를 정하고자 한다. 어떤 기법을 활용하는 것이 가장 바람직한가?

① PDPC
② PDCA
③ 연관도
④ 매트릭스도

풀이 PDPC(Process Decision Program Chart)법에 대한 설명이다.

76

제품규격이 18.5 ± 0.5인 경우에 샘플의 평균치 $\bar{x} = 18.8$이었다. C_{pk}의 값은 약 얼마인가?(단, 표준편차 $\sigma = 0.1$이다.)

① 0.07
② 0.67
③ 1.33
④ 2.00

풀이 $C_{pk} = C_{pkU} = \dfrac{19.0 - 18.8}{3 \times 0.1} = 0.667$

77

측정 시스템의 변동에서 다루는 항목이 아닌 것은?

① 재현성
② 랜덤성
③ 선형성
④ 반복성

풀이 편기(Bias), 반복성(Repeatability), 재현성(Reproducibility), 안정성(Stability), 직선성(Linearity) 등이 있다.

78

방침관리가 가장 잘되고 있는 회사를 설명하고 있는 것은?

① A회사 사장의 올해 사업목표를 A회사 작업자가 잘 알고 있다.
② B회사는 방침관리를 추진하기 위하여 전문팀을 구성하였다.
③ C회사는 품질분임조 활동을 통하여 회사 방침을 수행한다.
④ D회사는 매주 관리자 방침회의를 열고 있다. 이 회의 내용은 비밀이다.

풀이 방침관리란 기업경영의 방향, 목표, 방책을 위에서부터 말단사원에 이르기까지 전달 · 전개하고 각 지위의 사람들이 계획에 의거, 활동하여 실시한 결과를 평가, 검토, 피드백해서 PDCA를 계속적으로 지속하여 업적의 향상을 도모하는 것이므로 최적의 보기는 ①이 된다.

79

품질보증의 개념에 관한 설명 중 틀린 것은?

① 품질보증은 검사의 기능이다.
② 제품에 대한 소비자와의 약속이며 계약이다.
③ 품질이 소정의 수준에 있음을 보증하는 것이다.
④ 제품품질에 대해 소비자가 안심하고 오래 사용할 수 있음을 보증하는 것이다.

풀이 ① 품질보증은 감사의 기능이다(J. M. Juran).

80

KS A 0001 : 2015 표준서의 서식 및 작성방법에서 한정, 접속 등에 사용하는 용어에 대한 설명 중 틀린 것은?

① "때"는 한정 조건을 나타낼 때 사용한다.
② "혹은"은 선택의 의미로 나눌 때 사용한다.
③ "경우"는 다시 크게 병합할 필요가 있을 때 사용한다.
④ "시"는 시기를 명확히 할 필요가 있을 경우에 사용한다.

풀이 "경우"와 "때"는 한정조건을 나타낼 때 사용한다.

1과목

실험계획법

01 온도 A(모수)를 3수준으로 하고, 실험일자 B(변량)를 3수준으로 하는 난괴법 실험을 실행하여 다음의 데이터를 얻었다. 요인 B의 제곱합(S_B)은 약 얼마인가?

온도 A / 실험일 B	A_1	A_2	A_3	$T_{\cdot j}$	$\bar{x}_{\cdot j}$
B_1	13.1	12.4	12.3	37.8	12.60
B_2	12.9	12.7	12.0	37.6	12.53
B_3	13.4	12.5	12.2	38.1	12.70
$T_{i\cdot}$	39.4	37.6	36.5	113.5	
$\bar{x}_{i\cdot}$	13.13	12.53	12.17		12.61

① 0.04 　　 ② 0.18
③ 1.43 　　 ④ 1.65

풀이 $S_B = \dfrac{37.8^2 + 37.6^2 + 38.1^2}{3} - \dfrac{113.5^2}{9} = 0.042$

02 반복이 있는 모수모형 2요인실험의 특징 중 옳지 않은 것은?

① 요인조합의 효과인 교호작용을 분리하여 구할 수 있다.
② 실험오차를 단독으로 구할 수 있다.
③ 오차로부터 교호작용을 분리할 수 없고, 주효과의 검출력이 좋지 않다.
④ 반복 데이터로부터 실험의 재현성이나 관리상태를 검토할 수 있다.

풀이 ③ 오차로부터 교호작용을 분리할 수 있고, 주효과의 검출력이 좋아진다.

03 $L_{27}(3^{13})$형 직교표로서 실험한 결과 요인 A에 관한 1, 2, 3 수준별 실험 데이터의 합이 각각 $T_{000}=36$, $T_{100}=28$, $T_{200}=16$일 때 제곱합 S_A는 얼마인가?

① 26.84 　　 ② 38.93
③ 48.45 　　 ④ 22.52

풀이 $S_A = \dfrac{36^2 + 28^2 + 16^2}{9} - \dfrac{80^2}{27} = 22.519$

04 3×3 라틴방격 실험에서 $T_{1\cdot\cdot}=16$, $T_{2\cdot\cdot}=40$, $T_{3\cdot\cdot}=47$일 때 요인 A의 제곱합은 약 얼마인가? (단, $T_{i\cdot\cdot}$은 A의 각 수준의 합을 나타낸 것이다.)

① 103.15 　　 ② 146.29
③ 176.22 　　 ④ 231.14

풀이 $S_A = \dfrac{16^2 + 40^2 + 47^2}{3} - \dfrac{103^2}{9} = 176.222$

05 요인 A, B, C에 대한 3×3 라틴방격법의 실험에서 분산분석 결과, 요인 A와 요인 C는 유의하고, 요인 B가 무시될 수 있다면 $\hat{\mu}(A_i C_k)$의 수준조합에서 모평균의 점추정치는?

① $\bar{x}_{i\cdot\cdot} + \bar{x}_{\cdot\cdot k} + \bar{\bar{x}}$
② $\bar{x}_{i\cdot\cdot} + \bar{x}_{\cdot\cdot k}$
③ $\bar{x}_{i\cdot\cdot} + \bar{x}_{\cdot\cdot k} - \bar{\bar{x}}$
④ $\bar{x}_{i\cdot\cdot} + \bar{x}_{\cdot\cdot k} - 2\bar{\bar{x}}$

풀이 $(\bar{x}_{i\cdot\cdot} + \bar{x}_{\cdot\cdot l} - \bar{\bar{x}}) \pm t_{1-\alpha/2}(\nu_e)\sqrt{\dfrac{V_e}{n_e}}$

정답　01 ①　02 ③　03 ④　04 ③　05 ③

06 난괴법(A)과 랜덤화 배치법(B)의 비교 설명 중 틀린 것은?

① A는 블록별로 랜덤화 실험하고 B는 완전 랜덤 실험이다.

② B의 오차의 자유도가 A의 오차의 자유도보다 크다.

③ 일반적으로 B의 방법이 A의 방법에 비하여 실험의 정도가 낮다.

④ 2개의 처리를 n회 반복 실험하는 경우에는 오차항의 자유도는 A는 $a(n-1)$이며 B는 $(a-1)(n-1)$이다.

풀이

난괴법(A)	랜덤화 배치법(B)
2개의 처리를 n회 반복 실험하는 경우에 오차항의 자유도는 $(a-1)(n-1)$이다.	2개의 처리를 n회 반복 실험하는 경우에 오차항의 자유도는 $a(n-1)$이다.

07 다음은 기계 간 부적합품의 차이가 있는지를 알아보고자 분산분석을 실시한 결과이다. 실험결과에 대한 설명으로 가장 거리가 먼 것은?

수준	A_1	A_2	A_3	A_4
적합품	190	178	194	170
부적합품	10	22	6	30

요인	SS	DF	MS	F_0	$F_{0.95}$
A	1.82	3	0.6067	7.99	2.60
e	60.40	796	0.0759		
T	62.22	799			

① 유의수준 5 %로 분산분석 결과 기계 간 부적합품률 차이는 의미가 있다.

② 현실적으로 계수치 1요인실험은 완전 랜덤화가 곤란하므로 실무상에서는 적용할 수 없다.

③ 기각역 $F_{0.95}$는 오차항의 자유도가 충분히 크므로 오차항의 자유도를 ∞로 놓고 구한 것이다.

④ 부적합품률이 높은 A_4설비 등에 대해 보수 또는 오퍼레이터 훈련 등의 조치가 필요해 보인다.

풀이 ② 현실적으로 계수치 1요인실험은 완전 랜덤화가 곤란한 것을 이용한 분할법의 형태이며, 실무상에서 적용하는 데 무리는 없다.

08 다음 분산분석표의 ( ) 안의 값은 약 얼마인가?

요인	SS	DF	MS	F_0
m	1428	1	1428	72.9
A	174	2	87	( )
e	529	27	19.6	
T	2131			

① 4.4 ② 5.5

③ 6.5 ④ 7.5

풀이 $F_0 = \dfrac{V_A}{V_e} = \dfrac{87}{19.6} = 4.439$

09 반복이 있는 2요인실험(모수모형)의 요인 A, B, $A \times B$를 유의수준 5 %로 F_0에 의한 검정결과가 옳은 것은?[단, $F_{0.95}(1,\ 36)=4.00$, $F_{0.95}(2,\ 36)=3.15$, $F_{0.95}(3,\ 36)=2.76$, $F_{0.95}(6,\ 36)=2.25$이다.]

요인	SS	DF
A	232.86	3
B	99.48	2
$A \times B$	29.52	6
e	47.63	36
T	409.49	47

① 요인 A만 유의하다.

② 요인 B만 유의하다.

③ 요인 A, $A \times B$만 유의하다.

④ 요인 A, B, $A \times B$ 모두 유의하다.

풀이
- $F_0 = \dfrac{V_A}{V_e} = 58.67 > F_{0.95}(3,\ 36) = 2.76$
- $F_0 = \dfrac{V_B}{V_e} = 37.60 > F_{0.95}(2,\ 36) = 3.15$
- $F_0 = \dfrac{V_{A \times B}}{V_e} = 3.72 > F_{0.95}(6,\ 36) = 2.25$

10 난괴법에 관한 설명으로 틀린 것은?

① R.A. Fisher에 의하여 고안되었고 농사시험에서 유래되었다.

② 1요인은 모수요인이고 1요인은 변량요인인 반복이 없는 2요인실험이다.

③ 요인 B(변량요인)인 경우 수준 간의 산포를 구하는 것이 의미가 있고 모평균 추정은 의미가 없다.

④ A(모수요인), B(블록요인)로 난괴법 실험을 한 경우 층별이 잘된 경우에 정보량이 적어지는 경향이 있다.

풀이 층별이 잘된 경우에 정보량이 많아지는 경향이 있다.

11 2수준 직교배열표에서 요인 A가 기본표시 ab에 요인 B가 기본표시 bc에 배치되었다면 $A \times B$의 기본표시는?

① ab ② ac

③ bc ④ abc

풀이 $A \times B = ab \times bc = ab^2 c = ac$

12 분산분석표 작성 시 포함되지 않는 것은?

① 요인   ② 왜도

③ 제곱합   ④ 자유도

풀이 왜도(歪度)란 분포의 삐뚤어진 정도를 수치화한 것이다.

13 반복수가 일정한 1요인실험의 실험에서 수준수가 4, 반복수가 3일 때, 변량요인 A의 분산 $(\widehat{\sigma_A^2})$의 추정식을 바르게 표현한 것은?

① $\dfrac{V_A - V_e}{3}$ ② V_A

③ $\dfrac{V_A - V_e}{4}$ ④ $V_A + V_e$

풀이 $\widehat{\sigma_A^2} = \dfrac{V_A - V_e}{r} = \dfrac{V_A - V_e}{3}$

14 2요인실험에서 요인 A의 수준수는 4이고, 요인 B의 수준수가 6일 때 A의 불편분산의 기대치는?(단, 반복은 1회이고, 요인 A, B는 모수이다.)

① $\sigma_e^2 + 3\sigma_A^2$ ② $\sigma_e^2 + 4\sigma_A^2$

③ $\sigma_e^2 + 5\sigma_A^2$ ④ $\sigma_e^2 + 6\sigma_A^2$

풀이

요인	$E(MS)$
A	$\sigma_e^2 + m\sigma_A^2 = \sigma_e^2 + 6\sigma_A^2$
B	$\sigma_e^2 + l\sigma_B^2 = \sigma_e^2 + 4\sigma_B^2$

15 1요인실험에 의해 얻어진 다음의 실험 데이터의 오차항의 제곱합 (S_e)은 약 얼마인가?

수준 Ⅰ	90, 82, 75, 71, 81
수준 Ⅱ	93, 94, 84, 88, 92, 80, 73
수준 Ⅲ	55, 48, 62, 72, 57, 86

① 120   ② 135

③ 1,508   ④ 1,806

풀이

요인	SS
A	$S_A = \dfrac{399^2}{5} + \dfrac{604^2}{7} + \dfrac{380^2}{6} - \dfrac{1383^2}{18} = 1,762.938$
e	$S_e = S_T - S_A = 1,507.562$
T	$S_T = 3,270.5$

16 요인의 수준수가 4, 반복이 5회인 1요인실험에서 $S_T = 1.5$, $S_A = 0.85$를 얻었다. 요인 A의 순제곱합 (S_A')은 약 얼마인가?

① 0.65   ② 0.73

③ 0.85   ④ 0.97

풀이 $S_A' = S_A - \nu_A V_e = 0.85 - 3 \times 0.041 = 0.727$

17 요인의 수준수가 4이고 반복수가 5인 1요인실험에서 분산분석 결과 요인 A가 5%로 유의적이다. $V_e = 0.788$이고 $\overline{x}_{2 \cdot} = 8.24$, $\overline{x}_{4 \cdot} = 7.98$이라면 $\mu(A_2)$와 $\mu(A_4)$의 차이를 신뢰수준 95%로 구간추정한다면? [단, $t_{0.95}(16) = 1.746$, $t_{0.975}(16) = 2.120$]

① $-0.720 \leq \mu(A_2) - \mu(A_4) \leq 1.240$
② $-0.836 \leq \mu(A_2) - \mu(A_4) \leq 1.356$
③ $-0.930 \leq \mu(A_2) - \mu(A_4) \leq 1.450$
④ $-1.071 \leq \mu(A_2) - \mu(A_4) \leq 1.591$

풀이 $(8.24 - 7.98) \pm 2.120 \times \sqrt{\dfrac{2 \times 0.788}{5}} = (-0.930, \ 1.450)$

18 5수준의 모수요인 A와 3수준의 모수요인 B를 반복 2회 실험을 한 결과, 결측치가 하나 있어 대응치(추정치)를 사용한 후 분산분석표를 작성한 경우 어느 요인의 자유도가 줄어드는가?

① 오차항 및 전제곱합의 자유도
② 교호작용 및 전제곱합의 자유도
③ 요인 A, B 및 전제곱합의 자유도
④ 요인 A, B 및 오차항의 자유도

풀이 2요인실험에서는 결측치가 존재하게 되면, 오차항과 데이터 전체의 자유도는 결측치 수만큼 줄어들게 된다.

19 x, y의 두 변량들 관계에서 회귀직선식을 구했더니 $\hat{y} = 1.8 + 1.3x$이었다. 공식에 의하여 $S_{(yy)} = 20$, $S_{(xy)} = 13$, $S_{(xx)} = 10$이라면 이 값을 가지고 분산분석표를 작성하고자 한다. 잔차에 의한 제곱합 $S_{y \cdot x}$의 값은?

① 3.10
② 8.25
③ 9.23
④ 11.55

풀이

요인	SS
회귀	$S_R = \dfrac{(S_{xy})^2}{S_{xx}} = \dfrac{13^2}{10} = 16.9$
잔차	$S_{y \cdot x} = 3.10$
계	$S_{(yy)} = 20$

20 요인 A가 l수준, 반복 r회의 1요인실험을 하였다. 유의수준 α에서 처리효과 사이에 유의한 차이가 존재하는지를 판단하기 위한 기준값으로 사용되는 것은?

① $t_{1 - \frac{\alpha}{2}}(\nu_e) \sqrt{\dfrac{V_e}{r}}$

② $\sqrt{F_{1-\alpha}(1, \ \nu_e) \dfrac{V_e}{r}}$

③ $t_{1 - \frac{\alpha}{2}}(\nu_e) \sqrt{\dfrac{2V_e}{r}}$

④ $\sqrt{F_{1-\alpha}(\nu_E, \ 1) \dfrac{2V_E}{r}}$

풀이 최소유의차(LSD ; Least Significant Difference)
$t_{1 - \alpha/2}(\nu_e) \sqrt{\dfrac{2V_e}{r}}$

2과목 **통계적 품질관리**

21 $\overline{x}$ 관리도에서 타점(Plot)된 점이 U_{CL} 혹은 L_{CL} 밖으로 벗어나게 되는 것은 어느 변동 때문인가?

① $\sigma_w^2 + \dfrac{\sigma_b^2}{n}$
② $\sigma_b^2 + \dfrac{\sigma_w^2}{n}$
③ $n\sigma_w^2 + \dfrac{\sigma_b^2}{n}$
④ $\sigma_b^2 + \sigma_w^2$

풀이 $\overline{x}$ 관리도에서는 군내변동과 군간변동으로 구성된다.
$\sigma_{\overline{x}}^2 = \dfrac{\sigma_w^2}{n} + \sigma_b^2$

22 어떤 불순물 혼입에서 불합격으로 된 확률이 4.2%, 수분으로 불합격될 확률이 5.3%, 불순물 혼입과 수분 양쪽으로 불합격이 된 확률이 2.0%라고 하면, 불순물 혼입이나 수분에서 로트의 불합격이 될 확률은?

① 4.2%
② 5.3%
③ 7.5%
④ 9.5%

풀이 $P(A \cup B) = 4.2 + 5.3 - 2.0 = 7.5(\%)$

정답 17 ③ 18 ① 19 ① 20 ③ 21 ② 22 ③

23 제품의 생산량을 측정하였더니 다음과 같다. 모집단의 생산량의 표준편차를 95% 신뢰구간으로 구하면 약 얼마인가?

$$1, \ 3, \ 5, \ 2, \ 7, \ 5$$

$$\chi^2_{0.95}(5)=11.07, \quad \chi^2_{0.95}(6)=12.82$$
$$\chi^2_{0.975}(5)=12.82, \quad \chi^2_{0.975}(6)=14.45$$
$$\chi^2_{0.05}(5)=1.145, \quad \chi^2_{0.05}(6)=1.635$$
$$\chi^2_{0.025}(5)=0.831, \quad \chi^2_{0.025}(6)=1.237$$

① 1.39~5.47　　　　② 1.31~4.48
③ 1.94~29.88　　　④ 1.72~20.08

풀이 $\dfrac{24.8333}{\chi^2_{0.975}(5)} \le \hat{\sigma}^2 \le \dfrac{24.8333}{\chi^2_{0.025}(5)}$

$\sqrt{\dfrac{24.8333}{12.82}} \le \hat{\sigma} \le \sqrt{\dfrac{24.8333}{0.832}}$

24 품질관리 담당자는 생산하는 전구의 평균수명을 신뢰수준 95%에서 오차한계가 20시간 이내로 하여 추정하기를 원한다. 전구의 수명은 정규분포를 따르며, 표준편차가 60시간으로 알려져 있다고 가정할 때 필요한 최소의 표본크기는?

① 33　　　　　　② 34
③ 35　　　　　　④ 36

풀이 $20 = \pm 1.96 \times \dfrac{60}{\sqrt{n}}$　　$\therefore \ n = 34.574 = 35$

25 c 관리도에 대한 설명으로 가장 올바른 것은?

① 계량형 관리도이다.
② 관리한계 U_{CL}과 L_{CL}은 $\bar{c} \pm 3\sqrt{c/n}$ 와 같이 구한다.
③ 부적합수는 이항분포를 따른다는 성질을 이용한다.
④ 검사단위가 일정한 제품의 부적합수의 관리에 이용한다.

풀이 부적합수(c) 관리도는 푸아송 분포를 따른다는 성질을 이용한 계수형 관리도이며, U_{CL}과 L_{CL}은 $\bar{c} \pm 3\sqrt{\bar{c}}$ 이 된다.

26 로트의 크기 N = 1,000인 로트로부터 크기 10개의 시료를 랜덤하게 샘플링하여 이 중에 부적합품수가 0개이면 합격시키고, 1개 이상 나오면 불합격으로 한다면 이 로트가 합격될 확률은?(단, 푸아송 근사로 계산한다. 로트의 부적합품률은 10%로 알려졌다.)

① 20 %　　　　　② 25 %
③ 30 %　　　　　④ 37 %

풀이 $L(p) = \dfrac{e^{-1.0} \times (1.0)^0}{0!} = 0.3679 = 36.79(\%)$

27 푸아송 분포에서 기댓값이 m일 때 표준편차로 옳은 것은?

① m　　　　　　② $2m$
③ m^2　　　　　④ $\sqrt{m}$

풀이
• $E(x) = m$
• $V(x) = m$
• $D(x) = \sqrt{m}$

28 두 특성치에 대해 $S_{xx} = 36.65$, $S_{yy} = 2356.24$, $S_{xy} = 263.75$일 때 결정계수는 몇 %인가?

① 80.6　　　　　② 82.6
③ 85.6　　　　　④ 88.6

풀이 결정계수 $r^2 = \dfrac{(263.75)^2}{36.65 \times 2356.24} = 0.8055 = 80.55(\%)$

29 다음 중 스킵로트 샘플링검사를 적용할 수 있는 경우가 아닌 것은?

① 제품품질이 AQL보다 좋다는 증거가 있는 경우
② 공급자가 요구조건에 합치하는 로트를 계속적으로 생산하는 경우
③ 연속하여 제출된 로트 중의 일부 로트를 검사 없이 합격으로 하는 경우
④ 고립상태의 로트인 경우

풀이 ④ LQ 지표형 샘플링검사를 사용한다.

30 관리도의 설명 중 틀린 것은?

① 통계적 품질관리의 기법
② 로트에 대한 합격 불합격 판정
③ 공정상의 문제점 파악 및 해결
④ 측정 데이터에 의한 점들의 위치 또는 움직임의 양상 파악

풀이 관리도는 공정상의 문제점 등을 파악과 동시에 해결하려는 그래프이지 로트에 대한 합격과 불합격을 판정하는 선은 아니다.

31 시료의 크기가 50인 p관리도에서 $\bar{p}$의 값이 0.037이라면 U_{CL}은 약 얼마인가?

① 11.71% ② 11.99%
③ 12.64% ④ 12.98%

풀이 $U_{CL} = 0.037 + 3\sqrt{\dfrac{0.037 \times (1-0.037)}{50}}$

32 샘플링에 관한 설명 중 틀린 것은?

① 2단계 샘플링은 랜덤샘플링보다 일반적으로 정밀도가 나쁘다.
② 층별샘플링은 일반적으로 랜덤샘플링보다 정밀도가 나쁘다.
③ 랜덤샘플링은 시료가 증가할수록 샘플링 정도가 높아진다.
④ 취락샘플링은 σ_b^2이 작아질 수 있다면 샘플링 정밀도가 높아진다.

풀이 ② 층별샘플링은 일반적으로 랜덤샘플링보다 정밀도가 좋다.

33 $\bar{x}$ 관리도와 $\tilde{x}$ 관리도의 설명 내용으로 가장 거리가 먼 것은?

① $\bar{x}$ 관리도는 $\tilde{x}$ 관리도 보다 사용하기 쉽다.
② $\bar{x}$ 관리도가 $\tilde{x}$ 관리도 보다 많이 사용된다.
③ $\bar{x}$ 관리도에 비해 $\tilde{x}$ 관리도는 제2종의 오류가 크다.
④ $\tilde{x}$ 관리도의 관리한계폭은 $\bar{x}$ 관리도의 관리한계폭보다 협소하다.

풀이 ④ $\tilde{x}$ 관리도의 관리한계폭은 $\bar{x}$ 관리도의 관리한계폭보다 넓다.

34 모집단의 특성을 수량적으로 표시하는 데에는 평균치, 분산, 표준편차 등이 사용된다. 이들은 그 모집단에 대해서는 일정한 값으로서 각각 모평균, 모분산, 모표준편차 등으로 불리운다. 이들의 정수 (定數)를 총칭하는 용어는?

① 편차(偏差) ② 모수(母數)
③ 표본(標本) ④ 통계량(統計量)

풀이 모집단의 특성을 수량화한 것을 모수(Population Parameter)라 한다.

35 정규분포에 대한 설명으로 틀린 것은?

① 분포가 이산적이다.
② 평균치를 중심으로 좌우대칭이다.
③ 곡선의 모양은 산포의 정도 σ에 의해 결정된다.
④ 확률변수 X를 $\dfrac{X-\mu}{\sigma}$ 로 치환하면 표준정규분포가 된다.

풀이 ① 분포는 연속확률분포이다.

36 계수형 및 계량형 샘플링검사에 대한 설명으로 틀린 것은?

① 일반적으로 계수형검사에서 시료의 크기는 계량형검사에서 시료의 크기보다 작다.
② 일반적으로 계량형검사는 계수형검사보다 정밀한 측정기가 요구되는 경우가 많다.
③ 검사의 설계, 방법 및 기록은 계량형검사가 계수형검사보다 더 복잡한 경우가 많다.
④ 단위물품의 검사에 소요되는 시간은 계수형검사의 경우가 더 작은 경우가 많다.

풀이 ① 일반적으로 계수형검사에서 시료의 크기는 계량형검사에서 시료의 크기보다 크다.

37 S기업의 인사부장은 본사 사무직원들의 결근에 대해서 연구하기 위해 25명의 사무직원을 추출하여 년간 결근일수를 조사하였더니 25명 중 12명은 10일 이상 결근한 것으로 조사되었다. 10일 이상 결근자 비율의 95% 신뢰구간을 구하면 약 얼마인가?(단, $u_{0.975} = 1.96$, $u_{0.95} = 1.645$)

① (0.316, 0.644) ② (0.284, 0.676)
③ (0.316, 0.676) ④ (0.284, 0.644)

풀이 $\hat{p} = \dfrac{12}{25} = 0.48$

$0.48 \pm 1.96 \times \sqrt{\dfrac{0.48 \times (1 - 0.48)}{25}} = (0.2842, 0.6758)$

38 검사의 엄격도 전환에서 보통검사에서 수월한 검사로 가는 조건 중 틀린 것은?

① 생산진도의 안정
② 소관 권한자 인정
③ 연속 5로트 합격
④ 전환 스코어 30점 이상

풀이 엄격도 전환에서 보통검사에서 수월한 검사로 가기 위해서는 생산이 안정, 소관 권한자 인정, 전환스코어 30점 이상의 조건 3개가 모두 만족하여야 한다.

39 $\bar{x}$ 관리도에서 $U_{CL} = 12$, $L_{CL} = 2$일 때, 중심선은?

① 2 ② 6
③ 7 ④ 10

풀이 $C_L = \dfrac{U_{CL} + L_{CL}}{2} = \dfrac{12 + 2}{2} = 7.0$

40 $\bar{x}$ 관리도에서 표본의 크기와 관리한계의 폭 사이의 관계를 가장 올바르게 설명하고 있는 것은?

① 표본의 크기 n이 커질수록 관리한계의 폭은 n에 비례하여 넓어진다.
② 표본의 크기 n이 커질수록 관리한계의 폭은 n에 반비례하여 좁아진다.
③ 표본의 크기 n이 커질수록 관리한계의 폭은 $\sqrt{n}$에 비례하여 넓어진다.
④ 표본의 크기 n이 커질수록 관리한계의 폭은 $\sqrt{n}$에 반비례하여 좁아진다.

풀이 $\bar{x} \pm 3 \dfrac{\sigma}{\sqrt{n}}$에서 n이 커질수록 관리한계의 폭은 $\sqrt{n}$에 반비례하여 좁아진다.

3과목 **생산시스템**

41 로트크기(Lot Size)를 결정하는 방법 중 대응발주(LFL ; Lot for Lot)법의 특징이 아닌 것은?

① 순소요량만큼 발주한다.
② 명시된 고정량을 주문한다.
③ 고가품목이나 생산준비 비용이 적은 품목에 적합하다.
④ 주문횟수가 많아 주문비용과 생산준비비용이 많이 든다.

풀이 대응발주(LFL ; Lot for Lot)법이란 필요한 자재만큼에 따라 대응하여 발주하는 방식이므로 명시된 고정량을 주문하는 것이 아니라 필요에 따른 순소요량만큼 발주를 하게 된다.

42 공정효율을 구하는 과정에 관한 일반적인 설명으로 틀린 것은?

① 실제공정효율은 이론공정효율보다 크다.
② 실제 작업장 수는 이론적인 작업장 수보다 많다.
③ 라인밸런싱은 조립라인의 균형과 문제를 다룬다.
④ 사이클타임은 한 작업장에서 소요되는 최대허용시간을 말한다.

풀이 ① 실제공정효율은 이론공정효율보다 일반적으로 낮다.

43 PTS법의 설명으로 틀린 것은?

① 주관적 판단을 해야 하는 레이팅에 부담이 없다.
② 작업방법과 작업시간을 분리하여 연구할 수 있다.
③ 현장관측이나 시간관측 없이 작업표준을 설정할 수 있다.
④ 무작위 표본추출의 이론을 적용한 통계적 작업측정 기법이다.

풀이 ④는 Work Sampling법에 대한 설명이다.

44 정량발주시스템과 정기발주시스템에서 안전재고량에 대한 비교 설명으로 옳은 것은?

① 정량발주시스템보다 정기발주시스템에서 안전재고 수준이 상대적으로 높다.
② 정기발주시스템보다 정량발주시스템에서 안전재고 수준이 상대적으로 높다.
③ 두 경우 모두 안전재고량은 같은 수준이다.
④ 두 경우 모두 안전재고량을 고려하지 않는다.

풀이 정량발주시스템보다 정기발주시스템에서 안전재고 수준이 상대적으로 높다.

45 MRP 시스템의 기본이 되는 3가지 입력사항으로 틀린 것은?

① 주일정계획 　　② 자재명세서
③ 수요예측치 　　④ 재고기록철

풀이 주일정계획(MPS), 자재명세서(BOM), 재고기록철(IRF)이 있다.

46 열화손실을 감소시키기 위한 조치의 설명으로 틀린 것은?

① 정상운전 : 운전자의 훈련과 지도
② 개량보전 : 갱신분석의 조직화 실시
③ 예방보전 : 주기적 검사와 예방수리의 적정 실시
④ 일상보전 : 급유, 교환, 점검, 청소 등의 적정 실시

풀이 개량보전을 위하여 고장상태를 잘 알 수 있도록 설비를 사용하는 사람이 기록을 하고, 고장재발을 방지하기 위하여 개선제안을 적극적으로 한다.

47 MRP의 효과가 가장 적게 나타나는 때는?

① 제품원가가 고가일 때
② 최종제품이 공정이 길 때
③ 부품구입 소요시간이 길 때
④ 제품의 생산공정이 간단할 때

풀이 ④ 제품의 생산공정이 복잡할 때 효과가 크다.

48 다음의 용어와 가장 관련이 있는 수요예측기법은?

| 표본조사방법, 설문지, 인터뷰, 시제품발송 |

① 델파이법
② 시장조사법
③ 패널동의법
④ 역사적 자료유추법

풀이 소비자(시장)조사법에 해당되는 내용으로 볼 수 있다.

49 필름분석 중 1초에 1프레임 혹은 1분에 100프레임의 속도로 촬영하여 분석하는 기법은?

① 미세동작 분석
② 메모 모션 분석
③ 스트로보 사진 분석
④ 크로노사이클 그래프 분석

풀이 Memo Motion Study란 촬영속도가 늦은(1FPS or 100FPM) 특수촬영을 하여 작업자의 동작분석, 설비의 가동상태 분석, 운반, 유통경로 분석 등을 행하는 필름분석의 한 수법으로 Mundel이 고안하였다.

50 5S 중 '정리'에 대한 설명으로 옳은 것은?

① 먼지나 쓰레기가 없는 상태로 한다.
② 정해진 일을 올바르게 지키는 습관을 생활화한다.
③ 필요한 것을 필요한 때에 꺼내 사용할 수 있도록 한다.
④ 필요한 것과 필요 없는 것을 구분하여 필요 없는 것을 없앤다.

풀이 정리(Seiri)란 필요한 것과 불필요한 것을 구분하여, 불필요한 것을 없애는 것이다.

PART 1
PART 2
PART 3
PART 4
PART 5
PART 6
PART 7

51 PERT/CPM 일정 계산 시 최종단계에서 최종완료일을 변경하지 않는 범위 내에서 각 단계에 허용할 수 있는 여유시간은?

① 시간간격
② 슬랙(Slack)
③ 주공정 시간
④ 리드타임(Lead Time)

풀이 최종단계에서 최종완료일을 변경하지 않는 범위 내에서 각 단계에 허용할 수 있는 여유시간을 단계여유(Slack ; S)라 한다.

52 어떤 작업자의 시간연구 결과 사이클타임은 2분, 작업수행도는 90%로 평가되었다. 정상시간에 대한 여유율을 10%로 설정할 경우, 이 작업에 대한 표준시간은 약 얼마인가?

① 1.4분
② 1.6분
③ 1.8분
④ 2.0분

풀이 정미시간(정상시간) = 2분 × 0.9 = 1.8분
표준시간 = 정미시간 × (1 + 여유율) = 1.8분 × (1 + 0.1)
= 1.98분

53 재고부족이 허용되는 EOQ 모형과 관련이 없는 비용은?

① 주문비용
② 재고유지비용
③ 생산준비비용
④ 재고부족비용

풀이 $EOQ = Q_0 = \sqrt{\dfrac{2DC_p}{P_i}} = \sqrt{\dfrac{2DC_p}{C_H}}$

(단, D는 연간소요량, $P_i = C_H$는 단위당 연간재고유지비, C_p는 주문비용)

54 현장감독자에게 해당품목을 어떤 작업방법으로 언제까지 생산할 것인가를 나타내는 작업명령에 관한 정보를 나타내는 것은 무엇인가?

① 작업지시서
② 생산계획서
③ 작업독촉표
④ 부적합보고서

풀이 작업지시서에 대한 설명이다.

55 어느 기업의 시간분석 담당자가 요소작업에 소요되는 시간을 측정한 결과, 예비관측의 표준편차는 1.0분, 신뢰수준 90%, 허용오차 0.8분일 때, 관측횟수는?(단, 신뢰수준 90%일 때, $Z = 1.65$이다.)

① 5회
② 7회
③ 9회
④ 11회

풀이 $0.8 = \pm 1.65 \times \dfrac{1.0}{\sqrt{n}}$ ∴ $n = 4.25 = 5$(회)

56 최단처리시간규칙을 사용할 경우 평균작업완료 시간은?

작업	처리시간(일)	납기일
A	2	4
B	5	6
C	8	10
D	10	20

① 6.25일
② 8일
③ 12.25일
④ 25일

풀이

작업순서	처리시간(일)	완료시간(일)
A	2	2
B	5	7
C	8	15
D	10	25

평균작업완료시간 = $\dfrac{2 + 7 + 15 + 25}{4}$ = 12.25(일)

57 작업유형별로 적합한 작업측정기법이 틀린 것은?

① 주기가 극히 짧고 매우 반복적인 작업 – 필름분석
② 고속으로 촬영하여 저속으로 영사 – 미세동작연구
③ 각 동작의 표준시간을 산정할 때, 레이팅이 필요 없는 직무 – 스톱워치법
④ 주기가 길거나 활동내용이 일정하지 않은 비반복적인 작업 – 워크샘플링

풀이 ③은 PTS법에 대한 설명으로 볼 수 있다.

정답 51 ② 52 ④ 53 ③ 54 ① 55 ① 56 ③ 57 ③

58 ABC 재고관리의 특징과 거리가 먼 것은?

① 자재 및 재고자산의 차별 관리이다.
② 소수의 중요 품목을 중점 관리한다.
③ 일반적으로 분류기준은 품목의 연간 사용량에 따른 가격의 크기이다.
④ 낭비를 제거하기 위하여 적시에 필요한 원부자재를 제공하고자 하는 모형이다.

풀이 ④는 JIT 시스템에 대한 설명으로 볼 수 있다.

59 작업자가 한 장소에서 다른 장소로 이동하면서 작업할 때, 작업자의 작업동작 흐름을 추적하기 위한 분석방법은?

① 동작분석
② 다중활동분석
③ 작업자 공정분석
④ 작업자 미세분석

풀이 작업자 공정분석에 대한 내용이다.

60 작업장의 일정계획 수립의 목적으로 틀린 것은?

① 품질개선
② 납기준수
③ 재공품의 최소화
④ 작업준비시간의 최소화

풀이 품질개선은 일정계획과 무관한 내용이다

61 개선활동 시 사용되는 아이디어 발상법 중 브레인스토밍(Brainstorming)법의 4가지 원칙에 해당하지 않는 것은?

① 비판하지 않는다.
② 발언을 자유분방하게 한다.
③ 발언의 양보다 질을 추구한다.
④ 남의 아이디어에 대해 개선, 결합을 꾀한다.

풀이 ③ 발언의 질보다 양을 추구한다.

62 제품이나 서비스 품질이 고객의 만족을 얻기 위해서는 품질보증의 필요조건과 충분조건이 모두 충족되어야 하는데, 다음 중 품질보증의 필요조건에 해당되지 않는 것은?

① 공약사항의 이행
② 공약사항의 보완
③ 요구조건의 충족
④ PL 문제에 대한 대처

풀이 ③은 충분조건에 해당된다.

63 어떤 기계부품의 규격은 7 ± 0.025 mm이다. 이 부품을 제조하는 공정의 표준편차가 0.01 mm이면 이 부품에 대한 공정능력의 평가로 옳은 것은?

① 공정능력이 불충분하다.
② 상기 자료만으로는 알 수 없다.
③ 공정능력이 충분히 만족되고 있다.
④ 공정능력은 있으나 관리에 주의가 필요하다.

풀이 $C_p = \dfrac{U-L}{6\sigma} = \dfrac{0.050}{6 \times 0.01} = 0.833$

64 조직의 임원들로 구성되어 있으며 품질을 향상시키기 위해 구성원들을 지휘하고 각 부서 간의 업무를 조정하는 협의체는?

① 품질분임조
② 방침관리팀
③ 품질개선팀
④ 품질경영위원회

풀이 품질경영위원회에 대한 설명이다

65 제품책임(PL)에 있어 엄격책임은 부당하게 위험한 결함상태의 제품을 소비자에게 판매한 자는 사용자나 그의 재산에 입힌 손해에 대하여 책임이 있다는 것을 규정하고 있다. 엄격책임에 대한 설명으로 가장 관계가 먼 내용은?

① 엄격책임소송의 초점은 제품이 결함이 있는지 여부에 있다.
② 타인의 권리를 침해하는 경우에 생기는 법률상의 책임으로 개인과 개인 간에 생기는 책임이다.
③ 불합리하게 위험한 상태로 제품을 판매하였을 경우 계약조건에 없더라도 과실존재 입증만으로도 생산자나 판매자가 지는 책임이다.
④ 제조자가 자사제품이 더 이상 점검되지 않고 사용될 것을 알면서도 제품을 유통시킬 때, 그 제품이 인체에 상해를 줄 수 있는 결함이 있는 것으로 입증될 때 적용할 수 있다.

풀이 ②는 제품책임(PL)과 전혀 연관성이 없는 내용이다.

66 다음 중 가빈 (D.A. Garvin) 박사가 품질을 이루고 있는 범주로서 제시한 8가지 품질의 구성요소에 해당되지 않는 것은?

① 안전(Safety)
② 신뢰성(Reliability)
③ 성능(Performance)
④ 지각된 품질(Perceived Quality)

풀이 품질범주로 성능, 특징, 신뢰성, 적합성, 내구성, 서비스, 미관성, 인지품질(지각된 품질) 등으로 품질의 8대 구성요소로 구분하였다.

67 공장 또는 시험장에 있어서의 계량관리에서 수행해야할 내용으로 틀린 것은?

① 계량관리의 목적을 명확히 한다.
② 관리를 행하는 조직을 확립하고 책임분리를 명확히 한다.
③ 관리대상의 조사연구를 하고 계측화, 자동화를 도모한다.

④ 시간적인 단축을 위하여 정비규정의 표준화에 얽매이지 말아야 한다.

풀이 ④ 계량관리는 정확하고 정밀한 측정을 위함이므로 정비규정의 표준화는 반드시 지켜지는 것이 바람직하다.

68 품질은 "사회에 끼친 총 손실이다."라고 정의한 사람은?

① 쥬란(Juran)
② 다구찌(Taguchi)
③ 데밍(Deming)
④ 이시까와(Ishikawa)

풀이 다구찌(Taguchi)의 정의이다.

69 국가표준기본법 시행령에 따른 기본단위가 아닌 것은?

① m
② kg
③ Hz
④ cd

풀이 기본단위
길이(m), 질량(kg), 시간(sec), 온도(캘빈도 : K), 광도(칸델라 : cd), 전류(A), 물질량(몰 : mol) 등

70 표준화에 관련한 용어설명으로 틀린 것은?

① 시방 (Specification)은 재료, 제품, 공구, 설비 등에 관하여 요구하는 특성을 규정한 것을 말한다.
② 가규격(Tentative Standard)이란 정식규격의 설정에 앞서 시험적으로 적용할 것을 목적으로 정한 것이다.
③ 잠정규격(Temporary Standard)은 종래의 규격이 적당하지 않을 때 특정기간에 한하여 적용할 것을 목적으로 한 정식규격이다.
④ 호환성(Interchangeability)은 잘 쓰이지 않기 때문에 불필요하다고 생각되는 구성품의 수, 형상, 제품의 형식수 등을 줄이는 것을 말한다.

풀이 ④ 호환성(Interchangeability)은 잘 쓰이는 구성품의 수, 형상, 제품의 형식수 등으로만 구성되도록 한다.

71 품질시스템의 활동 및 관련결과가 계획된 사항에 부합하는지의 여부를 검증하고 품질시스템의 유효성을 판단하기 위해 정기적으로 계획, 실시, 평가하는 것은?

① 품질시스템 검토
② 품질시스템 검사
③ 품질시스템 감사
④ 품질시스템 평가

품질시스템에 대한 설명이다.

72 일반적으로 시간에 따라 변하는 수량의 상황을 나타낼 때 사용되는 통계도표로 가장 적당한 것은?

① 삼각그래프
② 원그래프
③ 그림그래프
④ 꺾은선그래프

꺾은선그래프
시계열적으로 움직이는 변화량을 나타낸 그래프

73 A부품의 규격이 3.5 ± 0.02, B부품의 규격이 5.0 ± 0.04, C부품의 규격이 7.0 ± 0.05인 3가지 부품을 직선으로 조립할 경우, 이 조립부품의 겹침공차는 약 얼마인가?

① ± 0.020
② ± 0.067
③ ± 0.110
④ ± 0.316

조립품공차 $= \pm \sqrt{0.02^2 + 0.04^2 + 0.05^2} = \pm 0.0671$

74 품질비용 중 예방비용에 해당되는 것은?

① 재가공 작업비용
② 클레임 처리비용
③ 품질관리 교육비용
④ 계측기 검·교정 비용

①, ② 실패비용
④ 평가비용

75 제품구매 소비자 측면에서 미지는 표준화 효과의 내용으로 옳지 않은 것은?

① 제품선택의 용이
② 제품의 교환 수리가 용이
③ 소비자의 구입 가격상 이익
④ 다양화에 따른 선택의 용이

④는 표준화의 효과는 단순화에 따른 선택의 용이가 맞다.

76 KS Q ISO 9001 : 2015(품질경영시스템－요구사항) 중 적격성, 교육훈련 및 인식에 관하여 조직이 이행하기를 요구하는 사항이 아닌 것은?

① 취해진 조치의 효과성을 평가
② 조직의 인원은 경험에 의하여 적절히 선발
③ 필요한 적격성을 충족시키기 위하여 교육훈련을 제공하거나 기타 조치
④ 제품 요구사항에 대한 적합성을 미치는 업무를 수행하는 인원에 대해 필요한 적격성 결정

② 조직의 인원은 학력, 교육훈련 또는 경험에 근거하여 선발할 것

77 신 QC 7가지 방법에 해당되지 않는 것은?

① 고든법
② 연관도법
③ 계통도법
④ 애로우도법

고든법은 브레인스토밍법의 단점을 보완한 창의성 개발기법의 하나이다.

78 6시그마 추진을 위한 인력 육성책의 일환으로 조직원을 선발하여 6시그마 교육을 수행시킨 다음 본인의 조직에서 업무를 수행하게 하면서 동시에 6시그마 프로젝트 리더가 수행하는 개선활동에 팀원으로 참여하여 활동하는 요원의 자격을 무엇이라 하는가?

① 그린벨트
② 챔피언
③ 블랙벨트
④ 마스터 블랙벨트

GB(Green Belt)
품질기초기법 활용, 현업 및 개선 프로젝트의 병행

79 한국산업규격의 분류기호를 표기한 것 중 틀린 것은?

① 섬유－H
② 일용－G
③ 요업－L
④ 조선－V

① 섬유(K)

80 고객만족활동은 모든 사원이 고객이 제일이라는 생각을 가지고 행동으로 실천하는 것이 중요하다. 가장 적절치 못한 것은?

① 고객만족 경영실천에 대한 비전을 제시한다.
② 고객불만사항이 많은 고객의 요구는 배제한다.
③ 고객 제일주의가 모든 임직원의 공유된 가치관이어야 한다.
④ 고객의 요구나 기대를 파악하기 위해 고객만족도를 정기적으로 조사한다.

풀이 ② 고객불만사항이 많은 고객의 요구는 보다 적극적으로 파악한다.

1과목 실험계획법

01 동일한 물건을 생산하는 4대의 기계에서 부적합품 여부에 대한 동일성에 관한 실험을 하였다. 적합품이면 0, 부적합품이면 1의 값을 주기로 하고, 4대의 기계에서 100개씩의 제품을 만들어 부적합품 여부를 검사하여 표와 같은 결과를 얻었다. 이 자료에서 오차항의 자유도(ν_e)는 얼마인가?

기계	A_1	A_2	A_3	A_4
적합품	90	80	94	71
부적합품	10	20	6	29
합계	100	100	100	100

① 362 ② 374
③ 396 ④ 399

풀이 $\nu_e = \nu_T - \nu_A = 399 - 3 = 396$

02 반응변수 y와 설명변수 x에 대한 직선 회귀식을 구했을 때 기울기 값은?[단, $\overline{x} = 4$, $\overline{y} = 7$, $\sum \left(x_i - \overline{x} \right)^2 = 10$, $\sum \left(y_i - \overline{y} \right)^2 = 20$, $\sum \left(x_i - \overline{x} \right)\left(y_i - \overline{y} \right) = 13$이다.]

① 0.77 ② 1.3
③ 1.8 ④ 2.5

풀이 $\widehat{\beta_1} = b = \dfrac{S(xy)}{S(xx)} = \dfrac{13}{10} = 1.3$

03 요인 A는 3수준, 요인 B는 4수준인 반복없는 모수모형 2요인실험에서 다음의 [데이터]를 얻었다. 분산분석 결과 요인 A, B가 모두 유의하다면 $\hat{\mu}(A_1 B_2)$의 점추정 값은 얼마인가?

[데이터]

$\overline{x}_{1 .} = 79.25, \quad \overline{x}_{2 .} = 78.25, \quad \overline{x}_{3 .} = 76.5$

$\overline{x}_{.1} = 75.0, \quad \overline{x}_{.2} = 83.3, \quad \overline{x}_{.3} = 80.3$

$\overline{x}_{.4} = 73.4, \quad \overline{\overline{x}} = 78$

① 75.25 ② 79.50
③ 80.30 ④ 84.55

풀이 $\overline{x}_{1 .} + \overline{x}_{.2} - \overline{\overline{x}} = 79.25 + 83.3 - 78 = 84.55$

04 요인 A가 4수준, 요인 B가 5수준인 반복이 없는 2요인실험에 있어서 결측치가 1개 있을 때 총 자유도는?(단, 요인 A와 B는 모수모형이다.)

① 14 ② 15
③ 18 ④ 19

풀이 ν_e = 기존의 오차항의 자유도 − 결측치수
$= [(4 \times 5) - 1] - 1 = 18$

05 2수준계 직교배열표 중 가장 작은 것은?

① $L_2(2^2)$형 ② $L_4(2^3)$형
③ $L_4(2^5)$형 ④ $L_4(2^7)$형

풀이 가장 작은 직교배열표 : $L_4(2^3)$

06 라틴방격법을 이용한 실험결과로 얻은 데이터의 구조식은?[단, $\sum a_i = 0$, $\sum b_j = 0$, $\sum c_k = 0$, $e_{ijk} \sim N\left(0, \ \sigma_e^2 \right)$이다.]

① $x_{ijk} = \mu + a_i + b_j + c_k + e_{ijk}$
② $x_{ij} = \mu + a_i + b_j + (ab)_{ij} + e_{ij}$
③ $x_{ijk} = \mu + a_i + b_j + c_k + (ab)_{ij} + (bc)_{jk} + c_{ijk}$
④ $x_{ijk} = \mu + a_i + b_j + c_k + (ab)_{ij} + (ac)_{ik} + (bc)_{jk} + c_{ijk}$

정답 01 ③ 02 ② 03 ④ 04 ③ 05 ② 06 ①

풀이 데이터의 구조식은 $x_{ijl} = \mu + a_i + b_j + c_l + e_{ijl}$로 표시된다.

07 반복이 일정하고 $l=4$, $m=5$인 1요인실험에서 $V_e = 0.049$, $\bar{x}_2. = 8.24$였다. $\mu(A_2)$를 신뢰율 95%로 구간추정 하면 약 얼마인가? [단, $t_{0.975}(15) = 2.131$, $t_{0.975}(16) = 2.120$, $t_{0.95}(15) = 1.753$, $t_{0.95}(16) = 1.746$이다.]

① $8.004 \leq \mu(A_2) \leq 8.476$

② $8.030 \leq \mu(A_2) \leq 8.450$

③ $8.047 \leq \mu(A_2) \leq 8.433$

④ $8.066 \leq \mu(A_2) \leq 8.414$

풀이 $\bar{x}_2. \pm t_{0.975}(16) \sqrt{\dfrac{0.049}{5}} = (8.030, \ 8.450)$

08 라틴방격법에서 요인 A, B, C가 모두 유의할 때 조합조건 $A_i B_j C_k$에서 모평균을 추정하기 위한 유효반복수 (n_e)는 얼마인가? (단, 수준수는 3이다.)

① $\dfrac{5}{9}$

② $\dfrac{7}{9}$

③ $\dfrac{9}{7}$

④ $\dfrac{9}{5}$

풀이 $n_e = \dfrac{k^2}{3k-2} = \dfrac{3^2}{3 \times 3 - 2} = \dfrac{9}{7}$

09 반복이 없는 2요인실험에 대한 설명으로 틀린 것은?

① 데이터 구조식은 $x_{ijk} = \mu + a_i + b_j + e_{ijk}$이다.

② 일반적으로 두 요인간의 교호작용은 나타나지 않는다.

③ 요인이 두 개이며, 각 처리조합 내의 측정치가 1개인 경우를 말한다.

④ 1요인이 모수요인이고, 다른 요인이 변량요인인 경우를 난괴법이라고 한다.

풀이 ① 데이터의 구조식은 $x_{ij} = \mu + a_i + b_j + e_{ij}$이다.

10 요인의 수준수는 4이고, 반복수가 3으로 일정한 1요인 실험에서 오차의 자유도(ν_e)는?

① 3

② 8

③ 9

④ 11

풀이 $\nu_e = \nu_T - \nu_A = 11 - 3 = 8$

11 난괴법의 데이터 구조식에 관한 내용으로 맞는 것은? (단, 요인 A는 모수요인, 요인 B는 변량요인이며, $i=1$, 2, $\cdots$, l, $j = 1$, 2, $\cdots$, m이다.)

────── [구조식] ──────

$$x_{ij} = \mu + a_i + b_j + e_{ij}$$

① $\displaystyle\sum_{i=1}^{l} a_i \neq 0$

② $\displaystyle\sum_{j=1}^{m} b_j \neq 0$

③ $b_j \sim N(1, \ \sigma_e^2)$이고 서로 독립이다.

④ $e_{ij} \sim N(1, \ \sigma_e^2)$이고 서로 독립이다.

풀이 ① $\displaystyle\sum_{i=1}^{l} a_i = 0$

③ $b_j \sim N(0, \ \sigma_B^2)$이고 서로 독립이다.

④ $e_{ij} \sim N(0, \ \sigma_e^2)$이고 서로 독립이다.

12 반복이 있는 2요인실험법(모수모형)에서 요인 A의 제곱합(S_A)은?

B ＼ A	A_1	A_2
B_1	1	2
	2	3
B_2	4	3
	4	5

① 0.5

② 1

③ 2

④ 4

풀이 $S_A = \dfrac{11^2 + 13^2}{4} - \dfrac{24^2}{8} = 0.5$

13 모수요인 A, B의 수준수가 각각 l, m이고, 반복수가 r회인 2요인실험에서 요인 A의 불편분산의 기대치는?

① $\sigma_e^2 + mr\sigma_A^2$

② $\sigma_e^2 + r\sigma_A^2 + lr\sigma_B^2$

③ $\sigma_e^2 + r\sigma_{A\times B}^2 + mr\sigma_A^2$

④ $\sigma_e^2 + r\sigma_{A\times B}^2 + lr\sigma_B^2 + mr\sigma_A^2$

풀이

요인	$E(MS)$
A	$\sigma_e^2 + mr\sigma_A^2$

14 난괴법 실험에서 A(모수요인), B(변량요인) 각각 3수준씩 선정하여 분석한 경우 A의 평균제곱의 기댓값 $E(V_A)$는?

① σ_A^2

② $\sigma_e^2 + 2\sigma_A^2$

③ σ_e^2

④ $\sigma_e^2 + 3\sigma_A^2$

풀이

요인	$E(MS)$
A	$\sigma_e{}^2 + m\sigma_A{}^2 = \sigma_e^2 + 3\sigma_A^2$

15 1요인실험에서 분산분석 후 F검정을 하고자 한다. 각 수준에서 주 효과를 $a_i (i = 1, 2, \cdots, l)$라고 할 때 틀린 것은?

① $H_0 : \sigma_A^2 = 0$

② $H_1 : \sigma_A^2 < 0$

③ $H_0 : a_1 = a_2 = \cdots = a_l = 0$

④ $H_1 : a_i$는 모두 0이 아니다.

풀이 $H_1 : a_i \neq 0 (a_i$는 모두 0은 아니다) 또는 $\sigma_A^2 > 0$

16 반복수가 5회인 3수준 1요인실험 모수모형 실험을 설계하여 15회의 실험을 완전 랜덤화하여 실시하였으나, 실험 과정에서 예상하지 못했던 문제점이 발생하여 A_1에서 5회, A_2에서 3회, A_3에서 4회만 실험하였다. 적절한 분석모형은?

① 난괴법

② 라틴 방격법

③ 반복이 같은 1요인실험 모수모형

④ 반복이 같지 않은 1요인실험 모수모형

풀이 결측치가 존재하므로, 반복이 일정하지 않은 1요인실험이다.

17 요인의 수준과 수준수를 결정하는 방법으로 틀린 것은?

① 최적이라고 예상되는 요인의 수준은 포함시켜야 한다.

② 수준수는 2 이상을 선택하되 가급적 지나치게 많은 수준은 지양한다.

③ 현재 사용되고 있는 요인의 수준은 포함시키는 것이 좋다.

④ 실제 적용이 불가능한 요인의 수준도 반드시 하나 이상 포함되어야 한다.

풀이 ④ 실제 적용이 불가능한 요인의 수준은 포함시키지 않는 것이 실험의 효율을 향상시킬 수 있다.

18 다음 표는 요인 A, B를 2수준으로 직교배열표에 의한 실험을 한 결과이다. $A\times B$의 효과는?(단, 높은 수준은 "+"로, 낮은 수준은 "−"로 표시했다.)

실험 번호	열번호			데이터
	1	2	3	
1	+	+	+	13
2	+	−	−	10
3	−	+	−	12
4	−	−	+	15
배치	A	B	$A\times B$	

① 3

② 4

③ 6

④ 8

풀이 $A\times B = \dfrac{1}{2}\left[T_+ - T_-\right]$

$= \dfrac{1}{2}\left[(13+15) - (10+12)\right] = 3.0$

19 다음은 1요인실험을 하여 얻어진 분산분석표의 일부이다. 오차항의 순제곱합은 얼마인가?(단, 요인 A의 수준수는 4이다.)

요인	SS	DF	MS
A	30		
e	60	20	3
T	90		

① 51
② 60
③ 69
④ 72

풀이 $S_e' = S_e + \nu_A V_e = 60 + 3 \times 3 = 69$

20 다음은 반복이 4회로 일정한 어느 변량모형 1요인실험 결과이다. 이 실험에 대한 설명 중 틀린 것은?

요인	SS	DF	MS	F_0	$F_{0.95}$
A	387.69		129.23	4.459	3.49
e	347.75				
T	735.44	15			

① 오차항의 자유도는 11이다.
② 요인 A의 수준수는 4이다.
③ $\hat{\sigma}_A^2$은 약 25.06으로 추정된다.
④ 오차항의 편차제곱평균은 약 28.98이다.

풀이 ① 오차항의 자유도 : 12 ($\nu_e = \nu_T - \nu_A = 15 - 3 = 12$)

2과목

통계적 품질관리

21 제품의 강도를 측정하였더니 다음과 같은 [데이터]를 얻었다. 데이터를 이용하여 강도에 대한 모분산의 95% 신뢰구간을 구하면 약 얼마인가?

─── [데이터] ───
5,   7,   9,   10,   13,   15

─── [보기] ───
$\chi_{0.95}^2(5) = 11.07$, $\chi_{0.95}^2(6) = 12.82$
$\chi_{0.975}^2(5) = 12.82$, $\chi_{0.975}^2(6) = 14.45$
$\chi_{0.05}^2(5) = 1.145$, $\chi_{0.05}^2(6) = 1.635$
$\chi_{0.025}^2(5) = 0.831$, $\chi_{0.025}^2(6) = 1.237$

① (1.11, 3.88)
② (2.32, 9.10)
③ (4.7, 55.6)
④ (5.4, 82.8)

풀이 $\dfrac{(6-1) \times 13.7667}{\chi_{0.975}^2(5)} \leq \hat{\sigma}^2 \leq \dfrac{(6-1) \times 13.7667}{\chi_{0.025}^2(5)}$

$\therefore 5.369 \leq \hat{\sigma}^2 \leq 82.832$

22 $\bar{x} - R$ 관리도에서 $\bar{x}$ 관리도의 관리한계선을 계산할 때 활용하는 A_2의 계산식으로 맞는 것은?

① $\dfrac{3}{d_2}$
② $\dfrac{3}{\sqrt{n}}$
③ $\dfrac{3}{C_2 \sqrt{n}}$
④ $\dfrac{3}{d_2 \sqrt{n}}$

풀이 ② $A = \dfrac{3}{\sqrt{n}}$ ④ $A_2 = \dfrac{3}{\sqrt{n} \cdot d_2}$

23 X_1과 X_2는 서로 독립인 정규분포로서 평균과 분산이 각각 μ, σ^2이라고 할 때, $X_1 - X_2$의 분포도 정규분포를 한다. 이때 $X_1 - X_2$의 평균과 분산은 각각 얼마인가?

① 0, σ^2
② 0, $2\sigma^2$
③ 2μ, σ^2
④ 2μ, $2\sigma^2$

풀이
• $E(X_1 - X_2) = E(X_1) - E(X_2) = \mu - \mu = 0$
• $V(X_1 - X_2) = V(X_1) + V(X_2) = \sigma^2 + \sigma^2 = 2\sigma^2$

24 관리도의 관리한계선의 의미 설명으로 맞는 것은?

① 제품의 공차한계
② 제품의 규격한계
③ 제품의 양부 판정기준
④ 공정의 이상 판정기준

풀이 관리한계선은 공정의 이상 판정기준으로 사용한다.

정답 19 ③ 20 ① 21 ④ 22 ④ 23 ② 24 ④

25 계수형 샘플링검사 절차 – 제1부 : 로트별 합격품질한계(AQL) 지표형 샘플링검사 방식(KS Q ISO 2589 – 1 : 2014)에서 분수 합격판정개수의 샘플링검사 방식을 적용할 때 샘플링검사 방식이 일정하지 않은 경우 합부판정점수에 대한 내용 중 맞는 것은?

① 합격판정개수가 0인 경우 : 합부판정점수는 7점이 가산된다.

② 합격판정개수가 1/2인 경우 : 합부판정점수는 2점이 가산된다.

③ 합격판정개수가 1/3인 경우 : 합부판정점수는 3점이 가산된다.

④ 합격판정개수가 1/5인 경우 : 합부판정점수는 5점이 가산된다.

풀이 ① $A_c = 0$이면 합부판정점수는 바뀌지 않는다.
② $A_c = 1/2$이면 합부판정점수에 5를 가산한다.
④ $A_c = 1/5$이면 합부판정점수에 2를 가산한다.

26 계수 및 계량 규준형 1회 샘플링검사(KS Q 0001 : 2013)에서 로트의 부적합품률을 보증하는 경우 $P_0 = 1\%$, $P_1 = 9\%$이고, $\alpha = 0.05$, $\beta = 0.1$일 때 합격판정계수 k의 값은 약 얼마인가?(단, $K_{0.05} = 1.65$, $K_{0.1} = 1.28$, $K_{0.01} = 2.33$, $K_{0.09} = 1.34$이다.)

① 1.25   ② 1.45

③ 1.77   ④ 2.93

풀이 $k = \dfrac{K_{p_0} K_\beta + K_{p_1} K_\alpha}{K_\alpha + K_\beta} = \dfrac{2.33 \times 1.28 + 1.34 \times 1.65}{1.65 + 1.28} = 1.772$

27 모부적합품률에 대한 검정을 할 때의 통계량 표시로 맞는 것은?

① $u_0 = \dfrac{P_0 - p}{\sqrt{\dfrac{P_0 \times p}{n}}}$ ② $u_0 = \dfrac{p - P_0}{\sqrt{P_0(1-p)}}$

③ $u_0 = \dfrac{P_0 - p}{\sqrt{P_0(1-p)}}$ ④ $u_0 = \dfrac{p - P_0}{\sqrt{\dfrac{P_0(1-P_0)}{n}}}$

풀이 $u_0 = \dfrac{\dfrac{x}{n} - P_0}{\sqrt{P_0(1-P_0)/n}} = \dfrac{p - P_0}{\sqrt{P_0(1-P_0)/n}}$

28 모평균의 구간추정에 대한 설명 중 틀린 것은?

① 분산이 크면 신뢰구간은 좁아진다.

② 신뢰수준을 높이면 신뢰구간이 넓어진다.

③ 시료의 크기를 크게 하면 신뢰구간이 좁아진다.

④ 분산과 표본의 크기는 신뢰구간이 크기에 상반된 작용을 한다.

풀이 ① 분산이 크면 신뢰구간은 넓어진다.

29 이산형 확률분포에 대한 설명 중 틀린 것은?

① 초기하 분포가 $\dfrac{N}{n} > 10$일 때는 이항분포를 따른다.

② 푸아송 분포가 $nP \geq 5$일 때 이항분포에 근사된다.

③ 이항분포가 $P \leq 0.5$이고, $nP \geq 5$일 때 정규분포에 근사된다.

④ 이항분포가 $P \leq 0.1$이고, $nP = 0.1 \sim 10$일 때 푸아송 분포에 근사된다.

풀이 ② 푸아송 분포가 $nP \geq 5$일 때 정규분포에 근사된다.

30 전수검사와 샘플링검사를 비교 설명한 내용으로 틀린 것은?

① 샘플링검사는 어느 정도 부적합품의 혼입이 인정된다.

② 불완전한 전수검사도 샘플링검사보다 더 큰 신뢰성을 보장받는다.

③ 일반적인 경우 전수검사가 샘플링검사보다 검사비용이 더 많이 든다.

④ 샘플링검사는 품질향상에 대해 생산자에게 자극을 주고자 하는 경우에는 사용된다.

풀이 ② 샘플링검사는 불완전한 전수검사보다 더 큰 신뢰성을 보장받는다.

31 모집단을 몇 개의 층으로 나누어 각 층마다 각각 랜덤으로 시료를 추출하는 방법으로 층간의 차는 가능한 한 크게 하고 층내는 균일하게 층별함을 원칙으로 하는 샘플링검사는?

① 층별샘플링   ② 취락샘플링
③ 계통샘플링   ④ 2단계샘플링

풀이 층별샘플링(Stratified Sampling)에 대한 정의이다.

32 상관계수에 대한 설명 중 틀린 것은?

① 상관계수의 제곱의 값(r^2)을 기여율이라 한다.
② 상관계수 r은 -1부터 $+1$까지의 값을 취한다.
③ 상관계수의 값이 1 또는 -1에 가까울수록 일정한 경향선으로부터의 산포는 커진다.
④ 2개의 변량 x와 y가 있을 경우, x와 y의 선형관계를 표시하는 척도를 상관계수라 한다.

풀이 ③ 상관계수의 값이 1 또는 -1에 가까울수록 일정한 경향선으로부터의 산포는 작아진다.

33 공정에 이상원인이 존재할 때 그것을 가장 민감하게 나타내어 주는 것은?

① 범위   ② 평균
③ 부적합품률   ④ 개개의 측정치

풀이 공정에서 이상원인을 빨리 발견하고 싶을 때 사용하는 관리도가 x 관리도이다.

34 p 관리도에 대한 설명 중 틀린 것은?

① 부적합품률을 관리하기 위한 관리도이다.
② 대표적인 계수형 관리도로 널리 이용된다.
③ 시료의 크기가 일정하지 않으면 사용할 수 없다.
④ 관리한계선은 이항분포의 정규근사를 이용해 정해진다.

풀이 ③ np 관리도는 n이 반드시 일정하여야 하나, p 관리도는 일정하지 않은 경우에도 사용이 가능하다.

35 도수분포표를 작성하려고 측정치를 조사하였더니 최소치가 2.5020이고 최대치가 2.545이다. 계급의 간격을 0.005로 하고, 최소치 2.502가 들어가도록 제1계급의 경계하한을 2.5005로 시작했다면 제2계급의 중심치는 얼마인가?

① 2.503   ② 2.508
③ 2.510   ④ 2.512

풀이

구분	중앙값	경계
제1계급	2.503	2.5005~2.5055
제2계급	2.508	2.5055~2.5105
⋮	⋮	⋮

36 로트의 크기가 작을 때 샘플링검사에 로트가 합격될 확률 $L(P)$를 구하는 공식은?(단, N은 로트의 크기, n은 시료의 크기, c는 합격판정개수, P는 로트의 부적합품률이다.)

① $L(P) = \sum\limits_{x=0}^{c} \dfrac{\binom{PN}{x}\binom{N-PN}{n-x}}{\binom{N}{n}}$

② $L(P) = \sum\limits_{x=0}^{c} \dfrac{\binom{PN}{x}\binom{N-PN}{x-n}}{\binom{N}{c}}$

③ $L(P) = \sum\limits_{x=0}^{c} \dfrac{\binom{PN}{x}\binom{N-PN}{x-n}}{\binom{N}{x}}$

④ $L(P) = \sum\limits_{x=0}^{c} \dfrac{\binom{PN}{n}\binom{N-PN}{x-n}}{\binom{N}{n}}$

풀이

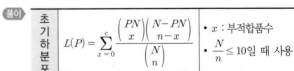

초기하분포	$L(P) = \sum\limits_{x=0}^{c} \dfrac{\binom{PN}{x}\binom{N-PN}{n-x}}{\binom{N}{n}}$	• x : 부적합품수 • $\dfrac{N}{n} \leq 10$일 때 사용

37 제1종의 과오에 대한 내용으로 맞는 것은?

① $(1-\alpha)$에 해당하는 확률
② $(1-\beta)$에 해당하는 확률
③ 귀무가설이 옳은데도 불구하고 이를 기각하는 과오
④ 귀무가설이 옳지 않은데도 불구하고 이를 채택하는 과오

풀이 H_0가 사실(H_1 거짓)일 때 H_0를 기각(H_1 채택)하는 과오

38 중간제품의 부적합품률이 3%, 중간제품의 양품만을 사용하여 가공하였을 때의 제품의 부적합품률이 10%라고 하면 원료로부터 양품이 얻어질 확률은 약 얼마인가?

① 30%
② 70%
③ 87%
④ 97%

풀이 $P(x)=(1-0.03)\times(1-0.10)=0.97\times0.90=0.873(87.3\%)$

39 단위면적의 결점수를 관리하는 c관리도의 중심선(C_L)이 16이라고 한다. U_{CL}과 L_{CL}은 각각 얼마인가?

① $L_{CL}=0$, $U_{CL}=12$
② $L_{CL}=0$, $U_{CL}=28$
③ $L_{CL}=4$, $U_{CL}=12$
④ $L_{CL}=4$, $U_{CL}=28$

풀이
• $U_{CL}=16+3\times\sqrt{16}=28$
• $L_{CL}=16-3\times\sqrt{16}=4$

40 $\bar{x}-R$ 관리도에서 $\sigma_{\bar{x}}=16.2$, $\sigma_b=8.4$, $\sigma_w=24$일 때, 샘플의 크기는 약 얼마인가?

① 1
② 3
③ 5
④ 7

풀이 $16.2^2=\dfrac{24^2}{n}+8.4^2$

$\therefore n=3.002=3$

41 학습효과(Learning Effect)에 관한 설명으로 틀린 것은?

① 작업을 반복함에 따라 공수가 감소되는 현상을 말한다.
② 학습률이 낮을수록 학습곡선은 완만하며 학습효과도 낮다.
③ 새로운 작업의 시초에는 학습효과가 높고, 시간이 지남에 따라 점차 줄어든다.
④ 생산량이 누적되어 증가함에 따라 작업소요시간은 지수함수로 감소된다.

풀이 ② 학습률이 낮을수록 학습곡선은 급하며 학습효과도 높다. 즉, 작업시간이 짧게 걸린다.

42 공정관리에 관한 설명으로 틀린 것은?

① 개별 작업장의 작업순서를 결정하는 작업배정규칙에는 FCFS, SOT 등이 있다.
② 여력관리는 주문생산에서와 같이 상세한 계획수립이 어렵고 계획변경이 빈번한 경우에 필요한 공정관리의 통제기능이다.
③ 각 작업을 개시해서 완료할 때까지에 소요되는 표준적인 일정으로 일정계획의 기초가 되는 것을 기준일정이라 한다.
④ 공정관리기능으로 통제기능에는 공수계획, 절차계획, 일정계획이 있으며, 계획기능으로는 작업배정, 여력관리, 진도관리가 있다.

풀이 ④ 공정관리기능으로 계획기능에는 공수계획, 절차계획, 일정계획이 있으며, 통제기능으로는 작업배정, 여력관리, 진도관리가 있다.

43 긴급주문이나 지연작업에 대하여 작업의 완료시점을 조정하기 위해 작업의 진도를 촉진시키는 것을 무엇이라 하는가?

① 작업배정
② 여력관리
③ 수요예측
④ 작업독촉

풀이 작업독촉에 대한 정의이다.

44 생산의 형태를 예측생산과 주문생산으로 분류할 때 주문생산의 특징에 해당되지 않는 것은?

① 재고관리가 중요시된다.
② 변화에 대한 유연성이 크다.
③ 생산설비는 주로 범용설비를 사용한다.
④ 제품의 종류가 다양하고 고가인 경우가 많다.

풀이 ①은 예측생산의 특징으로 볼 수 있다.

45 수요예측에 대한 설명 중 틀린 것은?

① 가중이동평균은 각 자료치에 상관계수를 계산하여 두 요인 간의 관계를 미래수요에 적용하는 것이다.
② 추세분석법은 시계열을 잘 관통하는 추세선을 구한 다음 그 추세선상에서 미래수요를 예측하는 방법이다.
③ 단순이동평균법은 전기수요법을 좀 더 발전시킨 것으로 과거일정기간의 실적을 평균해서 예측하는 방법이다.
④ 지수평활법은 지수적으로 감소하는 가중치를 이용하여 최근의 자료에 더 큰 비중을 두고 오래된 자료에 더 적은 비중을 두어 미래수요를 예측한다.

풀이 ① 가중이동평균은 각 자료치에 가중치를 부여하여 미래수요에 적용하는 것이다.

46 표준자료법의 특성에 관한 설명 중 맞는 것은?

① 레이팅(Rating)이 필요하다.
② 표준시간의 정도가 뛰어나다.
③ 제조원가의 사전견적이 가능하다.
④ 표준자료작성의 초기비용이 저렴하다.

풀이 표준자료작성의 초기비용이 고가이고, 표준시간의 정도가 작성비용에 비해 우수하지는 못하나 레이팅(Rating)이 필요 없다.

47 고임금 · 저노무비의 원칙과 관계되는 시스템은?

① 포드 시스템　　② 호손 시스템
③ 길브레스 시스템　　④ 테일러 시스템

풀이 • 포드 시스템 - 고임금 저가격
• 테일러 시스템 - 고임금 저노무비

48 관측시간의 대표치가 0.5분이고, 레이팅 평가치가 125%일 경우 정미시간은 약 얼마인가?

① 0.4분　　② 0.525분
③ 0.625분　　④ 1.75분

풀이 정미시간＝평균관측시간×수행도 평가계수
＝0.5×1.25＝0.625(분)

49 GT에 의한 생산 또는 로트생산시스템에 가장 적합한 배치형태는?

① 공정별 배치
② 제품별 배치
③ 그룹별 배치
④ 제품고정형 배치

풀이 GT에 의한 생산은 그룹별 배치, 로트생산시스템에는 제품별 배치로 대별할 수는 있으나 본 문제는 합성된 형태이므로 그룹별 배치를 가장 적합한 배치형태로 볼 수 있다.

50 MRP의 투입요소가 아닌 것은?

① 자재명세서
② 주일정계획
③ 재고기록철
④ 발주일정보고서

풀이 대일정계획(주일정계획) 또는 기준생산계획, 자재명세표(BOM ; Bill Of Materials), 재고기록철 등이 필요하다.

51 AOA(Activity On Arc)방식의 계획공정도(Network)에서 쓰이는 화살표(→)가 의미하는 것은?

① 작업을 의미
② 작업개수를 의미
③ 작업완료를 의미
④ 작업결합을 의미

풀이 활동은 과업수행상 시간 및 자원(인원, 물자, 설비 등)이 소요되는 작업이나 활동을 말한다.

정답 44 ① 45 ① 46 ③ 47 ④ 48 ③ 49 ③ 50 ④ 51 ①

52 4가지 주문작업을 1대의 기계에서 처리하고자 한다. 최단거리시간(SPT) 규칙에 의해 작업순서를 결정할 경우 평균납기지연일은 며칠인가?

작업	처리시간(일)	납기
A	5	10
B	8	16
C	3	18
D	7	14

① 1일　　　　② 2일
③ 3일　　　　④ 4일

최단거리시간(SPT) 규칙

작업순서	C	A	D	B	
흐름시간	3	3+5	8+7	15+8	
납기지연	0	0	1	7	$\overline{D}=2$

53 생산보전방법 중 설비의 신뢰성과 보전성 향상을 위하여 설비 제작 시에 가장 필요한 보전방식은?

① 사후보전　　　② 예지보전
③ 일상보전　　　④ 보전예방

보전예방이란 새로운 설비를 계획할 때에 PM 생산보존을 고려하여 고장나지 않고(신뢰성 좋은) 보전하기 쉬운(보전성이 좋은) 설비를 설계하거나 선택하는 것을 말한다.

54 5S(5행)의 구성요소가 아닌 것은?

① 정리　　　　② 청소
③ 개선　　　　④ 생활화

5S(5행)이란 정리, 정돈, 청소, 청결, 습관화를 말한다.

55 내주제작, 외주제작의 판단기준에서 일반적으로 외주제작을 해야 할 경우에 해당되지 않는 것은?

① 기밀보장이 필요한 것
② 주문처에서 외주를 지정하는 것
③ 외주기업에서 특허권을 가지고 있는 것
④ 사내에 필요한 기술이나 설비가 아닌 것

①의 경우는 외주제작을 금한다.

56 동작분석 시 연구대상이 된 신체부분에 광원을 부착하여 일정한 시간 간격으로 비대칭적인 밝기로 점멸시키면서 사진 촬영을 하여 동작에 소요된 시간, 속도, 가속도를 알 수 있는 것은?

① 메모 모션 분석
② 스트로보 사진 분석
③ 크로노사이클 그래프
④ 아이 카메라(Eye Camera)

크로노사이클 그래프 분석에 대한 설명이다.

57 컨베이어로 구성된 흐름작업에 있어 고정별 작업량이 각각 다를 때 가장 큰 작업량을 가진 공정을 무엇이라 하는가?

① 전공정
② 애로공정
③ 후공정
④ 가공공정

애로공정이란 컨베이어로 구성된 흐름작업에 있어 고정별 작업량이 각각 다를 때 가장 큰 작업량을 가진 공정을 말하며, 이때 걸리는 시간을 사이클타임이라 한다.

58 적시생산시스템(JIT)의 특징 중 틀린 것은?

① 소수인화(少數人化)로 탄력적 인력운영이 가능하다.
② 시스템의 성격은 사전 계획대로 추진하는 정방향의 Push System이다.
③ 설비배치의 전환과 다기능제도로 작업의 유연성과 제품의 다양성이 가능하다.
④ 납품업자는 사내 생산팀의 한 공정으로 간주되어 JIT 원리가 그대로 적용된다.

② 시스템의 성격은 사후 계획대로 추진하는 역방향의 Pull System이다.

59 화합물 A를 200톤 생산하는 데 화합물 B는 188톤이 소비되었으며, 화합물 B를 100톤 생산하는 데 90톤의 원료 C가 소비되었다. 이때 화합물 A 1톤당 원료 C의 원단위는 얼마인가?

① 0.846톤   ② 0.957톤
③ 1.044톤   ④ 1.178톤

풀이 C의 원단위 $= \dfrac{B\ \text{투입량}}{A\ \text{생산량}} \times \dfrac{C\ \text{투입량}}{B\ \text{생산량}} = \dfrac{188}{200} \times \dfrac{90}{100} = 0.846$

60 다음에서 EOQ(경제 발주량)는 얼마인가?

- 1회당 주문비용 : 10,000원
- 1개월 연간수요량 : 125,000개
- 1개의 연간재고유지비 : 100원

① 2,500개   ② 5,000개
③ 7,000개   ④ 10,000개

풀이 $EOQ = \sqrt{\dfrac{2DC_p}{P_i}} = \sqrt{\dfrac{2 \times 125,000 \times 10,000}{100}}$

4과목   **품질경영**

61 산업표준화법 시행규칙에 따른 광공업품을 인증대상 품목으로 지정해야 하는 경우가 아닌 것은?

① 원자재에 해당되지만 다른 산업에 전혀 영향을 미치지 않는 경우
② 독과점 또는 가격변동 등으로 품질이 크게 떨어질 것이 우려되는 경우
③ 소비자의 보호 및 피해 방지를 위하여 한국산업표준에 맞는 것임을 표시할 필요가 있는 경우
④ 품질을 식별하기가 쉽지 아니하여 소비자 보호를 위하여 한국산업표준에 맞는 것임을 표시할 필요가 있는 경우

풀이 ①은 인증대상 품목으로 꼭 지정할 필요가 없다.

62 품질비용에 관한 쥬란의 1 : 10 : 100의 법칙을 적용할 때, 생산단계에서 바로 잡는 데 100원이 소요되는 것을 방치하면 고객에게 전달된 후 얼마의 손실이 발생할 것으로 예측되는가?

① 10원   ② 100원
③ 1,000원   ④ 10,000원

풀이 생산단계에서 100이면 제품으로 완성되었을 때는 ×10, 즉 1,000원의 손실이 발생된다.

63 품질보증시스템 운영에 대한 설명으로 가장 거리가 먼 것은?

① 품질시스템의 피드백 과정을 명확히 해야 한다.
② 시스템운영을 위한 수단·용어·운영규정이 정해져야 한다.
③ 처음에 품질시스템을 제대로 만들어 가능한 한 변경하지 않는 것이 좋다.
④ 다음 단계로서의 진행 가부를 결정하기 위한 평가항목, 평가방법이 명확하게 제시되어야 한다.

풀이 처음에 품질시스템을 제대로 만들었다 하더라도 시장상황의 변화에 따라 품질시스템은 개정·발전되어야 한다.

64 브레인스토밍기법의 아이디어 도출 과정에서 지켜야 할 네 가지 기본원칙에 해당하지 않는 것은?

① 비판엄금
② 핵심적인 발언
③ 자유분방한 사고
④ 연상의 활발한 전개

풀이 비판엄금, 자유반방, 아이디어 편승, 다량의 아이디어

65 표준서의 서식 및 작성방법(KS A 0001 : 2008)에서 한정, 접속 등에 사용하는 용어에 대한 설명이 틀린 것은?

① "시"는 시기 또는 시각을 확실하게 할 필요가 있는 경우에 사용한다.
② "부터" 및 "까지"는 각각 때, 장소 등의 기점 및 종점을 나타내는 데 사용한다.

정답   59 ①   60 ②   61 ①   62 ③   63 ③   64 ②   65 ③

③ 문장의 처음에 접속사로 놓는 "다만"은 주로 본문 안에서 보충적 사항을 기재하는 데 사용한다.

④ "와(과)"는 병합의 의미로 "및"을 이용하여 병렬한 어구를 다시 크게 병합할 필요가 있을 때 그 접속에 사용한다.

풀이 문장의 처음에 접속사로 놓는 "또한"은 주로 본문 안에서 보충적 사항을 기재하는 데 사용한다. "다만"은 주로 본문 안에서 제외 보기 또는 예외적인 사항을 기재하는 데 사용한다.

66 ISO 9000 품질시스템의 문서관리에서 "관리본"이란?

① 개정이전의 표준이다.
② 배포되기 이전의 최신판 표준이다.
③ 현재 사용되고 있는 최신판 표준이다.
④ 참고용으로 가지고 있는 최초 작성된 표준이다.

풀이 관리본이란 현재 사용되고 있는 최신판 표준이다.

67 확실하지 않은 아이디어나 문제에 대하여 사실이나 의견, 발상 등을 언어데이터로 파악하여 이들 사이의 관계 또는 상대적 중요성을 이해하는 데 도움을 주는 기법은?

① PDPC법
② 친화도법
③ 계통도법
④ 애로우 다이어그램법

풀이 친화도법(Affinity Diagram)에 대한 설명이다.

68 일본의 카노(Kano) 교수는 품질요소를 3가지로 분류하였다. 이에 대한 설명으로 틀린 것은?

① 묵시적 품질은 충족이 되든 충족이 되지 않든 불만을 야기하지 않는 것이다.
② 일원적 품질은 충족이 되면 만족하며, 충족이 되지 않으면 불만을 야기하는 것이다.
③ 매력적 품질은 충족이 되면 매우 만족하며, 충족이 되지 않더라도 문제가 없는 것이다.
④ 당연적 품질은 충족이 되면 별다른 만족을 주지 않지만 충족이 되지 않으면 불만을 야기하는 것이다.

풀이 ① 무차별 품질은 충족이 되든 충족이 되지 않든 불만을 야기하지 않는 것

69 제품의 규격은 $3.43 \sim 3.48$cm이다. $n=5$, $k=20$의 데이터를 취해 관리도를 작성해 본 결과 $\overline{\overline{X}}=3.455$, $\overline{R}=0.03$이었다. 이 경우 공정능력지수(C_p)는 약 얼마인가?(단, $n=5$일 때, $d_2=2.326$이다.)

① 0.646
② 0.725
③ 1.649
④ 1.725

풀이 $C_p = \dfrac{U-L}{6\sigma} = \dfrac{3.48-3.43}{6 \times \left(\dfrac{\overline{R}}{d_2}\right)} = \dfrac{0.05}{6 \times \left(\dfrac{0.03}{2.326}\right)}$

70 제품개발단계에서 발생하는 기획품질, 설계품질, 공정품질의 확보를 통해 후공정의 시행착오를 최소화하고, 제품 신뢰성 확보를 위한 사전 문제점 발굴 및 대책을 신속·명확히 진행하기 위한 활동은?

① 관리도
② 샘플링검사
③ DR(Design Review)
④ CTQ(Critical to Quality)

풀이 설계심사(DR ; Design Review)에 대한 설명이다.

71 계측기의 신뢰성을 확보하기 위한 가장 기본적인 방법은?

① 품질보증
② 보관
③ 품질관리
④ 교정

풀이 교정이란 특정조건에서 측정기기, 표준물질, 척도 또는 측정체계 등으로 결정된 값을 표준에 의하여 결정된 값 사이의 관계로 확정하는 일련의 작업을 말한다. 즉, 계측기의 신뢰성을 확보하기 위한 가장 기본적인 방법은 교정이라 할 수 있다.

72 항상 죔새가 발생하는 끼워맞춤은?

① 보통 끼워맞춤
② 중간 끼워맞춤
③ 억지 끼워맞춤
④ 헐거운 끼워맞춤

풀이 항상 죔새가 발생한다는 것은 억지로 끼워맞춤에서 일어난다.

73 히스토그램의 용도가 아닌 것은?

① 공정을 해석하여 개선점을 찾는다.
② 크기순으로 불량항목을 알 수 있다.
③ 규격과 비교하여 공정능력을 파악한다.
④ 분포의 모양을 파악하여 이를 활용한다.

풀이 ②는 파레토그림에 대한 내용이다.

74 벤치마킹기법에 관한 설명 중 틀린 것은?

① 벤치마킹은 프로세스보다는 완제품이나 서비스에 초점이 집중된다.
② 벤치마킹은 경쟁업체뿐만 아니라 모든 조직을 이해하는 데 사용 가능하다.
③ 미국 제록스사의 교육 및 조직개발 전문가 모임에서의 용어사용을 시초로 본다.
④ 벤치마킹이란 지속적인 개선을 달성하기 위한 내부활동 및 기능 혹은 관리능력을 외부적인 비교 시각을 통해 평가하고 판단하는 것이다.

풀이 ① 벤치마킹은 완제품이나 서비스보다는 프로세스에 초점이 집중된다.

75 표준화의 목적이 아닌 것은?

① 보호무역의 촉진
② 기능과 치수의 호환성
③ 안전 · 건강 및 생명의 보호
④ 소비자 및 공동사회의 이익보호

풀이 ① 보호무역의 촉진이 아니라 산업기술 교류 및 경제 거래의 활성화(무역장벽 제거)이다.

76 품질경영 추진부서의 담당업무 중 중요항목에 해당하지 않는 것은?

① 품질관리기법의 개발
② 관리계획과 관리항목의 명확화
③ 품질보증시스템의 체계화와 개선
④ 품질방침, 목표, 계획확립의 명시

풀이 ① 품질관리기법의 개발이 아니라 품질관리기법의 올바른 활용이다.

77 사내규격은 규격을 제정하려고 하는 대상에 따라 3가지로 분류하는데 이에 해당하지 않는 것은?

① 기본규격
② 제품규격
③ 방법규격
④ 운영규격

풀이 전달규격(기본규격), 방법규격, 제품규격 등이 있다.

78 제품책임의 법적 구성에 관한 설명 중 틀린 것은?

① 민사책임은 불법행위책임과 계약책임 등으로 분류된다.
② 계약책임은 보증책임과 제조물책임 등으로 분류된다.
③ 불법행위책임은 과실책임과 엄격책임 등으로 분류된다.
④ 법률상의 배상책임은 민사책임과 형사책임 등으로 분류된다.

풀이 ② 계약책임은 보증책임에 해당된다.

79 품질경영시스템 – 요구사항(KS Q ISO 9001 : 2015)의 자원에서 조직은 품질경영시스템의 수립, 실행, 유지 및 지속적 개선에 필요한 자원을 정하고 제공하여야 한다. 조직에서 고려할 사항은 무엇인가?

① 취해진 조치의 효과성을 평가
② 고객요구사항 충족에 의한 고객만족의 증진
③ 제품 품질에 영향을 미치는 업무를 수행하는 인원에 대해 필요한 적격성 결정
④ 품질경영시스템 도입의 필요성을 위하여 교육훈련의 제공 또는 기타 조치

풀이 7.1.1 자원의 일반사항
조직은 품질경영시스템의 수립, 실행, 유지 및 지속적 개선에 필요한 자원을 정하고 제공하여야 한다.
조직은 다음 사항을 고려하여야 한다.
a) 기존 내부자원의 능력과 제약사항
b) 외부공급자로부터 획득할 필요가 있는 것

80 품질보증의 뜻을 가장 올바르게 표현한 것은?

① 소비자와의 약속이며 계약이다.
② 철저한 검사와 수리를 주축으로 하는 것이다.
③ 일정한 기간 동안 무상수리를 보증하는 것이다.
④ 클레임 발생 시 적합품과의 교환을 즉시 보증하는 것이다.

풀이 품질보증이란 제품에 대한 소비자와의 약속이며 계약이다.

1과목　실험계획법

01 분산분석의 결과가 표와 같을 때 오차의 기여율(ρ_e)은 약 얼마인가?

요인	SS	DF	MS
A	30	3	10
e	60	20	3
T	90	23	

① 56.67%　　　　② 66.67%

③ 76.67%　　　　④ 86.67%

풀이 $S_e{}' = S_e + \nu_A V_e = 60 + 3 \times 3 = 69$

$\rho_e = \dfrac{S_e{}'}{S_T} \times 100(\%) = \dfrac{69}{90} \times 100(\%) = 76.667(\%)$

02 벼의 품종을 n개 블록으로 층별한 논에 따라 수확량의 차이가 있는가를 알아보기 위하여 서로 다른 4개 볍씨를 n개 블록의 논에 랜덤하게 심어서 실험을 하고자 하는 경우 가장 적절한 실험법은?

① 난괴법　　　　② 직교배열법

③ 분할법　　　　④ 라틴방격법

풀이 1요인(볍씨)은 모수요인, 다른 1요인(블록반복)은 변량요인인 반복이 없는 2요인실험에 대한 설명이며 이를 난괴법이라 한다.

03 요인 A, B인 2요인실험에서 교호작용을 분리하려고 반복 2회실험을 하였다. A의 자유도가 4이고, 교호작용의 자유도가 20이면 B의 수준수는?

① 3　　　　② 4

③ 5　　　　④ 6

풀이

요인	DF
A	$l-1 = 4$
B	$m-1 = 5$

요인 B의 자유도가 5가 되므로, 수준수는 6이 된다.

요인	DF
$A \times B$	$(l-1)(m-1) = 20$
e	$lm(r-1)$
T	$lmr-1$

04 실험계획의 기본원리 중 오차항의 자유도가 커져 오차의 평균제곱(V_e)의 정도가 좋게 추정됨으로써 실험결과의 신뢰성을 높일 수 있는 것은?

① 반복의 원리

② 블록화의 원리

③ 교락의 원리

④ 랜덤화의 원리

풀이 오차항의 자유도가 커지기 위해서는 반복을 많이 하여야 한다(반복의 원리).

05 반복이 없는 2요인실험에서 결측치가 생겼을 때 결측치를 추정하는 데 사용하는 방법은?

① 최소제곱법

② Yates의 방법

③ Fisher의 방법

④ Pearson의 방법

풀이 Yates의 방법 $y = \dfrac{lT'_i. + mT'._j - T'}{(l-1)(m-1)}$

06 어떤 화학반응 실험에서 농도를 4수준으로 반복수가 일정하지 않은 실험을 하여 표와 같은 데이터를 얻었다. 분산분석 결과 오차의 평균제곱 $V_e = 167.253$이다. A_4와 A_2의 평균치 차를 유의수준 0.01로 검정하고자 한다. 평균치 차가 약 얼마 이상일 때 평균치 차가 있다고 할 수 있는가?[단, $t_{0.995}(15) = 2.947$, $t_{0.99}(15) = 2.602$이다.]

요인	A_1	A_2	A_3	A_4
실험횟수	5	6	5	3
$\overline{x_i}.$	52.00	35.33	48.20	64.67

① 22.434   ② 23.795
③ 25.150   ④ 26.950

풀이
$$LSD = t_{0.995}(15)\sqrt{167.253 \times \left(\frac{1}{3} + \frac{1}{6}\right)}$$
$$= 2.947 \times \sqrt{167.253 \times \left(\frac{1}{3} + \frac{1}{6}\right)}$$
$$= 26.950$$

07 변량요인 A로 반복수가 같은 1요인실험에 대한 설명으로 맞는 것은?

① $x_{ij} = \mu + a_i + b_i + e_{ij}$의 구조식을 갖는다.
② 분산분석표 작성 시 모수모형과는 작성방법이 다르다.
③ 검정결과 유의하다면 산포의 정도를 알기 위한 σ_A^2의 추정은 의미가 있다.
④ 검정결과 유의하다면 요인의 각 수준에서의 모평균을 추정하는 데 의미가 있다.

풀이
① $x_{ij} = \mu + a_i + e_{ij}$의 구조식을 갖는다.
② 분산분석표는 모수모형과 작성방법이 같다.
③ 검정결과 유의하다면 변량요인인 경우 산포(분산)를 추정하는 것이 의미가 있다.
④ 검정결과 유의하다면 모수요인인 경우 평균치를 추정하는 것이 의미가 있다.

08 요인 A의 수준수가 3인 1요인실험에서 반복수가 일정하지 않은 경우, 요인 A의 제곱합(S_A)을 구하는 식으로 맞는 것은?(단, 각 i수준에서 합계는 $T_i.$, 반복수는 n_i이며, 수정항은 CT이다.)

① $\dfrac{T_1. + T_2. + T_3.}{n} - CT$

② $\dfrac{T_1^2. + T_2^2. + T_3^2.}{n} - CT$

③ $\dfrac{T_1. + T_2. + T_3.}{n_1 + n_2 + n_3} - CT$

④ $\left(\dfrac{T_1^2.}{n_1} + \dfrac{T_2^2.}{n_2} + \dfrac{T_3^2.}{n_3}\right) - CT$

풀이 $S_A = \left(\dfrac{A_1^2}{r_1} + \dfrac{A_2^2}{r_2} + \dfrac{A_3^2}{r_3}\right) - CT$

09 A는 4수준, B는 5수준인 반복이 없는 2요인실험의 분산분석 결과가 표와 같을 때, ㉠과 ㉡에 들어갈 값은 약 얼마인가?(단, 요인 A, B는 모두 모수요인이다.)

요인	SS	DF	MS	F_0
A		3	㉠	6.28
B	6	4		㉡
e	3.5			
T	15			

① ㉠ 1.23, ㉡ 4.35
② ㉠ 1.56, ㉡ 5.14
③ ㉠ 1.83, ㉡ 3.26
④ ㉠ 1.83, ㉡ 5.14

풀이 $S_A = S_T - (S_B + S_e) = 15 - (6 + 3.5) = 5.5$
$$\nu_e = 12, \quad V_B = \frac{S_B}{DF_B} = \frac{6}{4} = 1.5$$
$$V_e = \frac{S_e}{DF_e} = \frac{3.5}{12} = 0.292$$
㉠ $V_A = \dfrac{S_A}{DF_A} = \dfrac{5.5}{3} = 1.833$
㉡ $F_B = \dfrac{V_B}{V_e} = \dfrac{1.5}{0.292} = 5.137$

10 라틴방격법에 관한 설명으로 맞는 것은?

① 일반적으로 라틴방격법 실험에서는 모수요인과 변량요인을 사용한다.

② 3요인의 실험에 적용되며, 각 요인의 수준수가 반드시 동일하지 않아도 된다.

③ 수준수가 k인 라틴방격법은 3요인실험보다 k^2배의 실험횟수를 감소시킬 수 있다.

④ 분산분석표의 F검정 결과 유의한 요인에 대해서 각 요인수준에 대하여 모평균을 추정하는 것은 의미가 있다.

① 라틴방격법 실험에서는 모수요인만 사용한다.

② 3요인의 실험에 적용되며, 각 요인의 수준수가 반드시 동일하여야 한다.

③ 수준수가 k인 라틴방격법은 3요인실험보다 $\dfrac{1}{k}$배의 실험횟수를 감소시킬 수 있다.

11 다음의 데이터는 기계 종류별로 생산된 제품들 중 각각 100개씩 샘플을 뽑아 적합품과 부적합품으로 구분한 것이다. 오차의 자유도 ν_e는?

기계	A_1	A_2	A_3
적합품	85	90	93
부적합품	15	10	7
계	100	100	100

① 200 　　② 297
③ 299 　　④ 300

$\nu_A = l - 1 = 2$
$\nu_T = lr - 1 = 300 - 1 = 299$
$\nu_e = \nu_T - \nu_A = 297$

12 요인 A가 4수준, 요인 B가 3수준인 반복 없는 2요인실험에서 유효반복수(n_e)는?(단, A, B는 모두 모수요인이며, 분산분석 후 두 요인 모두 유의하였다.)

① 2 　　② 3
③ 4 　　④ 5

$n_e = \dfrac{lm}{\nu_A + \nu_B + 1} = \dfrac{lm}{l + m - 1} = \dfrac{12}{6} = 2.0$

13 다음은 모수요인 A, B에 대한 반복 없는 2요인실험 데이터 및 분산분석표이다. 이 실험에 관한 내용으로 틀린 것은?(단, 실험의 품질특성은 망대특성이다.)

B ＼ A	A_1	A_2	A_3	A_4
B_1	16	26	30	20
B_2	13	22	20	17
B_3	7	9	19	5

요인	SS	DF	MS	F_0	$F_{0.95}$
A	222	3	74	7.929	4.75
B	344	2	172	18.429	5.14
e	56	6	9.333		
T	622	11			

① 총실험횟수는 12회이다.

② 요인 B의 수준수는 3이다.

③ 최적해의 추정치 $\hat{\mu}(A_3 B_1) = 28$이다.

④ 유의수준 5%로 요인 A와 B 모두 유의하다.

$\hat{\mu}(A_3 B_1) = \bar{x}_3 \cdot + \bar{x} \cdot_1 - \bar{\bar{x}} = \dfrac{69}{3} + \dfrac{92}{4} - \dfrac{204}{12} = 29.0$

14 2수준계 직교배열표에서 $L_8(2^7)$의 경우 실험횟수는 몇 회인가?

① 2 　　② 3
③ 7 　　④ 8

$L_{2^m}(2^{2^m - 1}) = L_8(2^7)$ [2^m : 실험횟수]

15 모수요인 A가 4수준, 변량요인 B는 3수준으로, 반복 없는 2요인실험을 행하였을 때 요인 A의 기대평균제곱 $E(V_A)$는?

① $\sigma_e^2 + 2\sigma_A^2$ 　　② $\sigma_e^2 + 3\sigma_A^2$
③ $\sigma_e^2 + 4\sigma_A^2$ 　　④ $\sigma_e^2 + 3\sigma_B^2 + 4\sigma_A^2$

10 ④　11 ②　12 ①　13 ③　14 ④　15 ②

풀이 $\sigma_e^2 + m\sigma_A^2 = \sigma_e^2 + 3\sigma_A^2$

16 요인 A의 수준수를 4로 하여 각 수준마다 반복 4회의 실험을 랜덤한 순서로 행한 후, 분산분석표를 작성하여 총제곱합$(S_T) = 7.35$, 요인 A의 제곱합$(S_A) = 3.87$을 얻었다. 오차의 제곱합(S_e)의 값은?

① 2.33   ② 3.45
③ 3.48   ④ 4.23

풀이 $S_e = S_T - S_A = 7.35 - 3.87 = 3.48$

17 윤활유 정제공장에서 온도(A), 원료(B), 부원료(C)에 대하여 각각 3수준의 라틴방격 실험을 한 후 $X_{ijk} = x_{ijk} - 40$으로 수치변환한 결과가 다음 표와 같았다. 이때 요인 A의 제곱합(S_A)은?

B \ A	A_1	A_2	A_3
B_1	$C_2 = 7$	$C_3 = 6$	$C_1 = 8$
B_2	$C_3 = 9$	$C_1 = 7$	$C_2 = 6$
B_3	$C_1 = 12$	$C_2 = 9$	$C_3 = 5$

① 4.67   ② 14
③ 22.7   ④ 44

풀이 $S_A = \dfrac{A_1^2 + A_2^2 + A_3^2}{3} - CT = \dfrac{28^2 + 22^2 + 19^2}{3} - \dfrac{69^2}{9} = 14.0$

18 요인 A는 3수준, 요인 B는 4수준, 반복 2회의 2요인(모수모형)실험을 행했을 때 수준조합 $A_i B_j$의 모평균의 추정에 관한 내용으로 맞는 것은?(단, A, B는 모수이다.)

① F_0 검정에서 $A \times B$가 유의하지 않을 때 섬추성은 $\hat{\mu} = \overline{x}_{ij}$ 이다.
② F_0 검정에서 $A \times B$가 유의할 때 점추정은 $\hat{\mu} = \overline{\overline{x}}_{i\cdot\cdot} + \overline{\overline{x}}_{\cdot j\cdot} - \overline{\overline{x}}$ 이다.
③ F_0 검정에서 $A \times B$가 유의할 때 구간추정 시 반복수를 2회로 적용한다.

④ F_0 검정에서 $A \times B$가 유의하지 않을 때 구간추정 시 반복수를 3회로 적용한다.

풀이 ① F_0 검정에서 $A \times B$가 유의할 때 점추정은 $\hat{\mu}(A_i B_j) = \overline{x}_{ij}$. 이다.
② F_0 검정에서 $A \times B$가 유의하지 않을 때 점추정은 $\hat{\mu}(A_i B_j) = \overline{\overline{x}}_{i\cdot\cdot} + \overline{\overline{x}}_{\cdot j\cdot} - \overline{\overline{x}}$이다.
④ F_0 검정에서 $A \times B$가 유의하지 않을 때 $\hat{\mu}(A_i B_j)$를 구간추정 시 유효반복수(n_e)를 4회로 적용한다.
$\left(\text{유효반복수 } n_e = \dfrac{lmr}{l+m-1} = \dfrac{3 \times 4 \times 2}{3+4-1} = 4\right)$

19 기본표시가 [표]와 같은 $L_8(2^7)$형 직교배열표에서 요인 A, B, C, D를 순서대로 1, 3, 5, 7열에 배치한 경우 $A \times C$와 별명관계에 있는 요인은?

열 번호	1	2	3	4	5	6	7
기본 표시	a	b	a b	c	a c	b c	a b c

① $A \times B$ ② $B \times C$
③ $B \times D$ ④ $C \times D$

풀이 $A \times C = a \times ac = c$(4열)에 해당된다.
① $A \times B = a \times ab = b$(2열)
② $B \times C = ab \times ac = bc$(6열)
③ $B \times D = ab \times abc = c$(4열)
④ $C \times D = ac \times abc = b$(2열)

20 1요인실험에 대한 단순회귀 분산분석표가 표와 같을 때, 결정계수는 약 얼마인가?

요인	SS	DF	MS
직선회귀	33.07	1	33.07
나머지			
A	33.29	4	8.32
e	1.98	10	0.198
T	35.27	14	

① 0.926   ② 0.938
③ 0.944   ④ 0.954

풀이 결정계수 $r^2 = \dfrac{S_{직선회귀}}{S_T} = \dfrac{S_R}{S_T} = \dfrac{33.07}{35.27} = 0.9376$

2과목 **통계적 품질관리**

21 대응되는 두 변수 X, Y에 대한 [자료]가 다음과 같을 때 공분산은 약 얼마인가?

[자료]

- $\sum\limits_{i=1}^{10}(x_i - \bar{x})^2 = 50$
- $\sum\limits_{i=1}^{10}(x_i - \bar{x})(y_i - \bar{y}) = 25$
- $\sum\limits_{i=1}^{10}(y_i - \bar{y})^2 = 30$

① 2.50　　　　② 2.78
③ 3.33　　　　④ 5.56

풀이 $V_{xy} = \dfrac{S(xy)}{n-1} = \dfrac{25}{10-1} = 2.778$

22 검사특성곡선에 관한 설명으로 틀린 것은?(단, N은 로트의 크기, n은 표본의 크기, c는 합격판정개수, $N > 10n$이다.)

① N, c가 일정하고 n이 증가하면 검사특성곡선의 경사가 완만해진다.
② N, n이 일정하고 c이 증가하면 검사특성곡선의 경사가 완만해진다.
③ c, n이 일정하고 N이 증가하면 검사특성곡선은 크게 영향을 받지 않는다.
④ N과 c를 N에 비례하여 샘플링하면, 각 샘플링방식에 따라 품질보증의 정도가 크게 달라진다.

풀이 ① N, c가 일정하고 n이 증가하면, 검사특성곡선의 경사가 급해진다.

23 관리도에서 플로트(Plot)된 점의 변동을 표현하는 식으로 맞는 것은?(단, σ_w^2은 군내변동, σ_b^2은 군간변동, n은 표본의 크기이다.)

① $\sigma_b^2 + \sigma_w^2$　　　　② $\dfrac{\sigma_b^2}{n} + \sigma_w^2$

③ $\dfrac{\sigma_b^2}{n} + \dfrac{\sigma_w^2}{n}$　　　　④ $\sigma_b^2 + \dfrac{\sigma_w^2}{n}$

풀이 $\sigma_{\bar{x}}^2 = \dfrac{\sigma_w^2}{n} + \sigma_b^2$

24 KS Q ISO 28591 : 2015 규격에서 $h_A = 1.445$, $h_R = 1.855$, $g = 0.1103$인 100항목당 부적합수 검사를 위한 축차 샘플링방식에서 누계 샘플크기 중지 값은 얼마인가?(단, 대응하는 1회 샘플링방식은 모른다.)

① 48　　　　② 49
③ 54　　　　④ 55

풀이 $n_t = \dfrac{2h_A \times h_R}{g} = \dfrac{2 \times 1.445 \times 1.855}{0.1103} = 48.60 = 49$

25 다음 자료를 보고 회귀계수를 구하면 약 얼마인가?

번호	X	Y	X^2	Y^2	XY
1	2	3	4	9	6
2	4	4	16	16	16
3	6	5	36	25	30
4	8	7	64	49	56
5	9	8	81	64	72
합	29	27	201	163	180

① 0.850　　　　② 0.915
③ 0.713　　　　④ 0.651

풀이 $\hat{\beta}_1 = b = \dfrac{S(xy)}{S(xx)} = \dfrac{23.40}{32.80} = 0.7134$
또는 공학용 계산기에서 'B'

26 $\overline{X}$ 관리도에서 각 군의 평균치 $\overline{X_i}$를 계산할 때 사용되는 n에 관한 설명으로 틀린 것은?

① n은 부분군의 크기를 뜻한다.
② n이 커지면 관리한계(Control Limit)가 좁아진다.
③ 중심선은 n의 변화에 영향을 받지 않는다.
④ n이 작을수록 치우침에 의한 이상원인을 검출하기 용이하다.

풀이 ④ n이 작아지면 관리한계의 폭이 넓어지게 되므로 치우침에 의한 이상원인을 발견하기가 어려워진다.

27 관리도의 성능에 관한 설명 중 틀린 것은?

① 관리도의 성능은 관리도의 검출력으로 나타낼 수 있다.
② 공정의 평균에 변화가 생겼을 때 $\overline{X}$ 관리도의 부분군의 크기 n이 크면 이상상태를 발견하기 쉬워진다.
③ 일반적인 3σ법 관리도에서는 제2종의 오류를 아주 작게 하도록 만들어져 있다.
④ $\overline{X}$ 관리도에서 관리상한(U_{CL})은 $E(\overline{X}) + 3D(\overline{X})$ $= \overline{\overline{x}} + 3\dfrac{\sigma_x}{\sqrt{n}}$ 로 결정된다.

풀이 ③ 일반적인 3σ법 관리도에서는 제1종의 오류(α)를 0.27%로 아주 작게 하도록 만들어져 있다.

28 $n = 100$의 데이터를 이용하여 히스토그램을 그리고, 규격과 대비하여 분석하고자 한다. 이때 얻어낼 수 없는 정보는?

① $\overline{x}$: 표본산술평균
② s : 표본표준편차
③ $L(p)$: 로트의 합격확률
④ $\hat{p}$: 모부적합품률의 추정치

풀이 ③은 검사특성곡선(OC곡선)에서 파악이 가능하다.

29 공정 부적합품률이 0.10, 각 부분군의 크기(n)가 25일 때, 3σ관리한계를 이용하는 p관리도의 관리상한(U_{CL})과 관리하한(L_{CL})은?

① $U_{CL} = 0.22$, $L_{CL} = -0.02$
② $U_{CL} = 0.28$, $L_{CL} = -0.08$
③ $U_{CL} = 0.22$, L_{CL}은 고려하지 않음
④ $U_{CL} = 0.28$, L_{CL}은 고려하지 않음

풀이
• $U_{CL} = 0.10 + 3 \times \sqrt{\dfrac{0.10 \times 0.90}{25}} = 0.280$

• $L_{CL} = 0.10 - 3 \times \sqrt{\dfrac{0.10 \times 0.90}{25}} = -0.080$
$= \text{'}-\text{'}$(고려하지 않음)

30 모분산의 검정과 추정에 대한 일반적인 설명으로 틀린 것은?

① 모분산의 검정 및 추정 시 자유도는 $n-2$이다.
② 모분산의 신뢰구간은 좁을수록 정밀도가 높다.
③ 모분산의 정밀도를 높이려면 표본수를 늘린다.
④ 모분산의 검정 및 추정 시에는 χ^2 통계량을 활용한다.

풀이 ① 모분산의 검정 및 추정은 자유도($n-1$)인 카이제곱(χ^2) 분포를 사용한다.

31 확률변수 X는 평균이 μ이고 분산이 σ^2인 정규분포를 따른다. 이때, $\dfrac{\sum(x_i - \mu)^2}{\sigma^2}$ 은 어떤 분포를 따르는가?

① χ^2분포
② t분포
③ 정규분포
④ F분포

풀이 한 집단의 모분산을 검정할 때 사용하는 분포는 χ^2 분포이고 $\chi_0^2 = \dfrac{\sum(x_i - \mu)^2}{\sigma^2} = \dfrac{S}{\sigma^2} = \dfrac{(n-1) \times s^2}{\sigma^2}$ 이 된다.

32 전수검사와 샘플링검사에 대한 설명으로 틀린 것은?

① 자동화의 발달로 중량, 형상 등은 전수검사가 많이 활용된다.
② 이론적으로 전수검사에서는 샘플링 오차가 발생하지 않는다.
③ 인장강도시험과 같은 파괴검사의 경우 전수검사는 실시가 곤란하다.
④ 표본을 랜덤하게 추출할 경우에는 샘플링검사의 결과와 전수검사의 결과가 일치하게 된다.

8	2,200	230	3
9	1,900	195	4
10	1,800	195	2

① 0.16% ② 1.53%
③ 4.39% ④ 10.69%

풀이 $\bar{p} = \dfrac{\sum np}{\sum n} = \dfrac{31}{2,020} = 0.01535(1.535\%)$

36 A사의 특정공정에 대해 공정을 개선한 후 100 단위당 부적합수를 조사하였더니 5개가 부적합수로 나타났다. 과거 100단위당 부적합수는 10개였다. A사의 특정공정의 단위당 부적합수가 줄었다고 할 수 있는지 검정하고자 한다. 이때 검정통계량은?

① -1.581 ② -2.236
③ -15.81 ④ -22.36

풀이 $u_0 = \dfrac{c - m_0}{\sqrt{m_0}} = \dfrac{5 - 10}{\sqrt{10}} = -1.5811$

37 학생 100명을 무작위로 추출하여 조사한 결과 80명이 현장근무를 원하였다. 현장근무의 선호율에 대한 95% 신뢰구간을 구하면 약 얼마인가?

① $(0.56, 0.78)$ ② $(0.65, 0.85)$
③ $(0.69, 0.84)$ ④ $(0.72, 0.88)$

풀이 $0.80 \pm 1.96 \times \sqrt{\dfrac{0.80 \times (1 - 0.80)}{100}} = (0.722, 0.878)$

38 이항분포에서 정규분포로 근사시킬 수 있는 조건으로서 맞는 것은?

① $np \geq 5, \ n(1-p) \leq 5$
② $np \geq 5, \ n(1-p) \geq 5$
③ $np \leq 5, \ n(1-p) \geq 5$
④ $np \leq 5, \ n(1-p) \leq 5$

풀이 $nP \geq 5$ 또는 $n(1-P) \geq 5$일 때는 정규분포에 근사한다.

풀이 ④ 표본을 랜덤하게 추출할 경우의 샘플링검사의 결과와 전수검사의 결과는 서로 일치하는 경우도 있으나, 일반적으로는 결과치가 다르게 나타나고 있다.

33 검정의 결과로 "유의차가 없다"고 했을 때 이 말을 맞게 표현한 내용은?

① 유의수준 α로 대립가설이 옳다는 말이다.
② 신뢰수준 $(1-\alpha)$로 대립가설이 옳다는 말이다.
③ 유의수준 α로 귀무가설을 채택한다는 뜻이다.
④ 유의수준 α로 귀무가설이 옳다고 하기에는 데이터가 부족하다.

풀이 ① 유의차가 있다의 의미
② 유의차가 있다의 의미
③ 유의차가 없다의 의미

34 c 관리도와 u 관리도에 대한 설명으로 틀린 것은?

① 계수형 관리도이다.
② 품질 특성의 분포는 푸아송 분포(Poisson Distribution)를 한다.
③ 검사단위가 일정한 제품의 부적합품수를 관리하기 위한 관리도이다.
④ 관리한계(Control Limit)가 중심선에서 3σ 떨어진 3σ법을 주로 이용한다.

풀이 ③ 검사단위가 일정(c 관리도) 또는 일정하지 않은(u 관리도) 제품의 부적합수를 관리하기 위한 관리도이다.

35 최근 10개의 로트로부터 다음과 같은 검사기록을 얻었다. 공정평균 부적합품률은 약 얼마인가?

로트번호	로트의 크기	표본의 크기	표본 중 발견된 부적합품수
1	2,000	195	3
2	1,800	195	2
3	1,500	195	4
4	2,000	195	3
5	1,900	195	1
6	1,700	195	4
7	2,100	230	5

39 헤드라이트를 생산하는 제조회사에서 1개월 동안 매일 상이한 개수의 표본을 수집하여 부적합품률을 조사하였다. 이 공정을 관리하는 데 적합한 관리도는?

① p 관리도   ② c 관리도
③ u 관리도   ④ np 관리도

풀이 • 표본의 수가 일정 : p 관리도
• 표본의 수가 일정하지 않은 경우 : np 관리도

40 KS Q 0001 : 2013 규격에서 계량 규준형 1회 샘플링검사 방식 표준편차(σ) 기지일 경우, 로트의 평균치를 보증하는 경우에 G_0 값은 약 얼마인가?(단, 표본의 크기 $n=8$, $\alpha=0.05$, $\beta=0.10$, $K_\alpha=1.645$이다.)

① 0.548   ② 0.582
③ 0.693   ④ 0.840

풀이 $G_0 = \dfrac{K_\alpha}{\sqrt{n}} = \dfrac{1.645}{\sqrt{8}} = 0.5816$

3과목 **생산시스템**

41 작업분석 시 작업조건에 대한 개선사항으로 고려해야 될 사항 중 틀린 것은?

① 안전사고에 대비한 체계화된 구급 프로그램을 세운다.
② 귀마개를 착용하거나 소음이 적게 하는 공정개선을 실시한다.
③ 해로운 먼지, 가스, 연기 등을 천천히 제거할 수 있는 방안을 마련한다.
④ 햇빛이 현장에 들 수 있도록 천장이나 창문 등을 개선하고 환기를 적절하게 시킨다.

풀이 ③ 해로운 먼지, 가스, 연기 등을 최대한 빨리 제거할 수 있는 방안을 마련한다.

42 설비보전사상의 발전과정으로 맞는 것은?

① 생산보전 → 사후보전 → 예방보전
② 사후보전 → 예방보전 → 생산보전
③ 사후보전 → 생산보전 → 예방보전
④ 예방보전 → 사후보전 → 생산보전

풀이 사후보전(BM) → 예방보전(PM) → 생산보전(PM) → 종합적 생산보전(TPM)

43 자주보전 7스텝 활동에 해당되지 않는 것은?

① 3정 5S
② 설비 총점검
③ 발생원·곤란 개선 대책
④ 청소·점검·급유 가기준서 작성

풀이

단계	명칭	단계	명칭
제1단계	초기 청소	제4단계	총점검
제2단계	발생원 곤란부위 대책 수립	제5단계	자주점검
		제6단계	정리정돈
제3단계	청소·급유·점검 기준의 작성	제7단계	자주관리의 확립

44 ABC분석기법에서 A급 품목은 비용이 크고, 품목 수가 적기 때문에 중점관리하여 재고비용을 단축시켜야 한다. A급 품목의 재고비용을 감소시키는 방법이 아닌 것은?

① 발주횟수를 줄인다.
② 안전재고를 줄인다.
③ 조달기간을 단축한다.
④ 로트의 크기를 줄인다.

풀이 ① 발주횟수를 줄이면 재고량을 증가시키는 결과를 초래하므로 재고비용이 증대된다.

45 요소작업에 대한 시간을 관측하고자 할 때의 관측방법 중 비교적 긴 요소작업으로 구성된 작업측정에 가장 적합한 것은?

① 계속법   ② 반복법
③ 순환법   ④ 누적법

풀이 반복법은 한 요소작업이 끝날 때 시간치를 읽은 후 원점으로 되돌려 다음 요소작업을 측정하는 방법으로 비교적 작업주기가 긴 요소작업에 적합하다.

46 한 공정에 한 사람이 작업하는 5개 공정의 작업시간이 각각 17분, 12분, 15분, 13분, 10분일 경우, 이 공정 전체의 라인밸런스 효율은 약 몇 %인가?

① 69%   ② 73%
③ 76%   ④ 79%

풀이 $E_b = \dfrac{\sum t_i}{mt_{\max}} \times 100 = \dfrac{67}{5 \times 17} \times 100 = 78.82(\%)$

47 PERT의 각 활동에 있어서 시간추정치에 사용되는 분포는 무엇인가?

① 정규분포   ② α 분포
③ 확률분포   ④ β 분포

풀이 $t_e = \dfrac{a + 4m + b}{6}$, $\sigma^2 = \left(\dfrac{b-a}{6}\right)^2$
이는 β 분포에 의거하여 산출된다.

48 재고 관련 비용 중 재고유지비(Holding Cost)에 해당되지 않는 것은?

① 입고비용   ② 자본비용
③ 보관비용   ④ 재고감손비

풀이 입고비용은 발주비용에 포함된다.

49 공정분석으로 달성하고자 하는 주된 목적이 아닌 것은?

① 공정 자체의 개선
② 설비 레이아웃의 개선
③ 현재 공정에 포함된 미세작업동작에 대한 개선
④ 공정관리시스템의 문제점 파악과 기초자료의 제공

풀이 ③은 동작분석의 주된 목적에 해당된다.

50 작업을 완료하기까지 작업시간이 가장 짧은 것부터 우선적으로 작업을 배치하는 방법은?

① 선착순우선규칙
② 최소작업시간규칙
③ Johnson의 규칙
④ 최소여유시간규칙

풀이 최소작업시간규칙에 대한 설명이다.

51 설비배치의 형태 중 제품별 배치의 장점에 해당하는 것은?

① 수요의 변화, 공정순서의 변화 등에 대하여 신축성이 크다.
② 한 대의 기계가 고장이 나도 전체공정에 영향을 적게 미친다.
③ 작업이 단순하여 노무비가 저렴하고 작업자의 훈련 및 감독이 용이하다.
④ 다목적으로 이용되는 범용설비 및 범용장비로 자본집약도가 낮아 비용이 적게 든다.

풀이 ①, ②는 제품별 배치의 단점에 해당되고, ④의 범용설비는 공정별 배치이다.

52 메모 모션 연구(Memo Motion Study)의 이점이 아닌 것은?

① 짧은 시간의 작업을 연속적으로 기록하기가 용이하다.
② 조작업 또는 사람과 기계와의 연합작업을 기록하는 데 알맞다.
③ 불규칙적인 사이클(Cycle)을 가진 작업을 기록하는 데 적합하다.
④ 여러 가지 설비를 사용하는 작업에 대해 워크샘플링을 실시할 수 있다.

풀이 ①은 Micro Motion Study의 장점에 해당된다.

정답   45 ②   46 ④   47 ④   48 ①   49 ③   50 ②   51 ③   52 ①

53 집중구매와 비교한 분산구매의 장점을 나타낸 것으로 틀린 것은?

① 자주적 구매 가능
② 긴급수요의 경우 유리
③ 가격이나 거래조건 유리
④ 구매수속이 간단하여 신속한 처리 가능

> **풀이** ③은 집중구매의 장점에 해당된다.

54 고임금·저노무비 실현으로 기업이윤 증대라는 경영이념을 실천하고자 한 사람은?

① H. 포드
② 찰스 바베지
③ 카트 라이트
④ F. W. 테일러

> **풀이**
> • F. W. 테일러 : 고임금 저노무비(Large Wage and Low Labor Cost)
> • Henry Ford : 고임금 저가격(High Wage and Low Price)

55 JIT 생산방식에서 운영하는 관리방법이 아닌 것은?

① 라인의 동기화를 추구한다.
② 소품종 대량생산방식을 추구한다.
③ JIT 생산을 위해 간판방식을 적용한다.
④ 조달기간을 줄이기 위해 생산준비시간을 단축한다.

> **풀이** JIT는 다품종 소량생산방식을 추구한다.

56 R. M. Barnes 교수가 제시한 동작경제의 기본 3원칙 중 두 손의 동작은 같이 시작하고 같이 끝나도록 하여야 한다는 것은 어떤 원칙에 해당되는가?

① 인체의 사용에 관한 원칙
② 작업장 배치에 관한 원칙
③ 설비의 레이아웃에 관한 원칙
④ 공구 및 설비의 설계에 관한 원칙

> **풀이** 두 손의 동작에 대한 내용이므로 신체 사용에 관한 원칙에 해당된다.

57 일정 계획으로부터 생산의 합리화를 위해 고려할 사항이 아닌 것은?

① 작업의욕의 고취
② 작업기간의 단축
③ 생산활동의 동기화
④ 가공로트 수의 대형화

> **풀이** ④ 가공로트 수의 소형화

58 다품종 소량생산을 하는 제조업체에 FMS를 도입한 후 얻을 수 있는 이점이 아닌 것은?

① 설비가동률의 향상
② 다양한 부품의 생산 및 가공
③ 대량생산으로 인한 제조비용의 감소
④ 가공, 준비 및 대기시간의 최소화로 제조소요시간의 단축

> **풀이** 대량생산에 따른 단위당 비용은 감소하나 전반적인 제조비용은 과다한 설비투자가 뒷받침되므로 증가한다고 할 수 있다.

59 A자동차회사의 최근 5년간의 판매량이 다음과 같을 때 최소자승법에 의한 2016년도 예측판매량은 몇 대인가?

연도	2011	2012	2013	2014	2015
판매량(대)	727	493	622	711	739

① 695
② 707
③ 731
④ 756

> **풀이** 계산기에서 상기 데이터를 입력한 후 단축키로 계산을 하면 $y = 585.5 + 24.2x$이 된다. 여기서 $x = 6$을 넣어 계산하면 $y = 730.4 ≒ 731$이 된다.

60 다음 내용은 어떤 보전조직에 대한 것인가?

> 보전작업자는 조직상 각 제조부문의 감독자 밑에 둔다.

① 집중보전
② 부문보전
③ 지역보전
④ 절충보전

> **풀이** 부문보전에 대한 내용이다.

PART 1

PART 2

PART 3

PART 4

PART 5

PART 6

PART 7

61 국가적 표준의 대상이 아닌 것은?

① 신 물질의 특허기술
② 국제규격으로 제정된 것
③ 국민의 안전 및 공해방지에 필요한 것
④ 수출경쟁을 위하여 품질향상이 필요한 것

[풀이] 신 물질의 특허기술은 국가표준의 대상이 될 수 없다.

62 전사적 품질관리 활동의 일환으로 전원 참여를 통하여 자기계발 및 상호개발을 행하고, QC 수법을 활용하여 직장의 관리, 개선을 지속적으로 행하는 것은?

① 내부심사
② 품질분임조
③ 공정 모니터링
④ 통계적 품질관리

[풀이] QC분임조 활동에 대한 내용이다.

63 일반적으로 과학기술계 표준은 크게 3가지로 구분할 수 있다. 3가지 구분에 포함되지 않는 것은?

① 측정표준
② 참조표준
③ 성문표준
④ 계량표준

[풀이]
• 일반적으로 표준(Standard)은 기술표준, 관리표준, 작업표준으로 분류한다.
• 일반적으로 과학기술계 표준은 측정표준, 성문표준, 참조표준으로 분류한다.

64 카노(Kano) 박사는 고객이 기대하는 품질관점에서 시장품질을 여러 가지 요소로 고찰하였다. 그 중 충족되면 만족을 주지만 충족이 되지 않으면 불만을 일으키는 품질요소는?

① 기본적 품질요소(Basic Quality Factors)
② 무관심 품질요소(Indifferent Quality Factors)
③ 매력적 품질요소(Excitement Quality Factors)
④ 일원적 품질요소(Performance Quality Factors)

[풀이] 일원적 품질(종래의 품질인식)에 대한 설명이다.

65 규격이 75 ± 3.5인 품질특성에 대한 공정의 모표준편차가 1.046으로 관리되고 있다. 이 공정의 공정능력지수(C_p)를 평가하면 몇 등급인가?

① 1등급
② 2등급
③ 3등급
④ 4등급

[풀이] $PCI = C_p = \dfrac{T}{6\sigma} = \dfrac{U-L}{6\sigma} = \dfrac{7.0}{6 \times 1.046} = 1.12$

($1.33 > C_p \geq 1.00$ 2등급)

66 다음 중 품질보증을 하기 위해 제품기획단계에서 제일 먼저 해야 할 것은?

① 고객요구 파악
② 관련 기술의 가능성 검토
③ 경쟁업체의 분석과 벤치마킹
④ 신뢰성 검토 및 보장수명 결정

[풀이] 고객의 요구사항을 가장 먼저 파악해야 한다.

67 품질경영시스템 – 기본사항과 용어(KS Q ISO 9000 : 2015) 규격에서 제품에 해당하는 것이 아닌 것은?

① 원자재
② 하드웨어
③ 서비스
④ 소프트웨어

[풀이] 제품이란 하드웨어, 서비스, 소프트웨어 및 연속 집합재/가공물질을 말한다.

68 데이터를 간단히 수집할 수 있고, 계수치 데이터가 분류항목별로 어디에 집중되어 있는가를 알아보기 쉽게 나타낸 그림이나 표를 무엇이라 하는가?

① 산점도
② 히스토그램
③ 체크시트
④ 파레토그림

[풀이] 체크시트(Check Sheet)에 대한 설명이다.

정답 61 ① 62 ② 63 ④ 64 ④ 65 ② 66 ① 67 ① 68 ③

69 품질경영시스템 - 요구사항(KS Q ISO 9001 : 2015) 규격에 명시된 품질경영원칙이 아닌 것은?

① 리더십
② 고객 중시
③ 표준화
④ 프로세스 접근법

풀이 품질경영의 7원칙
- 고객 중시
- 리더십
- 인원의 적극 참여
- 프로세스 접근법
- 개선
- 증거기반 의사결정
- 관계관리/관계경영

70 품질특성의 평균이 36.10mm이고, 표준편차가 0.03mm이었다. 이 제품의 규격상한(U)이 36.20mm일 때 공정능력지수(C_{pkU})는 약 얼마인가?(단, 이 제품은 규격상한만 있다.)

① 0.56
② 0.57
③ 1.11
④ 1.21

풀이 $C_{pkU} = \dfrac{U - \mu}{3\sigma} = \dfrac{36.20 - 36.10}{3 \times 0.03} = 1.111$

71 표준수 및 표준수 수열 사용지침(KS A ISO 17 : 2012) 규격에 관한 설명으로 틀린 것은?

① 표준수는 등비수열 특성을 따른다.
② 표준수는 어떤 항이든 모두 10배 및 1/10배를 포함한다.
③ 기본수열로부터 2개째씩, 3개째씩 등을 골라서 만든 수열을 유도수열이라고 한다.
④ 기본수열과 비율이 다르며, 기본수열에 속하지 않는 항에서 출발한 것이 변위수열이다.

풀이 변위수열이란 기본수열과 비율이 같으나 기본수열에 속하지 않는 항에서 출발한 수열이다.

72 우리나라의 시험기관, 교정기관, 검사기관 및 표준물질생산기관 등 인정업무를 수행하고 있는 조직은?

① KSA(한국표준협회)
② KOLAS(한국인정기구)
③ KAS(한국제품인정제도)
④ KRISS(한국표준과학연구원)

풀이 KOLAS는 국가표준제도의 확립 및 산업표준화제도 운영, 공산품의 안전/품질 및 계량 · 측정에 관한 사항, 산업기반 기술 및 공업기술의 조사/연구 개발 및 지원, 교정기관, 시험기관 및 검사기관 인정제도의 운영, 표준화관련 국가 간 또는 국제기구와의 협력 및 교류에 관한 사항 등의 업무를 관장하는 국가기술표준원 조직이다.

73 복잡한 요인이 얽힌 문제에 대하여 그 인과관계를 명확히 함으로써 적절한 해결책을 찾는 방법으로, 각 요인의 인과관계를 논리적으로 연결하여 적절한 문제해결을 이끌어내는 데 유효한 기법은 무엇인가?

① PDPC법
② 계통도법
③ 연관도법
④ 매트릭스도법

풀이 연관도법(관련도법)에 대산 설명이다.

74 조직구성원들이 공유하고 있고 구성원 행동과 전체 조직행동에 기본 전제로 작용하는 기업교육의 가치관과 신념, 규범과 관습 그리고 행동패턴 등의 거시적 총체를 무엇이라 하는가?

① 기업목적
② 기업목표
③ 기업전략
④ 기업문화

풀이 기업문화에 대한 정의로 볼 수 있다.

75 QM추진팀의 역할에 해당되지 않는 것은?

① QM교육 보급
② QM추진에 의한 효과의 파악
③ QM추진계획의 검토 및 심의
④ 경영진에 의한 QM진단 수행 시 지적사항의 Follow-up

풀이 ③은 품질경영위원회의 역할 또는 심의사항이라 할 수 있다.

정답 69 ③ 70 ③ 71 ④ 72 ② 73 ③ 74 ④ 75 ③

76 3정 5S에서 3정에 해당되지 않는 것은?

① 정시   ② 정품
③ 정량   ④ 정위치

풀이 • 3定 : 정품, 정량, 정위치
• 5S : 정리, 정돈, 청소, 청결, 습관화

77 사내표준화는 표준화의 목적, 강제력의 정도, 표준의 적용기간에 따라 분류된다. 표준화의 적용기간에 따라 분류된 것으로, '적용 시작시기만이 명시된 표준으로 보통 대부분의 표준이 이에 속한다.'는 어떤 표준을 나타내는가?

① 시한표준   ② 잠정표준
③ 특별표준   ④ 통상표준

풀이 통상표준에 대한 설명이다.

78 제품책임의 대책으로 제품개발에서 판매 및 서비스에 이르기까지 모든 제품의 안전성을 확보하고 적정사용방법을 보급하는 것을 무엇이라고 하는가?

① 제품기술
② 제품책임예방(PLP)
③ 품질보증활동
④ 제품책임방어(PLD)

풀이 제품책임예방(PLP)란 제품개발에서 판매 및 서비스에 이르기까지 모든 제품의 안전성을 확보하고 적정사용방법을 보급하는 것이다.

79 검사용 표준장비를 운반차에 싣고 각 직장을 순회하면서 검사하는 방식은?

① 집중방식   ② 순회방식
③ 정기방식   ④ 정위치방식

풀이 각 직장을 순회하면서 검사하는 방식이므로 순회방식이다.

80 품질경영이 필요한 이유에 해당되지 않는 것은?

① 전문가 중심의 기업경영이 요구되고 있다.
② 기업들의 사회적 책임이 크게 강조되고 있다.
③ 시장이 생산자 중심에서 소비자 중심으로 전환되고 있다.
④ 제품/서비스 및 제조기술의 환경변화가 신속히 이루어지고 있다.

풀이 ① 현대의 기업은 특정인(전문가)의 기업 경영이 아니라 전 사원 중심의 기업경영이 요구되고 있다.

1과목 실험계획법

01 반복수가 일정하지 않은 모수모형의 1요인실험에 관한 설명으로 틀린 것은?

① 총 제곱합의 자유도는 총 실험수에서 1을 뺀 값이다.
② 반복이 달라도 실험은 완전 랜덤하게 행하여야 한다.
③ 반복이 달라도 요인의 자유도는 (요인수−1)로 변함이 없다.
④ 반복수가 일정한 실험을 행하다가 일부 실험을 실패한 경우도 해당된다.

풀이 ③ 반복이 달라도 요인의 자유도는 (수준수−1)로 변함이 없다.

02 반복 있는 2요인실험에 대한 설명으로 틀린 것은?

① 교호작용을 분리해서 구해볼 수 있다.
② 수준수가 적어도 반복수의 크기를 조절하여 검출력을 높일 수 있다.
③ 반복한 데이터로부터 실험의 재현성과 관리상태를 검토할 수 있다.
④ 요인의 효과에 대한 검출력은 좋아지나, 실험오차를 단독으로는 구할 수 없다.

풀이 ④ 반복 있는 2요인실험에서 각 요인의 효과에 대한 검출력이 좋아지고, 실험오차를 단독으로 구할 수가 있다.

03 4대의 기계에 제품을 각 100개씩 만들어 적합품이면 0, 부적합품이면 1의 값을 주기로 하였다. 그 결과가 다음 표와 같을 때 오차항의 제곱합(S_e)은 얼마인가?

기계	A_1	A_2	A_3	A_4	계
적합품	90	92	88	94	364
부적합품	10	8	12	6	36
계	100	100	100	100	400

① 0.20
② 31.67
③ 32.56
④ 32.76

풀이

요인	SS
A	$S_A = \dfrac{10^2 + 8^2 + 12^2 + 6^2}{100} - CT = 0.2$
e	$S_e = S_T - S_A = 32.56$
T	$S_T = T - CT = 36 - \dfrac{36^2}{400} = 32.76$

04 요인 A는 3수준, 요인 B는 3수준인 반복 없는 2요인실험에서 결측치가 2개 발생하였을 때 오차항의 자유도(ν_e)는 얼마인가?

① 2
② 3
③ 4
④ 8

풀이

요인	DF
A	2
B	2
e	(2)
T	8−(결측치수)=6

05 실험계획법에 사용하는 오차항의 가정 중 등분산성에 대한 설명으로 옳은 것은?

① 오차(e_{ij})의 분포는 정규분포를 따른다.
② 오차(e_{ij})의 기댓값은 0이고 편의는 없다.
③ 임의의 e_{ij}와 $e_{ij}(i \neq i',\ j \neq j')$는 서로 독립이다.
④ 오차(e_{ij})의 분산은 σ_e^2으로 어떤 i, j에 대해서도 일정하다.

풀이 반복이 일정한 1요인실험(변량모형)
① 정규성 ② 불편성 ③ 독립성 ④ 등분산성

정답 01 ③ 02 ④ 03 ③ 04 ① 05 ④

06 여러 명의 작업자 중 랜덤하게 5명을 선정해 어떤 화학 약품을 동일 장치로 3회 반복하게 하여 분석시켰을 때, 분산분석표가 다음과 같다면 $\widehat{\sigma_A^2}$는 약 얼마인가?

요인	SS	DF	MS	F_0
A	2.836	4	0.7090	2.83
e	2.504	10	0.2504	
T	5.340	14		

① 0.0459   ② 0.1147
③ 0.1529   ④ 0.1773

풀이 $\widehat{\sigma_A^2} = \dfrac{V_A - V_e}{r} = \dfrac{0.7090 - 0.2504}{3} = 0.15287$

---

07 난괴법 실험에서 요인 A는 모수요인으로 3수준, 요인 B는 변량요인으로 5수준일 때 B의 산포를 구하기 위한 σ_B^2의 추정값은?

① $\dfrac{V_B - V_e}{3}$ ② $\dfrac{V_B - V_e}{5}$

③ $\dfrac{V_A - V_e}{3}$ ④ $\dfrac{V_A - V_e}{5}$

풀이 $\widehat{\sigma_B^2} = \dfrac{V_B - V_e}{l} = \dfrac{V_B - V_e}{3}$

---

08 모수요인인 온도의 3수준을 실험에서 고려하고자 한다. 온도의 각 수준은 실험자의 경험에 따라, 100, 120, 140℃로 고려하였다. i번째 수준에서 j번째 반복 실험 결과인 x_{ij}에 대해 다음과 같은 [모형]을 설정하였다. 모형의 가정으로 맞는 것은?

> ─────────── [모형] ───────────
> $x_{ij} = \mu + a_i + e_{ij}$(단, $i = 1, 2, 3, \ j = 1, 2, \cdots, m$)

① $a_1 + a_2 = -a_3$ ② $a_i \geq 0$
③ $a_i \sim N(0, \ \sigma_A^2)$ ④ $\sum a_i \neq 0$

풀이 $a_1 + a_2 = -a_3$를 정리하면 $a_1 + a_2 + a_3 = 0$, 즉 $\sum a_i = 0$이 된다. 즉, 모수요인의 정의가 된다.

---

09 어떤 화학반응 실험에서 농도를 4수준으로 반복수가 일정하지 않은 실험을 하여 다음의 표와 같이 데이터를 얻었다. 분산분석결과 $V_e = 167.253$이다. $\mu(A_1)$과 $\mu(A_4)$의 평균치 차를 $\alpha = 0.05$로 검정하고자 한다. 평균치 차가 얼마 이상일 때 평균치 차가 있다고 할 수 있는가?[단, $t_{0.975}(15) = 2.131$, $t_{0.95}(15) = 1.753$이다.]

요인	A_1	A_2	A_3	A_4
실험횟수	5	6	4	4
$\overline{x_i}.$	52	35.33	48.20	64.67

① 16.556   ② 18.487
③ 19.487   ④ 20.127

풀이 $LSD = t_{0.975}(15) \sqrt{167.253 \times \left(\dfrac{1}{5} + \dfrac{1}{4}\right)}$
$\qquad\quad = 18.4874$

---

10 다음 표는 라틴방격법에 의한 실험결과를 분산분석한 결과의 일부이다. 검정결과로 맞는 것은?[단, $F_{0.95}(2, 2) = 19.0$, $F_{0.99}(2, 2) = 99.0$이다.]

요인	SS	DF	MS	F_0
A	51.03	2	25.515	3.26
B	118.00	2	59.000	7.55
C	12.07	2	6.035	
e	15.63	2	7.815	
T	196.73	8		

① A, B, C 모두 유의하다.
② A, B, C 모두 유의하지 않다.
③ A와 B는 유의하고, C는 유의하지 않다.
④ B는 유의하고, A와 C는 유의하지 않다.

풀이 $F_0 > F_{0.95}(2, 2)$이면 유의한데, 표 값보다 큰 F_0가 존재하지 않으므로 모든 요인은 유의하다고 할 수 없다.

11 직교배열표를 사용한 실험의 장점이 아닌 것은?

① 분산분석표를 작성하지 않고 분석한다.

② 실험 데이터로부터 요인의 제곱합 계산이 용이하다.

③ 실험의 크기를 확대시키지 않고도 실험에 많은 요인을 배치시킬 수 있다.

④ 실험계획법에 대한 지식이 없어도 일부실시법, 분할법, 교락법 등의 배치가 쉽다.

풀이 분신분석표를 작성하지 않고 분석할 수 있는 실험계획법은 없다.

12 1요인실험에서 총제곱합 $S_T = 1.01$이고, A요인의 순제곱합 $S_A' = 0.40$일 때 기여율 ρ_A는 약 얼마인가?

① 39.6% ② 42.2%

③ 44.4% ④ 46.2%

풀이 $\rho_A = \dfrac{S_A'}{S_T} = \dfrac{0.40}{1.01} \times 100 = 39.60(\%)$

13 어떤 공장에서 제품의 강도에 영향을 미칠 것으로 생각되는 온도(A) 3수준과 촉매량(B) 4수준으로 하여 반복이 없는 2요인실험을 실시하고 분산분석한 결과 오차항의 제곱합으로 108을 얻었다. 요인 A의 각 수준에서 모평균의 95% 신뢰구간은?

① $\bar{x}_{i\cdot} \pm t_{0.975}(6)\sqrt{\dfrac{18}{3}}$

② $\bar{x}_{i\cdot} \pm t_{0.975}(6)\sqrt{\dfrac{18}{4}}$

③ $\bar{x}_{i\cdot} \pm t_{0.975}(12)\sqrt{\dfrac{18}{4}}$

④ $\bar{x}_{i\cdot} \pm t_{0.975}(12)\sqrt{\dfrac{18}{3}}$

풀이 $\bar{x}_{i\cdot} \pm t_{1-\alpha/2}(\nu_e)\sqrt{\dfrac{V_e}{m}} = \bar{x}_{i\cdot} \pm t_{0.975}(6)\sqrt{\dfrac{18}{4}}$

14 모수모형 2요인실험의 분산분석표에서 교호작용을 무시하였을 경우 요인 B의 분산비(F_0)는 약 얼마인가?

요인	SS	DF	MS
A	475.0	4	118.75
B	747.0	3	249.00
$A \times B$	3.2	12	0.27
e	154.0	20	7.70
T	1379.2	39	

① 0.04 ② 15.42

③ 32.34 ④ 50.69

풀이 $A \times B$ 풀링 후 분산분석표

요인	SS	DF	MS
A	475.0	4	118.75
B	747.0	3	249.00
e'	157.2	32	4.9125
T	1379.2	39	

$\therefore F_B = \dfrac{V_B}{V_{e'}} = \dfrac{249.00}{4.9125} = 50.687$

15 강력 접착제의 응집력을 높이기 위해서 4요인 A, B, C, D가 중요한 작용을 한다는 것을 알고, 각각 2수준씩을 선택하여 $L_8(2^7)$직교배열표를 이용한 실험의 결과로 다음 표와 같은 결과를 얻었다. 총제곱합(S_T)은 얼마인가? $\left[\text{단, 제곱합 } S = \dfrac{(T_1 - T_0)^2}{8} \text{이다.} \right]$

열 번호	1	2	3	4	5	6	7
요인	A	B	e	C	e	e	D
T_0	51	47	58	64	59	53	50
T_1	59	63	52	46	51	57	60
S	8	32	4.5	40.5	8	2	12.5

① 14.5 ② 107.5

③ 127.5 ④ 1,620

풀이 총제곱합은 각 열의 제곱합값을 모두 더한 값이므로

$S_T = 8 + 32 + \cdots + 2 + 12.5 = 107.5$

16 A는 모수요인, B는 블록요인인 난괴법에서 요인 B의 제곱합 S_B는 약 얼마인가?

B \ A	A_1	A_2	A_3
B_1	18	15	10
B_2	15	12	8

① 5.667
② 7.667
③ 10.667
④ 14.667

풀이 $S_B = \sum \dfrac{T^2_{\cdot j}}{l} - CT = \dfrac{43^2 + 35^2}{3} - \dfrac{78^2}{6} = 10.6667$

17 2요인실험에 관한 설명으로 틀린 것은?

① 반복이 있는 경우, 두 요인의 교호작용을 검증해 볼 수 있다.
② 각 요인별로 완전 랜덤화(Complete Randomization)를 시행한다.
③ 반복이 있는 2요인실험은 재현성과 관리상태를 검토할 수 있다.
④ 2개의 요인에서 각각의 수준이 l, m일 때, 반복이 없는 경우 $l \times m$회의 실험을 행하게 된다.

풀이 ② 각 수준별로 완전 랜덤화(Complete Randomization)를 시행한다.

18 반응시간 A, 반응온도 B, 촉매종류 C의 3가지 요인을 택해 다음과 같은 라틴방격을 사용하여 실험배치를 행하였을 경우 오차항의 자유도(ν_e)는 얼마인가?

B \ A	A_1	A_2	A_3	A_4
B_1	C_4	C_3	C_2	C_1
B_2	C_2	C_1	C_3	C_4
B_3	C_1	C_2	C_4	C_3
B_4	C_3	C_4	C_1	C_2

① 2
② 3
③ 4
④ 6

풀이 $(k-1)(k-2) = 3 \times 2 = 6$

19 x는 예측변수, y는 반응변수이며, x의 제곱합 $S_{(xx)} = 90$, y의 제곱합 $S_{(yy)} = 400$, 회귀에 의하여 설명되는 제곱합 $S_R = 360$이었다. 이때 결정계수(r^2)는 얼마인가?

① 0.225
② 0.675
③ 0.889
④ 0.900

풀이 $R^2 = \dfrac{S_R}{S_{(yy)}} = \left(\dfrac{S_{(xy)}}{\sqrt{S_{(xx)} S_{(yy)}}} \right)^2 = \dfrac{360}{400} = 0.9000$

20 실험계획법의 기본원리가 아닌 것은?

① 반복의 원리
② 랜덤화의 원리
③ 불변성의 원리
④ 블록화의 원리

풀이 랜덤화의 원리, 반복의 원리, 블록화의 원리, 직교화의 원리, 교락의 원리

2과목　　　**통계적 품질관리**

21 상관계수의 검정에서 r표를 활용하는 경우, $r_0 > + r_{1-\alpha/2}(\nu)$ 또는 $r_0 < - r_{1-\alpha/2}(\nu)$일 때의 내용 중 맞는 것은?(단, $\nu = n - 2$이다.)

① 상관관계가 있다고 판정한다.
② 상관관계가 없다고 판정한다.
③ 이 상태로는 판정하기 어렵다.
④ 상관관계가 있기도 하고 없기도 하다고 판정한다.

풀이 $r_0 > + r_{1-\alpha/2}(\nu)$ 또는 $r_0 < - r_{1-\alpha/2}(\nu)$이면 귀무가설을 기각한다. 즉, 상관관계가 있다고 판정한다.

22 검사의 목적에 해당하지 않는 것은?

① 공정능력을 측정하기 위하여
② 검사원의 정확도를 평가하기 위하여
③ 적합품과 부적합품을 구별하기 위하여
④ 제품의 판매개척을 용이하게 하기 위하여

풀이 ④는 검사의 목적과는 거리가 멀다.

23 그림은 N과 n이 일정하고, 합격판정개수의 변화에 따른 OC곡선의 변화를 나타낸 것이다. 각 OC곡선과 샘플링검사 방식을 맞게 연결시킨 것은?

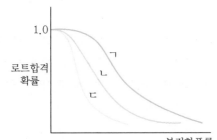

샘플링검사방식	표본의 크기	합격판정 개수
A	80	1
B	80	2
C	80	3

① ㄱ : A, ㄴ : B, ㄷ : C
② ㄱ : B, ㄴ : C, ㄷ : A
③ ㄱ : C, ㄴ : B, ㄷ : A
④ ㄱ : C, ㄴ : A, ㄷ : B

풀이 OC곡선에서 합격판정개수(c)의 증가에 따라 기울기는 오른쪽으로 완만해지고, α는 감소, β는 증가한다.

24 자료의 중심적 경향을 나타내는 척도가 아닌 것은?

① 중위수
② 산술평균
③ 최빈수
④ 표준편차

풀이 표준편차는 자료의 산포의 척도를 나타내고 있다.

25 계수 및 계량 규준형 1회 샘플링검사(KS Q 0001 : 2013)에서 "계수 규준형 1회 샘플링검사"에 대한 설명으로 맞는 것은?

① LQ 중심의 품질보증을 한다.
② 검사의 엄격도 조정이 필요하다.
③ 계량치 측정 데이터에 적용하는 방법이다.
④ 합격판정기준을 샘플의 크기(n)와 합격판정개수(c)로 표현하는 방식이다.

풀이 ① LQ 지표형 샘플링검사
② AQL 지표형 샘플링검사
③ 계량 규준형 샘플링검사
④ 계수 규준형 샘플링검사

26 계수형 샘플링검사 절차-제1부 : 로트별 합격품질한계(AQL) 지표형 샘플링검사 방안(KS Q ISO 2859-1 : 2014)에 따른 계수치 샘플링검사 중 수월한 검사에서 보통 검사로 복귀되는 경우, 3가지 조건 중 하나만 해당되어도 전환된다. 3가지 조건에 해당되지 않는 것은?

① 1로트라도 불합격
② 전환점수가 30점이 넘었을 때
③ 생산이 불규칙하게 되었거나 정체
④ 기타 조건에서 보통 검사로 복귀해야 할 필요가 발생

풀이 ②는 보통검사에서 수월한 검사로 가기 위한 조건 중의 하나이다.

27 p 관리도에 대한 설명으로 틀린 것은?

① 부분군의 크기(n)가 다를 경우 관리한계에 요철이 생긴다.
② 부분군의 크기(n)가 커질수록 관리한계의 폭은 좁아진다.
③ 관리한계(Control Limit)는 부분군의 크기(n)에 영향을 받지 않는다.
④ p 관리도는 부분군의 크기(n)가 다른 경우에도 사용할 수 있다.

풀이 ③ 관리한계(Control Limit)는 부분군의 크기(n)에 영향을 많이 받게 된다.

28 전선 1,000m를 하나의 검사단위로 할 때, 이 전선의 검사단위당 평균부적합수($\bar{c}$)를 추정하여 보니 5.4이었다. 이 공정의 부적합수 관리를 위한 c 관리도의 3σ 관리한계(Control Limit)로 맞는 것은?(단, 관리상한은 U_{CL}, 관리하한은 L_{CL}이다.)

① $U_{CL}=5.66,\ L_{CL}=5.32$

② $U_{CL}=9.95,\ L_{CL}=0.85$

③ $U_{CL}=12.37,\ L_{CL}=0.50$

④ $U_{CL}=12.37,\ L_{CL}=$ 고려하지 않는다.

풀이
- $U_{CL}=\bar{c}+3\sqrt{c}=12.371$
- $L_{CL}=\bar{c}-3\sqrt{c}=-1.571=-$

29 상자 속에 12개의 제품이 들어있는데 그중에서 4개가 부적합품이다. 상자에서 임의로 1개씩 두 번 추출할 때 2개가 모두 합격품일 확률을 구하면?(단, 한 번 꺼낸 것은 도로 넣지 않는다.)

① $\dfrac{1}{3}$

② $\dfrac{5}{9}$

③ $\dfrac{15}{24}$

④ $\dfrac{14}{33}$

풀이
$$P(x)=\frac{\binom{NP}{x}\binom{N(1-P)}{n-x}}{\binom{N}{n}}=\frac{\binom{4}{0}\binom{8}{2}}{\binom{12}{2}}=\frac{4\times 7}{6\times 11}=\frac{14}{33}$$

30 합리적인 군으로 나눌 수 없는 경우, $k=25$, $\sum X=389.59$, $\sum R_m=12.40$일 때 X관리도의 관리상한(U_{CL})과 관리하한(L_{CL})은 약 얼마인가?

① $U_{CL}=16.958,\ L_{CL}=14.209$

② $U_{CL}=19.833,\ L_{CL}=13.297$

③ $U_{CL}=25.432,\ L_{CL}=18.354$

④ $U_{CL}=32.235,\ L_{CL}=20.321$

풀이
- $\bar{x}=\dfrac{\sum x}{k}=\dfrac{389.59}{25}=15.5836$
- $\overline{R_m}=\dfrac{\sum R_m}{k-1}=\dfrac{12.40}{24}=0.51667$
- $\therefore \begin{pmatrix}U_{CL}\\L_{CL}\end{pmatrix}=\bar{x}\pm 2.66\overline{R_m}=\begin{pmatrix}16.9579\\14.2093\end{pmatrix}$

31 A공정에서 제조된 로트로부터 150개의 샘플을 취해서 검사해 본 결과 3개의 부적합품이 나왔다. 모부적합품률의 신뢰구간(Confidence Interval)은 약 얼마인가?(단, 신뢰율 95%이다.)

① $0\sim 0.0384$

② $0\sim 0.0394$

③ $0\sim 0.0424$

④ $0\sim 0.0474$

풀이
$$\hat{p}\pm u_{1-\alpha/2}\sqrt{\frac{\hat{p}(1-\hat{p})}{n}}=0.02\pm 1.96\times\sqrt{\frac{0.02\times(1-0.02)}{150}}$$
$$=(-,\ 0.04240)$$

32 부분군의 크기(n)가 4인 부분군의 수(k) 25개를 조사한 결과 $\sum \overline{X}=680.0$, $\sum R=15.0$을 얻었다. 이때 $\overline{X}$관리도의 관리상한(U_{CL})은 약 얼마인가?(단, $n=4$일 때 $d_2=2.059$이다.)

① 27.40

② 27.64

③ 28.17

④ 28.68

풀이
$$U_{CL}=\bar{\bar{x}}+3\frac{\overline{R}}{d_2\sqrt{n}}=27.2+3\times\frac{0.6}{2.059\times\sqrt{4}}=27.637$$
$$\left(\text{단},\ \bar{\bar{x}}=\frac{\sum \bar{x}}{k}=\frac{68.0}{25}=27.2,\ \overline{R}=\frac{\sum R}{k}=\frac{15.0}{25}=0.6\right)$$

33 계수 및 계량 규준형 1회 샘플링검사(KS Q 0001 : 2013)의 계량 규준형 1회 샘플링방식(표준편차 기지)에서 로트의 평균치를 보증할 때 특성치가 높은 편이 좋은 경우의 하한 합격 판정치($\overline{X_L}$)를 구하는 식으로 맞는 것은?

① $G_0\sigma$

② $m_0-G_0\sigma$

③ $m_1\sigma$

④ $m_0+G_0\sigma$

풀이
$$\overline{X_L}=m_0-K_\alpha\frac{\sigma}{\sqrt{n}}=m_0-G_0\sigma=m_1+K_\beta\frac{\sigma}{\sqrt{n}}$$
$$\left(\text{단},\ G_0=\frac{K_\alpha}{\sqrt{n}}\right)$$

34 스프링 제조공장에서 인장강도의 평균에 관한 검정을 하고자 한다. 과거의 관리기록이 없다면, 이에 적절한 검정 통계량은?[단, 표본의 수는 적다라고 가정하며, 제곱합 $S = \sum(x_i - \overline{x})^2$이다.]

① $\chi_0^2 = \dfrac{S}{\sigma^2}$ 　　② $F_0 = \dfrac{s_1^2}{s_2^2}$

③ $t_0 = \dfrac{\overline{x} - \mu}{\dfrac{s}{\sqrt{n}}}$ 　　④ $u_0 = \dfrac{\overline{x} - \mu}{\dfrac{\sigma}{\sqrt{n}}}$

풀이

통계량	비고
$u_0 = \dfrac{\overline{x} - \mu_0}{\sigma/\sqrt{n}}$	과거의 자료가 존재하는 경우(σ 기지)
$t_0 = \dfrac{\overline{x} - \mu_0}{s/\sqrt{n}}$	과거의 자료가 존재하지 않는 경우 (σ 미지)

35 X 공장에서 생산하는 탁구공의 지름은 대략 평균 1.30 인치, 표준편차 0.04인치인 정규분포를 따르는 것으로 알려져 있다. 탁구공의 지름이 1.28인치에서 1.30인치 사이일 확률은?[단 $u \sim N(0, 1^2)$일 때, $P(0 \le u \le 0.5)$ $= 0.1915$, $P(0 \le u \le 1.0) = 0.3413$이다.]

① 0.1498 　　② 0.1915
③ 0.3413 　　④ 0.5328

풀이 $P(1.28 \le x \le 1.30) = P\left(\dfrac{1.28 - 1.30}{0.04} \le u \le \dfrac{1.30 - 1.30}{0.04} \right)$
$= P(-0.5 \le u \le 0)$
$= P(0 \le u \le 0.5) = 0.1915$

36 관리도에 타점하는 통계량(Statistic)은 정규분포를 한다고 가정한다. 공정(모집단)이 정규분포를 이룰 때에는 표본의 분포는 언제나 정규분포를 이루지만, 공정의 분포가 정규분포가 아니더라도 표본의 크기가 클수록 정규분포에 접근한다는 이론은?

① 중심극한정리
② 체비쉐브의 법칙
③ 체계적 추출법
④ 크기비례 추출법

풀이 중심극한의 정리란 공정의 분포가 정규분포가 아니더라도 표본의 크기가 클수록 정규분포에 접근한다는 이론이다.

37 검정 및 추정에 관련된 설명 중 틀린 것은?

① 유의수준의 값이 작을수록 귀무가설의 기각 가능성은 커진다.
② 검정을 통하여 입증하고 싶은 현상을 대립가설로 설정한다.
③ 검정결과 귀무가설이 채택되는 경우 신뢰구간의 추정은 의미가 없다.
④ 검정에서 대립가설을 한쪽가설로 설정하는 경우, 귀무가설이 기각되면, 추정은 단측 신뢰구간(One −sided Confidence Interval), 즉 아래쪽 신뢰한계 혹은 위쪽 신뢰한계만 구하는 한쪽 추정방식이 행하여진다.

풀이 ① 유의수준의 값이 클수록 귀무가설의 기각 가능성은 커지게 된다.

38 어떤 회사에서 제조하는 제품 15개를 추출하여 중량에 대한 표본 분산을 계산한 결과 10g이 나왔다. 위험률 $\alpha = 5\%$로 제품중량에 대한 분산이 8g을 넘을 것인지 검정을 하였을 때의 결과로 맞는 것은?[단, 제품 중량은 정규분포를 따른다고 가정하며, $\chi_{0.95}^2(14) = 23.7$, $\chi_{0.975}^2(14) = 26.1$이다.]

① H_0를 기각한다.
② H_1을 채택한다.
③ H_0를 채택한다.
④ 자료의 부족으로 알 수 없다.

풀이 $\chi_0^2 < \chi_{0.95}^2(14) = 23.7$이므로 H_0를 채택한다.

39 부적합품률이 0.05인 모집단에서 4개의 표본을 샘플링(Sampling)할 때 부적합품이 하나도 없을 확률은 약 얼마인가?(단, 푸아송 분포를 이용하여 구한다.)

① 0.72 　　② 0.82
③ 0.86 　　④ 0.93

$P(x) = \dfrac{e^{-m} \times m^x}{x!} = \dfrac{e^{-np} \times (np)^x}{x!} = \dfrac{e^{-0.20} \times (0.20)^0}{0!}$

$\qquad\qquad = 0.819$

40 $\overline{X}$ 관리도에서 $\overline{X}$의 변동 $\sigma_{\overline{x}}^2$는 군간변동(σ_b^2)과 군내변동(σ_w^2)으로 구성된다. 개개 데이터의 산포(σ_H^2)를 히스토그램에서 구할 때 필요한 식은?(단, n은 부분군의 크기를 의미한다.)

① $\sigma_H^2 = \sigma_b^2 + \sigma_w^2$ ② $\sigma_H^2 = \dfrac{\sigma_b^2}{n} + \sigma_w^2$

③ $\sigma_H^2 = \sigma_b^2 + \dfrac{\sigma_w^2}{n}$ ④ $\sigma_H^2 = \dfrac{\sigma_b^2}{n} + \dfrac{\sigma_w^2}{n}$

• $\sigma_{\overline{x}}^2 = \dfrac{\sigma_w^2}{n} + \sigma_b^2$

• 전체 데이터의 산포 : $\sigma_H^2 = \sigma_w^2 + \sigma_b^2$

생산시스템

41 보전비용이 적게 들도록 재료를 개선하거나, 보다 용이한 부품 교체가 가능하도록 설비의 체질을 개선해서 수명연장, 열화방지 등의 효과를 높이는 보전활동은?

① 개량보전   ② 자주보전
③ 예방보전   ④ 사후보전

개량보전에 대한 설명이다.

42 다음 자료를 이용하여 긴급률법에 의한 작업순서를 바르게 나열한 것은?

작업	작업 소요시간	잔여 납기시간	여유시간
A	6	8	2
B	3	5	2
C	5	11	6
D	2	4	2

① A−B−D−C   ② A−C−B−D
③ C−A−B−D   ④ C−D−B−A

$CR = \dfrac{\text{잔여납기일수}}{\text{잔여작업일수}}$ 로 계산하며, 작은 값부터 먼저 작업을 실시한다.

제품	A	B	C	D
잔여납기	8	5	11	4
잔여작업	6	3	5	2
긴급률	1.33	1.67	2.2	2.0
작업순서	1	2	4	3

따라서 작업순서는 A−B−D−C가 된다.

43 자재구입 시 가치분석을 이용할 때 가치분석의 단계 중 맞는 것은?

① 기능의 정의 → 기능의 평가 → 기능의 작성
② 기능의 정의 → 기능의 작성 → 기능의 평가
③ 기능의 정의 → 기능의 평가 → 대체안의 작성
④ 기능의 정의 → 대체안의 작성 → 기능의 평가

분석단계 : 기능의 정의와 정리 → 기능의 평가 → 대체안 작성

44 라인밸런스 효율(E_b)를 구하는 공식은?(단, n : 작업자 수, $t_{\max}$: Neck Time, Σt_i : 공정시간의 합계)

① $E_b = \dfrac{n \cdot t_{\max}}{\Sigma t_i} \times 100$ ② $E_b = \dfrac{\Sigma t_i}{n \cdot t_{\max}} \times 100$

③ $E_b = \dfrac{t_{\max}}{n \cdot \Sigma t_i} \times 100$ ④ $E_b = \dfrac{\Sigma t_i \cdot n}{t_{\max}} \times 100$

$E_b = \dfrac{\Sigma t_i}{m \, t_{\max}} \times 100$

45 일반적인 TPM 소집단 활동에 대한 설명으로 틀린 것은?

① 중복 소집단 활동으로 편성된다.
② 자주보전 스텝활동 중심으로 진행된다.
③ 리더는 현장 또는 조직의 책임자가 된다.
④ 종업원의 자발적인 의사에 따라 자주적으로 분임조를 편성한다.

④ 종업원의 자발적인 의사에 따라 자주적으로 분임조활동을 실시한다.

---

46 일정계획에 따라 작업순서를 정하여 명령 또는 지시하는 것으로 실제의 생산활동을 집행하는 역할을 하는 것은 무엇인가?

① 공수계획　　　② 여력계획

③ 라인편성　　　④ 작업배정

풀이 작업배정에 대한 설명이다.

47 ABC 분석에 의거하여 일반적으로 발주형식을 취할 때 정기발주형식이 적합한 품목은?

① A급 품목

② B급 품목

③ C급 품목

④ ABC 분류와 정기발주형식은 관련 없다.

풀이

등급	전 품목에 대한 비율	총 사용금액에 대한 비율	관리비중	발주형태
A	10~20%	70~80%	중점관리	정기발주 시스템
B	20~40%	15~20%	정상관리	정량발주 시스템
C	40~60%	5~10%	관리체제 간소화	Two-bin 시스템

48 생산형태의 분류 중 바르게 짝지어진 것은?

① 주문생산 – 소품종 다량생산 – 연속생산

② 예측생산 – 다품종 소량생산 – 단속생산

③ 주문생산 – 다품종 소량생산 – 단속생산

④ 예측생산 – 소품종 다량생산 – 단속생산

풀이 생산형태의 분류

생산 시기	생산의 반복성	품종과 생산량	생산의 흐름	생산량과 기간
주문 생산	개별 생산	다품종 소량생산	단속 생산	프로젝트 생산
	소로트 생산			개별생산
예측 생산	중·대로트 생산	중품종 중량생산		뱃치 생산
	연속 생산	소품종 대량생산	연속 생산	대량생산

49 WS법이 Stop Watch법보다 유리한 점이 아닌 것은?

① 시간 및 비용이 절감된다.

② 작업 사이클타임이 길 때 유리하다.

③ 작업을 보다 세밀히 측정할 수 있다.

④ 비반복작업의 표준시간 산출이 가능하다.

풀이 Stop Watch법이 WS법에 비해 작업을 보다 세밀히 측정할 수 있다.

50 서블릭(Therblig)에 관한 설명으로 틀린 것은?

① 시간관측 및 동작분석에 많은 숙련을 요한다.

② 비반복작업으로 소수작업자가 종사하는 작업에 상당히 유리하다.

③ 서블릭기호를 이용한 양수 동작분석도표를 시모차트(Simo Chart)라 한다.

④ 길브레스가 연구한 것으로 그의 이름 Gilbreth를 거꾸로 하여 Therblig이라 했다.

풀이 ② 반복작업으로 다수작업자가 종사하는 작업에 서블릭(Therblig)을 사용한다.

51 화학반응이나 설계도면, 제작도면에 의해 원단위를 산정하는 방법은?

① 실적치에 의한 방법

② 이론치에 의한 방법

③ 기준에 의한 방법

④ 시험분석치에 의한 방법

풀이 이론치에 의한 방법

화학, 전기공업에서 많이 이용한다(화학반응이나 설계도면, 제작도면 참조).

52 JIT 시스템의 특징에 관한 설명으로 틀린 것은?

① 준비·교체시간을 최소화한다.

② 레이아웃을 U라인으로 편성한다.

③ 간판(Kanban)에 의해 생산시스템이 운영된다.

④ 관리목표는 낭비의 제거보다 계획 및 통제 중심이다.

풀이 ④ 관리목표는 계획 및 통제보다 낭비의 제거 중심이다(계획 및 통제 중심은 MRP시스템이다).

정답　46 ④　47 ①　48 ③　49 ③　50 ②　51 ②　52 ④

53 공정분석표의 종류에 속하지 않는 것은?

① 제품공정분석표
② PTS 공정분석표
③ 사무공정분석표
④ 작업자공정분석표

풀이 공정분석
- 제품공정분석 : 단순공정분석(OPC), 세물공정
- 사무공정분석
- 작업자 공정분석
- 부대분석 : 기능분석, 제품분석, 부품분석, 수율분석, 경로분석 등

54 내경법에서 여유율을 산출하는 공식으로 맞는 것은?

① 정미시간 × (1 + 여유율)

② 정미시간 × $\dfrac{1}{1-여유율}$

③ $\dfrac{여유시간의 총계}{정미시간의 총계} \times 100$

④ $\dfrac{여유시간의 총계}{정미시간의 총계 + 여유시간의 총계} \times 100$

풀이

구분	외경법	내경법
표준시간	정미시간 × (1 + 여유율)	정미시간 × $\dfrac{1}{1-여유율}$
여유율	$\dfrac{여유시간의 총계}{정미시간의 총계} \times 100$	$\dfrac{여유시간의 총계}{정미시간의 총계 + 여유시간의 총계} \times 100$

55 전문가를 한자리에 모으지 않고, 일련의 미래사항에 대한 의견을 질문서에 각자 밝히도록 하여 전체 의견을 평균치와 사분위값으로 나타내는 수요예측방법은?

① 시장조사
② 판매원 추정법
③ 델파이법
④ 경영자 판단법

풀이 Delphi법에 대한 설명으로 중·장기 계획에서 다른 정성적 기법보다 정확도가 높은 것으로 알려져 있다.

56 다중활동분석표에서 복수작업자분석표(Multi Man Chart)는 어떤 명칭으로도 불리는가?

① Flow Process Chart
② Gang Process Chart
③ Assembly Process Chart
④ Operation Process Chart

풀이 복수작업자분석표(Multi Man Chart, Gang Process Chart) : Aldridge 개발

57 자동차 조립공정의 소요시간이 낙관치(a) = 4, 정상치(m) = 6, 비관치(b) = 8일 때 기대시간값(t_e)과 분산(σ^2)을 각각 구하면 얼마인가?

① $t_e = 4,\ \sigma^2 = 0.11$ ② $t_e = 4,\ \sigma^2 = 0.44$
③ $t_e = 6,\ \sigma^2 = 0.11$ ④ $t_e = 6,\ \sigma^2 = 0.44$

풀이
- $t_e = \dfrac{a+4m+b}{6} = \dfrac{4+4\times6+8}{6} = 6$
- t_e의 분산 $\sigma^2 = \left(\dfrac{b-a}{6}\right)^2 = \left(\dfrac{8-4}{6}\right)^2 = 0.444$

58 MRP(Material Requirement Planning)는 자재의 어떤 부분을 관리하기 위한 것인가?

① 자재의 종속수요 ② 자재의 독립수요
③ 자재의 초과수요 ④ 자재의 이동수요

풀이 자재소요계획(MRP)은 종속수요품의 재고관리시스템이다.

59 작업활동을 시간적 측면에서 도표에 의해 관리하는 방법으로 일명 바차트라고도 하고, 계획과 실제의 시간적인 관계를 요약하여 나타내는 일정분석도표는?

① 간트차트
② 사이모 차트
③ 사이클 그래프
④ 크로노사이클 그래프

풀이 간트차트(Gantt Chart)에 대한 설명으로 생산 또는 작업계획과 실제의 작업량을 작업일정이나 시간을 작업표시판에 가로막대선으로 표시하는 전통적인 일정관리기법으로 계획과 통제기능을 동시에 수행하게 된다.

60 생산형태 중 생산량과 기간에 따른 분류에 해당되지 않는 것은?

① 대량생산   ② 로트생산
③ 무인생산   ④ 개별생산

풀이 생산량과 기간에 의한 분류에는 프로젝트 생산, 개별생산, 로트 생산, 대량생산 등이 있다.

4과목   **품질경영**

61 품질경영 교육방법으로 실시하는 교육 내용에 따른 분류가 아닌 것은?

① 품질경영 사외교육
② 품질경영 이념교육
③ 품질경영 제도교육
④ 통계적 관리기법 교육

풀이 품질경영 사외교육이 아니라 품질경영 사내교육이다.

62 게하니(Gehani) 교수가 구상한 품질가치사슬에서 TQM의 전략목표인 고객만족품질을 얻는 데 융화되어야 할 3가지 품질로 제시된 사항이 아닌 것은?

① 제품품질   ② 경영종합품질
③ 부품품질   ④ 전략종합품질

풀이

상층부	전략적 종합품질
중층부	경영종합품질
하층부	제품품질(공정품질, 예방품질, 검사품질)

63 제품이나 서비스의 품질을 개선하고 유지·관리에 소요되는 비용과 그럼에도 불구하고 발생되는 실패비용을 포함하여 품질코스트라 한다. 품질코스트의 종류 중 관리가 가능한 비용으로 독립변수에 해당되는 코스트는?

① 예방코스트와 평가코스트
② 예방코스트와 내부실패코스트
③ 평가코스트와 외부실패코스트
④ 내부실패코스트와 외부실패코스트

풀이 예방코스트와 평가코스트는 독립변수이고 실패코스트는 종속변수에 해당된다.

64 기업경영의 합리화 방법인 "3S"가 의미하는 것은 무엇인가?

① 표준화, 전문화, 단순화
② 표준화, 전문화, 분업화
③ 표준화, 체계화, 단순화
④ 표준화, 단순화, 체계화

풀이 산업표준화의 3S는 단순화, 표준화, 전문화를 말한다.

65 규정 공차가 규격상·하한으로 정해졌을 경우 규격상한(U) 밖으로 나타난 부적합품률은 0.13%이고 규격하한(L) 밖으로 나타난 부적합품률이 0.18%였다면 부적합품률은 총 몇 ppm인가?

① 31ppm   ② 310ppm
③ 3,100ppm   ④ 31,000ppm

풀이 $P = 0.13\% + 0.18\% = 0.31\%$
$= 0.31 \times 10^4 \text{PPM} = 3,100 \text{PPM}$

66 조직에서 사내표준이 갖추어야 할 조건으로 틀린 것은?

① 사내표준은 문서 또는 정보화되어 성문화된 자료로 존재하여야 한다.
② 자료는 조직원 누구나 볼 수 있고 활용될 수 있도록 배치 또는 네트워크화해 두어야 한다.
③ 회사의 경영자 또는 경영간부가 솔선하여 사내 표준의 유지와 실시를 촉진시켜야 한다.
④ 사내표준은 앞으로 실시 가능성이 있는 미래의 사항을 기준으로 하여 기술하여야 한다.

풀이 ④ 사내표준은 앞으로 실시 가능성이 있는 현재의 사항을 기준으로 하여 기술하여야 한다.

67 제조업자가 합리적인 설명 · 지시 · 경고 또는 그 밖의 표시를 하였더라면 해당 제조물에 의하여 발생할 수 있는 피해나 위험을 줄이거나 피할 수 있었음에도 이를 하지 아니한 경우의 결함은?

① 제조상의 결함
② 설계상의 결함
③ 판매상의 결함
④ 표시상의 결함

풀이 표시상의 문제이므로 표시상의 결함이고, 이 결함은 과실책임에 속한다.

68 기업이 품질경영시스템 – 요구사항(KS Q ISO 9001 : 2015)을 도입할 때 주의사항으로 틀린 것은?

① 인증취득은 끝이 아니라 시작이다.
② 조직의 하부단계부터 단계적으로 교육한다.
③ 규격의 요구사항을 조직의 절차로 구성한다.
④ 품질방침의 수립이 무엇보다 중시되어야 한다.

풀이 ② 조직의 상부단계(최고의 경영진)부터 단계적으로 교육한다.

69 품질경영시스템인증과 제품인증의 차이점은?

① 제품심사
② 제3자 심사
③ 사후관리 실시
④ 품질경영시스템 심사

풀이 제품심사는 품질경영시스템 인증에는 없고 제품인증에는 있다.

70 표와 같이 조립품의 구멍과 축의 치수가 주어졌을 때 0.0065가 의미하는 것은?

(단위 : 인치)

구분	최대허용치수	최소허용치수
구멍	$A = 0.6200$	$B = 0.6000$
축	$a = 0.6050$	$b = 0.6020$

① 최소틈새
② 최대틈새
③ 평균틈새
④ 최대죔새

풀이 ① 최소틈새 : $B - a = -0.0050$
② 최대틈새 : $A - a = 0.0180$

③ 평균틈새 : $\dfrac{최소틈새 + 최대틈새}{2} = 0.0065$
④ 최대죔새 : $a - B = 0.0050$

71 어떤 문제로 삼는 결과와 원인이 어떻게 관계하고 있으며 어떤 영향을 주고 있는가를 한눈에 파악하기 위해 작성하는 그림은?

① 층별
② 체크시트
③ 산점도
④ 특성요인도

풀이 특성요인도(Characteristic Diagram)에 대한 설명이다.

72 목적하는 모집단의 참값과 측정 데이터와의 차를 무엇이라 하는가?

① 편차
② 오차
③ 보정
④ 치우침

풀이 오차(Error)란 모집단의 참값(μ)과 시료의 측정치(x_i)와의 차, 즉 ($x_i - \mu$)로 정의된다.

73 품질선구자들이 정의한 품질에 대한 설명으로 틀린 것은?

① J.M. Juran : 용도에 대한 적합성
② A.V. Feigenbaum : 고객의 기대에 부응하는 특성
③ Taguchi : 제품이 출하된 후에 사회에서 그로 인해 발생하는 손실
④ H.D. Seghezzi : 대상의 고유특성의 집합이 요구사항을 충족시키는 정도

풀이 ④ H.D. Seghezzi : 품질시방과 일치성
※ ISO 9000 : 2015 : 대상의 고유특성의 집합이 요구사항을 충족시키는 정도

74 표준의 서식과 작성방법(KS A 0001 : 2015)에서 그 앞에 있는 수치를 포함시키는 뜻을 가진 용어는?

① 초과
② 이상
③ 미만
④ 보다 큰

풀이 • "이상"과 "이하"는 그 앞에 있는 수치를 포함시킨다.
• "초과"와 "미만"은 그 앞에 있는 수치를 포함시키지 않는다.

75 생산단계에서 설계품질에 적합하도록 제조품질을 확보하기 위한 품질관리활동에 해당되지 않는 것은?

① 검사   ② 공정관리
③ 신뢰성시험   ④ 공정개선

풀이 신뢰성시험은 설계단계에서 올바른 제품품질을 확보하기 위한 품질관리활동이다.

76 품질경영시스템 – 기본사항과 용어(KS Q ISO 9000 : 2015)에서 '조직의 품질경영시스템에 대한 시방서'를 뜻하는 용어는?

① 기록
② 품질매뉴얼
③ 품질계획서
④ 프로젝트 관리계획서

풀이 ① 기록(Record) : 달성된 결과를 명시하거나 수행한 활동의 증거를 제공하는 문서
② 품질매뉴얼(Quality Manual) : 조직의 품질경영시스템에 대한 문서
③ 품질계획서(Quality Plan) : 특정 대상에 대해 적용시점과 책임을 정한 절차 및 연관된 자원에 관한 시방서

77 한국산업표준(KS)의 국면에 따른 분류에 해당되지 않는 것은?

① 제품규격   ② 안전규격
③ 방법규격   ④ 전달규격

풀이 기능(국면)에 따른 분류에는 전달규격, 방법규격, 제품규격 등이 있다.

78 현장개선을 위한 그룹토의법으로 사용하는 브레인스토밍의 원칙이 아닌 것은?

① 되도록 많은 의견을 서로 제시하도록 한다.
② 자유로운 의견이 나오도록 분위기를 조성한다.
③ 타인의 의견을 이용하여 새로운 의견을 제시한다.
④ 타인의 의견에 대해 비평을 통하여 의견의 질을 높인다.

풀이 '좋다', '나쁘다'라는 비판을 하지 않는다.

79 신 QC 7가지 수법이 아닌 것은?

① 산점도   ② 친화도법
③ PDPC법   ④ 계통도법

풀이 산점도는 QC 7가지 기초수법에 해당된다.

80 어떤 품질특성의 규격이 12.0±2.0으로 주어져 있다. 평균이 11.5, 표준편차가 0.5라고 할 때 공정능력지수(C_p)는 약 얼마인가?

① 0.67   ② 1.09
③ 1.33   ④ 1.67

풀이 $C_p = \dfrac{U-L}{6\sigma} = \dfrac{T}{6\sigma} = \dfrac{4.0}{6 \times 0.5} = 1.333$

1과목 실험계획법

01 3×3 라틴방격법에서 오차의 자유도(ν_e)는?

① 1   ② 2

③ 3   ④ 4

풀이 $\nu_e = (k-1)(k-2) = 2$

02 반복이 2회인 2요인실험에서 요인 A의 수준은 4, 요인 B의 수준은 6이다. 특성치를 조사하여 분산분석을 실시한 후, 교호작용 $A \times B$는 유의하지 않아서 오차항에 풀링(Pooling)하였다. 풀링 후 오차의 자유도는 얼마인가?

① 25   ② 30

③ 35   ④ 39

풀이 $\nu_T - (\nu_A + \nu_B) = 47 - (3+5) = 39$

03 모수요인 A가 3수준, 모수요인 B가 4수준인 2요인실험에서 아래의 데이터를 얻었을 때 $\mu(A_1)$의 신뢰구간을 신뢰율 95%로 추정하면 약 얼마인가?[단, $t_{0.975}(6) = 2.447$이다.]

$$T = 317, \quad \overline{x}_1. = 79.25, \quad V_e = 5.08$$

① 75.424~83.683

② 75.485~83.754

③ 76.066~82.434

④ 76.493~82.008

풀이 $\hat{\mu}(A_1) = \overline{x}_1. \pm t_{0.975}(6)\sqrt{\dfrac{5.08}{4}} = 79.25 \pm 2.447 \times \sqrt{\dfrac{5.08}{4}}$

04 데이터의 구조식이 다음과 같은 반복수가 일정하지 않은 1요인실험의 경우 요인 A의 기대평균제곱 $E(V_A)$의 일반식은?(단, A요인은 모수이다.)

$$x_{ij} = \mu + a_i + e_{ij}$$
$$(i = 1, 2, \cdots, l, \; j = 1, 2, \cdots, m)$$

① $\sigma_e^2 + \sum m_i a_i^2$ ② $\sigma_e^2 + \sum m_i a_i / (l-1)$

③ $\sigma_e^2 + \sum m_i a_i^2 / l$ ④ $\sigma_e^2 + \sum m_i a_i^2 / (l-1)$

풀이

반복	일정	불일정
일반식	$\sigma_e^2 + r\sigma_A^2$	$\sigma_e^2 + \dfrac{\sum r_i a_i^2}{(l-1)}$

05 계량형 변수로 취급하기 용이한 것은?

① 온도   ② 부적합수

③ 성별   ④ 부적합품 여부

풀이 • 계량형 변수 : 온도, 무게, 강도 등
• 계수형 변수 : 부적합품 여부, 부적합수 등

06 다음은 반복이 일정한 1요인실험 변량모형에 대한 데이터 구조식을 표현한 것이다. 가정 중 틀린 것은?

$$x_{ij} = \mu + a_i + e_{ij}(i = 1, \cdots, l, \; j = 1, \cdots, r)$$

① $\overline{a} \neq 0$ ② $a_i \sim N(0, \sigma_A^2)$

③ $\displaystyle\sum_{i=1}^{l} a_i = 0$ ④ $e_{ij} \sim N(0, \sigma_e^2)$

풀이 ③ $\displaystyle\sum_{i=1}^{l} a_i \neq 0$

정답   01 ②   02 ④   03 ④   04 ④   05 ①   06 ③

07 난괴법에 관한 설명으로 가장 적절한 것은?

① 2요인 변량의 반복이 있는 2요인실험
② 2요인 변량의 반복이 없는 2요인실험
③ 1요인 모수, 1요인 변량의 반복이 없는 2요인실험
④ 1요인 모수, 1요인 변량의 반복이 있는 2요인실험

풀이 난괴법이란 1요인은 모수이고 1요인은 변량인 반복이 없는 2요인실험이다.

08 난괴법에서 모수요인 A의 수준수는 5, 블록요인 B의 수준수는 3일 경우, 오차항의 자유도(ν_e)는 얼마인가?

① 2   ② 4
③ 8   ④ 10

풀이 $\nu_e = (l-1)(m-1) = 4 \times 2 = 8$

09 $L_4(2^3)$형 직교배열표에 관한 설명 중 틀린 것은?

① 열의 수는 3이다.
② 실험횟수는 4이다.
③ 총자유도는 3이다.
④ 각 행의 자유도는 1이다.

풀이 ④ 각 열의 자유도는 1이다.

10 다음은 반복 없는 2요인실험의 분산분석표이다. 오차항의 자유도(ν_e)는?

요인	SS	DF	MS	F_0
A	34.4		17.2	18.43
B	22.2		7.4	7.93
e	5.6			
계	62.2			

① 6   ② 8
③ 9   ④ 12

풀이 $\nu_e = (l-1)(m-1) = 6$

11 요인 A의 수준수 $l=5$, 요인 B의 수준수 $m=4$인 반복이 없는 2요인실험에서 결측치가 1개 있을 때 오차항의 자유도(ν_e)는 얼마인가?

① 6   ② 11
③ 12   ④ 18

풀이 $\nu_e = \nu_T - (\nu_A + \nu_B) = [(lm-1) - 결측치] - (4+3) = 11$

12 실험을 시간적 혹은 공간적으로 분할하여 그 내부에서 실험의 환경이 균일하도록 만들어 놓은 것을 무엇이라고 하는가?

① 블록   ② 교락
③ 교호   ④ 직교

풀이 ① 블록 : 실험을 시간적 혹은 공간적으로 분할하여 그 내부에서 실험의 환경이 균일하도록 만들어 놓은 것
② 교락 : 검출할 필요가 없는 두 요인의 교호작용이나 고차의 교호작용을 블록과 교락시켜 실험의 효율을 높일 수 있는 방법
③ 교호 : 두 요인 이상의 수준조합에서 일어나는 효과
④ 직교 : 직교성을 보유하도록 함으로써 같은 횟수의 실험 중에 실험 검출력이 좋은 검정과 정도가 높은 추정을 할 수 있는 원리

13 다음 표와 같은 1요인실험 데이터에서 총제곱합(S_T)은 약 얼마인가?

반복 \ 수준	A_1	A_2	A_3
1	10	5	4
2	6	7	8
$T_i.$	16	12	12

① 5.33   ② 23.33
③ 266.67   ④ 284.67

풀이 $S_T = \sum\sum x_{ij}^2 - CT = 290 - \dfrac{40^2}{6} = 23.333$

14 $L_8(2^7)$의 표준 직교배열표를 사용하여 다음과 같이 배치하였을 때 교호작용 $B \times C$의 제곱합($S_{B \times C}$)은 얼마인가?

실험 번호	열 번 호							데이터
	1	2	3	4	5	6	7	
1	1	1	1	1	1	1	1	15
2	1	1	1	2	2	2	2	8
3	1	2	2	1	1	2	2	4
4	1	2	2	2	2	1	1	9
5	2	1	2	1	2	1	2	3
6	2	1	2	2	1	2	1	20
7	2	2	1	1	2	2	1	18
8	2	2	1	2	1	1	2	7
기본 표시	a	b	a b	c	a c	b c	a b c	$T=84$
배치			A		B		C	

① 8
② 12
③ 16
④ 84

풀이 $B \times C = ac \times abc = b$(2열)이므로

$$S_{2열} = \frac{1}{8}[(2의 수준 데이터의 합) - (1의 수준 데이터의 합)]^2$$
$$= \frac{1}{8}[(4+9+18+7) - (15+8+3+20)]^2$$

15 어떤 재료의 온도(x)와 강도(y)의 관계를 조사한 결과 $S_{xx}=90$이고, $S_{xy}=30$이었다. 회귀에 의한 제곱합(S_R)은 얼마인가?

① 0.33
② 3
③ 10
④ 270

풀이 $S_R = \dfrac{S_{xy}^2}{S_{xx}} = \dfrac{30^2}{90} = 10$

16 변량모형의 1요인실험에 해당되지 않는 것은?

① 금속을 l종류 선택하여 어떤 종류가 부식에 강한지 실험하였다.
② 원료가 담겨 있는 도료 N통 중 l박스를 선택하여 실험하였다.
③ 검사원을 임의로 l명 선택하여 동일 시료를 r회 측정하게 하였다.
④ 실험일을 l일 선택하여 실험일자에 영향을 받지 않는지 실험하였다.

풀이 '금속'이 모수요인이고, 이 모수요인을 l종류(수준)로 선택하였으므로 모수모형에 해당된다.

17 반복수가 같은 1요인실험의 분산분석표에서 각 수준의 모평균을 추정하고 싶다. 확률 95%의 신뢰구간의 폭은 약 얼마인가?[단, $t_{0.975}(12)=2.18$이다.]

요인	SS	DF	MS
급간	4.98	3	1.66
급내	3.02	12	0.25
합계	8.00	15	

① ± 0.315
② ± 0.545
③ ± 0.553
④ ± 0.629

풀이 $\pm t_{0.975}(12)\sqrt{\dfrac{0.25}{4}} = \pm 0.545$

18 다음 분산분석표에서 요인 A의 기여율(ρ_A)은 약 얼마인가?

요인	SS	DF	MS
A	189.80	3	
B	4.75	2	
$A \times B$	22.95	6	
e	49.00	12	
T	266.50	33	

① 33.4%
② 41.5%
③ 66.6%
④ 71.2%

• $S_A' = S_A - \nu_A V_e = 189.80 - 3 \times 4.083 = 177.551$

• $\rho_A = \dfrac{S_A'}{S_T} = \dfrac{177.551}{266.50} \times 100(\%) = 66.62(\%)$

19 요인 A를 4수준, 요인 B를 3수준으로 실험한 결과, 결측치가 1개 발생하였다. 이 데이터를 Yates의 방법으로 결측치를 추정하여 모수모형 2요인실험의 분산분석을 실시하였다. 다음 중 틀린 것은?

요인	SS	DF	MS	F_0	$F_{0.95}$
A	1044.67				5.14
B	8				4.75
e	49.33				
T	1102				

① 오차의 평균제곱(V_e)은 약 9.87이다.
② 요인 A의 자유도는 3, 요인 B의 자유도는 2이다.
③ 요인 A의 분산비는 약 35.29로 유의수준 5%로 유의하다.
④ 요인 B의 분산비가 1보다 작으므로 공정에서 관리하여야 할 요인으로 판명되었다.

④ 요인 B의 분산비는 $\dfrac{V_A}{V_e} = \dfrac{(8/2)}{(49.33/5)} = 0.405 < 1$이므로 공정에서 관리하지 않아도 될 요인으로 판명되었다.

20 다음 표는 $X_{ijk} = (x_{ijk} - 85.0) \times 10$으로 수치변환된 라틴방격법의 실험 데이터이다. 요인 C의 제곱합(S_C)을 구하면?

B \ A	A_1	A_2	A_3
B_1	$C_1(10)$	$C_2(22)$	$C_3(11)$
B_2	$C_3(8)$	$C_1(-4)$	$C_2(-10)$
B_3	$C_2(20)$	$C_3(15)$	$C_1(8)$

① 0.4235
② 0.6878
③ 0.7254
④ 0.8089

$S_C = \left(\dfrac{(14^2 + 32^2 + 34^2)}{3} - \dfrac{80^2}{9}\right) \times \left(\dfrac{1}{10}\right)^2 = 0.8089$

21 $\overline{X} - R$ 관리도의 특징으로 맞는 것은?

① 주로 부적합품률을 나타낸 관리도이다.
② 계수형 관리도($\overline{X}$ 관리도)와 계수형 관리도(R 관리도)를 혼합한 관리도이다.
③ 평균을 위한 $\overline{X}$ 관리도와 산포를 위한 R 관리도를 함께 작성하는 관리도이다.
④ 관리상태에 대한 해석은 $\overline{X}$ 관리도와 R 관리도를 각각 운용하는 것에 비해서는 비효율적이다.

$\overline{X} - R$ 관리도
① 평균치와 산포를 나타낸 관리도이다.
② 계량형 관리도($\overline{X}$ 관리도)와 계량형 관리도(R 관리도)를 혼합한 관리도이다.
④ 관리상태에 대한 해석은 $\overline{X}$ 관리도와 R 관리도를 각각 운용하는 것에 비해서 효율적이다.

22 계수 및 계량 규준형 1회 샘플링검사(KS Q 0001 : 2013)에서 어떤 제품의 특성치 평균값이 540g 이상인 로트는 될 수 있는 한 합격시키고 싶으나, 평균값이 500g 이하인 로트는 될 수 있는 한 불합격시키고 싶다. 특성치의 분포는 $N(m, 20^2)$이라 할 때, $\alpha = 0.05$, $\beta = 0.10$을 만족하는 계량 규준형 1회 샘플링검사 방식의 표본의 크기(n)와 합격판정치($\overline{X_L}$)는?

$\dfrac{\|m_1 - m_0\|}{\sigma}$	n	G_0
2.069 이상	2	1.163
1.690~2.068	3	0.950
1.463~1.689	4	0.822
1.309~1.462	5	0.736
1.195~1.308	6	0.672
1.106~1.194	7	0.822

① $n = 3$, 합격판정치($\overline{X_L}$) = 521.00
② $n = 3$, 합격판정치($\overline{X_L}$) = 559.00
③ $n = 4$, 합격판정치($\overline{X_L}$) = 521.00
④ $n = 4$, 합격판정치($\overline{X_L}$) = 523.56

23 p 관리도에 대한 설명으로 틀린 것은?

① 일반적으로 X 관리도에 비해 표본의 크기가 더 크다.

② 공정 부적합품률을 관리하기 위한 목적으로 주로 이용한다.

③ 계수형 관리도 중에서 가장 널리 이용되는 관리도라 할 수 있다.

④ 합격 판정을 위해 관리한계가 중심선에서 2σ 떨어진 2σ법을 이용한다.

풀이 ④ 관리도의 이상상태 판정을 위해 관리한계가 중심선에서 3σ 떨어진 3σ법을 이용한다.

24 반응온도(x)와 수율(y)의 관계를 조사한 결과 확률변수 X의 제곱합 $S_{xx}=10$, 확률변수 Y의 제곱합 $S_{yy}=25$, 확률변수 X, Y의 곱의 합 $S_{xy}=15$이었다. x에 대한 y의 회귀계수는 얼마인가?

① 0.67 ② 1.50

③ 1.67 ④ 2.50

풀이 $\widehat{\beta_1}=b=\dfrac{S_{xy}}{S_{xx}}=\dfrac{15}{10}=1.50$

25 $\overline{X}-R$ 관리도에서 $\sigma_{\overline{x}}^2=15.6$, $\sigma_b^2=9.6$, $\sigma_w^2=24.0$일 때, 표본의 크기(n)는 얼마인가?

① 2 ② 3

③ 4 ④ 5

풀이 $\sigma_{\overline{x}}^2=\dfrac{\sigma_w^2}{n}+\sigma_b^2$에서 $15.6=\dfrac{24.0}{n}+9.6$

26 미리 지정된 공정 기준값이 주어지지 않는 경우 $\overline{X}-s$ 관리도를 작성할 때 $\overline{X}$ 관리도의 관리상한(U_{CL})을 구하는 식으로 맞는 것은?

① $\overline{\overline{X}}+A\overline{s}$ ② $\overline{\overline{X}}+\dfrac{3\overline{s}}{c_4\sqrt{n}}$

③ $\overline{\overline{X}}+A_2\overline{s}$ ④ $\overline{\overline{X}}+\dfrac{3\overline{s}}{c_5\sqrt{n}}$

풀이 $U_{CL}=\mu+3\dfrac{\sigma}{\sqrt{n}}=\overline{\overline{X}}\pm\dfrac{3\overline{s}}{c_4\sqrt{n}}=\overline{\overline{X}}\pm A_3\overline{s}$

$\left(\text{단, } \hat{\sigma}=\dfrac{\overline{s}}{c_4},\ A_3=\dfrac{3}{\sqrt{n}\cdot c_4}\right)$

27 전수검사에 비해 샘플링검사가 유리한 경우에 해당되지 않는 것은?

① 검사항목이 적을 때

② 생산자에게 품질향상의 자극을 주고 싶을 때

③ 검사비용이나 검사공수(工數)를 적게 하고자 할 때

④ 다수·다량의 것으로 부적합품의 혼입이 어느 정도 허용될 때

풀이 ① 검사항목이 많을 때

28 u 관리도의 관리한계를 구하는 공식으로 맞는 것은? (단, 관리상한은 U_{CL}, 관리하한은 L_{CL}이다.)

① $U_{CL}=\overline{u}+3\sqrt{u}$, $L_{CL}=\overline{u}-3\sqrt{u}$

② $U_{CL}=\overline{u}+3\sqrt{\dfrac{\overline{u}}{n}}$, $L_{CL}=\overline{u}-3\sqrt{\dfrac{\overline{u}}{n}}$

③ $U_{CL}=\overline{u}+3\sqrt{u(1-\overline{u})}$, $L_{CL}=\overline{u}-3\sqrt{u(1-\overline{u})}$

④ $U_{CL}=\overline{u}+3\sqrt{\dfrac{u(1-\overline{u})}{n}}$, $L_{CL}=\overline{u}-3\sqrt{\dfrac{u(1-\overline{u})}{n}}$

풀이 $\begin{pmatrix}U_{CL}\\L_{CL}\end{pmatrix}=\overline{u}\pm3\sqrt{\dfrac{\overline{u}}{n}}=\overline{u}\pm A\sqrt{\overline{u}}$

29 모분산이 설정된 기준치보다 작다고 할 수 있는가의 검정에서 귀무가설을 기각하려면 검정통계량이 어떠한 전제조건을 만족해야 하는가?

① χ_0^2
② $\chi_0^2 < \chi_\alpha^2(\nu)$
③ $\chi_0^2 < \chi_{\alpha/2}^2(\nu)$
④ $\chi_0^2 > \chi_{1-\alpha}^2(\nu)$

풀이 한쪽 기각역
- 분산이 작아진 경우 : $\chi_0^2 < \chi_\alpha^2(\nu)$
- 분산이 커진 경우 : $\chi_0^2 > \chi_{1-\alpha}^2(\nu)$

30 과거 Y사에서 생산하는 핸드폰 케이스의 모부적합수 $m = 6$이었다. 최근 새로운 생산 설비로 교체를 한 후 부적합수를 확인하였더니 $c = 1$이었다. 위험률 5%에서 모부적합수는 작아졌다고 할 수 있겠는가?

① 알 수 없다.
② 같다고 할 수 있다.
③ 작아졌다고 할 수 없다.
④ 작아졌다고 할 수 있다.

풀이 $u_0 = \dfrac{c - m_0}{\sqrt{m_0}} = \dfrac{1 - 6}{\sqrt{6}} = -2.04 < -1.645$

$\alpha = 5\%$로 유의적이다. 즉 작아졌다고 할 수 있다.

31 표본의 크기(n)가 6이고, 제곱합(S)이 5.84이다. 만약 $\sum x_i^2 = 20868$이라면, $\bar{x}$의 값은 약 얼마인가?

① 51.07
② 53.42
③ 54.47
④ 58.97

풀이 $5.84 = 20868 - \dfrac{(\sum x)^2}{6}$

$(\sum x)^2 = (20868 - 5.84) \times 6$

$\therefore \bar{x} = \dfrac{353.79791}{6} = 58.966$

32 계수형 샘플링검사 절차(KS Q ISO 2859 $-$ 1 : 2014)의 약어의 내용 중 틀린 것은?

① LQ : 허용품질
② AQL : 합격품질한계

③ AOQ : 평균출검품질
④ AOQL : 평균출검품질한계

풀이 ① LQ(Limiting Quality) : 한도품질

33 $n = 60$, $c = 3$인 계수 규준형 1회 샘플링검사 방식과 동일한 OC곡선을 갖는 계수치 축차샘플링검사 방식(KS Q ISO 28591 : 2015)에서 누계 샘플크기 중지값 n_t는?

① 30
② 60
③ 90
④ 120

풀이 $n_t = 1.5 n_0 = 1.5 \times 60 = 90$

34 어떤 제품의 길이를 6회 측정하여 다음과 같은 데이터를 얻었다. 이 제품의 모평균에 대한 신뢰구간을 구하면 약 얼마인가?[단, 신뢰율은 95%이며, $t_{0.975}(5) = 2.571$, $t_{0.975}(6) = 2.447$이다.]

- 표본 산술평균($\bar{x}$) : 19.333cm
- 표본 표준편차(s) : 5.164cm

① $13.913 \leq \mu \leq 24.753$
② $14.175 \leq \mu \leq 24.492$
③ $17.463 \leq \mu \leq 21.202$
④ $17.530 \leq \mu \leq 21.135$

풀이 $\bar{x} \pm t_{1-\alpha/2}(\nu) \dfrac{s}{\sqrt{n}} = (13.913 \sim 24.753)$

35 슈하트(Shewhart) 관리도에서 3σ 관리한계를 2σ 관리한계로 바꿀 경우 나타나는 현상으로 맞는 것은?

① 제1종의 오류(α)가 감소한다.
② 제2종의 오류(β)가 감소한다.
③ 제1종의 오류(α)와 제2종의 오류(β)가 모두 감소한다.
④ 제1종의 오류(α)와 제2종의 오류(β)가 모두 증가한다.

풀이 관리도의 상 · 하한선을 2σ로 축소하게 되면, α는 증가하고 β는 감소하게 되어 검출력($1 - \beta$)은 증가하는 현상이 나타난다.

36 통계적 추정에 있어 추정량의 분산이 작을수록 바람직한 성질은?

① 유효성   ② 불편성
③ 일치성   ④ 충분성

풀이 유효성(효율성)이란 시료에서 계산된 추정량은 모집단의 모수에 근접하여야 하는데, 이렇게 되기 위해서는 모수를 기준으로 하여 추정량의 분산이 작아야 한다는 원칙이다. 추정량의 분산도가 더욱 작은 추정량이 보다 더 바람직한 추정량이 된다는 성질이다.

37 OC곡선에서 소비자 위험이 증가하는 샘플링방법은? (단, 로트의 크기는 샘플의 크기에 비해 충분히 크다.)

① 로트의 크기를 작게 한다.
② 표본의 크기와 합격판정 개수의 크기를 크게 한다.
③ 표본의 크기를 크게 하고, 합격판정 개수를 작게 한다.
④ 표본의 크기를 작게 하고, 합격판정 개수를 크게 한다.

풀이 OC곡선의 성질
• N이 변하는 경우(c, n 일정) : 큰 영향을 미치지 않음
• n이 증가하는 경우(N, c 일정) : α는 커지고 β는 감소
• c이 증가하는 경우(N, n 일정) : α는 감소하고 β는 증가

38 어떤 동전을 40회 던졌을 때 앞면이 24회 나왔다. 만약 이 동전을 무한히 던졌을 때 앞면이 나올 확률의 95% 신뢰구간을 구하면 약 얼마인가?(단, $u_{0.975} = 1.96$, $u_{0.95} = 1.645$이다.)

① $0.35 \sim 0.72$ ② $0.37 \sim 0.63$
③ $0.45 \sim 0.75$ ④ $0.48 \sim 0.77$

풀이 $0.6 \pm 1.96 \times \sqrt{\dfrac{0.6 \times (1 - 0.6)}{40}} = (0.448 \sim 0.752)$

39 정규분포를 따르는 로트에서, 표본의 크기를 n으로 하여 랜덤하게 추출하는 경우 표본평균($\overline{X}$)의 표준편차는?

① $n\sigma$ ② $\sqrt{n}\,\sigma$
③ $\dfrac{\sigma}{n}$ ④ $\dfrac{\sigma}{\sqrt{n}}$

풀이 $x \sim N(\mu,\ \sigma^2),\ \overline{x} \sim N\left(\mu,\ \left(\dfrac{\sigma}{\sqrt{n}}\right)^2\right)$

40 갑, 을 2개의 주사위를 던졌을 때 적어도 한 쪽에 짝수의 눈이 나타날 확률은 얼마인가?

① $\dfrac{1}{4}$ ② $\dfrac{1}{2}$
③ $\dfrac{3}{4}$ ④ $\dfrac{4}{5}$

풀이 $p(x) = 1 - ($둘 다 짝수가 나올 확률$) = 1 - \dfrac{1}{4} = \dfrac{3}{4}$

3과목   **생산시스템**

41 다음 표의 데이터를 참조할 경우 5개월 이동평균법에 의한 8월의 판매실적은 약 몇 개인가?

월	1	2	3	4	5	6	7
판매실적	100	90	110	100	115	110	100

① 105개   ② 106개
③ 107개   ④ 108개

풀이 $F_8 = \dfrac{100 + 110 + 115 + 100 + 110}{5} = 107$(개)

42 설비배치의 형태 중 U−line이 추구하는 것이 아닌 것은?

① 소인화의 실현
② 흐름작업의 실현
③ 대량생산의 실현
④ 공정 부적합품률 0의 실현

풀이 U−line은 JIT시스템의 설비배치형태이고 JIT시스템에서 추구하는 것은 다품종 소량생산이다.

43 메모 모션 스터디의 특징이 아닌 것은?

① 반복적인 작업에 적합하다.
② 사이클이 긴 작업기록에 알맞다.
③ 배치나 운반개선을 행하는 데 적합하다.
④ 불규칙적인 작업을 기록하는 데 편리하다.

풀이 반복적이고 사이클이 짧은 경우에는 마이크로 모션 스터디가 적당하다.

44 기업 목적을 효율적으로 달성하기 위해 자사의 능력을 핵심부분에 집중시키고 기업기능의 일부를 외부의 조직을 활용하여 처리하는 경영기법은?

① 벤치마킹
② 모듈러생산
③ 아웃소싱
④ 리엔지니어링

풀이 외주관리(Outsourcing Control)에 대한 설명이다.

45 MRP의 중요 입력 정보에 해당하지 않는 것은?

① BOM
② 원가정보
③ 주일정계획
④ 재고정보

풀이 MRP 시스템의 투입자료
• 대일정계획 또는 기준생산계획(MPS)
• 자재명세서(BOM ; Bill Of Materials)
• 재고기록철(IRF)

46 생산시스템을 유형을 따라 분류하였을 때 개별생산시스템의 특징이 아닌 것은?

① 생산의 각 공정에는 대기 중인 원자재나 재공품이 있는 것이 보통이다.
② 주문이 있기 전까지는 정확한 생산 예측이 어려우나 원자재의 계획구매는 용이하다.
③ 생산공정의 단계별 가공시간은 주문에 따라 다르므로 생산의 흐름이 원활하지 못하다.

④ 주문별 가공시간의 정확한 예측이 어려워 납기에 맞출 수 있도록 진도관리에 중점을 둔다.

풀이 ② 주문이 있기 전까지 정확한 생산 예측이 어려우므로 원자재의 계획구매가 어렵다.

47 WF(Work Factor)와 MTM(Method Time Measurement)의 공통점에 속하는 것은?

① 시간단위가 같다.
② 작업속도가 같다.
③ 기본동작이 같다.
④ 수행도 평가가 필요 없다.

풀이 PTS(Predetermined Time Standards)법인 WF, MTM의 가장 큰 특징은 이미 정해진 시간을 활용하므로 수행도 평가가 필요 없다는 것이다.

48 PERT/CPM에서 주공정(Critical Path)이란?

① 여유시간이 제일 긴 공정
② 예상소요시간이 제일 짧은 공정
③ 여유시간의 합계가 제일 긴 공정
④ 예상소요시간의 합계가 제일 긴 공정

풀이 주공정이란 여러 공정 중 시간이 가장 오래 소요되는 공정을 의미한다.

49 활동상호관계분석표에서 배치도를 그릴 때 사용하는 접근도 표시방법에 대한 설명 중 틀린 것은?

① 접근도 I를 갖는 활동은 중요함을 나타내며 2선으로 표시한다.
② 접근도 O를 갖는 활동은 보통임을 나타내며 1선으로 표시한다.
③ 접근도 A를 갖는 활동은 반드시 인접해 있어야 하며 4선으로 표시한다.
④ 접근도 U를 갖는 활동은 중요하지 않음을 나타내며 일점쇄선으로 표시한다.

풀이 ④ 접근도 U를 갖는 활동은 중요하지 않음을 나타내며 무선으로 표시한다.

정답 43 ① 44 ③ 45 ② 46 ② 47 ④ 48 ④ 49 ④

50 Line Balance 효율의 계산에 직접적으로 필요 없는 것은?

① 사이모 차트
② 애로공정의 공정시간
③ 작업자 혹은 작업장 수
④ 각 작업의 공정시간 합계

풀이 사이모 차트는 작업이 한 작업구역에서 행해질 경우 손, 손가락 또는 다른 신체부위의 복잡한 동작을 영화 또는 필름분석표를 사용하여 서블릭 기호에 의하여 상세히 기록하는 동작분석표(양수 동작분석도표)이다.

51 동작의 속도를 평가하여 1차 평가를 한 후, 작업의 난이도를 반영하여 2차 평가를 하는 수행도 평가기법은?

① 평준화법
② 웨스팅하우스법
③ 레벨링법
④ 객관적 레이팅법

풀이 객관적 평가법의 정미시간＝관측평균치×속도평가계수×(1＋2차 조정계수)

52 일정계획의 효과를 측정하는 데 사용되는 평가기준으로 가장 거리가 먼 것은?

① 납기준수율
② 표준시간의 설정
③ 기계설비의 가동률
④ 지연작업의 비율

풀이 ② 표준시간의 설정은 작업측정과 관련이 있다.

53 공정개선의 일반적인 4가지 목표에 해당되지 않는 것은?

① 품질의 향상
② 피로의 경감
③ 수율의 감소
④ 경비의 절감

풀이 공정개선의 목표에는 피로의 경감, 시간의 단축, 품질의 향상, 경비의 절감 등이 있다.

54 경제적 주문량(EOQ)과 경제적 생산량(EPQ) 모형의 차이에 대한 설명으로 틀린 것은?

① EPQ에서는 품절을 허용하고 EOQ에서는 허용하지 않는다.
② EOQ에서는 주문비용, EPQ에서는 생산준비비용을 고려한다.
③ EOQ에서는 재고가 일시에 보충되는 것으로 가정하나 EPQ에서는 일정한 비율로 꾸준히 보충되는 것으로 가정한다.
④ EPQ는 자가생산되는 품목을, EOQ는 외부 공급원으로부터 공급되는 품목을 대상으로 한다.

풀이 ① EOQ와 EPQ 모두 품절을 허용하고 있다.

55 JIT의 작업현장 관리를 위한 5S 운동에 속하지 않는 것은?

① 정리(Seiri)
② 청소(Seisou)
③ 습관화(Shitsuke)
④ 표준화(Standardization)

풀이 정리, 정돈, 청소, 청결, 습관화를 5S라 한다.

56 감도가 높은 계측장치를 사용하여 기계나 설비의 트러블을 예측해서 이에 따른 예방보전 활동을 하는 것으로 기계설비가 자동화되어 있는 장치산업에서 특히 중요한 것은?

① 자주보전
② 예지보전
③ 수리보전
④ 개량보전

풀이 예지보전에 해당된다.

57 작업 A, B, C, D는 기계 1에서 가공한 후 기계 2에서 가공해야 한다. 존슨의 법칙을 적용하여 총작업시간을 최소화하는 작업의 처리 순서로 맞는 것은?

작업장 \ 작업	A	B	C	D
기계 1	2	6	5	10
기계 2	3	1	8	12

① A → C → D → B
② B → D → C → A
③ A → D → C → B
④ B → C → D → A

풀이 ⓐ 최소가공시간을 구한다(기계 2 B공정). : 제일 나중에 작업한다.
ⓑ ⓐ에서 찾은 공정을 제외하고 최소가공시간을 구한다(기계 1 A공정). : 제일 먼저 작업한다.
ⓒ B, A 공정을 제외한 C, D에서 최소가공시간을 구한다(기계 2 C공정).
※ A → C → D → B가 된다.

58 자재기준표에 표시된 기준량에 자재예비량을 합한 것을 무엇이라고 하는가?

① 자재기준량
② 표준자재소요량
③ 순자재소요량
④ 평균자재소요량

풀이
표준자재소요량 = 자재기준량 + 자재예비량

59 TPM(Total Productive Maintenance) 활동의 특징이나 효과에 해당하지 않는 것은?

① 재고원단위를 증대시키기 위한 개선활동
② 깨끗한 공장, 안전한 현장 등 공장환경의 변화
③ 개선의욕이 왕성, 제안건수의 증가 등 공장 종업원의 변화
④ 설비고장의 감소, 품질불량 감소 등 설비 및 기업체질의 변화

풀이 ① 제조원단위를 감소시키기 위한 개선활동

60 1일 부하시간이 460분, 1일 가동시간이 400분, 1일 생산량이 300개라 할 때 시간가동률은 약 얼마인가?

① 80%
② 85%
③ 87%
④ 90%

풀이 시간가동률(설비가동률) $= \dfrac{400}{460} \times 100 = 87.0(\%)$

4과목   **품질경영**

61 품질보증의 사후대책에 해당되는 것은?

① 시장조사
② 기술연구
③ 품질감사
④ 고객에 대한 PR

풀이 ①, ②, ④는 사전대책이다.

62 제품이 출하되어 소비자에게 판매된 다음 그 제품이 당초의 사용목적에 대하여 충분히 기능을 발휘하는가에 따라 소비자의 만족 여부가 좌우된다. 이러한 사용품질에 대한 설명 중 틀린 것은?

① 사용품질은 경제적인 적정 품질수준이 고려된다.
② 생산자와 소비자의 관심사 간에 틈이 점점 벌어지고 있어 제품설계의 최종적인 평가요소인 사용품질이 중요한 품질결정 문제가 되고 있다.
③ 사용품질에서 품질을 소비자의 만족도로 보았을 때, 소비자가 만족할 수 있도록 제품의 사용품질을 높이려면 소비자의 부담(사용품질코스트)이 감소한다.
④ 소비자는 하드웨어에서 취하는 서비스를 원하고 생산자는 하드웨어의 구성에 관심을 갖는 것과 같이 소비자의 관심사는 생산자의 관심사와 점점 틈이 벌어지고 있다.

풀이 사용품질에서 품질을 소비자의 만족도로 보았을 때, 소비자가 만족할 수 있도록 제품의 사용품질을 높이려면 소비자의 부담(사용품질코스트)이 증가한다.

PART 1
PART 2
PART 3
PART 4
PART 5
PART 6
PART 7

63 한국산업규격(KS A 0001 : 2015)에 따른 표준서의 구성순서를 바르게 나열한 것은?

① 본체 → 부속서 → 참고 → 해설
② 본체 → 부속서 → 해설 → 참고
③ 본체 → 해설 → 참고 → 부속서
④ 본체 → 해설 → 부속서 → 참고

풀이 표준서의 구성은 본체 → 부속서 → 참고 → 해설로 되어 있다.

64 6시그마에 관한 설명으로 틀린 것은?

① 6시그마는 TQM에서 중시하는 처음부터 올바르게 행한다는 결함예방철학에 입각한 것이다.
② 6시그마 수준이란 공정의 중심에서 규격한계까지의 거리가 표준편차의 6배라는 뜻이다.
③ 6시그마 경영이란 조직으로 하여금 자원의 낭비를 최소화하는 동시에 고객만족을 최대화하는 방법이다.
④ 적합비용을 꾸준히 증가시키면 언젠가는 부적합비용의 감소가 더 작아지는데 이 시점이 최적품질수준이다.

풀이 ④ 적합비용을 꾸준히 증가시키면 언젠가는 부적합비용의 감소가 더 작아지나, 예방비용은 더 증가하게 된다. 최적품질수준은 예방비용, 평가비용, 실패비용의 합이 최소가 될 때를 말한다.

65 품질보증에서 사용되는 PL은 무엇의 약자인가?

① Plan Level
② Planning Level
③ Product Liability
④ Production Liability

풀이 PL이란 Product Liability, 즉 제품 책임 또는 제조물 책임을 말한다.

66 브레인스토밍의 4가지 원칙이 아닌 것은?

① 남의 발언을 비판하지 않는다.
② 자유분방한 분위기 조성 및 의견을 환영한다.
③ 타인 아이디어의 개선, 편승, 비약을 추구한다.
④ 양은 적을지라도 구체적이고 상세한 아이디어를 만들어 낸다.

풀이 ④ 비구체적이고 비상세한 아이디어라도 많은 양의 아이디어를 구한다.

67 사내표준화의 특징으로 틀린 것은?

① 하나의 기업 내에서 실시하는 활동
② 기업 내의 특정 부문과 계층에서 실시해야 하는 활동
③ 사내관계자의 합의를 모은 후에 실시해야 하는 활동
④ 사내표준은 기업의 조직원이 의무적으로 지켜야 하는 활동

풀이 ② 기업 내의 모든 계층에서 실시해야 하는 활동

68 품질경영시스템 − 기본사항과 용어(KS Q ISO 9000 : 2015)에서 용어에 대한 설명으로 틀린 것은?

① 품질관리란 품질 요구사항을 충족하는 데 중점을 둔 품질경영의 일부이다.
② 품질개선이란 품질 요구사항을 충족시키는 능력을 증진하는 데 중점을 둔 품질경영의 일부이다.
③ 품질보증이란 품질 요구사항이 충족될 것이라는 신뢰를 제공하는 데 중점을 둔 품질경영의 일부이다.
④ 품질기획이란 의도된 결과를 만들어 내기 위해 입력을 사용하여 상호 관련되거나 상호 작용하는 활동의 집합으로 품질경영의 일부이다.

풀이 ④는 프로세스(Process)의 용어 정의이다.

69 국제표준화기구(ISO)에서 사용되는 공식 언어가 아닌 것은?

① 영어
② 독일어
③ 불어
④ 러시아어

풀이 영어, 불어, 중국어, 스페인어, 러시아어가 ISO 공식언어로 규정되어 있다.

70 경영목표를 달성함에 있어서 중점이 되는 과제와 이를 달성하기 위한 시책으로 전개하여 실행함으로써 기업목표를 달성할 수 있게 하는 것을 무엇이라고 하는가?

① 방침관리
② 기능별 관리
③ 품질보증관리
④ 부문별 관리

풀이 방침관리(Policy Management)의 정의이다.

71 일반적으로 계량형 데이터가 계수형 데이터에 비해 가지고 있는 장점으로 틀린 것은?

① 계량형 데이터 정보의 활용도가 높다.
② 충분한 정보를 얻는 데 필요한 측정횟수가 적다.
③ 동일한 계측횟수로 계수형보다 판별능력이 좋다.
④ 계량형 측정기가 계수형 측정기보다 사용하기 더 용이하다.

풀이 ④ 계량형 측정기가 계수형 측정기보다 사용이 까다롭다.

72 품질경영부문의 품질관리 활동에 있어서 필수적으로 확보해야 할 품질정보에 해당되지 않는 것은?

① 시장품질 정보
② 인사조직 정보
③ 제조품질 정보
④ 설계품질 정보

풀이 ②는 품질정보와 무관하다.

73 3개의 부품을 조립하고자 한다. 부품의 표준편차가 각각 0.06mm, 0.08mm, 0.03mm라고 하면 3개 부품의 조립표준편차는 약 얼마인가?

① 0.104
② 0.386
③ 0.412
④ 0.486

풀이 조립품의 표준편차 $= \sqrt{0.06^2 + 0.08^2 + 0.03^2} = 0.1044$

74 표준화를 전개할 때 그 대상을 파악하기 쉽도록 구성한 표준화의 구조(표준화 공간)에 해당하는 항목은?

① 주제, 국면, 수준
② 형식, 국면, 차원
③ 주제, 차원, 수준
④ 차원, 국면, 수준

풀이 표준화의 구조는 주제(영역), 국면, 수준의 세 가지 측면으로 나누어 설명된다.

75 예방비용의 산출항목이 아닌 것은?

① 품질관리 교육비용
② 업무계획 추진비용
③ 외주업체 지도비용
④ 계량기 검·교정비용

풀이 ④는 평가비용에 속한다.

76 사내표준화에서 사내표준을 작성하는 대상은 공정변화에 대해 기여비율이 큰 것으로부터 중심적으로 취급하여 가는 것이 효과적이다. 이때 기여비율이 큰 경우에 해당되는 것이 아닌 것은?

① 관리자가 교체된 경우
② 산포가 큰 작업의 경우
③ 작업의 중요한 개선이 발생한 경우
④ 통계적 수법 등을 활용하여 공정을 관리하려는 경우

풀이 ① 관리자가 아니라 숙련공이 교체될 때

77 전기조립품을 제조하는 공장에서 공정이 안정되어 있는가를 판단하기 위해 $n=5$, $k=20$의 $\overline{X}-R$ 관리도를 작성한 결과 $\sum \overline{x}=213.2$, $\sum R=31.8$을 얻었으며 공정이 안정된 것으로 판정되었다. 공정능력치를 구하면 약 얼마인가?(단, $n=5$일 때, $d_2=2.326$이다.)

① ±0.795
② ±1.590
③ ±2.051
④ ±4.101

풀이 공정능력치 $\pm 3\sigma = \pm 3 \times \left(\dfrac{\overline{R}}{d_2} \right) = \pm 3 \times \left(\dfrac{1.59}{2.326} \right) = \pm 2.0507$

78 품질관리의 원칙이 아닌 것은?

① 예방의 원칙
② 전원참가의 원칙
③ 과학적 접근의 원칙
④ 품질관리 부문을 라인에 두는 원칙

풀이 품질관리의 원칙
ⓐ 예방의 원칙
ⓑ 전원참가의 원칙
ⓒ 과학적 관리의 원칙
ⓓ 종합·조정의 원칙
ⓔ Staff 원조의 원칙

79 고객이 요구하는 참품질을 언어표현에 의해 체계화하여 이것과 품질특성의 관련을 짓고, 고객의 요구를 제품의 설계특성으로 변화시키며 품질설계를 실행해 나가는 매트릭스 도표가 매우 유용하게 사용되고 있다. 이와 같은 품질표를 사용하는 기법은?

① 연관도   ② QFD
③ 친화도   ④ FMEA/FTA

풀이 품질기능전개(QFD ; Quality Function Deployment)에 대한 설명이다.

80 현장의 문제점을 찾아내어 이를 해석하고, 그 문제의 재발을 방지하고 관리의 정착으로 연결시키고자 하는 QC 7가지 도구에 해당되지 않는 것은?

① 체크시트   ② 작업공정도
③ 특성요인도   ④ 파레토그림

풀이 층별, 체크시트법, Pareto도, 특성요인도, Histogram, 산점도, 각종 그래프(관리도 포함)

2024년 1회

기출문제

PART 1
PART 2
PART 3
PART 4
PART 5
PART 6
PART 7

1과목   실험계획법

01 반복수가 일정하지 않은 1요인실험에서 두 수준간의 모평균 차의 추정을 하고자 할 때 옳은 것은?(단, 각 수준의 반복수는 m_i, $m_{i'}$, 유의수준 α)

① $\left| \overline{x}_i . - \overline{x}_{i'} . \right| \pm t_{1-\alpha/2}(\nu_e) \sqrt{V_e \left(\dfrac{1}{m_i} + \dfrac{1}{m_{i'}} \right)}$

② $\left| \overline{x}_i . - \overline{x}_{i'} . \right| \pm t_{1-\alpha/2}(\nu_e) \sqrt{2 V_e/m}$

③ $\left| \overline{x}_i . - \overline{x}_{i'} . \right| \pm t_{1-\alpha/2}(\nu_e) \sqrt{V_e/2m}$

④ $\left| \overline{x}_i . - \overline{x}_{i'} . \right| \pm t_{1-\alpha/2}(\nu_e) \sqrt{V_e \left(\dfrac{1}{m_i} + m_{i'} \right)}$

풀이 • 반복수가 일정한 경우

$\left| \overline{x}_i . - \overline{x}_{i'} . \right| \pm t_{1-\alpha/2}(\nu_e) \sqrt{2 V_e/m}$

• 반복수가 일정하지 않은 경우

$\left| \overline{x}_i . - \overline{x}_{i'} . \right| \pm t_{1-\alpha/2}(\nu_e) \sqrt{V_e \left(\dfrac{1}{m_i} + \dfrac{1}{m_{i'}} \right)}$

02 A가 4수준, B가 3수준이고, 반복 2회인 모수모형 2요인실험의 분산분석 결과, 요인 A와 요인 B는 유의하고, 교호작용은 유의하지 않은 경우 요인 A, B의 수준 조합에서 구간추정하고자 할 때 유효반복수(n_e)는?

① $\dfrac{1}{4}$

② 2

③ 3

④ 4

풀이 $n_e = \dfrac{lmr}{l+m-1} = \dfrac{24}{6} = 4$

03 다음은 반복이 2회인 2요인실험의 $T_{ij}.$ 표이다. 수정항(CT)의 값은 약 얼마인가?

A＼B	B_1	B_2	B_3	B_4	계
A_1	-12.8	-0.3	13.1	20.6	20.6
A_2	-18.7	-6.0	8.0	23.1	6.4
계	-31.5	-6.3	21.1	43.7	27.0

① 27.24

② 20.48

③ 45.56

④ 91.13

풀이 $CT = \dfrac{T^2}{lmr} = \dfrac{(27.0)^2}{2 \times 4 \times 2} = 45.563$

04 요인 선정 시 계량요인에 해당하는 것은?

① 촉매의 종류

② 원료의 종류

③ 결점수

④ 온도

풀이 ①, ②, ③은 계수치, ④는 계량치에 해당된다.

05 직선회귀모형 $y_i = \beta_0 + \beta_1 x_i + e_i$에서 $\overline{x} = 4$, $\overline{y} = 7$, $S_{(xx)} = 10$, $S_{(xy)} = 13$일 때, $\hat{y} = \hat{\beta}_0 + \hat{\beta}_1 x$ 의 값은?

① $y = 1.2 + 1.75x$

② $y = 1.5 + 1.75x$

③ $y = 1.8 + 1.3x$

④ $y = 2.1 + 1.3x$

풀이 $\hat{y} - 7 = 1.3 \times (x - 4)$, $\hat{y} = 1.8 + 1.3x$

$\left[\text{단}, \ \hat{\beta}_1 = \dfrac{S_{(xy)}}{S_{(xx)}} = 1.3 \right]$

정답 01 ① 02 ④ 03 ③ 04 ④ 05 ③

06 모수요인 A와 변량요인 B의 수준이 각각 l과 m인 경우, 데이터의 구조식이 다음과 같을 때 옳지 않은 것은?(단, $i=1, 2, \cdots, l$, $j=1, 2, \cdots, m$이다.)

$$x_{ij} = \mu + a_i + b_j + e_{ij}$$

① $\sum_{i=1}^{l} a_i = 0$　　② $\sum_{j=1}^{m} b_j \neq 0$

③ $COV(b_j,\ e_{ij}) \neq 0$　　④ $e_{ij} \sim N(0,\ \sigma_e^2)$

풀이 ③ $COV(b_j,\ e_{ij}) = 0$

07 철분에 함유된 함량을 측정한 데이터와 분산분석표이다. $\mu(A_2)$와 $\mu(A_4)$의 평균치 차를 유의수준 $\alpha=0.05$로 구간추정한 것은 약 얼마인가?[단, $t_{0.95}(14)=$ 1.761, $t_{0.975}(14)=2.145$이다.]

구분	A_1	A_2	A_3	A_4
m(반복)	5	4	4	5
$T_i\cdot$	32.7	30.6	19.5	27.7
$\overline{x}_i\cdot$	6.54	7.65	4.875	5.54

요인	SS	DF	MS	F_0
A	18.122	3	6.041	14.843**
e	5.701	14	0.407	
T	23.823	17		

① $0.812 \leq |\mu(A_2)-\mu(A_4)| \leq 3.408$

② $1.044 \leq |\mu(A_2)-\mu(A_4)| \leq 2.863$

③ $1.192 \leq |\mu(A_2)-\mu(A_4)| \leq 3.028$

④ $1.356 \leq |\mu(A_2)-\mu(A_4)| \leq 2.863$

풀이 $(7.65-5.54) \pm 2.145 \times \sqrt{0.407 \times \left(\frac{1}{4}+\frac{1}{5}\right)}$

$= (1.1920,\ 3.0279)$

08 실험을 실시한 후에 데이터의 형태로 얻어지는 반응값을 무엇이라 하는가?

① 특성치　　② 요인

③ 수준　　④ 오차

풀이 특성치란 실험을 실시한 후에 데이터의 형태로 얻어지는 반응값, 즉 결과치를 말한다.

09 1요인실험에 관한 설명으로 옳지 않은 것은?

① 어떤 특정한 하나의 요인만의 영향을 조사하고자 한다.

② 반복수가 일정하지 않아도 실험할 수 있다.

③ 결측치가 있어도 이를 추정하여 넣어 줄 필요가 없다.

④ 교호작용에 대한 검정을 반드시 행해야 한다.

풀이 교호작용에 대한 검정은 반복이 있는 2요인실험 이상에서 이루어질 수 있다.

10 $L_8(2^7)$ 직교배열표에서 배치할 2수준의 요인수가 3개이고 교호작용이 2개라면, 오차항의 자유도는?

① 1　　② 2

③ 3　　④ 4

풀이 $L_8(2^7)$ 직교배열표에서 배치 가능한 요인수는 '7'이며, 배치되지 않은 열이 오차항이 되므로 오차항의 자유도는 2가 된다.

11 요인 A는 l수준, 반복수는 각각 m인 1요인실험에서 아래 표와 같이 분산분석표를 작성할 때 (a)~(c)에 들어갈 자유도를 옳게 나타낸 것은?

요인	SS	DF	MS
A	S_A	(a)	V_A
e	S_e	(b)	V_e
T		(c)	

① (a) $l-1$, (b) lm, (c) $l(m-1)$

② (a) $m-1$, (b) $m(l-1)$, (c) $lm-1$

③ (a) $l-1$, (b) lm, (c) $lm-1$

④ (a) $l-1$, (b) $l(m-1)$, (c) $lm-1$

풀이

요인	DF
A	수준수$-1=l-1$
e	$\nu_T - \nu_A = l(m-1)$
T	총 실험횟수$-1=lm-1$

12 모수요인 A를 5수준으로 하고, 랜덤으로 4일을 택하여 난괴법으로 실험한 결과, $S_B = 114.6$, $S_e = 97.2$일 경우 σ_B^2은?

① 5.41 ② 5.84
③ 6.02 ④ 6.36

풀이 $\sigma_B^2 = \dfrac{V_B - V_e}{l} = \dfrac{(114.6/3) - (97.2/12)}{5} = 6.02$

13 라틴방격법에서 요인 A, B, C가 있다. 수준수가 각각 4일 때, 오차항의 자유도는?

① 3 ② 4
③ 6 ④ 12

풀이 $\nu_e = (k-1)(k-2) = 6$

14 요인 A가 모수인 1요인실험의 분산분석표에서 수준수 4, 반복수 5, $S_T = 14.16$, $S_A = 10.10$, $S_e = 4.06$일 때, F_0 값은 약 얼마인가?

① 1.402 ② 7.488
③ 13.268 ④ 20.248

풀이 $F_0 = \dfrac{V_A}{V_e} = \dfrac{(10.10/3)}{(4.06/16)} = 13.2677$

15 반복이 있는 모수모형 2요인실험을 하여 다음과 같은 분산분석표의 일부를 얻었다. 오차의 순제곱합 S_e'를 구하면?

요인	SS	DF
A	48.4	
B	36.3	3
$A \times B$	24.0	12
e	20.0	
T	128.7	39

① 9 ② 27
③ 32 ④ 39

16 직교배열표를 사용한 실험의 장점이 아닌 것은?

① 일부실시법, 분할법, 교락법 등의 배치를 쉽게 할 수 있다.
② 실험의 크기를 확대시키지 않고도 실험에 많은 요인을 배치할 수 있다.
③ 이 실험으로 회귀직선식을 쉽게 찾을 수 있다.
④ 요인 제곱합의 계산이 쉽고 분산분석표 작성이 용이하다.

풀이 직교배열표를 사용한 실험은 회귀직선식을 찾을 수가 없다.

17 수준이 k인 라틴방격법에서 총 제곱합에 대한 자유도는?

① $k-1$
② $k^2 - 1$
③ $(k-1)(k-3)$
④ $(k^2 - 1)(k-2)$

풀이 ① 각 요인의 자유도
② 총 자유도

18 어떤 승용차의 가격이 연도가 지남에 따라서 그 가격이 어떻게 떨어지는가를 보기 위한 승용차에 대한 자료이다. $x = 8$일 때 $E(y)$의 값은 약 얼마인가?

(가격 단위 : 백만 원)

사용연수(x)	1	2	3	4	5	6
가격(y)	2.45	2.10	2.00	1.70	1.20	1.15

① 0.454 ② 0.545
③ 0.782 ④ 0.813

풀이 $y = 2.7167 - 0.2714x$에서 $x = 8$을 대입 또는 공학용 계산기에서 $8\hat{y}$를 누르면, $E(y) = 0.5455$이다.

풀이 $S_e' = S_e + (\nu_A + \nu_B + \nu_{A \times B}) V_e$
$= 20.0 + (4 + 3 + 12) \times 1.0 = 1,039.0$

19 다음 표는 어떤 화학반응 실험에서 압력 A를 4수준, 반응온도 B를 3수준으로 하여 얻은 데이터이다. 분산분석한 결과 $V_e = 0.086$일 때 $\mu(A_3B_3)$를 신뢰수준 99%로 구간추정하면 약 얼마인가?[단, 요인 A와 B는 모두 유의하며, $t_{0.995}(6) = 3.707$, $t_{0.99}(6) = 3.143$이다.]

B＼A	A_1	A_2	A_3	A_4	$T._j$	$\overline{x}._j$
B_1	4.1	5.1	4.4	4.3	17.9	4.475
B_2	4.6	5.0	5.2	5.4	20.2	5.050
B_3	4.9	5.7	5.8	5.9	22.3	5.575
$T_i.$	13.6	15.8	15.4	15.6	$T = 60.4$	
$\overline{x}_i.$	4.533	5.267	5.133	5.2	$\overline{\overline{x}} = 5.033$	

① $5.023 \leq \mu(A_3B_3) \leq 6.327$
② $4.906 \leq \mu(A_3B_3) \leq 6.444$
③ $5.148 \leq \mu(A_3B_3) \leq 6.452$
④ $5.031 \leq \mu(A_3B_3) \leq 6.569$

풀이 $(5.133 + 5.575 - 5.033) \pm 3.707 \times \sqrt{\dfrac{0.086}{2.0}} = (4.9063, 6.4437)$

$\left(\text{단}, \ n_e = \dfrac{lm}{l+m-1} = \dfrac{12}{6} = 2.0\right)$

20 반복 없는 2요인실험을 하는데 결측치가 1개 있어 Yates의 방법으로 계산하여 추정한 후 분석을 실시하였다. A가 4수준, B가 3수준이라면 총자유도는 얼마인가?

① 9
② 10
③ 11
④ 12

풀이 $\nu_T = (lm - 1) -$ 결측치수 $= 11 - 1 = 10$

2과목 **통계적 품질관리**

21 10원짜리 동전 2개를 동시에 던졌을 때 2개 모두 앞면이 나올 확률은?

① $\dfrac{1}{4}$
② $\dfrac{1}{2}$
③ $\dfrac{3}{4}$
④ 1

풀이 $P(x) = {}_2C_2\left(\dfrac{1}{2}\right)^2\left(1 - \dfrac{1}{2}\right)^0 = \dfrac{1}{4}$

22 모평균이 1000이고 모표준편차가 4인 모집단에서 16개의 시료를 랜덤하게 샘플링했을 때 그 시료평균의 분포는?

① $N(100, \ 1^2)$
② $N(100, \ 4^2)$
③ $N(100, \ (1/4)^2)$
④ $N(100, \ 5^2)$

풀이 $\sigma_{\overline{x}} = \dfrac{\sigma}{\sqrt{n}} = \dfrac{4}{\sqrt{16}} = 1$

$\therefore N\left[\mu, \ \left(\dfrac{\sigma}{\sqrt{n}}\right)^2\right] = N(100, \ 1^2)$

23 제조공정에서 자연적인 또는 정상적인 공정상태에 의한 품질변동의 원인을 무엇이라고 하는가?

① 가피원인
② 우연원인
③ 이상원인
④ 관리원인

풀이 생산조건이 엄격하게 관리된 상태하에서도 발생되는 어느 정도의 불가피한 변동을 주는 원인을 우연원인이라고 한다.

24 가설검정에 있어서 제1종 과오를 설명한 내용으로 옳은 것은?

① H_1이 진실일 때 H_1을 기각하는 과오
② H_1이 진실일 때 H_0를 채택하는 과오
③ H_0가 진실일 때 H_0를 채택하는 과오
④ H_0가 진실일 때 H_0를 기각하는 과오

풀이 • 제1종 과오(α) : H_0가 진실일 때 H_0을 기각하는 과오(H_1이 거짓일 때 H_1을 채택하는 과오)

정답 19 ② 20 ② 21 ① 22 ① 23 ② 24 ④

- 제2종 과오(β) : H_0가 거짓일 때 H_0을 채택하는 과오(H_1이 진실일 때 H_1을 기각하는 과오)

25 c 관리도는 군(群)의 단위수가 일정할 때 품질을 부적합수로 관리하는 경우 정규 근사에 의거하여 $\pm 3\sigma$법으로 적용하는데, 이것은 어떤 확률분포를 근거로 한 것인가?

① 균등분포   ② 초기하분포
③ 이항분포   ④ 푸아송 분포

풀이
- c, u 관리도 : 푸아송 분포
- np, p 관리도 : 이항분포

26 이항분포에 바탕을 둔 관리도로만 구성된 것은?

① x 관리도, R 관리도
② p 관리도, np 관리도
③ u 관리도, c 관리도
④ p 관리도, u 관리도

풀이 25번 풀이 참조

27 1부터 1,000까지 번호가 붙여진 물품이 있다. 매 50개당(즉, 1~50, 51~100, 101~150, …) 샘플을 각각 임의로 채취하는 샘플링방식은?

① 랜덤샘플링(Random Sampling)
② 계통샘플링(Systematic Sampling)
③ 층별샘플링(Stratified Sampling)
④ 지그재그 샘플링(Zig Zag Sampling)

풀이 층별샘플링이란 각 층마다 일정 개수의 샘플을 채취하는 방식이다.

28 $\overline{x} - R$ 관리도에서 관리계수(C_f)를 계산하였더니 0.7이었다면 이 공정의 판정으로 옳은 것은?

① 군구분이 나쁘다.
② 군내변동이 크다.
③ 군간변동이 크다.
④ 대체로 관리상태로 볼 수 있다.

풀이
- $C_f \geq 1.2$: 급간변동이 크다.
- $0.8 < C_f < 1.2$: 대체로 관리상태이다.
- $0.8 \geq C_f$: 군구분이 나쁘다.

29 주머니 안에 같은 크기의 흰 공 6개와 검은 공 4개가 들어 있다. 이때 동시에 5개를 뽑아낼 때 흰 공 3개, 검은 공 2개가 나올 확률은 약 얼마인가?

① 0.21   ② 0.32
③ 0.48   ④ 0.64

풀이 $\dfrac{{}_6C_3 \times {}_4C_2}{{}_{10}C_5} = 0.476$

30 KS Q 0001 : 2015 계수 및 계량 규준형 1회 샘플링검사 제3부 : 계량 규준형 1회 샘플링검사 방식(표준편차 기지)에서 평균치 보증방식을 적용한 결과 $n = 18$, $m_0 = 0.002$, $\overline{X}_U = 0.006$, $G_0 = 0.388$임을 알았다. 로트의 표준편차 σ는 약 얼마인가?

① 0.0103   ② 0.0146
③ 0.0206   ④ 0.0978

풀이 $\overline{X_U} = m_0 + K_\alpha \dfrac{\sigma}{\sqrt{n}} = m_0 + G_0 \sigma$에서

$0.006 = 0.002 + 0.388\sigma$

$\therefore \ \sigma = 0.01031$

31 KS Q ISO 2859-1 : 2010 계수치 샘플링검사 절차-제1부 : 로트별 합격품질한계(AQL) 지표형 샘플링검사 방안에서 합격품질수준(AQL)은 0.40%, 샘플문자는 G이다. 샘플 크기가 32, 합격판정개수가 0, 불합격판정개수가 1인 경우, AQL의 로트합격확률이 95%가 되는 로트의 부적합품률은 약 몇 %인가?

① 0.156%   ② 0.200%
③ 0.285%   ④ 1.333%

풀이 로트 합격확률 $P_\alpha = 100(1 - np)$에서

$95 = 100(1 - 32 \times p)$

$\therefore \ p = 0.1563(\%)$

PART 1   PART 2   PART 3   PART 4   PART 5   PART 6   PART 7

32 모분산의 추정값을 활용하기 위해 모분산을 검정하려고 한다. 설명이 옳지 않은 것은?

① 샘플을 충분히 뽑는다.
② 샘플추출 시 랜덤하게 한다.
③ 제곱합(S)을 모표준편차(σ)로 나누어 검정통계량을 구한다.
④ 모집단이 정규분포를 이루는지 확인한다.

(풀이) ③ 제곱합(S)을 모분산(σ^2)로 나누어 검정통계량을 구한다.

33 상관관계 분석에 관한 설명 중 옳지 않은 것은?

① 두 변수 사이에 상관분석을 할 때는 먼저 산점도로 상관여부를 파악한다.
② 상관계수를 구할 때는 두 변수 x_i와 y_i의 개수가 동일해야 한다.
③ 상관계수가 0보다 작으면 상관이 없다는 의미이다.
④ 모집단의 상관여부를 검정할 때 검정통계량은 t 분포를 따른다.

(풀이) ③ 상관계수가 0보다 작으면 상관이 없다는 의미이다.

34 공정이 이상상태일 경우에는 관리도에서 가능한 한 빨리 이상신호를 줄 수 있어야 한다. 이상신호를 보다 빨리 줄 수 있는 방법으로 옳지 않은 것은?

① 관리한계선을 더 넓게 한다.
② 표본추출 간격을 짧게 한다.
③ 각 군의 시료의 크기를 크게 한다.
④ x 관리도보다 $\bar{x}$ 관리도를 사용한다.

(풀이) ① 관리한계선을 더 넓게 하면 이상신호를 찾기 더 힘들어진다.

35 검사방법(판정대상)에 의한 분류로 볼 수 없는 것은?

① 전수검사
② 로트별 샘플링검사
③ 관리 샘플링검사
④ 파괴검사

(풀이) ④는 검사성질에 의한 분류에 속한다.

36 모평균의 구간추정을 위한 $100\left(1-\dfrac{\alpha}{2}\right)\%$ 양측 신뢰구간의 폭을 반으로 줄이기 위해서는 표본의 크기를 어떻게 해야 하는가?

① 2배 증가
② 4배 증가
③ $\dfrac{1}{2}$로 축소
④ $\dfrac{1}{4}$로 축소

(풀이) $\sigma_{\bar{x}} = \dfrac{\sigma_x}{\sqrt{n}}$ 에서 표본평균의 표준편차($\sigma_{\bar{x}}$)가 원래의 표준편차 (σ_x)의 반($0.5\sigma_x$)이 되기 위해서는 4배 증가해야 한다.

37 계량치 관리도에 관한 설명으로 틀린 것은?

① 일반적으로 $\bar{x}$ 관리도의 검출력이 x 관리도보다 우수하다.
② 계량치 관리도에서는 품질특성치의 분포로서 정규분포를 가정하고 있다.
③ 각 시료군의 크기를 크게 하는 것이 $\bar{x}$ 관리도의 검출력을 증가시킬 수 있다.
④ 일반적으로 계량치 관리도에서 요구되는 시료의 크기가 계수치 관리도보다 크다.

(풀이) ④ 일반적으로 계량치 관리도에서 요구되는 시료의 크기가 계수치 관리도보다 작다.

38 계수치 관리도에 관한 설명이 옳지 않은 것은?

① L_{CL}이 음수인 경우 관리한계선은 고려하지 않는다.
② 측정하는 품질특성치가 부적합품수, 부적합수 등이다.
③ 계수치 관리도에는 np, p, c, u 관리도 등이 있다.
④ np 관리도는 시료의 크기가 일정하지 않은 경우에도 사용할 수 있다.

(풀이) ④ np 관리도는 시료의 크기가 일정한 경우에 사용하며, 시료의 크기가 일정하지 않은 경우에는 p 관리도를 사용하여야 한다.

정답 32 ③ 33 ③ 34 ① 35 ④ 36 ② 37 ④ 38 ④

39 관리도에 관한 설명으로 옳지 않은 것은?

① 관리도의 목적은 우연원인이 발생하지 않도록 관리하고자 하는 것이다.

② 공정을 관리하기 위해서는 계량치 관리도가 계수치 관리도보다 일반적으로 활용성이 더 높다.

③ 점이 관리한계선을 벗어나지 않는다고 해서 무조건 관리상태인 것은 아니다.

④ 관리상태라면 연(Run)이나 경향(Trend) 등이 나타나지 않아야 한다.

풀이 ① 관리도의 목적은 이상원인이 발생하지 않도록 관리하고자 하는 것이다.

40 계수 샘플링검사에서 $\frac{N}{n} \geq 10$이고, $p < 0.1$일 때 제출된 로트가 합격할 확률 $L(p)$를 계산하는 식으로 옳은 것은?(단, 로트의 크기를 N, 시료의 크기를 n, 부적합품률을 p라 한다.)

① $\dfrac{e^{-np}(np)^x}{x!}$ 　② $\dbinom{n}{x}p^x(1-p)^{n-x}$

③ $\displaystyle\sum_{x=0}^{e}\dbinom{n}{x}p^x(1-p)^{n-x}$ 　④ $\displaystyle\sum_{x=0}^{c}\dfrac{e^{-np}(np)^x}{x!}$

풀이

푸아송 분포	$L(p)=\displaystyle\sum_{x=0}^{c}\dfrac{e^{-np}(np)^x}{x!}$	$\dfrac{N}{n}\geq 10$이고, $p<0.1$일 때 사용

41 PERT에서 낙관시간치(t_0), 정상시간치(t_m), 비관시간치(t_p)가 주어졌을 때 기대시간치(t_e)와 분산치(σ^2)를 구하는 식은?

① $t_e = \dfrac{t_0 + 4t_m + t_p}{6}$, $\sigma^2 = \left(\dfrac{t_p - t_0}{6}\right)^2$

② $t_e = \dfrac{t_0 + t_m + t_p}{3}$, $\sigma^2 = \left(\dfrac{t_p - t_0}{6}\right)^2$

③ $t_e = \dfrac{t_0 + 4t_m + t_p}{6}$, $\sigma^2 = \left(\dfrac{t_p + t_0}{6}\right)^2$

④ $t_e = \dfrac{t_0 + t_m + t_p}{3}$, $\sigma^2 = \left(\dfrac{t_p + t_0}{6}\right)^2$

풀이 • 기대시간치 $t_e = \dfrac{t_0 + 4t_m + t_p}{6}$

• 분산치 $\sigma^2 = \left(\dfrac{t_p - t_0}{6}\right)^2$

42 적시생산시스템(JIT)의 특징이 아닌 것은?

① 작업전환이 용이하고 다기능 작업자가 필요하다.

② 흐름 생산시스템에 적합한 생산관리방식이다.

③ 푸시 방식(Push System)의 자재흐름을 가진다.

④ 공급업자와의 관계를 적대적 관계가 아닌 우호적 관계로 생각한다.

풀이 ③ 풀 방식(Pull System)의 자재흐름을 가진다.

43 어느 작업장에서 부품의 수요율이 1분당 5개이고, 용기당 50개의 부품을 담을 수 있다. 이때 필요한 간판의 수와 최대재고수준은?(단, 순환시간은 100분이다.)

① 5개, 250개 　② 5개, 500개

③ 10개, 250개 　④ 10개, 500개

풀이 • 간판수 = $\dfrac{5EA/\text{min} \times 100\text{min}}{50EA} = 10$개

• 최대 재고수준 = $10 \times 50EA = 500$개

44 한 공장에서 특정 타이어를 만드는 데 연간수요는 40,000개로 추정된다. 생산준비비용은 200,000원, 제조단가는 15,000원, 연간 유지비용은 타이어당 11,500원으로 추산된다. 일간 생산량은 200개이고 연간 작업일수는 250일이다. 생산 리드타임이 5일이라면 경제적 생산량(EPQ)은?

① 2,938개   ② 2,838개

③ 2,738개   ④ 2,638개

풀이
$$EPQ = \sqrt{\frac{2DC_p}{P_i\left(1-\dfrac{d}{p}\right)}}$$
$$= \sqrt{\frac{2\times 40,000 \times 200,000}{11,500 \times \left(1-\dfrac{40,000}{200\times 250}\right)}}$$
$$= 2,637.52 = 2,638개$$

45 MRP 시스템의 주요기능이 아닌 것은?

① 능력수요계획 수립 자료

② 주문계획과 통제

③ 생산능력계획과 변경

④ 우선순위계획과 통제

풀이 ③ 생산능력계획과 변경은 일정계획의 주요기능에 해당된다.

46 생산·재무·유통·인사·회계 등의 정보시스템을 하나로 통합하여 기업의 모든 자원을 운영·관리하는 시스템은?

① 자재소요계획(Material Requirements Planning)

② 총괄생산계획(Aggregate Production Planning)

③ 전사적 자원관리계획(Enterprise Resources Planning)

④ 능력소요계획(Capacity Requirements Planning)

풀이 전사적 자원관리계획(Enterprise Resources Planning)에 대한 문제이다.

47 작업분석 시 제조공정에 대한 개선사항으로 고려해야 할 항목을 열거한 내용으로 틀린 것은?

① 작업을 변경할 때 다음 작업에 미치는 영향을 고려할 것

② PERT/CPM 기법을 적용할 것

③ 수작업보다 효율적으로 작업할 수 있는 기계가공의 가능성을 타진할 것

④ 기계설비의 효율성을 높일 것

풀이 PERT/CPM 기법은 일정계획에서 사용하는 프로그램이다.

48 다음 내용을 기초로 설비의 실질 가동률을 구하면?

1일 조업시간	480분
1일 부하시간	460분
1일 정지시간	60분
1일 생산량	600개
실제 사이클타임	0.5분/개

① 75%   ② 80%

③ 85%   ④ 90%

풀이 실질가동률 $= \dfrac{0.5 \times 600}{460-60} \times 100 = 75.0(\%)$

49 공장배치의 기본형태가 아닌 것은?

① 팀별 배치   ② 위치고정형 배치

③ 공정별 배치   ④ 제품별 배치

풀이 공장배치의 기본형태에는 제품별, 공정별, 위치고정형, 혼합형 등이 있다.

50 JIT 시스템에 적합하지 않은 것은?

① 끌어당기기(Pull) 시스템

② 간판(Kanban) 방식

③ 낭비 제거

④ 주일정계획

풀이 JIT 시스템에는 Pull 시스템, 간판(Kanban) 방식, 낭비 제거 등이 있다.

정답   44 ④   45 ③   46 ③   47 ②   48 ①   49 ①   50 ④

51 워크샘플링법으로 관측된 데이터의 분포는 어떤 분포를 기초로 하는 것인가?

① t 분포
② 이항분포
③ χ^2 분포
④ 푸아송 분포

풀이 관측비율에 따라 관측횟수를 정하므로, 이항분포를 기초로 하고 있다.

52 긴급률(CR ; Critical Ratio)법에 대한 설명으로 틀린 것은?

① 동적인 방법에 속한다.
② 한 작업장의 다수작업에 적용한다.
③ 주문생산시스템에서 작업 진행상황을 파악하는 지수를 사용한다.
④ 긴급률(CR)이 1보다 클 때는 작업여유가 없음을 의미한다.

풀이 ④ 긴급률(CR)이 1보다 클 때는 작업여유가 있음을 의미한다.

53 JIT시스템에서 소로트화의 특징으로 틀린 것은?

① 간판 수와 리드타임을 증가시킨다.
② 재고 유지비용을 절감할 수 있다.
③ 공장의 작업부하를 균일하게 한다.
④ 공간이용을 최대한 활용할 수 있다.

풀이 ① 간판 수와 리드타임을 감소시킨다.

54 고객관리 프로세스를 자동화한 고객관리시스템으로 기존 고객에 대한 정보를 종합적으로 분석해 우수고객을 추출하고 이들에 관한 정보를 바탕으로 1 : 1로 집중관리할 수 있는 통합마케팅 솔루션은?

① CRM
② SCM
③ BPR
④ ERP

풀이 ① 고객관계관리(CRM) : Customer Relationship Management
② 공급자 사슬구조(SCM) : Supply Customer Management
③ 업무재설계(BPR) : Business Process Reengineering
④ 전사적 자원관리(ERP) : Enterprise Resource Planning

55 다음 예측방법 중 신제품을 출시할 때 가장 적합한 방법은?

① 지수평활법(Exponential Smoothing)
② 시장조사법(Market Surveys)
③ 회귀분석법(Regression Analysis)
④ 계절분석법(Seasonal Analysis)

풀이 정성적 예측법은 장래의 기술예측이나 신규로 개발된 신제품 시장 및 수요 등의 예측은 자료가 빈약하기 때문에 전문가의 주관적 의견이나 추정을 토대로 한다. 즉, 관련된 자료가 없을 때 주로 사용한다(시장조사법).

56 확률법칙을 이용하여 필요한 최소한도의 대상물을 순간적으로 관측하여 그 상황을 추정하는 작업측정법은?

① 시간연구법
② 표준자료법
③ 워크샘플링법
④ PTS법

풀이 워크샘플링(WS)법이란 통계적인 샘플링 방법을 이용하여 작업자의 활동, 기계의 활동, 물건의 시간적 추이 등의 상황을 통계적ㆍ계수적으로 파악하는 작업 측정의 한 기법이다.

57 개별생산시스템의 특징이 아닌 것은?

① 다품종 소량생산체제이다.
② 운반되는 물품의 크기, 중량 등이 다양하다.
③ 운반설비는 자유경로형 설비를 이용하는 경우가 많다.
④ 제품생산에는 전용설비를 이용하는 것이 유리하다.

풀이 ④ 제품생산에는 범용설비를 이용하는 것이 유리하다.

58 수리할 수 없는 제품의 평균수명으로 첫 번째 고장까지의 평균시간을 나타낸 용어는?

① MTTF
② MTBF
③ MTTR
④ FR

풀이 ① MTTF : 수리할 수 없는 제품의 평균수명(Mean Time To Failure)
② MTBF : 수리할 수 있는 제품의 평균수명(Mean Time Between Failure)
③ MTTR : 평균수리시간(Mean Time To Repair)
④ FR : 고장률(Failure Rate)

정답 51 ② 52 ④ 53 ① 54 ① 55 ② 56 ③ 57 ④ 58 ①

59 작업분석자가 작업분석 시 효율적으로 생산할 수 있는 제품의 설계를 위해 노력하여야 할 사항으로 틀린 것은?

① 양질의 재료를 사용한다.
② 공차나 규격을 모든 면에서 엄격하게 규정한다.
③ 부품 수를 줄이고 단순한 제품을 만들도록 설계한다.
④ 제조 시 소요되는 작업 공수와 운반거리를 줄이도록 한다.

풀이 ② 공차나 규격을 제품의 특성에 맞게 규정하는 것이 좋다.

60 4개의 주문작업을 1대의 기계에서 처리하고자 한다. 최소납기일 규칙에 의해 작업순서를 결정할 경우 4개 작업의 평균흐름시간은?

작업	처리시간(일)	납기일
A	6	13
B	9	11
C	8	17
D	12	19

① 20.5일　　② 21.5일
③ 22.5일　　④ 23.5일

풀이 최소납기일 순으로 가공을 하면,

작업순서	B	A	C	D	$\overline{T} = \dfrac{82}{4}$
흐름시간	9	9+6	9+6+8	9+6+8+12	= 20.5

61 설계변경유실비용에 해당되는 품질비용은?

① 예방비용
② 평가비용
③ 내부실패비용
④ 외부실패비용

풀이 설계변경유실비용은 내부실패비용에 속한다.

62 사내표준화의 역할에 해당되지 않는 것은?

① 신기술 도입 촉진
② 기술의 보존 · 보편화 향상
③ 책임, 권한의 명확화와 업무의 합리화
④ 경영방침의 구체적인 지시 및 실행

풀이 사내표준화의 역할에는 ②, ③, ④ 및 생산의 합리화 등이 있다.

63 사내의 책임과 권한을 고려한 품질수준에 대한 설명으로 틀린 것은?

① 품질목표 : 장래 혹은 일정 시기에 도달하고자 하는 품질의 수준이다.
② 품질표준 : 공정에 제시하는 품질의 표준을 말하며, 주로 제조부문에서 담당하는 품질수준이다.
③ 보증품위 : 소비자가 사용하면서 느끼는 것으로, 주로 설계부문에서 추구하는 품질수준이다.
④ 검사표준 : 검사에 제시하는 검사의 판정기준을 말하며, 주로 검사부문에서 담당하는 품질수준이다.

풀이 ③ 보증품위 : 고객에게 제시하는 품질수준으로 계약품질이라고도 하며 영업부서 담당이다.

64 검사의 궁극적인 목적에 해당되지 않는 것은?

① 좋은 로트와 나쁜 로트의 구별
② 데이터의 측정
③ 적합품과 부적합품의 구별
④ 공정능력의 측정

풀이 ② 데이터의 측정은 검사의 목적이 아니라 수단에 해당된다.

65 출하 · 판매 단계에서 포장 · 용기의 제조물 책임대책으로 점검해야 할 사항에 해당되지 않는 것은?

① 내용물의 보호 기능은 충분한가?
② 내용물의 위험성이 외부에 표기되어 있는가?
③ 포장 · 용기 그 자체는 취급자에게 안전한가?
④ 포장 · 용기에 가격이 표시되어 있는가?

풀이 ④는 제조물 책임대책과 무관하다.

정답　59 ②　60 ①　61 ③　62 ①　63 ③　64 ②　65 ④

532 _ PART 07 부록

66 '품질분임조'란 일본에서 창안되어 전사적 품질관리 활동의 일환으로 추진하는 현장개선을 위한 자율적인 소집단을 말한다. 다음 중 품질분임조 활동의 기본이념에 해당되지 않는 것은?

① 기업의 체질개선과 발전에 기여한다.
② 인간성을 존중하여 일하는 보람을 갖게 하는 직장으로 만든다.
③ 인간의 능력을 발휘하여 무한한 가능성을 창출한다.
④ 조직원 간의 상호 경쟁의식을 고취시킴으로써 업무 향상을 도모한다.

(풀이) 분임조의 기본이념에 해당되는 것은 ①, ②, ③이다.

67 인간이 장기적으로 일할 의욕을 갖게 하기 위해서는 위생요인(Hygiene)보다 동기요인(Motivator)에 충실해야 한다고 주장한 사람은?

① J. M. Juran   ② F. W. Taylor
③ F. I. Herzberg   ④ W. A. Shewhart

(풀이) 허즈버그의 두 요인이론에는 위생요인(직무환경, 저차적 욕구)과 동기유발요인(직무내용, 고차적 욕구)이 있다.

68 사내표준의 요건에 해당되지 않는 것은?

① 실행 가능한 내용일 것
② 사람에 따라 해석의 차이가 있을 것
③ 기록내용이 구체적 · 객관적일 것
④ 정확 · 신속하게 개정 향상시킬 것

(풀이) ② 사람에 따라 해석의 차이가 없을 것

69 길이, 무게, 강도 등과 같이 계량치의 데이터가 어떠한 분포를 하고 있는지를 보기 위하여 작성하는 그림은?

① 히스토그램   ② 산점도
③ 계통도   ④ 매트릭스도

(풀이) 히스토그램이란 길이, 질량, 강도, 압력 등과 같은 계량치의 데이터가 어떤 분포를 하고 있는지를 알아보기 위하여 작성하는 것으로, 일종의 막대그래프의 개념이나 보다 구체적인 형태를 취하게 된다.

70 부품의 끼워맞춤 방법에서 항상 죔새가 생기는 끼워맞춤은?

① 헐거운 끼워맞춤   ② 억지 끼워맞춤
③ 중간 끼워맞춤   ④ 겹침 끼워맞춤

(풀이) 억지 끼워맞춤은 항상 죔새가 존재한다.

71 6시그마 혁신활동 시 연구개발단계에서 제품설계 완성도를 높이기 위해 주로 활용되는 절차를 뜻하는 용어는?

① QFD(Quality Function Deployment)
② DFSS(Design For Six Sigma)
③ VOC(Voice Of Customer)
④ SQC(Statistical Quality Control)

(풀이) 본질적인 6시그마를 달성하기 위해서는 제품의 설계나 개발단계와 같이 초기단계부터 부적합을 예방하기 위한 설계, 즉 DFSS(Design For Six Sigma)가 필요하게 되는데, 이때 사용되는 추진단계가 DMAD(O)V이다.

72 KS A 0006 : 2001 시험장소의 표준상태에서 광공업에서 시험을 실시하는 장소의 표준 상태의 습도가 상습이라면 습도범위는?

① 35~80%   ② 45~80%
③ 35~85%   ④ 45~85%

(풀이) 상온은 5~35℃, 상습은 상대습도 45~85%를 말한다.

73 기어 A, B, C가 조립될 때 조립품 기어의 평균(μ)과 표준편차(σ)는 각각 얼마인가?

구분	평균	표준편차
기어 A	25	2
기어 B	30	1
기어 C	45	2

① $\mu = 100$, $\sigma = 5$ ② $\mu = 110$, $\sigma = 3$
③ $\mu = 110$, $\sigma = 5$ ④ $\mu = 100$, $\sigma = 3$

(풀이) $\mu = \mu_A + \mu_B + \mu_C = 100$, $\sigma = \sqrt{2^2 + 1^2 + 2^2} = 3$

74 브레인스토밍방법에 관한 설명으로 틀린 것은?

① 타인의 의견을 이용하여 새로운 의견을 제시하지 않는다.

② 자유분방하게 의견이 나오는 분위기를 조성한다.

③ 되도록 많은 의견을 새로 내놓는다.

④ 타인의 의견에 대해 "좋다", "나쁘다" 비판을 하지 않는다.

(풀이) ① 타인의 의견을 이용하여 새로운 의견을 제시한다.

75 조직구성원 각자의 책임과 권한에 따라 사장방침 → 사업부장(공장장)방침 → 부장방침 → 과장방침 등으로 계층별로 연계되어 전개되는 방법은?

① 방침관리　　　　② 품질기능전개

③ 가치혁신　　　　④ 품질공학

(풀이) 방침관리의 순서를 설명하고 있다.

76 품질책임은 품질에 대한 의사결정권을 가진 여러 부문에 귀속되는데, 양질의 제품을 생산할 공정과 절차를 선정할 책임이 있는 부문은?

① 제조기술부문　　② 제품서비스부문

③ 제품판매부문　　④ 연구개발 및 설계부문

(풀이) '양질의 제품을 생산할 공정과 절차'는 제조기술부문에 속한다.

77 동적 공정능력의 개념에 해당되는 것은?

① 현실적인 면에서 실현이 가능한 능력을 말한다.

② 일정 시점에 있어서 공정의 정상적인 상태를 말한다.

③ 정상적인 공구의 마모와 같이 작게 예측할 수 있는 변동을 말한다.

④ 문제의 대상물이 갖는 잠재능력을 말한다.

(풀이) ② 단기공정능력　③ 장기공정능력　④ 잠재공정능력

78 품질감사에 대한 설명으로 옳지 않은 것은?

① 품질감사는 품질경영의 성과를 여러 가지 관점에서 객관적으로 평가하여 품질보증에 필요한 정보를 파악하기 위해 행해진다.

② 품질감사의 대상이 되는 단계는 개발단계, 제조단계, 출하단계, 유통단계, 사용단계, 즉 프로세스 전체가 해당된다.

③ 품질감사의 대상은 궁극적으로 제품의 품질로서 감사의 주목적은 사용단계의 품질상태를 파악하는 것이다.

④ 품질경영상 특히 강조되는 것은 생산기업의 자체 품질감사보다는 협력업체에 의한 품질감사가 더욱 중시된다.

(풀이) ④ 품질경영상 특히 강조되는 것은 생산기업의 협력업체에 의한 품질감사보다는 자체 품질감사가 더욱 중시된다.

79 KS Q ISO 9001 : 2015 품질경영시스템 – 요구사항 8.3.2 설계와 개발기획에서 조직은 제품 및 서비스의 설계와 개발 이후의 공급을 보장하기에 적절한 설계와 개발 프로세스를 수립, 실행 및 유지하여야 한다. 설계와 개발에 대한 단계 및 관리를 결정할 때, 조직은 다음 사항을 고려하여야 한다. 이에 해당되지 않는 것은?

① 설계와 개발활동의 성질, 기간 및 복잡성

② 설계와 개발 프로세스에 대한 경영 검토

③ 설계와 개발 프로세스에 수반되는 책임 및 권한

④ 요구되는 설계와 개발 검증 및 실현성 확인/타당성 확인(Validation)활동

(풀이) ② 설계와 개발 프로세스에 고객 및 사용자의 관여 필요성

80 기업의 장기경영전략에 의해 종합적 품질경영(TQM)을 도입하고 추진하기 위해서 기본적으로 갖추어야 할 요건에 해당되지 않는 것은?

① 고객중심(만족) 경영

② 품질 및 프로세스의 지속적인 개선

③ 타 부서와 무한 경쟁체계

④ 품질문화 창출

(풀이) TQM을 도입하고 추진하기 위해서는 기본적으로 고객중심(만족) 경영, 품질 및 프로세스의 지속적인 개선, 품질문화 창출 등을 갖추어야 한다.

PART 1

PART 2

PART 3

PART 4

PART 5

PART 6

PART 7

1과목 **실험계획법**

01 다음은 반복 2회인 2요인실험에 대한 분산분석표를 나타낸 것이다. 요인 A의 기여율(ρ_A)은 약 얼마인가?

요인	SS	DF	$\rho(\%)$
A	16.3		
B	2.3	4	
$A \times B$	1.6	16	
e	17.6		
T	37.8	49	

① 24.50% ② 33.81%

③ 35.67% ④ 43.12%

풀이 $S_A' = S_A - \nu_A V_e = 16.3 - 4 \times \dfrac{17.6}{25} = 13.484$

$\therefore \rho_A = \dfrac{S_A'}{S_T} \times 100 = \dfrac{13.484}{37.8} \times 100 = 35.672(\%)$

02 반복 있는 2요인실험에서 A가 모수, B가 변량요인일 경우 검정방법으로 옳은 것은?

① A, B 및 $A \times B$를 모두 e로 검정한다.

② A는 $A \times B$로 검정하고, B와 $A \times B$는 e로 검정한다.

③ A와 B는 $A \times B$로 검정하고, $A \times B$는 e로 검정한다.

④ A, B 중 큰 것은 $A \times B$로 검정하고, 그 나머지와 $A \times B$는 e로 검정한다.

풀이 ① 모수모형(요인 A, B 모두 모수요인일 경우)

② 혼합모형(요인 A는 모수요인, 요인 B는 변량일 경우)

03 다음은 $X_{ijk} = (x_{ijk}) - 40 \times 10$으로 수치 변환한 라틴방격의 실험데이터이다. C간 제곱합(S_C)은 약 얼마인가?

B＼A	A_1	A_2	A_3
B_1	$C_1(34)$	$C_2(46)$	$C_3(35)$
B_2	$C_2(25)$	$C_3(52)$	$C_1(30)$
B_3	$C_3(30)$	$C_1(40)$	$C_2(42)$

① 0.296 ② 2.96

③ 29.6 ④ 296

풀이 $S_C = \left(\dfrac{104^2 + 113^2 + 117^2}{3} - \dfrac{334^2}{9} \right) \times \dfrac{1}{10^2} = 0.296$

04 어떤 공장에서 제품의 강도에 영향을 미칠 것으로 생각되는 온도(A) 3수준과 촉매량(B) 4수준으로 하여 반복이 없는 2요인실험을 실시하고 분산분석한 결과, 오차항의 제곱합은 108을 얻었다. 요인 A의 각 수준에서 모평균의 95% 신뢰구간은?

① $\overline{x}_i \cdot \pm t_{0.975}(12) \sqrt{\dfrac{18}{4}}$

② $\overline{x}_i \cdot \pm t_{0.975}(6) \sqrt{\dfrac{18}{4}}$

③ $\overline{x}_i \cdot \pm t_{0.975}(12) \sqrt{\dfrac{18}{3}}$

④ $\overline{x}_i \cdot \pm t_{0.975}(6) \sqrt{\dfrac{18}{3}}$

풀이 $\overline{x}_i \cdot \pm t_{1-\alpha/2}(\nu_e) \sqrt{\dfrac{V_e}{m}} = \overline{x} \pm t_{0.975}(6) \sqrt{\dfrac{18}{4}}$

여기서, $V_e = \dfrac{S_e}{\nu_e} = \dfrac{108}{(l-1)(m-1)} = 18$

05 1요인실험의 단순회귀 분산분석표를 작성한 결과 다음과 같은 [데이터]를 얻었다. 나머지 회귀(S_r)의 값은?

> **[데이터]**
> $S_T = 35.27$, $S_R = 33.07$
> $S_A = 33.29$, $S_e = 1.98$

① 0.02 ② 0.22
③ 2.20 ④ 2.46

풀이 $S_r = S_A - S_R = 33.29 - 33.07 = 0.22$

06 반복이 같은 1요인실험에서 다음의 분산분석표를 얻었다. 분산 V_A의 기대치를 바르게 표현한 것은?

요인	SS	DF	MS
A	3.51	3	1.17
e	2	8	0.25

① $\sigma_e^2 + 3\sigma_A^2$ ② $\sigma_e^2 + 4\sigma_A^2$
③ $\sigma_e^2 + 8\sigma_A^2$ ④ $\sigma_e^2 + 11\sigma_A^2$

풀이 $E(MS_A) = E(V_A) = \sigma_e^2 + r\sigma_A^2 = \sigma_e^2 + 3\sigma_A^2$

07 $L_8(2^7)$형의 선점도에 대한 설명으로 옳지 않은 것은?

① 두 점을 연결하는 선은 교호작용의 관계를 나타내고 있다.
② 선점도는 주효과, 2요인 교호작용과 3요인 교호작용의 관계를 표시한 것이다.
③ 점은 각각 하나의 주효과를 배치할 수 있으나 선에는 주효과를 배치할 수 없다.
④ 선, 점 모두 자유도 1을 가지며 해당되는 직교배열표상의 하나의 열과 대응하고 있다.

풀이 ② 선점도는 3요인 교호작용의 관계를 표시할 수 없다.

08 1요인실험 계수치 데이터의 x_{ij}는 0 또는 1로 표현된다. 이때 총제곱합을 구하는 식을 잘못 표현한 것은?(단, T는 x_{ij}의 합계이고, CT는 수정항이다.)

① $T - CT$ ② $\sum\sum x_{ij} - CT$
③ $\sum T_i^2. - CT$ ④ $\sum\sum x_{ij}^2 - CT$

풀이 $\sum\sum x_{ij}^2 = \sum\sum x_{ij} = T$가 성립되므로,
$S_T = \sum\sum x_{ij}^2 - CT = \sum\sum x_{ij} - CT = T - CT$가 된다.

09 반복이 없는 2요인실험에서 결측치가 생겼을 때 결측치를 추정하는 데 사용되는 방법은?

① Yates방법 ② 최소제곱법
③ Fisher의 방법 ④ Pearson의 방법

풀이 Yates 방법
$$y = \frac{lT'_i. + mT'._j - T'}{(l-1)(m-1)}$$

10 모수모형의 반복 있는 2요인에서 제곱합의 계산식 중 옳은 것은?

① $S_{AB} = S_A + S_B$
② $S_{A \times B} = S_{AB} - S_A - S_B$
③ $S_e = S_T - S_{A \times B}$
④ $S_T = S_A + S_B + S_{AB} + S_e$

풀이 ① $S_{AB} = \dfrac{\sum_i \sum_j T_{ij}.}{r} - CT$
③ $S_e = S_T - (S_A + S_B + S_{A \times B}) = S_T - S_{AB}$
④ $S_T = S_A + S_B + S_{A \times B} + S_e = S_{AB} + S_e$

11 모수요인 A를 3수준, 블록요인 B를 2수준으로 난괴법 실험을 실시하여 분석한 [데이터]가 다음과 같을 때 요인 A의 두 수준 A_1과 A_3 간 모평균차의 신뢰구간을 신뢰율 95%로 추정하면 약 얼마인가?[단, $t_{0.975}(2) = 4.303$이다.]

> **[데이터]**
> $\bar{x}_1. = 13.58$, $\bar{x}_2. = 10.94$
> $\bar{x}_3. = 8.48$, $V_e = 0.64$

① 5.1 ± 1.99 ② 5.1 ± 2.43
③ 5.1 ± 2.81 ④ 5.1 ± 3.44

12 다음은 철분에 함유된 함량을 측정한 데이터와 분산분석표이다. 유의수준 0.05로 $\mu(A_1)$을 구간추정하면 약 얼마인가?[단, $t_{0.95}(14) = 1.761$, $t_{0.975}(14) = 2.145$, $t_{0.95}(3) = 2.353$, $t_{0.975}(3) = 3.182$]

구분	A_1	A_2	A_3	A_4
m (반복)	5	4	4	5
$T_i.$	32.7	30.6	19.5	27.7
$\bar{x}_i.$	6.54	7.65	4.875	5.54

요인	SS	DF	MS	F_0
A	18.122	3	6.041	14.843**
e	5.701	14	0.407	
T	23.823	17		

① $5.632 \leq \mu(A_1) \leq 7.448$
② $5.869 \leq \mu(A_1) \leq 7.211$
③ $5.928 \leq \mu(A_1) \leq 7.152$
④ $6.038 \leq \mu(A_1) \leq 7.042$

풀이 $\bar{x}_i. \pm t_{1-\alpha/2}(\nu_e)\sqrt{\dfrac{V_e}{r'}}$

$= 6.54 \pm 2.145 \times \sqrt{\dfrac{0.407}{5}}$

$= 6.54 \pm 0.612 = (5.928,\ 7.152)$

13 직교배열표를 사용한 실험의 장점이 아닌 것은?

① 분산분석표를 작성하지 않고 분석한다.
② 실험 데이터로부터 요인의 제곱합 계산이 용이하다.
③ 실험의 크기를 확대시키지 않고도 실험에 많은 요인을 배치시킬 수 있다.
④ 실험계획법에 대한 지식이 없어도 일부실시법, 분할법, 교락법 등의 배치가 쉽다.

풀이 ① 분산분석표의 작성이 수월하다.

14 수준이 k인 라틴방격법에서 $\mu(A_iB_j)$의 유효반복수는?

① $\dfrac{k^2}{2k-1}$ ② $\dfrac{k^2}{2k-2}$

③ $\dfrac{2k-1}{k^2}$ ④ $\dfrac{2k-2}{k^2}$

풀이 유효반복수 $n_e = \dfrac{\text{총실험횟수}}{\text{유의한 요인의 자유도합} + 1}$

$= \dfrac{k^2}{2k-1}$

15 어떤 부품에 대하여 다수의 로트에서 랜덤하게 3로트 (A_1, A_2, A_3)를 골라 각 로트에서 랜덤하게 7개씩임의 추출하여 그 치수를 측정한 후 분산분석을 하였다. $V_A = 0.373$, $V_e = 0.0248$이었다면 $\hat{\sigma}_A^2$은 약 얼마인가?

① 0.0497 ② 0.1161
③ 0.1243 ④ 0.1741

풀이 $\hat{\sigma}_A^2 = \dfrac{V_A - V_e}{r} = \dfrac{0.373 - 0.0248}{7} = 0.0497$

16 요인 A는 변량요인, 요인 B는 모수요인인 2요인실험을 한 후 분산분석표를 작성하였다. 이때 $\hat{\sigma}_A^2$은 약 얼마인가?

요인	SS	DF	MS	F_0
A	8.294	3	2.765	8.641
B	1.495	4	0.374	1.169
e	3.841	12	0.320	
T	13.63	19		

① 0.264 ② 0.489
③ 0.611 ④ 0.815

풀이 $\hat{\sigma}_A^2 = \dfrac{V_A - V_e}{m} = \dfrac{2.765 - 0.320}{5} = 0.489$

정답 12 ③ 13 ① 14 ① 15 ① 16 ②

17 1요인실험에서 변량모형에 대한 설명으로 옳지 않은 것은?

① 데이터의 구조식은 $x_{ij} = \mu + a_i + e_{ij}$이다.

② 변량요인의 각 수준에서의 모평균의 추정은 의미가 없다.

③ 요인의 수준이 랜덤으로 선택될 때 그 요인은 변량요인이 된다.

④ 요인의 수준을 랜덤하게 선택하므로 모분산의 추정은 의미가 없다.

풀이 ④ 요인의 수준을 랜덤하게 선택하므로 모평균의 추정은 의미가 없으나, 모분산의 추정은 의미가 있다.

18 다음의 분산분석표에서 ν_T의 값은 얼마인가?

요인	SS	DF	MS
A	77.7		25.9
B	10.8		5.4
e	1.2		0.24
T	89.7		

① 9   ② 10

③ 12   ④ 16

풀이 총자유도는 각 요인의 자유도합과 같다.

즉, $\nu_T = \nu_A + \nu_B + \nu_e = 3 + 2 + 5 = 10$이 된다.

19 4×4 그레코 라틴방격법에 의하여 실험하고 그 결과로 분석한 결과, 3요인이 유의적이고 1요인은 유의적이 아니었다. 3요인의 수준조합 평균치를 구간추정할 때 유효반복수(n_e)는 얼마인가?

① 1.0   ② 1.6

③ 2.0   ④ 2.5

풀이 $n_e = \dfrac{\text{총실험횟수}}{\text{유의한 요인의 자유도합} + 1}$

$= \dfrac{k \times k}{(k-1) + (k-1) + (k-1) + 1} = \dfrac{k^2}{3k-2} = \dfrac{16}{3 \times 4 - 2}$

$= 1.6$

20 반복이 같지 않은 1요인실험 모수모형인 경우의 가정조건인 것은?(단, m_i은 수준 i에서의 반복수이다.)

① $\displaystyle\sum_{i=1}^{l} a_i = 0$ ② $\displaystyle\sum_{i=1}^{l} m_i a_i = 0$

③ $\displaystyle\sum_{i=1}^{l} a_i \neq 0$ ④ $\displaystyle\sum_{i=1}^{l} m_i a_i \neq 0$

풀이 ② 반복이 같지 않은 모수모형
④ 반복이 같지 않은 변량모형

2과목 **통계적 품질관리**

21 다음 중 두 분산비 $\left(\dfrac{\sigma_1^2}{\sigma_2^2} \right)$에 대한 점추정치로 옳은 것은?

① $\dfrac{V_1}{V_2}$ ② $\dfrac{s_1}{s_2}$

③ $\dfrac{p_1}{p_2}$ ④ $\dfrac{x_1}{x_2}$

풀이 $\left(\dfrac{\sigma_1^2}{\sigma_2^2} \right) = \dfrac{s_1^2}{s_2^2} = \dfrac{V_1}{V_2}$

22 X가 $N(\mu, \sigma^2)$인 정규분포를 따를 때 $Y = aX + b$인 Y의 기대치 $E(Y)$와 분산 $V(Y)$로 옳은 것은?

① $E(Y) = a\mu, \ V(Y) = a^2\sigma^2$

② $E(Y) = a\mu, \ V(Y) = a^2\sigma^2 + b$

③ $E(Y) = a\mu + b, \ V(Y) = a^2\sigma^2$

④ $E(Y) = a\mu + b, \ V(Y) = a^2\sigma^2 + b$

풀이 • $E(ax+b) = aE(x) + b = a\mu + b$
• $V(aX+b) = a^2 V(X) = a^2\sigma^2$

23 $\bar{x} - R$ 관리도에서 관리계수(C_f)가 1.3인 경우 공정에 관한 판정으로 가장 적절한 것은?

① 군구분이 나쁘다.   ② 판정할 수 없다.
③ 급간변동이 크다.   ④ 대체로 관리상태이다.

• $C_f > 1.2$: 급간변동이 크다.

• $1.2 \geq C_f \geq 0.8$: 대체로 관리상태이다.

• $0.8 > C_f$: 군구분이 나쁘다.

24 p 관리도에서 시료의 크기와 관리한계에 대한 설명으로 옳지 않은 것은?

① 관리한계선은 시료의 크기에 영향을 받지 않는다.

② 시료의 크기가 커질수록 관리한계의 폭은 작아진다.

③ 시료의 크기가 다를 경우 관리한계선에 요철이 생긴다.

④ p 관리도는 시료의 크기가 다른 경우에도 사용할 수 있다.

① 시료의 크기가 커질수록 관리한계의 폭이 작아지므로 관리한계선은 시료의 크기에 영향을 받는다.

25 지수가중이동평균 관리도에 관한 설명으로 옳은 것은?

① $\bar{x} - R$ 관리도보다 작성이 용이하다.

② 작은 변화에는 민감하게 반응하지 못한다.

③ 생산현장에서 가장 많이 사용되는 관리도이다.

④ $\bar{x} - R$ 관리도에서 탐지하지 못하는 작은 변화에도 민감하게 공정변화를 탐지한다.

• 지수가중이동평균 관리도(EWMA ; Exponentially Weighted MA)

• 지수가중이동평균 $Z_k = \lambda \bar{x}_k + (1-\lambda) Z_{k-1}$ 을 이용하여 타점하는 관리도로서 $\bar{x} - R$ 관리도에서 탐지하지 못하는 작은 변화에도 민감하게 공정변화를 탐지한다.

26 샘플링 단위를 결정할 때 고려하여야 할 조건과 가장 거리가 먼 것은?

① 샘플링 비용

② 검사자의 지식

③ 샘플링의 목적

④ 공정이나 제품의 산포

샘플링 단위결정과 검사자의 지식은 연관성이 부족하다.

27 OC곡선에 대한 설명으로 옳은 것은?(단, N은 로트의 크기 n은 시료의 크기, c는 합격판정개수이며, $N/n \geq 10$이다.)

① N, c를 일정하게 하고 n를 증가시키면 OC곡선의 기울기는 완만해진다.

② N, n을 일정하게 하고 c를 증가시키면 OC곡선의 기울기는 급해진다.

③ n, c를 일정하게 하고 N를 변화시켜도 OC곡선의 모양에는 큰 영향이 없다.

④ OC곡선은 일반적으로 계량치 샘플링검사에 한하여 적용할 수 있는 것이다.

① N, c를 일정하게 하고 n를 증가시키면 OC곡선의 기울기는 급해진다.

② N, n을 일정하게 하고 c를 증가시키면 OC곡선의 기울기는 완만해진다.

④ OC곡선은 일반적으로 계수, 계량치 모두에 적용이 가능하다.

28 군의 크기 5, 군의 수 25에 대하여 다음의 [자료]를 얻었다. $\bar{x}$ 관리도의 U_{CL}은 약 얼마인가?(단, $n = 4$일 때 $d_2 = 2.06$, $n = 5$일 때 $d_2 = 2.33$이다.)

$$\text{[자료]}$$
$$\sum \bar{x} = 746.6, \quad \sum R = 686$$

① 12.199 ② 14.664

③ 45.664 ④ 47.529

• $\bar{\bar{x}} = \dfrac{\sum \bar{x}}{k} = \dfrac{746.6}{25} = 29.864$

• $\bar{R} = \dfrac{\sum R}{k} = \dfrac{686}{25} = 27.44$

∴ $U_{CL} = \bar{\bar{x}} + \dfrac{3\bar{R}}{d_2 \sqrt{n}} = 29.864 + \dfrac{3 \times 27.44}{2.33\sqrt{5}} = 45.6643$

29 $\bar{x} - R$ 관리도에서 $\bar{x}$의 표준편차가 0.523이었다. 만약 이 공정의 군내변동(σ_w)이 0.684, 군간변동(σ_b)이 0.424라면 시료의 크기는 약 얼마인가?

① 3 ② 4

③ 5 ④ 6

풀이 $\sigma_{\bar{x}}^2 = \dfrac{\sigma_w^2}{n} + \sigma_b^2$ 에서 $0.523^2 = \dfrac{0.684^2}{n} + 0.424^2$

$\therefore\ n = 4.990 = 5$

30 어떤 모집단에서 랜덤하게 시료를 5개 뽑아 측정한 결과 표본평균이 4.82, 표본의 분산이 0.822로 나타났다. 모평균(μ)의 95% 신뢰구간은 약 얼마인가?[단, $t_{0.975}(4) = 2.776$, $t_{0.95}(4) = 2.132$, $t_{0.975}(5) = 2.571$, $t_{0.95}(5) = 2.015$]

① $3.694 \leq \mu \leq 5.946$

② $3.778 \leq \mu \leq 5.862$

③ $3.800 \leq \mu \leq 5.840$

④ $3.875 \leq \mu \leq 5.765$

풀이 $\bar{x} \pm t_{0.975}(4)\ \dfrac{s}{\sqrt{n}} = 4.82 \pm 2.776 \times \dfrac{\sqrt{0.822}}{\sqrt{5}}$

$= (3.6944,\ 5.9456)$

31 어떤 제품에 대한 경도(x)와 파괴강도(y)와의 관계를 $X = (x-3) \times 10$, $Y = (y-30) \times 10$으로 데이터 변환하여 X와 Y의 상관계수를 구하였더니 0.85이었다. 그렇다면 원래의 데이터인 x와 y의 상관계수는 약 얼마인가?

① 0.00085

② 0.0085

③ 0.085

④ 0.85

풀이 수치변환 후의 상관계수(r_{XY})는 수치변환 전의 상관계수(r_{xy})와 동일하다$(r_{xy} = r_{XY})$.

32 B 공정의 로트 3,000개 중에서 100개를 랜덤샘플링 하였더니 부적합품이 7개로 나타났다. 신뢰율 95%로 모부적합품률의 양쪽 신뢰구간을 계산하면 약 얼마인가?

① $0.004 \sim 0.136$

② $0.020 \sim 0.0120$

③ $0.050 \sim 0.095$

④ $0.060 \sim 0.180$

풀이 $\hat{p} \pm u_{1-\alpha/2} \sqrt{\dfrac{\hat{p}(1-\hat{p})}{n}} = 0.07 \pm 1.96 \times \sqrt{\dfrac{0.07 \times 0.93}{100}}$

$= (0.020,\ 0.120)$

33 최근 10개의 로트로부터 다음과 같은 검사기록을 얻었다. 공정평균 부적합품률은 약 얼마인가?

로트 번호	로트의 크기	시료의 크기	시료 중 발견된 부적합품수
1	2,000	195	3
2	1,800	195	2
3	1,500	195	4
4	2,000	195	3
5	1,900	195	1
6	1,700	195	4
7	2,100	230	5
8	2,200	230	3
9	1,900	195	4
10	1,800	195	2

① 0.16%

② 1.53%

③ 4.39%

④ 10.69%

풀이 $\bar{p} = \dfrac{\sum np}{\sum n} = \dfrac{31}{2,020} = 0.01535\,(1.535\%)$

34 로트의 평균치를 보증하는 계량 규준형 1회 샘플링검사(KS Q 0001 : 2015)에서 시료의 크기가 25개이고, $1 - \alpha = 0.95$인 경우 G_0의 계산값은 얼마인가?

① 0.190

② 0.329

③ 0.392

④ 0.400

풀이 $G_0 = \dfrac{K_\alpha}{\sqrt{n}} = \dfrac{1.645}{\sqrt{25}} = 0.329$

35 점추정량이 갖추어야 할 바람직한 성질로 옳지 않은 것은?

① 일치성(Consistency)

② 정확성(Preciseness)

③ 불편성(Unbiasedness)

④ 최소분산(Minimum Variance)

풀이 추정량의 결정기준

㉠ 불편성

㉡ 유효성(효율성, 최소분산)

㉢ 일치성

㉣ 충분성(충족성)

36 다음 중 공정에서 발생하는 모부적합수(m)가 과거보다 증가하였는지의 검정에서 가설이 유의하다면 신뢰한계의 추정식으로 옳은 것은?

① $m_{max} = x + u_{1-\alpha}\sqrt{x}$

② $m_{min} = x - u_{1-\alpha}\sqrt{x}$

③ $m_{max} = x + u_{1-\alpha/2}\sqrt{x}$

④ $m_{min} = x - u_{1-\alpha/2}\sqrt{x}$

풀이 증가하였는지의 검정은 한쪽 구간추정(하한값)을 구해야 한다.

∴ $m_{min} = x - u_{1-\alpha}\sqrt{x} = c - u_{1-\alpha}\sqrt{c}$

37 관리도에 대한 설명으로 가장 관계가 먼 내용은?

① 관리도는 중심선과 관리한계선이 있는 그래프이다.

② 관리도에서 통계량이 관리한계선을 벗어나면 공정이 이상상태라고 판단한다.

③ 관리도는 우연원인으로 인한 품질의 변동을 탐지하고 이를 제거하는 것이 목적이다.

④ 관리도는 목적에 따라 표준값이 주어져 있지 않은 경우의 관리도와 표준값이 주어져 있는 경우의 관리도로 분류된다.

풀이 ③ 관리도는 이상원인으로 인한 품질의 변동을 탐지하고 이를 제거하는 것이 목적이다.

38 LQ지표로 하는 계수값 샘플링검사(KS Q ISO 2859 – 2 : 2015)에 관한 설명으로 가장 거리가 먼 것은?

① LQ에 의한 검사는 종래의 계수 선별형을 대체하고 있다.

② LQ에 의한 검사는 고립 로트에 적용하는 계수값 검사이다.

③ LQ에 의한 검사는 소비자 위험을 $0.10 \sim 0.13$선인 낮은 확률로 억제하고 있다.

④ LQ에 의한 검사는 바람직한 품질의 최저 5배라는 현실적인 선택을 하는 것이 좋다.

풀이 ④ LQ에 의한 검사는 바람직한 품질의 최저 3배라는 현실적인 선택을 하는 것이 좋다.

39 갑, 을 2개의 주사위를 던졌을 때 적어도 한쪽에 짝수의 눈이 나타날 확률은 얼마인가?

① $\dfrac{1}{4}$

② $\dfrac{1}{2}$

③ $\dfrac{3}{4}$

④ $\dfrac{4}{5}$

풀이 $P_r = 1 - P(x = 홀수) = 1 - {}_2C_0\left(\dfrac{1}{2}\right)^0\left(1 - \dfrac{1}{2}\right)^2 = \dfrac{3}{4}$

40 K음식점에서는 고객 만족도를 향상시키기 위하여 일정한 맛을 중요한 지표로 결정하였다. 현재 알려진 표준편차는 2이다. 그동안 개선을 진행했지만 맛의 산포가 더 나빠졌다는 주장이 있다. 주장하는 바를 검정하기 위하여 아래와 같이 6개의 맛의 수치를 측정하였다. 공정이 개선되었는지 검정에 관한 설명으로 옳지 않은 것은?[단, $\chi^2_{0.95}(5) = 11.07$, $\chi^2_{0.95}(6) = 12.82$, $\chi^2_{0.975}(5) = 12.82$, $\chi^2_{0.975}(6) = 14.45$, $\chi^2_{0.05}(5) = 1.145$, $\chi^2_{0.05}(6) = 1.635$, $\chi^2_{0.025}(5) = 0.831$, $\chi^2_{0.025}(6) = 1.237$]

[측정치]
21 33 15 18 15 20

① 한쪽 검정을 한다.

② 귀무가설은 기각된다.

③ 검정통계량은 111.67이다.

④ 주어진 표준편차를 제곱하여 분산으로 바꾸어 검정을 실시한다.

풀이
• $H_0 : \sigma^2 \leq \sigma_0^2$, $H_1 : \sigma^2 > \sigma_0^2$

• $\chi_0^2 = \dfrac{S}{\sigma_0^2} = \dfrac{223.333}{2^2} = 55.833$

∴ $\chi_0^2 = 55.833 > \chi^2_{0.95}(5) = 11.07$이므로 H_0를 기각한다.

정답 36 ② 37 ③ 38 ④ 39 ③ 40 ③

41 작업관리의 진행방법으로 옳은 것은?

① 문제발견 → 원인분석 → 개선안 수립 → 실시 → 결과평가

② 문제발견 → 원인분석 → 개선안 수립 → 결과평가 → 실시

③ 원인분석 → 문제발견 → 개선안 수립 → 결과평가 → 실시

④ 원인분석 → 문제발견 → 개선안 수립 → 실시 → 결과평가

풀이 작업개선(문제점 해결)의 진행절차
문제점 발견 – 현상분석 – 개선안 수립 – 실시 – 평가의 순이다.

42 어떤 작업장에서 처리될 4개의 작업에 대한 작업시간과 납기일이 표와 같을 때, 최단처리시간규칙을 사용하면 평균납기지연시간은 얼마인가?(단, 오늘은 3월 1일 아침이다.)

작업	처리시간(일)	납기일
A	5	3월 8일
B	6	3월 9일
C	4	3월 4일
D	8	3월 14일

① 3일　　　　　② 4일
③ 5일　　　　　④ 6일

풀이

작업순서	C	A	B	D
처리시간	4	5	6	8
지연시간	0	1	6	9

∴ 평균납기지연시간 $\overline{T} = \dfrac{0+1+6+9}{4} = 4$

43 TPM활동은 국내의 대기업들뿐 아니라 많은 중견 중소기업들에서도 활발히 전개하고 있는데, 이러한 이유로 보기에 가장 거리가 먼 것은?

① 판매량의 증가

② 깨끗한 공장, 안전한 현장 등 공장환경의 변화

③ 개선의욕이 왕성, 제안건수의 증가 등 공장 종업원의 변화

④ 설비고장의 감소, 품질불량의 클레임 감소 등 설비 및 기업체질의 변화

풀이 TPM 활동의 활발한 전개는 기업의 작업환경이 개선되는 것으로 판매량의 증가는 작업환경과 연관성이 부족하다.

44 설비배치의 형태 중 U–line의 목표에 대한 내용이 아닌 것은?

① 대량생산의 실현
② 소인화의 실현
③ 공평한 작업분배
④ 공정 부적합품의 추방

풀이 U–line
JIT 시스템의 대표적인 배치방법으로서 소품종 대량생산이 아니라 다품종 소량생산 실현을 의미한다.

45 제품분석에 사용되는 기본도시 중 가공(Operation)에 대한 정의로 옳은 것은?

① 일반적 보관 또는 기획적 저장상태
② 작업대상물의 위치가 변경되는 상태
③ 다음의 공정을 위해 준비되고 있는 상태
④ 작업 대상물을 확인하거나 수량을 조사하는 상태

풀이 가공 또는 작업(도시기호 : O)
원재료, 부품 또는 제품이 물리적, 화학적 변화를 받는 상태 또는 다음 공정을 위한 준비상태를 의미하는 것

46 내주제작, 외주제작의 판단기준에서 일반적으로 외주제작하여야 할 경우에 해당되지 않는 것은?

① 기밀보장이 필요한 것
② 주문자에서 외주를 지정하는 것
③ 외주기업에서 특허권을 가지고 있는 것
④ 사내에 필요한 기술이나 설비가 아닌 것

풀이 ①은 반드시 내주제작을 하여야 한다.

정답 41 ① 　42 ② 　43 ① 　44 ① 　45 ③ 　46 ①

47 ABC 분석기법에서 A급 품목은 비용이 크고, 품목수가 적기 때문에 중점 관리하여 재고비용을 단축시켜야 한다. A급 품목의 재고비용을 감소시키는 방법이 아닌 것은?

① 발주횟수를 줄인다.
② 조달기간을 단축한다.
③ 안전사고를 줄인다.
④ 로트의 크기를 줄인다.

풀이 ① 발주횟수를 늘리면 재고비용은 일반적으로 감소한다.

48 표준시간 설정방법 중 직접측정법에 속하지 않는 것은?

① 촬영법
② 스톱워치법
③ 표준자료법
④ 워크샘플링법

풀이 ③은 작업요소별 관측된 표준자료(Standard Data)를 사용하는 방법으로 간접측정법에 해당된다.

49 PTS법의 종류 중 MTM(Method Time Measurement)에 관한 내용으로 옳은 것은?

① A. B. Segur가 1924년 Gilbreth가 제안한 인간의 기본동작인 서블릭을 기초로 하여 최초로 개발하였다.
② 1934년부터 1938년까지 Philco Radio Corp의 노동조합에서 종래의 스톱워치에 의한 표준시간을 불신하였기에 Joseph H. Quick 등이 중심이 되어 개발하였다.
③ 1948년 H. B. Maynard 등에 의해 발표되었으며 유일하게 모든 연구자료와 연구방법이 공표된 PTS 시스템이다.
④ 1966년 C. Heyde에 의해 공표되었으며 비교적 쉽게 배우고 적용할 수 있다는 장점이 있다.

풀이
① MTA
② WF
③ MTM
④ MODAPTS

50 [보기]의 과정들을 이용하여 LOB(Line Of Balance)의 단계를 바르게 나열한 것은?

―――― [보기] ――――
㉮ 목표도표의 작성
㉯ 진행도표의 작성
㉰ 프로그램도표의 작성
㉱ LOB의 응용

① ㉮-㉯-㉰-㉱
② ㉮-㉰-㉯-㉱
③ ㉯-㉰-㉮-㉱
④ ㉰-㉯-㉮-㉱

풀이 LOB의 단계
목표도표의 작성 – 프로그램도표의 작성 – 진행도표의 작성 – LOB의 응용

51 공정분석 시 사용되는 기호 중 "검사"를 나타내는 것은?

① ◯
② ▢
③ ⇨
④ ▽

풀이
① 가공(작업)
② 검사
③ 운반
④ 정체

52 연간수요가 10,000단위, 1회 주문비용이 1,000원, 1년간 단위당 재고유지비용이 200원일 때, 경제적 주문량은 약 얼마인가?

① 32단위
② 224단위
③ 317단위
④ 2,000단위

풀이 $EOQ = \sqrt{\dfrac{2DC_p}{C_H}} = \sqrt{\dfrac{2 \times 10,000 \times 1,000}{200}} = 316.23$

53 과거의 모든 자료를 반영하며 현시점에 가장 가까운 자료에 가장 높은 가중치를 부여하고 과거로 올라갈수록 낮은 가중치를 부여하는 시계열분석방법은?

① 이동평균법
② 2점평균법
③ 지수평활법
④ 최소자승법

풀이 지수평활법에 대한 설명이다.

정답 47 ① 48 ③ 49 ③ 50 ② 51 ② 52 ③ 53 ③

54 설비를 보전하는 오퍼레이터로서 요구되는 능력과 가장 거리가 먼 것은?

① 설비의 결함을 발견할 수 있고, 개선할 수 있는 능력을 갖는다.
② 설비의 기능을 이해하고, 이상 원인을 발견할 수 있는 능력을 갖는다.
③ 설비와 품질의 관계를 이해하고, 품질이상의 예지와 원인을 발견할 수 있는 능력을 갖는다.
④ 설비의 정밀도 향상을 위해 설비를 고성능화할 수 있는 구조를 발견하여 설비를 개량하는 능력을 갖는다.

풀이 ④는 설비보전 오퍼레이터가 할 일이 아니라, 설비제작공장에서 할 일이다.

55 그림과 같은 BOM을 갖는 제품 X를 200단위 생산하기 위하여 D, E에 필요한 구성품의 수는 각각 몇 단위인가?

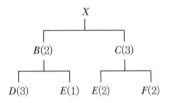

① 600, 600
② 600, 1,200
③ 1,200, 1,200
④ 1,200, 1,600

풀이
• $D = 200 \times 2 \times 3 = 1,200$
• $E = (200 \times 2 \times 1) + (200 \times 3 \times 2) = 1,600$

56 다음 [보기] 중 도요타 생산방식의 일반적인 특성으로만 나열된 것은?

[보기]
㉮ 소로트 생산   ㉯ 제품별 배치
㉰ 직선라인   ㉱ 다기능공
㉲ 좌식작업   ㉳ In-line

① ㉮, ㉯, ㉱
② ㉮, ㉱, ㉳
③ ㉯, ㉰, ㉲
④ ㉯, ㉱, ㉳

풀이 도요타 생산방식의 특성
소로트 생산, 기능별 배치, 곡선라인, 다기능공, 입식작업, In-line 등

57 개별생산시스템의 특징으로 가장 거리가 먼 내용은?

① 생산을 위한 시방은 고객에 의해서 정해진다.
② 생산을 위한 시방이 주문에 따라 상이하므로 범용설비가 유리하다.
③ 생산에 종사한 작업자와 감독자는 생산에 대한 경험과 지식이 풍부해야 한다.
④ 운반되는 물품의 크기 중량, 경로방법이 다양하므로 고정형 운반설비가 이용된다.

풀이 ④ 운반되는 물품의 크기 중량, 경로방법이 다양하므로 유선형 운반설비가 이용된다.

58 필름분석 중 1초에 1프레임 혹은 1분에 100프레임의 속도로 촬영하여 분석하는 기법은 무엇인가?

① 미세동작 분석
② 메모 모션 분석
③ 스트로보 사진 분석
④ 크로노사이클 그래프 분석

풀이
• 미세동작 분석 : 1초에 16프레임의 촬영속도로 촬영
• 메모 모션 분석 : 1초에 1프레임 혹은 1분에 100프레임의 속도로 촬영

59 설비의 효율화를 저해하는 6대 손실에서 가공공정에서 주로 발생하는 이론 사이클타임과 실제의 사이클타임과의 차이로 발생되는 손실은?

① 속도손실
② 비정상 손실
③ 초기수율 손실
④ 준비교체 손실

풀이 속도(저하)손실
기준(이론) 사이클타임과 실제 사이클타임과의 속도차

60 예상소요시간 중 가장 빈번히 발생할 확률이 있는 시간치, 즉 분포의 최빈치가 되는 시간치는?

① 정상시간치　　　② 비관시간치
③ 낙관시간치　　　④ 평균시간치

풀이 정상시간치 t_m or m(Most Likely Time)
작업활동을 수행하는 데 정상으로 소요되는 시간치이다.

4과목　　　**품질경영**

61 표준화의 효과와 가장 거리가 먼 것은?

① 시장이 원하는 다양한 제품을 생산할 수 있다.
② 규격을 명시함으로써 기술의 보편화가 달성되고 전반적인 기술수준을 향상시킨다.
③ 제품에 대한 기술정보가 전사적으로 통일됨으로써 품질의 안정과 부적합품률의 감소를 가져오게 한다.
④ 기술정보의 체계적 분류에 의해 검색과 개정이 용이하게 되고 불필요한 다양성을 통일함으로써 단순화로 인한 이익이 기대된다.

풀이 ① 제품의 종류가 감소하는 데 따른 대량생산이 가능하다.

62 문제가 되고 있는 사상 가운데서 대응되는 요소를 찾아 이것을 행과 열로 배치하고, 그 교점에 각 요소 간의 연관 유무나 관련 정도를 표시하여 이 교점을 착상의 포인트로 하여 문제 해결을 효과적으로 추진해가는 방법은?

① PDPC법　　　② 친화도법
③ 계통도법　　　④ 매트릭스도법

풀이 매트릭스도(Matrix Diagram)법에 대한 설명이다.

63 가노(Kano) 박사 등은 고객이 기대하는 품질관점에서 시장품질을 세 가지 요소로 고찰하였다. 충족되면 만족을 주지만 충족이 되지 않으면 불만을 일으키는 품질요소는?

① 당위적 품질(묵시적 수준)
② 일원적 품질(명시적 수준)
③ 매력적 품질(잠재적 수준)
④ 기회적 품질(상대적 수준)

풀이 일원적 품질(명시적 수준)
충족이 되면 만족, 충족되지 않으면 불만을 일으키는 품질(종래의 품질인식)을 말한다.

64 규격의 폭을 T, 표준편차를 σ라고 할 때 공정능력비(Process Capability Ratio)를 바르게 표현한 것은?

① $\dfrac{T}{3\sigma}$　　　② $\dfrac{T}{6\sigma}$

③ $\dfrac{3\sigma}{T}$　　　④ $\dfrac{6\sigma}{T}$

풀이 • 공정능력지수 $C_p = \dfrac{T}{6\sigma}$

• 공정능력비 $D_p = \dfrac{1}{C_p} = \dfrac{6\sigma}{T}$

65 품질관리를 도입하여 추진하는 데 회사에서는 일반적으로 품질관리위원회나 TQC추진위원회 외에 품질관리부문을 설치하는데, 품질관리부문의 가장 중요한 역할은 무엇인가?

① 품질관리 추진프로그램의 결정
② 각 부분의 트러블 조정, 클레임 처리
③ 중점적으로 해석하여야 할 품질의 심의
④ 품질관리방침의 심의, 확인, 전개 또는 그것들에 대한 보좌 역할

풀이 ①, ②, ③ : 품질관리위원회의 역할
④ : 품질관리부문의 역할

66 다음 중 산업표준화로 인하여 얻을 수 있는 이점이 아닌 것은?

① 자동화
② 자원절약
③ 호환성
④ 다품종 소량생산

풀이 ④ 소품종 대량생산

---

67 다음 품질비용에 관한 설명으로 옳지 않은 것은?

① 실패비용은 내부 실패비용과 외부 실패비용으로 나눌 수 있다.
② 내부실패비용은 그 중요성이 외부실패비용보다 상대적으로 날로 증가하고 있다.
③ 파이겐바움에 의하면 실패비용은 총 품질비용의 70% 정도 차지한다.
④ 무결점 견해에 의하면 품질수준이 높아짐에 따라 품질비용은 낮아진다.

풀이) ② 외부실패비용은 그 중요성이 내부실패비용보다 상대적으로 날로 증가하고 있다.

68 사내표준을 폐기하여야 할 사유로 가장 거리가 먼 것은?

① 시한표준의 유효기간을 경과한 경우
② 해당 국가규격 변경 등의 사유 발생 시
③ 신(新) 규격 발행으로 인해 구(舊) 문서화되었을 때
④ 생산품 및 긍정변경 등으로 현행 규격이 필요치 않을 때

풀이) ②의 경우, 사내표준을 폐기하는 것이 아니라 변경되어야 한다.

69 초우량기업의 상품이 품질면에서 좋은 평가를 받고 있는 이유는 소비자가 요구하는 품질의 해석에 노력했기 때문이다. 다음 중 이러한 활동과 가장 거리가 먼 것은?

① 품질설계를 비롯하여 제품개발이나 기술 분야의 선정에 있어서 "우리의 고객이 무엇을 원하고 이를 어떻게 하면 만족시킬까"라는 고객요구의 만족을 목표로 하는 개발자세가 필요하다.
② 소비자가 요구하는 품질의 해석을 위해서 우선 참품질 특성이 어떤 것인지를 파악해야 한다.
③ 참품질 특성을 어떻게 측정하고 시험할 것인가 그리고 품질수준을 얼마로 할 것인가 등을 뚜렷이 한 다음 이에 영향을 준다고 생각하는 대용특성을 선정한다.
④ 참특성들을 어느 정도 나타내어 대용특성을 만족시킬 수 있는지 관계를 올바르게 파악해 두어야 한다.

풀이) ④ 대용특성들을 어느 정도 나타내어 참특성을 만족시킬 수 있는지 관계를 올바르게 파악해 두어야 한다.

70 품질보증방법 중 사전대책이 아닌 것은?

① 품질설계
② 보증기간방법
③ 공정능력의 파악
④ 고객에 대한 PR 및 기술지도

풀이) ②는 사후대책에 속한다.

71 다음 중 측정오차의 종류가 아닌 것은?

① 개인오차
② 계통오차
③ 이상오차
④ 우연오차

풀이) 측정오차의 종류
㉠ 우연오차
㉡ 과실오차
㉢ 계통오차(계기오차, 환경오차, 개인오차, 이론오차)

72 장미전구를 생산하는 A회사의 품질관리담당자가 전구수명의 분포와 평균수명이 회사가 원하는 규격에 잘 맞는지를 파악하고자 한다. 이 경우 가장 적절한 기법은 다음 중 무엇인가?

① 산점도
② 히스토그램
③ $\overline{x}-R$ 관리도
④ 파레토그림

풀이) 히스토그램(Histogram)
데이터 전체적인 중심과 산포 및 규격을 벗어나는 것이 얼마나 있는가를 파악하는 데 유익한 기법이다.

73 품질기능전개(QFD)의 실행단계를 순서대로 바르게 나열한 것은?

① 공정계획 → 부품계획 → 제품계획 → 생산계획
② 제품계획 → 부품계획 → 공정계획 → 생산계획
③ 부품계획 → 제품계획 → 생산계획 → 공정계획
④ 제품계획 → 공정계획 → 부품계획 → 생산계획

풀이) 품질기능전개(QFD)의 실행단계
제품계획 → 부품계획 → 공정계획 → 생산계획

정답 67 ② 68 ② 69 ④ 70 ② 71 ③ 72 ② 73 ②

74 현장개선을 위한 그룹토의법으로 사용하는 브레인 토밍의 원칙과 가장 거리가 먼 것은?

① 되도록 많은 의견을 서로 제시하도록 한다.
② 자유로운 의견이 나오도록 분위기를 조성한다.
③ 타인의 의견을 이용하여 새로운 의견을 제시한다.
④ 타인의 의견에 대해 비평을 통하여 의견의 질을 높인다.

[풀이] ④ 타인의 의견에 대해 비평을 하지 않는다.

75 QM에 관한 내용으로 옳지 않은 것은?

① 최고경영자의 품질방침에 따라 실시하는 총체적 품질 향상활동이다.
② 품질은 고객지향으로 가업문화와 구성원의 행동의식 변화를 요구한다.
③ 국제규격에서 요구하고 있으므로 산업발전을 위해 강제적으로 실천하여야 한다.
④ 공정 및 제품의 질은 물론 설계업무, 사람의 질까지 포함하는 총체적 품질향상이다.

[풀이] ③ 품질경영(QM)은 강제적으로 실천하여야 할 사항이 아니라, 기업이 살아남기 위해서 반드시 실천하여야 할 사항이다.

76 KS Q ISO 9001 : 2015(품질 경영시스템 – 요구사항)에서 문서화된 정보의 관리를 위하여, 다음 활동 중 적용되는 사항이 아닌 것은?

① 비독성 보존을 포함하는 보관 및 보존
② 배포, 접근, 검색 및 사용
③ 변경 관리(예 : 버전 관리)
④ 보유 및 폐기

[풀이] 7.5.3.2 문서화된 정보의 관리
• 배포, 접근, 검색 및 사용
• 가독성 보존을 포함하는 보관 및 보존
• 변경 관리(예 : 버전 관리)
• 보유 및 폐기

77 계량의 기본단위에 대한 설명으로 옳지 않은 것은?

① 길이의 계량단위는 미터(m)로 한다.

② 물질의 계량단위는 몰(mol)로 한다.
③ 광도의 계량단위는 칸델라(cd)로 한다.
④ 평면각의 계량단위는 라디안(rd)으로 한다.

[풀이] ④ 평면각의 계량단위인 라디안(rad)은 기본단위가 아니라 유도단위이다.

78 어떤 조립품은 3개 부품의 결함으로 조립된다. 이들 중 2개의 부품은 공차가 각각 ±0.010이고, 다른 1개 부품의 공차는 ±0.005이다. 조립품의 허용차는 약 얼마인가?

① ±0.0110
② ±0.0112
③ ±0.0150
④ ±0.0250

[풀이] 조립품의 허용차$=\pm \sqrt{2 \times 0.010^2 + 0.005^2} = \pm 0.0150$

79 일반적으로 제품에 의하여 손해가 발생하는 이유가 아닌 것은?

① 제품이 사용되는 환경
② 제품 사용자의 협동이나 지식
③ 제품의 제조단계에서 전수검사 미실시 여부
④ 공장에서 안전분석과 품질관리를 사용하여 주의 깊게 제품을 설계하고 만들었는지 여부

[풀이] ③은 부적합품 발생여부 파악과 관련이 있다.

80 다음 6시그마에 관한 설명으로 가장 부적절한 것은?

① 6시그마는 TQM에서 중시하는 처음부터 올바르게 행한다는 경험예방철학에 입각한 것이다.
② 6시그마 수준이란 공정의 실에서 규격한계까지의 거리가 표준편차의 6배라는 뜻이다.
③ 6시그마 경영이란 조직으로 하여금 자원의 낭비를 최소화하는 동시에 고객만족을 최대화하는 방법이다.
④ 적합비용을 꾸준히 증가시키면 언젠가는 부적합비용의 감소가 더 작아지는데 이 시점이 최적품질수준이다.

[풀이] ④ 최적품질수준이란 적합비용과 부적합비용과의 적절한 조화를 이루는 시점이다.

정답 74 ④ 75 ③ 76 ① 77 ④ 78 ③ 79 ③ 80 ④

1과목 **실험계획법**

01 요인 A를 3수준, 반복 5회의 1요인실험을 한 결과 $T_1._. = 16$, $T_2._. = 12$, $T_3._. = 12$를 얻었다. S_A는 약 얼마인가?

① 1.98

② 2.13

③ 106.67

④ 108.80

풀이 $S_A = \dfrac{\sum T_i^2._.}{r} - CT = \dfrac{16^2 + 12^2 + 12^2}{5} - \dfrac{40^2}{15} = 2.133$

02 반복이 있는 모수모형 2요인실험에서 교호작용이 유의할 경우의 검정방법으로 옳은 것은?(단, 요인 A, B는 모수요인이다.)

① A, B 및 $A \times B$를 전부 e로 검정한다.

② A, B는 $A \times B$로 검정하고 $A \times B$는 e로 검정한다.

③ A는 $A \times B$로 검정하고, B와 $A \times B$는 e로 검정한다.

④ B는 $A \times B$로 검정하고, A와 $A \times B$는 e로 검정한다.

풀이 반복이 있는 2요인실험에서 검정방법은 모수모형인 경우, 오차항으로 검정을 행하며, 혼합모형인 경우에는 모수요인은 $A \times B$로, 다른 요인은 오차항으로 검정을 행하게 된다.
따라서 정답은 ①이며, ③은 혼합모형의 검정방법이다.

03 반복이 같지 않은 1요인실험에 대한 설명으로 가장 거리가 먼 것은?

① 실험 중 결측치가 발생할 때 사용한다.

② 실험결과에 대한 측정에 실패한 경우에 사용한다.

③ 결측치가 발생한 경우 결측치를 추정하여 사용한다.

④ 기존장치와 새로운 장치의 비교 시 대조가 되는 조건의 반복수를 증가시킬 때 사용한다.

풀이 1요인실험에서 결측치가 발생한 경우에는 별도로 결측치를 추정할 필요 없이 반복이 일정하지 않은 1요인실험으로 판단하고 분석을 행한다.

04 $L_8(2^7)$의 표준 직교배열표에서 3열과 5열에 주효과 A와 B를 배치한다면 교호작용이 나타나는 열은 몇 열인가?

열	1	2	3	4	5	6	7
성분	a	b	a b	c	a c	b c	a b c

① 1열

② 2열

③ 6열

④ 7열

풀이 교호작용이 배치되는 열은 각 요인의 성분의 곱의 열에 배치가 된다. 즉, $A \times B = ab \times ac = a^2bc = bc(6열)$

05 여러 명의 작업자 중 랜덤하게 5명을 선정하여 어떤 화학 약품을 동일장치로 3회 반복하여 분석시켰을 때, 분산분석표가 다음과 같다면 $\widehat{\sigma_A^2}$은 약 얼마인가?

요인	SS	DF	MS	F_0
A	2.836	4	0.7090	2.83
e	2.504	10	0.2504	
T	5.340	14		

① 0.0459

② 0.1147

③ 0.1529

④ 0.1773

풀이 $\widehat{\sigma_A^2} = \dfrac{V_A - V_e}{r} = \dfrac{0.7090 - 0.2504}{3} = 0.15287$

정답 01 ② 02 ① 03 ③ 04 ③ 05 ③

06 다음은 기계 간 부적합품의 차이가 있는지를 알아보고자 분산분석을 실시한 결과이다. 실험결과에 대한 설명으로 가장 거리가 먼 것은?

수준	A_1	A_2	A_3	A_4
적합품	190	178	194	170
부적합품	10	22	6	30

요인	SS	DF	MS	F_0	$F_{0.95}$
A	1.82	3	0.6067	7.99	2.60
e	60.40	796	0.0759		
T	62.22	799			

① 기각역 $F_{0.95}$는 오차항의 자유도가 충분히 크므로 ∞로 두고 구한 것이다.

② 유의수준 5%로 분산분석 결과 기계 간 부적합품률 차이는 의미가 있다.

③ 부적합품률이 높은 A_4 설비 등에 대해 보수 또는 오퍼레이터 훈련 등의 조치가 필요해 보인다.

④ 현실적으로 계수치 1요인실험은 완전 랜덤화가 곤란하므로 실전에서는 적용할 수 없다.

풀이 ① 기각역 $F_{0.95}$는 오차항의 자유도가 충분히 크므로 ∞로 두고 구한다.

② $F_0 = 7.99 > F_{0.95}(2,\ \infty) = 2.60$ 가 되므로, 유의수준 5%로 분산분석 결과 기계 간 부적합품률 차이는 의미가 있다.

③ 검정결과, 기계 간 유의차가 존재하는 것으로 판정이 났으므로 부적합품률이 가장 높은 A_4 설비 등에 대해 보수 또는 오퍼레이터 훈련 등의 조치가 필요해 보인다.

④ 현실적으로 계수치 1요인실험은 완전 랜덤화가 곤란하지만 실전에서도 상당히 많이 적용된다.

07 모수모형 요인 A를 5수준 택하고 랜덤으로 4일을 택하여 난괴법으로 반복이 없는 실험을 행하고, 그 결과를 해석하기 위하여 일간제곱합(S_B)을 계산했더니 106.2, 오차제곱합(S_e)을 계산했더니 95.8이었다. $\widehat{\sigma_B^2}$은 약 얼마인가?

① 5.48
② 6.85
③ 7.21
④ 9.14

풀이
- $V_B = \dfrac{S_B}{m-1} = \dfrac{106.2}{3} = 35.4$

- $V_e = \dfrac{S_e}{(l-1)(m-1)} = \dfrac{95.8}{12} = 7.983$

$\therefore\ \widehat{\sigma_B^2} = \dfrac{V_B - V_e}{l} = \dfrac{35.4 - 7.983}{5} = 5.483$

08 다음은 요인실험에 관하여 사내 실험계획 강사가 설명한 내용이다. 가장 설명이 잘못된 것은?

① 요인실험은 최적해를 찾는 실험이므로 변량요인에 대해서는 적용할 수 없다.

② 때로는 요인의 수준에 대해 반복할 수 있으나 실험의 순서는 완전 랜덤하게 설계하여야 한다.

③ 일부의 조합에서 실험이 실패하여도 분산분석이 가능하나 실패한 실험을 대상으로 다시 보완 실험하는 것이 좋다.

④ 요인의 각 수준의 모든 조합에 대해 실험을 행하여야 하므로 가급적 요인을 너무 많이 선택하지 않도록 잘 선택하는 것이 중요하다.

풀이 ① 요인실험은 최적해를 찾는 실험이지만, 변량요인인 경우에는 산포의 정도를 추정하는 데 의미를 두고 실험을 실시한다.

09 다음은 보일러 부식으로 SO_3가 문제가 되어 기름의 종류(A)에 따른 SO_3의 함량(%)을 측정한 데이터와 분산분석표이다. $\mu(A_1)$와 $\mu(A_3)$의 평균치 차를 구간추정할 때 구간 추정한계의 폭은 약 얼마인가?[단, $t_{0.95}(14) = 1.761$, $t_{0.975}(14) = 2.145$, $t_{0.95}(3) = 2.353$, $t_{0.975}(3) = 3.182$, $\alpha = 0.05$이다.]

구분	A_1	A_2	A_3	A_4
m(반복)	3	3	6	6
T_i.	18.3	12.5	19.8	16.3
$\bar{x}_i$.	6.1	4.167	3.3	2.717

요인	SS	DF	MS	F_0
A	24.69	3	8.23	152.69^{**}
e	0.755	14	0.0539	
T	25.445	17		

① ± 0.289 ② ± 0.352

③ ± 0.386 ④ ± 0.522

풀이 $\pm t_{1-\alpha/2}(\nu_e)\sqrt{V_e\left(\dfrac{1}{r_i}+\dfrac{1}{r_{i'}}\right)}$

$=\pm 2.145 \times \sqrt{0.0539\left(\dfrac{1}{3}+\dfrac{1}{6}\right)}=\pm 0.3521$

10 반복이 동일한 1요인실험의 분산분석표에서 각 수준의 모평균을 추정하려고 한다. 확률 95%의 신뢰구간 폭은?[단, $t_{0.975}(12)=2.18$이다.]

요인	SS	DF	MS
급간	4.98	3	1.66
급내	3.02	12	0.25
합계	8.00	15	

① ± 0.315 ② ± 0.545

③ ± 0.553 ④ ± 0.629

풀이 $\pm t_{1-\alpha/2}(\nu_e)\sqrt{\dfrac{V_e}{r}}=\pm 2.18 \times \sqrt{\dfrac{0.25}{4}}=\pm 0.545$

11 실험 결과 해석 시 결측치가 생겼을 때 처리하는 내용으로 옳지 않은 것은?

① 1요인실험에서는 그대로 계산한다.
② 가능하면 1회 더 실험하여 결측치를 메운다.
③ 반복이 있는 2요인실험이면 그대로 계산한다.
④ 반복이 없는 2요인실험이면 Yates의 방법으로 추정한다.

풀이 ③ 반복이 있는 2요인실험에서의 결측치는 그 수준에서 결측치를 제외한 나머지 데이터의 평균치로 결측치를 추정한다.

12 반복이 없는 두 모수요인(A, B)로 실험한 결과 A, B가 모두 유의하였다. 최적조건이 A_1B_2일 때 모평균의 추정식은?

① $\bar{x}_{12}$ ② $\bar{x}_1 . + \bar{x}_{.2} - \bar{\bar{x}}$

③ $\bar{x}_1 . + \bar{x}_2 . - \bar{\bar{x}}$ ④ $\bar{x}_1 . + \bar{x}_{.2} - 2\bar{\bar{x}}$

풀이 $\hat{\mu}(A_iB_j)=\bar{x}_i . + \bar{x}_{.j} - \bar{\bar{x}}=\bar{x}_1 . + \bar{x}_{.2} - \bar{\bar{x}}$

13 다음의 표준 직교배열표를 나타내는 표시방법으로 옳은 것은?

실험번호	열번호		
	1	2	3
1	1	1	1
2	1	2	2
3	2	1	2
4	2	2	1

① $L_3(2^4)$ ② $L_4(2^3)$

③ $L_7(2^8)$ ④ $L_8(2^7)$

풀이 • 2수준계($m=2$) : $L_{2^m}(2^{2^m-1})=L_4(2^3)$

• 3수준계($m=2$) : $L_{3^m}\left[3^{(3^m-1)/2}\right]=L_9(3^4)$

14 A, B, C 3요인을 3×3 라틴방격법 실험에 의하여 분산분석표를 작성하려고 한다. 다음 중 옳은 것은?

① 총자유도(ν_T)는 9이다.
② $E(V_B)$는 $\sigma_e^2+3\sigma_B^2$이다.
③ 요인 A의 자유도는 3이다.
④ 요인 A의 검정값 $F_0(A)$는 $\dfrac{V_A}{V_{A \times B}}$이다.

풀이 ① 총자유도 $\nu_T=k^2-1=8$이다.
② $E(V_B)=\sigma_e^2+k\sigma_B^2=\sigma_e^2+3\sigma_B^2$이다.
③ 요인 A의 자유도 $\nu_A=k-1=2$이 된다.
④ 요인 A의 검정값 $F_0(A)=\dfrac{V_A}{V_e}$가 된다.

15 $k \times k$ 라틴방격에서 가능한 배열방법의 수는?

① (표준 라틴방격의 수)$\times k \times (k+1)$
② (표준 라틴방격의 수)$\times (k-1)! \times (k+1)!$
③ (표준 라틴방격의 수)$\times k! \times (k+1)!$
④ (표준 라틴방격의 수)$\times k! \times (k-1)!$

풀이 $k \times k$ 라틴방격에서의 가능한 배열방법의 수는 (표준 라틴방격의 수)$\times k! \times (k-1)!$이 된다.

16 수준수 5, 반복수 3인 1요인실험 단순회귀 분석에서 직선 회귀의 자유도(ν_R)와 고차회귀의 자유도(ν_r)는 각각 얼마인가?

① $\nu_R = 1$, $\nu_r = 3$
② $\nu_R = 2$, $\nu_r = 3$
③ $\nu_R = 1$, $\nu_r = 4$
④ $\nu_R = 2$, $\nu_r = 4$

풀이 1요인실험의 단순회귀 분산분석표

요인	DF
직선회귀(R)	$\nu_R = 1$
나머지(r)	$\nu_r = \nu_A - \nu_R = 3$
A	$\nu_A = l - 1 = 4$
e	$\nu_e = l(r-1) = \nu_T - \nu_A = 10$
T	$\nu_T = lm - 1 = 14$

17 유기합성반응에서 원료(A)를 4종류, 반응온도(B)는 5종류를 택하고 수율에 대한 영향을 조사하기 위하여 반복이 없는 2요인실험으로 실험하였을 때 $E(V_A)$는?(단, A, B는 모두 모수요인이다.)

① $\sigma_e^2 + 3\sigma_A^2$
② $\sigma_e^2 + 4\sigma_A^2$
③ $\sigma_e^2 + 5\sigma_A^2$
④ $\sigma_e^2 + 12\sigma_A^2$

풀이 반복이 없는 2요인실험의 $E(V_A) = \sigma_e^2 + m\sigma_A^2 = \sigma_e^2 + 5\sigma_A^2$

18 전기압력밥솥의 내압강도를 측정하기 위하여 원료(A)를 4수준, 첨가량(B)을 4수준으로 하여 반복이 없는 2요인실험을 실시하여 분석한 결과, 오차항의 변동(S_e)이 3.36임을 알았다. 요인 A의 각 수준의 모평균의 신뢰폭을 신뢰율 95%로 추정하면 약 얼마인가?[단, $t_{0.975}(9) = 2.262$이다.]

① ± 0.461
② ± 0.572
③ ± 0.691
④ ± 0.798

풀이 $\pm t_{1-\alpha/2}(\nu_e)\sqrt{\dfrac{V_e}{m}} = \pm 2.262 \times \sqrt{\dfrac{0.373}{4}} = \pm 0.6907$

19 요인 A의 수준수가 4이고, 요인 B의 수준수가 3이며, 반복이 2회인 2요인실험에 의하여 실험한 결과, 자료의 총합이 18일 때 수정항은 얼마인가?

① 0.75
② 1.5
③ 13.5
④ 27.0

풀이 $CT = \dfrac{(\sum x_i)^2}{lmr} = \dfrac{18^2}{4 \times 3 \times 2} = 13.5$

20 다음은 1요인실험을 하여 얻어진 분산분석표의 일부이다. 오차의 순변동은 얼마인가?(단, 요인 A의 수준수는 4이다.)

요인	SS	DF	MS
A	30		
e	60	20	3
T	90		

① 51
② 60
③ 69
④ 72

풀이 $\nu_A = l - 1 = 4 - 1 = 3$,
$S_e' = S_T - S_A' = S_e + \nu_A V_e = 60 + 3 \times 3 = 69$

통계적 품질관리

21 모집단의 부적합품률이 1/3이고, 이 모집단으로부터 5개의 시료를 뽑을 때 부적합품이 2개 나타날 확률은 약 얼마인가?

① 0.296   ② 0.329

③ 0.494   ④ 0.512

풀이 $P(x) = {}_n C_x P^x (1-P)^{n-x}$

$$= {}_5 C_2 \left(\frac{1}{3}\right)^2 \left(1 - \frac{1}{3}\right)^3 = 0.3292$$

22 $\bar{x}$의 변동($\sigma_{\bar{x}}$)이 4.22, 군내변동(σ_w)이 2.12일 때, 이 공정의 군간변동(σ_b)의 값은 약 얼마인가?(단, 시료의 크기는 4이다.)

① 1.92   ② 3.69

③ 4.08   ④ 16.68

풀이 $\sigma_{\bar{x}}^2 = \dfrac{\sigma_w^2}{n} + \sigma_b^2$ 에서

$$4.22^2 = \frac{2.12^2}{4} + \sigma_b^2, \ \sigma_b^2 = 16.6848$$

$$\therefore \ \sigma_b = 4.085$$

23 계수 규준형 1회 샘플링 검사(KS Q 0001 : 2013)에서 $\dfrac{P_1}{P_0} > 1$로 하지 않고 $\dfrac{P_1}{P_0} \geq 3$ 정도로 하는 이유는?

① 고객이 요구하기 때문에

② 선별을 할 수 없기 때문에

③ 전수검사가 유리하기 때문에

④ 1에 가까우면 검사개수가 매우 커지기 때문에

풀이 검사특성곡선(OC 곡선)에서 P_0는 α에 대해 가급적 합격시키고자 하는 로트의 부적합품률 상한, P_1은 β에 대해 가급적 불합격시키고자 하는 로트의 부적합품률 하한으로 규정하고 있다. 이 값의 차이가 너무 작으면, 즉 비가 1에 가까우면 검사특성곡선의 그래프의 기울기를 급격히 변화되도록 하기 위해 검사 개수가 매우 크도록 하는 무리가 있을 수밖에 없다.

24 표본 평균의 표준편차를 원래 값의 반으로 줄이기 위해서는 표본 크기를 몇 배로 크게 하여야 하는가?

① 1/2배   ② 2배

③ 4배   ④ 8배

풀이 표본 평균의 표준편차 $\sigma_{\bar{x}} = \dfrac{\sigma_x}{\sqrt{n}}$ 의 식에서 원래의 표준편차 σ_x를 2로 나누어야 원래 값의 반으로 줄어든다. $\sqrt{n}$ 이 2의 개념이 되어야 하므로 n은 4의 개념이 되어야 한다.

25 모집단의 표준편차는 4이고, 그 집단에서 100개를 추출하여 평균을 알아보니 501.2이었다. 모집단의 평균(μ)에 대한 95% 신뢰구간은 약 얼마인가?

① $500 \leq \mu \leq 503$

② $500.168 \leq \mu \leq 502.232$

③ $500.236 \leq \mu \leq 502.432$

④ $500.416 \leq \mu \leq 501.984$

풀이 $\bar{x} \pm u_{1-\alpha/2} \dfrac{\sigma}{\sqrt{n}} = 501.2 \pm 1.96 \times \dfrac{4}{\sqrt{100}}$

$$= (500.416, \ 501.984)$$

26 크기가 4,000인 로트에 대해 전수검사를 하였을 경우 1개당 검사비용이 5원이었고, 무검사와의 임계 부적합품률이 5%이었다면 무검사로 인하여 부적합품이 발생하였을 때 개당 손실금액은 얼마인가?

① 10원   ② 50원

③ 80원   ④ 100원

풀이 임계 부적합품률 $P_b = \dfrac{a}{b}$ 에서

$$0.05 = \frac{5}{b}, \ b = 100$$

정답 21 ②   22 ③   23 ④   24 ③   25 ④   26 ④

27 검사특성곡선에 관한 설명으로 옳지 않은 것은?(단, N은 로트의 크기, n은 시료의 크기, c는 합격판정개수이고, $N/n \geq 10$이다.)

① n과 c가 일정할 때 N의 크기가 증가하여도 곡선의 모양에는 큰 변화가 없다.

② N과 c를 일정하게 하고 n을 증가시키면 생산자 위험은 증가하고, 소비자 위험은 감소한다.

③ N과 n을 일정하게 하고 c를 늘리면 곡선은 대체로 오른쪽으로 완만해진다.

④ N, n, c를 일정하게 비례시켰을 경우 곡선을 살펴보면 일반적으로 소비자 위험이 증가하는 곡선이 된다.

④ %샘플링검사로서 OC곡선이 비례에 따라 전혀 다른 곡선이 나타나므로, 사용하지 않는 것이 바람직하다.

28 관리도에 관한 설명으로 옳지 않은 것은?

① 공정의 평균치의 변화에 대해 일반적으로 x 관리도가 $\bar{x}$ 관리도에 비하여 검출력이 좋다.

② u 관리도를 작성할 때 각 조마다 시료가 다르면 일반적으로 관리한계선은 계단식이 된다.

③ $\bar{x}$ 관리도의 작성 시 샘플의 크기를 증가시키면 일반적으로 관리한계선의 폭은 좁아진다.

④ 공정이 안정상태가 아닌데도 이를 발견하지 못하는 것을 제2종 과오라고 한다.

① 공정의 평균치의 변화에 대해 일반적으로 $\bar{x}$ 관리도가 x 관리도에 비하여 검출력이 좋다.

29 통계적 가설검정에 대한 설명으로 옳은 것은?

① 채택역이 커질수록 제1종 과오는 증가한다.

② 기각역이 커실수록 제2종 과오는 증가한다.

③ 기각역이 작을수록 제1종 과오는 감소한다.

④ 채택역과 기각역은 서로 관계가 없다.

① 채택역이 커질수록 제1종 과오는 감소한다.
② 기각역이 커질수록 제2종 과오는 감소한다.
④ 채택역과 기각역은 서로 반비례 관계가 성립한다.

30 상관계수(r_{xy})에 대한 설명으로 가장 거리가 먼 것은?

① r_{xy}의 범위는 $|r| \leq 1$이다.

② $r_{xy} = \dfrac{S_{xy}}{\sqrt{S_{xx} \cdot S_{yy}}}$ 로 계산된다.

③ $r_{xy} = \pm 1$일 때 완전상관이라 한다.

④ r_{xy}의 부호는 회귀직선 $y = a + bx$에서 a의 부호와 일치한다.

④ r_{xy}의 부호는 b의 부호와 일치하나, a의 부호 및 a, b 값의 크기와는 무관하다.

31 정규분포에 관한 설명으로 옳은 것은?

① 첨도는 1이다.

② 이산형 확률변수이다.

③ 평균에 대해 좌우대칭인 확률분포이다.

④ 자유도를 알아야 수표를 사용할 수 있다.

정규분포
• 분포의 첨도는 3을 취하고 있다.
• 연속형 확률변수이다.
• 정규분포는 자유도와 관련이 없다.

32 시료의 크기가 50인 p 관리도에서 $\bar{p}$의 값이 0.037이라면 U_{CL}은 약 얼마인가?

① 11.71% ② 11.99%

③ 12.64% ④ 12.98%

$U_{CL} = \bar{p} + 3\sqrt{\dfrac{\bar{p}(1-\bar{p})}{n}}$

$= 0.037 + 3\sqrt{\dfrac{0.037 \times (1-0.037)}{50}} = 0.11708(11.708\%)$

33 $\bar{x} - R$ 관리도에서 $\bar{x}$ 관리도의 관리한계선을 계산할 때 활용하는 A_2의 계산식으로 옳은 것은?

① $\dfrac{3}{d_2\sqrt{n}}$ ② $\dfrac{3}{\sqrt{n}}$

③ $\dfrac{3}{c_2\sqrt{n}}$ ④ $\dfrac{3}{d_2}$

풀이 $A = \dfrac{3}{\sqrt{n}}$, $A_2 = \dfrac{3}{d_2\sqrt{n}}$

$A_3 = \dfrac{3}{c_4\sqrt{n}}$, $E_2 = \dfrac{3}{d_2}$

34 계수치 검사에 대한 샘플링검사 절차인 KS Q ISO 2859 −1 : 2008에 관한 내용으로 옳지 않은 것은?

① 합격판정개수는 정수로만 나타난다.
② 다회 샘플링방식은 모두 5회로 설계되어 있다.
③ 로트의 크기와 검사수준에 의해 시료문자를 찾을 수 있다.
④ 수월한 검사로의 엄격도 조정에는 전환점수법을 활용하여야 한다.

풀이 ① 합격판정개수(Ac)는 일반적으로 정수로 나타내며 분수합격 판정개수도 있다.

35 그림은 로트의 평균치를 보증하는 계량 규준형 1회 샘플링 검사(KS Q 0001 : 2013)를 설계하는 과정을 나타낸 것이다. 특성치가 높을수록 좋은 경우, 다음 설명 중 옳은 것은?

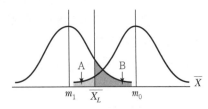

① "A"는 LQ를 나타낸다.
② "B"는 생산자 위험을 나타낸다.
③ 평균값이 m_0인 로트는 좋은 로트로서 받아들이고 싶다.
④ 시료로부터 얻어진 데이터의 평균이 $\overline{X_L}$보다 작으면 해당 로트는 합격이다.

풀이 ① "A"는 생산자 위험(α)을 나타낸다.
② "B"는 소비자 위험(β)을 나타낸다.
④ 시료로부터 얻어진 데이터의 평균이 $\overline{X_L}$보다 작으면 해당 로트는 불합격이다.

36 다음 중 양측 신뢰구간 추정 시 모부적합수(m)에 대한 신뢰구간의 상한에 관한 추정식으로 옳은 것은?(단, x는 부적합수이다.)

① $m = x - u_{1-\frac{\alpha}{2}}\sqrt{x}$

② $m = x + u_{1-\frac{\alpha}{2}}\sqrt{x}$

③ $m = x - u_{1-\alpha}\sqrt{x}$

④ $m = x + u_{1-\alpha}\sqrt{x}$

풀이 모부적합수(m)에 대한 신뢰구간의 규격
• 양쪽 구간추정의 하한식 $m = x - u_{1-\frac{\alpha}{2}}\sqrt{x}$
• 양쪽 구간추정의 상한식 $m = x + u_{1-\frac{\alpha}{2}}\sqrt{x}$
• 한쪽 구간추정의 하한식 $m = x - u_{1-\alpha}\sqrt{x}$
• 한쪽 구간추정의 상한식 $m = x + u_{1-\alpha}\sqrt{x}$

37 다음 특성 중 계량치에 속하는 것은?

① 철선의 인장강도
② 1장의 유리판의 기포수
③ 어떤 부서의 결근자 수
④ 시료 중의 부적합 개수

풀이 • 계량치 : ①
• 계수치 : ②, ③, ④

38 $\tilde{x} - R$ 관리도에 관한 내용으로 틀린 것은?

① $C_{L_{\tilde{x}}} = \overline{\overline{x}}$
② $U_{CL_{\tilde{x}}} = \overline{\overline{x}} + A_4\overline{R}$
③ $U_{CL_R} = m_3 D_4\overline{R}$
④ $U_{CL_{\tilde{x}}} = \overline{\overline{x}} + m_3 A_2\overline{R}$

풀이

통계량	중심선	U_{CL}	L_{CL}
$\tilde{x}$	$\overline{\overline{x}} = \dfrac{\sum\tilde{x}}{k}$	$\overline{\overline{x}} + A_4\overline{R}$	$\overline{\overline{x}} - A_4\overline{R}$
R	$\overline{R}$	$D_4\overline{R}$	$D_3\overline{R}$
비고	$m_3 A_2 = A_4$		

39 L기업의 지난해 생산량의 분산은 10으로 알려져 있다. 최근 공정의 산포가 매우 나빠진 것 같아 다음과 같이 6개의 [데이터]를 측정하였다. 산포가 개선되었는지 검정하는 과정에 대한 설명으로 옳지 않은 것은?[단, $\chi^2_{0.95}(5) = 11.07$, $\chi^2_{0.95}(6) = 12.82$, $\chi^2_{0.975}(5) = 12.82$, $\chi^2_{0.975}(6) = 14.45$, $\chi^2_{0.05}(5) = 1.145$, $\chi^2_{0.05}(6) = 1.635$, $\chi^2_{0.025}(5) = 0.831$, $\chi^2_{0.025}(6) = 1.237$이다.]

[데이터]					
100	130	150	120	170	150

① 한쪽검정이다.

② 귀무가설 기각이다.

③ 대립가설은 $\sigma^2 > 10$이다.

④ 검정통계량값은 150 이상 200 이하이다.

풀이 ㉠ $H_0 : \sigma^2 \leq 10$, $H_1 : \sigma^2 > 10$ (한쪽검정)

ㄴ $S = 3,133.333$

ㄷ $\chi^2_0 = \dfrac{S}{\sigma^2_0} = \dfrac{3,133.333}{10} = 313.333$

ㄹ $\chi^2_0 = 313.333 > \chi^2_{0.95}(5) = 11.07$이므로 귀무가설 H_0를 기각한다.

40 관리도가 이상상태임을 신호할 때, 취해야 할 가장 시급한 조치는?

① 작업자에 대한 품질관리교육을 실시한다.

② 시설 및 작업의 표준화를 위한 계획을 수립한다.

③ 부적합품률을 낮추기 위하여 전수검사를 실시한다.

④ 이상원인을 조사해 공정이 관리상태가 되도록 한다.

풀이 가장 시급한 조치는 이상원인을 먼저 찾아 원인분석을 하는 것이므로 ④가 답이 된다.

41 가공조립업체인 A사의 1일 조업시간은 480분, 휴식시간은 오전, 오후 각각 20분씩이며, 1일 계획생산량은 400개이다. 5개 작업장에 있는 전체 가공시간은 4.5분이다. 이 조립 라인의 밸런스 능률(Efficiency ; E)은 약 얼마인가?

① 70.2%

② 78.5%

③ 81.8%

④ 90.7%

풀이 $P = \dfrac{\sum t_i}{n} = \dfrac{440}{400} = 1.1 = t_{max}$

$E_b = \dfrac{\sum t_i}{m t_{max}} \times 100 = \dfrac{4.5}{5 \times 1.1} \times 100 = 81.82\%$

42 대량생산 내지 연속생산시스템에서 흔히 볼 수 있는 배치형태로서, 라인배치라고 하는 설비배치의 유형은?

① 제품별 배치

② 율동식 배치

③ 공정별 배치

④ 제품고정형 배치

풀이 대량생산 내지 연속생산시스템에서 흔히 볼 수 있는 배치를 라인배치 또는 제품별 배치라고 한다. 단속생산 시스템의 설비배치는 공정별 배치 또는 기능별 배치라고 한다.

43 적시생산시스템(JIT)의 특징과 가장 거리가 먼 내용은?

① 작업전환과 다기능 작업자가 필요하다.

② 흐름생산시스템에 적합한 생산관리방식이다.

③ 푸시 방식(Push System)의 자재흐름을 가진다.

④ 공급업자와의 관계를 적대적 관계가 아닌 우호적 관계로 생각한다.

풀이 JIT의 자재흐름은 Pull System이다.

44 MRP를 실행하기 위한 필수적인 3가지 투입자료에 해당하지 않는 것은?

① 대일정계획

② 자재명세서

③ 재고기록철

④ 자재발주량

MRP 시스템의 투입자료
- ㉠ 대일정계획 또는 기준생산계획
- ㉡ 자재명세서(BOM ; Bill Of Materials)
- ㉢ 재고기록철

45 MTM법에서 90초는 약 몇 TMU인가?

① 908   ② 2,500

③ 4,176   ④ 15,000

1TMU=0.00001시간, 1초=27.8TMU이므로
$90 \times 27.8 = 2,502$TMU

46 작업장에서 대기하고 있는 작업의 처리순서를 결정하는 작업의 우선순위 결정규칙 중 긴급률법(Critical Ratio Technique)이 많이 사용된다. 긴급률법에서 긴급률을 구하는 식으로 옳은 것은?

① $\dfrac{\text{납기일까지 남은 시간}}{\text{잔여 처리시간}}$

② $\dfrac{\text{납기일까지 남은 시간}}{\text{잔여 작업의 수}}$

③ $\dfrac{\text{납기일까지 남은 시간} - \text{잔여 처리시간}}{\text{잔여 처리시간}}$

④ $\dfrac{\text{납기일까지 남은 시간} - \text{잔여 처리시간}}{\text{잔여 작업의 수}}$

긴급률법 CR(Critical Ratio)

$CR = \dfrac{\text{잔여납기일수}}{\text{잔여작업일수}}$ (납기 관련 평가기준에 가장 우수하다.)

$CR < 1$이면 순위를 빠르게, $CR > 1$이면 순위를 늦게 해도 된다.

47 재고 관련 비용 중 재고유지비(Holding Cost)에 해당되지 않는 것은?

① 자본비용   ② 재고감손비

③ 보관비용   ④ 입고비용

재고유지비 C_H or P_i(Carrying or Holding Cost)
재고를 유지·보관하는 데 수반되는 비용으로서 자본비용, 재고감손비, 보관비용 등이 포함된다.

48 PERT에서 어떤 활동의 3점 시간 견적 결과 (2, 9, 10)을 얻었다면 이 활동시간의 기대치와 분산은 각각 약 얼마인가?

① 8, 1.33   ② 8, 1.78

③ 9, 1.33   ④ 9, 8

- $t_e = \dfrac{a+4m+b}{6} = \dfrac{2+4\times9+10}{6} = 8$
- $\sigma^2 = \left(\dfrac{b-a}{6}\right)^2 = \left(\dfrac{10-2}{6}\right)^2 = 1.778$

49 동작경제의 기본 원칙 중 "두 손의 동작은 같이 시작하고 같이 끝나도록 한다."는 어떤 원칙에 해당되는가?

① 신체의 사용에 관한 원칙

② 작업장 배열에 관한 원칙

③ 설비의 레이아웃에 관한 원칙

④ 공구 및 설비의 설계에 관한 원칙

"두 손의 동작"은 신체의 사용과 관련이 있으므로 신체의 사용에 관한 원칙에 해당된다.

50 MRP의 특징에 관한 설명으로 가장 거리가 먼 것은?

① 종속수요품이 적합하다.

② 부품 및 자재부족현상을 최소화한다.

③ 수요예측에 의하여 자재를 일괄 주문할 수 있다.

④ 상황변화에 따라 주문의 변경을 가능하게 한다.

③은 독립수요품의 재고관리시스템 EOQ의 장점이자 MRP의 단점으로서 자재의 일괄 주문이 불가능하다.

51 가공의 유사성에 따라 부분품을 그룹화하고, 가공 로트를 크게 하여 생산능률을 높이는 생산방식은?

① 공급망 관리방식

② 텍트 생산시스템

③ GT셀 생산시스템

④ 모듈러 생산시스템

GT셀 생산시스템에 대한 설명이다.

52 ABC 자재분류 시스템에 관한 설명으로 가장 적합한 것은?

① C급 자재는 단위당 투자금액이 크다.
② A급 자재는 엄격한 관리가 이루어져야 한다.
③ C급 자재는 재고조사와 주문을 자주 해야 한다.
④ A급 자재는 B급 자재에 비해 일반적으로 저가이다.

풀이

등급	A	B	C
내용	고가치품	중가치품	저가치품
전품목에 대한 비율	10~20%	20~40%	40~60%
총사용 금액에 대한 비율	70~80%	15~20%	5~10%
관리비중	중점관리	정산관리	관리체제 간소화
발주형태	정기발주 시스템	정량발주 시스템	Two-Bin 시스템

53 재료가 출고되어서부터 제품으로 출하되기까지의 공정 계열을 체계적으로 도표를 작성하여 분석하는 방법은?

① 공정분석
② 작업분석
③ 동작분석
④ 서블릭분석

풀이 공정분석
생산 공정이나 작업방법의 내용을 공정순서에 따라 각 공정의 조건(발생순서, 가공조건, 경과시간, 이동거리 등)을 분석·조사·검토하여 공정계열의 합리화(생산기간의 단축, 재공품의 절감, 생산 공정의 표준화)를 모색하는 것이다.

54 고장이 적은 설비의 설계 및 조기 수리가 가능한 설비의 설계를 통한 보전방식으로서 설비의 신뢰성과 보전성을 동시에 고려하는 것은?

① 예방보전
② 사후보전
③ 개량보전
④ 보전예방

풀이 보전예방(MP ; Maintenance Prevention)
새로운 설비를 계획할 때에 PM 생산보존을 고려하여 고장나지 않고(신뢰성 좋은) 보전하기 쉬운(보전성이 좋은) 설비를 설계하거나 선택하는 것을 말한다.

55 수요예측법의 종류에 따른 유형이 잘못 짝지어진 것은?

① 정성적 기법 – 델파이법
② 정성적 기법 – 전기수요법
③ 정량적 기법 – 이동평균법
④ 정량적 기법 – 시뮬레이션모형

풀이 ② 정량적 기법 – 전기수요법

56 외경법에 의한 표준시간 산출식으로 옳은 것은?

① 평균시간×평정계수
② 정미시간×(1＋여유율)
③ 정미시간÷(1－여유율)
④ 정미시간×여유율×평정계수

풀이
• 외경법의 표준시간
$$ST = NT + AT = NT + (NT \times A) = NT \times (1 + A)$$
• 내경법에 의한 표준시간
$$ST = NT + AT = NT \times \frac{1}{1 - A}$$

57 테일러(Taylor)가 제시한 과업관리의 원칙으로 가장 거리가 먼 것은?

① 성공에 대한 우대(High Pay for Success)
② 공정한 일일과업량의 결정(a Large Daily Task)
③ 작업 및 작업조건의 표준화(Standard Condition)
④ 모든 작업자에 대한 보상제도 실시(Compensation for All Employees)

풀이 과업관리의 4원칙
㉠ 공정한 일일 과업량 결정
㉡ 표준화된 제 작업 조건
㉢ 과업을 성공적으로 달성한 근로자에 대한 우대(고임금 지급)
㉣ 주어진 과업량을 달성하는 데 실패한 근로자의 손실

58 설비의 효율화를 저해하는 6대 손실(가공 및 조립산업)과 가장 거리가 먼 것은?

① 에너지 로스, 지그 공구 로스
② 불량재가공 로스, 초기수율 로스
③ 고장정지 로스, 준비·조정 로스
④ 순간정지·공전 로스, 속도저하 로스

풀이 설비의 효율화를 저해하는 6대 손실(가공 및 조립산업)
• 정지 로스(고장정지, 작업준비 · 조정 로스)
• 속도 로스(공전 · 순간정지, 속도저하 로스)
• 불량 로스(불량재가공, 초기수율 로스) 등이 있다.

59 다음은 자동차부품 공장이 가공작업상에 대한 자주보전 추진단계의 일부분이다. 순서가 바르게 나열된 것은?

———— [보기] ————

A. 발생원 곤란개소 대책
B. 총점검
C. 자주점검
D. 정리정돈

① A → B → C → D
② D → C → B → A
③ B → A → C → D
④ D → C → A → B

풀이 자주보전 추진단계
초기청소 → 발생원 곤란부위 대책수립 → 청소 · 급유 · 점검기준의 작성 → 총점검 → 자주점검 → 정리정돈 → 자주관리의 확립 순으로 된다.

60 작업자와 기계가 작업을 수행해가는 과정을 관측하여 작업자 – 기계 간의 관계를 기호로 구체화한 도표는?

① 작업분석표
② 다중활동분석표
③ 조작업분석표
④ 작업자 공정분석표

풀이 작업자와 기계가 작업을 수행해가는 과정을 관측하여 작업자 – 기계 간의 관계를 기호로 구체화한 도표를 다중활동분석표 (Multi – Activity Chart)라 한다.

4과목 | **품질경영**

61 허용차가 같은 3개의 부품을 조합하였을 때 조립품의 허용차는 ±0.75였다. 각 부품의 공차는 약 얼마인가?

① ±0.217
② ±0.433
③ ±0.750
④ ±1.300

풀이 허용차의 가법성에서
$$T = \pm \sqrt{x^2 + x^2 + x^2} = \pm 0.75$$
$$3x^2 = 0.75^2$$
$$x = 0.4330$$

62 산업표준화의 장점으로 보기에 가장 거리가 먼 것은?

① 자동화
② 자재절약
③ 호환성
④ 다품종 소량생산

풀이 산업표준화가 됨으로써 다품종 소량생산이 아니라 소품종 다량 생산이 가능해진다.

63 QC 분임조 활동의 기본이념과 가장 거리가 먼 것은?

① 기업의 체질개선과 발전에 기여한다.
② 품질매뉴얼과 절차서를 작성, 검토한다.
③ 인간의 능력을 발휘하여 무한한 가능성을 창출한다.
④ 인간성을 존중하고 싶은 보람이 있는 명랑한 직장을 조성한다.

풀이 분임조의 기본이념
• 인간성을 존중하고 활력 있고 명랑한 직장을 만든다.
• 인간의 능력을 발휘하여 무한한 가능성을 창출한다.
• 기업의 체질개선과 발전에 기여한다.

64 품질 모티베이션 활동인 ZD운동에 관한 설명으로 옳지 않은 것은?

① 오류의 원인을 제거하는 것과는 거리가 멀다.
② 인간은 완전을 바라는 기본욕구가 있음을 전제로 한다.

정답 59 ① 60 ② 61 ② 62 ④ 63 ② 64 ①

③ ZD 프로그램의 요체는 ECR(Error Cause Removal) 제안에 있다.

④ 미국의 마틴사(Martin Co)에서 처음으로 전개한 품질 향상 운동이다.

풀이 Z. D(Zero Defect) 운동

무결점운동으로 1961년 미국의 항공회사인 Martin사에서 로켓생산에 무결점을 목표로 시작되어 1963년 G. E사가 전 부문을 대상으로 모든 업무를 무결점으로 하자는 운동으로 확대되었다.

65 상호 이해관계에 따라서 정해진 표준 중 물체에 직접 또는 간접으로 관계되는 기술적 사항에 대하여 규정된 기준을 뜻하는 표준화에 관한 용어는?

① 규격(Technical Standard)

② 등급(Grade)

③ 종류(Class)

④ 형식(Type)

풀이 규격(Technical Standard)

표준 중 주로 물건에 직접 또는 간접으로 관계되는 기술적 사항에 관하여 규정된 기준이다.

66 품질경영시스템-요구사항(KS Q ISO 9001 : 2015)에서 규정하고 있는 "예방조치"에 관한 설명으로 옳은 것은?

① 의도된 용도 또는 규정된 사용에 관련된 요구사항의 불충족이다.

② 의도된 용도에 쓰일 수 있도록 부적합 제품에 대해 취하는 조치이다.

③ 발견된 부적합 또는 기타 바람직하지 않은 상황의 원인을 제거하기 위해 취하는 조치이다.

④ 잠재적인 부적합 또는 기타 잠재적으로 바람직하지 않은 상황의 원인을 제거하기 위해 취하는 조치이다.

풀이 예방조치(Preventive Action)

잠재적인 부적합 또는 기타 바람직하지 않은 잠재적 상황의 원인을 제거하기 위한 조치

67 6시그마 추진을 위한 인력 육성책의 일환으로 조직원을 선발하여 6시그마 교육을 수행시킨 다음 본인의 조직에서 업무를 수행하게 하면서 동시에 6시그마 프로젝트 리더가 수행하는 개선 활동에 팀원으로 참여하여 활동하는 요원의 자격을 무엇이라 하는가?

① 챔피언

② 블랙벨트

③ 그린벨트

④ 마스트 블랙벨트

풀이 ③ 그린벨트에 대한 내용이다.

68 일본기업의 성공의 근간이 된 종합적 품질경영(TQM)의 3가지 기본 개념에 해당되지 않는 것은?

① 고객중심

② 목표관리

③ 전원참여

④ 지속적 개선

풀이 종합적 품질경영(TQM)의 3가지 기본 개념으로 고객중심, 전원참여, 지속적 개선이다.

69 사내표준화의 요건에 관한 설명으로 옳지 않은 것은?

① 향후 추진업무를 중심으로 할 것

② 정확, 신속하게 개정·향상시킬 것

③ 직관적으로 보기 쉬운 표현을 할 것

④ 장기적인 방침 및 체계하에서 추진할 것

풀이 ① 현 추진업무를 중심으로 할 것

70 제품설계상의 품질 및 신뢰성 파라미터들을 시작시험(Prototype Test)이나 안정시험(Qualifying Test) 등으로 확인한 후 채산, 납기 등을 고려하여 합리적인 수준에서 품질표준이나 시방을 정하고 관리하는 품질관리 업무는?

① 조달품질의 관리

② 설계품질의 관리

③ 제조품질의 관리

④ 사용품질의 관리

풀이 설계품질의 관리

품질표준이나 시방을 정하고 관리하는 품질관리업무

71 공정의 상태가 정규분포일 때 공정능력지수(C_P)가 1.0이라는 것은 공차가 6σ임을 의미한다. 이 조건에서 치우침이 없다면 제품이 규격을 벗어날 확률은 약 몇 %인가?

① 0   ② 0.27

③ 0.45   ④ 1.25

풀이 $C_p = \dfrac{T}{6\sigma} = \dfrac{6\sigma}{6\sigma} = 1$의 의미는 중심을 기준으로 좌우 표준편차 3배까지 떨어진 것이므로, 적합품이 나올 확률은 99.93%가 된다. 따라서 부적합품, 즉 규격을 벗어날 확률은 0.27%이다.

72 다음 중 고객이 요구하는 품질요건을 품질특성으로 변화시키고, 소비자의 요구와 경제적 생산과의 조화를 적극 모색할 책임을 지고 있는 품질책임 부문은?

① 제조현장 부문   ② 구매 부문

③ 제조기술 부문   ④ 연구개발 및 설계 부문

풀이 ④ 연구개발 및 설계 부문에 대한 내용이다.

73 다음 중 국가표준기본법 시행령에 따른 기본단위가 아닌 것은?

① m   ② kg

③ Hz   ④ cd

풀이 길이(m), 질량(kg), 시간(sec), 온도(캘빈도 : K), 광도(칸델라 : cd), 전류(A), 물질량(몰 : mol) 등을 기본단위라 한다.

74 기업의 품질보증활동을 통해 생산자 측면이 아닌 소비자가 얻을 수 있는 효과가 아닌 것은?

① 제품에 관한 올바른 지식과 정보를 제공받을 수 있다.

② 소비자의 불만과 피해를 줄이는 제도적 장치의 토대가 된다.

③ 구매경험이 없는 소비자가 갖게 되는 불안감, 즉 지각된 위험을 감소시킨다.

④ 부적합제품, 서비스 등에 대한 불만사항 및 사용정보를 제품정책 및 품질개선에 신속히 반영할 수 있다.

풀이 ④는 생산자 측면의 효과이다.

75 2개의 짝으로 된 데이터의 상관계수가 0으로 산출되었다면 상호 어떤 관계가 있다고 판단되는가?

① 무상관관계를 나타낸다.

② 정의 상관관계를 나타낸다.

③ 부의 상관관계를 나타낸다.

④ 두 집단은 완전 일치하는 관계이다.

풀이 ① $r_{xy} = 0$ ② $r_{xy} > 0$
③ $r_{xy} < 0$ ④ $r_{xy} = \pm 1$

76 다음 중 제조물 책임법(PL법)에 적용되는 제품은?

① 부동산

② 정보서비스

③ 공원에 설치된 시설물

④ 가공되지 않은 농수산물

풀이 ③ 제조물 책임법(PL법)의 적용대상 제조물은 다른 동산이나 부동산의 일부를 구성하는 경우를 포함한 제조 또는 가공된 동산이다.

77 다음 중 예방비용의 범주로 보기에 가장 거리가 먼 것은?

① PM코스트

② 설계검토코스트

③ 외주업체지도코스트

④ 시장조사코스트

풀이 ①은 평가비용에 속한다.

78 측정시스템 변동의 유형 중 반복성을 표현한 것으로 옳은 것은?

① 계측기의 기대 작동범위 영역에서 편의값의 차

② 같은 시료의 동일 특성을 같은 측정계기를 이용하여 다른 평가자들에 의해 구해진 측정값 평균의 변동

③ 같은 시료의 동일 특성을 같은 측정계기를 이용하여 한 명의 평가자가 여러 번 측정하여 구한 측정값의 변동

④ 같은 마스터 시료 또는 같은 시료의 한 특성에 대하여 장기간 측정을 할 때 얻어지는 측정값의 총 변동

풀이 ① 직선성   ② 재현성
③ 반복성   ④ 안전성

79 조직의 임원들로 구성되어 있으며 품질을 향상시키기 위해 구성원들을 지휘하고 각 부서 간의 업무를 조정하는 협의체는?

① 품질분임조
② 방침관리팀
③ 품질개선팀
④ 품질경영위원회

풀이 품질경영위원회에 대한 설명이다.

80 확실하지 않고 복잡하게 얽혀져 있는 정보를 언어 데이터로 포착하여, 아이디어나 문제 사이의 관계 또는 상대적 중요성을 이해하는 데 도움을 주는 기법은?

① 친화도법
② PDPC법
③ 계통도법
④ 애로우 다이어그램법

풀이 친화도법(Affinity Diagram)에 대한 설명이다.

memo

memo

memo

배극윤의
품질경영산업기사 필기

발행일	2014. 1. 15	초판 발행
	2015. 1. 15	개정 1판1쇄
	2016. 1. 15	개정 2판1쇄
	2017. 1. 15	개정 3판1쇄
	2018. 1. 15	개정 4판1쇄
	2019. 1. 10	개정 5판1쇄
	2020. 1. 10	개정 6판1쇄
	2021. 1. 10	개정 7판1쇄
	2022. 1. 10	개정 8판1쇄
	2023. 1. 10	개정 9판1쇄
	2023. 2. 10	개정 9판2쇄
	2025. 1. 10	개정 10판1쇄

저 자 | 배극윤
발행인 | 정용수
발행처 | 예문사

주 소 | 경기도 파주시 직지길 460(출판도시) 도서출판 예문사
T E L | 031) 955 – 0550
F A X | 031) 955 – 0660
등록번호 | 11 – 76호

정가 : 40,000원

ISBN 978-89-274-5543-1 14320

내가 뽑은 원픽!　　최신 출제경향에 맞춘 최고의 수험서

2025

배극윤의
품질경영
산업기사 필기 Ⅰ권

배극윤 저

최신 출제기준에 맞춰 구성한
핵심이론

개정된 최신 KS 규격 반영

기사·산업기사 기출 표시 및
상세한 해설로 학습 효율을 높임

2021~2024년 최신 기출문제
로 실전 대비 가능

중요 내용 암기를 위한 요약집
제공

CBT 온라인 모의고사 **5회** 무료 제공

BEST seller

NAVER 카페　　　▶YouTube

두드림 품질교실　　　배극윤 TV

예문사

CBT 온라인 모의고사 이용 안내

다음 단계에 따라 시리얼 번호를 등록하면 CBT 모의고사를 이용할 수 있습니다.

STEP 1	사이트 접속	인터넷 주소창에 www.yeamoonsa.com을 입력하여 예문사 홈페이지에 접속합니다.
STEP 2	회원가입 로그인	홈페이지 우측 상단에 있는 회원가입 메뉴를 클릭하여 회원가입 후 로그인합니다.
STEP 3	해당 과목 클릭	로그인 후 우측 상단의 CBT 모의고사 메뉴에 들어가 해당 과목을 클릭합니다.
STEP 4	시리얼 번호 등록	시리얼 등록 팝업에서 확인을 누른 후 하단의 시리얼 번호 16자리를 입력하면 CBT 모의고사를 이용할 수 있습니다.

시리얼 번호

D284	—	S82R	—	243S	—	230Y

☆ 모바일 CBT 모의고사 이용 안내

① 모바일 기기로 QR코드를 스캔합니다.
② 회원가입 및 로그인 후 시리얼 번호를 등록합니다.
③ 시리얼 번호를 입력하면 CBT 모의고사를 이용할 수 있습니다.

배극윤의
품질경영
산업기사 필기
I권

예문사

이 교재는 2004년부터 20년간 출제되었던 모든 문제를 분석하여, 한 권의 책으로서 필기시험은 물론, 실기시험에서의 이론적 내용을 완전히 파악할 수 있도록 기획한 것입니다.

최소한의 시간 투자로 품질경영산업기사 자격을 취득할 수 있도록 하는 데 초점을 두고 정리한 이 책의 특징은 다음과 같습니다.

> 1. 최신 출제기준에 맞춰 내용을 구성한 핵심이론
> 2. 개정된 최신 KS 규격 반영
> 3. 산업기사 위주의 문제로 구성하고 상세한 해설을 수록하여 학습 효율을 높임
> 4. 21~24년 최신 기출문제를 수록하여 실전 대비
> 5. 새롭게 보완될 부분은 주경야독 홈페이지(www.yadoc.co.kr)에 실시간 업데이트하여 확인 가능

30년 이상 학교, 산업체, 학원, 온라인 등에서 강의를 하면서 쌓아온 노하우와 자료를 최대한 살려 누구나 쉽게 접근할 수 있는 교재가 되도록 애쓴 결과물을 내놓으려는 지금, 부족하고 아쉬움이 없지 않으나 선배·제헌들의 애정어린 관심과 성원을 부탁드리며, 시험 준비를 위해 애쓰시는 모든 수험생들에게 이 책이 부디 좋은 길잡이가 되어주길 기원합니다.

끝으로 이 책이 완성되기까지 물심양면으로 도와주신 주경야독 윤동기 대표님, 한국산업교육원 여러분, 도서출판 예문사에 진심으로 감사를 드립니다.

배 극 윤

출 제 기 준

품질경영산업기사 출제기준(필기)

직무 분야	경영 · 회계 · 사무	중직무 분야	생산관리	자격 종목	품질경영 산업기사	적용 기간	2023.01.01.~ 2026.12.31.

○ **직무내용** : 고객만족을 실현하기 위하여 조직, 생산준비, 제조 및 서비스 등 주로 산업 및 서비스 전반에서 품질경영시스템의 업무를 수행하고 각 단계에서 발견된 문제점을 지속적으로 개선하고 수행하는 직무이다.

필기검정방법	객관식	문제수	80	시험시간	2시간

필기과목명	문제수	주요항목	세부항목	세세항목
실험계획법	20	1. 실험계획 분석 및 최적해 설계	1. 실험계획의 개념	1. 실험계획의 개념 및 원리 2. 실험계획법의 구조모형과 분류
			2. 1요인실험(일원배치법)	1. 반복이 일정한 모수모형 1요인실험 2. 반복이 일정하지 않은 1요인실험 3. 변량모형 1요인실험
			3. 2요인실험(이원배치법)	1. 반복 없는 모수모형 2요인실험 2. 반복 있는 모수모형 2요인실험 3. 난괴법 4. 분산분석 후의 해석
			4. 계수값 데이터의 분석	1. 계수값 데이터의 분석(1요인실험)과 해석
			5. 라틴방격법	1. 라틴방격법
			6. 직교배열표	1. 2수준계 직교배열표 개념 2. 2수준계 직교배열표 배치
			7. 단순회귀 분석	1. 단순회귀 분석
			8. 기여율과 결측치 처리	1. 순변동과 기여율 2. 결측치가 있는 경우의 분산분석
통계적 품질관리	20	1. 모집단의 특성 도출 및 관리	1. 데이터의 정리	1. 데이터의 기초정리
			2. 기초 확률분포	1. 확률과 확률변수의 개요 2. 이산형 확률분포의 기초 3. 연속형 확률분포의 기초

필기과목명	문제수	주요항목	세부항목	세세항목
			3. 검정 및 추정	1. 검정과 추정의 기초이론 2. 단일 모집단의 검정과 추정 3. 두 모집단 차의 검정과 추정 4. 계수값 검정과 추정
			4. 상관관계분석	1. 산점도 2. 상관관계분석
			5. 샘플링검사	1. 검사개요 2. 샘플링 방법과 이론 3. 로트가 합격할 확률과 OC곡선 4. 계량값 샘플링검사 5. 계수값 샘플링검사
			6. 관리도	1. 관리도의 개요 2. 계량값 관리도 3. $\bar{X}-R$ 관리도 4. p, np 관리도 5. c, u 관리도 6. 관리도의 판정 및 공정해석
생산시스템	20	1. 생산시스템의 이해	1. 생산시스템	1. 생산시스템의 개념과 유형 2. 생산형태와 설비배치 3. 라인밸런싱 4. ERP와 생산정보관리
			2. 수요예측	1. 수요예측
			3. 자재관리	1. 자재관리와 MRP 2. 적시생산시스템(JIT) 3. 외주 및 구매관리 4. 재고관리
			4. 일정관리	1. 생산계획 2. 작업순위결정방법 3. PERT/CPM 4. 생산통제
			5. 작업관리	1. 공정분석 2. 작업분석 3. 동작분석 4. 표준시간의 정의 및 구성 5. 표준시간측정 기법
			6. 설비보전	1. 설비보전의 종류 및 조직 2. 설비종합효율

필기과목명	문제수	주요항목	세부항목	세세항목
품질경영	20	1. 품질경영의 이해와 활용	1. 품질경영개요	1. 품질경영의 개념 2. 품질경영과 고객만족 3. 품질 조직 및 운영 4. ISO 9001 품질경영시스템 5. 품질보증시스템 6. 제조물 책임 7. 교육훈련과 모티베이션
			2. 품질비용	1. 품질비용 개요
			3. 표준화	1. 표준화 개념 2. 사내표준화 활동 3. 산업표준화와 KS/ISO 인증제도 4. 국제표준화 5. 표준화 요소
			4. 규격과 공정능력	1. 규격과 공차 2. 공정능력분석
			5. 검사설비 운영	1. 검사설비관리 개요
			6. 품질혁신 활동	1. 6시그마와 품질혁신활동 2. 개선 활동 3. QC 7가지 도구 4. 신 QC 7가지 도구

PART
01. 공업통계

PART
02. 관리도

CONTENTS

P A R T

03. 샘플링검사

CONTENTS

P A R T
05. 생산시스템

CONTENTS

PART

07. 부록

PART

1

공업통계

확률과 확률분포

01 데이터의 기초정리

1. 데이터의 정리방법

특정 모집단에 대한 정보(특성)을 얻기 위해 취한 시료(Sample)을 데이터라 칭하며, 이 데이터를 정리·분석함으로써 통계적 품질관리가 이루어진다.

(1) 사용목적에 따른 분류

데이터를 정리하는 목적은 일반적으로 사용목적에 따라 현상파악, 통계해석, 검사, 관리, 기록을 목적으로 하는 데이터 등으로 분류된다.

(2) 데이터의 측도에 따른 분류

품질요인이나 특성의 상태를 표시하는 방법은 정성적 데이터와 정량적 데이터로 분류되고 정성적 데이터는 명목 데이터와 순서 데이터, 정량적 데이터는 연속치(계량치)와 이산치(계수치)로 구분된다.

⊙ 계량치
헤아릴 수 없는 데이터
예 길이, 무게, 강도, 온도, 시간 등

⊙ 계수치
헤아릴 수 있는 데이터
예 부적합품수(불량품수), 부적합수
(결점수, 사고건수, 흠의 수 등)

정성적 데이터	명목 데이터	원칙적으로 숫자로 표시할 수 없으나, 편의상 숫자화하였을 때 순위의 개념이 없는 데이터를 총칭하고 있다. 예 어떤 집단에서 남자를 0, 여자를 1로 둔다.
	순서 데이터	원칙적으로 숫자로 표시할 수 없으나, 편의상 숫자화하였을 때 순위의 개념이 있는 데이터를 총칭하고 있다. 예 어느 회사에서의 성과급을 받는 직원의 순위
정량적 데이터	계량치	• 데이터가 연속량으로서 셀 수 없는 형태로 측정되는 품질특성치이다. • 사용되는 확률분포로는 정규분포, t 분포, χ^2 분포, F 분포, 지수분포 등이 있으며, 데이터의 검·추정을 할 때 사용된다. 예 길이, 무게, 강도, 온도, 시간 등
	계수치	• 데이터가 비연속량으로서 셀 수 있는 형태로 측정되는 품질특성치이다. • 사용되는 확률분포로는 초기하분포, 이항분포, 푸아송 분포 등이 있으며, 확률계산과 데이터의 검·추정을 할 때 사용된다. 예 부적합품수(불량품수), 부적합수(결점수, 사고건수, 흠의 수 등)

(3) 집단의 분류

데이터정리 및 분석을 위한 집단으로는 모집단과 시료로 나뉜다. 모집단은 크기가 무한대로 판단되는 무한 모집단과 크기의 한계가 있는 유한 모집단으로 분류된다. 특히, 유한 모집단을 품질경영에서는 일반적으로 로트(Lot)라 칭하며, 시료는 모집단으로부터 데이터를 채취한 것을 말한다.

2. 모집단(母集團)

⊙ 모수
모집단의 특성을 수량화한 것
예 μ(모평균), σ^2(모분산), P(모부적합품률), m(모부적합수), ρ(모상관계수) 등

모집단(개수 ; N)이란 데이터를 분석하기 위한 원집단(原集團)을 의미하는 것으로 이러한 모집단의 특성을 수량화할 수 있으며 이를 모수(Population Parameter)라 칭한다.

모수에는 기본적으로 데이터의 중심위치를 표시하는 평균, 데이터의 흩어진 정도인 산포를 표시하는 분산, 표준편차가 있으며, 이 모든 값은 시료(개수 ; n)에서 계산된 값인 통계량으로 추정(推定)하여 일반적으로 사용된다.

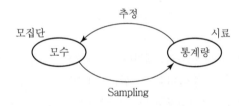

모평균 μ	• 모집단 분포의 중심위치를 표시한다.
	• $\mu = \dfrac{x_1 + x_2 + \cdots + x_N}{N} = \dfrac{\displaystyle\sum_{i=1}^{N} x_i}{N} = E(X)$
모분산 σ^2	• 모집단의 산포(흩어짐)를 표시한다.
	• $\sigma^2 = \dfrac{(x_1 - \mu)^2 + (x_2 - \mu)^2 + \cdots + (x_N - \mu)^2}{N} = \dfrac{\displaystyle\sum_{i=1}^{N}(x_i - \mu)^2}{N} = V(X)$
모표준편차 σ	• 모집단의 산포(흩어짐)를 표시한다. (분산의 제곱근 개념, 즉 분산에 Root를 취한 값이 된다.)
	• $\sigma = \sqrt{\dfrac{\displaystyle\sum_{i=1}^{N}(x_i - \mu)^2}{N}} = D(X)$

3. 시료(Sample)

시료란 모집단인 로트에서 데이터를 샘플링하여 만들어지는 집단을 의미하는 것으로 표본, 샘플이라는 용어로 대신하기도 한다. 이러한 시료의 특성은 수량화할 수 있으며, 이를 통계량(Statistic)이라 칭한다.

통계량은 시료에서 계산되는 모든 값을 총칭하는 말이며, 근본적으로는 모수의 값을 추정하는 데 의의를 가진다. 주로 다루어지는 통계량에는 다음과 같은 것들이 있다.

중심적 경향	산술평균($\overline{x}$), 중앙치($\tilde{x}$), 범위중앙치(M), 최빈수(M_0), 조화평균($\overline{x_H}$), 기하평균($\overline{x_G}$)
산포(흩어짐)	제곱합(S), 분산(s^2), 표준편차(s), 범위(R), 변동계수(CV), 상대분산 [$(CV)^2$]
분포의 모양	비대칭도(γ_1), 첨도(β_2)

(1) 중심적 경향

모집단의 분포를 상상할 때, 데이터로서 중심이 어디쯤 위치할 것인가를 파악하는 것을 의미한다. 중심치를 의미하는 데이터 값은 산술평균, 중앙치, 최빈수 등과 같이 많이 존재하고 있으나, 일반적으로 가장 많이 사용되는 것은 산술평균($\overline{x}$)이며, 이는 모평균 μ를 추정하는 값이 되고, 대체로 정(밀)도가 가장 좋은 중심치이다.

산술평균	측정데이터 전체의 합을 시료의 개수 n으로 나눈 값이다.
	$$\overline{x} = \frac{\sum x_i}{n} = x_0 + \frac{\sum f_i u_i}{\sum f_i} \times h$$ $$\left[\text{단, } u_i = (x_i - x_0) \times \frac{1}{h}, \quad f_i \text{ ; 빈도수} \right]$$
중앙치 (Median)	$\tilde{x}$ = 데이터를 크기순으로 나열할 때 중앙에 위치한 값이다(데이터의 개수가 짝수인 경우는 중앙의 두 개 데이터의 평균).
	$\tilde{x}$는 $\overline{x}$에 비해 전체 데이터를 활용하는 효율성 측면에서는 떨어지지만, 이질적인(극단적인) 데이터의 존재 시에는 $\overline{x}$보다 정도가 좋게 나타난다.
범위의 중간 (Mid-range)	데이터의 최댓값(x_{max})과 최솟값(x_{min})의 평균값을 말한다.
	$$M = \frac{x_{max} + x_{min}}{2}$$

최빈수(Mode)	M_0 =도수분포표에서 도수가 최대인 곳의 대표치
조화평균	각 데이터의 역수값을 산술평균하여 다시 이를 역으로 나타낸 값이다. $$\overline{x_H} = \frac{1}{\frac{1}{n}\sum\frac{1}{x_i}} = \frac{n}{\sum\frac{1}{x_i}}$$
기하평균	기하급수적으로 변화되는 데이터의 평균값을 나타낸 값이다. $$\overline{x_G} = (x_1 \cdot x_2 \cdot \cdots \cdot x_n)^{\frac{1}{n}} = \sqrt[n]{\prod_{i=1}^{n} x_i}$$

(2) 산포(흩어짐)의 척도

산포(散布)란 분포에서 얼마나 흩어졌는가를 나타내는 표현으로, 계산방법과 사용용도에 따라 여러 가지로 표현된다.

일반적으로 품질경영에서는 산포의 정도를 정(밀)도라 하고, 정도를 나타내는 수치적 표현으로는 제곱합(S), 분산(V 또는 s^2), 표준편차(s), 범위(R), 변동계수(CV), 상대분산(CV^2) 등이 있다.

편차	각각의 데이터 값(x_i)에서 중심치($\overline{x}$)를 뺀 값으로, 즉 $(x_i - \overline{x})$로 표시된다. 이때 각각의 데이터 값이 중심치에 비해 큰 값, 같은 값, 작은 값이 존재하게 되므로 이들의 편차를 모두 합하게 되면 '0'이 된다.
제곱합	$$S = \sum(x_i - \overline{x})^2 = \sum\left(x_i^2 - 2\overline{x} \cdot x_i + (\overline{x})^2\right)$$ $$= \sum x_i^2 - 2\overline{x}\sum x_i + n(\overline{x})^2 = \sum x_i^2 - n(\overline{x})^2$$ $$= \sum x_i^2 - \frac{(\sum x_i)^2}{n} = \sum x_i^2 - CT \qquad \left[단, \ CT = \frac{(\sum x_i)^2}{n}\right]$$ $$= \left(\sum f_i u_i^2 - \frac{(\sum f_i u_i)^2}{\sum f_i}\right) \times h^2$$ $$\left[단, \ u_i = (x_i - x_0) \times \frac{1}{h}, \quad f_i \ ; 빈도수\right]$$
시료의 분산 (불편분산, 평균제곱)	제곱합의 평균개념으로 단위당 편차제곱의 값이다. 계산방법으로는 제곱합(S)을 자유도(ν)로 나눈 값으로, 모분산(σ^2)의 추정값으로 이용된다. $$s^2 = V = \frac{S}{n-1} = \frac{S}{\nu} \qquad (단, \ \nu = n-1 : 자유도)$$

배가바이스

- (편차)제곱합(SS 또는 S)
$$S = \sum(x_i - \overline{x})^2$$
$$= \sum x_i^2 - n(\overline{x})^2$$
$$= \sum x_i^2 - \frac{(\sum x_i)^2}{n}$$
$$= \sum x_i^2 - CT$$

- 분산(불편분산, 평균제곱 ; $s^2 = V = MS$)
$$s^2 = V = \frac{S}{n-1} = \frac{S}{\nu}$$

자유도 (Degree of Freedom)	모수의 값을 추정할 때 추정치의 변동성을 계산하는 데 '사용'할 수 있는 데이터가 제공하는 정보량으로 시료의 수와 모형의 모수에 따라 결정된다. 표본 크기를 증가시키면 모집단에 대한 더 많은 정보가 제공되므로, 데이터의 자유도가 증가한다. 또한 자유도는 t, F 및 χ^2 등 여러 분포에서 자유도를 사용하여 다양한 표본 크기 및 모형 모수 수에 적합한 t, F 및 χ^2 분포를 지정할 수 있다.
시료의 표준편차	시료분산의 제곱근 값으로, 모표준편차(σ)의 추정값이다. $s = \sqrt{V} = \sqrt{\dfrac{S}{(n-1)}} = \sqrt{\dfrac{S}{\nu}}$
절대편차 (Mean Absolute Deviation)	$MAD = \dfrac{\sum|x_i - \overline{x}|}{n}$
범위	데이터에서 최댓값과 최솟값의 차이를 말하는 것으로 음의 값이 존재할 수가 없다. 관리도에서는 모표준편차(σ)의 추정값으로 이용된다. $R = x_{\max} - x_{\min}$ $\hat{\sigma} = \dfrac{\overline{R}}{d_2}$ (관리도에서 사용)
변동계수	계량단위가 서로 다른 두 자료나 평균의 차이가 큰 두 로트의 상대적 산포를 비교하는 데 사용한다. $CV = \dfrac{s}{\overline{x}} \times 100(\%)$
상대분산	$(CV)^2 = \left(\dfrac{s}{\overline{x}}\right)^2 \times 100(\%)$

(3) 분포의 모양

비대칭도 (왜도)	분포가 평균치를 중심으로 대칭 또는 비대칭 여부를 결정하는 척도이다. $\gamma_1 = \dfrac{1}{n \cdot s^3}\sum_{i=1}^{n}(x_i - \overline{x})^3 = \dfrac{1}{n \cdot s^3}\sum_{i=1}^{k}(x_i - \overline{x})^3 f_i$ (여기서, f_i는 i급에 속하는 도수, x_i는 i급에 속하는 대표치, k는 급의 수)
	$\gamma_1 = 0$이면 좌우 대칭, $\gamma_1 < 0$이면 왼쪽 방향, $\gamma_1 > 0$이면 오른쪽 방향으로 꼬리가 길어져 있다.
첨도	분포도가 얼마나 중심에 집중되어 있는가, 즉 분포의 중심이 얼마나 뾰족한가를 측정하는 것으로, $\beta_2 = 3$이면 표준정규분포로 중첨이라고 한다. $\beta_2 = \dfrac{1}{n \cdot s^4}\sum_{i=1}^{n}(x_i - \overline{x})^4 = \dfrac{1}{n \cdot s^4}\sum_{i=1}^{k}(x_i - \overline{x})^4 \cdot f_i$

(4) 모수와 통계량의 비교

구분	모수	통계량	모수의 추정치
평균치	$\mu[E(x),\ E(\overline{x})]$	$\overline{x}$	$\hat{\mu}=\overline{x}$
표준편차	$\sigma[D(x)]$	s 또는 $\sqrt{V}$	$\hat{\sigma}=s=\sqrt{\dfrac{S}{(n-1)}}=\dfrac{\overline{s}}{c_4}$
분산	$\sigma^2[V(x)]$	s^2 또는 V	$\hat{\sigma^2}=s^2=V=\dfrac{S}{n-1}$
범위		R	$\hat{\sigma}=\dfrac{\overline{R}}{d_2}$

기본문제 01

다음 데이터의 평균치, 중앙값, 범위, 제곱합, 분산, 표준편차, 변동계수, 상대분산을 구하시오.

18.8	19.3	18.4	18.2	18.3	18.8	18.6

1. 평균($\overline{x}$)은?

풀이 $\overline{x}=\dfrac{\sum x_i}{n}=\dfrac{130.4}{7}=18.629$

2. 중앙값($\tilde{x}$)은?

풀이 데이터를 크기순으로 정리하여 중앙의 값을 취한다. 18.2, 18.3, 18.4, 18.6, 18.8, 18.8, 19.3 중앙값은 18.6이다(단, 데이터가 짝수인 경우에는 중앙의 두 개의 값을 더하여 2로 나눈 값임).

3. 범위(Range)는?

풀이 $R=x_{max}-x_{min}=19.3-18.2=1.1$

4. 제곱합(S)은?

풀이 $S=\sum(x_i-\overline{x})^2=\sum x_i^2-\dfrac{(\sum x_i)^2}{n}=2{,}430.02-\dfrac{130.4^2}{7}=0.854$

5. 분산(Variation : s^2)은?

> 풀이 $s^2 = V = \dfrac{S}{\nu} = \dfrac{\sum x_i^2 - \dfrac{(\sum x_i)^2}{n}}{n-1} = \dfrac{0.854}{6} = 0.142$

6. 표준편차(s)는?

> 풀이 $s = \sqrt{\dfrac{\sum(x_i - \bar{x})^2}{n-1}} = \sqrt{\dfrac{S}{n-1}} = 0.377$

7. 변동계수(Coefficient of Variation ; CV)는?

> 풀이 $CV = \dfrac{s}{x} \times 100 = \dfrac{0.377}{18.629} \times 100 = 2.024\,(\%)$

8. 상대분산[$(CV)^2$]은?

> 풀이 $(CV)^2 = \left(\dfrac{s}{x}\right)^2 \times 100 = \left(\dfrac{0.377}{18.629}\right)^2 \times 100 = 0.041\,(\%)$

4. 도수분포표(Frequency Distribution Table)

도수분포표는 품질관리 업무수행에 있어서의 일반적 용도로서 보고용, 해석용, 공정능력 · 기계능력 조사용, 관리용 등에 사용된다.

◉ 도수분포표
어떤 일정한 기준에 의하여 전체 데이터가 포함되는 구간을 설정하고, 그 구간에 포함되는 데이터를 각 급에 분류하여 만든 도표를 말한다.

(1) 도수분포표 작성방법

1) n(데이터의 수)을 구한다.
2) R 을 구한다.($R = x_{\max} - x_{\min}$)
3) 급의 수(k)를 결정한다.
   일반적으로 Sturgess의 방법인 $k = 1 + 3.3\log n$ 을 사용하지만 급의 수는 홀수로 계산하는 것이 편리하므로 일반적으로 사용한다.
4) 급의 폭(h)을 구한다.
   $h = \dfrac{R}{k}$ 로 하되 h 는 측정치 최소단위의 정배수로 한다.
5) 경계치를 결정한다.
   ① 제 1 구간 하측의 경계치 = $x_{\min}$ −측정치 최소단위/2

◉ 급의 수(k) 결정방법
- $1 + 3.3\log n$
- $\sqrt{n}$
- 경험적 방법
- 가급적 홀수의 개수를 사용한다.

② 제1구간 상측의 경계치＝제1구간 하측의 경계치＋h

6) 급간의 중앙치를 계산한다.

$$중앙치 = \frac{아래쪽\ 경계치 + 위쪽\ 경계치}{2}$$

7) 도수를 구한 후, 도수분포표에 기입한다.

(2) 상대도수와 누적도수

1) 상대도수 : 측정치가 있는 값(또는 어떤 구간에 속하는 값)의 출현도수 f_i를 측정치 총수($n = \sum f_i$)로 나눈 비를 의미하는 것으로 다음과 같이 표현된다.

$$상대도수\ (출현율) = \frac{f_i}{\sum f_i}$$

2) 누적도수 : 어떤 값 이하 혹은 어떤 값 이상의 측정치의 출현도수이다.

(3) 도수분포에서의 수리해석

도수분포표의 예 $\left[u_i = (x_i - x_0) \times \dfrac{1}{h} \right]$

계급	중앙치(x_i)	도수(f_i)	u_i	$f_i u_i$	$f_i u_i^2$	비고
9.5～19.5	14.5	8	-2	-16	32	
19.5～29.5	24.5	7	-1	-7	7	$x_0 = 34.5$
29.5～39.5	34.5	10	0	0	0	
39.5～49.5	44.5	6	1	6	6	$h = 10$
49.5～59.5	54.5	9	2	18	36	
합계	－	40		$\sum f_i u_i$	$\sum f_i u_i^2$	

시료의 평균	$\bar{x} = x_0 + \dfrac{\sum f_i u_i}{\sum f_i} \times h = 34.5 + \dfrac{1}{40} \times 10 = 34.75$
제곱합	$S = \left\{ \sum f_i u_i^2 - \dfrac{(\sum f_i u_i)^2}{\sum f_i} \right\} \times h^2 = \left(81 - \dfrac{1^2}{40} \right) \times 10^2 = 8,097.5$
시료의 분산	$s^2 = V = \dfrac{S}{n-1} = \dfrac{S}{\nu} = \left\{ \dfrac{\sum f_i u_i^2 - (\sum f_i u_i)^2/\sum f_i}{\sum f - 1} \right\} \times h^2 = 207.628$
시료의 표준편차	$s = \sqrt{\dfrac{S}{(n-1)}} = \sqrt{\dfrac{S}{\nu}} = h \sqrt{\dfrac{\sum f_i u_i^2 - (\sum f_i u_i)^2/\sum f_i}{\sum f - 1}} = 14.409$

PART 1

PART 2

PART 3

PART 4

PART 5

PART 6

PART 7

배가바이스

도수분포표에서 수리해석은 수치변환의 일종으로서, 필기뿐만 아니라 실기에서 매우 중요하므로, 명확한 이해를 할 필요가 있다.
계산방법은 공학용 계산기를 사용하여 쉽게 구할 수 있는 방법이 있으므로 꼭 습득하는 것이 좋다.

배가바이스

공학용 계산기 단축키 활용이 가능하다.

기본문제 **02**

어떤 도수표 작성 결과 $x_0 = 6.15$, $\sum f_i = 100$, $\sum f_i u_i = 67$, $h = 0.2$, $\sum f_i u_i^2 = 655$이다. 이때 시료평균과 시료표준편차를 계산하시오.

> 풀이
> $$\bar{x} = x_0 + \frac{\sum f_i u_i}{\sum f_i} \times h = 6.15 + \frac{67}{100} \times 0.2 = 6.284$$
>
> $$\bullet\ S = \left\{ \sum f_i u_i^2 - \frac{(\sum f_i u_i)^2}{\sum f_i} \right\} \times h^2 = \left(655 - \frac{67^2}{100} \right) \times 0.2^2 = 24.4044$$
>
> $$\bullet\ s = h\sqrt{\frac{\sum f_i u_i^2 - (\sum f_i u_i)^2 / \sum f_i}{\sum f - 1}} = \sqrt{\frac{S}{(n-1)}} = \sqrt{\frac{S}{\nu}} = \sqrt{\frac{24.4044}{99}} = 0.4965$$

5. 수치변환(Numerical Transformation)

복잡한 데이터 값을 계산할 때 보다 쉽게 계산하기 위하여 수치를 변화시키는 것을 도모하게 되는데, 이를 수치변환이라 한다. 즉, 복잡한 데이터 값에 어떠한 상수를 $+$, $-$, $\times$, $\div$를 해서 단순한 데이터를 변환시켜 계산을 하고 이를 원데이터로 환산을 시킨다면 결과적으로 같은 수치가 된다. 예를 들어, 원데이터 x_i를 u_i로 수치변환하였다고 가정하면 $\left[u_i = (x_i - x_0) \times \frac{1}{h} \right]$

- 산술평균 $\bar{x} = x_0 + \bar{u} \times h = x_0 + \frac{\sum u_i}{n} \times h$

- 제곱합 $S_{xx} = S_{uu} \times h^2 = \left\{ \sum u_i^2 - \frac{(\sum u_i)^2}{n} \right\} \times h^2$

- 분산 $(s_x)^2 = V_x = \frac{S_{xx}}{n-1} = \frac{S_{uu}}{n-1} \times h^2$

- 표준편차 $s_x = \sqrt{V_x} = \sqrt{\frac{S_{xx}}{n-1}} = \sqrt{\frac{S_{uu}}{n-1}} \times h$

기본문제 **03-1**

$\bar{x} = 20$ 및 $V_x = 0.5$일 때 $y_i = (x_i + 7) \times \frac{1}{25}$ 로 수치변환을 했다면 $\bar{y}$와 V_y는 얼마인가?

> 풀이
> $E(aX + b) = aE(X) + b$, $V(aX + b) = a^2 V(X)$
>
> $$\bullet\ \bar{y} = E(y) = E\left[\frac{1}{25}(x+7) \right] = \frac{1}{25}[E(x) + 7] = \frac{1}{25}(20 + 7) = 1.080$$
>
> $$\bullet\ V(y) = V\left[\frac{1}{25}(x+7) \right] = \frac{1}{25^2}V(x) = \frac{0.5}{625} = 0.00080$$

측정 데이터 x_i에 대한 통계량을 쉽게 구하기 위하여 $y_i = (x_i + 50) \times \dfrac{1}{50}$ 로 수치변환하여 $\overline{y} = 10.5$, $V_y = 0.01$을 얻었다면 $\overline{x}$ 및 V_x의 값은?

풀이 $x_i = 50 y_i - 50$에서

- $\overline{x} = 50 \times \overline{y} - 50 = 50 \times 10.5 - 50 = 475$
- $V_x = 50^2 V_y = 2,500 \times 0.01 = 25$

02 확률이론

1. 확률법칙

확률이란 어떤 사상 A가 일어날 것이라고 기대되는 가능성을 수치적으로 나타낸 값을 일컫는 말로서, 기본적인 확률법칙에는 다음과 같은 것들이 있다.

(1) 표본공간과 각 사상

① $P(\text{표본공간 전체 } \Omega) = 1$
② $0 \leq P(A) \leq 1$

(2) 합사상과 여사상

① 합사상
두 사상 A 또는 B가 일어날 확률은
$P(A \cup B) = P(A) + P(B) - P(A \cap B)$로 표시된다.

② 여사상
사상 A가 일어나지 아니할 확률을 의미하는 것으로,
$P(\overline{A}) = P(A^c) = P(A') = 1 - P(A)$가 성립된다.

(3) 독립사상과 배반사상

① 독립사상
두 사상 A, B가 서로 독립사상을 가지는 의미로,
교사상인 $P(A \cap B) = P(A) \times P(B)$가 성립된다.

② 배반사상
두 사상 A, B의 교사상이 일어날 확률이 없는 경우로서, 사상 A, B는 상호배타적이라고 하며, $P(A \cap B) = 0$이 성립된다.

⊙ 확률
실험에서 모든 근원사상들의 집합을 표본공간 S라 정의하고, 표본공간의 부분집합을 사상 또는 사건이라 할 때, 표본공간에서 주어진 조건이 일어날 수 있는 값을 확률이라 정의한다.

(4) 베이즈의 정리(Bayes's Rule)

① 두 사상 A, B에 대하여, $P(B \mid A)$를 A가 일어난 상태에서 B가 일어날 조건부 확률이라 하고, $P(B \mid A) = \dfrac{P(A \cap B)}{P(A)}$로 정의한다.

② 두 확률 변수의 조건부 확률과 경계 확률 사이의 관계를 나타내는 정리로서, 주어진 주변 확률과 조건부 확률을 이용하여 다른 조건부 확률을 구하는 데 이용되며,

$$P(B_j \mid A) = \frac{P(B_j \cap A)}{\sum_{i=1}^{k} P(B_i \cap A)} = \frac{P(B_j) \cdot P(A \mid B_j)}{\sum_{i=1}^{k} P(B_i) \cdot P(A \mid B_i)}$$ 로 표시된다.

기본문제 *04-1*

A와 B의 두 부품으로 이루어지는 제품 생산공정에서 $A = 20\%$, $B = 30\%$의 부적합품률을 가질 때, 부품 선별 없이 생산된 A와 B의 결합부품의 부적합품률은?(단, A, B의 교집합의 부적합품률은 6%임)

풀이 $P(A \cup B) = P(A) + P(B) - P(A \cap B) = 0.2 + 0.3 - 0.06 = 0.44$

기본문제 *04-2*

컴퓨터 주변기기 제조업자는 인터넷 광고사이트에 배너 광고를 하려고 계획 중이다. 이 사이트에 접속하는 사용자 1,000명을 임의 추출하여 사용자 특성을 조사한 결과의 확률값이다.

구분	30세 미만	30세 이상
남	250	200
여	100	450

풀이 ① 임의로 선택한 사용자가 30세 이상의 남자일 확률은 $P(x) = \dfrac{200}{1,000} = 0.2$이다.

② 임의로 선택한 사용자가 남자라는 조건하에서 30세 미만일 확률은

$P(x) = \dfrac{250}{450} = 0.56$이다.

③ 임의로 선택한 사용자가 여자이거나 적어도 30세 이상일 확률은

$P(x) = \dfrac{550}{1,000} + \dfrac{650}{1,000} - \dfrac{450}{1,000} = 0.75$이다.

④ 임의로 선택한 사용자가 30세 미만일 확률은 $P(x) = \dfrac{350}{1,000} = 0.35$이다.

기본문제 04-3

A회사에서 서류를 처리하는 처리원 A_1, A_2, A_3가 있다. A_1이 서류를 처리할 확률은 0.3, A_2는 0.4, A_3는 0.3이고 서류처리를 실수할 확률은 0.02, 0.05, 0.03이다. 서류에서 실수가 발견되었을 때 A_2가 처리한 서류일 확률은 얼마인가?

풀이 $P(x) = \dfrac{(0.4 \times 0.05)}{(0.3 \times 0.02) + (0.4 \times 0.05) + (0.3 \times 0.03)} = 0.57143$

기본문제 04-4

서울 시민이 질병 X를 가질 확률은 $P(X) = 0.09$이고, 그 질병을 검사하여 확인할 수 있는 확률은 $P(I|X) = 0.6$, 질병 X가 없는데 오진될 확률은 $P(I|X') = 0.05$일 때, 검사 결과 질병이 있는 서울 시민으로 판정되었을 경우 실제 질병을 가질 확률은 약 얼마인가?

풀이 $\dfrac{(0.09 \times 0.6)}{(0.09 \times 0.6) + (0.91 \times 0.05)} = 0.54271$

2. 확률변수

확률변수는 헤아릴 수 있는 이산확률변수와 헤아릴 수 없는 연속적인 개념인 연속확률변수로 나뉜다.

(1) 이산확률변수(계수치 개념)

부적합품수, 부적합수 등으로, 일반적으로 이산확률변수 x의 확률밀도함수($p.\,d.\,f$)를 $p(x)$로 정의한다.

(2) 연속확률변수(계량치 개념)

강도, 중량, 치수 등으로, 일반적으로 연속확률변수 x의 확률밀도함수를 $f(x)$로 정의한다.

(3) 누적확률함수($c.\,d.\,f$)

이산확률변수 또는 연속확률변수값을 누적시킨 값을 의미하는 것이므로 비감소형 함수이며 확률변수 X가 주어진 실수 x보다 작거나 같을 확률을 $F(x) = P(X \le x)$로 나타낸다.

구분	모집단	시료
평균	$\mu = E(X)$ $= E(\overline{X})$	$\overline{x}$
분산	$\sigma^2 = V(X)$	$s^2 = V$
표준편차	$\sigma = D(X)$	$s = \sqrt{V}$
공분산	$Cov(X,\ Y)$	V_{xy}

확률변수	이산형	연속형
기본형태	$p(x) \geq 0,\ \sum p(x) = 1$	$f(x) \geq 0,\ \displaystyle\int_{-\infty}^{\infty} f(x)dx = 1$
기댓값(평균) $E(x)$	$E(x) = \sum x \cdot p(x)$	$E(x) = \displaystyle\int_{-\infty}^{\infty} x \cdot f(x)dx$
	$E[g(x)] = \sum g(x) \cdot p(x)$	$E\{g(x)\} = \displaystyle\int_{-\infty}^{\infty} g(x) \cdot f(x)dx$
	• $E(aX \pm b) = aE(X) \pm b$(단, $a,\ b$는 상수) • $E(X \pm Y) = E(X) \pm E(Y)$ • $X,\ Y$가 서로 독립된 확률변수일 때 $E(X \cdot Y) = E(X) \cdot E(Y)$	
분산 $V(X)$	$V(X) = E[X - E(X)]^2 = \sum [x^2 \cdot p(x)] - [E(x)]^2$ $= E(X^2) - [E(X)]^2 = E(X^2) - \mu^2$	
	$V(aX \pm b) = a^2 V(X)$(단, $a,\ b$는 상수)	
표준편차 $D(X)$	$D(X) = \sqrt{V(X)}$ $\qquad D(aX+b) = |a| D(X)$	
공분산 $Cov(X,\ Y)$	$Cov(X,\ Y) = E[(X - E(X))(Y - E(Y))] = E[(X - \mu_X)(Y - \mu_Y)]$ $= E(XY) - \mu_X \cdot \mu_Y$	
	$V(aX \pm bY) = a^2 V(X) + b^2 V(Y) \pm 2ab Cov(X,\ Y)$	
공분산(확률변수 $X,\ Y$가 서로 독립)	$Cov(X,\ Y) = 0$	
	$V(aX \pm bY) = a^2 V(X) + b^2 V(Y)$	

예제

공분산

$X,\ Y$는 확률변수이다. X와 Y의 공분산이 8, X의 기대치가 2이고, Y의 기대치가 3일 때 XY의 기대치는?

풀이

$Cov(X,\ Y)$
$= E(XY) - E(X)E(Y)$
$8 = E(XY) - 2 \times 3$
$\therefore\ E(XY) = 14$

기본문제 05

확률변수 X의 확률분포가 다음과 같다. 물음에 답하시오(단, 소수점 둘째 자리까지).

X	1	2	4	7	11	계
$P(X)$	0.08	0.27	0.10	0.33	0.22	1

1. $E(X),\ V(X)$를 구하시오.

풀이 ① $E(X) = \sum x P(X = x)$
$\qquad = 1 \times 0.08 + 2 \times 0.27 + 4 \times 0.10 + 7 \times 0.33 + 11 \times 0.22 = 5.75$
② $V(X) = E(X^2) - [E(X)]^2$에서
$\quad E(X^2) = \sum x^2 P(X = x)$
$\qquad = 1^2 \times 0.08 + 2^2 \times 0.27 + 4^2 \times 0.10 + 7^2 \times 0.33 + 11^2 \times 0.22 = 45.55$
$\therefore\ V(X) = 45.55 - 5.75^2 = 12.48750 = 12.49$

2. $Y = 2X - 8$로 수치변환하였을 때 $E(Y)$, $V(Y)$를 구하시오.

> 풀이 ① $E(Y) = E(2X - 8) = 2E(X) - 8 = 2 \times 5.75 - 8 = 3.50$
> ② $V(2X - 8) = 2^2 V(X) = 4 \times 12.49 = 49.96$

03 확률분포

확률변수에 의해 나타나는 확률값을 그래프에 타점을 하게 되면 분포가 되며, 이 분포를 확률분포로 정의한다. 확률분포는 연속분포(계량치)와 이산분포(계수치)로 나뉜다. 품질경영에서 다루어지는 연속분포에는 정규분포, t 분포, χ^2 분포, F 분포, 지수분포(신뢰성공학에서 사용) 등이 있고 이산분포에는 베르누이 분포, 이항분포, 푸아송 분포, 초기하분포가 있다. 이 확률분포들은 각 모집단의 특성에 따른 확률값을 구하는 데 사용될 뿐만 아니라 다음 장의 검·추정에서 활용과 적용례가 구체적으로 다루어지게 된다.

1. Bernoulli 분포

배가바이스

Bernoulli 분포는 이항분포에서 $n = 1$에 해당된다.
$$P_r(x) = \binom{n}{x} P^x (1-P)^{n-x}$$
$$= {}_n C_x P^x (1-P)^{n-x}$$
$$= P^x (1-P)^{1-x}$$

정의	어떤 실험을 독립적으로 시행하는 경우에 매 시행마다 오직 2개의 가능한 결과만이 일어나고, 각 시행이 서로 독립적인 것을 Bernoulli 시행이라 하며, 각 시행의 결과를 적합품, 부적합품으로 정의하면 적합품이 나올 확률은 p, 반대로 부적합품이 나올 확률은 $1 - p$가 된다. 이를 확률밀도함수로 표현하면, Bernoulli 분포가 된다.
확률값	$P_r(x) = P^x (1-P)^{1-x}$ (단, $x = 0, 1$)
기댓값	$E(x) = P$
산포값	• $V(x) = P(1-P)$ • $D(x) = \sqrt{P(1-P)}$

2. 이항분포(Binomial Distribution)

성공률이 p인 Bernoulli 시행이 n번 반복 시행되었을 때, 확률변수 X를 "n번 시행에서의 성공 횟수"로 정의하면, X의 확률분포를 시행횟수 n과 성공률 p를 갖는 이항분포 $B(n, p)$라 하며, 이때 X가 취할 수 있는 값은 $0, 1, 2, \cdots, n$ 이 된다.

PART 1

PART 2

PART 3

PART 4

PART 5

PART 6

PART 7

정의	• 부적합품수, 부적합품률 등의 계수치에 사용한다. • 모집단 부적합품률 P의 로트로부터 n개의 샘플을 뽑을 때, 샘플 중에 발견되는 부적합품수 x의 확률을 의미한다. • 계수치데이터의 경우 복원 추출을 시행할 때 사용한다.
확률값	$$P_r(x) = \binom{n}{x} P^x(1-P)^{n-x} = {}_nC_x P^x(1-P)^{n-x}$$ $$\left[\text{단, } {}_nC_x = \frac{n!}{x!(n-x)!} \text{이다.} \right]$$

구분	부적합품수인 경우	부적합품률인 경우
기댓값	$E(x) = n \cdot P$	$E(\hat{p}) = P\left(\text{단, } P = \dfrac{x}{n} \right)$
분산	$V(x) = n \cdot P(1-P)$	$V(\hat{p}) = \dfrac{P(1-P)}{n}$
표준편차	$D(x) = \sqrt{nP(1-P)}$	$D(\hat{p}) = \sqrt{\dfrac{P(1-P)}{n}}$
특징	• $P = 0.5$일 때는 평균치에 대하여 좌우대칭이다. • $P \leq 0.1$, $nP = 0.1 \sim 10$, $n \geq 50$일 때는 푸아송 분포에 근사한다. • $P \leq 0.5$, $nP \geq 5$, $n(1-P) \geq 5$일 때는 정규분포에 근사한다.	

이항분포에는 부적합품수와 부적합품률로 구분되어 시험에 자주 출제되므로, 반드시 암기하도록 한다.

문제에서 부적합품률(P), 시료의 크기(n), 부적합품수(x)가 주어지면, 확률은 무조건 "이항분포"로 계산한다.

기본문제 **06-1**

부적합품률이 2%인 모집단에서 $n = 4$개의 시료를 랜덤샘플링했을 때 부적합품수 x가 1개 이상일 확률을 구하시오.

풀이 $P = 0.02$, $n = 4$ $P_r(x \geq 1) = 1 - P_r(0) = 1 - {}_4C_0(0.02)^0 \cdot (0.98)^4 = 0.0776$

기본문제 **06-2**

다음 물음에 답하시오.

1. 주사위를 던지는 경우 나오는 수의 기대치는?

풀이 $E(x) = \Sigma[x \times p(x)] = 1 \times \dfrac{1}{6} + 2 \times \dfrac{1}{6} + \cdots + 5 \times \dfrac{1}{6} + 6 \times \dfrac{1}{6} = 3.5$

2. 주사위를 100번 던져서 3의 눈이 15회 나올 확률은?

풀이 $P_r(x) = {}_{100}C_{15}\left(\dfrac{1}{6}\right)^{15} \cdot \left(\dfrac{5}{6}\right)^{85} = 0.1002$

3. 주사위를 2번 던져서 2번 모두 홀수가 나올 확률은?

> (풀이) $P_r(x) = {}_2C_2\left(\dfrac{1}{2}\right)^2 \cdot \left(\dfrac{1}{2}\right)^0 = 0.25$

4. 주사위를 2번 던져서 2번 중 한 번 홀수가 나올 확률은?

> (풀이) $P_r(x) = {}_2C_1\left(\dfrac{1}{2}\right)^1 \cdot \left(\dfrac{1}{2}\right)^1 = 0.5$

3. 초기하분포(Hypergeometric Distribution)

부적합품률이 P이고 로트의 크기가 N인 유한 모집단에서 n개를 취할 때 부적합품수 X의 확률분포가 복원추출이라면 이항분포이지만, 비복원추출이면 이항분포보다는 정밀도가 높은 초기하분포 $H(N, m, n)$을 따르게 된다.

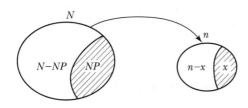

 배가바이스

문제에서 로트의 크기($N \le 50$), 부적합품률(P), 시료의 크기(n), 부적합품수(x)가 주어지면, 확률은 무조건 "초기하분포"로 계산한다(비복원조건인 경우).

정의	• 이항분포에서 N이 시료의 크기 n에 비해 상대적으로 적은 경우 $\left(\dfrac{N}{n} \le 10\right)$ 또는 데이터의 비복원 추출에서 사용한다($N \le 50$). • $N \to \infty$이면, 이항분포로 근사하게 된다.
확률값	$P_r(x) = \dfrac{\dbinom{NP}{x}\dbinom{N(1-P)}{n-x}}{\dbinom{N}{n}}$
기댓값	$E(x) = n \cdot P$
분산	$V(x) = \left(\dfrac{N-n}{N-1}\right)nP(1-P)$ $\left[\text{단, }\left(\dfrac{N-n}{N-1}\right):\text{유한(有限)수정계수}\right]$
표준편차	$D(x) = \sqrt{\dfrac{N-n}{N-1}} \times \sqrt{nP(1-P)}$

주머니에 빨간 공 10개, 흰 공 3개가 들어 있다. 5개를 꺼냈을 때 빨간 공 3개, 흰 공 2개를 꺼낼 확률은?

풀이
- $P_r(x) = {}_nC_x P^x (1-P)^{n-x}$

$$\therefore\ P_r(x=2) = {}_5C_2 \times \left(\frac{3}{13}\right)^2 \times \left(1 - \frac{3}{13}\right)^3 = 0.242$$

- $P_r(x) = \dfrac{{}_{NP}C_x \cdot {}_{N-NP}C_{n-x}}{{}_NC_n}$

$$\therefore\ P_r(x=2) = \frac{{}_3C_2 \cdot {}_{10}C_3}{{}_{13}C_5} = 0.280$$

배가바이스

문제에서 모부적합수(m), 부적합수(x)가 주어지면, 확률은 무조건 "푸아송 분포"로 계산한다.

4. 푸아송 분포(Poisson Distribution)

이항분포에서 $nP = m$이 일정한 값으로 유지되면서 $n \to \infty$, $P \to 0$의 극한분포를 가정하게 되면 푸아송 분포가 된다. 이 분포는 이항분포보다 정밀도는 떨어지지만, 사용의 편리성 등이 고려되어 상당히 많이 사용된다. 또한 시료의 크기인 n이 불완전한 경우, 예를 들어 철판의 흠의 수, 공장의 사고건수와 같은 확률값을 구하려고 할 때에는 푸아송 분포 외에는 대안이 없다.

정의	• 부적합수, 부적합률, 사고건수 등의 계수치에 사용한다. • 이항분포의 근삿값 형태($nP = m$에서 $n \to \infty$, $P \to 0$)
확률값	$P_r(x) = \dfrac{e^{-m} \times m^x}{x!}$ (단, $m > 0$)
기댓값	$E(x) = m = nP$
산포값	• $V(x) = m = nP$ • $D(x) = \sqrt{m} = \sqrt{nP}$
특징	• $m \geq 5$일 때 정규분포에 근사하게 된다. • 분포는 이산적이다. • 기댓값과 분산이 같다.

PART 1

PART 2

PART 3

PART 4

PART 5

PART 6

PART 7

자동화 기계에 의해 제품을 생산하는 공장에서 1개월에 평균 3번 정도 기계가 고장이 발생한다고 한다. 이 공장에서 자동화 기계가 1개월에 한 번만 고장이 발생할 확률은 얼마인가?

풀이 $P_r(x=1) = \dfrac{e^{-m} \times m^x}{x!} = \dfrac{e^{-3} \times 3^1}{1!} = 3e^{-3} = 0.149$

기본문제 **08-2**

배가바이스

본 문제는 이항분포로 푸는 것이 원칙이나, $P \leq 0.1$, $nP = 0.1 \sim 10$, $n \geq 50$이면, 푸아송 분포로 근사시켜 풀어도 그 값은 거의 같다.

어떤 지역주민들 중에서 RH 인자의 혈액형을 가진 사람이 500명 중에 1명꼴인 것으로 알려져 있다. 갑자기 RH 인자의 혈액이 필요해서 이 지역의 주민 100명을 임의로 샘플링하여 혈액검사를 하였다. 이 100명으로부터 RH 혈액이 검출될 가능성은 얼마인가?

풀이 $P = \dfrac{1}{500} = 0.002$, $n = 100$, $m = nP = 0.2$

$P_r(x \geq 1) = 1 - P_r(0)$

$= 1 - {}_{100}C_0 \left(\dfrac{1}{500}\right)^0 \cdot \left(1 - \dfrac{1}{500}\right)^{100} \fallingdotseq 1 - \dfrac{e^{-0.2} \times (0.2)^0}{0!} = 0.181$

5. 정규분포(Normal Distribution)

배가바이스

정규분포의 활용

• 상관계수의 유의성 검·추정
• 평균치, 평균치차의 검·추정 (σ 기지)
• 계수치(부적합품률, 부적합 등) 의 검·추정

계량데이터의 확률변수값을 그래프상에 나타내면, 중심값 근처에 대부분의 데이터가 밀집되면서 좌우대칭의 종모양 형태를 취하게 되는데 이를 정규분포라 하며, $x \sim N(\mu, \sigma^2)$으로 표시한다. 이때 μ는 정규분포의 중심인 평균을 의미하며 σ는 분포가 얼마나 흩어졌는가를 수치적으로 나타낸 표준편차를 의미한다. 정규분포는 품질경영에서 가장 중요하게 다루어질 뿐만 아니라, 현실에서의 많은 랜덤시행은 정규분포에 가까운 경우가 많다. 이를 확률밀도함수로 표시하면 다음과 같다.

$$f(x) = \frac{1}{\sigma\sqrt{2\pi}} e^{-\frac{(x-\mu)^2}{2\sigma^2}}$$

(단, $-\infty \leq x \leq \infty$, $e = 2.72$, $\pi = 3.14$)

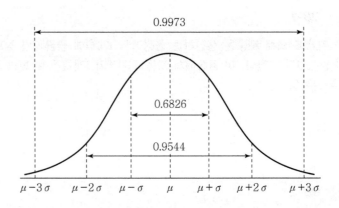

(1) 표준정규분포

$x \sim N(\mu,\ \sigma^2)$, $\overline{x} \sim N\left(\mu,\ \left(\dfrac{\sigma}{\sqrt{n}}\right)^2\right)$인 정규분포를 표준정규분포표(부록 참조)를 활용하기 위하여 수정한 분포로서, 평균 0, 표준편차를 1로 규준화한 분포이며, $N(0,\ 1^2)$으로 표시되고, 이를 확률밀도함수로 표시하면, $f(x) = \dfrac{1}{\sqrt{2\pi}} e^{-\frac{u^2}{2}}$ 이 된다. 이는 σ 기지일 때, 평균치의 검·추정을 할 때, 유용하게 사용되며 이때 규준화식은 다음과 같이 표현할 수 있다.

구분	$x \sim N(\mu,\ \sigma^2)$	$\overline{x} \sim N(\mu,\ \sigma^2/n)$
규준화	$u_0 = \dfrac{x - \mu}{\sigma}$	$u_0 = \dfrac{\overline{x} - \mu}{\sigma/\sqrt{n}}$
비고	$E(x) = \mu,\ D(x) = \sigma,\ V(x) = \sigma^2$	$E(\overline{x}) = \mu,\ D(\overline{x}) = \dfrac{\sigma}{\sqrt{n}},\ V(\overline{x}) = \dfrac{\sigma^2}{n}$

(2) 중심극한의 정리

평균이 μ이고 분산이 σ^2인 임의의 확률분포를 가지는 모집단으로부터 크기 n인 확률표본 $x_1,\ x_2,\ x_3,\ \cdots,\ x_n$ 을 취하였을 때, 시료의 평균($\overline{x} = \sum x_i\,/\,n$)은 시료의 크기 n이 충분히 클 때 대략 정규분포 $\overline{x} \sim N\left(\mu,\ \left(\dfrac{\sigma}{\sqrt{n}}\right)^2\right)$을 따른다.

◉ 표준편차

- 중심에서 얼마나 흩어졌는가를 수치적으로 표현하는 방법 중 하나로서, 분산의 제곱근 개념이 되며 개개의 데이터(x)의 표준편차(σ_x)와 평균($\overline{x}$)의 표준편차($\sigma_{\overline{x}}$)가 서로 다르게 나타난다.
- x의 표준편차 $\sigma_x = \sigma$이고, $\overline{x}$의 표준편차 $\sigma_{\overline{x}} = \dfrac{\sigma}{\sqrt{n}}$가 된다는 것을 반드시 기억해야 한다.

유의수준	양쪽의 경우	한쪽의 경우	비고
$\alpha = 0.05$	$u_{1-\alpha/2} = u_{0.975} = 1.960$	$u_{1-\alpha} = u_{0.95} = 1.645$	$P_r(u < u_\alpha) = \alpha$
$\alpha = 0.01$	$u_{1-\alpha/2} = u_{0.995} = 2.576$	$u_{1-\alpha} = u_{0.99} = 2.326$	$P_r(u > u_\alpha) = 1-\alpha,$ $P_r(u_{\alpha/2} < u < u_{1-\alpha/2}) = 1-\alpha$
$\alpha = 0.10$	$u_{1-\alpha/2} = u_{0.95} = 1.645$	$u_{1-\alpha} = u_{0.90} = 1.282$	$u_\alpha = -u_{1-\alpha}, \ u_{\alpha/2} = -u_{1-\alpha/2}$

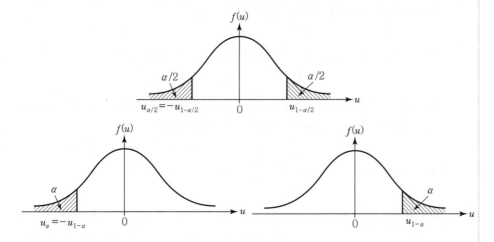

기본문제 *09-1*

다음 물음에 답하시오.

1. '평균이 μ이고 분산이 σ^2인 임의의 확률분포를 가지는 모집단으로부터 크기 n인 확률분포 $x_1, \ x_2, \ \cdots, \ x_n$ 을 취했을 때, 표본평균 $\bar{x} = \dfrac{\sum x_i}{n}$ 는 표본의 크기 n이 충분히 크면 대략 정규분포 $N\left(\mu, \ \dfrac{\sigma^2}{n}\right)$ 을 따른다.'를 증명하시오.

풀이 중심극한의 정리

$$E(\bar{x}) = E\left(\frac{x_1 + x_2 + \cdots + x_n}{n}\right) = \frac{1}{n} E(x_1 + x_2 + \cdots + x_n)$$

$$= \frac{1}{n} \left[E(x_1) + E(x_2) + \cdots + E(x_n) \right]$$

$$= \frac{1}{n} \underbrace{(\mu + \mu + \cdots + \mu)}_{n개} = \frac{1}{n} \times (n \times \mu) = \mu$$

⊙ 체비셰프의 정리

확률변수 X값이 평균(μ)으로부터 표준편차(σ)의 k배 이내에 있을 확률은 $\left(1 - \dfrac{1}{k^2}\right)$보다 작지 않다고 정의한다. 즉,

$$P_r(|X - \mu| < k\sigma) \geq \left(1 - \frac{1}{k^2}\right)$$
$$= P_r[(\mu - k\sigma) < X < (1 + k\sigma)]$$
$$\geq \left(1 - \frac{1}{k^2}\right)$$

$$V(\overline{x}) = V\left(\frac{x_1 + x_2 + \cdots + x_n}{n}\right) = \frac{1}{n^2} V(x_1 + x_2 + \cdots + x_n)$$

$$= \frac{1}{n^2}\left[V(x_1) + V(x_2) + \cdots + V(x_n)\right]$$

$$= \frac{1}{n^2}\underbrace{(\sigma^2 + \sigma^2 + \cdots + \sigma^2)}_{n개} = \frac{1}{n^2} \times (n \times \sigma^2) = \frac{\sigma^2}{n}$$

2. 모평균 $\mu = 12.0\,\mathrm{cm}$, 모분산 $\sigma^2 = 0.25\,\mathrm{cm}$의 정규분포를 따르는 제품이 있다. 11cm 이하의 제품이 나올 확률은?

(풀이) $P_r(x \leq 11) = P_r\left(u \leq \frac{11-12}{0.5}\right) = P_r(u \leq -2) = 0.0228$

3. 모평균이 100이고 모표준편차가 4인 정규모집단에서 16개의 시료를 랜덤하게 샘플링했을 때 그 시료평균이 98 이하가 나올 확률은?

(풀이) $P_r(\overline{x} \leq 98) = P_r\left(u \leq \frac{98-100}{4/\sqrt{16}}\right) = P_r(u \leq -2) = 0.0228$

기본문제 *09-2*

$x \sim N(100,\ 5^2)$의 모집단에서 n개의 시료를 뽑을 때 시료평균의 분포가 $\overline{x} \sim N(100,\ 1^2)$이 되었다면 시료의 크기 n은?

(풀이) $\sigma_{\overline{x}} = \dfrac{\sigma}{\sqrt{n}} = 1,\ \dfrac{5}{\sqrt{n}} = 1\ \ \therefore\ n = 25$

6. t 분포

(1) W. S. Gosset가 고안한 분포로서, 정규분포의 규준화 식 $u_0 = \dfrac{\overline{x} - \mu}{\sigma/\sqrt{n}}$에서

모표준편차(σ) 대신 시료의 표준편차(s)를 사용하며, 규준화 식은 $t_0 = \dfrac{\overline{x} - \mu}{s/\sqrt{n}}$

로 표시된다. t 분포는 자유도 ν에 의해 분포가 만들어지고, 분포의 모양은 정규분포와 거의 유사한 분포인 좌우대칭형 확률분포가 된다. 일명 Student의 t 분포라고도 한다.

(2) 자유도 ν인 t 분포를 따르는 확률변수 t의 기대치와 산포값은 다음과 같다.

$$E(t) = 0,\ \ D(t) = \sqrt{\frac{\nu}{\nu-2}},\ \ V(t) = \frac{\nu}{\nu-2}$$

(3) 특징

① σ 미지인 경우 평균치 검·추정에 사용된다.

② 자유도(ν)가 ∞로 가면 정규분포에 근사하게 된다.

③ 정규분포와의 관계 : $u_{1-\alpha/2} = t_{1-\alpha/2}(\infty)$

④ F 분포와의 관계

$$[t_{1-\alpha/2}(\nu)]^2 = F_{1-\alpha}(1, \nu), \ t_{1-\alpha/2}(\nu) = \sqrt{F_{1-\alpha}(1, \nu)}$$

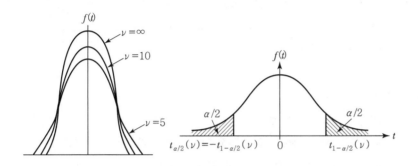

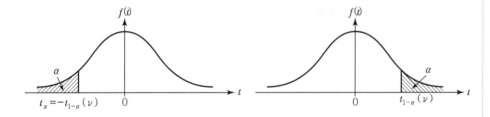

기본문제 10

$N(\mu = 100, \ \sigma^2 = ?)$의 모집단에서 $n = 15$의 시료를 랜덤으로 뽑아 $\overline{x}$를 계산 했을 때, 이 $\overline{x}$의 값이 $100 \pm y$ 밖으로 나가는 확률이 5%가 되는 값을 구하시오. [단, $t_{0.975}(14) = 2.145$, 시료의 분산은 $V = 16$]

풀이 $\overline{x} \pm t_{1-\alpha/2}(\nu) \dfrac{\sqrt{V}}{\sqrt{n}}$ 로부터 $y = 2.145 \times \dfrac{4}{\sqrt{15}} = 2.2153$

7. χ^2 분포

(1) Karl Pearson에 의해 고안된 분포로서, $u_1, u_2, \cdots, u_n$이 표준정규확률변수 $N(0, \ 1^2)$인 경우, $\chi^2 = u_1^2 + u_2^2 + \cdots + u_n^2$은 자유도가 n인 χ^2 분포가 된다.

그러므로 정규분포의 규준화 값과 χ^2 분포 값과는 $(u_{1-\alpha/2})^2 = \chi^2_{1-\alpha}(1)$이 성립하게 된다.

(2) χ^2 분포의 계산은 정규분포의 시료에서 제곱합(S)을 구한 후 모분산(σ^2)으로 나눈 값인 $\chi^2_0 = \dfrac{S}{\sigma^2}$로 정의된다.

(3) χ^2 분포는 한 개의 모집단의 모분산 검·추정에 주로 사용되며, 확률변수 x가 자유도$(\nu) = n - 1$의 χ^2 분포를 따르면 기대치와 산포값은 $E(x) = \nu$, $V(x) = 2\nu$가 된다.

(4) 특징
① 자유도 ν에 의해 분포의 모양이 결정된다.
② 자유도 ν가 증가할수록 오른쪽으로 꼬리가 길어지는 분포가 되다가 자유도 ν가 ∞가 되면, 좌우대칭의 분포가 된다.
③ 표준정규분포 확률변수 u^2의 분포와 $\nu = 1$인 χ^2 분포가 같다.
④ 정규분포와의 관계 : $(u_{1-\alpha/2})^2 = \chi^2_{1-\alpha}(1)$, $u_{1-\alpha/2} = \sqrt{\chi^2_{1-\alpha}(1)}$
⑤ F 분포와의 관계 : $\chi^2_{1-\alpha}(\nu) = \nu \times F_{1-\alpha}(\nu, \infty)$

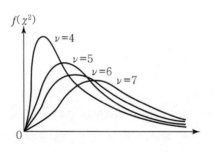
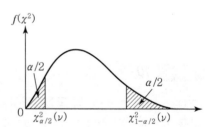

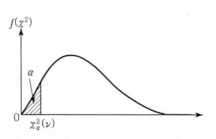
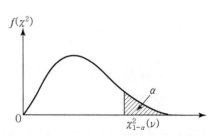

PART 1

PART 2

PART 3

PART 4

PART 5

PART 6

PART 7

기본문제 11

$N(\mu,\ 3.6^2)$인 모집단에서 $n = 10$의 시료를 랜덤샘플링해서 V를 계산했을 때, V의 값이 얼마 이상으로 되는 확률이 5%가 되는가?[단, $\chi_{0.950}^{\ 2}(9) = 16.92$]

풀이 $\chi_0^{\ 2} = \dfrac{S}{\sigma^2} = \dfrac{S}{3.6^2} = 16.92,\ S = 219.283 \rightarrow V = \dfrac{S}{n-1} = \dfrac{219.283}{9} = 24.365$

8. F 분포

(1) 두 집단의 모분산비의 검 · 추정에 사용되는 분포로서, 두 확률변수 $\chi_1^2,\ \chi_2^2$가 서로 독립이며, 각각의 자유도가 $\nu_1,\ \nu_2$인 χ^2 분포를 따를 때 확률변수 $F = \dfrac{\chi_1^2/\nu_1}{\chi_2^2/\nu_2}$은 자유도 $(\nu_1,\ \nu_2)$의 F 분포를 따른다고 정의한다. 이를 일반식으로 나타내면, $F_0 = \dfrac{V_1}{V_2}\left(\text{단},\ V_1 = \dfrac{S_1}{n_1-1},\ V_2 = \dfrac{S_2}{n_2-1}\right)$이 된다.

(2) 특징

① 자유도 ν_1에 비해 자유도 ν_2가 분포의 모양에 더 큰 영향을 미친다.

② σ 미지일 때 두 집단의 산포에 대한 검 · 추정 분포이다.

③ $F_\alpha(\nu_1,\ \nu_2) = \dfrac{1}{F_{1-\alpha}(\nu_2,\ \nu_1)}$

④ t 분포와의 관계

$\left[t_{1-\alpha/2}(\nu)\right]^2 = F_{1-\alpha}(1, \nu),\ t_{1-\alpha/2}(\nu) = \sqrt{F_{1-\alpha}(1, \nu)}$

⑤ χ^2 분포와의 관계 : $\chi_{1-\alpha}^2(\nu) = \nu \times F_{1-\alpha}(\nu, \infty)$

통계량	정의	기대치	표준편차
제곱합(S)	$\sum x_i^2 - (\sum x_i)^2/n$	$E(S) = \nu\sigma^2$	$D(S) = \sqrt{2\nu} \cdot \sigma^2$
시료분산(V)	$S/(n-1) = s^2 = V$	$E(V) = \sigma^2$	$D(V) = \sqrt{\dfrac{2}{n-1}} \cdot \sigma^2$
시료편차(s)	$\sqrt{S/(n-1)}$	$E(s) = c_4\sigma$	$E(s) = c_5\sigma$
범위(R)	$x_{max} - x_{min}$	$E(R) = d_2\sigma$	$D(R) = d_3\sigma$
중앙치($\tilde{x}$)	데이터를 크기순으로 놓을 때 그 중앙의 값	$E(\tilde{x}) = \mu$	$D(\tilde{x}) = m_3\dfrac{\sigma}{\sqrt{n}}$
범위중앙치(M)	$\dfrac{x_{max} + x_{min}}{2}$	$E(M) = \mu$	$D(M) = M_3\dfrac{\sigma}{\sqrt{n}}$

배가바이스

F 분포의 활용
- 회귀계수의 유무 검정
- 실험계획법에서 분산분석
- 두 집단의 분산비 검 · 추정

배가바이스

F 분포는 하측의 표값을 구할 수 없으므로 분산이 큰 값을 분자로 계산을 하여야 한다.

$F_\alpha(\nu_1,\ \nu_2) = \dfrac{1}{F_{1-\alpha}(\nu_2,\ \nu_1)}$

검정과 추정

01 검정과 추정의 기초이론

1. 가설의 검정

모수나 확률분포에 대하여 가설(귀무가설, 대립가설)을 설정하고, 이 가설의 성립 여부를 시료의 데이터로부터 통계적 분석을 통하여 귀무가설과 대립가설 중 하나를 결정하는 과정을 검정이라고 칭한다.

2. 검정의 용어

(1) 귀무가설(H_0)

검정의 대상이 되는 기준적인 가설로서 모집단의 변화가 없다는 것을 의미한다. 말 그대로 없었던 상태로 돌아간다는 뜻이며, 영(Zero)가설이라고도 한다.

(2) 대립가설(H_1)

귀무가설에 대립되는 가설로서 새로운 집단이 기존의 모집단과 달라졌다는 것을 의미하며, 연구가설이라고도 한다.

(3) 검정에서의 과오

① 제 1 종 과오(α) : 귀무가설이 참인데 참이 아니라고(거짓이라고) 판정하는 과오, 즉 귀무가설을 채택하여야 함에도 불구하고 귀무가설을 기각(대립가설을 채택)하는 과오로서 기각률, 위험률, 유의수준, 생산자 위험이라고도 한다.
② 제 2 종 과오(β) : 귀무가설이 참이 아닌 것(거짓)을 참이라고 판정하는 과오, 즉 귀무가설을 기각해야 함에도 불구하고 귀무가설을 채택(대립가설을 기각)하는 과오로서 소비자 위험이라고도 한다.

결과 \ 현상	H_0 사실(H_1 거짓)	H_0 거짓(H_1 사실)
H_0 채택(H_1 기각)	신뢰도($1-\alpha$)	제2종 과오(β)
H_0 기각(H_1 채택)	제1종 과오(α)	검출력($1-\beta$)

배가바이스

- α 증가(β 감소) : n, $1-\beta$, $|\mu - \mu_0|$, 기각역 증가
- β 증가(α 감소) : σ, 정밀도, 신뢰구간, 관리한계선 증가

α, β의 개념 이해	
제1종 과오(α)	참을 거짓이라고 판정하는 과오, 기각률, 생산자 위험
제2종 과오(β)	거짓을 참이라고 판정하는 과오, 소비자 위험
α와 β의 특수성	α가 증가하면 β는 감소, α가 감소하면 β는 증가(반비례 관계)
β값을 줄이려면	(α값을 증가시키려면) n을 증가시키든가 or σ를 감소시킨다.
$1-\beta$(검출력)	거짓을 거짓이라고 판정하는 능력
$1-\alpha$(신뢰율)	참을 참이라고 판정하는 능력

3. 검정 절차

"통계적으로 유의하다."의 의미

주어진 유의수준에서 귀무가설(H_0)이 틀리고 대립가설(H_1)이 옳다는 뜻으로 귀무가설을 기각하고, 대립가설을 채택한다는 의미가 된다. 즉, 검정에 이용되는 통계량의 실현치가 기각역에 들어간다는 것을 의미한다.

순서 1	• 귀무가설(H_0)과 대립가설(H_1)을 설정한다. • H_0 : 검정의 대상이 되는 가설 • H_1 : H_0가 성립하지 않을 때, 대립되는 가설		
	양쪽 검정	$H_0 : \mu = \mu_0$, $H_1 : \mu \neq \mu_0$	$H_0 : \sigma^2 = \sigma_0^2$, $H_1 : \sigma^2 \neq \sigma_0^2$
	한쪽 검정	• $H_0 : \mu \geq \mu_0$, $H_1 : \mu < \mu_0$ • $H_0 : \mu \leq \mu_0$, $H_1 : \mu > \mu_0$	• $H_0 : \sigma^2 \geq \sigma_0^2$, $H_1 : \sigma^2 < \sigma_0^2$ • $H_0 : \sigma^2 \leq \sigma_0^2$, $H_1 : \sigma^2 > \sigma_0^2$
순서 2	• 유의수준(기각률, 위험률) α, 검정력(검출력) : $1-\beta$를 결정한다. • 일반적으로 $\alpha = 0.05$, 0.01 • α : H_0가 성립되고 있음에도 불구하고 이것을 기각하는 과오(제1종 과오) • β : H_0가 성립되지 않음에도 불구하고 이것을 채택하는 과오(제2종 과오) • $1-\beta$: H_0가 성립되지 않을 때 이것을 기각하는 확률 • n이 클수록, $1-\beta$가 커질수록, σ^2이 작을수록, 관리도에서 $|\mu - \mu_0|$가 클수록 α가 증가하게 된다.		
순서 3	• 검정통계량을 계산한다. • H_0, H_1 중 하나를 채택하는 데 사용되는 통계량 • $u_0(\sigma$ 기지인 평균치검정), $t_0(\sigma$ 미지인 평균치검정) • $\chi_0^2(\sigma$ 기지인 하나의 모집단 분산검정), $F_0(\sigma$ 미지인 두 모집단 분산비 검정)		
순서 4	• 기각역(CR)을 설정한다. • H_0를 기각할 수 있는 영역을 의미한다.		
순서 5	• 판정 : 통계량과 기각역을 비교하여 유의성을 판정한다. • 검정통계량의 계산된 값이 기각역에 위치하면 H_0 기각, 채택역에 위치하면 H_0 채택		

➕ 플러스 이론

검정공식의 기본형태

① 평균치 검정통계량의 기본공식은 $\dfrac{평균치차}{표준편차}$가 된다. 그러므로 σ 기지인 경우의 공식은

$u_0 = \dfrac{\overline{x} - \mu_0}{\sigma/\sqrt{n}}$ 가 되고, σ 미지인 경우의 공식은 $t_0 = \dfrac{\overline{x} - \mu_0}{s/\sqrt{n}}$ 가 된다.

② σ 미지인 경우의 공식은 $t_0 = \dfrac{\overline{x} - \mu_0}{s/\sqrt{n}}$ 이지만, 샘플의 크기가 큰 경우($n \geq 30$)에는

σ 기지인 경우의 공식인 $u_0 = \dfrac{\overline{x} - \mu_0}{\sigma/\sqrt{n}}$ 로 근사시켜 풀어도 무방하게 된다.

③ 분산치 검정통계량의 기본공식은 분포의 특성상 다르게 $\left(\chi_0^2 = \dfrac{S}{\sigma_0^2},\ F_0 = \dfrac{V_1}{V_2} \right)$ 가 된다.

기본문제 12

다음은 유의수준으로 0.01과 0.05를 택할 때 어느 것이 더 바람직한가를 선택하는 문제이다. 맞는 것은?

① 제1종 과오를 적게 하기 위하여 0.01의 유의수준을 채택하는 것이 더 좋다.
② 제2종 과오를 적게 하기 위하여 0.01의 유의수준을 채택하는 것이 더 좋다.
③ 제1종 과오를 적게 하기 위하여 0.01보다 0.05의 유의수준을 채택하는 것이 더 좋다.
④ 제1종 과오나 제2종 과오는 유의수준과 관계가 없다.

풀이 제1종의 과오＝유의수준＝기각률＝위험률＝생산자 위험

➕ 정답 ①

○ 추정

표본(시료)의 정보로부터 모집단의 값인 모수를 추측하는 통계적 절차를 의미하는 것으로 통계적 추정 또는 모수의 추정이라고 한다.

4. 추정

추정은 점추정과 구간추정으로 크게 대별되며, 특히 그 구간 내에 포함될 확률의 구간추정에서는 신뢰율($1 - \alpha$)이 존재하게 되고, 이 신뢰율을 얼마로 하는가에 따라서 구간의 폭이 변화하게 된다.

(1) 점추정

표본의 정보로부터 모집단의 모수를 하나의 값으로 추정하는 것을 말하며, 기본적으로 점추정에는 다음과 같은 것들이 있다.

$$\hat{\mu} = \overline{x} \qquad \hat{\sigma^2} = s^2 = V \qquad \hat{\sigma} = s \ \text{또는} \ \dfrac{\overline{R}}{d_2} = \dfrac{\overline{s}}{c_4}$$

(2) 구간추정

어떤 정해진 구간 속에 모수가 포함되어 있을 것이라고 추정하는 것으로 이 구간이 모수를 포함할 확률을 신뢰율이라 하며, 이 구간을 신뢰구간이라고 한다. 양쪽 검정, 한쪽 검정에 따라서 구간추정도 양쪽 구간추정, 한쪽 구간추정으로 분리하여 구한다.

> **➕ 플러스 이론**
>
> 추정공식의 기본형태
> ① 평균치 추정의 기본공식은 평균치±신뢰도계수×표준편차가 된다. 그러므로 σ기지인 경우의 공식은 $\bar{x} \pm u_{1-\alpha/2}\dfrac{\sigma}{\sqrt{n}}$ 이 되고, σ미지인 경우의 공식은 $\bar{x} \pm t_{1-\alpha/2}(\nu)\dfrac{s}{\sqrt{n}}$ 이 된다.
> ② 분산치 추정의 기본공식은 분포가 좌우대칭이 되지 아니하므로, 하한값 $\leq \hat{\sigma^2} \leq$ 상한값 의 형태가 된다.
> ③ 한쪽 검정의 경우, 커졌다는 검정결과가 나오면 하한값을, 작아졌다는 검정결과가 나오면 상한값을 구하게 된다.

(3) 추정량의 결정기준

① **불편성**

추정량의 기대치가 추정할 모수의 실제 값과 같을 때, 이 추정량은 불편성을 가졌다고 하며, 이때 추정량을 불편추정량이라 한다. 이 불편성의 원칙에 의해 모집단의 모표준편차(σ)를 추정하는 데에는 표본의 표준편차(s)가 불편추정치가 된다.

② **유효성(효율성), 최소분산성**

시료에서 계산된 추정량은 모집단의 모수에 근접하여야 하는데, 이렇게 되기 위해서는 모수를 기준으로 하여 추정량의 분산이 작아야 한다는 원칙이다. 추정량의 분산도가 더욱 작은 추정량이 보다 더 바람직한 추정량이 된다는 성질이다.

③ **일치성**

시료의 크기가 크면 클수록 추정량이 모수에 일치하게 되는 추정량을 말한다.

④ **충분성(충족성)**

추정량이 모수에 대하여 모든 정보를 제공한다고 하면 그 추정량은 충분성이 있다고 한다.

추정량의 성질 중 표본의 크기가 커지면 추정값은 모수에 가까워지게 되는 성질을 무엇이라 하는가?

① 불편성　　　　② 유효성　　　　③ 일치성　　　　④ 충분성

＋정답　③

어떤 제품의 특성이 정규분포를 따르고 모집단의 표준편차가 알려진 경우, 모평균을 추정할 때의 설명 중 가장 관계가 먼 것은?

① 신뢰도$(1-\alpha)$가 높아지면 추정의 폭은 넓어진다.
② 모집단의 분산이 커지면 신뢰구간은 좁아진다.
③ n이 커지면 추정의 폭은 $\sqrt{n}$에 비례하여 좁아진다.
④ 샘플 크기가 작으면 신뢰구간은 넓어진다.

풀이 모집단의 분산이 커지면 신뢰구간도 넓어진다.
$$\left(\overline{x} \pm u_{1-\alpha/2}\frac{\sigma}{\sqrt{n}}\right)$$

＋정답　②

02 　계량치의 검정과 추정

1. 모평균에 관한 검·추정

(1) 검정

예제
평균치 검정(σ 기지)

A사에서 생산하는 강철봉의 길이는 평균 2.8m, 표준편차 0.20인 정규분포를 따르는 것으로 알려져 있다. 25개의 강철봉의 길이를 측정하여 구한 평균이 2.73m라면 평균이 작아졌다고 할 수 있는가를 유의수준 5%로 검정할 때, 기각역(R)과 검정통계량(u_0)의 값은?

풀이
한쪽 검정
• 기각역 $R = \{u_0 < -1.645\}$
• 검정통계량 $u_0 = \dfrac{\overline{x}-\mu_0}{\sigma/\sqrt{n}}$
$= \dfrac{2.73 - 2.80}{0.20/\sqrt{25}}$
$= -1.75$

기본 가정	귀무 가설	대립 가설	통계량	기각역	비고
σ^2 기지	$\mu = \mu_0$	$\mu \neq \mu_0$	$u_0 = \dfrac{\overline{x}-\mu_0}{\sigma/\sqrt{n}}$	$u_0 > u_{1-\alpha/2}$ 또는 $u_0 < -u_{1-\alpha/2}$	$n \geq \left(\dfrac{u_{1-\alpha/2}+u_{1-\beta}}{\mu-\mu_0}\right)^2 \cdot \sigma^2$
	$\mu \geq \mu_0$	$\mu < \mu_0$		$u_0 < -u_{1-\alpha}$	$n \geq \left(\dfrac{u_{1-\alpha}+u_{1-\beta}}{\mu-\mu_0}\right)^2 \cdot \sigma^2$
	$\mu \leq \mu_0$	$\mu > \mu_0$		$u_0 > u_{1-\alpha}$	
σ^2 미지	$\mu = \mu_0$	$\mu \neq \mu_0$	$t_0 = \dfrac{\overline{x}-\mu_0}{s/\sqrt{n}}$	$t_0 > t_{1-\alpha/2}(\nu)$ 또는 $t_0 < -t_{1-\alpha/2}(\nu)$	$-t_{1-\alpha}(\nu) = t_\alpha(\nu)$
	$\mu \geq \mu_0$	$\mu < \mu_0$		$t_0 < -t_{1-\alpha}(\nu)$	
	$\mu \leq \mu_0$	$\mu > \mu_0$		$t_0 > t_{1-\alpha}(\nu)$	

PART 1

PART 2

PART 3

PART 4

PART 5

PART 6

PART 7

기본문제 14

어떤 기계공장에서 프레스된 부품의 직경의 기준치는 7.95mm, 표준편차 $\sigma = 0.03$ mm라는 것을 알고 있었다. 이 제조공정 일부를 변경하여 10개의 표본을 랜덤으로 샘플링해서 측정한 결과가 다음과 같다고 하자. 프레스된 부품의 직경이 달라졌다고 할 수 있겠는가?(단, $u_{0.975} = 1.96$, $u_{0.995} = 2.576$)

(단위 : mm)

| 7.92 | 7.94 | 7.90 | 7.93 | 7.92 | 7.92 | 7.93 | 7.91 | 7.94 | 7.95 |

풀이 σ를 알 때 모평균검정(양쪽 검정)

① 가설 $H_0 : \mu = \mu_0$, $H_1 : \mu \neq \mu_0$

② 유의수준 $\alpha = 0.05$, 0.01

③ 검정통계량 $u_0 = \dfrac{\overline{x} - \mu_0}{\sigma / \sqrt{n}} = \dfrac{7.926 - 7.95}{0.03 / \sqrt{10}} = -2.530$

④ 기각역 $u_0 > u_{1-\alpha/2}$, $u_0 < -u_{1-\alpha/2}$

⑤ 판정 $u_0(-2.53) < -u_{0.975}(-1.96)$, $u_0(-2.53) > -u_{0.995}(-2.576)$

∴ 유의수준 5%로 H_0를 기각하고 유의수준 1%로 H_0를 채택한다. 즉, 유의수준 5%로 달라졌다고 할 수 있고 유의수준 1%로는 달라졌다고 할 수 없다.

(2) 추정

기본가정	대립가설	신뢰구간	비고
σ^2 기지	$\mu \neq \mu_0$	$\hat{\mu}_{U \cdot L} = \overline{x} \pm u_{1-\alpha/2} \dfrac{\sigma}{\sqrt{n}}$	$u_{0.975} = 1.960$ $u_{0.995} = 2.576$
	$\mu < \mu_0$	$\hat{\mu}_U = \overline{x} + u_{1-\alpha} \dfrac{\sigma}{\sqrt{n}}$	$u_{0.90} = 1.282$ $u_{0.95} = 1.645$
	$\mu > \mu_0$	$\hat{\mu}_L = \overline{x} - u_{1-\alpha} \dfrac{\sigma}{\sqrt{n}}$	$u_{0.99} = 2.326$
σ^2 미지	$\mu \neq \mu_0$	$\hat{\mu}_{U \cdot L} = \overline{x} \pm t_{1-\alpha/2}(\nu) \dfrac{s}{\sqrt{n}}$	
	$\mu < \mu_0$	$\hat{\mu}_U = \overline{x} + t_{1-\alpha}(\nu) \dfrac{s}{\sqrt{n}}$	
	$\mu > \mu_0$	$\hat{\mu}_L = \overline{x} - t_{1-\alpha}(\nu) \dfrac{s}{\sqrt{n}}$	

예제

평균치 추정(σ 기지)

모평균에 대한 추정의 95% 오차 한계를 5 이하로 하기를 원할 때, 필요한 최소한 표본의 크기는? (단, 모표준편차는 30이다.)

풀이

$\beta_{\overline{x}} = \pm u_{1-\alpha/2} \dfrac{\sigma}{\sqrt{n}}$ 에서

$5 = \pm 1.96 \times \dfrac{30}{\sqrt{n}}$

∴ $n = 138.297 = 139$

15-1

어떤 제품의 품질특성을 측정한 결과 다음과 같은 값을 얻었다. 이 품질특성의 표준편차는 $\sigma = 0.03$이다. 95% 신뢰구간으로 모평균을 구간추정하시오(소수점 셋째 자리까지).

[측정 결과]

| 7.92 | 7.94 | 7.90 | 7.93 | 7.92 | 7.92 | 7.93 | 7.91 | 7.94 | 7.95 |

풀이 $\mu = \bar{x} \pm u_{1-\alpha/2} \dfrac{\sigma}{\sqrt{n}} = 7.926 \pm 1.96 \times \dfrac{0.03}{\sqrt{10}} = (7.907 \sim 7.945)$

15-2

Y제품의 로트로부터 10개의 시료를 랜덤 샘플링하여 경도를 측정한 결과 다음과 같은 데이터를 얻었다. 이 제품의 경도의 모평균에 대한 95% 신뢰구간을 구하면 약 얼마인가?(소수점 셋째 자리까지)[단, $t_{0.975}(9) = 2.262$, $t_{0.975}(10) = 2.228$, $t_{0.95}(9) = 1.833$, $t_{0.95}(10) = 1.812$]

[데이터]

| 7.92 | 7.94 | 7.90 | 7.93 | 7.92 | 7.92 | 7.93 | 7.91 | 7.94 | 7.95 |

풀이 $\bar{x} \pm t_{1-\alpha/2}(\nu) \dfrac{s}{\sqrt{n}} = 7.926 \pm 2.262 \times \dfrac{0.0151}{\sqrt{10}} = (7.915 \sim 7.937)$

15-3

어떤 정규모집단으로부터 $n = 9$의 랜덤샘플을 추출, $\bar{x}$를 구하여 $H_0 : \mu = 58$, $H_1 : \mu \neq 58$의 가설을 1%의 유의수준으로 검정하려고 한다. 만일 $\sigma = 6$이라면 채택역은?[단, $u_{0.975} = 1.96$, $u_{0.995} = 2.576$, $t_{0.975}(8) = 2.306$, $t_{0.995}(8) = 3.355$이다.]

풀이 $\bar{x}_{U \cdot L} = 58 \pm u_{0.995} \dfrac{6}{\sqrt{9}} = (52.848,\ 63.152)$

2. 모평균 차에 관한 검·추정

(1) 검정

기본 가정	귀무 가설	통계량	기각역	비고
σ_1^2, σ_2^2 기지	$\mu_1 = \mu_2$	$u_0 = \dfrac{\overline{x_1} - \overline{x_2}}{\sqrt{\dfrac{\sigma_1^2}{n_1} + \dfrac{\sigma_2^2}{n_2}}}$	$u_0 > u_{1-\alpha/2}$ 또는 $u_0 < -u_{1-\alpha/2}$	$n \geq \left(\dfrac{u_{1-\alpha/2} + u_{1-\beta}}{\mu_1 - \mu_2}\right)^2 (\sigma_1^2 + \sigma_2^2)$
	$\mu_1 \geq \mu_2$		$u_0 < -u_{1-\alpha}$	$n \geq \left(\dfrac{u_{1-\alpha} + u_{1-\beta}}{\mu_1 - \mu_2}\right)^2 (\sigma_1^2 + \sigma_2^2)$
	$\mu_1 \leq \mu_2$		$u_0 > u_{1-\alpha}$	
σ_1^2, σ_2^2 미지 $(\sigma_1^2 = \sigma_2^2)$	$\mu_1 = \mu_2$	$t_0 = \dfrac{\overline{x_1} - \overline{x_2}}{\sqrt{s^2\left(\dfrac{1}{n_1} + \dfrac{1}{n_2}\right)}}$	$t_0 > t_{1-\alpha/2}(\nu)$ 또는 $t_0 < -t_{1-\alpha/2}(\nu)$	$\nu = n_1 + n_2 - 2$ $s^2 = \dfrac{S_1 + S_2}{n_1 + n_2 - 2} = V$
	$\mu_1 \geq \mu_2$		$t_0 < -t_{1-\alpha}(\nu)$	
	$\mu_1 \leq \mu_2$		$t_0 > t_{1-\alpha}(\nu)$	
σ_1^2, σ_2^2 미지 $(\sigma_1^2 \neq \sigma_2^2)$	$\mu_1 = \mu_2$	$t_0 = \dfrac{\overline{x_1} - \overline{x_2}}{\sqrt{\dfrac{s_1^2}{n_1} + \dfrac{s_2^2}{n_2}}}$	$t_0 > t_{1-\alpha/2}(\nu^*)$ 또는 $t_0 < -t_{1-\alpha/2}(\nu^*)$	$\nu^*(= 등가자유도)$ $\nu = \dfrac{\left(\dfrac{s_1^2}{n_1} + \dfrac{s_2^2}{n_2}\right)^2}{\dfrac{(s_1^2/n_1)^2}{\nu_1} + \dfrac{(s_2^2/n_2)^2}{\nu_2}}$
	$\mu_1 \geq \mu_2$		$t_0 < -t_{1-\alpha}(\nu^*)$	
	$\mu_1 \leq \mu_2$		$t_0 > t_{1-\alpha}(\nu^*)$	

➕ 플러스 이론

분산의 가법성(加法性)과 등가자유도

① 평균치 차의 검정에서 분모의 값이 $\sqrt{\dfrac{\sigma_1^2}{n_1} + \dfrac{\sigma_2^2}{n_2}}$ 으로 되는 이유는 두 집단의 평균치 차의 표준편차는 각 집단의 분산값을 더한 후, 그 로트로 표준편차를 만들기 때문이다.

② 이를 분산의 가법성이라 칭하며, 분산은 산포값이기 때문에 절대 뺄 수 없고 무조건 더해야 한다.

③ 두 집단의 평균치 차를 검정할 때는 ㉠ σ_1^2, σ_2^2 미지, $\sigma_1^2 = \sigma_2^2$, ㉡ σ_1^2, σ_2^2 미지, $\sigma_1^2 \neq \sigma_2^2$로 구분된다. ㉠의 경우는 비록 모집단의 분산은 미지이나 등분산성($\sigma_1^2 = \sigma_2^2$)이 증명되었다면 자유도는 두 집단의 공통자유도 개념인 $\nu = n_1 + n_2 - 2$가 사용되지만, ㉡의 경우는 등분산성 이 아니라고 증명되었으므로($\sigma_1^2 \neq \sigma_2^2$), 공통자유도를 사용할 수 없게 된다. 이때 t 분포값을

찾을 경우 자유도는 Satterthwaite의 자유도(등가자유도) $\nu^* = \dfrac{\left(\dfrac{s_1^2}{n_1} + \dfrac{s_2^2}{n_2}\right)^2}{\dfrac{(s_1^2/n_1)^2}{\nu_1} + \dfrac{(s_2^2/n_2)^2}{\nu_2}}$ 을

활용하여야만 보다 정확한 검·추정이 가능하다.

A사 제품과 B사 제품의 재료로트에서 각각 표본 11개 및 14개를 랜덤으로 샘플링하여 인장강도를 측정한 결과는 다음과 같다. A사 제품과 B사 제품의 재료의 인장강도의 모평균에 차가 있다고 할 수 있겠는가?(표준편차는 각각 $\sigma_A = 5.0$ kg/mm², $\sigma_B = 4.0$ kg/mm²이다.)

A사	46	47	38	46	45	44	38	48	33	37	42	$\sum = 464$
B사	37	46	35	41	39	41	43	33	35	31	35	33	39	34	$\sum = 522$

풀이 σ를 알 때 평균치 차의 검정

① $H_0 : \mu_A = \mu_B$, $H_1 : \mu_A \neq \mu_B$

② $\overline{x_A} = 42.18$, $\overline{x_B} = 37.29$

③ $u_0 = \dfrac{\overline{x_A} - \overline{x_B}}{\sqrt{\dfrac{\sigma_A^2}{n_A} + \dfrac{\sigma_B^2}{n_B}}} = \dfrac{42.18 - 37.29}{\sqrt{\dfrac{5^2}{11} + \dfrac{4^2}{14}}} = 2.646$

④ $u_{0.975} = 1.96$, $u_{0.995} = 2.576$

⑤ $u_0 = 2.646 > u_{0.995}$, 유의수준 1%로 차가 있다고 할 수 있다.

(2) 추정

기본가정		대립가설	신뢰구간
σ_1^2, σ_2^2 기지		$\mu_1 \neq \mu_2$	$(\widehat{\mu_1 - \mu_2})_{U \cdot L} = (\overline{x_1} - \overline{x_2}) \pm u_{1-\alpha/2}\sqrt{\dfrac{\sigma_1^2}{n_1} + \dfrac{\sigma_2^2}{n_2}}$
		$\mu_1 < \mu_2$	$(\widehat{\mu_1 - \mu_2})_U = (\overline{x_1} - \overline{x_2}) + u_{1-\alpha}\sqrt{\dfrac{\sigma_1^2}{n_1} + \dfrac{\sigma_2^2}{n_2}}$
		$\mu_1 > \mu_2$	$(\widehat{\mu_1 - \mu_2})_L = (\overline{x_1} - \overline{x_2}) - u_{1-\alpha}\sqrt{\dfrac{\sigma_1^2}{n_1} + \dfrac{\sigma_2^2}{n_2}}$
σ_1^2, σ_2^2 미지	$\sigma_1^2 = \sigma_2^2$ 가정	$\mu_1 \neq \mu_2$	$(\widehat{\mu_1 - \mu_2})_{U \cdot L}$ $= (\overline{x_1} - \overline{x_2}) \pm t_{1-\alpha/2}(n_1 + n_2 - 2)\sqrt{s^2\left(\dfrac{1}{n_1} + \dfrac{1}{n_2}\right)}$
		$\mu_1 < \mu_2$	$(\widehat{\mu_1 - \mu_2})_U$ $= (\overline{x_1} - \overline{x_2}) + t_{1-\alpha}(n_1 + n_2 - 2)\sqrt{s^2\left(\dfrac{1}{n_1} + \dfrac{1}{n_2}\right)}$
		$\mu_1 > \mu_2$	$(\widehat{\mu_1 - \mu_2})_L$ $= (\overline{x_1} - \overline{x_2}) - t_{1-\alpha}(n_1 + n_2 - 2)\sqrt{s^2\left(\dfrac{1}{n_1} + \dfrac{1}{n_2}\right)}$

PART 1
PART 2
PART 3
PART 4
PART 5
PART 6
PART 7

기본문제 16-2

A사 제품과 B사 제품의 재료로트에서 각각 표본 11개 및 14개를 랜덤으로 샘플링하여 인장강도를 측정한 결과는 다음과 같다. 모평균차($\mu_A - \mu_B$)에 대한 95% 신뢰구간으로 구간추정을 실시하시오(표준편차는 각각 $\sigma_A = 5.0 \, \text{kg/mm}^2$, $\sigma_B = 4.0$ kg/mm²이다).

A사	46	47	38	46	45	44	38	48	33	37	42	$\Sigma = 464$
B사	37	46	35	41	39	41	43	33	35	31	35	33	39	34	$\Sigma = 522$

풀이 $\overline{x_A} = \dfrac{464}{11} = 42.18, \quad \overline{x_B} = \dfrac{522}{14} = 37.29$

$$(\widehat{\mu_A - \mu_B})_{U \cdot L} = (\overline{x_A} - \overline{x_B}) \pm u_{1-\alpha/2} \sqrt{\frac{\sigma_A^2}{n_A} + \frac{\sigma_B^2}{n_B}}$$

$$= (42.18 - 37.29) \pm 1.96 \times \sqrt{\frac{5^2}{11} + \frac{4^2}{14}} = (1.27, \ 8.51)$$

3. 대응 있는 두 조의 모평균 차에 관한 검·추정

앞서 설명된 두 집단의 모평균 차와 대응 있는 두 조의 모평균 차는 근본적으로 의미가 다르다. 대응 있는 두 조란 같은 집단의 데이터에서 측정방법 등을 달리한다는 의미이므로 두 집단이 아니라 한 집단에서 측정방법 등의 차에 대한 검·추정이 된다.

(1) 검정

기본 가정	귀무 가설	통계량	기각역	비고
σ_d^2 기지	$\Delta = \Delta_0$	$u_0 = \dfrac{\bar{d} - \Delta_0}{\dfrac{\sigma_d}{\sqrt{n}}}$	$u_0 > u_{1-\alpha/2}$ 또는 $u_0 < -u_{1-\alpha/2}$	$-u_{1-\alpha} = u_\alpha$
	$\Delta \geq \Delta_0$		$u_0 < -u_{1-\alpha}$	
	$\Delta \leq \Delta_0$		$u_0 > u_{1-\alpha}$	
σ_d^2 미지	$\Delta = \Delta_0$	$t_0 = \dfrac{\bar{d} - \Delta_0}{\dfrac{s_d}{\sqrt{n}}}$	$t_0 > t_{1-\alpha/2}(\nu)$ 또는 $t_0 < -t_{1-\alpha/2}(\nu)$	$d_i = x_{A_i} - x_{B_i}, \ \bar{d} = \dfrac{\sum d_i}{n}$ $S_d = \sum(d_i - \bar{d})^2$ $= \sum d_i^2 - \dfrac{(\sum d_i)^2}{n}$ $s_d = \sqrt{\dfrac{S_d}{n-1}}$
	$\Delta \geq \Delta_0$		$t_0 < -t_{1-\alpha}(\nu)$	
	$\Delta \leq \Delta_0$		$t_0 > t_{1-\alpha}(\nu)$	

(2) 추정

기본가정	대립가설	신뢰구간
σ_d^2 기지	$\Delta \neq \Delta_0$	$(\widehat{\mu_1 - \mu_2})_{U \cdot L} = \bar{d} \pm u_{1-\alpha/2} \dfrac{\sigma_d}{\sqrt{n}}$
	$\Delta < \Delta_0$	$(\widehat{\mu_1 - \mu_2})_{U} = \bar{d} + u_{1-\alpha} \dfrac{\sigma_d}{\sqrt{n}}$
	$\Delta > \Delta_0$	$(\widehat{\mu_1 - \mu_2})_{L} = \bar{d} - u_{1-\alpha} \dfrac{\sigma_d}{\sqrt{n}}$
σ_d^2 미지	$\Delta \neq \Delta_0$	$(\widehat{\mu_1 - \mu_2})_{U \cdot L} = \bar{d} \pm t_{1-\alpha/2}(\nu) \dfrac{s_d}{\sqrt{n}}$
	$\Delta < \Delta_0$	$(\widehat{\mu_1 - \mu_2})_{U} = \bar{d} + t_{1-\alpha}(\nu) \dfrac{s_d}{\sqrt{n}}$
	$\Delta > \Delta_0$	$(\widehat{\mu_1 - \mu_2})_{L} = \bar{d} - t_{1-\alpha}(\nu) \dfrac{s_d}{\sqrt{n}}$

기본문제 17

작업자 A, B가 같은 부품의 길이를 측정한 결과 다음과 같은 데이터가 얻어졌다. 이 두 작업자측정치의 모평균에 차가 있다고 할 수 있는지를 유의수준 5%로 검정하시오.[단, 자유도 5인 t 분포의 양측 5% 점 $t_{0.975}(5) = 2.571$이다.]

데이터 조	1	2	3	4	5	6
A	84	85	70	75	81	75
B	79	78	83	86	80	87

풀이 대응 있는 모평균 차의 양측검정

데이터 조	1	2	3	4	5	6	계	평균($\bar{d}$)
차 $(d_i = x_{Ai} - x_{Bi})$	5	7	-13	-11	1	-12	-23	-3.833333

① $H_0 : \Delta = 0, \ H_1 : \Delta \neq 0 \ (\Delta = \mu_A - \mu_B)$

② $t_0 = \dfrac{\bar{d}}{\dfrac{s_d}{\sqrt{n}}} = \dfrac{-3.833333}{\dfrac{9.174239}{\sqrt{6}}} = -1.0235$

③ $t_0 < -t_{1-\alpha/2}(5) = -2.571$이면 H_0를 기각한다.

④ $t_0 > -2.571$이므로 유의수준 5%로 H_0를 기각할 수 없다. 즉, 작업자 A, B 측정치의 모평균에 차가 있다고 할 수 없다.

4. 모분산에 관한 검 · 추정

(1) 검정

기본 가정	귀무 가설	대립 가설	통계량	기각역
σ^2 기지	$\sigma^2 = \sigma_0^2$	$\sigma^2 \neq \sigma_0^2$	$\chi_0^2 = \dfrac{S}{\sigma_0^2} = \dfrac{(n-1) \times s^2}{\sigma_0^2}$	$\chi_0^2 > \chi_{1-\alpha/2}^2(\nu)$ 또는 $\chi_0^2 < \chi_{\alpha/2}^2(\nu)$
	$\sigma^2 \geq \sigma_0^2$	$\sigma^2 < \sigma_0^2$		$\chi_0^2 < \chi_\alpha^2(\nu)$
	$\sigma^2 \leq \sigma_0^2$	$\sigma^2 > \sigma_0^2$		$\chi_0^2 > \chi_{1-\alpha}^2(\nu)$

기본문제 18

적층판의 어떤 품질특성을 개선하기 위하여 성분을 바꾸어서 시험품을 만들어 보았는데 적층판 '휘어지기'의 분산이 변하였다. 시제품의 로트로부터 10개의 표본을 랜덤으로 샘플링하여 측정한 결과 다음과 같은 데이터가 나왔다. 종래의 기준으로 설정한 수치 $\sigma^2 = 0.001$과 차가 있다고 할 수 있겠는가?[단, $\alpha = 0.05$, $\chi_{0.975}^2(9) = 19.02$, $\chi_{0.025}^2(9) = 2.70$]

(단위 : cm)

| 0.03 | -0.01 | -0.05 | -0.03 | 0.01 | -0.05 | 0.13 | -0.01 | 0.04 | -0.03 |

풀이
① $H_0 : \sigma^2 = \sigma_0^2$, $H_1 : \sigma^2 \neq \sigma_0^2$

② $S = (n-1) \times s^2 = 9 \times 0.0542^2 = 0.0264$

③ $\chi_0^2 = \dfrac{S}{\sigma_0^2} = \dfrac{(n-1) \times s^2}{\sigma_0^2} = \dfrac{0.0264}{0.001} = 26.4$

④ $\chi_0^2 = 26.4 > \chi_{0.975}^2(9) = 19.02$이므로 H_0를 기각, 즉 $\alpha = 0.05$로 모분산에 차가 있다고 할 수 있다.

(2) 추정

배가바이스

$\chi_0^2 = \dfrac{S}{\sigma_0^2} \Rightarrow \sigma^2 = \dfrac{S}{\chi^2}$

대립가설	신뢰구간
$\sigma^2 \neq \sigma_0^2$	$\dfrac{S}{\chi_{1-\alpha/2}^2(\nu)} \leq \widehat{\sigma^2} \leq \dfrac{S}{\chi_{\alpha/2}^2(\nu)}$ 또는 $\dfrac{(n-1) \times s^2}{\chi_{1-\alpha/2}^2(\nu)} \leq \widehat{\sigma^2} \leq \dfrac{(n-1) \times s^2}{\chi_{\alpha/2}^2(\nu)}$
$\sigma^2 < \sigma_0^2$	$\widehat{\sigma_U^2} = \dfrac{(n-1) \times s^2}{\chi_\alpha^2(\nu)}$
$\sigma^2 > \sigma_0^2$	$\widehat{\sigma_L^2} = \dfrac{(n-1) \times s^2}{\chi_{1-\alpha}^2(\nu)}$

PART 1
PART 2
PART 3
PART 4
PART 5
PART 6
PART 7

적층판의 성분을 변경하여 시작한 로트로부터 10개의 표본을 랜덤으로 샘플링하여 측정한 결과 다음과 같은 수치가 나왔다. 이때 특성치의 모분산에 대한 신뢰구간을 구하시오.[단, 신뢰율 95%, $\chi^2_{0.975}(9) = 19.02$, $\chi^2_{0.025}(9) = 2.70$]

(단위 : mm)

| 0.03 | −0.01 | −0.05 | −0.03 | 0.01 | −0.05 | 0.13 | −0.01 | 0.04 | −0.03 |

풀이 모분산 추정 : $\dfrac{S}{\chi^2_{1-\alpha/2}(\nu)} \leq \widehat{\sigma^2} \leq \dfrac{S}{\chi^2_{\alpha/2}(\nu)}$

① $S = (n-1) \times s^2 = 9 \times 0.0542^2 = 0.0264$

② $\chi^2_{0.975}(9) = 19.02$, $\chi^2_{0.025}(9) = 2.70$

③ $\dfrac{0.0264}{19.02} \leq \sigma^2 \leq \dfrac{0.0264}{2.7}$

$\rightarrow 0.00139 \leq \sigma^2 \leq 0.00978$

5. 모분산비에 관한 검 · 추정

(1) 검정

기본가정	귀무가설	대립가설	통계량	기각역
σ_1^2, σ_2^2 미지	$\sigma_1^2 = \sigma_2^2$	$\sigma_1^2 \neq \sigma_2^2$	$F_0 = \dfrac{V_1}{V_2}$	$F_0 > F_{1-\alpha/2}(\nu_1, \nu_2)$ 또는 $F_0 < F_{\alpha/2}(\nu_1, \nu_2)$
	$\sigma_1^2 \leq \sigma_2^2$	$\sigma_1^2 > \sigma_2^2$		$F_0 > F_{1-\alpha}(\nu_1, \nu_2)$
	$\sigma_1^2 \geq \sigma_2^2$	$\sigma_1^2 < \sigma_2^2$		$F_0 < F_{\alpha}(\nu_1, \nu_2)$

A원료와 B원료를 사용하여 제품을 생산할 때 제품의 순도를 측정한 결과 다음과 같은 값을 얻었다. 이때 A제품과 B제품의 분산비 F_0의 값은 얼마인가?

| A제품 : 74.9% | 73.5% | 72.5% | 75.1% | 74.3% |
| B제품 : 75.2% | 76.1% | 77.1% | 76.9% | 78.2% |

① 0.791 　　② 0.889 　　③ 1.102 　　④ 1.265

풀이 $V_A = 1.148$, $V_B = 1.265$이므로 $F_0 = \dfrac{V_B}{V_A}$로 계산한다(계산기 활용).

정답 ③

(2) 추정

기본가정	대립가설	신뢰구간
σ^2 미지	$\sigma_1^2 \neq \sigma_2^2$	$\dfrac{V_1 / V_2}{F_{1-\alpha/2}(\nu_1,\ \nu_2)} \leq \left(\widehat{\dfrac{\sigma_1^2}{\sigma_2^2}}\right) \leq \dfrac{V_1 / V_2}{F_{\alpha/2}(\nu_1,\ \nu_2)}$
	$\sigma_1^2 < \sigma_2^2$	$\left(\widehat{\dfrac{\sigma_1^2}{\sigma_2^2}}\right)_U = \dfrac{s_1^2 / s_2^2}{F_\alpha(\nu_1,\ \nu_2)}$
	$\sigma_1^2 > \sigma_2^2$	$\left(\widehat{\dfrac{\sigma_1^2}{\sigma_2^2}}\right)_L = \dfrac{s_1^2 / s_2^2}{F_{1-\alpha}(\nu_1,\ \nu_2)}$

기본문제 21

$\mu = 23.30$인 모집단에서 $n = 6$개를 추출하여 어떤 값을 측정한 결과는 [자료]와 같다. 모평균의 검정을 위하여 검정통계량(t_0)을 구하면 약 얼마인가?

[자료] $X_i = (x_i - 25) \times 10$으로 수치 변환하여 $\sum X_i = 20$, $\sum X_i^2 = 2{,}554$

풀이
- $x_i = \dfrac{1}{10} X_i + 25 \ \Rightarrow\ \bar{x} = \dfrac{1}{10}\bar{X} + 25 = 25.33$

- $V(x) = \left(\dfrac{1}{10}\right)^2 \cdot V(X) = 4.975$

$\therefore\ t_0 = \dfrac{\bar{x} - \mu_0}{\dfrac{s}{\sqrt{n}}} = \dfrac{\bar{x} - \mu_0}{\sqrt{\dfrac{V(x)}{n}}} = \dfrac{25.33 - 23.30}{\sqrt{\dfrac{4.975}{6}}} = 2.23$

기본문제 22

Y제조회사의 라인 1, 2에서 생산되는 품질특성에 대해 평균값의 차이를 추정하고자 10일 동안 품질특성을 측정하였더니 다음과 같았다. 2개 라인의 품질특성에 대한 모평균 차 $\mu_1 - \mu_2$에 대한 95% 신뢰구간을 구하면 약 얼마인가?[단, $t_{0.975}(18) = 2.101$, $t_{0.995}(18) = 2.878$이고, 두 모집단은 등분산이 성립되고 정규분포를 따르며 관리상태라고 가정한다.]

라인 1	1.3	1.9	1.4	1.2	2.1
	1.4	1.7	2.0	1.7	2.0
라인 2	1.8	2.3	1.7	1.7	1.6
	1.9	2.2	2.4	1.9	2.1

풀이 $(1.67 - 1.96) \pm 2.101 \times \sqrt{0.09139 \times \left(\dfrac{1}{10} + \dfrac{1}{10}\right)} = (-0.5740,\ -0.0060)$

① 계수치의 분포에는 초기하분포, 이항분포, 푸아송 분포가 있으나 계수치의 검·추정에 사용되는 분포는 이항분포(부적합품수, 부적합품률), 푸아송 분포(부적합수, 단위당 부적합수)가 이용된다. 그러나 해석을 보다 편리하게 하기 위해서는 계수치의 분포를 계량치의 대표적인 분포인 정규분포로 근사시켜 검·추정을 행하게 되는 것이 일반적이다.

② 계수치 검정통계량의 기본공식은 계량치에서 평균치 검정통계량의 형태와 같은 $\dfrac{평균치\ 차}{표준편차}$가 된다. 그러므로 모부적합품률의 검정공식은

$$u_0 = \frac{x - nP_0}{\sqrt{nP_0(1-P_0)}} = \frac{\dfrac{x}{n} - P_0}{\sqrt{\dfrac{P_0(1-P_0)}{n}}}$$ 가 되고, 모부적합수의 검정공식은

$$u_0 = \frac{x - m_0}{\sqrt{m_0}}$$ 가 된다.

③ 계수치 추정의 기본공식은 계량치에서 평균치 추정의 형태와 같은 평균치±신뢰도계수×표준편차가 된다. 그러므로 모부적합품률의 추정공식은

$$\hat{p} \pm u_{1-\alpha/2}\sqrt{\frac{\hat{p}(1-\hat{p})}{n}}$$ 가 되고, 모부적합수의 추정공식은 $x \pm u_{1-\alpha/2}\sqrt{x}$ 가 된다.

1. 모부적합품률에 관한 검·추정

모부적합품률에 관한 검·추정은 이항분포로 하여야 하나, 이항분포의 특징에서 $P_0 \leq 0.5,\ nP_0 \geq 5,\ n(1-P_0) \geq 5$일 때는 정규분포에 근사한다는 조건을 기본가정으로 하여 검·추정을 행하게 된다.

(1) 검정

배가바이스

시료의 부적합품률
$u_0 = \dfrac{-\,모부적합품률}{부적합품률의\ 표준편차}$

귀무가설	통계량	기각역	비고
$P = P_0$	$u_0 = \dfrac{\dfrac{x}{n} - P_0}{\sqrt{\dfrac{P_0(1-P_0)}{n}}}$	$u_0 > u_{1-\alpha/2}$ 또는 $u_0 < -u_{1-\alpha/2}$	• $\hat{p} = \dfrac{x}{n}$ • $u_0 = \dfrac{x - nP_0}{\sqrt{nP_0(1-P_0)}}$
$P \geq P_0$		$u_0 < -u_{1-\alpha}$	
$P \leq P_0$		$u_0 > u_{1-\alpha}$	

어떤 공정의 모부적합품률 $P = 0.118$이라는 것을 알고 있다. 이 공정으로부터 랜덤하게 100개의 표본을 샘플링하여 검사한 결과 5개의 부적합품이 나왔다. 부적합품이 나오는 방법이 달라졌다고 할 수 있겠는가?(단, $\alpha = 0.05$)

풀이 모부적합품의 검정 : $u_0 = \dfrac{\hat{p} - P_0}{\sqrt{\dfrac{P_0(1-P_0)}{n}}}$

$(\hat{p}$: 표본부적합품률, P_0 : 모부적합품률$)$

① $H_0 : P = P_0$, $H_1 : P \neq P_0$

② $\hat{p} = \dfrac{r}{n} = \dfrac{5}{100} = 0.05$, $P_0 = 0.118$

③ $u_0 = \dfrac{\hat{p} - P_0}{\sqrt{\dfrac{P_0(1-P_0)}{n}}} = \dfrac{0.05 - 0.118}{\sqrt{\dfrac{0.118(1-0.118)}{100}}} = -2.11$

④ $u_{0.025} = -1.96$

⑤ $u_0 = -2.11 < u_{0.025} = -1.96$

∴ H_0 기각, 부적합품이 나오는 방법이 달라졌다고 할 수 있다.

(2) 추정

배가바이스

신뢰구간 = 부적합품률 ± 신뢰도
계수 × 표준편차

대립가설	신뢰구간	비고
$P \neq P_0$	$\hat{P}_{U \cdot L} = \hat{p} \pm u_{1-\alpha/2}\sqrt{\dfrac{\hat{p}(1-\hat{p})}{n}}$	
$P < P_0$	$\widehat{P}_U = \hat{p} + u_{1-\alpha}\sqrt{\dfrac{\hat{p}(1-\hat{p})}{n}}$	점추정치 $P = \dfrac{x}{n} = \hat{p}$
$P > P_0$	$\widehat{P}_L = \hat{p} - u_{1-\alpha}\sqrt{\dfrac{\hat{p}(1-\hat{p})}{n}}$	

기본문제 **24**

합성수지를 프레스하고 있는 공정이 있다. 100개를 프레스하여 조사한 결과 그 중에 5개가 부적합품이었다. 95% 신뢰율일 때, 이 공정의 부적합품률온 어느 정도인가?

풀이 $\hat{p} \pm u_{1-\alpha/2}\sqrt{\dfrac{\hat{p}(1-\hat{p})}{n}} = 0.05 \pm 1.96\sqrt{\dfrac{0.05 \times 0.95}{100}} = (0.00728 \sim 0.09272)$

2. 모부적합품률 차의 검·추정

(1) 검정

$u_0 = \dfrac{\text{부적합품률 차}}{\text{부적합품률 차의 공통 표준편차}}$

귀무가설	통계량	기각역	비고
$P_A = P_B$	$u_0 = \dfrac{\widehat{p_A} - \widehat{p_B}}{\sqrt{\hat{p}(1-\hat{p})\left(\dfrac{1}{n_A} + \dfrac{1}{n_B}\right)}}$	$u_0 > u_{1-\alpha/2}$ 또는 $u_0 < -u_{1-\alpha/2}$	$\hat{p} = \dfrac{x_A + x_B}{n_A + n_B}$ $\widehat{p_A} = \dfrac{x_A}{n_A}$ $\widehat{p_B} = \dfrac{x_B}{n_B}$
$P_A \geq P_B$		$u_0 < -u_{1-\alpha}$	
$P_A \leq P_B$		$u_0 > u_{1-\alpha}$	

기본문제 25

다음과 같은 데이터가 있다. 부적합품률에 차이가 있다고 할 수 있겠는가?(단, α = 5%)

구분	양품 수	부적합품 수	계
A	905	95	1,000
B	850	50	900

풀이 $u_0 = \dfrac{\widehat{p_A} - \widehat{p_B}}{\sqrt{\hat{p}(1-\hat{p})\left(\dfrac{1}{n_A} + \dfrac{1}{n_B}\right)}}$ 에서 $\widehat{p_A} = \dfrac{x_A}{n_A}$, $\widehat{p_B} = \dfrac{x_B}{n_B}$, $\hat{p} = \dfrac{x_A + x_B}{n_A + n_B}$

① $H_0 : P_A = P_B$, $H_1 : P_A \neq P_B$

② $\hat{p} = \dfrac{x_A + x_B}{n_A + n_B} = \dfrac{95 + 50}{1,000 + 900} = 0.0763$

③ $\widehat{p_A} = \dfrac{x_A}{n_A} = \dfrac{95}{1,000} = 0.0950$, $\widehat{p_B} = \dfrac{x_B}{n_B} = \dfrac{50}{900} = 0.0556$

④ $u_0 = \dfrac{\widehat{p_A} - \widehat{p_B}}{\sqrt{\hat{p}(1-\hat{p})\left(\dfrac{1}{n_A} + \dfrac{1}{n_B}\right)}}$

$= \dfrac{0.0950 - 0.0556}{\sqrt{0.0763(1 - 0.0763)\left(\dfrac{1}{1,000} + \dfrac{1}{900}\right)}} = 3.2301$

⑤ $\alpha = 0.05$, $u_{1-\alpha/2} = 1.96$

⑥ $u_0 = 3.2301 > u_{0.975} = 1.96$

∴ $\alpha = 0.05$로 H_0를 기각한다.

(2) 추정

대립가설	신뢰구간
$P_A \neq P_B$	$\left(\widehat{P_A - P_B}\right)_{U \cdot L} = (\widehat{p_A} - \widehat{p_B}) \pm u_{1-\alpha/2} \sqrt{\dfrac{\widehat{p_A}(1-\widehat{p_A})}{n_A} + \dfrac{\widehat{p_B}(1-\widehat{p_B})}{n_B}}$
$P_A < P_B$	$\left(\widehat{P_A - P_B}\right)_{U} = (\widehat{p_A} - \widehat{p_B}) + u_{1-\alpha} \sqrt{\dfrac{\widehat{p_A}(1-\widehat{p_A})}{n_A} + \dfrac{\widehat{p_B}(1-\widehat{p_B})}{n_B}}$
$P_A > P_B$	$\left(\widehat{P_A - P_B}\right)_{L} = (\widehat{p_A} - \widehat{p_B}) - u_{1-\alpha} \sqrt{\dfrac{\widehat{p_A}(1-\widehat{p_A})}{n_A} + \dfrac{\widehat{p_B}(1-\widehat{p_B})}{n_B}}$

기본문제 26

어떤 합성수지제품을 프레스하는 공정에서 2대의 기계로 작업을 하는데, 그 기계의 성능을 비교하기 위하여 다음과 같은 데이터를 얻었다. 두 기계의 부적합품률 차의 신뢰구간을 구하시오.(단, $\alpha = 0.05$)

구분	양품 수	부적합품 수	계
A	905	95	1,000
B	850	50	900

풀이 ① $\widehat{p_A} = \dfrac{x_A}{n_A} = \dfrac{95}{1,000} = 0.0950$, $\widehat{p_B} = \dfrac{x_B}{n_B} = \dfrac{50}{900} = 0.0556$

② $(\widehat{p_A} - \widehat{p_B}) \pm u_{1-\alpha/2} \sqrt{\dfrac{\widehat{p_A}(1-\widehat{p_A})}{n_A} + \dfrac{\widehat{p_B}(1-\widehat{p_B})}{n_B}}$

$= (0.0950 - 0.0556) \pm 1.96 \sqrt{\dfrac{0.0950 \times (1 - 0.0950)}{1,000} + \dfrac{0.0556 \times (1 - 0.0556)}{900}}$

$= (0.01585 \sim 0.06295)$

3. 모부적합수에 관한 검 · 추정

모부적합수에 관한 검 · 추정은 푸아송 분포로 하여야 하나, 푸아송 분포의 특징에서 $m \geq 5$일 때는 정규분포에 근사한다는 조건을 기본가정으로 하여 검 · 추정을 행하게 된다.

(1) 검정

귀무가설	통계량	기각역	비고
$m = m_0$		$u_0 > u_{1-\alpha/2}$ 또는 $u_0 < -u_{1-\alpha/2}$	
$m \geq m_0$	$u_0 = \dfrac{c - m_0}{\sqrt{m_0}}$	$u_0 < -u_{1-\alpha}$	$u_0 = \dfrac{\left(\dfrac{c}{n}\right) - \hat{u}}{\sqrt{\dfrac{\hat{u}}{n}}}$
$m \leq m_0$		$u_0 > u_{1-\alpha}$	

기본문제 27

어떤 로트의 모부적합수 $m = 20.5$이었다. 작업방법을 변경한 후에는 표본 부적합수 $c = 11.0$이 되었다. 모부적합수가 달라졌다고 할 수 있겠는가?($\alpha = 0.05$)

풀이

① $H_0 : m = m_0,\ H_1 : m \neq m_0$

② $u_0 = \dfrac{c - m_0}{\sqrt{m_0}} = \dfrac{11.0 - 20.5}{\sqrt{20.5}} = -2.0982,\ u_{0.025} = -1.96$

∴ $u_0 = -2.0982 < u_{0.025} = -1.96$

③ $\alpha = 5\%$로 유의적이다. 즉, 모부적합수가 달라졌다고 할 수 있다.

(2) 추정

대립가설	신뢰구간	비고
$m \neq m_0$	$\hat{m}_{U \cdot L} = c \pm u_{1-\alpha/2}\sqrt{c}$	• 점추정치 $\hat{m} = c$
$m < m_0$	$\widehat{m}_U = c + u_{1-\alpha}\sqrt{c}$	• 단위당 부적합수 $\hat{U} = \dfrac{c}{n} = \hat{u}$
$m > m_0$	$\widehat{m}_L = c - u_{1-\alpha}\sqrt{c}$	$\hat{u} \pm u_{1-\alpha/2}\sqrt{\dfrac{\hat{u}}{n}}$

➕ 플러스 이론

단위당 부적합수의 구간추정

부적합수의 구간추정 공식은 $c \pm u_{1-\alpha/2}\sqrt{c}$가 되지만, 단위당 부적합수의 구간추정은 제품 1매당 구간추정의 개념이 되므로, 부적합수의 구간추정 공식에서 n이 나누어지면 된다. 즉, $\dfrac{1}{n}\left(c \pm u_{1-\alpha/2}\sqrt{c}\right) = \dfrac{c}{n} \pm u_{1-\alpha/2}\sqrt{\dfrac{c}{n^2}} = \hat{u} \pm u_{1-\alpha/2}\sqrt{\dfrac{\hat{u}}{n}}$ 이 된다. 여기서, $\hat{U} = \dfrac{c}{n} = \hat{u}$ 로 처리한다.

기본문제 *28-1*

어떤 직물공장에서 권취공정의 사절수는 10,000야드당 평균 14.8회였다. 기계의 일부를 개선하여 운전한 결과 10,000야드당 8회의 사절이 있었다. 개선된 기계의 10,000야드당 모사절수를 신뢰율 95%로 양쪽 구간추정하시오.

풀이 $c \pm u_{1-\alpha/2} \sqrt{c} = 8 \pm 1.96 \times \sqrt{8} = (2.456 \sim 13.544)$

기본문제 *28-2*

20매의 판유리에서 기포(층)가 8개 발견되었다고 할 때 판유리 1매당 모부적합(결점)수를 신뢰율 99%로 추정하면?(단, $u_{0.995} = 2.58$)

풀이 $\hat{u} = \dfrac{c}{n} = \dfrac{8}{20} = 0.4$

$\dfrac{1}{n}(c \pm u_{1-\alpha/2}\sqrt{c}) = \dfrac{1}{20}(8 \pm 2.58 \times \sqrt{8})$

또는 $\hat{u} \pm u_{1-\alpha/2}\sqrt{\dfrac{\hat{u}}{n}} = 0.4 \pm 2.58\sqrt{\dfrac{0.4}{20}} = (0.0351 \sim 0.7649)$

4. 모부적합수 차에 관한 검 · 추정

(1) 검정

배가바이스

$u_0 = \dfrac{\text{부적합수 차}}{\text{부적합수의 표준편차}}$

귀무가설	통계량	기각역
$m_A = m_B$		$u_0 > u_{1-\alpha/2}$ 또는 $u_0 < -u_{1-\alpha/2}$
$m_A \geq m_B$	$u_0 = \dfrac{c_A - c_B}{\sqrt{c_A + c_B}}$	$u_0 < -u_{1-\alpha}$
$m_A \leq m_B$		$u_0 > u_{1-\alpha}$

기본문제 *29*

어떤 뉴리공상에는 생산라인이 A, B 2개가 있다. A 공정에서는 10m²당 기포이 수가 40개였고 B공정에서는 10m²당 기포의 수가 56개 있었다. 두 공정의 기포 수 차를 검정하기 위한 u_0의 값을 구하시오.

풀이 2개의 모집단의 모부적합수의 차의 검정을 위한 검정통계량

$u_0 = \dfrac{c_A - c_B}{\sqrt{c_A + c_B}} = \dfrac{40 - 56}{\sqrt{40 + 56}} = -1.632$

(2) 추정

대립가설	신뢰한계	비고
$m_A \neq m_B$	$\left(\widehat{m_A - m_B}\right)_{U \cdot L} = (c_A - c_B) \pm u_{1-\alpha/2} \sqrt{c_A + c_B}$	
$m_A < m_B$	$\left(\widehat{m_A - m_B}\right)_U = (c_A - c_B) + u_{1-\alpha} \sqrt{c_A + c_B}$	$\widehat{m_A - m_B} = c_A - c_B$
$m_A > m_B$	$\left(\widehat{m_A - m_B}\right)_L = (c_A - c_B) - u_{1-\alpha} \sqrt{c_A + c_B}$	

기본문제 **30**

어떤 유리공장에는 생산라인이 A, B 2개가 있다. A공정에서는 10m²당 기포의 수가 40개였고 B공정에서는 10m²당 기포의 수가 56개 나타났다면, 기포 수 차를 신뢰구간 95%로 구간추정을 행하시오.

(풀이) $(c_A - c_B) \pm u_{1-\alpha/2} \sqrt{c_A + c_B} = (40 - 56) \pm 1.96 \times \sqrt{40 + 56}$
$$= (-35.204,\ 3.204)$$

04 적합도 검정

어떤 도수분포 형태의 데이터가 주어져 있는 경우에 그 데이터가 가지고 있는 확률분포가 정규분포, 푸아송 분포 등에 대응하는가 대응하지 않는가에 대한 검정을 할 때 사용하는데, 이때 검정방법은 산포를 검정하므로, χ^2 분포를 이용한다(계수형에 적합하다).

통계량	기각역	비고
$\chi^2_0 = \sum_{i=1}^{k} \dfrac{(o_i - e_i)^2}{e_i}$	$\chi^2_0 > \chi^2_{1-\alpha}(n-1)$ 또는 $\chi^2_0 > \chi^2_{1-\alpha}(k-p-1)$	o_i : 관측치, e_i : 기대치 n : 가짓수, k : 계급의 수 p : 모수의 개수

상관 및 회귀분석

01 산점도와 상관계수

1. 산점도(Scatter Diagram)

만약 측정치 x(독립변수)가 변화할 때 다른 측정치 y(종속변수)가 x에 따라 변화하는 관계가 있는 경우 이들 사이에는 상관이 있다고 하고 이와 같은 상관관계를 통계적으로 해석하는 방법을 상관분석(Correlation Analysis)이라고 한다. 일반적으로 산점도의 형태는 정상관, 부상관, 무상관으로 구분된다.

● 산점도
서로 대응관계에 있는 두 변량 데이터 x, y를 x축, y축 평면에 도시한 것을 산점도라 한다.

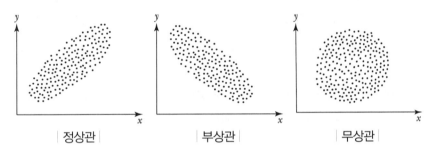

| 정상관 | 부상관 | 무상관 |

2. 상관계수(Correlation Coefficient)

서로 대응관계에 있는 두 변량 데이터 x, y의 관계를 상관관계라 하며, 상관관계는 x, y 간에 얼마나 선형적 형태를 취하는가를 파악하는 데 사용된다. 이때 상관의 정도를 수치적으로 표현한 것을 상관계수라 하는데, 모집단의 상관계수 ρ_{XY}와 시료의 상관계수 r_{xy}가 있다. 이에 대한 공식은 다음과 같다.

 배가바이스

상관계수는 독립변수 x와 종속변수 y의 직선관계만 알 수 있다.

- 모상관계수 $\rho_{XY} = \dfrac{\sigma_{xy}}{\sigma_x \, \sigma_y}$

  [단, $\sigma_{xy} = E(x-\mu_x)(y-\mu_y)$, $\sigma_x^2 = E(x-\mu_x)^2$, $\sigma_y^2 = E(y-\mu_y)^2$이다.]

- 시료의 상관계수 $r_{xy} = \dfrac{S(xy)}{\sqrt{S(xx)S(yy)}}$

  단, $S(xx) = \sum \left(x_i - \overline{x}\right)^2 = \sum x^2 - \dfrac{(\sum x)^2}{n}$

  $S(yy) = \sum \left(y_i - \overline{y}\right)^2 = \sum y^2 - \dfrac{(\sum y)^2}{n}$

$$S(xy) = \sum (x_i - \overline{x})(y_i - \overline{y}) = \sum xy - \frac{(\sum x)(\sum y)}{n}$$

r^2 : 기여율, 결정계수

$$V_{xy}(공분산) = \frac{S(xy)}{n-1}$$

공분산 $cov(X, Y)$는 측정단위변
화에 따라 값이 달라지지만, 상관계
수 r_{XY}는 측정단위변화에 따라 값
이 항상 일정하다.

(1) 상관계수의 성질

① 상관계수의 범위는 $-1 \le r_{xy} \le 1$이 된다.

② $r_{xy} = \pm 1$: 완전상관으로 x, y의 값이 완전한 직선적 관계를 유지한다.

③ 정상관 : x가 증가할 때 y도 증가하는 경우$(r_{xy} > 0)$

④ 부상관 : x가 증가할 때 y가 감소하는 경우$(r_{xy} < 0)$

⑤ 완전무상관 : $r_{xy} = 0$인 경우로서 x, y가 서로 관계가 없는 경우

⑥ r_{xy}의 값은 수치변환을 하여도 그 값에는 영향을 미치지 않는다.

⑦ 상관계수는 단위가 없다.

⊕ 플러스 이론

수치변환에 따른 상관계수

서로 대응하는 두 개의 변수 (x, y)의 상관계수(r_{xy})가 0.7이라고 할 때, 수치변환으로 $X_i = 1.5 \times (x_i + 25)$, $Y_i = 0.9 \times (y_i - 30)$으로 되었다면, 수치변환 후의 (X, Y)의 상관계수(r_{XY})는 변화가 없이 0.7이 된다.

기본문제 32

x, y의 시료 상관계수 r과 회귀계수 b를 구하기 위하여 $X = (x_i - 15) \times 10$, $Y = (y_i - 3) \times 100$인 데이터를 변수 변환하여 X, Y를 그대로 사용하였더니 X, Y의 상관계수 $r_{XY} = 0.37$이고 $b' = 0.234$이었다면 x, y의 상관계수 r_{xy}와 회귀계수 b의 값은?

풀이

• $r_{XY} = \dfrac{S(XY)}{\sqrt{S(XX)S(YY)}} = \dfrac{10 \times 100\, S(xy)}{\sqrt{10^2 S(xx) \times 100^2 S(yy)}} = r_{xy}$

• $b' = \dfrac{S(XY)}{S(XX)} = \dfrac{10 \times 100}{10^2}\, \dfrac{S(xy)}{S(xx)} = 10 \times \dfrac{S(xy)}{S(xx)} = 10 \times b(x, y)$

$\therefore b = \dfrac{1}{10} b' = \dfrac{1}{10} \times 0.234 = 0.0234$

다음의 표는 학생 7명의 국어성적과 영어성적이다.

학생번호	1	2	3	4	5	6	7	계
국어성적(x)	9	7	8	8	10	6	8	56
영어성적(y)	6	5	6	10	8	8	6	49

1. 국어성적(x)과 영어성적(y)의 상관계수를 구하시오.

① 0.0745   ② 0.745   ③ 0.961   ④ 0.0961

풀이 $S(xy) = \sum x_i y_i - \dfrac{\sum x_i \sum y_i}{n} = 1, \quad S(xx) = \sum x_i^2 - \dfrac{(\sum x_i)^2}{n} = 10$

$S(yy) = \sum y_i^2 - \dfrac{(\sum y_i)^2}{n} = 18$

$\therefore \ r_{xy} = \dfrac{S(xy)}{\sqrt{S(xx)\,S(yy)}} = \dfrac{1}{\sqrt{10 \times 18}} = 0.0745$ **+정답** ①

2. 국어성적(x)과 영어성적(y)의 결정계수를 구하시오.

풀이 $R^2 = (r_{xy})^2 = \dfrac{[S(xy)]^2}{S(xx)\,S(yy)} = \dfrac{1}{10 \times 18} = 0.00556$

---

02   상관에 관한 검·추정

1. 상관계수 유무 검정

모집단의 상관계수 ρ가 어떤 값을 가질 수 있는가, 즉 모상관계수의 값이 '0'인가 아닌가에 대한 가설검정으로서, 통계량과의 비교는 자유도가 $(n-2)$인 t 분포 또는 r 분포를 사용하여 검정을 행한다.

가설	$H_0 : \rho = 0, \ H_1 : \rho \neq 0$
기각역	$t_0 > t_{1-\alpha/2}(n-2)$ 또는 $t_0 < -t_{1-\alpha/2}(n-2)$
통계량	$t_0 = \dfrac{r}{\sqrt{\dfrac{1-(r)^2}{n-2}}} = r \cdot \sqrt{\dfrac{n-2}{1-(r)^2}}$
	$r_0 = \dfrac{S(xy)}{\sqrt{S(xx)\,S(yy)}}$

배가바이스

상관계수의 검·추정

① 유무 검정
- $H_0 : \rho = 0, \ H_1 : \rho \neq 0$
- $t_0 = \dfrac{r}{\sqrt{\dfrac{1-r^2}{n-2}}}$
- $r_0 = \dfrac{S(xy)}{\sqrt{S(xx)\,S(yy)}}$
  (단, $\nu \geq 10$)

② 유의성 검정
- $H_0 : \rho = \rho_0, \ H_1 : \rho \neq \rho_0$
- $u_0 = \dfrac{z_r - z_{\rho_0}}{\dfrac{1}{\sqrt{n-3}}}$
- $z_r = \dfrac{1}{2} \ln\left(\dfrac{1+r}{1-r}\right),$
  $z_{\rho_0} = \dfrac{1}{2} \ln\left(\dfrac{1+\rho_0}{1-\rho_0}\right)$

③ 상관계수의 추정
$\tanh\left(z_r \pm u_{1-\alpha/2} \dfrac{1}{\sqrt{n-3}}\right)$
$= \tanh\left(\tanh^{-1}(r) \pm u_{1-\alpha/2} \dfrac{1}{\sqrt{n-3}}\right)$

2. 모상관계수에 대한 유의성 검정과 추정

① 모집단의 상관계수 ρ 의 값에 변화가 있었는가($H_1 : \rho \neq \rho_0$) 없었는가 ($H_0 : \rho = \rho_0$)를 검정하는 것으로 n 의 크기가 비교적 큰 경우(보통 $n \geq 25$) 통계량과의 비교는 표준정규분포표 값으로 검정을 행한다. 수식의 편리상 $r = r_{xy}$로 두면, 이때 $Z = Z_r = \dfrac{1}{2}\ln\left(\dfrac{1+r}{1-r}\right)$은 공학용 계산기에서 $\tanh^{-1} r$ 로 계산하면 편리하다.

② 모상관계수 ρ 의 추정은 R. A. Fisher에 의해 고안된 것으로 정규분포의 구간추정을 사용한 후, 다시 상관계수 값으로 환원시켜야 됨에 주의하여야 한다.

가설	$H_0 : \rho = \rho_0,\ H_1 : \rho \neq \rho_0$	• $Z = \dfrac{1}{2}\ln\left(\dfrac{1+r}{1-r}\right)$
기각역	$Z_0 > u_{1-\alpha/2}$ 또는 $Z_0 < -u_{1-\alpha/2}$	• $E(Z) = \dfrac{1}{2}\ln\left(\dfrac{1+\rho_0}{1-\rho_0}\right)$
검정 통계량	$Z_0 = \sqrt{n-3}\left[\dfrac{1}{2}\ln\left(\dfrac{1+r}{1-r}\right) - \dfrac{1}{2}\ln\left(\dfrac{1+\rho_0}{1-\rho_0}\right)\right]$	• $V(Z) = \dfrac{1}{n-3}$
추정식	$Z \pm u_{1-\alpha/2}\sqrt{V(Z)} = Z \pm u_{1-\alpha/2}\dfrac{1}{\sqrt{n-3}}$	• $D(Z) = \dfrac{1}{\sqrt{n-3}}$
	$\tanh^{-1} r_L \leq E(Z) \leq \tanh^{-1} r_U$	• $Z = \dfrac{1}{2}\ln\left(\dfrac{1+r}{1-r}\right) = \tanh^{-1} r$
추정 환원식	$\tanh E(Z_L) \leq \rho \leq \tanh E(Z_U)$	• $r = \dfrac{e^{2Z}-1}{e^{2Z}+1} = \tanh Z$

기본문제 *34*

다음 주어진 값은 직물공장에서 어떤 직물에 대하여 물세탁에 의한 신축성 영향을 조사하기 위하여 150점을 골라 세탁 전(x), 세탁 후(y)의 길이를 재어서 작성하여 얻은 것이다. 다음 물음에 답하시오.

$$S(xx) = 1{,}072.5,\ \ S(yy) = 919.3,\ \ S(xy) = 607.6$$

1. $H_0 : \rho = 0,\ H_1 : \rho \neq 0$(무상관검정)에 대한 검정통계량($t_0$) 값은?

풀이 $t_0 = \dfrac{r}{\sqrt{\dfrac{1-(r)^2}{n-2}}} = \dfrac{0.612}{\sqrt{\dfrac{1-0.612^2}{150-2}}} = 9.414$

$t_0 = 9.414 > t_{0.975}(148) = u_{0.975} = 1.96$이므로 $\alpha = 0.05$로 H_0를 기각한다.

2. 이 직물공장에서는 평소에 $\rho = 0.75$라고 주장한다. 이때 검정을 위한 검정통계량(u_0) 값은?

> 풀이 $H_0 : \rho = 0.75$의 검정에서
>
> $$u_0 = \frac{Z_r - Z_\rho}{1/\sqrt{n-3}} = \frac{\tanh^{-1}(0.612) - \tanh^{-1}(0.75)}{1/\sqrt{150-3}} = -3.163$$
>
> $u_0 = -3.163 < u_{0.025} = -1.96$이므로 $\alpha = 0.05$로 H_0를 기각한다.

3. $\alpha = 0.05$로 모상관계수(ρ)를 구간추정하면?

> 풀이 $Z_\rho = Z_r \pm u_{1-\alpha/2} \dfrac{1}{\sqrt{n-3}}$
>
> $$\rho = \tanh\left\{\tanh^{-1} r_{xy} \pm u_{1-\alpha/2} \frac{1}{\sqrt{n-3}}\right\} = \tanh\left\{\tanh^{-1}(0.612) \pm 1.96 \frac{1}{\sqrt{147}}\right\}$$
>
> $\therefore \ 0.501 \leq \rho \leq 0.703$

03 단순회귀분석

1. 추정회귀방정식

일정한 직선으로부터 산점도에 나타난 점들의 산포가 최소가 되게 하는 최소자승법으로 회귀직선을 추정하며, 수식으로는 $y_i = a + bx_i$ 또는 $\hat{y}_i = \hat{\beta}_0 + \hat{\beta}_1 x_i$로 표시한다. 이때, 1차 방향계수 $\hat{\beta}_1 = \dfrac{S(xy)}{S(xx)} = b$, $\hat{\beta}_0 = \bar{y} - \hat{\beta}_1 \bar{x} = a$가 되며, 수식의 계산은 $y - \bar{y} = b(x - \bar{x})$로 행한다.

기본문제 35

아래 데이터에 대해서 최소자승법으로서 x에 대한 y의 회귀직선을 구하시오.
(단, 괄호 안의 첫 숫자는 x, 둘째 숫자는 y에 대응)

| (11, 6) | (10, 4) | (14, 6) | (18, 9) | (10, 3) |
| (5, 2) | (12, 8) | (7, 3) | (15, 9) | (16, 7) |

① $\hat{y} = -2.34 + 0.231x$
② $\hat{y} = -0.967 + 0.565x$
③ $\hat{y} = -0.212 + 0.379x$
④ $\hat{y} = -0.102 + 0.213x$

⊙ 단순회귀분석
서로 대응관계에 있는 두 변량 데이터 x, y의 관계의 회귀선이 직선인 경우를 단순회귀 또는 직선회귀라 하며, 데이터로부터 수학적 모형을 추정하는 통계적 분석을 회귀분석이라 한다.

 배가바이스

회귀계수(b 또는 $\hat{\beta}_1$)와 상관계수(r)의 관계

• 회귀계수(b 또는 $\hat{\beta}_1$)의 값이 '+'이면 직선방정식의 기울기가 '+'라는 의미이므로, 상관계수(r) 값도 '+'가 된다. 마찬가지로 회귀계수의 값이 '−'이면 상관계수의 값도 '−'의 값이 된다.
• 회귀계수와 상관계수와의 관계는 단지 부호로만 관련이 있을 뿐 그 값의 크기와는 전혀 관계가 없다.

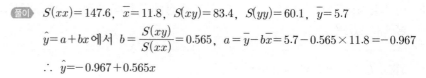

2. 직선회귀분석

회귀직선은 회귀방정식의 수식으로 쉽게 구할 수 있으나, $x,\ y$ 간의 함수관계를 어느 정도 잘 기술하고 있는가는 알 수 없다. 이를 보다 구체적으로 파악하기 위하여 사용되는 것이 분산분석이며, F분포를 사용한다. 보다 상세한 내용은 실험계획법에서 다루어진다.

x_i	x_1	x_2	x_3	……	x_n	$\sum x_i$
y_i	y_1	y_2	y_3	……	y_n	$\sum y_i$

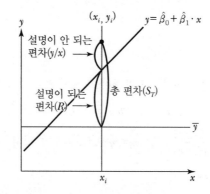

$S_T=S_{yy}$: 총 제곱합

S_R : 1차 회귀의 변동(회귀에 의한 제곱합)

$S_{y/x}=S_{y\cdot x}$: 잔차변동(회귀로부터의 제곱합)

요인	SS	DF	MS	F_0	$F_{1-\alpha}$
회귀	$S_R=\dfrac{S(xy)^2}{S(xx)}$	1	V_R	$\dfrac{V_R}{V_e}$	$F_{1-\alpha}(\nu_R,\ \nu_e)$
잔차 (오차)	$S_e=S_{(y/x)}=S(yy)-S_R$	$n-2$	V_e		
계	$S_T=S(yy)$	$n-1$			

(1) 제곱합의 분석

$$S(yy) = \qquad S_{(y \cdot x)} \qquad + \qquad S_R$$

<table>
<tr><td>총 제곱합</td><td>(회귀에 의하여 설명이
안 되는 제곱합)</td><td>(회귀에 의하여 설명이
되는 제곱합)</td></tr>
</table>

① 총 제곱합$[S(yy) = S_T]$

$$S(yy) = \sum (y_i - \overline{y})^2 = \sum y_i^2 - \frac{(\sum y_i)^2}{n} = S_T$$

② 회귀에 의한 제곱합(S_R)

$$S_R(회귀에\ 의한\ 제곱합) = \sum (\hat{y_i} - \overline{y})^2 = \frac{[S(xy)]^2}{S(xx)}$$

③ 회귀로부터의 제곱합$[S_{(y/x)}]$

$$S_{(y/x)}(잔차의\ 제곱합) = \sum (y_i - \hat{y}_i)^2 = S(yy) - S_R$$

(2) 회귀분석

① $H_0 : \beta_1 = 0,\ H_1 : \beta_1 \neq 0$

② 위험률 : $\alpha = 0.05$

③ 검정통계량 및 분석

$F_0 = \dfrac{V_R}{V_{y/x}} > F_{1-\alpha}(1,\ n-2)$이면 귀무가설을 기각한다. 즉, $\beta_1 \neq 0$이므로

회귀직선이 유의적이다.

(3) 결정계수(기여율, R^2)

① 결정계수는 상관계수값을 제곱하여 구할 수도 있고, 위의 분산분석표에서와 같이 총 제곱합에 따른 회귀의 제곱합 값으로 구할 수도 있다.

② x와 y 간의 상관관계가 클수록 r^2의 값은 1에 가까워지고, 회귀직선이 유의할 가능성이 높아지며, r^2의 값이 0에 가까워지면 추정된 회귀선은 쓸모가 없을 가능성이 높다.

$$R^2 = (r_{xy})^2 = \frac{S_R}{S(yy)} = \left[\frac{S(xy)}{\sqrt{S(xx)S(yy)}} \right]^2$$

x에 대한 y의 회귀관계를 검정하려고 $n=7$의 x와 y의 관계를 측정하고 다음 값을 구하였다. 회귀에 의한 제곱합과 회귀로부터의 제곱합을 각각 구하시오.

$$S(xx) = 151.4, \ S(yy) = 39.4, \ S(xy) = 75.4$$

풀이
- 회귀에 의한 제곱합 $S_R = \dfrac{[S(xy)]^2}{S(xx)} = \dfrac{(75.4)^2}{151.4} = 37.551$
- 회귀로부터의 제곱합 $S_{y/x} = S_T - S_R = S(yy) - S_R = 39.4 - 37.551 = 1.849$

3. 추정회귀방정식에서의 검·추정

회귀방정식에서의 검·추정에는 1차 회귀방정식에서의 1차 방향계수, 즉 기울기에 해당되는 $\widehat{\beta_1}$의 검·추정과 결과값인 $E(y)$의 검·추정으로 나뉜다.

구분	1차 방향계수 β_1
가설	$H_0 : \beta_1 = \widehat{\beta_1}, \ H_1 : \widehat{\beta_1} \ne \beta_1$
위험률	$\alpha = 0.05$ 또는 0.01
검정통계량	$t_0 = \dfrac{\widehat{\beta_1} - \beta_1}{\sqrt{\dfrac{V_{y/x}}{S(xx)}}}$
기각역	$\|t_0\| > t_{1-\alpha/2}(n-2)$
추정식	$\widehat{\beta_1} \pm t_{1-\alpha/2}(n-2) \sqrt{\dfrac{V_{y/x}}{S(xx)}}$

어떤 회귀식에 대한 분산분석표가 다음과 같을 때 검정을 행하시오.

[단, $F_{0.95}(2, \ 7) = 4.74$, $F_{0.99}(2, \ 7) = 9.55$이다.]

요인	제곱합	자유도
회귀(R)	5.3	2
잔차(y/x)	1.2	7

풀이 $F_R = \dfrac{V_R}{V_{y/x}} = \dfrac{2.65}{0.171} = 15.50 > 9.55$이므로 유의수준 1%로 회귀관계는 매우 유의하다.

PART

2

관리도

관리도의 개요

◉ 관리도
- 관리도는 제조공정이 잘 관리된 상태에 있는가를 조사하기 위해서 사용된다.
- 관리도의 사용 목적에 따라 기준값이 없는 관리도와 기준값이 있는 관리도로 구분된다.
- 우연원인에 의한 공정의 변동이 있으면 일반적으로 관리한계선내에서 특성치가 나타난다.
- 관리도는 일반적으로 꺾은선그래프에 1개의 중심선과 2개의 관리한계선을 추가한 것이다.

01 관리도의 개념

① 관리도(Control Chart)란 말은 1924년에 W. A. Shewhart에 의하여 처음 소개되었고, 우리나라는 1963년에 한국산업규격으로 KS A ISO 8258(관리도법)이 제정되어, Shewhart의 3σ 관리도법을 그대로 채택하고 있다.

② 일련의 샘플에 대한 어떤 통계적 측도가 그 측도에 관하여 공정/프로세스를 조정하기 위하여 특정 순서대로 타점된 관리한계(Control Limit)가 있는 차트를 말한다.

③ 관리도란 품질의 산포(변동)가 우연원인에 의한 것인지 또는 이상원인에 의한 것인지를 판별하는 것으로, 다시 말해 공정이 안정상태(또는 관리상태)에 있는지의 여부를 판별하고 공정을 안정상태로 유지함으로써 제품의 품질을 균일화하기 위한 수법이다.

④ 관리도 작성은 공정에 관한 데이터를 관리·해석하여 필요한 정보를 수집하고, 이들 정보에 의해 공정의 산포를 효율적으로 관리해 나가기 위하여 관리한계선을 사용하게 되며 관리도는 공정의 관리와 해석에 모두 사용된다.

⑤ 관리도를 작성하는 궁극적인 목적은 공정에 대한 품질 데이터를 해석하여 필요한 정보를 얻고, 이들 정보에 의해 공정을 효과적으로 관리하는 데 있다.

◉ 품질변동
일반적으로 정해진 조건하에서 작업을 실시하더라도 작업의 성과, 결과 또는 품질은 시간마다, 제품마다 여러 요인에 의하여 변하기 마련인데, 생산 공정에서 어느 정도의 품질변동은 아주 자연스러운, 피할 수 없는 것이라고 할 수 있다.

02 품질의 변동

품질변동은 다음과 같이 우연원인과 이상원인의 두 가지로 생각할 수 있다.

① **우연원인** : 변동을 가져오는 요인들을 살펴보면 하나하나의 영향은 미미하며 인간의 능력으로는 제거할 수 없는 것들이 대부분이다.

② **이상원인** : 원자재의 품질이 확연히 달라졌거나, 기계작업자가 지금까지와는 다른 작업방법, 다른 작업조건으로 작업을 한 경우 또는 미숙련 작업자가 숙련 작업자를 대신하였을 경우에는 품질에 큰 변동을 가져올 수 있다.

생산 공정이 우연원인만이 작용하고 있다면 품질의 변동을 나타내는 점들의 움직임은 랜덤해서 다른 점들과 특별히 떨어져 나타나지 않고 또한 어떤 특별한 패턴을 보여주지 않을 것이며, 이러한 경우 점들의 움직임은 통계적 법칙에 따르게 된다.

점들의 움직임이 통계적이어서 우연원인에 의한 결과라고 판단되면 그 공정에는 특정한 이상원인이 없다고 판단하며, 이러한 공정은 관리상태(Under Control)에 있다고 말하는데, 이렇게 부르는 이유는 반복적인 생산 공정에서의 변동을 예측할 수 있어 관리가 가능해지기 때문이다. 이와 반대로 점들의 움직임이 랜덤하지 않고 어떤 특정한 패턴을 나타내면 이상원인이 작용하고 있다고 판단하며, 이러한 변동을 갖는 공정을 이상상태(Out of Control)에 있다고 말한다.

변동원인	발생이유
우연원인 (Chance Causes)	• 생산조건이 엄격하게 관리된 상태하에서도 발생되는 어느 정도의 불가피한 변동을 주는 원인이다(확률적으로 나타난다). • 숙련도 차이, 작업환경의 차이, 식별되지 않을 정도의 원자재 및 생산설비 등 제반 특성의 차이 등을 말한다. • 불가피원인 또는 만성적 원인이라고도 한다.
이상원인 (Assignable Causes)	• 작업자의 부주의, 불량자재의 사용, 생산설비상의 이상으로 발생하는 원인으로 사전예방으로 충분히 제거가 가능한 원인이다(비확률적으로 나타난다). • 이상원인에 의한 변동은 산발적이며 그 변동 폭이 크고 그 요인이 무엇인지 밝혀낼 수 있다. • 가피원인, 우발적 원인, 보아 넘기기 어려운 원인이라고도 한다.

품질변동원인
• 우연원인 : 관리상태
• 이상원인 : 관리이상상태

03 관리도의 3σ법

① 관리도에서 $C_L \pm 2\sigma$를 경고선(Warning Limit), $C_L \pm 3\sigma$를 조치선(Action Limit)이라 한다.

② 관리도에서는 시료에서 얻어진 데이터가 평균치를 중심으로 $\pm 3\sigma$ 안에 포함될 확률은 정규분포에서 평균을 중심으로 하여 표준편차의 3배까지의 거리와 같은 99.73%가 되므로, 만약 공정의 산포가 우연원인으로만 존재한다면 관리도의 3σ법을 벗어날 확률은 0.27%밖에 되지 않게 된다.

③ 공정이 정상상태에 있을 때 품질특성의 확률분포의 모수를 θ_0라 하고, 공정의 이상 유무를 판정하기 위한 시료를 추출하는 시점에서의 모수를 θ라고 하면, 가설은 다음과 같다.

$$\begin{cases} H_0 : \theta = \theta_0 (\text{공정의 관리상태}) \\ H_1 : \theta \neq \theta_0 (\text{공정의 이상상태}) \end{cases}$$

◉ 관리한계선
관리한계선은 우연원인에 의한 변동과 이상원인에 의한 변동을 합리적으로 구별하기 위한 한계로서 중심선(Center Line ; C_L)의 상하에 긋는데, 위에 긋는 선을 관리상한선(Upper Control Limit ; U_{CL}), 밑에 긋는 선을 관리하한선(Lower Control Limit ; L_{CL})이라고 부른다.

④ 이때, 시료에서 얻어진 데이터가 평균치를 중심으로 $\pm 3\sigma$ 안에 포함될 때 귀무가설 H_0를 채택하고 공정에는 이상원인이 없다고 결론을 내리게 된다.

⑤ 관리도에서 공정의 이상이 발견되면 즉시 그 원인을 규명하고, 이상원인을 제거하여 다시는 이상이 발생되지 않도록 재발방지 대책을 세워 시정조치를 취해야 한다.

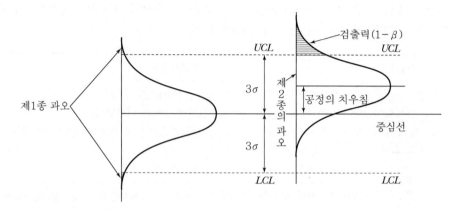

⑥ 관리도의 3σ법에서는 H_0가 기각될 확률(제1종 과오 α)은 0.27%이며, 모수 θ에 약간의 변화가 생겨 H_1이 옳은 경우에, H_1을 기각할 확률(제2종 과오 β)이 크다[검출력($1 - \beta$)이 작다.]는 특징이 있다.

⑦ 관리도의 상·하한선을 2σ로 축소하게 되면, α는 증가하고 β는 감소하게 되어 검출력($1 - \beta$)은 증가하는 현상이 나타난다.

➕ 플러스 이론

검출력($1 - \beta$)
- 공정에 이상원인이 발생하였을 때 이를 탐지할 확률을 의미한다.
- 검출력이 좋아지기 위해서는 α는 증가하고 β는 감소하여야 하므로, 기존의 평균과 새롭게 나타난 평균의 차이인 $\Delta\mu = |\mu - \mu_0|$가 클수록 검출력은 좋아진다.

---

04 목적에 따른 분류

공정해석용 관리도 (기준값 없음)	제조공정이 안정상태에 있는지의 여부를 조사하기 위해서 사용하는 관리도[관리한계선을 파선(⋯)으로 기입]
공정관리용 관리도 (기준값 있음)	제조공정을 안정상태로 유지하기 위해서 사용하는 관리도 [관리한계선을 일점쇄선(—·—·—)으로 기입]

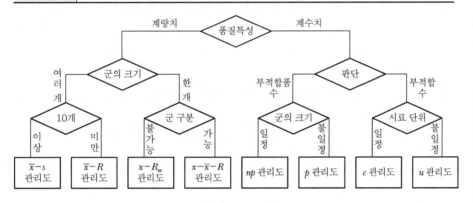

05 관리도의 종류

계량치 관리도	계수치 관리도
• $\bar{x}-R$(평균치와 범위) 관리도 • $\bar{x}-s$(평균치와 표준편차) 관리도 • $\tilde{x}-R$(메디안과 범위) 관리도 • $x-R_m$(개개의 측정치와 이동범위) 관리도 • $H-L$(최대치와 최소치) 관리도	• np(부적합품수) 관리도 • p(부적합품률) 관리도 • c(부적합수) 관리도 • u(단위당 부적합수) 관리도
특수 관리도	• CUSUM(누적합) 관리도 • 이동평균(MA) 관리도 • 지수가중 이동평균(EWMA) 관리도 • 차이 관리도(X_d-R_m) • z변환 관리도 • 다변량 관리도

| 관리도 선정

기본문제 01

계량치 관리도에 대한 설명으로 가장 올바른 것은?

① u 관리도는 계량형 관리도로 분류된다.
② 계수치 관리도에 비하여 많은 정보를 얻지 못한다.
③ 온도, 압력, 인장 강도, 무게 등은 계량형 관리도로 관리한다.
④ 일반적으로 시료의 크기가 계수형 관리도에서 요구하는 것보다 크다.

풀이 ① 계수형 관리도로 분류된다.
② 계량치가 정보량을 많이 얻는다.
④ n이 작다.

정답 ③

06 관리도의 작성순서

계량치 관리도, 계수치 관리도의 작성은 차이가 거의 없이 기본적으로 중심선, 관리상한 선(U_{CL}), 관리하한선(L_{CL})을 Shewhart의 3σ기법으로 구하여 타점하는 형식을 취하 게 된다. 그러나 특수관리도는 관리도의 한계선을 구하는 방법이나 이상치 취급방법 등에서 기존의 관리도와는 차이가 있다. 여기서는 가장 일반화되어 있는 Shewhart 관리도를 예를 들어 보도록 한다.

① 관리하고자 하는 제품을 결정한다.
② 관리할 항목 선정과 항목의 특성에 맞는 관리도를 선정한다.
③ 일정기간 예비데이터를 채취하여 관리도를 작성한다(해석용 관리도).
④ 관리상태를 조사하고, 공정이 안정 상태이면 공정관리용 관리도로 전환한다.
⑤ 정기적으로 나오는 데이터를 공정관리용 관리도에 타점한다.
⑥ 이상원인이 발견되면 즉시 원인을 규명하고 조치를 취한다.
⑦ 공정이 안정되고 산포가 줄어들면 기존 관리도를 개선한다.

> **➕ 플러스 이론**
>
> 평균 런길이(Average Run Length ; ARL)
> • 샘플의 의미로 사용되는 경우 : 어떤 프로세스의 수준이 관리 이탈이라는 것을 지시할 때까지의 관리도에 대한 평균 타점수
> • 제품의 의미로 사용되는 경우 : 어떤 프로세스의 수준이 관리 이탈이라는 것을 제시할 때까지의 제조된 평균 제품수
> • 불필요한 원인 추구 또는 수정 행동의 요구를 최소로 하기 위하여 프로세스가 어떤 요구되 지 않은 수준으로 변화하였을 때는 가능한 한 작은 평균 ARL이 요구되나 프로세스가 안정되어 관리상태인 경우 ARL은 클수록 좋다.

🔷 배가바이스

관리한계선과 규격한계선의 연관성을 논하는 지문이 나올 때가 있는데 이는 무조건 틀린 지문이 된다.

기본문제 02-1

관리한계선에 대한 설명으로 관계가 먼 내용은?

① 보통 3σ 관리한계선을 사용한다.
② 관리한계선으로 규격한계선을 사용한다.
③ 2σ 관리한계선을 경고선으로 사용하기도 한다.
④ 통계량이 관리한계선을 벗어나면 이상상태라고 판단한다.

풀이 ② 관리한계선(U_{CL}, L_{CL})과 규격한계선(U, L)은 별개로 취급된다.

 정답 ②

기본문제 *02-2*

관리도에 대한 설명 내용으로 관계가 먼 것은?

① 관리도에는 한 개의 중심선과 두 개의 관리한계선을 긋는다.
② 관리도의 사용 목적에 따라, 해석용 관리도와 관리용 관리도가 있다.
③ 우연원인에 의한 공정의 변동이 있으면 관리한계선 밖으로 특성치가 나타난다.
④ 관리도는 제조공정이 잘 관리된 상태에 있는가를 조사하기 위해서 사용된다.

풀이 ③ 우연원인에 의한 공정의 변동이 생기면 관리한계선 밖으로 특성치가 나타날 수도 나타나지 않을 수도 있다.

➡정답 ③

기본문제 *02-3*

3σ 관리한계선을 갖는 관리도에서 경고선(Warning Limit)과 조치선(Action Limit)에 대한 설명으로 가장 올바른 것은?

① 조치선을 도입함으로써 관리도의 민감도를 높일 수 있다.
② 3σ 관리한계선을 경고선이라 한다.
③ 2σ 관리한계선을 조치선이라 한다.
④ 관리도상에서 한 점이라도 조치선을 벗어나면 공정에 이상요인이 발생했다고 보고 그 요인을 찾아 필요한 경우 수정조치를 취한다.

풀이 ② 3σ 관리한계선 : 조치선
③ 2σ 관리한계선 : 경고선

➡정답 ④

배가바이스

관리도에 경고선을 도입함으로써 관리도의 민감도를 높일 수 있다.

기본문제 *02-4*

다음의 품질변동원인 중 우연원인(Chance Cause)에 의한 것으로 볼 수 없는 것은?

① 피할 수 없는 원인이다.
② 점들의 움직임이 임의적이다.
③ 점들의 움직임에 변화의 폭이 크다.
④ 점들의 움직임에 통계적 법칙이 적용된다.

풀이 우연원인＝불가피원인＝억제할 수 없는 원인

➡정답 ③

계량값 관리도

01 $\overline{x} - R$ 관리도

1. 관리대상

① 공정에서의 품질특성이 길이, 무게, 시간, 강도, 성분 등과 같이 데이터가 연속적인 계량치의 경우에 사용되는 계량값의 대표적인 관리도이다.

② $\overline{x}$는 중심을 관리(군간변동 σ_b^2), R은 산포를 관리(군내변동 σ_w^2)하게 된다.

③ 완성축의 지름, 실의 인장강도, 아스피린 순도, 전구의 소비전력, 바이트의 소입온도 등의 계량치에 주로 사용된다.

④ 데이터의 수집은 군의 수(k) 20~25, 시료의 크기(n)는 4~5개를 사용하고, 군내에는 이질적인 데이터가 포함되지 않도록 한다.

2. 관리도 작성순서

① 데이터를 채취한다(n, k를 결정).

② 각 시료군의 평균 범위를 구한다.

$$\left(\overline{x_i} = \frac{\sum x_i}{n}, \quad \overline{\overline{x}} = \frac{\sum \overline{x_i}}{k}, \quad R = x_{\max} - x_{\min}, \quad \overline{R} = \frac{\sum R_i}{k}\right)$$

③ 관리한계선을 계산한다(U_{CL}, C_L, L_{CL}).

④ 관리도를 그리고, 각 평균치를 타점한다.

⑤ 정해진 규칙에 따라 관리상태를 판정한다.

3. 관리한계선

통계량	중심선	U_{CL}	L_{CL}
$\overline{x}$	$\overline{\overline{x}} = \dfrac{\sum \overline{x}}{k}$	$\overline{\overline{x}} + A_2\overline{R}$	$\overline{\overline{x}} - A_2\overline{R}$
R	$\overline{R} = \dfrac{\sum R}{k}$	$D_4\overline{R}$	$D_3\overline{R}$

4. 수리해석

(1) $\overline{x}$ 관리도

$$E(\overline{x}) \pm 3D(\overline{x}) = \mu \pm 3\frac{\sigma}{\sqrt{n}} = \overline{\overline{x}} \pm 3\frac{1}{\sqrt{n}} \cdot \frac{\overline{R}}{d_2} = \overline{\overline{x}} \pm A_2\overline{R}$$

$$\left(\text{단, } \hat{\sigma} = \frac{\overline{R}}{d_2},\ A_2 = \frac{3}{\sqrt{n} \cdot d_2} \right)$$

(2) R 관리도

$$\begin{pmatrix} U_{CL} \\ L_{CL} \end{pmatrix} = E(R) \pm 3D(R) = d_2\sigma \pm 3d_3\sigma = (d_2 \pm 3d_3)\sigma_0 = \begin{pmatrix} D_2\sigma_0 \\ D_1\sigma_0 \end{pmatrix}$$

$$= \left(1 \pm 3\frac{d_3}{d_2} \right)\overline{R} = \begin{pmatrix} D_4\overline{R} \\ D_3\overline{R} \end{pmatrix}$$

$$D_1 = d_2 - 3d_3,\ D_2 = d_2 + 3d_3,\ \hat{\sigma} = \frac{\overline{R}}{d_2},\ D_3 = 1 - 3\frac{d_3}{d_2},\ D_4 = 1 + 3\frac{d_3}{d_2}$$

※ d_2, d_3, D_1, D_2, D_3, D_4, A_2 값은 n에 의해 정해지는 상수값이다.

PART 1
PART 2
PART 3
PART 4
PART 5
PART 6
PART 7

배가바이스

일반적으로 R 관리도에서는 "정밀도"의 변화를 $\overline{X}$ 관리도에서는 "정확도"의 변화를 검토할 수 있다.

기본문제 03

유화광의 배소공정에서 소광 중의 잔류유황을 정량하여 배소효율을 관리하고 있는 공정이 있다. 1일에 5개의 측정치가 나오므로 이것을 1군으로 하여 25일간의 데이터에 대하여 $\overline{\overline{x}}$ 와 $\overline{R}$을 구하여 $\overline{\overline{x}} = 1.61$, $\overline{R} = 1.57$이 얻어졌다면 $\overline{x} - R$ 관리도의 관리한계는 어떻게 되겠는가?(단, $n = 5$일 때 $A_2 = 0.577$, $D_4 = 2.115$)

풀이 $\overline{x}$: $U_{CL} = \overline{\overline{x}} + A_2\overline{R} = 2.516$, $L_{CL} = \overline{\overline{x}} - A_2\overline{R} = 0.704$

  R : $U_{CL} = D_4\overline{R} = 3.321$, $L_{CL} = D_3\overline{R} = -$ (고려하지 않음)

$\bar{x} - s$ 관리도

- 시료의 크기(n)는 10개 이상일 때 사용한다.

- $\binom{U_{CL}}{L_{CL}} = E(\bar{x}) \pm 3D(\bar{x})$

  $= \mu \pm 3\dfrac{\sigma}{\sqrt{n}}$

  $= \bar{\bar{x}} \pm \dfrac{3\bar{s}}{c_4\sqrt{n}}$

  $= \bar{\bar{x}} \pm A_3\bar{s}$

- $\binom{U_{CL}}{L_{CL}} = E(s) \pm 3D(s)$

  $= c_4\sigma \pm 3c_5\sigma$

  $= \left(1 \pm 3\dfrac{c_5}{c_4}\right)\bar{s}$

  $= \binom{B_4\bar{s}}{B_3\bar{s}}$

02 $\bar{x} - s$ 관리도

1. 관리대상

① 계량데이터를 관리하는 경우 대부분은 $\bar{x} - R$ 관리도를 사용하나, 군의 크기 ($n \geq 10$)가 클 때는 $\bar{x} - s$ 관리도를 사용하면 $\bar{x} - R$ 관리도보다 상대적으로 효율성이 좋은 관리도가 형성된다.

② $\bar{x} - R$ 관리도의 관리한계선을 구할 때 사용하는 표준편차(σ)의 추정은 $\dfrac{\bar{R}}{d_2}$로 하지만, $\bar{x} - s$ 관리도의 관리한계선을 구할 때 사용하는 표준편차(σ)의 추정은 $\dfrac{\bar{s}}{c_4}$를 이용한다.

③ 특히, s(표준편차) 관리도는 R 관리도보다 정도 높은 산포관리가 이루어진다.

2. 관리한계선

통계량	중심선	U_{CL}	L_{CL}
$\bar{x}$	$\bar{\bar{x}} = \dfrac{\sum \bar{x}}{k}$	$\bar{\bar{x}} + A_3\bar{s}$	$\bar{\bar{x}} - A_3\bar{s}$
s	$\bar{s} = \dfrac{\sum s}{k}$	$B_4\bar{s}$	$B_3\bar{s}$

3. 관리도 수리해석

(1) $\bar{x}$ 관리도

$$E(\bar{x}) \pm 3D(\bar{x}) = \mu \pm 3\frac{\sigma}{\sqrt{n}} = \bar{\bar{x}} \pm 3\frac{1}{\sqrt{n}} \cdot \frac{\bar{s}}{c_4} = \bar{\bar{x}} \pm A_3\bar{s}$$

$$\left(\text{단, } \hat{\sigma} = \frac{\bar{s}}{c_4}, \quad A_3 = \frac{3}{\sqrt{n} \cdot c_4}\right)$$

(2) s 관리도

$$\binom{U_{CL}}{L_{CL}} = E(s) \pm 3D(s) = c_4\sigma \pm 3c_5\sigma = (c_4 \pm 3c_5)\frac{\bar{s}}{c_4} = \left(1 \pm 3\frac{c_5}{c_4}\right)\bar{s} = \binom{B_4\bar{s}}{B_3\bar{s}}$$

$$\left(\text{단, } B_3 = 1 - 3\frac{c_5}{c_4}, \quad B_4 = 1 + 3\frac{c_5}{c_4}\right)$$

※ c_4, c_5, B_3, B_4, A_3 값은 n에 의해 정해지는 상수값이다.

03 $x-R$ 관리도

1. 관리대상

- 데이터를 군으로 나누지 않고 개개의 측정치를 그대로 사용하여 공정을 관리할 경우, 즉 ① 1로트 또는 배치로부터 1개의 측정치밖에 얻을 수 없는 경우, ② 정해진 공정에서 많은 측정치를 얻어도 의미가 없는 경우, ③ 측정치를 얻는 데 시간이나 경비가 많이 들어 정해진 공정으로부터 현실적으로 1개의 측정치밖에 얻을 수 없는 경우에 사용된다. 예를 들어, 시간이 많이 소요되는 화학 분석치, 알코올의 농도, 배치(Batch) 반응공정의 수율, 1일 전력소비량 등이 여기에 해당된다.
- 데이터의 특성상, x 관리도는 합리적인 군으로 나눌 수 있는 경우$(x-\overline{x}-R)$ 와 합리적인 군으로 나눌 수 없는 경우$(x-R_m)$로 구별할 수가 있다.

2. 관리한계선

- 합리적인 군구분이 가능한 경우 $\overline{x}-R$ 관리도를 사용해 관리하는데, 이때 군내의 변동이 클 경우 x 관리도를 병용해 $x-\overline{x}-R$ 관리도를 사용하면 공정의 변화를 빨리 파악하는 데 도움이 된다.
- 그러나 일반적으로 공정의 산포가 작을 때에는 x 관리도보다 $\overline{x}$ 관리도 쪽이 공정평균의 변화를 탐지해내는 능력이 더 높다고 할 수 있다.
- $x-\overline{x}-R$ 관리도에서 중심선(C_L)은 $\overline{x}$ 관리도의 중심선(C_L)인 $\overline{\overline{x}}$ 를 사용한다.

합리적인 군으로 나눌 수 있는 경우$(x-\overline{x}-R$ 관리도$)$			
통계량	중심선	U_{CL}	L_{CL}
$\overline{x}$	$\overline{\overline{x}}=\dfrac{\sum \overline{x}}{k}$	$\overline{\overline{x}}+3\dfrac{\overline{R}}{d_2}=\overline{\overline{x}}+E_2\overline{R}$	$\overline{\overline{x}}-\dfrac{3}{d_2}\times\overline{R}=\overline{\overline{x}}-E_2\overline{R}$
R	$\overline{R}$	$D_4\overline{R}$	$D_3\overline{R}$

합리적인 군으로 나눌 수 없는 경우$(x-R_m$ 관리도$)$			
통계량	중심선	U_{CL}	L_{CL}
개개의 값 x	$\overline{x}=\dfrac{\sum x}{k}$	$\overline{x}+2.66\overline{R_m}$	$\overline{x}-2.66\overline{R_m}$
이동범위 R_m	$\overline{R_m}$	$3.267\overline{R_m}$	$-$

배가바이스

- 합리적인 군으로 나눌 수 있는 경우는 $\overline{x}$ 를 x 로 취급한 것이다.
- $n \leq 6$일 때는 D_3의 값은 음$(-)$의 값이므로 L_{CL}은 고려하지 않는다.

배가바이스

$x-R_m$ 관리도

- 합리적인 군구분이 되지 않을 때 사용한다.

- $\begin{pmatrix} U_{CL} \\ L_{CL} \end{pmatrix} = E(x) \pm 3D(x)$
  $= \mu \pm 3\sigma$
  $= \overline{x} \pm 3\dfrac{\overline{R_m}}{d_2}$
  $= \overline{x} \pm 2.66\overline{R_m}$

- $\begin{pmatrix} U_{CL} \\ L_{CL} \end{pmatrix} = E(R_m) \pm 3D(R_m)$
  $= d_2\sigma \pm 3d_3\sigma$
  $= \left(1 \pm 3\dfrac{d_3}{d_2}\right)R_m$
  $= \begin{pmatrix} 3.267\overline{R_m} \\ - \end{pmatrix}$

- $\overline{R_m} = \dfrac{\sum R_{m_i}}{(k-1)}$,
  $R_m = \left| \begin{matrix} i번째\ 측정치\ - \\ (i+1)번째\ 측정치 \end{matrix} \right|$
  $n = 2$일 때 $E_2 = 2.66$,
  $d_2 = 1.128$, $D_4 = 3.267$,
  $D_3 = \text{'} - \text{'}$

3. x 관리도 수리해석

$$\binom{U_{CL}}{L_{CL}} = E(x) \pm 3D(x) = \mu \pm 3\sigma = \overline{\overline{x}} \pm 3\frac{\overline{R}}{d_2} = \overline{\overline{x}} \pm E_2 \overline{R}$$

$$\left(\text{단, } \hat{\sigma} = \frac{\overline{R}}{d_2}, \quad E_2 = \frac{3}{d_2} = \sqrt{n}\, A_2 \text{이다.} \right)$$

기본문제 *04-1*

x 관리도에서 합리적인 군구분이 불가능할 경우 $k = 25$, $\sum x = 245.2$, $\sum R_m = 12.4$일 때 x 관리도의 L_{CL}의 값은?

① 고려하지 않음   ② -8.43

③ 8.43   ④ 11.19

풀이 $\overline{x} = \dfrac{\sum x}{k} = \dfrac{245.2}{25} = 9.808$, $\overline{R_m} = \dfrac{\sum R_m}{k-1} = \dfrac{12.4}{24} = 0.517$

$\qquad\qquad L_{CL} = \overline{x} - 2.66 \overline{R_m} = 9.808 - 2.66 \times 0.517 = 8.43$

 ③

기본문제 *04-2*

x 관리도에서 합리적인 군구분이 가능한 경우 $k = 25$, $n = 5$, $\sum \overline{x} = 245.2$, $\sum R = 12.4$일 때 x 관리도의 L_{CL}의 값은?(단, $n = 5$일 때 $d_2 = 2.326$)

풀이 $\overline{\overline{x}} = \dfrac{\sum \overline{x}}{k} = \dfrac{245.2}{25} = 9.808$, $\overline{R} = \dfrac{\sum R}{k} = \dfrac{12.4}{25} = 0.496$, $E_2 = \dfrac{3}{d_2} = 1.29$

$\qquad\qquad L_{CL} = \overline{\overline{x}} - E_2 \overline{R} = 9.808 - 1.29 \times 0.496 = 90.17$

$\tilde{x} - R$ 관리도
- 극단치에 영향을 덜 받는다.
- $\overline{x} - R$ 관리도에 비해 정밀하지 못하다.
- 시료의 크기는 계산 편의상 홀수 개가 좋다.

① $\overline{x}$ 를 계산하는 시간과 노력을 줄이기 위해서 $\overline{x}$ 대신에 $\tilde{x}$(Median, 중앙치)를 사용하는 관리도로서, 관리한계폭이 $\overline{x}$ 관리도에 비해 $m_3(\geq 1)$배만큼 증가하므로, 정밀도가 떨어지는 단점은 있으나 이질적 데이터에 크게 영향을 받지 않는다는 장점도 있다.

② $\overline{x}$ 관리도에 비해 관리상한선의 폭이 일반적으로 커지므로 α가 상대적으로 작다.

③ 개별값(중앙값)이 점으로서 표시되므로 중앙치관리도는 공정 산출물의 산포를 보여 주며 공정 변동이 진행되고 있는 모습을 보여줄 수 있다.

1. 관리한계선

통계량	중심선	U_{CL}	L_{CL}
$\tilde{x}$	$\overline{\tilde{x}} = \dfrac{\sum \tilde{x}}{k}$	$\overline{\tilde{x}} + A_4\overline{R}$	$\overline{\tilde{x}} - A_4\overline{R}$
R	$\overline{R}$	$D_4\overline{R}$	$D_3\overline{R}$

2. $\tilde{x}$ 관리도 수리해석

$$\binom{U_{CL}}{L_{CL}} = E(\tilde{x}) \pm 3D(\tilde{x}) = \mu \pm 3m_3\frac{\sigma}{\sqrt{n}}$$

$$= \overline{\tilde{x}} \pm 3m_3\frac{1}{\sqrt{n}} \cdot \frac{\overline{R}}{d_2} = \overline{\tilde{x}} \pm m_3 A_2\overline{R} = \overline{\tilde{x}} \pm A_4\overline{R}$$

$$\left(단, \ \hat{\sigma} = \frac{\overline{R}}{d_2}, \quad A_4 = \frac{3m_3}{\sqrt{n} \cdot d_2} = m_3 A_2 이다. \right)$$

다음은 $\tilde{x} - R$ 관리도 데이터시트이다. 아래 데이터를 보고 $\tilde{x}$ 관리도의 U_{CL}과 L_{CL}을 각각 구하시오.(단, $n = 5$일 때 $m_3 = 1.198$, $A_2 = 0.577$)

군번호	측정치					$\tilde{x}$	R
	x_1	x_2	x_3	x_4	x_5		
1	47	32	44	35	20	35	27
2	19	37	31	25	34	31	18
3	19	11	16	11	44	16	33
$\vdots$	$\vdots$	$\vdots$	$\vdots$	$\vdots$	$\vdots$	$\vdots$	$\vdots$
25	42	34	15	29	21	29	27
합계						643	582

① $U_{CL} = 41.812$, $L_{CL} = 9.628$ ② $U_{CL} = 38.549$, $L_{CL} = 9.628$

③ $U_{CL} = 41.812$, $L_{CL} = 11.543$ ④ $U_{CL} = 38.549$, $L_{CL} = 11.543$

풀이 $\bar{\tilde{x}} = \dfrac{\sum \tilde{x}}{k} = \dfrac{643}{25} = 25.72$, $\overline{R} = \dfrac{\sum R}{k} = \dfrac{582}{25} = 23.28$

$\bar{\tilde{x}} \pm m_3 A_2 \overline{R} = 25.72 \pm 1.198 \times 0.577 \times 23.28 = 25.72 \pm 16.092 = \bar{\tilde{x}} \pm A_4 \overline{R}$

정답 ①

05 고저(High – Low) 관리도

각 군(群)에서 최대치(H)와 최소치(L)를 더한 후 2로 나눈 값(M)을 관리도에 타점하여 데이터를 관리하는데, 이 관리도는 공정의 극한값에 크게 영향을 받지 않을 뿐 아니라 공정의 미세변동을 민감하게 탐지할 수 있는 장점이 있다.

배가바이스

$\overline{H} = \dfrac{\sum H}{k}$, $\overline{L} = \dfrac{\sum L}{k}$,

$H_2 = \dfrac{1}{2} + 3\dfrac{e_3}{d_2}$, $\overline{R} = \overline{H} - \overline{L}$

통계량	중심선	U_{CL}	L_{CL}
M	$\overline{M} = \dfrac{\overline{H} + \overline{L}}{2}$	$\overline{M} + H_2\overline{R}$	$\overline{M} - H_2\overline{R}$

1. CUSUM(누적합) 관리도

① Shewhart 관리도의 대안으로 개발된 것으로 Shewhart 관리도의 경우 과거 정보는 사용하지 않고, 현재 관측된 정보만을 중심으로 타점하는 것인데, 이 점을 보완하기 위해 영국의 통계학자 E. S. Page에 의해 새롭게 고안된 것이다.

② 공정평균변화의 탐지를 위한 관리도로서 적은 비용으로 Shewhart 관리도 이상의 효율을 얻을 수 있다.

③ 공정변화가 서서히 일어나고 있을 때 Shewhart 관리도보다 더 민감하게 탐지할 수 있다.

④ 시료를 주기적으로 추출하여 그 표본평균의 통계량과 공정목표치와의 차이를 누적합시킴으로써 모든 과거 표본으로부터의 정보를 이용하고자 하는 것이다.

⑤ 공정의 이상 유무는 관리도상에서 마지막 시료군에 대응하는 점과 V마스크의 P점이 일치하고 또한 찍힌 시료군의 점 모두가 V마스크 안에 있어야 관리상태가 된다.

2. 이동평균 관리도(MA ; Moving Average)

① 가장 최근의 관측값을 포함하면서, 과거의 일정 시점까지의 관측값을 이용하여 이동평균값을 구한다.

② 이동평균은 $M_k = \dfrac{(\overline{x}_k + \overline{x}_{k-1} + \cdots + \overline{x}_{k-\omega+1})}{\omega}$ 이며, 이를 관리도에 타점한다.

③ 관리한계선은 $\overline{\overline{x}} \pm 3\dfrac{\sigma}{\sqrt{n\omega}}$ 이다(단, ω : 이동평균의 수, n : 군의 크기).

④ 이동평균 수 ω값이 클수록 민감도가 크다.

3. 지수가중 이동평균 관리도(EWMA ; Exponentially Weighted MA)

개별 관측치 또는 현재 및 이전의 모든 관측치로부터 구한 부분군 평균, 범위 또는 표준편차의 평균을 구하지만, 이전에 얻은 것들에는 점차적으로 더 작은 가중치가 부여된다. 이 관리도는 이월효과를 보강하기 때문에 슈하트 관리도보다 작은 변화에는 더 민감하지만 큰 변화에는 덜 민감하다.

① 지수가중 이동평균 $Z_k = \lambda \overline{x}_k + (1-\lambda)Z_{k-1}$ 이며, 이를 관리도에 타점한다.

② 관리한계선은 $\overline{\overline{x}} \pm \dfrac{3\sigma}{\sqrt{n}}\sqrt{\dfrac{\lambda}{2-\lambda}}$ 이다(단, λ 는 지수평활계수).

③ 공정의 변화에 민감하게 반응하며, λ값이 작을수록 민감도가 크다.

배가바이스

• 슈하트 관리도의 단점은 중심값 (평균치)의 미세한 변화를 감지하지 못한다.

• 특수 관리도는 이러한 단점을 없애기 위하여 고안된 관리도이다.

4. 차이 관리도($X_d - R_m$)

① 다품종 소량생산의 형태 중 짧은 생산주기이면서, 다품종을 동일 기계로 생산하는 경우에 적합한 관리도이다.

② 데이터의 산포가 작을수록 관리도의 효율성을 높일 수 있다.

③ 기준치와의 차이를 비교하는 관리도이므로 X_d 관리도의 중심선은 0, 상한선은 $2.66\overline{R_m}$, 하한선은 $-2.66\overline{R_m}$ 를 사용한다.

④ $X_d = x -$ 기준치가 된다.

5. z 변환 관리도($z - \omega$ 관리도)

① 다품종 소량생산의 형태 중 다품종 간에 산포가 다르고, 목표값이 다르게 설정되는 경우에 적합한 관리도이다.

② z 변환, 즉 정규변환시켜 타점한 관리도가 z 관리도이고, 범위를 정규변환(표준화)시켜 타점한 관리도가 ω 관리도이다.

6. 다변량 관리도(Multi Variate Control Chart)

① 2개 이상의 상호 연관된 변량의 반응이 각 부분군에 대하여 하나의 샘플 통계량으로 결합시키는 것에 의한 관리도로서 품질특성치의 변동에 영향을 주는 여러 가지 요인(위치, 주기, 시간 등)을 조사하기 위해 작성한다.

② 품질변동의 형태나 주기를 이용하여 찾아준다.

③ 수학적인 수식을 사용하지 않는, 단순히 그래프에 의한 표현방법이다.

④ 품질문제가 생겼을 때 가능한 원인을 찾기 위한 현상파악용으로 사용된다.

⑤ 제품의 품질특성을 나타내는 품질 특성치들이 서로 높은 상관을 가지면, 각각의 품질특성치에 대한 개별적인 관리도의 시행이 잘못된 판정을 내릴 가능성이 높아진다. 이러한 단점을 극복하기 위한 관리도이다.

기본문제 06

시점 k에서 $\omega = 5$개 시료군의 이동평균 $M_k = (\overline{x}_k + \overline{x}_{k-1} + \cdots + \overline{x}_{k-4})/5$를 이용한 이동평균 관리도를 작성하고자 한다. $n = 4$인 20개의 시료군에 대하여 $\overline{\overline{x}} = 26.5$와 $\overline{R} = 0.35$로 계산되었을 때, $k \geq 5$인 시점에서의 U_{CL}은 얼마인가?(단, $d_2 = 2.059$)

풀이 $U_{CL} = \overline{\overline{x}} + 3\dfrac{\overline{R}}{d_2\sqrt{n\omega}} = 26.5 + 3\dfrac{0.35}{2.059\sqrt{4 \times 5}} = 26.614$

계수값 관리도

01 np 관리도

1. 관리대상

① 이항분포를 근거로 하여, 공정의 부적합품수 np를 관리할 때 사용하므로 군의 크기 n은 반드시 일정하여야 한다.

② 부적합품수가 1~5개 정도 나오도록 샘플링하는 것이 좋다 $\left(n = \dfrac{1}{p} \sim \dfrac{5}{p}\right)$.

③ 전구의 부적합품 수, 나사치수의 부적합품 수 등의 관리에 이용된다.

2. 관리한계선

통계량	중심선	U_{CL}	L_{CL}
np	$n\overline{p}$	$n\overline{p} + 3\sqrt{n\overline{p}(1-\overline{p})}$	$n\overline{p} - 3\sqrt{n\overline{p}(1-\overline{p})}$

배가바이스

계수값 관리도

• 이항분포 : np 관리도, p 관리도
• 푸아송 분포 : c 관리도, u 관리도

배가바이스

• $\begin{pmatrix} U_{CL} \\ L_{CL} \end{pmatrix} = E(np) \pm 3D(np)$
$\qquad = n\overline{p} \pm 3\sqrt{n\overline{p}(1-\overline{p})}$

• $n\overline{p} = \dfrac{\sum np}{k}$,

$\overline{p} = \dfrac{\sum np}{\sum n} = \dfrac{\sum np}{k \times n}$

• L_{CL}이 음(−)인 경우, 고려하지 않는다.

기본문제 07

다음 데이터시트에서 np 관리도의 U_{CL}과 L_{CL}의 값은?

군번호	1	2	3	4	5	⋯	20	계
검사 개수	300	300	300	300	300	⋯	300	6,000
부적합품 수	14	13	20	23	13	⋯	15	300

① $U_{CL} = 26.325$, $L_{CL} = 5.876$
② $U_{CL} = 21.375$, $L_{CL} = 3.675$
③ $U_{CL} = 26.325$, $L_{CL} = 3.675$
④ $U_{CL} = 21.375$, $L_{CL} = 5.876$

풀이 $n\overline{p} = \dfrac{\sum np}{k} = 15$, $\overline{p} = \dfrac{\sum np}{\sum n} = \dfrac{\sum np}{k \times n} = \dfrac{300}{20 \times 300} = 0.05$

$n\overline{p} \pm 3\sqrt{n\overline{p}(1-\overline{p})} = 15 \pm 3\sqrt{15(1-0.05)} = 15 \pm 11.325$

정답 ③

1. 관리대상

① 이항분포를 근거로 하여, 공정의 부적합품률을 관리하는 것으로, 관리한계선을 구하는 방법은 np 관리도와 거의 같다.

② np 관리도는 n이 반드시 일정하여야 하나, p 관리도는 n이 일정하지 않은 경우에도 사용이 가능하다. 그러므로 관리한계선이 계단식으로 형성된다.

③ 전구의 부적합품률, 나사치수의 부적합품률 등의 관리에 이용된다.

2. 관리한계선

배가바이스

- $\begin{pmatrix} U_\alpha \\ L_\alpha \end{pmatrix} = E(p) \pm 3D(p)$

$= \bar{p} \pm 3\sqrt{\dfrac{\bar{p}(1-\bar{p})}{n}}$

$= \bar{p} \pm A\sqrt{\bar{p}(1-\bar{p})}$

- $A = \dfrac{3}{\sqrt{n}}$, $\bar{p} = \dfrac{\Sigma np}{\Sigma n}$

- L_α이 음(−)인 경우, 고려하지 않는다.

통계량	중심선	U_{CL}	L_{CL}
p	$\bar{p}$	$\bar{p} + 3\sqrt{\dfrac{\bar{p}(1-\bar{p})}{n}}$	$\bar{p} - 3\sqrt{\dfrac{\bar{p}(1-\bar{p})}{n}}$

기본문제 **08**

다음은 p 관리도 데이터시트이다. 군번호가 9번일 때 U_{CL}과 L_{CL}을 각각 구하시오.

군번호	1	2	3	4	⋯	9	⋯	14	15	계
검사 개수	300	300	250	250	⋯	300	⋯	300	300	4,300
부적합품 수	14	15	13	15	⋯	18	⋯	15	17	242

① $U_{CL} = 9.62\%$, $L_{CL} =$ 고려하지 않는다.

② $U_{CL} = 11.43\%$, $L_{CL} =$ 고려하지 않는다.

③ $U_{CL} = 9.62\%$, $L_{CL} = 1.64\%$

④ $U_{CL} = 11.43\%$, $L_{CL} = 1.64\%$

풀이 $\bar{p} \pm 3\sqrt{\dfrac{\bar{p}(1-\bar{p})}{n}} = 0.0563 \pm 3\sqrt{\dfrac{0.0563(1-0.0563)}{300}}$

$\left(\bar{p} = \dfrac{\Sigma np}{\Sigma n} = \dfrac{242}{4,300} = 0.0563 \right)$

＋정답 ③

PART 1
PART 2
PART 3
PART 4
PART 5
PART 6
PART 7

03 c 관리도

1. 관리대상

① 푸아송 분포를 근거로 하여, 공정의 일정단위 중 부적합수를 관리하는 데 사용한다.
② 반드시 n(일정단위)이 일정하여야 한다.
③ 흠의 수, TV 또는 라디오의 납땜 부적합수 등을 관리하는 데 사용한다.

2. 관리한계선

통계량	중심선	U_{CL}	L_{CL}
c	$\bar{c}$	$\bar{c} + 3\sqrt{\bar{c}}$	$\bar{c} - 3\sqrt{\bar{c}}$

배가바이스

- $\begin{pmatrix} U_\alpha \\ L_\alpha \end{pmatrix} = E(c) \pm 3D(c)$

$= c_o \pm 3\sqrt{c_o}$

$= \bar{c} \pm 3\sqrt{\bar{c}}$

- $\bar{c} = \dfrac{\sum c}{k}$

- L_α이 음($-$)인 경우, 고려하지 않는다.

04 u 관리도

1. 관리대상

① 푸아송 분포를 근거로 하여, 공정에서 n이 일정하지 않은 경우 부적합수를 관리하는 데 사용하므로, 관리한계선이 계단식으로 나타난다.
② 단위당 직물의 얼룩, 에나멜동선의 핀홀 등과 같은 부적합수 등을 관리하는 데 사용한다.

2. 관리한계선

통계량	중심선	U_{CL}	L_{CL}
u	$\bar{u}$	$\bar{u} + 3\sqrt{\dfrac{\bar{u}}{n}}$	$\bar{u} - 3\sqrt{\dfrac{\bar{u}}{n}}$

배가바이스

- $\begin{pmatrix} U_\alpha \\ L_\alpha \end{pmatrix} = E(u) \pm 3D(u)$

$= \bar{u} \pm 3\sqrt{\dfrac{\bar{u}}{n}}$

- $A = \dfrac{3}{\sqrt{n}}$, $\bar{u} = \dfrac{\sum c}{\sum n}$

- L_α이 음($-$)인 경우, 고려하지 않는다.

다음은 u 관리도의 데이터시트이다. 이 데이터시트를 보고 8번군의 U_{CL}과 L_{CL}을 구하시오.

군번호	1	2	3	⋯	8	⋯	14	15	계
시료 중 단위수	16	15	14	⋯	13	⋯	15	16	225
시료 중 부적합수	31	29	20	⋯	25	⋯	32	31	451

① $U_{CL} = 4.325,\ L_{CL} = 0.826$ ② $U_{CL} = 3.182,\ L_{CL} = 1.243$

③ $U_{CL} = 4.325,\ L_{CL} = 1.243$ ④ $U_{CL} = 3.182,\ L_{CL} = 0.826$

풀이 $\bar{u} \pm 3\sqrt{\dfrac{\bar{u}}{n}} = 2.004 \pm 3\sqrt{\dfrac{2.004}{13}} = 2.004 \pm 1.178$ $\left(\bar{u} = \dfrac{\sum c}{\sum n} = \dfrac{451}{225} = 2.004 \right)$

+정답 ④

2대의 컴퓨터를 하나의 시료군으로 잡고 20개의 시료군을 조사하여 c 관리도를 작성하였더니 관리한계선이 $C_L = 7.6$, $U_{CL} = 15.87$로 계산되었다. 이 자료를 참고하여 u 관리도를 작성하고자 한다면 $n = 2$에서의 U_{CL}은 약 얼마인가?

① 7.94   ② 11.32   ③ 13.27   ④ 15.20

풀이 • c 관리도 : $\bar{c} \pm 3\sqrt{\bar{c}}$ • u 관리도 : $\bar{u} \pm 3\sqrt{\dfrac{\bar{u}}{n}}$ $\left(\bar{u} = \dfrac{\bar{c}}{n} \right)$

 ①

p 관리도와 $\bar{x} - R$ 관리도에 대한 설명으로 가장 적절한 것은?

① 파괴검사의 경우 $\bar{x} - R$ 관리도보다 p 관리도를 적용하는 것이 유리하다.

② 일반적으로 p 관리도가 $\bar{x} - R$ 관리도보다 시료 수가 적게 든다.

③ 일반적으로 p 관리도가 $\bar{x} - R$ 관리도보다 얻을 수 있는 정보량이 많다.

④ $\bar{x} - R$ 관리도를 적용하기 위한 예비적인 조사 분석을 할 때 p 관리도를 적용할 수 있다.

풀이 ① 파괴검사의 경우, n이 적어야 하므로 $\bar{x} - R$ 관리도가 유리하다.

② 일반적으로 p 관리도가 $\bar{x} - R$ 관리도보다 n이 많이 든다.

③ 일반적으로 $\bar{x} - R$ 관리도가 p 관리도보다 얻을 수 있는 정보량이 많다.

 ④

관리도의 판정 및 공정해석

01 관리도의 상태판정

1. 공정의 관리상태 판정기준

① 점이 관리한계를 벗어나지 않는다.

② 점의 배열에 아무런 습관성이 존재하지 않는다. 여기서, 습관성이라 함은
연(Run), 경향(Trend), 주기성(Cycle) 등을 의미한다.

습관성	연 (Run)	중심선 한쪽에서 점이 연속되어 나타나는 현상을 말하며, 길이 9 이상이 나타나면 비관리상태로 판정한다(규칙 2).
	경향 (Trend)	점이 연속적으로 상승 또는 하강을 하는 경우를 말하며, 길이 6 이상이 나타나면 비관리상태로 판정한다(규칙 3).
	주기성 (Cycle)	점이 상하로 변동하여 주기적인 파형이 나타나는 경우를 말하며, 이는 상황에 따라 비관리상태로 판정한다(규칙 4).

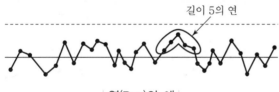

| 연(Run)의 예 |

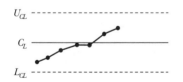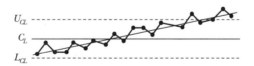

| 경향(Trend)의 예 |

| 주기(Cycle)의 예 |

2. 비관리상태의 판정

① 규칙 1~8에 해당되는 경우

② 점이 관리한계선에 근접($-2\sigma \sim -3\sigma$ 또는 $2\sigma \sim 3\sigma$)해서 연속 3점 중 2점 이상 나타나는 경우, 중심선 위쪽 또는 아래쪽의 한쪽 기준으로 정의한다 (규칙 5).

③ 점이 특수한 상태로 나타나는 경우

　㉠ 중심선의 근처에 많은 점이 연속해서 나타나는 경우 : 이 경우, 비관리상태로 판정하지만 군구분이 부적당한 경우에 나타나는 현상이므로, 이질적인 로트에서 얻어진 데이터는 최대한 배제시키면서 군구분을 다시 하면 이러한 현상을 없앨 수 있다(규칙 7).

　㉡ 많은 점들이 관리한계선을 벗어나는 경우 : $\bar{x}$ 관리도의 경우 군간변동이 군내변동에 비해 상대적으로 너무 커서 나타나는 현상이므로 시료의 채취방법, 군구분의 방법을 변경하여 군간변동을 작아지도록 하여 이러한 현상을 배제하는 것이 바람직하다.

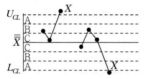

기준 1 : 한 점이 영역 A를 벗어나 있음

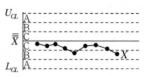

기준 2 : 9개의 점이 중심선의 한쪽에서 연속적으로 구역 C에 있거나 벗어나 있음

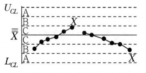

기준 3 : 6개의 점이 연속적으로 증가하거나 감소하고 있음

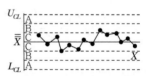

기준 4 : 14개의 점이 연속적으로 오르내리고 있음

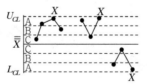

기준 5 : 3개 점 중에서 2개 점이 중심선의 한쪽에서 연속적으로 구역 A에 있거나 벗어나 있음

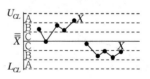

기준 6 : 5개 점 중에서 4개 점이 중심선의 한쪽에서 연속적으로 구역 B에 있거나 벗어나 있음

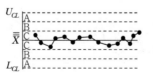

기준 7 : 15개 점이 중심선의 위아래에서 연속적으로 구역 C에 있음

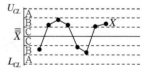

기눈 8 : 8개 점이 연속적으로 중심선의 양쪽에 있으며 구역 C에는 없음

| 이상원인에 대한 판정기준 |

1. 공정해석의 순서

① 공정에 요구되는 특성치를 검토 · 선정한다.
 ㉠ 기술상으로 공정이나 제품에 있어서 중요한 것을 선택한다.
 ㉡ 해석과 관리를 위한 특성을 반드시 일치시킬 필요는 없다.
 ㉢ 해석을 위한 특성은 되도록 많이 택한다.
 ㉣ 수량화하기 쉬운 것을 택한다.
② 특성치와 관계있는 요인을 선정한다.
③ 특성치와 요인의 관계를 조사한다.
④ 공정실험을 행한다.
⑤ 해석결과를 표준화한다.
⑥ 표준에 따라 작업을 실시하고 그 결과를 체크한다.

2. 군구분방법

① 군내는 가능한 한 균일하게 되도록 하여 이상원인이 포함되지 않도록 하고, 군내의 산포는 우연원인에 의한 것만으로 나타나게 한다.
② 군내의 산포에 의한 원인과 군간의 산포에 의한 원인을 기술적으로 구별되도록 한다.
③ 그 공정에서 관리하려고 하는 산포가 군간의 산포로서 나타날 수 있도록 한다.

3. 공정변화에 따른 점의 움직임

① 공정이 관리상태일 때
 (평균과 산포가 불변인 경우)

② 공정산포는 불변이고
 공정평균이 변하는 경우

③ 공정평균은 불변이고
 공정산포가 변하는 경우

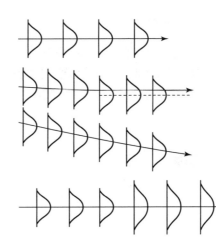

4. 군내변동(σ_w^2), 군간변동(σ_b^2)

$\overline{x}$ 관리도에서 타점되는 데이터인 $\overline{x}_i$들의 산포는 로트 내의 산포를 의미하는 군내변동과 로트 간의 산포를 의미하는 군간변동으로 구성된다. 즉,

$$\sigma_{\overline{x}}^2 = \frac{\sigma_w^2}{n} + \sigma_b^2$$

단, $\widehat{\sigma_w^2} = \left(\dfrac{\overline{R}}{d_2}\right)^2$, $\widehat{\sigma_{\overline{x}}^2} = \dfrac{\Sigma\left(\overline{x}_i - \overline{\overline{x}}\right)^2}{k-1} = \left(\dfrac{\overline{R_m}}{d_2}\right)^2 = \left(\dfrac{\overline{R_m}}{1.128}\right)^2$, $n=2$일 때 $d_2 = 1.128$이다.

① 전체 데이터의 산포 : $\sigma_H^2 = \sigma_w^2 + \sigma_b^2$

　단, H : Histogram의 약자, $\sigma_H^2 : x$ 개개의 변동

② 완전한 관리상태($\sigma_b^2 = 0$) : $\sigma_{\overline{x}}^2 = \dfrac{\sigma_w^2}{n} \Rightarrow n\sigma_{\overline{x}}^2 = \sigma_H^2 = \sigma_w^2$

③ 완전한 관리상태가 아닌 경우($\sigma_b^2 \neq 0$) : $n\sigma_{\overline{x}}^2 > \sigma_H^2 > \sigma_w^2$

기본문제 **12-1**

$\overline{x}$의 변동 $\sigma_{\overline{x}}^2 = 4.22$, 군내변동 $\sigma_w^2 = 2.13$일 때, 이 공정의 군간변동 σ_b^2의 값은 얼마인가?(단, $n=4$)

① 4.75　　　　② 6.34　　　　③ 3.69　　　　④ 1.92

풀이 $\sigma_b^2 = 4.22 - \dfrac{2.13}{4} = 3.6875$

정답 ③

기본문제 **12-2**

시료의 크기가 5인 $\overline{x} - R$ 관리도가 안정상태로 관리되고 있다. 관리도를 작성한 전체 데이터로 히스토그램을 작성하여 계산한 표준편차(σ_H)가 19.5이고, 군내산포(σ_w)가 13.67이었다면 군간산포(σ_b)는 약 얼마인가?

① 13.9　　　　② 16.6　　　　③ 18.5　　　　④ 19.2

풀이 $\sigma_H^2 = \sigma_w^2 + \sigma_b^2$

정답 ①

관리도의 성능 및 수리

01 관리도의 검출력

① 공정에 이상원인이 존재할 때 이상원인이 있다고 판단할 수 있는 능력, 다시 말하면 관리도에서 공정의 변화를 검출할 수 있는 능력을 검출력이라 하며, $1-\beta$, 기존의 3σ 관리한계를 벗어날 확률 등으로 나타낸다.

② n이 클수록, 공정평균의 변화($\Delta\mu$)가 클수록 관리한계를 벗어나는 점들이 자주 발견됨에 따라 공정의 변화도 쉽게 발견할 수 있다. 이를 확률적 값으로 나타내면 검출력 값은 높아진다.

> **⊙ 검출력 곡선**
>
> 관리도가 공정 변화를 얼마나 잘 탐지하는가를 나타내는 곡선으로, 공정에 이상원인이 발생하였을 때 이를 탐지할 확률을 의미한다.

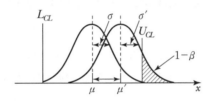

③ 검출력($1-\beta$)을 구하는 것은 기존의 관리한계선을 벗어나는 면적과 같은 개념이 되므로, 다음과 같이 구할 수 있다.

$$1-\beta = P_r\left(\overline{x} > U_{CL}\right) + P_r\left(\overline{x} < L_{CL}\right) = P_r\left(Z > \frac{U_{CL}-\mu'}{\sigma'/\sqrt{n}} + Z < \frac{L_{CL}-\mu'}{\sigma'/\sqrt{n}}\right)$$

여기서, μ', σ'는 새로 생성된 집단의 평균과 표준편차이다.

➕ 플러스 이론

관리도의 OC곡선
- 가로축은 변화량, 세로축은 관리상태인 확률을 나타내는 그래프이다.
- 공정이 관리상태일 때 OC곡선의 값은 $1-\alpha$이다.
- 공정이 이상상태일 때 OC곡선의 값은 제2종의 오류인 β이다.
- 시료군의 크기(n)가 커지면 관리도 OC곡선은 경사가 급해진다.
- $\overline{x}$ 관리도에서 OC곡선은 $\overline{x}$가 관리한계선 안에 있을 확률이다.
- $\overline{x}$ 관리도의 경우 정규분포의 성질을 이용하여 OC곡선을 활용할 수 있다.

$N(65,\ 1^2)$을 따르는 품질특성치를 위해 3σ의 관리한계를 갖는 개개의 측정치(x) 관리도를 운영하고 있다. 어떤 이상요인으로 인해 품질특성치의 분포가 $N(66,\ 2^2)$으로 변화되었을 때, 관리도의 타점이 기존의 관리한계선을 벗어날 확률은 약 얼마인가? [단, Z가 표준정규변수일 때, $P(Z \leq 1) = 0.8413$, $P(Z \leq 1.5) = 0.9332$, $P(Z \leq 2) = 0.9772$이다.]

① 0.0456　　　② 0.1815　　　③ 0.2255　　　④ 0.3174

풀이 $P_r\left(Z > \dfrac{68-66}{2}\right) + P_r\left(Z < \dfrac{62-66}{2}\right) = (1-0.8413) + (1-0.9772) = 0.1815$

정답 ②

02　$\overline{x} - R$ 관리도의 평균치 차 검정

두 개의 $\overline{x} - R$ 관리도에서 중심치, 즉 평균치 사이에 유의차가 있는가 없는가의 검정으로, 전제조건이 만족하고 검정식이 성립한다면 두 관리도 간에는 차가 존재하는 것으로 결론을 내린다.

1. 전제조건

① 두 관리도가 완전한 관리상태에 있을 것
② 두 관리도 시료군의 크기 n이 같을 것
③ k_A, k_B가 충분히 클 것
④ $\overline{R_A}$, $\overline{R_B}$ 사이에 유의차가 없을 것
⑤ 본래의 분포상태가 대략적인 정규분포를 하고 있을 것

2. 검정방법

(1) $\overline{R_A}$, $\overline{R_B}$의 유의차 검정

관리도 평균치 차의 검정에서 두 관리도의 산포가 같아야 된다는 전제조건에서 '$\overline{R_A}$, $\overline{R_B}$ 사이에 유의차가 없을 것'이라는 조건이 있다. 따라서 이를 검정하는 방법은 다음과 같이 실행하며, 이때 만일 유의차가 존재한다고 한다면 두 관리도의 평균치 차 검정이 의미가 없다는 뜻이 된다.

가설	$H_0 : \sigma_A^2 = \sigma_B^2, \ H_1 : \sigma_A^2 \neq \sigma_B^2$
유의수준	$\alpha = 0.05$ 또는 0.01
검정통계량	$F_0 = \dfrac{\left(\dfrac{\overline{R_A}}{c_A} \right)^2}{\left(\dfrac{\overline{R_B}}{c_B} \right)^2}$
판정	• $F_0 > F_{1-\alpha/2}(\nu_A, \ \nu_B)$이면 H_0 기각 : 평균치 차 검정이 의미가 없다. • $F_{\alpha/2}(\nu_A, \ \nu_B) \leqq F_0 \leqq F_{1-\alpha/2}(\nu_A, \ \nu_B)$이면 H_0 채택 : 평균치 차 검정 실시

배가바이스

c_A, c_B는 [수치표] 범위를 사용하는 검정보조표에서 찾을 수 있다.

(2) 평균치 차 검정

가설	$H_0 : \mu_A = \mu_B, \ H_1 : \mu_A \neq \mu_B$	
유의수준	$\alpha = 0.27\%$	• $\overline{\overline{x}}_A, \ \overline{\overline{x}}_B$: 각각의 $\overline{x}$ 관리도의 중심선
검정	$\| \overline{\overline{x}}_A - \overline{\overline{x}}_B \| > A_2 \overline{R} \sqrt{\dfrac{1}{k_A} + \dfrac{1}{k_B}}$	• $k_A, \ k_B$: 각각의 시료군의 수
판정	위의 식이 성립하면 두 관리도의 중심 간에는 차이가 있다고 판정한다.	$\overline{R} = \dfrac{k_A \overline{R_A} + k_B \overline{R_B}}{k_A + k_B}$

기본문제 14

기계 A 및 기계 B에 대하여 1군 $n = 5$의 $\overline{x} - R$ 관리도를 작성한 결과 다음과 같이 되었다. A와 B의 평균치에 차가 있는가?(단, $A_2 = 0.6$이며, 두 관리도는 관리상태에 있다.)

- 기계 A : $k_A = 20$, $\overline{\overline{x}}_A = 72.6$, $\overline{R_A} = 6.4$
- 기계 B : $k_B = 20$, $\overline{\overline{x}}_B = 76.9$, $\overline{R_B} = 6.0$

① 유의차가 있다. ② 유의차가 없다.
③ 층별 효과가 없다. ④ 계산 불능

풀이 $\| \overline{X_A} - \overline{X_B} \| > A_2 \overline{R} \sqrt{\dfrac{1}{k_A} + \dfrac{1}{k_B}}$

$[\| 72.6 - 76.9 \| = (4.3)] > \left[0.6 \times 6.2 \times \sqrt{\dfrac{1}{20} + \dfrac{1}{20}} = (1.176) \right]$

정답 ①

03 관리계수(C_f)

공정의 관리상태 여부를 간단하게 파악하는 척도로서, $\bar{x} - R$ 관리도의 경우에만 측정이 가능하다.

관리계수	$C_f = \dfrac{\sigma_{\bar{x}}}{\sigma_w}$	
	$C_f \geq 1.2$	급간변동이 크다.
판정	$1.2 > C_f \geq 0.8$	대체로 관리상태이다.
	$0.8 > C_f$	군구분이 나쁘다.

기본문제 15

$\bar{x} - R$ 관리도에서 관리계수(C_f)가 1.6인 경우 공정의 관리상태를 옳게 추정한 것은?

① 급간변동이 크다.　　　　　② 급내변동이 크다.
③ 대체로 관리상태이다.　　　④ 군구분이 잘못되었다.

풀이　$C_f \geq 1.2$이므로 급간변동이 크다.

＋정답 ①

PART 1

PART 2

PART 3

PART 4

PART 5

PART 6

PART 7

04 공정능력지수(C_p, PCI)

공정능력을 평가한 수치값을 의미하며, 보다 상세한 내용은 품질경영 파트에서 구체적으로 다루어진다.

공정능력 지수	$C_p = \dfrac{U-L}{6\hat{\sigma}} = \dfrac{U-\overline{\overline{x}}}{3\hat{\sigma}} = \dfrac{\overline{\overline{x}}-L}{3\hat{\sigma}}$			
판정	등급	기준	판정	$U(S_U)$: 허용상한 $L(S_L)$: 허용하한 $\hat{\sigma} = \dfrac{\overline{R}}{d_2}$ 공정능력비 $D_p = \dfrac{1}{C_p} = \dfrac{6\sigma}{T}$
	0	$C_p > 1.67$	매우 우수 (검사를 간소화함)	
	1	$C_p > 1.33$	우수 (공정능력이 충분함)	
	2	$C_p > 1.00$	보통 (관리에 주의를 요함)	
	3	$C_p > 0.67$	미흡 (공정개선, 선별 필요)	
	4	$C_p < 0.67$	매우 미흡 (공정 재검토)	

기본문제 16

전기조립품을 제조하는 공장에서 공정이 안정되어 있는가를 판단하기 위해 $n = 5$, $k = 20$의 $\overline{x} - R$ 관리도를 작성하였다. 그 결과 $\sum \overline{x_i} = 213.20$, $\sum R_i = 31.8$을 얻었으며 공정이 안정된 것으로 판정되었다. 이때 공정능력치를 구하면 약 얼마인가?(단, $n = 5$일 때, $d_2 = 2.326$)

풀이 $\pm 3\sigma = \pm 3 \times \dfrac{\overline{R}}{d_2} = \pm 3 \times \dfrac{1.59}{2.326} = \pm 2.051$

기본문제 17

전기조립품을 제조하는 공장에서 공정이 안정되어 있는가를 판단하기 위해 $n = 5$, $k = 20$의 $\overline{X} - R$ 관리도를 작성하였다. 그 결과 $\sum \overline{x} = 213.20$, $\sum R = 31.8$을 얻었으며 공정이 안정된 것으로 판정되었다. 이때 공정능력지수(C_P)가 1인 경우 규정공차($U - L$)는 약 얼마인가?(단, $n = 5$일 때, $d_2 = 2.326$이다.)

풀이 $C_p = \dfrac{U-L}{6\sigma}$에서 $C_p = 1.0$은 $(U-L) = 6\sigma$를 의미한다.

$\therefore (U-L) = 6\sigma = 6 \times \left(\dfrac{\overline{R}}{d_2}\right) = 6 \times \left(\dfrac{1.59}{2.326}\right) = 4.1015$

PART

3

샘플링검사

검사의 개요

⊙ 검사
- 물품을 어떠한 방법으로 측정한 결과를 판정기준과 비교하여 각 물품의 적합품 · 부적합품을 로트에 대해서는 합격 · 불합격의 판정을 내리는 것
- 측정, 점검, 시험 또는 게이지에 맞추어 보는 것과 같이 제품의 단위를 요구조건과 비교하는 것
- 다음의 공정에 적합한가 또는 최종 제품의 경우에 구매자에 대해서 발송하여도 좋은가를 결정하는 활동

01 검사의 목적

① 좋은 로트와 나쁜 로트를 구분하기 위하여
② 적합품 · 부적합품을 구별하기 위하여
③ 공정의 변화 여부를 판단하기 위하여
④ 측정기기의 정밀도를 평가하기 위하여
⑤ 검사원의 정확도를 평가하기 위하여
⑥ 제품설계에 필요한 정보를 얻어내기 위하여
⑦ 공정능력을 측정하기 위하여
⑧ 다음 공정이나 고객에게 부적합품이 전달되지 않기 위하여
⑨ 생산자의 생산의욕 및 고객에게 신뢰감을 주기 위하여

02 검사의 분류

1. 검사가 행해지는 공정(목적)에 의한 분류

① **수입(구입)검사** : 원재료, 반제품, 제품을 구입할 때 행하는 검사
② **공정(중간)검사** : 공정 간 검사
③ **최종(완성)검사** : 완성된 제품에 대하여 행하는 검사
④ **출하검사** : 제품을 출하할 때 최종적으로 행하는 검사

2. 검사가 행해지는 장소에 의한 분류

① **정위치검사** : 정해진 위치에서 집중적으로 검사
② **순회검사** : 검사원이 현장을 순회하면서 검사
③ **출장(외주)검사** : 외주업체나 타 공장에서 타 책임자의 입회하에 검사

3. 검사의 성질에 의한 분류

① **파괴검사** : 반드시 샘플링검사 실시
② **비파괴검사**
③ **관능검사** : 인간의 감각을 이용한 검사

4. 검사방법에 의한 분류

① 전수검사
② 무검사
③ 로트별 샘플링검사
④ **관리 샘플링검사**(체크검사) : 공정 등에서 관리를 목적으로 검사

◉ 관리 샘플링검사
관리자가 관리 등을 목적으로 수시로 체크하는 방법으로 수행하는 검사로서 체크검사라고도 한다.

5. 검사항목에 의한 분류

① 수량검사   ② 중량검사
③ 치수검사   ④ 외관검사
⑤ 성능검사

03 검사의 계획

① 전수, 샘플링, 무검사 중 어떤 검사가 전체 검사비용에 더 유리한지를 파악하기 위한 그래프이다.

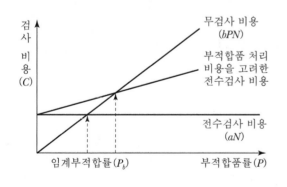

N	검사단위(로트)의 크기
a	개당 검사 비용
b	부적합품에 의한 개당 손실비용
c	개당 재가공비용
aN	전수검사 비용
bPN	무검사 비용

구분	검사 비용	부적합품에 의한 손실비용
전수검사	aN	0
무검사	0	bPN
P_b	임계부적합품률 $= \dfrac{a}{b}$ | $P_b > P$ | 무검사가 유리 | $P_b < P$ | 전수검사가 유리		
계산식	P_b는 $aN = bPN$에서 부적합품률 P에 대해 정리하면, $P_b = \dfrac{aN}{bN} = \dfrac{a}{b}$이 된다.		

② 재가공비용과 폐각 처리비용이 존재하는 경우

구분	검사 비용		부적합품에 의한 손실비용
	재가공비용 존재	폐각처리비용 존재	
전수검사	$aN + cPN$	$aN + dPN$	0
무검사	0		bPN
P_b	임계부적합품률 $= \dfrac{a}{b}$ | $P_b > P$ | 무검사가 유리 | $P_b < P$ | 전수검사가 유리		
계산식	P_b는 $aN + cPN = bPN$, $aN + dPN = bPN$에서 부적합품률 P에 대해 정리하면, $P_b = \dfrac{a}{b-c}$, $P_b = \dfrac{a}{b-d}$이 된다.		

기본문제 01

크기가 1,500개인 어떤 로트에 대해서 전수검사 시 개당 검사비는 10원이고, 무검사로 인하여 부적합품이 혼입됨으로써 발생하는 손실은 개당 200원이다. 이때 임계 부적합품률(P_b)은 얼마이며, 로트의 부적합품률이 3%라고 할 때는 어떤 검사를 하는 편이 이익인가?

풀이 임계부적합품률 $= \dfrac{\text{개당 검사비용}}{\text{부적합품 손실금액}}$, $P_b = \dfrac{a}{b} = \dfrac{10}{200} = 0.05 > (P = 0.03)$이 되므로 무검사가 유리하다.

04 샘플링검사의 개념 정리

1. 전수검사와 샘플링검사

⊙ 샘플링검사
로트로부터 시료를 뽑아 그 결과를 판정기준과 비교하여, 그 로트의 합격·불합격을 판정하는 검사이다.

전수검사	샘플링검사
• 부적합품이 1개라도 혼입되면 안 되는 경우 • 안전에 중대한 영향을 미치는 경우(브레이크 작동시험, 고압용기의 내압시험) • 경제적으로 큰 영향을 미치는 경우(귀금속류) • 부적합품이 다음 공정에 커다란 손실을 줄 경우 • 검사비용에 비해 얻는 효과가 큰 경우	• 파괴검사인 경우(인장강도, 제품의 수명시험 등) • 연속체 또는 대량품인 경우(섬유, 약품, 석탄, 화학제품 등)

2. 샘플링검사가 유리한 경우(전수검사와 비교 시)

① 다수·다량의 것으로 어느 정도 부적합품의 혼입이 허용되는 경우
② 검사항목이 많은 경우
③ 불완전한 전수검사에 비해 높은 신뢰성을 얻을 수 있는 경우
④ 생산자에게 품질 향상의 자극을 주고 싶은 경우

3. 샘플링검사의 실시조건

① 로트크기는 충분히 클 것
② 제품이 로트로서 처리될 수 있을 것
③ 샘플의 샘플링은 랜덤하게 이루어질 수 있을 것
④ 합격 로트 가운데에도 어느 정도의 부적합품이 섞여 있는 것을 허용할 수 있을 것
⑤ 검사 단위의 품질특성은 계량치로 나타내고, 정규분포를 하고 있는 것으로 간주할 수 있을 것

4. 검사단위의 품질표시방법

(1) 적합품·부적합품에 의한 표시방법

① **치명부적합품** : 인명에 위험을 주거나 설비를 파괴할 우려가 있는 경우
② **중부적합품** : 물품을 소기의 목적에 사용할 수 없게 하는 경우
③ **경부적합품** : 물품의 능률을 떨어뜨리거나 수명을 감소시키는 경우

④ 미부적합품 : 상품의 가치를 저하시키지만 물품의 성능, 능률, 수명 등에는 영향을 미치지 않는 경우

(2) 부적합수에 의한 표시방법

① 치명부적합   ② 중부적합
③ 경부적합   ④ 미부적합

(3) 특성치에 의한 표시방법

검사단위의 특성을 측정하여 그 측정치에 따라 품질을 나타내는 방법(계량치)

(4) 로트의 품질표시방법

① 부적합품률(P)   ② 모부적합수(m)
③ 모평균(μ)   ④ 모표준편차(σ)

(5) 시료의 품질표시방법

① 부적합품수(x)   ② 시료의 부적합수(c)
③ 시료평균($\bar{x}$)   ④ 시료의 표준편차(s)
⑤ 범위(R)

5. 샘플링검사의 분류

내용＼구분	계수 샘플링검사	계량 샘플링검사
검사방법	• 숙련을 요하지 않는다. • 검사 소요기간이 짧다. • 검사설비가 간단하다. • 검사기록이 간단하다.	• 숙련을 요한다. • 검사 소요시간이 길다. • 검사설비가 복잡하다. • 검사기록이 복잡하다.
적용 시 이론상의 제약	샘플링검사를 적용하는 조건에 쉽게 만족한다.	시료 채취에 랜덤성이 많이 요구되며 그 적용 범위가 정규분포 또는 특수한 경우로 제한된다.
판별능력과 검사 개수	검사개수가 같은 경우에는 계량보다 판별 능력이 낮다.	검사개수가 상대적으로 계수보다 작다.
검사기록의 이용	검사기록이 다른 목적에 이용되는 정도가 낮다.	검사기록이 다른 목적에 이용되는 정도가 높다.
적용해서 유리한 경우	• 검사비용이 적은 경우 • 검사의 시간, 설비, 인원이 많이 필요 없는 경우	• 검사비용이 많은 경우 • 검사의 시간, 설비, 인원이 많이 필요한 경우

CHAPTER 02 각종 샘플링법과 이론

01 샘플링에서의 용어 정리

배가바이스

μ = 모평균 = 참값 = 목푯값

용어	설명
오차 (Error)	• 모집단의 참값(μ)과 시료의 측정치(x_i)의 차, 즉 ($x_i - \mu$)로 정의된다. • 오차의 성질을 검토할 때는 신뢰도 → 정밀도 → 치우침 순으로 한다.
신뢰도 (Reliability)	시료에서 측정한 데이터로서 모집단을 추정하는데, 이 데이터를 얼마나 신뢰할 수 있는가를 표현한 값이다.
정(밀)도 (Precision)	• 동일 시료를 무한히 측정하면 어떤 산포를 갖게 되는데 이 산포의 크기를 의미하는 것으로, 평행(반복)정밀도, 재현정밀도로 나눈다. • 표시 방법 : σ^2, σ, s^2, s, CV, R, 신뢰구간 등으로 표시한다.
신뢰 구간	$\beta_{\bar{x}} = \pm u_{1-\alpha/2} \dfrac{\sigma}{\sqrt{n}} = \pm t_{1-\alpha/2}(\nu) \dfrac{s}{\sqrt{n}}$
치우침 (Accuracy)	동일 시료를 무한히 측정할 때 얻는 데이터 분포의 평균치와 모집단의 참값과의 차를 의미하며, 정확도라고도 한다($\bar{x} - \mu$).

기본문제 02

종래 A 회사로부터 납품되고 있는 약품의 유황함유율의 산포는 표준편차 0.35%였다. 이번에 납품된 로트의 평균치를 신뢰도 95%, 정도 0.20%로 추정하려고 한다. 샘플을 몇 개 취하면 되겠는가?

풀이 $\beta_{\bar{x}} = \pm u_{1-\alpha/2} \dfrac{\sigma}{\sqrt{n}}$, $0.2 = \pm 1.96 \dfrac{0.35}{\sqrt{n}}$

$\therefore n = 11.765 = 12$(개)

※ 본 문제에서 시료의 크기가 소수이면 올림하여 자연수로 나타낸다.

총개수(N) 600개[부품이 30(N')개씩 든 상자, 20(M)상자]가 로트로 구성되고, 이 로트에서 제품을 랜덤하게 샘플링한다고 가정하였을 때, 다음과 같이 샘플링을 구분할 수 있다.

- 전체에서 랜덤하게 120개(n)의 부품을 샘플링한다(랜덤샘플링).
- 20개(M)의 상자로부터 각 상자를 랜덤하게 6개(n)씩 샘플링한다(층별샘플링).
- 20개(M)의 상자 중 4개(m)의 상자를 랜덤하게 샘플링한 후, 각 상자의 부품을 전부 검사한다(집락 샘플링).
- 20개(M)의 각 상자로부터 우선 10개(m)의 상자를 랜덤하게 취하고, 그 취해진 각 상자로부터 랜덤하게 12개(n)씩 샘플링한다(2단계 샘플링).

1. 랜덤샘플링

KS Q 1003에서 정의된 것으로 모집단에서 동등한 확률로 시료를 뽑는 샘플링 방법으로, 랜덤샘플링은 다음과 같이 3가지로 분류된다.

$$V(\overline{x}) = \frac{\sigma^2}{n} = \frac{\sigma_w^2 + \sigma_b^2}{n}$$

- 계통샘플링검사는 주기성이 없는 경우에 유리하다.
- 지그재그샘플링검사는 주기성이 있는 경우에 유리하다.

종류	내용
단순랜덤 샘플링	• N개의 샘플링 단위가 있는 유한모집단에서 크기 n의 시료를 뽑을 때 각 데이터가 같은 확률로서 나타날 수 있는 방법이다. • $E(\overline{x}) = \mu$, $V(\overline{x}) = \frac{N-n}{N-1} \cdot \frac{\sigma^2}{n} \fallingdotseq \frac{\sigma^2}{n}$ $\left(\frac{N-n}{N-1} : 유한수정계수 \right)$
계통샘플링 (Systematic Sampling)	• 유한모집단의 데이터를 일련의 배열로 한 다음 첫 k번째 시료를 뽑고, 다음부터 k 간격으로 뽑는 샘플링방법이다. • 이때, $k = \frac{N}{n}$이 되므로, 뽑힌 데이터에 주기성이 들어갈 위험성이 존재한다.
지그재그 샘플링	계통샘플링에서 주기성에 의한 편기가 들어갈 위험성을 방지하도록 한 샘플링 방법이다.

2. 층별샘플링(Stratified Sampling)

① 층별샘플링은 다음과 같이 3가지로 분류된다.

종류	내용
층별비례샘플링	각 층의 서브로트가 일정하지 않은 경우, 층의 크기에 비례하여 시료를 샘플링하는 방법이다.
네이만샘플링 (Neyman Sampling)	각 층의 크기와 표준편차에 비례하여 샘플링하는 방법이다.
데밍샘플링 (Deming Sampling)	각 층으로부터 샘플링하는 비용까지도 고려하는 방법이다.

② 일반적으로 랜덤샘플링보다 시료의 크기는 작지만 같은 정밀도를 얻을 수 있다.

③ 샘플링 오차분산은 층내산포만으로 이루어지므로 층내는 균일하게, 층간은 불균일하게 되도록 층별하면 추정정밀도가 좋아진다.

$$V(\overline{x}) = \frac{\sigma_w^2}{m\,\overline{n}} = \frac{\sigma_w^2}{\Sigma n}$$

3. 집락샘플링(Cluster Sampling)

① 모집단을 몇 개의 층(M)으로 나누고 그중에서 몇 개의 층(m)을 랜덤샘플링하여 취한 층 안을 모두 조사하는 방법이다.

② 일반적으로 랜덤샘플링보다 정밀도가 나쁘다.

③ 샘플링 오차분산은 층간산포만으로 이루어지므로 층간은 균일하게, 층내는 불균일하게 집락을 만들면 추정정밀도가 좋아진다.

$$V(\overline{x}) = \frac{\sigma_b^2}{m}$$

4. 2단계 샘플링(Two Stage Sampling)

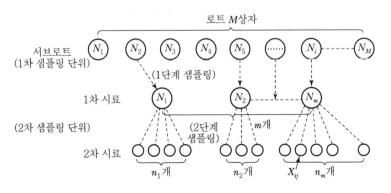

---

① 그림과 같이 크기가 N인 로트를 N_i개씩 제품이 들어 있는 M개의 서브로트로 나누어 랜덤하게 m(단, $m < M$)개의 서브로트를 취하고, 각각의 서브로트로부터 n_i(단, $n_i < N_i$)개의 제품을 랜덤하게 채취하는 샘플링이다.
② 일반적으로 정밀도가 층별, 집락샘플링보다 나쁘다.
③ 샘플링하는 방법은 복잡하나, 다른 샘플링에 비해 상대적으로 시료의 크기를 작게 하는 방법이므로 샘플링 비용이 저렴하다.
④ 샘플링 오차분산은 층내산포와 층간산포의 합성으로 이루어진다.

$$V(\overline{x}) = \frac{\sigma_w^2}{m\overline{n}} + \frac{\sigma_b^2}{m}$$

03 샘플링 오차(σ_s^2)와 측정오차(σ_M^2)

로트에서 시료를 취하여 로트평균을 추정하는 경우 시료를 몇 개 취하는가, 시료 1개에 대하여 몇 번 측정을 하는가에 따라서 추정의 정밀도는 변하게 된다. 샘플링 오차와 측정오차는 서로 독립이라 가정하고 모집단의 유한수정계수를 무시한다면, 분산의 가법성에 의하여 다음과 같은 데이터의 결과값을 도출할 수 있다.

1. 단위체의 경우(혼합 · 축분이 행하여지지 않는 경우)

단위체 n개를 취하여 각 단위체 k회를 측정하여 평균하는 경우

$$V(\overline{x}) = \frac{1}{n}\left(\sigma_s^2 + \frac{\sigma_M^2}{k}\right)$$

2. 집합체의 경우(혼합 · 축분이 행하여질 때)

시료를 n개 취하여 전부를 혼합하여 혼합시료로 하고 그것을 1회 축분하여 조제한 분석시료를 k회 분석하는 경우

$$V(\overline{x}) = \frac{1}{n}\sigma_s^2 + \sigma_R^2 + \frac{1}{k}\sigma_M^2$$

3. 샘플링 형식에 따른 특징

구분 \ 샘플링 형식	1회 샘플링	2회 샘플링	다회 샘플링	축차 샘플링
평균검사개수	대	중	소	최소
검사개수의 변동	없다.	조금 있다.	있다.	있다.
검사비용	대	중	소	소
실시 및 기록의 번잡성	간단	중간	복잡	복잡
심리적 효과	나쁘다.	중간	좋다.	좋다.
검사비용과 검사개수	값이 싼 경우	검사비용이 조금 비싸서 주로 검사 수를 줄이고 싶은 경우	검사비용이 비싸서 검사 수를 아주 줄이고 싶은 경우	검사비용이 아주 비싸서 검사 수를 줄이는 것이 절대적인 경우

기본문제 **03-1**

2단계 샘플링을 적용하여 10개씩 포장된 1,000상자의 제품을 샘플링하려고 한다. 2차 시료단위는 2이고, $\sigma_b^2 = 0.08$, $\sigma_w^2 = 0.01$로 한다면 샘플링의 정밀도 $V(\overline{x}) = (0.05)^2$으로 하기 위해서는 1차 시료를 몇 단위로 해야 하는가?

풀이 $V(\overline{x}) = \dfrac{\sigma_w^2}{m\overline{n}} + \dfrac{\sigma_b^2}{m}$

$$\Rightarrow 0.05^2 = \frac{0.01}{2m} + \frac{0.08}{m} = \frac{0.01 + 0.16}{2m} \qquad\qquad \therefore\ m = 34$$

기본문제 **03-2**

검정제 10,000정의 평균함량을 알기 위해 샘플 20개의 정제를 분쇄 혼합하여 혼합시료를 만들고 2회분석하여 평균치를 취했을 때 추정의 정도 $V(\overline{x})$는 얼마인가?(단, 샘플링 오차 $\sigma_s = 0.4$, 축분 정밀도 $\sigma_R = 0.5$, 분석오차 $\sigma_M = 0.2$)

풀이 $V(\overline{x}) = \dfrac{1}{n}\sigma_s^2 + \sigma_R^2 + \dfrac{1}{k}\sigma_M^2 = \dfrac{1}{20} \times 0.4^2 + 0.5^2 + \dfrac{1}{2} \times 0.2^2 = 0.2780$

샘플링검사와 OC곡선

01 OC곡선의 정의

샘플링검사에서의 OC(Operating Characteristic)곡선이란 검사특성곡선의 의미로, 부적합품률 또는 특성치의 값에 따라 로트 자체가 얼마나 합격이 될 것인가를 예측하는 그래프로 정의할 수 있다. 즉, 로트의 부적합품률 $p(\%)$(계수치), 특성치 m(계량치)를 가로축에, 로트가 합격하는 확률 $L(p)$(계수치), $L(m)$(계량치)를 세로축에 잡아 양자의 관계를 나타낸 그래프이다.

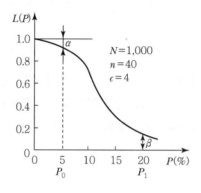

$N = 1,000$
$n = 40$
$c = 4$

• P_0 : 가급적 합격시키고 싶은 로트 부적합품률의 상한
• P_1 : 가급적 불합격시키고 싶은 로트 부적합품률의 하한
• α : 좋은 로트가 불합격할 확률
• β : 나쁜 로트가 합격할 확률

02 $L(p)$를 구하는 방법

샘플링검사에 의해 로트의 합격·불합격을 판정하는 데 필요한 조건은 $(N, \ n, \ c)$가 된다. 이는 로트의 크기가 N에서 n개를 샘플링하여 부적합품이 합격판정개수 c 이하가 나오면 로트를 합격시키고, 부적합품의 수가 c를 초과하게 되면 로트를 불합격시킨다. 이때 로트가 합격할 확률을 구하는 방법에는 초기하분포, 이항분포, 푸아송 분포가 있으며, 로트와 시료의 관계에 따라 적절한 분포를 선택하여 풀어야 한다.

초기하분포	$L(p) = \sum\limits_{x=0}^{c} \dfrac{\dbinom{pN}{x}\dbinom{N-pN}{n-x}}{\dbinom{N}{n}}$	• x : 부적합품수 • $\dfrac{N}{n} \leq 10$일 때 사용
이항분포	$L(p) = \sum\limits_{x=0}^{c} \dbinom{n}{x} p^x (1-p)^{n-x}$	일반적인 방법
푸아송 분포	$L(p) = \sum\limits_{x=0}^{c} \dfrac{e^{-np}(np)^x}{x!}$	특별한 조건이 없을 때 많이 사용

기본문제 *04*

로트의 크기 $N = 4,000$이고 시료의 크기 $n = 50$, 합격판정개수 $c = 2$, 로트의 부적합품률 $P = 4\%$일 때 로트가 합격할 확률은?(단, 푸아송 분포를 이용)

① 0.484   ② 0.432   ③ 0.541   ④ 0.677

풀이 $nP = 50 \times 0.04 = 2.0$

$$L(p) = \sum_{x=0}^{c} \frac{e^{-np}(np)^x}{x!} = \sum_{x=0}^{2} \frac{e^{-2} \cdot 2^x}{x!} = e^{-2}\left(\frac{2^0}{0!} + \frac{2^1}{1!} + \frac{2^2}{2!}\right)$$

＋정답 ④

03   OC곡선의 성질

(1) N이 변하는 경우(c, n 일정)

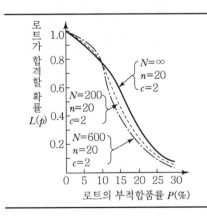

• OC곡선에 큰 영향을 미치지 않는다.
• N이 클 때는 N의 크기가 작을 때보다 다소 시료의 크기를 크게 해서 좋은 로트가 불합격되는 위험을 적게 하여 행하는 편이 경제적인 경우가 많다.

(2) %샘플링검사 $\left(\dfrac{c/n}{N} = 일정\right)$

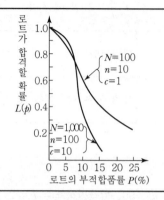

- % 개념을 도입하여 로트(N)로부터 시료(n)를 샘플링하는 경우
- 품질보증의 정도가 달라지므로 일정한 품질을 보증하기가 곤란하다.
- 부적절한 샘플링검사방법이다.

(3) n 이 증가하는 경우(N, c 일정)

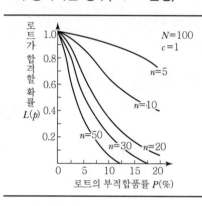

- OC곡선의 기울기가 급해진다.
- 생산자위험(α)은 커지고 소비자 위험(β)은 감소한다.
- 나쁜 로트가 합격하기 어려워진다.

(4) c 가 증가하는 경우(N, n 일정)

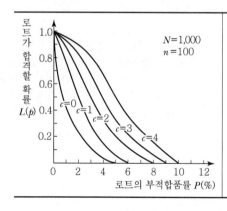

- OC곡선의 기울기가 완만해진다.
- α 는 감소하고 β 는 증가한다.
- 나쁜 로트가 합격하기 쉬워진다.
- n 이 증가하는 경우와 반대개념이 된다.

(5) $c = 0$ 인 경우(N, n 일정)

$c = 1$, 2로 증가시키는 것이 좋은 로트를 많이 합격시킬 수 있으므로 $c = 0$ 보다는 $c = 1$, 2로 늘리는 편이 좋은 샘플링검사가 된다.

계량값 샘플링검사

01 계량 규준형 샘플링검사(KS Q 0001) : σ 기지

개요	로트에서 샘플링한 시료특성치의 평균치 $\overline{x}$ 를 기지의 표준편차로써 계산한 합격판정치 $\overline{X_U}$ 또는 $\overline{X_L}$ 과 비교하여 로트의 합격·불합격을 판정하는 것이다.
특징	원칙적으로 목전의 로트 그 자체의 합격·불합격을 결정하는 것으로, 파는 쪽에 대한 보호와 사는 쪽에 대한 보호의 두 가지를 규정해서, 파는 쪽의 요구와 사는 쪽의 요구를 모두 만족하도록 짜여 있다.
파는 쪽의 보호	평균치 m_0 또는 표준편차 σ_0 인 품질이 좋은 로트가 불합격으로 되는 확률 α(생산자위험)를 정함으로써 보호한다.
사는 쪽의 보호	평균치 m_1 또는 표준편차 σ_1 처럼 품질이 나쁜 로트가 합격으로 될 확률 β(소비자위험)를 정함으로써 보호한다.

1. 로트의 평균치를 보증하는 방법

로트에서 n 개를 뽑아 시료평균 $\overline{x}$ 를 계산하여 상한합격판정치($\overline{X_U}$) 또는 하한합격판정치($\overline{X_L}$)와 비교하여 로트를 합격, 불합격으로 판정하는 것이다.

(1) 특성치(m)가 높을수록 좋은 경우($\overline{X_L}$ 지정)

망대특성으로 특성치가 높을수록 좋은 경우이므로, 하한합격판정치가 정해지게 된다. 즉, 로트에서 n 개를 뽑아 시료평균 $\overline{x}$ 를 계산하여 하한합격판정치($\overline{X_L}$)와 비교하여 $\overline{x} \geq \overline{X_L}$ 이면 로트를 합격시키고, $\overline{x} < \overline{X_L}$ 이면 로트를 불합격시킨다.

$K_\alpha - u_{1-\alpha}, \ K_\beta = u_{1-\beta}$

합격판정선	$\overline{X_L} = m_0 - K_\alpha \dfrac{\sigma}{\sqrt{n}} = m_0 - G_0\sigma = m_1 + K_\beta \dfrac{\sigma}{\sqrt{n}}$ $\left(\text{단, } G_0 = \dfrac{K_\alpha}{\sqrt{n}}\right)$
시료의 크기	$n = \left(\dfrac{K_\alpha + K_\beta}{m_0 - m_1}\right)^2 \times \sigma^2$ 또는 샘플링검사표를 이용한다.
판정	• $\overline{x} \geq \overline{X_L}$: 로트 합격 • $\overline{x} < \overline{X_L}$: 로트 불합격
OC곡선	$K_{L(m)} = \dfrac{\sqrt{n}\,(\overline{X_L} - m)}{\sigma}$

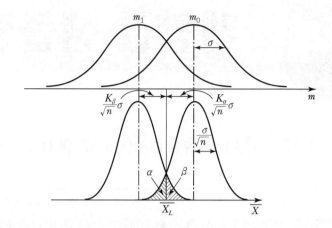

어떤 비누제조공정에서 k라는 성분은 큰 편이 좋다고 한다. 로트의 평균치가 0.05% 이상인 로트는 통과시키고 0.01% 이하인 로트는 통과시키지 않도록 할 $\overline{X_L}$을 구하시오.(단, 로트의 표준편차 $\sigma = 0.03\%$, $\alpha = 0.05$, $\beta = 0.10$)

$\dfrac{\|m_1 - m_0\|}{\sigma}$	n	G_0
2.069 이상	2	1.163
1.690~2.068	3	0.950
1.463~1.689	4	0.822
1.309~1.462	5	0.736

① 0.0279%　　② 0.01%　　③ 1%　　④ 2.79%

풀이 $\overline{X_L} = m_0 - G_0\sigma = 0.05 - 0.736 \times 0.03 = 0.0279$

정답 ①

(2) 특성치(m)가 낮을수록 좋은 경우($\overline{X_U}$ 지정)

망소특성으로 특성치가 낮을수록 좋은 경우이므로, 상한합격판정치가 정해지게 된다. 즉, 로트에서 n개를 뽑아 시료평균 $\overline{x}$를 계산하여 상한합격판정치($\overline{X_U}$)와 비교하여 $\overline{x} \leq \overline{X_U}$이면 로트를 합격시키고, $\overline{x} > \overline{X_U}$이면 로트를 불합격시킨다.

합격판정선	$\overline{X_U} = m_0 + K_\alpha \dfrac{\sigma}{\sqrt{n}} = m_0 + G_0\sigma = m_1 - K_\beta \dfrac{\sigma}{\sqrt{n}}$
시료의 크기	$n = \left(\dfrac{K_\alpha + K_\beta}{m_1 - m_0} \right)^2 \times \sigma^2$
판정	• $\overline{x} \leq \overline{X_U}$: 로트 합격　　• $\overline{x} > \overline{X_U}$: 로트 불합격
OC곡선	$K_{L(m)} = \dfrac{\sqrt{n}\,(m - \overline{X_U})}{\sigma}$

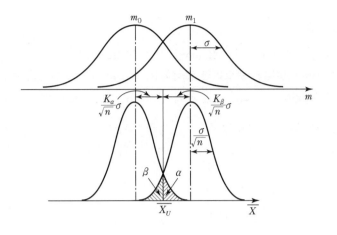

PART 1

PART 2

PART 3

PART 4

PART 5

PART 6

PART 7

기본문제 06

전선의 검사에 있어서 인장강도의 평균치가 $35\mathrm{kg/mm^2}$ 이하의 로트는 합격으로, $40\mathrm{kg/mm^2}$ 이상의 로트는 불합격으로 하려고 할 때 $\overline{X_U}$를 구하시오. (단, $\sigma = 3\mathrm{kg/mm^2}$, $\alpha = 0.05$, $\beta = 0.10$, 기본문제 5의 표를 이용할 것)

① 4.246 　　　② 42.466 　　　③ 37.466 　　　④ 3.746

풀이 $\overline{X_U} = m_0 + G_0\sigma = 35 + 0.822 \times 3 = 37.466$

＋정답 ③

(3) $\overline{X_U}$ 및 $\overline{X_L}$를 동시에 구하는 경우

망목특성으로 특성치가 너무 낮아도 너무 높아도 안 된다는 뜻이므로, 상한합격 판정치, 하한합격판정치 모두 정해지게 된다. 즉, 로트에서 n개를 뽑아 시료평균 $\overline{x}$를 계산하여 $\overline{X_L} \le \overline{x} \le \overline{X_U}$이면 로트를 합격시키고, $\overline{x} > \overline{X_U}$ 또는 $\overline{x} < \overline{X_L}$이면 로트를 불합격시킨다.

성립조건	$\dfrac{m_0' - m_0''}{\sigma/\sqrt{n}} > 1.7$
합격판정선	• $\overline{X_U} = m_0' + G_0 \cdot \sigma$ • $\overline{X_L} = m_0'' - G_0 \cdot \sigma$
판정	• $\overline{X_L} \le \overline{x} \le \overline{X_U}$: 로트 합격 • $\overline{x} > \overline{X_U}$ 또는 $\overline{x} < \overline{X_L}$: 로트 불합격

철사 굵기의 기본치수가 1.12mm인 것을 구입하고자 한다. 굵기의 평균치가 1.12±0.01mm 이내의 로트이면 합격이고, 1.12±0.02mm보다 큰 로트이면 불합격시키고자 한다. $\overline{X_L}$과 $\overline{X_U}$를 각각 구하시오.(단, $\sigma = 0.005$mm, $G_0 = 0.95$)

① $\overline{X_U} = 1.101$, $\overline{X_L} = 1.008$ ② $\overline{X_U} = 1.125$, $\overline{X_L} = 1.102$

③ $\overline{X_U} = 1.231$, $\overline{X_L} = 1.106$ ④ $\overline{X_U} = 1.135$, $\overline{X_L} = 1.105$

풀이 $\overline{X_U} = 1.13 + 0.95 \times 0.005$

$\overline{X_L} = 1.11 - 0.95 \times 0.005$

 ④

2. 로트의 부적합품률을 보증하는 방법

로트의 부적합품률을 보증하는 방법은 앞서 설명된 로트의 평균치를 보증하는 방법과 같은 계량치의 합·부판정방법이다. 평균치 보증과 차이점은 특성치 (m_0, m_1) 대신 부적합품률(P_0, P_1)과 상한 규격(U), 하한 규격(L)이 주어지고 다시 σ 기지와 σ 미지로 나뉜다.

U가 주어진 경우	합격 판정선	$\overline{X_U} = U - k\sigma$	• $n = \left(\dfrac{K_\alpha + K_\beta}{K_{P_0} - K_{P_1}}\right)^2$ • 합격판정계수 k $= \dfrac{K_{P_0}K_\beta + K_{P_1}K_\alpha}{K_\alpha + K_\beta}$
	판정	• $\bar{x} \leq \overline{X_U}$: 로트 합격 • $\bar{x} > \overline{X_U}$: 로트 불합격	
L이 주어진 경우	합격 판정선	$\overline{X_L} = L + k\sigma$	
	판정	• $\bar{x} \geq \overline{X_L}$: 로트 합격 • $\bar{x} < \overline{X_L}$: 로트 불합격	
U 및 L이 주어진 경우	합격 판정선	• $\overline{X_U} = U - k\sigma$ • $\overline{X_L} = L + k\sigma$	
	판정	• $\overline{X_L} \leq \bar{x} \leq \overline{X_U}$: 로트 합격 • $\bar{x} > \overline{X_U}$ 또는 $\bar{x} < \overline{X_L}$: 로트 불합격	
OC곡선		$K_{L(p)} = (K_p - k)\sqrt{n}$	

02 계량 규준형 샘플링검사(KS Q 0001) : σ 미지

σ가 미지인 계량 규준형 샘플링검사에서는 σ 대신 시료의 표준편차(s_e)를 합부판정식에 사용하게 된다. 그러므로 σ 기지인 경우보다는 상대적으로 합부판정을 하기 위한 시료의 크기가 커진다는 것을 명심해야 한다.

배가바이스

- 합격판정계수 : $k' = k$
- 시료의 크기

$$n' = \left(1 + \frac{k^2}{2}\right) \times n$$

U가 주어진 경우	합격판정선	$\overline{X_U} = U - k's_e$	• $k' = \dfrac{K_{P_0}K_\beta + K_{P_1}K_\alpha}{K_\alpha + K_\beta} = k$
	판정	• $\overline{x} + k's_e \leq U$: 로트 합격 • $\overline{x} + k's_e > U$: 로트 불합격	• $n' = \left(1 + \dfrac{k^2}{2}\right)\left(\dfrac{K_\alpha + K_\beta}{K_{P_0} - K_{P_1}}\right)^2$
L이 주어진 경우	합격판정선	$\overline{X_L} = L + k's_e$	• σ 미지인 경우의 샘플링검사방식의 합격판정계수 k는 σ기지인 경우와 동일하다.
	판정	• $\overline{x} - k's_e \geq L$: 로트 합격 • $\overline{x} - k's_e < L$: 로트 불합격	• n은 σ 기지의 경우보다 $\left(1 + \dfrac{k^2}{2}\right)$ 배로 증가한다.
OC곡선		$K_{L(p)} = \dfrac{(K_p - k)}{\sqrt{\dfrac{1}{n} + \dfrac{k^2}{2(n-1)}}}$	

기본문제 08

계량규준형 1회 샘플링검사에서 로트의 부적합품률을 보증하는 경우 $P_0 = 1\%$, $P_1 = 9\%$이고, $\alpha = 0.05$, $\beta = 0.1$일 때 합격판정계수 k의 값은?(단, $K_{0.05} = 1.65$, $K_{0.1} = 1.28$, $K_{0.01} = 2.33$ $K_{0.09} = 1.34$)

① $k = 1.25$
② $k = 1.45$
③ $k = 1.77$
④ $k = 2.93$

풀이 $k = \dfrac{K_{P_0} \cdot K_\beta + K_{P_1} \cdot K_\alpha}{K_\alpha + K_\beta} = \dfrac{2.33 \times 1.28 + 1.34 \times 1.65}{1.65 + 1.28}$

➕정답 ③

계수값 샘플링검사

01 계수 규준형 샘플링검사(KS Q 0001)

1. 1회 샘플링검사

개요	로트에서 샘플링한 시료를 분석한 후 부적합품의 수가 합격판정개수(c) 이하이면 로트를 합격, 초과하면 불합격으로 처리한다.
특징	① 1회만의 거래 시에 좋다. ② 생산자와 소비자 양쪽이 만족하도록 설계되어 있다. ③ 파괴검사와 같은 전수검사가 불가능할 때 사용한다. ④ P_0에 대한 α 및 P_1에 대한 β는 $\alpha = 0.05$, $\beta = 0.10$을 중심으로 해서 대체로 $\alpha = 0.03 \sim 0.07$, $\beta = 0.04 \sim 0.13$ 정도로 되어 있다. ⑤ α, β의 수식 계산 • $1-\alpha = \sum_{x=0}^{c} \binom{n}{x} P_0^x (1-P_0)^{n-x}$ • $\beta = \sum_{x=0}^{c} \binom{n}{x} P_1^x (1-P_1)^{n-x}$ 여기서, P_0 : α에 대한 가급적 합격시키고자 하는 로트의 부적합품률 상한 P_1 : β에 대한 가급적 불합격시키고자 하는 로트의 부적합품률 하한
절차	① 품질기준의 설정 → ② P_0, P_1의 지정 → ③ 로트의 형성 → ④ 샘플링검사 방식(n, c)의 결정 → ⑤ 시료채취방법의 결정 → ⑥ 시료의 시험 → ⑦ 로트의 판정 → ⑧ 로트의 처리

기본문제 09

$\alpha = 0.05$, $\beta = 0.10$에 의하여 설계된 계수 규준형 샘플링검사에서 부적합률 P_0보다 좋은 로트는 100회 검사에서 어떻게 되는가?

① 95회 이상 합격한다.　　　　② 99회 이상 합격한다.
③ 95회 이상 불합격한다.　　　④ 99회 이상 불합격한다.

풀이 $L_{(p_0)} = 1-\alpha$

정답 ①

2. 2회 샘플링검사

(1) 검사절차

1회 샘플링검사는 단 한 번으로 로트를 합격·불합격을 판정하지만, 2회 샘플링검사는 처음 n_1으로 합격·불합격을 판정할 수가 없는 경우, 즉 1회 샘플링검사에서 검사속행이 되는 경우에는 n_2에서 합격·불합격을 판정하는 경우이다.

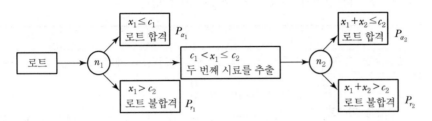

(2) OC곡선

2회 샘플링검사는 1회에서 판정이 이루어질 수도 있고, 2회까지 가서 판정이 이루어질 수도 있으므로, 샘플링되는 개수가 변화된다. 그러므로 평균샘플수(ASS ; Average Sample Size)가 존재하게 되는데, 이를 공식으로 표현하면 다음과 같다.

$$\text{ASS} = n_1 + n_2(1 - P_{\alpha_1} - P_{r_1})$$

여기서, n_1 : 1회 샘플수
n_2 : 2회 샘플수
P_{α_1} : 1회 샘플링 시 합격할 확률
P_{r_1} : 1회 샘플링 시 불합격할 확률

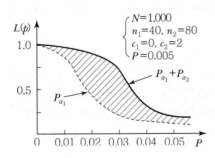

계수값 합부판정 샘플링검사로서, 연속의 로트로 제출된 제품의 검사인 AQL 지표형 샘플링검사(KS Q ISO 2859‒1), 지정된 AQL보다 품질이 우수한 로트인 경우 검사개수를 줄이는 방법인 스킵로트 샘플링검사(KS Q ISO 2859‒3), 고립로트의 검사인 LQ 지표형 샘플링검사(KS Q ISO 2859‒2)가 있다.

용어	정의
프로세스 평균	제출된 일련의 로트의 평균품질로 재제출로트는 제외된다.
부적합품 퍼센트	$p(\%) = 100p = 100\dfrac{D}{N}$ (단, p : 부적합품 퍼센트, D : 로트 중 부적합품의 개수, N : 로트 크기이다.)
100 아이템당 부적합수	$p(100\ \text{아이템당}) = 100p = 100\dfrac{d}{N}$ (단, p : 아이템당 부적합수, d : 로트 중 부적합수, N : 로트의 크기)
합격품질한계 (AQL ; Acceptable Quality Limit)	연속로트의 경우 AQL은 만족한 프로세스 평균의 상한을 의미한다.
평균출검품질 (AOQ ; Average Outgoing Quality)	제품을 연속적으로 산출하는 프로세스에서 다수 로트의 평균 부적합품 퍼센트를 의미하는 것으로 AOQL은 AOQ의 최댓값을 의미한다.
검사의 종류	보통검사(별 조건이 없는 경우), 까다로운 검사, 수월한 검사
샘플링 형식	1회(n, Ac, Re로 합부판정), 2회, 다회(최대 제5샘플까지 사용), 축차샘플링검사(검사가 완료될 때까지 검사개수를 모름)로 분류한다.

기본문제 *10*

500개의 제품이 있다. 이 중 480개는 적합품이고 합격이다. 15개는 각각 하나의 부적합을 가지고, 4개는 각각 2개의 부적합을 가지고, 또 1개는 3개의 부적합을 가지고 있다. 이 로트의 부적합품 퍼센트와 100아이템당 부적합수를 구하시오.

풀이 ① 부적합품 퍼센트 $= 100 \times \dfrac{20}{500} = 4.00(\%)$

② 100아이템당 부적합수 $= 100 \times \dfrac{(15 \times 1) + (4 \times 2) + (1 \times 3)}{500} = 5.20$

03 AQL 지표형 샘플링검사(KS Q ISO 2859 – 1)

1. 적용범위 및 특징

적용 범위	• 연속로트인 계수값 합부판정 샘플링검사로서 품질지표로 AQL을 사용한다. • 공급자로부터 연속적이고, 대량으로 구입하는 경우 적용한다. • 로트의 합격·불합격에 공급자의 관심이 큰 경우 적용한다.

특징	① 연속로트검사에 사용되며, 검사의 엄격도전환(수월한 검사, 보통검사,
	  까다로운 검사)에 의해 품질향상에 자극을 준다.
	② 구입자가 공급자를 선택할 수 있다.
	③ 장기적으로 품질을 보증한다.
	④ 불합격 로트의 처리방법이 정해져 있다(일반적으로 소관권한자가 결정).
	⑤ 로트크기와 시료크기의 관계가 분명히 정해져 있다.($N\uparrow : n\uparrow$)
	⑥ 로트의 크기에 따라 α가 일정하지 않다($N\uparrow : \alpha\uparrow$)($\alpha$보다 β의 변화가
	  큼).
	⑦ 3종류의 샘플링 형식이 정해져 있다[1회, 2회, 다회(5회) 샘플링검사].
	⑧ 검사수준이 여러 개 있다(특별검사수준 4개, 통상검사수준 3개).
	⑨ AQL과 시료크기에는 등비수열이 채택되어 있다($R5 : \sqrt[5]{10}$ 등비수열).

2. 보통검사의 절차

① 품질기준을 정한다.
② AQL을 결정한다.
③ 검사수준을 결정한다(검사의 수준 Ⅰ, Ⅱ, Ⅲ 중 결정, 일반적으로 통상수준
  Ⅱ를 선택).
④ 검사의 엄격도를 정한다(보통검사, 까다로운 검사, 수월한 검사 중에서 결정).
⑤ 샘플링형식을 정한다(1회, 2회, 다회 샘플링 중 어느 것을 사용할 것인가
  정한다).
⑥ 검사로트의 구성 및 크기를 정한다.
⑦ 샘플링방식을 구한다.
⑧ 검사로트로부터 ⑦에서 구한 시료를 채취한다.
⑨ 시료를 조사한다.
⑩ 검사로트의 합격·불합격 판정을 내리고 로트를 처리한다.

⊙ AQL 지표형 샘플링검사

공급자가 제출하는 로트 자체의 품질보다 프로세스 품질에 관심이 있는 경우에 적용하는 샘플링검사 방식으로, 제출되는 로트가 연속로트인 경우 구입자 측에서 합격으로 할 최소한 로트의 품질(AQL)을 정하고, 이 수준보다 좋은 품질의 로트를 제출하는 한 거의 다 합격($1-\alpha$)시킬 것을 공급하는 쪽에 보증한다.

⊙ AQL 보증방식
• 부적합수는 총 26단계를 사용
  (0.01~1,000)
• 부적합품률은 16단계만 사용
  (0.01%~10%까지)

3. 검사의 엄격도 전환규칙

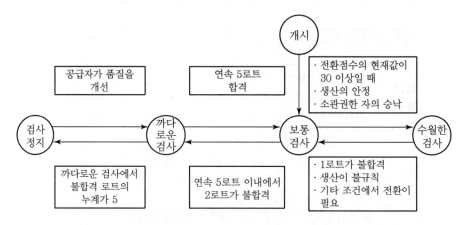

4. 실시상의 주의사항

AQL설정 시 주의사항	① 요구품질에 맞추어 정한다. ② 결점의 계급에 따라 정한다. ③ 공정평균에 근거를 둔다. ④ 공급자와 협의한다. ⑤ AQL 값의 계속적인 검토가 필요하다.
검사수준	① 검사수준은 시료의 상대적인 크기를 의미한다. ② 일반검사에 대하여는 Ⅰ, Ⅱ, Ⅲ의 3종류의 통상검사수준이 있다. 수준 Ⅱ가 표준의 검사수준이며, 특별한 지정이 없으면 수준 Ⅱ가 사용된다. ③ 파괴검사이거나 비용이 많이 드는 검사를 위한 특별검사수준으로서 S-1부터 S-4까지 4종류의 수준이 있다. ④ 수준 Ⅰ의 샘플크기가 수준 Ⅱ보다 0.4배로 작으나, 수준 Ⅲ은 수준 Ⅱ의 1.6배 정도이다(0.4 : 1.0 : 1.6).
검사수준의 결정방법	① 구조간단, 저가제품 : 낮은 수준 ② 검사비 저렴 : 높은 수준 ③ AQL보다 낮은 품질수준을 합격시키는 경우 : 낮은 수준 ④ 생산안정 : 낮은 수준 ⑤ 로트 간의 산포가 적은 경우 : 낮은 수준 ⑥ 로트 내의 산포가 적은 경우 : 낮은 수준

샘플링 형식	동일한 AQL, 동일한 시료문자, 동일한 엄격도 전환이 되어 있는 경우에는 어느 샘플링형식을 취하여도 OC곡선은 거의 일치하도록 되어 있다. 그러므로 어떤 샘플링 형식을 선택할 것인가는 OC곡선 이외의 다음 사항을 고려하여 결정한다. ① 물품의 검사비용 ② 샘플링 비용 ③ 검사관리상의 고려 ④ 검사소요시간 ⑤ 이동로트인가 아닌가 ⑥ 품질에 관한 정보량 ⑦ 심리적 효과
소관권한자	① KS Q ISO 2859-1 시스템의 중립성을 유지하고, 합부판정 샘플링검사 절차가 원활하게 운용할 수 있는 충분한 지식과 능력을 가진 자 • 공급자의 품질 부문(제1자) • 구입자의 검사 부문(제2자) • 중립의 검사기관(제3자) ② 분수합격판정개수 샘플링검사, 스킵로트 샘플링검사 승인, 불합격로트의 조치, 검사수준결정 등에 대한 권한을 가진다.

⊙ 소관권한자의 권한
• 검사수준결정
• 불합격로트의 조치
• 스킵로트 샘플링검사 승인
• 분수합격판정개수 샘플링검사
• 보통검사에서 수월한 검사로의 전환

5. 검사의 엄격도 조정

- 검사의 엄격도에는 수월한 검사, 보통검사가 있는데, 개시시점에서는 보통검사를 실시한다. 다만, 소관권한자가 다른 지정을 한 경우는 제외한다.
- 전환 절차에서 검사의 전환이 필요해진 경우를 제외하고, 사용 중의 검사를 계속하여 다음의 로트에 대해서도 실시한다. 전환 절차는 부적합 또는 부적합품의 각 등급에 대해서 독립으로 적용한다. 전환점수의 계산은 소관권한자가 다른 지정을 하지 않는 한 보통검사의 개시시점에서 시작하는 것이 좋다.
- 전환점수는 계속하는 로트의 보통검사의 초기검사 후에 그때마다 갱신한다.

(1) 까다로운 검사(엄격한 검사)

계약 초기에 다음과 같은 경우 소관권한자의 결정에 의해 실시하며, 검사표는 부표 2-B, 분수합격판정개수 샘플링검사는 부표 11-B를 사용한다.

① 공급자가 그전 계약에서 규정된 AQL을 만족시키지 못하였을 때
② 공급자가 제조에 경험이 없을 때
③ 생산 전 공장검사의 결과가 나쁠 때
④ 그 전의 경험으로서 공급자가 제조 초기에 어려움이 있다고 인정될 때

(2) 보통검사

특별한 지정이 없는 한 보통검사를 실시하며, 검사표는 부표 2-A, 분수합격판정개수 샘플링검사는 부표 11-A를 사용한다.

(3) 수월한 검사(축소검사)

AQL보다 제품이 우수하고 일관되게 좋은 품질을 달성하고 있다면, 소관권한자의 판에 따라 수월한 검사를 하게 된다. 수월한 검사는 보통검사표보다 샘플크기는 2/5 정도, Ac, Re도 상대적으로 작게 나타난다. 검사표는 부표 2-C, 분수합격판정개수 샘플링검사는 부표 11-C를 사용한다.

6. 전환점수(SS ; Switching Score)

전환점수의 계산은 보통검사에서 수월한 검사로의 엄격도 전환에 사용되는 것으로 연속하는 로트의 보통검사의 초기검사 후에 그때마다 갱신한다.

(1) 1회 샘플링방식

① 합격판정개수가 0 또는 1(Ac ≤ 1)일 때 로트가 합격이면 전환점수에 2를 더하고, 불합격이 되면 전환점수를 0으로 되돌린다.

② 합격판정개수가 2 이상(Ac ≥ 2)일 때 로트가 합격이 되며, AQL이 한 단계 엄격한 조건에서 합격이 되면 전환점수에 3을 더하고, 불합격이 되면 전환점수를 0으로 되돌린다.

(2) 2회 또는 다회 샘플링방식

① 2회 샘플링방식을 사용할 때 제1샘플에서 로트가 합격이 되면 전환점수에 3을 더하고, 불합격이 되면 전환점수를 0으로 되돌린다.

② 다회 샘플링방식을 사용할 때 제3샘플까지 로트가 합격이 되면 전환점수에 3을 더하고, 불합격이 되면 전환점수를 0으로 되돌린다.

(3) 전환점수 예

① 다음 표는 AQL = 10%, 검사수준은 통상검사수준 II(시료문자 H)인 보통검사에서 수월한 검사로 전환되는 예이다.

② 로트번호 1에서 보통검사를 실시하였고, 로트번호 2에서는 로트합격을 하였으나, 한 단계 엄격한 AQL = 6.5%의 Ac = 7에서는 불합격되었으므로 전환점수는 0점이 된다. 이후 로트번호 4~로트번호 13까지 연속 합격하여 전환점수가 30점이 되었다. 생산진도는 안정되어 있고, 수월한 검사로의 전환을 소관권한자가 인정을 하게 되며, 로트번호 14번부터는 수월한 검사가 적용된다.

로트 번호	N	n	Ac	Re	부적 합품	합부 판정	전환 점수	후속조치(검사 후)
1	450	50	10	11	6	합격	3	보통검사로 속행
2	450	50	10	11	8	합격	0	보통검사로 속행
3	450	50	10	11	11	불합격	0	보통검사로 속행
4	450	50	10	11	5	합격	3	보통검사로 속행
5	450	50	10	11	7	합격	6	보통검사로 속행
6	450	50	10	11	6	합격	9	보통검사로 속행
7	450	50	10	11	5	합격	12	보통검사로 속행
8	450	50	10	11	7	합격	15	보통검사로 속행
9	450	50	10	11	6	합격	18	보통검사로 속행
10	450	50	10	11	6	합격	21	보통검사로 속행
11	450	50	10	11	5	합격	24	보통검사로 속행
12	450	50	10	11	5	합격	27	보통검사로 속행
13	450	50	10	11	7	합격	30	수월한 검사로 전환
14	450	20	6	7	6	합격	–	수월한 검사로 속행
15	450	20	6	7	7	불합격	–	보통검사로 전환

7. 분수 합격판정개수의 1회 샘플링방식

이 샘플링방식은 샘플링방식이 일정한 경우와 샘플링방식이 일정하지 않은 경우로 나뉜다.

(1) 샘플링방식이 일정한 경우(각 로트의 크기가 일정한 경우)

① 샘플 중 부적합품이 없는 경우에는 로트를 합격, 2개 이상이면 불합격시킨다.

② 샘플 중 부적합품의 수가 1개뿐인 경우

ⓐ $Ac = 1/2$: 직전 로트의 수 1개에 부적합품이 없는 경우 로트 합격

ⓑ $Ac = 1/3$: 직전 로트의 수 2개에 부적합품이 없는 경우 로트 합격

ⓒ $Ac = 1/5$: 직전 로트의 수 4개에 부적합품이 없는 경우 로트 합격

(2) 샘플링방식이 일정하지 않은 경우(각 로트의 크기가 일정하지 않은 경우)

합격판정점수(AS : Acceptance Score)를 사용하여 합부판정을 결정한다.

① 보통검사, 까다로운 검사, 수월한 검사의 개시시점에서는 합격판정점수를 0으로 되돌린다.

배가바이스

분수 합격판정개수의 1회 샘플링 방식

소관권한자가 승인했을 때 사용 가능한 것으로 주샘플링표(부표 2 – A, B, C)에서 합격판정개수가 0과 1의 중간에 화살표로 된 2개의 난 (수월한 검사는 3개의 난) 대신 1/5 (수월한 검사에만 적용), 1/3 및 1/2 라는 분수합격판정개수를 사용하며, 샘플링검사표는 부표 11 – A, 11 – B, 11 – C를 사용한다.

② 당초의 Ac에 따른 합격판정점수(검사 전) 계산방법

　⊙ Ac = 1/5이면 합격판정점수에 2를 가산한다.

　ⓒ Ac = 1/3이면 합격판정점수에 3을 가산한다.

　ⓒ Ac = 1/2이면 합격판정점수에 5를 가산한다.

　ⓔ Ac = 1 이상이면 합격판정점수에 7을 가산한다.

③ 합격판정점수(검사 전) ≤ 8이면 적용하는 Ac = 0, 합격판정점수(검사 전) ≥ 9이면 적용하는 Ac = 1로 처리한다.

④ 만일 샘플 중에 1개 이상의 부적합품(또는 부적합)이 발견된 경우에는(로트의 합부판정 후에) 합격판정점수(검사 후)를 0으로 되돌린다.

⑤ 만일 당초의 Ac가 분수가 아닌 정수이면 합격판정점수(검사 전)값에 상관없이 적용하는 Ac는 변하지 않는다.

⑥ 비고

　⊙ 합격판정점수의 갱신(가산)은 샘플링방식을 구한 후 합부판정 전에 한다.

　ⓒ 합격판정점수의 0으로의 재설정은 합부판정 후에 한다.

　ⓒ 전환점수의 갱신과 0으로의 재설정은 양쪽 모두 합부판정 후에 한다.

(3) 샘플링방식이 일정하지 않은 경우의 예

① 다음 표는 AQL = 1.0%, 통상검사수준 Ⅱ로 소관권한자의 인정하에 1회 보조적 주 샘플링검사표를 이용한 분수합격판정개수 샘플링검사 적용 예이다.

② 로트번호 1은 당초 Ac = 1/2이므로 합부판정점수(검사 전)는 5점이 되고, 합격판정점수 ≤ 8이므로 Ac = 0이 적용된다. 검사 중 부적합품이 없으므로 합격판정점수(검사 후)는 5점이 적용되며, 전환점수는 Ac ≤ 1에서 합격되었으므로 2점을 가산한다.

③ 로트번호 2는 누계된 합부판정점수(검사 전)는 로트번호 1의 합격판정점수(검사 후) 5점과 당초 Ac = 1/2일 때 합격판정점수 5점을 누계하여 10점으로 계산된다. 따라서 합부판정점수(검사 전)가 8점 이상이므로 적용하는 Ac는 1이 된다. 그러나 로트번호 2는 합격이 되었지만 부적합품이 발생하고 있으므로 합격판정점수(검사 후)는 0점으로 처리되며, 전환점수는 합격했으므로 4점이 된다.

④ 로트번호 3은 합부판정점수(검사 전)의 계산은 로트번호 2의 합격판정점수(검사 후) 0점에 당초 Ac = 1/2이므로 합격판정점수 5점을 합하여 5점이 된다. 또한 합부판정점수(검사 전)가 8점 이하이므로 적용하는 Ac는 0이 된다. 검사 후 부적합품이 존재하므로 합격판정점수(검사 후)는 0점으로 하고, 전환점수는 불합격이 되었으므로 0으로 처리된다.

⑤ 연속 5로트 중 2로트가 불합격되었으므로 로트번호 7부터는 까다로운 검사가 적용되며, 다시 연속 5로트가 합격되었으므로 로트번호 12부터는 보통검사로 시행된다. 또한 검사가 전환되는 로트번호 11, 24는 검사 후 합격판정점수가 "0*"으로 처리된다.

로트 번호	N	샘플 문자	n	주어진 Ac	합격 판정 점수 (검사 전)	적용 가능 Ac	부적 합품 d	합격 여부	합격 판정 점수 (검사 후)	전환 점수	후속조치 (검사 후)
1	180	G	32	1/2	5	0	0	합격	5	2	보통검사로 계속
2	200	G	32	1/2	10	1	1	합격	0	4	보통검사로 계속
3	250	G	32	1/2	5	0	1	불합격	0	0	보통검사로 계속
4	450	H	50	1	7	1	1	합격	0	2	보통검사로 계속
5	300	H	50	1	7	1	1	합격	0	4	보통검사로 계속
6	80	E	13	0	0	0	1	불합격	0*	0	까다로운 검사로 복귀
7	800	J	80	1	7	1	1	합격	0	–	까다로운 검사로 계속
8	300	H	50	1/2	5	0	0	합격	5	–	까다로운 검사로 계속
9	100	F	20	0	5	0	0	합격	5	–	까다로운 검사로 계속
10	600	J	80	1	12	1	0	합격	12	–	까다로운 검사로 계속
11	200	G	32	1/3	15	1	1	합격	0*	–	보통검사로 복귀
12	250	G	32	1/2	5	0	0	합격	5	2	보통검사로 계속
13	600	J	80	2	12	2	1	합격	0	5	보통검사로 계속
14	80	E	13	0	0	0	0	합격	0	7	보통검사로 계속
15	200	G	32	1/2	5	0	0	합격	5	9	보통검사로 계속
16	500	H	50	1	12	1	0	합격	12	11	보통검사로 계속
17	100	F	20	1/3	15	1	0	합격	15	13	보통검사로 계속
18	120	F	20	1/3	18	1	0	합격	18	15	보통검사로 계속
19	85	E	13	0	18	0	0	합격	18	17	보통검사로 계속
20	300	H	50	1	25	1	1	합격	0	19	보통검사로 계속
21	500	H	50	1	7	1	0	합격	7	21	보통검사로 계속
22	700	J	80	2	14	2	1	합격	0	24	보통검사로 계속
23	600	J	80	2	7	2	0	합격	7	27	보통검사로 계속
24	530	J	80	2	14	2	0	합격	0*	30	수월한 검사로 복귀
25	400	H	20	1/2	5	0	0	합격	5	–	수월한 검사로 계속

04 **LQ 지표형 샘플링검사(KS Q ISO 2859 – 2)**

- 연속로트 : 거래가 연속(여러 번)
  인 경우
- 고립로트 : 거래가 단속(1회성)
  인 경우

1. 적용범위

① 합격시키고 싶지 않은 로트의 품질수준인 LQ에 따른 계수값 합부판정샘플링
  검사의 샘플링방식 및 샘플링검사 절차에 대하여 규정된다.

② KS Q ISO 2859 – 1과 병용이 가능하고, KS Q ISO 2859 – 1의 전환규칙이
  적용되지 않을 때 사용된다. 즉, 연속로트가 아닌 고립로트 상태인 경우에
  사용한다.

③ LQ에서의 소비자 위험은 통상 10% 미만, 나빠도 13% 미만으로 하며, LQ는
  통상 AQL의 3배 이상으로 단기간 로트의 품질보증방식이다.

2. 샘플링검사의 절차

적용은 절차 A, 절차 B가 있으며, 절차 A는 합격판정개수가 0인 샘플링방식을
포함하고 샘플크기는 초기하 분포에 기초하고 있다. 절차 B는 합격판정개수가
0인 샘플링방식은 포함하지 않고 전수검사를 행한다.

절차 A	• 공급자와 구매자 모두가 로트를 고립상태로 간주하는 경우에 적용한다. • 특별한 지시가 있는 경우를 제외하고, 절차 A를 사용한다. • 샘플링방식은 로트크기 및 LQ로부터 구한다.

절차 B	• 공급자는 로트를 연속시리즈의 하나로 간주하고, 구매자는 로트를 고립상
	  태로 받아들이고 있는 경우에 적용한다.
	• 공급자는 KS Q ISO 2859 – 1에서와 같은 절차를 유지한다.
	• 샘플링방식은 로트크기, LQ 및 검사수준(특별한 지정이 없으면 검사수준
	  II를 사용)으로부터 구한다.

기본문제 *11*

계수치 샘플링검사 절차 – 제2부 : 고립 로트 검사용 한계품질(LQ) 지표형 샘플
링검사방식(KS Q ISO 2859 – 2 : 2010)에서 한계품질(LQ)은 바람직한 품질의
최저 몇 배 이상의 현실적 선택을 하는 것이 바람직한가?

풀이 한계품질(LQ)에서의 소비자 위험은 통상 10% 미만, 나빠도 13% 미만으로
하며, LQ는 통상 AQL의 3배 이상으로 단기간 로트의 품질보증방식이다.

◉ 스킵로트 샘플링검사

이 절차의 목적은 만족스러운 품질 보증시스템과 효과적인 품질관리 정책을 갖춘 공급자가 제출한 고품질의 제품에 들이는 검사 노력을 줄이는 방법을 제시하는 것이다.

05 ## 스킵로트(Skip-lot) 샘플링검사(KS Q ISO 2859-3)

1. 적용범위 및 특징

① 검사는 공급자와 제품이 모두 자격을 갖춘 경우에만 사용할 수 있다.

② KS Q ISO 2859-1과 병용하여 사용할 수 있다.

③ 소관권한자의 승인하에 사용하며, 고립로트의 경우에는 사용이 불가능하다.

④ 둘 이상 등급의 부적합품이나 부적합에 서로 다른 합격품질한계(AQL)값이 규정되어 있을 때는 표준을 정확히 적용하도록 각별히 주의하는 것이 좋다.

⑤ 모든 제품은 환경의 구체적 특성을 충족하는 적합한 여러 선택사항을 선정하고 제공되며, 모든 선정은 문서로 규정하는 것이 좋다.

⑥ 구매자가 지정한 경우, 이 표준은 구매계약서나 시방서, 검사 지시서 또는 그 밖의 계약문서에 인용될 수 있다.

⑦ 소관권한자와 검사기관은 상기 문서들 중 하나에 지정되어야 한다.

⑧ 스킵로트 샘플링검사 절차를 사용하는 데는 제한사항이 있다.

➕ 플러스 이론

스킵로트 샘플링검사 절차 사용 시 제한사항

• 제품은 설계가 안정된 것이어야 한다.

• 제품은 치명적 등급의 부적합품이나 부적합을 가져서는 안 된다.

• 규정된 AQL은 적어도 0.025%이어야 하고, 규정된 검사수준은 일반 검사수준 Ⅰ, Ⅱ 또는 Ⅲ인 것이 좋다.

• 까다로운 검사는 스킵로트 검사와 병용하지 않는다.

• 상태 1(자격인정 기간) 중에는 수월한 검사를 할 수도 있지만, 상태 2(스킵로트 검사 상태)와 상태 3(스킵로트 중단 상태) 중에는 수월한 검사에 대한 샘플링검사 방식을 사용해서는 안 된다.

• 다회 샘플링검사 방식은 제1차 합격판정개수가 있을 때만 허용된다.

• 분수 합격판정개수 검사 방식을 사용해서는 안 된다.

• Ac=0인 샘플링검사 방식은 상태 2 및 상태 3 중에 사용하여서는 안 되며, 대신 Ac=1인 방식을 사용하는 것이 좋다.

2. 용어와 정의

(1) 제품 자격인정(Product Qualification)

제품이 스킵로트 샘플링검사에 적합한지를 심사하는 것을 말한다.

(2) 자격인정 점수(Qualification Score)

바로 전 품질 이력으로부터 일정한 규칙에 따라 유도되어 자격인정, 검사빈도의 변경, 중단, 자격인정 상실, 자격인정 재심사에 관한 의사결정에 사용된 누계값을 말한다.

(3) 공급자 자격인정(Supplier Qualification)

공급자가 스킵로트 샘플링검사를 이행할 수 있는 역량이 있는지 평가하는 것을 말한다.

3. 공급자 및 제품의 자격인정

(1) 공급자 자격인정

① 공급자는 제품 품질과 설계 변경을 통제하는 문서화된 시스템을 이행하고 유지하여야 한다. 이 시스템에는 생산된 각 로트를 공급자가 검사하는 것과 검사 결과를 기록하는 것이 포함된다고 가정한다.

② 공급자는 품질수준의 변화를 검출하고 이를 시정하며, 품질에 악영향을 미칠 수 있는 공정 변경을 모니터링할 수 있는 시스템을 마련하여야 한다. 이 시스템을 적용할 책임이 있는 공급자는 적용 가능한 표준, 시스템 및 준수해야 할 절차를 명확히 이해하고 있음을 증명하여야 한다.

③ 공급자는 품질에 악영향을 미칠 수 있는 어떠한 변경도 하여서는 안 된다.

(2) 제품의 자격인정

① 제품은 설계가 안정된 것이어야 한다.

② 제품은 중대한 등급의 부적합품 또는 부적합을 가져서는 안 된다.

③ 규정된 AQL은 적어도 0.025%이어야 하고, 규정된 검사수준은 보통 검사수준 Ⅰ, Ⅱ 또는 Ⅲ이어야 한다,

④ 제품은 자격인정 기간 동안 보통 검사 또는 수월한 검사 또는 보통 검사와 수월한 검사의 조합을 받았어야 한다. 자격인정 기간 동안 언제든 까다로운 검사를 받은 제품은 스킵로트 검사를 받을 자격이 없다.

⑤ 제품은 실질적으로 규정된 생산빈도로 규정된 생산기간 동안 연속적으로 생산된 것이어야 한다. 최소 생산기간과 최소 생산빈도는 모두 공급자와 소관권한자의 합의를 토대로 규정되는 것이 좋다. 최소 생산기간이 규정되어 있지 않다면 최소 생산기간은 6개월로 하여야 한다. 샘플 승인 때까지 생산이 보류된 경우에는 승인 후 생산이 재개된 기간만 포함되어야 한다.

⑥ 제품 품질은 공급자와 책임기간이 상호 합의한 인정 기간 동안 AQL 이상으로 유지되어야 한다. 기간이 규정되어 있지 않다면 그 기간은 6개월로 하여야 한다.

(3) 제품 자격인정에 대한 특정 요구사항

① 이전에 연속 10회 이상 로트가 최초검사에서 합격되어야 한다. 여기서, "최초검사에서"라는 말은 재제출된 로트의 결과는 포함되어서는 안 된다는 것을 의미한다.

② 자격인정 점수가 연속 20로트 이내에 50점 이상이어야 한다. 자격인정 기간이 20로트를 초과한다면 최근 20로트에 대해 재계산된 자격인정 점수를 사용한다.

③ 분수 합격판정개수 샘플링검사 방식을 사용하여서는 안 된다.

④ 다회 샘플링검사 방식은 제1차 합격판정개수가 수치값일 때만 허용된다.

4. 자격인정 점수(보통 검사 1회 샘플링검사 방식)

(1) Ac≥3인 샘플링검사 방식

① AQL이 두 단계 더 엄격하였다면 로트가 합격되었을 경우에는 자격인정 점수에 5를 더한다.

② AQL이 한 단계 더 엄격하였다면 로트가 합격되었을 것이지만 두 단계 더 엄격하였다면 합격되지 않았을 경우에는 자격인정 점수에 3을 더한다.

③ 그 밖의 경우에는 자격인정 점수를 0으로 재설정한다.

(2) Ac = 2인 샘플링검사 방식

① 샘플에 부적합품이 없는 상태에서 로트가 합격되었다면 자격인정 점수에 5를 더한다.

② 샘플에 부적합품이 1개 있는 상태에서 로트가 합격되었다면 자격인정 점수에 3을 더한다.

③ 그 밖의 경우에는 자격인정 점수를 0으로 재설정한다.

(3) Ac = 1인 샘플링검사 방식

① 샘플에 부적합품이 없는 상태에서 로트가 합격되었다면 자격인정 점수에 5를 더한다.
② 샘플에 부적합품이 1개 있는 상태에서 로트가 합격되었다면 자격인정 점수에 1을 더한다.
③ 그 밖의 경우에는 자격인정 점수를 0으로 재설정한다.

(4) Ac = 0인 샘플링검사 방식

① 로트가 합격되었다면 자격인정 점수에 3을 더한다.
② 그 밖의 경우에는 자격인정 점수를 0으로 재설정한다.

5. 스킵로트 샘플링검사 절차

(1) 개요

공급자와 제품이 모두 스킵로트 검사에 대하여 자격을 획득하였다면 자격인정 기간은 종료되고 스킵로트 적격기간이 시작된다. 스킵로트 샘플링검사 절차에는 3가지 기본 상태가 존재한다.

① 상태 1 : 로트별 검사(자격을 인정받는 기간)
② 상태 2 : 스킵로트 검사 상태(스킵로트 적격기간)
③ 상태 3 : 스킵로트 중단(또한 스킵로트 적격기간), 로트별 검사로 일시 복귀한다.

(2) 최초 검사빈도와 그 빈도의 결정

1) 최초 검사빈도

상태 2(스킵로트 검사 상태)에 대하여 공인된 최초 검사빈도는 다음과 같다.

① 제출된 2 로트 중 1 로트 검사(2개 중 1개, 즉 1/2)
② 제출된 3 로트 중 1 로트 검사(3개 중 1개, 즉 1/3)
③ 제출된 4 로트 중 1 로트 검사(4개 중 1개, 즉 1/4)

2) 최초 검사빈도의 결정

최초 검사빈도를 결정할 때는 자격인정에 필요한 로트 수를 사용하여야 한다. 자격인정에는 최근 20개 이하의 로트에서 얻은 데이터를 사용하여야 한다.

PART 1
PART 2
PART 3
PART 4
PART 5
PART 6
PART 7

① 자격인정에 로트가 10개 내지 11개 필요하였다면 1/4의 최초 검사빈도를 사용

② 자격인정에 로트가 12개 내지 14개 필요하였다면 1/3의 최초 검사빈도를 사용

③ 자격인정에 로트가 15개 내지 20개 필요하였다면 1/2의 최초 검사빈도를 사용

3) 상태 2(스킵로트 검사 상태)에 대하여 공인된 검사빈도에는 1/2, 1/3, 1/4, 1/5이 있다.

6. 스킵로트 샘플링검사 중단

상태 2(스킵로트 검사 상태) 중에 다음 중 어느 하나가 최초검사 시에 발생하면 상태 3(스킵로트 중단 상태)에 시작되어야 하며, 로트별 검사가 일시적으로 적용되어야 한다.

① 검사된 최근 로트가 합격되지 않았다(그리고 자격인정 점수가 0으로 재설정되었다).

② 검사된 최근 로트가 합격되었지만 자격인정 점수가 0으로 재설정되었다.

7. 자격인정 재심사

상태 3(스킵로트 검사중단) 중에 다음 기준이 모두 충족되면 제품은 자격인정 재심사를 받을 수 있고, 상태 2(스킵로트 검사 상태)가 재개될 수 있다.

① 연속 4~6개 로트가 상태 3 중에 최초검사 시 합격되었다.

② 자격인정 점수가 6개 로트 내에서 18 이상이다.

8. 공급자 책임

(1) 공급자는 품질보증시스템과 품질관리활동을 통해 관련 AQL보다 높은 품질수준을 유지하는 것을 목표로 하여야 한다. 공급자 자격인정심사와 관련하여 검사기관에서 요구할 때 공급자는 검사기관에 다음 정보를 제공하여야 한다.

① 공급자의 품질보증시스템에 대한 요약 및(또는) 세부사항

② 공급자의 품질관리활동에 대한 요약 및(또는) 세부사항

(2) 제품 자격인정심사와 관련하여 검사기관에서 요구할 때 공급자는 검사기관에 다음 정보를 제공하여야 한다.

① 품질 이력의 요약
② 생산기간 및 생산빈도
③ 생산방법, 생산 장비 및 도구의 개요
④ 모든 특성들을 통제하기 위한 공급자의 검사 및 시험방법을 포함하여, 제품 품질관리절차에 대한 요약 및/또는 세부사항

(3) 제품 자격인정을 검증할 때 공급자는 검사기관에 요약된 정보를 제공하여야 한다.

(4) 공급자는 제품이 처음 생산될 때마다 검사기관에 새 목록번호, 도면번호 또는 시방을 통지하여야 한다.

(5) 공급자는 불합격 로트를 발견할 때마다 검사기관에 이를 즉시 통지하여야 하며, 이에 대한 조치는 확립된 조직 내 절차에 따라 취하여야 한다. 로트는 확립된 조직 내 절차에 따라 소관권한자가 합격 승인을 할 때까지 보류되어야 한다. 스킵로트 샘플링검사 절차의 목적을 위하여 검사기관에 의한 검사 대신에 이런 절차에 따라 합격된 로트는 무시하여야 한다.

(6) 공급자는 모든 로트의 검사 데이터를 검사기관에서 검사하였는지의 여부에 상관없이 이용할 수 있게 하여야 한다.

9. 검사기관 및 소관권한자의 책임

(1) 공급자 자격인정에 관한 책임

검사기관은 공급자 자격인정에 관한 요구사항을 충족하는지의 여부를 심사하고 소관권한자에게 다음 정보가 포함된 것을 서면 통지를 하여야 한다.

① 공급자의 품질경영시스템에 대한 요약
② 공급자의 품질관리활동에 대한 요약
③ 공급자의 품질보증 능력에 대한 종합 평가

(2) 기타 책임

제품의 검사가 수월한 검사보다 스킵로트 검사가 바람직하다고 결정되면 검사기관은 소관권한자에게 다음 정보를 포함하여 서면으로 통지하여야 한다.

① 품질 이력의 요약

② 생산기관 및 생산빈도

③ 생산 장비 및 도구의 개요

④ 모든 특성들을 통제하기 위한 공급자의 검사 및 시험 방법과 능력을 포함하여, 제품 품질관리시스템에 대한 요약

⑤ 공급자가 제품의 모든 품질 특성을 통제할 수 있는 능력의 종합 평가

⑥ 상태 2(스킵로트 검사 상태)로 전환하길 바라는 날짜 및 검사빈도

기본문제 *12-1*

계수값 샘플링검사에서 소관권한자가 결정하는 내용과 가장 거리가 먼 것은?

① 분수 샘플링검사 방식의 적용 여부

② 전환점수의 결정

③ 스킵로트 샘플링검사의 승인

④ 불합격로트의 조치

> **풀이** 소관권한자의 권한
> • 분수 합격판정 샘플링검사
> • 스킵로트 샘플링검사의 승인
> • 불합격로트의 조치
> • 검사수준의 결정

 정답 ②

기본문제 *12-2*

LQ 지표형 샘플링검사 방식에서 한계품질(LQ)에 대한 설명으로 틀린 것은?

① LQ는 바람직한 품질의 최저 3배라는 현실적인 선택을 하는 것이 좋다.

② 합격판정개수가 1인 샘플링방식의 로트품질은 LQ의 0.1배보다 좋은 값이다.

③ LQ는 소비자에게 합격로트의 진정한 품질에 대하여 신뢰할 수 있는 기준을 주는 것은 아니다.

④ KS Q ISO 2859 – 2에서 LQ가 5%를 넘는 것에는 KS Q ISO 2859 – 1에서 주어진 검사수준 Ⅲ이 같다.

> **풀이** KS Q ISO 2859 – 2에서 LQ가 5%를 넘는 것에는 샘플 크기를 작게 하여야 하므로 특별검사수준을 사용한다. 다른 것은 2차적인 문제에 지나지 않는 경우에는 검사수준 S – 2를 지정하면 샘플 크기는 전 로트 크기에 대하여 공통이 되고, 샘플 크기는 한계품질에서만 결정된다.

 정답 ④

기본문제 **12-3**

계수치 샘플링검사 절차-제3부 : 스킵로트 샘플링검사 절차(KS Q ISO 2859 -3)에 관한 설명으로 가장 옳지 못한 것은?

① 연속로트 시리즈에만 적용하며 고립로트에는 적용하지 않는다.
② 합격판정개수가 0인 샘플링검사에서는 이 규격의 사용을 자제한다.
③ 스킵로트 검사의 초기빈도의 설정은 1/2, 1/3, 1/5의 세 가지 중에서 설정될 수 있다.
④ 안전에 관계되는 제품의 특성검사에는 적용하지 않는다.

풀이 스킵로트 검사의 종류로는 1/2, 1/3, 1/4, 1/5이 있으나, 1/5은 초기빈도 결정에는 포함되지 않는다.

 ③

기본문제 **12-4**

(   ) 안에 알맞은 것은?

> KS Q ISO 2859 - 3 : 2010 계수치 샘플링검사 절차-제3부 : 스킵로트 샘플링검사 절차 "5. 공급자 및 제품 자격인정"에서는 제품은 실질적으로 규정된 생산빈도로 규정된 생산기간 동안 연속적으로 생산된 것이어야 한다. 최소 생산기간과 최소 생산빈도는 모두 공급자와 소관권한자의 합의를 토대로 규정되는 것이 좋다. 최소 생산기간이 규정되어 있지 않다면 최소 생산기간은 (   )로 하여야 한다.

① 1개월 　　　② 3개월 　　　③ 6개월 　　　④ 12개월

풀이 최소 생산기간이 규정되어 있지 않다면 최소 생산기간은 6개월로 하여야 한다.

 ③

기본문제 **12-5**

스킵로트 샘플링에 대한 설명으로 적합하지 않은 것은?

① 1/5이라는 샘플링 빈도를 검사 초기부터 사용할 수 없다.
② 샘플링검사 결과, 품질이 악화되면 로트별 샘플링검사로 복귀한다.
③ 제품이 소정의 판정기준을 만족한 경우에 검사빈도는 1/5을 적용할 수 있다.
④ 제출된 제품의 품질이 AOQL보다 상당히 좋다고 입증된 경우에 적용 가능하다.

풀이 제출된 제품의 품질이 AQL보다 상당히 좋다고 입증된 경우에 적용 가능하다.

 ④

CHAPTER 06 축차 샘플링검사

01 계수값 축차 샘플링검사(KS Q ISO 28591)

1. 적용범위 및 특징

① 검사항목은 임의로 선택되고 로트에서 시료를 1개씩 채취하여 검사하였을 때, 나오는 부적합품수의 누적값(누적 카운트 : D)과 그때마다 계산된 합격판정값(A) 및 불합격판정값(R)과 비교하여 로트의 합격, 불합격, 검사속행을 결정하는 방법이다. 만약 누계샘플사이즈가 중지값(n_t)에 도달한 경우에는 누적 카운트가 중지값에 따른 합격판정개수(Ac_t) 이하이면 합격시키고 불합격판정개수($Re_t = Ac_t + 1$) 이상이면 로트를 불합격시킨다.

② 이 방식은 동일한 OC 곡선을 갖는 모든 샘플링검사 형식 중에서 평균 샘플크기(ASS ; Average Sample Size)가 가장 작도록 고안된 샘플링방식이다.

2. 용어 정리

용어	해설
A	합격판정치(Acceptance Value)
R	불합격판정치(Rejection Value)
D	누적 카운트(Cumulative Count)
n_{cum}	누계 샘플 크기(Cumulative Sample Size)
n_t	중지 시 누적 샘플크기(중지값)
$Ac(Ac_t)$	합격판정개수(n_t에 따른 합격판정개수)
$Ro(Ro_t)$	불합격판정개수(n_t에 따른 불합격판정개수) : $Re = Ac + 1(Re_t = Ac_t + 1)$
$Q_{PR}(P_A)$	생산자 위험 품질(Producer's Risk Quality)
$Q_{CR}(P_R)$	소비자 위험 품질(Consumer's Risk Quality)
h_A / h_R	합격판정치의 절편 / 불합격판정치의 절편

3. 계수 축차 샘플링검사 설계

① $Q_{PR}(P_A)$, α, $Q_{CR}(P_R)$, β로부터 파라미터 h_A, h_R, g, n_t를 찾는다.

② 합격판정선(A)과 합격판정개수(Ac), 불합격판정선(R)과 불합격판정개수(Re)를 구한다.

- $A = g \times n_{cum} - h_A$ $\Rightarrow$ Ac(소수점 처리는 버림으로 한다)
- $R = g \times n_{cum} + h_R$ $\Rightarrow$ Re(소수점 처리는 올림으로 한다)

③ 중지값(n_t)까지 합부판정이 되지 아니하고, 검사속행이 되었을 시에는 다음과 같은 방법으로 합부판정개수를 구하게 된다.

- $A_t = g\, n_t \Rightarrow Ac_t$(단, 소수점 처리는 버림으로 한다)
- $Re_t = Ac_t + 1$

④ 합부판정

$n_{cum} < n_t$이고, $D \leq Ac_t$인 경우
• $D = A$이면 로트 합격
• $D = R$이면 로트 불합격
• $A < D < R$이면 검사속행
$n_{cum} < n_t$이고, $D > Ac_t$인 경우
로트 불합격
$n_{cum} = n_t$인 경우
$D \leq Ac_t$이면 로트 합격 아니면 불합격

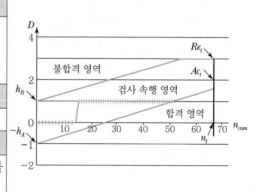

⊕ 플러스 이론

중지값(n_t) 결정방법

① 주어진 수표값을 적용한다.

② 샘플사이즈 n_0를 아는 경우 : $n_t = 1.5 n_0$(소수점 처리는 올림으로 한다)

③ 샘플사이즈 n_0를 모르는 경우

- 부적합품률 검사인 경우 : $n_t = \dfrac{2h_A \cdot h_R}{g(1-g)}$(소수점 처리는 올림으로 한다)

- 100항목당 부적합수 검사인 경우 : $n_t = \dfrac{2h_A \cdot h_R}{g}$(소수점 처리는 올림으로 한다)

기본문제 13-1

생산자 위험품질(Q_{PR}) 1%, 소비자 위험품질(Q_{CR}) 5%, $\alpha = 0.05$, $\beta = 0.10$인 부적합품수의 계수 축차 샘플링검사 방식을 실시하려고 한다. 다음 물음에 답하시오.

(1) 중지값(n_t)과 중지 시 합격판정개수(Ac_t)를 구하시오.

(2) $n_{cum} < n_t$일 경우의 합격판정선(A)과 불합격판정선(R)을 구하시오.

(3) 로트에서 1개씩 발취하여 검사한 결과 20번째, 40번째 표본이 부적합품이었다면, 이 경우 로트의 합부판정을 행하시오.

풀이 주어진 부표에서 $h_A = 1.364$, $h_R = 1.751$, $g = 0.0252$

(1) 중지값(n_t)과 중지 시 합격판정개수(Ac_t)

• $n_t = \dfrac{2h_A \cdot h_R}{g(1-g)} = \dfrac{2 \times 1.364 \times 1.751}{0.0250 \times (1-0.0250)} = 195.968 = 196\,(개)$

• $A_t = g\,n_t = 0.0250 \times 196 = 4.96 \Rightarrow Ac_t = 4$

• $Re_t = Ac_t + 1 = 5$

(2) 합격판정선(A)과 불합격판정선(R)($n_{cum} < n_t$일 경우)

• $A = g \times n_{cum} - h_A = 0.0250n_{cum} - 1.364$

• $R = g \times n_{cum} + h_R = 0.0250n_{cum} + 1.751$

(3) $n_{cum} = 40$에서 합부판정($n_{cum} < n_t$이고, $D \le Ac_t$인 경우)

① 누적 카운트 $D = 2 < Re_t = 5$

② $A = 0.0250n_{cum} - 1.364 = 0.0250 \times 40 - 1.364 = -0.364 = -$
$\Rightarrow Ac$는 고려하지 않는다.

③ $R = 0.0250n_{cum} + 1.751 = 0.0250 \times 40 + 1.751 = 2.751 = 3$

④ $A < D = 2 < Re = 3$이므로 검사를 속행한다.

기본문제 13-2

$A = 0.0250n_{cum} - 1.364$, $R = 0.0250n_{cum} + 1.751$인 계수 축차 샘플링검사에서 50개 중 한 개씩 샘플링한 결과, 중지값까지 검사속행의 결과가 나왔다면 중지값에서의 합부판정을 행하시오.[단, 중지값(n_t)은 45개이고, 중지값까지 나온 부적합품수는 2개이다.]

풀이 중지값(n_t)에서의 합부판정

① $A_t = g\,n_t = 0.0250 \times 45 = 1.125 \Rightarrow Ac_t - 1$

② $Re_t = Ac_t + 1 = 2$

③ $D = 2 = Re_t$이므로 로트를 불합격시킨다.

실험계획법

01

실험계획의 개념

실험계획의 개념 및 기본 원리

1. 창시자

● 실험계획법
실험계획법(DOE)이란 실험에 대한 계획방법을 의미하는 것으로, 해결하고자 하는 문제에 대하여 실험을 어떻게 행하고, 데이터를 어떻게 취하며, 어떠한 통계적 방법으로 데이터를 분석하면 최소의 실험횟수로서 최대의 정보를 얻을 수 있는가를 계획하는 것이다.

실험계획법은 1850년대 영국에서 농업의 생산성 향상을 위하여 품종의 개량과 토양에 적합한 비료의 선정 등을 위한 실험에서 출발하여, 1932년 피셔(R. A. Fisher)가 실험배치방법으로 난괴법과 라틴방격법을 창안하게 되었다.

2. 실험계획법의 목적

다음과 같은 것들을 알아내고자 실험계획을 실시한다.

① 데이터의 검·추정의 문제로서, 어떤 요인이 반응에 유의한 영향을 주고 있는가를 파악하고 그 영향이 양적으로 어느 정도 큰가를 알아내기 위하여 실시한다.

② 오차항의 추정의 문제로서, 작은 영향밖에 미치지 못하는 요인들은 전체적으로 어느 정도의 영향을 주고 있으며, 측정오차는 어느 정도인가를 알아내기 위하여 실시한다.

③ 최적반응조건의 결정문제로서, 유의한 영향을 미치는 원인들이 어떠한 조건을 가질 때 가장 최적의 반응을 얻을 수 있는가를 알아내기 위하여 실시한다.

일반적으로 실험계획법에서 많이 사용되는 데이터의 분석방법으로 분산분석 (ANOVA), 상관분석(Correlation Analysis), 회귀분석(Regression Analysis) 등이 있다.

3. 실험계획의 순서

실험계획법은 우선적으로 실험을 계획·실시하여 얻은 데이터를 분석하여, 그 결과를 실제로 적용시키는 일련의 과정이 다음과 같이 행해진다.

128_ PART 04 실험계획법

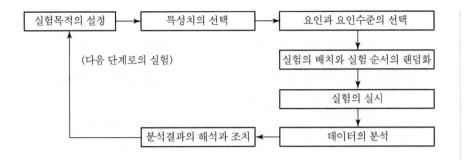

4. 실험계획법에서의 용어 정리

(1) 요인(Factor)

1) 요인

① 실험의 목적을 달성하기 위하여 그 특성치에 영향이 있는 변동 원인들 중 실험에 채택된 원인을 요인으로 정의한다. 요인은 많을수록 좋으나 실험비용 등과 같은 부수적인 것을 고려하여 요인의 수를 결정하게 된다.

② 요인은 두 가지로 구분되는데, 온도, 압력 등과 같이 기술적으로 수준이 지정되는 요인을 모수요인(Fixed Factor), 날짜, 오전, 오후 등과 같이 기술적으로 지정되지 않는 요인을 변량요인(Random Factor)이라 한다.

③ 요인은 알파벳 대문자로 표기한다(A, B, C).

2) 요인의 선택

구체적이고 서로 독립적인 요인을 채택하며, 요인의 수에 따라 여러 가지 실험으로 분류된다(1요인실험, 2요인실험 등).

(2) 수준(Level)

1) 수준

채택된 요인을 질적, 양적으로 변환시키는 조건으로서 숫자를 첨자로 표기한다(A_1, A_2, A_3).

2) 수준의 선택

① 현재 사용되고 있는 요인의 수준은 포함시키는 것이 바람직하다.

② 실험자가 생각하고 있는 각 요인의 관심(흥미)영역에서 수준을 잡는다.

③ 특성치가 명확히 좋게 되리라고 예상되는 요인의 수준은 관심(흥미)영역에 포함된다.

④ 수준수는 보통 2~5수준 정도면 충분하며, 많아도 6수준을 넘지 않도록 하는 것이 좋다.

5. 실험계획의 기본 원리

원리	설명
랜덤화의 원리	요인 외 다른 원인의 영향으로 실험 결과에 치우침이 있는 것을 없애기 위한 원리이다.
반복의 원리	반복함으로써 오차항의 자유도를 크게 하여 오차 분산의 정도가 좋게 추정되어 실험 결과의 신뢰성을 높일 수 있는 원리이다.
블록화의 원리	될 수 있는 한 균일하게 실험하여 실험의 정도를 높이는 원리로, 이 원리를 이용한 대표적인 실험 계획이 난괴법이다. 소분의 원리, 국소관리의 원리라고도 한다.
직교화의 원리	배치된 요인 간의 직교성을 보유하도록 함으로써 같은 횟수의 실험으로 실험 검출력이 좋은 검정과 정도가 높은 추정을 할 수 있는 원리이다. 직교배열표는 요인 간의 직교성을 이용하여 만들어 놓은 표이다.
교락의 원리	검출할 필요가 없는 두 요인의 교호작용이나 고차의 교호작용을 블록과 교락시켜 실험의 효율을 높일 수 있는 방법이다. 교락법에는 완전교락과 부분교락이 있다. 여기서, 교락이란 두 개 이상의 원인이 한꺼번에 영향을 가짐으로써 분리불능인 원인을 말한다.

---

02 실험계획법의 구조모형과 분류

1. 요인의 분류

(1) 모수요인(Fixed Factor)

미리 정해진 수준이 사용되며, 각 수준이 기술적인 의미를 가지고 있는 요인이다. 온도, 압력, 작업방법 등이 여기에 속한다.

① 제어요인 : 실험의 해석을 위해 채택된 요인으로 수준을 자유롭게 제어할 수 있는 요인이다. 몇 개의 수준을 설정하고 그 가운데서 최적의 수준을 선택한다. 평균의 해석을 위해 취한 요인이다.

② 표시요인 : 다른 제어요인의 수준을 조절하기 위하여 채택되는 요인 또는 제어요인과 같은 수준을 가지고 있으나 최량의 수준을 선택하는 것이 무의미한 요인으로 제어요인의 수준을 조절하기 위하여 채택하는 요인이다.

③ 신호요인 : 다구찌 실험계획에서 주로 다루어지는 요인으로 출력을 변화시키기 위한 입력신호를 의미한다.

(2) 변량요인

수준의 선택이 랜덤으로 이루어지며 각 수준이 기술적인 의미를 가지고 있지 못한 요인이다. 예를 들어, 일주일간의 실험일 중에서 3일을 선택하여 실험했을 경우 수준이 3인 변량요인이 된다.

① **블록요인** : 실험의 정도를 올릴 목적으로 실험의 장을 층별하기 위해 채택한 요인으로 자체의 효과나 또 다른 요인과의 효과도 처리할 수 없으나 실험값에 영향을 준다고 보는 요인이다.

② **보조요인** : 실험에는 넣지 않으나 측정만은 해두었다가 결과를 분석할 때는 그 정보를 이용하려고 하는 요인이다.

③ **잡음요인** : 다구찌 실험계획에서 변량요인으로 다루어지며, 외부잡음, 내부 잡음, 제품 간 잡음 요인으로 나누어진다.

변량요인은 대표적으로 집단요인과 블록요인으로 구분한다.
• 집단요인 : 랜덤화가 가능
• 블록요인 : 랜덤화가 불가능(반복수)

2. 구조모형의 분류

모형의 분류	설명	비고
모수모형	모수요인만으로 구성된 구조모형	
변량모형	변량요인만으로 구성된 구조모형	
혼합모형	모수요인과 변량요인이 섞여 있는 구조모형	난괴법

| 요인의 성질 비교 |

모수요인	변량요인
수준이 기술적인 의미를 가지며 실험자에 의하여 미리 정해진다.	수준이 기술적인 의미를 갖지 못하며 수준의 선택이 랜덤으로 이루어진다.
a_i는 고정된 상수 $E(a_i) = a_i, \ Var(a_i) = 0$	a_i는 랜덤으로 변하는 확률 변수 $E(a_i) = 0, \ Var(a_i) = \sigma_A^2$
$\displaystyle\sum_{i=1}^{l} a_i = 0, \ \bar{a} = 0$	$\displaystyle\sum_{i=1}^{l} a_i \neq 0, \ \bar{a} \neq 0$
$\sigma_A^2 = \dfrac{1}{(l-1)} \displaystyle\sum_{i=1}^{l} a_i^2$	$\sigma_A^2 = \dfrac{1}{(l-1)} \displaystyle\sum_{i=1}^{l} (a_i - \bar{a})^2$

3. 오차항(e_{ij})의 특성

일반적으로 e_{ij}는 정규분포 $N(0,\ \sigma_e^2)$으로부터 무작위 추출(Random Sampling)된 것이라고 가정하면 이 가정은 4가지를 의미하고 있다.

구분	특성
정규성 (Normality)	오차 e_{ij}의 분포는 정규분포인 $N(0,\ \sigma_e^2)$을 따른다.
독립성 (Independence)	임의의 e_{ij}와 $e_{i'j}(i \neq i'$ 또는 $j \neq j')$는 서로 독립이다.
불편성 (Unbiasedness)	오차 e_{ij}의 기대치는 0이고 치우침(편기)은 없다.
등분산성 (Homoscedasticity)	오차의 e_{ij}분산은 σ_e^2으로 어떤 $i,\ j$에 대해서도 일정하다.

4. 실험의 효율을 높이는 방법

실험의 효율을 높이기 위해서는 분산분석에서 F_0 검정값이 표값보다 큰 값이 나와야 하므로, $F_0 = \dfrac{V_A}{V_e}$에서 분모값이 작게 나오도록 해야 한다.

① 실험에서 층별을 실시하여 충분히 관리되도록 한다.
② 오차분산이 가급적 작아지도록 조치한다.
③ 오차의 자유도를 가급적 크게 한다.
④ 실험의 반복수를 가급적 크게 한다.

5. 실험계획법의 분류

완비형 계획법	불완비형 계획법
완전 랜덤화법	분할법, 교락법, 일부실시법
요인실험(1, 2, 3요인실험)	BIB형(BIBD), 유덴방격법
난괴법, 라틴방격법	최적화 수법, 회귀모델

(1) 완비형 계획법(Completely Randomized Design)

요인별 각 수준의 모든 조합에서 실험이 행해지며, 실험순서가 완전히 랜덤하게 행해지는 실험계획법이다.

1) 완전 랜덤화법(일반적으로 1요인실험을 의미)

① 실험의 측정은 실험의 장 전체를 완전히 랜덤화하며, 모든 특성치를 랜덤한 순서에 의해 구하는 실험계획법이다.

② 특징

　㉠ 처리수나 반복수에 제한이 없다.

　㉡ 처리별 반복수가 다를 경우에도 분석이 용이하다.

2) 요인실험(Factorial Design)

① 요인의 수에 따라 1요인실험, 2요인실험, 요인이 세 개 이상인 경우는 다요인실험으로 나누어진다.

② 요인의 수가 n개이고 각 요인이 모두 2수준인 경우는 2^n형 요인실험, 3수준인 경우는 3^n형 요인실험, p개의 요인은 2수준이고 q개의 요인은 3수준이면 $2^p \times 3^q$형 요인실험이라고 부른다.

3) 난괴법

① 한 요인(A)는 모수이고 한 요인(B)는 변량인 반복이 없는 2요인실험을 말한다.

② 변량요인은 실험일, 실험장소 또는 시간적 차이를 두고 반복 실시되는 블록요인과, 랜덤으로 택한 드럼통, Lot 등이 집단인 집단요인이 된다.

③ 특징

　㉠ 완전 랜덤화법보다 정도가 높아지며 오차항의 자유도는 줄어들게 된다.

　㉡ 처리수에 구애받지 않는다.

　㉢ 처리별 반복수가 동일하여야 한다.

　㉣ 통계적 분석이 용이하다.

4) 라틴방격법

① 주효과만 구하고자 할 때 이용하는 것으로 행과 열에 비교하고자 하는 처리가 단 한 번씩($k \times k$) 나타나도록 배치한 실험계획법이다.

② 특징

　㉠ 예비실험에 유용하다.

　㉡ 적은 실험횟수로써 측정치 분석이 가능하다.

　㉢ 교호작용은 검출할 수 없다.

(2) 불완비형 계획법

같은 실험의 장에서 비교하고자 하는 요인수준의 조합이 모두 들어 있지 않고 완전 랜덤화가 곤란한 실험계획법이다.

1) 분할법

① 요인실험에서 실험실시가 완전 랜덤화하는 것이 곤란한 경우에 사용되는 실험계획법이다.

② 특징

㉠ 1차 요인과 2차 단위에 배치한 요인의 교호작용 효과는 1차 요인과 주효과보다 좋은 정밀도를 추정할 수 있다.

㉡ 실험의 실시상 완전 랜덤화가 어려울 때 사용한다.

㉢ 분할된 각 단위에서 실험오차가 분할되어 나온다.

2) 교락법

① 검출할 필요가 없는 교호작용을 블록과 교락되도록 배치하는 방법이다.

② 특징

㉠ 실험횟수를 늘리지 않고 실험 전체를 몇 개의 블록으로 나누어 간편하게 실험할 수 있다.

㉡ 실험의 오차를 작게 할 수 있으므로 실험의 정도가 향상된다.

3) 일부실시법

불필요한 교호작용이나 고차의 교호작용은 구하지 않고 각 요인의 조합 중에서 일부만 선택하여 실험을 실시하는 방법이다.

4) BIBD(Balanced Incomplete Block Design)

① 난괴법에서 처리수가 하나씩 빠진 형태이다.

② 모수요인에 l개의 처리가 있고 m개의 블록이 있을 때 사용된다.

③ 특징

㉠ 모든 블록에서 p개의 처리가 이루어진다($p < l$).

㉡ 각 처리는 r개의 블록으로 나타낸다($r < m$).

㉢ 어느 두 처리를 보더라도 이 두 처리가 동시에 이루어지는 블록의 수는 동일하다.

5) 유덴방격법(Youden Square)

라틴방격에서 하나의 열 또는 그 이상이 제거된 경우로서, 열(또는 행) 방향의 블록에서는 불완비형이면서 행(또는 열) 방향의 블록에서는 완비형 조건을 만족시키는 불완비 라틴방격법을 의미이다.

03 분산분석(ANOVA ; ANalysis Of VAriance)

1. 정의

공업통계에서의 검·추정은 하나의 집단 또는 두 개의 집단에서 중심 또는 산포값이 차이가 있는가 없는가를 검정하였으나, 실험계획법에서는 하나의 집단에서 여러 수준 간의 중심값이 기존의 중심값과의 차이가 있는가 없는가를 분산값으로 검정을 행하게 된다. 이때 분산을 분석한 표를 분산분석표(ANOVA)라 한다.

2. 순서

예를 들어, 1요인실험에서 분산을 구하기 위해서는 각 요인의 제곱합(SS)을 구하고, 제곱합에서 자유도(DF 또는 ν)를 나누어 주면, 분산(MS 또는 V)을 구할 수 있다. 이를 오차항의 분산값(V_e)과 비교하는 F 검정을 실시하게 되는데 이를 분산분석이라 한다.

| 1요인실험의 분산분석표 |

요인	SS	DF	MS	F_0	$F_{1-\alpha}$
A	$S_A = r\sum(\overline{x}_i. - \overline{\overline{x}})^2$	$\nu_A = l-1$	$V_A = S_A/\nu_A$	V_A/V_e	$F_{1-\alpha}(\nu_A, \nu_e)$
e	$S_e = S_T - S_A$	$\nu_e = l(r-1)$	$V_e = S_e/\nu_e$		
T	$S_T = \sum\sum(x_{ij} - \overline{\overline{x}})^2$	$\nu_T = lr-1$			

CHAPTER 02 요인실험

01 1요인실험

1. 적용범위 및 특징

어떤 관심 있는 특성치에 대하여 하나의 요인의 영향을 조사하기 위하여 쓰이는 실험계획법으로 가장 단순한 완전 랜덤화법인 실험계획법이다.

① 특정한 1요인만의 영향을 조사하고자 할 때 적용한다.
② 수준수와 반복수에 별로 제한이 없다.
③ 반복수가 모든 수준에 대하여 일정하지 않아도 되며, 결측치가 있을 시 그대로 해석 가능하다.
④ 실험의 측정은 완전히 랜덤화하여 모든 특성치를 랜덤한 순서로 구해야 한다 (완전 임의배열법).

배가바이스
• 본문에서 x는 y로 표시되기도 한다.
• 1요인실험에서 모수모형은 모평균만을 추정하는 것이 의미가 있다.

2. 데이터의 구조(반복이 일정한 모수모형)

요인의 수준		A_1	A_2	……	A_i	……	A_l	
실험의 반복	1	x_{11}	x_{21}	……	x_{i1}	……	x_{l1}	
	2	x_{12}	x_{22}	……	x_{i2}	……	x_{l2}	
	⋮	⋮	⋮	……	⋮	……	⋮	
	j	x_{1j}	x_{2j}	……	x_{ij}	……	x_{lj}	
	⋮	⋮	⋮	⋮	⋮	⋮	⋮	
	m	x_{1m}	x_{2m}	……	x_{im}	……	x_{lm}	
$T_i.$		$T_1.$	$T_2.$	……	$T_i.$	……	$T_l.$	T
$\overline{x}_i.$		$\overline{x}_1.$	$\overline{x}_2.$	……	$\overline{x}_i.$	……	$\overline{x}_l.$	$\overline{\overline{x}}$

• $x_{ij} = \mu + a_i + e_{ij}$ • $\overline{x}_i. = \mu + a_i + \overline{e}_i.$ • $\overline{\overline{x}} = \mu + \overline{\overline{e}}$
• μ : 모평균, $a_i = \mu_i - \mu$, e_{ij} : 실험오차

3. 분산분석표

요인	SS	DF	MS	F_0	$F_{1-\alpha}$	$E(MS)$
A	$S_A = r\sum(\bar{x}_i. - \bar{\bar{x}})^2$	$\nu_A = l-1$	$V_A = \dfrac{S_A}{\nu_A}$	$\dfrac{V_A}{V_e}$	$F_{1-\alpha}(\nu_A, \nu_e)$	$\sigma_e^2 + r\sigma_A^2$
e	$S_e = S_T - S_A$	$\nu_e = l(r-1)$	$V_e = \dfrac{S_e}{\nu_e}$			σ_e^2
T	$S_T = \sum\sum(x_{ij} - \bar{\bar{x}})^2$	$\nu_T = lr-1$				

 배가바이스

- 분산분석표 = ANOVA
  (ANalysis Of Variance)
- $E(S_A)$
  $= (l-1)\sigma_e^2 + r(l-1)\sigma_A^2$

(1) 계산 방법

CT	$\dfrac{T^2}{lr}$(수정항) $= CT = CF$	
S_A	$\dfrac{\sum T_i^2.}{r} - CT$	요인 A의 순제곱합 $S_A' = S_A - \nu_A V_e$
S_e	$S_T - S_A$	요인 e의 순제곱합 $S_e' = S_e + \nu_A V_e = S_T - S_A'$

⊙ 순제곱합

각 요인의 순수한 제곱합을 의미하며, 순제곱합을 구하는 이유는 기여율을 구하기 위함이라 볼 수 있다.

⊙ 기여율

전체의 제곱합에서 각 요인의 순제곱합이 얼마나 차지하는가를 나타내는 척도로서, 예를 들어 1요인실험에서 요인 A의 기여율 $\rho_A = \dfrac{S_A'}{S_T}$

$\times 100(\%)$가 된다.

➕ 플러스 이론

오차분산의 일반 정의식

- $\sigma_e^2 = E\left[\dfrac{1}{lr-1}\sum_i\sum_j\left(e_{ij} - \bar{\bar{e}}\right)^2\right]$
- $\sigma_e^2 = E\left[\dfrac{r}{l-1}\sum_i\left(\bar{e}_i. - \bar{\bar{e}}\right)^2\right]$
- $\sigma_e^2 = E\left[\dfrac{1}{r-1}\sum_j\left(e_{ij} - \bar{e}_i.\right)^2\right]$
- $\sigma_e^2 = E\left[e_{ij}^2\right]$

어떤 금속의 가공 시 처리액 농도 A를 요인으로 하여 $A_1 = 3.0\%$, $A_2 = 3.5\%$, $A_3 = 4.0\%$, $A_4 = 4.5\%$에서 반복 3회씩 12회의 실험을 랜덤하게 하여 인장강도를 측정한 결과 다음 데이터를 얻었다.

수준수 반복수	A_1	A_2	A_3	A_4
1	61.0	60.4	59.8	59.4
2	60.8	60.1	59.4	59.3
3	60.0	60.6	60.5	59.2

배가바이스

제곱합 계산

• 수정항 $CT = \dfrac{(\sum x)^2}{N} = \dfrac{T}{N}$

• $S_T = S_{xx}$(공업통계에서)

$\quad = \sum x_i^2 - \dfrac{(\sum x_i)^2}{n}$

$\quad = \sum x_i^2 - CT$

• $S_A = S_{xx}$의 변형

• $S_e = S_T - S_A$

1. 총제곱합 S_T를 구하시오.

① 2.983   ② 3.267   ③ 6.250   ④ 4.289

2. 급간제곱합 S_A를 구하시오.

① 6.250   ② 3.267   ③ 2.962   ④ 4.310

3. 오차제곱합 S_e를 구하시오.

① 6.250   ② 1.327   ③ 4.923   ④ 4.310

4. 분산비 F_0를 구하시오.

① 5.946   ② 2.248   ③ 2.983   ④ 0.167

5. 오차항의 순제곱합 $S_e{}'$을 구하시오.

① 1.327   ② 2.458   ③ 1.825   ④ 2.983

6. 기여율 ρ_A를 구하시오.

① 50.342%   ② 49.662%   ③ 57.449%   ④ 60.342%

수준수 반복수	A_1	A_2	A_3	A_4	
1 2 3	61.0 60.8 60.0	60.4 60.1 60.6	59.8 59.4 60.5	59.4 59.3 59.2	
$T_i.$	181.8	181.1	179.7	177.9	720.500
$\bar{x}_i.$	60.6	60.4	59.9	59.3	60.042

1. • 수정항 $CT = \dfrac{(720.5)^2}{12} = 43,260.021$

   • 총제곱합 $S_T = 43,264.31 - 43,260.021 = 4.289$

2. 급간제곱합 $S_A = \dfrac{1}{3}(181.8^2 + 181.1^2 + 179.7^2 + 177.9^2) - CT = 2.962$

3. 급내제곱합 $S_e = S_T - S_A = 4.289 - 2.962 = 1.327$

4. ① 자유도 ν를 구한다.

   • $\nu_T = lm - 1 = 3 \times 4 - 1 = 11$

   • $\nu_A = l - 1 = 4 - 1 = 3$

   $\rightarrow \nu_e = l(m-1) = \nu_T - \nu_A = 8$

   ② 분산분석표를 작성한다.

요인	SS	DF	MS	F_0	$F_{0.95}$	$F_{0.99}$	S'	$\rho(\%)$	$E(MS)$
A	2.962	3	0.987	5.946★	4.07	7.59	2.464	57.66	$\sigma_e^2 + 3\sigma_A^2$
e	1.327	8	0.166				1.825	42.34	σ_e^2
T	4.289	11						100(%)	

5. 순제곱합 $S_A{}'$을 계산한다.

   $S_A{}' = S_A - \nu_A \cdot V_e = 2.962 - 3 \times 0.166 = 2.464$

   $S_e{}' = S_T - S_A{}' = 4.289 - 2.464 = 1.825$

6. 기여율 ρ를 계산한다.

   $\rho_A = \dfrac{S_A{}'}{S_T} \times 100 = \dfrac{2.464}{4.289} \times 100 = 57.449(\%)$

   $\rho_e = \dfrac{S_e{}'}{S_T} \times 100 = \dfrac{1.825}{4.289} \times 100 = 42.551(\%)$

정답 1. ④ 2. ③ 3. ② 4. ① 5. ③ 6. ③

(2) 분산분석 후의 검 · 추정

1) 검정

① 가설설정

ㄱ $H_0 : a_1 = a_2 = \cdots = a_i = 0$ (수준 간에 특성치의 차이가 없다)

또는 $\sigma_A^2 = 0$

ㄴ $H_1 : a_i \neq 0$ (a_i는 모두 0이 아니다) 또는 $\sigma_A^2 > 0$

② 유의수준 : $\alpha = 0.05, \ 0.01$

③ 통계량 계산 : $F_0 = \dfrac{V_A}{V_e}$

④ 판정 : $F_0 = \dfrac{V_A}{V_e}$ 가 기각역 $F_{1-\alpha}(\nu_A, \ \nu_e)$보다 크면 H_0가 기각되며, 요인이 특성치에 영향을 주고 있다고 판정한다.

2) 추정

배가바이스

중심치의 구간추정 시 신뢰도계수는 $t_{1-\alpha/2}(\nu_e)$이다.

① 모평균의 추정

ㄱ 점추정 : $\hat{\mu_i} = \widehat{\mu + a_i} = \bar{x}_i.$

ㄴ 구간추정

$$\bar{x}_i. \pm t_{1-\alpha/2}(\nu_e)\sqrt{\frac{V_e}{r}} = \bar{x}_i. \pm \sqrt{F_{1-\alpha}(1, \ \nu_e)}\sqrt{\frac{V_e}{r}}$$

② 모평균차의 추정

ㄱ 점추정 : $\widehat{\mu_i - \mu_{i'}} = \widehat{a_i - a_{i'}} = \bar{x}_i. - \bar{x}_{i'}.$

ㄴ 구간추정 : $(\bar{x}_i. - \bar{x}_{i'}.) \pm t_{1-\alpha/2}(\nu_e)\sqrt{\frac{2V_e}{r}}$

⊕ 플러스 이론

최소유의차(LSD ; Least Significant Difference)

• 모평균차의 구간추정에서 $t_{1-\alpha/2}(\nu_e)\sqrt{\dfrac{2V_e}{r}}$ 의 값이 $(\bar{x}_i. - \bar{x}_{i'}.)$보다 크다면, 영역이 (음의 값~양의 값)이 된다. 이는 구간추정의 의미가 상실된다.

• 이러한 특성을 검정에 활용하여, 기각역을 $|\bar{x}_i. - \bar{x}_{i'}.| > t_{1-\alpha/2}(\nu_e)\sqrt{\dfrac{2V_e}{r}}$ 로 설정하는 경우가 있는데, 이때 사용되는 $t_{1-\alpha/2}(\nu_e)\sqrt{\dfrac{2V_e}{r}}$ 를 최소유의차(LSD)라고 한다.

③ 오차항의 추정

    ㉠ 점추정 : $\widehat{\sigma_e^2} = V_e$

    ㉡ 구간추정 : $\dfrac{S_e}{\chi_{1-\alpha/2}^2(\nu_e)} \le \sigma_e^2 \le \dfrac{S_e}{\chi_{\alpha/2}^2(\nu_e)}$

배가바이스

오차분산의 구간추정 시 분포는 $\chi^2(\nu_e)$이다.

(3) 반복이 일정하지 않은 경우(일정한 경우와 다른 점)

S_A	$S_A = \sum \dfrac{T_{i\cdot}^2}{r_i} - CT$
$E(V_A)$	$E(V_A) = \sigma_e^2 + \dfrac{\sum r_i a_i^2}{(l-1)}$
$\hat{\mu}(A_i)$	$\hat{\mu}(A_i) = \overline{x}_{i\cdot} \pm t_{1-a/2}(\nu_e)\sqrt{\dfrac{V_e}{r_i}}$
$\widehat{\mu_i - \mu_{i'}}$	$\widehat{\mu_i - \mu_{i'}} = (\overline{x}_i. - \overline{x}_{i'}.) \pm t_{1-\alpha/2}(\nu_e)\sqrt{V_e\left(\dfrac{1}{r_i} + \dfrac{1}{r_{i'}}\right)}$

4. 변량모형

변량모형이라 함은 요인 A가 변량요인의 경우로서 분산분석표의 작성, 검정까지는 모수모형과 같으나 각 수준의 모평균을 추정하는 것은 의미가 없으며, 산포를 추정하는 데 의미가 있다. 그러므로 변량모형은 산포의 추정에서 모수모형과 다르다는 특징을 가진다.

배가바이스

1요인실험에서 변량모형은 분산만을 추정한다.

종류	설명
데이터의 구조	• $x_{ij} = \mu + a_i + e_{ij}$ • $\overline{x}_i. = \mu + a_i + \overline{e}_i.$ • $\overline{\overline{x}} = \mu + \overline{a} + \overline{\overline{e}}$
가설	• H_0 : 수준 간에 산포차이가 없다($\sigma_A^2 = 0$). • H_1 : 수준 간에 산포차이가 있다($\sigma_A^2 > 0$).
$\widehat{\sigma_A^2}$	• $\widehat{\sigma_A^2} = \dfrac{V_A - V_e}{r}$ (반복이 일정한 경우) • $\widehat{\sigma_A^2} = \dfrac{V_A - V_e}{(N^2 - \sum r_i^2)/N(l-1)}$ (반복이 일정하지 않은 경우)

PART 1
PART 2
PART 3
PART 4
PART 5
PART 6
PART 7

5. 목표치가 있는 경우

목표치 y_0 와의 차를 데이터 y_{ij} 로 정의할 때, 아래와 같은 데이터가 된다. 이때의
분산분석은 반복이 일정한 1요인실험과 거의 같으나, 수정항을 각 요인의 제곱합
에서 처리를 하는 것이 1요인실험이라면, 목표치가 있는 경우의 분산분석은
수정항을 하나의 요인제곱합으로 분리한 것이 특징이 된다.

수준	데이터					계
A_1	y_{11}	y_{12}	y_{13}	$\cdots$	y_{1r}	$T_1.$
A_2	y_{21}	y_{22}	y_{23}	$\cdots$	y_{2r}	$T_2.$
$\vdots$	$\vdots$	$\vdots$	$\vdots$		$\vdots$	$\vdots$
A_l	y_{l1}	y_{l2}	y_{l3}	$\cdots$	y_{lr}	$T_l.$

(1) 분산분석표

요인	SS	DF	MS	F_0	S'
m	S_m	1	$S_m/1$	V_m/V_e	$S_m - V_e$
A	S_A	$l-1$	$S_A/(l-1)$	V_A/V_e	$S_A - (l-1)V_e$
e	S_e	$l(r-1)$	$S_e/l(r-1)$		$S_e + lV_e$
T	S_T	lr			

(2) 계산 방법

S_m	$S_m = \dfrac{\left(\sum T_i.\right)^2}{lr} = \dfrac{T^2}{N} = CF = CT$
S_A	$S_A = \sum \dfrac{T_i^2.}{r} - S_m$
S_e	$S_e = S_T - S_m - S_A$
S_T	$S_T = \sum\sum y_{ij}^2$

(3) 분산분석 후의 추정

요인	공식	비고
일반 평균 $\hat{\mu}$	$\hat{m} \pm \sqrt{F_{1-\alpha}(1,\ lr-1)} \times \sqrt{\dfrac{V_e'}{lr}}$	$V_e' = \dfrac{S_A + S_e}{(l-1)+l(r-1)} = \dfrac{S_A + S_e}{lr-1}$ $\hat{m} = \dfrac{T}{lr},\ \sqrt{F_{1-\alpha}(1,\ lr-1)} = t_{1-\alpha/2}(\nu_e')$
$\hat{\mu}(A_i)$	$\bar{x}_{i\,.} \pm \sqrt{F_{1-\alpha}(1,\ l(r-1))} \times \sqrt{\dfrac{V_e}{r}}$	$\sqrt{F_{1-\alpha}(1,\ l(r-1))} = t_{1-\alpha/2}(\nu_e)$

02 ▶ 2요인실험

1. 반복이 없는 2요인실험(모수모형)

어떤 열처리 공정에서 압력 3수준, 열처리 온도 4수준 총 12회를 실시한다고 하면, 압력과 온도가 각각의 요인이 되며, 각 실험조건에 의해 실험전체를 완전 랜덤화한다면, 이를 반복이 없는 2요인실험이라 할 수 있다. 이 실험이 모수모형이 되기 위해서는 각 요인은 기술적으로 수준이 지정되어야 한다.

배가바이스
반복이 없는 2요인실험에서는 요인 A, B, $e(=A \times B)$를 구할 수 있다.

(1) 데이터의 구조

① $x_{ij} = \mu + a_i + b_j + e_{ij}$

② $\bar{x}_{i\,.} = \mu + a_i + \bar{e}_{i\,.}$

③ $\bar{x}_{\,.\,j} = \mu + b_j + \bar{e}_{\,.\,j}$

④ $\bar{\bar{x}} = \mu + \bar{\bar{e}}$

(2) 분산분석표

요인	SS	DF	MS	F_0	$F_{1-\alpha}$	$E(MS)$
A	S_A	$l-1$	V_A	V_A/V_e	$F_{1-\alpha}(\nu_A,\ \nu_e)$	$\sigma_e^2 + m\sigma_A^2$
B	S_B	$m-1$	V_B	V_B/V_e	$F_{1-\alpha}(\nu_B,\ \nu_e)$	$\sigma_e^2 + l\sigma_B^2$
e	S_e	$(l-1)(m-1)$	V_e			σ_e^2
T	S_T	$lm-1$				

자유도(ν 또는 DF)

- 실험계획법에서 자유도는 각 요인의 경우 [수준수 -1], 총자유도는 [총실험횟수 -1], 오차항의 자유도는 [총자유도 $-$ 각 요인의 자유도]로 된다.
- 반복이 없는 2요인실험에서 오차항의 자유도 공식은 $(l-1)(m-1)$이 되는데, 이는 교호 작용 $A \times B$의 자유도 공식과 일치한다. 왜냐하면, 반복이 없는 2요인실험에서의 교호작 용과 오차항은 서로 교락되어 있기 때문이다.

◉ 교락
- 교락이란 두 개 이상의 원인이 동 시에 영향을 가짐으로써 분리불 능인 원인을 의미하며, 완전교락 과 부분교락으로 나누어진다.
- 교락법은 실험횟수를 늘리지 않 고 실험 전체를 몇 개의 블록으로 나누어 배치시킴으로써 동일 환 경 내의 실험횟수를 적게 하도록 고안해 낸 배치법이다.

(3) 계산 방법

CT	$\dfrac{T^2}{lm}$(수정항) $= CT$
S_A	$S_A = \sum \dfrac{T_{i \cdot}^2}{m} - CT$
S_B	$S_B = \sum \dfrac{T_{\cdot j}^2}{l} - CT$
S_e	$S_e = S_T - S_A - S_B$
S_T	$S_T = \sum\sum x_{ij}^2 - CT$
순제곱합 S'	$S_A' = S_A - \nu_A V_e,\ \ S_B' = S_B - \nu_B V_e,\ \ S_e' = S_e + (\nu_A + \nu_B)V_e$

(4) 분산분석 후의 검·추정

1) 검정(요인 B인 경우)

① 가설설정 : $H_0 : \sigma_B^2 = 0,\ \ H_1 : \sigma_B^2 > 0$

② 유의수준 : $\alpha = 0.05,\ \ 0.01$

③ 통계량 계산 : $F_0 = \dfrac{V_B}{V_e}$

④ 판정 : $F_0 = \dfrac{V_B}{V_e}$가 기각역 $F_{1-\alpha}(\nu_B,\ \nu_e)$보다 크면 H_0가 기각되며, B요인이 특성치에 영향을 주고 있다고 판정한다.

2) 추정

① 모평균의 추정

㉠ 점추정 : $\hat{\mu}(A_i) = \widehat{\mu + a_i} = \overline{x}_{i \cdot},\ \ \hat{\mu}(B_j) = \widehat{\mu + b_j} = \overline{x}_{\cdot j}$

㉡ 구간추정 : $\overline{x}_{i \cdot} \pm t_{1-\alpha/2}(\nu_e)\sqrt{\dfrac{V_e}{m}},\ \ \overline{x}_{\cdot j} \pm t_{1-\alpha/2}(\nu_e)\sqrt{\dfrac{V_e}{l}}$

(l : A의 수준수, m : B의 수준수)

② $\mu(A_iB_j)$의 추정 : 실험에 배치된 두 요인 $(A,\ B)$가 모두 유의한 경우, A의 i수준과 B의 j수준에서의 최적조건의 모평균추정을 조합평균의 추정이라 하며, 반복이 없는 2요인실험의 경우 최적조건에서의 데이터가 단 하나밖에 존재하지 않으므로, 이에 대한 평균추정은 다음과 같이 하게 된다.

 ㉠ 점추정 : $\hat{\mu}(A_iB_j) = \widehat{\mu + a_i + b_j} = [\widehat{\mu + a_i}] + [\widehat{\mu + b_j}] - \hat{\mu}$
$$= \bar{x}_{i\cdot} + \bar{x}_{\cdot j} - \bar{\bar{x}}$$

 ㉡ 구간추정 : $(\bar{x}_{i\cdot} + \bar{x}_{\cdot j} - \bar{\bar{x}}) \pm t_{1-\alpha/2}(\nu_e)\sqrt{\dfrac{V_e}{n_e}}$

이때, n_e를 유효반복수라 하며, 계산된 유효반복수의 값은 수치맺음을 하지 않는다.

➕ 플러스 이론

반복이 없는 2요인실험에서의 유효반복수 : n_e, NR

- 유효반복수는 2요인 이상의 조합평균을 구간추정을 할 때, 우선적으로 점추정값인 데이터에서 조합평균을 구한다. 이때 데이터가 하나밖에 없거나 여러 개 있으나 그 값이 실반복수의 유효성이 없는 경우에 사용한다.
- 이를 구하는 공식은 다음과 같이 2가지로 분류되나, 결과적인 값은 같다.
  ① 다구찌(田口)의 공식

$$n_e = NR = \frac{총실험횟수}{유의한\ 요인의\ 자유도\ 합 + 1} = \frac{lm}{\nu_A + \nu_B + 1} = \frac{lm}{l + m - 1}$$

  ② 이나(伊奈)의 공식

$$\frac{1}{n_e} = \frac{1}{NR} = 모수\ 추정식의\ 계수들의\ 합 = \frac{1}{l} + \frac{1}{m} - \frac{1}{lm} = \frac{l + m - 1}{lm}$$

2. 결측치의 추정

1요인실험에서는 결측치가 존재하면 추정해 넣지 않고, 반복이 일정하지 않은 1요인실험으로 해석하면 전혀 문제가 없으나, 반복이 없는 2요인실험에서는 결측치가 존재하면 분산분석을 할 수가 없게 된다. 그러므로 결측치는 반드시 추정하여 추정데이터를 삽입하여, 분산분석을 행하게 된다. 이때, 결측치는 추정이 되었으나 원데이터가 없어진 것이므로 오차항과 데이터 전체의 자유도는 결측치 수만큼 줄어들게 된다.

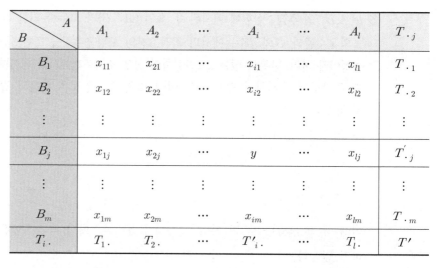

B \ A	A_1	A_2	$\cdots$	A_i	$\cdots$	A_l	$T_{\cdot j}$
B_1	x_{11}	x_{21}	$\cdots$	x_{i1}	$\cdots$	x_{l1}	$T_{\cdot 1}$
B_2	x_{12}	x_{22}	$\cdots$	x_{i2}	$\cdots$	x_{l2}	$T_{\cdot 2}$
$\vdots$	$\vdots$	$\vdots$	$\vdots$	$\vdots$	$\vdots$	$\vdots$	$\vdots$
B_j	x_{1j}	x_{2j}	$\cdots$	y	$\cdots$	x_{lj}	$T'_{\cdot j}$
$\vdots$	$\vdots$	$\vdots$	$\vdots$	$\vdots$	$\vdots$	$\vdots$	$\vdots$
B_m	x_{1m}	x_{2m}	$\cdots$	x_{im}	$\cdots$	x_{lm}	$T_{\cdot m}$
$T_{i\cdot}$	$T_{1\cdot}$	$T_{2\cdot}$	$\cdots$	$T'_{i\cdot}$	$\cdots$	$T_{l\cdot}$	T'

① 결측치의 추정(A_iB_j에 결측치 y가 있는 경우) : Yates의 식

$$y = \frac{lT_{i\cdot}' + mT_{\cdot j}' - T'}{(l-1)(m-1)}$$

② 결측치가 존재하는 경우의 자유도

  ㉠ 각 요인의 자유도는 변화가 없다.

  ㉡ $\nu_T =$ (총실험횟수 -1) $-$ 결측치수

   $\nu_e =$ 기존의 오차항의 자유도 $-$ 결측치수

기본문제 02

어떤 화학공장에서 제품의 수율(%)에 영향을 미칠 것으로 생각되는 반응온도 와 원료를 요인으로 취해서 2요인실험의 실험을 하여 다음과 같은 데이터를 얻었다.

요인 B \ 요인 A	A_1	A_2	A_3	A_4
B_1	97.6	98.6	99.0	98.0
B_2	97.3	98.2	98.0	97.7
B_3	96.7	96.9	97.9	96.5

1. B의 제곱합 S_B를 구하시오.

① 6.22

② 3.44

③ 4.44

④ 2.22

풀이 · $CT = \dfrac{T^2}{lm} = \dfrac{(1,172.4)^2}{4 \times 3} = 114,543.48$

· $S_B = \dfrac{1}{4}(393.2^2 + 391.2^2 + 388.0^2) - 114,543.48 = 3.44$

+정답 ②

2. 오차항의 제곱합 S_e 를 구하시오.

① 0.56   ② 2.22
③ 4   ④ 3.44

풀이 $S_e = S_T - S_A - S_B = 6.22 - 2.22 - 3.44 = 0.56$

+정답 ①

3. 순제곱합 $S_e{}'$ 을 구하시오.

① 1.941   ② 1.118
③ 0.095   ④ 1.025

풀이 $S_e{}' = S_T - S_A{}' - S_B{}' = S_e + (\nu_A + \nu_B)V_e$

$\qquad = 0.56 + (3+2) \times 0.093 = 1.025 \left(V_e = \dfrac{S_e}{\nu_e} = \dfrac{0.56}{6} = 0.093 \right)$

+정답 ④

4. 기여율 ρ_A 를 구하시오.

① 16.5%   ② 50.8%
③ 31.2%   ④ 40.2%

풀이 $\rho_A = \dfrac{S_A{}'}{S_T} \times 100 = \dfrac{1.941}{6.22} \times 100 = 31.2(\%)$

+정답 ③

03 ▸ 난괴법

1. 적용범위 및 특징

① 1요인은 모수이고 다른 1요인은 변량인 반복이 없는 2요인실험으로, 편의상 요인 A는 모수요인, 요인 B는 변량요인으로 한다. 요인 B가 실험일, 실험장소 차이 또는 시간적 간격을 두고 실시되는 반복 등인 경우에는 블록요인이 되고, 랜덤으로 택한 드럼통, 로트 등이면 집단요인이 된다.

② 난괴법은 모수모형인 반복이 없는 2요인실험과 동일하게 구성되므로 분산분석은 반복이 없는 2요인실험과 동일하지만, 요인 B는 변량요인이므로 평균치 추정은 의미가 없고 분산의 추정만이 의미를 갖게 된다.

2. 데이터의 구조(요인 A는 모수요인, 요인 B는 변량요인)

- $x_{ij} = \mu + a_i + b_j + e_{ij}$
- $\bar{x}_{i\,.} = \mu + a_i + \bar{b} + \bar{e}_{i\,.}$
- $\bar{x}_{\,.\,j} = \mu + b_j + \bar{e}_{\,.\,j}$
- $\bar{\bar{x}} = \mu + \bar{b} + \bar{\bar{e}}$

3. 분산분석표

데이터의 배열, 분산분석표 작성, 검정까지는 반복이 없는 2요인실험(모수모형)의 경우와 동일하며, 차이점은 요인 B가 변량이므로 요인 B의 모평균의 추정은 전혀 의미가 없으며, σ_B^2의 추정치를 구할 필요가 있다는 것이다.

추정	추정치	비고
$\widehat{\sigma_B^2}$	$\dfrac{V_B - V_e}{l}$	Satterthwaite의 자유도
$\hat{\mu}(A_i)$	$\bar{x}_{i\,.} \pm t_{1-\alpha/2}(\nu^*)\sqrt{\dfrac{V_B + (l-1)\,V_e}{lm}}$	$\nu^* = \dfrac{\left[\,V_B + (l-1)\,V_e\,\right]^2}{\dfrac{V_B^{\,2}}{\nu_B} + \dfrac{\left[(l-1)\,V_e\right]^2}{\nu_e}}$
$V(\bar{x}_{i\,.})$	$V(\bar{x}_{i\,.}) = V(\mu + a_i + \bar{b} + \bar{e}_{i\,.}) = \dfrac{\sigma_B^2}{m} + \dfrac{\sigma_e^2}{m}$ $= \dfrac{V_B + (l-1)\,V_e}{lm}$	

어떤 조립공장에서 조립시간을 측정하기 위해 작업방법에 있어서 다소 차이가 있는 작업자 중에서 랜덤하게 4명(B_1, B_2, B_3, B_4)을 선택하고 재료는 A_1, A_2, A_3, A_4의 4종류를 사용하여 작업한 결과 다음의 데이터를 얻었다.[단, $t_{0.975}(9) = 2.262$]

B \ A	A_1	A_2	A_3	A_4	$T_{\cdot j}$
B_1	52	50	49	54	205
B_2	51	48	47	48	194
B_3	51	55	47	50	203
B_4	51	50	52	59	212
$T_{i\cdot}$	205	203	195	211	814

1. 재료 간의 제곱합 S_A를 구하면?

① 41.25　　　② 32.75　　　③ 27.95　　　④ 25.32

풀이 $CT = \dfrac{T^2}{lm} = \dfrac{(814)^2}{4 \times 4} = 41,412.25$

$S_A = \sum_i \dfrac{T_i^2 \cdot}{m} - CT = 41,445 - 41,412.25 = 32.75$

정답 ②

2. 요인 A의 순제곱합 S_A'을 구하면?

① 16.67　　　② 13.16　　　③ 8.167　　　④ 7.241

풀이 $S_A' = S_A - \nu_A \times V_e = 32.75 - 3 \times \dfrac{73.75}{9} = 8.167$

정답 ③

3. 요인 B의 기여율 ρ_B를 구하면?

① 11.281　　　　　② 16.902
③ 66.383　　　　　④ 71.912

풀이 $\rho_B = \dfrac{S_B'}{S_T} \times 100 = \dfrac{16.667}{147.75} \times 100 = 11.281(\%)$

정답 ①

4. 작업자에 의한 분산분석의 추정치 σ_B^2의 값은?

① 2.215   ② 1.438   ③ 2.126   ④ 1.389

풀이 $\hat{\sigma_B^2} = \dfrac{V_B - V_e}{l} = \dfrac{13.75 - 8.194}{4} = 1.389$

＋정답 ④

5. 요인 A의 두 수준 A_2와 A_3 간의 모평균의 차에 대한 신뢰한계는?(단, 신뢰율 95%)

① 2 ± 4.579 ② 2.25 ± 5.287 ③ 2.5 ± 3.238 ④ 3 ± 5.616

풀이 $(\overline{x}_{i\,.} - \overline{x}_{i'\,.}) \pm t_{1-\alpha/2}(\nu_e) \sqrt{\dfrac{2V_e}{m}} = (\overline{x}_{2\,.} - \overline{x}_{3\,.}) \pm t_{0.975}(9) \sqrt{\dfrac{2 \times 8.194}{4}}$

$= (50.75 - 48.75) \pm 2.262 \sqrt{\dfrac{2 \times 8.194}{4}} = 2 \pm 4.579$

＋정답 ①

배가바이스

반복 없는 2요인실험에서는 요인 A, B, $A \times B$, e를 구할 수 있다.

04 반복이 있는 2요인실험(모수모형)

- 2요인 A, B의 각 수준수가 l, m이고 반복수가 r회라고 하면, 반복이 있는 2요인실험의 랜덤화의 원칙에 의해 lmr회의 전(全) 실험을 랜덤하게 행하여 주어야 한다. 만약 요인수준들의 조합 lm회만 랜덤하게 선택하고 선택된 각각의 수준조합 $A_i B_j$에서 r회를 계속 실험하는 랜덤화는 전 실험 lmr회를 랜덤하게 행한 것이 아니므로 랜덤화의 원칙에 맞지 않는다. 이처럼 랜덤화가 안된 실험을 분할법이라 한다.
- 만일 결측치가 존재하게 되면, 결측치 항의 나머지 데이터의 평균치로 대치한다.

1. 반복의 이점

① 요인조합의 효과(교호작용)를 분리한 순수한 실험오차 σ_e^2을 구할 수 있다 (교호작용이란 두 요인 이상의 수준조합에서 일어나는 효과).
② 요인의 주효과에 대한 검출력이 좋아진다(실험의 정도를 향상시킬 수 있다).
③ 반복한 데이터로부터 실험의 재현성과 관리상태를 검토할 수 있다.
④ 수준수가 적더라도 반복의 크기를 적절히 조절하여 검출력을 높일 수 있다.

2. 데이터의 구조

① $x_{ijk} = \mu + a_i + b_j + (ab)_{ij} + e_{ijk}$

② $\bar{x}_{ij\cdot} = \mu + a_i + b_j + (ab)_{ij} + \bar{e}_{ij\cdot}$

③ $\bar{x}_{i\cdot\cdot} = \mu + a_i + \bar{e}_{i\cdot\cdot}$

④ $\bar{x}_{\cdot j\cdot} = \mu + b_j + \bar{e}_{\cdot j\cdot}$

⑤ $\bar{\bar{x}} = \mu + \bar{\bar{e}}$

3. 분산분석표(모수모형)

요인	SS	DF	MS	F_0	$E(MS)$
A	S_A	$l-1$	V_A	$\dfrac{V_A}{V_e}$	$\sigma_e^2 + mr\sigma_A^2$
B	S_B	$m-1$	V_B	$\dfrac{V_B}{V_e}$	$\sigma_e^2 + lr\sigma_B^2$
$A \times B$	$S_{AB} - S_A - S_B$	$(l-1)(m-1)$	$V_{A \times B}$	$\dfrac{V_{A \times B}}{V_e}$	$\sigma_e^2 + r\sigma_{A \times B}^2$
e	$S_T - S_{AB}$	$lm(r-1)$	V_e		σ_e^2
T	S_T	$lmr-1$			

4. 계산 방법

요인	공식
S_A	$S_A = \sum \dfrac{T_{i\cdot\cdot}^2}{mr} - CT$
S_B	$S_B = \sum \dfrac{T_{\cdot j\cdot}^2}{lr} - CT$
$S_{A \times B}$	$S_{A \times B} = S_{AB} - S_A - S_B$, $\quad S_{AB} = \sum_i \sum_j \dfrac{T_{ij\cdot}^2}{r} - CT$
S_e	$S_e = S_T - S_{AB}$
S_T	$S_T = \sum \sum \sum x_{ijk}^2 - CT$

반복이 있는 2요인실험에서의 제 곱합

- 반복이 있는 2요인실험에서 처음 으로 교호작용의 제곱합인 $S_{A \times B}$ 가 단독으로 분리되어 구해지는 데, $S_{A \times B}$는 S_{AB}와는 엄연히 다 르다는 것을 알아야 한다.
- $S_{A \times B}$는 교호작용의 제곱합이고, S_{AB}는 수준조합의 제곱합인 급간 제곱합이라 하며, 두 제곱합 간의 관계식 $S_{A \times B} = S_{AB} - S_A - S_B$ 가 성립된다.

기본문제 04

어떤 화학반응에서 반응압력 A를 1, 1.5, 2, 2.5 기압의 4수준, 반응시간 B를 30분, 40분, 50분의 3수준으로 하여 각 2회 실험하여 다음과 같은 회수량을 얻었다.

B＼A	A_1	A_2	A_3	A_4
B_1	81 83	81 80	78 80	79 77
B_2	85 83	79 80	78 76	74 76
B_3	82 86	82 78	81 75	75 73

1. 요인 A에 대한 제곱합 S_A를 구하시오.

① 189.833　　② 217.51　　③ 379.672　　④ 415.383

풀이

B＼A	A_1	A_2	A_3	A_4	$T_{\cdot j \cdot}$	$\overline{x}_{\cdot j \cdot}$
B_1	164	161	158	156	639	79.875
B_2	168	159	154	150	631	78.875
B_3	168	160	156	148	632	79.0
$T_{i \cdot \cdot}$	500	480	468	454	$T = 1,902$	
$\overline{x}_{i \cdot \cdot}$	83.33	80.0	78.0	75.67		$\overline{\overline{x}} = 79.25$

$$S_A = \sum_{i=1}^{l} \frac{T_{i \cdot \cdot}^2}{mr} - CT$$

$$= \frac{1}{3 \times 2} (500^2 + 480^2 + 468^2 + 454^2) - 150,733.5 = 189.833$$

정답 ①

2. 교호작용에 대한 $S_{A \times B}$를 구하시오.

① 76.67　　② 53.28　　③ 22.92　　④ 38.43

풀이 $S_{AB} = \sum_i \sum_j \frac{T_{ij \cdot}^2}{r} - CT = \frac{164^2 + \cdots + 148^2}{2} - CT$

$$= 150,951 - 150,733.5 = 217.5$$

$$S_{A \times B} = S_{AB} - S_A - S_B = 217.5 - 189.833 - 4.75 = 22.917$$

정답 ③

3. 오차제곱합 S_e를 구하시오.

① 49.0   ② 38.43

③ 27.67   ④ 53.75

> **풀이** $S_e = S_T - S_{AB} = 266.5 - 217.5 = 49$

+정답 ①

4. 요인 B에 대한 분산 V_B를 구하시오.

① 4.083   ② 7.903

③ 2.375   ④ 3.249

> **풀이** $V_B = \dfrac{S_B}{\nu_B} = \dfrac{4.75}{2}$

+정답 ③

5. 분산분석 후의 검 · 추정

(1) 검정(요인 $A \times B$인 경우)

① 가설설정 : $H_0 : \sigma^2_{A \times B} = 0, \quad H_1 : \sigma^2_{A \times B} \neq 0$

② 유의수준 : $\alpha = 0.05, \ 0.01$

③ 통계량 계산 : $F_0 = \dfrac{V_{A \times B}}{V_e}$

④ 판정 : $F_0 = \dfrac{V_{A \times B}}{V_e}$가 기각역 $F_{1-\alpha}(\nu_{A \times B}, \ \nu_e)$보다 크면 H_0가 기각되며,

요인 $A \times B$가 특성치에 영향을 주고 있다고 판정한다.

(2) 추정

1) 모평균의 추정

① 점추정 : $\hat{\mu}(A_i) = \widehat{\mu + a_i} = \overline{x}_i \cdot \cdot \ , \quad \hat{\mu}(B_i) = \widehat{\mu + b_j} = \overline{x} \cdot_j \cdot$

② 구간추정 : $\overline{x}_i \cdot \cdot \ \pm t_{1-\alpha/2}(\nu_e) \sqrt{\dfrac{V_e}{mr}} , \quad \overline{x} \cdot_j \cdot \ \pm t_{1-\alpha/2}(\nu_e) \sqrt{\dfrac{V_e}{lr}}$

(여기서, l : A의 수준수, m : B의 수준수, r : 반복수)

2) $\mu(A_i B_j)$의 추정

실험에 배치된 두 요인 $(A, \ B)$가 모두 유의한 경우, A의 i 수준과 B의 j 수준에서 최적 조건의 모평균추정을 조합평균의 추정이라 하며, 반복이

없는 2요인실험의 경우는 한 가지만 있으나, 반복이 있는 2요인실험의 경우 다음과 같이 두 가지로 분류된다.

① 교호작용$(A \times B)$이 유의한 경우$(A \times B$가 무시되지 않는 경우)

    ㉠ 점추정 : $\hat{\mu}(A_i B_j) = \mu + a_i + \widehat{b_j} + (ab)_{ij} = \overline{x}_{ij} \cdot$

    ㉡ 구간추정 : $\overline{x}_{ij} \cdot \pm t_{1-\alpha/2}(\nu_e) \sqrt{\dfrac{V_e}{r}}$

② 교호작용$(A \times B)$이 유의하지 않은 경우$(A \times B$가 무시되는 경우)

    ㉠ 교호작용이 무시된다는 뜻은 분산분석표에서 나타나는 요인들$(A,$ $B,\ A \times B,\ e)$ 중에서 요인 $A \times B$가 검정 결과, 유의하지 않음에 따라 오차항에 풀링된다는 것이므로, 요인 $A \times B$에 의해 나타나는 모든 값들이 오차항으로 편입되어 새로운 오차항이 발생이 되며, 이때의 분산값을 V_e'로 표시한다.

    ㉡ 점추정 : $\hat{\mu}(A_i B_j) = \mu + \widehat{a_i} + b_i = \left[\widehat{\mu + a_i}\right] + \left[\widehat{\mu + b_j}\right] - \hat{\mu}$

                  $= \overline{x}_i \cdot \cdot + \overline{x} \cdot _j \cdot - \overline{\overline{x}}$

    ㉢ 구간추정 : $(\overline{x}_i \cdot \cdot + \overline{x} \cdot _j \cdot - \overline{\overline{x}}) \pm t_{1-\alpha/2}(\nu_e') \sqrt{\dfrac{V_e'}{n_e}}$

$$\left(\text{단, } V_e' = \frac{S_e'}{\nu_e'} = \frac{S_{A \times B} + S_e}{\nu_{A \times B} + \nu_e}, \right.$$

$$\left. n_e = \frac{\text{총실험횟수}}{\text{유의한 인자의 자유도의 합}+1} = \frac{lmr}{l+m-1} \right)$$

➕ 플러스 이론

반복이 있는 2요인실험에서의 유효반복수 : n_e, NR

• 교호작용$(A \times B)$이 무시되는 경우

$$n_e = NR = \frac{\text{총실험횟수}}{\text{유의한 요인의 자유도 합}+1}$$

$$= \frac{lmr}{\nu_A + \nu_B + 1} = \frac{lmr}{(l-1)+(m-1)+1} = \frac{lmr}{l+m-1}$$

• 교호작용$(A \times B)$이 무시되지 않는 경우

$$n_e = NR = \frac{lmr}{\nu_A + \nu_B + \nu_{A \times B} + 1} = \frac{lmr}{(l-1)+(m-1)+(l-1)(m-1)+1} = r$$

05 반복이 있는 2요인실험(혼합모형)

지금까지 분산분석의 F_0 검정방법
은 $\frac{V_{요인}}{V_e}$ 이었고, 반복이 있는 2요
인실험의 혼합모형에서 변량요인
에는 영향을 미치지 않으나 모수요
인에 영향을 미치게 되는데, 이때의
검정방법은 분모가 오차항이 아니
라 $V_{A \times B}$ 가 된다는 것을 유의하여
야 한다.

- 요인 A 가 모수요인이고 요인 B 가 변량요인인 경우를 혼합모형이라 하며, 이는 모수모형과 동일하게 2요인 A, B 의 각 수준수가 l, m 이고 반복수가 r 회라고 하면, lmr 회의 전(全) 실험을 랜덤하게 행하여 주어야 한다. 만약 변량요인 B 가 랜덤하게 선택된 원료 로트이거나 드럼통 등과 같은 집단요인인 경우에는 실험 전체의 lmr 회 실험을 랜덤하게 행하지만, 실험일과 같은 블록요인인 경우에는 변량요인 B 의 각 수준마다 lr 회의 실험을 랜덤하게 행해 주어야 한다.
- 반복이 있는 2요인실험(모수모형)과 분산분석표는 동일하게 되나, 요인 B 가 변량요인임에 따라 모수요인인 A 에서 F_0 검정방법과 $E(MS)$ 가 모수모형과 차이가 생긴다.

1. 데이터의 구조(A 는 모수요인, B 는 변량요인)

① $x_{ijk} = \mu + a_i + b_j + (ab)_{ij} + e_{ijk}$

② $\bar{x}_{ij.} = \mu + a_i + b_j + (ab)_{ij} + \bar{e}_{ij.}$

③ $\bar{x}_{i..} = \mu + a_i + \bar{b} + \overline{(ab)}_{i.} + \bar{e}_{i..}$

④ $\bar{x}_{.j.} = \mu + b_j + \bar{e}_{.j.}$

⑤ $\bar{\bar{x}} = \mu + \bar{b} + \bar{\bar{e}}$

2. 분산분석표(혼합모형)

요인	SS	DF	MS	F_0	$F_{1-\alpha}$	$E(MS)$
A	S_A	$l-1$	V_A	$\dfrac{V_A}{V_{A \times B}}$	$F_{1-\alpha}(\nu_A, \nu_{A \times B})$	$\sigma_e^2 + r\sigma_{A \times B}^2 + mr\sigma_A^2$
B	S_B	$m-1$	V_B	$\dfrac{V_B}{V_e}$	$F_{1-\alpha}(\nu_B, \nu_e)$	$\sigma_e^2 + lr\sigma_B^2$
$A \times B$	$S_{A \times B}$	$(l-1)(m-1)$	$V_{A \times B}$	$\dfrac{V_{A \times B}}{V_e}$	$F_{1-\alpha}(\nu_{A \times B}, \nu_e)$	$\sigma_e^2 + r\sigma_{A \times B}^2$
e	S_e	$lm(r-1)$	V_e			σ_e^2
T	S_T	$lmr-1$				

3. 분산분석 후의 추정

① 모수모형과 큰 차이가 없으나 변량요인 B는 평균치 추정은 의미가 없고 산포만 추정하게 된다.

② $\widehat{\sigma_B^2} = \dfrac{V_B - V_e}{lr}$

③ $\widehat{\sigma_{A \times B}^2} = \dfrac{V_{A \times B} - V_e}{r}$

4. 풀링(Pooling)

① 분산분석표에서 F 검정 결과 유의하지 않은 교호작용은 오차항에 넣어서 새로운 오차항으로 만드는 과정을 말한다.

② 원칙적으로 교호작용만이 풀링의 대상이 되나, 실험에 될 수 있는 한 많은 요인을 넣는 직교배열표에 의한 실험계획에서는 오차의 자유도가 작아서 검출력이 나쁘므로 유의하지 않은 요인도 오차항에 풀링할 수 있다.

배가바이스

교호작용을 오차항에 풀링할 때의 고려사항
• 실험의 목적
• 기술적 · 통계적 면
• 제2종과오

06 다요인실험

◉ 다요인실험
• 2요인실험과 유사한 실험계획법으로 선택된 특성치에 대하여 취급하고 싶은 요인이 3개 이상 있을 경우, 그들의 모든 요인의 수준 조합에서 실험하는 실험계획법을 말한다.
• 취급하는 요인이 3개면 3요인실험, 4개면 4요인실험이라 하며 본문에서는 3요인실험만 다룬다.

1. 반복이 없는 3요인실험(모수모형)

반복이 없는 3요인실험(모수모형)은 반복이 있는 2요인실험(모수모형)와 차이가 거의 없다. 다만, 요인이 3개이므로 분산분석표에서 요인들이 몇 개 더 나타나며, 반복이 없으므로 교호작용 $A \times B \times C$는 오차항에 교락되어 분리되지 않는다.

(1) 데이터의 구조

$x_{ijk} = \mu + a_i + b_j + c_k + (ab)_{ij} + (ac)_{ik} + (bc)_{jk} + e_{ijk}$

$e_{ijk} \sim N(0, \sigma_e^2)$이고 서로 독립이며, $\sum a_i = 0$, $\sum b_j = 0$, $\sum c_k = 0$이 된다.

대비와 직교분해

01 1요인실험 또는 반복이 없는 2요인실험

1. 선형식

n개의 측정치 x_1, x_2, $\cdots$, x_n이 계수가 정수인 1차식으로 다음과 같이 $L = c_1 x_1 + c_2 x_2 + \cdots + c_n x_n$(단, c_1, c_2, $\cdots$, c_n은 모두 0이 아니다.)으로 표시될 때, 이를 선형식이라 한다.

> #### ➕ 플러스 이론
>
> 대비(Contrast)와 직교(Orthogonal)
> - **대비**
>   선형식 $L = c_1 x_1 + c_2 x_2 + \cdots + c_n x_n$에서 계수인 정수 c_1, c_2, $\cdots$, c_n 값들이 $c_1 + c_2 + \cdots + c_n = \sum c_i = 0$을 만족하는 경우
>
> - **직교**
>   서로 대비하는 선형식
> $L_1 = c_1 x_1. + c_2 x_2. + \cdots + c_l x_l.$,
> $L_2 = c_1' x_1. + c_2' x_2. + \cdots + c_l' x_l.$ 가 있을 때
> $c_1 c_1' + c_2 c_2' + \cdots + c_l c_l' = \sum c_i c_i' = 0$이 성립하는 경우

◉ 직교분해의 특징
- 직교분해된 제곱합의 자유도는 1 이다.
- 어떤 제곱합을 직교분해하면 어떤 대비의 제곱합이 큰 부분을 차지하고 있는가를 알 수 있다.
- 어떤 요인의 수준수가 l인 경우 이 요인의 제곱합을 직교 분해하면, $(l-1)$개의 직교하는 대비의 제곱합을 구할 수 있다.

2. 단위수 및 제곱합

① 선형식 L의 제곱합은 주어진 데이터에서 $S_L = \dfrac{L^2}{D}$으로 구하고, 이때 D를 단위수라 하며, $D = c_1^2 + c_2^2 + \cdots + c_n^2 = \sum c_i^2$으로 구한다.

② 선형식 L의 자유도는 1이 된다($\nu_L = 1$).

① 반복수가 일정한 1요인실험(수준수 $= l$, 반복수 $= m$) 또는 반복이 없는 2요인실험(요인 A의 수준수$= l$, 요인 B의 수준수$= m$)에서 요인 A의 각 수준의 합을 $T_1.$, $T_2.$, $\cdots$, $T_l.$ 이라 하면, 선형식은 $L = c_1 T_1. + c_2 T_2. + \cdots + c_l T_l.$ 로 표시된다.

② 이때, 선형식은 대비의 조건인 $c_1 + c_2 + \cdots + c_l = \sum c_i = 0$을 만족하게 되며, 제곱합은 다음과 같이 표현된다.

$$S_L = \frac{L^2}{(\sum c_i^2) \cdot m}$$

③ 1요인실험이나 반복이 없는 2요인실험에서 각 요인의 수준수가 l이면, $(l-1)$개의 대비되는 선형식 $L_1.$, $L_2.$, $\cdots$, L_{l-1}이 있고, 이 모든 선형식이 직교가 성립하면, 다음의 식이 성립된다.

$$S_A = S_{L_1} + S_{L_2} + \cdots + S_{L_{l-1}}$$

여기서, 각 선형식의 자유도 $\nu_{L_i} = 1$, $\nu_A = \sum_{i=1}^{l-1} \nu_{L_i}$

선형식 $L = c_1 T_1. + c_2 T_2. + \cdots + c_l T_l.$ 에서 반복수가 일정하지 않음에 따라 다음과 같이 반복(m)이 일정한 1요인실험과는 일반적인 공식이 약간 다르게 나타난다.

① 대비 : $m_1 c_1 + m_2 c_2 + \cdots + m_l c_l = \sum m_i c_i = 0$

② 직교 : $m_1 c_1 c_1' + m_2 c_2 c_2' + \cdots + m_l c_l c_l' = \sum m_i c_i c_i' = 0$

③ 제곱합 : $S_L = \dfrac{L^2}{\sum m_i c_i^2}$

04 반복이 있는 2요인실험의 경우 (A, B의 수준수가 각각 l, m, 반복수 r)

① 선형식이 $L = c_1 T_1.. + c_2 T_2.. + \cdots + c_l T_l..$ 인 경우

$$S_L = \frac{L^2}{(\sum c_i^2) \cdot mr}$$

② 선형식이 $L = c_1 T._1. + c_2 T._2. + \cdots + c_m T._m.$ 인 경우

$$S_L = \frac{L^2}{(\sum c_i^2) \cdot lr}$$

기본문제 05

4종류의 플라스틱 제품이 있다.

- A_1 : 자기 회사 제품
- A_2 : 국내 C 회사 제품
- A_3 : 국내 D 회사 제품
- A_4 : 외국 제품

위의 제품들에 대하여 각각 10개, 6개, 6개, 2개씩 표본을 취하여 강도(kg/cm^2)를 측정한 결과 다음과 같았다.

A의 수준	데이터										$T_i.$
A_1	20	18	19	17	17	22	18	13	16	15	$T_1. = 175$
A_2	25	23	28	26	19	26					$T_2. = 147$
A_3	24	25	18	22	27	24					$T_3. = 140$
A_4	14	12									$T_4. = 26$
											$T = 488$

---

1. 'L_1 = 외국 제품과 한국 제품의 차'라고 하면 선형식 L_1의 단위수 D는?

① 0.333　　② 0.183　　③ 0.545　　④ 0.417

풀이
$$L_1 = \frac{T_4.}{2} - \frac{T_1. + T_2. + T_3.}{22} = \frac{26}{2} - \frac{175 + 147 + 140}{22} = -8.0$$

$$D = \left(\frac{1}{2}\right)^2 \times 2 + \left(-\frac{1}{22}\right)^2 \times 22$$

배가바이스

$$D = \sum m_i c_i^2 = \sum |c_i|$$

＋정답 ③

2. '$L_2 = $ 자기 회사 제품과 국내 타 회사 제품의 차'라고 하면 선형식 L_2의 제곱합 S_{L_2}는?

① 117.333

② 223.418

③ 349.216

④ 122.045

풀이 $L_2 = \dfrac{T_{1\cdot}}{10} - \dfrac{T_{2\cdot} + T_{3\cdot}}{12} = \dfrac{175}{10} - \dfrac{147 + 140}{12} = -6.4$

$S_{L_2} = \dfrac{L_2^2}{\sum m_i C_i^2} = \dfrac{(-6.4)^2}{10 \times \left(\dfrac{1}{10}\right)^2 + 6 \times \left(-\dfrac{1}{12}\right)^2 + 6 \times \left(-\dfrac{1}{12}\right)^2} = 223.418$

◆정답 ②

3. '$L_3 = $ 국내 타 회사 제품 간의 차'라고 하면 선형식 L_3의 제곱합 S_{L_3}는?

① 4.32

② 3.78

③ 3.60

④ 3.26

풀이 $L_3 = \dfrac{T_{2\cdot}}{6} - \dfrac{T_{3\cdot}}{6} = \dfrac{147}{6} - \dfrac{140}{6} = 1.2$

$S_{L_3} = \dfrac{(1.2)^2}{\left(\dfrac{1}{6}\right)^2 \times 6 + \left(-\dfrac{1}{6}\right)^2 \times 6} = 4.32$

◆정답 ①

4. 급간제곱합 S_A의 값은?

① 157.333

② 117.333

③ 503.333

④ 346.0

풀이 $S_A = \sum\limits_i \dfrac{T_{i\cdot}^2}{m_i} - \dfrac{T^2}{N} = \dfrac{(175)^2}{10} + \dfrac{(147)^2}{6} + \dfrac{(140)^2}{6} + \dfrac{(26)^2}{2} - \dfrac{(488)^2}{24} = 346$

◆정답 ④

계수치 데이터 분석

01 ▶ 1요인실험

1. 적용범위

① 데이터가 성별(남 · 여), 불량 여부(양품 · 부적합), 신용(좋음 · 나쁨) 등과
같이 두 가지 성질로 분류되는 계수치 데이터를 분석할 때 사용한다.

② 일반적으로 0(데이터 수가 많은 것), 1(데이터 수가 적은 것)의 계량값으로
변형시켜, 분산분석을 행한다.

③ 본문에서는 예제로서 분산분석표를 작성하여 이해의 정도를 높이도록 한다.

2. 데이터의 배열($x_{ij} = \mu + a_i + e_{ij}$)

> **기본문제 06**
>
> 부적합 여부의 동일성에 관한 실험에서 양품이면 0, 부적합품이면 1의 값을 주기로
> 하고 4대의 기계에서 각각 200개씩 제품을 만들어서 부적합 여부를 조사하였다.

기계	A_1	A_2	A_3	A_4
양품	190	178	194	170
부적합품	10	22	6	30
계	200	200	200	200

풀이 본 문제에서 기계 A_1에서 양품이 190개, 부적합품이 10개가 나왔다는 뜻은
반복(r)이 200회 되었다는 것을 의미한다. 이를 양품을 0, 부적합품을 1로 계량화
하면, 기계 A_1의 조건에서 데이터가 200개가 있는데, 순서와 상관없이 0이
190개, 1이 10개 있다는 것을 의미한다.

1. 수정항 $CT = \dfrac{T^2}{lr} = \dfrac{68^2}{4 \times 200} = 5.78$

2. 총제곱합 $S_T = \sum_i \sum_j x_{ij}^2 - CT = T - CT = 68 - 5.78 = 62.22$

3. 기계 간의 제곱합

$S_A = \sum_i \dfrac{T_i^2 \cdot}{r} - CT = \dfrac{1}{200}(10^2 + 22^2 + 6^2 + 30^2) - 5.78 = 1.82$

4. 오차제곱합 $S_e = S_T - S_A = 62.22 - 1.82 = 60.4$

5. 각 항의 자유도 계산
① A의 자유도 $\nu_A = l - 1 = 4 - 1 = 3$
② T의 자유도 $\nu_T = lr - 1 = 800 - 1 = 799$
③ e의 자유도 $\nu_e = l(r-1) = \nu_T - \nu_A = 799 - 3 = 796$

요인	SS	DF	MS	F_0	$F_{1-\alpha}$
A	$S_A = 1.82$	$l - 1 = 3$	V_A	V_A / V_e	$F_{1-\alpha}(\nu_A,\ \nu_e)$
e	$S_e = 60.4$	$l(r-1) = 796$	V_e		
T	$S_T = 62.22$	$lr - 1 = 799$			

3. 각 수준 모부적합품률의 추정

$$P_{A_i} = \widehat{p_{A_i}} \pm t_{1-\alpha/2}(\nu_e) \sqrt{\frac{V_e}{r}} = \widehat{p_{A_i}} \pm u_{1-\alpha/2} \sqrt{\frac{V_e}{r}}$$

➕ 플러스 이론

모부적합품률의 추정

$\pm t_{1-\alpha/2}(\nu_e) \sqrt{\dfrac{V_e}{r}} = \pm u_{1-\alpha/2} \sqrt{\dfrac{V_e}{r}}$ 에서 $t_{1-\alpha/2}(\nu_e) = u_{1-\alpha/2}$ 가 되는 이유는 계수치 데이터 분석에서는 반복수가 계량치에 비해 상당히 크므로, 오차항의 자유도 ν_e가 무한대(∞)에 가깝게 되기 때문이다. 일반적으로 자유도가 120을 넘게 되면, t 분포표값은 정규분포표값과 같이 취급하게 된다.

기본문제 07

1요인실험 계수치 데이터는 x_{ij}는 0 또는 1로 표현된다. 이때 총제곱합을 구하는 식을 잘못 표현한 것은?(단, T는 x_{ij}의 합계이고, CT는 수정항이다.)

① $T - CT$
② $\sum\sum x_{ij} - CT$
③ $\sum T_i^2 - CT$
④ $\sum\sum x_{ij}^2 - CT$

풀이 데이터가 0과 1로만 구성되어 있으므로, $\sum\sum x_{ij}^2 = \sum\sum x_{ij} = T$가 성립한다.

 ③

- 계수치 2요인실험은 계량치 2요인실험과는 실험실시방법에서 차이가 있다. 계량치 2요인실험은 실험 전체를 랜덤화하는 실험이지만, 계수치 2요인실험은 A_iB_j의 수준조합에서 랜덤화를 시키고, 각 조건에서 r회 반복 실시한 형태로 볼 수 있다.(분할법의 형태)
- 1요인실험과 마찬가지로 0, 1의 계량값으로 변환시켜, 분산분석을 행한다.

1. 데이터의 구조

$$x_{ijk} = \mu + a_i + b_j + e_{(1)ij} + e_{(2)ijk}$$

2. 분산분석표

요인	SS	DF	MS	F_0	$F_{1-\alpha}$
A	S_A	$l-1$	V_A	V_A/V_{e_1}	$F_{1-\alpha}(\nu_A,\ \nu_{e_1})$
B	S_B	$m-1$	V_B	V_B/V_{e_1}	$F_{1-\alpha}(\nu_B,\ \nu_{e_1})$
$e_1(=A \times B)$	S_{e_1}	$(l-1)(m-1)$	V_{e_1}	V_{e_1}/V_{e_2}	$F_{1-\alpha}(\nu_{e_1},\ \nu_{e_2})$
e_2	S_{e_2}	$lm(r-1)$	V_{e_2}		
T	S_T	$lmr-1$			

3. 계산방법

① $CT = \dfrac{T^2}{lmr}$

② $S_A = \sum \dfrac{T_{i..}^2}{mr} - CT$

③ $S_B = \sum \dfrac{T_{.j.}^2}{lr} - CT$

④ $S_{e_1} = S_{A \times B} = S_{AB} - S_A - S_B$

⑤ $S_{e_2} = S_T - S_{AB}$

⑥ $S_{AB} = S_{T_1} = \sum \sum \dfrac{T_{ij.}^2}{r} - CT$

⑦ $S_T = \sum \sum \sum x_{ijk}^2 - CT = T - CT$

어떤 제조공정에서 제품의 양·부적합품에 대해서 기계(A)와 열처리온도(B)를 요인으로 하여 반복이 있는 2요인실험을 한 결과가 다음과 같다.(단, $l=4$, $m=2$, $r=120$)

기계 / 열처리	A_1 양품	A_1 부적합품	A_2 양품	A_2 부적합품	A_3 양품	A_3 부적합품	A_4 양품	A_4 부적합품	계
B_1	115	5	108	12	117	3	100	20	$T_{.1.}=40$
B_2	110	10	100	20	112	8	98	22	$T_{.2.}=60$
계	$T_{1..}=15$		$T_{2..}=32$		$T_{3..}=11$		$T_{4..}=42$		$T=100$

1. 총제곱합 S_T를 구하면?

① 86.113   ② 87.509   ③ 88.647   ④ 89.583

풀이
$$CT=\frac{T^2}{lmr}=\frac{100^2}{4\times2\times120}=10.417$$
$$S_T=\sum_i\sum_j\sum_k x_{ijk}^2-CT=T-CT=100-10.417=89.583$$

＋정답 ④

2. 요인 B의 제곱합 S_B를 구하면?

① 0.416   ② 1.711   ③ 2.641   ④ 4.027

풀이
$$S_B=\sum_j\frac{T_{.j.}^2}{lr}-CT=\frac{1}{4\times120}(40^2+60^2)-10.417=0.416$$

＋정답 ①

3. 1차 오차항의 제곱합 S_{e_1}을 구하면?

① 0.076   ② 0.778   ③ 1.006   ④ 0.235

풀이 $S_{e_1}=S_{A\times B}=S_{AB}-S_A-S_B=3.133-2.641-0.416=0.076$

＋정답 ①

4. 2차 오차항의 제곱합 S_{e_2}를 구하면?

① 82.977   ② 86.450   ③ 84.367   ④ 85.507

풀이 $S_{e_2} = S_T - S_{AB} = 89.583 - 3.133 = 86.450$

＋정답 ②

5. 2차 오차항의 자유도 ν_{e_2}의 값은?(단, 1차 오차항이 유의하지 않으므로 2차 오차항에 풀링한다.)

① 3　　　　　② 959　　　　　③ 955　　　　　④ 720

풀이 $\nu_{e_2} = \nu_T - \nu_A - \nu_B = 959 - 3 - 1 = 955$

＋정답 ③

6. 요인 A에 대한 F 검정을 하기 위한 검정통계량 F_0의 값은?

① 7.255　　　　　② 4.571　　　　　③ 9.670　　　　　④ 9.753

풀이

요인	SS	DF	MS	F_0
A	2.641	3	0.880	9.670
B	0.416	1	0.416	4.571
e	86.526	955	0.091	
T	89.583	959		

＋정답 ③

4. 데이터의 추정

계수치 2요인실험에서 $A \times B$는 유의하지 않으므로, 오차항에 풀링한 후 추정이 된다.

(1) 모부적합품률의 추정

① $P_{A_i} = \widehat{p_{A_i}} \pm u_{1-\alpha/2} \sqrt{\dfrac{V_e^*}{mr}}$

② $P_{B_j} = \widehat{p_{B_j}} \pm u_{1-\alpha/2} \sqrt{\dfrac{V_e^*}{lr}}$

(2) 조합 평균부적합품률의 추정

$$P_{A_iB_j} = \widehat{p_{A_iB_j}} \pm u_{1-\alpha/2} \sqrt{\dfrac{V_e^*}{n_e}} = \left(\widehat{p_{A_i}} + \widehat{p_{B_j}} - \hat{p}\right) \pm u_{1-\alpha/2} \sqrt{\dfrac{V_e^*}{n_e}}$$

$$\left(단, \ n_e = \dfrac{lmr}{l+m-1}, \ \ V_e^* = \dfrac{S_{e_1} + S_{e_2}}{\nu_{e_1} + \nu_{e_2}} \ 이다.\right)$$

방격법

01 라틴방격법(Latin Square)

1. 계획의 개념 및 특징

① k개의 숫자 또는 글자를 어느 행, 어느 열이든 하나씩만 있도록 나열하여 종횡 k개씩의 숫자 또는 글자가 정사각형이 되도록 한 것을 $k \times k$ 라틴방격이라 하며, 이때 k는 수준수를 의미한다.

| 3×3 라틴방격의 예 |

B＼A	A_1	A_2	A_3
B_1	$C_1(7)$	$C_2(4)$	$C_3(6)$
B_2	$C_3(6)$	$C_1(1)$	$C_2(8)$
B_3	$C_2(1)$	$C_3(4)$	$C_1(9)$

② 위의 표는 종횡 3개씩의 숫자(요인 A, B의 수준수)로 배치하고, 표 안은 요인 C의 수준수를 종횡으로 중복이 되지 않게 배치하여, 각 조건에 맞게 실험을 랜덤으로 실시한 3×3 라틴방격법이다.

③ 라틴방격법은 요인이 3개인 모수요인만 사용하며, 요인 간의 교호작용이 무시될 수 있을 때, 적은 실험횟수로 주효과에 대한 정보를 얻고자 할 때 사용한다.

④ 수준수는 반드시 동일하여야 하며, 수준수를 k라 정의하면 총실험횟수는 반복이 없는 경우 k^2개가 되므로 3요인실험의 경우보다 $1/k$배로 실험횟수가 적다는 특징이 있다.

2. 표준라틴방격

1	2	3
2	3	1
3	1	2

①

1	3	2
2	1	3
3	2	1

②

2	1	3
3	2	1
1	3	2

③

- 표준라틴방격이란 ①과 같이 1행, 1열이 자연수 순서로 나열되어 있는 라틴방격을 말한다. 여기서 □ 안의 숫자는 요인 C의 수준수를 의미한다.
- 표준라틴방격수는 수준수에 따라 표준라틴방격수가 달라지는데 3×3 라틴방격(1개), 4×4 라틴방격(4개), 5×5 라틴방격(56개), 6×6 라틴방격(9,408개)이 존재한다.
- $k \times k$ 라틴방격에서
  배열 가능 수(총방격수) = 표준라틴방격수 $\times k! \times (k-1)!$

3. 데이터의 구조

3요인 모두 모수요인이며, 교호작용이 존재하지 않는다는 특징이 있다.

- $x_{ijl} = \mu + a_i + b_j + c_l + e_{ijl}$
- $\overline{x}_{i..} = \mu + a_i + \overline{e}_{i..}$
- $\overline{x}_{.j.} = \mu + b_j + \overline{e}_{.j.}$
- $\overline{x}_{..l} = \mu + c_l + \overline{e}_{..l}$
- $\overline{x}_{ij.} = \mu + a_i + b_j + \overline{e}_{ij.}$
- $\overline{x}_{.jl} = \mu + b_j + c_l + \overline{e}_{.jl}$
- $\overline{x}_{i.l} = \mu + a_i + c_l + \overline{e}_{i.l}$
- $\overline{\overline{x}} = \mu + \overline{\overline{e}}$

◉ 라틴방격법의 특징
- 라틴방격법에서 각 처리는 모든 행과 열에 꼭 한 번씩 나타나 있다.
- 제1행, 제1열이 자연수 순서로 나열되어 있는 라틴방격법을 표준라틴방격이라 한다.
- 3×3 라틴방격에서
  총방격수
  = 표준방격수 $\times k! \times (k-1)!$
  = $1 \times 3! \times 2! = 12$로 12가지 상이한 배치가 존재한다.
- 리틴방격법은 사각형 속에 라틴문자 A, B, C를 나열하며, 사각형을 만들어 사용해서 라틴방격이란 이름이 붙게 되었다.

4. 분산분석표

요인	SS	DF	MS	F_0	$F_{1-\alpha}$	$E(MS)$
A	$\sum \dfrac{T_{i\,\cdot\,\cdot}^2}{k} - CT$	$k-1$	V_A	$\dfrac{V_A}{V_e}$		$\sigma_e^2 + k\sigma_A^2$
B	$\sum \dfrac{T_{\cdot\,j\,\cdot}^2}{k} - CT$	$k-1$	V_B	$\dfrac{V_B}{V_e}$	$F_{1-\alpha}(k-1,\ \nu_e)$	$\sigma_e^2 + k\sigma_B^2$
C	$\sum \dfrac{T_{\cdot\,\cdot\,k}^2}{k} - CT$	$k-1$	V_C	$\dfrac{V_C}{V_e}$		$\sigma_e^2 + k\sigma_C^2$
e	$S_T - (S_A + S_B + S_C)$	$(k-1)(k-2)$	V_e			σ_e^2
T	$\sum\sum\sum x_{ijk}^2 - CT$	k^2-1				

5. 모평균의 추정

(1) 요인 각 수준에서의 모평균의 추정

① $\hat{\mu}(A_i) = \overline{x}_{i\,\cdot\,\cdot} \pm t_{1-\alpha/2}(\nu_e)\sqrt{\dfrac{V_e}{k}}$

② $\hat{\mu}(B_j) = \overline{x}_{\cdot\,j\,\cdot} \pm t_{1-\alpha/2}(\nu_e)\sqrt{\dfrac{V_e}{k}}$

③ $\hat{\mu}(C_l) = \overline{x}_{\cdot\,\cdot\,l} \pm t_{1-\alpha/2}(\nu_e)\sqrt{\dfrac{V_e}{k}}$

(2) 2요인 조합평균의 추정

3요인 중 2개의 요인만 유의한 경우를 의미하며, 예를 들어 요인 B는 유의하지 않고 요인 A, C만 유의하다고 가정하면 다음과 같다.

$$\hat{\mu}(A_iC_l) = (\overline{x}_{i\,\cdot\,\cdot} + \overline{x}_{\cdot\,\cdot\,l} - \overline{\overline{x}}) \pm t_{1-\alpha/2}(\nu_e)\sqrt{\dfrac{V_e}{n_e}}$$

$$\left[\, 단,\ n_e = \frac{k^2}{(2k-1)} \,\right]$$

(3) 3요인 조합평균의 추정

3요인 모두가 유의한 경우를 의미한다.

$$\hat{\mu}(A_iB_jC_l) = (\overline{x}_{i\,\cdot\,\cdot} + \overline{x}_{\cdot\,j\,\cdot} + \overline{x}_{\cdot\,\cdot\,l} - 2\overline{\overline{x}}) \pm t_{1-\alpha/2}(\nu_e)\sqrt{\dfrac{V_e}{n_e}}$$

$$\left[\, 단,\ n_e = \frac{k^2}{(3k-2)} \,\right]$$

PART 1
PART 2
PART 3
PART 4
PART 5
PART 6
PART 7

라틴방격법에서의 유효반복수

- 2요인 조합평균 : $n_e = \dfrac{lm}{l+m-1} = \dfrac{k \times k}{k+k-1} = \dfrac{k^2}{2k-1}$

- 3요인 조합평균 : $n_e = \dfrac{lm}{\nu_A + \nu_B + \nu_C + 1} = \dfrac{k \times k}{(k-1)+(k-1)+(k-1)+1} = \dfrac{k^2}{3k-2}$

😀 배가바이스

유효반복수(n_e)

$= \dfrac{\text{총실험횟수}}{\text{유의한 요인의 자유도합}+1}$

기본문제 09

다음 표는 라틴방격에 의한 실험이다.

B \ A	A_1	A_2	A_3	계
B_1	$C_1(7)$	$C_2(4)$	$C_3(6)$	17
B_2	$C_3(6)$	$C_1(1)$	$C_2(8)$	15
B_3	$C_2(1)$	$C_3(4)$	$C_1(9)$	14
계	14	9	23	46

1. 총제곱합 S_T의 값은?

① 63.107   ② 64.889   ③ 72.445   ④ 83.567

풀이 $CT = \dfrac{T^2}{k^2} = \dfrac{46^2}{3^2} = 235.111$

$S_T = \sum_i \sum_j \sum_k x_{ijk}^2 - CT = 300 - 235.111 = 64.889$

➕정답 ②

2. 요인 A 간의 제곱합 S_A를 구하시오.

① 33.556   ② 29.432   ③ 35.471   ④ 32.175

풀이 $S_A = \dfrac{1}{3}(14^2 + 9^2 + 23^2) - 235.111 = 33.556$

➕정답 ①

3. 요인 C 간의 제곱합 S_C를 구하시오.

① 1.571 ② 1.832 ③ 1.987 ④ 2.889

> **풀이** $S_C = \dfrac{1}{3}(17^2 + 13^2 + 16^2) - 235.11 = 2.889$

 ④

4. 오차항의 자유도 ν_e의 값은?

① 4 ② 3 ③ 2 ④ 1

> **풀이** $\nu_e = (k-1)(k-2)$

 ③

5. 요인 A와 C의 수준조합 $A_3 C_2$에서 모평균을 신뢰율 95%로 구간추정하기 위하여 유효반복수 n_e를 구하면?

① 1.5 ② 1.8 ③ 1.29 ④ 2.25

> **풀이** $(\overline{x}_{i\,.\,.} + \overline{x}_{\,.\,.\,k} - \overline{\overline{x}}) \pm t_{1-\alpha/2}(\nu_e)\sqrt{\dfrac{V_e}{n_e}}$, $n_e = \dfrac{k^2}{2k-1} = \dfrac{3^2}{2 \times 3 - 1} = 1.8$

 ②

6. 요인 A, B, C가 모두 유의적일 때 수준조합 $A_3 B_1 C_2$에서 모평균을 신뢰율 95%로 구간추정하기 위하여 유효반복수 n_e를 구하면?

① 1.5 ② 1.8 ③ 1.29 ④ 2.25

> **풀이** 세 요인의 수준조합 $A_i B_j C_k$에서의 모평균의 신뢰구간은 아래와 같다.

요인	SS	DF	MS	F_0
A	33.556	2	16.778	1.248
B	1.556	2	0.778	
C	2.889	2	1.445	
e	26.888	2	13.444	
T	64.889	8		

$$(\overline{x}_{i\,.\,.} + \overline{x}_{\,.\,j\,.} + \overline{x}_{\,.\,.\,k} - 2\overline{\overline{x}}) \pm t_{1-\alpha/2}(\nu_e)\sqrt{\dfrac{V_e}{n_e}}$$

$$n_e = \dfrac{k^2}{3k-2} = \dfrac{3^2}{3 \times 3 - 2} = 1.29$$

 ③

02 그레코 라틴방격(Graeco Latin Square)

1. 계획의 개념 및 특징

- 직교하는 두 개의 라틴방격을 조합한 방격이며, 이때 조합한 숫자 13은 C_1D_3를 의미하므로 그레코 라틴방격법에는 요인이 4개가 사용되고, 각 요인의 수준수는 반드시 동일하여야 한다.

1	2	3		1	3	2		11	23	32
2	3	1	+	2	1	3	=	22	31	13
3	1	2		3	2	1		33	12	21
①				②				③		

- 직교라 함은 ①과 ②를 조합하면 ③과 같이 한 번 나온 조합이 똑같이 반복되어 나오지 않을 때를 말한다.
- 4요인이 실험에 사용되는 그레코 라틴방격법은 라틴방격법의 형태를 확장 실험한 경우이므로, 총실험횟수는 라틴방격법과 마찬가지로 k^2이 되고, 교호작용은 검출할 수 없는 실험이 된다.

2. 데이터의 구조

$$x_{ijkl} = \mu + a_i + b_j + c_k + d_l + e_{ijkl}$$

| 3×3 그레코 라틴방격 |

B \ A	A_1	A_2	A_3	요인
B_1	C_1D_1	C_2D_3	C_3D_2	$T_{.1..}$
B_2	C_2D_2	C_3D_1	C_1D_3	$T_{.2..}$
B_3	C_3D_3	C_1D_2	C_2D_1	$T_{.3..}$
	$T_{1...}$	$T_{2...}$	$T_{3...}$	T

PART 1
PART 2
PART 3
PART 4
PART 5
PART 6
PART 7

직교배열표

개념	직교배열표는 요인의 수가 많은 경우 주효과와 기술적으로 볼 때 있을 것 같은 요인의 교호 작용을 검출하고, 기술적으로 없으리라고 생각되는 교호작용은 희생시켜 실험 횟수를 적게 할 수 있는 실험계획표이다.
장점	• 기계적인 조작으로 이론을 잘 모르고도 일부실시법, 분할법, 교락법 등의 배치를 쉽게 할 수 있다. • 실험 데이터로부터 제곱합 계산이 쉽고 분산분석표의 작성이 수월하다. • 실험의 크기를 증가시키지 않고도 실험에 많은 요인을 짜 넣을 수 있다.

⊙ 2수준계 직교배열표의 특징
• 각 열의 자유도는 1이다.
• 실험 데이터로부터 요인제곱합의 계산이 쉽다.
• 적은 실험으로 실험에 고려되어야 할 많은 요인효과들 중에서 중요한 요인들을 걸러낼 수 있다.
• 이론을 잘 모르고도 기계적인 조작으로 배치하므로 일부실시법, 분할법 등의 실험배치를 쉽게 할 수 있다.

01 2수준계 직교배열표

1. 구성

$$L_{2^m}(2^{2^m-1})$$

여기서, L : Latin Square(라틴방격법)의 약자
  m : 2 이상의 정수
  2^m : 실험의 크기
  2 : 2 수준계를 나타내는 숫자
  2^m-1 : 열의 수(배치 가능한 요인수)

| $L_4(2^3)$형 직교배열표 |

실험 번호	열번호		
	1	2	3
1	0	0	0
2	0	1	1
3	1	0	1
4	1	1	0
기본표시	a	b	ab

2. 특징

① 2수준계의 가장 작은 직교배열표 : $L_4(2^3)$

② 어느 열이나 0의 수와 1의 수가 반반씩 나타난다.

③ 각 열은 (0, 1), (1, 2), (+1, −1) 또는 (+, −) 등의 기호나 숫자로 표시할 수 있다.

④ 한 열의 자유도는 1이다(2수준계이므로).

⑤ 각 요인의 기본표시가 X, Y라면 그 교호작용은 기본표시의 곱 XY가 있는 열에 나타난다($a^2 = b^2 = c^2 = 1$).

기본문제 10

다음 표는 요인 A를 2수준(높은 수준 +, 낮은 수준 −), 요인 B도 2수준(높은 수준 +, 낮은 수준 −)을 취하여 직교배열표에 의한 실험을 한 결과 얻어진 표이다.

No	1	2	3	데이터
1	+	+	+	9
2	+	−	−	7
3	−	+	−	8
4	−	−	+	4
배치	A	B	$A \times B$	

배가바이스

제곱합 계산방법

① $CT = \dfrac{T^2}{N} = \dfrac{28^2}{4} = 196$

② $S_T = \sum x^2 - CT$
$= S_{1열} + S_{2열} + S_{3열} = 14$

③ $S_{?열} = \dfrac{1}{2^n}[(+) - (-)]^2$

• $S_A = \dfrac{1}{2^2}(16 - 12)^2 = 4$

• $S_B = \dfrac{1}{2^2}(17 - 11)^2 = 9$

• $S_{A \times B} = \dfrac{1}{2^2}(13 - 15)^2 = 1$

1. A의 주효과는 얼마인가?

① 2   ② 5.3   ③ 1.3   ④ 8

풀이 A의 주효과 $= \dfrac{1}{2}(16 - 12) = 2$

 ①

2. 교호작용 $A \times B$의 효과는 얼마인가?

① 1.5   ② −1   ③ 2   ④ 0.7

풀이 AB의 효과 $= \dfrac{1}{2}(13 - 15) = -1$

 ②

3. 요인 B의 제곱합 S_B는 얼마인가?

① 1.5　　　　　　② 2　　　　　　③ 9　　　　　　④ 12

> **풀이** $S_B = \dfrac{1}{4}(17-11)^2 = 9$

🔹정답 ③

4. 교호작용의 제곱합 $S_{A\times B}$는 얼마인가?

① 0.5　　　　　　② 1.3　　　　　　③ 2　　　　　　④ 1

> **풀이** $S_{A\times B} = \dfrac{1}{4}(13-15)^2 = 1$

🔹정답 ④

3. 배치방법

(1) 기본표시에 의한 방법 $[L_8(2^7)]$

배가바이스

직교배열표에서 3요인 이상의 교호작용은 고려하지 않는 일부실시법의 형태이다.

예제

4수준과 2수준의 혼합직교배열표

요인 A가 4수준이고, 요인 B가 2수준이면 교호작용 $A\times B$는 2수준계 직교배열표에 몇 개의 열에 배치되는가?

풀이

교호작용 $A\times B$의 자유도
$\nu_{A\times B} = \nu_A \times \nu_B$
$= (4-1)\times(2-1) = 3$
이 되므로, 2수준계 직교배열표의 각 열의 자유도가 1이다.
∴ 3개의 열이 필요하다.

실험 번호	열번호							실험 조건	데이터
	1	2	3	4	5	6	7		
1	0	0	0	0	0	0	0	$A_0B_0C_0D_0 = (1)$	9
2	0	0	0	1	1	1	1	$A_0B_0C_1D_1 = cd$	12
3	0	1	1	0	0	1	1	$A_1B_0C_0D_1 = ad$	8
4	0	1	1	1	1	0	0	$A_1B_0C_1D_0 = ac$	15
5	1	0	1	0	1	0	1	$A_1B_1C_0D_0 = ab$	16
6	1	0	1	1	0	1	0	$A_1B_1C_1D_1 = abcd$	20
7	1	1	0	0	1	1	0	$A_0B_1C_0D_1 = bd$	13
8	1	1	0	1	0	0	1	$A_0B_1C_1D_0 = bc$	13
기본 표시	a	b	a b	c	a c	b c	a b c	$T = 106$	
배치	B	$A\times B$	A	C	$B\times C$	D			

① 교호작용 : $A \times B$는 요인 A, B의 기본 표시인 ab, a의 곱 b가 있는 열에 배치시킨다($a^2 = b^2 = c^2 = 1$).

② 주효과 : $(A, B, C) = \dfrac{1}{4}[(1$의 수준 데이터의 합$) - (0$의 수준 데이터의 합$)]$

예 $B = \dfrac{1}{4}[(16 + 20 + 13 + 13) - (9 + 12 + 8 + 15)] = 4.5$

③ 교호작용효과 : (AB, BC)

$$= \dfrac{1}{4}[(1$의 수준 데이터의 합$) - (0$의 수준 데이터의 합$)]$$

예 $AB = \dfrac{1}{4}[(8 + 15 + 13 + 13) - (9 + 12 + 16 + 20)] = -2.0$

④ 제곱합 : $(S_A, S_B, S_C, S_{A \times B})$

$$= \dfrac{1}{8}[(1$의 수준 데이터의 합$) - (0$의 수준 데이터의 합$)]^2$$

예 $S_{A \times B} = \dfrac{1}{8}[(8 + 15 + 13 + 13) - (9 + 12 + 16 + 20)]^2 = 8.0$

(2) 선점도에 의한 배치방법

① 점과 점은 각각 하나의 요인을 나타낸다.
② 두 점을 연결하는 선은 그의 교호작용의 관계를 나타내고 있다.
③ 선과 점은 다같이 자유도 1을 갖고 하나의 열에 대응한다.

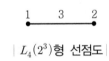

| $L_4(2^3)$형 선점도 |

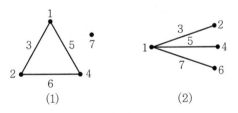

| $L_8(2^7)$형 선점도(2개) |

○ 선점도
요인을 배치하기 위하여 점(요인)과 선(교호작용)으로 구성된 그림을 말한다.

PART 1
PART 2
PART 3
PART 4
PART 5
PART 6
PART 7

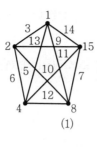

(1)

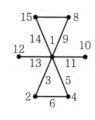

(2)

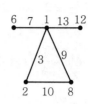

(3)

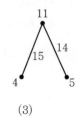

(4)

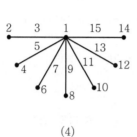

(5)

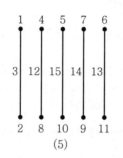

(6)

| $L_{16}(2^{15})$형 선점도(6개) |

02 3수준계 직교배열표

1. 구성

$$L_{3^m}(3^{(3^m-1)/2})$$

여기서, L : Latin Square(라틴방격법)의 약자
m : 2 이상의 정수
3^m : 실험의 크기
$(3^m-1)/2$: 직교배열표의 열의 수

2. 특징

① 3수준계의 가장 작은 직교배열표 : $L_9(3^4)$
② 한 열의 자유도는 2이다.
③ 2열의 교호작용은 성분이 XY인 열과 XY^2인 열에 나타난다.
  $(a^3 = b^3 = c^3 = \cdots = 1)$

회귀분석

01 단순회귀분석

1. 개념

① 독립변수(x)의 값을 지정했을 때 종속변수(y)가 갖는 값을 추정한다.
② **단순회귀분석** : 독립변수 1개, 종속변수 1개로 이들 사이의 관계가 직선관계로 추정되는 경우
③ **중회귀분석** : 독립변수 2개 이상, 종속변수 1개로 이들 사이에 1차 함수를 가정하는 경우
④ **곡선회귀분석** : 독립변수 1개, 종속변수 1개일 때 2차 이상의 고차함수를 가정하는 경우

2. 직선회귀모형

$y_i = \beta_0 + \beta_1 x_i + e_i$, $e_i \sim N(0, \sigma^2)$이고 서로 독립

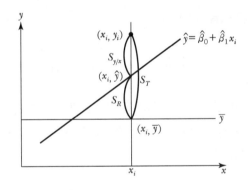

이 장은 공업통계의 상관 및 회귀분석과 중복되는 영역이다.

3. 회귀직선의 추정식

$$\hat{y}_i = \hat{\beta}_0 + \hat{\beta}_1 x_i, \quad \left[\beta_0 = \overline{y} - \hat{\beta}_1 \overline{x}, \quad \hat{\beta}_1 = \frac{S(xy)}{S(xx)} \right]$$
$$\hat{y}_i - \overline{y} = \hat{\beta}_1 (x_i - \overline{x})$$

4. 분산분석표

요인	SS	DF	MS	F_0	$F_{1-\alpha}$
회귀	S_R	1	V_R	$V_R/V_{y \cdot x}$	$F_{1-\alpha}(1,\ n-2)$
잔차	$S_{y \cdot x}$	$n-2$	$V_{y \cdot x}$		
계	$S(yy)$	$n-1$			

① $S(yy) = \qquad S_{(y \cdot x)} \qquad + \qquad S_R$

  총제곱합 (회귀에 의하여 설명이 안 되는 제곱합)   (회귀에 의하여 설명이 되는 제곱합)

② $S(yy) = \sum (y_i - \overline{y})^2 = \sum y_i^2 - \dfrac{(\sum y_i)^2}{n} = S_T$

③ S_R(회귀에 의한 제곱합) $= \sum (\hat{y_i} - \overline{y})^2 = \dfrac{[S(xy)]^2}{S(xx)}$

④ $S_{(y \cdot x)}$(잔차의 제곱합) $= \sum (y_i - \hat{y}_i)^2 = S(yy) - S_R$

⑤ F 검정

  $H_0 : \beta_1 = 0$, $H_1 : \beta_1 \neq 0$

  $F_0 = \dfrac{V_R}{V_{y \cdot x}} > F_{1-\alpha}(1,\ n-2)$이면 귀무가설을 기각한다. 즉, $\beta_1 \neq 0$이므로 회귀직선이 유의적이다.

⑥ 결정계수(기여율, R^2)

$$R^2 = \dfrac{S_R}{S(yy)} = \left(\dfrac{S(xy)}{\sqrt{S(xx)S(yy)}} \right)^2$$

x와 y 간의 상관관계가 클수록 R^2의 값은 1에 가까워지고, 회귀직선이 유의할 가능성이 높아지며, R^2의 값이 0에 가까워지면 추정된 회귀선은 쓸모가 없을 가능성이 높다.

5. 분산분석 후의 검·추정

모수	점추정치	분산	신뢰구간
β_0	$\hat{\beta}_0 = \bar{y} - \hat{\beta}_1\bar{x}$	$\left(\dfrac{1}{n} + \dfrac{(\bar{x})^2}{S(xx)}\right)\sigma^2$	–
β_1	$\hat{\beta}_1 = \dfrac{S(xy)}{S(xx)}$	$\dfrac{\sigma^2}{S(xx)}$	$\hat{\beta}_1 \pm t_{1-\alpha/2}(n-2)\sqrt{\dfrac{V_{y\cdot x}}{S(xx)}}$
$E(y)$	$\hat{y} = \hat{\beta}_0 + \hat{\beta}_1 x_0$	$\left[\dfrac{1}{n} + \dfrac{(x_0-\bar{x})^2}{S(xx)}\right]\sigma^2$	$(\hat{\beta}_0 + \hat{\beta}_1 x_0) \pm t_{1-\alpha/2}(n-2)$ $\times \sqrt{V_{y\cdot x}\left[\dfrac{1}{n} + \dfrac{(x_0-\bar{x})^2}{S(xx)}\right]}$

기본문제 **11**

어떤 공장에서 생산되는 제품을 로트의 크기(Lot Size)에 따라서 생산에 소요되는 시간(Man-hours)을 측정하였더니 다음과 같은 자료가 얻어졌다.[단, $t_{0.975}(8) = 2.306$]

로트의 크기 (x)	30	20	60	80	40	50	60	30	70	60
생산소요시간 (y)	73	50	128	170	87	108	135	69	148	132

1. 표본상관계수 r을 구하면?

① 0.012　　　② 0.253　　　③ 0.398　　　④ 0.998

풀이 $r = \dfrac{S(xy)}{\sqrt{S(xx)S(yy)}} = \dfrac{6,800}{\sqrt{3,400 \times 13,660}} = 0.998$

＋정답 ④

2. 상관관계 유무에 대한 검정을 하기 위한 t_0의 값은?

① 2.018　　　② 37.875　　　③ 44.654　　　④ 0.018

풀이 $t_0 = \dfrac{r}{\sqrt{\dfrac{1-r^2}{n-2}}} = \dfrac{0.998}{\sqrt{\dfrac{1-(0.998)^2}{10-2}}} = 44.654$

＋정답 ③

3. 회귀직선 $\hat{y}=\hat{\beta_0}+\beta_1 x$를 구하면?

① $\hat{y}=85-0.5x$ ② $\hat{y}=10+2x$

③ $\hat{y}=9.5-2.05x$ ④ $\hat{y}=-91+4.02x$

풀이 $\hat{y}=\hat{\beta_0}+\hat{\beta_1}x, \quad \hat{y}=10+2x \left[\text{여기서, } \hat{\beta_1}=\dfrac{S(xy)}{S(xx)}=\dfrac{6,800}{3,400}=2\right]$

＋정답 ②

4. 회귀직선의 기울기 β_1에 대한 95% 신뢰구간은?

① $1.892\sim2.108$ ② $4.228\sim15.772$

③ $4.619\sim5.381$ ④ $1.694\sim2.306$

풀이 $\hat{\beta_1}\pm t_{1-\alpha/2}(n-2)\sqrt{\dfrac{V_{y\cdot x}}{S(xx)}}=2\pm t_{0.975(8)}\sqrt{\dfrac{7.5}{3,400}}$

＋정답 ①

5. 회귀에 의하여 설명되는 제곱합 S_R을 구하면?

① 2 ② $13,600$

③ $4,018$ ④ $1,700$

풀이 $S_R=\dfrac{[S(xy)]^2}{S(xx)}=\dfrac{(6,800)^2}{3,400}=13,600$

＋정답 ②

6. 회귀에 의하여 설명되지 않는 제곱합 $S_{y\cdot x}$를 구하면?

① $10,260$ ② $6,860$

③ $3,400$ ④ 60

풀이 $S_{y\cdot x}=S(yy)-S_R=S(yy)-\dfrac{[S(xy)]^2}{S(xx)}=13,660-\dfrac{(6,800)^2}{3,400}=60$

＋정답 ④

02 1요인실험과 단순회귀

1. 데이터의 구조

① 1요인실험의 데이터에서 요인 A가 계량요인으로서 수준 간에 양적인 비교가 가능할 경우에 사용한다.

② 요인 A를 독립변수 x로 놓고, A의 각 수준에 측정된 측정치를 y라 하여 x와 y 간의 직선관계를 고찰하여 보고 싶은 경우에 사용한다.

x	$A_1(x_1)$	$A_2(x_2)$	$\cdots$	$A_i(x_i)$	$\cdots$	$A_l(x_l)$
y	y_{11}	y_{21}	$\cdots$	y_{i1}	$\cdots$	y_{l1}
	$\vdots$	$\vdots$	$\cdots$	$\vdots$	$\cdots$	$\vdots$
	y_{1j}	y_{2j}	$\cdots$	y_{ij}	$\cdots$	y_{lj}
	$\vdots$	$\vdots$	$\cdots$	$\vdots$	$\cdots$	$\vdots$
	y_{1m}	y_{2m}	$\cdots$	y_{im}	$\cdots$	y_{lm}
계	$T_1.$	$T_2.$	$\cdots$	$T_i.=\sum_{j=1}^{m}y_{ij}$	$\cdots$	$T_l.$

2. 분산분석표

요인	SS	DF	MS	F_0
직선회귀	S_R	$\nu_R=1$	V_R	V_R/V_e
나머지(고차회귀)	$S_r=S_A-S_R$	$\nu_r=l-2$	V_r	V_r/V_e
A	S_A	$\nu_A=l-1$	V_A	V_A/V_e
e	$S_e=S_T-S_A$	$\nu_e=l(r-1)$	V_e	
T	$S_T=S(yy)$	$\nu_T=n-1$		

- $S_A=S_R+S_r$
- $S_T=S_A+S_e$

$F_0=\dfrac{V_r}{V_e}>F_{1-a}(\nu_r,~\nu_e)$이면 고차회귀가 필요하며, 그렇지 않으면 단순회귀로 추정 가능하다.

생산시스템의 발전 및 유형

1. 경영과 생산활동

(1) 경영의 기본활동

① 재무활동　② 조달활동　③ 생산활동　④ 판매활동

(2) 생산의 기본적 의의 및 기능

1) 생산의 기본적 의의

생산이란 생산요소(투입물 : 사람, 원자재, 에너지, 정보, 기계설비 등)를 유형, 무형의 경제재로 변환(생산과정)시킴으로써 효용을 산출하는 과정이다.

2) 생산의 기능

설계기능, 계획기능, 통제기능으로 나뉜다.

생산관리의 기본 기능

• 설계기능
• 계획기능
• 통제기능

2. 시스템(System)의 개념과 특성

(1) 시스템의 개념

하나의 전체(복합체)를 구성하는 서로 관련 있는 구성요소의 모임을 말한다.

(2) 시스템의 특성

① **집합성** : 시스템은 두 개 이상의 식별 가능한 단위체로 구성한다.
② **관련성** : 시스템을 구성하는 단위체는 서로 관련이 있거나 상호작용을 한다.
③ **목적추구성** : 시스템에는 보통 그 특유의 목적이 있다.
④ **환경적응성** : 실질적인 시스템은 외부환경 변화에 적응해야 한다.

시스템의 기본속성

• 집합성
• 관련성
• 목적추구성
• 환경적응성

3. 생산시스템

(1) 생산시스템의 목표와 구성

① 목표

흔히 생산목표를 Q(Quality, 품질), C(Cost, 원가), D(Delivery, 납기)로 표현하는데 이 경우 D의 납기는 생산량과 시간이 포괄된 개념이다. 따라서 생산시스템을 관리하는 입장에서는 납기 대신 공정을 넣어서 "품질·원가·공정"을 생산관리 목표로 흔히 제시한다.

② 구성

모든 생산시스템은 투입(Input), 변환과정(Transformation Process), 산출(Output)의 세 부문으로 나누어 생산시스템을 I.O시스템(Input Output System)이라고 한다.

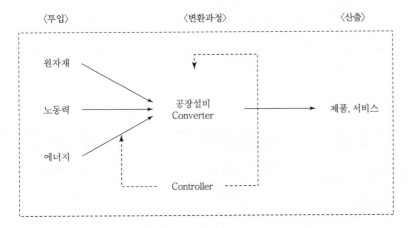

| 컨트롤 시스템을 구분한 생산시스템(기본형) |

위 그림에 있는 컨트롤 시스템은 생산시스템의 원활한 진행을 관리하는 체제로서 공정에서 산출된 제품에 이상이 검출되었을 때 그 원인이나 상황에 따라 투입요소 내지 생산공정에 피드백(Feedback)시킴으로써 조처가 취해지는 컨트롤 시스템이다.

◉ 생산시스템

생산목표를 달성할 수 있도록 생산의 활동이나 생산의 과정을 관리하는 것으로 적정의 제품 및 서비스를 적기에 적가로 생산 및 공급할 수 있도록 이에 관련되는 생산과정이나 생산활동 전체를 가장 경제적으로 조정하는 일련의 활동으로서 협의적 의미로 생산관리라고도 한다.

배가바이스

생산관리의 기본목표
• 품질(Quality)
• 원가(Cost)
• 납기(Delivery)

생산시스템의 수행목표
• 품질(Quality)
• 원가(Cost)
• 납기(Delivery)
• 유연성(Flexibility)

(2) 생산관리의 일반원칙

양질의 제품을 낮은 가격으로 신속히 생산하는 생산합리화의 기본적인 방향으로 단순화(Simplification), 표준화(Standardization), 전문화(Specialization)의 세 가지 원칙이 있다.

3S	특징 및 효과
단순화 (Simplification)	• 생산기간 및 납기가 단축된다. • 기계공구, 지그(Jig) 등의 종류가 감소된다. • 작업방법이 단순화된다(작업자 숙련도에 따른 품질 향상).
표준화 (Standardization)	과학적 연구 결과, 정당하다고 인정되는 표준을 설정하고 그것을 유지한다는 원칙으로 물적 표준화, 관리 표준화, 작업 표준화로 분류한다.
전문화 (Specialization)	• 품질이 향상되고, 생산능력이 증대된다. • 설비의 전문화 또는 특수화가 이루어진다. • 종업원의 숙련도를 높이고 높은 기술을 기할 수 있다.

4. Talyor & Ford System

제창자 비교사항	테일러 시스템 F. W. Taylor	포드 시스템 H. Ford
일반 통칭	과업관리 (Task Management)	동시관리 (Management by Synchronization)
적용 목적	주로 개별생산의 공장, 특히 기계 제작 공장에서의 관리기술의 합리화가 목적	연속생산의 능률 향상 및 관리의 합리화가 목적(테일러 시스템의 결점을 보완)
일관된 근본정신	고임금 · 저노무비의 원칙 (High Wage Labour Cost Principle)	저가격 · 고임금의 원칙 (Low Price, High Wage Principle)
원리 (기본 이념)	• 최적 과업 결정 • 제 조건의 표준화 • 성공에 대한 우대 • 실패 시 노동자 손실	최저 생산비로 사회에 봉사한다는 이념
수단 · 방법 (구체적 전제)	[과업관리 합리화를 위한 수단] • 기초적 시간연구 • 직능적 조직 • 차별적 성과급제 • 작업지도표 제도의 도입	[동시관리 합리화를 위한 전제] • 3S(표준화, 단순화, 전문화) • 이동조립법 • 일급제 급여 • 대량 소비시장의 존재

포드 시스템과 가장 관계가 깊은 것은?

① 기계설비 중심 ② 과학적 관리
③ 스톱 워치 ④ 작업자 중심

풀이 ②, ③, ④는 테일러 시스템이다.

+정답 ①

02 생산전략과 의사결정론

1. 생산전략

(1) 생산전략 모형

생산전략은 생산에 대한 사명감, 차별적 능력, 생산목표, 생산정책과 같은 4가지의 요소에 의해 구성된다. 여기서 생산의 사명감이란 기업전략, 사업전략과 관련하여 생산기능의 목적을 정의하는 것이며, 생산관리의 목표인 품질, 납기, 원가, 유연성 간의 상대적인 우선순위를 명시하게 된다. 또한 생산정책은 생산목표를 어떻게 달성할 것인가에 대한 결정으로서 생산공정, 생산능력, 재고, 노동력, 품질 등 5가지 의사결정 분야별로 수립되어야 한다.

(2) 생산전략의 유형

구분	원가우위전략	차별화 우위전략
시장여건	• 판매가격에 민감 • 기존제품 • 대량화 • 표준화 제품	• 제품 특성에 민감 • 신제품 • 소량화 • 맞춤형 제품
생산정책 및 차별적 능력	우수한 제조기술을 통한 낮은 원가	제품개발팀과 유연생산시스템을 통한 신제품
마케팅 전략	대량유통	선택적 유통
재무전략	낮은 위험성과 낮은 이익	높은 위험성과 높은 이익

(3) 서비스업의 생산전략

서비스업은 생산과 소비의 특수성에 의해 명확한 생산과업의 인식이 어려우므로, 서비스업의 생산전략은 원가우위전략의 경우에는 고객서비스의 표준화가 절대적으로 필요하고, 차별화 우위전략으로는 인적 자원에 대한 교육·훈련이 절대적으로 필요하다고 할 수 있다.

(4) 집중화공장(Focused Factory)

W. Skinner가 제시한 생산전략으로서 각 공장이나 설비에 단 하나의 사명만을 부여하고 이에 초점을 맞추어 생산 활동을 수행함으로써 경쟁력을 높이고자 하는 개념으로 공정기술, 시장요구, 제품생산량, 품질수준, 생산과업의 5가지를 주 특징으로 한다.

(5) 최적화 생산기술(Optimized Production Technology)

Eliyahu Goldratt이 개발한 전산화된 시스템으로서, 제약이론(TOC)의 전 단계인 애로공정을 규명하여 생산의 흐름을 동시화하는 데 주안점을 둔 일정계획 시스템이다. 주로 제조업의 단속시스템에서 애로공정 중심의 일정계획기법이다.

2. 의사결정론

의사결정(Decision making)이란 불확실한 상황에서 가장 좋은 대안을 선정하는 과정을 의미한다.

(1) 확실성하의 의사결정

상황을 알고 최적안을 구하는 방법으로서 선형계획법, 손익분기점, 미적분 등을 활용한다.

(2) 불확실성하에서의 의사결정

상황을 모르고 최적안을 구하는 방법이다.

① **최소성과 최대화(Maximin) 기준 : 비관주의**
비관적인 관점에서 미래 수요가 낮은 것을 선택한다.

② **최대 최대(Maximax) 기준 : 낙관주의**
최대로 낙관적인 수익을 예상하여 미래에 수요가 높은 것을 선택한다.

배가바이스

집중화 공장의 5가지 특징
• 공정기술   • 시장요구
• 제품생산량   • 품질수준
• 생산과업

배가바이스

OPT의 기본모듈
• Build-net : 원재료, 자원, 제품, 고객주문이 포함된 네트워크
• Serve : 애로공정을 파악하는 모듈
• Split : 애로공정이 포함된 공정과 그렇지 않은 공정으로 분리된 모듈
• Brain : 애로공정 운영을 위한 일련의 알고리즘 세트

➕ 플러스 이론

고객관계관리(CRM ; Customer Relationship Management)
고객과의 관계를 바탕으로 평생고객가치인 LTV(Life Time Value)를 극대화하기 위한 고객, 정보, 사내 프로세스, 전략, 조직 등 경영 전반에 걸친 관리체계를 말한다.

③ 라플라스(Equal Likelihood) 기준 : 현실주의

가중평균 보상이 가장 좋은 것을 선택한다. 불충분 이유의 기준 혹은 동일확률 기준이라고도 하며, 기대화폐가치(EMV) 기준을 적용한다.

④ 최소 최대후회(Minimax Regret) 기준

최악의 후회(최소 투자를 하였는데 수요가 많은 경우)가 가장 작은 대안을 선택한다.

(3) 위험성하의 의사결정

확률로서 의사결정을 하는 경우로 대기행렬, 휴리스틱법, 시뮬레이션, Decision Tree 등이 있다.

3. 전사적 자원관리(ERP) 시스템

(1) ERP의 특징

① Best Practices

ERP는 기업활동 전반에 걸친 업무 기능이 "베스트 비즈니스 실행용"으로 제공된다. 베스트 비즈니스 실행용은 세계에서 유수 기업이 채용하고 있는 프로세스에서 공통화시킨 프로세스이고 세계에서 통용되는 글로벌한 비즈니스 프로세스의 표준이다.

② BPR Enabler

ERP를 도입하는 기업은 "최적 비즈니스 실행용"에 의해 제공된 "비즈니스 프로세스 모델"을 이용해서 자사의 업무를 볼 수 있다.

③ 통합 데이터베이스

ERP의 업무 프로세스는 통합 데이터베이스라고 하는 중앙의 데이터베이스를 중간매개로 기업활동 전반에 걸쳐 통합되어 있다.

④ 파라미터 설정에 의한 단기간의 도입과 개발

ERP에서는 미리 장착된 업무기능을 파라미터 설정으로 자사에 맞게 선택하고 설정한다. 파라미터 설정을 이용하는 방법은 단기간에 시스템을 도입할 수 있는 이유 중 하나이다.

⑤ 오픈 시스템

대다수의 ERP 시스템은 특정의 하드웨어 업체에 의존하지 않는 오픈 형태를 채용하고 있다.

◉ ERP

Enterprise Resource Planning의 약어로, 일반적으로 전사적 자원관리라고 한다. MRP II에 기업의 기간 업무 기능을 부가한 것으로 기업 내의 모든 인적·물적 자원을 효율적으로 관리하여 궁극적으로 기업의 경쟁력을 강화해 주는 역할을 하는 통합정보 시스템이라고 할 수 있다.

배가바이스

ERP시스템 구축(Outsourcing 방식)
• 외부전문 개발인력을 활용한다.
• 시스템의 확장 또는 변경이 어렵다.
• 개발비용은 낮으나 유지비용이 높게 소요된다.
• 자사의 여건을 최대한 반영한 시스템 설계가 불가능하다.

(2) ERP의 도입 목적

① 시스템 표준화를 통한 데이터의 일관성 유지
② 개방형 정보시스템 구성으로 자율성·유연성 극대화
③ 클라이언트서버 컴퓨팅 구현으로 시스템 성능 최적화
④ GUI(Graphical User Interface) 등 신기술 이용, 사용하기 쉬운 정보환경 제공
⑤ 재고관리 능력의 향상
⑥ 업무의 효율화
⑦ 계획생산체제의 구축 및 생산 실적 관리
⑧ 영업에서 자재, 생산, 원가, 회계에 이르는 정보 흐름의 일원화
⑨ 데이터의 중복 및 오류 배제
⑩ 필요정보의 공유화

(3) ERP의 도입 효과

① 최신정보기술의 도입
② 고객 서비스의 개선
③ 업무의 통합화로 업무 효율성 증대
④ 업무 재설계(BPR ; Business Process Reengineering)를 통한 경영혁신

기본문제 02

다음의 내용은 무엇에 대한 정의인가?

- 기업활동을 위해 사용되는 기업 내의 모든 인적·물적 자원을 효율적으로 관리하여 기업의 경쟁력을 강화시켜 주는 통합정보시스템
- 생산·재무·유통·인사·회계 등의 정보시스템을 하나로 통합하여 기업의 모든 자원을 운영·관리하는 시스템

풀이 전사적 자원관리계획(ERP ; Enterprise Resources Planning)

03 생산시스템의 조직

1. 라인 조직

이 조직은 군대식 조직, 직계식 조직 또는 수직적 조직이라 하고 이는 최고경영자의 권한과 명령이 수직적 또는 단계적으로 현장의 작업을 수행하는 종업원에게 전달되는 조직형태이다.

2. 기능식 조직

이 조직은 라인 조직의 단점을 보완하기 위한 Taylor System에서의 조직형태로서 라인 조직의 수직적 분권화 관계에 중점을 두고 관리자의 업무를 강화하여 부문별 전문적인 관리자를 두고 지휘·감독하는 형태이다. 다수의 직능적 직장인들이 특수분야에서 작업능률의 효과를 증대시키고 있기 때문에 직능식 조직이라고 부른다.

3. 라인 스태프 조직

조직의 기능화 원칙과 명령 일원화 원칙을 조화시켜 스태프의 권한을 조언권에 한정시킨 상태에서 제안된 조직형태이다. 따라서 이 조직을 참모식 조직이라고도 한다.

배가바이스

기업의 생산조직에서 작업을 전문화하기 위하여 테일러가 제시한 조직형태를 기능식 조직이라 한다.

04 생산시스템의 유형

1. 판매(시장수요) 형태에 의한 분류

종류	특징
주문생산 (Production for Job Order)	• 고객의 주문에 의하여 제품을 생산한다. • 범용기계를 사용한다. • 작업자는 여러 가지 제품에 관한 기술과 경험이 필요하다. • 주문량이 일정하지 않기 때문에 적정 수준의 기계 및 인원 유지가 어렵다. • 폐쇄형(자동차, 조선, 항공 등)과 개방형(대규모 건설 프로젝트, 독창적 주택 건축 등)이 있다.
계획생산 (Production for Stock)	• 시장수요를 예측하여 생산하기 때문에 정확한 수요예측이 필요하다. • 생산설비는 전용설비이다. • 사전에 생산량이 정해진 계획 생산이므로 생산통제가 용이하다. • 작업자에게 많은 숙련과 경험이 요구되지 않는다.

2. 품종과 생산량에 의한 분류

종류	특징
소품종 대량생산	• 제품생산의 변동에 탄력성이 낮다. • 생산설비는 전용설비를 사용한다. • 제품 단위당 생산비가 비교적 낮다. • 자본 집약적 생산공정이다.
다품종 소량생산	• 제품생산의 변동에 탄력성이 높다. • 생산설비는 범용기계를 사용한다. • 주문생산이므로 생산공정 통제가 어렵다. • 작업자에게 다기능화가 요구된다.

3. 작업 연속성에 의한 분류

특징	단속생산	연속생산
생산 시기	주문생산	예측생산
품종과 생산량	다품종 소량생산	소품종 대량생산
단위당 생산원가	높다.	낮다.
기계설비	범용설비(일반 목적용)	전용설비(특수 목적용)

4. 생산량과 기간에 의한 분류

종류	특징
프로젝트 생산	• 도로, 댐, 교량, 조선 등 • 제품 단위당 생산비가 비교적 높다. • 장기간에 걸친 생산활동이 이루어진다. • 제품의 생산량이 매우 적고 다양성이 높다.
개별생산	• 맞춤 양복, 주문 팸플릿 등 • 생산설비는 범용기계를 사용한다. • 프로젝트 생산에 비해 생산기간이 단기적이며 소량생산이다. • 정확한 일정계획보다는 생산착수 및 진도관리에 중점을 둔다.
Lot(Batch) 생산	• 개별생산과 대량생산의 중간 형태를 취한다. • 로트의 크기에 따라 설비배치도 범용설비에서 전용설비화되는 경향이 있다. • 로트 생산은 헤아릴 수 있는 제품의 한 묶음의 경우를 의미하고, 배치 생산은 화학공정과 같은 장치산업에서 품종을 달리하는 제품을 동일한 장치에서 생산하는 방식이다.
대량 생산	• 전용설비를 이용한다. • 다양한 수요에 대한 제품생산의 유연성이 적다. • 제품의 단위당 생산기간이 짧고 1회 생산량이 대량인 생산시스템을 말한다.

| 생산형태의 분류 |

생산 시기	생산의 반복성	품종과 생산량	생산의 흐름	생산량과 기간
주문 생산	개별 생산	다품종 소량생산	단속생산	프로젝트 생산
	소로트 생산			개별 생산
예측 생산	중·대 로트 생산	중품종 중량생산		로트(Batch) 생산
	연속생산	소품종 대량생산	연속생산	대량생산

5. 특수 생산방식

⊙ GT(Group Technology)
부품 및 제품을 설계하고, 제조하는 데 있어서 설계상, 가공상 또는 공정 경로상 비슷한 부품을 그룹화하여 유사한 부품들을 하나의 부품군으로 만들어 설계, 생산하는 방식이다.

종류	특징
그룹테크놀로지 (GT ; Group Technology)	다품종 소량생산에서 가공이 유사한 부품을 그룹화하여 생산하는 방식으로 설비의 효율성과 생산효율을 높일 수 있는 기법이며, 가공순서에 따라 기계나 설비를 배치한다는 점에서 공정별 배치보다 제품별 배치에 가까운 배치방식이다.
Cellular 생산방식	GT 공정에서 생산의 유연성을 향상시킨 생산방식이다(GT+FMS).
Modular 생산방식	소품종 대량생산 하에서 표준화 부품을 이용하여 다양한 수요와 수요변동에 신축성 있게 대응하기 위해서 보다 적은 부분품으로 보다 다양한 제품을 생산하는 방식이다.
유연생산방식 (FMS ; Flexible Manufacturing System)	다양한 제품생산을 자동으로 행하는 유연자동화의 개념에 의한 자동 생산 관리 기술이다.
JIT (Just In Time) 생산방식	도요타 생산방식이라고도 하며 적시에 생산하는 방식이다. 낭비를 제거하기 위해 사용하는 수단으로 JIT 생산, 소로트 생산, 자동화, TQC 및 현장개선의 4개 하위 시스템을 두고 있다.

6. 생산 공정의 오토메이션 : 공장 자동화(Process Automation)

(1) 오토메이션을 하는 이유

⊙ 오토메이션
생산시스템의 효율을 높이기 위하여 생산 공정의 전반에 걸쳐 인간, 기계, 자재 및 정보를 가장 조화롭게 통합시켜 작업과정이 자동적·연속적으로 운영되도록 조직화한 것인데 오토메이션 시스템의 메커니즘적 측면에서 피드백 컨트롤(Feedback Control)에 의한 연속자동화를 전제로 자기규제(Self Regulation) 및 자기제어(Self Control)를 하는 생산 공정이다.

생산성 향상, 고임금 억제, 노동력 부족, 서비스 분야로의 노동력 이동, 작업안전 유지, 원재료 가격 상승에 대응(원재료 최대한 활용), 품질 향상, 제조 리드타임(Lead Time)의 감소, 재공품의 재고 감소, 생산시간 단축을 통해 생산효율을 높이기 위하여 생산공정의 전반에 걸쳐 자동화를 실시한다.

(2) 오토메이션화된 공장설비

1) 유연 생산시스템(FMS ; Flexible Manufacturing System)

다양한 제품생산을 자동으로 행하는 유연자동화의 개념에 의한 자동 생산 관리 기술로서, 생산가공 작업장[예를 들어 전자수치제어(CNC ; Computerized Numerical Control)]에 오토메이션화된 물질 취급 및 저장 수단이 상호 연결되어 있고 통합된 컴퓨터 시스템에 의하여 제어되는 생산시스템이다. FMS의 이점으로는 다음과 같은 것들이 있다.

① 설비가동률의 향상
② 생산 인건비 감소
③ 제품 품질의 향상
④ 공정 재공품의 감소
⑤ 다양한 부품의 생산 및 가공
⑥ 종합생산시스템에 의한 생산관리능력 향상
⑦ 가공, 준비 및 대기시간의 최소화로 제조 소요시간의 단축

2) 컴퓨터에 의한 종합생산 체제(CIM ; Computer Integrated Manufacturing)

생산에 있어서 설계, 생산계획, 작업통제 등과 같이 생산에 관련된 관리자료를 처리하고 제 업무를 수행하는 종합적인 생산 자동화 시스템으로 흔히 CAD/CAM과 같은 뜻으로 쓰이나 CIM은 CAD/CAM보다 넓은 의미가 있다.

3) CAD/CAM

CAD(Computer Aided Design)는 컴퓨터를 이용한 제품의 설계이며, CAM(Computer Aided Manufacturing)은 컴퓨터를 이용하여 생산활동을 통제하고 제어기능을 효과적으로 수행하는 시스템을 뜻한다.

4) 부분 자동화(LCA ; Low Cost Automation)

CAD/CAM과 CIM이 갖추어짐으로써 결국 무인공장에 점점 가까워지는 듯하다. 그러나 자동생산을 위한 투자비용이 엄청날 뿐만 아니라 아직도 인간에게 의존해야 유리한 측면이 있어서 이러한 입장에서 부분 자동화 또는 간이 자동화가 추진되는데 이를 가리켜 LCA라 한다.

➕ 플러스 이론

NC(Numerical Control)
숫자, 문자, 기호에 의하여 가공설비를 통제하는 프로그램이 가능한 오토메이션의 한 형태이다. NC 시스템의 기본 구조는 다음과 같다.
• 프로그램 지시서(Program Of Introduction)
• 기계 통제 부문(MCU ; Machine Control Unit)
• 가공설비(Processing Equipment)

◎ CIM
제조업의 기업전략에 따른 목표를 달성하기 위하여 CAD, CAM, CAPP, CAPC 부문의 정보시스템을 통신 네트워크와 데이터 베이스를 활용하여 통합한 종합적 생산정보관리시스템이다.

설비배치(Facility or Plant Layout)란 생산공정의 공간적 배열, 즉 서비스 또는 생산의 흐름에 맞춰 건물, 시설, 기계설비, 통로, 창고, 사무실 등의 위치를 공간적으로 적절히 배치하는 것을 말한다.

1. 설비배치의 목적

시설 및 설비배치의 근본적 목적은 생산시스템의 유용성이 크도록 기계, 원자재, 작업자 등의 생산요소와 생산설비의 배열을 최적화하는 것이다.

(1) 설비배치의 목표

① 운반의 최적화　　　　　　② 생산 공정의 균형 유지
③ 설비공간의 효과적 유지　　④ 설비 변경에 대한 유연성
⑤ 기계설비의 효과적 이용　　⑥ 인력의 효과적 이용
⑦ 작업의 안전　　　　　　　⑧ 생산의 경제성

(2) 설비배치의 목적

① 생산 공정의 단순화　　　　② 물자취급의 최소화
③ 작업공간의 효율적 사용　　④ 근로자의 편리와 만족
⑤ 투자 및 노동의 효율화

2. 설비배치의 유형

설비배치의 기본유형에는 제품(라인)별 배치(Product or Line Layout), 공정(기능)별 배치(Process or Functional Layout), 위치 고정형(프로젝트) 배치(Fixed-position or Project Layout) 등이 있다.

3. 제품(라인)별 배치

배가바이스

제품(라인)별 배치
• 연속생산
• 소품종 대량생산

대량생산 또는 연속 생산형에서 볼 수 있는 배치형태로 이는 특정의 제품을 생산하는 데 필요한 기계설비와 작업자를 제품의 생산과정 순으로 배치하는 방식이다.

장점	단점
• 단위당 생산코스트가 공정별 배치보다 낮다. • 운반거리가 단축되고 가공물이 빠르게 흐른다. • 재고와 재공품 수량이 적어진다. • 일정계획이 단순하여 관리가 용이하다. • 작업이 단순하여 작업자의 훈련 및 감독이 용이하다.	• 다양한 수요변화에 대한 신축성이 적다. • 설계 변경 시 많은 비용이 소요된다. • 많은 설비 투자액이 소요된다. • 작업이 단조로워 직무만족이 떨어진다. • 기계 고장이나 재료 부족 등으로 전체 공정에 영향을 줄 수 있다.

4. 공정(기능)별 배치

다품종 소량생산 시스템에서 볼 수 있는 배치형태로 기능별 배치(Functional Layout)라고도 하는데, 즉 동일기능의 기계설비를 기능별로 배치하는 형태이다.

배가바이스

공정(기능)별 배치
• 단속생산
• 다품종 소량생산

장점	단점
• 변화(수요변동, 제품의 변경, 작업순서의 변경 등)에 대한 유연성이 크다. • 범용기계이므로 설비투자가 적다. • 적은 수량 제조 시 제품별 배치에 비하여 생산코스트가 낮다.	• 제품별 배치보다 단위당 생산코스트가 높다. • 운반거리가 길어 운반능률이 낮다. • 재고나 재공품이 늘게 되어 투자액이 높다. • 재고와 재공품이 차지하는 면적이 넓다.

5. 위치 고정형(프로젝트) 배치

프로젝트산업에 적합한 배치로서, 제품이 매우 크고 구조 또한 복잡한 경우, 제품 생산에 필요한 원자재, 기계, 설비, 작업자 등이 제품의 생산장소에 접근하는 배치방식이다.

장점	단점
• 생산물의 이동을 최소한으로 줄일 수 있다. • 다양한 제품을 신축성 있게 제조할 수 있다. • 크고 복잡한 제품 생산에 적합하다.	• 제조현장까지 자재와 기계설비를 옮기려면 많은 시간과 비용이 소요된다. • 기계설비의 이용률이 낮다. • 고도의 숙련이 필요하다.

◆ 플러스 이론

U-Line
도요타 생산방식의 대표적인 혼합형 배치이다.
① U-Line의 원칙
 • 입식 작업의 원칙
 • 보행의 원칙
 • 1개 흘리기 원칙
 • 다공정 담당의 원칙
 • 작업량 공평의 원칙
 • 라인 정지의 원칙
② U-Line의 주요 목표
 • 소인화(少人化)
 • 리드타임 단축
 • 재고량 감축
 • 불량 Zero화

6. 혼합형 배치

혼합형 배치는 공정별, 제품별, 위치고정형 배치를 혼합하여 배치하는 경우로서, 서비스 생산시스템이나 유연생산시스템(FMS)에서 볼 수 있으며, GT, 셀형 배치, JIT의 U자형 배치가 대표적인 혼합형 배치이다.

장점	단점
• 흐름이 일정하고, 이동거리가 짧아 운반 시간 및 비용이 적게 든다. • 가공물의 흐름이 원활하여 재공품이 적다. • 유사품을 모아서 가공할 수 있다. • 반복작업에 따른 관리가 용이하다.	• 배치비용이 타 배치에 비해 많이 든다. • 가공물의 라인균형화가 쉽지 않다. • 설비의 특성상 다기능공이 필요하나, 양성 및 관리가 쉽지 않다. • 설비이용률이 그다지 높지 않다.

7. 체계적 배치계획법(SLP ; Systematics Layout Planning)

(1) SLP의 정의

설비 배치의 효율적인 질적 요인을 분석하기 위하여 Richard Muther가 소개한 기법으로 계량적 요인뿐만 아니라 현실에서 발생할 수 있는 여러 가지 질적 요인을 고려하는 배치기법으로서, 부문 간의 인접 필요성의 정도를 고려하게 된다. 생산, 운수, 창고, 지원 서비스, 사무활동과 관련된 여러 문제들을 적용하여 계획을 수립하는 조직적인 접근방법이다.

(2) P-Q 분석

Product-Quantity, 즉 제품-수량분석으로 A는 소품종 대량생산의 형태로 설비는 흐름식 또는 제품별 배치가 적당하며, B는 GT, 그룹별 배치, C는 다품종 소량생산 형태로 기능별(공정별) 배치 또는 고정형 배치가 적당하다.

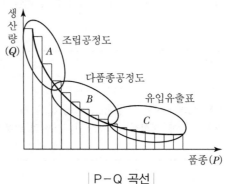

| P-Q 곡선 |

(3) 분석자재흐름분석

자재흐름을 P-Q 분석에 따라, A, B, C 부류의 제품에 대하여 개별적 분석을 하는 것이다.

① A 부류 : 단순공정도(OPC), 조립공정표(Assembly Chart ; Gozinto Chart)
② B 부류 : 다품종공정분석표
③ C 부류 : 유입유출표(from to Chart, Cross Chart, Travel Chart)

(4) 활동상호관계 분석

공장 내에서 생산활동에 기여하는 활동 간의 관계, 근접도, 이유를 파악하기 위하여 사용한다.

| 활동상호관계 분석 |

기호	가중치	표시방법	근접도	색깔
A	4	////	절대적 인접	빨강
E	3	///	인접 매우 중요	노랑
I	2	//	인접 중요	초록
O	1	/	보통 인접	파랑
U	0		인접과 무관	무색
X	-1	⋀⋀⋀⋀	인접해서는 안 됨	갈색
XX	-2, -3, -4, ?	⋀⋀⋀	인접해서는 절대안 됨	검정

(5) 전산배치기법(Computerized Layout Techniques)

부문의 수가 대규모로 이루어지면서 복잡해짐에 따라 전산프로그램을 사용하게 되었으며, 이는 대화식 그래픽기능(Interactive Graphic Capability)을 이용하여 많은 배치안을 검토할 수 있어 우수한 대안을 쉽게 얻을 수 있다.

구성형 프로그램에 의한 분석	Automated Layout Design Program(ALDEP)은 인접선호도를 절대 필요(A)부터 관계가 거의 없는 경우(X)까지의 기호 A, B, C, V, X로 입력시켜 최대 선호도를 점수로 평가하는 방법이다.
	Computerized Relationship Layout Planning(CORELAP)은 인접선호도를 높은 것부터 낮은 것까지 A, E, I, O, U, X로 표시하고, 최대 총 선호도를 기준으로 평가하는 방법이다.
개선형 프로그램에 의한 분석	Computerized Relative Allocation of Facilities Techniques(CRAFT)는 각 작업장의 운송량, 수송비용 행렬을 사용하여 총 수송비용이 낮은 대안을 선택하는 방법으로 최초의 배치안, 부문 간 운반횟수, 운반코스트를 입력하여야 한다.

1. 제품별 배치분석(라인 밸런싱)

제품별 배치는 제품의 흐름이 일정하기 때문에 각 공정 간의 균형화가 매우 중요하다. 따라서 제품별 배치의 분석에는 전체 라인을 균형화하는 라인 밸런싱 (Line Balancing) 분석이 유용하게 사용된다.

(1) 공정대기(라인의 불균형) 현상의 발생요인

① 수주의 변경에 의해서 발생한다.
② 각 공정 간 불평형 때문에 발생한다.
③ 일시적인 여력의 불평형 때문에 발생한다.
④ 여러 병렬공정으로부터 흘러 들어올 때 발생한다.
⑤ 전후 공정의 로트의 크기가 다르거나 작업시간이 다를 때 발생한다.

(2) 피치 다이어그램에 의한 라인 밸런싱

① 일 생산량$=\dfrac{실동시간}{애로공정의\ 공정시간}$

② 최소 작업장수$=\dfrac{과업시간의\ 합계(\sum t_i)}{사이클타임}$

③ 라인 밸런싱 효율 : E_b

$$E_b = \frac{\sum t_i}{m\,t_{\max}} \times 100$$

④ 라인불균형률(Line Balancing Loss) : L_s

$$L_s = \frac{m \cdot t_{\max} - \sum t_i}{m \cdot t_{\max}} \times 100 = 1 - E_b$$

단, m : 작업장수, $\sum t_i$: 각 작업의 공정시간의 합계, $t_{\max}$: 애로공정의 공정시간

(3) 피치타임(Pitch Time)에 의한 라인 밸런싱

피치타임이란 일간 생산목표량을 달성하기 위한 제품 단위당 제작 소요시간을 의미하는 것으로 최종 공정으로부터 완성품이 나오는 시간간격을 의미한다. 택트작업 시 택트타임과 피치타임이 일치한다.

◉ 애로공정

- 병목(Bottle Neck)공정이라고도 한다.
- 가장 많은 시간이 소요되는 공정이다.
- 전체 공정의 능력에 많은 영향을 준다.
- 공정능력이 부하량을 소화하지 못하여 발생한다.
- 전체 공정의 능력은 애로공정의 생산속도에 좌우된다.

◉ 피치타임(사이클타임)

- 애로공정의 공정시간
- 제품 한 개를 생산하는 데 걸리는 시간

① 피치타임(부적합품률과 라인 여유율을 모두 감안할 경우)

$$P = \frac{T(1-y_1)(1-\alpha)}{N}$$

② 컨베이어의 속도 : $v = \dfrac{l'}{P}$

③ 컨베이어의 길이 : $L = n \cdot l$

④ 공정의 재공품수(중간 Stock 양) : $S = \dfrac{L}{l'} - n$

(4) 도표법에 의한 라인 밸런싱

1) 개요

생산과정에서의 수행도와 시간에 관한 정보를 수집하고, 이를 측정하고 표시하기 위한 도표화의 한 수법이며, 한 계획 사업의 제 활동의 상호관계를 표시함과 동시에 각 생산 단계별로 그 진행상태를 표시함으로써 생산통제를 위하여 사용된다. 활동순서는 다음과 같다.

목표 도표(Objective Chart) → 조립 도표(Assembly Chart) → 진도 도표(Progress Chart) → LOB의 작성 및 실적과의 비교분석

2) 불평형률 : P_{ub}

$$P_{ub} = \frac{m \cdot t_{\max} - \sum t_i}{\sum t_i} \times 100$$

합계 손실 공수 $= mt_{\max} - \sum t_i$

3) Line Balancing 편성수법(기법)

① 피치 다이어그램
② 피치타임
③ 대기행렬 이론
④ 순열조합 이론
⑤ 시뮬레이션

2. 공정별 배치분석

공정별 배치는 다품종 소량생산의 배치이므로 공정이나 작업장의 최적배열을 결정하는 최대변수는 전체 운반비용(TC)으로서, TC가 최소가 되는 지점에 각 공정을 배열하는 것이 바람직하다.

$$TC = \sum_i \sum_j C_{ij} \cdot N_{ij} \cdot D_{ij}$$

단, C_{ij} : 공정 i에서 공정 j까지의 단위당 운반코스트
N_{ij} : 일정 기간 중 i에서 j까지의 운반횟수
D_{ij} : i에서 j까지의 운반거리

07 SCM(Supply Chain Management)

1. SCM(공급망관리) 개요

(1) SCM의 정의 및 목적

고객 및 투자자에 대한 부가가치를 창출할 수 있도록 최초의 공급업체로부터 최종 소비자에 이르기까지의 상품, 서비스, 정보 등의 흐름이 관련된 핵심 Business Process를 통합적으로 운영하는 경영전략으로서 공급자에서 고객까지의 공급사슬상 정보, 물자, 현금의 흐름에 대해 총체적 관점에서 설계하고 관리하는 전략기법이다.

기존의 전사적 자원계획(ERP ; Enterprise Resource Planning)은 기업 내에 국한된 것이지만, SCM은 기업 간 부분까지, 즉 공급자, 자사, 고객을 통합하여 하나의 파이프라인을 연결하는 것이다. SCM의 목적은 공급사슬상에서 자재의 흐름을 효과적·효율적으로 관리하고 불확실성과 위험을 줄임으로써 재고수준, 리드타임(Lead Time) 및 고객서비스 수준을 향상시키는 데 있다.

(2) SCM의 필요성

① 기업의 부가가치 중에서 60% 이상이 공급사슬에서 발생하기 때문이다.
② 공급사슬 구조가 확대되고 복잡화되었다.
③ SCM 수준은 기업의 핵심역량의 잣대로 활용된다.
④ 전통적 상거래 방식의 변화
⑤ 재고감축을 통한 경쟁력 차별화
⑥ 공급사슬 내 복잡한 정보흐름을 지원할 수 있는 기반기술의 발전
⑦ 소비자 주도의 시장환경 변화(수요변동 등 불확실성의 심화)

(3) SCM의 효과

① 생산·재고·수송 비용 절감을 통한 전체적인 물류비용 절감
② 품질향상, 리드타임 단축을 통한 구매비용 절감
③ 주문, 조달의 불확실성 제거를 통한 생산계획 합리화
④ 제공장소, 납기 등의 충족을 통한 전체적인 생산 효율성 극대화
⑤ 제품의 제조 및 유통 과정 명확화
⑥ 저비용, 고효율 구조의 생산 시스템 달성

2. SCM의 유형

(1) 효율적 공급사슬

공급, 수요 모두 불확실성이 낮으므로 수요의 안정성을 토대로 재고를 최소화하고, 제조기업과 서비스 공급자의 효율을 최대화하는 데 있다.

(2) 반응적 공급사슬

공급의 불확실성은 낮지만 수요의 불확실성이 높으므로 재고와 생산능력의 적절한 조정을 통해 수요의 불확실성에 대처함으로써 시장 수요에 신속하게 반응하는 데 있다.

(3) 위험방지형 공급사슬

공급의 불확실성은 높지만 수요의 불확실성은 낮으므로 공급의 불확실성을 보완하기 위해 핵심부품의 안전재고를 다른 회사와 공유 등의 방법으로 위험에 대응한다.

(4) 민첩적 공급사슬

공급과 수요의 불확실성이 모두 높은 경우로 위험방지형 공급사슬과 반응적 공급사슬의 장점을 결합한 접근 방식이다.

3. 채찍효과(Bullwhip Effect)

공급사슬 내에서 역으로 거슬러 올라갈수록 불확실성 때문에 그 변동폭이 커지게 되는 현상을 말한다.

(1) 정보의 변동원인

① 내부요인 : 재고 고갈, 설계변경, 신제품 출시, 판매촉진 행사, 정보 오류 등
② 외부요인 : 주문변경, 배달 지연, 부분 선적 등

(2) 채찍효과의 개선방안

① 공급망 전반의 중복 수요예측을 피한다.
② 대량의 뱃치주문을 줄인다.
③ 가격 변동폭을 줄인다.
④ 공급부족 등의 상황 등을 최소화한다.

4. SCM의 성과측정

(1) 평균총괄재고가치(Average Aggregate Inventory Value)

기업이 재고로 보유하고 있는 모든 품목의 총 가치를 뜻하는 것으로 기업의 얼마나 많은 자산이 재고에 묶여 있는가를 나타낸다.

(2) 공급주수(Weeks of Supply)

평균총괄재고가치를 주당 매출원가로 나누어 얻어지는 재고 척도로서 공급주수가 작을수록 전반적인 재고수준은 낮아진다.

$$\text{공급주수} = \frac{\text{평균 총 재고액}}{\text{주간 매출원가}}$$

(3) 재고회전율(Inventory Turnover)

연간 매출원가를 연간 평균총괄재고가치로 나누어 얻어진 재고 척도로서 재고회전율이 높을수록 재고자산이 효율적으로 운용됨을 의미한다.

$$\text{재고회전율} = \frac{\text{총 매출액}}{\text{평균 총 재고액}}$$

+ 플러스 이론

생산시스템에서의 용어

POP시스템 (Point Of Production)	생산시점관리 시스템(실적관리 위주)으로서 생산계획 및 작업지시에 따라 온라인 네트워크를 통해 생산현장에서 발생되는 각종 생산 데이터(예를 들어, 계획 대비 실적·재고·재공·불출·불량 정보, 설비 가동/비가동 정보, 라인별·공정별 생산현황·정보 등)를 실시간으로 집계, 분석, 조회할 수 있는 시스템을 말한다.
POQ (Period Order Quantity)	EOQ는 수요가 일정하다는 가정하에서 발주비용(Ordering cost)과 재고 유지비용(Inventory holding cost)의 총 비용을 최소화하기 위한 것인데, MRP와 같이 수요가 일정하지 않은 환경에서 EOQ를 사용하면 최소 비용을 산출해 낼 수가 없다. 이러한 단점을 보완하기 위해 나온 것이 POQ로서 EOQ 공식을 이용해서 적정 주문구간을 계산한다.
BPR (Business Process Reengineering)	경영혁신기법의 하나로서, 기업의 활동이나 업무의 전반적인 흐름을 분석하고, 경영 목표에 맞도록 조직과 사업을 최적으로 다시 설계하여 구성하는 것이다(업무 재설계). 정보 시스템이 도입되면서 BPR이 매우 용이해졌다. 반복적이고 불필요한 과정들을 제거하기 위해 작업 수행의 여러 단계들이 통합되고 단순화된다.
DRP (Distribution Requirements Planning)	고객과 가장 가까운 곳에서 수요데이터를 얻고, 수요를 예측하여 이를 생산계획의 수립에 빠르게 반영하는 것을 목적으로 한다. 수요에 대한 정확한 데이터를 얻을 수 있고, 또 판매/판촉 전략을 즉각적으로 반영할 수 있다면, 유통망상에 존재하는 재고를 획기적으로 줄일 수 있다.

기본문제 03

다음의 내용은 무엇에 대한 정의인가?

공급자로부터 최종 고객에 이르기까지의 전체적인 물자흐름을 관리하여 Network의 전 구성원에게 최대의 수익을 보장하고, 고객에게는 양질의 서비스를 제공하는데 목적이 있다.

① FMS   ② PERT/CPM   ③ VE/VA   ④ SCM

풀이 공급사슬관리 SCM(Supply Chain Management)이란 '공급사슬'을 시장상황에 맞도록 최적화해 경영효율성을 높이는 활동으로 불확실성이 큰 시장환경에 긴밀하게 대응하기 위해 등장한 새로운 경영기법이다.

+ 정답 ④

CHAPTER 02 수요예측과 제품조합

01 수요예측

1. 수요예측의 개요

수요예측(Demand Forecasting)이란 기업의 산출물인 재화나 서비스에 대한 미래의 시장수요(수량, 시기, 품질, 장소 등)를 추정하는 과정으로서 예측시스템의 평가기준으로는 예측의 정확성, 적시성, 간편성 등이 있으며, 수요예측은 생산계획을 수립하기 위한 기초자료로 활용된다.

(1) 수요예측 방법

<table>
<tr><td rowspan="5">정성적
(주관적)
예측법
(Qualitative
Method)</td><td>직관력에 의한 예측</td><td>Delphi법, 판매원 의견 종합법, 경영자 판단</td></tr>
<tr><td>의견조사에 의한 예측</td><td>소비자(시장) 조사법</td></tr>
<tr><td>유추에 의한 예측</td><td>라이프 사이클 유추법, 자료 유추법</td></tr>
<tr><td>장점</td><td>• 예측이 간단하다.
• 고도의 기술을 요하지 않는다.
• 비용이 적게 든다.</td></tr>
<tr><td>단점</td><td>• 전문가나 구성원의 능력, 경험에 따른 예측결과의 차이가 크다.
• 예측의 정확도가 낮다.</td></tr>
<tr><td rowspan="3">정량적
(객관적)
예측법</td><td>시계열분석</td><td>월 · 주 · 일 등의 시간간격에 따라 제시한 과거자료로부터 그 추세나 경향을 알아서 장래의 수요를 예측하는 것으로 주요 구성요소에는 추세변동(T), 순환변동(C), 계절변동(S), 불규칙 변동(I)이 있다.
• 가법모델 : $Y = T + C + S + I$
• 승법모델 : $Y = T \times C \times S \times I$</td></tr>
<tr><td>인과형 예측법</td><td>수요변화에 영향을 주는 기업 내부 및 환경요인 등을 수요와 관련시켜 인과적 예측모델을 만들어 수요예측하는 것이다.</td></tr>
<tr><td>예측방법</td><td>회귀분석, 중회귀 모델, 계량 경제 모델법 등</td></tr>
</table>

⊙ 정성적 수요예측

장래의 기술 예측이나 신규로 개발된 신제품 시장 및 수요 등의 예측은 자료가 빈약하기 때문에 전문가의 주관적 의견이나 추정을 토대로 한다. 즉, 관련된 자료가 없을 때 주로 사용한다.

배가바이스

시계열변동
• 추세변동(Trend ; T)
• 순환변동(Cycle ; C)
• 계절변동(Season ; S)
• 불규칙 변동(Irregular ; I 또는 Random ; R)

(2) 대표적 정성적 수요예측기법

종류	정의 및 특징
Delphi법	신제품의 수요예측이나 장기 예측에 사용하는 기법으로 전문가를 한자리에 모으지 않고, 일련의 미래 사항에 대한 의견을 질문서에 각자 밝히도록 하여 전체 의견을 평균치와 사분위 값으로 나타내는 수요예측방법으로 전문가의 직관력을 이용하며, 중·장기 계획에서 정확도가 높은 것으로 알려져 있다.
소비자(시장) 조사법	제품을 출하하기 전에 소비자 의견조사 또는 시장조사를 통하여 수요를 예측하는 방법으로, 단기 예측능력은 높지만, 중·장기 예측능력은 낮은 편이다.
라이프 사이클 유추법	전문가의 도움이나 경영자의 경험을 통하여 제품의 라이프 사이클을 판단하여 수요를 예측하는 방법이다.

2. 시계열 분석에 의한 수요예측

(1) 최소자승법(Least Square Method)에 의한 예측 : 추세변동 분석

정의	관측치와 경향치의 편차제곱합이 최소가 되도록 하는 회귀직선을 구하여 예측한다.
공식	연도 x, 판매량 y일 때 $\hat{y} = a + bx$의 1차식으로 나타내는 회귀선 단, $a = \dfrac{(\sum y_i \sum x_i^2) - (\sum x_i \sum x_i y_i)}{(n \sum x_i^2) - (\sum x_i)^2}$, $b = \dfrac{(n \sum x_i y_i) - (\sum x_i \sum y_i)}{(n \sum x_i^2) - (\sum x_i)^2}$

배가바이스

공학용 계산기에서 단축키를 사용하면 쉽게 처리가 가능하다.
($a = A$ 또는 a, $b = B$ 또는 b)

(2) 이동평균법(Moving Average Method)에 의한 예측

정의	과거 일정 기간의 실적을 평균해서 예측하는 방법이다.	
종류	단순 이동평균법(계절변동에 유리)	가중 이동평균법(추세변동에 유리)
특징	과거 여러 기간의 실적치에 동일한 가중치를 부여하는 방법	단순 이동평균법에 추세경향을 고려한 수요예측기법
공식	$F_t = \dfrac{\sum A_{t-i}}{n}$ [단, $F_t = t$기간 예측치, $A_{t-i} = (t-i)$기간 실적치, $n = $기간수]	$\sum w_i = 1$일 때 $F_{t+1} = w_t A_t + w_{t-1} A_{t-1} + \cdots$ $\quad\quad + w_{t-N} A_{t-N}$

(3) 단순 지수평활법에 의한 예측 : 단기 불규칙 변동 분석

| 단순 지수평활법 |

정의	현 시점에 가까운 실측치에 큰 비중을 주면서 과거로 거슬러 올라갈수록 그 비중을 지수적으로 작게 주는 지수가중 이동평균법으로서 최근의 데이터만으로 예측이 가능하다는 장점을 지니고 있다.
공식	차기예측치 = 당기예측치 + α(당기실적치 - 당기예측치) $[F_t = F_{t-1} + \alpha(A_{t-1} - F_{t-1})]$
지수평활 계수(α)	• 일반적으로 α는 0.01~0.3의 값을 취하고, 수요가 불안정하면 0.5~0.9의 값을 사용하기도 한다($0 < \alpha < 1$). • 수요의 큰 변동이 없다면 작게 하여 예측의 안정도를 높인다. • 신제품이나 유행상품과 같이 수요변동의 폭이 크다면 그 값을 크게 한다. • 실질적인 수요변동이 예견될 때는 예측의 감응도를 높이기 위하여 크게 한다. • 값이 작을수록 예측값의 오차에 미치는 영향이 작다.

(4) Box - Jenkins법

매개변수를 이용하며, 과거 실적이 2년 이상의 것으로 구성하여야 예측이 정확하다.

3. 예측기법의 평가와 적용

(1) 예측기법의 평가

종류	공식
예측오차 (Forecast Error)	예측오차 = 실적치 - 예측치 = $A_t - F_t$
평균제곱오차 (MSE ; Mean Square Error)	$MSE = \dfrac{\sum(A_t - F_t)^2}{n}$
절대평균편차 (MAD ; Mean Absolute Deviation)	$MAD = \dfrac{\sum|A_t - F_t|}{n}$ $1\sigma = \sqrt{\dfrac{\pi}{2}} \times MAD = 1.25MAD,\ 1MAD \fallingdotseq 0.8\sigma$
누적예측오차 (RSFE ; Running Sum of Forecast Error)	$RSFE = CSFE = \sum(A_t - F_t)$ CSFE(Cumulative Sum of Forecast Errors)라고도 한다.
추적지표(오차) (TS ; Tracking Signal)	$TS = \dfrac{RSFE}{MAD} = \dfrac{\sum(A_t - F_t)}{MAD}$ 예측의 정확성이 높을수록 추적지표(TS)의 값은 0에 가깝다.

(2) 예측기법의 선정과 적용

① 과거 실적자료의 유용성과 정확성
② 예측상 기대되는 정확도의 정도
③ 예측비용
④ 예측기간의 길이
⑤ 분석 및 예측 소요시간
⑥ 예측에 영향을 주는 변동요소의 복잡성

기본문제 04

예측오차가 평균이 0인 정규분포를 따를 때, 절대평균편차(MAD ; Mean Absolute Deviation)와 제곱평균오차(MSE ; Mean Squared Error)의 관계로 가장 타당한 것은?

① $MSE \fallingdotseq 1.25MAD$

② $\sqrt{MSE} \fallingdotseq 1.25MAD$

③ $MAD \fallingdotseq 1.25MSE$

④ $\sqrt{MAD} \fallingdotseq 1.25MSE$

풀이 $MAD = \dfrac{\sum_{i=1}^{n}|A_i - F_i|}{n}$, $MSE = \dfrac{\sum_{i=1}^{n}(A_i - F_i)^2}{n}$

＋정답 ②

---

02 제품조합(Product Mix)

1. 제품조합의 개요

① 원재료의 공급능력, 가용 노동력, 기계설비의 능력 등을 고려하여 이익을 최대화하기 위한 제품별 생산비율을 결정하는 것을 말한다.
② 최적의 제품조합은 품목별 생산계획에서 그 제품의 수익성을 중심으로 결정되고, 각종 생산제품의 이익을 최대로 할 수 있는 제품들의 조합을 말한다.
③ 제품조합의 결정방법은 손익분기점(BEP ; Break Even Point) 분석, 선형계획법(LP ; Linear Programming)으로 대별된다.

◉ 손익분기점 분석

조업도(매출량, 생산량)의 변화에
따라 수익 및 비용이 어떻게 변하는
가를 분석하는 기법이다.

2. 손익분기점 분석

(1) 고정비(Fixed Cost)

기업을 운영할 때 고정적으로 발생하는 비용으로 감가상각비, 임차료, 임금, 세금, 노무비 등이 속한다.

$$고정비 = 판매가격 \times 한계이익률 \times 생산량$$

(2) 변동비(Variable Cost)

기업에서 생산량(판매량)의 증감에 따라 변동하는 비용으로 직접재료비, 직접노무비, 소모품비, 연료비, 외주가공비 등이 속한다.

(3) 한계이익률, 변동비율, 총 한계이익

① $한계이익률 = \dfrac{매출액 - 변동비}{매출액} = \dfrac{한계이익}{매출액}$

② $변동비율 = \dfrac{변동비(V)}{매출액(S)}$

③ 총 한계이익 = (예상판매가 - 단위제품의 변동비) × 예상 판매량

3. 손익분기점 산출공식

① 손익분기점 매출액 $BEP = \dfrac{고정비(F)}{한계이익률} = \dfrac{F}{1 - \dfrac{V}{S}} = \dfrac{F}{1 - 변동비율}$

② 손익분기점 판매량 $BEP = \dfrac{고정비(F)}{한계이익액} = \dfrac{F}{S - V}$

배가바이스

손익분기점 분석방법에는 평균법,
기준법, 개별법, 절충법 등이 있다.

4. 손익분기점 분석방법과 제품조합

(1) 평균법

한계이익률이 서로 다른 경우 평균 한계이익률로 BEP를 산출하는 방식이다. 총 한계이익액을 총 매출액으로 나누어 계산한다.

(2) 기준법

여러 품종 중에서 기준품종을 설정하고, 기준품종의 한계이익률로 BEP를 산출하는 방식이다. 이익계획 수립 시 제품선택에 편리한 방법이다.

(3) 개별법

각 품종의 한계이익률을 사용하여 BEP를 산출하는 방식으로 일정계획 수립에 유리한 방법이다.

(4) 절충법

개별법에 평균법과 기준법을 절충한 방법이다.

5. 선형계획에 의한 제품조합

생산계획에서 수익의 극대화 또는 비용의 최소화를 위한 기계의 능력, 작업자수 등과 같은 여러 변수를 고려하여 최적의 제품조합을 결정하고자 할 때 사용하며, 변수 간의 관계를 직선적 관계로 전제하고 제약조건하의 목적함수를 만족시키는 해를 구하는 기법이다. 종류로는 심플렉스법[여유변수(Slack Variables) S를 사용], 도시법, 전산법 등이 있다.

⊙ LP(Linear Programming)
제품별로 수요량, 생산량, 생산능력이 다를 경우 최적의 제품조합 (Product Mix)을 구하는 데 적용하는 기법이다.

기본문제 05-1

다음의 [자료]에서 추적지표(TS) 값을 구하면 얼마인가?

[자료]
- 누적예측오차($RSFE$) = 32
- 절대평균편차(MAD) = 10.3

풀이 $TS = \dfrac{RSFE}{MAD} = \dfrac{32}{10.3} = 3.10680$

기본문제 05-2

생산계획을 위한 제품조합에서 A제품의 가격이 2,000원, 직접재료비 500원, 외주가공비 200원, 동력 및 연료비 50원일 때 한계이익률은?

풀이 한계이익률 $= \dfrac{2,000 - (500 + 200 + 50)}{2,000} \times 100 = 62.5\%$

CHAPTER 03 자재관리

01 자재관리(Material Management)의 개요

생산 및 서비스에 필요한 자재를 계획대로 확보하여 적기에 적량을 필요로 하는 부서에 조달하는 기능인데, 간단히 말하면 자재의 흐름을 계획·조직·통제하는 것이다.

1. 자재계획 수립 시 제반적인 요인

(1) 수량적 요인

구매시기의 적정성과 관련(적정 수량의 결정)

(2) 품질적 요인

소정의 품질적인 요인을 만족할 것(생산능률과 기계의 가동률 향상)

(3) 시간적 요인

발주점, 발주점과 납입점 사이의 기간, 납기의 확실성 문제, 지불기간 문제

(4) 공간적 요인

구매방식이 집중구매인지 분산구매인지

(5) 자본적 요인

자재조달 문제, 자재 재고기간과 재고량의 적정성 문제

(6) 원가적 요인

적정 자재를 유리하게 조달하는 문제

2. 자재분류의 원칙

(1) 점진성

과학기술의 발전과 시장소비성의 변동에 따라 오늘의 상용 자재가 내일은 폐자재가 될 수 있다는 것으로 자재의 가감이 용이하게, 융통성을 가지도록 자재를 분류한다.

(2) 포괄성

자재를 분류할 때, 모든 자재가 하나도 빠짐없이 포함될 수 있도록 분류한다.

(3) 상호배제성

자재의 명칭 또는 규격 및 재질을 혼동하지 않도록 하나의 자재는 하나의 분류항목이 되게 한다.

(4) 용이성

현장, 창고, 생산부문, 판매부문을 전체적으로 간편하고 기억하기 쉽게 한다.

3. 자재관리의 절차

원단위산정 → 사용(소요)계획 → 재고계획 → 구매계획의 순으로 진행되고 있다.

(1) 원단위

완성된 설계도를 기초로 하여 제품 또는 반제품의 단위당 기준재료 소모량을 말한다.

(2) 원단위 산정방법의 종류

1) 실적치에 의한 방법

① 가장 양호한 실적과 불량한 실적의 평균치
② 최근 3개월, 6개월 이상의 평균치
③ 양호한 실적의 평균치
④ 평균 이상인 실적의 평균치

배가바이스

자재분류 원칙이란 자재의 분류항목을 명확하게 설정하는 방법이다.

배가바이스

원단위 산출방법에는 실적치에 의한 방법, 이론치에 의한 방법, 시험분석치에 의한 방법이 있다.

2) 이론치에 의한 방법

화학반응이나 설계도면, 제작도면에 의해 원단위를 산정하는 방법으로 화학, 전기 공업에서 많이 이용한다.

3) 시험 분석치에 의한 방법

과거의 실적이 정비되어 있지 않을 때 사용한다.

(3) 원단위 산정방법

공정이 간단	원료투입량과 제품생산량의 대비로 산정 • 재료의 원단위 $=\dfrac{원료의\ 투입량}{제품의\ 생산량}\times 100\%$ • X의 원단위 $=\dfrac{X의\ 소요량}{Y의\ 소요량}\times Y$의 원단위
공정이 복잡	공정별 · 작업별 · 단계별로 원단위 산정

기본문제 06

원단위란 제품 또는 반제품의 단위 수량당 자재별 기준소요량을 말한다. 이러한 원단위를 산출하는 데에는 여러 방법이 있다. 다음 중 원단위 산출방법과 거리가 먼 것은?

① 연속치를 고려하는 방법
② 실적치에 의한 방법
③ 이론치에 의한 방법
④ 시험 분석치에 의한 방법

풀이 원단위 산출방법에는 실적치에 의한 방법, 이론치에 의한 방법, 시험 분석치에 의한 방법이 있다.

 정답 ①

02 외주 및 구매관리

1. 외주관리(Outsourcing Control)

(1) 외주의 목적 및 효과

① 저렴한 생산원가의 이용(원가절감)
② 특수 기계설비나 전문기술의 이용(자공장의 능력·기술의 보완 가능)
③ 수요변동에 따른 경영상의 위험부담 경감(작업량 조정 가능)

(2) 외주기업의 주요 평가기준

① 품질(Q)　　　　② 원가(C)　　　　③ 납기(D)

● 외주관리(Outsourcing Control)

기업 목적을 효율적으로 달성하기 위해 자사의 능력을 핵심부분에 집중시키고 기능의 일부를 외부의 조직을 활용하여 처리하는 경영기법으로서 발주기업이 요구하는 품질의 제품을 경제적으로 조달할 수 있도록 발주기업과 외주공장이 협력해서 행하는 일련의 관리활동을 일컫는 말이다. 구매관리와는 달리 품질과 납기에 문제가 많이 발생할 수 있으므로, 일반적으로 이에 대한 대비책을 마련하게 된다.

2. 구매관리(Purchasing Management)

생산에 필요한 적질의 원재료나 자재 등을 필요한 시기에 최소의 비용으로 공급자로부터 구입하기 위한 관리의 한 방법으로 구매부문의 주요 업무흐름은 구매계획 → 구매수속 → 구매평가의 순서로 진행된다.

[구매의 5적(5원칙)]
- 적정한 품질(적질)
- 적정한 가격(적가)
- 적정한 납기(적기)
- 적정한 수량(적량)
- 적정한 공급자(적소)

(1) 구매계획

조달계획에 따른 자재의 구입에 대하여 자재의 수급상태, 가격의 변동, 시장상황, 기타 변수들을 고려하여 합리적인 구매계획을 수립한다.

① **집중구매** : 한 회사의 구매부서에 의해서 일괄적으로 구매하는 방식
② **분산구매** : 사업장별로 각기 독자적으로 분산해서 구매하는 방식

구분	장점	단점
집중 구매	• 대량 구매이므로 가격과 거래조건 이 유리하다. • 일괄구매에 따른 구매단가가 저렴 하고, 재고를 줄일 수 있다. • 시장조사, 거래처의 조사, 구매효과 의 측정 등을 효과적으로 할 수 있다.	• 각 사업장의 재고현황파악이 어렵다. • 구매의 자주성이 결여되고, 수속도 복잡해진다. • 자재의 긴급조달이 어렵다.
분산 구매	• 자주 구매가 가능하다. • 긴급수요에 유리하다. • 구매수속이 대체로 간단하다.	• 본사 방침과 다른 자재를 구입할 수 도 있다. • 일괄구매에 비해 비용이 비싸다. • 시장과 멀리 떨어져 있으면 적절 자 재의 구입이 쉽지 않다.

(2) 구매수속

구매방법	• 경쟁계약방식 • 수의계약방식	
공급자 선정	기존 공급자	• 납품가격 • 납기이행률 • 품질수준 등을 적용
	신규 공급자	기존 공급자 선정조건＋기술능력, 제조능력, 재무능력, 관리능력, 공장과의 거리 등을 적용
구매가격의 결정기준	원가계산, 수요와 공급, 동업 타사와의 경쟁관계에 따른 가격 결정 등	

(3) 구매평가

구매업무의 능률 및 구매성과를 평가하는 객관적인 성과측정은 예산(원가) 절감액, 납기 이행률, 품질수준, 구매비용, 부과된 벌과금 등을 평가한다.

기본문제 07

구매방법 중 기업이 현재 자재의 가격은 낮지만 앞으로는 가격이 상승할 것으로 예상하여 구매를 하는 방법으로 시장가격 변동을 이용하여 기업에 유리한 구매를 하려는 것은?

풀이 시장구매에 대한 설명이다.

03 재고관리

1. 재고관리(Inventory Control)의 개요

재고란 "물품(재고가산)의 흐름이 시스템 내의 어떤 지점에 정체되어 있는 상태를 시간적 관점에서 파악한 관리 개념"으로서, 재고를 보유하는 목적에서 볼 때 재고의 유형은 다음과 같다.

- 불확실한 변화에 대처하기 위한 안전재고
- 장래에 대비한 비축재고(예상재고)
- 로트 사이즈 재고(주기재고)
- 수송기간 중 생기는 수송 중 재고
- 공정의 독립을 위한 예비일감 재고

(1) A. J. Arrow의 재고보유동기

① **거래동기** : 수요량을 미리 알고 있고, 시장의 가치가 시간적으로 변화하지 않는 경우
② **예방동기** : 만일의 위험에 대비하기 위한 것(오늘날 대다수 기업의 주된 동기)
③ **투기동기** : 대폭적인 가격 변동이 있는 경우

(2) 재고관리 시스템의 기본 모형

① **정량발주형(Q 시스템)** : 일명 발주점 방식으로 재고가 일정수준(발주점)에 이르면 일정발주량을 발주하는 방식

② **정기발주형(P 시스템)** : 일정 시점마다, 즉 정기적으로 부정량(최대재고량 - 현재고량)을 발주하는 방식

시스템 \ 구분	정량발주 시스템	정기발주 시스템
개요	재고가 발주점에 이르면 정량발주	정기적으로 부정량을 발주
발주 시기	부정기	정기
발주량	정량(경제적 발주량)	부정량(최대 재고량 − 현 재고)
재고조사방식	계속실사	정기실사
안전 재고	조달기간 중 수요변화 조사	조달기간 및 발주주기 중 수요변화 대비

경기변동, 계절적 수요변동에 대비한 재고유형은 예상재고이다.

공급업체로부터 고객업체로, 한 작업장에서 다른 작업장으로 또는 공장에서 유통센터로 이동 중인 자재의 흐름을 운송재고라고 한다.

• 정량(Q ; Quantity)
• 정기(P ; Period)

(3) 재고와 관련된 비용

① 발주비용 C_p(Ordering or Procurement Cost)
- 경제적 발주량(EOQ)
- 필요한 물품을 주문하여 입수할 때 구매 및 조달에 수반되어 발생하는 비용

② 생산준비비 C_p(Set-up or Production Change Cost)
- 경제적 생산량(ELS)
- 특정 제품을 생산하기 위한 생산공정의 변경이나, 기계공구의 교환 등으로 발생되는 비용

③ 재고유지비 C_H or P_i(Carrying or Holding Cost)
재고를 유지·보관하는 데 수반되는 비용

④ 재고부족비 C_s(Shortage or Stockout Cost)
품절, 즉 재고 부족으로 인하여 발생되는 손실

⑤ 총 재고비용 TIC(Total Inventory Cost)
발주비용(준비비용)+재고유지비+재고부족비
즉, $TIC = C_p + C_H + C_s$

2. 경제적 발주량(EOQ ; Economic Order Quantity) : 독립수요품의 재고관리

⊙ 경제적 발주량(EOQ)
총 재고비용, 즉 구매비용과 재고비용의 합이 최소가 되게 하는 발주량을 말한다. 이 모델은 1915년 F.W. Harris의 고전적 재고모델로 이용할 수 있다.

(1) EOQ를 사용하기 위한 가정

① 발주비용은 발주량의 크기와 관계없이 매 주문마다 일정하다.
② 재고유지비는 발주량의 크기와 정비례하여 발생한다.
③ 구입단가는 발주량의 크기와 관계없이 일정하다.
④ 수요량과 조달기간이 일정한 확정적 모델이다.
⑤ 단일품목을 대상으로 한다.

(2) 경제적 발주량에 사용되는 용어

TIC	연간관계총비용	TIC_o	적정 연간관계총비용
Q	발주량	Q_o	경제적 발주량(EOQ)
D	연간 소요량	C_p	1회 발주비용
C_H	단위당 연간 재고유지비 $P_i = C_H$	P	구입단가 또는 제조단가
i	단위당 연간 재고유지비율	N_o	연간 적정 발주횟수, 생산횟수
t_o	적정 발주간격 또는 생산기간		

(3) 경제적 발주량(EOQ)의 모형

경제적 발주량(EOQ)은 연간관계 총비용 $TIC = \dfrac{DC_p}{Q} + \dfrac{QP_i}{2}$ 를 Q로 편미분하고 Q에 관해 정리하여, 1회 발주 시 최적의 발주량을 계산한다.

1) 연간관계 총비용 TIC

$$TIC = 연간 \ 발주비용\left(\dfrac{DC_p}{Q}\right) + 연간 \ 재고유지비\left(\dfrac{QP_i}{2}\right)$$
$$= \sqrt{2DC_pP_i} = \sqrt{2DC_pC_H}$$

① 연간 발주비용 : 연간 발주횟수$\left(\dfrac{D}{Q}\right) \times 1$회당 발주비용$(C_p)$

② 연간 재고유지비

ㄱ 평균재고량$\left(\dfrac{Q}{2}\right) \times$ 단위당 재고유지비(C_H)

ㄴ 평균재고량$\left(\dfrac{Q}{2}\right) \times$ 구매단가$(P) \times$ 연간 재고유지율(i)

ㄷ 평균재고량 $= \dfrac{(기초재고 + 기말재고)}{2}$

2) 경제적 발주량 $EOQ = Q_0$

$$EOQ = Q_0 = \sqrt{\dfrac{2DC_p}{P_i}} = \sqrt{\dfrac{2DC_p}{C_H}}$$

3) 연간 적정 발주횟수 N_0

$$N_0 = \frac{D}{EOQ} = \frac{D}{Q_0}$$

4) 적정 발주주기 t_0

$$t_0 = \frac{Q_0}{D} = \frac{1}{N_0}$$

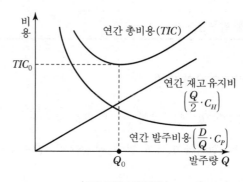

| EOQ의 결정점 |

(4) 발주점과 안전재고의 결정

1) 발주점(OP) 결정

① 수요율(d)과 조달기간(L)이 일정한 경우

$$OP = \text{조달기간 중의 수요량}(D_L) = \text{수요율}(d) \times \text{조달기간}(L)$$

② 수요율(d)이 변하고 조달기간(L)이 일정한 경우

$$OP = \text{조달기간 중의 최대 수요량}(D_{\max L})$$
$$= \text{최대 수요율}(d_{\max}) \times \text{조달기간}(L)$$
$$= \text{조달기간 중의 평균 수요량}(\overline{D_L}) + \text{안전재고}(B)$$
$$= \overline{D_L} + \text{안전계수}(u_{1-\alpha}) \times \text{조달기간 중의 수요량의 표준편차}(\sigma_L)$$

2) 안전재고가 필요한 경우

① 재고부족에 따른 손실비가 안전재고 유지비용보다 큰 경우
② 안전재고 유지비가 소액인 경우
③ 수요가 불확실 또는 변동이 심한 경우
④ 품절의 위험이 높은 경우

3. 경제적 생산량(ELS ; Economic Lot Size)

경제적 생산로트 크기(ELS)를 경제적 생산량(EPQ)이라고도 하며, 기업 자체 내에서 필요한 자재를 직접 제조하는 경우에 생산량과 생산시기를 결정·통제하기 위한 기법으로, 경제적 발주량(EOQ)은 재고의 입고가 일시적으로 일어나는 데 비해 ELS는 재고의 입고가 점차적으로 커지며, 구매비용 대신에 생산준비비(C_p)를 사용한다는 차이가 있다.

(1) 연간관계총비용 TIC

$$TIC = \frac{DC_p}{Q} + \frac{QP_i}{2}\left(1 - \frac{d}{p}\right)$$

단, $p > d$ (p : 생산율, d : 수요율)

(2) 경제적 생산량 ELS 또는 EPQ

$$ELS = EPQ = Q_0 = \sqrt{\frac{2DC_p}{P_i\left(1 - \dfrac{d}{p}\right)}}$$

(3) 적정 연간관계총비용 TIC_0

$$TIC_0 = \sqrt{2DC_pP_i\left(1 - \frac{d}{p}\right)}$$

4. ABC 관리방식 : 독립수요품에 해당

자재의 종목별 연간 사용액을 산출하여 금액이 가장 높은 자재의 그룹을 'A급 자재', 다음으로 높은 그룹을 'B급 자재', 그리고 가장 낮은 그룹을 'C급 자재'로 구분하여 그 중요도에 따라 차별 관리하는 방식으로 소수 중요 품목을 중점 관리하며 Pareto 분석을 행한다.

EOQ와 EPQ

- EOQ에서는 주문비용, EPQ에서는 생산준비비용을 고려한다.
- EOQ에서는 일정한 수요율을 가정하나 EPQ에서는 생산율(수요율)을 고려한다.
- EPQ는 자가 생산되는 품목을, EOQ는 외부 공급원으로부터 공급되는 품목을 대상으로 한다.
- EOQ에서는 재고가 일시에 보충되는 것으로 가정하나 EPQ에서는 재고가 일정한 비율로 꾸준히 보충되는 것으로 가정한다.

재고유지비용 : $P_i = C_H$

등급	내용	전 품목에 대한 비율	총 사용금액에 대한 비율	관리비중	발주형태
A	고가치품	10~20%	70~80%	중점관리	정기발주시스템
B	중가치품	20~40%	15~20%	정상관리	정량발주시스템
C	저가치품	40~60%	5~10%	관리체제 간소화	Two-bin 시스템
Two-bin 시스템	재고를 2개의 용기(Bin)에 두어 한쪽 용기의 재고가 바닥이 나면 발주와 동시에 다른 용기의 재고를 사용하는 방식(수량이 많고 부피가 작은 저가품의 재고관리 시스템), 재고기록을 필요로 하지 않는다.				

기본문제 08

재고의 저장 공간을 두 개로 나누는 것으로 발주점의 수량만큼을 각각 두 개의 저장공간에 확보하는 재고시스템은?

① One-bin 시스템
② Two-bin 시스템
③ Hungarian 시스템
④ MRP 시스템

풀이 Two-bin 시스템이란 재고를 2개의 용기(Bin)에 두어 한쪽 용기의 재고가 바닥이 나면 발주와 동시에 다른 용기의 재고를 사용하는 방식(수량이 많고 부피가 작은 저가품의 재고관리 시스템)으로, 재고기록을 필요로 하지 않는다.

＋정답 ②

04 JIT와 MRP

1. JIT 시스템

(1) JIT 시스템의 핵심 구성요소

1) 간판시스템

① Pull식 생산(부품을 사용하는 작업장의 요구가 있을 때까지 부품을 공급하는 작업장에서 어떤 부품도 생산하지 않는다)
② '간판'은 작업지시표 또는 이동표 역할을 한다.

⊙ JIT(Just In Time) 시스템
도요타의 대표적인 생산방식으로 Lean Production이라고도 하며, 다품종 소량생산(소로트 생산)을 지향하고 사고방식은 '생산량을 늘리지 않고 생산성을 향상시켜야 하는 과제를 해결하기 위하여 생산에 필요한 부품을 필요한 때에 필요한 양을 생산공정이나 현장에 인도하는 '적시에 생산하는 방식'이다.

2) 생산의 평준화

최종 조립단계에 있는 모든 작업장에 균일한 부하를 부과하기 위한 조치

3) 소로트(Lot) 생산

생산 준비시간의 단축과 소로트화

4) 설비배치와 다기능공 양성

① 소(少)인화가 가능한 생산시스템 구축
② 소(少)인화 달성을 위한 전제조건
   ㉠ 수요변동에 유연한 설비배치(U자형 배치)
   ㉡ 다기능작업자의 육성
   ㉢ 표준작업의 평가·개정이 충족되어야 함

> **➕ 플러스 이론**
>
> JIT 시스템의 특징
> - 공정의 낭비를 철저히 제거한다.
> - 자재흐름은 Pull System 방식이다.
> - 생산의 평준화를 위해 소로트화를 추구한다.
> - 작업자의 다기능공화로 작업의 유연성을 높인다.
> - 자재의 흐름 시점과 수량은 간판으로 통제한다.
> - 재고를 최소화하고 조달기간은 짧게 유지한다.
> - 간판시스템의 운영으로 재고수준을 감소시킨다.
> - 납품업자를 자사의 생산시스템의 일부로 간주한다.
> - 준비교체시간을 최소화하여 유연성의 향상을 추구한다.
> - 작업의 표준화로 라인의 동기화(同期化)를 달성할 수 있다.
> - 공급자와는 긴밀한 유대관계로 사내 생산팀의 한 공정처럼 운영한다.

(2) JIT 시스템의 개선활동

1) 지속적인 개선활동

간판방식, 생산의 평준화, 생산·준비시간의 단축, 설비배치와 다기능공 양성, 작업의 표준화

2) 자동화의 구체적 수단

소집단활동과 제안제도, '눈으로 보는 관리' 방식, '기계별 관리' 방식

배가바이스

간판방식의 운영

$$\cdot \text{간판수} = \frac{\text{소요량} \times \text{간판의 순환시간}}{\text{상자당 수량}}$$

· 최대재고 = 간판수 × 상자당 수량

> **➕ 플러스 이론**
>
> JIT II(Jit In Time II)
> 공급자 재고관리(Vendor Managed Inventory)의 확장으로 공급자의 종업원이 구매회사 조직의 구매부서에서 근무하면서 구매담당과 공급담당 역할을 동시에 수행하게 하는 방법으로 발주회사와 공급회사를 하나의 가상기업으로 인식하여 양사 간 중복업무를 대폭 축소하는 기법이다.

PART 1
PART 2
PART 3
PART 4
PART 5
PART 6
PART 7

(3) 도요타 시스템의 7대 낭비

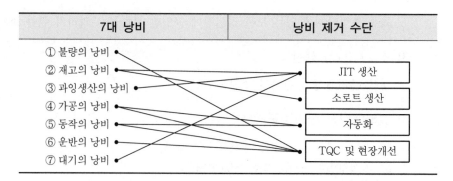

7대 낭비	낭비 제거 수단
① 불량의 낭비 ② 재고의 낭비 ③ 과잉생산의 낭비 ④ 가공의 낭비 ⑤ 동작의 낭비 ⑥ 운반의 낭비 ⑦ 대기의 낭비	JIT 생산 소로트 생산 자동화 TQC 및 현장개선

2. MRP 시스템 : 종속수요품의 재고관리

자재소요계획(MRP ; Material Requirements Planning)은 제품의 생산 수량 및 일정을 토대로 그 생산제품에 필요한 원자재·부분품·공정품·조립품 등의 소요량 및 소요시기를 역산하여 자재조달계획을 수립하여 일정관리를 겸하고 효율적인 재고관리를 모색하는 시스템으로서 일종의 일정계획 및 재고통제기법 이다.

(1) MRP 시스템의 주요 기능

① 필요한 물자를 언제, 얼마를 발주할 것인지 알려준다.
② 주문 내지 제조지시를 하기에 앞서 경영자가 계획 등을 사전에 검토할 수 있다.
③ 언제 주문을 독촉하고 늦출 것인지 알려준다.
④ 상황 변경에 따라서 주문의 변경이 용이하다.
⑤ 상황의 완료에 따라 우선순위를 조절하여 자재조달 생산작업을 적절히 진행한다.
⑥ 능력계획에 도움이 된다.

(2) MRP 시스템의 구조와 전개

1) MRP 시스템의 투입자료

① 대일정계획 또는 기준생산계획
② 자재명세서(BOM ; Bill Of Materials)
③ 재고기록철 등이 필요하다.

2) MRP 시스템의 전개절차

① 제품의 생산일정과 생산량 파악
② 제품분석
③ 품목별 재고현황과 조달기간 파악
④ MRP 계획표 작성(부품전개)

3) MRP 시스템의 출력 결과

① 계획납기일
② 계획주문의 양과 시기
③ 발령된 주문의 독촉 또는 지연 등의 여부

4) MRP 시스템 사용 시 이점

① 적절한 납기 이행
② 부품 및 자재부족 현상의 최소화
③ 작업의 원활 및 생산소요시간의 단축
④ 수요 패턴이 산발적인 경우에 잘 대응한다.
⑤ 공정품을 포함한 종속수요품의 평균재고 감소
⑥ 종속수요품 각각에 대하여 수요예측을 별도로 행할 필요가 없다.
⑦ 상황변화(수요·공급·생산능력의 변화 등)에 따른 생산일정 및 자재계획의 변경 용이

5) MRP 시스템의 특징

① 소요량 개념에 입각한 종속수요품의 재고관리 방식이다.
② 종속수요품 각각에 대하여 수요예측을 별도로 할 필요가 없다.
③ 상위품목의 생산계획에 따라 부품의 소요량과 발주시기를 계산한다.
④ 상황변화(수요·공급·생산능력의 변화 등)에 따른 생산일정 및 자재계획의 변경이 용이하다.
⑤ MRP의 입력요소는 자재명세서(Bill Of Materials), 대일정계획(Master Production Schedule), 재고기록철(Inventory Record File)이다.

(3) MRP 시스템의 작성과 운영

1) MRP 작성과정에 사용되는 용어정리

① 총 소요량(Gross Requirement)
상위품목의 생산을 위한 기간별 총 생산요구량

② 순소요량(Net Requirements)

주일정계획에 의하여 발생된 수요를 충족시키기 위해 새로 계획된 주문에 의해 충당할 수량(순소요량＝총 수요량－현재고량－예정수취량＋안전재고량)

③ 예정된 수취량(Scheduled Receipt)

이미 생산(구매) 주문이 발주되어 진행 중인 수량으로 주문은 했으나 아직 도착하지 않은 주문량

④ 예상보유재고(Projected On－Hand Inventory)

$$예상보유재고＝직전\ 주의\ 예상보유재고＋예정된\ 수취량$$
$$＋계획된\ 수취량－총\ 소요량$$

⑤ 계획된 수취량(Planed Order Receipt) : 발주계획량

- 기초재고 보유수량(직전 주의 예상보유재고)과 예정된 수취량으로 총 소요 충족이 안 될 경우 계획해 놓은 주문 수취량
- 계획된 수취량＝(총 소요량＋안전재고)－(직전 주의 예상보유재고－예정된 수취량)

⑥ 보유재고량(Projected On Hand Inventory)

주문량을 인수하고 총소요량을 충족시킨 후 기말에 남는 재고량으로 현재 이용 가능한 기초재고량

⑦ 계획된 발주량(Planned Order Release)

특정 주에 계획된 수취가 가능하도록 전 주에 주문발송이 계획된 수량

⑧ 안전재고

경우에 따라서는 불규칙한 총 소요량 발생에 대비하여 안전재고를 사용

2) MRP 시스템의 운영형태

① 재생형(Regenerative) MRP 시스템

주 단위로 주기적인 MRP 확장과정을 수행, 모든 재고기록을 재산정하는 운영 형태

② 순변환(Net Change) MRP 시스템

매번 MPS상의 변화가 있거나 거래가 발생할 때마다 영향을 받게 되는 기록에 대하여 부분적인 MRP 확장과정을 실행하는 형태

배가바이스

MRP 시스템의 로트사이즈 결정 방법

- 고정주문량 방법은 명시된 고정량으로 주문한다.
- 대응발주 방법은 해당 기간에 순소요량으로 주문한다.
- 부품기간 방법은 재고유지비와 작업준비비(주문비)가 균형화되는 점을 고려하여 주문한다.
- 최소단위 비용 방법은 총비용[(준비비용＋재고유지비용)/로트의 수]을 최소화시키는 양으로 주문한다.

(4) MRP와 발주점 방식의 비교

구분	발주점 방식	MRP 시스템
대상 물품	연속 생산품	조립산업, 주문생산공장
발주개념	보충(Replenishment) 개념	소요(Requirement) 개념
물품의 수요	독립수요(완제품 또는 부품)	종속수요(원재료, 부분품)
수요 패턴	연속적	산발적
예측자료	과거의 수요실적자료	변경 잦은 MPS(대일정계획) 수용
발주량 크기	경제적 발주량(EOQ)	원자재 소요량

➕ 플러스 이론

JIT 시스템과 MRP 시스템 비교

구분	JIT 시스템	MRP 시스템
관리시스템	주문에 따른 Pull System	계획안에 따른 Push System
관리목표	최소량의 재고, 낭비 제거	생산계획 및 통제
관리수단	눈으로 보는 관리	프로그램 관리
생산계획	안정된 수준의 MPS 확보	수시 변경도 수용 가능
적용분야	소로트 반복생산	비반복적 생산(업종 제한 없음)

수요 패턴에 따른 재고관리 시스템

수요패턴	재고관리 시스템	개념
독립수요	EOQ, EPQ, ABC	재고보충(재고량과 발주량 관계)
종속수요	MRP	수요요구 개념(수요량과 발주량 관계)

생산계획 및 일정관리

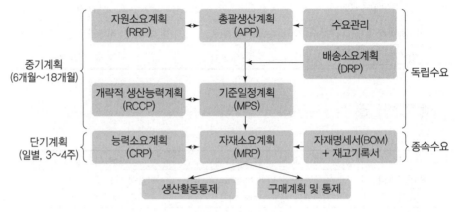

| 생산계획의 관계도 |

01 ▶ 총괄생산계획(Aggregate Production Planning)

1. 총괄생산계획(APP)

(1) 총괄생산계획의 구성요소

1) 목표

    예측된 수요를 충족시켜야 하며, 중기에는 고정되어 있는 생산설비의 능력범위 내에서 이루어져야 하고, 관련 비용이 최소화되도록 수립되어야 한다.

2) 고려요소

    생산율, 하청, 고용수준, 재고수준 등을 고려하여야 한다.

3) 결과

    생산수계획, 품종계획, 일정계획 등이 있다.

(2) 총괄생산계획전략과 의사결정대안

1) 총괄생산전략의 유형

① 순수전략(Pure Strategy) : 생산방안의 개발 시 고려하는 여러 변수들 중에서 하나의 변수만을 사용하여 수요 변동을 흡수하는 전략으로서 추종전략(Chase Strategy)과 평준화 전략(Level Strategy)으로 나뉜다.

② 혼합전략(Mix Strategy) : 추종전략과 평준화전략의 요소를 혼합한 것으로 생산방안의 개발 시 고려하는 고용수준, 작업시간, 재고수준, 주문적체 및 하청 등의 변수들 중에서 두 가지 이상의 변수를 이용하여 수요변동을 흡수하는 전략이다.

2) 고려해야 할 관리비용

① 정규시간비용   ② 잔업비용
③ 고용비용   ④ 해고비용
⑤ 재고유지비용   ⑥ 재고부족비용
⑦ 하청비용

3) 의사결정대안

① 반응적 대안(Reactive Alternatives) : 생산관리자 담당

수요를 주어진 것으로 보고 이에 대처하기 위한 것으로 고용수준, 초과근무, 단축근무, 휴가, 예상재고, 하청, 추후납품, 미납주문, 재고고갈 등을 이용한다. 단축근무와 추후납품은 주로 공정 중심적 기업에서 이용하게 되며, 미납주문과 재고고갈은 제품 중심적 기업에서 주로 이용한다.

② 공격적 대안(Aggressive Alternatives) : 마케팅관리자 담당

수요를 조절하여 자원의 소요를 조절하려는 것으로 비슷한 자원을 이용하는 보완재를 생산하거나 창조적인 가격결정 등을 이용한다.

(3) 총괄생산계획 제기법

1) 도시적(圖示的) 방법

주로 생산품목수가 적거나 생산공정이 간단한 경우에 적합하며, 생산량 및 재고수준을 감안하여 수요에 적응해 나가는 생산계획을 모색하는 기법으로서 총 비용은 정규작업비, 잔업에 따른 생산비, 고용수준의 증감에 따른 생산수준 변동비, 재고유지비, 하청비용 등의 합이 최소화되도록 한다. 일명 시행착오법이라고도 한다.

2) 수송계획법

생산비와 재고관리비의 합이 최소로 되는 생산계획 수립에 널리 이용되는 것으로 생산의 계절적 변동이 큰 품목의 경우 유용하며, 단일품목, 품종을 생산하는 경우에 사용하기가 편리하다.

3) 선형계획법(LP ; Linear Programming)

일반적으로 한 품목 이상의 품목에 대한 생산계획 수립 시에 이용된다.

4) 선형의사결정법(LDR ; Linear Decision Rule)

생산계획기간에 걸쳐 최적 생산율 및 작업자의 수를 결정하기 위하여 사용할 수 있는 결정규칙 및 선형방정식을 도출해 내고자 하는 것이다. 4가지 비용요소인 정규급료, 고용 및 해고비용, 특근비용, 재고유지보관비용의 합을 최소화하기 위한 방법이다. 실제 적용 시 제약을 받는 경향이 있고, 관계비용에 대한 정확한 정보를 얻기 어렵다는 단점이 있다.

5) 휴리스틱기법(Heuristic Technique)

발견적 의사결정법이라고도 하며, 이는 인간사고의 기능을 통해 경험을 살려 스스로 해결방안을 모색하면서 점차로 해에 접근해 가는 방법으로 과거의 의사결정들을 다중회귀 분석하여 의사결정규칙을 추정한다. 의사결정방법에는 경영계수이론, 매개변수에 의한 총괄생산계획 등이 있다.

6) 탐색의사결정법(SDR ; Search Decision Rule)

Taubert에 의해 개발된 휴리스틱기법으로, 컴퓨터를 이용하여 모든 기간의 노동력의 생산율의 조합 중에서 최선의 것을 탐색하는 절차로서 수학적 선형 또는 2차 비용 함수 모형과 같은 제한된 가정을 두지 않아 실제에 보다 더 부합될 수 있고, 이미 최적화된 비총괄적 계획의 결정을 이용할 수도 있으나 단점으로는 비최적 해를 얻을 가능성이 있다.

1. 일정관리의 개념

① 일정관리는 생산자원을 합리적으로 활용하여 최적의 제품을 정해진 납기에 생산할 수 있도록 공장이나 현장의 생산활동을 계획하고 통제하는 것을 의미한다.

② 개별생산의 일정관리라 함은 공정관리를 의미하는 것으로 원재료나 부분품의 가공 및 조립의 흐름을 계획하고 생산활동이 원활하게 진행되도록 계획하고 통제하는 것을 의미한다.

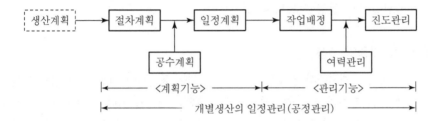

2. 일정계획의 단계

(1) 대일정계획

주일정계획, 기본일정계획 또는 기준생산계획(MPS ; Master Production Schedule)이라고도 불리는 것으로 수주로부터 출하까지의 일정계획을 다루며, 제품별·부분품별의 생산시기, 즉 착수와 완성기일을 정한다.

① 총괄계획을 토대로 하여 수립한다.
② 완제품의 납기와 부품의 조달기간을 고려한다.
③ MPS는 MRP 시스템의 적용을 위한 전제조건이 된다.

(2) 중일정계획

작업공정별 일정계획으로서 대일정계획에 표시된 납기를 토대로 하여 각 작업공정의 개시일과 완성일을 예정한다.

(3) 소일정계획

작업자별 또는 기계별 일정계획이라 부르는 세부일정계획으로서 작업자나 기계별로 구체적인 작업을 지시하기 위해 일정을 예정한다.

> ⊙ 일정계획(Scheduling & Control)
>
> 생산계획이나 제조명령을 구체화하는 과정으로, 부분품 가공이나 제품조립에 필요한 자재가 적기에 조달되고 이들 생산이 지정된 시간까지 완성될 수 있도록 기계 또는 작업을 시간적으로 배정하고, 일시를 결정하여 생산일정을 계획·관리하는 것이다.

배가바이스

일정계획의 효과를 측정하는 평가기준
• 납기이행수준
• 재공품의 수준
• 작업 진행시간(Flow Time)수준
• 기계 및 작업 운휴시간의 발생 정도

(4) 일정계획 수립에 필요한 사항

① 생산기간을 알아야 한다.
② 각 직장의 기계 부하량을 알아야 한다.
③ 납기를 고려하여야 한다.
④ 일정표를 작성한다.

3. 일정의 구성

공정은 가공, 운반, 검사 및 정체의 4가지 현상으로 성립되어 있는데 일정 또한
각 현상의 소요기간으로 성립된다. 따라서 일정계획의 작성은 기준일정의 결정과
생산일정의 결정으로 나눌 수 있다.

(1) 기준일정의 결정

생산기간(기준일정)
＝가공시간＋정체시간
＝작업시간＋조정준비＋여유기간

각 작업을 개시해서 완료될 때까지 소요되는 표준적인 일정, 즉 작업의 생산기간
에 대한 기준을 결정하는 것으로 일정계획의 기초가 된다. 기준일정에는 정체로
인한 정체시간이 포함되는데, 기준일정을 정할 경우에 정체기간을 가급적 단축시
켜야 한다.

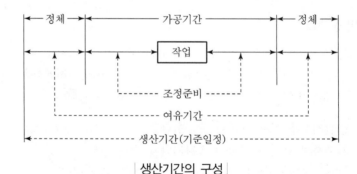

| 생산기간의 구성 |

1) 기준일정의 필요성

기준일정이 없으면 다음과 같은 곤란성이 생긴다.

① 최종완성일(납기)과 비교하여 각 공정은 언제 가공하면 좋을지 미리
알 수 없다.
② 사전에 가공할 일자를 모르면, 각 공정의 일일 부하량을 예측할 수 없으므
로 일정별 부하와 능력과의 평균을 사전에 조정할 수 없다.

2) 기준일정의 종류

    ① 개별작업 일정의 기준
    ② 부품작업 일정의 기준
    ③ 조립작업 일정의 기준
    ④ 준비작업 일정의 기준

3) 일정계획의 합리화 방침

    ① 작업흐름의 신속화
       ⊙ 가공로트 수를 적게 한다.
       ⓒ 이동로트 수를 적게 한다.
       ⓒ 공정계열을 병렬화한다.
    ② 생산기간의 단축(반제품 생산의 감소)
    ③ 작업의 안정화와 가동률 향상
    ④ 애로공정에 대한 능력 증감
    ⑤ 생산활동의 동조화(생산라인의 평형화)
    ⑥ 작업 의욕의 고취

➕ 플러스 이론

일정계획의 주요 기능
• 작업 할당
• 부하 결정
• 작업 독촉
• 작업우선순위 결정

(2) 생산일정의 결정

기준일정과 생산능력을 고려해서 상세한 생산일정표가 작성되어야 한다. 즉, 주어진 생산 제품에 대하여 작업개시 일자와 완성일자 등 현장 작업에 관련된 일정이 확실하게 결정되어야 한다.

생산일정표는 작업의 완급순서와 기계의 능력 및 부하량 등을 감안하여 기준일정의 공정일수를 실제의 역일로 환산해서 작성하는 것이 보편적이다.

기본문제 09

다음은 무엇을 설명하는 것인가?

생산계획 배치 내지 제조명령을 구체화하는 과정이다. 가공이나 조립에 필요한 자재가 지기에 조달되고, 이러한 부품들이 생산이 지정된 시간까지 완성될 수 있도록 작업, 기계들을 시간적으로 배정하고 일시를 선성하어 생신일정을 세획하는 것이다.

① 공정계획   ② 공수계획   ③ 일정계획   ④ 진도계획

풀이 일정계획(Scheduling & Control)에 대한 설명이다.

➕정답▶ ③

PART 1
PART 2
PART 3
PART 4
PART 5
PART 6
PART 7

⦿ 공수계획

개별 생산, 즉 단속공정에서의 일정
계획은 '부하할당(Loading) → 작
업순서의 결정(Sequencing) → 상
세일정계획'의 순서로 이루어진다.
공수계획은 부하할당(Loading)을
의미하며, 어느 작업장에 얼마만큼
의 작업량을 할당할 것인가를 결정
하는 것으로 능력소요계획 또는 부
하계획이라고도 한다.

학습곡선(공수체감곡선)의 활용
분야
- 성과급 결정
- 제품이나 부품의 적정 구입가격
  결정
- 작업 로트 크기에 따른 표준공수
  조정

03 공수계획

1. 부하 및 능력의 계산

부하	생산능력에 있어서 개별 제조공수의 합으로 정의된다.
능력	• 작업능력 = (작업자수) × (능력환산계수) × (월 실가동시간) × (가동률) • 기계능력 = (월 가동일수) × (1일 실가동시간) × (가동률) × (기계대수)
여력	여력 = (능력 - 부하)/능력 × 100(%)

2. 공수체감현상

작업자의 학습(개별적 공수체감현상), 기계설비의 개선, 치공구의 개선, 설계의 개량, 제작기술의 개선, 관리기술의 개선, 불량품 발생의 감소 및 임금제도의 자극도 등(종합적 공수체감현상)에 의하여 공수가 체감되는 현상을 말하며, 이들에 의하여 공수가 일정한 율로 감소되어 가는 형의 곡선을 공수체감곡선 또는 학습곡선(Learning Curve)이라고 한다.

(1) 공수체감현상의 이용

① 신제품 생산을 개시할 때 표준공수견적, 정원계획, 출하계획 및 원가예측
② 새로운 작업자의 교육 · 훈련계획
③ 작업 로트의 크기에 따라 표준공수를 보정
④ 제품이나 부품의 적정 구입가격을 견적
⑤ 장려급 설정의 기초

(2) 공수체감곡선

공수체감곡선의 수학적 특성(대수 선형의 경우)

$$Y_n = AX^B$$

단, Y_n : n번째 생산에 소요되는 공수
A : 첫 번째 생산단위의 공수
X : 생산량(n과 같은 의미로 사용)
$PI = 2^B$: 학습률, $B = \dfrac{\log PI}{\log 2}$ (단, $-1 < B < 0$)

3. 작업순서(Job Sequencing)의 결정

(1) 작업순서의 우선순위 규칙

① 선입선출법 FCFS(First Come First Served)
작업장에 작업이 도착한 순서대로 작업을 행하는 가장 간단한 순위결정법이다.

② 최소작업시간법 SPT/SOT(Shortest Processing Time)
작업시간이 가장 짧은 작업을 우선적으로 한다.

③ 최소납기법 EDD(Earliest Due Date)
납기일이 빠른 순서대로 작업을 한다.

④ 최소여유시간법 S(Least Slack Time)
여유시간이 가장 짧은 작업부터 한다(여유시간 = 잔여납기일수 − 잔여작업일수).

⑤ 긴급률법 CR(Critical Ratio)

$$CR = \frac{잔여납기일수}{잔여작업일수}$$

단, $CR < 1$이면 순위를 빠르게, $CR > 1$이면 순위를 늦게 작업을 행한다.

(2) Johnson's Rule

n개의 가공물을 2대의 기계로 가공하는 경우 가공시간을 최소화하고 기계의 이용도를 최대화하는 기법으로 가공물의 가공(처리)시간이 가장 짧은 작업을 선택한다. 만일, 최단처리시간이 작업장 1에 속하면 가장 앞공정으로 처리하고, 작업장 2에 속하면 가장 뒷공정으로 처리하는 방법이다.

(3) 소진기간법

재고량의 소진기간이 가장 짧은 순서대로 생산을 우선적으로 시행하는 방법으로, 소진기간은 기초재고/주당 수요로 계산하게 되며, 계산값이 가장 적은 것부터 작업을 시행하면 된다.

⊙ SPT(Shortest Processing Time)
납기가 주어진 단일설비 일정계획에서 모든 작업을 납기 내에 완료할 수 없는 경우 평균흐름시간(Average Flow Time)을 최소화하는 작업순위 규칙이다.

배가바이스
2대의 기계를 거쳐 수행되는 작업들의 총 작업시간을 최소화하는 투입순서를 결정하는 데 가장 중요한 것은 공정별·작업별 소요시간이다.

4가지 주문작업을 1대의 기계에서 처리하고자 한다. 최소납기일 규칙에 의해 작업순서를 결정할 경우 최대납기지연시간은 얼마가 되는가?(단, 오늘은 4월 1일 아침이다.)

작업	처리시간(일)	납기
A	5	4월 10일
B	4	4월 8일
C	6	4월 16일
D	11	4월 19일

① 5일　　　　② 6일　　　　③ 7일　　　　④ 8일

풀이 최소납기일 규칙이란 납기여유시간이 가장 짧은 작업부터 작업을 행한다는 뜻이므로, 작업순서는 B(4월 8일)－A(4월 10일)－C(4월 16일)－D(4월 19일)가 된다. 따라서 납기일자는 B(4일), A(9일), C(15일), D(26일)이 된다. 납기지연은 D(26일)가 발생되며, 최대납기지연시간은 26－19＝7일이 된다.

＋정답 ③

04 Gantt Chart

간트차트(Gantt Chart)는 작업활동을 시간적 측면에서 도표에 의해 관리하는 방법으로 일명 Bar Chart라고도 하고, 계획과 실제의 시간적인 관계를 요약하여 나타내는 일정분석 도표로서 생산 또는 작업계획과 실제의 작업량을 나타내며, 작업일정이나 시간을 작업표시판에 가로막대선으로 표시하는 전통적인 일정관리기법으로 계획과 통제기능을 동시에 수행하게 된다.

용도	작업계획, 작업실적 기록, 여력통제, 진도통제		
도표	작업자 기계기록도표, 작업부하도표, 작업진도표		
도시 기호	⌐	작업개시 일자	✓	체크된 일자
	⌐‾	작업완료 예정일	⊠	작업지연회복에 예정된 시간
	⌐_	예정된 생산기간	⊏	완료 작업
	|20 　 |	일정 기간에 대한 작업계획량	| 　 20|	일정 기간까지 완료할 작업량

특징	장점	단점
특징	• 작업일정을 안다. • 질서정연하여 이해하기 쉽다. • 사용이 간편하고 비용이 적게 든다. • 계획과 결과를 명확하게 파악할 수 있다. • 작업장의 성과를 작업장별로 파악할 수 있다.	• 정성적이며, 계획변경에 대한 적응성이 약하다. • 작업활동 상호 간에 유기적인 관련성을 파악하기 힘들다. • 중점관리가 안 되고 일정계획의 변경에 융통성이 부족하다.

05 PERT/CPM Network 수법

1. PERT/CPM의 개요

네트워크 계획기법 중에서 대표적인 것으로는 PERT(Program Evaluation & Review Technique)와 CPM(Critical Path Method)을 들 수 있다.

이들 네트워크 계획기법은 프로젝트를 효과적으로 수행할 수 있도록 네트워크를 이용하여 프로젝트를 일정·노동·비용·자금 등에 관련시켜 합리적으로 계획하고 관리하는 기법이다. 특히 CPM은 공기의 단축이 요구될 때 주 공정상의 어느 작업을 단축해야 하며 작업자나 설비를 초과 투입할 필요가 있는 경우 최소비용 증가로 공사기간을 단축하려는 기법이다.

○ PERT

미국 NASA에서 Time을 위주로 개발한 반면, CPM은 미국 Dupont사에서 Cost를 위주로 개발한 프로젝트 일정관리기법이다.

(1) 적용분야

1회성, 비반복적인 대규모 사업계획에 적합하다.

(2) 기대효과

① 업무수행에 따른 문제점을 사전에 예측할 수 있어 이에 대한 조처를 사전에 취할 수 있다.

② 계획·자원·일정·비용 등에 대하여 간결·명료하게 의사소통이 가능하다.

③ 요소작업 상호 간에 유기적인 연관성이 명확해짐으로써 작업배분 및 진도관리를 보다 정확히 할 수 있다.

④ 최적 계획안의 선택이 가능하며 자원배분에 있어서 효과를 미리 예측할 수 있어 한정된 자원을 효율적으로 사용할 수 있다.

⑤ 주공정(Critical Path)에 관한 정보 제공으로 시간적으로 여유 있는 작업과 여유 없는 작업을 구별할 수 있어 중점적 일정관리가 가능하다.

2. 네트워크(AOA ; Activity On Arrow)의 작성

(1) 네트워크의 구성요소

1) 단계(Event or Node) ◯

① 작업이나 활동의 시작 또는 완료되는 시점을 나타낸다.
② 다른 활동과의 연결시점을 이룬다.
③ 시간이나 자원을 소비하지 않는 순간적인 시점이다.

2) 활동(Activity or Job) ⟶

활동은 과업수행상 시간 및 자원(인원, 물자, 설비 등)이 소요되는 작업이나 활동을 말한다.

① 전체 프로젝트를 구성하는 하나의 요소작업(개별작업)을 표시한다.
② 반드시 선행단계와 후속단계를 하나씩 가지고 있다.
③ 하나 또는 여러 활동이 한 단계에서 착수도 되고 완료도 된다.

3) 명목상 활동(Dummy Activity) ┄┄>

명목상 활동은 한쪽 방향에 화살표를 점선으로 표시하여 이 활동에는 시간이나 자원의 요소를 포함하지 않으므로 가상활동이라고도 한다.

(2) 네트워크 작성의 기본원칙

1) 공정원칙

모든 공정은 특정 공정에 대한 대체공정이 아니고 각각 독립된 공정으로 간주되어야 하며 공정이 전부 의무적으로 수행되어야만 목표가 달성된다.

2) 단계원칙

네트워크상 각 단계들은 모든 단계가 완료되고 후속작업을 개시할 수 있는 시점을 표시한다.

3) 활동원칙

어떤 활동이 개시될 때 선행하는 모든 활동은 완료되어야 한다.

4) 연결원칙

단계 자체를 바꿀 수 없다. 각 활동은 한쪽 방향으로 화살표로 표시한다.

3. 작업(활동) 시간의 추정

CPM이나 PERT/Cost에 있어서 작업의 소요시간 추정은 1점 견적법에 의하여하나 PERT/Time에서는 3개의 시간 추정치로부터 평균치를 계산하여 소요시간을 추정하는 3점 견적법을 채택하고 있다.

1) 낙관시간치 : t_0 or a(Optimistic Time)

작업활동을 수행하는 데 필요한 최소시간, 즉 모든 일이 예정대로 잘 진행될 때의 소요시간

2) 정상시간치 : t_m or m(Most Likely Time)

작업활동을 수행하는 데 정상으로 소요되는 시간, 즉 최선의 시간치

3) 비관시간치 : t_p or b(Pessimistic Time)

작업활동을 수행하는 데 필요한 최대시간

4) 기대시간치 : t_e(Expected Time)

$$t_e = \frac{a+4m+b}{6}, \quad t_e의 \ 분산 \ \sigma^2 = \left(\frac{b-a}{6}\right)^2$$

이는 β 분포에 의거하여 산출된다.

5) 확률 벡터 : Z(Probability Factor)

$$Z = \frac{TS-TE}{\sqrt{\sum \sigma^2}} (단, \ TS : 예정 \ 달성기일, \ TE : 최종단계의 \ TE)$$

4. 일정 계산

(1) 단계시간에 의한 일정 계획

PERT/Time에 의한 계획으로 3점 견적법이며 AOA(Activity On Arc) 방식을 사용하여 기대시간치(t_e)를 구하고 이를 토대로 작업완성시간을 관리하는 방법이다.

1) 가장 이른 예정일(TE) : 전진 계산

① 가장 이른 예정일(TE ; Earliest Expected Date)

$$(TE)_j = (TE)_i + (t_e)_{ij}$$

② 단, 합병단계의 경우 각 경로별로 선행단계의 $(TE)_i$에 각 단계 사이의 소요시간$(t_e)_{ij}$를 가산하여 얻은 수치 중 최대치를 취한다.

2) 가장 늦은 완료일(TL) : 후진 계산

① 가장 늦은 완료일(TL ; Latest Allowable Date) $(TL)_i = (TL)_j - (t_e)_{ij}$

② 최종단계의 TL은 예정달성기일(Scheduled Completion Date ; TS)의 지시가 없을 때는 최종단계의 TE와 동일하다.

3) 단계여유(S)

① 단계여유(S ; Slack) $S = TL - TE$

② 단계여유에는 정여유($TL - TE > 0$), 영여유($TL - TE = 0$), 부여유($TL - TE < 0$)가 있다.

4) 주공정의 발견(애로공정) : CP

주공정이란 여러 공정 중 시간이 가장 오래 걸리는 공정을 의미한다.

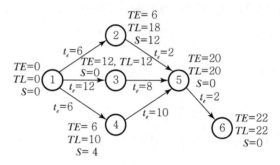

| 단계시간에 의한 일정계산 |

⊙ 주공정(Critical Path)

• 시간적으로 가장 긴 경로를 말한다.
• 주공정 활동이 지연되면 전체 프로젝트의 완료시간도 지연된다.
• 프로젝트 완료시간을 단축시키려면 주공정 활동의 활동 시간을 단축시켜야 한다.
• 최소여유시간을 가진 단계를 연결하면 주공정이 된다.

(2) 활동시간에 의한 일정 계산

CPM에 의한 계획으로 1점 견적법이며 AON(Activity On Node) 방식을 사용하여 시간의 평균치로 작업완성시간을 관리하는 방법이다.

① 가장 이른 개시시간[$(ES)_{ij}$, EST ; Earliest Start Time]

$$(ES)_{ij} = (TE)_i = 다음단계의 \ EST - 소요시간$$

② 가장 이른 완료시간[$(EF)_{ij}$, EFT ; Earliest Finish Time]

$$EF_{ij} = (ES)_{ij} + D_{ij} = (TE)_i + (t_e)_{ij}$$
$$= 앞 \ 단계의 \ EST + 소요시간$$

③ 가장 늦은 개시시간(LS_{ij}, LST ; Latest Start Time)

$$LS_{ij} = LF_{ij} - D_{ij} = TL_j - (t_e)_{ij}$$
$$= 다음 \ 단계의 \ LET - 소요시간$$

④ 가장 늦은 완료시간(LF_{ij}, LFT ; Latest Finish Time)

$$LF_{ij} = TL_j = 앞\ 단계의\ LST + 소요시간$$

⑤ 총여유시간(TF ; Total Float)

$$TF = (TL)_j - [(TE)_i + (t_e)_{ij}]$$
$$= LFT - EFT = LST - EST$$

⑥ 자유여유시간(FF ; Free Float)

$$FF = (TE)_j - [(TE)_i + (t_e)_{ij}]$$

⑦ 독립여유시간(INDF ; Independent Float)

$$INDF = (TE)_j - [(TL)_i + (t_e)_{ij}] = FF - S$$

⑧ 간섭여유시간(IF ; Interfering Float)

$$IF = TF - FF = (TL)_j - (TE)_j$$

◉ 총여유시간
어떤 작업이 그 전체 공사의 최종완료일에 영향을 주지 않고 지연될 수 있는 최대한의 여유시간

◉ 자유여유시간
모든 후속작업이 가능한 빨리 시작될 때 어떤 작업의 이용 가능한 여유시간

◉ 독립여유시간
후속활동을 가장 빠른 시간에 착수함으로써 얻게 되는 여유시간

◉ 간섭여유시간
활동의 완료단계가 주공정과 연결되어 있지 않을 때 발생하는 여유시간

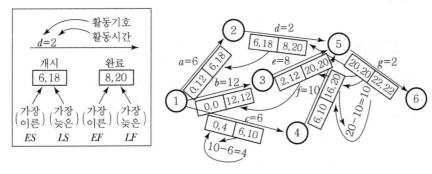

| 활동시간에 의한 일정계산 |

5. 최소비용 계획법(MCX ; Minimum Cost Expedition)

이 기법은 주공정상의 요소작업 중 비용구배(Cost Slope)가 가장 낮은 요소의 작업부터 1단위 시간씩 단축해 가는 방법이다. 비용구배는 활동의 소요시간은 정상소요시간과 긴급 소요시간으로 구분할 수 있으며, 이에 따른 비용도 정상비용과 긴급비용이 다르게 발생된다. 이때 정상소요시간에서 긴급소요시간으로 변경될 때 단위당 증가하는 비용, 즉 증분비용을 비용구배라 한다.

$$비용구배 = \frac{특급비용 - 정상비용}{정상시간 - 특급시간}$$

◉ 비용구배(Cost Slope)
필요로 하는 공사기간 중 1일 단축 시 추가되는 비용을 말한다.

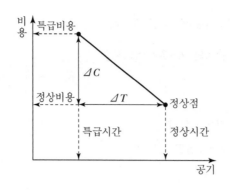
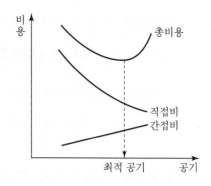

기본문제 **11-1**

일정계획에 있어서 전동차 조립에 소요되는 시간치가 다음과 같은 경우 기대시간치(t_e)와 분산(σ^2)은 약 얼마인가?

[시간] 낙관치 : 5, 정상치 : 6일, 비관치 : 7일

풀이 $t_e = \dfrac{5 + 4 \times 6 + 7}{6} = 6$, $\sigma^2 = \left(\dfrac{7-5}{6}\right)^2 = 0.11$

기본문제 **11-2**

작업활동의 시간과 비용이 다음과 같을 때 비용구배는 얼마인가?

구분	정상작업	특급작업
시간(일)	20일	15일
비용(원)	400만 원	1,000만 원

풀이 비용구배 $= \dfrac{\text{특급비용} - \text{정상비용}}{\text{정상시간} - \text{특급시간}} = \dfrac{1,000 - 400}{20 - 15} = 120(\text{만 원})$

작업관리

01 작업관리의 개요

1. 작업관리의 정의

인간이 관여하는 작업을 전반적으로 검토하고, 작업의 경제성과 효율성에 영향을 미치는 모든 요인을 체계적으로 조사ㆍ연구하여 작업의 표준화에 의한 표준시간을 설정, 생산성 향상을 꾀하고자 하는 지속적인 개선활동이다.

(1) 작업 개선(문제점 해결)의 진행 절차

① 문제점 발견　　　　② 현상분석

③ 개선안 수립　　　　④ 실시

⑤ 평가

(2) 작업 개선의 원칙(ECRS 원칙)

① 불필요한 작업의 배제(Eliminate)

② 작업 및 작업요소의 결합(Combine)

③ 작업 순서의 변경(Rearrange)

④ 필요한 작업의 단순화(Simplify)

(3) 개선의 대상

① P(Production, 생산량)　　② Q(Quality, 품질)

③ C(Cost, 원가)　　　　　④ D(Delivery, 납기)

⑤ S(Safety, 안전)　　　　⑥ M(Morale, 환경)

(4) 개선의 목표(4가지 최종 목표)

① 피로의 경감　　　　② 시간의 단축

③ 품질의 향상　　　　④ 경비의 절감

2. 작업관리의 제 기법

작업관리의 제 기법					
구분단위		공정	단위작업	요소작업	동작요소
분석기법		공정분석	작업분석		동작분석
방법 연구	공정 분석	제품공정분석	단순공정분석(OPC), 세밀공정분석(FPC)		
		제품공정분석표	작업공정도, 흐름공정도, 흐름선도, 조립공정도		
		사무공정분석	사무공정분석표(Form Process Chart)		
		작업자 공정분석	작업자 공정분석표(OPC ; Operator Process Chart)		
		부대분석	가치분석, 운반활성분석 등		
	작업 분석	작업분석표	기본형, 시간란 부가, 시간눈금 부가, 작업자공정시간분석표		
		다중활동분석표	Man-machine Chart, Gang Process Chart, Man-multi Machine Chart, Multi Man-Machine Chart		
	동작 분석		서블릭분석, 동작경제의 원칙, 필름분석(Micro Motion Study, Memo Motion Study, VTR분석, 사이클 그래프분석, 크로노사이클 그래프분석 등)		
작업 측정	표준 시간 결정		스톱워치법, 워크샘플링, 표준자료법, PTS(MTM, WF)		

02 방법연구

⊙ 공정분석

생산 공정이나 작업방법의 내용을 공정순서에 따라 각 공정의 조건(발생순서, 가공조건, 경과시간, 이동거리 등)을 분석·조사·검토하여 공정계열의 합리화(생산기간의 단축, 재공품의 절감, 생산 공정의 표준화)를 모색하는 것이다.

1. 공정분석의 목적과 종류

목적	• 생산 공정의 개선 및 설계 • 공장 Layout의 개선 및 설계 • 공정관리 시스템의 개선 및 설계 • 생산공정의 표준화 • 생산기간의 단축 • 재공품의 절감
종류	제품공정분석, 사무공정분석, 작업자공정분석, 기타 부대분석

(1) 제품공정도의 유형

① 단순공정분석

세밀분석을 위한 사전조사용으로 사용되며 가공, 검사만의 기호를 사용하는 작업공정도(OPC)가 이용된다. 작업공정도에는 조립형과 분해형이 있다.

② 세밀공정분석

세밀분석을 위하여 사용되며 가공, 검사, 운반, 정체기호를 사용하는 흐름공정도(FPC)가 이용된다. 흐름공정도에는 단일형, 조립형, 분해형이 있다.

(2) 공정도의 종류

① 작업공정도(Operation Process Chart)

공정계열의 개요를 파악하기 위해서 또는 가공, 검사공정만의 순서나 시간을 알기 위해 활용되는 공정도이다.

② 조립공정도(Assembly Process Chart)

Gozinto Chart라고도 하며, 작업, 검사 두 개의 기호를 사용하는 공정도로서 많은 부품 혹은 원재료를 조립, 분해 또는 화학적인 변화를 일으키는 사항을 나타낸다.

③ 흐름(유통)공정도(Flow Process Chart)

보통 단일부품에만 사용되며, 기호를 기입할 필요 없이 해당기호에 색칠을 해주면 된다. 흐름공정도는 각 공정 기호별로 데이터를 집계하는 데 편리하며, 작업자 공정도(OPC)에 비하여 세밀하게 대상을 기록한다는 면도 있으나 대상이 무엇이든 간에 사용되는 기호나 공정도의 양식은 동일하다. 하나의 작업을 하나의 행에 기록해야 한다는 제약이 따른다.

④ 흐름(유통)선도(Flow Diagram)

흐름공정도는 제조과정에서 발생되는 작업, 운반, 검사, 정체, 저장 등의 내용을 표시해 주지만 이러한 사항이 생산현장의 어느 위치에서 발생되는지를 알 수 없다는 단점이 있다. 그러므로 부품이 운반되는 경로를 투명한 입체배치도에 표시한 후에 작업의 발생위치에 공정기로를 표기한 그림이 흐름선도이다. 용도는 보통 설비배치의 개선을 위해 또는 혼잡한 시역을 파악하기 위해 쓰이며 공정흐름이 원활한 지의 여부를 파악할 수 있다. 종류로는 실로 표시하는 String Diagram, 철사로 표시하는 Wire Diagram 등이 있다.

⊙ 제품공정분석표(Product Process Chart)

원료나 자재가 순차적으로 가공되어 제품화되는 과정을 분석하고 각 공정내용을 가공, 운반, 검사, 정체 및 저장 등 네 종류 기호를 사용하여 도시 기록한 도표로 공정 개선을 도모하는 분석법이다.

⊙ 유통선도(Flow Diagram)

정체, 저장, 대기, Material Handling 등의 사항이 생산현장의 어느 위치에서 발생하는지 한눈에 알아볼 수 있도록 표시된 도표이다.

| 제품공정분석 기호 |

KS 원용기호				내용 설명
ASME식		길브레스식		
기호	명칭	기호	명칭	
◯	작업	◯	가공	원재료, 부품 또는 제품이 물리적·화학적 변화를 받는 상태 또는 다음 공정을 위한 준비 상태이다.
→⇨	운반	○	운반	원재료, 부품, 제품 등이 일정한 장소에서 다른 장소로 이동하는 상태를 의미하며, 화살표는 반드시 흐름의 방향을 의미하지는 않는다 (작은 원의 크기는 가공기호의 1/2~1/3).
D	저장	△	원재료의 저장	가공이나 검사되지 않으면서 일정한 장소에서 저장되고 있는 상태로서, 원재료의 저장과 반제품, 제품의 저장으로 구분된다(△는 원재료 창고 내의 저장, ▽은 제품 창고 내의 저장, 일반적으로는 △에서 시작해서 ▽로 끝난다).
		▽	(반)제품의 저장	
	정체	✡	(일시적)정체	가공이나 검사되지 않으면서 일정한 장소에서 정체하고 있는 상태로서, 일정한 장소에 일시적으로 보관 또는 계획적으로 저장되어 있는 상태를 말한다(✡는 로트 중 일부가 가공되고 나머지는 정지되고 있는 상태, ▽는 로트 전부가 정체하고 있는 상태를 의미한다).
		▽	(로트) 대기	
□	검사	◇	질검사	원재료·부품 또는 제품을 어떤 방법으로 측정하고 그 결과를 기준과 비교해서 합격 또는 불합격을 판정하는 일이다.
		□	양검사	
		⊠	양과 질 검사	

(2) 작업자 공정분석표(Operator Process Chart)

1) 의의

작업자가 어떠한 장소에서 다른 장소로 이동하면서 수행하는 업무의 범위와 경로 등을 계통적으로 조사 · 기록 · 검토하는 분석방법으로 운반계 · 창고계 · 보전계 · 감독자 등의 행동분석 등에 사용된다.

2) 종류

① 기본형 작업자 공정분석표
② 시간란을 부가한 작업자 공정분석표
③ 시간 눈금을 부가한 작업자 공정분석표
④ 작업자 공정시간분석표

(3) 사무공정분석(Form Process Chart)

사무실이나 공장에서 특정한 사무 절차에 필요한 각종 장표와 현품의 관계 등에 대한 정보의 흐름을 조사하여 사무처리의 방법이나 제도조직을 개선하는 기법이다. 이러한 개선은 사무작업의 중복이나 불필요한 요소를 제거시키고 단순화를 목적으로 하고 있으며, 한 종류의 서류 흐름을 분석하는 데는 흐름공정도(FPC), 사무작업의 흐름을 전체적으로 분석하는 데는 시스템차트(System Chart)를 이용한다.

(4) 기타 부대분석

① 가치분석(VA/VE)

정의	고객이 요구하지 않는 기능, 즉 불필요한 기능을 파악하여 제거하는 기법
계산식	$V = \dfrac{F}{C}$ [V : 가치(사용가치, 매력가치), F : 기능, C : 비용]
분석단계	기능의 정의와 정리 → 기능의 평가 → 대체안 작성

② 운반활성분석

놓아 둔 물건의 이동 용이성을 활성이라 하며, 활성을 5단계로 나눈 활성지수를 가지고 운반상황을 분석하는 것을 운반활성분석이라 한다.
활성지수는 활성화의 정도 또는 수준을 나타내는 것으로서 지표와의 접점이 작으면 작을수록 활성지수는 높아지며, 높아질수록 좋으므로 활성지수를 높이기 위해서는 차량이나 컨베이어 등을 적극 이용하는 것이 좋다.

⊙ 작업자 공정분석
- 창고, 보전계의 업무와 경로 개선에 적용된다.
- 기계와 작업자 공정의 관계를 분석하는 데 편리하다.
- 이동하면서 작업하는 작업자의 작업위치, 작업순서, 작업동작 개선을 위한 분석이다.

⊙ 부대분석
공정분석의 결과를 바탕으로 특정 항목을 더욱 깊이 연구하여 구체적인 개선안을 마련하고 전체적인 현장의 실태를 알아보기 위한 목적으로 실시되는 분석이다.

	적재방법과 활성지수				
정리함(간추림)	○				
세움	○	○			
들어 올림	○	○	○		
운반할 상태로 끌어냄	○	○	○	○	
그대로 이동함					○
적재방법	바닥에 낱개로 놓기	상자에 넣어 바닥에 두기	운반대차에 올려 둠	차량에 의한 이동	컨베이어에 의한 이동
활성지수	0	1	2	3	4

⊙ 작업분석

생산 주체인 작업자의 활동을 중심으로 생산 대상물을 움직이게 하는 과정을 검토·분석하는 것으로서 작업개선을 위하여 작업의 모든 생산적·비생산적 요인을 분석하여 단위당 생산량을 증가시키고 단위당 비용을 감소시키기 위한 기법이다.

2. 작업분석

(1) 작업분석의 목표

① 작업방법의 개선
② 작업절차와 운반관리 단순화
③ 작업 여건의 개선과 작업자의 피로 감소
④ 품질보증
⑤ 능률 향상
⑥ 생산량의 증가와 단위비용의 감소

(2) 작업분석표(Operation Process Chart)

1) 의의

한 장소에서 일하는 작업자를 대상으로 하며, 그 작업이 어떤 방법으로 진행되고 있는가를 기록하기 위하여 고안된 도시적 모델이다.

2) 종류

① 기본형 작업자 공정분석표
② 시간란을 부가한 작업자 공정분석표
③ 시간 눈금을 부가한 작업자 공정분석표
④ 작업자 공정시간분석표

(3) 다중활동분석표(Multi - activity Chart)

1) 의의

작업자와 작업자 사이의 상호관계 또는 작업자와 기계 사이의 상호관계를 분석함으로써 가장 경제적인 작업조를 편성하거나 작업방법을 개선하여 작업자와 기계설비의 이용도를 높이고 작업자에 대한 이론적 기계 소요 대수를 결정하기 위하여 고안된 분석표이다.

2) 종류

① 작업자 · 기계 작업분석표(Man−Machine Chart)
② 작업자 · 복수기계 작업분석표(Man−Multi Machine Chart)
③ 복수작업자 분석표(Multi Man Chart, Gang Process Chart) : Aldridge 개발
④ 복수작업자 · 기계 작업분석표(Multi Man−Machine Chart)
⑤ 복수작업자 · 복수기계작업분석표(Multi Man−Multi Machine Chart)

3) 이론적 기계대수(n)

$$n = \frac{a+t}{a+b}$$

여기서, a : 기계, 사람의 동시작업시간
b : 수작업시간
t : 기계작업시간

3. 동작분석

(1) 동작분석의 목적

① 작업동작의 각 요소의 분석과 능률 향상
② 작업동작과 인간공학의 관계 분석에 의한 동작 개선
③ 작업동작의 표준화
④ 최저 동작의 구성

(2) 서블릭(Therblig) 분석

1) 정의

작업자의 작업을 요소동작으로 나누어 총 18종류의 서블릭기호로 분석하는 방법으로 현재는 찾아냄(F)이 생략되어 17종류를 사용하고 있다.

배가바이스

다중활동분석의 목적
• 유휴시간의 단축
• 경제적인 작업조 편성
• 경제적인 담당기계 대수의 산정

◉ 동작분석
하나의 고정된 장소에서 행해지는 작업자의 동작내용을 도표화하여 분석하고 움직임의 낭비를 없애 피로가 보다 적은 동작의 순서나 합리적인 동작을 마련하기 위한 기법이다.

2) 목적

① 작업을 기본적인 동작요소인 서블릭으로 나눈다.
② 정성적 분석이며, 정량적으로는 유효하지는 않다.
③ 간단한 심벌마크, 기호, 색상으로 서블릭을 표시한다.

3) 특이사항

① 제1류(9가지) : 작업을 할 때 필요한 동작

② 제2류(4가지) : 제1류 동작을 늦출 경향이 있는 동작으로 작업의 보조동작에 해당한다.

③ 제3류(4가지) : 작업이 진행되지 않는 동작으로 무조건 없애야 할 동작이다.

| Therblig 기호 |

종류	기호		명칭	기호설명
제1류	TE	∪	빈손이동(Transport Empty)	빈 접시 모양
	G	∩	쥐기(Grasp)	물건을 집거나 쥐어서 가진다.
	TL	∪	운반(Transport Loaded)	접시에 물건을 담은 모양
	P	9	바로놓기(Position)	다음 동작을 하기 위해 위치를 조정
	A	#	조립(Assemble)	물건을 조립시키거나 서로 끼운다.
	U	U	사용(Use)	영어의 Use의 머리글자 모양
	DA	#	분해(DisAssemble)	조립되어 있는 것을 분해한다.
	RL	⌒	놓는다.(Release Load)	잡고 있던 것을 놓아 버린다.
	I	0	검사한다.(Inspect)	렌즈 모양
제2류	Sh	⬯	찾음(Search)	눈으로 물건을 찾는 모양
	St	→	선택(Select)	몇 가지 물건 중에서 하나를 고른다.
	Pn	⅄	계획(Plan)	머리에 손을 대고 생각하는 모양
	PP	○	준비함(Pre Position)	볼링핀 모양
제3류	H	⊓	잡고 있기(Hold)	자석에 쇳조각이 붙어 있는 모양
	R	♀	휴식(Rest)	사람이 의자에 앉아 있는 모양
	UD	⌒	불가피한 지연(Unavoidable Delay)	사람이 넘어진 모양
	AD	⌐♀	피할 수 있는 지연(Avoidable Delay)	사람이 누워 있는 모양

(3) 동작경제의 원칙

길브레스가 처음 사용하고, 반스(Barnes)가 개량·보완하였다.

동작경제의 기본원칙	동작경제의 원칙
• 두 손을 동시에 사용할 것 • 동작요소의 수를 줄일 것 • 움직이는 거리를 짧게 할 것 • 피로를 줄일 것	• 신체의 사용에 관한 원칙 • 작업역의 배치에 관한 원칙 • 공구류 및 설비의 설계에 관한 원칙

1) 신체의 사용에 관한 원칙

① 불필요한 동작을 배제한다.
② 동작은 최단거리로 행한다.
③ Control이 필요 없는 동작으로 한다.
　㉠ 최대작업역 : 작업장의 어깨를 축으로 팔을 뻗칠 때 포함되는 영역
　㉡ 장상작업역 : 작업자의 팔꿈치를 축으로 회전시킬 때 포함되는 영역
④ 양손이 동시에 시작하고 동시에 끝나도록 한다.
⑤ 양팔은 반대방향, 대칭적인 방향으로 동시에 행한다.
⑥ 휴식시간을 제외하고 양손이 동시에 쉬어서는 안 된다.
⑦ 동작은 직선동작이나 급격한 방향전환을 없애고, 연속곡선운동으로 한다.
⑧ 손과 몸의 동작은 가능한 한 원만하게 처리할 수 있도록 간단하게 취해져야 한다.
⑨ 가능한 한 작업자의 노력을 덜기 위해 관성을 이용해야 하나, 관성을 근육의 힘으로 극복해야 하는 작업의 경우에는 관성을 최소로 줄여야 한다.

2) 작업역의 배치에 관한 원칙

① 공구와 재료는 지정된 위치에 놓여 있어야 한다.
② 가능하다면 낙하식 운반방법을 사용하여야 한다.
③ 시각에 가장 적당한 조명을 만들어 주어야 한다.
④ 공구와 재료, 제어장치들은 사용위치에 가깝게 놓여야 한다.
⑤ 중력 이송원리를 이용한 부품상자나 용기를 이용하여 부품을 사용장소에 가깝게 보낼 수 있도록 한다.

3) 공구류 및 설비의 설계에 관한 원칙

① 가능하면 두 개 이상의 기능이 있는 공구를 사용한다.
② 도구와 재료는 가능한 한 다음에 사용하기 쉽게 놓아야 한다.
③ 손 이외의 신체부분을 이용하여 손의 노력을 경감시켜야 한다.

작업장의 배치

• 최대작업영역 : 작업자의 어깨를 축으로 하여 팔을 휘두를 때, 부채꼴 모양의 원호 내부에 해당하는 지역을 의미한다.
• 정상작업영역 : 작업자의 팔꿈치를 기준으로 하여 팔을 움직일 때 부채꼴 모양의 원호 내부에 해당하는 지역을 의미한다.

(4) 필름 분석

1) Micro Motion Study

① 의의

인간의 동작을 연구하기 위하여 화면에 측시장치를 삽입한 영화를 매초 16~24프레임으로 촬영하고 사이모 차트를 작성하여 동작을 연구하는 방법으로 길브레스가 고안하였다.

② 장점

㉠ 재현성이 좋다.

㉡ 객관적인 기록을 얻을 수 있다.

㉢ 교육 · 훈련용으로 사용할 수 있다.

㉣ 작업장소의 분위기를 파악할 수 있다.

㉤ 분석대상이 복수가 되어도 기록할 수 있다.

㉥ 프레임 수보다 정확한 시간치를 얻을 수 있다.

㉦ 목시(目視)로서 놓칠 수 있는 것도 기록할 수 있다.

㉧ 관측자가 들어가기 곤란한 장소나 환경하에서도 자동적으로 기록할 수 있다.

㉨ 복잡한 작업, 빠른 작업, 빠르면서 세밀한 작업의 기록도 용이하게 행할 수 있다.

③ Simo Chart

작업이 한 작업구역에서 행해질 경우 손, 손가락 또는 다른 신체부위의 복잡한 동작을 영화 또는 필름 분석표를 사용하여 서블릭 기호에 의하여 상세히 기록하는 동작분석표(양수 동작분석도표)이다.

2) Memo Motion Study

① 의의

촬영속도가 늦은(1FPS or 100FPM) 특수촬영을 하여 작업자의 동작분석, 설비의 가동상태 분석, 운반 · 유통 경로분석 등을 행하는 필름분석의 한 수법으로 먼델(Mundel)이 고안하였다.

② 장점

㉠ WS 방법을 실시할 수도 있다.

㉡ 장사이클의 작업기록에 알맞다.

㉢ 불안정 작업을 기록하는 데 편리하다.

㉣ 배치나 운반 개선을 행하는 데 적합하다.

㉤ 작업개선의 교육용 및 PR용으로 적합하다.

ⓗ 장시간의 작업을 연속적으로 기록하기가 용이하다.

ⓢ 불규칙적인 사이클을 가지고 있는 작업을 기록하는 데 알맞다.

ⓞ 조작업 또는 사람과 기계와의 연합작업을 기록하는 데 알맞다.

ⓩ 촬영이 장시간이므로 작업자의 자연스러운 행동을 기록할 수 있다.

ⓩ Memo Motion 속도를 촬영한 필름을 보통속도로 영사함으로써 생기는 과장 효과에 의하여 작업 개선점을 쉽게 찾아낼 수 있다.

3) 기타 분석방법

종류	정의 및 특징
VTR 분석	즉시성 · 확실성 · 재현성 · 편의성을 가지며, 레이팅의 오차한계가 5% 이내로 신뢰도가 높다.
사이클 그래프 분석	손가락, 손과 신체의 각기 다른 부분에 꼬마전구를 부착하여 동작의 궤적을 촬영하는 방법
크로노사이클 그래프 분석	일정한 시간간격으로 비대칭적인 밝기 광원을 점멸시키면서 동작의 궤적을 촬영하는 방법
스트로보 사진 분석	1초에 몇 회 또는 수십 회 개폐하는 스트로보 셔터나 플래시를 사용하여 동작의 궤적을 촬영하는 방법
아이 카메라 분석	눈동자의 움직임을 분석 · 기록하는 방법

기본문제 12

미세동작분석(Micro Motion Study)의 장점에 해당하지 않는 것은?

① 복잡한 작업, 빠른 작업, 빠르면서 세밀한 작업의 기록도 용이하게 행할 수 있다.

② 재현성이 좋다.

③ 사이클타임이 짧은 작업에 이용된다.

④ 워크샘플링방법을 실시할 수 있다.

풀이 미세동작분석(Micro Motion Study)은 방법연구 파트이고 워크샘플링은 표준시간 설정을 위한 작업측정 파트이다.

➕정답 ④

작업 및 관리의 과학화에 필요한 제 정보를 얻기 위하여 작업자가 행하는 제 활동과 시간을 기초로 하여 측정하는 것이다. 작업측정의 제 기법은 최종적으로는 표준시간을 설정하는 데 그 목적이 있다. 작업측정의 종류로는 다음과 같은 것들이 있다.

시간연구법	Stop Watch법
PTS법	MTA법, MTM법, WF법, MODAPTS법
WS법	관측비율로 각 항목의 표준시간을 산정한다.
표준자료법	유사작업을 파악하여 작업조건의 변경에 따른 작업시간 변화를 분석하여 표준시간을 산정한다.

1. 표준시간(Standard Time)

⊙ 표준시간

소정의 표준작업 조건하에서 일정한 작업방법에 따라서 숙련된 작업자가 정상적인 속도로 작업을 수행하는 데 필요한 시간

(1) 표준시간의 구성

표준시간(ST)은 정미시간(NT)과 여유시간(AT)의 합성으로 이루어지며, 정미시간은 관측시간(OT)을 수정하여 사용하며, 여유시간은 여유율(A)을 수정하여 사용하게 된다. 여기서, 여유율을 어떻게 계산하는가에 따라 외경법과 내경법으로 나뉜다.

$$표준시간 = 정미시간 + 여유시간$$

• 내경법
$$ST = NT \times \frac{1}{(1-A)}$$

• 외경법
$$ST = NT \times (1+A)$$

(2) 표준시간의 산출

1) 외경법(여유율은 정미시간에 대한 비율로 표현)

① 여유율 $= \dfrac{여유시간}{정미시간}$

② 표준시간 $=$ 정미시간 $+$ 여유시간 $=$ 정미시간 $\times (1 + 여유율)$

2) 내경법(여유율은 실동시간에 대한 비율로 표현)

① 여유율 $= \dfrac{여유시간}{정미시간 + 여유시간}$

② 표준시간 $=$ 정미시간 $+$ 여유시간 $=$ 정미시간 $\times \dfrac{1}{1 - 여유율}$

(3) 정상화 작업(Normalizing, Rating, Leveling)

의미	시간 관측자가 관측 중에 작업자의 작업속도와 표준속도를 비교하여 작업자의 작업속도를 정상속도화하는 것을 의미한다.
정상화 작업을 위한 절차	• 기준이 되는 정상적인 작업속도 개념을 익힌다. • 레이팅의 단위를 정한다. • 평가하려는 작업이 표준화된 작업방법에 의해서 수행되고 있음을 확인하고 그 작업의 관측 중에 기준속도와 당해 작업의 유효(실제) 속도를 서로 비교한다. • 비교한 결과를 정량적(레이팅 계수)으로 나타낸다. • 정미시간 산출 : 정미시간＝관측의 평균시간×(레이팅 계수)
정상화 작업방법의 종류	• 수행도 평가법(속도 평가법) • 객관적 평가법 • 평준화법 • 페이스 평가법, SAM 레이팅 • 종합적 평준화법

⊙ 수행도 평가(Performance Rating)
• 작업자 평정계수라고도 한다.
• 작업의 정미시간(Normal Time)을 구하는 데 사용된다.
• 작업의 표준페이스와 실제페이스의 비율을 의미한다.

1) 속도평가법

작업동작의 속도를 기준속도와 비교하여 작업 동작의 속도를 계량화하여 작업자의 작업속도를 정상속도화하는 것이다.

① 수행도(속도)의 오차를 유발하는 요인(작업방법, 조건, 환경 등이 동일하다고 가정)

    ㉠ 능력(재능, 기능, 육체적 조건 등) : 적성, 숙련

    ㉡ 의욕(의지, 흥미, 인내력 등) : 긴장, 노력

② 정상 수행도를 나타내는 척도

    ㉠ 52장의 트럼프 카드를 0.5분에 나누어 주는 손의 동작속도

    ㉡ 30개의 핀이 가득 들어 있는 용기로부터 양손으로 동시에 2개씩 집어 판자구멍에 넣는 데 0.41분이 걸릴 때 손의 속도

    ㉢ 짐을 갖지 않고 곧고 평탄한 길 4.8km를 1시간에 걸을 때의 발의 동작속도

③ 레이팅 결과 분석

    ㉠ 그래프의 대각선에 오차 10%의 범위 내에 있는 레이팅은 정확성이 있는 것으로 간주

    ㉡ 후한 레이팅 – 점들이 대각선 위에 위치, 짠 레이팅 – 점들이 대각선 아래에 위치

© 보수적 경향 레이팅 : 아주 빠른 작업은 약간 빠르게, 아주 늦은 작업은 약간 늦게 평가하는 경우

© 극단적 레이팅(급경사인 경우) : 빠른 작업은 아주 더 빠르게 평가, 늦은 작업은 아주 더 늦게 평가 – 긴류효과(緊留效果, Anchoring Effect)

⊙ 정미시간(Normal Time)
- 정상적인 작업수행에 필요한 시간
- 주어진 작업시간을 목표생산량으로 나눈 시간
- PTS(Predetermined Time Standard)법에 의하여 산출된 시간
- 스톱워치로 구한 관측평균시간에 작업수행도평가(Performance Rating)를 반영한 시간

④ 정미시간 산출

$$정미시간 = 관측의 \ 평균시간 \times 수행도평가계수$$

2) 객관적 평가법

① 의의

객관적 레이팅 필름에 의해서 1차 속도 평가를 행하고 작업의 난이도에 따라 2차 평가를 하며 평가자 주관의 개입을 적게 하고 평가 오차가 적도록 먼델(Mundel)에 의해 고안된 방법이다.

② 객관적 평가법의 절차

㉠ 1차 평가

다상필름 또는 스템필름을 상당 횟수 보고 훈련하여 체득한 표준페이스의 척도 개념과 관측 중의 작업페이스를 비교하거나, 관측한 작업필름과 다상필름을 2대로 동시에 영사하여 비교·평가한다.

㉡ 2차 평가

작업내용 및 난이도 등에 대하여 미리 실험하여 결정한 수치를 기계적으로 적용하며 요소작업마다 별도로 작업의 난이성을 조정한다(2차 조정계수).

③ 정미시간 산출

$$정미시간 = 관측평균치 \times 속도평가계수 \times (1 + 2차 \ 조정계수)$$

3) 평준화법

작업속도를 그 주요한 변동 요인인 숙련도, 노력도, 작업조건, 작업의 일관성 등 4가지 측면에서 관측 중에 작업을 평가하고 각각의 평가에 상당하는 평준화계수를 표에서 구하여 관측시간에 곱함으로써 정미시간을 산출하는 방법이다.

① 정미시간 = 관측평균시간 × (1 + 평준화계수)

② 평준화법 실시상의 주의사항

　　㉠ 평준화법은 작업방법에 변화가 없는 경우, 만약 변화가 있어도 작업
　　　자가 평균 또는 평균에 가까운 수행도를 나타내고 있는 경우에만
　　　양호한 결과를 얻을 수 있다.

　　㉡ 평준화법은 요소작업보다도 전 작업에 대한 평가에 사용된다.

　　㉢ 평가는 반드시 관측 시에 행하여야 하며, 한 번 평가하였으면 결코
　　　변용해서는 안 된다.

4) 페이스 평가법(Pace Rating)

속도평가법과 노력평가법을 발전시켜 페이스란 개념으로 바꾸고, 여러 가지
다른 형태의 작업에 대하여 일련의 기본 표준을 설정하며, 각종 작업 고유의
정상 페이스를 습득하여 실제작업을 평가하는 방법이다. 작업속도란 동작
그 자체의 속도보다 일정한 작업을 수행하는 데 필요한 속도로서 직접 생산량
에 영향을 미친다. 따라서 페이스 평가법을 수행도 평가법(Performance
Rating)이라고도 한다. Work Sampling 중에서 레이팅을 하여 표준시간을
산출하는 대표적인 방법이다.

5) 종합적 평준화법(합성 레이팅법, Synthetic Rating)

시간연구자의 주관적 판단에 의한 결함을 보정하고 높은 수준의 정확성을
얻기 위해 R. L. Morrow에 의해서 개발된 레이팅의 한 기법으로, 작업이
요소작업으로 구분이 가능해야 하며, 몇 개의 요소작업에 대해 사전에 표준시
간을 얻을 수 있어야 한다는 전제조건이 있다. 관측된 작업 중에서 요소작업
에 대한 대표치를 PTS법으로 분석하고, PTS에 의한 시간치와 관측시간치의
비율을 구하여 레이팅계수를 산정한 후 다른 요소작업에 적용시키는 Rating
기법이다.

(4) 여유시간

1) 의의

작업을 진행시키는 데 있어서 물적 · 인적으로 필요한 요소이기는 하지만
발생하는 것이 불규칙적이고 우발적이기 때문에 편의상 그들의 발생률,
평균시간 등을 조사 측정하여 이것을 정미시간에 가산하는 형식으로 보상하
는 시간치이다.

2) 종류

① 일반여유 : 용무여유, 피로여유, 작업여유, 관리여유
② 특수여유 : 기계간섭여유, 조여유, 소로트 여유, 장사이클 여유, 장려여유

용무여유	인간의 생리적·심리적 요구에 의한 자연과 환경조건에 따른 영향(물 마시기, 세면, 용변 등)에 의해 발생하는 시간을 보상하기 위한 여유이다.
피로여유	작업수행에 따르는 정신적 육체적 피로를 효과적으로 회복하고 장기간에 걸친 작업능률을 최고로 유지하기 위한 인적 여유이다.
작업여유	작업여유는 작업을 수행하는 과정에 있어서 불규칙적으로 발생하고 정미시간에 포함시키기가 곤란하거나 바람직하지 못한 작업상의 지연을 보상하기 위한 여유이다. 재료취급, 기계취급, 치공구취급, 몸 준비, 작업 중의 청소, 작업중단 등으로 분류된다.
관리여유	관리여유는 직장관리상 필요하거나 관리상 준비되지 않아 발생하는 작업상의 지연을 보상하기 위한 여유로서, 재료대기, 치공구대기, 설비대기, 지시대기, 관리상 지연, 사고에 의한 지연 등으로 분류된다.
기계간섭여유	1명의 작업자가 2대 이상의 기계를 조작할 경우 기계간섭이 발생함으로써 생산량이 감소하는 것을 보상하기 위한 여유이다.
조여유	조립의 컨베이어식 흐름작업이나 도금과 같은 연합작업 등 그룹을 이루고 있는 수평의 작업자가 공정계열로 연계되어 있고 개개인이 맡고 있는 분담작업을 수행할 경우 상호작업을 동시화시키기 위하여 발생하는 개개인의 작업지연을 보상하기 위한 여유이다.
소로트 여유	로트 수가 작기 때문에 정상작업 페이스를 유지하기가 난이하게 되는 것을 보상하기 위한 여유이다. 즉, 로트 수가 작으면 충분히 능률이 오르기 전에 작업이 완료되기 때문에 표준시간의 유지가 난이하게 되는데 이러한 지연을 보상하기 위한 여유이다.
장사이클 여유	작업사이클이 길기 때문에 발생하는 작업의 변동이나 육체적 곤란 및 복잡성을 보상하기 위한 여유이다.
장려여유	장려제도(성과급제도, 자극급제도, 능률급제도 등)가 실시되고 있는 경우 평균 작업자가 기본급에 대하여 몇 %의 할증금을 지급받을 수 있는가를 결정하지 않으면 안 된다. 이때 표준시간의 기본급에 대한 할증금의 비율을 포함시키기 위한 작업시간을 고려한 계수를 장려여유라 한다.

배가바이스

- 조여유는 컨베이어식 연속작업이나 배치작업에서 주로 발생한다.
- 소로트 여유와 장사이클 여유는 작업자의 습숙도와 연관이 있다.

2. 표준시간 측정방법

(1) STOP WATCH에 의한 시간연구

잘 훈련된 자격을 갖춘 작업자가 정상적인 속도로 완료하는 특정한 작업결과의 표본을 추출하여 이로부터 표준시간을 설정하는 방법으로 반복적이고 짧은 주기의 작업에 적합하나 종업원에 대한 심리적 영향을 가장 많이 주는 측정방법이며, 이때 시간치 측정단위는 1/100분(1DM=0.6초 ; Decimal Minute)을 사용한다.

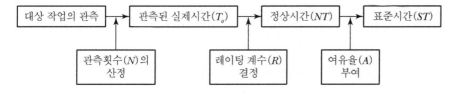

1) 시간관측을 위한 준비사항

① 시간관측자의 선정
② 조직화
③ 일정계획 수립
④ 관측용구의 준비(Stop Watch, 관측판, 관측용지)
⑤ 대상 작업자의 선정
⑥ 분위기 조성

2) 작업의 요소별 분류방법

① 요소는 정확하게 시간을 측정할 수 있도록 기간을 알맞게 잡아야 한다.
② 작업자의 시간과 기계의 작동시간은 서로 분리되어야 한다.
③ 정수 요소는 변수 요소와 분리되어야 한다.

3) 관측 위치와 자세

작업자 전방 1.5~2m 떨어진 곳에서 작업이 잘 보이는 위치에서 방해되지 않도록, 작업자의 동작부분과 Stop Watch와 눈이 일직선상에 있도록 한다.

4) 관측방법의 분류

① **반복법** : 한 요소작업이 끝날 때 시간지를 읽은 후 원점으로 되돌려 다음 요소작업을 측정한다. 이는 비교적 작업주기가 긴 요소작업에 적합하다.

② **계속법** : 최초 요소작업이 시작되는 순간에 시계를 작동시켜 관측이 끝날 때까지 시계를 멈추지 않고 측정한다. 이는 사이클이 짧은 요소작업에 주로 사용한다.

배가바이스

표준시간의 측정 목적

• 원가를 견적하기 위하여
• 작업방법의 비교, 선택을 위하여
• 작업능률의 평가 소요인원의 결정을 위하여

⊙ 계속법

• 첫 번째 요소작업이 시작되는 순간에 시계를 작동시켜 관측이 끝날 때까지 시계를 멈추지 않고 요소작업의 종점마다 시곗바늘을 읽어 관측용지에 기입하는 방법으로 측정한다.
• 요소작업의 사이클타임이 짧은 경우에 적용이 용이하다.
• 매 작업요소가 끝날 때마다 바늘을 멈추고 원점으로 되돌릴 때 발생하는 측정오차가 거의 없다.

③ 누적법 : 두 개의 스톱워치를 사용하여 요소작업이 끝날 때마다 한쪽의 시계를 정지시키고 다른 시계는 움직이도록 하여 시간을 측정한다.

④ 순환법 : 모든 요소 작업 중 한 요소작업을 제외한 시간치를 측정하는 방법으로 사이클이 극히 짧은 순환작업에 사용한다.

5) 관측횟수의 결정(E. L. Grant법)

① 신뢰도 95%, 소요정도 ±5%일 경우

$$N' = \left[40 \frac{\sqrt{N\sum x^2 - (\sum x)^2}}{\sum x} \right]^2$$

② 신뢰도 95%, 소요정도 ±10%일 경우

$$N' = \left[20 \frac{\sqrt{N\sum x^2 - (\sum x)^2}}{\sum x} \right]^2$$

단, N' : 관측횟수, N : 예비관측횟수, x : 예비관측개별시간치

6) 이상치 취급

① D. V. Merrick의 방법 : 개별시간을 크기순으로 나열하고 인접치보다 25% 이상 작거나 30% 이상 큰 것을 이상치로 취급한다.

② W. H. Shutt의 방법 : 개별시간의 평균치를 구하고 그 값으로 25% 이상 떨어져 있는 것을 이상치로 취급한다.

③ M. E. Mundel의 방법
  ㉠ 표준작업 방법에 따르지 않았을 경우 이상치로 취급한다.
  ㉡ 어떤 요소작업이 고유인 경우 이상치로 취급하지 않는다.
  ㉢ 불규칙적으로 발생하는 것에 대해서는 별도로 평가하여 발생 비율에 따라 표준시간에 부가한다.

④ 기각 한계법 : $\bar{x} \pm \sigma \sqrt{\frac{n+1}{n} F_{1-\alpha}(1, \ n-1)}$ 에서 벗어나면 이상치로 취급한다.

◉ 워크샘플링(WS)법
통계적인 샘플링 방법을 이용하여 작업자의 활동, 기계의 활동, 물건의 시간적 추이 등의 상황을 통계적·계수적으로 파악하는 작업측정의 한 기법으로 영국의 L. H. C. Tippett에 의해 최초로 고안되었다.

(2) WS법

1) WS법의 특징

① 노력이 적게 든다.
② 사이클타임이 긴 작업에도 적용이 가능하다.
③ 개개의 작업에 대한 깊은 연구는 곤란하다.

④ 비반복작업인 준비작업 등에도 적용이 용이하다.

⑤ 대상자가 작업장을 떠났을 때 그 행동을 알 수 없다.

⑥ 한 사람이 다수의 작업자를 대상으로 관측할 수 있다.

⑦ 대상자가 의식적으로 행동하는 일이 적으므로 결과의 신뢰도가 높다.

2) WS법의 통계량 값

① 절대오차 : $Sp = u_{1-\alpha/2}\sqrt{p(1-p)/n}$

② 상대오차 : $S = \dfrac{u_{1-\alpha/2}\sqrt{p(1-p)/n}}{p}$

③ 신뢰한계 : $\mu \pm u_{1-\alpha/2}\,\sigma = p \pm Sp = p(1 \pm S)$

④ 관측횟수(신뢰도 95%인 경우) : $n = \dfrac{4p(1-p)}{(Sp)^2},\ n = \dfrac{4(1-p)}{S^2 p}$

3) WS법에 의한 표준시간 설정

① WS법으로 현장작업을 관측하여 표준화한다.

② 표준화된 작업을 WS법으로 재차 관측한다.

③ 관측 중 주체작업에 관해서는 레이팅한다.

④ 관측시간 중의 전 시간, 주체작업시간, 생산량 및 레이팅 계측에 의하여 작업정미시간을 산출한다.

⑤ 작업정미시간에 여유율을 곱하여 작업표준시간을 결정한다.

(3) 표준자료법

1) 장점

① 레이팅이 필요 없다.

② 작업의 표준화가 유지 · 촉진된다.

③ 누구라도 일관성 있게 표준시간을 산정하기 쉽고, 적용이 간편하다.

④ 제조원가의 사전견적이 가능하며, 현장에서 데이터를 직접 측정하지 않아도 된다.

2) 단점

① 반복성이 적거나 표준화가 곤란하면 적용이 어렵다.

② 모든 시간의 변동요인을 고려하기 곤란하므로 표준시간의 정도가 떨어진다.

배가바이스

Work Sampling법의 장점

• 한번에 많은 대상을 관측할 수 있으므로 경제적이다.

• 통계기법에 학문적인 근거를 두고 있으며 정도의 추정도 간단히 할 수 있다.

• 스톱워치법과 비교할 때 관측자와 피관측자 모두 상대적으로 심리적 부담이 적다.

◉ 표준자료법

작업요소별로 관측된 표준자료(Standard Data)가 존재하는 경우, 이들 작업요소별 표준자료들을 합성하고 다중회귀분석을 활용하여 정미시간을 구하고, 여유시간을 반영하여 표준시간을 설정하는 방법이다. 주로 다품종 소량생산이나 소로트 생산에 이용된다.

③ 표준자료 작성 시 초기비용이 많이 소요되므로 반복성이 적거나 제품이 큰 경우에는 부적합하다.

4) 표준자료의 작성순서

① 표준자료의 적용범위 결정
② 자료의 수집과 분석
③ 시간측정과 Master Table 정립
④ 표준자료의 정리 · 분석

(4) PTS(Predetermined Time Standards)법

1) PTS법의 의의

사람이 행하는 작업 또는 작업방법을 기본적으로 분석하고 각 기본동작에 대하여 그 성질과 조건에 따라 이미 정해진(Predetermined) 기초 동작치(Time Standards)를 사용하여 알고자 하는 작업동작 또는 운동의 시간치를 구하고 이를 집계하여 작업의 정미시간을 구하는 방법이다. PTS법은 최초의 PTS인 MTA(Motion Time Analysis)를 비롯하여 가장 보편적으로 사용되고 있는 MTM(Method Time Measurement), WF(Work Factor)가 있다.

2) PTS법의 특징(장점)

① 원가의 견적을 보다 정확하게 할 수 있다.
② 작업자에게 최적의 작업방법을 훈련할 수 있다.
③ 생산개시 전에 미리 표준시간 설정을 할 수 있다.
④ 공평하고 정확한 표준설정이 가능하므로 높은 생산성을 기대할 수 있다.
⑤ 흐름작업에 있어서 라인 밸런싱을 보다 높은 수준으로 끌어올릴 수 있다.
⑥ 표준자료의 작성이 용이하고, 그 결과 표준시간 설정의 공수를 대폭 삭감할 수 있다.
⑦ 표준시간 설정과정에 있어서 현재의 방법을 좀 더 합리적인 방법으로 개선할 수 있다.
⑧ 동작과 시간의 관계를 현장의 관리자나 작업자에게 보다 잘 인식시킬 수 있다.
⑨ 작업방법에 변용이 생겨도 표준시간의 개정을 신속하고도 용이하게 할 수 있다.

3) PTS 도입상의 한계(단점)

① 사이클타임 중의 수작업 시간에 수 분 이상이 소요되면 분석에 소요되는 시간이 다른 방법과 비교해서 상당히 길어지므로 비경제적일 위험이 있다.

② 비반복작업에는 적용될 수 없다.

③ 자유로운 손의 동작이 제약될 경우에는 적용될 수 없다.

④ PTS의 여러 시스템 중 회사의 실정에 알맞은 것을 선정하는 것 자체가 용이한 일이 아니며 시스템 활동을 위한 교육 및 훈련이 곤란하다.

⑤ PTS법의 작업 속도는 절대적인 것이 아니기 때문에 회사의 작업에 합당하게 조정하는 단계가 필요하다.

4) MTM(Method Time Measurement)법

인간이 행하는 작업을 기본동작으로 분석하고, 각 기본동작은 그 성질과 조건에 따라 미리 정해진 시간치를 적용, 정미시간을 구하는 방법이다.

MTM법의 시간치	• 1 TMU＝0.00001시간＝0.0006분＝0.036초 • 1초＝27.8 TMU • 1분＝1,666.7 TMU • 1시간＝100,000 TMU
MTM법의 이점	• 레벨링이나 레이팅 등으로 수행도의 평가를 할 필요가 없다. • 작업연구원으로서는 시간치보다 작업방법에 의식을 집중할 수 있다. • 작업방법의 정확한 설명을 필요로 한다. • 생산착수 전에 보다 좋은 작업방법을 설정할 수 있다. • 각 직장, 각 공장에 일관된 표준을 만든다. • 작업이나 수행도 평가에 대한 불만을 제거할 수 있다.

① MTM법의 적용 범위

적용 범위	적용할 수 없는 경우
• 대규모 생산시스템 • 단 사이클의 작업형 • 초단 사이클의 작업형	• 기계에 의하여 통제되는 작업 • 정신직 시간, 즉 계획하고 생각하는 시간 • 육체적으로 제한된 동작 • 주물과 같은 중공업 • 대단히 복잡하고 절묘한 손으로 다루는 형의 작업 • 변화가 많은 작업이나 동작

◉ MTM법
• 목적물의 중량이나 저항을 고려해야 한다.
• 기본동작에 Reach, Release, Grasp, Move 등이 포함되어 있다.
• MTM 시간치는 정상적인 작업자가 평균적인 기술과 노력으로 작업할 때의 값이다.
• 작업대상이 되는 목적물이나 목적지의 상태에 따라 표준시간이 달라진다.

② MTM법의 기본동작

손을 뻗침 (R ; Reach)	운반 (M ; Move)	회전 (T ; Turn)	누름 (AP ; Apply Pressure)
정치 (P ; Position)	방치 (RL ; Release)	떼어 놓음 (D ; Disengage)	크랭크 운동 (C ; Cranking Motion)
잡음 (G ; Grasp)	눈의 이동시간 (ET ; Eye Travel Time)		눈의 초점 맞추기 시간 (EF ; Eye Focus Time)
전체 동작 (Body Motion)		신체의 보조동작 (Body Assists)	

(5) WF법

사람이 행하는 작업을 요소동작으로 분석하고 각 요소동작에 대하여 그 성질과 조건에 따라 WF법의 규정을 적용하여 WF 동작시간표로부터 시간치를 구하고 집계하여 그 작업의 정미시간을 구하는 방법이다.

1) WF법의 기본원리

① 인간이 통제할 수 있는 작업동작은 모두 제안된 종류의 기본요소동작으로 세분할 수 있다.
② 각 기본요소동작은 일정한 조건하에서는 언제 어디서 발생하여도 일정한 시간치를 갖는다.
③ 일련의 작업동작에 요하는 총 시간은 필요 기본요소동작시간의 합계에 지나지 않는다.

2) WF법의 특징

① WF 시간치는 정미시간이다(시간단위로는 1WFU = 1/10,000분을 사용한다).
② Stop Watch를 사용하지 않는다.
③ 정확성과 일관성이 증대한다.
④ 동작 개선에 기여한다.
⑤ 사전 표준시간의 산출이 가능하다.
⑥ 작업방법 변경 시 표준시간의 수정이 용이하다.
⑦ 작업연구의 효과를 증가시킨다.
⑧ 기계의 여력 계산과 생산관리를 위하여 견실한 기준이 작성된다.
⑨ 유통공정의 균형유지가 용이하다.

WF법
• 직선이동거리
• W, S, P, U, D
• 시간단위 : 1/10,000분
• 125% 장려페이스 기준

3) WF법의 종류

① Detailed WF법

② Simplified WF법

③ Abbreviated WF법

④ Ready WF법

WF법에 사용되는 표준요소	• 이동(Transportation) • 붙잡기(Grasp) • 정치(Preposition) • 조립(Assemble) • 사용(Use) • 분해(Disassemble) • 놓기(Release) • 정신과정(Mental Process)

WF법의 주요 변수	• 사용되는 신체부위
	• 동작거리
	• 중량 또는 저항(Weight, Resistance)
	• 동작의 곤란성(Work-Factors)
	  - 일시정지(Definite Stop)
	  - 방향조절(Steering)
	  - 주의(Precaution)
	  - 방향 변경(Change of Direction)

4) WF법의 시간설정방법

① 8대 동작

이동, 쥐기, 고쳐잡기, 조립, 분해, 사용, 정신작용, 놓기

② 8가지 신체부위

손가락, 손, 팔, 앞팔회전, 발, 다리, 몸, 머리

③ 이동거리 및 WF

중량 또는 저항(W), 정지(D), 조절(S), 주의(P), 방향변경(U)

④ 시간측정순서

동작 → 신체부위 → 이동거리 → W → S → P → U → D

WF법과 MTM법의 공통점	• 양자는 다 같이 규칙에 따라 동작을 분석한 후 동작시간표에 따라 시간치를 설정한다. • 양자는 다 같이 규정의 강습을 받고 시험에 합격함으로써 비로소 정규의 자격소유자가 되는 시스템이다. • 양자는 다같이 상세법과 간이법이 준비되어 있으며 넓은 적응성을 가지고 있다.
WF법과 MTM법의 차이점	• WF법은 관측 중심주의로 관측을 체득하는 데 다소 곤란성이 있으나 관측만 안다면 그리 많은 경험이 없어도 올바른 분석을 할 수 있다. 이에 반하여 MTM법의 관측은 WF법에 비하면 대단히 간단하나 그 대신 다분히 경험과 판단력이 없으면 규칙을 바르게 적용하기가 곤란하다. • WF상세법(DWF)의 시간단위는 1/10,000분, MTM법의 시간단위는 1/100,000시간이다. • WF법의 시간치는 작업속도를 장려페이스(125%)를 기준으로 하고, MTM법의 시간치는 정상페이스(100%)를 기준으로 하고 있다.

기본문제 **13-1**

PTS(Predetermined Time Standard System)의 특징으로 옳지 않은 것은?

① 작업방법과 작업시간을 분리하여 동시에 연구할 수 있다.
② 작업방법만 알고 있으면 관측을 행하지 않고도 표준시간을 알 수 있다.
③ 작업자의 능력이나 노력에 관계없이 객관적으로 시간을 결정할 수 있다.
④ 작업자의 인종·성별·연령 등을 고려하여야 하며, 작업측정 시 스톱워치 등과 같은 기구가 필요하다.

> **풀이** 기정시간표준법(旣定時間標準法) PTS는 작업자의 인종·성별·연령 등이 고려되지 않으며, 측정기구도 필요 없다.

 ④

기본문제 **13-2**

PTS법의 장점과 가장 관계가 먼 것은?

① 표준시간 설정 과정에 있어 논란이 되는 레이팅이 필요 없다.
② 생산 개시 전에 사전 표준시간을 산출할 수 있다.
③ 표준자료를 용이하게 작성하여 표준시간 설정공수를 절감할 수 있다.
④ 전문가가 아니라도 쉽게 표준시간을 산정할 수 있다.

> **풀이** ④ 표준시간 설정에는 규정의 훈련과정을 이수한 전문가가 필요하다.

 ④

06 설비보전

01 설비보전업무

기계설비는 사용함에 따라 마모·부식 또는 파손 등으로 열화현상이 나타난다. 이 열화의 진도는 수리나 정비, 즉 보전(Maintenance)을 행함으로써 시간적으로 지연시킬 수 있다.

초기에는 설비보전이 예방보전(Preventive Maintenance)이란 의미로 사용되었으나 1954년 미국의 GE 사에서 생산보전(Productive Maintenance)을 제창하면서부터 보전을 생산보전이라는 의미로 사용하게 되었다.

1. 생산보전의 내용

생산보전에는 보전예방(MP ; Maintenance Prevention), 예방보전(PM ; Preventive Maintenance), 개량보전(CM ; Corrective Maintenance), 사후보전(BM ; Breakdown Maintenance) 등이 있다.

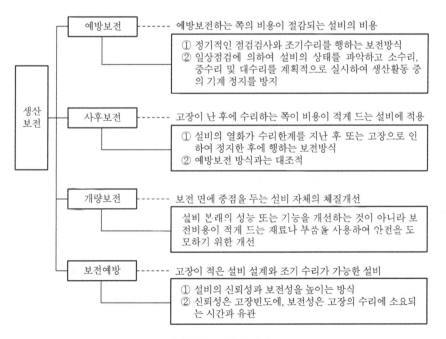

생산보전	예방보전	예방보전하는 쪽의 비용이 절감되는 설비의 비용
		① 정기적인 점검검사와 조기수리를 행하는 보전방식 ② 일상점검에 의하여 설비의 상태를 파악하고 소수리, 중수리 및 대수리를 계획적으로 실시하여 생산활동 중의 기계 정지를 방지
	사후보전	고장이 난 후에 수리하는 쪽이 비용이 적게 드는 설비에 적용
		① 설비의 열화가 수리한계를 지난 후 또는 고장으로 인하여 정지한 후에 행하는 보전방식 ② 예방보전 방식과는 대조적
	개량보전	보전 면에 중점을 두는 설비 자체의 체질개선
		설비 본래의 성능 또는 기능을 개선하는 것이 아니라 보전비용이 적게 드는 재료나 부품을 사용하여 안전을 도모하기 위한 개선
	보전예방	고장이 적은 설비 설계와 조기 수리가 가능한 설비
		① 설비의 신뢰성과 보전성을 높이는 방식 ② 신뢰성은 고장빈도에, 보전성은 고장의 수리에 소요되는 시간과 유관

| 생산보전의 내용 |

➕ 플러스 이론

열화의 유형
- 상대적 열화 : 구형 설비
- 기술적 열화 : 성능이 저하되고 있는 설비
- 경제적 열화 : 사용에는 문제가 없으나 가치가 떨어진 설비

설비보전의 기능
- 설계 : 열화의 예방
- 정비 : 열화의 방지
- 검사 : 열화의 측정
- 수리 : 열화의 회복

배가바이스

OSI ; On Stream Inspection

장치류의 결함발견이나 두께의 측정 등의 비파괴 검사, 회전기계의 진동측정에 의한 수리시기의 판정을 위해 기계장치 가동 중에 행하는 검사이다.

2. 설비보전방식

(1) 사후보전(BM ; Breakdown Maintenance)

고장, 정지 또는 유해한 성능 저하를 초래한 뒤 수리를 하는 보전방법

(2) 예방보전(PM - 1 ; Preventive Maintenance)

① 시간 기준 보전 : TBM(Time Based Maintenance)

돌발고장, 프로세스 트러블을 예방하기 위하여 정기적으로 설비를 검사 · 정비 · 청소하고 부품을 교환하는 보전방식

② 고장을 예방하기 위하여 일상보전을 하고 보전 담당자에 의해 예방수리를 행하는 것인데 일상 예방에는 주유, 청소, 조절, 점검 등이 있고, 열화를 측정하여 열화를 회복시켜 준다.

(3) 예지보전(PM - 2 ; Predictive Maintenance)

① 상태 기준 보전 : CBM(Condition Based Maintenance)

예측보전이라고도 하며, 고장이 일어나기 쉬운 부분에 진동분석장치 · 광학측정기 · 저항측정기 등 감도가 높은 계측장비를 사용하여 기계설비의 문제점을 예측하여 사전에 고장위험을 검출하는 보전활동

② 열화의 조기발견과 고장을 미연에 방지하는 것으로 설비의 수명 예지에 의한 가장 경제적인 보전시기를 결정하여 최적 조건에 의한 수명 연장을 꾀한다.

(4) 개량보전(CM ; Corrective Maintenance)

보전비용이 적게 들도록 재료를 개선하거나 보다 용이한 부품 교체가 가능하도록 설비의 체질을 개선하여 수명연장, 열화방지 등의 효과를 높이는 보전활동으로서 개량보전을 위하여 고장상태를 잘 알 수 있도록 설비를 사용하는 사람이 기록을 하고 또, 고장 재발을 방지하기 위하여 개선 제안을 적극적으로 한다.

(5) 보전예방(MP ; Maintenance Prevention)

설비의 보전성, 경제성, 생산성, 안전성 등의 확보를 위해 과거의 보전 및 운전 활동을 고려하여 설비의 설계 및 설치 단계에서 약점을 보완하여 적용하는 활동으로서 새로운 설비를 계획할 때에 생산보전(PM)을 고려하여 고장 나지 않고(신뢰성 좋은) 보전하기 쉬운(보전성이 좋은) 설비를 설계하거나 선택하는 것을 말한다.

배가바이스

- 고장을 예방하거나 조기 조치를 하기 위하여 급유, 청소, 조정, 부품교환 등을 하는 것은 예방보전(일상보전)에 해당된다.
- 설비별 최적수리주기에 맞춰 부품을 교체하는 방식은 정기보전에 해당되며, 최적수리주기 결정 요인에는 보전비, 열화손실비, 수리한계 등이 있다.

배가바이스

예지보전의 특징
- 과다한 보전비용의 발생을 방지할 수 있다.
- 부품이 정상적으로 작동하면 교체하지 않고 지속적으로 사용하며 상태를 체크한다.
- 불필요한 예방보전을 줄이면서 트러블에 대한 미연 방지를 도모한다.

배가바이스

보전예방(MP)은 처음부터 보전이 불필요한 설비를 설계하는 것으로 보전을 근본적으로 방지하는 방식이며 신뢰성과 보전성을 동시에 높일 수 있다.

3. 보전조직의 형태

① **집중보전** : 보전요원이 특정관리자 밑에 상주하면서 보전활동을 실시(보전요원에게 집중됨)

② **지역보전** : 특정 지역에 분산배치되어 보전활동을 실시

③ **부문보전** : 각 부서별·부문별로 보전요원을 배치하여 보전활동을 실시(보전작업자는 조직상 각 제조부문의 감독자 밑에 둠)

④ **절충식** : 위 3가지 보전의 장점만을 절충한 형태

구분	장점	단점
집중보전	• 기동성 • 인원배치의 유연성 • 노동력의 유효이용 • 보전 설비공구의 유효이용 • 보전기능 향상 • 보전비 통제의 확실성 • 보전기술자 육성 • 보전책임의 명확성	• 운전부문과의 일체감 부족 • 현장감독의 곤란성 • 현장왕복시간 증대 • 보전작업일정 조정의 곤란성 • 특정설비에 대한 습숙의 곤란성
지역보전	• 운전부문과의 일체감 • 현장감독의 용이성 • 현장왕복시간 단축 • 보편 작업일정 조정의 용이성 • 특정 설비에 대한 습숙의 용이성	• 노동력의 유효이용 곤란 • 인원배치의 유연성 제약 • 보전용 설비공구의 중복
부문보전	지역보전과 유사	• 생산우선에 의한 보전경시 • 보전기술 향상의 곤란성 • 보전책임의 분할 • 노동력의 유효이용 곤란 • 보전 설비공구의 중복성 • 인원배치의 유연성 제약
절충식 보전	• 집중보전의 기동성 • 지역보전의 운전부문과의 일체감	• 집중보전의 보행로스 • 지역보전의 노동효율 저하

4. 최적 수리주기의 결정

설비의 최적 수리주기는 단위 기간당 고장정지 및 열화손실비와 단위 기간당 보전비의 합계가 최소가 되는 시점에서 결정하는 것이 경제적이다.

① 단위 시간당 보전비 : $\dfrac{a}{x}$

② 열화손실비 곡선 : $f(x) = l + mx$

③ 최적 수리주기 : $x_o = \sqrt{\dfrac{2a}{m}}$

여기서, a : 1회 보전비
x : 시간
m : 월 수리비
l : 열화손실비
$f(x)$: 열화손실비 곡선함수
x_0 : 최적수리주기

02 고장률 곡선(욕조곡선 : Bath-tub Curve)

많은 부품으로 구성된 제품의 전형적인 고장률은 서양식 욕조(Bath-tub) 모양을 형성한다 하여 욕조곡선이라고 한다. 이 곡선에서 좌측의 고장률이 감소하는 부분(DFR)을 초기고장기간이라 하고, 중간의 고장률이 비교적 낮고 일정한 부분(CFR)을 우발고장기간이라 한다. 그리고 고장률이 증가하는 우측 부분(IFR)을 마모고장기간(열화고장기간)이라 한다.

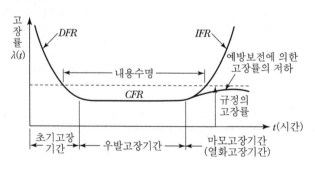

| 욕조곡선(Bath-tub Curve) |

(1) 감소형 DFR(Decreasing Failure Rate)

고장률이 시간에 따라 감소하는 경우로서, 고장확률밀도함수는 와이블 분포(형상모수 $m < 1$)에 대응된다.

(2) 일정형 CFR(Constant Failure Rate)

여러 개의 부품이 조합되어 만들어진 시스템이나 제품의 전체 고장률은 이들 부품의 고장률의 평균이므로 시간에 관계없이 거의 일정하며, 고장확률밀도함수는 와이블 분포(형상모수 $m = 1$), 지수분포에 대응된다.

(3) 증가형 IFR(Increasing Failure Rate)

단일 부품으로 만들어진 대부분의 기기나 시스템의 고장률은 시간에 따라 증가하게 되며, 고장확률밀도함수는 와이블 분포(형상모수 $m > 1$), 정규분포에 대응된다.

고장구간	원인	조처
초기고장 (DFR)	• 표준 이하의 재료 사용 • 불충분한 품질관리 • 표준 이하의 작업자 솜씨 • 불충분한 Debugging • 빈약한 제조기술 • 조립상의 과오, 오염 • 부적절한 조치 및 가동 • 저장 및 운반 중의 부품고장 • 부적절한 포장 및 수송	• Burn - in Test • Debugging 실시 • 보전예방(MP) 실시 • 예방보전(PM)은 무의미
우발고장 (CFR)	• 안전계수가 낮기 때문에 • 예상부하가 과다했기 때문에 • 무리한 사용 · 사용자의 과오 때문에 • 최선의 검사방법으로도 탐지되지 않은 결함 때문에 • 디버깅 중에도 발견되지 않은 고장 때문에 • 예방보전에 의해서도 예방될 수 없는 고장 때문에 • 천재지변에 의한 고장 때문에	• 극한상황을 고려한 설계 • 안전계수를 고려한 설계 • 사후보전(BM ; Break - down Maintenance) 실시
마모고장 (IFR)	• 부식 또는 산화 · 마모 또는 피로 • 노화 및 퇴화 · 불충분한 정비 • 수축 또는 균열 · 오버홀(Overhaul)	• 예방보전(PM) 실시

1. TPM 개요

① 설비를 더욱 더 효율 좋게 사용하는 것(종합적 효율화)을 목표로 하고
② 보전예방, 예방보전, 개량보전 등 설비의 생애에 맞는 PM의 Total System을 확립하며
③ 설비를 계획하는 사람, 사용하는 사람, 보전하는 사람 등 모든 관계자가
④ Top에서부터 제일선까지 전원이 참가하여
⑤ 자주적인 소집단 활동에 의해서 PM을 추진하는 것을 TPM이라 한다.

(1) TPM의 기본이념

① **돈을 버는 기업체질 조성** : 경제성 추구, 재해 Zero, 불량 Zero, 고장 Zero
② **예방철학** : 예방보전(PM), 보전예방(MP), 개량보전(CM)
③ **전원참가** : 참여경영, 인간존중
④ **현장 · 현물주의** : 바람직한 상태의 설비, 눈으로 보는 관리, 쾌적한 직장 조성
⑤ **자동화 · 무인화 시스템** : 근로자의 안전과 근로시간의 단축

(2) TPM의 기본목적

1) 인간의 체질개선

① 오퍼레이터의 자주보전 능력 향상
② 보전요원의 메카트로닉스(Mechatronics) 설비의 보전능력 향상
③ 생산기술자는 보전이 필요 없는 설비계획 능력 개발

2) 설비의 체질개선

① 현존 설비의 체질개선에 의한 효율화
② 신설비의 LCC(Life Cycle Cost) 설계와 조기안정화를 도모

(3) TPM의 기본방침

① 전원참가의 활동으로 고장, 불량, 재해 Zero를 지향한다.
② 자주보전을 통한 자주보전 능력의 향상과 활기찬 현장을 구축한다.
③ 보전기술을 습득하고 설비에 강한 인재를 육성한다.
④ 생산성 높은 설비 상태를 유지하고, 설비의 효율화를 꾀한다.

(4) TPM의 5가지 기둥(기본활동)

① 프로젝트팀에 의한 설비효율화 개별개선활동
② 설비운전사용 부문의 자주보전활동
③ 설비보전 부문의 계획보전활동
④ 운전자 · 보전자의 기능 · 기술향상 교육훈련활동
⑤ 설비계획 부문의 설비 초기관리체제 확립활동

(5) TPM 추진단계

1) 준비단계

① Top의 도입결의 선언
② TPM의 도입교육 및 홍보
③ 추진조직편성
④ 기본방침과 목표 설정
⑤ TPM 전개의 Master Plan 작성

2) 실시단계

① 생산효율화 체제 구축
② 보전예방 활동 및 초기관리체제 확립
③ 품질보전체제 확립
④ 간접 부문의 업무효율화
⑤ 안전 · 위생 · 환경의 관리체제 확립

3) 정착단계

TPM의 완전실시와 Level - up

기본문제 14

TPM 추진 시 노입 준비단계에서부터 도입 실시 및 정착단계로 진행되는데, 다음 중 도입 실시단계의 활동에 해당되는 것은?

① TPM의 추진기구 조직편성
② TPM의 기본방침과 목표의 설정
③ MP 활동 및 초기관리 철저 구축
④ TPM 완전실시와 Level - up

풀이 ①, ② : 도입 준비단계   ④ : 정착단계

정답 ③

PART 1
PART 2
PART 3
PART 4
PART 5
PART 6
PART 7

2. TPM 활동

(1) 5S 활동

5S	정의
정리(Seiri)	필요한 것과 불필요한 것을 구분하여, 불필요한 것은 없애는 것
정돈(Seiton)	필요한 것을 언제든지 필요한 때에 꺼내 쓸 수 있는 상태로 하는 것
청소(Seisou)	쓰레기와 더러움이 없는 상태로 만드는 것
청결(Seiketsu)	정리, 정돈, 청소의 상태를 유지하는 것
습관화(Shitsuke)	정해진 일을 올바르게 지키는 습관을 생활화하는 것
5S의 목적	• 코스트 감축　　　　• 능률 향상 • 품질 향상　　　　• 고장 감축 • 안전 보장, 공해 방지　• 의욕 향상
5S 추진단계	• 5S 추진체제 확립　• 5S 추진계획 입안 • 5S 운동 선언　　　• 사내 계몽 · 교육 • 실시　　　　　　　• 평가 · 유지

(2) 자주보전

> ⊙ 자주보전 활동
> 생산설비를 운전하는 운전원(오퍼레이터)을 중심으로 전원 참여의 소집단 활동을 기본으로 전개하는 오퍼레이터의 보전활동을 말한다. 설비의 기본조건(청소, 급유, 더 조이기)을 정비하여 그것을 유지 · 관리하고 사용조건을 준수하여 설비에 강한 운전원을 육성한다.

1) 자주보전의 목적

① 분임조 활동의 실천에 의한 사람과 조직의 개혁

② 노후설비의 복원과 강제 열화의 방지로 제조공정의 안정화

③ 발생원 · 곤란개소대책 등에 의해 불필요한 작업을 극소화함으로써 효율적인 작업 기반 조성

④ 눈으로 보는 관리의 철저와 기준 작성으로 점검 · 보전기능의 향상

⑤ 설비를 주제로 한 전달교육의 철저 시행과 설비 및 예비품 · 공구의 관리를 통하여 자주관리체제 확립

⑥ 진단을 실시함으로써 그룹을 활성화시킴

2) 자주보전 각 단계의 활동내용

단계	명칭	활동내용
제1단계	초기 청소	설비 본체를 중심으로 하는 먼지·더러움을 완전히 없앤다.
제2단계	발생원 곤란 부위 대책 수립	먼지·더러움의 발생원 비산의 방지나 청소·급유의 곤란 부위를 개선하고 청소·급유의 시간단축을 도모한다.
제3단계	청소·급유·점검 기준의 작성	단시간으로 청소·급유·덧조이기를 확실히 할 수 있도록 행동기준을 작성한다.
제4단계	총 점검	점검 매뉴얼에 의한 점검기능교육과 총 점검 실시에 의한 설비미흡의 적출 및 복원
제5단계	자주점검	자주점검 체크시트의 작성·실시로 오퍼레이션의 신뢰성을 향상시킨다.
제6단계	정리정돈 (표준화)	자주보전의 시스템화, 즉 각종 현장관리항목의 표준화 실시, 작업의 효율화, 품질·안전의 확보를 꾀한다.
제7단계	자주관리의 확립	MTBF 분석기록을 확실하게 해석하여 설비개선을 꾀한다.

(3) TPM의 8대 중점항목

① 개별개선
② 계획·예지보전
③ 자주보전
④ 교육·훈련
⑤ MP 활동
⑥ 품질보전
⑦ 안전·환경관리
⑧ 사무·간접 부문의 효율화

설비종합효율화란 설비의 가동 상태를 질적·양적 면으로 파악하여 부가가치를 생성할 수 있게 하는 수단으로 양적 측면으로서 설비의 가동시간 증대와 단위시간 내의 생산량 증대, 질적 측면으로서 불량품의 감소와 품질의 안정화 및 향상을 의미한다.

이런 효율화를 저해하는 요소로는 속도 손실, 불량·재작업 손실, 생산개시 손실 등을 들 수 있다.

1. 설비 효율화의 지표

TPM에서는 설비효율화의 지표로서 단순한 고장만을 대상으로 하는 것이 아니고 설비효율화에 관계되는 시간가동률(고장, 가동 준비·조정 손실), 성능가동률 (속도조절, 공전손실), 양품률 등을 고려한 다음 그림과 같이 설비종합효율을 높이도록 한다.

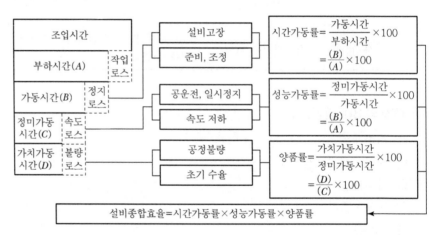

| 설비종합효율 분석(가공·조립 부문) |

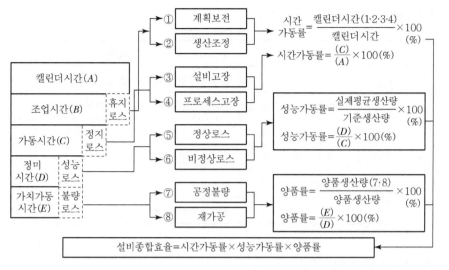

| 설비종합 효율분석(장치산업 부문) |

(1) 계산식 정리

> 설비종합효율＝시간가동률×성능가동률×양품률

① 시간가동률(설비가동률)＝$\dfrac{(부하시간 - 정지시간)}{부하시간}$＝$\dfrac{실가동시간}{부하시간}$

　　여기서, 부하시간＝조업시간－휴지시간

② 실질가동률＝$\dfrac{실제사이클타임 \times 생산량}{가동시간}$

③ 성능가동률＝속도가동률×정미가동률＝$\dfrac{기준사이클타임 \times 생산량}{가동시간}$

④ 속도가동률＝$\dfrac{기준사이클타임}{실제\ 사이클타임}$

⑤ 양품률＝$\dfrac{총\ 생산량 - 불량개수}{총\ 생산량}$

2. 설비효율화 추진을 위한 개별개선

개별개선이란 설비공정 등 정해진 대상에 대하여 철저한 Loss의 배제와 성능 향상을 추구하여 최고의 효율을 이룩하기 위한 개선활동이다.

(1) 가공 · 조립산업의 6대 로스

구분	6대 로스	내용
정지 로스	고장정지 로스	돌발적 · 만성적으로 발생되는 고장정지
	작업준비 · 조정 로스	최초의 양품이 나올 때까지의 정지
속도 로스	공전 · 순간정지 로스	공전 또는 일시적 Trouble에 의한 설비의 정지
	속도저하 로스	기준사이클타임과 실제사이클타임과의 속도 차
불량 로스	불량재가공 로스	공정불량
	초기수율 로스	초기 생산 시 발생하는 로스

(2) 장치산업의 8대 로스

구분	8대 로스	내용
휴지 로스	SD(Shut − Down) 로스	연간 계획보전에 의한 SD 공사(정기수리), 자주검사 등으로 인한 휴지시간
	생산조정 로스	생산계획상의 생산 및 재고 조정을 위한 정지시간
정지 로스	설비고장 로스	설비 · 기기의 고장에 의해 돌발적으로 정지하는 시간
	프로세스고장 로스	물성 변화, 조작 미스 등과 같은 공정상의 문제가 발생하여 정지하는 시간
성능 로스	정상생산 로스	생산의 안정화를 위한 속도 저하로 발생하는 로스
	비정상생산 로스	플랜트의 불합리 또는 이상으로 인하여 저부하운전, 저속운전 등에 따른 비정상적인 생산 로스
불량 로스	품질불량 로스	부적합품의 발생에 의한 로스
	재가공 로스	재가공에 따른 로스

3. 종합효율화의 목표

일반적으로 종합효율화의 수준은 업종, 설비특성, 생산체제에 따라 차이가 있으나 개선책을 마련한다면 최종적으로 85~95% 수준까지는 도달해야 한다.

품질경영

CHAPTER 01 품질경영

01 품질경영의 개념과 리더십

1. 품질경영(Quality Management)의 개념

(1) 품질과 품질경영의 정의

1) 품질의 정의

Michael E. Porter's 경쟁우위 전략
- 원가우위 전략(Cost Leadership)
- 차별화 전략(Differentiation)
- 집중화 전략

① 어떤 실체가 지니고 있는 명시적이고 묵시적인 요구를 만족시키는 능력에 관계되는 특성 전체

② 물품 또는 서비스가 사용목적을 만족시키고 있는지의 여부를 결정하기 위한 평가의 대상이 되는 고유의 성질 또는 성능 전체

③ 품질에 대한 관점으로는 생산자, 소비자, 사회적 관점으로 분류

생산자 관점으로의 정의	• P. B. Crosby : 품질요건에 대한 적합성 • H. D. Seghezzi : 품질시방과 일치성
소비자 관점으로의 정의	• J. M. Juran : 품질시방과 용도에 대한 적합성 • A. V. Feigenbaum : 고객의 기대에 부응하는 특성 • F. M. Gryna : 고객만족 • 한국산업규격 : 사용목적을 만족시키는 성질 및 성능
사회적 관점으로의 정의	• Taguchi : 제품이 출하된 후 사회에서 그로 인해 발생되는 손실 • ISO 9000 : 2015 : 대상의 고유특성의 집합이 요구사항을 충족시키는 정도

2) 품질경영의 정의

'품질을 통한 경제 우위의 확보'에 중점을 두고 '고객만족, 인간성 존중, 사회에 공헌'을 중시하여 '최고 경영자의 리더십' 아래 '전 종업원이 총체적 수단을 활용하여 끊임없는 혁신과 개선에 참여하는 기업문화의 창달'을 통해 기업의 경쟁력을 키워감으로써 '기업의 장기적 성공을 추구'하는 '전사적·종합적인 경영관리체계'이다.

① QC : 수요자의 요구에 맞는 품질의 물품 또는 서비스를 경제적으로 만들어내기 위한 수단의 체계로서 품질요구를 만족시키기 위해 사용되는 운용상의 제반적인 기법 및 활동이다.

② QM : 최고경영자의 품질방침(Quality Policy) 아래 목표 및 책임을 결정하고, 품질시스템 내에서 품질계획(Quality Planning), 품질관리(Quality Control), 품질보증(Quality Assurance), 품질개선(Quality Improvement)과 같은 수단에 의하여 이들을 수행하는 전반적인 경영기능의 모든 활동, 즉 QM＝QP＋QC＋QA＋QI로 정의된다.

③ TQC : A. V. Feigenbaum이 제창한 용어로서, 소비자가 만족할 수 있는 품질의 제품을 가장 경제적으로 생산 또는 서비스를 할 수 있도록 사내 각 부문의 품질개발, 유지, 개선의 노력을 종합하기 위한 효과적인 품질시스템을 종합적 품질관리라 한다.

④ TQM : 기업의 경영에 있어 품질을 중심으로 하고, 모든 구성원의 참여와 고객만족을 통한 장기적 성공지향을 기본으로 하여 조직의 구성원과 사회에 이익을 제공하고자 하는 조직의 관리방법을 종합적 품질경영이라 한다. TQM이 올바르게 추진되기 위해서는 최고경영자의 강력하고 지속적인 지도력과 조직의 모든 구성원에 대한 교육 및 훈련이 필수적이며, QM/TQC의 토대 위에 기업문화의 혁신을 통한 구성원의 의식과 태도 등에 중점을 두고 기업 및 구성원의 사회참여 확대를 목적으로 추진되는 전략경영시스템의 일부분으로 볼 수 있다.

◉ 품질시스템

지정된 품질표준을 갖는 제품을 생산하여 인도하는 데 필요한 관리 및 기술상 순서의 네트워크 또는 사용 적합성을 달성하기 위한 전체 활동(품질기능)의 시스템화를 말한다.

| 품질의 전통적 관점과 현대적 관점 비교 | |

전통적 관점	현대적 관점
대응형(Reactive)	선행형(Proactive)
검사 위주	예방 위주
적정품질수준(AQL 표준)	무결점(ZD 표준)
제품 중심	프로세스 중심
생산일정 최우선	품질 최우선
품질과 비용이 상반관계	품질과 비용의 연관성
작업을 대상	개발에서부터 서비스까지 확대
품질비용 짐작(실패비용 위주)	품질비용의 공식화(예방비용 위주)
품질부서의 문제	전 부문의 문제
규격에의 적합성	지속적 개선
기술적(사소한) 문제	경영적(치명적) 문제

3) 품질범주 및 품질특성

① **품질범주** : D. A. Garvin은 품질의 8대 구성요소를 성능, 특징, 신뢰성, 적합성, 내구성, 서비스, 미관성, 인지품질(지각된 품질) 등으로 구분하였다.

② **품질특성** : 품질요소에 관하여 품질평가의 대상이 되는 성질·성능으로 정의되며, 이 특성을 수치로 표시한 것을 '품질특성치'라 한다. 품질특성은 참특성과 대용특성으로 나뉜다.

      ⊙ **참특성** : 고객이 요구하는 품질특성으로 실용특성이라고도 한다. 예를 들어 자동차의 경우 스타일, 승차감, 안전성, 내구성, 가속성 등이 여기에 속한다.

      ⓒ **대용특성** : 참특성을 해석한 것, 즉 다른 대용으로 사용하는 다른 품질특성을 말한다. 예를 들어 자동차의 경우 스타일에서 차의 길이, 폭, 색상, 형태 등이 여기에 속한다.

③ **A. V. Feigenbaum** : 품질에 영향을 주는 요소로 Man, Machine, Material, Method, Management, Markets, Motivation, Money, Management Information 등으로 9M을 강조하였다.

④ **품질특성에 영향을 주는 요인** : Man, Machine, Material, Measurement, Method, Environment, 즉 5M 1E로 나타낸다.

➕ 플러스 이론

품질특성

주관적 품질특성	실용적 특성	사용에 대한 적합성, 안전성, 무공해
	심리적 특성	취향 기호에 대한 합치성, 소유의 우월감, 만족
객관적 품질특성	유용성 특성	기능, 성능, 신뢰성
	유해성 특성	불안전, 공해

---

(2) 품질관리론의 변천

1) W. A. Shewhart(1931년)

객관적인 물리적 성질과 주관적인 물품의 양호성 등 두 측면을 강조하였으며, 객관적인 물리적 성질에 한정된 품질의 정의를 실현하기 위하여 통계적 품질관리의 연구가 진행되었다.

2) W. E. Deming(1950년)

설계 및 생산공정에서 품질의 변동 가능성을 최소로 줄여서 제품과 서비스 품질의 개선, 즉 공정 중심의 품질관리를 강조하였다. 그는 기업의 품질관리 활동을 설명하면서 '기업은 제품의 품질에 대한 책임감, 품질을 중시하는 기반 위에서 소비자의 요구를 조사·연구하여 소비자의 요구를 만족시키는 품질의 제품을 설계하고, 설계대로 제품을 생산하여 소비자에게 판매하는 일련의 사이클을 지속적으로 반복하는 것'의 중요성을 강조하였다.

3) A. V. Feigenbaum(1951년)

품질에 대한 책임을 제조부문에 국한시키지 않는 전사적인 접근방법을 개발함으로써 조직 내의 모든 기능이 품질에 대해 책임이 있다는 전사적 품질관리(TQC)로 전 세계의 품질운동에 크게 기여하였다. 파이겐바움은 고객 만족을 위한 조직 내 여러 그룹의 노력을 효과적으로 통합하기 위하여 품질관련표의 활용을 추천하였다.

4) J. M. Juran(1954년)

Juran은 품질불량의 80%가 경영층이 통제할 수 있는 요인들에 의하여 발생하며, 이러한 문제를 해결하기 위해서는 건전한 품질경영활동을 통해 꾸준하게 품질향상에 노력을 기해야 한다고 강조하였다. 이에 따라 그는 품질계획, 품질관리, 품질개선이라는 품질삼분법을 제안하였다.

5) P. B. Crosby(1980년)

무결점 개념을 창안한 Crosby는 통계적 기법의 사용보다는 기업문화와 태도를 변화시키기 위한 경영 및 조직과정에 더 많은 관심을 가지고, 이를 4대 품질원칙과 3대 품질백신으로 설명하였다.

① 4대 품질원칙
  ㉠ 품질=요구에 대한 적합성
  ㉡ 품질=검사가 아닌 예방
  ㉢ 품질척도=품질비용
  ㉣ 성과표준=무결점

② 3대 품질백신 : 결의, 교육, 실행

(3) 품질의 분류

고객은 수요의 3요소인 품질(Quality), 원가(Cost), 납기(Delivery)를 종합적으로 평가하여 제품을 구매하게 되므로, 기업은 고객을 만족시키는 데 주안점을 두고 제품을 설계하게 된다. 그러므로 품질의 설계에서는 고객만족을 위하여 기업의 기술수준과 원가라는 두 측면을 균형화하여 품질을 형성시킨다.

품질의 4종류
- 목표품질 : 장차 도달하고자 하는 품질수준으로 연구품질이라고도 하며, 기술·연구부서 담당이다.
- 표준품질 : 표준대로 작업하면 현 공정능력으로 달성할 수 있는 품질수준으로 제조부서 담당이다.
- 검사표준 : 검사의 판정기준으로 보증품위보다 높은 수준이며 검사부서 담당이다.
- 보증품위 : 고객에게 제시하는 품질수준으로 계약품질이라고도 하며 영업부서 담당이다.

1) 요구품질(Requirement of Quality) : 사용품질, 시장품질

시장조사, 클레임 등을 통해 파악한 소비자의 요구조건 등을 말하며, 설계품질의 결정에 중요한 정보가 된다. 요구품질은 사용품질, 실용품질 또는 고객의 필요(Needs)와 직결된 품질이다.

2) 설계품질(Quality of Design)

기업의 입장에서 소비자가 원하는 품질, 즉 시장조사 및 기타 방법으로 얻어진 모든 정보의 요구품질을 실현하기 위해 제품을 기획하고 그 결과를 시방(Specification)으로 정리하여 설계도면에 짜 넣은 품질이다.

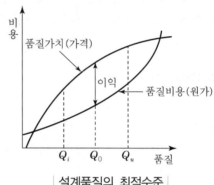

| 설계품질의 최적수준 |

3) 제조품질 또는 적합품질(Quality of Manufacture or Quality of Conformance)

실제로 공장에서 생산 또는 제작 시에 이루어지는 품질로서, 설계품질이 완성되면 이것을 제조공정을 통해서 실물로 실현한다. 제조공정에서 부적합품률을 줄이기 위해서는 관리비가 많이 소요되지만 한편으로는 부적합품률에 의한 손실액이 적어진다. 또 관리비를 적게 들이면 부적합품에 의한 손실액이 커진다. 그러므로 총비용의 최소점인 Q_0가 최적 제조품질점이다.

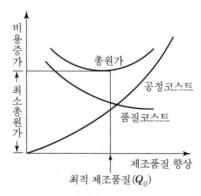

| 제조품질의 최적수준 |

2. 관리

(1) 관리사이클(PDCA 사이클)/Deming 사이클

PDCA	PDCA 단계별 추진내용	PDCA에 따른 품질관리의 4단계
Plan	목표달성을 위한 계획(혹은 표준) 설정	표준 설정
Do	설정된 계획에 따라 실시	표준에 대한 적합도의 평가
Check	실시한 결과를 계획과 비교·검토	차이를 줄이기 위한 시정조치
Action	계획과 실시된 결과 사이에 적절한 수정조치	표준에 적합시키기 위한 계획과 표준의 개선에 대한 입안

| 품질관리 4대 기능＝Deming 사이클 |

품질의 설계	설계품질 또는 목표품질을 설계
공정의 관리	공정설계에 따른 각 표준을 설정하며, 작업자를 교육·훈련하고 업무를 수행
품질의 보증	목표품질에 따라 각 기능별 점검을 시행
품질의 조사·개선	클레임, A/S 결과 등을 조사하여 Feedback하고 각 기능들을 개선

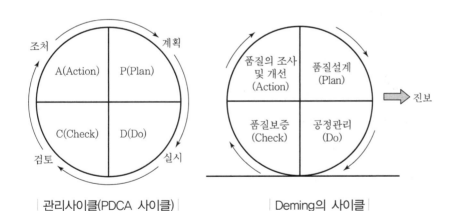

| 관리사이클(PDCA 사이클) | | Deming의 사이클 |

◉ 관리
관리는 영어의 매니지먼트(Management)와 컨트롤(Control)을 뜻하는 것으로 '계획을 설정하여 이를 달성하기 위한 모든 활동의 전체'이다.

- P(Plan) : 더 좋은 계획을 설정
- D(Do) : 계획에 따라 수행
- C(Check) : 실행결과를 계획과 비교
- A(Action) : 실시된 결과에 적절한 조치

(2) 품질관리의 정의

① 한국산업규격

"수요자의 요구에 맞는 품질의 제품을 경제적으로 만들어내기 위한 모든 수단의 체계"이다.

② SQC(Statistical Quality Control) : W. E. Deming의 정의

"통계적 품질관리란 가장 유용하고 더욱 시장성이 있는 제품을 가장 경제적으로 생산하기 위하여 생산의 모든 단계에 통계적 원리와 수법을 응용하는 일이다."

(3) 종합적 품질관리(TQC ; Total Quality Control)

1) A. V. Feigenbaum

"종합적 품질관리란 소비자가 충분히 만족하는 제품의 품질을 가장 경제적인 수준으로 생산할 수 있도록 사내의 각 부문이 품질의 개발, 품질의 유지 및 개선의 노력을 통합하는 효과적인 체계이다."

2) J. M. Juran

"품질규격을 설정하고 이것을 달성하기 위해서 이루어야 할 모든 수단이다."

3) 기업에 있어서의 TQC의 역할

① 이익증대 효과
② 생산성향상 효과
③ 기능별 관리에 의한 납기관리
④ 기술의 향상과 기술축적의 효과
⑤ 업무개선의 효과

(4) 품질관리시스템의 5원칙

① 예방의 원칙
② 전원 참가의 원칙
③ 과학적 관리의 원칙
④ 종합·조정의 원칙
⑤ Staff 원조의 원칙

(5) 품질관리 부문의 업무 : Feigenbaum

① 신제품관리

신제품에 알맞은 품질표준을 확립하여 규정함과 동시에 본격적인 생산을 하기 전에 품질상의 문제가 될 만한 원인을 제거 또는 소재파악을 행한다.

② 수입자재관리

시방의 요구에 맞는 원재료, 부품을 가장 경제적인 품질수준으로 수입·보관 관리를 행한다.

③ 제품관리

부적합품이 발생하기 전에 품질시방으로부터 벗어나는 것을 시정하고 시장에서의 제품서비스를 원활히 하기 위해 생산현장이나 시장을 통해 제품을 관리하는 것이다.

④ 특별공정조사

부적합품의 원인을 규명하고, 품질특성의 개량 가능성을 결정하기 위한 조사나 시험을 하여 효과적인 개선계획을 수립하는 것이다.

3. 품질관리의 목적 및 효과

(1) 목적

품질관리의 목적을 달성하기 위한 기본적 이념에는 표준화, 통계, Feedback 기능이 있으며, 다음과 같은 목적을 가진다.

① 제품을 시방(Specification)에 일치시킴으로써 고객을 만족시킨다.
② 다음 공정에 있어서 작업의 원활화를 꾀한다.
③ 오동작·불량의 재발방지로 폐기, 불량품을 감소시킨다.
④ 요구품질수준과 비교함으로써 공정을 관리한다.
⑤ 현 공정능력(Process Capability)에 대한 적정 품질수준을 설정해 설계시방의 지침으로 삼는다.
⑥ 스크랩 불량품을 감소시킨다.
⑦ 작업자에 대하여, 검사결과 그 원인이 규명되어 있음을 인식시킨다.
⑧ 검사방법을 검토·개선한다.

(2) 효과

① 불량감소, 클레임 발생의 감소
② 제품의 원가절약

PART 1
PART 2
PART 3
PART 4
PART 5
PART 6
PART 7

③ 자재의 절약
④ 생산성 향상
⑤ 기술의 향상
⑥ 품질의 균일화 및 품질향상
⑦ 작업자의 품질에 대한 책임감과 관심 고취
⑧ 검사비용의 감소
⑨ 인간관계의 개선
⑩ 합리적 기업활동의 촉진

4. 품질경영과 리더십

품질경영시스템(KS Q ISO 9000)에서는 리더와 리더십에 대한 구분을 하고 있는데, 리더(최고경영자)는 조직의 목적과 방향의 일관성을 확립하고, 리더십을 통하여 회사구성원이 회사목표의 달성에 활발히 참여할 수 있는 환경을 조성하여야 한다.

(1) 리더십의 행동강령

① 한 발 먼저 실행하고 솔선수범하여 모범을 보인다.
② 외부환경의 변화를 이해하고 이에 대응한다.
③ 고객, 기업주, 공급자, 지역사회를 포함한 모든 이해 당사자의 요구를 고려한다.
④ 조직의 미래에 대해 비전을 명확히 설정한다.
⑤ 전 조직원의 수준에 맞는 윤리적 역할모델과 공유된 가치를 설정한다.
⑥ 신뢰를 쌓고 두려움을 제거한다.
⑦ 책임과 권한을 가지고 일하도록 필요한 자원과 권한을 제공한다.
⑧ 자신감과 용기를 주고, 업무공헌도를 인정한다.
⑨ 개방적이고 정직한 의사소통을 증진한다.
⑩ 조직원에 대한 교육훈련을 실시한다.

(2) 리더십이 행해짐에 따른 이점

① **방침과 전략의 표방** : 조직의 명확한 비전을 설정하고 커뮤니케이션이 가능하다.
② **목표와 세부목표 설정** : 조직의 비전을 측정 가능한 목표로 전환 가능하다.
③ **운영관리** : 동기를 부여함으로써 조직의 목표를 달성한다.
④ **인적자원 관리** : 동기가 부여되고 교육·훈련된 인원에 의해 작업이 안정화된다.

말콤 볼드리지 상(MB상)

1994년도에 한국의 품질경영상의 심사기준이 데밍상 유형에서 MB상 유형으로 바뀌게 됨에 따라 중요도가 강조되었다.

구분	MB상	데밍상
구성	3개 요소와 7개 범주로서 평가	3개 요소와 10개 범주로서 평가
특징	목표 지향적(What to do)	프로세스 지향적(How to do)

MB상 7대 범주

1. 리더십	2. 전략기획	3. 고객 중시
4. 측정, 분석 및 지식경영	5. 인적자원 중시	6. 프로세스 경영
7. 경영성과		

02 품질전략과 고객만족

1. 품질전략(Quality Strategy)의 정의

품질경영에서 전략목표로 하는 것은 기업이 고객에게 제공하는 제품·서비스가 고객의 요구와 기대를 만족시킬 수 있도록 하는 것이다. 이를 위해 가급적 그 목표치에 가깝도록 하고 목표치를 벗어나는 품질변동을 축소하는 입장에서 제시된 접근방법이 바로 품질전략이다.

2. 전략적 품질경영(SQM ; Strategic Quality Management)

(1) SWOT 분석

SWOT는 Strength(강점), Weakness(약점), Opportunity(성장기회), Threats(위협)의 약자로서, 전략계획에서 우선적으로 분석이 된다.

(2) 전략적 품질경영의 단계

① **전략의 형성** : SWOT 분석을 활용하여 기업의 이념과 목표, 전략수립, 방침 등을 정한다.

② **전략의 실행** : 실행계획 및 예산의 편성, 세부절차 등을 정한다.

③ **전략의 평가 및 통제** : 실행에 대한 평가와 통제를 실시한다.

배가바이스

품질전략을 결정하는 데 고려하여야 할 요소로는 경영방침, 경영목표, 경영전략 등이 있다.

⊙ 전략적 품질경영

경영전략의 수립, 실행, 평가 등을 실제로 전개해 나가면서 시장에서 확실한 성공을 할 수 있도록 수행하는 모든 실행, 조치, 의사결정의 경영방식을 일컫는다.

(3) 벤치마킹(Benchmarking)

조직의 업적 향상을 위해 최상을 대표하는 것으로 인정되는 경쟁자나 다른 조직의 우수한 경영실무를 지속적으로 추구하여 이를 거울삼아 자사의 조직에 새로운 아이디어를 도입하는 체계적이고 지속적인 과정을 의미하는 것으로 품질경영기법의 하나이다.

➕ 플러스 이론

Geharni의 품질가치 사슬(Quality Value Chain) 구조
TQM의 전략전개를 위한 사상을 제시하기 위해 M. E Porter의 부가가치 사슬을 발전시켜 품질선구자의 사상을 인용하여 제시한 도표이다.

상층부	전략적 종합품질(시장창조 종합품질+시장경쟁 종합품질)
중층부	경영종합품질
하층부	제품품질(데밍의 공정관리품질, 이시가와의 예방품질, 테일러의 검사품질)

배가바이스

고객에는 내부고객과 외부고객이
있다.
• 제품의 품질을 만드는 것은 내부
  고객이다.
• 외부고객은 제품의 최종사용자
  이다.

3. 고객만족(Customer Satisfaction)의 정의

고객이란 제품을 제공받는 조직 또는 개인으로서, 내부고객(프로세서에서 창출되는 정보, 서비스 또는 자재를 공급받는 개인 또는 조직)과 외부고객(제품 또는 서비스를 사용 또는 구매하는 사외의 개인 또는 조직)으로 분류되며, 고객만족은 고객의 요구사항이 어느 정도까지 충족되었는지에 대한 고객의 인식으로 정의된다.

4. Kano의 고객만족

대부분의 고객이 제품에 대한 만족, 불만족에 대한 느낌을 표현하는 데는 여러 가지의 측면이 고려되는데, Kano는 이러한 상황을 체계적으로 설명하기 위하여 품질의 이원적 인식방법을 제시하였다. 즉, 만족, 불만족의 주관적 측면과 물리적 충족, 불충족이라는 객관적 측면을 고려하여 다음과 같이 분류하였다.

(1) 매력(적극적) 품질(Attractive Quality, Excitement Quality)

물리적으로 충족이 되면 만족을 주지만 충족되지 않더라도 하는 수 없이 받아들이는 품질요소(고객감동의 원천)로, 이 품질요소는 경쟁사를 따돌리고 고객을 확보할 수 있는 주문획득인자로서 작용한다.

(2) 일원적 품질(One-Dimensional Quality, Performance Quality)

충족되면 만족, 충족되지 않으면 불만을 일으키는 품질(종래의 품질인식)이다.

(3) 당연(기본적) 품질(Must-Be Quality, Basic Quality)

물리적으로 충족이 되면 당연한 것으로 받아들여 만족감을 주지 못하나 충족이
되지 않으면 불만족을 주는 품질(불만족 예방요인)이다.

(4) 무차별(무관심) 품질(Indifferent Quality)

물리적으로 충족이 되든 안 되든 만족도, 불만족도 일으키지 않는 품질이다.

(5) 역 품질(Reverse Quality)

물리적으로 충족되면 불만족, 충족이 안 되면 만족하는 품질이다.

Kano는 품질요소가 시간이 경과함에 따라 매력 품질 → 일원적 품질 → 당연 품질로
나아가므로, 기업이 고객만족을 위해서는 새로운 매력품질요소를 찾아내어 구현하
고, 일원적 품질요소에 대한 충족도를 높이려는 노력을 계속하여야 한다고 주장하고
있다.

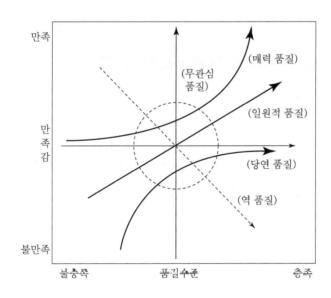

5. 고객만족도

(1) 고객만족도 지수(CSI ; Customer Satisfaction Index)

고객만족 정도를 객관화하고 계량화하는 과학적 접근방법으로, 고객의 기대에 얼마나 접근하고 있는가를 수치적으로 표현한 방법이다.

(2) 고객만족도 조사의 3원칙

① 계속성의 원칙 : 정기적으로 실시하여야 한다.
② 정량성의 원칙 : 정성적이 아닌 정량적 표시가 가능하여야 한다.
③ 정확성의 원칙 : 조사대상에 대한 신뢰성이 확보되어야 한다.

➕ 플러스 이론

고객관계관리(CRM ; Customer Relationship Management)
기업이 고객과 관련된 조직의 내ㆍ외부 정보를 층별ㆍ분석ㆍ통합하여 고객중심자원을 극대화하고, 고객 특성에 맞는 마케팅활동을 계획ㆍ지원ㆍ평가하는 방법으로 장기적인 고객관리를 가능하게 하는 기법이다.

---

03 품질관리의 계획, 조직, 운영

1. 품질관리의 계획단계에서 고려할 점

(1) 품질의 요소

품질의 요소에는 물성적, 기능적, 인간적, 시간적, 경제적, 생산적, 시장적 요소 등이 있는데, 이들에 대해서 품질의 표시법, 측도(Gauging), 계측법, 평가법을 명확히 할 필요가 있다.

(2) 품질시스템

품질경영을 실행하기 위한 조직의 구조, 책임, 절차, 공정 및 자원으로서 지정된 품질표준을 갖는 제품을 생산하여 인도하는 데 필요한 관리 및 기술상 순서의 네트워크 또는 사용 적합성을 달성하기 위한 전체활동(품질기능)의 System화를 말한다.

(3) 품질방침(Quality Policy)

최고경영자에 의해 공식적으로 표명된 품질 관련 조직의 전반적인 의도 및 방향으로서 기업의 경영자가 품질이나 품질관리에 관한 기업의 기본적 사고방식을 명시한 것이다. 개발단계에서부터 어떤 것을 실현하려고 하는가를 관련 부서 사람들이 잘 이해하고 회사로부터 통일된 견해가 있어야 한다.

(4) 품질관리 추진에서의 중요항목

① Top Policy의 명확화
② 방침, 목표, 계획의 확립 및 명시
③ 교육의 실시와 Follow-up
④ 관리의식, 품질의식의 철저 등

2. 조직편성의 목적

① 개인 및 조직단위에 자기직책과 상호관계의 한계를 명시한다.
② 책임과 권한의 소관범위의 중복을 피한다.
③ 조직의 공동목표를 제시하고 협동체제를 부양한다.
④ 업무부문의 원활화와 통제의 용이화를 기한다.
⑤ 자발적 협력환경을 조성한다.

(1) 조직의 원칙

① 조직 상하에 이르는 명확한 권한의 연결이 있어야 한다.
② 조직 안에 있는 사람은 누구든지 한 사람의 라인감독자 이외의 여러 사람에게 보고해서는 안 된다(명령일원화의 원칙).
③ 경영자·관리자의 책임과 권한은 서류상으로 명확하게 규정되지 않으면 안 된다.
④ 책임에는 항상 그에 상응하는 권한이 따라야 한다(권한과 책임의 원칙).
⑤ 경영의 계층은 되도록 짧게 되어야 한다(계층단축화의 원칙).
⑥ 관리자는 예외사항, 이상사항을 표준화하도록 노력한다(예외의 원칙).
⑦ 라인과 스태프직능의 분리를 도모하여 스태프에게 충분한 활동을 하게 한다(직무할당의 원칙).
⑧ 한 사람의 관리자가 협력할 수 있는 직위의 수는 한계가 있다(감독범위의 원칙).
⑨ 조직은 정세의 변화에 즉시 대응할 수 있도록 탄력적이어야 한다.
⑩ 제도화는 간결한 것이 좋다(계층단축화의 원칙).

PART 1
PART 2
PART 3
PART 4
PART 5
PART 6
PART 7

(2) QC 조직의 원칙

① 전원참가의 원칙
QC는 톱매니지먼트로부터 제조현장의 직원까지 전 종업원이 참가해야 한다.

② 종합조정의 원칙
QC 활동은 총합적 입장에서 조정하지 않으면 안 된다.

③ 전문가의 원칙
QC는 통계적 수법 및 그 활용이 다양하기 때문에 이것을 위해서 전문가의 부단한 노력이 필요하다.

(3) 품질경영(관리)위원회

품질에 관한 최고의 의사결정기구로서 품질관리의 추진과 실시에 중추적 역할을 행하는 기관이다.

1) 정의
품질관리의 계획과 추진을 위하여 사장, 공장장 등 품질에 대한 최고책임자의 자문기관으로 품질관리위원회를 설치한다.

2) 역할
① 품질관리 추진프로그램 결정(교육계획, 표준화계획)
② 공정의 이상 제거에 대한 보고
③ 각 부문의 트러블 조정, 클레임 처리
④ 중요한 QC 문제, 품질표준 및 목표의 심의
⑤ 중점적으로 해석해야 할 품질의 심의
⑥ 기타 QC에 관한 중요항목 심의
⑦ 신제품의 품질목표, 품질수준, 시작검토 등의 문제 결정

3) 심의사항
① 품질방침의 심의 · 확인
② 품질관리 추진프로그램 결정
③ 각 부문의 트러블 제거 및 클레임 처리
④ 제품의 품질표준 및 품질목표 심의
⑤ 중요한 품질문제 및 중요항목 검토
⑥ 신제품의 품질목표, 품질수준 등의 심의

(4) 품질관리 부문

1) 정의

품질관리를 도입하고 추진하는 데 있어서 회사에서는 일반적으로 품질관리 위원회나 TQC 추진위원회 외에 품질관리 부문(QC사무국, QC부, QC과)을 설치한다.

2) 품질관리 부문의 임무(역할)

① 품질관리계획의 입안
② 품질관리활동의 총합조정
③ 품질관리에 관한 교육지도
④ 품질관리에 관련된 규정이나 표준류의 관리

3) 기능

① QC 방침의 심의, 확인, 전개 또는 보좌
② 품질관리계획의 입안 또는 실시
③ 품질관리체제의 정비 및 개선활동
④ 품질관리에 관련되는 규정이나 표준류의 관리
⑤ 품질관리에 관한 교육
⑥ 품질문제의 제기
⑦ 품질문제의 해결
⑧ 품질정보시스템의 정비
⑨ 품질평가, 품질보고
⑩ 품질감사 · 품질관리감사에 대한 지원
⑪ QA, PLP(Product Liability Prevention, 제품예방) 체제의 정비
⑫ 품질측정
⑬ 검사나 검사에 대한 감사
⑭ QC 서클의 지원 및 육성, 행사의 개최, 품질관리에 관계되는 회의나 위원회의 사무국 역할

배가바이스

QC 공정표(관리공정표)

• 공정관리의 준비단계나 공정관리를 실시해 나가는 데 있어서 공정관리 표준의 하나로 이용된다.
• QC 공정표에는 선정된 검사항목을 포함한 전체적인 항목을 표시한다.
• 제조공정 순으로 제조부문 및 검사부문이 어떤 품질특성을 어떻게 관리하고 최종 제품의 품질을 어떻게 결정하는지에 관한 약속이다.

4) 품질관리 부문의 하위기능

Feigenbaum은 품질관리 부문의 하위적 기능인 부차적 기능(Subfunctions)을 두어, 업무의 분할을 꾀하였다.

① **품질관리 기술 부문** : 계획기능부문으로 품질목표의 설정, 품질관리계획의 입안, 품질교육, 품질정보의 제공, 품질코스트 구성 및 분석, 품질문제 진단 등에 이르기까지 품질에 대한 전반적인 품질기획을 한다.

② **품질정보 기술 부문** : 품질측정용 검사·시험장치의 설계 및 개발, 측정기술의 개발, 품질정보시스템의 운영 등을 다룬다.

③ **공정관리 기술 부문** : 통제기능부문으로 공장 품질관리활동의 Monitoring, 품질계획의 실행, 계측기기의 유지·보수, 품질검사, 공정능력의 조사, 원자재 및 제품의 검사 등에 이르기까지 품질에 대한 평가와 해석을 한다.

> **➕ 플러스 이론**
>
> 품질관리활동의 피드백 사이클 3단계 : 품질계획 → 품질평가 → 품질해석
> ① 품질계획(Quality Planning)
> 품질관리 기술 부문에서 이루어지며 이것에 의해 제품에 대한 품질관리조직의 기본체제가 확립된다. 여기에는 품질정보 기술 부문이 행하는 품질측정장치의 계획도 포함된다.
> ② 품질평가(Quality Appraising)
> 공정관리 기술 부문(검사, 실험을 포함)에서 하는데, 품질계획에 따라 부품이나 제품의 기술시방에 대한 적합성과 성능을 평가한다.
> ③ 품질해석(Quality Analysis)
> 품질해석을 위해서는 공정관리기술부문에 의한 신속한 피드백이 이루어져야 한다. 그리고 그 해석의 결과를 가지고 새로운 계획을 창출함으로써 사이클이 끝난다. 따라서 즉시 시정조치를 취할 수 있는 신속한 피드백 시스템과 피드백 사이클의 단절됨 없이 연속적인 피드백 시스템이 될 수 있도록 설계되어야 한다.

3. 품질관리활동의 내용

(1) 품질기능전개(QFD ; Quality Function Deployment)

고객의 요구와 기대를 규명하고 이들을 설계 및 생산 사이클을 통하여 목적과 수단의 계열에 따라 계통적으로 전개되는 포괄적인 계획화 과정으로서 품질을 형성하는 직능 내지는 업무를 목적수단의 계열에 따라 스텝별로 세부적으로 전개해 나가는 방법으로, Feigenbaum은 "품질시스템은 품질기능의 전개를 기초로 하여 구축해 나갈 수 있다."라고 하였다.

1) 품질기능전개의 역사

1972년 일본의 미쓰비시 고베조선소에서 시작되어 1978년 도요타에, 미국에서는 1983년 포드 자동차 회사가 QFD를 도입한 후 P&G, GM, HP, AT&T 등의 많은 기업들이 제품개발, 프로세스 및 시스템의 측정에 QFD를 사용하고 있다.

2) 품질기능전개의 개념

고객의 Needs를 사내의 구체적인 기술 요구사항으로 전환하고, 제품과 서비스의 특성들의 순서를 설정하는 포괄적인 계획화 과정으로, 품질기능전개라 함은 고객의 요구사항을 품질특성으로 변환하여 완성품의 설계품질을 정해 이것을 각종 기능부품의 품질, 더욱이 개개 부품의 품질이나 공정의 요소에 이르기까지 이들 사이의 관계를 계통적으로 전개해 나가는 것을 의미한다. 즉, 고객의 소리를 특정한 제품이나 서비스의 특성으로 전환하는 매우 구조화된 양식이다.

3) 전개방법

고객의 요구사항(What)을 충족시키기 위해 제품과 서비스를 어떻게(How) 설계하고 생산할 것인지를 서로 관련시켜 나타내는 매트릭스 도법을 이용한다. 이러한 목적(What) – 수단(How) 매트릭스를 활용하여 고객이 요구하는 기술적 요구조건 및 경쟁적 평가를 나타낸 그림을 품질하우스(품질표)라 하며, 이를 이용하여 제품설계 – 부품설계 – 공정설계 – 생산설계로 단계적으로 연결하여 전개한다.

◉ 품질기능전개
• 신제품개발 단계의 품질관리추진에서 가장 효과적이다.
• 품질을 형성하는 직능 또는 업무를 목적수단의 계열에 따라 스텝별로 세부적으로 전개해 나가는 방법이다.
• 고객의 요구와 기대를 규명하고 설계 및 생산사이클을 통하여 목적과 수단의 계열에 따라 계통적으로 전개되는 포괄적인 계획화 과정이다.
• 품질을 형성하는 직능 또는 업무를 목적, 수단의 계열에 따라 단계별로 세부적으로 전개해 나가는 것을 말한다.
• 고객이 요구하는 참된 품질을 언어표현에 의해 체계화하여 이것과 품질 특성과의 관련을 짓고, 고객의 요구를 대용특성으로 변화시키며 품질 설계를 실행해 나가는 표가 최근 매우 유용하게 사용되고 있는데 이와 같은 품질표를 사용하는 기법을 말한다.

배가바이스

미즈노의 4가지 관리항목
• 업무의 관리항목
• 기능의 관리항목
• 공정의 관리항목
• 신규업무계획사항(프로젝트)에 대한 관리항목

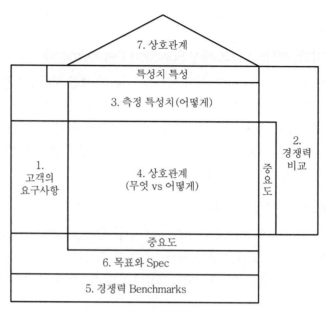

| 품질하우스 |

(2) 방침관리와 목표관리

1) 방침관리(Policy Management)

① 경영방침 및 연도경영방침에 책정되어 있는 목표 및 시책을 달성하기 위해 각 조직상의 직계가 각각의 방침을 정하여 실시하고, 그 결과를 검토하여 필요한 조치를 취하는 Process에 중점을 둔 종합적 관리시스템을 말한다.

② 경영목표를 달성함에 있어서 중점이 되는 과제와 이를 달성하기 위한 시책으로 전개하여 실행함으로써 기업목표를 달성할 수 있게 하는 것을 말한다.

③ 기업경영의 방향, 목표, 방책을 위에서부터 말단 사원에 이르기까지 전달·전개하고 각 지위의 사람들이 계획에 의거, 활동하여 실시한 결과를 평가, 검토, 피드백해서 PDCA를 계속적으로 지속하여 업적의 향상을 도모하는 것이다.

④ 기업의 목적·경영이념·경영정책·중장기 경영계획 등을 토대로 해서 수립된 연도 경영방침(사장방침)을 달성하기 위해서 계층별로 방침을 전개·책정, 즉 실행계획을 세워서 이를 실시한 다음, 그 결과를 검토하여 필요한 조처를 취하는 조직적인 관리활동을 말한다.

⑤ 방침관리의 전개는 방침의 명시 – 실시계획의 작성 – 실시결과의 검토 – 통제 순으로 이루어진다.

⑥ 방침관리의 추진에 있어 주요사항으로는 도전적인 목표설정, 목표관리를 기반으로 추진, 부문 간의 조정, 품질관리적 문제해결기법의 적용 등이 있다.

2) 목표관리(Management by Objective)

① 기업에서 일정기간의 중점목표 혹은 기대되는 성과를 자체설정하고(목표의 자기설정) 그 달성과정에서 자유재량을 줌으로써 관리과정 – 목표설정 – 실시 – 결과의 평가에서 구성원의 의욕, 능력을 발휘하도록 하는 것으로 경영의 결과를 중시하는 관리형태로 변화가 일어났다.

② 상사와 사원의 공동 참여에 의한 목표 및 계획의 수립, 자율적인 업무계획의 실행 및 평가에 의한 관리기법으로서 개인의 동기 부여를 통하여 업적을 향상시킬 수 있을 뿐 아니라 더욱 합리적인 인사관리가 가능케 되었다.

3) 기능별 관리(Cross Functional Management)

① 품질질경영활동은 부문별 활동과 부문 간 활동으로 구분되며, 이 중 기능별 관리는 부문 간 활동을 의미한다. 어떤 목적을 가진 기능에 대한 종합적인 관리활동이라고 할 수 있다.

② 품질, 원가, 수량·납기와 같이 경영 기본요소별로 전사적 목표를 정하여 이를 효율적으로 달성하기 위해 각 부문의 업무분담의 적정화를 도모하고 동시에 부문 횡단적으로 제휴, 협력해서 행하는 활동을 의미하며, 경영요소별 관리라고도 한다.

기본문제 *01*

고객이 요구하는 참된 품질을 언어표현에 의해 체계화하여 이것을 품질 특성과 관련짓고, 고객의 요구를 대용특성으로 변화시키며 품질 설계를 실행해 나가는 표가 최근 매우 유용하게 사용되고 있는데 이와 같은 품질표를 사용하는 기법은?

풀이 품질기능전개(QFD ; Quality Function Deployment)

PART 1
PART 2
PART 3
PART 4
PART 5
PART 6
PART 7

방침관리와 목표관리 비교

구분	방침관리	목표관리(MBO)
목표	혁신을 이뤄 기업의 업적 향상	• 기업의 업적 향상 • 자기개발, 동기부여, 조직의 활성화
관리 대상	• 관리자 이상 • 조직 레벨	• 관리자 이하(실제는 이런 구분은 없음) • 개인 위주
목표의 설정	• 톱다운에 의한 방침전개 • 조직의 계층에 따른 계통적인 방침 전개 (계통도, Matrix도의 적용)	• 부하의 자주성 존중 • 상사와 부하의 합의에 의한 결정
목표의 종류	• 업무 목표 • 목표와 방책을 합하여 방침을 구성	업무 목표나 능력 목표도 대상(리더십, 대인관계능력 개발 등)

목표의
달성
방법
	• QC적 문제해결법(QC 수법, QC story)
	  의 적용
	• PDCA
		• 기본적으로 담당자에게 일임하고 상사는
		  지도와 지원을 함
		• 달성방법은 규정되어 있지 않으며, 종래
		  의 고유기술과 경험으로 달성

성과의
측정과
평가
	• 목표의 달성도를 확인함. 특히 top에 의
	  한 진단으로 정기적으로 평가함
	• 달성도는 데이터로 평가함
	• PDAC 사이클에 따라 개선
		• 목표달성도에 대한 평가를 정기적으로
		  본인과 상사가 동시에 행함
		• 목표가 미달성된 경우 원인분석을 하고
		  차기의 계획에 반영시킴
		• 평가결과는 인사부에 제출되어 인사고과
		  의 보완 자료로 활용됨
		• 개인의 육성계획에 반영함

04 ▶ 품질경영시스템 인증제도

1. 품질경영시스템의 개념

조직을 성공적으로 이끌고 운영하기 위해서는, 체계적이고 투명한 방법으로 지휘하고 관리하는 것이 요구된다. 성공은 모든 이해관계자의 요구를 반영하여 성과를 지속적으로 개선하기 위해 설계된 경영시스템을 실행하고 유지함으로써 달성될 수 있다. 조직을 경영한다는 것은 다른 경영 원칙 중에서도 품질경영을 강조하는 것이다.

제품 또는 서비스가 명시 또는 암시된 요구(암묵적 품질)를 충족시킬 수 있는 능력으로서 가지고 있는 특징 또는 특성의 전체라는 점으로 결국 소비자를 위하여 생산된 제품이나 서비스들을 제아무리 훌륭한 물성을 가지고 있더라도 소비자가 만족하지 않으면 아무런 의미가 없다는, 즉 소비자 지향적 품질을 말한다.

우리나라의 경우 ISO 시리즈는 1992년 4월 14일 KS규격으로 제정·고시하여 국가규격으로 채택하였으며, 현재의 ISO 9001 : 2015는 기존 규격의 특징에 다음과 같은 내용이 중심이 되어 수정되었다.

① 제품 및 서비스에 대한 적합성을 제공할 수 있는 조직의 능력 제고
② 고객을 만족시키는 조직의 능력 제고
③ ISO 9001에 기반한 품질경영시스템에 대한 고객의 확신 제고
④ 고객과 조직의 가치 달성 측면에 초점
⑤ 문서화에 대한 감소화에 초점(Output에 초점)
⑥ 목표 달성을 위한 리스크 경영에 초점

(1) 경영시스템의 종류

① ISO 9000 : 품질경영시스템
② ISO 14000 : 환경경영시스템
③ ISO/IATF 16949 : 자동차 분야 품질경영시스템
④ TL 9000 : 통신 분야 품질경영시스템
⑤ AS 9100 : 항공 분야 품질경영시스템

(2) ISO 9000 인증제도

1) 본질적 요구사항

① 소비자가 공급자에게 요구하는 강제력을 가진 품질시스템으로 문서는 품질매뉴얼 및 관련되는 절차서, 지침서로 절차의 성문화가 엄격히 요구된다.
② 이행의 증거인 기록의 명확화 및 전 사원에 대한 교육이 요구된다.
③ 기업에 품질보증을 위해 갖추어야 할 최소한의 요구사항이며, 기업의 품질보증능력에 대한 소비자 입장의 요구사항이다.
④ 목표한 제품의 품질을 만들어 내기 위한 시스템에 대한 요구사항이다.

2) 품질경영시스템 인증 시 기대효과

기업의 이미지 제고, 무역장벽에 대한 대처능력이 원활, 책임과 권한의 명확화, 품질에 대한 마인드 제고 등을 들 수 있다.

3) 품질경영 7원칙

① 고객중시
② 리더십
③ 인원의 적극 참여

④ 프로세스 접근법

⑤ 개선

⑥ 증거 기반 의사결정

⑦ 관계관리/관계경영

2. ISO 9001 : 2015 규격의 주요 내용

(1) PDCA Cycle에서의 이 표준의 구조 표현

PDCA(Plan – Do – Check – Act) 사이클은 모든 프로세스와 품질경영시스템 전체에 적용될 수 있으며, 다음 그림은 PDCA 사이클과 관련하여 어떻게 그룹을 이룰 수 있는지 보여준다.

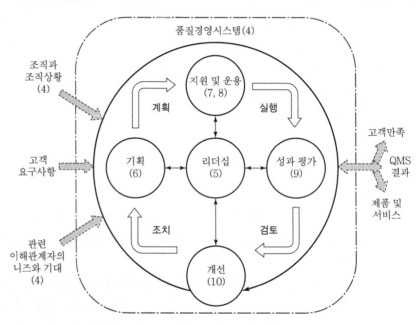

[비고] 괄호 안의 숫자는 이 표준의 각 절을 의미한다.

| PDCA 사이클에서 이 표준의 구조 표현 |

- 계획(Plan) : 시스템과 프로세스의 목표 수립, 고객 요구사항과 조직의 방침에 따른 결과를 인도하기 위하여, 그리고 리스크와 기회를 식별하고 다루기 위하여 필요한 자원의 수립
- 실행(Do) : 계획된 것의 실행
- 검토(Check) : 방침, 목표, 요구사항 및 계획된 활동에 대비하여, 프로세스와 그 결과로 나타나는 제품 및 서비스에 대한 모니터링과 측정(해당되는 경우), 그 결과의 보고
- 조치(Act) : 필요에 따라 성과를 개선하기 위한 활동

품질경영시스템에서 프로세스 접근법을 적용하면 다음 사항이 가능하다.

① 요구사항 충족의 이해와 일관성
② 부가가치 측면에서 프로세스의 고려
③ 효과적인 프로세스 성과의 달성
④ 데이터와 정보의 평가에 기반을 둔 프로세스의 개선

(2) ISO 9001 : 2008과 ISO 9001 : 2015의 차이점

ISO 9001 : 2015는 ISO 9001 : 2008보다 다음과 같은 측면이 더 강조되고 있다.

① 고객 중시
② 리스크 기반 사고
③ 조직의 전략에 QMS 방침과 목표를 일치화(Alignment)
④ 문서화에 대한 유연성 강화
⑤ 적합한 제품과 서비스의 지속적인 제공

| KS Q ISO 9001 : 2008과 KS Q ISO 9001 : 2015 용어의 주요 차이점 |

KS Q ISO 9001 : 2008	KS Q ISO 9001 : 2015
제품	제품 및 서비스
적용 제외	사용되지 않음(적용 가능성에 대한 설명은 A.5 참조)
경영대리인	사용되지 않음(유사한 책임 및 권한이 부여되지만, 단독의 경영대리인에 대한 요구사항은 없음)
문서화, 품질매뉴얼, 문서화된 절차, 기록	문서화된 정보
업무 환경	프로세스 운용 환경
모니터링 및 측정 장비	모니터링 및 측정 자원
구매한 제품	외부 제공 제품 및 서비스
공급자	외부공급자

[비고] "제품 및 서비스"라는 용어는 모든 출력 범주(하드웨어, 서비스, 소프트웨어 및 연속 집합재/가공물질)를 포함한다.

3. ISO 9000 용어해설

(1) 사람 및 조직에 관한 용어

① 최고경영자/최고경영진(Top Management) : 최고 계층에서 조직을 지휘하고 관리하는 사람 또는 그룹

② 조직(Organization) : 조직의 목표달성에 대한 책임, 권한 및 관계가 있는 자체의 기능을 가진 사람 또는 사람의 집단

③ 이해관계자(Interested Party) : 의사결정 또는 활동에 영향을 줄 수 있거나, 영향을 받을 수 있거나 그들 자신이 영향을 받는다는 인식을 할 수 있는 사람 또는 조직

④ 고객(Customer) : 개인 또는 조직을 위해 의도되거나 그들에 의해 요구되는 제품 또는 서비스를 받을 수 있거나 제공받는 개인 또는 조직

⑤ 공급자(Provider/Supplier) : 제품 또는 서비스를 제공하는 개인 또는 조직

(2) 활동 관련 용어

① 개선(Improvement) : 성과를 향상시키기 위한 활동

② 지속적 개선(Continual Improvement) : 성과를 향상시키기 위하여 반복하는 활동

③ 경영/관리(Management) : 조직을 지휘하고 관리하는 조정활동

④ 품질경영(Quality Management) : 품질에 관하여 조직을 지휘하고 관리하는 조정활동

⑤ 품질기획(Quality Planning) : 품질목표를 세우고 이를 달성하기 위하여 필요한 운영 프로세스 및 관련 자원을 규정하는 데 중점을 둔 품질경영의 일부

⑥ 품질보증(Quality Assurance) : 품질 요구사항이 충족될 것이라는 신뢰를 제공하는 데 중점을 둔 품질경영의 일부

⑦ 품질관리(Quality Control) : 품질 요구사항을 충족하는 데 중점을 둔 품질경영의 일부

⑧ 품질개선(Quality Improvement) : 품질 요구사항을 충족시키는 능력을 증진하는 데 중점을 둔 품질경영의 일부

(3) 프로세스 및 시스템 관련 용어

① 프로세스(Process) : 의도된 결과를 만들어 내기 위해 입력을 사용하여 상호 관련되거나 상호작용하는 활동의 집합

② 프로젝트(Project) : 착수일과 종료일이 있는 조정되고 관리되는 활동의 집합으로 구성되어 시간, 비용 및 자원의 제약을 포함한 특정 요구사항에 적합한 목표를 달성하기 위해 수행되는 고유의 프로세스

③ 절차(Procedure) : 활동 또는 프로세스를 수행하기 위하여 규정된 방식

④ 계약(Contract) : 구속력 있는 합의

⑤ 시스템(System) : 상호 관련되거나 상호작용하는 요소들의 집합

⑥ 경영시스템(Management System) : 방침 및 목표를 수립하고 그 목표를 달성하기 위한 프로세스를 수립하기 위한 상호 관련되거나 상호작용하는 조직 요소의 집합

⑦ 품질경영시스템(Quality Management System) : 품질에 관한 경영시스템의 일부

⑧ 방침(Policy) : 최고경영자에 의해 공식적으로 표명된 조직의 의도 및 방향

⑨ 품질방침(Quality Policy) : 최고경영자에 의해 공식적으로 표명된 품질 관련 조직의 전반적인 의도 및 방향으로서 품질에 관한 방침

⑩ 기반구조(Infrastructure) : 조직의 운영에 필요한 시설, 장비 및 서비스의 시스템

(4) 요구사항 관련 용어

① 대상(Object), 항목(Item), 실체(Entity) : 인지할 수 있거나 생각할 수 있는 것

② 품질(Quality) : 대상의 고유특성의 집합이 요구사항을 충족시키는 정도

③ 등급(Grade) : 동일한 기능으로 사용되는 대상에 대하여 상이한 요구사항으로 부여되는 범주 또는 순위

④ 요구사항(Requirement) : 명시적인 니즈 또는 기대, 일반적으로 묵시적이거나 의무적인 요구 또는 기대

⑤ 부적합(Nonconformity) : 요구사항의 불충족

⑥ 결함(Defect) : 의도되거나 규정된 용도에 관련된 부적합

⑦ 능력(Capability) : 해당 출력에 대한 요구사항을 충족시키는 출력을 실현할 수 있는 대상의 능력

PART 1
PART 2
PART 3
PART 4
PART 5
PART 6
PART 7

⑧ 신인성(Dependability) : 요구되는 만큼, 그리고 요구될 때 수행할 수 있는 능력

⑨ 추적성(Traceability) : 대상의 이력, 적용 또는 위치를 추적하기 위한 능력

(5) 결과 관련 용어

① 목표(Objective) : 달성되어야 할 결과

② 품질목표(Quality Objective) : 품질에 관련된 목표

③ 제품(Product) : 조직과 고객 간에 어떠한 행위/거래/처리도 없이 생산될 수 있는 조직의 출력

④ 서비스(Service) : 조직과 고객 간에 필수적으로 수행되는 적어도 하나의 활동을 가지는 조직의 출력

⑤ 성과(Performance) : 측정 가능한 결과

⑥ 리스크(Risk) : 불확실성의 영향

⑦ 효과성(Effectiveness) : 계획된 활동이 실현되어 계획된 결과가 달성되는 정도

⑧ 효율성(Efficiency) : 달성된 결과와 사용된 자원과의 관계

(6) 데이터, 정보 및 문서 관련 용어

① 데이터(Data) : 대상에 관한 사실

② 정보(Information) : 의미 있는 데이터

③ 객관적 증거(Objective Evidence) : 사물의 존재 또는 사실을 입증하는 데이터

④ 문서(Document) : 정보 및 정보가 포함된 매체

⑤ 시방서(Specification) : 요구사항을 명시한 문서

⑥ 품질매뉴얼(Quality Manual) : 조직의 품질경영시스템에 대한 문서

⑦ 품질계획서(Quality Plan) : 특정 대상에 대해 적용시점과 책임을 정한 절차 및 연관된 자원에 관한 시방서

⑧ 기록(Record) : 달성된 결과를 명시하거나 수행한 활동의 증거를 제공하는 문서

⑨ 검증(Verification) : 규정된 요구사항이 충족되었음을 객관적 증거 제시를 통해 확인하는 것

⑩ 실현성 확인/타당성 확인(Validation) : 특정하게 의도된 용도 또는 적용에 대한 요구사항이 충족되었음을 객관적 증거의 제시를 통하여 확인하는 것

(7) 고객 및 특성 관련 용어

① 피드백(Feedback) : 제품, 서비스 또는 불만처리 프로세스에 대한 의견, 논평 및 관심의 표현

② 고객만족(Customer Satisfaction) : 고객의 기대가 어느 정도까지 충족되었는지에 대한 고객의 인식

③ 불만/불평(Complaint) : 제품 또는 서비스에 관련되거나 대응 또는 해결이 명시적 또는 묵시적으로 기대되는 불만처리 프로세스 자체에 관련되어 조직에 제기된 불만족의 표현

④ 특성(Characteristic) : 구별되는 특징

⑤ 품질특성(Quality Characteristic) : 요구사항과 관련된 대상의 고유 특성

⑥ 역량/적격성(Competence) : 의도된 결과를 달성하기 위해 지식 및 스킬을 적용하는 능력

(8) 결정 관련 용어

① 검토(Review) : 수립된 목표달성을 위한 대상의 적절성, 충족성 또는 효과성에 대한 확인 결정

② 모니터링(Monitoring) : 시스템, 제품, 서비스 또는 활동의 상태를 확인 결정

③ 측정(Measurement) : 값을 결정/확인하는 프로세스

④ 확인/결정(Determination) : 하나 또는 하나 이상의 특성 및 그들 특성값을 찾아내기 위한 활동

⑤ 검사(Inspection) : 규정된 요구사항에 대한 적합의 확인 결정

⑥ 시험(Test) : 특정하게 의도된 용도 또는 적용을 위한 요구사항에 따른 확인 결정

(9) 조치 관련 용어

① 예방조치(Preventive Action) : 잠재적인 부적합 또는 기타 바람직하지 않은 잠재적 상황의 원인을 제거하기 위한 조치

② 시정조치(Corrective Action) : 부적합의 원인을 제거하고 재발을 방지하기 위한 조치

③ 시정(Correction) : 발견된 부적합을 제거하기 위한 행위

④ 재등급/등급변경(Regrade) : 최초 요구사항과 다른 요구사항에 적합하도록 부적합 제품 또는 서비스의 등급을 변경하는 것

⑤ 특채(Concession) : 규정된 요구사항에 적합하지 않은 제품 또는 서비스를 사용하거나 불출하는 것에 대한 허가

⑥ 불출/출시/해제(Release) : 프로세스의 다음 단계 또는 다음 프로세스로 진행하도록 허가

⑦ 규격완화(Deviation Permit) : 실현되기 전의 제품 또는 서비스가 원래 규정된 요구사항을 벗어나는 것에 대한 허가

⑧ 재작업(Rework) : 부적합 제품 또는 서비스에 대해 요구사항에 적합하도록 하는 조치

⑨ 수리(Repair) : 부적합 제품 또는 서비스에 대해 의도된 용도로 쓰일 수 있도록 하는 조치

⑩ 폐기(Scrap) : 부적합 제품 또는 서비스에 대해 원래의 의도된 용도로 쓰이지 않도록 취하는 조치

(10) 심사 관련 용어

① 심사(Audit) : 심사기준에 충족되는 정도를 결정하기 위하여 객관적인 증거를 수집하고 객관적으로 평가하기 위한 체계적이고 독립적이며 문서화된 프로세스

② 심사프로그램(Audit Program) : 특정 기간 동안 계획되고, 특정한 목적을 위하여 관리되는 하나 또는 그 이상의 심사의 조합

③ 심사기준(Audit Criteria) : 객관적인 증거를 비교하는 기준으로 사용되는 방침, 절차 또는 요구사항의 조합

④ 심사증거(Audit Evidence) : 심사기준에 관련되고 검증할 수 있는 기록, 사실의 진술 또는 기타 정보

⑤ 심사 발견사항(Audit Findings) : 심사기준에 대하여 수집된 심사증거를 평가한 결과

⑥ 심사결론(Audit Conclusions) : 심사 목표 및 모든 심사 발견사항을 고려한 심사 결과

배가바이스

인증심사의 분류
• 제1자 심사 – 조직(내부심사)
• 제2자 심사 – 고객
• 제3자 심사 – 인증기관

⑦ 심사 의뢰자(Audit Client) : 심사를 요청하는 조직 또는 개인

⑧ 피심사자(Auditee) : 심사를 받는 조직

⑨ 심사원(Auditor) : 심사를 수행하는 인원

⑩ 심사팀(Audit Team) : 심사를 수행하는 한 명 또는 그 이상의 인원으로 필요한 경우 기술전문가의 지원을 받는다.

⑪ 기술전문가(Technical Expert) : 심사팀에 특정한 지식 또는 전문성을 제공하는 사람

⑫ 심사계획서(Audit Plan) : 심사와 관련된 활동 또는 준비사항을 기술한 문서

⑬ 심사범위(Audit Scope) : 심사의 영역 및 경계

4. ISO 9001 : 2015 요구사항

(1) 적용범위

이 표준은 다음과 같은 경우, 조직의 품질경영시스템에 대한 요구사항을 규정한다.

a) 조직이 고객 요구사항과 적용되는 법적 및 규제적 요구사항을 충족하는 제품 및 서비스를 일관성 있게 제공하는 능력을 실증할 니즈가 있는 경우

b) 조직이 시스템 개선을 위한 프로세스를 그리고 고객 요구사항과 적용되는 법적 및 규제적 요구사항에 적합함을 보증하기 위한 프로세스를 포함하는 시스템의 효과적인 적용을 통하여 고객만족을 증진시키고자 하는 경우

이 표준의 모든 요구사항은 일반적이며 조직의 형태, 규모 또는 제공되는 제품 및 서비스에 관계없이 모든 조직에 적용될 수 있다.

[비고 1] 이 표준에서 "제품" 또는 "서비스"라는 용어는 고객을 위해 의도되거나 고객에 의해 요구된 제품 및 서비스에만 적용된다.

[비고 2] 법적 및 규제적 요구사항은 법률적(Legal) 요구사항으로도 표현될 수 있다.

(2) 인용표준

다음의 인용표준은 전체 또는 부분적으로 이 표준의 적용을 위해 필수적이다. 발행연도가 표기된 인용표준은 인용된 판만을 적용한다. 발행연도가 표기되지 않은 인용표준은 최신판(모든 추록을 포함)을 적용한다.

PART 1
PART 2
PART 3
PART 4
PART 5
PART 6
PART 7

(3) 용어와 정의

이 표준의 목적을 위하여 KS Q ISO 9000 : 2015에 제시된 용어와 정의를 적용한다.

(4) 조직상황

4.1 조직과 조직상황의 이해

조직은 조직의 목적 및 전략적 방향과 관련이 있는 외부와 내부 이슈를, 그리고 품질경영시스템의 의도된 결과를 달성하기 위한 조직의 능력에 영향을 주는 외부와 내부 이슈를 정하여야 한다. 조직은 이러한 외부와 내부 이슈에 대한 정보를 모니터링하고 검토하여야 한다.

[비고 1] 이슈에는 긍정적 · 부정적 요인 또는 고려해야 할 조건이 포함될 수 있다.

[비고 2] 국제적 · 국가적 · 지역적 또는 지방적이든 법적, 기술적, 경쟁적, 시장, 문화적, 사회적 및 경제적 환경에서 비롯된 이슈를 고려함으로써, 외부 상황에 대한 이해를 용이하게 할 수 있다.

[비고 3] 조직의 가치, 문화, 지식 및 성과와 관련되는 이슈를 고려함으로써, 내부 상황에 대한 이해를 용이하게 할 수 있다.

4.2 이해관계자의 니즈와 기대 이해

고객 요구사항, 그리고 적용되는 법적 및 규제적 요구사항을 충족하는 제품 및 서비스를 일관성 있게 제공하기 위한 조직의 능력에 이해관계자가 영향 또는 잠재적 영향을 미치기 때문에, 조직은 다음 사항을 정하여야 한다.

a) 품질경영시스템에 관련되는 이해관계자
b) 품질경영시스템에 관련되는 이해관계자의 요구사항

조직은 이해관계자와 이해관계자 관련 요구사항에 대한 정보를 모니터링하고 검토하여야 한다.

4.3 품질경영시스템 적용범위 결정

조직은 품질경영시스템의 적용범위를 설정하기 위하여 품질경영시스템의 경계 및 적용 가능성을 정하여야 한다.

적용범위를 정할 때, 조직은 다음 사항을 고려하여야 한다.

a) 4.1에 언급된 외부와 내부 이슈
b) 4.2에 언급된 관련 이해관계자의 요구사항
c) 조직의 제품 및 서비스

조직의 품질경영시스템의 정해진 적용범위 내에서 이 표준의 요구사항이 적용 가능하다면, 조직은 이 표준의 모든 요구사항을 적용하여야 한다.

조직의 품질경영시스템의 적용범위는 문서화된 정보로 이용 가능하고 유지되어야 한다. 적용범위에는 포함되는 제품 및 서비스의 형태를 기술하여야 하고, 조직이 그 조직의 품질경영시스템 적용범위에 포함되지 않는다고 정한 이 표준의 어떤 요구사항이 있는 경우, 그에 대한 정당성을 제시하여야 한다.

적용될 수 없다고 정한 요구사항이, 제품 및 서비스의 적합성 보장과 고객만족 증진을 보장하기 위한 조직의 능력 또는 책임에 영향을 미치지 않는 경우에만, 이 표준에 대한 적합성이 주장될 수 있다.

4.4 품질경영시스템과 그 프로세스

4.4.1 조직은 이 표준의 요구사항에 따라 필요한 프로세스와 그 프로세스의 상호 작용을 포함하는 품질경영시스템을 수립, 실행, 유지 및 지속적 개선을 하여야 한다. 조직은 품질경영시스템에 필요한 프로세스와 조직 전반에 그 프로세스의 적용을 정해야 하며, 다음 사항을 실행하여야 한다.

a) 요구되는 입력과 프로세스로부터 기대되는 출력의 결정
b) 프로세스의 순서와 상호작용의 결정
c) 프로세스의 효과적 운용과 관리를 보장하기 위하여 필요한 기준과 방법(모니터링, 측정 및 관련 성과지표를 포함)의 결정과 적용
d) 프로세스에 필요한 자원의 결정과 자원의 가용성 보장
e) 프로세스에 대한 책임과 권한의 부여
f) 리스크와 기회를 다루는 조치 요구사항에 따라 결정된 리스크와 기회의 조치
g) 프로세스의 평가, 그리고 프로세스가 의도된 결과를 달성함을 보장하기 위하여 필요한 모든 변경사항의 실행
h) 프로세스와 품질경영시스템의 개선

4.4.2 조직은 필요한 정도까지 다음 사항을 실행하여야 한다.

a) 프로세스의 운용을 지원하기 위하여 문서화된 정보의 유지
b) 프로세스가 계획대로 수행되고 있다는 확신을 갖기 위하여 문서화된 정보의 보유

(5) 리더십

5.1 리더십과 의지표명

5.1.1 일반사항 : 최고경영자/최고경영진은 품질경영시스템에 대한 리더십과 의지표명/실행의지(Commitment)를 다음 사항에 의하여 실증하여야 한다.

a) 품질경영시스템의 효과성에 대한 책무(Accountability)를 짐

b) 품질방침과 품질목표가 품질경영시스템을 위하여 수립되고, 조직상황과 전략적 방향에 조화됨을 보장

c) 품질경영시스템 요구사항이 조직의 비즈니스 프로세스와 통합됨을 보장

d) 프로세스 접근법 및 리스크 기반 사고의 활용 촉진

e) 품질경영시스템에 필요한 자원의 가용성 보장

f) 효과적인 품질경영의 중요성, 그리고 품질경영시스템 요구사항과의 적합성에 대한 중요성을 의사소통

g) 품질경영시스템이 의도한 결과를 달성함을 보장

h) 품질경영시스템의 효과성에 기여하기 위한 인원을 적극 참여시키고, 지휘하고 지원함

i) 개선을 촉진

j) 기타 관련 경영자/관리자의 책임 분야에 리더십이 적용될 때, 그들의 리더십을 실증하도록 그 경영자 역할에 대한 지원

[비고] 이 표준에서 "비즈니스"에 대한 언급은 조직이 공적, 사적, 영리 또는 비영리의 여부에 관계없이, 조직의 존재 목적에 핵심이 되는 활동을 의미하는 것으로 광범위하게 해석될 수 있다.

5.1.2 고객중시 : 최고경영자는 다음 사항을 보장함으로써 고객중시에 대한 리더십과 의지표명을 실증하여야 한다.

a) 고객 요구사항과 적용되는 법적 및 규제적 요구사항이 결정되고, 이해되며 일관되게 충족됨

b) 제품 및 서비스의 적합성에 그리고 고객만족을 증진시키는 능력에 영향을 미칠 수 있는 리스크와 기회가 결정되고 처리됨

c) 고객만족 증진의 중시가 유지됨

5.2 방침

5.2.1 품질방침의 수립 : 최고경영자는 다음과 같은 품질방침을 수립, 실행 및 유지하여야 한다.

a) 조직의 목적과 상황에 적절하고 조직의 전략적 방향을 지원

b) 품질목표의 설정을 위한 틀을 제공

c) 적용되는 요구사항의 충족에 대한 의지표명을 포함

d) 품질경영시스템의 지속적 개선에 대한 의지표명을 포함

5.2.2 품질방침에 대한 의사소통 : 품질방침은 다음과 같아야 한다.

a) 문서화된 정보로 이용 가능하고 유지됨

b) 조직 내에서 의사소통되고 이해되며 적용됨

c) 해당되는 경우, 관련 이해관계자에게 이용 가능함

5.3 조직의 역할, 책임 및 권한

최고경영자는 관련된 역할에 대한 책임과 권한이 조직 내에서 부여되고, 의사소통되며, 이해됨을 보장하여야 한다.

최고경영자는 다음 사항에 대하여 책임과 권한을 부여하여야 한다.

a) 품질경영시스템이 이 표준의 요구사항에 적합함을 보장

b) 프로세스가 의도된 출력을 도출하고 있음을 보장

c) 품질경영시스템의 성과와 개선 기회(10.1 참조)를, 특히 최고경영자에게 보고

d) 조직 전체에서 고객중시에 대한 촉진을 보장

e) 품질경영시스템의 변경이 계획되고 실행되는 경우, 품질경영시스템의 온전성(Integrity) 유지 보장

(6) 기획

6.1 리스크와 기회를 다루는 조치

6.1.1 품질경영시스템을 기획할 때, 조직은 4.1의 이슈와 4.2의 요구사항을 고려하여야 하며, 다음 사항을 위하여 다루어야 할 필요성이 있는 리스크와 기회를 정하여야 한다.

a) 품질경영시스템이 의도된 결과를 달성할 수 있음을 보증

b) 바람직한 영향의 증진

c) 바람직하지 않은 영향의 예방 또는 감소

d) 개선의 성취

6.1.2 조직은 다음 사항을 기획하여야 한다.

a) 리스크와 기회를 다루기 위한 조치

b) 다음 사항에 대한 방법

　　1. 조치를 품질경영시스템의 프로세스에 통합하고 실행

　　2. 이러한 조치의 효과성 평가

　　리스크와 기회를 다루기 위하여 취해진 조치는, 제품 및 서비스의 적합성에 미치는 잠재적 영향에 상응하여야 한다.

[비고 1] 리스크를 다루기 위한 선택사항에는 리스크 회피, 기회를 잡기 위한 리스크 감수, 리스크 요인 제거, 발생 가능성 또는 결과의 변경, 리스크 공유 또는 정보에 근거한 의사결정에

의한 리스크 유지가 포함될 수 있다.

[비고 2] 기회는 새로운 실행방안의 채택, 신제품 출시, 새로운 시장 개척, 신규 고객창출, 파트너십 구축, 신기술 활용, 그리고 조직 또는 고객의 니즈를 다루기 위한 그 밖의 바람직하고 실행 가능한 방안으로 이어질 수 있다.

6.2 품질목표와 품질목표 달성 기획

6.2.1 조직은 품질경영시스템에 필요한 관련 기능, 계층 및 프로세스에서 품질목표를 수립하여야 한다.

품질목표는 다음과 같아야 한다.

a) 품질방침과 일관성이 있어야 함

b) 측정 가능해야 함

c) 적용되는 요구사항이 고려되어야 함

d) 제품 및 서비스의 적합성과 고객만족의 증진과 관련되어야 함

e) 모니터링되어야 함

f) 의사소통되어야 함

g) 필요에 따라 갱신되어야 함

조직은 품질목표에 관하여 문서화된 정보를 유지하여야 한다.

6.2.2 품질목표를 달성하는 방법을 기획할 때, 조직은 다음 사항을 정하여야 한다.

a) 달성 대상   b) 필요 자원
c) 책임자   d) 완료 시기
e) 결과 평가 방법

6.3 변경의 기획

조직이 품질경영시스템의 변경이 필요하다고 정한 경우, 변경은 계획적인 방식으로 수행되어야 한다(품질경영시스템과 그 프로세스 참조)

조직은 다음 사항을 고려하여야 한다.

a) 변경의 목적과 잠재적 결과
b) 품질경영시스템의 온전성
c) 자원의 가용성
d) 책임과 권한의 부여 또는 재부여

(7) 자원

7.1 자원

7.1.1 일반사항 : 조직은 품질경영시스템의 수립, 실행, 유지 및 지속적 개선에 필요한 자원을 정하고 제공하여야 한다.
조직은 다음 사항을 고려하여야 한다.

  a) 기존 내부자원의 능력과 제약사항
  b) 외부공급자로부터 획득할 필요가 있는 것

7.1.2 인원 : 조직은 품질경영시스템의 효과적인 실행, 그리고 프로세스의 운용과 관리에 필요한 인원을 정하고 제공하여야 한다.

7.1.3 기반구조 : 조직은 프로세스의 운용에 필요한, 그리고 제품 및 서비스의 적합성 달성에 필요한 기반구조를 결정, 제공 및 유지하여야 한다.

  [비고] 기반구조에는 다음이 포함될 수 있다.
    a) 건물 및 연관된 유틸리티
    b) 장비(하드웨어, 소프트웨어 포함)
    c) 운송자원
    d) 정보통신 기술

7.1.4 프로세스 운용 환경 : 조직은 프로세스 운용에 필요한, 그리고 제품 및 서비스의 적합성 달성에 필요한 환경을 결정, 제공 및 유지하여야 한다.

  [비고] 적절한 환경은, 다음과 같이 인적 요인과 물리적 요인의 조합이 될 수 있다.
    a) 사회적(ex. 비차별, 평온, 비대립)
    b) 심리적(ex. 스트레스 완화, 극심한 피로 예방, 정서적 보호)
    c) 물리적(ex. 온도, 열, 습도, 밝기, 공기흐름, 위생, 소음)

이러한 요인은 제공되는 제품 및 서비스에 따라 상당히 달라질 수 있다.

7.1.5 모니터링 자원과 측정 자원

7.1.5.1 일반사항 : 제품 및 서비스가 요구사항에 대하여 적합한지를 검증하기 위하여 모니터링 또는 측정이 활용되는 경우, 조직은 유효하고 신뢰할 수 있는 결과를 보장하기 위하여 필요한 자원을 정하고 제공하여야 한다.
조직은 제공되는 자원이 다음과 같음을 보장하여야 한다.

  a) 수행되는 특정 유형의 모니터링과 측정 활동에 적절함
  b) 자원의 목적에 지속적으로 적합함(Fitness)을 보장하도록 유지됨

조직은 모니터링 자원과 측정 자원의 목적에 적합하다는 증거로, 적절한 문서화된 정보를 보유하여야 한다.

7.1.5.2 측정 소급성(Traceability) : 측정 소급성이 요구사항이거나 조직이 측정결과의 유효성에 대한 신뢰제공을 필수적인 부분으로 고려하고 있는 경우, 측정장비는 다음과 같아야 한다.

    a) 규정된 주기 또는 사용 전에, 국제 또는 국가 측정표준에 소급 가능한 측정표준에 대하여 교정 또는 검증 혹은 두 가지 모두 시행될 것. 그러한 표준이 없는 경우, 교정 또는 검증에 사용된 근거는 문서화된 정보로 보유될 것

    b) 측정장비의 교정 상태를 알 수 있도록 식별될 것

    c) 교정상태 및 후속되는 측정 결과를 무효화할 수 있는 조정, 손상 또는 열화로부터 보호될 것

조직은 측정장비가 의도한 목적에 맞지 않는 것으로 발견된 경우, 이전 측정 결과의 유효성에 부정적인 영향을 미쳤는지 여부를 규명하고, 필요하다면 적절한 조치를 취하여야 한다.

7.1.6 조직의 지식 : 조직은 프로세스 운용에 필요한, 그리고 제품 및 서비스의 적합성 달성에 필요한 지식을 정하여야 한다.

이 지식은 유지되고, 필요한 정도까지 이용 가능하여야 한다.

변화하는 니즈와 경향(Trend)을 다룰 경우, 조직은 현재의 지식을 고려하여야 하고, 추가로 필요한 모든 지식 및 요구되는 최신 정보의 입수 또는 접근방법을 정하여야 한다.

    [비고 1] 조직의 지식은 조직에 특정한 지식으로, 일반적으로 경험에 의해 얻어진다.

        이는 조직의 목표를 달성하기 위하여 활용되고 공유되는 정보이다.

    [비고 2] 조직의 지식은 다음을 기반으로 할 수 있다.

        a) 내부 출처(ex. 지적 재산, 경험에서 얻은 지식, 실패 및 성공한 프로젝트로부터 얻은 교훈, 문서화되지 않은 지식 및 경험의 포착과 공유, 프로세스, 제품 및 서비스에서 개선된 결과)

        b) 외부 출처(ex. 표준, 학계, 컨퍼런스, 고객 또는 외부공급자로부터 지식 수집)

7.2 역량/적격성

조직은 다음 사항을 실행하여야 한다.

a) 품질경영시스템의 성과 및 효과성에 영향을 미치는 업무를 조직의 관리하에

수행하는 인원에 필요한 역량을 결정
b) 이들 인원이 적절한 학력, 교육훈련 또는 경험에 근거하여 역량이 있음을 보장
c) 적용 가능한 경우, 필요한 역량을 얻기 위한 조치를 취하고, 취해진 조치의 효과성을 평가
d) 역량의 증거로 적절한 문서화된 정보를 보유

[비고] 적용할 수 있는 조치에는, 예를 들어 현재 고용된 인원에 대한 교육훈련 제공, 멘토링이나 재배치 실시, 또는 역량이 있는 인원의 고용이나 그러한 인원과의 계약 체결을 포함할 수 있다.

7.3 인식
조직은 조직의 관리하에 업무를 수행하는 인원이 다음 사항을 인식하도록 보장하여야 한다.

a) 품질방침
b) 관련된 품질목표
c) 개선된 성과의 이점을 포함하여, 품질경영시스템의 효과성에 대한 자신의 기여
d) 품질경영시스템의 요구사항에 부적합한 경우의 영향

7.4 의사소통
조직은 다음 사항을 포함하여 품질경영시스템에 관련되는 내부 및 외부 의사소통을 결정하여야 한다.

a) 의사소통 내용
b) 의사소통 시기
c) 의사소통 대상
d) 의사소통 방법
e) 의사소통 담당자

7.5 문서화된 정보
7.5.1 일반사항 : 조직의 품질경영시스템에는 다음 사항이 포함되어야 한다.

a) 이 표준에서 요구하는 문서화된 정보
b) 품질경영시스템의 효과성을 위하여 필요한 것으로, 조직이 결정한 문서화된 정보

[비고] 품질경영시스템을 위한 문서화된 정보의 정도는, 다음과 같은 이유로 조직에 따라 다를 수 있다.
－조직의 규모, 활동, 프로세스, 제품 및 서비스의 유형

배가바이스

문서관리의 근본적 목적은 올바른 문서가 필요한 장소에서 사용되도록 하기 위한 것이다.

　　　　　　　－프로세스의 복잡성과 프로세스의 상호작용
　　　　　　　－인원의 역량

7.5.2 작성(Creating) 및 갱신 : 문서화된 정보를 작성하거나 갱신할 경우, 조직
　　　은 다음 사항의 적절함을 보장하여야 한다.

　　　　　　a) 식별 및 내용(Description)(ex. 제목, 날짜, 작성자 또는 문서번호)
　　　　　　b) 형식(ex. 언어, 소프트웨어 버전, 그래픽) 및 매체(ex. 종이, 전자
　　　　　　　매체)
　　　　　　c) 적절성 및 충족성에 대한 검토 및 승인

7.5.3 문서화된 정보의 관리

7.5.3.1 품질경영시스템 및 이 표준에서 요구되는 문서화된 정보는 다음 사항을
　　　　보장하기 위하여 관리되어야 한다.

　　　　　　a) 필요한 장소 및 필요한 시기에 사용 가능하고 사용하기에 적절함
　　　　　　b) 충분하게 보호됨(ex. 기밀유지 실패, 부적절한 사용 또는 완전성 훼손
　　　　　　　으로부터)

7.5.3.2 문서화된 정보의 관리를 위하여 다음 활동 중 적용되는 사항을 다루어야
　　　　한다.

　　　　　　a) 배포, 접근, 검색 및 사용
　　　　　　b) 가독성 보존을 포함하는 보관 및 보존
　　　　　　c) 변경 관리(ex. 버전 관리)
　　　　　　d) 보유 및 폐기

　　　　조직이 품질경영시스템의 기획과 운용을 위하여 필요하다고 정한 외부
　　　　출처의 문서화된 정보는 적절하게 식별되고 관리되어야 한다. 적합성의
　　　　증거로 보유 중인 문서화된 정보는, 의도하지 않은 수정으로부터 보호되
　　　　어야 한다.

　　　　[비고] 접근(Access)이란 문서화된 정보를 보는 것만 허락하거나, 문서화
　　　　　　　된 정보를 보고 변경하는 허락 및 권한에 관한 결정을 의미할
　　　　　　　수 있다.

(8) 운용

8.1 운용 기획 및 관리

조직은 다음 사항을 통하여, 제품 및 서비스의 제공을 위한 요구사항을 충족하기
위해 필요한, 그리고 (6)에서 정한 조치를 실행하기 위해 필요한 프로세스(4.4
참조)를 계획, 실행 및 관리하여야 한다.

a) 제품 및 서비스에 대한 요구사항 결정

b) 다음에 대한 기준 수립

　　1) 프로세스

　　2) 제품 및 서비스의 합격 판정

c) 제품 및 서비스 요구사항에 대한 적합성을 달성하기 위해 필요한 자원의 결정

d) 기준에 따라 프로세스 관리의 실행

e) 다음을 위해 필요한 정도로 문서화된 정보의 결정, 유지 및 보유

　　1) 프로세스가 계획된 대로 수행되었음에 대한 신뢰 확보

　　2) 제품과 서비스가 요구사항에 적합함을 실증

이 기획의 출력은 조직의 운용에 적절하여야 한다.

조직은 계획된 변경을 관리하고, 의도하지 않은 변경의 결과를 검토해야 하며, 필요에 따라 모든 부정적인 영향을 완화하기 위한 조치를 취하여야 한다.

조직은 외주처리 프로세스가 관리됨을 보장하여야 한다(8.4 참조).

8.2 제품 및 서비스 요구사항

8.2.1 고객과의 의사소통

고객과의 의사소통에는 다음 사항이 포함되어야 한다.

a) 제품 및 서비스 관련 정보 제공

b) 변경을 포함하여 문의, 계약 또는 주문의 취급

c) 고객 불평을 포함하여 제품 및 서비스에 관련된 고객 피드백 입수

d) 고객 재산의 취급 및 관리

e) 관련될 경우, 비상조치를 위한 특정 요구사항 수립

8.2.2 제품 및 서비스에 대한 요구사항의 결정

고객에게 제공될 제품 및 서비스에 대한 요구사항을 결정할 경우 조직은 다음 사항을 보장하여야 한다.

a) 제품 및 서비스 요구사항은 다음을 포함하여 규정됨

　　1) 적용되는 모든 법적 및 규제적 요구사항

　　2) 조직에 의해 필요하다고 고려된 요구사항

b) 조직은 제공하는 제품 및 서비스에 대한 요구(Claim)를 충족시킬 수 있음

8.2.3 제품 및 서비스에 대한 요구사항의 검토

8.2.3.1 조직은 고객에게 제공될 제품 및 서비스에 대한 요구사항을 충족시키는 능력이 있음을 보장하여야 한다. 또한 조직은 고객에게 제품 및 서비스의

PART 1
PART 2
PART 3
PART 4
PART 5
PART 6
PART 7

공급을 결정하기 전에, 다음 사항을 포함하여 검토를 실시하여야 한다.

　　a) 인도 및 인도 이후의 활동에 대한 요구사항을 포함하여, 고객이 규정한 요구사항
　　b) 고객이 명시하지 않았으나 알려진 경우, 규정되거나 의도된 사용에 필요한 요구사항
　　c) 조직에 의해 규정된 요구사항
　　d) 제품이나 서비스에 적용되는 법적 및 규제적 요구사항
　　e) 이전에 표현된 것과 상이한 계약 또는 주문 요구사항

조직은 이전에 규정한 요구사항과 상이한 계약 또는 주문 요구사항이 해결되었음을 보장하여야 한다.
고객이 요구사항을 문서화된 상태로 제시하지 않는 경우 고객 요구사항은 수락 전에 조직에 의해 확인되어야 한다.

[비고] 인터넷 판매 등과 같은 상황에서는 각각의 주문에 대한 공식적인 검토가 비현실적이다. 이러한 경우 카탈로그와 같은 관련 제품정보를 검토하는 것으로 대신할 수 있다.

8.2.3.2 조직은 적용될 경우 다음 사항에 대한 문서화된 정보를 보유하여야 한다.

　　a) 검토 결과
　　b) 제품 및 서비스에 대한 모든 새로운 요구사항

8.2.4 제품 및 서비스에 대한 요구사항의 변경 : 제품 및 서비스에 대한 요구사항이 변경된 경우, 조직은 관련 문서화된 정보가 수정됨을, 그리고 관련 인원이 변경된 요구사항을 인식하고 있음을 보장하여야 한다.

8.3 제품 및 서비스의 설계와 개발

8.3.1 일반사항 : 조직은 제품 및 서비스의 설계와 개발 이후의 공급을 보장하기에 적절한 설계와 개발 프로세스를 수립, 실행 및 유지하여야 한다.

8.3.2 설계와 개발 기획 : 설계와 개발에 대한 단계 및 관리를 결정할 때, 조직은 다음 사항을 고려하여야 한다.

　　a) 설계와 개발활동의 성질, 기간 및 복잡성
　　b) 적용되는 설계와 개발 검토를 포함하여, 요구되는 프로세스 단계
　　c) 요구되는 설계와 개발 검증 및 실현성 확인/타당성 확인(Validation) 활동
　　d) 설계와 개발 프로세스에 수반되는 책임 및 권한

e) 제품 및 서비스의 설계와 개발에 대한 내부 및 외부 자원 필요성

f) 설계와 개발 프로세스에 관여하는 인원 간 인터페이스의 관리 필요성

g) 설계와 개발 프로세스에 고객 및 사용자의 관여 필요성

h) 제품 및 서비스의 설계와 개발 이후의 공급을 위한 요구사항

i) 설계와 개발 프로세스에 대해 고객 및 기타 관련 이해관계자가 기대하는 관리의 수준

j) 설계와 개발 요구사항이 충족되었음을 실증하는 데 필요한 문서화된 정보

8.3.3 설계와 개발 입력 : 조직은 설계와 개발이 될 특정 형태의 제품 및 서비스에 필수적인 요구사항을 정하여야 한다. 조직은 다음 사항을 고려하여야 한다.

a) 기능 및 성능/성과 요구사항

b) 이전의 유사한 설계와 개발활동으로부터 도출된 정보

c) 법적 및 규제적 요구사항

d) 조직이 실행을 약속한 표준 또는 실행지침

e) 제품 및 서비스의 성질에 기인하는 실패의 잠재적 결과

입력은 설계와 개발 목적에 충분하며, 완전하고 모호하지 않아야 한다.
상충되는 설계와 개발 입력은 해결되어야 한다.
조직은 설계와 개발 입력에 대한 문서화된 정보를 보유하여야 한다.

8.3.4 설계와 개발관리 : 조직은 설계와 개발 프로세스에 다음 사항을 보장하기 위하여 관리/통제하여야 한다.

a) 달성될 결과의 규정

b) 설계와 개발 결과가 요구사항을 충족하는지의 능력을 평가하기 위한 검토 시행

c) 설계와 개발의 출력이 입력 요구사항에 충족함을 보장하기 위한 검증 활동 시행

d) 결과로 나타난 제품 및 서비스가 규정된 적용에 대한, 또는 사용 의도에 대한 요구사항을 충족시킴을 보장하기 위한 실현성 확인 활동의 시행

e) 검토 또는 검증 및 실현성 확인 활동 중 식별된 문제점에 대해 필요한 모든 조지의 시행

f) 이들 활동에 대한 문서화된 정보의 보유

[비고] 설계와 개발 검토, 검증 및 실현성 확인에는 별개의 다른 목적이 있다. 설계와 개발 검토, 검증 및 실현성 확인은 조직의 제품 및 서비스에 적절하도록 별도로 또는 조합하여 시행될 수 있다.

PART 1
PART 2
PART 3
PART 4
PART 5
PART 6
PART 7

8.3.5 설계와 개발 출력 : 조직은 설계와 개발 출력이 다음과 같음을 보장하여야 한다.

 a) 입력 요구사항 충족

 b) 제품 및 서비스 제공을 위한 후속 프로세스에 대해 충분함

 c) 해당되는 경우 모니터링과 측정 요구사항의 포함 또는 인용 그리고 합격 판정기준의 포함 또는 인용

 d) 의도한 목적에, 그리고 안전하고 올바른 공급에 필수적인 제품 및 서비스의 특성 규정

조직은 설계와 개발 출력에 대한 문서화된 정보를 보유하여야 한다.

8.3.6 설계와 개발 변경 : 조직은 제품 및 서비스의 설계와 개발 과정, 또는 이후에 발생된 변경사항을 요구사항의 적합성에 부정적 영향이 없음을 보장하는 데 필요한 정도까지 식별, 검토 및 관리하여야 한다.
조직은 다음 사항에 대한 문서화된 정보를 보유하여야 한다.

 a) 설계와 개발 변경

 b) 검토 결과

 c) 변경의 승인

 d) 부정적 영향을 예방하기 위해 취한 조치

8.4 외부에서 제공되는 프로세스, 제품 및 서비스의 관리

8.4.1 일반사항 : 조직은 외부에서 제공되는 프로세스, 제품 및 서비스가 요구사항에 적합함을 보장하여야 한다. 조직은 다음의 경우, 외부에서 제공되는 프로세스, 제품 및 서비스에 적용할 관리방법을 결정하여야 한다.

 a) 외부공급자의 제품 및 서비스가 조직 자체의 제품 및 서비스에 포함되도록 의도한 경우

 b) 제품 및 서비스가 조직을 대신한 외부공급자에 의해 고객에게 직접 제공되는 경우

 c) 프로세스 또는 프로세스의 일부가 조직에 의한 결정의 결과로 외부공급자에 의해 제공된 경우

조직은 요구사항에 따라 프로세스 또는 제품 및 서비스를 공급할 수 있는 능력을 근거로, 외부공급자의 평가, 선정, 성과 모니터링 및 재평가에 대한 기준을 결정하고 적용하여야 한다. 또한 조직은 이들 활동에 대한, 그리고 평가를 통해 발생한 모든 필요한 조치에 대한 문서화된 정보를 보유하여야 한다.

8.4.2 관리의 유형과 정도(Extent) : 조직은 외부에서 제공되는 프로세스, 제품 및 서비스가, 적합한 제품 및 서비스를 고객에게 일관되게 인도하는 조직의 능력에 부정적인 영향을 미치지 않음을 보장하여야 한다.

조직은 다음 사항을 수행하여야 한다.

   a) 외부에서 제공되는 프로세스가 조직의 품질경영시스템 관리 내에서 유지됨을 보장

   b) 외부공급자에게 적용하기로 한 관리와 결과로 나타나는 출력에 적용하기로 한 관리 모두를 규정

   c) 다음에 대한 고려

      1) 고객 요구사항과 법적 및 규제적 요구사항을 일관되게 충족시켜야 하는 조직의 능력에 미치는 외부에서 제공되는 프로세스, 제품 및 서비스의 잠재적 영향

      2) 외부공급자에 의해 적용되는 관리의 효과성

   d) 외부에서 제공되는 프로세스, 제품 및 서비스가 요구사항을 충족시킴을 보장하기 위하여 필요한 검증 또는 기타 활동의 결정

8.4.3 외부공급자를 위한 정보 : 조직은 외부공급자와 의사소통하기 이전에 요구사항이 타당함/충분함(Adequacy)을 보장하여야 한다. 조직은 다음 사항에 대한 조직의 요구사항을 외부공급자에게 전달하여야 한다.

   a) (외부공급자가) 제공하는 프로세스, 제품 및 서비스

   b) 다음에 대한 승인

      1) 제품 및 서비스

      2) 방법, 프로세스 및 장비

      3) 제품 및 서비스의 불출(Release)

   c) 요구되는 모든 인원의 자격을 포함한 역량/적격성

   d) 조직과 외부공급자의 상호 작용

   e) 외부공급자의 성과에 대하여 조직이 적용하는 관리 및 모니터링

   f) 조직 또는 조직의 고객이 외부공급자의 현장에서 수행하고자 하는 검증 또는 실현성 확인 활동

8.5 생산 및 서비스 제공

8.5.1 생산 및 서비스 제공의 관리 : 조직은 제품 및 서비스 제공을 관리되는 조건하에서 실행하여야 한다. 관리되는 조건에는 해당되는 경우, 다음 사항이 포함되어야 한다.

   a) 다음을 규정하는 문서화된 정보의 가용성

1) 생산되어야 하는 제품의, 제공되어야 하는 서비스의, 또는 수행되어야 하는 활동의 특성

2) 달성되어야 하는 결과

b) 적절한 모니터링 자원 및 측정 자원의 가용성 및 활용

c) 프로세스 또는 출력의 관리에 대한 기준, 그리고 제품 및 서비스에 대한 합격 판정기준이 충족되었음을 검증하기 위하여, 적절한 단계에서 모니터링 및 측정 활동의 실행

d) 프로세스 운용을 위한 적절한 기반구조 및 환경의 활용

e) 요구되는 모든 자격을 포함하여, 역량이 있는 인원의 선정

f) 결과로 나타난 출력이 후속되는 모니터링 또는 측정에 의해 검증될 수 없는 경우, 생산 및 서비스 제공을 위한 프로세스의 계획된 결과를 달성하기 위한 능력의 실현성 확인 및 주기적 실현성 재확인

g) 인적 오류를 예방하기 위한 조치의 실행

h) 불출, 인도 및 인도 후 활동의 실행

8.5.2 식별과 추적성 : 조직은 제품 및 서비스의 적합성을 보장하기 위하여 필요한 경우 출력을 식별하기 위하여 적절한 수단을 활용하여야 한다. 조직은 생산 및 서비스 제공 전체에 걸쳐 모니터링 및 측정 요구사항에 관한 출력의 상태를 식별하여야 한다. 추적성이 요구사항인 경우 조직은 출력의 고유한 식별을 관리하여야 하며, 추적이 가능하기 위하여 필요한 문서화된 정보를 보유하여야 한다.

8.5.3 고객 또는 외부공급자의 재산 : 조직은 조직의 관리하에 있거나, 조직이 사용 중에 있는 고객 또는 외부공급자의 재산에 대하여 주의를 기울여야 한다. 조직은 제품 및 서비스에 사용되거나 포함되도록 제공된 고객 또는 외부공급자의 재산을 식별, 검증, 보호 및 안전하게 유지하여야 한다. 고객 또는 외부공급자의 재산이 분실, 손상 또는 사용하기에 부적절한 것으로 판명된 경우, 조직은 고객 또는 외부공급자에게 이를 통보하여야 하며, 발생한 사항에 대해 문서화된 정보를 보유하여야 한다.

[비고] 고객 또는 외부공급자의 재산에는 자재, 부품, 공구 및 장비, 고객 부동산, 지적소유권 및 개인 정보가 포함될 수 있다.

8.5.4 보존 : 조직은 요구사항에 적합함을 보장하기 위해 필요한 정도까지, 생산 및 서비스를 제공하는 동안 출력을 보존하여야 한다.

[비고] 보존에는 식별, 취급, 오염관리, 포장, 보관, 전달 또는 수송 및 보호가 포함될 수 있다.

8.5.5 인도 후 활동 : 조직은 제품 및 서비스에 연관된 인도 후 활동에 대한 요구사항을 충족하여야 한다. 조직은 요구되는 인도 후 활동에 관한 정도를 결정할 때, 다음 사항을 고려하여야 한다.

    a) 법적 및 규제적 요구사항
    b) 제품 및 서비스와 관련한 잠재적으로 원하지 않은 결과
    c) 제품 및 서비스의 성질, 용도 및 계획수명
    d) 고객 요구사항
    e) 고객 피드백

    [비고] 인도 후 활동에는 보증규정에 따른 조치, 정비 서비스와 같은 계약상 의무사항, 그리고 재활용이나 최종 폐기와 같은 보충적인 서비스가 포함될 수 있다.

8.5.6 변경관리 : 조직은 생산 또는 서비스 제공에 대한 변경을 요구사항과의 지속적인 적합성을 보장하기 위하여 필요한 정도까지 검토하고 관리하여야 한다. 조직은 변경에 대한 검토의 결과, 변경 승인자 및 검토 결과 도출된 필요한 모든 조치사항을 기술한 문서화된 정보를 보유하여야 한다.

8.6 제품 및 서비스의 불출/출시(Release)

조직은 제품 및 서비스 요구사항이 충족되었는지 검증하기 위하여 적절한 단계에서 계획된 결정사항을 실행하여야 한다.

계획된 결정사항이 만족스럽게 완료될 때까지 제품 및 서비스는 고객에게 불출되지 않아야 한다. 다만, 관련 권한을 가진 자가 승인하고, 고객이 승인한 때(해당되는 경우)에는 불출할 수 있다.

조직은 제품 및 서비스의 불출에 관련된 문서화된 정보를 보유하여야 한다. 문서화된 정보에는 다음 사항이 포함되어야 한다.

a) 합격 판정기준에 적합하다는 증거
b) 불출을 승인한 인원에 대한 추적성

8.7 부적합 출력/산출물(Output)의 관리

8.7.1 조직은 의도하지 않은 사용 또는 인도를 방지하기 위하여 제품 요구사항에 적합하지 않은 출력이 식별되고 관리됨을 보장하여야 한다. 조직은 부적합 성질(Nature)에, 그리고 제품 및 서비스의 적합성에 대하여 부적합이 미치는 영향에 따라 적절한 조치를 취하여야 한다. 이것은 제품의 인도 후, 그리고 서비스의 제공 중 또는 제공 후에 발견된 제품 및 서비스의 부적합에도 적용된다. 조직은 부적합 출력을 다음의 하나 또는 그 이상의 방법으로 처리하여야 한다.

a) 시정

b) 제품 및 서비스 제공의 격리, 봉쇄/억제, 반품 또는 정지

c) 고객에게 통지

d) 특채에 의해 인수를 위한 승인의 획득

부적합 출력이 조치되는 경우, 요구사항에 대한 적합성이 검증되어야 한다.

8.7.2 조직은 다음의 문서화된 정보를 보유하여야 한다.

a) 부적합에 대한 기술

b) 취해진 조치에 대한 기술

c) 승인된 특채에 대한 기술

d) 부적합에 관한 활동을 결정하는 책임의 식별

(9) 성과 평가

9.1 모니터링, 측정, 분석 및 평가

9.1.1 일반사항 : 조직은 다음 사항을 결정하여야 한다.

a) 모니터링 및 측정의 대상

b) 유효한 결과를 보장하기 위하여, 필요한 모니터링, 측정, 분석 및 평가에 대한 방법

c) 모니터링 및 측정 수행 시기

d) 모니터링 및 측정의 결과에 대한 분석 및 평가 시기

조직은 품질경영시스템의 성과 및 효과성을 평가하여야 한다. 조직은 결과의 증거로, 적절한 문서화된 정보를 보유하여야 한다.

9.1.2 고객만족 : 조직은 고객의 니즈 및 기대가 어느 정도 충족되었는지에 대한 고객의 인식을 모니터링하여야 한다. 조직은 이 정보를 수집, 모니터링 및 검토하기 위한 방법을 결정하여야 한다.

[비고] 고객인식에 대한 모니터링의 사례에는 고객 설문조사, 인도된 제품 또는 서비스에 대한 고객피드백, 고객과의 미팅, 시장점유율 분석, 고객의 칭찬, 보증 클레임, 그리고 판매업자 보고서가 포함될 수 있다.

9.1.3 분석 및 평가 : 조직은 모니터링 및 측정에서 나온 적절한 데이터와 정보를 분석하고, 평가하여야 한다. 분석의 결과는 다음 사항의 평가를 위하여 사용되어야 한다.

a) 제품 및 서비스의 적합성

b) 고객 만족도

c) 품질경영시스템의 성과 및 효과성

d) 기획의 효과적인 실행 여부

e) 리스크와 기회를 다루기 위하여 취해진 조치의 효과성

f) 외부공급자의 성과

g) 품질경영시스템의 개선 필요성

[비고] 데이터 분석 방법에는 통계적인 기법이 포함될 수 있다.

9.2 내부심사

9.2.1 조직은 품질경영시스템이 다음 사항에 대한 정보를 제공하기 위하여 계획된 주기로 내부심사를 수행하여야 한다.

a) 다음 사항에 대한 적합성 여부

1) 품질경영시스템에 대한 조직 자체 요구사항

2) 이 표준의 요구사항

b) 품질경영시스템이 효과적으로 실행되고 유지되는지 여부

9.2.2 조직은 다음 사항을 실행하여야 한다.

a) 주기, 방법, 책임, 요구사항의 기획 및 보고를 포함하는, 심사 프로그램의 계획, 수립, 실행 및 유지, 그리고 심사프로그램에는 관련 프로세스의 중요성, 조직에 영향을 미치는 변경 및 이전 심사 결과가 고려되어야 한다.

b) 심사기준 및 개별 심사의 적용범위에 대한 규정

c) 심사 프로세스의 객관성 및 공평성을 보장하기 위한 심사원 선정 및 심사 수행

d) 심사결과가 관련 경영자에게 보고됨을 보장

e) 과도한 지연 없이 적절한 시정 및 시정조치 실행

f) 심사 프로그램의 실행 및 심사결과의 증거로 문서화된 정보의 보유

[비고] 가이더스로서 KS Q ISO 19011 참조

9.3 경영검토/경영평가(Management Review)

9.3.1 일반사항 : 최고경영자는 조직의 전략적 방향에 대한 품질경영시스템의 지속적인 적절성, 충족성, 효과성 및 정렬성을 보장하기 위하여 계획된 주기로 조직의 품질경영시스템을 검토하여야 한다.

9.3.2 경영검토 입력사항 : 경영검토는 다음 사항을 고려하여 계획되고 수행되어야 한다.

PART 1
PART 2
PART 3
PART 4
PART 5
PART 6
PART 7

a) 이전 경영검토에 따른 조치의 상태

b) 품질경영시스템과 관련된 외부 및 내부 이슈의 변경

c) 다음의 경향을 포함한 품질경영시스템의 성과 및 효과성에 대한 정보

   1) 고객만족 및 관련 이해관계계자로부터의 피드백

   2) 품질목표의 달성 정도

   3) 프로세스 성과, 그리고 제품 및 서비스의 적합성

   4) 부적합 및 시정조치

   5) 모니터링 및 측정 결과

   6) 심사결과

   7) 외부공급자의 성과

d) 자원의 충족성

e) 리스크와 기회를 다루기 위하여 취해진 조치의 효과성(6.1 참조)

f) 개선 기회

9.3.3 경영검토 출력사항 : 경영검토의 출력사항에는 다음 사항과 관련된 결정과 조치가 포함되어야 한다.

a) 개선 기회

b) 품질경영시스템 변경에 대한 모든 필요성

c) 자원의 필요성

조직은 경영검토 결과의 증거로, 문서화된 정보를 보유하여야 한다.

(10) 개선

10.1 일반사항

조직은 개선 기회를 결정하고 선택하여야 하며, 고객 요구사항을 충족시키고 고객만족을 증진시키기 위하여 필요한 모든 조치를 실행하여야 한다.
조치에는 다음 사항이 포함되어야 한다.

a) 요구사항을 충족시키기 위한 것뿐만 아니라 미래의 니즈와 기대를 다루기 위한 제품 및 서비스의 개선

b) 시정, 예방 또는 바람직하지 않은 영향의 감소

c) 품질경영시스템의 성과 및 효과성 개선

[비고] 개선의 사례에는 시정, 시정조치, 지속적 개선, 획기적인 변화, 혁신 및 조직개편이 포함될 수 있다.

10.2 부적합 및 시정조치

10.2.1 불만족에서 야기된 모든 것을 포함하여 부적합이 발생하였을 때, 조직은

다음 사항을 실행하여야 한다.

a) 부적합에 대처하여야 하며 해당되는 경우, 다음 사항이 포함되어야
한다.

    1) 부적합을 관리하고 시정하기 위한 조치를 취함

    2) 결과를 처리함

b) 부적합이 재발하거나 다른 곳에서 발생하지 않게 하기 위해서, 부적합
의 원인을 제거하기 위한 조치의 필요성을 다음 사항에 의하여 평가하
여야 한다.

    1) 부적합의 검토와 분석

    2) 부적합 원인의 결정

    3) 유사한 부적합의 존재 여부 또는 잠재적인 발생 여부 결정

c) 필요한 모든 조치의 실행

d) 취해진 모든 시정조치의 효과성 검토

e) 필요한 경우, 기획 시 결정된 리스크와 기회의 갱신

f) 필요한 경우, 품질경영시스템의 변경

시정조치는 직면한 부적합의 영향에 적절하여야 한다.

10.2.2 조직은 다음 사항의 증거로, 문서화된 정보를 보유하여야 한다.

    a) 부적합의 성질 및 취해진 모든 후속조치

    b) 모든 시정조치의 결과

10.3 지속적 개선

조직은 품질경영시스템의 적절성, 충족성 및 효과성을 지속적으로 개선하여야
한다.

조직은 지속적 개선의 일부로서 다루어야 할 니즈 또는 기회가 있는지를 결정하기
위하여, 분석 및 평가의 결과 그리고 경영검토의 출력사항을 고려하여야 한다.

PART 1

PART 2

PART 3

PART 4

PART 5

PART 6

PART 7

● 품질보증

'제품 또는 서비스가 소정의 품질요
구를 갖추고 있다'는 타당한 신뢰감
을 주기 위해 필요한 계획적이고 체계
적인 활동을 말한다.

05 품질보증

1. 품질보증의 개념

① 소비자가 요구하는 품질을 충분히 만족시키게 되어 있다는 것을 보증하기 위한 생산자의 체계적 활동을 말한다(한국산업규격).

② 품질보증은 감사의 기능이다(J. M. Juran).

③ 한 품목 또는 제품이 설정된 기술요구에 부합되도록 하는 데 필요한 모든 행동이 계획적이고 체계적인 형태이다(MIL-STD-109B).

④ 소비자에 있어서 그 품질이 만족하고도 적절하며 신뢰할 수 있고 그러면서도 경제적임을 보증하는 것이다.

⑤ 제품의 품질에 대해 사용자가 안심하고 오래 사용할 수 있다는 것을 보증하는 것이다.

⑥ 생산의 각 단계에 소비자의 요구가 정말로 반영되고 있는가 여부를 체크하여 각 단계에서 조치를 취하는 것이다.

⑦ 제품에 대한 소비자와의 약속이며 계약이다.

⑧ 품질요구사항이 충족될 것이라는 신뢰를 제공하는 데 중점을 둔 품질경영의 일부이다.

⑨ 우리말의 보증에 대한 영어 단어는 Assure, Warrant, Guarantee 등이 있다. 각 단어의 의미는 조금씩 차이는 있지만, 품질경영에서는 단어의 차이를 중시하지 않고, 목적이 모두 같은 것으로 본다.

배가바이스

품질보증활동의 변화과정

검사 중심 → 공정관리 중심 → 신
제품개발 중심

(1) 품질보증시스템

품질확보, 품질확약, 품질확인(품질보증의 3기능)을 위한 시스템으로, 품질의 소정 임무를 달성하기 위해 선정되고, 배열되며, 연계되어 동작(관리)하는 일련의 아이템(인간요소)의 조합인데, 그 체계는 아래와 같은 스텝을 가진다.

배가바이스

품질보증시스템의 구성요소

• 품질보증업무시스템
• 품질평가시스템
• 품질정보시스템

① 시장조사　　　　　　　② 제품기획
③ 설계　　　　　　　　　④ 생산준비
⑤ 생산(제조)　　　　　　⑥ 판매-서비스
⑦ 외주·판매

(2) 품질보증체계도(QA 체계도)

QA 체계도는 제품기획, 설계, 생산준비, 제조, 검사, 판매로 이어지는 긴 흐름인데, 이 스텝과 조직을 매트릭스로 하여 제품의 기획에서부터 판매까지의 물품과 정보의 흐름을 도시한 것으로, 구비사항은 마디(또는 관문), 스킵(Skip) 기준,

배가바이스

품질보증의 주요 기능 순서

• 품질방침의 설정
• 설계품질의 확보
• 품질조사와 클레임 처리
• 품질정보의 수집·해석·활용

출하구분, 정보의 Feedback 경로, 클레임의 Feedback, 신뢰성 시험의 6가지로 분류된다. 품질보증체계도를 작성할 때 포함시켜야 할 사항은 다음과 같다.

① 관계되는 회의체나 표준류, 장표류가 표시되어 있을 것
② 품질정보는 모든 부서가 취급하되 보안을 철저히 하도록 명시할 것
③ 부문 사이에 빠뜨림이나 잘못이 없도록 상호의 관계가 명시되어 있을 것
④ 각 관련 부문에 대해서 품질보증상 실시해야 할 업무의 내용 및 책임이 명시되어 있을 것

(3) 품질보증체계

① 품질보증업무시스템
② 품질평가시스템
③ 품질정보시스템

(4) 품질평가시스템 내용

① 제품기획의 평가   ② 개발품의 평가
③ 개발품에 의한 시험결과의 평가   ④ 시작품의 평가
⑤ 양산 시작품의 평가   ⑥ 본 생산 이행의 가부 결정
⑦ 본 생산품의 검사   ⑧ 시장품질의 조사 · 평가
⑨ 시스템 감사

이 중 ①~④는 설계감사에 해당된다.

2. 품질보증활동의 추진

(1) 시장조사의 QA의 유의사항

① 현재 생산판매하고 있는 자사제품에 대해 고객이 만족하고 있는 점과 그렇지 못한 점은 어떤 것인가
② 그 제품이 어떻게 사용되고 있는가(사용방법)
③ 사용조건이 맞지 않음으로 인해서 어떤 트러블이 발생하고 있는가
④ 보전수리에 있어서 사용자는 어떤 점에 애로를 겪고 있는가

(2) 제품기획의 QA

제품기획단계에 있어 시장조사에서 파악한 고객의 요구사항을 기술용어로 변환시키는 활동과 신제품을 기획하고 있는 동안 기획 이외의 스텝에서 QA를 실시하는 데 있어 발생될 우려가 있는 문제점을 찾아내서 그것을 극복하는 문제를 말하는데, 기획단계의 QA 활동이 전체 신뢰성의 90%를 지배한다.

(3) 설계의 QA

소비자의 요구품질을 제품기획에 반영시킨 품질(기획품질)을 실제의 품질로 실현시키기 위하여 세밀하게 개별 시방서나 도면으로 옮기는 과정에서, 사용자의 요구품질이나 회사의 품질방침이 충분히 반영되게 하는 QA 활동이다. 이때 도면이나 시작품 등에 대한 설계심사(DR ; Design Review)가 이루어진다.

│ 설계심사의 구분 │

구분 DR의 구분	목적(대상)	참가부문	실시시기
예비설계심사 (Preliminary Design Review)	기획과 예상되는 품질 문제	영업, 기획, 연구, 설계부문 등	기획이 끝날 때
중간설계심사 (Intermediate Design Review)	설계된 도면	설계, 연구, 개발부문 등	설계가 진행되는 적당한 시기
최종설계심사 (Final Design Review)	설계도면과 생산성	생산기술, 설계, 제조부문 등	설계가 끝난 후

(4) 제조부문의 QA

1) 제조에서 설계품질대로 되지 않는 이유

① 원재료가 산포한다.
② 장치나 기계에 이상이 생기거나 고장이 있을 때 또는 공구가 마모되었을 때이다.
③ 가공이나 처리의 공정에 산포가 있다.
④ 작업 미스가 있다.

2) 이상요인에 대한 대책

① 원인을 제거한다.
② 원인에 대한 영향을 제거한다.
③ 공정의 진단과 치료 및 공정을 컨트롤한다.
④ 불량품을 제거한다.
⑤ 클레임을 처리한다.

3) 품질보증을 관리하는 방법(5W 1H)

① 그 기능의 목적은 무엇인가(Why)
② 그 기능의 대상은 무엇인가(What)
③ 어디서, 즉 어느 스텝에서 그것을 행하는가(Where)
④ 어느 시점에서 행하는가(When)
⑤ 어느 부문이 담당하는가(Who)
⑥ 어떻게 행하는가(How)

4) 품질보증시스템의 효과적 운영

① 품질보증업무의 명확화
② 계속적인 활동과 체질개선
③ 품질보증체제의 감사
④ 시정·개선조치

3. 품질보증방법

(1) 사전대책

① 시장조사	② 기술연구
③ 고객에 대한 PR 및 기술지도	④ 품질설계
⑤ 공정능력 파악	⑥ 공정관리

(2) 사후대책

① 제품검사	② 클레임처리
③ 애프터, 기술서비스	④ 보증기간방법
⑤ 품질감사	

4. 품질감사(Quality Audit)

제품의 품질을 단계별로 객관적으로 평가하고, 품질보증에 필요한 정보를 파악하기 위해서 실시하는 품질관리활동이다.

(1) 목적

① 품질시스템이나 품질계획이 효과적으로 실시되고 있는지를 확인한다.
② 문제점의 재발 방지를 위한 시정조치의 필요성을 파악한다.
③ 개선점을 도출한다.

(2) 방식

① 부서별 방식

② 시스템 요소별 방식

③ 추적방식

플러스 이론

품질심사(심사 주체에 의한 분류)

품질심사란 심사기준에 충족되는 정도를 결정하기 위해 객관적인 증거의 수집에 따른 평가를 하기 위한 체계적이고 독립적인 문서화된 프로세스로서, 심사 주체에 의하여 다음과 같이 분류한다.

• 내부심사(1자 심사)

조직 스스로가 표준에 의거 제품 또는 품질시스템에 대해 수행하는 조직심사로서, 연 1회 이상 연간 계획에 의거 실시한다.

• 협력업체 품질심사(2자 심사)

모기업의 정해진 표준에 의거 협력업체의 품질시스템 또는 제품에 관해 수행하는 심사이다.

• 심사기관에 의한 심사(3자 심사)

어떤 Certification의 유효성 확인 등을 목적으로 심사기관에 의해 수행되는 심사이다. 인증기벙에 대해서는 중간 심사 연 1회 이상을 수행하는 것으로 규정이 정해져 있다. 또한 인증심사는 통상 3년간 유효하며 3년 뒤 갱신심사를 다시 수행하여야 한다.

---

06 제조물 책임

배가바이스

PL(Product Liability)과 가장 관계가 깊은 것은 안전성이다.

1. 제조물 책임(PL ; Product Liability)의 개념

소비자 또는 제3자가 제품의 결함에 의해 발생된 인적·물적 손해와 관련된 손실을 생산자나 판매자가 직접 피해자에게 배상해 주는 것으로 제품책임이라고도 한다. 품질보증은 문제의 제품에 대해 교환 또는 수리로서 책임을 다하게 되나, 제조물 책임은 손해배상이 포함된다는 면에서 품질보증과 차이가 있다.

2. 제조물 책임 대책

제조물 책임 대책은 제품사고가 일어나기 전의 사전예방대책인 제품책임예방(PLP ; Product Liability Prevention)과 사고가 일어난 후의 방어대책인 제품책임방어(PLD ; Product Liability Defence)로 나뉜다.

(1) 제품책임예방(PLP)

제품개발에서 판매 및 서비스에 이르기까지 모든 제품의 안전성을 확보하고 적정 사용방법을 보급하는 것으로 적정 사용법 보급, 고도의 QA 체계 확립, 기술지도, 관리점검의 강화, 사용환경 대응, 신뢰성 시험, 안전기술 확보, 재료·부품 등의 안전확보 등이 이에 속한다.

(2) 제품책임방어(PLD)

제품의 결함으로 인하여 손해가 발생한 후의 방어대책을 말한다.

1) 사전대책

① 책임의 한정(계약서, 보증서, 취급설명서 등), 손실의 분산(PL보험 가입)
② 응급체계 구축(창구 마련, 정보전달체계 구축, 교육 등)

2) 사후대책

초동대책(사실의 파악, 매스컴 및 피해자 대응 등), 손실확대방지(수리, 리콜 등)

(3) 면책사유

① 제조업자가 당해 제조물을 공급하지 아니한 사실
② 제조업자가 당해 제조물을 공급한 때의 과학·기술 수준으로는 결함의 존재를 발견할 수 없었다는 사실
③ 제조물의 결함이 제조업자가 당해 제조물을 공급할 당시의 법령이 정하는 기준을 준수함으로써 발생한 사실
④ 원재료 또는 부품의 경우에는 당해 원재료 또는 부품을 사용한 제조물 제조업자의 설계 또는 제작에 관한 원재료 또는 부품 공급자의 지시로 인하여 결함이 발생하였다는 사실

3. 제조물 책임법

제조물 책임법(PL법)은 결함이 있는 제조물의 결함(설계, 제조, 표시상의 결함, 기타 안전수준의 결여)에 관련된 소비자의 피해를 최소화하기 위하여 생산자의 배상책임을 의무화하도록 한 것이다.

(1) 적용대상

제조물은 다른 동산이나 부동산의 일부를 구성하는 경우를 포함한 제조 또는 가공된 동산이다.

◉ 리콜제도
제품의 결함으로 인하여 소비자가 생명·신체상의 위해를 입을 우려가 있을 때 상품의 제조자(수입자)나 판매자가 스스로 또는 정부의 명령에 따라 공개적으로 결함상품 전체를 수거하여 교환, 환불, 수리 등의 조치를 취하는 것을 말한다.

◉ 제조물 책임법
제조물 결함으로 인한 생명, 신체 또는 재산상의 손해에 대하여 제조업자 등이 무과실책임의 원칙에 따라 손해배상책임을 지도록 하는 제조물 책임제도를 도입함으로써 피해자의 권리구제를 꾀하고, 국민생활의 안전과 국민경제의 건전한 발전에 기여하며 제품의 안전에 대한 의식을 제고하여 우리 기업들의 경쟁력 향상을 도모함을 목적으로 한다.

(2) 배상책임주체

업으로서 제조물을 제조·가공 또는 수입한 자와 자신을 제조업자로 표시하거나 제조업자로 오인시킬 수 있는 표시를 한 자가 배상책임주체이고, 제조업자를 알 수 없는 경우에는 공급업자도 손해배상 책임주체가 된다.

(3) 배상책임

1) 과실책임

제조업자 또는 유통업자의 주의의무 위반과 같이 소비자에 대한 보호의무를 불이행한 경우 책임을 부과하는 것으로 과실책임이 따르는 제품의 결함으로는 제조·가공상의 결함, 설계상의 결함, 사용표시상의 결함, 지시·경고상의 결함 등이 있다.

① 제조·가공상의 결함

제조업자가 제조물에 대하여 제조·가공상의 주의의무를 이행하였는지에 관계없이 제조물이 원래 의도한 설계와 다르게 제조·가공됨으로써 안전하지 못하게 된 경우를 말한다.
- ㉠ 고유기술 부족 및 미숙에 의한 잠재적 부적합
- ㉡ 제조의 품질관리 불충분
- ㉢ 안전시스템의 고장
- ㉣ 재질 부적합, 가공 부적합, 조립 부적합
- ㉤ 신뢰성 공증, 시험검사의 부족 및 부적합

② 설계상의 결함

제조업자가 합리적인 대체설계(代替設計)를 채용했더라면 피해나 위험을 줄이거나 피할 수 있었음에도 대체설계를 채용하지 아니하여 해당 제조물이 안전하지 못하게 된 경우를 말한다.
- ㉠ 제조물 안전설계 및 설계 품질관리의 불충분
- ㉡ 안전시스템의 미비, 부족
- ㉢ 중요 원재료 및 부품의 부적합 등

③ 사용표시상의 결함

제조업자가 합리적인 설명·지시·경고 또는 그 밖의 표시를 하였더라면 해당 제조물에 의하여 발생할 수 있는 피해나 위험을 줄이거나 피할 수 있었음에도 이를 하지 아니한 경우를 말한다.
- ㉠ 취급 설명서의 설명 부족이나 불충분
- ㉡ 경고 라벨의 미비나 부적절
- ㉢ 선전 광고문의 과대나 부실 표시

ⓔ 판매원의 구두 설명의 미비

ⓜ 명시의 보증 위반 등

2) 보증책임

판매자와 구매자 간에 제품의 품질에 대하여 명시적, 묵시적으로 보증을 한 후에 제품의 내용이 사실과 다를 경우에 대하여 구매자에 대하여 책임을 지는 것으로 무과실책임이다. 보증책임은 계약에 기초하며, 명시적 보증책임과 묵시적 보증책임이 있다.

① 명시적 보증책임

보증서, 계약서, 선전·광고, 사용설명서, 판매원 설명 등 글 혹은 말에 의한 보증을 위반한 경우

② 묵시적 보증책임

명시를 하지 않았지만 기대되는 품질성능 및 안전성에 대한 보증을 위반한 경우

3) 엄격책임(무과실책임)

제조사가 점검을 불성실하게 한 제품이 유통되어 인체에 상해를 줄 수 있는 결함이 입증되면 제조자는 과실 유무에 상관없이 불법 행위법상의 책임이 있으며, 이 경우 제조자의 과실 입증은 불필요하다. 결함상품의 구매, 결함상품으로 인한 손해의 발생 등이 해당된다.

➕ 플러스 이론

PL법과 리콜제도의 비교

구분	PL법	리콜제도
성격	민사적 책임 원칙의 변경	행정적 규제
기능	사후적 손해배상책임을 통해 간접적인 안전 확보	사전적 회수를 통한 예방적, 직접적인 안전 확보
근거법	제조물 책임법	• 소비자기본법 • 자동차관리법 • 식품위생법 • 대기환경보전법
요건	• 제조물의 결함 • 손해의 발생 • 결함과 손해의 인과관계	제조물의 결함으로 위해가 발생하였거나 발생할 우려가 있을 때

제품의 결함

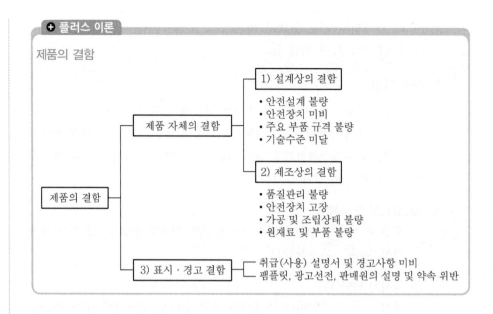

07 교육훈련과 Motivation

1. 교육훈련

품질경영의 도입과 추진에 있어 주어진 인적·물적 자원을 최대한 활용하여 고생산성을 이루고 현업의 경영효율화를 통한 기업경영에 이익을 가져다 주는 활동이 되기 위해서는 품질경영에 의한 관리기법의 습득 및 현장에 강한 종업원 육성이 필수적이라고 할 수 있다. 그러므로 품질의식 고취와 개인능력의 함양을 위해서 교육훈련은 반드시 필요하다. 또한 품질개선활동관리 등을 체계적으로 실시하자면 품질의식, 문제의식, 개선의식 등의 함양이 필요하게 된다. 이를 효율적으로 함양하자면 품질경영 교육은 ① 계층별의 분야별 품질경영 본질교육, ② 각 품질 책임부문별 고유의 품질 관련 능력 향상 교육, ③ 업무 개선의 합리적 추진을 위한 품질경영기법 교육 등이 품질경영 추진단계의 수준에 맞게 가미되어야 한다. 또한 이들의 능력 발휘는 구성원들의 적극적인 참여와 계속적인 능력 함양의 노력 없이는 이루어질 수 없는 것이므로, 전체 구성원의 품질개선 능력과 품질 의식을 높이기 위해서는 무엇보다 품질경영교육과 더불어 품질모티베이션이 반드시 필요하다.

교육훈련은 교육장소에 따라 사내교육과 사외교육으로 나뉘며, 사내교육은 일상 작업 중에 교육을 실시하는 방식으로 크게 OJT(On the Job Training)와 Off JT(Off the Job Training)로 분류된다.

(1) 사내교육

① **직장 내 훈련방식(OJT)** : 기능교육과 같은 일상작업 중에 교육을 실시하는 방식

② **집합교육방식(Off JT)** : 직원을 한곳에 모아서 근무와 별개로 교육을 실시하는 방식으로, 교육의 효과를 높이기 위해서는 OJT와 병행하는 것이 좋다.

(2) 사외교육

전 사원을 대상으로 직장 밖에서 전문지식과 경험이 풍부한 전문강사를 초빙하여 실시하며, 정신교육, 품질교육, 조직활성화 교육 등으로 교육의 장르도 다양하게 다룬다.

2. 품질 모티베이션(Quality Motivation)

일반적으로 품질모티베이션은 다음과 같이 두 가지 유형으로 분류된다.

① **동기부여형(Motivation Package)**
작업자 책임의 불량을 줄이도록 작업자에게 동기를 부여하는 것을 말한다.

② **불량예방형(Prevention Package)**
관리자책임의 불량을 줄이도록 작업자가 지원·협력하도록 동기를 부여하는 것을 말한다.
구성원들의 품질개선의욕을 불러일으키는 일련의 과정으로 품질모티베이션 프로그램에는 품질분임조활동, Z.D(Zero Defects)운동, 자율경영(작업)팀 (Self-directed Work or Self Managing Teams)활동, 제안제도, 품질프로젝트팀, 종업원품질회의(Employee Quality Council), QWL(Quality Work of Life) 등이 있으며, 명확한 동기부여가 되기 위해서는 일선 작업자나 종업원에게 권한을 주어 이니셔티브(Initiative)와 창의력을 실행에 옮길 수 있도록 독려하는 권한 부여가 필수적이다.

(1) 인간행동의 기본모델

① **동기** : 행동을 일으키게 하는 요인으로 외부적 자극에 의한 요인이나 내적 요인을 말한다.

② **동기부여** : 동기를 유발시키는 일로서 동기로 인하여 발생한 행동을 유지시키고 추구하는 목표로 방향을 잡아서 이끌어나가는 과정이다.

◉ 품질 모티베이션
품질에 대한 동기부여, 즉 품질개선에 관한 방침과 목표를 정하고 품질개선활동의 방향과 정도에 대하여 의도적으로 적극적 지원을 함으로써 구성원들이 품질개선 목표를 달성할 수 있도록 품질개선 의욕을 불러일으키는 과정을 말한다.

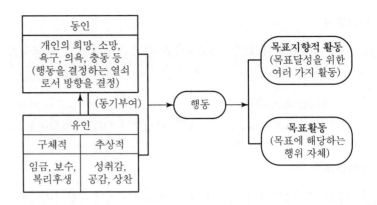

(2) 동기부여(Motivation) 방법

① 안전의 근본이념을 인식시킨다.
② 안전목표를 명확히 설정한다.
③ 결과의 가치를 알려준다.
④ 상과 벌을 준다.
⑤ 경쟁과 협동을 유도한다.
⑥ 동기 유발의 최적 수준을 유지하도록 한다.

(3) 동기부여에 관한 이론

1) 매슬로(Abraham Maslow)의 욕구 5단계

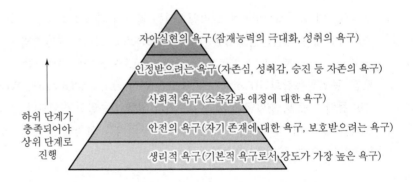

2) 허즈버그의 두 요인이론(동기이론, 위생이론)

동기유발요인(직무내용, 고차적 욕구)	위생요인(직무환경, 저차적 욕구)
• 직무상의 성취 • 인정 • 성장 또는 발전 • 책임의 증대 • 직무내용 자체(보람된 직무) 등(생산능력 향상 가능)	• 조직의 정책과 방침 • 작업조건 • 대인관계 • 임금, 신분, 지위 • 감독 등(생산능력의 향상 불가)

요인 \ 욕구	욕구가 충족되지 않을 경우	욕구가 충족될 경우
동기유발요인(만족요인)	불만을 느끼지 않음	만족감을 느낌
위생요인(불안요인)	불만을 느낌	만족감을 느끼지 못함

08 서비스업 품질경영

서비스업이란, 수요자의 요구에 적합하고 가치 있는 것을 어떠한 형태로든 유상으로 공급하는 것을 의미한다. 서비스업의 품질활동은 고객의 만족을 얻는 것을 전제로, 기업의 목적달성에 필요한 수익 확보를 위해서 하는 활동이다. 최소의 비용으로 수요자에게 적합하고 만족한 서비스 활동을 하기 위해서는 서비스의 기획에서 공급에 이르기까지의 모든 과정에 걸친 활동을 계속하여 관리 · 개선하여야 한다.

1. 서비스품질의 특성

① 재현성이 현격히 떨어진다.
② 대화나 대면 등과 같은 정신적 품질이다.
③ 개개인의 인적관계에 의해 품질이 좌우된다.
④ 정량적 평가가 매우 어렵다.

2. SERVQUAL

1988년 Zeithaml, Berry and Parasuraman에 의해 개발된 서비스 품질 측정도구로서, 서비스기업이 고객의 기대와 평가를 이해하는 데 사용할 수 있는 척도로 구성되어 있다.

(1) 서비스 품질의 5가지 차원(RATER)

① 신뢰성(Reliability) : 서비스의 믿음과 정확한 수행능력
② 확신성(Assurance) : 종업원의 지식과 예절, 신뢰, 자신감 전달
③ 유형성(Tangibles) : 시설, 장비, 종업원, 커뮤니케이션
④ 공감성(Empathy) : 회사가 고객에게 제공하는 개별적 배려와 관심
⑤ 대응성(Responsiveness) : 고객 중심의 신속한 서비스 제공 자세

➕ 플러스 이론

서비스의 4가지 특성
• 무형성(Intangible)
서비스는 기본적으로 눈에 보이지 않기 때문에 무형성을 가진다. 서비스는 구매 전에 냄새를 맡거나 만지거나 볼 수 없기 때문에 그 서비스의 품질을 느끼기 위해서는 다른 유형적 특성들을 활용하여 품질을 유추할 수 있다. 서비스는 기본적으로 무형적 특성을 갖기 때문에 다양한 문제점을 가진다. 저장이 불가능하다.
• 동시성/비분리성(Simultaneity/Inseparability)
서비스는 서비스가 생산되고 소비되는 과정에 소비자가 참여하는 특성이 있다. 그렇기 때문에 서비스는 생산과 동시에 소비된다. 이와 같이 생산과 소비가 분리되지 않고 동시에 일어나는 특성을 비분리성이라 한다. 유형적인 제품들은 제품이 공장에서 생산되어 소비자에게 이르러 소비되는 과정이 다양하지만 서비스는 한 장소에서 혹은 서비스가 생산됨과 동시에 소비된다.
• 이질성(Heterogeneity)
서비스는 서비스를 제공하는 제공자에 따라 서비스 품질이 달라진다는 특성을 가진다. 즉, 같은 서비스라고 하더라도 A와 B가 제공하는 서비스의 품질이 다르다는 것을 의미하는 것으로 불균일성이라고도 한다.
• 소멸성(Perishability)
서비스는 저장이 곤란하기 때문에 한번 생산된 서비스는 소비되지 않으면 곧바로 소멸되는 특성이 있다. 예를 들어, 서울에서 부산까지 가는 항공서비스의 경우 김포공항에서 비행기가 이륙하는 순간 빈 좌석의 항공서비스는 그대로 사라져버리는 이치와 같다.

(2) 활용의 효과

① 반복 시행함으로써 고객의 기대와 지각을 시계열적으로 비교해 볼 수 있다.
② 경쟁기업에 대해서도 조사를 실시함으로써 자사와 경쟁사 간의 서비스 품질 비교가 가능하다.
③ 개인의 SERVQUAL 점수를 토대로 고객들의 서비스 품질지각수준에 따라 고객 세분화를 위한 자료로 활용이 가능하다.
④ SERVQUAL 설문의 내용을 수정하면 기업 내부의 부서 간 업무협조로 서비스 품질 측정에 활용할 수 있다.

(3) 서비스의 품질경영

서비스 품질의 관리는 서비스의 설계 및 준비 → 서비스의 제공 → 서비스의 평가 → 서비스의 개선인 PDCA 단계로 추진된다.

① **서비스의 설계·준비 단계** : 서비스를 설계·계획하고 준비하는 단계이다. 즉, 고객의 서비스 요구를 파악하여 서비스시방, 서비스제공시방 및 품질관리 시방을 결정(설계)하고 서비스활동을 계획하여 이에 따라 준비하는 단계이다.

② **서비스의 제공단계** : 고객에게 서비스가 제공되는 단계로서, 이 경우 서비스의 참여자인 서비스 제공자와 고객 간에 서비스의 수수가 행해진다. 여기서 고객을 대하는 사람과 물건 그리고 시스템은 서비스를 산출하는 서비스의 원천이라 할 수 있다. 서비스 제공과정에서 서비스 품질을 크게 좌우하는 요소는 제공 당사자인 종사자(제공자)라 할 수 있다.

③ **서비스의 평가단계** : 서비스의 평가는 고객에 의한 평가와 공급자 측의 평가로 나눌 수 있다. 고객이 평가하는 것은 그가 제공받은 서비스 기능(제공체) 및 제공방법을 포함한 고객이 참여한 서비스 제공과정에 대한 평가이다.

④ **서비스의 개선단계** : 서비스 품질의 성패에 관건이 되는 것은 고객의 요구사항과 제공된 서비스 내용과의 일치 여부이다. 따라서 서비스 내용을 유형화하고 서비스 표준을 명확히 하여 품질표준 및 기준을 설정하고, 서비스 품질의 속성에 적합한 측정방법을 결정하여, 이러한 기준에 따라 서비스 불량이 있을 때 그 원인을 규명하고 개선하는 것이다. 경우에 따라서는 품질수준을 수정할 수도 있다.

(4) 서비스 품질의 구조

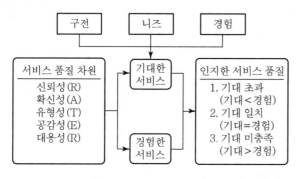

| 서비스 품질의 구조 |

(5) 서비스 격차 모형

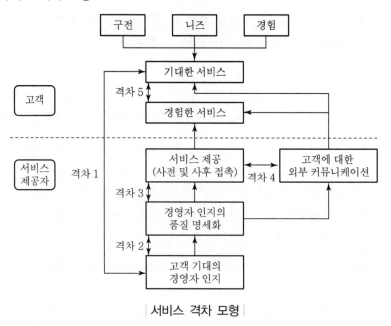

| 서비스 격차 모형 |

① **격차 1** : 고객 기대와 경영자 인지 격차(기대한 서비스 − 경영진의 고객 기대에 대한 인식)

② **격차 2** : 경영자 인지와 서비스 표준 격차(서비스 품질 명세화 − 경영진의 고객 기대에 대한 인식)

③ **격차 3** : 서비스 전달 격차(서비스 전달 − 경영진 인지의 서비스 품질 명세화)

④ **격차 4** : 시장 커뮤니케이션 격차(서비스 전달 − 고객에 대한 외적 커뮤니케이션)

⑤ **격차 5** : 서비스 격차[기대한 서비스 − 경험(인지)한 서비스]

(6) 문제점

① Teas(1993)는 기대(Expectation)에 대한 개념 정의와 측정 타당도에 문제가 있다고 지적하였다.

② 기대수준은 규범적 기대수준이므로 SERVQUAL은 어떤 이상적 기준과의 비교를 나타내며, 예견된 서비스와 제공된 서비스의 차이를 나타내지는 않는다고 주장하였다.

③ SERVQUAL 모형은 기대서비스 수준과 지각서비스 수준을 함께 측정하기 때문에 설문응답자에게 정보 과잉 또는 부담을 초래할 위험이 있다고 주장하였다(임호순 외).

CHAPTER 02 품질코스트

01 품질코스트

1. 품질코스트(Q - cost)의 정리

A. V. Feigenbaum이 1962년에 그의 저서 「Total Quality Control」에서 '요구된 품질(설계품질)을 실현하기 위한 원가'라는 개념을 제시하였다. 따라서 제품 그 자체의 원가인 재료비나 직접노무비는 품질코스트 안에 포함하지 않으며, 주로 제조경비로서 제조원가의 부분만을 포함한다. 「Total Quality Control」에 의하면 품질코스트는 다음과 같이 분류한다.

| Feigenbaum의 품질코스트 분류 |

구분	분류내용
a. 예방코스트(Prevention cost ; P - cost) 소정의 품질수준을 유지하고 처음부터 부적합품이 발생하지 않도록 하는데 소요되는 코스트	• 품질관리운영을 위한 코스트 • 공정관리, 치공구 등의 정도 유지를 위한 비용 • 교육훈련비용
b. 평가코스트(Appraisal cost ; A - cost) 시험 · 검사 등의 품질수준을 유지하기 위해 소비되는 코스트	• 원재료의 수입검사나 시험에 든 비용 • 기타의 검사나 시험에 든 비용 • 점검검사의 비용 • 품질관리의 비용 • 검사 · 시험의 방식을 결정하거나 설비에 소요되는 비용 • 검사시험기기의 보수나 교정 · 검정을 위한 비용
c. 실패코스트(Failure cost ; F - cost) 규격에서 벗어난 불량품, 원재료, 제품에 의해 발생되는 여러 가지 손실코스트	• 스크랩화됨으로 인한 손실 • 재손질에 요하는 비용 • 클레임의 원인 탐구에 필요한 비용 • 고객의 불만 처리에 필요한 비용 등

 배가바이스

• Feigenbaum은 미국에서 일반적으로 제품코스트에 대한 품질코스트의 비율은 9%가 적합하다고 보았다. 각 코스트의 비율은 예방코스트가 5%, 평가코스트가 25%, 실패코스트가 70% 정도를 차지하는데, 고객의 요구를 충족시키기 위해서는 예방코스트를 증가시키고 평가 및 실패코스트를 줄이는 것이 바람직하다고 하였다.

• E. G. Kirkpatrik에 의하면 예방코스트는 총품질코스트의 약 10%, 평가코스트는 약 25% 그리고 실패코스트는 50~75%라고 하였다. 한편 제조원가에 대한 품질코스트의 비율은 대체로 6~7%가 적당하다는 것이 일반적인 견해이다.

2. 품질코스트의 관계곡선

품질 코스트	예방코스트(Prevention cost ; P−cost)	
	평가코스트(Appraisal cost ; A−cost)	
	실패코스트(Failure cost ; F−cost)	사외실패코스트(External Failure Cost)
		사내실패코스트(Internal Failure Cost)

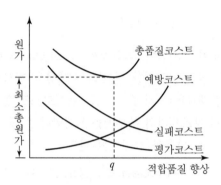

| 품질코스트 관계곡선 |

3. 품질코스트 재편성

전술한 A. V. Feigenbaum의 품질코스트는 우리나라 기업의 실정과 맞지 않는 부분이 있고 용어에 대한 인식에서도 상이한 점이 있기 때문에 우리 실정에 맞도록 아래 표와 같이 재편성할 필요가 있다.

| 품질코스트 재편성표 |

구분	분류내용
a. 예방코스트(Prevention cost ; P−cost) 불량의 발생을 예방하기 위한 코스트	• QC 계획코스트 • QC 기술코스트 • QC 교육코스트 • QC 사무코스트
b. 평가코스트(Appraisal cost ; A−cost) 시험·검사 등의 품질수준을 유지하기 위해 소비되는 코스트	• 수입검사코스트 • 공정검사코스트 • 완성품검사코스트 • 실험코스트 • PM코스트

구분	분류내용	
c. 실패코스트(Failure cost ; F-cost) 규격에서 벗어난 불량품, 원재료, 제품에 의해 발생되는 여러 가지 손실코스트	납품 전의 불량코스트	• 폐기 • 재가공 • 외주불량 • 설계변경
	무상서비스 코스트	• 현지 서비스 • 지참(Bring into) • 서비스 • 대품서비스
	불량대책코스트(재심코스트를 포함)	

4. 품질코스트의 내용

(1) 예방코스트(P-cost)

| 예방코스트 상세 |

구분	내용	산출비목
QC 계획코스트	TQC 계획 및 시스템을 입안하기 위한 조사, 교섭, 입안, 심의, 공포 등에 소요되는 비용이다.	• 조사비 • 계획비
QC 기술코스트	QC 스태프가 하는 평가, 입증, 권고, 기술원조, 회의 등의 비용으로, 타 부문이 하는 QC 비용도 여기에 포함된다.	• 통계사무비 • 내외검사비 • 부문외비 • 교섭비
QC 교육코스트	TQC의 보급선전, 종업원 교육 및 스태프 교육에 쓴 비용이다(외부강습회, 기타 참가비도 포함).	• PR비 • 전사교육비 • 스태프교육비
QC 사무코스트	문방구, 사무용 기기, 통계용 기구, 통신비 등의 제 잡비를 포함하는 비용이다.	• 사무용품비 • 제 잡비

(2) 평가코스트(A - cost)

| 평가코스트 상세 |

구분	내용	산출비목
수입검사코스트	구입재료, 부품 및 가공외주품, 조립품의 수입검사에 소요된 비용이다(단, 시험적인 비용은 여기에 포함되지 않는다).	• 검사감리비 • 검사작업비 • 검사준비비 • 검사자재비 • 검사사무비
공정검사코스트	부품가공공정 또는 조립공정검사에 들어간 비용이다(단, 시험비는 포함되지 않는다).	위와 같음
완성품검사 코스트	완성품의 최종검사 및 입회검사에 들어간 비용으로서, 현장에서 정비한 후의 인도검사나 시운전 등의 비용을 포함한다.	• 수입검사코스트 산출비목 • 입회검사비 • 장비검사비
시험코스트	검사로서가 아니라(최종목적이 합부판정이라 할지라도) 검사 이외 또는 검사부문이 특정의 프로젝트로서 실시한 시험에 들어간 코스트를 말한다.	• 재료시험비 • 기능시험비 • 환경시험비 • 신뢰도시험비
PM 코스트	시험기, 측정기 및 치공구의 수입검사, 정기검사, 조정수리 또는 기준기의 검정시험 등에 들어간 비용이다.	• 수입검사비 • 정기검사비 • 검정시험비 • 보전비

(3) 실패코스트(F - cost)

| 실패코스트 상세 |

구분	내용	산출비목
폐각코스트	사용자(고객)에게 납품하기 이전에 불량폐각이 될 원인이 사내의 생산공정에 있을 때의 손실코스트의 전부를 말한다.	• 재료비 • 작업, 검사비 • 간접경비
재가공코스트	고객에게 납품하기 이전에 재가공 원인이 사내의 생산공정에 있을 때의 손실코스트의 전부이다.	• 작업, 검사비 • 간접경비
외주불량코스트	고객에게 납품하기 이전에 수입단계에 있어서 외주품이 불합격 때문에 입은 손실코스트이다.	• 지급재료비 • 검사비 • 불량조달비

구분	내용	산출비목
설계변경코스트	설계변경에 의해(수요자 요구는 포함하지 않는다) 회사가 입은 손실코스트이다(불량 저장품 또는 서비스용으로 전용될 수 있는 구품처리비는 포함하지 않음).	• 설계변경비 • 구품처리비 • 치공구의 신제 조 또는 수리비
현지서비스 코스트	납품 후에 발생한 무상서비스에 속한 것으로, 보증기간의 유무 또는 초과 여하를 막론하고 당사의 책임에 의해 발생한 서비스코스트로서, 고객 측에 출장했을 때의 손실코스트의 전부를 말한다.	• 출장여비 • 출장기간 중의 급여 및 경비 • 교환부품비
지참(Bring into) 서비스코스트	상기와 같은 이유에 의해 현지에서 수리가 되지 않았다거나 혹은 클레임접수 당초부터 반품으로 결정한 것을 사내 또는 협력공장에서 진단·수리를 하여 송부할 때의 모든 손실코스트이다.	• 진단비 • 재료비 • 공임수 • 공장경비 • 일반관리비
대품서비스 코스트	이미 납품한 것이 고장이기 때문에 대품을 고객에게 송부할 때의 손실코스트이다.	• 대중가격 • 제운임
불량대책코스트	불량대책(사전을 포함)을 위한 회의, 시험 또는 조치 등에 들어간 코스트이다.	• 대책회의비 • 대책시험비 • 대책조치비
재심코스트	재심심사표(특심 및 예심표의 뜻)를 의미한다.	• 회의비 • 처리비 • 사무비

5. COPQ(Cost of Poor Quality : 저품질비용)

저품질비용(COPQ)은 모든 활동이 결함이나 문제 없이 수행된다면 사라지게 되는 비용으로, 주로 고질적이고 만성적인 불량으로부터 초래된다. 품질비용 중 평가/검사비용(Appraisal/Inspection Cost), 내부실패비용(Internal Failure Cost), 외부실패비용(External Failure Cost) 등이 COPQ에 속한다. 또한 COPQ 는 6시그마 추진 시 다음과 같은 경우에 사용될 수 있다.

① 해결 프로젝트의 우선순위를 정할 때
② Vital few X(핵심 요인)을 선정하고 이를 개선하는 데 초점을 맞출 때
③ 프로젝트의 효과를 평가할 때
④ 해결책을 이행 단계에서 개선을 위한 비용과 COPQ 절감비용을 분석할 때

➕ 플러스 이론

1 : 10 : 100 원칙
Juran은 품질을 확보하는 과정에서 예방비용, 평가비용, 실패비용이라는 3가지 범주의 비용이 발생한다고 하였다. 이때 사전 예방에 들어가는 비용이 1이라면, 예방하지 못하고 제품을 평가하는 데 들어가는 비용이 10이고, 평가를 잘못하여 시중에 나간 제품을 다시 회수하고 고치려면 100의 비용이 들어간다는 법칙이다.

① 품질코스트는 측정(평가)의 기준으로 이용된다.
② 품질코스트는 공정품질의 해석 기준으로 이용된다.
③ 품질코스트는 계획을 수립하는 기준으로 이용된다.
④ 품질코스트는 예산 편성의 기초자료로 이용된다.

기본문제 **02**

다음 [데이터]의 품질코스트를 계산하여 품질코스트 기준에 의하여 분석하시오.

[데이터]
- PM 코스트 : 1,000
- 시험 코스트 : 500
- 불량대책 코스트 : 3,000
- QC 계획 코스트 : 150
- 공정검사 코스트 : 1,500
- 완제품검사 코스트 : 5,000
- 재가공 코스트 : 1,500
- 외주불량 코스트 : 4,000
- 수입검사 코스트 : 1,000
- QC 사무 코스트 : 100
- QC 교육 코스트 : 250

풀이

품질코스트	종류	코스트 합계	백분율(%)
예방코스트 (P-cost)	• QC 계획코스트 : 150 • QC 사무코스트 : 100 • QC 교육코스트 : 250	500	2.78%
평가코스트 (A-cost)	• PM 코스트 : 1,000 • 시험코스트 : 500 • 수입검사코스트 : 1,000 • 공정검사코스트 : 1,500 • 완제품검사코스트 : 5,000	9,000	50.00%
실패코스트 (F-cost)	• 재가공코스트 : 1,500 • 외주불량코스트 : 4,000 • 불량대책코스트 : 3,000	8,500	47.22%

표준화

01 ▶ 표준화의 개념

1. 표준화의 정의

(1) 표준화

표준을 합리적으로 설정하여 활용하는 조직적인 행위이다. 즉, 어느 특정의 활동을 체계적으로 처리할 목적으로 규칙을 세우고, 이것을 적용하는 과정에서 관계하는 모든 사람들의 이익, 나아가 최량의 경제성을 촉진함과 동시에 기능적인 조건과 안정성의 요구도 유의하면서, 관련된 모든 사람들의 협력하에 이루어지는 조직적인 행위를 말한다.

배가바이스

표준화의 목적
• 무역장벽 제거
• 안전, 건강 및 생명의 보호
• 소비자 및 공동사회의 이익보호

(2) 규격화

원재료, 부품, 제품 등 공작물의 치수, 형상, 재질 등의 기술적 사항에 대한 표준화이다. 규격화는 단능화 또는 단순화, 로봇화라고도 하는데, 부품의 호환성을 촉진하여 생산능률을 높이고 보수나 수리를 용이하게 할 뿐만 아니라 유통단계에서는 제품의 형상, 품질, 균일화와 호환성 부품 등으로 소비자의 요구에 대응할 수 있다.

2. 표준화의 원리

① 제품의 복잡성을 감소시키고 미래에 불필요하거나 복잡하게 될 것을 예방하는 것이다(단순화의 원리).
② 관계자 모두의 상호협력에 의하여 추진되어야 한다(관련자 합의의 원리).
③ 다수이익을 위하여 소수의 희생을 필요로 할 수도 있다(다수이익의 원리).
④ 일정 기간 동안은 확정시켜 변화시키지 않도록 한다(고정의 원리).
⑤ 일정한 기간을 두고 검토하여 필요에 따라 개정한다(개정의 원리).
⑥ 제품의 성능 또는 특성을 규정할 때, 시험방법에 관한 사항이 규격 안에 있어야 한다(객관성의 원리).
⑦ 국가규격의 법적 강제의 필요성에 관하여는 사회에서 시행되고 있는 법률이나 정세 등에 유의하여 신중히 고려하여야 한다(보편타당성의 원리).

PART 1
PART 2
PART 3
PART 4
PART 5
PART 6
PART 7

3. 표준화와 표준의 관계

(1) 표준 - 1

관계되는 사람들 사이에서 이익 또는 편의가 공정하게 얻어질 수 있도록 통일화·단순화를 도모하기 위하여 물체, 성능, 능력, 배치, 상태, 동작순서, 방법, 절차, 책임, 의무, 권한, 사고방식, 개념 등에 대하여 설정한 것으로서 일반적으로 문장, 그림, 표, 견본 등 구체적 표현형식으로 표시한다.

(2) 표준 - 2

공적으로 제정된 측정단위의 기준, 예를 들면 미터, 킬로그램, 초, 암페어와 같은 규정된 기준

(3) 규격

표준 - 1 중 주로 물건에 직접 또는 간접으로 관계되는 기술적 사항에 관하여 규정된 기준이다.

(4) 규정

업무의 내용, 순서, 절차, 방법에 관한 사항에 대해 정한 것으로 업무를 위한 표준이다.

(5) 시방

- 시방 : 요구사항을 기술한 것
- 시방서 : 요구사항을 기술한 문서

재료, 제품 등이 만족하여야 할 일련의 요구사항(형상, 치수, 제조 또는 시험방법)에 대하여 규정한 것으로, 시방은 규격일 수도 있고 규격의 일부이거나, 또는 규격과 무관할 수도 있다.

(6) 종류(Class), 등급(Grade), 형식(Type)

① 종류 : 사용자의 편리를 도모하기 위하여 제품의 성능, 성분, 구조, 형상, 치수, 크기, 제조방법, 사용방법 등의 차이에서 제품을 구분하는 것을 말한다.
② 등급 : 한 종류에 대하여 제품의 중요한 품질특성에 있어서 요구품질수준의 고저에 따라서 또는 규정하는 품질특성의 항목의 다소에 따라서 다시 구분하는 것을 말한다.
③ 형식 : 제품의 일반목적과 구조는 유사하나 어떤 특정한 용도에 따라 식별할 필요가 있을 경우에는 형식이란 용어를 쓴다. 예를 들어, 전등인 경우 자동차용 전등, 일반용 전등, 도로조명용 전등 등으로 분류된다.

4. 표준화의 구조(공간)

표준화의 구조는 매우 넓기 때문에 그것의 구조를 이해하기가 어렵다. 그러므로 표준화의 구조를 주제(영역), 국면 및 수준의 세 가지 측면으로 나누어 설명하는 것이 이해하기에 좋을 것이다.

(1) 주제(영역)

표준화 대상의 속성을 구분하는 분야

(2) 국면

주제가 채워져야 하는 요인 및 조건

(3) 수준

표준을 제정·사용하는 계층

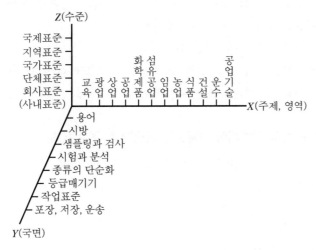

| 표준화의 구조 |

5. 표준에서 구비되어야 할 조건

① 구체적인 행동의 기준을 제시힐 것
② 임의재량의 여지가 없을 것
③ 사람에 따라 해석이 다르지 않을 것
④ 실정에 알맞은 것일 것
⑤ 불량이나 사고에 대해 사전에 방지할 수 있을 것
⑥ 이상에 대한 조치방법이 제시되어 있을 것
⑦ 성문화될 것

PART 1
PART 2
PART 3
PART 4
PART 5
PART 6
PART 7

1. 산업표준화의 정의

산업표준화란 광공업품을 제조하거나 사용할 때 모양, 치수, 품질 또는 시험, 검사방법 등을 전국적으로 통일·단순화시킨 국가규격을 제정하고 이를 조직적으로 보급·활용케 하는 의식적인 노력을 일컫는 말로, 단순화·전문화·표준화 (3S)를 통하여 거래 쌍방 간의 문제에 대하여 규격, 포장, 시방 등을 규정하는 것을 말한다.

2. 표준화의 효과

(1) 생산기업에 미치는 효과

① 제품의 종류가 감소함에 따른 대량생산 가능
② 작업방법의 합리화로 종업원의 노동능률과 숙련도 향상
③ 부분품의 표준화에 의해 분업생산 용이
④ 생산능률을 증진, 생산비용 절감
⑤ 자사제품의 품질 향상과 균일성을 가져오게 하여 판매능력 증대
⑥ 생산의 합리화를 통한 불합격품 감소, 자재의 절약

(2) 표준화 실시 기업체에 납품하는 공급자에 대한 효과

① 납품물의 다양성이 감소되어 생산, 저장, 운반에 있어 원가나 비용이 절약
② 자사의 표준화 도입이 용이해지기 때문에 비용과 시간상 이익
③ 수급 상호 간의 합병 용이

(3) 소비자에 미치는 효과

① 품종이 단순화되므로 선택을 용이하게 해주는 이익
② 표준화된 물품은 호환성이 높기 때문에 구입된 물품의 교체 수리가 용이
③ 품질이 균일화되고 신뢰성이 높기 때문에 구입가격상의 이익과 사용상의 이익이 동시에 발생
④ 특히 KS 같은 보증된 표준화 상품은 구입 시에 여러 가지를 검사하지 않고도 안심하고 구입할 수 있음
⑤ 표준화된 제품은 시장의 확대를 가져와 수요자는 구입 가격상 이익을 받게 됨

3. 표준화의 분류

(1) 제정자에 의한 분류

① 회사규격(사내규격) : 기업 또는 공장 등에 의하여 제정되고 원칙적으로 내부에서만 적용

② 관공서규격 : 관공서에서 제정되고 원칙적으로 내부에서만 적용
  예 조달청규격

③ 단체규격 : 국내사업자단체, 학회 등에서 제정되고 원칙적으로 내부에서만 적용 예 ASME

④ 국가규격 : 국가 또는 국가표준기관으로서 제도적으로 인정된 단체에 의하여 제정되고, 자국 내에서 적용

⑤ 지역규격 : 지역표준화단체가 채택한 규격 예 COPANT

⑥ 국제규격 : 국제조직에 의하여 제정되고 국제적으로 적용되는 규격
  예 IEC, ISO, IBWM

(2) 기능(국면)에 따른 분류

① 전달규격 : 계량단위, 제품의 용어, 기호 및 단위 등과 같이 물질과 행위에 관한 기초적인 사항을 규정하는 규격으로 기본규격이라고도 한다.

② 방법규격 : 성분분석, 시험방법, 제품검사방법, 사용방법에 대한 규격을 말한다.

③ 제품규격 : 제품의 형태, 치수, 재질 등 완제품에 사용되는 규격을 말한다.

4. 표준화의 시기

표준화는 상품이 기획되고 시험단계를 지나 대량 생산체계로 들어간 이후 어느 시점에서 이루어지는 것이 보통이다.

| 산업표준화 3S |

단순화 (Simplification)	재료, 부품, 제품 등의 형상이나 치수에서 불필요한 것으로 판단되는 것들을 제기히여 줄이는 것
전문화 (Specialization, Specification)	기업에서 제조하는 물품의 종류를 한정하고 경제적·능률적인 생산 및 공급체제를 갖추는 것
표준화 (Standardization)	어떤 표준을 정하고 이에 따르는 것. 또, 표준을 합리적으로 설정하여 활용하는 조직적인 행위

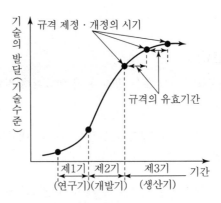

| 기술의 발달곡선에 따른 표준화 시기 |

5. 표준화 관련 기관

① **국가기술표준원(KATS)** : 산업규격의 제 · 개정 및 국제표준화 관련 기구와 교류 및 협력 국가측정표준의 확립 및 보급을 목적으로 하는 정부기관

② **한국인정기구(KOLAS)** : 국가표준제도의 확립 및 산업표준화제도 운영, 공산품의 안전/품질 및 계량 · 측정에 관한 사항, 산업기반 기술 및 공업기술의 조사/연구 개발 및 지원, 교정기관, 시험기관 및 검사기관 인정제도의 운영, 표준화 관련 국가 간 또는 국제기구와의 협력 및 교류에 관한 사항 등의 업무를 관장하는 국가기술표준원 조직

③ **한국제품인정제도(KAS)** : 국내 제품인증체계의 선진화를 위한 효율적 추진 및 국제적 신뢰도 구축 등의 업무를 관장하는 국가기술표준원 조직

④ **산업표준심의회** : 산업표준의 제정, 개정, 폐지에 관한 사항 조사, 심의

⑤ **한국표준협회(KSA)** : 한국산업규격 안의 조사/연구개발, 규격 관련 정보의 분석 및 보급을 주관하는 특별 법인

⑥ **한국표준과학연구원(KRISS)** : 국가측정표준 원기의 유지 · 관리 및 표준화학 기술의 연구 · 개발 및 보급

6. 한국산업규격(KS)

(1) 국가규격의 대상

1) 국가규격의 대상이 되는 분야

① 용어, 기호, 코드, 측정방법, 시험방법, 설계기준 등 기술에 관계되는 기초적 사항으로서 특히 전국적으로 통일할 필요가 있는 것

② 재료, 부분품, 측정기구 등 산업의 기초가 되고 또 여러 가지 산업 분야에서 광범위하게 사용되는 기초적 자재와 물품으로서 통일이 필요한 것

③ 국제경쟁력 강화에 기여하는 제품의 생산, 유통, 사용의 합리화를 촉진시키는 데 필요한 것

④ 중소기업의 기술 향상 및 중소기업에서 높은 생산비율을 차지하는 제품의 생산, 유통, 사용의 합리화를 촉진시키는 데 필요한 것

⑤ 소비자 보호의 견지에서 필요한 것

⑥ 국민의 안전, 위생과 공해 방지에 필요한 것

⑦ 그 밖에도 국민 경제적 입장에서 생산, 유통, 사용의 합리화를 특별히 촉진시킬 필요가 있는 것

⑧ 국제 규격과의 조화를 위하여 전국적으로 통일시켜 둘 필요가 있는 것

2) 국가규격의 대상이 될 수 없는 분야

① 국민경제적으로 보아 생산, 유통, 소비 등에 차지하는 중요도가 낮은 것

② 기술이 급속히 발전하고 있어 이를 표준화함으로써 그 발전에 저해될 염려가 있는 것

③ 공공기관의 규격, 시방서에 규정된 물품으로서, 특정 용도에만 사용되고 일반적으로 표준화의 필요성이 인정되지 않는 것

④ 표준화의 효과보다 표준화에 맞추어 나가는 데 드는 비용이 더 큰 경우나 취미, 기호품, 특허품 같은 것

3) 우리나라 산업표준화법에 정해진 대상

한국산업규격의 제정목적은 합리적인 산업표준을 제정함으로써, 당 산업제품의 품질 개선과 생산능률의 향상을 기하며 거래의 단순화와 공정화를 도모함을 기본 목적으로 한다.

① 광공업품의 종류, 형상, 치수, 구조, 장비, 품질, 등급, 성분, 성능, 내구도, 안전도 등

② 광공업품의 생산방법, 설계방법, 제조방법, 사용방법, 원단위생산에 관한 작업방법, 안전조건 등

③ 광공업품의 포장종류, 형상, 치수, 구조, 성능, 등급, 포장방법 등

④ 광공업품에 관한 시험, 분석, 감정, 검사, 검정, 측정작업 등

⑤ 광공업의 기술에 관한 용어, 약어, 기호, 부호, 표준수 또는 단위 등

⑥ 구축물 기타 공업제품의 설계, 시공방법 또는 안전조건

4) 한국산업규격 제정의 순위

① 원재료에 관한 것

② 소비자가 품질을 식별하기 어려운 대량 소비품
③ 각종 시험기준, 용어 및 기호로서 기본적인 통일 표준을 요하는 것
④ 정부 조달품목
⑤ 수출품
⑥ 군납품
⑦ 각 기관에서 요하는 품목이나 규격 제정의 긴급을 요하는 품목

5) 한국산업규격 제정의 4대 원칙

① 산업표준의 통일성 유지
② 산업표준의 조사, 심의과정의 민주적 운영
③ 산업표준의 객관적 타당성 및 합리성 유지
④ 산업표준의 공중성 유지

(2) 한국산업규격의 구성

우리나라 국가규격의 약칭은 KS(Korean Industrial Standards : 한국산업규격)라 하고, 산업표준화법에 의거하여 산업표준심의회의 조사심의를 거쳐 산업자원통상부장관의 제가를 받아 제정되었다. 이 법은 1961년 9월 30일 공포됨에 따라 기능을 발휘하기 시작하였다.

기본(A)	기계(B)	전기(C)	금속(D)	광산(E)	건설(F)	일용품(G)
식품(H)	환경(I)	생물(J)	섬유(K)	요업(L)	화학(M)	의료(P)
품질경영(Q)	수송기계(R)	서비스(S)	물류(T)	조선(V)	우주항공(W)	정보(X)

기본문제 03-1

다음 중 한국산업규격(KS)의 부문 분류기호가 틀리게 연결된 것은?

① G - 일용품　　② J - 생물　　③ S - 서비스　　④ R - 물류

⊕정답 본문 참조

기본문제 03-2

한국산업규격의 부문 분류기호가 틀리게 짝지어진 것은?

① E - 광산　　② K - 섬유　　③ P - 의료　　④ W - 선박

⊕정답 본문 참조

1. 사내표준(Company Standard)의 정의

(1) 사내표준의 구분

1) 규격의 대상에 의한 분류

① **품질규격** : 공장에서 구입하거나 가공 · 제조하는 재료, 부품 및 물품의 품질을 규정한 것

② **방법규격** : 품질규격에서 정한 품질의 제품을 제조하기 위한 생산방법, 검사방법, 업무절차 등 주로 방법의 표준으로 '규정'이라고 부르는 것

③ **기본규격** : 전달규격이라고도 하며 용어, 기호, 양식, 정의, 공식, 평가, 방법 등과 같이 기본사항에 관한 규정으로, 회사마크의 양식, 재료 · 색상별 표준과 같은 것

④ **제품규격** : 제품의 형태, 치수, 재질 등 완제품 및 부분품에 사용되는 규격

2) 규정과 규격의 구분

① **규격(Standard)** : 재료나 부품의 품질 또는 작업방법이나 시험방법 등의 기술적 사항에 대하여 정한 것이다. 특히 규격 안에서 작업의 조건, 순서, 방법 등에 대하여 정한 것을 표준이라고 할 때도 있다.

② **규정(Regulation)** : 업무를 원활히 수행하기 위해 그 업무에 관계되는 부문의 책임과 권한, 업무의 절차, 장표류의 양식과 일의 흐름 등에 대해서 정한 표준이다.

[비고] 규정(規定)을 규정(規程)이라고 한 곳도 있다.

(2) 사내표준의 체계

사내표준은 각 부문마다 제각기 작성하고 분류해서는 안 된다. 이것은 일정한 체계하에 작성되어야 한다. 사내규격은 관리규정에 의하여 정해진 용어나 양식을 사용하고, 정해진 분류번호에 의해 번호를 정해진 절차에 따라 조직적으로 제정 · 발행하여야 한다.

> ⊙ 사내표준
> 회사 · 공장 등에서 재료, 부품, 제품, 구매, 제조, 검사, 관리 등에 적용할 것을 목적으로 정한 표준으로서, 기업을 적절하고도 합리적으로 운영하기 위해 종업원이 준수하지 않으면 안 되는 사내규정을 말한다.

PART 1
PART 2
PART 3
PART 4
PART 5
PART 6
PART 7

2. 사내표준의 종류

(1) 표준화 대상의 목적에 따른 분류

① 회사규격
회사의 조직 또는 업무 같은 기본적인 사항에 대하여 규정한 것으로 예를 들어 조직규정, 업무규정, 종업원 취업규정, 회의규정, 문서규정 등을 말한다.

② 관리표준
회사의 관리활동을 확실하고 원활하게 수행하기 위하여 업무수행방법, 관리방법, 교육·훈련방법, 클레임 처리방법 등 주로 업무의 관리방법에 관하여 규정한 것으로, 예를 들어 표준관리규정, 품질관리규정, 검사업무규정, 판매관리규정, 애프터서비스규정 등을 말한다.

③ 기술표준
제품과 제품에 사용되는 부품·재료·생산설비·보관설비·수송설비 등에 관하여 성능·능력·강도·효율·배치·위치·배열·방향·상태·치수·중량·조직·조성·표면·조도·경도·온도·습도·동작순서·조작순서·시간조건·온도조건·시행방법·분석방법·제도방법 등을 규정한 것으로, 예를 들어 제도규격, 제품규격, 재료규격, 검사규격, 포장규격, 시험방법표준 등을 말한다.

(2) 강제력의 정도에 따른 분류

① 강제표준 : 그 표준을 반드시 준수하도록 의무화한 표준
② 임의표준 : 강제표준과 대응되는 용어로서 반드시 준수하지 않아도 되는 표준

(3) 적용기간에 따른 분류

1) 통상표준
보통의 일반적인 표준은 모두 이에 속한다. 이것은 적용 개시의 시기만 명시하고 적용 종료의 시기는 규정하지 않는다.

2) 시한표준
적용의 개시 시기 및 종료 기한이 명시된 표준이며 아래와 같은 경우에 이용한다.

① 특정 활동의 추진을 목적으로 할 때
② 과도적인 상태에서 취급을 규정할 때
③ 일정한 시기가 지나면 의미가 없어지는 것일 때

배가바이스

인용(引用)규격이란 어떤 규격을 제정할 때 다른 규격에 제정되어 있는 사항을 중복하여 기재하지 않고 그 규격의 규격번호만을 표시해 두는 규격을 말한다.

3) 잠정표준

종래의 표준을 적용하기가 곤란한 경우, 특정 기간에 한하여 잠정적으로 시행할 목적으로 정한 표준이다. 어떤 표준을 기안할 때 잠정적임을 전제로 하여 계획하는 것으로 이 표준은 정규표준을 제정할 수 있는 조건이 갖추어지는 대로 정규표준과 교체되는 성격의 것이다.

① 상위표준, 규제법규 등의 모든 내용이 미확정일 경우
② 규정하려고 하는 내용에 대한 실험·연구 등이 아직 끝나지 않았을 경우
③ 회사동향이나 그 밖의 상황이 유동적이어서 잠시 정세를 살펴볼 필요가 있을 경우

3. 사내표준화의 역할

경영방침의 구체적인 지시와 수행을 위해 기업에서는 경영자가 방침을 세우면 관리자층이 이것을 받아서 구체적인 계획을 정리하여 각종 사내표준이 작성된다.

① 책임·권한의 명확화와 업무의 합리화
② 생산의 합리화
③ 기술의 보존·보편화 향상
④ 경영방침의 구체화

4. 사내표준화의 요건

① 실행 가능성이 있는 내용일 것
② 당사자에게 의견을 말할 기회를 주는 방식으로 할 것
③ 기록내용이 구체적이고 객관적일 것
④ 작업표준에는 수단 및 행동을 직접 지시할 것
⑤ 기여도가 큰 것을 채택할 것
  ㉠ 중요한 개선이 있을 때
  ㉡ 숙련공이 교체될 때
  ㉢ 산포가 클 때
  ㉣ 통계적 수법을 활용하고 싶을 때
  ㉤ 기타 공정에 변동이 있을 때
⑥ 직감적으로 보기 쉬운 표현으로 할 것
⑦ 적시에 개정·향상시킬 것
⑧ 장기적 방침 및 체계하에 추진할 것

5. 사내표준화의 추진순서

a. 표준화의 체제 만들기	① 최고경영관리층의 결정 ② 표준화의 중심적 역할을 할 부문(사람)의 선정 ③ 전원 참가	

b. 표준화의 계획	① 표준화시스템 설계와 그 사고방식
	  • 기업의 표준화활동 목적의 결정
	② 표준화시스템의 요소
	  • 표준화의 목적
	  • 사내표준의 체계
	  • 표준화의 교육
		• 표준화의 체계
		• 표준화의 사무처리

c. 표준화의 운영	① 운영계획
	  • 표준의 분류와 번호 붙이기
	  • 표준의 제정, 개정, 폐지
	② 표준작성상의 주의점
	  • 표준 그 자체도 하나의 시스템
	  • 코스트와 표준의 적합
	  • 새로운 계열을 한데 모을 수 있을 것
	  • 개선안의 모색
	③ 사용상의 주의점
	  • 표준대로 실시
	  • 사용방법을 연구
	  • 기초순서의 표준은 교육에 활용
	  • 각 부문에 걸친 표준을 종합훈련
		• 표준의 취급
		• 기타 계획

d. 표준화의 평가	① 종합평가 ② 부문평가	

➕ 플러스 이론

부적합품 처리의 규정

㉠ 발생보고 수속
㉡ 부적합기록(추적 조사 기록도 포함)
㉢ 통계자료 작성요령(요인 분석)
㉣ 응급대책방법(불량 현품의 수리, 폐각의 실시방법 등)
㉤ 재발 방지를 위한 대책 검토, 심의 결정 방법
㉥ 대책 실시 결과의 확인규정

6. 사내표준화의 요소

(1) 규격서의 서식(KS A 0001)

1) 용어의 뜻

① **본체** : 한국산업규격(이하 '규격'이라 한다)의 형식상의 주체가 되는 부분으로 표준요소를 서술한 부분 다만, 부속서(규정)를 제외한다.

② **부속서(규정)** : 내용으로서는 본래 표준의 본체에 포함시켜도 되는 사항이지만, 표준의 구성상 특별히 추려서 본체에 준하여 정리한 것

③ **추록** : 표준 중의 일부의 규정요소를 개정(추가 또는 삭제를 포함한다)하기 위하여 표준의 전체 개정과 같은 순서를 거쳐 발효되는 것으로 개정내용만을 서술한 표준

④ **참고** : 본체 및 부속서의 규정내용과 관련되는 사항을 보충하는 것, 본문중에 기재하는 '참고'와 특별히 뽑아서 본체 및 부속서와는 별도로 정리하여 기재하는 '부속서(참고)'가 있다. 둘 다 규정의 일부는 아니다.

⑤ **해설** : 본체 및 부속서에 규정한 사항, 부속서에 기재한 사항 및 이들과 관련된 사항을 설명하는 것. 다만 표준의 일부는 아니다.

⑥ **조항** : 본문 및 부속서의 구성 부분인 개개의 독립인 규정으로서 문장, 그림, 표, 식으로 구성되며, 각각 하나의 정리된 요구사항을 나타내는 것

⑦ **본문** : 조항의 구성부분의 주체가 되는 문장

⑧ **비고** : 본문, 그림, 표 등의 내용을 이해하기 위하여 없어서는 안 될 것이지만, 그 안에 직접 기재하면 복잡해지는 사항을 따로 기재하는 것

⑨ **각주** : 본문, 그림, 표 등의 안에 있는 일부 사항에 각주번호를 붙이고, 그 사항을 보충하는 내용을 해당하는 쪽의 맨 아랫부분에 따로 기재하는 것

⑩ **보기/예** : 본문, 각주, 비고, 그림, 표 등에 나타내는 사항의 이해를 돕기 위한 예시

2) 규격서의 구성

① 규격서는 원칙적으로 본체만으로 구성한다.

② 부속서가 있는 경우에는 "부속서"라 명시하고 본체의 바로 다음에 오게 한나.

③ 규격서에는 필요하면 참고나 해설을 붙일 수 있다.

④ 참고는 "참고"라 명시하고 원칙적으로 본체의 다음(부속서가 있는 경우는 부속서 다음)에 오게 한다.

⑤ 해설은 "해설"이라 명시하고 원칙적으로 본체의 다음(부속서 또는 참고가 있을 때에는 이들 다음)에 오게 한다.

배가바이스

규격서의 양식

- 종이는 A열 4번(210×297mm)이 보통이고 B열 5번(176×250mm)도 사용한다.
- 종이의 크기는 폭 : 길이 = 1 : $\sqrt{2}$ 가 되며, $A_0 = 841 \times 1,189$, $B_0 = 1,000 \times 1,414$
- 형식은 바꿔끼기(Loose Leaf)식이 좋으며, 제본식은 곤란하다.
- 복제방식은 복사식이 좋다.
- 규격번호방식이 좋다.

3) 문장의 기술 및 서식의 작성

① 문장은 한글을 전용으로 하고, 조항별로(3단계) 나열한다.

② 문체는 알기 쉬운 문장으로 한다.

③ 왼쪽 가로쓰기의 원칙으로 기술한다.

④ 문장 끝의 보기

    ㉠ 요구사항 : ~하여야 한다, ~하여서는 안 된다.

    ㉡ 예외 : 원칙으로 ~한다.

    ㉢ 권장(장려) : ~하는 것이 좋다, ~하지 않는 것이 좋다.

    ㉣ 허용 : ~하여도 좋다, ~할 필요가 없다.

    ㉤ 실형성 및 가능성 : ~할 수 있다, ~할 수 없다.

➕ 플러스 이론

표준서의 서식 및 작성방법(KS A 0001 : 2015)

① "초과"와 "미만"은 그 앞에 있는 수치를 포함하지 않는다.

② "보다"는 비교를 나타내는 경우에만 사용하고, 그 앞에 있는 수치 등을 포함하지 않는다.

③ "또는" 및 "혹은"의 사용법

- "또는"은 선택의 의미로 병렬하는 어구가 두 개일 때 그 접속에 사용하고 세 개 이상일 때는 처음에 있는 것을 쉼표로 구분하고 마지막 어구를 연결하는 데 사용한다. 애매함을 피하기 위하여 "이(나)"를 사용하지 않는다. 병렬하는 어구의 관계가 복잡한 경우에 한하여 "또는" 바로 앞에 쉼표를 삽입하여도 좋다.

- "혹은"은 선택의 의미로 "또는"을 사용하여 병렬한 어구를 다시 선택의 의미로 나눌 때 사용한다.

④ "경우", "때" 및 "시"의 사용법

- "경우" 및 "때"는 한정조건을 나타내는 데 사용한다. 다만, 한정조건이 이중으로 있는 경우에는 큰 쪽의 조건에 "경우"를 사용하고, 작은 쪽의 조건에 "때"를 사용한다.

- "시"는 시기 또는 시각을 명확히 할 필요가 있을 경우에 사용한다.

⑤ "와(과)"와 "및"의 사용법

- "와(과)"는 두 개의 용어를 연결할 때에 사용한다. 다만, 두 개의 용어가 밀접한 관계를 갖거나 직접적인 관련성이 있는 경우에 한하며, 관련성이 없는 용어의 단순한 나열인 경우, "와(과)"로 연결하는 것이 어울리지 않는 경우에는 "및"을 사용하여도 좋다.

- "및"은 병합의 의미로 병렬하는 어구가 세 개 이상일 때 그 접속에 사용한다. 처음을 쉼표로 구분하고 마지막 어구를 잇는 데 사용한다. 병렬하는 어구의 관계가 복잡한 경우에 한하여 "및"의 바로 앞에 쉼표를 삽입하여도 좋다.

(2) 시험 장소의 표준상태(KS A 0006 : 2014)

표준 상태	표준상태의 기압 + 온도 + 습도(각 1개를 조합시킨 상태로 한다)	
표준상태의 온도	(20℃, 23℃, 25℃)±0.5, 1, 2, 5, 15	온도 15급은 표준상태의 온도 20℃에 대해서만 사용한다.
표준상태의 습도	(50% 또는 65%)±2, 5, 10, 20	습도 20급은 표준상태의 상 대습도 65%에 대해서만 사용한다.
표준상태의 기압	86kPa 이상 106kPa 이하	
상온, 상습	상온이란 5~35℃, 상습이란 상대습도 45~85%를 말한다.	

(3) 수치의 맺음법(KS A 3261-1)

어떤 수치를 유효숫자 n자리의 수치로 맺을 때 또는 소수점 이하 n자리의 수치로 맺을 때는 $(n+1)$자리 이하의 수치를 다음과 같이 정리한다.

① $(n+1)$자리 이하의 수치가 n자리의 1단위의 1/2 미만일 때는 버린다.
② $(n+1)$자리 이하의 수치가 n자리의 1단위의 1/2을 넘을 때는 n자리를 1단위만 올린다.
③ $(n+1)$자리 이하의 수치가 n자리의 1단위의 1/2이고 $(n+1)$자리 이하의 수치가 버려진 것인지 올려진 것인지 알 수 없을 때는 ⊙ 또는 ⓒ과 같이 한다.
  ⊙ n자리의 수치가 0, 2, 4, 6, 8이면 버린다.
  ⓒ n자리의 수치가 1, 3, 5, 7, 9이면 n자리를 1단위만 올린다.
④ $(n+1)$자리 이하의 수치가 버려진 것인지, 올려진 것인지 알고 있을 때는 반올림방법인 ① 또는 ②의 방법으로 하지 않으면 안 된다.

(4) 표준수 및 표준수 수열 사용지침(KS A ISO 17 ; 2012)

수의 척도가 필요한 모든 분야에서 표준화는 주로 최소한의 항으로 모든 요구사항을 해결하는 한 개 또는 몇 개의 수열에 의해 특성을 계단화하는 것으로 다음과 같은 필수적인 특성을 제시해야 한다.

• 간단하고 쉽게 기억될 것
• 작은 쪽이나 큰 쪽으로 모두 제한됨이 없을 것
• 어떤 항이든 모든 10배 및 1/10배를 포함할 것
• 합리적인 계단적 체계를 제공할 것

1) 용어의 정의

① 표준수 : 10의 정수멱을 포함한 공비가 각각 $\sqrt[5]{10}$, $\sqrt[10]{10}$, $\sqrt[20]{10}$, $\sqrt[40]{10}$ 및 $\sqrt[80]{10}$ 인 등비수열의 각 항의 값을 실용상 편리한 수치로 정리한 것으로 각각 R5, R10, R20, R40 및 R80의 기호로 표시

② 기본수열 : R5, R10, R20, R40의 수열

③ 특별수열 : R80의 수열

2) 표준수의 사용법

① 산업표준화, 설계 등에 있어서 단계적으로 수치를 결정할 경우에는 표준수를 사용하며, 단일치수를 결정할 경우에도 표준수에서 선택하도록 한다.

② 선택할 표준수는 기본수열 중에서 증가율이 큰 수열부터 취한다. 즉 R5, R10, R20, R40의 순서로 사용한다. 특별수열은 기본수열에 따르지 못할 경우에만 부득이 사용한다.

③ 표준수 적용 시에 어떤 수열을 그대로 사용할 수 없을 때에는 몇 개의 수열을 병용, 유도수열(Derived Series), 변위수열 등을 사용하고, 표준수보다 더 정확한 수치를 필요로 하는 경우에는 이에 대응하는 계산치를 사용한다.

  ㉠ 유도수열 : 기본수열로부터 2, 3, 4개째씩 등을 골라서 만든 수열로서 기본수열의 비율로서는 요구를 충족시킬 수 없을 때에만 사용해야 한다.

  ㉡ 변위수열 : 기본수열과 비율이 같으나 기본수열에 속하지 않는 항에서 출발한 수열로서 기본수열이면서 계단적 변화가 표시된 어떤 특성치와 함수관계에 있는 다른 특성치를 표시하는 데에만 사용해야 한다.

---

04 국제표준화

국제표준화는 국가적 표준을 기초로 성립하고, 국가적 표준은 국내의 단체표준 및 사내표준을 기초로 하게 된다. 따라서 국제표준을 정점으로 하여 그 아래에 국가표준, 단체, 사내표준의 순서로 표준화가 형성된다.

1. 국제표준화의 의의

① 각국의 규격의 국제성을 증대 및 상호이익 도모
② 국제 간의 산업기술 교류 및 경제 거래의 활성화(무역장벽 제거)
③ 각국의 기술이 국제 수준에 이르도록 조장
④ 국제 분업의 확립, 후진국에 대한 기술개발의 촉진

2. 국제표준화

(1) 국제표준화 기구(ISO ; International Standardization Organization)

1) 개요

① 재화 및 용역의 국제적 교환을 용이하게 하고, 지식적 · 과학적 · 기술적 및 경제적 영역에 있어서의 국제 간의 협력을 도모하기 위하여 규격의 심의 · 제정을 하는 기관
② ISA(국제규격 통일 협회)와 UNSCC(국제연합표준협조위원회)를 통합하여 1947년 2월에 정식 발족

2) 구성 및 주요업무

① 공식 언어 : 영어, 프랑스어, 러시아어
② 조직으로는 최고 의결기관인 총회, 최고 운영기관인 이사회, 규격 원안을 비롯한 기술적인 각 분야의 전문사항을 심의하는 전문위원(TC ; Technical Committee) 및 전문부회(Technical Division)와 중앙사무국으로 구성
③ 주요 업무 : 산업 전반에 걸친 표준화 업무
④ 우리나라는 1963년 6월에 가입

배가바이스

국제표준화 기구의 설립 목적
• 표준 및 관련 활동의 세계적인 조화를 촉진
• 국제표준의 개발, 발간 그리고 세계적으로 사용되도록 조치
• 회원기관 및 기술위원회의 작업에 관한 정보교환의 주선

(2) 국제전기표준회의(IEC ; International Electrotechnical Commission)

① 1908년 10월에 전기 · 전자분야의 국제규격 제정기관으로 설립
② 1947년에 ISO가 설립되면서 전기부로 합병
③ 조직은 형식적으로는 ISO의 전기 관계의 전문부회로 되어 있으나, 기술적으로는 재정적으로 자치권을 갖고 완전히 독립되어 운영
④ 최고 의결기관인 총회(Council), 이사회, 기술적인 사항을 심의하는 전문위원회(TC ; Technical Committee) 및 중앙사무국으로 구성
⑤ 우리나라는 1963년 5월에 가입

PART 1
PART 2
PART 3
PART 4
PART 5
PART 6
PART 7

3. 각국의 국가규격

(1) 국가규격의 역할

① 국가규격의 입안과 제정
② 규격의 채용과 적용의 촉진
③ 제품의 품질 보증과 인증
④ 국가 및 국제규격 양측에 대한 규격과 관련 기술사항의 정보 보급 수단의 제공

단체규격의 종류
- ASME : 미국기계학회
- ASTM : 미국재료시험학회
- UL : 미국보험협회 안전시험소

(2) 각국 규격 명칭

국명	규격	국명	규격	국명	규격
영국	BS	프랑스	NF	뉴질랜드	SANZ
독일	DIN	캐나다	CSA	노르웨이	NV
미국	ANSI	인도	IS	포르투갈	DGQ
일본	JIS	스페인	UNE	네덜란드	NNI
호주	AS	덴마크	DS	러시아 연방	GOST
중국	GB	이탈리아	UNI	브라질	NB

05 표준화 요소(KS)

1. 한국산업규격(표준)[KS]

품질관리 담당자의 역할
- 사내 표준화와 품질경영에 대한 계획 및 추진
- 경쟁사 상품 및 부품 품질 비교
- 공정이상 등의 처리, 애로공정, 불만처리 등의 조치 및 대책의 지원

KS제품인증제도란 산업표준화법 제15조의 규정에 근거를 두고 한국산업표준이 제정되어 있는 품목 중 생산공장이 기술적인 면에서 KS 수준 이상의 제품을 지속적으로 생산할 수 있는 능력과 조건을 갖추어 품질이 안정되어 있고 객관적인 면에서 항상 시스템적으로 동 기술수준을 유지할 수 있도록 사내표준화 및 품질경영활동을 전사적으로 추진하고 있는지 여부를 해당 표준의 심사기준에 따라 엄격히 심사하고 별도의 제품심사를 실시한 후 합격된 업체에 대하여 KS마크를 제품에 표시토록 하는 인증제도이다.

(1) 제 · 개정방법

① 국제 표준의 제정 또는 신제품 개발 등으로 제품의 품질향상, 소비자보호 및 호환성 확보 등을 위하여 국가표준원장이 제안하는 경우로서, 자체적으로 표준안을 작성하거나 학회 · 연구기관 등에 용역으로 표준안을 작성한다.

② 산업체 등 이해관계인(개인, 기업, 관련기관 등)은 국가기술표준원장에게 KS의 제 · 개정을 신청할 수 있으며, 정해진 신청서에 표준안 및 설명서를 첨부하여 신청할 수 있다.

③ 한국산업표준을 제 · 개정하고자 하는 경우 공청회를 개최하여 이해관계인의 의견을 들을 수 있으며, 이해관계가 있는 자는 서면으로 공청회 개최를 요구할 수 있고, 요구받은 국가기술표준원장은 반드시 공청회를 개최하여야 한다.

④ 한국산업표준을 제 · 개정 또는 폐지하고자 하는 경우 예정일 60일 전(경미한 사항은 30일)까지 당해 표준의 명칭, 표준번호, 주요 골자 및 사유 등을 관보에 고시하여야 한다.

⑤ 규격안이 제출되면 산업표준심의회 전문 분야별로 구성되어 있는 해당 제품의 소관 기술심의회에 표준안을 상정하여 심의를 거쳐야 하며, 전문 기술분야 등 전문위원회의 검토가 필요하다고 인정되면 당해 전문위원회로 이송시켜 검토하게 할 수 있다.

⑥ 전문분야별로 구성된 전문위원회는 기술심의회로부터 이송된 표준안에 대하여 심의하고 심의결과를 기술심의회에 통보한다.

⑦ 정해진 절차를 완료하고 표준안이 확정되면 국가기술표준원장은 한국산업표준으로 제 · 개정, 확인 또는 폐지고시하고 관보 및 국가기술표준원 인터넷 홈페이지에 게재함으로써 KS표준으로 확정된다.

⑧ 한국산업표준은 제정일로부터 5년마다 적정성을 검토하여 개정 · 확인 · 폐지 등의 조치를 하게 되며, 필요한 경우 5년 이내라도 심의회의 심의를 거쳐 개정 또는 폐지할 수 있다.

2. KS표시인증제도

(1) 개요

KS표시인증은 산업표준을 널리 활용함으로써 업계의 사내 표준화와 품질경영을 도입 · 촉진하고 우수 공산품의 보급 확대로 소비자보호를 위하여 특정 상품이나 가공기술 또는 서비스가 한국산업표준 수준에 해당함을 인정하는 제품 인정제도이다. 즉, 사내표준화 및 품질경영을 통하여 한국산업표준에서 정한 품질기준 이상의 제품(또는 서비스)을 지속적으로 생산(또는 제공)할 수 있는 시스템 등을 심사하여 합격한 경우 KS표시인증을 부여하며, KS표시인증을 받은 업체는

KS마크(⊛)를 제품에 표시할 수 있다.

또한 KS인증업체는 KS 공장 표시판을 부착할 수 있으며, KS인증 사업장은 KS 서비스 업체 표시판을 부착할 수 있다. 단, KS인증제품이어도 소비자 단체의 요구가 있거나 KS표시인증제품의 품질 불량으로 다수의 소비자에게 피해 발생의 우려가 있는 경우 등에 기술표준원에서 시중 유통상품을 구입하여 시험을 실시하고 그 결과에 따라 행정처분을 할 수 있다.

시판품 조사 결과의 KS 기준에 미달한 정도를 경결함, 중결함, 치명결함으로 구분하고 결함 정도에 따라 행정처분을 한다.

① **경결함** : 개선명령(기준 미달 사항에 대한 시정 지시)
② **중결함** : 표시정지(일정 기간 동안 KS마크 표시 부착을 정지)
③ **치명결함** : 인증취소

(2) KS 및 표시 지정 여부의 확인

한국산업표준(KS)은 제품, 가공기술, 서비스 등 분야별로 제정되고 있으며 표준마다 적용범위를 구체적으로 정하고 있다. 따라서 KS인증을 획득하고자 하는 제품, 가공기술, 서비스에 대한 KS가 제정되어 있는지 여부를 먼저 확인하여야 한다.

KS인증은 KS가 제정되어 있다고 해서 모두 받을 수 있는 것이 아니고 국가표준의 확산·보급을 위하여 특별히 필요하다고 인정하여 국가에서 지정한 제품, 가공기술, 서비스에 한하여 받을 수 있다. 만약 제품, 가공기술, 서비스 KS는 존재하나 KS인증을 받을 수 없는 경우, 국가기술표준원에 KS표시 지정 신청을 할 수 있다.

(3) KS표시인증 대상

KS표시인증 대상은 국가기술표준원장이 표시 지정한 품목으로서 인증심사기준도 동시에 제정 공고한다.

1) 제품

① 품질 식별이 용이하지 아니하여 소비자 보호를 위하여 표준에 맞는 것임을 표시할 필요가 있는 광공업품
② 원자재에 해당하는 것으로서 다른 산업에 미치는 영향이 큰 광공업품
③ 독과점 품목/가격변동 등으로 현저한 품질저하가 우려되는 광공업품

2) 가공기술

① 표준에 정해진 기술수준에 도달한 가공기술

배가바이스

산업표준화 및 품질경영에 대한 교육에는 경영간부교육(생산·품질부서의 팀장급 이상 간부에 대한 교육을 말한다), 품질관리담당자 양성교육 및 정기교육이 있다.

② 해당 가공기술을 사용함으로써 품질 또는 생산성 향상이 가능한 가공기술

3) 서비스

① 소비자의 권익보호 및 피해방지를 위하여 한국산업표준에 맞는 것임을 표시할 필요가 있는 경우
② 제조업 지원서비스로 다른 산업에 미치는 영향이 큰 경우
③ 국가정책적으로 서비스 품질 향상이 필요한 경우

(4) KS인증 심사기준

KS인증은 KS 수준 이상의 제품, 가공기술, 서비스를 지속적·안정적으로 생산·제공할 수 있는 능력에 대하여 전사적·시스템적으로 공장심사, 제품심사(서비스 인증의 경우 사업장 심사, 서비스 심사)를 실시하고 있다.

제품 · 가공기술 인증	서비스 인증	
	사업장 심사기준	서비스 심사기준
• 품질경영 • 자재관리 • 공정 · 제조 설비관리 • 제품관리 • 시험 · 검사 설비관리 • 소비자보호 및 환경 · 자원관리	• 서비스 품질경영 • 서비스 운영체제 • 서비스 운영 • 서비스 인적자원관리 • 시설 · 장비, 환경 및 안전관리	• 고객이 제공받은 사전 서비스 • 고객이 제공받은 서비스 • 고객이 제공받은 사후 서비스

1) 제품인증

① **공장심사** : 제품을 제조하는 공장의 기술적 생산조건이 해당 제품의 인증 심사기준에 적합한지의 여부를 해당 공장에서 실시하는 심사
② **제품심사** : 해당 제품의 품질이 해당 KS에 적합한지의 여부를 확인하기 위해 해당 공장에서 시료를 채취하여 공인시험기관에서 실시하는 심사

2) 서비스인증

① **사업장심사** : 서비스를 제공하는 사업장의 서비스 제공 시스템이 해당 인증심사기준에 적합한지의 여부를 해당 서비스 사업장에서 실시하는 심사
② **서비스심사** : 서비스를 직접 제공받는 자 등을 대상으로 해당 인증심사기준에 적합한지 여부를 서비스가 행해지는 장소에서 실시하는 심사

배가바이스

불만처리절차
• 교환 및 사과
• 불량원인 분석
• 재발방지대책 수립

➕ 플러스 이론

표준의 일반적 분류
• 기술표준 : 주로 물체에 직·간접적으로 관계되는 기술적 사항에 관하여 규정되는 기준
• 관리표준 : 개조식으로 쓴 문장, 그림, 보기, 표 등으로 예시되며 절차서를 의미
• 작업표준 : 규정과 규격이 혼용되어 작성되며 실무에 관한 조직의 하위 표준

과학기술계 표준의 분류
• 성문표준 : 문서화된 과학기술의 기준, 규격, 지침 및 기술규정
• 참조표준 : 물리 화학적 상수, 물성치, 과학기술적 통계자료
• 측정표준 : 측정기기, 표준물질, 측정방법, 측정체계 등

규격과 공정능력

01 규격과 공차

1. 규격의 정의

규격(Specification)이란 표준 중 주로 물건에 직접 또는 간접으로 관계되는 기술사항에 관하여 규정된 기준을 말하며, 협의로는 제품이나 부품의 치수에 한정하여 말한다.

2. 공차와 허용차

표준을 규정하기 위해 산포를 수치로 표시하는데, 여기에는 공차와 허용차가 있다.

구분	공차(Tolerance)	허용차
정의	규정된 최대치(규격상한)와 규정된 최소치(규격하한)의 차를 말한다.	규정된 기준치와 규정된 한계치의 차 또는 분석시험 등에서 데이터의 산포가 허용하는 한계를 말한다.
Example (기준치 50mm)	① $U=50.04$mm 혹은 $50+0.04$mm, $L=49.98$mm 혹은 $50-0.02$mm	
	② $U=50.02$mm, $L=49.98$mm 혹은 50 ± 0.02mm	
	①의 공차 $0.04-(-0.02)=0.06$	①의 허용차 $+0.04$ 및 -0.02
	②의 공차 $0.02-(-0.02)=0.04$	②의 허용차 $+0.02$ 및 -0.02

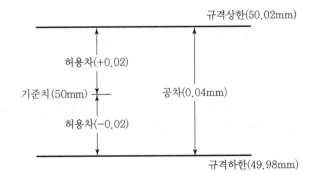

3. 틈새와 끼워맞춤

(1) 틈새

① 최대틈새

부품의 구멍 최대한계에서 부품 축의 최소한계를 뺀 값$(A-b)$

② 최소틈새

부품의 구멍 최소한계에서 부품 축의 최대한계를 뺀 값$(B-a)$

③ 평균틈새

$$\frac{(최대틈새 + 최소틈새)}{2}$$

여기서, A : 최대구멍, B : 최소구멍
a : 축의 최대직경, b : 축의 최소직경

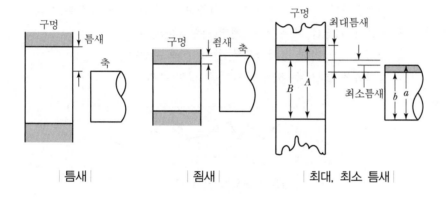

| 틈새 | | 죔새 | | 최대, 최소 틈새 |

(2) 끼워맞춤

① 헐거운 끼워맞춤 : $B > a$

항상 틈새가 생기는 끼워맞춤

② 억지 끼워맞춤 : $A < b$

항상 죔새가 생기는 끼워맞춤

③ 중간 끼워맞춤 : $A > b$, $B < a$

경우에 따라 틈새와 죔새가 생기는 끼워맞춤

4. 공정과 규격의 기본적인 관계

(1) 공정의 산포가 규격의 최대·최소치보다 작고 중심이 안정된 경우의 조치사항

① 현행 제조공정의 관리를 계속한다.

② 관리도로 공정을 관리할 경우 관리한계선을 수정하여 관리할 것을 고려한다.

③ 시료를 채취한 후 관리도에 기입하는 정도의 체크검사를 실시하여 검사를 줄일 것을 고려한다.

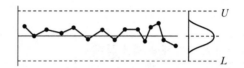

| 공정의 산포가 규격한계를 만족할 경우 |

(2) 공정의 산포가 규격의 최대·최소치의 차와 같은 경우의 조치사항

① 공정변화를 항상 체크하고, 공정중심이 규격중심에 오도록 한다.

② 분포가 커졌을 때는 전수 선별(전수검사)한다.

③ 실험계획에 의해 공정산포를 줄일 것을 고려한다.

④ 규격폭을 넓힐 수 있으면 규격을 넓혀 준다.

| 공정의 산포가 규격한계와 같을 경우 |

(3) 공정의 산포는 규격의 최대·최소치의 차보다 작으나 중심에서 벗어난 경우의 조치사항

① 공정과 규격이 일치하도록 관리하거나 현재의 규격을 제품에 불리한 영향을 주지 않는 범위 내에서 변경한다.

② 만약 규격한계 내의 분포의 중심을 옮길 수 없으면 공정을 변동시키는 등 원인을 발견하기 위해 실험을 계속한다.

③ 필요한 정보가 얻어질 때까지 전수 선별한다.

| 공정의 산포가 규격한계보다 작고 규격을 벗어났을 경우 |

(4) 공정의 산포가 규격의 최대 · 최소치의 차보다 클 경우의 조치사항

① 규격을 넓히도록 한다.

② 실험을 계획하여 공정의 산포를 감소시킨다.

③ 문제가 해결될 때까지 제품을 전수 선별한다.

④ 재가공이나 폐각설까지도 포함시켜 경제적인 견지에서 어떤 기준을 정하여 그 기준으로 관리를 계속한다.

⑤ 신기계, 신공구, 신방법을 이용하여 기본적인 공정의 개선을 꾀한다.

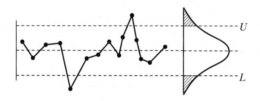

| 공정의 산포가 규격한계보다 클 경우 |

(5) 공정과 규격 사이의 모순 해결방법

① 공정을 변경한다.

② 규격을 변경한다.

③ 한계 밖에 나가는 제품을 선별한다.

5. 공차의 통계적 가법성

(1) 합의 법칙

부품 하나하나가 조립될 때 조립품 치수의 평균치는 부품 치수의 평균치의 합과 같다.

$\overline{x_A}$ = 부품 A의 치수의 평균치
$\overline{x_B}$ = 부품 B의 치수의 평균치
$\overline{x_C}$ = 부품 C의 치수의 평균치

라고 하면
조립품 치수의 평균치 $= \overline{x_A} + \overline{x_B} + \overline{x_C}$

(2) 차의 법칙

$\overline{x_D}$ = 부품 D의 치수의 평균치
$\overline{x_E}$ = 부품 E의 치수의 평균치

조립품 치수의 평균치 $= |\overline{x_D} - \overline{x_E}|$

(3) 합과 차의 법칙

부품의 어떤 치수는 서로 가성되고 어떤 치수는 빼도록 조립될 때, 조립품 치수의 평균치는 부품 치수의 평균치의 대수합이다.

조립품 치수의 평균치 $= \overline{x_A} + \overline{x_B} + \overline{x_C} - \overline{x_D} + \overline{x_E}$

(4) 표준편차 또는 분산의 가법성 법칙(겹침공차)

부품이 랜덤으로 조립될 때 조립품의 공차는 다음과 같다.

조립품 허용차 $= \pm \sqrt{(허용차A)^2 + (허용차B)^2 + \cdots + (허용차N)^2}$

조립품 평균치의 공칭치수 $=$ 공칭치수 $A +$ 공칭치수 $B + \cdots +$ 공칭치수 N

기본문제 **04**

부품 A는 $N(2.5, \ 0.03^2)$, 부품 B는 $N(2.4, 0.02^2)$, 부품 C는 $N(2.4, 0.04^2)$, 부품 D는 $N(3.0, 0.01^2)$인 정규분포에 따른다. 이 4개 부품이 직렬로 결합되는 경우 조립품의 표준편차는 약 얼마인가?(단, 부품 A, B, C, D는 서로 독립이다.)

풀이 $\sigma_T = \sqrt{0.03^2 + 0.02^2 + 0.04^2 + 0.01^2} = 0.0548$

---

02 공정능력 조사 및 해석

1. 공정능력(Process Capability)의 정의

| 학자별 공정능력의 정의 |

J. M. Juran	그 공정이 관리상태에 있을 때 각각의 제품의 변동이 어느 정도인가를 나타내는 양이라고 정의하였으며, 아울러 공정능력이라는 말 대신에 자연공차(Natural Tolerance)라는 용어를 사용하고, 자연공차는 보통 6σ라고 정의하였다.
Western Electric Co.	통계적 관리상태에 있을 때의 공정의 정상적인 움직임, 즉 외부원인에 방해됨이 없이 조작되었을 때 공정에 의해 만들어진 일련의 예측할 수 있는 결과라고 그 개념을 제시하였다.
E. G. Kirkpatrick	J. M. Juran과 같이 공정능력과 자연공차를 동의어로 쓰고 의미가 있는 원인이 제거되고 혹은 적어도 최소화된 상황에 있어서의 공정의 최선의 결과를 의미하는 것이다. 그리고 공정능력의 척도로서 6σ를 잘 사용한다고 말하고 있다.

(1) 공정능력의 정의와 그 요건

공정능력의 개념을 규정하는 데 필요한 요건을 요약하면 다음과 같다.

① 공정능력은 결과에 대한 것이다.
② 과거에 만들어진 결과를 평가할 수 없다.
③ 요인의 상태에 대한 규정이 필요하게 된다.
④ 요인의 상태에 대한 결과 측으로부터의 규정은 공정이 놓인 조건에 따라 달라진다.
⑤ 공정능력은 특정조건하에서의 도달 가능한 한계상태를 표시하는 정보라야 한다.
⑥ 공정능력의 측도는 공정능력의 개념에 부수시켜 결정하는 것이 바람직하다. 그러나 측도는 반드시 고정된 것은 아니다.

(2) 정적 공정능력과 동적 공정능력

① 정적 공정능력(C_p)
문제의 대상물이 갖는 잠재능력, 예를 들어 공작기계에서 공정기계의 정밀도를 조사하는 경우

② 동적 공정능력(C_{pk})
⑴ 현실적인 면에서 실현이 되는 현재능력, 예를 들어 정밀도검사에 관련해서 특정의 조건으로 절삭시험이나 운전시험을 할 때, 운전 시 상태를 조사하는 경우
⑵ 정적 공정능력과 동적 공적능력은 상이한 개념이지만 서로 밀접한 관계에 있다. 품질관리에서 최종적으로 필요한 것은 동적 공정능력이다.

(3) 단기공정능력과 장기공정능력

① 단기공정능력(C_p)
임의의 일정 시점에 있어서의 공정의 정상적인 상태로서, 어떤 의미에서는 급내변동을 말한다.

② 장기공정능력(P_p)
정상적인 공구 마모의 영향, 재료의 배치 간의 미소한 변동 및 유사한 예측힐 수 있는 작은 변동 등을 포함한 것으로 어떤 의미에서 급내변동과 급간변동의 합을 나타내는 것이다.

2. 공정능력의 정량화방법

공정능력을 정량화하는 방법에는 공정능력치(6σ 또는 $\pm3\sigma$)와 공정능력지수(PCI, C_p)가 있다.

(1) 공정능력치의 계산

$$공정능력치 \ \pm3\sigma = \pm3h\sqrt{\frac{\sum f_i u_i^2}{(\sum f_i - 1)} - \frac{(\sum f_i u_i)^2}{\sum f_i(\sum f_i - 1)}}$$

$$= \pm3\left(\frac{\overline{R}}{d_2}\right) = \pm3\left(\frac{\overline{R_m}}{d_2}\right)$$

(2) 공정능력의 평가방법

① 공정능력지수(Process Capability Index) : PCI, C_p

$$PCI = C_p = \frac{T}{6\sigma} = \frac{U-L}{6\sigma} = \frac{U-L}{6s} = \frac{U-\mu}{3\sigma} = \frac{\mu-L}{3\sigma}$$

| 공정능력지수와 판정 |

C_p 범위	등급	판정	조치
$C_p \geq 1.67$	0등급	매우 만족	매우 안정된 상태
$1.67 > C_p \geq 1.33$	1등급	만족	안정된 상태
$1.33 > C_p \geq 1.00$	2등급	보통	현상의 유지 및 발전
$1.00 > C_p \geq 0.67$	3등급	불만족	작업방법을 변환, 공정능력의 향상 도모
$0.67 > C_p$	4등급	매우 불만족	작업방법을 변환, 공정능력의 향상 도모

② 공정능력비(Process Capability Ratio) : $D_p = \dfrac{6\sigma}{T} = \dfrac{1}{C_p}$

구분	편측 규격(%)	양측 규격(%)
현행공정	75	88
신공정	67	83

※ 공정능력비에 의한 판단기준(표기의 수치 이하이면 좋다.)

배가바이스

- 공정능력지수

$$C_p = \frac{T}{6\sigma} = \frac{T}{6\sigma_w}$$

- 공정성능지수

$$P_p = \frac{T}{6\sigma} = \frac{T}{6\sigma_T}$$
$$= \frac{T}{6\sqrt{\sigma_w^2 + \sigma_b^2}}$$

③ 최소공정능력지수 C_{pk}(중심이 벗어났을 때)

양쪽의 규격에 있어서 기대치가 자유로이 조절되지 않을 때 치우침도와 $\dfrac{T}{6\sigma}$를 조합한 공정능력지수(C_{pk})로 사용한다.

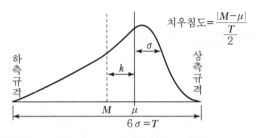

| 중심이 벗어났을 때의 분포와 규격의 관계 |

양쪽 규격을 사용	상한 쪽으로 평균치 이동	하한 쪽으로 평균치 이동
$C_{pk} = (1-k)\,C_p \quad (0 < k < 1)$ 여기서, $k = \dfrac{|M - \overline{x}|}{T/2}$ $= \dfrac{|(U+L)/2 - \overline{x}|}{(U-L)/2}$	$C_{pkU} = \dfrac{U - \mu}{3\sigma}$	$C_{pkL} = \dfrac{\mu - L}{3\sigma}$

기본문제 **05**

6σ의 품질이 수립될 때 예상되는 공정능력지수(C_p) 값은 얼마인가?

풀이 $6\sigma : U - L = 12\sigma$에 해당되므로 $C_p = \dfrac{U - L}{6\sigma} = \dfrac{12\sigma}{6\sigma} = 2.0$

CHAPTER 05

측정시스템

01 계측기 관리

1. 계측

계측이란 '측정하려고 하는 양이 같은 종류의 기준량에 비해 몇 배나 되는가 또는 몇 분의 1이 되는가를 수치로 나타내는 일'이다. 동의어로서 계량, 측정이라는 말을 사용하기도 하는데, 양이라는 말은 계량법에서 '길이, 질량, 시간 등과 같은 물질의 상태를 나타내는 것'이라고 정의되고 있다.

(1) 계측의 필요성

기업에 있어 계측이 없는 활동은 없다고 해도 과언이 아니다. 인사, 경리, 영업, 기술, 생산기술, 제조, 품질관리, 구매, 검사 등 모든 업무에 계측이 필요하다.

① 계측은 올바르게 판정하지 않으면 '좋은 것'과 '나쁜 것'이라는 판정이 올바르게 행해질 수 없다.

② 거래, 계약 등도 기본적으로 계측 없이는 생각할 수 없다.

③ 계측을 올바르게 함으로써 기업활동의 원활을 기할 수 있다.

(2) 계측의 종류

1) 계측 대상에 의한 분류

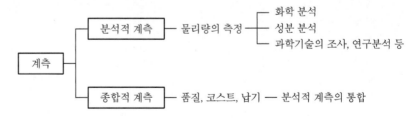

2) 계측목적에 의한 분류

① 운전(작업) 계측 : 작업자가 스스로 작업(조정, 운전)의 지침으로 이용하는 계측과 작업결과나 성적에 관한 계측

② **관리계측** : 관리하는 사람이 관리를 목적으로 측정·평가하기 위한 계측
   ㉠ 자재, 에너지의 계측   ㉡ 제품, 중간제품의 계측
   ㉢ 생산설비의 계측   ㉣ 생산능률의 계측
   ㉤ 환경조건의 계측

③ **시험·연구계측** : 특정 문제를 조사하거나 시험·연구를 위해 이용하는 계측
   ㉠ 연구실험실에서의 시험·연구계측
   ㉡ 작업장에서의 계측

2. 계측관리

계측관리란 가장 경제적인 생산을 위해 생산공정에서 품질특성을 계측화하여 이 계측에 적합한 계측기를 선정하고, 이들 계측기를 정비하여 그 정밀도를 유지하는 한편, 그 계측기의 개성과 적정 실시에 필요한 조처를 취하는 것이다. 여기서 생산이라는 말은 생산활동의 전 과정을 말하며, 또한 서비스에 있어서도 계측·계량에 그대로 적용한다.

(1) 계측관리 실시상의 유의점

① 필요 이상으로 계측관리를 엄격하게 실시함으로써 생산수량이 계획대로 완성되지 않아 소비자에게 제때에 납품을 못하는 일이 발생되어서는 안 된다.
② 반대로 제품의 납기와 수량에 정신이 팔려 계측관리를 소홀히 함으로써 클레임이 발생하는 것도 경영상 바람직하지 못하다.
③ 부적당한 계측관리를 실시함으로써 제조원가가 높아지면 제품이 팔리지 않는다.
④ 값을 싸게 하는 데 신경을 써 중요한 품질특성을 확인하지 않고 나쁜 품질을 출하하는 것은 바람직하지 않다.

(2) 계측시스템의 비교

계량형 시스템	계수형 시스템
계측기의 원가가 높다.	계측기의 원가가 낮다.
작업원의 숙련도를 요한다.	작업원의 숙련도를 크게 요하지 않는다.
1회 관측에 따른 정보량이 많다.	1회 관측에 따른 정보량이 상대적으로 적다.
관측횟수가 적어도 충분한 정보를 얻는다.	관측횟수가 상대적으로 많아야 한다.
계수형보다 판별능력이 높다.	계량형보다 판별능력이 낮다.

용어의 정리

- 법정계량단위 : 정확성과 공정성을 확보하기 위하여 정부가 법령에 따라 정하는 상거래 및 증명용 단위를 말한다.
- 교정 : 특정 조건에서 측정기기, 표준물질, 척도 또는 측정체계 등에 의하여 결정된 값을 표준에 의하여 결정된 값 사이의 관계로 확정하는 일련의 작업을 말한다.
- 소급성 : 연구 개발, 산업 생산, 시험 검사 현장 등에서 측정한 결과가 명시된 불확정 정도의 범위 내에서 국가 측정 표준 또는 국제 측정 표준에 일치되도록 연속적으로 비교하고 교정하는 체계를 말한다.

3. 계량기의 관리

계량기의 정기검사는 계량법에 따라 매년 1회 이상 계량사의 입회하에 실시할 필요가 있다. 특히, 일상점검은 작업지시에 따라 간단한 손질 및 정비를 매일 또는 필요한 빈도에 따라 실시할 필요가 있다.

(1) 계측관리체제 정비의 목적

① 제품의 품질과 안전성 유지 및 향상
② 검사, 계측작업의 합리화
③ 관리업무의 효율화
④ 공업표준규격, 해외안전규격, 품질인증 등에 대한 관리체계에 충실
⑤ 계측관리에 관한 종업원의 이해 및 관심의 고취
⑥ 법률면(계량법)에서의 체제 강화

(2) 계량기 사용 사업장

계량기 사용 사업장이란 자기 사업장에서 사용하는 계측 · 계량기 활용에 필요한 관리체제와 운영이 이루어지고 있는 사업장에 대해 관할 관청으로부터 지정이 주어지는 경우를 말한다.

(3) 계량법상 필수조건

① 계량사를 두고 있을 것
② 계량기를 검사 · 교정할 수 있는 표준기(기준기) 및 계측 · 계량관리실을 설치하고 있을 것
③ 계량관리규정을 제정하여 운영하고 있을 것

[법정 계량단위에 의한 거래상 또는 증명상의 사용제한]

㉠ 검정증인 표시가 없는 것

㉡ 검정에 합격한 후 대통령령으로 정하는 유효기간을 경과한 것

㉢ 법정 계량단위 이외의 계량단위가 표시되어 있는 것

㉣ 무허가로 제작한 것(계량기의 제작·수리의 허가는 기술표준원장이 한다.)

㉤ 수리한 후 검정을 받지 아니하거나 검정에 합격하지 아니한 것

(4) 계량기 사용의 기본적인 추진방법

1) 기본적인 조건

① 전원 참가의 활동으로 되어 있을 것

② 사업장의 특성에 맞는 체계를 가질 것

③ 경영에 공헌할 수 있는 활동이어야 할 것

2) 추진포인트

① 계측·계량관리를 넓은 뜻으로 해석할 것

② 각 부문, 각 직위의 분담을 명확히 하여 조직적으로 추진할 것

③ 개선사례를 널리 축적하여 개선효과를 파악할 것

④ 검사 미스, 측정오차의 개선관리, 보통특성과 사용기기의 적절한 선정

(5) 계측관리체제 정비사항의 체크포인트

① 방침·계획의 명확화와 전개

② 조직의 명확화와 그 운영

③ 계측·계량기술자의 육성

④ 표준서의 정비

⑤ 계측·계량기의 등록관리체제 정비(기술관리)

⑥ 계측·계량관리실과 검사교정체제의 정비(정밀도관리)

⑦ 계측·계량기의 취급 및 일상관리의 지도

⑧ 협력회사의 계측·계량관리 지원

⑨ 계측·계량의 개선활동 추진

⑩ 계몽보급과 감사 및 평가

PART 1
PART 2
PART 3
PART 4
PART 5
PART 6
PART 7

4. 계측기의 특성

(1) 계측(량) 단위

① 기본단위
길이(m), 질량(kg), 시간(sec), 온도(켈빈도 : K), 광도(칸델라 : cd), 전류(A), 물질량(몰 : mol) 등을 기본단위라 한다.

② 유도단위
면적(m²), 속도(m/sec), 가속도(m/sec²), 압력(kg/m²), 각도(Radian) 등과 같이 기본단위를 조합하여 유도한 단위를 말한다.

(2) 계측특성

① 감도(Sensitivity)
계측기의 민감한 정도를 표시하는 것으로 감도(E)는 측정량의 변화(ΔM)에 대한 지시량의 변화(ΔA)의 비, 즉 $E = \dfrac{\Delta A}{\Delta M}$로 나타낸다.

② 정확도(Accuracy)
계통적 오차의 정도로, 참값과 측정치의 평균값(시료의 평균)과의 차로 나타낸다.

③ 정밀도(Precision)
분포의 흩어짐 정도를 의미하는 것으로 산포의 크기로 정의되며, 정밀도를 표시하는 방법으로는 분산, 표준편차, 범위 등이 있다.

④ 지시범위
계측기의 눈금상에서 읽을 수 있는 측정량의 범위를 말한다.

⑤ 측정범위
최소 눈금값과 최대 눈금값에 의거하여 표시된 측정량의 범위를 말한다.

(3) 측정오차

1) 측정방법
① **직접측정** : 측정기를 직접 측정물에 접촉시켜 눈금을 보는 방법
② **비교측정** : 기준치수로 되어 있는 표준제품을 측정기로 비교하여 지침이 지시하는 눈금의 차를 읽는 방법(다이얼 게이지)
③ **간접측정** : 제품 형태가 복잡한 것에 이용되며, 기하학적으로 측정값을 구하는 방법

2) 측정오차의 종류

오차의 정의	피측정물의 참값과 측정값과의 차(오차＝측정값－참값)
과실오차	절차의 잘못, 취급 부주의, 데이터를 잘못 읽거나 기록을 빠트리는 등으로 인한 오차
우연오차	원인을 파악할 수 없어 측정자가 보정할 수 없는 오차
계통오차 (교정오차)	동일 측정 조건하에서 같은 크기와 부호를 갖는 오차로, 측정기를 미리 검사·보정하여 측정값을 수정할 수 있다.
계통오차의 종류	• 계기오차 : 계측기의 구조상의 오차 • 이론오차 : 기존 이론식이 아닌 간편식으로 구함에 따른 오차 • 환경오차 : 측정장소의 환경변화에 따른 오차 • 개인오차 : 측정자의 고유습관 등에 의한 오차
정확도 결정을 위한 관측횟수	$E = K_{\alpha/2} \cdot \dfrac{\sigma_E}{\sqrt{n}}$　$\therefore\ n \geq \left(\dfrac{K_{\alpha/2} \cdot \sigma_E}{E}\right)^2$ 단, E : 오차의 허용한계, σ_E : 측정오차, $K_{\alpha/2}$: 신뢰계수

배가바이스

외부적 영향의 의한 오차에는 되돌림오차, 접촉오차, 온도나 진동에 의한 오차 등이 있다.

02 측정시스템 분석(MSA)

1. 측정시스템의 개요

측정시스템(Measurement System)이란 측정을 하기 위하여 사용되는 전체 공정을 의미한다. 이때 측정치에 영향을 미치는 작업, 절차, 게이지, 기타 장비, 소프트웨어 및 운영자 등과 같은 모든 구성요소의 집합체를 측정시스템이라 하고, 이를 분석하는 것을 측정시스템 분석이라 한다.

2. 측정시스템의 변동

(1) 변동의 종류

① 편기(Bias)

동일 계측기로 동일 시료를 측정한 경우, 측정치의 평균과 기준값(참값)의 차로서 정확성, 치우침, 편의라고도 한다.

② 반복성(Repeatability)

동일한 측정자가 동일한 시료를 여러 번 측정하여 얻은 데이터의 산포크기를 의미하며 산포의 크기가 작을수록 반복성이 좋아진다. 정밀도라고도 한다.

배가바이스

변동의 종류
• 오차 : 참값과 측정치의 차
• 편차 : 측정치와 평균치의 차
• 정밀도 : 산포폭의 크기
• 정확성 : 치우침과 같은 의미

③ 재현성(Reproducibility)

서로 다른 측정자가 동일 기계로 동일 시료를 측정하였을 때, 얻은 측정치의 변동값(평균값의 차이)으로서 측정자 간 데이터값의 차이를 의미한다.

④ 안정성(Stability)

동일한 측정시스템으로 동일한 시료를 정기적으로 측정했을 때, 얻은 측정치의 변동(평균값의 차이)을 말한다.

⑤ 직선성(Linearity)

계측기의 작동범위 내에서 발생하는 참값과 측정값의 차이, 즉 편기값들의 차이로서 측정의 일관성을 평가하는 데 사용한다. 직선성의 적합성 여부는 회귀직선의 결정계수로 판단하며, 선형성이라고도 한다.

(2) 변동의 원인

① 편기(Bias)

계측기의 마모, 부적절한 눈금, 기준값이 틀림, 측정방법의 오류와 미숙지

② 반복성(Repeatability)

부적절한 계측기, 측정위치의 변동, 측정자의 미숙련

③ 재현성(Reproducibility)

측정자 간 측정방법, 사용방법, 눈금 읽는 방법이 서로 다른 경우, 고정장치 이상, 계측기 눈금의 부정확

④ 안정성(Stability)

불규칙한 사용시기, 작동준비(Warm up) 상태의 미비, 환경조건의 변화

⑤ 직선성(Linearity)

기준값이 틀림, 계측기 상·하단부의 눈금 부정확, 계측기 설계문제

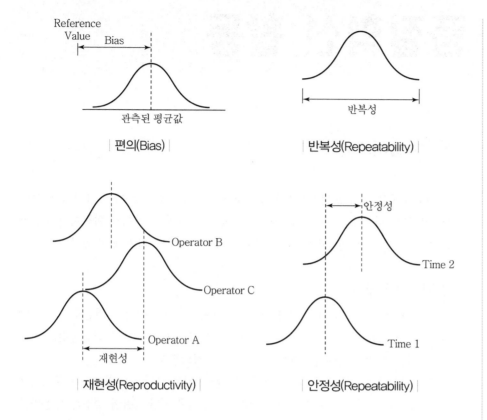

| 편의(Bias) | 반복성(Repeatability) |

| 재현성(Reproductivity) | 안정성(Repeatability) |

(3) 측정시스템의 평가지침(% R&R)

정의		반복성(계측기 변동 : $E.V$) 및 재현성(측정자 변동 : $A.V$)을 분석한다.	
공식		$R\&R = \sqrt{(E.V)^2 + (A.V)^2}$	$\% R\&R = 100 \times \left[\dfrac{R\&R}{공차(T)} \right](\%)$
% R&R 평가 및 조치	10% 미만	계측관리가 잘 되어 있음 (양호)	
	10% 이상 30% 미만	여러 상황을 고려하여 조치를 취할 것인지를 결정	
	30% 이상	계측기 관리가 미흡한 수준, 반드시 계측기 변동의 원인을 규명(부적합)	

품질혁신 활동

01 6시그마

6시그마 운동은 미국 모토로라사의 품질혁신운동의 일환으로 Mikel J. Harry 등에 의해 창안되었다. 이후 GE의 Jack Welch 회장이 회사의 전 분야로 확산시켜 대단한 성공을 이룸으로써 본격적으로 전 세계로 급속히 퍼져 나가게 되었다.

(1) 6시그마의 정의

① 프로세스능력에 대한 정량적인 표현방법으로 제품이나 부적합품을 단위당 부적합품률 또는 부적합수 대신에 100만 기회당 3.4회의 부적합품수를 허용하는 공정의 능력을 의미하는 것으로 정의된다.

② 6시그마의 추진은 최고경영자의 강력한 의지를 바탕으로 경영자가 주도적으로 추진하여야 하며, 명확한 방침과 고객만족을 위한 목표를 설정하고, 올바른 6시그마 기법의 적용과 이해를 바탕으로 실행단계에서 구체적인 CTQ (Critical To Quality)를 도출하게 된다.

③ 6시그마는 TQM에서 중시하는 처음부터 올바르게 행한다는 결함예방철학에 입각한 것이다.

④ 6시그마 수준이란 공정의 중심에서 규격한계까지의 거리가 표준편차의 6배라는 뜻이다.

⑤ 6시그마 경영이란 조직의 자원 낭비를 최소화하는 동시에 고객만족을 최대화하는 방법이다.

(2) 6시그마 척도

1) DPU, DPO 및 DPMO(계수형 데이터의 공정성능)

6시그마에서 사용되는 척도들 중 DPU와 DPO, DPMO는 결점수를 기초로 산출된다.

① DPU(Defects Per Unit) : 단위당 결점수

$$DPU = \frac{\text{총 결점수}}{\text{총 생산단위수}}$$

② DPO(Defects Per Opportunity) : 기회당 결점수

$$DPO = \frac{\text{총 결점수}}{\text{총 결점기회수}}$$

③ DPMO(Defects Per Million Opportunity) : 제품의 복잡도를 고려한 비교기준으로 백만 기회당 결점수

$$DPMO = \frac{\text{총 결점수}}{\text{총 결점 발생기회수}} \times 1,000,000$$

여기서, 기회(Opportunity)는 결함이 발생할 가능성이 있는 검사 혹은 시험 대상 모두를 의미하며, 특성, 부품, 구성품 등 제품의 어느 계층에서도 존재할 수 있다.

(3) 6시그마 조직

조직	역할
Champion	목표설정, 추진방법 확정, 6시그마 이념과 신념의 조직 내 확산
MBB (Master Black Belt)	Champion을 보조, BB의 프로젝트 자문과 감독, 직원에게 지도교육
BB(Black Belt)	프로젝트 추진, GB 양성, 문제해결활동, 핵심요원
GB(Green Belt)	품질기초기법 활용, 현업 및 개선 프로젝트의 병행

(4) 6시그마 프로젝트 추진

1) DMAIC

6시그마는 제조부문의 경우 Define → Measure → Analyze → Improve → Control 5단계로 추진된다.

① Define : 정의단계로 프로젝트 선정, 고객의 요구사항 선정
② Measure : 측정단계로 프로젝트(Y)의 선정과 후보요인(X) 선정, Process Map 작성, 후보요인별 우선순위 결정
③ Analyze : 분석단계로 치명적인 핵심인자(Vital Few) 선정, 후보요인별이 실제로 프로젝트(Y)에 영향을 주는지 분석·확인
④ Improve : 개선단계로 핵심인자(Vital Few)의 개선 및 최적화
⑤ Control : 관리단계로 개선된 활동의 지속방법 모색, 즉 개선된 핵심인자 X와 프로젝트 Y의 관리방안 수립

2) DMAD(O)V

본질적인 6시그마를 달성하기 위해서는 제품의 설계나 개발단계와 같이 초기단계부터 부적합을 예방하기 위한 설계, 즉 DFSS(Design For Six Sigma)가 필요하게 되는데, 이때 사용되는 추진단계가 DMAD(O)V가 된다.

> 정의(Define) → 측정(Measure) → 분석(Analyze) → 설계(Design) → 최적화(Optimize) → 검증(Verify)

| 6시그마와 PPM의 관계 |

구분	관리규격	C_p	적합품률(%)	부적합품률(PPM)
1	$\pm 3\sigma$	1.00	99.73	2,700
2	$\pm 4\sigma$	1.33	99.9937	63
3	$\pm 5\sigma$	1.67	99.999943	0.57
4	$\pm 6\sigma$	2.00	99.9999998	0.002

02 개선팀 활동과 제안제도

1. 생산단계에 있어서의 개선

우리가 말하는 생산단계란 설계로부터 제품의 시방과 도면이 주어졌을 때 이것을 실현하는 과정을 지칭하고 있다. 따라서 개선의 대상은 제조품질이며, QA의 입장에서는 제조품질이 설계품질에 합치되었다는 보증이다.

(1) 생산단계의 개선과제

① 다품종 소량생산화의 체계진행 문제
② 리드타임(Lead Time)의 단축
③ 안전의 확보와 공해방지 문제

(2) 제조공정에서 실시되어야 할 개선과제

① 협의의 품질에 있어서 설계품질에 대한 제조품질의 합치문제
② 양에 있어서 생산계획에 입각하여 각 생산부문이 분담한 생산계획의 달성과 능률의 향상문제

◉ 제안제도
자신이 근무하는 환경에서 기업이 생산하는 제품, 작업방법, 설비기계 및 작업환경의 개선이나 원가절감을 가능하게 하는 아이디어를 제안하도록 권고한 후 그것이 채택된 경우 기여도에 따라 표창하는 제도를 말한다.

③ 코스트에 있어서 이익계획에 입각해서 생산부문이 분담할 원가절감문제

④ 안전에 있어서의 무재해문제

2. 공정개선 및 해석

(1) 공정개선이 필요한 경우

① 정해진 표준대로 작업해도 얻어진 결과가 목표에 미달되어 개선이 필요한 경우

② 정해진 표준대로 작업해 본 결과 당초의 목표를 거의 만족시키고 있기는 하지만 시장 등의 요구가 변화됨에 따라 더욱 높은 수준의 공정을 필요로 하는 경우

③ 정해진 표준대로 작업할 수 없어서 결과가 목표치에 미달되는 경우

(2) 공정해석의 순서

① 품질문제의 확인과 문제점을 검토·정리한다.

② 현상조사 : 현상조사의 순서는 아래와 같다.
  ㉠ 목적의 명확화
  ㉡ 인과관계를 메커니즘 및 데이터 평가 척도화

③ 테마를 선정한다.

④ 해석을 위한 계획 : 품질문제에서 테마의 내용이 복잡할수록 어떻게 추진할 것인가 계획을 세워야 한다.
  ㉠ 특성치의 선정
  ㉡ 특성치에 대한 원인검토
  ㉢ 현상의 재조사와 데이터 수집
  ㉣ 공정해석의 일정
  ㉤ 공정해석의 업무분담

⑤ 데이터 해석 : 공정해석을 하는 데는 통계적 수법을 활용한다.
  ㉠ 특성치에 관한 해석
  ㉡ 요인에 관한 해석
  ㉢ 특성치와 요인과의 관계의 조사에 의한 해석

⑥ 기술적 검토를 한다.

⑦ 조치를 취한다.

⑧ 효과를 확인한다.

⑨ 공정관리를 위한 기본류의 제정·개정을 한다.

⑩ 공정해석 보고서의 작성, 기술표준 등을 개정한다.

배가바이스

3정 5S
• 3정 : 정품, 정량, 정위치
• 5S : 정리, 정돈, 청소, 청결, 습관화

(3) 개선활동의 추진순서

① 문제점을 파악(개선해야 할 대상의 선정)
② 문제점의 결정(개선목표 결정)
③ 개선을 위한 조직 만들기(Team 편성)
④ 문제점에 대한 실험분석(공정해석)
⑤ 개선방법의 입안 및 검토
⑥ 개선안 실시
⑦ 개선성과의 확인

3. VE(Value Engineering)

(1) VE의 정의

'고객이 사는 것은 물건이나 방법이 아니라 그 물건이 가지고 있는 기능'이라는 사고방식이 VE의 기본이다. 이는 고객이 요구하는 높은 품질의 기능(F 및 Q)을 최저의 가격(C 또는 P)으로 창조하기 위한 조직적인 활동이다(기능이란 그 물건이나 방법이 수행하고 있는 목적과 역할을 말한다).

$$V = \frac{F}{C} = \frac{기능}{비용}$$

(2) VA에서 VE로

1) VA(Value Analysis : 가치분석)

미국 GE사 자재구매 관계부문의 L. D. Miles의 발상에 의한 이론으로 구입부분을 중심으로 한 기능을 만족시키는 매체의 발견에 주안점을 두었다.

① 이론식 : $V = \dfrac{F}{C \searrow}$

② 활동관계부분 : (공장) → (구매) → (거래처)

2) VE(Value Engineering : 가치공학)

이미 설계되어 있는 VA에 그치지 않고 설계단계에서 기능을 만족시키는 동시에 낮은 코스트의 제품을 설계하는 편이 합리적이고 시간비용도 절약된다고 하는 사고방식에서 미국 국방성을 중심으로 창출된 이론이다.

① 이론식 : $V = \dfrac{F \nearrow}{C \rightarrow}$ 또는 $V = \dfrac{F \rightarrow}{C \searrow}$ 또는 $V = \dfrac{F \nearrow}{C \searrow}$

② 활동관계부분 : 기술 → 공장 → 구매 → 거래처

(3) VI(Value Innovation : 가치혁신)

시장 지향의 성공, 즉 만들어 파는 상품으로부터 팔려서 이익이 생기는 상품의 창조를 목적으로 창출한 이론과 수법이다.

① 이론식 : $V = \dfrac{F\nearrow}{C\searrow} = \dfrac{Q\nearrow}{P\searrow}$

② 활동관계부분 : 영업 → 기술 → 공장 → 구매 ⇄ 거래처

(4) MOVE (Market Oriented Value Engineering)

VI 수법에 마케팅 수법을 추구하여 고객 차원의 활동을 전개함과 동시에 거래처를 포함한 프로젝트를 실시한다.

① 이론식 : $V = \dfrac{F\nearrow}{C\searrow} = \dfrac{Q\nearrow}{P\searrow}$

② 활동관계부분 : 고객 → 영업 → 기술 → 공장 → 구매 ⇄ 거래처

4. 브레인스토밍법(Brainstorming)

Alex Osborn이 고안한 브레인스토밍법은 회합인원 6~12명으로 된 회합 멤버들이 자유분방하게 사고할 수 있는 분위기 속에서 그룹토의방식으로 주어진 문제에 대한 해결책으로 스스로 아이디어를 만들거나 다른 구성원이 내놓은 아이디어로부터 새로운 아이디어를 만들어 내며, 아이디어 창출과 아이디어 평가를 분리함으로써 문제에 대해 가능한 한 많은 해결책을 표출해 내는 기법이다. 집단의 편안한 분위기로부터 연쇄반응적으로 나오는 아이디어를 효과적으로 활용하여 새로운 착상을 얻고자 하는 창조기법이다(창의적 태도나 능률을 증진시키기 위한 방법으로 자유분방하게 생각하도록 격려함으로써 다양하고 폭넓은 사고를 촉진하여 우수한 아이디어를 얻고자 하는 방법).

(1) 브레인스토밍법의 4가지 법칙

① '좋다', '나쁘다'라는 비판을 하지 않는다.
② 자유분방한 분위기 및 의견을 환영한다.
③ 다량의 아이디어를 구한다.
④ 다른 사람의 아이디어와 결합하여 개선, 편승, 비약을 추구한다.

(2) 브레인스토밍법의 효과

① 문제에 대하여 공상적이고 자유분방한 사고루트에서 접근하기 때문에 신선하고 기발한 아이디어를 얻을 수 있다.
② 비판을 받아 기분 상하는 일이 없기 때문에 아이디어가 많이 나온다.
③ 두뇌훈련에 도움이 되고 두뇌회전이 빨라진다.

5. 고든법(Gordon Technique)

고든(Gordon, W. J)이 브레인스토밍의 결점을 보완하기 위해 만든 아이디어 발상법의 하나로 브레인스토밍과 마찬가지로 4가지 규칙(비판금지, 자유분방, 다다익선, 결합개선)이 적용된다. 브레인스토밍은 구체적인 테마가 제시되지만, 고든법에서는 문제와 목적을 리더만이 알고 구성원에게는 분석하는 대상의 상위개념인 키워드만 제시하여 그것을 바탕으로 연상에 의하여 새로운 아이디어를 찾게 하는 기법이다. 예컨대 초콜릿을 한 단계 더 추상하면 과자가 되고 과자는 음식물로 생각된다. 이처럼 초콜릿을 개량하려면 초콜릿으로 생각하기보다 과자라고 생각하거나 음식물이라고 생각하게 해서 더 많은 아이디어를 생성할 수 있게 하는 방법이다.

6. ZD 운동

ZD(Zero Defect) 운동이란 무결점운동으로 1961년 미국의 항공회사인 Martin사에서 로켓 생산에 무결점을 목표로 시작되어 1963년 G.E사가 전 부문을 대상으로 모든 업무를 무결점으로 하자는 운동으로 확대되었다. ZD 운동은 종업원 각자의 노력과 연구에 의해서 작업의 결함을 제로(zero)로 하여 고도의 제품 품질성, 보다 낮은 코스트, 납기엄수에 의해서 고객의 만족을 높이기 위해 종업원에게 계속적으로 동기를 부여하는 운동이다.

7. 특성열거법

어떤 사물의 특성을 명사적, 형용사적, 동사적으로 열거하여 개선점을 찾는 방법으로서 예를 들어 주전자를 개선하려고 하는 경우, 명사적(바닥), 형용사적(좋은), 동사(물을 끓이다)들로 표현하고, 이것을 바꿀 수는 없는가를 생각하는 방법이다.

배가바이스

작업자의 3가지 오류
- 부주의 : 작업자의 주의력 부족에 의한 오류로 이를 제거하는 것이 중점적인 과제가 된다.
- 지식과 교육훈련의 부족 : 작업 수행에 필요한 정상적 지식과 기술이 부족하면 오류가 발생한다.
- 작업환경의 미비 : 작업환경이 좋지 못하면 오류가 발생한다.

8. 결점열거법

고려하고 있는 대상의 결점으로부터 대책을 세우는 방법으로서, 예를 들어 '주전자에 물을 끓이는 것이 너무 늦다.'에서 대책방법으로 '바닥을 넓게 한다.' 또한 '물이 끓을 때 주전자 뚜껑이 튄다.'에서 대책방법으로 '증기구멍을 크게 한다.' 등과 같은 대책을 세우는 방법이다.

9. 희망점열거법

현재의 기술로는 도달하는 것이 어려우나 희망점을 나열 후 이로부터 개선안을 도출시키는 방법으로서, 예를 들어 '가스레인지가 없이 물을 끓일 수는 없는가?' 이 경우의 대책으로는 '주전자 자체에 열선을 부착하는 방법'이 고려될 수 있다.

10. 체크리스트법

체크리스트법은 오즈본의 자문법과 5W 1H법이 있다.

① **자문법** : 달리 사용은, 타의 좋은 기능을 빌릴 수는, 현재의 나쁜 기능을 바꿀 수는, 타의 좋은 기능의 대용은, 현재의 나쁜 기능을 그만둘 수는? 등으로 해결책를 모색한다.

② **5W 1H법** : 무엇을(What), 언제(When), 누가(Who), 어디서(Where), 어떻게(How), 왜(Why) 등의 항목으로 체크하는 방법이다.

11. 품질관리 분임조

품질관리 분임조는 90년대 고도산업사회를 개척하기 위한 QM의 실천과 산업기술혁신에 도전하는 소집단이다. QC분임조활동은 회사 전체의 품질관리활동의 일환으로 전원 참여를 통하여 자기계발 및 상호개발을 행하고, QC수법을 활용하여 직장의 관리, 개선을 지속적으로 행하는 것이다.

(1) 분임조의 기본이념
① 인간성을 존중하고 활력 있고 명랑한 직장을 만든다.
② 인간의 능력을 발휘하여 무한한 가능성을 창출한다.
③ 기업의 체질개선과 발전에 기여한다.

(2) 분임조의 의의와 역할

① 지속적인 교육훈련과 능력개발을 통해 개개인 간의 유대를 강화할 수 있다.
② 리더를 중심으로 공식·비공식 인간관계를 형성하여, 개인과 가정의 인간다운 삶을 추구하면서 직장에서의 자발적인 참여와 근로의욕을 고취할 수 있다.
③ 제안제도와 다양한 분임조활동을 통하여 품질, 생산성 및 원가절감 등을 끊임없이 추구할 수 있다.
④ 분임조 간에 서로 잘하기 경쟁을 유도함으로써 기업 내 모든 부문이 주어진 품질목표를 향해 같은 방향으로 의지와 행동을 결집할 수 있게 된다.
⑤ 분임조의 건전한 활동을 통하여 노사 간의 불필요한 마찰을 줄이고 노사안정을 이룩할 수 있게 되어 기업의 중장기적 발전전략을 지속적으로 추진할 수 있다.
⑥ 분임조 내 리더의 리더십이 자율적·경쟁적으로 개발되어 국제경쟁에 대처할 수 있는 유능한 리더를 많이 확보할 수 있게 한다.
⑦ 특히 민주 고도산업사회에서는 개개인의 창의와 자발적 참여를 전제로 하므로 분임조를 조직하고 활성화하는 것은 기업목표에 대해 종업원에서부터 상향적 도전을 가능케 한다.

(3) 분임조 주제선정의 원칙

① 자신에게나 실생활에 가까운 문제의 선정
② 공통적인 문제의 선정
③ 단기간 해결 가능한 문제의 선정
④ 개선의 필요성이 있는 문제의 선정

(4) 품질분임조활동의 단계별 진행요령

① 문제점 파악	② 주제(과제, 테마) 선정
③ 활동계획 수립	④ 현상 파악
⑤ 원인 분석	⑥ 목표 설정
⑦ 대책 수립	⑧ 대책 실시
⑨ 효과 파악	⑩ 표준화 및 사후관리
⑪ 반성 및 향후계획	⑫ 개선결과 정리 및 발표

품질분임조활동의 6대 사명활동
필수사명활동	구체적인 핵심주제
---	---
1. 생산성(Productivity)을 향상시킨다.	• 노동생산성을 향상시킨다. • 레이아웃을 개선한다. • 치공구를 개선한다. • 작업시간을 단축한다. • 설비가동률을 향상시킨다.
2. 품질(Quality)을 유지 · 향상한다.	• 공정부적합을 줄인다. • 부주의 기인 부적합을 줄인다. • 공정능력을 높인다. • 신뢰성을 향상시킨다. • 산포를 작게 한다. • 클레임을 줄인다. • 공정을 안정상태로 한다.
3. 원가(Cost)를 절감한다.	• 재료, 부품을 절약한다. • 경비를 줄인다. • 공수를 줄인다. • 재작업을 감소시킨다. • 수율을 향상시킨다.
4. 납기(Delivery)를 준수한다.	• 납기관리를 한다. • 결품을 없앤다. • 재고를 줄인다. • 생산량을 증가시킨다.
5. 안전(Safety)을 확보한다.	• 직장의 안전을 확보한다. • 재해사고를 없앤다. • 안전사고를 줄인다. • 정리 · 정돈을 생활화한다.
6. 모랄(Morale)을 향상시킨다.	• 출근율을 높인다. • 품질의식을 앙양시킨다. • 개선제안활동을 촉진시킨다. • 분임조활동 참가율을 높인다.

현장의 문제점을 찾아내어 이를 해석하고, 그 문제의 재발을 방지하고 관리의 정착으로 연결시키고자 하는 수법을 말한다.

1. 층별(Stratification)

집단을 구성하고 있는 많은 데이터를 어떤 특성(기계별, 원재료별, 작업방법 등)에 따라서 몇 개의 부분집단으로 나누는 것을 말하며, 층별을 잘 하면 산포의 원인규명을 보다 쉽게 할 수 있다.

층별의 예	
작업자(Man)	성별, 연령별, 작업 라인별, 숙련도별
기계(Machine)	기계 라인별, 위치별, 구조별
재료(Material)	구입처별, 구입시기별, 상표별
작업방법(Method)	작업조건별, 측정방법별

2. 체크시트(Check Sheet)

데이터를 간단히 수집할 수 있고, 계수치 데이터가 분류항목별로 어디에 집중되어 있는가를 알아보기 쉽게 나타낸 그림이나 표를 의미한다.

3. 파레토 그림(Pareto Diagram)

파레토 그림(Pareto Diagram)에서 80 : 20의 법칙이 사용된다. 총손실에서 차지하는 80%가 항목 수의 20%라는 의미로, 작은 항목들이 손실의 대부분을 차지한다는 것이다.

이탈리아 경제학자 파레토가 소득분배 곡선으로 발표한 것을 Juran이 품질관리에 적용한 것으로 가로축에는 부적합 항목, 세로축에는 부적합수 또는 손실금액을 표시하는 그래프이다. 항상 가장 많은 항목을 왼쪽부터 그리게 되며, 기타 항목은 크기에 상관없이 제일 오른쪽에 배치하도록 한다.

[작성순서]
① 데이터를 수집하여 항목별로 정리
② 항목별로 데이터 누적수 계산

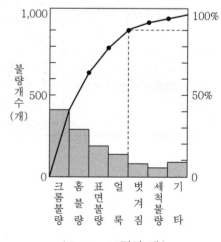

| Pareto 그림의 예 |

③ 그래프 용지에 기입(많은 것은 왼쪽에서 오른쪽으로 크기순으로 정리)
④ 데이터에 누적수를 꺾은선으로 기입
⑤ 오른쪽에 세로축에 백분율(%) 눈금을 기입
⑥ 데이터의 수집기간, 기록자, 공정명, 목적 등을 기입

4. 특성요인도(Characteristic Diagram)

1953년 일본 Kawasaki 제철소의 Ishikawa가 결과에 요인이 어떻게 관련되어 있는가를 잘 알 수 있도록 작성한 그림으로, 어떤 결과물(특성)이 나온 원인(요인)들의 구성형태를 나타낸다. 일반적 요인으로는 4M(Man, Machine, Material, Method)을 사용하게 되는데, 그림의 형태가 생선뼈 모양을 한다고 해서 어골도(魚骨圖, Fish-Bone Chart)라고도 한다.

[작성목적]
① 이상 원인의 파악과 대책수립을 위하여
② 현장의 개선활동 시에 현황분석 및 개선수단의 파악을 위하여
③ 신입사원의 교육이나 작업, 안전행동 등을 설명하기 위하여

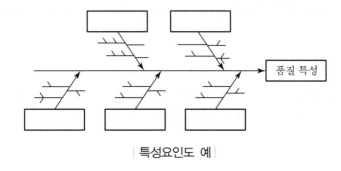

| 특성요인도 예 |

 배가바이스

특성요인도는 어떤 문제에 대한 특성과 그 요인을 파악하기 위한 것으로, 브레인스토밍이 많이 사용되는 개선활동 기법이다.

5. 히스토그램(Histogram)

길이, 질량, 강도, 압력 등과 같은 계량치의 데이터가 어떤 분포를 하고 있는지를 알아보기 위하여 작성하는 것으로 일종의 막대그래프의 개념이나 보다 구체적인 형태를 취하게 된다.

[작성목적]
① 데이터의 흩어진 모습, 즉 분포상태 파악이 용이하나(중심, 비뚤어진 정도, 산포 등).
② 공정능력을 알 수 있다.
③ 공정의 해석·관리에 용이하다.

 배가바이스

도수분포표는 자료를 정리하는 방법으로서 자료들의 흩어진 모양이나 중심을 파악하는 데 사용되지만 수집된 자료 각각을 나타낼 수 없는 단점이 있다. 이를 보완한 자료정리 도구가 줄기와 잎 그림이다.

④ 규격치와 대비하면 공정현상 파악이 가능하다(규격을 벗어나는 정도, 평균과 중심의 차이 등).

형태	명칭	형상 / 원인 / 점검사항
	일반형	정상적인 형태
	이 빠진 형	• 수치의 끝맺음에 버릇이 있는 경우 • 구간의 폭을 측정단위의 정수 배로 하지 아니한 경우
	쌍봉우리형	평균치가 서로 다른 두 개의 분포가 뒤섞인 경우
	낙도형	상이한 분포의 데이터가 혼합된 경우

6. 산점도(Scatter Diagram)

서로 대응하는 2종류의 데이터의 상호관계를 파악하기 위하여 그래프 용지 위에 점으로 나타낸 것으로 독립변수 X와 종속변수 Y로 구성된다.

7. 각종 그래프

① **막대그래프** : 데이터의 크기만큼 막대모양으로 나타낸 그래프
② **꺾은선그래프** : 시계열적으로 움직이는 변화량을 나타낸 그래프
③ **원그래프** : 데이터의 크기를 원의 면적으로 나타낸 그래프
④ **띠그래프** : 데이터의 크기를 띠의 길이로 나타낸 그래프

⑤ 관리도

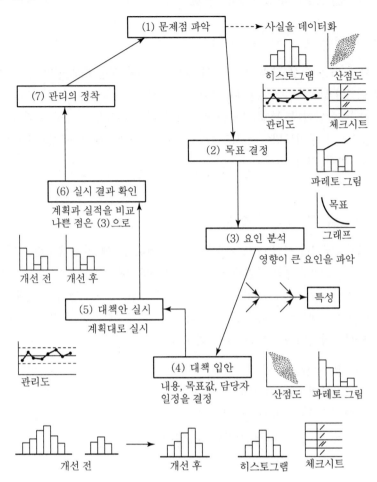

04 신 QC의 7가지 수법

1. 연관도법(Relations Diagram)

문제가 되는 사상(결과)에 대하여 요인(원인)이 복잡하게 엉켜 있을 경우에 그 인과관계나 요인 상호관계를 명확하게 함으로써 문제 해결의 실마리를 발견할 수 있는 방법이며, 특정 목적을 달성하기 위한 수단을 전개하는 데 효과적인 방법으로서 관련도법이라고도 한다. 관련도법에는 원인추구형과 수단전개형 연관도법이 있다.

2. 친화도법(Affinity Diagram)

혼돈된 상태에서 사실·의견·발상 등을 언어데이터에 의해 유도하여 데이터로 정리함으로써 문제의 본질을 파악하고, 문제의 해결과 새로운 발상을 이끌어내는 방법으로 KJ(Kawakita Jiro)법이라고도 한다. 목표달성을 위해 수단과 방책을 계통적으로 전개하고, 문제의 핵심을 명확화하여 최적의 수단방책을 추구하는 방법이다. 특징은 다음과 같다.

① 새로운 발상을 얻을 수 있다.
② 진척사항의 체크가 용이하지 않다.
③ 전원 참여를 촉진할 수 있다.
④ 문제를 일목요연하게 정리할 수 있다.

3. 계통도법(Tree Diagram)

목적·목표를 달성하기 위해 수단과 방책을 계통적으로 전개하여 문제(사상)의 전체 흐름에 대하여 일람성(Visibility)을 부여하고 그 문제의 중점을 명확히 하는 것으로, 목적·목표를 달성하기 위한 최적의 수단·방책을 추구하는 방법이다. 계통도법에는 구성요소 전개형과 방책 전개형이 있으며 용도는 다음과 같다.

① 목표, 방침, 실시사항의 전개방식으로 사용
② 부문이나 관리기능의 명확화와 효율화 방책의 추구
③ 기업 내의 여러 가지 문제해결을 위한 방책을 전개

4. 매트릭스도법(Matrix Diagram)

원인과 결과 사이의 관계, 목표와 방법 사이의 관계를 밝히고 나아가 이들 관계의 중요도를 나타내기 위해 사용되는 기법이다. 특히 품질기능전개(QFD)에서 '무 엇'과 '어떻게'의 관계를 나타낼 때 이용된다. 문제의 사상을 행과 열에 배치하여 그 교점에 각 요소 간의 관련 유무나 관련 정도를 표시하고, 그 교점을 '착상의 포인트'로 하여 문제해결을 효과적으로 추진해 가는 방법으로서 종류로는 L형, T형, X형, Y형 등이 있으며, 그중 가장 보편적으로 사용되는 것은 L형 매트릭스이 다. 그 용도는 다음과 같다.

① 제품의 개발·개량을 위한 착상점의 설정
② 목표와 방침의 전개
③ 품질평가 체제의 강화나 효율화
④ 제조공정에 있어서의 불량원인 추구
⑤ 분임조활동에서의 개선과제 선정 시의 적합도 평가

5. 매트릭스 데이터 해석법(Matrix-data Analysis)

L형 매트릭스를 이용하여 데이터 간의 상관관계를 바탕으로 한 데이터가 지닌 정보를 한꺼번에 가급적 많이 표현할 수 있게 합성 득점(중요도 합계점)을 구함으 로써 전체를 알아보기 쉽게 정리하는 방법이다.

6. PDPC법(Process Decision Program Chart)

신제품·기술개발이나 PL문제의 예방이나 클레임의 절충 및 치명적 문제회피 등과 같이 최초의 시점에서 최종결과까지의 행방을 충분히 짐작할 수 없는 문제에 대하여, 진보과정에서 얻어지는 정보에 따라 차례로 시행되는 계획의 정도를 높여 적절한 판단을 내림으로써 중대사태에 대한 회피, 나아가서는 제품 의 바람직한 방향으로 이끌어 가기 위한 방법이다.

7. 애로우 다이어그램법(Arrow Diagram)

PERT/CPM에서 사용되는 일정계획을 위한 네트워크로 표현된 그림으로 최적의 일정계획을 수립하여 비용절감을 통한 효율적인 진도관리방법이다.

신 QC 기법의 종류
• 관련도법
• 친화도법
• 계통도법
• 매트릭스도법
• 매트릭스 데이터 해석법
• PDPC법
• 애로우 다이어그램법

PART
7

부록

■ 수험용 수치표

■ 표준정규분포표(I)

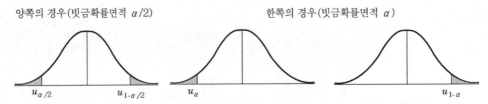

양쪽의 경우(빗금확률면적 $\alpha/2$)   한쪽의 경우(빗금확률면적 α)

$u_{\alpha/2}$　　$u_{1-\alpha/2}$　　　u_α　　　　　　$u_{1-\alpha}$

〈표준화 정규분포의 상측 빗금확률면적 α에 의한 상측 분위점 $u_{1-\alpha}$의 표〉

α	0	1	2	3	4	5	6	7	8	9
0.00*	∞	3.090	2.878	2.748	2.652	2.576	2.512	2.457	2.409	2.366
0.0*	∞	2.326	2.054	1.881	1.751	1.645	1.555	1.476	1.405	1.341
0.1*	1.282	1.227	1.175	1.126	1.080	1.036	.994	.954	.915	.878
0.2*	.842	.806	.772	.739	.706	.674	.643	.613	.583	.553
0.3*	.524	.496	.468	.440	.412	.385	.358	.358	.305	.279
0.4*	.253	.228	.202	.176	.151	.126	.100	.100	.075	.025

■ 표준정규분포표(II)

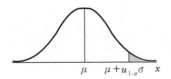

μ　$\mu+u_{1-\alpha}\sigma$　x

〈정규분포의 x가 $\mu+u_{1-\alpha}\,\sigma$ 이상의 값이 될 확률 α의 표(빗금확률면적은 α를 의미함)〉

u	.00	.01	.02	.03	.04	.05	.06	.07	.08	.09	u
0.0	.5000	.4960	.4920	.4880	.4840	.4801	.4761	.4721	.4681	.4641	0.0
0.1	.4602	.4562	.4522	.4483	.4443	.4404	.4364	.4325	.4286	.4247	0.1
0.2	.4207	.4168	.4129	.4090	.4052	.4013	.3974	.3936	.3897	.3859	0.2
0.3	.3821	.3783	.3745	.3707	.3669	.3632	.3594	.3557	.3520	.3483	0.3
0.4	.3446	.3409	.3372	.3336	.3300	.3264	.3228	.3192	.3156	.3121	0.4
0.5	.3085	.3050	.3015	.2981	.2946	.2912	.2877	.2843	.2810	.2776	0.5
0.6	.2743	.2709	.2676	.2643	.2611	.2578	.2546	.2514	.2483	.2451	0.6
0.7	.2420	.2389	.2358	.2327	.2297	.2266	.2236	.2206	.2177	.2148	0.7
0.8	.2119	.2090	.2061	.2033	.2005	.1977	.1949	.1922	.1894	.1867	0.8
0.9	.1841	.1814	.1788	.1762	.1736	.1711	.1685	.1660	.1635	.1611	0.9
1.0	.1587	.1562	.1539	.1515	.1492	.1469	.1446	.1423	.1401	.1379	1.0

u	.00	.01	.02	.03	.04	.05	.06	.07	.08	.09	u
1.1	.1357	.1335	.1314	.1292	.1271	.1251	.1230	.1210	.1190	.1170	1.1
1.2	.1151	.1131	.1112	.1093	.1075	.1056	.1038	.1020	.1003	.0985	1.2
1.3	.0968	.0951	.0934	.0918	.0901	.0885	.0869	.0853	.0838	.0823	1.3
1.4	.0808	.0793	.0778	.0764	.0749	.0735	.0721	.0708	.0694	.0681	1.4
1.5	.0668	.0655	.0643	.0630	.0618	.0606	.0594	.0582	.0571	.0559	1.5
1.6	.0548	.0537	.0526	.0516	.0505	.0495	.0485	.0475	.0465	.0455	1.6
1.7	.0446	.0436	.0427	.0418	.0409	.0401	.0392	.0384	.0375	.0367	1.7
1.8	.0359	.0351	.0344	.0336	.0329	.0322	.0314	.0307	.0301	.0294	1.8
1.9	.0287	.0281	.0274	.0268	.0262	.0256	.0250	.0244	.0239	.0233	1.9
2.0	.0228	.0222	.0217	.0212	.0207	.0202	.0197	.0192	.0188	.0183	2.0
2.1	.0179	.0174	.0170	.0166	.0162	.0158	.0154	.0150	.0146	.0143	2.1
2.2	.0139	.0136	.0132	.0129	.0125	.0122	.0119	.0116	.0113	.0110	2.2
2.3	.0107	.0104	.0102	.0099	.0096	.0094	.0091	.0089	.0087	.0084	2.3
2.4	.0082	.0080	.0078	.0075	.0073	.0071	.0069	.0068	.0066	.0064	2.4
2.5	.0062	.0060	.0059	.0057	.0055	.0054	.0052	.0051	.0049	.0048	2.5
2.6	$.0^2 4661$	$.0^2 4527$	$.0^2 4396$	$.0^2 4269$	$.0^2 4145$	$.0^2 4025$	$.0^2 3907$	$.0^2 3793$	$.0^2 3681$	$.0^2 3573$	2.6
2.7	$.0^2 3467$	$.0^2 3364$	$.0^2 3264$	$.0^2 3167$	$.0^2 3072$	$.0^2 2980$	$.0^2 2890$	$.0^2 2803$	$.0^2 2718$	$.0^2 2635$	2.7
2.8	$.0^2 2555$	$.0^2 2477$	$.0^2 2401$	$.0^2 2327$	$.0^2 2250$	$.0^2 2180$	$.0^2 2118$	$.0^2 2052$	$.0^2 1988$	$.0^2 1920$	2.8
2.9	$.0^2 1866$	$.0^2 1807$	$.0^2 1750$	$.0^2 1695$	$.0^2 1041$	$.0^2 1589$	$.0^2 1538$	$.0^2 1489$	$.0^2 1441$	$.0^2 1395$	2.9
3.0	$.0^2 1350$	$.0^2 1306$	$.0^2 1264$	$.0^2 1223$	$.0^2 1183$	$.0^2 1144$	$.0^2 1107$	$.0^2 1070$	$.0^2 1035$	$.0^2 1001$	3.0
3.1	$.0^3 9676$	$.0^3 9351$	$.0^3 9043$	$.0^3 8740$	$.0^3 8447$	$.0^3 8104$	$.0^3 7888$	$.0^3 7622$	$.0^3 7364$	$.0^3 7114$	3.1
3.2	$.0^3 6871$	$.0^3 6637$	$.0^3 6410$	$.0^3 6190$	$.0^3 5976$	$.0^3 5770$	$.0^3 5571$	$.0^3 5377$	$.0^3 5190$	$.0^3 5009$	3.2
3.3	$.0^3 4834$	$.0^3 4665$	$.0^3 4501$	$.0^3 4342$	$.0^3 4189$	$.0^3 4041$	$.0^3 3897$	$.0^3 3758$	$.0^3 3624$	$.0^3 3495$	3.3
3.4	$.0^3 3369$	$.0^3 3248$	$.0^3 3131$	$.0^3 3018$	$.0^3 2909$	$.0^3 2803$	$.0^3 2701$	$.0^3 2602$	$.0^3 2507$	$.0^3 2415$	3.4
3.5	$.0^3 2326$	$.0^3 2241$	$.0^3 2158$	$.0^3 2078$	$.0^3 2001$	$.0^3 1926$	$.0^3 1854$	$.0^3 1785$	$.0^3 1718$	$.0^3 1653$	3.5
3.6	$.0^3 1591$	$.0^3 1531$	$.0^3 1473$	$.0^3 1417$	$.0^3 1363$	$.0^3 1311$	$.0^3 1261$	$.0^3 1213$	$.0^3 1166$	$.0^3 1121$	3.6
3.7	$.0^3 1078$	$.0^3 1036$	$.0^4 9961$	$.0^4 9574$	$.0^4 9201$	$.0^4 8842$	$.0^4 8496$	$.0^4 8162$	$.0^4 7841$	$.0^4 7532$	3.7
3.8	$.0^4 7235$	$.0^4 6948$	$.0^4 6673$	$.0^4 6407$	$.0^4 6152$	$.0^4 5906$	$.0^4 5669$	$.0^4 5442$	$.0^4 5223$	$.0^4 5012$	3.8
3.9	$.0^4 4810$	$.0^4 4615$	$.0^4 4427$	$.0^4 4247$	$.0^4 4074$	$.0^4 3908$	$.0^4 3747$	$.0^4 3594$	$.0^4 3446$	$.0^4 3304$	3.9
4.0	$.0^4 3167$	$.0^4 3036$	$.0^4 2910$	$.0^4 2789$	$.0^4 2673$	$.0^4 2561$	$.0^4 2454$	$.0^4 2351$	$.0^4 2252$	$.0^4 2157$	4.0
4.1	$.0^4 2066$	$.0^4 1978$	$.0^4 1894$	$.0^4 1814$	$.0^4 1737$	$.0^4 1662$	$.0^4 1591$	$.0^4 1523$	$.0^4 1458$	$.0^4 1395$	4.1
4.2	$.0^4 1335$	$.0^4 1277$	$.0^4 1222$	$.0^4 1168$	$.0^4 1118$	$.0^4 1069$	$.0^4 1022$	$.0^5 9774$	$.0^5 9345$	$.0^5 8934$	4.2
4.3	$.0^5 8540$	$.0^5 8163$	$.0^5 7801$	$.0^5 7455$	$.0^5 7124$	$.0^5 6807$	$.0^5 6503$	$.0^5 6212$	$.0^5 5934$	$.0^5 5668$	4.3
4.4	$.0^5 5419$	$.0^5 5169$	$.0^5 4935$	$.0^5 4712$	$.0^5 4498$	$.0^5 4294$	$.0^5 4098$	$.0^5 3911$	$.0^5 3732$	$.0^5 3561$	4.4
4.5	$.0^5 3398$	$.0^5 3241$	$.0^5 3092$	$.0^5 2949$	$.0^5 2813$	$.0^5 2682$	$.0^5 2558$	$.0^5 2439$	$.0^5 2325$	$.0^5 2216$	4.5
5.0	$.0^5 2867$	$.0^5 2722$	$.0^5 2584$	$.0^5 2452$	$.0^6 2328$	$.0^6 2209$	$.0^6 2096$	$.0^6 1989$	$.0^6 1887$	$.0^6 1790$	5.0
5.5	$.0^7 1899$	$.0^7 1794$	$.0^7 1695$	$.0^7 1601$	$.0^7 1512$	$.0^7 1428$	$.0^7 1349$	$.0^7 1274$	$.0^7 1203$	$.0^7 1135$	5.5
6.0	$.0^9 9899$	$.0^9 9276$	$.0^9 8721$	$.0^9 8198$	$.0^9 7706$	$.0^9 7242$	$.0^9 6806$	$.0^9 6396$	$.0^9 6009$	$.0^9 5646$	6.0

■ t 분포표

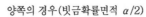

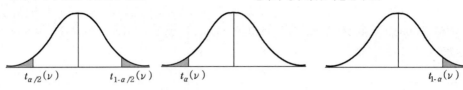

양쪽의 경우(빗금확률면적 $\alpha/2$) 한쪽의 경우(빗금확률면적 α)

$t_{\alpha/2}(\nu)$ $t_{1-\alpha/2}(\nu)$ $t_{\alpha}(\nu)$ $t_{1-\alpha}(\nu)$

$\langle t$ 분포의 상측 분위점 $t_{1-\alpha}(\nu)$의 표$\rangle$

ν \ $1-\alpha$	0.75	0.80	0.85	0.90	0.95	0.975	0.99	0.995
1	1.000	1.376	1.963	3.078	6.314	12.706	31.821	63.657
2	0.816	1.061	1.386	1.886	2.920	4.303	6.965	9.925
3	0.765	0.978	1.250	1.638	2.353	3.182	4.541	5.841
4	0.741	0.941	1.109	1.533	2.132	2.776	3.747	4.604
5	0.727	0.920	1.156	1.476	2.015	2.571	3.365	4.032
6	0.718	0.906	1.134	1.440	1.943	2.447	3.143	3.707
7	0.711	0.896	1.119	1.415	1.895	2.365	2.998	3.499
8	0.706	0.889	1.108	1.397	1.860	2.306	2.896	3.355
9	0.703	0.883	1.100	1.383	1.833	2.262	2.821	3.250
10	0.700	0.879	1.093	1.372	1.812	2.228	2.764	3.169
11	0.697	0.876	1.088	1.363	1.796	2.201	2.718	3.106
12	0.695	0.873	1.083	1.356	1.782	2.179	2.681	3.055
13	0.694	0.870	1.079	1.350	1.771	2.160	2.650	3.012
14	0.692	0.868	1.076	1.345	1.761	2.145	2.624	2.977
15	0.691	0.866	1.074	1.341	1.753	2.131	2.602	2.947
16	0.690	0.865	1.071	1.337	1.746	2.120	2.583	2.921
17	0.689	0.863	1.069	1.333	1.740	2.110	2.567	2.898
18	0.688	0.862	1.067	1.330	1.734	2.101	2.552	2.878
19	0.688	0.861	1.066	1.328	1.729	2.093	2.539	2.861
20	0.687	0.860	1.064	1.325	1.725	2.086	2.528	2.845
21	0.686	0.859	1.063	1.323	1.721	2.080	2.518	2.831
22	0.686	0.858	1.061	1.321	1.717	2.074	2.508	2.819
23	0.685	0.858	1.060	1.319	1.714	2.069	2.500	2.807
24	0.685	0.857	1.059	1.318	1.711	2.064	2.492	2.797
25	0.684	0.856	1.058	1.316	1.708	2.060	2.485	2.787
26	0.684	0.856	1.058	1.315	1.706	2.056	2.479	2.779
27	0.684	0.855	1.057	1.314	1.703	2.052	2.473	2.771
28	0.683	0.855	1.056	1.313	1.701	2.048	2.467	2.763
29	0.683	0.854	1.055	1.311	1.699	2.045	2.462	2.756
30	0.683	0.854	1.055	1.310	1.697	2.042	2.457	2.750
31~40	0.681	0.851	1.050	1.303	1.684	2.021	2.423	2.704
41~60	0.679	0.848	1.046	1.296	1.671	2.000	2.390	2.660
61~120	0.677	0.845	1.041	1.289	1.658	1.980	2.358	2.617
121 이상	0.674	0.842	1.036	1.282	1.645	1.960	2.326	2.576

■ χ^2 분포표

양쪽의 경우(빗금확률면적 $\alpha/2$) | 한쪽의 경우(빗금확률면적 α)

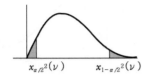 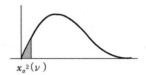 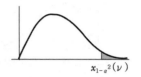

$\chi_{\alpha/2}^2(\nu)$　$\chi_{1-\alpha/2}^2(\nu)$　　$\chi_{\alpha}^2(\nu)$　　　　$\chi_{1-\alpha}^2(\nu)$

〈카이제곱 분포의 하측, 상측 분위점 $\chi_{\alpha}^2(\nu)$와 $\chi_{1-\alpha}^2(\nu)$의 표〉

ν	α인 경우					$1-\alpha$인 경우				
	0.005	0.01	0.025	0.05	0.10	0.90	0.95	0.975	0.99	0.995
1	0.0^439	0.0^316	0.0^398	0.0^239	0.0158	2.71	3.84	5.02	6.63	7.88
2	0.0100	0.0201	0.0506	0.103	0.211	4.61	5.99	7.38	9.21	10.60
3	0.0717	0.115	0.216	0.352	0.584	6.25	7.81	9.35	11.34	12.84
4	0.207	0.297	0.484	0.711	1.064	7.78	9.49	11.14	13.28	14.86
5	0.412	0.554	0.831	1.145	1.610	9.24	11.07	12.82	15.09	16.75
6	0.676	0.872	1.237	1.635	2.20	10.64	12.59	14.45	16.81	18.55
7	0.989	1.239	1.690	2.17	2.83	12.02	14.07	16.01	18.48	20.28
8	1.344	1.646	2.18	2.73	3.49	13.36	15.51	17.53	20.09	21.96
9	1.735	2.09	2.70	3.33	4.17	14.68	16.92	19.02	21.67	23.59
10	2.16	2.56	3.25	3.94	4.87	15.99	18.31	20.48	23.21	25.19
11	2.60	3.05	3.82	4.57	5.58	17.28	19.68	21.92	24.73	26.76
12	3.07	3.57	4.40	5.23	6.30	18.55	21.03	23.34	26.22	28.30
13	3.57	4.11	5.01	5.89	7.04	19.81	22.36	24.74	27.69	29.82
14	4.07	4.66	5.63	6.57	7.79	21.06	23.68	26.12	29.14	31.32
15	4.60	5.23	6.26	7.26	8.55	22.31	25.00	27.49	30.58	32.80
16	5.14	5.81	6.91	7.96	9.31	23.54	26.30	28.85	32.00	34.27
17	5.70	6.41	7.56	8.67	10.09	24.77	27.59	30.19	33.41	35.72
18	6.26	7.01	8.23	9.39	10.86	25.99	28.87	31.53	34.81	37.16
19	6.84	7.63	8.91	10.12	11.65	27.20	30.14	32.85	36.19	38.58
20	7.43	8.26	9.59	10.85	12.44	28.41	31.41	34.17	37.57	40.00
21	8.03	8.90	10.28	11.59	13.24	29.62	32.67	35.48	38.93	41.40
22	8.64	9.54	10.98	12.34	14.04	30.81	33.92	36.78	40.29	42.80
23	9.26	10.20	11.69	13.09	14.85	32.01	35.17	38.08	41.64	44.18
24	9.89	10.86	12.40	13.85	15.66	33.20	36.42	39.36	42.98	45.56
25	10.52	11.52	13.12	14.61	16.47	34.38	37.65	40.65	44.31	46.93
26	11.16	12.20	13.84	15.38	17.29	35.56	38.89	41.92	45.64	48.29
27	11.81	12.88	14.57	16.15	18.11	36.74	40.11	43.19	46.96	49.64
28	12.46	13.56	15.31	16.93	18.94	37.92	41.34	44.46	48.28	50.99
29	13.12	14.26	16.05	17.71	19.77	39.09	42.56	45.72	49.59	52.34
30	13.79	14.95	16.79	18.49	20.60	40.26	43.77	46.98	50.89	53.67
31~40	20.71	22.16	24.43	26.51	29.05	51.81	55.76	59.34	63.69	66.77
41~50	27.99	29.17	32.36	34.76	37.69	63.17	67.50	71.42	76.15	79.49
51~60	35.53	37.48	40.48	43.19	46.46	74.40	79.08	83.30	88.38	91.95
61~70	43.28	45.44	48.76	51.74	55.33	85.53	90.53	95.02	100.4	104.2
71~80	51.17	53.54	57.15	60.39	64.28	96.58	101.9	106.6	112.3	113.6
81~90	59.20	61.75	65.65	69.13	73.29	107.60	113.1	118.1	124.1	128.3
91~100	67.33	70.06	74.22	77.93	82.36	118.50	124.3	129.6	153.8	140.2

■ F 분포표

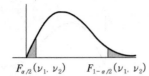
양쪽의 경우(빗금확률면적 $\alpha/2$)

$F_{\alpha/2}(\nu_1, \nu_2)$ $F_{1-\alpha/2}(\nu_1, \nu_2)$

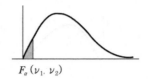
한쪽의 경우(빗금확률면적 α)

$F_{\alpha}(\nu_1, \nu_2)$

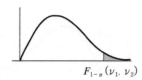

$F_{1-\alpha}(\nu_1, \nu_2)$

〈F 분포 상측 분위점 $F_{1-\alpha}(\nu_1, \nu_2)$의 표〉

ν_2	$1-\alpha$	ν_1 1	2	3	4	5	6	7	8	9	10	11	12	13~15	16~20	21~25	26~30	31~60	61~120	121 이상
1	0.90	39.9	49.5	53.6	55.8	57.2	58.2	58.9	59.4	59.9	60.2	60.5	60.7	61.2	61.7	62.0	62.3	62.8	63.1	63.3
	0.95	161	200	216	225	230	234	237	239	241	242	243	244	246	248	249	250	252	253	254
	0.975	648	800	864	900	922	937	948	957	963	969	973	977	985	993	998	1001	1010	1014	1018
	0.99	4052	5000	5403	5625	5764	5859	5928	5981	6022	6056	6083	6106	6157	6209	6240	6261	6313	6339	6366
2	0.90	8.53	9.00	9.16	9.24	9.29	9.33	9.35	9.37	9.38	9.39	9.40	9.41	9.42	9.44	9.45	9.46	9.47	9.48	9.49
	0.95	18.5	19.0	19.2	19.2	19.3	19.3	19.4	19.4	19.4	19.4	19.4	19.4	19.4	19.4	19.5	19.5	19.5	19.5	19.5
	0.975	38.5	39.0	39.2	39.3	39.3	39.3	39.4	39.4	39.4	39.4	39.4	39.4	39.4	39.5	39.5	39.5	39.5	39.5	39.5
	0.99	88.5	99.0	99.2	99.2	99.3	99.3	99.4	99.4	99.4	99.4	99.4	99.4	99.4	99.4	99.5	99.5	99.5	99.5	99.5
3	0.90	5.54	5.46	6.39	5.34	5.31	5.28	5.27	5.25	5.24	5.23	5.22	5.22	5.20	5.18	5.17	5.17	5.15	5.14	5.13
	0.95	10.1	9.55	9.28	9.12	9.01	8.94	8.89	8.85	8.81	8.79	8.76	8.74	8.70	8.66	8.63	8.62	8.57	8.55	8.53
	0.975	17.4	16.0	15.4	15.1	14.9	14.7	14.6	14.5	14.5	14.4	14.4	14.3	14.3	14.2	14.1	14.1	14.0	14.0	13.9
	0.99	34.1	30.8	29.5	28.7	28.2	27.9	27.7	27.5	27.3	27.2	27.1	27.1	26.9	26.7	26.6	26.5	26.3	26.2	26.1
4	0.90	4.54	4.32	4.19	4.11	4.05	4.01	3.98	3.95	3.94	3.92	3.91	3.90	3.87	3.84	3.83	3.82	3.79	3.78	3.76
	0.95	7.71	6.94	6.59	6.39	6.26	6.16	6.09	6.04	6.00	5.96	5.94	5.91	5.85	5.80	5.77	5.75	5.69	5.66	5.63
	0.975	12.2	10.7	9.98	9.60	9.36	9.20	9.07	8.98	8.90	8.84	8.79	8.75	8.66	8.56	8.50	8.46	8.36	8.31	8.26
	0.99	21.2	18.0	16.7	16.0	15.5	15.2	15.0	14.8	14.7	14.5	14.4	14.4	14.2	14.0	13.9	13.8	13.7	13.6	13.5
5	0.90	4.06	3.78	3.62	3.52	3.45	3.40	3.37	3.34	3.32	3.30	3.28	3.27	3.24	3.21	3.19	3.17	3.14	3.12	3.11
	0.95	6.61	5.79	5.41	5.19	5.05	4.95	4.88	4.82	4.77	4.74	4.70	4.68	4.62	4.56	4.52	4.50	4.43	4.40	4.37
	0.975	10.0	8.43	7.76	7.39	7.15	6.98	6.85	6.76	6.68	6.62	6.57	6.52	6.43	6.33	6.27	6.23	6.12	6.07	6.02
	0.99	16.3	13.3	12.1	11.4	11.0	10.7	10.5	10.3	10.2	10.1	9.96	9.89	9.72	9.55	9.45	9.38	9.20	9.11	9.02
6	0.90	3.78	3.46	3.29	3.18	3.11	3.05	3.01	2.98	2.96	2.94	2.92	2.90	2.87	2.84	2.81	2.80	2.76	2.74	2.72
	0.95	5.99	5.14	4.76	4.53	4.39	4.28	4.21	4.15	4.10	4.06	4.03	4.00	3.04	3.87	3.83	3.81	3.74	3.70	3.67
	0.975	8.81	7.26	6.60	6.23	5.99	5.82	5.70	5.60	5.52	5.46	5.41	5.27	5.27	5.17	5.11	5.07	4.96	4.90	4.85
	0.99	13.7	10.9	9.78	9.15	8.75	8.47	8.26	8.10	7.98	7.87	7.79	7.72	7.56	7.40	7.30	7.23	7.06	6.97	6.88
7	0.90	3.59	3.26	3.07	2.96	2.88	2.83	2.78	2.75	2.72	2.70	2.68	2.67	2.63	2.59	2.57	2.56	2.51	2.49	2.47
	0.95	5.59	4.74	4.35	4.12	3.97	3.87	3.79	3.73	3.68	3.64	3.60	3.57	3.51	3.44	3.40	3.38	3.30	3.27	3.23
	0.975	8.07	6.54	5.89	5.52	5.29	5.12	4.99	4.90	4.82	4.76	4.71	4.67	4.57	4.47	4.40	4.36	4.25	4.20	4.14
	0.99	12.2	9.55	8.45	7.85	7.46	7.19	6.99	6.84	6.72	6.62	6.54	6.47	6.31	6.16	6.06	5.99	5.82	5.74	5.65
8	0.90	3.46	3.11	2.92	2.81	2.73	2.67	2.62	2.59	2.56	2.54	2.52	2.50	2.46	2.42	2.40	2.38	2.34	2.32	2.29
	0.95	5.32	4.46	4.07	3.84	3.69	3.58	3.50	3.44	3.39	3.35	3.31	3.28	3.22	3.15	3.11	3.08	3.01	2.97	2.93
	0.975	7.57	6.06	5.42	5.05	4.82	4.65	4.53	4.43	4.36	4.30	4.25	4.20	4.10	4.00	3.94	3.89	3.78	3.73	3.67
	0.99	11.3	8.65	7.59	7.01	6.63	6.37	6.18	6.03	5.91	5.81	5.73	5.67	5.52	5.36	5.26	5.20	5.03	4.95	4.86
9	0.90	3.36	3.01	2.81	2.69	2.61	2.55	2.51	2.47	2.44	2.42	2.40	2.38	2.34	2.30	2.27	2.25	2.21	2.18	2.16
	0.95	5.12	4.26	3.86	3.63	3.48	3.37	3.29	3.23	3.18	3.14	3.10	3.07	3.01	2.94	2.89	2.86	2.79	2.75	2.71
	0.975	7.21	5.71	5.08	4.72	4.48	4.32	4.20	4.10	4.03	3.96	3.91	3.87	3.77	3.67	3.60	3.56	3.45	3.39	3.33
	0.99	10.6	8.02	6.99	6.42	6.06	5.80	5.61	5.47	5.35	5.26	5.18	5.11	4.96	4.81	4.71	4.65	4.48	4.40	4.31

ν_2	$1-\alpha$	\multicolumn{19}{c}{ν_1}

ν_2	$1-\alpha$	1	2	3	4	5	6	7	8	9	10	11	12	13~15	16~20	21~25	26~30	31~60	61~120	121 이상
10	0.90	3.29	2.92	2.73	2.61	2.52	2.46	2.41	2.38	2.35	2.32	2.30	2.28	2.24	2.20	2.17	2.16	2.11	2.08	2.06
	0.95	4.96	4.10	3.71	3.48	3.33	3.22	3.14	3.07	3.02	2.98	2.94	2.91	2.84	2.77	2.73	2.70	2.62	2.58	2.54
	0.975	6.94	5.46	4.83	4.47	4.24	4.07	3.95	3.85	3.78	3.72	3.67	3.62	3.52	3.42	3.35	3.31	3.20	3.14	3.08
	0.99	10.0	7.56	6.55	5.99	5.64	5.39	5.20	5.06	4.94	4.85	4.77	4.71	4.56	4.41	4.31	4.25	4.08	4.00	3.91
11	0.90	3.23	2.86	2.66	2.54	2.45	2.39	2.34	2.30	2.27	2.25	2.23	2.21	2.17	2.12	2.10	2.08	2.03	1.99	1.97
	0.95	4.84	3.98	3.59	3.36	3.20	3.09	3.01	2.95	2.90	2.85	2.82	2.79	2.72	2.65	2.60	2.57	2.49	2.43	2.40
	0.975	6.72	5.26	4.63	4.28	4.04	3.88	3.76	3.66	3.59	3.53	3.48	3.43	3.33	3.23	3.16	3.12	3.00	2.94	2.88
	0.99	9.65	7.21	6.22	5.67	5.32	5.07	4.89	4.74	4.63	4.54	4.46	4.40	4.25	4.10	4.01	3.94	3.78	3.66	3.60
12	0.90	3.18	2.81	2.61	2.48	2.39	2.33	2.28	2.24	2.21	2.19	2.17	2.15	2.10	2.06	2.03	2.01	1.96	1.93	1.90
	0.95	4.75	3.89	3.49	3.26	3.11	3.00	2.91	2.85	2.80	2.75	2.72	2.69	2.62	2.54	2.50	2.47	2.38	2.34	2.30
	0.975	6.55	5.10	4.47	4.12	3.89	3.73	3.61	3.51	3.44	3.37	3.32	3.28	3.18	3.07	3.01	2.96	2.85	2.79	2.72
	0.99	9.33	6.93	5.95	5.41	5.06	4.82	4.64	4.50	4.39	4.30	4.22	4.16	4.01	3.86	3.76	3.70	3.54	3.45	3.36
13	0.90	3.14	2.76	2.56	2.43	2.35	2.28	2.23	2.20	2.16	2.14	2.12	2.05	2.10	2.01	1.98	1.96	1.90	1.86	1.85
	0.95	4.67	3.81	3.41	3.18	3.03	2.92	2.83	2.77	2.71	2.67	2.63	2.53	2.60	2.46	2.41	2.38	2.30	2.23	2.21
	0.975	6.41	4.97	4.35	4.00	3.77	3.60	3.48	3.39	3.31	3.25	3.20	3.05	3.15	2.95	2.88	2.84	2.72	2.66	2.60
	0.99	9.07	6.70	5.74	5.21	4.86	4.62	4.44	4.30	4.19	4.10	4.02	3.82	3.96	3.66	3.57	3.51	3.34	3.22	3.17
14	0.90	3.10	2.73	2.52	2.39	2.31	2.24	2.19	2.15	21.2	2.10	2.07	2.05	2.01	1.96	1.93	1.91	1.86	1.83	1.80
	0.95	4.60	3.74	3.34	3.11	2.96	2.85	2.76	2.70	2.65	2.60	2.57	2.53	2.46	2.39	2.34	2.31	2.22	2.18	2.13
	0.975	6.30	4.86	4.24	3.89	3.66	3.50	3.36	3.29	3.26	3.15	3.09	3.05	2.95	2.84	2.78	2.73	2.61	2.55	2.49
	0.99	8.86	6.51	5.56	5.04	4.69	4.46	4.28	4.14	4.03	3.94	3.86	3.38	3.66	3.51	3.41	3.35	3.18	3.09	3.00
15	0.90	3.07	2.70	2.49	2.36	2.27	2.21	2.16	2.12	2.09	2.06	2.04	2.02	1.97	1.92	1.89	1.87	1.82	1.79	1.76
	0.95	4.54	3.68	3.29	3.06	2.90	2.79	2.71	2.64	2.59	2.54	2.51	2.48	2.40	2.33	2.28	2.25	2.16	2.11	2.07
	0.975	6.20	4.77	4.15	3.80	3.58	3.41	3.29	3.20	3.12	3.06	3.01	2.96	2.86	2.76	2.69	2.64	2.52	2.46	2.40
	0.99	8.68	6.36	5.42	4.89	4.56	4.32	4.14	4.00	3.89	3.80	3.73	3.67	3.52	3.37	3.28	3.21	3.05	2.96	2.87
16~20	0.90	2.97	2.59	2.38	2.25	2.16	2.09	2.04	2.00	1.96	1.94	1.91	1.89	1.84	1.79	1.76	1.74	1.68	1.64	1.61
	0.95	4.35	3.49	3.10	2.87	2.71	2.60	2.51	2.45	2.39	2.35	2.31	2.28	2.20	2.12	2.07	2.04	1.95	1.90	1.84
	0.975	5.87	4.46	3.86	3.51	3.29	3.13	3.01	2.91	2.84	2.77	2.72	2.68	2.57	2.46	2.40	2.35	2.22	2.16	2.09
	0.99	8.10	5.85	4.94	4.43	4.10	3.87	3.70	3.56	3.46	3.37	3.29	3.23	3.09	2.94	2.84	2.78	2.61	2.52	2.42
21~25	0.90	2.92	2.53	2.32	2.18	2.09	2.02	1.97	1.93	1.89	1.87	1.84	1.82	1.77	1.72	1.68	1.66	1.59	1.56	1.52
	0.95	4.24	3.39	2.99	2.76	2.60	2.49	2.40	2.34	2.28	2.24	2.20	2.16	2.09	2.01	1.96	1.92	1.82	1.77	1.71
	0.975	5.69	4.29	3.69	3.35	3.13	2.97	2.85	2.75	2.68	2.61	2.56	2.51	2.41	2.30	2.23	2.18	2.05	1.98	1.91
	0.99	7.77	5.57	4.68	4.18	3.85	3.63	3.46	3.32	3.22	3.13	3.06	2.99	2.85	2.70	2.60	2.54	2.36	2.27	2.17
26~30	0.90	2.88	2.49	2.28	2.14	2.05	1.98	1.93	1.88	1.85	1.82	1.79	1.77	1.72	1.67	1.63	1.61	1.54	1.50	1.46
	0.95	4.17	3.32	2.92	2.69	2.53	2.42	2.33	2.27	2.21	2.16	2.13	2.09	2.01	1.93	1.88	1.84	1.74	1.68	1.62
	0.975	5.57	4.18	3.59	3.25	3.03	2.87	2.75	2.65	2.57	2.51	2.46	2.41	2.31	2.20	2.12	2.07	1.94	1.87	1.79
	0.99	7.56	5.39	4.51	4.02	3.70	3.47	3.30	3.17	3.07	2.98	2.91	2.84	2.70	2.55	2.45	2.39	2.21	2.11	2.01
31~60	0.90	2.79	2.39	2.18	2.04	1.95	1.87	1.82	1.77	1.74	1.71	1.68	1.66	1.60	1.54	1.50	1.48	1.40	1.35	1.29
	0.95	4.00	3.15	2.76	2.53	2.37	2.25	2.17	2.10	2.04	1.99	1.95	1.92	1.84	1.75	1.69	1.65	1.53	1.47	1.39
	0.975	5.29	3.93	3.34	3.01	2.79	2.63	2.51	2.41	2.33	2.27	2.22	2.17	2.06	1.94	1.87	1.82	1.67	1.58	1.48
	0.99	7.08	4.98	4.13	3.65	3.34	3.12	2.95	2.82	2.72	2.63	2.56	2.50	2.35	2.20	2.10	2.03	1.84	1.73	1.60
61~120	0.90	2.75	2.36	2.13	1.99	1.90	1.82	1.77	1.72	1.68	1.65	1.63	1.60	1.55	1.48	1.44	1.41	1.32	1.26	1.19
	0.95	3.92	3.07	2.68	2.45	2.29	2.18	2.09	2.02	1.96	1.91	1.87	1.83	1.75	1.66	1.60	1.55	1.43	1.35	1.25
	0.975	5.15	3.80	3.23	2.89	2.67	2.52	2.39	2.30	2.22	2.16	2.10	2.05	1.94	1.82	1.75	1.69	1.53	1.43	1.31
	0.99	7.08	4.98	4.13	3.65	3.34	3.12	2.95	2.82	2.72	2.47	2.40	2.34	2.19	2.03	1.93	1.86	1.66	1.53	1.38
121 이상	0.90	2.71	2.30	2.08	1.94	1.85	1.77	1.72	1.67	1.63	1.60	1.57	1.55	1.49	1.42	1.38	1.34	1.24	1.17	1.00
	0.95	3.84	3.00	2.60	2.37	2.21	2.10	2.01	1.94	1.88	1.83	1.79	1.79	1.67	1.57	1.52	1.46	1.32	1.22	1.00
	0.975	5.02	3.69	3.12	2.79	2.57	2.41	2.29	2.19	2.11	2.05	1.99	1.94	1.83	1.71	1.64	1.57	1.39	1.27	1.00
	0.99	6.63	4.61	3.78	3.32	3.02	2.80	2.64	2.51	2.41	2.32	2.25	2.18	2.04	1.88	1.79	1.70	1.47	1.32	1.00

■ r 분포표

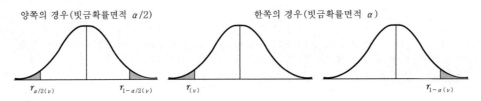

양쪽의 경우(빗금확률면적 $\alpha/2$)   한쪽의 경우(빗금확률면적 α)

$r_{\alpha/2(\nu)}$ $r_{1-\alpha/2(\nu)}$ $r_{(\nu)}$ $r_{1-\alpha(\nu)}$

⟨r 분포의 상측분위점 $r_{1-\alpha}(\nu)$의 표⟩

ν $\diagdown$ $1-\alpha$	0.95	0.975	0.99	0.995
10	.4973	.5760	.6581	.7079
11	.4762	.5529	.6339	.6835
12	.4575	.5324	.6120	.6614
13	.4409	.5139	.5923	.6411
14	.4259	.4973	.5742	.6226
15	.4124	.4821	.5577	.6055
16	.4000	.4683	.5425	.5897
17	.3887	.4555	.5285	.5751
18	.3783	.4438	.5155	.5614
19	.3687	.4329	.5034	.5487
20	.3598	.4227	.4921	.5368
25	.3233	.3809	.4451	.4869
30	.2960	.3494	.4093	.4487
35	.2746	.3246	.3810	.4182
40	.2573	.3044	.3578	.3932
50	.2306	.2732	.3218	.3541
60	.2108	.2500	.2948	.3248
70	.1954	.2319	.2737	.3017
80	.1829	.2172	.2565	.2830
90	.1726	.2050	.2422	.2673
100	.1638	.1946	.2301	.2540
근사치	$\dfrac{1.645}{\sqrt{\nu+1}}$	$\dfrac{1.960}{\sqrt{\nu+1}}$	$\dfrac{2.326}{\sqrt{\nu+2}}$	$\dfrac{2.576}{\sqrt{\nu+3}}$

■ 관리도용 계수표

군의 크기	관리 한계를 위한 계수													중심선을 위한 계수			
	A	A_2	A_3	A_4	H_2	B_3	B_4	B_5	B_6	D_1	D_2	D_3	D_4	c_4	d_2	d_3	m_3
2	2.121	1.880	2.659	1.880	2.695	–	3.267	–	2.606	–	3.686	–	3.267	0.798	1.128	0.853	1.000
3	1.732	1.023	1.954	1.187	1.826	–	2.568	–	2.276	–	4.358	–	2.575	0.886	1.693	0.888	1.160
4	1.500	0.729	1.628	0.796	1.522	–	2.266	–	2.088	–	4.698	–	2.282	0.921	2.059	0.880	1.092
5	1.342	0.577	1.427	0.691	1.363	–	2.089	–	1.964	–	4.918	–	2.114	0.940	2.326	0.864	1.198
6	1.225	0.483	1.287	0.549	1.263	0.030	1.970	0.029	1.874	–	5.078	–	2.004	0.952	2.534	0.848	1.135
7	1.134	0.419	1.182	0.509	1.194	0.118	1.882	0.113	1.806	0.204	5.204	0.076	1.924	0.959	2.707	0.833	1.214
8	1.061	0.373	1.099	0.432	1.143	0.185	1.815	0.179	1.751	0.388	5.306	0.136	1.864	0.965	2.847	0.820	1.160
9	1.000	0.337	1.032	0.412	1.104	0.239	1.761	0.232	1.707	0.547	5.393	0.184	1.816	0.969	2.970	0.808	1.223
10	0.949	0.308	0.975	0.363	1.072	0.284	1.716	0.276	1.669	0.687	5.469	0.223	1.777	0.973	3.078	0.797	1.176

■ 범위를 사용하는 검정보조표

(진한 글자체는 ν를 일반 글자체는 c를 표시한다.)

n \ k	1	2	3	4	5	6-10	11-15	16-20	21-25	26-30	k > 5
2	1.0	1.9	2.8	3.7	4.6	9.0	13.4	17.8	22.2	26.5	0.876k+0.25
	1.41	1.28	1.23	1.21	1.19	1.16	1.15	1.14	1.14	1.14	1.128+0.32/k
3	2.0	3.8	5.7	7.5	9.3	18.4	27.5	36.6	45.6	57.4	1.815k+0.25
	1.91	1.81	1.77	1.75	1.74	1.72	1.71	1.70	1.70	1.70	1.693+023/k
4	2.9	5.7	8.4	11.2	13.9	27.6	41.3	55.0	68.7	82.4	2.738k+0.25
	2.24	2.15	2.12	2.11	2.10	2.08	2.07	2.06	2.06	2.06	2.059+0.19/k
5	3.8	7.5	11.1	14.7	18.4	36.5	54.6	72.7	90.8	108.9	3.623k+0.25
	2.48	2.40	2.38	2.37	2.36	2.34	2.33	2.33	2.33	2.33	2.326+0.16/k
6	4.7	9.2	13.6	18.1	22.6	44.9	67.2	89.6	111.9	134.2	4.466k+0.25
	2.67	2.60	2.58	2.57	2.56	2.55	2.54	2.54	2.54	2.54	2.534+0.14/k
7	5.5	10.8	16.0	21.3	26.6	52.9	79.3	105.6	131.9	158.3	5.267k+0.25
	2.83	2.77	2.75	2.74	2.73	2.72	2.71	2.71	2.71	2.71	2.704+0.13/k
8	6.3	12.3	18.3	24.4	30.4	60.6	90.7	120.9	151.0	181.2	6.031k+0.25
	2.96	2.91	2.89	2.88	2.87	2.86	2.85	2.85	2.85	2.85	2.847+0.12/k
9	7.0	13.8	20.5	27.3	34.0	67.8	101.6	135.3	169.2	203.0	6.759k+0.25
	3.08	3.02	3.01	3.00	2.99	2.98	2.98	2.98	2.97	2.97	2.970+0.11/k
10	7.7	15.1	22.6	30.1	37.5	74.8	112.0	149.3	186.6	223.8	7.453k+0.25
	3.18	3.13	3.11	3.10	3.10	3.09	3.08	3.08	3.08	3.08	3.078+0.10/k

KS Q ISO 2859-1 : 2014

■ 부표 1 샘플문자를 구하는 표

로트 크기	특별검사수준				통상검사수준		
	S-1	S-2	S-3	S-4	I	II	III
16~25	A	A	B	B	B	C	D
26~50	A	B	B	C	C	D	E
51~90	B	B	C	C	C	E	F
91~150	B	B	C	D	D	F	G
151~280	B	C	D	E	E	G	H
281~500	B	C	D	E	F	H	J
501~1,200	C	C	E	F	G	J	K
1201~3200	C	D	E	G	H	K	L
3,201~10,000	C	D	F	G	J	L	M
10,001~35,000	C	D	F	H	K	M	N
35,001~150,000	D	E	G	J	L	N	P
150,001~500,000	D	E	G	J	M	P	Q

■ 부표 2-A 보통검사의 1회 샘플링방식(주 샘플링표)

샘플문자	샘플크기	AQL 부적합품 퍼센트 및 100 아이템당 부적합수								
		0.25	0.4	0.65	1.0	1.5	2.5	4.0	6.5	10
		Ac Re	Ac Re	Ac Re	Ac Re	Ac Re	Ac Re	Ac Re	Ac Re	Ac Re
A	2	⇩	⇩	⇩	⇩	⇩	⇩	⇩	0 1	⇩
B	3	⇩	⇩	⇩	⇩	⇩	⇩	0 1	⇧	⇩
C	5	⇩	⇩	⇩	⇩	⇩	0 1	⇧	⇩	1 2
D	8	⇩	⇩	⇩	0 1	⇧	⇩	1 2	2 3
E	13	⇩	⇩	⇩	0 1	⇧	⇩	1 2	2 3	3 4
F	20	⇩	⇩	0 1	⇧	⇩	1 2	2 3	3 4	5 6
G	32	⇩	0 1	⇧	⇩	1 2	2 3	3 4	5 6	7 8
H	50	0 1	⇧	⇩	1 2	2 3	3 4	5 6	7 8	10 11
J	80	⇧	⇩	1 2	2 3	3 4	5 6	7 8	10 11	14 15
K	125	⇩	1 2	2 3	3 4	5 6	7 8	10 11	14 15	21 22
L	200	1 2	2 3	3 4	5 6	7 8	10 11	14 15	21 22	⇧
M	315	2 3	3 4	5 6	7 8	10 11	14 15	21 22	⇧	⇧
N	500	3 4	5 6	7 8	10 11	14 15	21 22	⇧	⇧	⇧

■ 부표 2-B 까다로운 검사의 1회 샘플링방식(주 샘플링표)

샘플 문자	샘플 크기	AQL, 부적합품 퍼센트 및 100 아이템당 부적합수								
		0.25	0.4	0.65	1.0	1.5	2.5	4.0	6.5	10
		Ac Re	Ac Re	Ac Re	Ac Re	Ac Re	Ac Re	Ac Re	Ac Re	Ac Re
A	2	⇩	⇩	⇩	⇩	⇩	⇩	⇩	⇩	0 1
B	3	⇩	⇩	⇩	⇩	⇩	⇩	⇩	0 1	⇩
C	5	⇩	⇩	⇩	⇩	⇩	⇩	0 1	⇩	⇩
D	8	⇩	⇩	⇩	⇩	⇩	0 1	⇩	⇩	1 2
E	13	⇩	⇩	⇩	⇩	0 1	⇩	⇩	1 2	2 3
F	20	⇩	⇩	⇩	0 1	⇩	⇩	1 2	2 3	3 4
G	32	⇩	⇩	0 1	⇩	⇩	1 2	2 3	3 4	5 6
H	50	⇩	0 1	⇩	⇩	1 2	2 3	3 4	5 6	8 9
J	80	0 1	⇩	⇩	1 2	2 3	3 4	5 6	8 9	12 13
K	125	⇩	⇩	1 2	2 3	3 4	5 6	8 9	12 13	18 19
L	200	⇩	1 2	2 3	3 4	5 6	8 9	12 13	18 19	⇧
M	315	1 2	2 3	3 4	5 6	8 9	12 13	18 19	⇧	⇧
N	500	2 3	3 4	5 6	8 9	12 13	18 19	⇧	⇧	⇧

■ 부표 2-C 수월한 검사의 1회 샘플링방식(주 샘플링표)

샘플 문자	샘플 크기	AQL, 부적합품 퍼센트 및 100 아이템당 부적합수								
		0.25	0.40	0.65	1.0	1.5	2.5	4.0	6.5	10
		Ac Re	Ac Re	Ac Re	Ac Re	Ac Re	Ac Re	Ac Re	Ac Re	Ac Re
A	2	⇩	⇩	⇩	⇩	⇩	⇩	⇩	0 1	⇩
B	2	⇩	⇩	⇩	⇩	⇩	⇩	0 1	⇧	⇩
C	2	⇩	⇩	⇩	⇩	⇩	0 1	⇧	⇩	⇩
D	3	⇩	⇩	⇩	⇩	0 1	⇧	⇩	⇩	1 2
E	5	⇩	⇩	⇩	0 1	⇧	⇩	⇩	1 2	2 3
F	8	⇩	⇩	0 1	⇧	⇩	⇩	1 2	2 3	3 4
G	13	⇩	0 1	⇧	⇩	⇩	1 2	2 3	3 4	4 5
H	20	0 1	⇧	⇩	⇩	1 2	2 3	3 4	4 5	6 7
J	32	⇧	⇩	⇩	1 2	2 3	3 4	4 5	6 7	8 9
K	50	⇩	⇩	1 2	2 3	3 4	4 5	6 7	8 9	10 11
L	80	⇩	1 2	2 3	3 4	4 5	6 7	8 9	10 11	⇧
M	125	1 2	2 3	3 4	4 5	6 7	8 9	10 11	⇧	⇧
N	200	2 3	3 4	4 5	6 7	8 9	10 11	⇧	⇧	⇧

■ 부표 11-A 보통 검사의 1회 샘플링방식(보조적 주 샘플링표)

샘플 문자	샘플 크기	AQL, 부적합품 퍼센트 및 100 아이템당 부적합수								
		0.25	0.4	0.65	1.0	1.5	2.5	4.0	6.5	10
		Ac Re	Ac Re	Ac Re	Ac Re	Ac Re	Ac Re	Ac Re	Ac Re	Ac Re
A	2	⇩	⇩	⇩	⇩	⇩	⇩	⇩	0 1	1/3
B	3	⇩	⇩	⇩	⇩	⇩	⇩	0 1	1/3	1/2
C	5	⇩	⇩	⇩	⇩	⇩	0 1	1/3	1/2	1 2
D	8	⇩	⇩	⇩	⇩	0 1	1/3	1/2	1 2	2 3
E	13	⇩	⇩	⇩	0 1	1/3	1/2	1 2	2 3	3 4
F	20	⇩	⇩	0 1	1/3	1/2	1 2	2 3	3 4	5 6
G	32	⇩	0 1	1/3	1/2	1 2	2 3	3 4	5 6	7 8
H	50	0 1	1/3	1/2	1 2	2 3	3 4	5 6	7 8	10 11
J	80	1/3	1/2	1 2	2 3	3 4	5 6	7 8	10 11	14 15
K	125	1/2	1 2	2 3	3 4	5 6	7 8	10 11	14 15	21 22
L	200	1 2	2 3	3 4	5 6	7 8	10 11	14 15	21 22	⇧
M	315	2 3	3 4	5 6	7 8	10 11	14 15	21 22	⇧	⇧
N	500	3 4	5 6	7 8	10 11	14 15	21 22	⇧	⇧	⇧

■ 부표 11-B 까다로운 검사의 1회 샘플링방식(보조적 주 샘플링표)

샘플 문자	샘플 크기	AQL, 부적합품 퍼센트 및 100 아이템당 부적합수								
		0.25	0.4	0.65	1.0	1.5	2.5	4.0	6.5	10
		Ac Re	Ac Re	Ac Re	Ac Re	Ac Re	Ac Re	Ac Re	Ac Re	Ac Re
A	2	⇩	⇩	⇩	⇩	⇩	⇩	⇩	⇩	0 1
B	3	⇩	⇩	⇩	⇩	⇩	⇩	⇩	0 1	1/3
C	5	⇩	⇩	⇩	⇩	⇩	⇩	0 1	1/3	1/2
D	8	⇩	⇩	⇩	⇩	⇩	0 1	1/3	1/2	1 2
E	13	⇩	⇩	⇩	⇩	0 1	1/3	1/2	1 2	2 3
F	20	⇩	⇩	⇩	0 1	1/3	1/2	1 2	2 3	3 4
G	32	⇩	⇩	0 1	1/3	1/2	1 2	2 3	3 4	5 6
H	50	⇩	0 1	1/3	1/2	1 2	2 3	3 4	5 6	8 9
J	80	0 1	1/3	1/2	1 2	2 3	3 4	5 6	8 9	12 13
K	125	1/3	1/2	1 2	2 3	3 4	5 6	8 9	12 13	18 19
L	200	1/2	1 2	2 3	3 4	5 6	8 9	12 13	18 19	⇧
M	315	1 2	2 3	3 4	5 6	8 9	12 13	18 19	⇧	⇧
N	500	2 3	3 4	5 6	8 9	12 13	18 19	⇧	⇧	⇧

■ 부표 11-C 수월한 검사의 1회 샘플링방식(보조적 주 샘플링표)

샘플 문자	샘플 크기	0.25 Ac Re	0.40 Ac Re	0.65 Ac Re	1.0 Ac Re	1.5 Ac Re	2.5 Ac Re	4.0 Ac Re	6.5 Ac Re	10 Ac Re
A	2	⇩	⇩	⇩	⇩	⇩	⇩	⇩	0 1	1/5
B	2	⇩	⇩	⇩	⇩	⇩	⇩	0 1	1/5	1/3
C	2	⇩	⇩	⇩	⇩	⇩	0 1	1/5	1/3	1/2
D	3	⇩	⇩	⇩	⇩	0 1	1/5	1/3	1/2	1 2
E	5	⇩	⇩	⇩	0 1	1/5	1/3	1/2	1 2	2 3
F	8	⇩	⇩	0 1	1/5	1/3	1/2	1 2	2 3	3 4
G	13	⇩	0 1	1/5	1/3	1/2	1 2	2 3	3 4	4 5
H	20	0 1	1/5	1/3	1/2	1 2	2 3	3 4	4 5	6 7
J	32	1/5	1/3	1/2	1 2	2 3	3 4	4 5	6 7	8 9
K	50	1/3	1/2	1 2	2 3	3 4	4 5	6 7	8 9	10 11
L	80	1/2	1 2	2 3	3 4	4 5	6 7	8 9	10 11	⇧
M	125	1 2	2 3	3 4	4 5	6 7	8 9	10 11	⇧	⇧
N	200	2 3	3 4	4 5	6 7	8 9	10 11	⇧	⇧	⇧

KS Q ISO 2859-2 : 2014

■ 부표 A LQ를 지표로 하는 1회 샘플링검사 방식(절차 A)

로트 크기		0.80	1.25	2.0	3.15	5.0	8.0	12.5	20.0
16~25	n	*	*	*	*	*	17[1]	13	9
	Ac						0	0	0
26~50	n	*	*	*	*	28[1]	22	15	10
	Ac					0	0	0	0
51~90	n	*	*	50	44	34	24	16	10
	Ac			0	0	0	0	0	0
91~150	n	*	90	80	55	38	26	18	13
	Ac		0	0	0	0	0	0	0
151~280	n	170[1]	130	95	65	42	28	20	20
	Ac	0	0	0	0	0	0	0	1
281~500	n	220	155	105	80	50	32	32	20
	Ac	0	0	0	0	0	0	1	1
501~1,200	n	255	170	125	125	80	50	32	32
	Ac	0	0	0	1	1	1	1	3
1,201~3,200	n	280	200	200	125	125	80	50	50
	Ac	0	0	1	1	3	3	3	5
3,201~10,000	n	315	315	200	200	200	125	80	80
	Ac	0	1	1	3	5	5	5	10
10,001~35,000	n	500	315	315	315	315	200	125	125
	Ac	1	1	3	5	10	10	10	18
35,001~150,000	n	500	500	500	500	500	315	200	125
	Ac	1	3	5	10	18	18	18	18
150,001~50,0000	n	800	800	800	800	500	315	200	125
	Ac	3	5	10	18	18	18	18	18
500,000 이상	n	1250	1250	1250	800	500	315	200	125
	Ac	5	10	18	18	18	18	18	18

한계품질(LQ) (부적합품 퍼센트)

■ 계수 축차 샘플링검사 방식에 대한 파라미터(부적합품률 검사)

Q_{PR}	파라미터	Q_{CR}(소비자 위험 품질 수준)							
		2.00	2.50	3.15	4.00	5.00	6.30	8.00	10.00
0.25	h_A	1.074	0.968	0.878	0.801	0.739	0.684	0.635	0.594
	h_R	1.378	1.243	1.128	1.028	0.949	0.879	0.815	0.762
	g	0.00844	0.00981	0.0115	0.0136	0.0160	0.0190	0.0228	0.0271
0.315	h_A	1.207	1.075	0.966	0.873	0.800	0.736	0.679	0.632
	h_R	1.549	1.381	1.240	1.121	1.028	0.945	0.872	0.812
	g	0.00914	0.0106	0.0124	0.0146	0.0171	0.0202	0.0242	0.0287
0.40	h_A	1.385	1.214	1.076	0.962	0.875	0.799	0.732	0.678
	h_R	1.778	1.559	1.382	1.236	1.123	1.026	0.940	0.871
	g	0.00996	0.0115	0.0134	0.0157	0.0184	0.0217	0.0258	0.0305
0.50	h_A	1.606	1.381	1.205	1.064	0.958	0.868	0.790	0.727
	h_R	2.062	1.774	1.548	1.366	1.231	1.114	1.014	0.934
	g	0.0108	0.0125	0.0145	0.0169	0.0197	0.0232	0.0275	0.0324
0.63	h_A	1.926	1.611	1.377	1.196	1.064	0.953	0.860	0.786
	h_R	2.472	2.069	1.768	1.535	1.366	1.224	1.104	1.009
	g	0.0119	0.0136	0.0157	0.0183	0.0212	0.0249	0.0294	0.0346
0.80	h_A	2.425	1.946	1.614	1.371	1.200	1.062	0.947	0.858
	h_R	3.113	2.499	2.073	1.760	1.541	1.363	1.215	1.102
	g	0.0131	0.0149	0.0172	0.0200	0.0231	0.0269	0.0317	0.0371
1.00	h_A	3.201	2.417	1.925	1.589	1.364	1.188	1.046	0.939
	h_R	4.110	3.103	2.472	2.040	1.751	1.525	1.343	1.205
	g	0.0144	0.0164	0.0188	0.0217	0.0250	0.0290	0.0341	0.0397
1.25	h_A	4.713	3.189	2.386	1.890	1.580	1.348	1.168	1.036
	h_R	6.052	4.095	3.063	2.426	2.028	1.731	1.500	1.331
	g	0.0160	0.0180	0.0206	0.0237	0.0272	0.0314	0.0367	0.0427
1.60	h_A	9.908	4.943	3.247	2.392	1.917	1.586	1.343	1.171
	h_R	12.721	6.346	4.169	3.072	2.461	2.036	1.724	1.504
	g	0.0179	0.0202	0.0229	0.0262	0.0299	0.0345	0.0401	0.0464
2.00	h_A		9.863	4.830	3.154	2.376	1.888	1.553	1.329
	h_R		12.663	6.202	4.049	3.051	2.424	1.994	1.706
	g		0.0224	0.0253	0.0289	0.0328	0.0376	0.0436	0.0503
2.50	h_A			9.467	4.637	3.131	2.335	1.843	1.535
	h_R			12.155	5.953	4.019	3.127	2.998	2.367
	g			0.0281	0.0319	0.0361	0.0412	0.0475	0.0546
3.15	h_A				9.089	4.677	3.100	2.289	1.832
	h_R				11.669	6.005	3.980	2.939	2.353
	g				0.0356	0.0401	0.0455	0.0522	0.0597
4.00	h_A					9.637	4.705	3.060	2.295
	h_R					12.372	6.040	3.929	2.947
	g					0.0448	0.0507	0.0578	0.0658
5.00	h_A						9.193	4.484	3.013
	h_R						11.803	5.757	3.868
	g						0.0563	0.0639	0.0724

* 단 $\alpha = 0.05$, $\beta = 0.10$인 경우

■ 계량 축차 샘플링검사 방식에 대한 파라미터(부적합품률 검사)

Q_{PR}	파라미터	Q_{CR}(소비자 위험 품질 수준)							
		2.00	2.50	3.15	4.00	5.00	6.30	8.00	10.00
0.40	h_A	3.763	3.253	2.839	2.498	2.235	2.006	1.805	1.643
	h_R	4.831	4.176	3.645	3.207	2.870	2.576	2.318	2.109
	g	2.353	2.306	2.256	2.201	2.148	2.091	2.029	1.967
	n_t	37	28	22	17	14	11	10	8
0.50	h_A	4.312	3.656	3.141	2.728	2.418	2.153	1.923	1.739
	h_R	5.536	4.693	4.033	3.503	3.105	2.764	2.469	2.233
	g	2.315	2.268	2.218	2.163	2.110	2.053	1.990	1.929
	n_t	49	35	26	20	16	13	11	10
0.63	h_A	5.103	4.209	3.542	3.025	2.649	2.333	2.066	1.855
	h_R	6.552	5.403	4.547	3.884	3.400	2.996	2.652	2.382
	g	2.274	2.227	2.177	2.123	2.070	2.012	1.950	1.888
	n_t	68	46	34	25	19	16	13	10
0.80	h_A	6.339	5.015	4.095	3.420	2.946	2.562	2.243	1.997
	h_R	8.138	6.438	5.258	4.391	3.783	3.289	2.879	2.564
	g	2.231	2.184	2.134	2.080	2.027	1.969	1.907	1.845
	n_t	103	65	44	31	23	19	14	11
1.00	h_A	8.259	6.145	4.819	3.911	3.303	2.827	2.444	2.155
	h_R	10.603	7.889	6.187	5.021	4.241	3.630	3.137	2.766
	g	2.190	2.143	2.093	2.039	1.986	1.928	1.866	1.804
	n_t	175	97	61	40	29	22	17	13
1.25	h_A	11.997	7.999	5.890	4.588	3.774	3.165	2.692	2.345
	h_R	15.402	10.270	7.562	5.890	4.845	4.063	3.456	3.011
	g	2.148	2.101	2.050	1.996	1.943	1.886	1.823	1.761
	n_t	367	164	89	55	38	26	20	16
1.60	h_A	24.832	12.206	7.893	5.718	4.507	3.665	3.045	2.609
	h_R	31.881	15.671	10.134	7.341	5.786	4.705	3.909	3.350
	g	2.099	2.052	2.002	1.948	1.895	1.837	1.775	1.713
	n_t	1564	379	160	85	53	35	25	19
2.00	h_A		24.006	11.572	7.429	5.506	4.299	3.471	2.915
	h_R		30.821	14.857	9.537	7.069	5.519	4.456	3.743
	g		2.007	1.956	1.902	1.849	1.792	1.729	1.668
	n_t		1462	341	142	79	49	32	23
2.50	h_A			22.341	10.757	7.144	5.237	4.057	3.318
	h_R			28.683	13.811	9.173	6.723	5.209	4.260
	g			1.910	1.855	1.802	1.745	1.683	1.621
	n_t			1367	295	131	71	43	29
3.15	h_A			20.747	10.503	6.840	4.957	3.897	
	h_R			26.637	13.485	8.782	6.365	5.004	
	g			1.805	1.752	1.695	1.632	1.570	
	n_t			1093	281	121	64	40	

* 단 $\alpha = 0.05$, $\beta = 0.10$인 경우   〈비고〉 PRQ 및 CRQ는 부적합품률(%)로 표시함

최대프로세스 표준편차의 f값

(1) 양쪽 규격한계의 결합관리

Q_{PR}(%)	0.1	0.125	0.160	0.20	0.25	0.315	0.4	0.5	0.63	0.8	1.0	1.25	1.60	2.0	2.5	3.15	4.0	5.0	6.3	8.0	10.0
f	0.143	0.146	0.149	0.152	0.155	0.158	0.161	0.165	0.169	0.174	0.178	0.183	0.189	0.194	0.201	0.208	0.216	0.225	0.235	0.246	0.259

[비고] 축차 샘플링의 최대프로세스 표준편차, σ_{max} 가 표준화된 값 f에 규격하한, U와 규격상한, L 간의 차이를 곱해 구해진다.

(2) 양쪽 규격한계의 분리관리

Q_{PR}, L	Q_{PR}, U																				
	0.1	0.125	0.160	0.20	0.25	0.315	0.4	0.5	0.63	0.8	1.0	1.25	1.60	2.0	2.5	3.15	4.0	5.0	6.3	8.0	10.0
0.1	0.162	0.164	0.166	0.168	0.170	0.172	0.174	0.176	0.179	0.182	0.185	0.188	0.191	0.194	0.198	0.202	0.207	0.211	0.216	0.222	0.229
0.125	0.164	0.165	0.167	0.169	0.172	0.174	0.176	0.179	0.181	0.184	0.187	0.190	0.194	0.197	0.201	0.205	0.209	0.214	0.220	0.226	0.232
0.160	0.166	0.167	0.170	0.172	0.174	0.176	0.179	0.181	0.184	0.187	0.190	0.193	0.196	0.200	0.204	0.208	0.213	0.218	0.223	0.230	0.236
0.20	0.168	0.169	0.172	0.174	0.176	0.178	0.181	0.183	0.186	0.189	0.192	0.195	0.199	0.203	0.207	0.211	0.216	0.221	0.227	0.233	0.240
0.25	0.170	0.172	0.174	0.176	0.178	0.181	0.183	0.186	0.189	0.192	0.195	0.198	0.202	0.206	0.210	0.214	0.219	0.225	0.231	0.237	0.245
0.315	0.172	0.174	0.176	0.178	0.181	0.183	0.186	0.188	0.191	0.195	0.198	0.201	0.205	0.209	0.213	0.218	0.223	0.228	0.235	0.242	0.249
0.4	0.174	0.176	0.179	0.181	0.183	0.186	0.189	0.191	0.194	0.198	0.201	0.204	0.208	0.213	0.217	0.222	0.227	0.233	0.239	0.246	0.254
0.5	0.176	0.179	0.181	0.183	0.186	0.188	0.191	0.194	0.197	0.201	0.204	0.208	0.212	0.216	0.220	0.225	0.231	0.237	0.244	0.251	0.259
0.63	0.179	0.181	0.184	0.186	0.189	0.191	0.194	0.197	0.200	0.204	0.207	0.211	0.216	0.220	0.224	0.230	0.236	0.242	0.248	0.256	0.265
0.8	0.182	0.184	0.187	0.189	0.192	0.195	0.198	0.201	0.204	0.208	0.211	0.215	0.220	0.224	0.229	0.234	0.240	0.247	0.254	0.262	0.271
1.0	0.185	0.187	0.190	0.192	0.195	0.198	0.201	0.204	0.207	0.211	0.215	0.219	0.224	0.229	0.233	0.239	0.245	0.252	0.259	0.268	0.277
1.25	0.188	0.190	0.193	0.195	0.198	0.201	0.204	0.208	0.211	0.215	0.219	0.223	0.228	0.233	0.238	0.244	0.250	0.257	0.265	0.274	0.284
1.6	0.191	0.194	0.196	0.199	0.202	0.205	0.208	0.212	0.216	0.220	0.224	0.228	0.233	0.238	0.244	0.250	0.257	0.264	0.272	0.282	0.292
2.0	0.194	0.197	0.200	0.203	0.206	0.209	0.213	0.216	0.220	0.224	0.228	0.233	0.238	0.243	0.249	0.256	0.263	0.270	0.279	0.289	0.300
2.5	0.198	0.201	0.204	0.207	0.210	0.213	0.217	0.220	0.224	0.229	0.233	0.238	0.244	0.249	0.255	0.262	0.269	0.277	0.287	0.297	0.308
3.15	0.202	0.205	0.208	0.211	0.214	0.218	0.222	0.225	0.230	0.234	0.239	0.244	0.250	0.256	0.262	0.269	0.277	0.285	0.295	0.306	0.318
4.0	0.207	0.209	0.213	0.216	0.219	0.223	0.227	0.231	0.236	0.240	0.245	0.250	0.257	0.263	0.269	0.277	0.286	0.295	0.305	0.317	0.330
5.0	0.211	0.214	0.218	0.221	0.225	0.228	0.233	0.237	0.242	0.247	0.252	0.257	0.264	0.270	0.277	0.285	0.295	0.304	0.315	0.328	0.342
6.3	0.216	0.220	0.223	0.227	0.231	0.235	0.239	0.244	0.248	0.254	0.259	0.265	0.272	0.279	0.287	0.295	0.305	0.315	0.327	0.341	0.356
8.0	0.222	0.226	0.230	0.233	0.237	0.242	0.246	0.251	0.256	0.262	0.268	0.274	0.282	0.289	0.297	0.306	0.317	0.328	0.341	0.356	0.372
10.0	0.229	0.232	0.236	0.240	0.245	0.249	0.254	0.259	0.265	0.271	0.277	0.284	0.292	0.300	0.308	0.318	0.330	0.342	0.356	0.372	0.390

[비고] 축차 샘플링의 최대프로세스 표준편차, σ_{max} 가 표준화된 값 f에 규격하한, U와 규격상한, L 간의 차이를 곱해 구해진다.

계수 규준형 1회 샘플링검사표(주 샘플링표)

우측 아래는 c, 위측은 n ($\alpha \fallingdotseq 0.05$, $\beta \fallingdotseq 0.10$)

p_0(%) \ p_1(%)	0.71~0.90	0.91~1.12	1.13~1.40	1.41~1.80	1.81~2.24	2.25~2.80	2.81~3.55	3.56~4.50	4.51~5.60	5.61~7.10	7.11~9.00	9.01~11.2	11.3~14.0	14.1~18.0	18.1~22.4	22.5~28.0	28.1~35.5
0.090~0.112	*	400 1	→	↓	←	↑	60 0	50 0	↓	←	→	↓	←	→	↓	←	→
0.113~0.140	*	→	300 1	↓	↑	→	↑	→	40 1	30 0	←	→	↓	←	→	↓	←
0.141~0.180	*	500 2	→	250 1	→	↑	→	↑	←	30 0	25 0	←	→	↑	→	←	→
0.181~0.224	*	→	400 2	→	200 1	↓	→	↓	→	←	25 0	20 0	←	→	↓	←	→
0.225~0.280	*	→	→	500 3	→	300 2	150 1	→	↓	←	←	20 0	15 0	←	→	→	↓
0.281~0.355	*	→	→	400 4	↓	250 1	120 1	→	↓	→	←	←	15 0	→	→	←	
0.356~0.450	*	→	→	→	500 6	↓	300 2	100 1	↑	80 1	↓	←	←	10 0	→	←	
0.451~0.560	*	→	→	→	→	→	400 6	↓	200 1	→	↑	50 2	40 2	←	←	↓	
0.561~0.710	*	→	→	→	→	→	150 2	120 2	80 1	60 1	50 1	40 1	30 1	↑	→	7 0	
0.711~0.900	*	→	→	→	500 3	400 6	250 4	250 6	150 2	100 3	100 4	100 6	80 4	60 4	50 6	50 1	5 0
0.901~1.12	*	→	→	400 4	300 3	250 2	200 3	200 6	120 3	80 2	70 4	70 6	60 6	60 10	50 6	40 4	30 3
1.13~1.40	→	300 1	→	300 2	250 2	200 2	150 2	150 4	100 3	80 2	50 2	50 2	50 3	40 3	30 2	30 4	25 4
1.41~1.80	↓	→	→	250 1	200 2	150 2	120 2	120 3	80 2	60 2	50 2	40 1	40 2	30 3	25 3	20 3	20 4
1.81~2.24	←	200 1	200 2	250 3	200 4	150 4	100 1	100 3	60 1	60 2	40 1	40 3	30 3	25 3	20 2	15 2	15 4
2.25~2.80	↑	→	→	→	→	*	*	*	*	*	30 2	25 1	30 6	25 3	20 2	15 1	10 1
2.81~3.55	60 0	↑	→	200 6	150 6	120 3	100 4	120 6	80 3	60 3	60 6	50 3	40 2	30 3	25 2	20 2	15 2
3.56~4.50	50 0	→	↑	400 2	300 6	250 6	200 10	*	*	*	*	80 6	60 4	50 4	30 3	25 3	10 1
4.51~5.60	↓	40 1	←	500 6	*	*	*	*	*	100 1	60 3	60 4	50 6	40 6	70 10	25 3	15 2
5.61~7.10	←	30 0	30 0	*	*	*	*	*	80 1	60 1	80 3	50 2	50 3	40 3	20 3	20 4	15 2
7.11~9.00	→	→	→	*	*	*	*	150 6	100 4	120 6	200 10	70 4	100 10	50 4	70 10	40 6	25 4
9.01~11.2	↓	→	→	*	*	*	*	*	*	*	*	*	*	*	*	60 10	30 6

■ 계수 규준형 1회 샘플링검사표(보조 샘플링표)

p_1/p_0	c	n
17 이상	0	$2.56/p_0 + 155/p_1$
16~7.9	1	$17.8/p_0 + 194/p_1$
7.8~5.6	2	$40.9/p_0 + 266/p_1$
5.5~4.4	3	$68.3/p_0 + 344/p_1$
4.3~3.6	4	$98.5/p_0 + 400/p_1$
3.5~2.8	6	$164/p_0 + 527/p_1$
2.7~2.3	10	$308/p_0 + 700/p_1$
2.2~2.0	15	$502/p_0 + 1,065/p_1$
1.99~1.86	20	$704/p_0 + 1,350/p_1$

■ KS Q 0001 계량 규준형 1회 샘플링검사표

(1) m_0, m_1을 근거로 하여 n, G_0를 구하는 표($\alpha \fallingdotseq 0.05$, $\beta \fallingdotseq 0.10$)

$\dfrac{|m_1 - m_0|}{\sigma}$	n	G_0
2.069 이상	2	1.163
1.690~2.068	3	0.950
1.463~1.689	4	0.822
1.309~1.462	5	0.736
1.195~1.308	6	0.672
1.106~1.194	7	0.622
1.035~1.105	8	0.582
0.975~1.034	9	0.548
0.925~0.974	10	0.520
0.882~0.924	11	0.469
0.845~0.881	12	0.475
0.812~0.844	13	0.456
0.772~0.811	14	0.440
0.756~0.711	15	0.425
0.732~0.755	16	0.411
0.710~0.731	17	0.399
0.690~0.709	18	0.383
0.671~0.689	19	0.377
0.654~0.670	20	0.368
0.585~0.653	25	0.329
0.534~0.584	30	0.300
0.495~0.533	35	0.278
0.463~0.494	40	0.260
0.436~0.462	45	0.245
0.414~0.435	50	0.233

(2) p_0, p_1을 기초로 하여 n, k를 구하는 표(σ 기지 : 부적합품률 보증)

우측 아래는 n, 위쪽은 k(α≒0.05, β≒0.10)

각 칸의 값은 k / n 이다.

p_0(%) 대표값	범위	0.80	1.00	1.25	1.60	2.00	2.50	3.15	4.00	5.00	6.30	8.00	10.0
p_1(%) 범위 →		0.71~0.90	0.91~1.12	1.13~1.40	1.41~1.80	1.81~2.24	2.25~2.80	2.81~3.55	3.56~4.50	4.51~5.60	5.61~7.10	7.11~9.00	9.01~11.2
0.100	0.090~0.112	2.71 / 18	2.66 / 15	2.61 / 12	2.56 / 10	2.51 / 8	2.45 / 7	2.40 / 6	2.34 / 5	2.28 / 4	2.21 / 4	2.14 / 3	2.08 / 3
0.125	0.113~0.140	2.68 / 23	2.63 / 18	2.58 / 14	2.53 / 11	2.48 / 9	2.43 / 8	2.37 / 6	2.31 / 5	2.25 / 5	2.19 / 4	2.11 / 3	2.05 / 3
0.160	0.141~0.180	2.64 / 29	2.60 / 22	2.55 / 17	2.50 / 13	2.45 / 11	2.39 / 9	2.35 / 7	2.28 / 6	2.22 / 5	2.15 / 4	2.09 / 4	2.01 / 3
0.200	0.181~0.224	2.61 / 39	2.57 / 28	2.52 / 21	2.47 / 16	2.42 / 13	2.36 / 10	2.30 / 8	2.25 / 7	2.19 / 6	2.12 / 5	2.05 / 4	1.98 / 3
0.250	0.225~0.280	*	2.54 / 37	2.49 / 27	2.44 / 20	2.38 / 15	2.33 / 12	2.28 / 10	2.21 / 8	2.15 / 6	2.09 / 5	2.02 / 4	1.95 / 4
0.315	0.281~0.355	*	*	2.46 / 36	2.40 / 25	2.35 / 19	2.30 / 14	2.24 / 11	2.18 / 9	2.12 / 7	2.06 / 6	1.99 / 5	1.92 / 4
0.400	0.356~0.450	*	*	*	2.37 / 33	2.32 / 24	2.26 / 18	2.21 / 14	2.15 / 11	2.08 / 8	2.02 / 7	1.95 / 6	1.89 / 5
0.500	0.451~0.560	*	*	*	2.33 / 46	2.28 / 31	2.23 / 23	2.17 / 17	2.11 / 13	2.05 / 10	1.99 / 8	1.92 / 6	1.85 / 5
0.630	0.561~0.710	*	*	*	*	2.25 / 44	2.19 / 30	2.14 / 21	2.08 / 15	2.02 / 12	1.95 / 9	1.89 / 7	1.81 / 6
0.800	0.711~0.900	*	*	*	*	*	2.16 / 42	2.10 / 28	2.04 / 20	1.98 / 15	1.91 / 11	1.84 / 8	1.78 / 7
1.00	0.901~1.12		*	*	*	*	*	2.06 / 39	2.00 / 26	1.94 / 18	1.88 / 14	1.81 / 10	1.74 / 8
1.25	1.13~1.40			*	*	*	*	*	1.97 / 36	1.91 / 24	1.84 / 17	1.77 / 12	1.70 / 10
1.60	1.41~1.80				*	*	*	*	*	1.86 / 34	1.80 / 23	1.73 / 16	1.66 / 12
2.00	1.81~2.24					*	*	*	*	*	1.76 / 31	1.69 / 20	1.62 / 14
2.50	2.25~2.80						*	*	*	*	*	1.65 / 28	1.58 / 19
3.16	2.81~3.55							*	*	*	*	1.60 / 42	1.53 / 26
4.00	3.56~4.50								*	*	*	*	1.49 / 39
5.00	4.51~5.60									*	*	*	*
6.30	5.61~7.10										*	*	*
8.00	7.11~9.00											*	*
10.00	9.01~11.20												*

(3) p_0, p_1을 기초로 하여 n, k를 구하는 표(σ 미지 : 부적합품률 보증)

우측 아래는 n, 위쪽은 k ($\alpha \fallingdotseq 0.05$, $\beta \fallingdotseq 0.10$)

p_0(%) 대표값	p_1(%) 대표값 →	0.80	1.00	1.25	1.60	2.00	2.50	3.15	4.00	5.00	6.30	8.00	10.0	12.50	16.00	20.00	25.00	31.50
범위 ↓	**범위** →	0.71~0.90	0.91~1.12	1.13~1.40	1.41~1.80	1.81~2.24	2.25~2.80	2.81~3.55	3.56~4.50	4.51~5.60	5.61~7.10	7.11~9.00	9.01~11.20	11.30~14.00	14.10~18.00	18.10~22.40	22.50~28.00	28.10~35.50
0.100	0.090~0.112	2.71/87	2.67/68	2.62/54	2.57/42	2.52/34	2.47/28	2.42/23	2.36/19	2.31/16	2.24/13	2.19/11	2.11/9	2.07/8	1.95/6	1.87/5	1.87/5	1.77/4
0.125	0.113~0.140		2.64/80	2.59/62	2.54/48	2.49/38	2.44/31	2.39/25	2.32/20	2.28/17	2.21/14	2.16/12	2.10/10	2.02/8	1.97/7	1.90/6	1.82/5	1.72/4
0.160	0.141~0.180		2.60/98	2.56/74	2.50/56	2.46/44	2.40/35	2.35/28	2.30/23	2.23/18	2.18/15	2.10/12	2.04/10	2.00/9	1.91/7	1.85/6	1.77/5	1.67/4
0.200	0.181~0.224			2.53/90	2.47/66	2.43/51	2.37/40	2.32/31	2.26/25	2.20/20	2.14/16	2.08/13	2.02/11	1.95/9	1.86/7	1.80/6	1.72/5	1.63/4
0.250	0.225~0.280				2.44/79	2.39/59	2.34/46	2.28/35	2.23/28	2.17/22	2.12/18	2.04/14	1.99/12	1.93/10	1.86/7	1.75/6	1.67/5	1.53/4
0.315	0.281~0.355				2.41/98	2.36/71	2.31/54	2.25/41	2.19/31	2.14/25	2.07/19	2.00/15	1.94/12	1.88/10	1.80/8	1.75/7	1.62/5	1.53/4
0.400	0.356~0.450					2.32/89	2.27/65	2.22/48	2.16/36	2.10/28	2.04/22	1.98/17	1.92/14	1.85/11	1.78/9	1.69/7	1.64/6	1.47/4
0.500	0.451~0.560						2.23/80	2.18/57	2.12/42	2.07/32	2.00/24	1.94/19	1.88/15	1.81/12	1.72/9	1.64/7	1.58/6	1.51/5
0.630	0.561~0.710							2.14/71	2.08/50	2.03/37	1.97/28	1.90/21	1.83/16	1.77/13	1.69/10	1.62/8	1.52/6	1.45/5
0.800	0.711~0.900							2.10/92	2.05/62	1.99/44	1.92/32	1.86/24	1.79/18	1.72/14	1.66/11	1.56/8	1.51/7	1.39/5
1.000	0.901~1.12								2.01/79	1.95/54	1.89/38	1.83/28	1.76/21	1.69/16	1.62/12	1.53/9	1.45/7	1.33/5
1.250	1.13~1.40									1.91/69	1.85/47	1.78/32	1.72/24	1.65/18	1.57/13	1.50/10	1.39/7	1.33/6
1.600	1.41~1.80									1.87/95	1.80/60	1.74/40	1.67/28	1.60/20	1.35/15	1.45/11	1.35/8	1.26/6
2.000	1.81~2.24										1.76/81	1.69/50	1.63/34	1.56/24	1.48/17	1.40/12	1.32/9	1.19/6
2.500	2.25~2.80											1.65/67	1.59/43	1.52/29	1.43/19	1.36/14	1.27/10	1.17/7
3.150	2.81~3.55											1.61/96	1.54/57	1.47/36	1.39/23	1.31/16	1.22/11	1.13/8
4.000	3.56~4.50												1.49/83	1.42/48	1.34/29	1.25/19	1.17/13	1.08/9
5.000	4.51~5.60													1.37/69	1.29/38	1.20/23	1.11/15	1.02/10
6.300	5.61~7.10														1.23/53	1.15/30	1.07/19	0.97/12
8.000	7.11~9.00														1.18/87	1.10/44	1.00/24	0.89/14
10.000	9.01~11.20															1.04/68	0.95/34	0.84/18

■ 직교다항식표

계수＼수준수	k=2 b_1	k=3 b_2	k=3 b_3	k=4 b_1	k=4 b_2	k=4 b_3	k=5 b_1	k=5 b_2	k=5 b_3	k=5 b_4
W_1	-1	-1	1	-3	1	-1	-2	2	-1	1
W_2	1	0	-2	-1	-1	3	-1	-1	2	-4
W_3		1	1	1	-1	-3	0	-2	0	6
W_4				3	1	1	1	-1	-2	-4
W_5							2	2	1	1
$\lambda^2 S$	2	2	6	20	4	20	10	14	10	70
λS	1	2	2	10	4	6	10	14	12	24
S	$1/2$	2	$2/3$	5	4	$9/5$	10	14	$72/5$	$283/35$
λ	2	1	3	2	1	$10/3$	1	1	$5/6$	$35/12$

계수＼수준수	k=6 b_1	k=6 b_2	k=6 b_3	k=6 b_4	k=6 b_5	k=7 b_1	k=7 b_2	k=7 b_3	k=7 b_4	k=7 b_5
W_1	-5	5	-5	1	-1	-3	5	-1	3	-1
W_2	-3	-1	7	-3	5	-2	0	1	-7	4
W_3	-1	-4	-4	2	-10	-1	-3	1	1	-5
W_4	1	-4	-4	2	10	0	-4	0	6	0
W_5	3	-1	-7	-3	-5	1	-3	-1	1	5
W_6	5	5	5	1	1	2	0	-1	-7	-4
W_7						3	5	1	3	1
$\lambda^2 S$	70	84	180	28	252	28	84	6	154	84
λS	35	56	108	48	120	28	84	36	264	240
S	$35/2$	$112/3$	$324/5$	$576/7$	$400/7$	28	84	216	$3168/7$	$4800/7$
λ	2	$3/2$	$5/3$	$7/12$	$21/10$	1	1	$1/6$	$7/12$	$7/20$

PART 1 PART 2 PART 3 PART 4 PART 5 PART 6 PART 7

■ MTBF(지수분포) 구간추정의 계수표(정시중단의 경우)

고장수 r	60%		80%		90%		95%	
	상	하	상	하	상	하	상	하
1	4.481	.334	9.491	.257	19.496	.211	39.498	.179
2	2.426	.467	3.761	.376	5.630	.318	8.262	.277
3	1.954	.544	2.722	.449	3.669	.387	4.849	.342
4	1.742	.595	2.293	.500	2.928	.437	3.670	.391
5	1.618	.632	2.055	.539	2.538	.476	3.080	.429
6	1.537	.661	1.904	.570	2.296	.507	2.725	.459
7	1.479	.684	1.797	.595	2.213	.532	1.487	.485
8	1.435	.703	1.718	.616	2.010	.554	2.316	.508
9	1.400	.719	1.657	.634	1.917	.573	2.187	.527
10	1.372	.733	1.607	.649	1.834	.590	2.085	.544
11	1.349	.744	1.567	.663	1.783	.604	2.003	.559
12	1.329	.755	1.533	.675	1.733	.617	1.935	.572
13	1.312	.764	1.504	.686	1.691	.629	1.878	.585
14	1.297	.722	1.478	.696	1.654	.640	1.829	.596
15	1.284	.780	1.456	.704	1.622	.649	1.787	.606
16	1.272	.787	1.437	.713	1.594	.658	1.750	.616
17	1.262	.793	1.491	.720	1.569	.667	1.717	.625
18	1.253	.799	1.404	.727	1.547	.674	1.687	.633
19	1.244	.804	1.390	.734	1.527	.682	1.661	.640
20	1.237	.809	1.377	.740	1.509	.688	1.637	.647
21	1.230	.813	1.365	.745	1.492	.694	1.615	.654
22	1.223	.818	1.354	.750	1.477	.700	1.596	.660
23	1.217	.822	1.344	.755	1.463	.706	1.578	.666
24	1.211	.825	1.355	.760	1.450	.711	1.561	.672
25	1.206	.829	1.327	.764	1.438	.716	1.545	.677
26	1.201	.832	1.319	.768	1.427	.721	1.531	.682
27	1.197	.835	1.311	.772	1.417	.725	1.517	.687
28	1.193	.838	1.304	.776	1.407	.729	1.505	.692
29	1.189	.841	1.298	.780	1.398	.733	1.493	.696
30	1.185	.844	1.291	.783	1.389	.737	1.482	.700
40	1.156	.865	1.245	.810	1.325	.768	1.400	.734
50	1.137	.879	1.214	.829	1.283	.790	1.347	.759
60	1.124	.839	1.193	.843	1.254	.807	1.370	.777
70	1.113	.898	1.176	.854	1.232	.820	1.283	.791
80	1.105	.904	1.163	.863	1.214	.830	1.261	.803
90	1.098	.910	1.153	.870	1.200	.839	1.244	.714
100	1.093	.915	1.144	.877	1.189	.847	1.229	.822

[주] 상·하한을 구하기 위해 MTBF에 곱해야 할 계수는 $\dfrac{2r}{\chi_{1-\alpha/2}^2(2(r+1))} \cdot \dfrac{2r}{\chi_{\alpha/2}^2(2r)}$ 로서 산출한다.

■ MTBF(지수분포) 구간추정의 계수표(정수중단의 경우)

고장수 r	60%		80%		90%		95%	
	상	하	상	하	상	하	상	하
1	4.481	.621	9.491	.434	19.496	.334	39.498	.271
2	2.426	.668	3.761	.514	5.630	.422	8.262	.359
3	1.954	.701	2.722	.564	3.669	.477	4.849	.415
4	1.742	.725	2.293	.599	2.928	.516	3.670	.456
5	1.618	.744	2.055	.626	2.538	.546	3.080	.488
6	1.537	.759	1.904	.647	2.296	.571	2.725	.514
7	1.479	.771	1.797	.665	2.213	.591	1.487	.536
8	1.435	.782	1.718	.680	2.010	.608	2.316	.555
9	1.400	.791	1.657	.693	1.917	.623	2.187	.571
10	1.372	.799	1.607	.704	1.834	.637	2.085	.585
11	1.349	.806	1.567	.714	1.783	.649	2.003	.598
12	1.329	.812	1.533	.723	1.733	.659	1.935	.610
13	1.312	.818	1.504	.731	1.691	.669	1.878	.620
14	1.297	.823	1.478	.738	1.654	.677	1.829	.630
15	1.284	.828	1.456	.745	1.622	.685	1.787	.639
16	1.272	.832	1.437	.751	1.594	.693	1.750	.647
17	1.262	.836	1.491	.757	1.569	.700	1.717	.654
18	1.253	.840	1.404	.763	1.547	.706	1.687	.661
19	1.244	.843	1.390	.767	1.527	.712	1.661	.668
20	1.237	.846	1.377	.772	1.509	.717	1.637	.674
21	1.230	.849	1.365	.776	1.492	.723	1.615	.680
22	1.223	.852	1.354	.781	1.477	.728	1.596	.685
23	1.217	.855	1.344	.784	1.463	.732	1.578	.691
24	1.211	.857	1.355	.788	1.450	.737	1.561	.695
25	1.206	.860	1.327	.792	1.438	.741	1.545	.700
26	1.201	.862	1.319	.795	1.427	.745	1.531	.705
27	1.197	.864	1.311	.789	1.417	.748	1.517	.709
28	1.193	.866	1.304	.801	1.407	.752	1.505	.713
29	1.189	.868	1.298	.804	1.398	.755	1.493	.717
30	1.185	.870	1.291	.806	1.389	.759	1.482	.720
40	1.156	.885	1.205	.828	1.325	.785	1.400	.750
50	1.137	.896	1.211	.844	1.283	.804	1.347	.772
60	1.124	.904	1.193	.856	1.254	.819	1.310	.785
70	1.113	.910	1.176	.865	1.232	.830	1.283	.802
80	1.105	.915	1.163	.873	1.214	.840	1.261	.813
90	1.098	.920	1.153	.879	1.200	.848	1.244	.822
100	1.093	.923	1.144	.885	1.189	.855	1.229	.830

[주] 상·하한을 구하기 위해 MTBF에 곱해야 할 계수는 $\dfrac{2r}{\chi_{1-\alpha/2}^{2}(2r)} \cdot \dfrac{2r}{\chi_{\alpha/2}^{2}(2r)}$ 로서 산출한다.

■ 감마함수표

$$\Gamma(x) = \int_0^\infty t^{x-1} \cdot e^{-t}dt \,(x > 0)$$

x	$\Gamma(x)$	$10+\log_{10}\Gamma(x)$	x	$\Gamma(x)$	$10+\log_{10}\Gamma(x)$	x	$\Gamma(x)$	$10+\log_{10}\Gamma(x)$
1.00	1.00000	10.00000						
1.01	0.99433	9.99753	1.51	0.88659	9.94772	2.01	1.00427	10.00185
1.02	0.98884	9.99513	1.52	0.88704	9.94794	2.02	1.00862	10.00373
1.03	0.98335	9.99280	1.53	0.88757	9.94820	2.03	1.01306	10.00563
1.04	0.97844	9.99053	1.54	0.88818	9.94850	2.04	1.01758	10.00757
1.05	0.97350	9.98834	1.55	0.88887	9.94844	2.05	1.02218	10.00953
1.06	0.96874	9.98621	1.56	0.88964	9.94921	2.06	1.02687	10.01151
1.07	0.96415	9.98415	1.57	0.89049	9.94963	2.07	1.03164	10.01353
1.08	0.95973	9.98215	1.68	0.89142	9.95008	2.08	1.03650	10.01557
1.09	0.95546	9.98021	1.59	0.89243	9.95057	2.09	1.04145	10.01764
1.10	0.95135	9.97834	1.60	0.89352	9.95110	2.10	1.04649	10.01973
1.11	0.94740	9.97653	1.61	0.89468	9.95167	2.11	1.05161	10.02185
1.12	0.94359	9.97478	1.62	0.89592	9.95227	2.12	1.05682	10.02400
1.13	0.93993	9.97310	1.63	0.89724	9.95291	2.13	1.06212	10.02617
1.14	0.93642	9.97417	1.64	0.89864	9.95358	2.14	1.06751	10.02837
1.15	0.93304	9.96990	1.65	0.90012	9.95430	2.15	1.07300	10.03060
1.16	0.92980	9.96839	1.66	0.90167	9.95505	2.16	1.07857	10.03285
1.17	0.92670	9.96694	1.67	0.90330	9.95583	2.17	1.08424	10.03512
1.18	0.92373	9.96554	1.68	0.90500	9.95665	2.18	1.09000	10.03743
1.19	0.92089	9.96421	1.69	0.90678	9.95750	2.19	1.09585	10.03975
1.20	0.91817	9.96292	1.70	0.90864	9.95839	2.20	1.10180	10.04210
1.21	0.91558	9.96169	1.71	0.91057	9.95931	2.21	1.10785	10.04448
1.22	0.91311	9.96052	1.72	0.91258	9.96027	2.22	1.11399	10.04688
1.23	0.91075	9.95940	1.73	0.91467	9.96126	2.23	1.12023	10.04931
1.24	0.90852	9.95834	1.74	0.91683	9.96229	2.24	1.12657	10.05176
1.25	0.90640	9.95732	1.75	0.91906	9.96335	2.25	1.13300	10.05423
1.26	0.90440	9.95636	1.76	0.92137	9.96444	2.26	1.13954	10.05673
1.27	0.90250	9.95545	1.77	0.92376	9.96556	2.27	1.14618	10.05925
1.28	0.90072	9.95459	1.78	0.92623	9.96672	2.28	1.15292	10.06180
1.29	0.89904	9.95378	1.79	0.92877	9.96791	2.29	1.15976	10.06437
1.30	0.89747	9.95302	1.80	0.93138	9.96913	2.30	1.16671	10.06696
1.31	0.89600	9.95231	1.81	0.93408	9.97038	2.31	1.17377	10.06958
1.32	0.89464	9.95165	1.82	0.93685	9.97167	2.32	1.18093	10.07222
1.33	0.89338	9.95104	1.83	0.93969	9.97298	2.33	1.18819	10.07489
1.34	0.89222	9.95047	1.84	0.94261	9.97433	2.34	1.19557	10.07757
1.35	0.89115	9.94995	1.85	0.94561	9.97571	2.35	1.20305	10.08029
1.36	0.89018	9.94948	1.86	0.94869	9.97712	2.36	1.21065	10.08302
1.37	0.88931	9.94905	1.87	0.95184	9.97856	2.37	1.21836	10.08578
1.38	0.88854	9.94868	1.88	0.95507	9.98004	2.38	1.22618	10.08855
1.39	0.88785	9.94834	1.89	0.95838	9.98154	2.39	1.23412	10.09136
1.40	0.88726	9.94805	1.90	0.96177	9.98307	2.40	1.24217	10.09418
1.41	0.88676	9.94781	1.91	0.96523	9.98463	2.41	1.25034	10.09703
1.42	0.88636	9.94761	1.92	0.96877	9.98622	2.42	1.25863	10.09990
1.43	0.88604	9.94745	1.93	0.97240	9.98784	2.43	1.26703	10.10279
1.44	0.88581	9.94734	1.94	0.97610	9.98949	2.44	1.27555	10.10570
1.45	0.88566	9.94727	1.95	0.97988	9.99117	2.45	1.28421	10.10864
1.46	0.88560	9.94724	1.96	0.98374	9.99288	2.46	1.29298	10.11159
1.47	0.88563	9.94725	1.97	0.98768	9.99462	2.47	1.30188	10.11457
1.48	0.88575	9.94731	1.98	0.99171	9.99638	2.48	1.31091	10.11757
1.49	0.88595	9.94741	1.99	0.99581	9.99818	2.49	1.32006	10.12059
1.50	0.88623	9.94754	2.00	1.00000	10.00000	2.50	1.32934	10.12364

memo

memo